Christian Dornbusch · Jan Raabe (Hg.)

RechtsRock

W0250614

rat UNRAST

Christian Dornbusch · Jan Raabe (Hg.)

RechtsRock

Bestandsaufnahme und Gegenstrategien

rat UNRAST

Die Publikation dieses Buches wurde durch einen Zuschuss der Ernst-Strassmann-Stiftung in der Friedrich-Ebert-Stiftung unterstützt.

Christian Dornbusch
Arbeitsstelle Neonazismus
Forschungsschwerpunkt Rechtsextremismus und Neonazismus
Fachhochschule Düsseldorf

Jan Raabe
Argumente und Kultur gegen Rechts e.V., Bielefeld

Impressum

Die Deutsche Bibliothek – CIP-Einheitsaufnahme;
Christian Dornbusch; Jan Raabe (Hg.)
RechtsRock
Bestandsaufnahme und Gegenstrategien
Christian Dornbusch; Jan Raabe - 1. Aufl. -
Münster: Unrast 2002
(reihe antifaschistischer texte)
ISBN 3-89771-808-1

Christian Dornbusch; Jan Raabe (Hg.)
RechtsRock
Bestandsaufnahme und Gegenstrategien
rat · reihe antifaschistischer texte/UNRAST-Verlag
Hamburg/Münster, Oktober 2002
ISBN 3-89771-808-1
Satz und Druck: Offset-Druck, Hamburg

www.unrast-verlag.de
Mitglied in der assoziation Linker Verlage (aLiVe)

Inhalt

Einleitung

Kraftschlag, Endlöser, Spreegeschwader, Blutrausch, Noie Werte, Aufmarsch, Nordmacht, Faustrecht, Jungsturm, Südsturm, Hauptkampflinie, Propaganda, Nordwind, Nahkampf, Sleipnir, Freikorps, Hate Society, Sturmwehr, Starkstrom, Landser, Panzerdivision und Racheakt – sind nur einige Namen von derzeit rund 120 aktiven deutschen RechtsRock-Bands.

Auf vielen hundert Schallplatten und CDs singen die Bands zu lauten Gitarren und treibendem Schlagzeug vom ›Kampf um Deutschland‹, gegen Einwanderung, ›jüdische Weltverschwörung‹ und korrupte Demokraten. Dem von ihnen befürchteten Untergang Deutschlands setzen sie den unbedingten Glauben an das ›Vaterland‹ entgegen, fordern die ›nationale Solidarität aller Deutschen‹ und sehnen den Tag herbei, an dem sie mit ›eisernen Besen das Land auskehren‹ können.

Sie spielen »Rechtsrock für's Vaterland« (Oidoxie). Doch der rechte Sound ist mehr als bloße neonazistische Propaganda: Er lässt sich weder zu einer Begleitmusik rechtsextremer Parteiveranstaltungen degradieren noch lässt er sich auf den teilweise kennzeichnenden ›Hassgesang‹ reduzieren. Aus musikwissenschaftlicher Sicht handelt es sich beim RechtsRock um keinen eigenständigen musikalischen Stil. Die rechten politischen Botschaften werden vielmehr zu verschiedensten Stilen der Rock- bzw. Populärmusik vorgetragen, egal ob zu den Klängen von Hard- oder Südstaaten-Rock, Punk, Street-Punk, Dark Wave, Heavy Metal, Death Metal, Black Metal, Balladen, Hard- oder Hatecore, HipHop, Tekkno, EBM, Industrial, Avantgarde, Volksmusik oder Folklore. Zu RechtsRock wird die Musik erst durch die politisch extrem rechte Botschaft: »Hier hört man noch Gitarren und wir haben eine Ideologie, etwas woran wir glauben, das findet man woanders nie« (Kraftschlag). Als ›Message-Rock‹ ist er Ausdrucksmittel rassistischer Vorurteile, sozialchauvinistischer Arroganz und nationalistischer Großmachtfantasien.

Doch die Verbindung von politisch rechten bis neonazistischen Texten mit Musik ist nicht neu. Bereits Anfang des 19. Jahrhunderts wurden nationalistische Gedichte mit volkstümlichen Melodien oder Marschrhythmen versehen. Richard Wagner unternahm einige Jahrzehnte später den Versuch mit seinen Opern die ›Wiedergeburt des deutschen Volkes und des deutschen Geistes‹ zu forcieren. Die bündische Jugend hingegen setzte am beginnenden 20. Jahrhundert vor allem auf Volks- und Marschlieder, die zur Unterhaltung, aber auch zur ›Erbauung auf der Fahrt‹ beitragen sollten. Die nationalistischen und völkischen Gruppen der 20er-Jahre griffen zudem auf das Liedgut der Arbeiterbewegung zurück und versahen die progressiven, emanzipatorischen Lieder mit ihren ideologischen Inhalten. Im ›Dritten Reich‹ kulminierte schließlich diese Entwicklung. Gemeinsames Musizieren, vor allem als kollektives Singen, wurde zu einem wichtigen Moment bei der Konstituierung der nationalsozialistischen Volksgemeinschaft.

An diese Traditionslinie versuchte die bundesdeutsche extreme Rechte in den 50er-Jahren anzuschließen. Doch was kaum zehn Jahre zuvor populär war, traf nun nicht mehr den Nerv der Zeit, denn unterdessen hatte die kulturindustrielle Vermarktung von Swing, Jazz und der anfänglichen Rock-Musik die Kultur nachhaltig verändert. Während Musik einige Jahre zuvor noch zur seelischen ›Erbauung‹ beitrug, als kurzweilige Unterhaltung beim Tanzvergnügen diente oder in den Opernhäusern ästhetisch inszeniert einem auserwählten Publikum vorgetragen wurde, avancierte sie nun mehr zu Massengut und Massenkultur. Die Interpreten der modernen Musik aus Amerika wurden zu Stars, deren Lieder Psalmen einer neuen Zeit wurden. Und der Hörer eiferte als Fan seinen Idolen nach, kopierte ihr Image und passte seinen Lebenswandel der Musik an. Bis heute differenziert sich die Musik in eine Vielzahl kaum noch zu überblickender Stile aus, zu der jeweils eigene Szenen mit charakteristischen Bekleidungscodes, Riten, Treffpunkten, Events und Werte gehören. Die Lieder bereiten wie in früheren Jahren dem Hörer Freude, spenden Trost, dienen zur Flucht aus dem Alltag, machen Momente unvergessen und sind Widerklang von Gefühlen und Stimmungen. Dabei implizieren sie Wert- und Moralvorstellungen und teilweise auch politische Statements. Die Protestbewegungen der ’68er spiegeln sich in der Musik von Bob Dylan oder von Ton Steine Scherben wider und der Gestus gesellschaftlicher Verweigerung wäre ohne Flower-Power, Punk oder HipHop kaum vorstellbar.

Und während die Älteren im Nachkriegsdeutschland heimattümelnden oder seicht-vergnüglichen Schlager bevorzugten, setzte die Jugend auf Rock ’n’ Roll, später auf Psychedelic oder Glam-Rock, auf experimentelle Musik oder Punk. Völkische und nationalistische Lieder waren aus dem öffentlichen Raum beinahe verschwunden. Einzig in extrem rechten Organisationen und Parteien wie der Nationaldemokratischen Partei Deutschlands (NPD) oder der Wiking Jugend lebte das Liedgut des ›Dritten Reiches‹ weiter. Erst als es der National Front (NF) im England der späten 70er-Jahre gelang, die politisch diffusen Skinheads für ihre Ziele zu begeistern, erhielt die extreme Rechte Anschluss an die Musik- und Jugendkulturen der Nachkriegszeit. Allerdings erwies sich dies als ein zweischneidiges Schwert, schon bald scheuten die rechten Skinheads die politische Vereinnahmung durch Organisationen und Parteien und wollten sich vielmehr als eine ›nationalgesinnte weiße‹ Jugendbewegung verstanden wissen. Diese Eigendynamik bestimmt noch heute die Rechts-Rock-Szene, die sich selbstständig entwickelt hat. Sie ist ein von der organisierten extrem rechten Politik zu unterscheidendes kulturpolitisches Spektrum, das nach den gängigen Mechanismen jugendkultureller Selbstorganisation funktioniert.

In der Öffentlichkeit wird RechtsRock indes nach wie vor gleichgesetzt mit der Musik rechter Skinheads. Doch diese Gleichung stimmt nur bedingt; denn obwohl der rechte Sound seinen Ursprung in der Skinhead-Szene hat und viele Bands sich noch immer aus Skinheads rekrutieren, hat sich der RechtsRock in den letzten Jahren von seinen Wurzeln ›emanzipiert‹. Die Mitglieder der Berliner Band Landser, Shooting Stars der Szene, sind ebenso wenig Skinheads wie die Mitglieder der neonazistischen Black-Metal-Band Magog. Gleiches gilt für das Gros der heutigen Hörer der Musik, die nicht Skinheads, sondern vielmehr ›ganz normale‹ Jugendliche und junge Erwachsene sind. Im Kern allerdings wird die RechtsRock-Szene nach wie vor von Skinheads bzw. von ehemaligen Skinheads organisiert. Sie veranstalten Konzerte, geben Fanzines heraus, betreiben Domains und Homepages, produzieren Platten und vertreiben die Musik über eigene Versände. Ihre Rolle ergibt sich häufig aus langer Zugehörigkeit zur Szene, Organisationstalent sowie den passenden Kontakten. Um sie herum gruppiert sich in den einzelnen Dörfern, Stadtteilen, Regionen und Städten zumeist ein enger Kreis (Clique) von Freunden und Bekannten (›Kameraden‹), die das Interesse am RechtsRock teilen – sie alle zusammen bilden die Szene, zu der längst nicht mehr ausschließlich Skinheads gehören. Denn die Popularisierung des rechten Sound katapultierte ihn in einen ›Pop-Underground‹, sodass die rechte Musik nun mehr auch für viele ›normale‹ Jugendliche und junge Erwachsene wie selbstverständlich zum täglichen Hörprogramm neben Heavy Metal, Tekkno und den aktuellen Hits der Charts gehört.

Der Erfolg des RechtsRock basiert vor allem auf seinen klaren Stellungnahmen zu den Themen Einwanderung und Integration. Themen, die, wie die Shell-Studie 2002 zeigt, Jugendliche zwischen 12 und 25 Jahren bewegen. Mit ihrer Musik positionieren sich die Bands gegen ›Überfremdung‹ durch ›Ausländer‹ und fordern die Begrenzung deren Anzahl und ihre Rückführung. Damit gelingt es ihnen, die weit in der Gesellschaft verbreiteten fremdenfeindlichen Einstellungen zu mobilisieren. Eingerahmt sind diese Tiraden in den Liedern mit der Forderung, sich als Deutscher auf seine ›nationale Identität‹ und auf die ›Größe seines Vaterlandes‹ zu besinnen. Diese Verknüpfung samt ihrer argumentativen Stringenz verdeutlicht, dass es sich beim RechtsRock keineswegs ›nur‹ um Protestlieder handelt, sondern um richtungsweisende Identitätsangebote. Musik und Szene bieten dem Hörer einen Rahmen, seine individuellen Vorurteile, Ängste und etwaigen Minderwertigkeitsgefühle mit dem Rekurs auf seine eigene vermeintliche kollektive Identität als Deutscher positiv aufzulösen und jeden Tag auf Neue zu inszenieren und zu zelebrieren. Die verschiedenen Events, die Konzerte, gemeinsamen Fußballturniere, Kameradschaftsabende und Demonstrationen, die auf eine Verbindung von »Spaß und Abenteuer« (Rainer Erb) setzen, basieren auf dieser Kollektividentität und stiften darüber hinaus ein greifbares Gemeinschaftsgefühl.

Organisiert werden diese Veranstaltungen vor allem von den Strukturen des mittlerweile in Deutschland verbotenen kulturpolitischen Szene-Netzwerkes Blood & Honour, den Hammerskins sowie von den neonazistischen Basisgruppen, den ›Freien Kameradschaften‹. Ihre Akteure, die oftmals bereits seit einigen Jahren zur RechtsRock-Szene gehören, bilden die Schnittmenge zwischen der relativ unverbindlichen Szene und dem organisiertem Neonazismus. Trotzdem besteht zwischen dem Konsum der Musik und der Beteiligung an extrem rechten Organisierungsformen kein sich bedingendes Verhältnis. Wer RechtsRock hört, landet nicht zwangsläufig bei den ›Freien Kameradschaften‹ oder der NPD. Die Musik bestätigt und verfestigt extrem rechtes Gedankengut, doch erst der Austausch mit anderen, der gemeinsame Besuch von Konzerten sowie eine gemeinsame Freizeitgestaltung impliziert jene Gruppenprozesse, die eine weiter gehende Politisierung mit sich bringen. Diese kann sich entweder damit entfalten, dass die Jugendlichen und Erwachsenen auf der politischen Bühne den ›Kampf um Deutschland‹ aufgreifen, oder aber sie entfaltet sich eruptiv: Nicht zum ersten und auch nicht zum letzten Mal hatten sich junge Männer am Abend des 12. Februar 1999 in Guben mit den rassistischen Liedern der Band Landser aufgeputscht und sich auf die Jagd nach vermeintlich Fremden begeben. Am Ende der Nacht war der 28-jährige Algerier Omar Ben Noui tot.

Seit annähernd zehn Jahren beschäftigen sich Christian Dornbusch und Jan Raabe mit der Thematik RechtsRock und rechten Musik- und Jugendkulturen. Der vorliegende Sammelband ist ein Resümee ihrer bisherigen Arbeit. Neben der detaillierten Darstellung der Funktionsweisen der Szene werden verschiedene Aspekte der Musik als auch der Szene analysiert. Deutlich wird dabei, dass es sich beim RechtsRock weder um ›schlechte Musik‹ handelt noch um ein Jugendproblem, sondern um die Widerspiegelung gesellschaftlicher Verhältnisse in einer manifesten extrem rechten Kultur.

Deren Genese und Ausprägung untersucht der erste Abschnitt des vorliegenden Bandes. Unter dem Titel *20 Jahre RechtsRock* resümieren Dornbusch und Raabe eingangs die Entwicklungsgeschichte des RechtsRock in den letzten zwanzig Jahren. Deutlich wird dabei, dass der Erfolg der Musik und die Entgrenzung der Szene im Kontext gesellschaftlicher Entwicklungen zu betrachten sind. Daran anknüpfend skizziert Michael Weiss das derzeitige Erscheinungsbild der RechtsRock-Szene in seinem Aufsatz *Deutschland im September*. Exemplarisch beschreibt er die Dimension der Szene, ihr Auftreten, ihre Organisierungsformen und Strategiedebatten anhand der Darstellung eines ganz ›normalen‹ Monats, dem September 1999. Aktuelle Entwicklungen werden dabei in einzelnen Exkursen dargelegt. Unter dem Titel *Trotz Verbot nicht tot* wendet sich Henning Flad der Ideologieproduktion in den Texten des deutschen RechtsRock zu. Er stellt die Veränderung der Motive im Zuge der Entwicklung der Musik von rechts in den letzten zwanzig Jahren dar und analysiert die wichtigsten inhaltlichen Themenfelder. Den inneren Zusammenhang zwischen rechten Inhalten und den Auswirkungen auf den musikalischen Stil analysiert Georg Seeßlen in seinem Aufsatz *Gesänge zwischen Glatze und Scheitel*. Dabei legt er den normierenden und formierenden Charakter des RechtsRock anhand der Widersprüche zwischen den ›farbigen Wurzeln‹ des (Skinhead-)Rock und dem heutigen RechtsRock offen. Ein wichtiges Moment der szeneinternen Kommunikation und Gegenöffentlichkeit stellen ›Fanzines‹ dar, denen sich Liane M. Dubowy in ihrer Untersuchung unter dem Titel *Von Party bis Propaganda* widmet. Sie skizziert die verschiedenen Facetten der Magazine und analysiert exemplarisch anhand dreier ausgewählter Beispiele die verschiedenen Erscheinungsformen und Funktionen der Hefte. Andreas Speit und Uwe Seher legen die Bedeutung des neuen Mediums Internet für den RechtsRock in ihrem Aufsatz *White Noise im Cyberspace* dar und verdeutlichen, dass viele bisherige Einschätzungen über die Gefahr der Nutzung des Internet als Propagandaplattform extrem rechter Gruppierungen mehr Mythos sind als seriöse Analyse. Kirsten Döhring und Renate Feldmann wenden sich unter der Überschrift *Ich weiß genau was ich will, halt nicht die Schnauze und bin still* den Frauen und Frauenbildern in der Männerdomäne RechtsRock zu. Obwohl lediglich vier der vielen hundert deutschen Bands reine Frauenbands waren beziehungsweise sind, nehmen Frauen jenseits der ihnen zugeschriebenen Rollen als Sexualobjekt, Kameradin oder Freundin wichtige Positionen in der Infrastruktur der Szene ein. Während in den öffentlichen Medien das Thema Rechtsextremismus in den letzten zwölf Jahren vor allem als ein Problem der neuen Bundesländern abgehandelt wurde, verweist Heike Kleffner in ihrem Essay *RechtsRock vor Ort* anhand eines Vergleiches der Drahtzieher, Konsumenten und Produzenten in Klein Bützow (Mecklenburg-Vorpommern) und Lüneburg (Niedersachsen) auf die strukturellen Ähnlichkeiten in Ost und West hin. Die Einordnung des RechtsRock als ein weltweites Phänomen nimmt Nick Lowles unter dem Titel *Die Internationale des Hasses* vor und stellt dabei die zentrale Rolle der deutschen Szene heraus. Eine soziologische Einordnung der extrem rechten Musik mitsamt ihrer Szene leistet Alexander Häusler, der die verengte Sichtweise auf das Phänomen ›Rechtsextremismus‹ als ein schlichtes Problem von ›Jugend und Extremismus‹ kritisiert. Angesichts des anhaltenden Erfolges des RechtsRock widmet er sich der Frage, ob es sich dabei um eine *Szene, Stil, Subkultur oder Bewegung?* handelt. Vervollständigt wird der erste Abschnitt mit dem Beitrag von Hans Wanders und Johannes Lohmann, die sich neueren Entwicklungen auf dem rechten Musik-Sektor widmen. In ihrem Artikel *Evolas Jünger und Odins Krieger* skizzieren sie jenseits der Skinhead-Szene den ideologisch rechten Gehalt in Teilen der Dark-Wave-Szene und beschreiben die Entwicklung neonazistischer Tendenzen im Black Metal.

Der zweite Abschnitt des Buches befasst sich mit möglichen Strategien gegen RechtsRock, extreme Rechte und latenten gesellschaftlichen Rassismus. Eingeleitet werden die Überlegungen der Autoren aus verschiedenen Praxisfeldern von Christian Dornbusch und Jan Raabe, die unter der Überschrift *... zum Umgang mit einem politischen Problem* einige grundsätzliche Bemerkungen zum Verhältnis ›Jugend und Rechtsextremismus‹ sowie zu den Verboten extrem rechter Musik einbringen. Sie plädieren für eine politische Auseinandersetzung mit dem Problem innerhalb der Gesellschaft und favorisieren viele kleine Wege anstatt einiger ›Patentlösungen‹. Dr. Heinz Lynen von Berg, Leiter von Miteinander e.V. Magdeburg, nimmt im Anschluss in seinem Aufsatz *Zivilgesellschaftliches Engagement* eine Bestimmung des viel bemühten Konzeptes Zivilgesellschaft vor. Vor dem Hintergrund einer notwendigen gesellschaftlichen Auseinandersetzung kehrt er die positive Seite des Konzeptes in Bezug auf ein Bürgerengagement gegen Rechtsextremismus und für Weltoffenheit hervor. Die Umsetzung dieses theoretischen Anspruches auf die praktische Arbeit des Vereines Miteinander e.V. schildert David Begrich anhand der verschiedenen Praxisfelder, angefangen bei der Betreuung von Opfern rechter Gewalt bis zur kommunalen Netzwerkarbeit. Adegoke Odukoya und Melanie Wharton von den *Brothers & Sisters Keepers* erläutern im Gespräch mit den Herausgebern den Anlass und die Zielsetzung der afro-deutschen Initiative zwischen HipHop als Gegenkultur und den von ihnen besuchten Diskussionsrunden mit Jugendlichen in Ost und West. Martin Heinlein vom *Antifaschistischen Info Blatt* (AIB) umreißt die Möglichkeiten und Perspektiven antifaschistischer Zeitschriften im Kontext eines zivilgesellschaftlichen Konzeptes gegen Rechts. Am Beispiel des *AIB* hebt er die Bedeutung antifaschistischer Gruppen und Presse hervor, die Informationen über die extreme Rechte bereitstellen, Diskussionen über Perspektiven antifaschistischer Arbeit forcieren und dabei nicht den Rassismus in der ›Mitte der Gesellschaft‹ aus dem Blick verlieren. Rolf Schulz vom Landesinstitut für Schule und Weiterbildung Soest (NRW) hebt in seinen Ausführungen *Rechtsextremismus als Herausforderung für Schule und Unterricht* die Bedeutung handlungsorientierter lern- sowie identitätsstiftender Angebote hervor und plädiert für eine Öffnung der Schule, um sie so zu einem alltagstauglichen Lernort werden zu lassen. Claudia Hauck vom Internationalen Arbeitskreis Sonnenberg stellt in ihrem Beitrag *Die labern ja alle sowieso nur ...* Einschätzungen und Erfahrungen aus der außerschulischen Bildungsarbeit zum Thema Rechtsextremismus vor, insbesondere am Beispiel des von ihr entwickelten Tagungskonzeptes *Demokratie und wir.* Andreas Buderus, ehemals Streetworker im sozialpädagogischen Fan-Projekt ANSTOSS (Köln) und jetzt Berater sozialpädagogischer Projekte, unterzieht in seinem Beitrag *Die Götterdämmerung der Jugendsozialarbeit* den Ansatz der akzeptierenden Arbeit mit rechten Jugendlichen einer kritischen Betrachtung und postuliert angesichts der Mängel des Konzeptes unumstößliche Mindeststandards für dieses Arbeitsfeld. Erik Weckel, Mitarbeiter an den Konzepten und Materialordnern *Bausteine zur nicht-rassistischen Bildungsarbeit* und *Demokratie Macht Schule*, skizziert abschließend in diesem Abschnitt in seinem Artikel *Wes' Lied ich sing ...* die Möglichkeiten gewerkschaftlicher Strategien gegen Rechts. Er fordert, dass sich die Gewerkschaften nicht auf ihrem antifaschistischen Selbstverständnis ausruhen dürfen, sondern sowohl unter ihren Mitgliedern als auch in den Betrieben die Auseinandersetzung mit der Gefahr von rechts einfordern müssen.

Der dritte Abschnitt des Buches beinhaltet umfangreiche Register, die in der Praxis eine schnelle Orientierung über Symbole, Bands, Fanzines und Label ermöglichen sollen. Ausführlich listet der Verein argumente e.V. die verschiedenen Symboliken, Bekleidungsmarken und Chiffren der Szene auf und erläutert ihre Bedeutung. Das Antifaschistische Pressearchiv und Bildungszentrum Berlin e.V. (APABIZ) fügt dem eine umfassende Aufstellung und Bewertung aller bekannten deutschen und einer Auswahl der bekanntesten internationalen RechtsRock-Bands bei, die in den letzten zwanzig Jahren durch Veröffentlichungen und/oder Konzerte bekannt geworden sind. Ergänzt wird dieses Verzeichnis durch eine Übersicht zu den Plattenlabeln, die für die Produktion des rechten Sounds verantwortlich sind. Ebenfalls vom Antifaschistischen Pressearchiv und Bildungszentrum Berlin e.V. wurde das erschöpfende Register aller bekannten deutsch-sprachigen Fanzine seit 1980 angelegt. Die einzelnen Titel sind zeitlich verortet und werden kurz ihrem Inhalt entsprechend charakterisiert. Im Anschluss ist den Verzeichnissen eine auf das Thema zugeschnittene Auswahlbibliographie beigefügt sowie ein von den Herausgebern zusammengestelltes Adressenverzeichnis, das nach Regionen sortiert Organisationen, Gruppen und Ansprechpartner rund um die Thematik auflistet.

Abschließend möchten die Herausgeber den Mitarbeitern der folgenden Institutionen und Zeitungsprojekte sowie Einzelpersonen für ihre Hilfe und Unterstützung danken: dem Antifaschistischen Pressearchiv und Bildungszentrum Berlin e.V., dem Antifa-Archiv Düsseldorf, dem Archiv Leo Trepper, dem Antifaschistischen Informations- und Dokumentationsarchiv (AIDA) München, dem Dokumentationsarchiv Österreichischer Widerstand (DÖW), dem Duisburger Institut für Sprach- und Sozialforschung (DISS), der Zeitgeschichtlichen Dokumentationsstelle Marburg, dem Archiv der Jugendkulturen Berlin, den Zeitungen *Searchlight* (GB), *Monitor* (N), *Expo* (S), *Nigdy Wiecej* (PL), *Der Rechte Rand*, *Antifaschistisches Info Blatt*, *Enough is enough* und *Lotta*, Klaus Harbart, Jürgen Peters, Hans Stutz, Urte Knigge und Pierre Briegert, den Mitarbeitern der Arbeitsstelle Neonazismus an der FH Düsseldorf sowie des Vereines Argumente und Kultur gegen Rechts, der FH Düsseldorf für ihre Unterstützung, dem Verlag reihe antifaschistischer texte (rat) für die Umsetzung des Projektes als Buch sowie der Ernst-Strassmann-Stiftung in der Friedrich-Ebert-Stiftung für die finanzielle Unterstützung. Und schließlich danken wir den vielen engagierten Menschen aus antifaschistischen Gruppen, ohne welche die Recherchen für dieses Buch nicht möglich gewesen wären!

Christian Dornbusch, Jan Raabe, August 2002

Hinweise

Wir verwenden aus Gründen der Lesbarkeit im vorliegenden Buch die männliche Geschlechtsform. Damit ist weder die Aussage getroffen, dass Frauen nichts mit extrem rechtem Denken gemein hätten, noch ist beabsichtigt, Frauen als einen Teil der Gesellschaft sprachlich auszugrenzen.

Den verschiedenen Beiträgen liegt kein einheitlicher Rechtsextremismusbegriff zu Grunde. In weiten Teilen wird jedoch der Terminus extreme Rechte favorisiert, der alle ideologischen Strömungen und Organisationen umfasst, die inhaltlich nationalistische, rassistische und antisemitische Positionen vertreten, autoritäre und antidemokratische Gesellschaftskonzepte entwerfen, den Faschismus oder den Nationalsozialismus verherrlichen oder relativieren und ein antiegalitäres Menschenbild aufweisen. Dieser Begriff fokussiert damit nicht nur Bestrebungen, wie der vom Verfassungsschutz und der ›Totalitarismusforschung‹ bevorzugte Begriff Rechtsextremismus, die ›lediglich‹ die freiheitlich-demokratische Grundordnung abzuschaffen trachten, sondern rückt ebenso Entwicklungen in der Mitte der Gesellschaft ins Blickfeld, die sich trotz ihrer extrem rechten Agitation im Rahmen der Demokratie bewegen.

Alle Symbole und Fotos, die in diesem Buch abgebildet sind, haben einen darstellenden Charakter und dienen lediglich der Dokumentation und der Information. Stand der Recherche ist Sommer 2002.

I
RechtsRock – Bestandsaufnahme

Christian Dornbusch · Jan Raabe

20 Jahre RechtsRock

Vom Skinhead-Rock zur Alltagskultur

»Hier hört man noch Gitarren und wir haben eine Ideologie, etwas woran wir glauben, das findet man woanders nie. [...] Rechtsrock – Deutsche Musik«,[1] singt die norddeutsche Band Kraftschlag und verbindet scheinbar widerspruchsfrei den rebellischen Rock'n'Roll mit neonazistischer Ideologie.

*Mach die Augen auf /
bewahr 'nen klaren Kopf /
Denke für Dich selbst,
und glaub' ihnen kein Wort /
Denn sie liegen falsch /
und sie belügen Dich
Denn rechts ist richtig /
und radikal Pflicht*

Rechts ist richtig, Ultima Ratio, 1997

RechtsRock war am Beginn seiner Entwicklung eine Symbiose der rebellischen und alles andere als rechten Rock-Musik der späten 70er-Jahre mit den für Jugendliche popularisierten Inhalten der extremen Rechten. Aber die Musik war und ist nicht nur bloßes Propagandainstrument. Als beispielsweise 1980 die süddeutsche Band Ragnaröck versuchte, klassische extrem rechte Positionen mit Rockmusik zu verbinden, scheiterte sie an mangelnder Authentizität. Ihr erklärtes Ziel, »die Hemmschwelle gegenüber dem nationalen Gedanken bei Jugendlichen« abzubauen,[2] spiegelte sich in den Texten sowie im Image der Band und erinnerte frappant an die Nationaldemokratische Partei Deutschlands (NPD), der Teile der Band entstammten. Die Musik und das Image von Ragnaröck war die Gestalt gewordene Negation der rebellischen Botschaft des Rock, der propagandistisch-politische Charakter offenbarte sich deutlich in ihren Texten.

Erst als in England eine Band namens Skrewdriver begann, ihre Musik mit rassistischen und nationalistischen Botschaften zu versehen, begann auch die ›Erfolgsgeschichte‹ des RechtsRock. Skrewdriver verband die vom Punk initiierte musikalische Rebellion mit dem ›neuen‹ Identitätsangebot des klassen- und nationalbewussten britischen Skinheads. Das dem Punk entliehene ›Anti‹ wurde nun nicht mehr nur gegen die britische Regierung und die bürgerliche Gesellschaft gewandt, sondern vor allem gegen alle nicht weißen Briten. So blieb der Charakter des rebellischen jugendlichen ›Underdog‹ erhalten und konnte zugleich zum neuen Vorkämpfer für die Nation stilisiert werden. Damit erhielten Musik und textliche Botschaft eine vermeintliche Authentizität, mit der bis heute für die Musik als »Rock'n'Roll Resistance«[3] geworben wird.

Selbstbezeichnung eines neuen Musikgenre

Der anhaltende Erfolg des RechtsRock kann nur vor dem Hintergrund seiner zwanzigjährigen Entwicklungsgeschichte verstanden werden. Obwohl Skinheads den Stil der Musik originär prägten, ist sie längst nicht mehr an den engen Spielraum dieser Subkultur gebunden. Dennoch ist es zum Verständnis des Status quo nötig, die Genese und Entwicklung der Skinheads in den 60er-Jahren wie auch ab dem Ende der

70er-Jahre darzustellen. Deutlich wird dabei, dass die Musik nicht in das enge Korsett einer rechtsextremen Partei und Organisation gezwungen werden kann, sondern dass sie aufgrund ihres Charakters einerseits dazu angelegt ist, jenseits jeglicher Parteien-Politik Menschen zu politisieren und andererseits als gestalterische Kraft eine eigene Erlebniswelt für die bereits politisch Aktiven zu schaffen. Aber der letztendliche Erfolg der Musik ist abhängig von den gesellschaftlichen Rahmenbedingungen, unter denen sie ihre suggestiven politischen Botschaften zu entfalten sucht.

Spirit of '69

Lieder wie *Israelites* von Desmond Dekker oder *Moonhop* von Derrick Morgan (Foto) waren die ersten Hymnen der Skinhead-Szene, deren Interpreten Schwarze waren

Die Ursprünge und Wurzeln der Skinheads liegen im England beziehungsweise im Londoner East-End der späten 60er-Jahre, einem klassischen, nach dem Ende des Zweiten Weltkrieges im Umbruch befindlichen britischen Arbeiterviertel. Der sich bereits in diesen Jahren ausprägende Stil der Skinheads bildete eine Mischung aus dem früheren Erscheinungsbild der Mods sowie dem der jugendlichen jamaikanischen Rude-Boys.[4] Von diesen stammten auch die von Skinheads favorisierten Musikstile Ska und Reggae. Teilweise kam es bei diesen engen Verbindungen zum subkulturellen Crossover, Schwarze wurden Skinheads und weiße Arbeiterjugendliche kleideten sich wie Rude-Boys.

Im Kern jedoch orientierten sich die Skinheads an einem imaginären Bild jenes im Zuge der fordistischen Umwälzung der britischen Nachkriegswirtschaft verschwundenen Arbeiters. Die Forscher vom Centre for Contemporary Cultural Studies (CCCS) vertreten die Auffassung, »daß der Skinhead-Stil einen Versuch darstellt, über den ›mob‹ die traditionelle Arbeiter-Gemeinschaft als Ersatz für ihren tatsächlichen Niedergang wiederzubeleben.«[5] Die Identifikation mit der Arbeiterklasse, die bis heute mit ›proletarischem Stolz‹ in der Skinhead-Szene kultiviert wird, implizierte ein stark ausgeprägtes (puritanisches) Arbeitsethos.[6] Im Mittelpunkt jener »magischen Rückgewinnung der Gemeinschaft« (John Clarke) der frühen Skinheads stand der Bezug auf ein bestimmtes Territorium (Stadtteil, Straßenzug etc.) sowie das Bedürfnis nach Gruppenidentität. Entsprechend der proletarischen Tradition und dem lokalem Bezug unterstützten sie die örtlichen Fußballmannschaften: Die häufigen Ausschreitungen, in die sie während der Spiele oder nach den Spielen verwickelt waren, sind Ausdruck ihres althergebrachten, sich vor allem über physische Härte gerierenden, klassisch-patriarchalen Männerbildes.

Diesem Bild folgend richtete sich ihre Gewalt auch gegen vermeintlich Schwule (›queer-bashing‹), gegen Langhaarige (›Hippies‹) und vor allem gegen Einwanderer aus den Commonwealth-Staaten Indien, Pakistan und Bangladesch (›paki-bashing‹).[7] Besonders die rassistische Gewalt scheint im Widerspruch zu den farbigen Wurzeln ihrer Musik zu stehen. Doch während die Skinheads in den Rude-Boys den ihnen vertrauten jamaikanischen Briten entdeckten,[8] wurde die indischen und pakistanischen Migranten als das ›Fremde‹ ausgegrenzt. Ihre wirtschaftliche Aufstiegsorientierung und ihre von der englischen deutlich verschiedene Sprache und Kultur wurde nunmehr zum Indiktator für die Marginalisierung in den Arbeitervierteln.[9]

In den Anfeindungen und brutalen Übergriffen der Skinheads im Londoner East-End spiegelte sich auch der gesellschaftliche Rassismus. Seit dem 1948 gewährten ›British Nationality Act‹ (BNA), dem Recht auf Ansiedlung der Commonwealth-Bürger in Großbritannien, wurde Einwanderung zu einem politischen Dauerthema.[10] Der bekannte konservative Unterhaus-Abgeordnete John Enoch Powell polarisierte die gesellschaftliche Stimmung mit einer im April 1968 gehaltenen populistischen Rede, in der er in einer Zukunftsvision noch für das 20. Jahrhundert ›Rassenkonflikte‹ beschwor und in Analogie zum römischen Imperium prophezeite: »Wie die Römer sehe ich ›den Tiber schäumend vor Blut‹.«[11] Die unter dem Begriff ›rivers of blood‹ bekannt gewordene Rede sorgte für Schlagzeilen. Von etablierten Politikern wurden Powells populistische Ausführungen als rassistisch gebrandmarkt, während sie Teile der weißen Bevölkerung mobilisierte. Powell erhielt in den Tagen nach seiner Rede Tausende von unterstützenden Zuschriften.[12] Obwohl er politisch isoliert wurde, wirkten seine Äußerungen zum Thema Einwanderung nach (›Powell Effekt‹).[13] Im East-End zeigte sich dieser Rassismus, bedingt durch die dortigen sozio-ökonomischen Rahmenbedingungen des sich im Umbruch befindlichen Arbeiterviertels, direkt in der Zustimmung zu extrem rechten Parteien und in gewalttätigen Übergriffen gegen die dort lebenden nicht-weißen Briten.[14] Träger dieser Gewalt waren vorwiegend Skinheads, die in den Medien nunmehr zum Synonym für ›gewaltbereite Rassisten‹ wurden. Damit war der Zenit der Subkultur überschritten. Ihre gesellschaftliche Ausgrenzung bedingte die folgende schleichende Auflösung ebenso wie die Veränderung der inhaltlichen Motive in der Ska- und Reggae-Musik.[15]

Konservativer Hardliner: John Enoch Powell

Renaissance im Kontext des aufkommenden Punk

In England entstand in der zweiten Hälfte der 70er-Jahre die Musikrichtung des Punk. Zentral war dessen Botschaft des ›do it yourself‹, jede/r konnte Musik machen, egal wie es klang, Hauptsache war, ›du tust es‹. Punk wurde schlagartig zum Ausdruck einer angesichts zunehmender kapitalistischer Krisen in den 70er-Jahren gesellschaftlich desillusionierten Jugend. Dem ersten Aufbegehren folgte jedoch schnell die vereinnahmende Kulturindustrie, die Punk à la Sex Pistols zur Mode erhob und damit schließlich wieder in die Gesellschaft integrierte.[16] Im Schatten dieser Sinnentleerung unter dem Primat von Ökonomie und Markt entwickelten sich zwei unterschiedliche Stilrichtungen des Punk: auf der einen Seite die politisch linke Variante des Aufbegehrens in Form des Polit-Punk, präsentiert vor allem durch die Band Crass,[17] auf der ande-

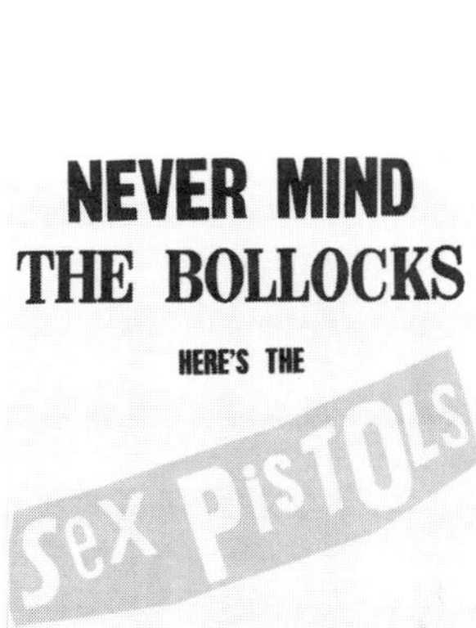

Fanal einer neuen Generation: Sex Pistols

Street-Punk der späten 70er-Jahre: Sham 69

ren Seite eine mehr dem Alltag von Jugendlichen verhaftete musikalische Variante, der Street-Punk, wie ihn die Bands Cock Sparrer, Sham 69 oder Angelic Upstarts präsentierten.

Verbindendes Element blieb eine Subkultur in Abgrenzung gegen die bürgerliche Gesellschaft und die Identifikation über das ›Anderssein‹ in der gemeinsamen Jugendkultur des Punk. Allerdings unterschied sich die Gefolgschaft der verschiedenen Stilrichtungen erheblich. Das Publikum der Polit-Punk-Bands bestand vorwiegend aus sich explizit als politisch linksradikal verstehenden Punks mit einem starken anarchistisch-revolutionären Anspruch. Die Gefolgschaft der Street-Punk-Bands hingegen setzte sich zusammen aus den ›Kids der Straße‹, sozial marginalisierten und von Arbeitslosigkeit betroffenen Jugendlichen aus der britischen Arbeiterschicht, die sich trotzdem als Patrioten und ›stolze Briten‹ bezeichneten. Unter ihnen erlebte die Subkultur der Skinheads eine Renaissance, da die Texte der Musikgruppen ihre Alltagswelt problematisierten und als Identifikation das Bild des jugendlichen ›Underdogs‹ zwischen gewalttätigem Aufbegehren und Pub anboten. Einerseits ohnmachtserfüllt in der Beschreibung eigener negativer Gewalterfahrungen beispielsweise bei Auseinandersetzungen mit der Polizei, andererseits heroisierend in der Beschreibung der Rebellion gegen das Establishment.

Oi! is rock 'n' roll, beer, sex, going to gigs, havin' a laugh, fighting back, it's our life, it's our show, our world, it's a way of life

Garry Johnson
(Autor von: Oi! A view from the dead end of the street, Manchester, 1988)

1980 generierte der Journalist des Musikmagazins *Sounds* Garry Bushell für den Street-Punk die Bezeichnung ›Oi‹ bzw. ›Oi-Musik‹ in Anlehnung an die Taktvorgabe der Band Cockney Rejects. Anstatt des im Rock gängigen ›One, two, three‹ gab deren Sänger Stinky Turner den Takt mittels ›Oi, Oi, Oi‹ vor.[18] ›Oi‹ avancierte zum Schlachtruf der Skinheads und im Laufe der 80er-Jahre zur Selbstbezeichnung so genannter Oi-Skins, in Abgrenzung zu politisch linken oder rechten Skinheads.[19] ›Oi‹ wurde dabei zum lebensphilosophischen Grundsatz des ›Oi – A way of life‹ erhoben. Im Kern dieses propagierten Lebensentwurfes steht die Identifikation mit dem Skinhead-Stil: dass Bewusstsein über dessen Genese aus der Arbeiterklasse sowie den zentralen lebensweltlichen Ingredienzen Musik, Alkohol und, entsprechend der männlichen Dominanz, Frauen und Sex.[20] Die Oi-Bands waren in der Regel Punk- bzw. Street-Punk-Bands. Reine Skinhead-Bands, wie z.B. die Gruppen The 4-Skins, The Last Resort oder Skrewdriver, bildeten eher die Ausnahme. Zum Alltag der jugendlichen Skinheads gehörten auch gewalttätige Auseinandersetzungen mit anderen Skinhead-Gangs, die sich vor allem zwischen der Anhängerschaft verschiedener Mannschaften beim Fußball entluden. Auch auf den Konzerten der Street-Punk-Bands kam es ab 1977 häufiger zu Schlägereien unter den anwesenden Punks, Skinheads und normal gekleideten Jugendlichen (›Herberts‹). Sie resultierten vor allem aus der zunehmenden Agitation und den Polarisierungsversuchen der National Front (NF) unter den Jugendlichen.

Die 1967 gegründete National Front propagierte mit ihrem auf Aktionismus aufbauenden Selbstbild einen ethnozentristischen Nationalismus. Die programmatische Hauptforderung nach der sofortigen »Beendigung der farbigen Immigration nach dem Vereinigten Königreich und

Repatriierung der bereits im Lande befindlichen Asiaten und Afrikaner«[21] fasste sie in plakativen Slogans wie »If they are black, send them back« zusammen. Eine deutliche Sprache, die besonders bei den jugendlichen Fußballfans und Skinheads ankam, die ab 1977 zur Zielgruppe der Partei avancierten. Zu diesem Zweck organisierte die NF ab 1977 erste ›Rock against Communism‹-Konzerte und gründete parallel dazu die Young National Front (YNF) mit dem Magazin *Bulldog*. Inhaltlich war die Zeitschrift abgestimmt auf die neue Zielgruppe und bot regelmäßige Berichte über ›Jugend in Aktion‹, ›An der Fußball-Front‹ oder ›Rock gegen Kommunismus‹.

Skinheads: erfolgreiche Agitation durch das British-Movement, Aufmarsch 1979

Der von der Partei geschürte soziale Unfrieden äußerte sich in einer Zunahme rassistischer Gewalt und entlud sich auf den Street-Punk- bzw. Oi-Konzerten in Massenschlägereien und Krawallen unter den Zuhörern.

Höhepunkt waren die schweren Auseinandersetzungen während eines Konzertes der Bands The 4-Skins, The Business und The Last Resort im Londoner Stadtteil Southall am 3. Juli 1981. Die dort lebenden Migranten fassten das Konzert und das teilweise offen rassistische Auftreten der Konzertbesucher als gezielte Provokation auf und versuchten, die Skinheads aus dem Stadtteil zu vertreiben. Die Situation eskalierte schließlich in einem Angriff auf den Veranstaltungsort und schweren Auseinandersetzungen zwischen Skinheads, Migranten und der Polizei.[22] In den Medien wurde infolge dieses Ereignisses vor allem die kurz zuvor veröffentlichte Oi-Compilation *Strength Thru Oi* skandalisiert. Der Titel, der auf die NS-Organisation ›Kraft durch Freude‹ anspielt, sowie die Abbildung des Skinheads und bekannten British-Movement-Mitglieds Nick ›Nicky‹ Crane auf dem Cover der LP[23] bestätigten in der Öffentlichkeit das Bild der Skinheads als rassistische und nationalistische Schläger.

Skrewdriver: RechtsRock formiert sich

Die heute im RechtsRock als ›Kult-Band‹ verehrte Gruppe Skrewdriver begann ihre ›Karriere‹ 1977 als Street-Punk-Band, die von dem damals 18-jährigen Punk Ian Stuart Donaldson gegründet worden war.[24] Im Zuge der Skinhead-Renaissance veränderten die Bandmitglieder ihr Äußeres und wurden zur Skinhead-Band. Obwohl die Gruppe nach dem Eintritt von Ian Stuart Donaldson in die NF im April 1979 schnell als ›NF-Band‹ galt,[25] spiegelte sich sein politisches Engagement nicht explizit in den Texten der ersten Veröffentlichung wieder. Erst ab 1982, nach den Ereignissen von Southhall und dem Skandal um seinen Freund Nick Crane, präsentierte sich Ian Stuart Donaldson auf den Konzerten politisch wesentlich radikaler. Seine extremen politischen Aussagen wiesen ihn zunehmend als rassistischen Nationalisten aus.

Skrewdriver 1979, vom Punk zur neonazistischen Skinhead-Band

Im selben Jahr intensivierte sich die Zusammenarbeit mit dem *Bulldog*-Herausgeber Joseph Pearce. Gemeinsam reanimierten sie ›Rock against Communism‹, unter dessen Banner Skrewdriver in den folgenden Jahren mehrere Konzerte gab, und initiierten das Netzwerk White

Noise Club samt dem Label White Noise Records. Als erste Veröffentlichung erschien auf dem Label die programmatische Skrewdriver-EP *White Power*: »I stand and watch my country, going down the drain. We are all at fault now, we are all to blame. We're letting them come over, we just let them come. Once we had an empire, but now we've got a slum. [Refrain:] White power, for England, White power, today, White power, for Britain, before it gets too late ...«[26] Ian Stuart Donaldson verband in diesem Lied erstmals in dieser Eindeutigkeit die NF-typischen Themen ›Einwanderung‹ und vermeintlich gefährdete nationale Identität mit moderner Rock-Musik.

In den folgenden Monaten folgten verschiedene Oi-Bands Skrewdriver und formierten sich unter dem Banner ›Rock against Communism‹ (R.A.C.) und White Noise Club.[27] Unterdessen wurde Skrewdriver auch außerhalb von Großbritannien bekannt. Das in Brühl bei Köln ansässige Label Rock-O-Rama von Herbert Egoldt schloss mit der Band einen Vertrag, der ihr die Erschließung des europäischen Marktes ermöglichte. Durch die Zusammenarbeit mit Skrewdriver und in der Folge mit dem White Noise Club[28] avancierte Rock-O-Rama zum dominierenden Marktführer in Sachen RechtsRock und veröffentlicht seit 1986 beinahe ausschließlich rechte Bands.

Comrades / the voices of the dead battalions / Of those who fell / that Europe might be great / Join in our song / for they still march in spirit with us / And urge us on that we gain the national state

Refrain: The streets are still / the final battle has ended / Flushed with the fight / we proudly hail the dawn / See over the streets / the white man's emblem is waving / Triumphant standards of a race reborn

Blood of our blood / spirit of our spirit / Sprang from that soil / for who's sake they bled / Against the vested powers / Red front / and massed reaction / We lead the fight for freedom and for bread

Hail the New Dawn, Skrewdriver, 1984

»Hail the new dawn!«: RechtsRock für Europa

Die 1984 auf Rock-O-Rama verlegte LP *Hail The New Dawn* von Skrewdriver verdeutlichte bereits mit dem Titeltrack die Orientierung am neuen (politischen) Markt Europa. Der nationalistische Bezug der Band auf England und Großbritannien wich dem pan-germanischen Bezugspunkt auf das weiße Europa.[29] Bezeichnenderweise hat das LP-Cover die Landnahme von Wikingern zum Motiv, deren Anführer eine Fahne mit dem Keltenkreuz, Synonym für ›White Power‹, trägt. Das Motiv unterstreicht die textliche Botschaft, die (Rück-)Eroberung durch die weißen Nordmänner.

Aufgrund der Vermarktung durch Rock-O-Rama, die Ian Stuart Donaldson als »brillant« bezeichnete,[30] wurde Skrewdriver in den folgenden Jahren zu einer der bekanntesten und beliebtesten Skinhead-Bands. Der stete Bezug auf den ›Skinhead-Kult‹ wie auch ihr Ruf einer aufgrund ihrer politischen Positionierung öffentlich inkriminierten Band ließ sie in der Wahrnehmung der Zuhörerschaft an Authentizität gewinnen. Ulrich ›Uhl‹ Großmann, Herausgeber des in den 80er-Jahren bekanntesten deutschen Fanzines *Clockwork Orange*, resümierte 1984 in einem Artikel über die Punk-Band Peter and the Test Tube Babies: »Vergesst diese Plastik-Band, so gut ihre Musik auch ist. Die Skin-Band der Stunde ist Skrewdriver.«[31]

Während Ian Stuart Donaldson 1985/86 eine Haftstrafe wegen schwerer Körperverletzung an einem Farbigen absaß, kam es in der NF zu Führungsrivalitäten, an deren Ende die Spaltung der Partei stand.

Dabei entstanden auch zwischen dem der NF angegliederten White Noise Club und dessen Bands Streitigkeiten über finanzielle Angelegenheiten, aufgrund derer Ian Stuart Donaldson 1987 schließlich aus der Partei austrat. Noch im selben Jahr gründete er zusammen mit Nick Crane die Organisation Blood & Honour – The Independent Voice of Rock Against Communism, als dessen Sprachrohr ein gleichnamiges Musikmagazin fungiert. Mit dem Bruch gelang es Ian Stuart Donaldson den RechtsRock aus dem politischen Einflussbereich einer einzelnen rechtsextremen Partei zu lösen und unter der Selbstbezeichnung ›unabhängig‹ einen partei- und strömungsübergreifenden nationalistischen und rassistischen Musik-Undergrounds zu formieren. Der bestehende Widerspruch zwischen Parteidisziplin und ungezügelter rassistisch-nationalistischer Jugendkultur wurde mit der Gründung einer Organisation ›von Skins für Skins‹ aufgehoben.

Ideologisch setzte Blood & Honour im Gegensatz zur Politik der National Front nicht nur auf einen rassistisch determinierten Nationalismus, sondern bezog sich eindeutig auf den Nationalsozialismus. »We will follow the example of the one uncorruptable ideal: National Socialism, and its great martyr Adolf Hitler. Victory will be ours.«[32]

Das Hakenkreuz als Leitsymbol – 11. Ausgabe des britischen Blood & Honour-Magazines (ca. 1990)

Unterdessen hatte sich die Subkultur der Punks und in deren Schatten auch die der Skinheads längst über West-Europa und mit etwas zeitlicher Verzögerung auch über Ost-Europa verbreitet. Den Skinheads eilte vor allem ihr medial verbreiteter Ruf als rassistische Schläger voraus, sodass sich ihnen von vornherein eher rechte Jugendliche anschlossen. Ähnlich der Entwicklung in Großbritannien wurden in verschiedenen Ländern mehr oder weniger nationalistische und rassistischen Oi-Bands gegründet, im italienischen Vereno bereits 1981 die Band Plastic Surgery, im folgenden Jahr in Frankreich die Bands Skinkorps, Snix und Tolbiac's Toads. 1983 formierten sich die Skinhead-Band Oisterreicher in Wien, die Band Oi-Kor in Budapest und The Bully Boys in den USA und im Veröffentlichungsjahr von *Hail The New Dawn* die Band Ghetto 84 in Bologna sowie Zyklon B (später Evil Skins) und Legion 88 in Paris.

In der zweiten Hälfte der 80er-Jahre setzte sich infolge der Entwicklung in England auch in den anderen europäischen Ländern die nationalsozialistische Linie zunehmend durch und verdrängte mehr und mehr die nationalistisch-rassistische Linie, wie sie der White Noise Club repräsentiert hatte.

Auch das deutsche Plattenlabel Rock-O-Rama trug diese Radikalisierung mit und eröffnete den verschiedenen europäischen Bands den internationalen Markt. »Rocking for race and nation« (Brutal Attack) wurde zur gesamteuropäischen Option.

West-Deutschland

In der Bundesrepublik entwickelten sich bereits Ende der 70er-Jahre im Zuge des Punk einzelne Skinhead-Szenen in verschiedenen Großstädten.

Politisch noch diffus:
früher deutscher Punk-Sampler, 1982

Sie hörten in erster Linie die Musik der englischen Skinheads und in Ermangelung eigener Bands die Musik der ersten deutschen Punk-Bands. Deren Texte zu den meist auf zwei oder drei Akkorden basierenden Liedern handelten vom alltäglichen Frust, der Perspektivlosigkeit zwischen steigender Jugendarbeitslosigkeit und gesättigter Wohlstandsgesellschaft, der Verweigerung gegenüber bürgerlichen Normen, der Abgrenzung gegen andere ›konforme‹ Jugendliche sowie der Auseinandersetzung mit der Polizei.[33]

Ab Anfang der 80er-Jahre wurde die deutsche Punk Musik zunehmend politischer und geriet zur Begleitmusik linksradikaler Jugendlicher (›Autonome‹) in den Zeiten von Hausbesetzungen, Startbahn West und militanten Auseinandersetzungen an den Bauzäunen der Wiederaufbereitungsanlage in Wackersdorf oder des AKW Brokdorf. Auf der anderen Seite beinhaltete Punk aber auch gegenteilige Statements, wie sie die Frankfurter Band Böhse Onkelz, die Leverkusener OHL (Oberste Heeresleitung) oder die Kölner Gruppe Cotzbrocken präsentierten. Politisch diffus bewegten sich beispielsweise die Leverkusener auf ihren Platten mit so obskuren Namen wie *Heimatfront* (1981) oder *Oktoberrevolution* (1982) in Abgrenzung gegen Neonazis und ›extreme Linke‹, gegen Atomkraft und gegen die Alternativ-Bewegung, gegen Religion und gegen Krieg. Die Band Cotzbrocken hingegen proklamierte auf ihrer Debüt-LP *jedem das seine*[34] von 1981 politisch eindeutiger den Schulterschluss zwischen Links und Rechts: »Du willst kein Arier, willst kein Deutscher sein. In diesem System bist du aber der letzte Dreck, hier zu leben hat gar keinen Zweck. Willst du gegen diesen Staat etwas tun, dann dürfen nicht länger die Waffen ruhen. RAF verbünde dich mit dem rechten Kern, dann geht in Deutschland auf der Terrorstern.« Unterdessen sangen die 1980 als Punk-Rock-Band gegründeten Böhsen Onkelz gegen »Bullenschweine«, hetzten szeneüblich gegen Hippies und träumten von »Punks und Skins für Zusammenhalt, gegen Euch und Eure Staatsgewalt. OiOiOi.« Ihr Song *Türken raus*, das damals eindeutigste rassistische Lied aus der Punk-Szene, unterschied sie jedoch von den meisten anderen Bands.[35] Ein solch offensichtlich ausländerfeindlicher Charakter galt in der Szene als auch in der liberalen Öffentlichkeit als nicht akzeptabel. Dennoch trafen sie den in weiten Teilen der Gesellschaft bestehenden Zeitgeist.

Türken raus / Türken raus / Türken raus / Alle Türken müssen raus!

Türkenfotze unrasiert / Türkenfotze wegrasiert / Türkenfotze unrasiert / Türkenfotze!

Türkenpack / Türkenpack / raus aus unser'm Land / geht zurück nach Ankara / denn Ihr macht mich krank / Nadelstreifenanzug / Plastiktütenträger / Altkleidersammler und Bazillenträger …

Türkenfotze, Böhse Onkelz, 1982

Eine Studie des Bonner infas-Instituts vom Dezember 1981 ergab, dass die Deutschen die Türken als die am wenigsten sympathische Bevölkerungsgruppe benannten.[36] Ihnen wurde eine seit 1955 verfehlte Ausländerpolitik angelastet, die unter der wirtschaftspolitischen Prämisse der befristeten Zuführung von ›Fremdarbeitern‹ zum Ausgleich konjunkturell bedingten Arbeitskräftemangels eine ›Integration‹ bzw. Partizipation nicht vorsah.[37] Als zusätzliche Arbeitskräfte waren sie willkommen, als Nachbarn jedoch nicht vorgesehen. Im Rahmen der Mitte der 70er-Jahre einsetzenden wirtschaftlichen Rezession und der daraus folgenden massenhaften ›Freisetzung‹ von Arbeitskräften sank die Akzeptanz gegenüber den so genannte Gastarbeitern. Befürworteten 1978 noch 60 Prozent der britischen Bevölkerung ihren dauerhaften Aufenthalt, verkehrte sich dies bis 1982 ins Gegenteil. 68 Prozent der Bevölkerung sprachen sich nunmehr dafür aus, dass die Gastarbeiter »wieder in ihr Land zurückkehren« sollten.[38] Während die Böhsen Onkelz offen »Türken raus« sangen, wies die infas-Studie 49 Prozent der Bundesbürger als latent ausländerfeindlich aus.[39]

RechtsRock konstituiert sich

Ab 1980/81 wuchs die bundesdeutsche Skinhead-Szene beständig an. Obwohl sie noch eng mit dem Punk verbunden war, unterschieden sich die Skinheads von Punks zunehmend durch ihre nationalistischen und rassistischen Sprüche, den häufig öffentlich gezeigten Hitlergruß und Angriffe auf türkische Mitbürger. Damit bestätigten sie das auf der britischen Insel geprägte und über die Presse in Deutschland verbreitete Bild von Skinheads als rassistischem, diffus neonazistischem Pöbel.[40]

Der Stil der deutschen Skinheads war vom ›way of life‹ der englischen Szene geprägt. Ebenso wie in Großbritannien kolportierte ihr Selbstbild, dass sie eine Arbeiterjugend seien. Doch trotz der nicht-deutschen Wurzeln ihrer Subkultur und ihrer oft betonten Abgrenzung gegen die bürgerliche Gesellschaft, begannen sie sich zunehmend mit der deutschen Nation zu identifizieren. Ihrem nationalistischen Bekenntnis folgte eine rassistische Ausschlusslogik – zu Deutschland sollte nicht gehören, wer nicht ›deutsch ist‹. Dies traf weniger befreundete ausländische Skinheads als vielmehr hier lebende Migranten.

1981 formierten sich die ersten deutschen Skinhead-Bands; in Bremen um den Bandleader Jens Brandt die bis heute bestehende Gruppe Endstufe und in Mainz die ebenfalls noch heute existente Band Springtoifel. Im selben Jahr wechselten sowohl die Bandmitglieder der Böhsen Onkelz als auch die der 1980 gegründeten Hamelner Band Hans Albers Combo vom Punk zur Skinhead-Subkultur. Letztere dokumentieren ihren Stilwechsel mit dem neuen Namen Vortex. Musikalisch verbanden die Bands Punk, Ska und Hard-Rock zu einem eigenen Stil, der mal mehr nach Street-Punk bzw. Oi-Musik klang, mal mehr nach punkigem Hard-Rock.

Den Bandgründungen folgten die ersten so genannten Skinhead-Fanzines, von ›Fans‹ der Musik hergestellte ›Magazine‹. 1982/83 erschienen die Debütausgaben des Berliner *Attacke*-Fanzines und des Magazins *Kampfbereitschaft 84*, des Wuppertaler *Boots* und des Nürnberger *Gesunde Kopfhaut*. Die Hefte im Din-A5-Format mit Schreibmaschinenschrift und collagenartigem Layout stellten mit Artikeln über vergangene Ereignisse, Veranstaltungsankündigungen und Interviews mit beliebten Bands das wichtigste Kommunikationsmittel der Szene dar. Die subjektive Berichterstattung mit dem szeneeigenen Blickwinkel wurde zur szeneeigenen Gegenöffentlichkeit, die das massenmedial präsentierte negative Bild vom Skinhead fortwährend relativierte und häufig negierte.

Skinhead ist aber nicht einfach eine Mode, es ist eine Einstellung zum Leben. Es bedeutet sich seinen Wurzeln in den Arbeiterschichten bewußt zu sein und auch danach zu handeln. Der Skinhead zeigt, woher er stammt, und er ist stolz darauf! […] Skin zu sein heiß sich seinen Anteil am Leben zu nehmen, gemeinsam mit seinen Freunden Spaß zu haben. […] Skinhead ist eine Bewegung der Gewalt, aber nicht der Gewalt, die Andere unterdrückt, sondern der Gewalt, an der man Spaß hat. Es macht einfach Spaß beim Fußball die gegnerischen Fans zu bekämpfen und die haben auch ihren Spaß daran. Der Skinhead ist national eingestellt, bereit für sein Land zu kämpfen. Dieser Nationalstolz hat aber mit Politik nichts zu tun, man muß auch die eigene Regierung oder das System bekämpfen, wenn es einen selbst bekämpft. Wenn wir für Deutschland stehen, dann stehen wir nicht für Kohl, Strauß oder Vogel, nicht für Hitler oder Honnecker sondern für unser Land, ein Land das uns gehört. Deutschland muß leben, in Freiheit und Demokratie!

Gesunde Kopfhaut, Nr. 2, 1984: Skinhead ›a way of life‹

Frühe deutsche Skinhead-Fanzines: Attacke, Clockwork Orange, Hezzer, Kampfbereitschaft 84, Boots, Gesunde Kopfhaut

Hatten es nicht nötig, in Englisch zu singen: Body Checks aus Moers, 1984

Der fortschreitenden Etablierung der Skinhead-Szene folgte die zunehmende Abgrenzung gegenüber Punks, die schließlich auf den Chaostagen in Hannover 1984 im endgültigen Bruch endete. Mit einem kopierten und weitergereichten Aufruf unter der Überschrift: »Ewig währt das Dritte Reich! Skins – Erwachet« wurden bereits im Vorfeld des Treffens »Skinheads und Kameraden« aufgefordert, zu den Chaostagen nach Hannover zu kommen. Weiter hieß es: »Provoziert keine Bullen, die Punx sind unsere Feinde, sonst niemand! Wir werden dem Reich zeigen, was ›United Skins‹ bedeutet. Zur Unterstützung unseres Kampfes haben sich auch englische National-Front Skins, Kameraden der ehemaligen ANS und der Savage Army sowie haufenweise rechte Rocker und Fußballfans angesagt. Skinheads kommt nach Hannover!!! Kampftag: 4.8.1984!!!«[41] Die ›Entscheidungsschlacht‹ blieb zwar aus, der Bruch zwischen Punks und Skinheads aber war vollzogen. Von nun ab begegneten Skinheads den Punks zunehmend aggressiv.

Im Zuge der nationalen Konstituierung der Skinhead-Subkultur folgte die Abnabelung von ihrem britischen Ursprung und Leitbild. In der Selbstwahrnehmung verfügte die deutsche Szene nun über genug eigene Bands, die den englischen Gruppen vorgezogen werden sollten: »Die Oi-Musik aus England, die ist zwar wirklich gut, doch weißt du denn nicht, daß sich hier in Deutschland etwas tut. Auch bei uns da gibt es Bands, die gute Musik bringen, die haben es nicht nötig, in Englisch zu singen. Englandkult, Englandkult – Laß' dich bloß nicht darauf ein. Englandkult, Englandkult, sei stolz darauf, Deutsch zu sein«, sangen etwa die Body Checks.[42] Deutlich spiegelt sich im Rückbezug auf das ›Deutschsein‹ ihre zunehmende deutsch-nationale Position.

Auch zwölf dunkle Jahre in deiner Geschichte / machen unsere Verbundenheit zu dir nicht zunichte / Es gibt kein Land frei von Dreck und Scherben / hier sind wir geboren / hier wollen wir sterben.

Refrain:
Deutschland, Deutschland, Vaterland / Deutschland, Deutschland, mein Heimatland

Den Stolz Deutsch zu sein woll'n sie dir nehmen / das Land in den Dreck zieh'n / die Fahne verhöhnen / Doch wir sind stolz / in dir geboren zu sein / Wir sind stolz drauf / Deutsche zu sein ...

Deutschland, Böhse Onkelz, 1984

Im Mittelpunkt der bundesdeutschen Szene standen in den 80er-Jahren vor allem die Böhsen Onkelz, die sich 1982/83 zu einer Skinhead-Band gewandelt hatten. Ihr 1984 veröffentlichtes Debüt *Der nette Mann* auf Rock-O-Rama fand innerhalb der Szene breiten Anklang und die Band avancierte zum ›Szene-Tip‹: »Vergesst Last Resort, Red Alert oder 4 Skins. Die Onkelz singen nicht Margarh Thatcher, Reagan oder irgendwelchen Sachen, die uns entweder nichts angehen oder an denen wir nichts ändern können, sie singen von unseren Problemen in unserer Sprache, nach dem Motto: Wir sind Böhse Onkelz und machen was uns gefällt. Heute gehört uns Deutschland und morgen die ganze Welt!!!«[43] (Fehler im Original.)

Die zuvor auf Demo-Kassetten veröffentlichten nationalistischen bzw. ›ausländerfeindlichen‹ Lieder *Deutschland den Deutschen* und *Türken raus* fehlen auf dieser Veröffentlichung der Böhsen Onkelz. Stattdessen präsentierte sich die Band mit dem Lied *Deutschland* moderat deutsch-national, indem sie demonstrativ ihren Nationalstolz in den Mittelpunkt des Liedes stellte, das ›Dritte Reich‹ historisierte und mit der Strophe »schwarz-rot-gold, wir stehen zu dir« etwaiger Reichs-Nostalgie scheinbar eine Absage erteilte.

Inhaltlich bewegt sich die LP sowie die im Jahr darauf veröffentlichte Platte *Böse Menschen – böse Lieder* zwischen Fußball(-hooliganismus), Gewaltverherrlichung, Beschreibungen gemeinsamer Feiern und Alkoholexzessen, sexistischen Männerphantasien, der Glorifizierung des eigenen Skinhead-Stils und der bis heute anhaltenden Selbstvergötterung: »Wir saufen mit links und herrschen mit der Rechten. Wir sind die Herrscher Frankfurts, Könige der Nacht. Wir sind die Macht, also spielt unsere Hymnen. Schrei im Dunkeln, Schrei in der Nacht, denkt an die Onkelz, denkt an die Macht [...]. Spürt ihr die Kraft, die euch umhüllt? Wir sind euer Wille, wir werden euch führen, gemeinsam werden wir die Welt regieren. [Ref.:] Wir sind Böhse Onkelz und machen was uns gefällt. Heute gehört uns Deutschland und morgen die ganze Welt.«[44]

Begeisterte Skinheads: ›Rock gegen Links‹, Lübeck, 1985

Live spielten die Böhsen Onkelz ebenso wie andere Skinhead-Bands vorwiegend in Jugendclubs vor kleinem Publikum. Die Ausnahme bildete das erste deutsche ›Rock gegen Links‹-Festival in Groß Parin bei Lübeck am 17. August 1985. Das Motto des Konzertes war den britischen RAC-Konzerten entlehnt. Zu diesem Szeneereignis, bei dem neben den Böhsen Onkelz die britischen White-Noise-Bands Indecent Exposure und die Die Hards spielten sowie die seinerzeit noch relativ unbekannte deutsche Band Kahlkopf aus Bad Homburg, waren über 600 Skinheads angereist.[45]

Vorreiter des militanten Neonazismus: Christian Worch und Michael Kühnen

Knapp drei Monate später, am 9. November 1985, traten die Böhsen Onkelz zusammen mit der Band Vortex und der als ›hart rechts‹ bekannten Gruppe Kraft durch Froide/Aufbauorganisation (KdF/Ao) in deren Berliner Übungsraum auf. Die rund 200 anwesenden Skinheads forderten in Sprechchören von den Frankfurtern die Lieder *Deutschland den Deutschen* und *Türken raus*, die allerdings schon länger nicht mehr zu ihrem Repertoire gehörten. Stattdessen spielten sie, wie bereits zuvor in Lübeck, ihr *Deutschland*-Lied. Aber anstatt wie auf der LP-Veröffentlichung vom ›schwarz-rot-goldenen‹ Stolz auf das Vaterland zu singen, proklamierten sie nun das alte deutsche Reich zum Vorbild und bekannten: »Schwarz-weiß-rot, wir stehen zu dir«.[46] Eine kleine, aber wesentliche Änderung. Aus dem Publikum schlug der Band nach dem Lied frenetisches ›Sieg Heil‹-Gegröle entgegen, wie auf einem Live-Mitschnitt zu vernehmen ist. Von der Bühne entgegnete man daraufhin: »Sieg Heil«.[47]

Du willst ein Soldat des Führers sein / aber du bist nur ein kleines fettes Schwein / Nickelbrille im Pickelgesicht / Wulstlippen / so etwas brauchen wir nicht / fettiges Haar in die Stirn gekämmt / Braune Augen blitzen mich dunkel an / kantiges Gesicht / du bist ein Mann / Du bist ein Sturmabteilungsmann / Landser lesen / Wochenschau sehen / mit dem Braunhemd in die Disco gehen
[...]
Doch kommst du dann nach Haus / ist es mit deinen Träumen gleich aus / Dein Alter schlägt dir ins Gesicht / denn er versteht deine Träume nicht / Du willst ein Soldat des Führers sein / aber du bist nur ein fettes kleines Schwein

Rekrutierungsversuche militanter Neonazis von rechts kritisiert: Soldat des Führers, K.d.F., 1983

Zwischen Unterwanderung und Selbstentwicklung

Ähnlich der Strategie der National Front in England versuchte in der Bundesrepublik die 1977 gegründete, offen den Neonazismus propagierende Aktionsfront Nationaler Sozialisten/Nationaler Aktivisten (ANS/NA) um Michael Kühnen unter Fußballfans, Rockern und Skinheads neue Anhänger für ihre Ziele zu gewinnen. Die Agitationsversuche trafen bei manchem der jungen Männer auf fruchtbaren Boden, da sie die politische Meinung teilten und auch über ein ähnliches Maß an Gewaltakzeptanz verfügten. Dennoch waren die Einstiegsschwellen wie beispielsweise die geforderte Selbstdisziplin, der Gehorsam gegenüber

Abgrenzung zum organisierten Neonazismus: Der Neue Weg, Nr. 1, 1984

der Partei oder die Uniformierung für diese im Parteiverständnis eher undisziplinierten Jugendlichen zu hoch, sodass in der ersten Hälfte der 80er-Jahre nur wenige Skinheads zu Aktivisten oder Kadern dieser Organisation wurden.[48]

Zum Selbstverständnis des ›way of life‹ gehörte es zwar, ›national‹ zu sein, aber eben nicht organisiert. Es wurde von den Skinheads befürchtet, dass sie von den Parteien nur für deren Zwecke benutzt würden. Das Berliner Fanzine *Der neue Weg*, Nachfolger des *Attacke*-Magazins, postulierte in seiner Debüt-Ausgabe: »Kühnen selbst sagte, daß wir sehr nützlich wären, aber nicht ganz auf seiner politischen Linie stehen. Die doitsche Skinhead-Bewegung ist groß genug um eigene, neue Wege des politischen Handels zu finden. [...] Tod und Hass den Feinden der Bewegung Gemeinsam für Doitschland.«[49] Anders als die britische Szene versuchte die Deutsche von Beginn an, sich als politische Kraft jenseits klassischer Organisationen zu etablieren. Ausdruck dieses Abgrenzungs- und Vernetzungsbedürfnisses waren z.B. die aus dem Umfeld der Band KdF/Ao initiierte gleichnamige lose Gruppierung Kraft durch Froide – Aufbauorganisation oder die 1984 in Hannover gegründete Organisierte Skinhead Bewegung Deutschland (OSBD).[50]

Radikalisierung

Am frühen Morgen des 24. Juli 1985 schlugen drei Deutsche, zwei von ihnen waren Skinheads, in Hamburg den 25-jährigen Türken Mehmet Kaymakci zusammen und zertrümmerten schließlich mit einer Gehwegplatte seinen Schädel. Kaum fünf Monate später, am 22. Dezember 1985, überfiel eine fünfköpfige Gruppe von Skinheads ebenfalls in Hamburg den 26-jährigen Türken Ramazan Avci und schlug ihn zusammen. Zwei Tage später erlag das Opfer im Krankenhaus seinen schweren Verletzungen.

Während sich in den Medien infolge der beiden Morde die Gleichsetzung von Skinheads mit rassistischen Gewalttätern durchsetzte, reagierte die Szene auf die Toten und die breite öffentliche Stigmatisierung unterschiedlich. Während ein Teil der Subkultur den Rücken zukehrte und ›ausstieg‹, verharmlosten andere die Angriffe als Unfälle bei einer Schlägerei zwischen Türken und Skinheads. Die offen neonazistischen Kreise der Skinhead-Szene hingegen feierten die Täter vom 22. Dezember gar als Helden und forderten die Freilassung des Hauptverantwortlichen.[51]

Ab 1987 wurden zunehmend neue Bands gegründet, darunter Commando Pernod aus Hamburg, Kruppstahl aus Augsburg, Voll die Guten (VdG) aus Oberhausen und Sturmtrupp aus Neuburg/Donau. Musikalisch vernachlässigten sie die ursprünglichen Einflüsse aus Punk und Ska zugunsten der Orientierung an Hardrock und Heavy Metal. Ihre inhaltlichen Motive entlehnten die Bands zwar weiterhin dem von den Böhsen Onkelz mit ihren Veröffentlichungen gesteckten Rahmen, er wurde nunmehr aber mit explizit politischen Texten ergänzt. Dabei wandelte sich

Der Skinhead-Bewegung auf Wiedersehen zu sagen ist uns nicht leichtgefallen, hatte jedoch eine ganze Menge Gründe. Erstens gab und gibt es Vorfälle, mit denen wir uns nicht identifizieren können [...]. Das gleiche gilt für viele neue Skins, die keine Ahnung haben, worum es uns in der Bewegung ging. (Wir haben über dieses Thema ein Lied geschrieben, das ebenfalls auf der nächsten LP zu finden ist.) Zweitens sind wir für die Öffentlichkeit keine Unbekannten mehr. Die Schwierigkeiten häuften sich, wir hatten sehr viel Ärger mit der Polizei etc. Die erste LP wurde verboten usw. Wir hatten keine Lust mehr, uns in eine Ecke drängen zu lassen, aus der wir nicht mehr herauskommen. Wir wollten unseren Spaß haben und das war zum Schluß nicht mehr möglich. Skins sind uns jedoch keinesfalls gleichgültig geworden, im Gegenteil: Unser Herz schlägt noch immer für die Bewegung. Allerdings nicht mehr so kompromißlos wie das früher der Fall war. Es ist bei uns nicht so wie bei vielen anderen ex-Skins, bei denen die Ansichten mit den Haaren wachsen. Wir sind die selben, die wir immer waren ...

Die Böhsen Onkelz 1987 über ihren Abschied aus der Skinhead-Szene Aus: Singen und Tanzen, Nr. 3, 1987 ab Mitte der 80er-Jahre die vornehmlich deutsch-nationale Position in eine offen rechtsextreme bis neonazistische. Die 1987 gegründete Stuttgarter Band Noie Werte textete beispielsweise im Lied *Rudolf Hess* über den kurz zuvor durch Selbsttötung verstorbenen ehemaligen Vertreter Adolf Hitlers und verurteilten Kriegsverbrecher: »46 Jahre warst du im Knast. Es ist unglaublich, was du ertragen hast. Dein halbes Leben haben sie dir geraubt, doch bis zum Schluß hast du an Deutschland geglaubt. [...] [Refrain:] In einer dunklen Nacht, haben sie dich umgebracht. Ein Märtyrer bist du, im Grabe fandest du endlich deine Ruh'.«[52]

Größere Konzerte blieben in der zweiten Hälfte der 80er-Jahre die Ausnahme. Schließlich waren von den älteren Bands nur noch die Gruppen Endstufe und Kahlkopf verblieben. Die früheren Bands KdF/Ao, die Hameler Vortex[53] sowie Body Checks hatten sich zwischenzeitlich aufgelöst,[54] die Böhsen Onkelz zwecks Karriere die Szene verlassen und die neuen Musikgruppen befanden sich noch in ihrer ersten Übungsphase. Stattdessen wurden die zunehmend von der Szene für die Szene organisierten Skinhead-Treffen zum überregionalen Begegnungsort, in dessen Mittelpunkt kollektive Alkohol-Orgien standen. Intention der Zusammenkünfte war in erster Linie die Stärkung der Szene und des Zusammenhaltes untereinander gegen die in ihren Augen ungerechtfertigte öffentliche Verurteilung von Skinheads als extrem gewalttätig und rechtsextrem. Dennoch fielen Besucher des Treffen allerorts durch den gezeigten Hitlergruß oder das Skandieren ausländerfeindlicher Parolen auf, vereinzelt kam es zu organisierten Überfällen auf Punker, Migranten und linke Jugendzentren, sodass das öffentlich gezeigte Bild seine Bestätigung fand.

Die Anzahl und Auflage der Szene-Fanzines stieg in diesem Zeitraum an und ihr Inhalt zeigt deutlich, wie sich die Skinhead-Szene in der zweiten Hälfte der 80er-Jahre zunehmend fragmentierte. Die Heterogenität, die sich dort widerspiegelt, resultierte aus den verschiedenen politischen Auffassungen exponierter Skinheads oder Skinhead-Gruppen, das Spektrum reicht von vereinzelten deutsch-nationalen Parolen über konsequent nationalistische und rassistische Statements bis zu offen neonazistischen Positionen.

Die nach dem Mord an Ramazan Avci 1985 einsetzende politische Radikalisierung der Skinheads in West-Deutschland hatte zur Folge, dass zunehmend junge Männer aus politischer Motivation Skinhead wurden. Sie übernahmen bei Veranstaltungen der NPD, der Freiheitlichen Deutschen Arbeiterpartei (FAP) oder der Nationalistischen Front (NF) häufig den Saalschutz oder bildeten ein Mobilisierungspotenzial für Aktionen. Die ehedem subkulturelle Distanz zu politischen Organisationen verringerte sich, vor allem gegenüber der NF und der FAP.[55] Während die NF mit Andreas Pohl,[56] dem Schlagzeuger der Band KdF, einen prominenten Skinhead als stellvertretenden Vorsitzenden vorweisen konnte, verfügte die FAP mit dem von Andreas Zehnsdorf ab Dezember 1987 herausgegebenen Fanzine *Querschläger – Das Blatt für Sympathisanten und Unterstützer der Kameradschaft Essen* über ein inoffizielles, in der Szene renommiertes Magazin. Die einst postulierte Abgrenzung gegen extrem rechte Parteien samt deren Kadern galt nur noch bedingt.

Aus heutiger Sicht ist das Blatt für mich ein Phänomen. Jeder Hinz und Kunz kannte das Zine. Vielleicht wurden die Hefte von Hand zu Hand weitergegeben? Wahrscheinlich wirst Du jetzt fragen, warum ich denn um Gotteswillen damit aufgehört habe. Ganz einfach: 1. Es ist immer von Vorteil, wenn man dann aufhört, wenn es am besten läuft (einige ganz bestimmte Ausnahmen ausgenommen. Hähä!), 2. Konnte man sich Ende der 80er Jahre noch einiges mehr erlauben als heute. Damals hatten die Herren vom ›Trachtenverein Knüppel aus dem Sack‹ noch gar keinen Plan von der ganzen Sache. Angenommen, ich hätte damals weitergemacht, wahrscheinlich wären kurze Zeit später einige deftige Anzeigen ins traute Heim geflattert.

Andreas Zehnsdorf 1996 rückblickend über sein Magazin Querschläger
In: Amok, Nr. 1, 1996

Skinheads in der DDR

Die Deutsche Demokratische Republik hat getreu den Interessen des Volkes und den nationalen Verpflichtungen auf ihrem Gebiet den deutschen Militarismus und Nazismus ausgerottet.

Art. 6 der Verfassung der DDR

Im Selbstverständnis der DDR war der Faschismus mit der Kapitulation am 8. Mai 1945 besiegt und mit den nachfolgenden Kriegsverbrecherprozessen mit ›Stumpf und Stiel‹ ausgerottet worden. Die am Nationalsozialismus beteiligte Bevölkerung wurde entsprechend der Faschismusanalyse von Dimitroff als Opfer der kapitalistisch-imperialistischen Verführung des Faschismus exkulpiert. Dennoch lebten ebenso wie in der BRD auch in der DDR Menschen mit eindeutig nationalistischen und rassistischen Einstellungen. Allerdings wurde jede öffentliche politische Betätigung durch das restriktive Vorgehen von Polizei und Staatssicherheit unterbunden.[57]

Die ersten Skinheads traten bereits Ende der 70er-Jahre in der DDR auf. Ebenso wie in der Bundesrepublik waren sie in der Anfangszeit eng mit der Punk-Szene verbunden und entsprechend dem westdeutschen Äquivalent stammten viele spätere Skinheads aus dieser Szene. Beiden Subkulturen war anfangs gemeinsam, dass sie versuchten, sich mit ihrer Andersartigkeit in der von Konformitätsdruck geprägten DDR gegen diese Lebensumstände abzugrenzen. Der Staat wertete diese jugendlich-subkulturelle Erscheinung jedoch als den Ausdruck einer aus dem Westen importieren Dekadenz, die dem Verständnis vom Sozialismus der DDR konträr entgegenstand. Entsprechend waren jene Jugendlichen Beobachtungsobjekte des Ministeriums für Staatssicherheit (MfS) und hatten mit zahlreichen Schikanen zu rechnen. Ein Umstand, der zur politischen Auseinandersetzung mit dem Staat führte und damit die Politisierung der Szenen forcierte.

Vom Punk zum Neonazi – nicht untypische Biografie ostdeutscher Rechter: Mike Penkert, heute Betreiber des Radio Germania, Wittenberge, 17.5.1997

Ab 1982/83 bekannten sich Skinheads in der DDR durch das Ausstaffieren mit nazistischen Symbolen offen als Rechte: »Die ›Karrieren‹ vieler Skinheads begannen bei den Punks, dann wurden sie ›Nazi-Punks‹ und schließlich ›Skins‹«.[58] Wichtiger Scheidepunkt zwischen Skinhead- und Punk-Szene war die Gewaltanwendung, die vor allem von den Skinheads kultiviert wurde. Sie erhielt nicht nur vonseiten der Punks, sondern auch aus der Heavy-Metal- und Fußballfanszene regen Zulauf.

Ab ca. 1985/86 begannen Skinheads, sich in kleinen Gruppen und Cliquen mit informellem, aber stabilem Charakter in allen Bezirken der DDR zu organisieren, beispielsweise die 1986 nach dem Berliner Stadtteil benannte Lichtenberger Front. Die Jugendlichen verzichteten dabei zumeist auf ein auffälliges Äußeres und entwickelten stattdessen eine hohe Gruppendisziplin und konspirative Verhaltensformen. Gezielte Angriffe verübten sie vor allem auf dunkelhäutige In- und Ausländer. Ab 1987 nahm diese Gewalt zu und eskalierte schließlich im Überfall auf die Ostberliner Zionskirche.[59]

Offenbarte Westkontakte

Am 17. Oktober 1987 überfielen ca. 30 jugendliche, vorwiegend neonazistische Skinheads unter »Sieg Heil«-Gegröle und Beschimpfungen wie »Judenschweine« ein Punk-Konzert in der Zionskirche und schlugen die Besucher des Konzertes wahllos zusammen. Der Überfall erregte in der DDR wie auch in der BRD öffentliche Aufmerksamkeit und führte zu einer ersten offenen Auseinandersetzung mit dem Phänomen der Skinheads. Vor Gericht wurden die Täter in erster Instanz allerdings als ›Rowdys‹ verharmlost, da offiziell in der DDR keine Skinheads existierten. Erst im Berufungsverfahren wurden sie – mit ausdrücklichem Hinweis auf die Beteiligung West-Berliner Skinheads am Überfall – als Skinheads bezeichnet. In den Medien der DDR wurden die damit offenbarten Westkontakte dazu benutzt, die DDR-Skinheads als ein Produkt des imperialistischen Westens und den Überfall als ein Ergebnis der Indoktrination dieses ›feindlichen Auslands‹ darzustellen. Tatsache ist zwar, dass das MfS 1987 131 Skinheads aus Westberlin erfasste, die mit dem Ziel eingereist waren, Kontakte zu gleich gesinnten Personen im Ostteil der Stadt herzustellen,[60] aber dennoch hatte sich die Szene in der DDR eigenständig unter den speziellen Bedingungen des Landes entwickelt. Erstaunlich ist dabei, dass dies trotz Fehlens elementarer subkultureller Bestandteile in Form eigener Fanzines, Bands und Konzerte geschah.[61] Diese Lücke wurden teilweise durch die Westkontakte geschlossen, über die begrenzt Tonträger und Fanzines oder szenetypische Kleidungsstücke aus dem Westen eingeschleust wurden.

Die Kirche war mit 1.000 Leuten hoffnungslos überfüllt, als urplötzlich und völlig überraschend eine Horde von ca. 25 militanten Skinheads die Kirche überfallartig stürmte und mit ungekannter und bis dahin unvorstellbarer Brutalität und Gewalt gegen die Besucher vorging. [...] Ebi Fischel und mir gelang es noch, einigermaßen unversehrt aus dem unheiligen Gotteshaus zu entkommen. Als wir aber einige Schläger-Glatzen davon abbringen wollten, weiter auf einen wehrlos am Boden liegenden Punk einzuprügeln, traten sie mir die Brille aus dem Gesicht und malträtierten uns mit Fußtritten und Fausthieben. Gegenüber der Kirche entdeckten wir einen Einsatzwagen der sogenannten Volkspolizei, als wir die Uniformierten aber verzweifelt um Hilfe und sofortiges Eingreifen baten, grinsten die nur und meinten, es sei alles unter Kontrolle. Überall rannten panisch weinende Leute herum und schrien um Hilfe, die durchaus anwesenden Polizisten hielten sich aber bewußt im Hintergrund. Dieser Abend war ein tiefer Schock für die gesamte Szene, weil hier zum ersten Mal öffentlich und sehr drastisch Rechtsradikale in der DDR auftraten ...

Erinnerung von Ronald Galenze zum Konzert von Element of Crime und Die Firma in der Ost-Berliner Zionskirche am 17.10.1987, aus: Wir wollten immer artig sein ... Punk, New Wave, HipHop, Independent-Szene in der DDR 1980–1990, Berlin, 1999

›Rein in die Gesellschaft ...‹

Nach den Ereignissen vom Oktober 1987 hatte das MfS inoffiziell die Ermittlung in Sachen Skinheads aufgenommen. Bereits kurz nach dem Überfall auf die Zionskirche forderte das Ministerium mit Schreiben vom 11. November 1987 die Bezirksverwaltungen auf, über die in der DDR existierenden Skinheads kurze Dossiers zu verfassen. Als Anhaltspunkte für das Erkennen des öffentlich nicht zugegebenen Phänomens wurde neben der Beschreibung der skinheadtypischen Bekleidung auf deren »Rassenhass« sowie auf ihr »übersteigertes Nationalbewusstsein« hingewiesen.[62] Unterdessen verschwanden die Skinhead-Gruppierungen infolge der Repression durch Polizei und MfS zunehmend aus dem Straßenbild.[63] Die Szene differenzierte sich aus, eine Minderzahl von ihnen gab sich weiterhin öffentlich als Skinheads zu erkennen, während die meisten die Szene verließen und sich unter Beibehaltung ihrer rechtsextremen politischen Meinung in die Gesellschaft der DDR wieder eingliederten. Zur Irritation des MfS zeigten sie die Bereitschaft, Funktionen im Arbeits- oder Schülerkollektiv, in der Gesellschaft für Sport und Technik (GST) oder in der Freien Deutschen Jugend (FDJ) zu übernehmen.[64] Nur schwer gelang es dem Staatsschutz, eine Einschätzung des Phänomens

Ick gehöre zu den Faschos, ist 'ne Untergruppe der Skins. Wir sind dafür, daß es wieder ein Deutschland gibt und daß alle Ausländer raus sollen. [...] Die meisten Menschen in der DDR denken doch wie wir, trauen sich das nur nicht offen zu sagen.

Zit. nach: Stock/Mühlberg, 1990

Seit dem Knast habe ich einen dermaßen Haß auf dit ganze System hier, dermaßen Haß auf alles was rot ist oder links ist. Das hat sich so reingefressen, also ist im Prinzip extrem.

Zit. nach: Kriminologisches Journal, 24. Jg., Heft 1, 1992

vorzunehmen, wie ein Dossier von 1988 zeigt: »Die überwiegende Mehrheit der Skinheads geht einer Arbeit nach. Im Gegensatz zu anderen negativ-dekadenten Jugendlichen zeigen sie zum Teil gute Arbeitsleistungen, Arbeitsdisziplin und werden in den Arbeitskollektiven anerkannt, ohne daß diese über ihre Freizeitaktivitäten informiert sind.« Mit ihrem Verhältnis zur Arbeit bezogen sie sich auf »moralische Werte der sozialistischen Gesellschaft«, verfügten über einen geachteten Sozialstatus innerhalb der Betriebe und bekleideten zumeist Facharbeiterpositionen. In den wenigsten Fällen waren sie stigmatisiert oder wurden ausgegrenzt.[65] Dabei zeigt diese Beschreibung schlicht, dass sich die ostdeutschen Skinheads an ihren westlichen Vorbildern samt deren kolportierten Arbeitsethos inklusive ihrer Vorstellungen von Sauberkeit und Ordnung orientierten. Indessen wurden auch weiterhin heimlich Organisationen gegründet, wie die Bewegung 30. Januar, die Anfang 1988 u.a. von Mike ›Göring‹ Prötzge und Ingo Hasselbach initiiert wurde. Diese Gruppierungen bildeten ein informelles Netz, das auch größere Treffen wie jenes am 23. Oktober 1988 vor der Gaststätte Alextreff in Berlin mit 250 bis 300 Skinheads organisierte.[66]

Der verstärke Druck staatlicher Verfolgungsorgane sowie durch Verurteilungen bedingte Gefängnisaufenthalte führten dazu, dass sich die Einstellungen der Jugendlichen verfestigten. Während einige Inhaftierte als ›politische Gefangene‹ durch die Bundesrepublik freigekauft wurden, versuchten andere, den zunehmenden Repressalien mit Ausreise oder Flucht zu entgehen. In der Bundesrepublik fanden sie oft schnell Anschluss an die extreme Rechte und fungierten als szenekundige Vermittler für Parteien wie die NF, FAP und NPD in die DDR.[67] Nach der ›Wende‹ wurden die so geknüpften Kontakte wichtig für den rechtsextremen ›Aufbau Ost‹.

Musikalischer Gruß zum 100. Geburtstag Adolf Hitlers: Sampler, veröffentlicht von Rebelles Européen, 1989

Ausgangslage 1989

Am Ende der 80er-Jahre hatte sich in West-Europa eine RechtsRock-Szene im Kontext der Skinhead-Subkultur etabliert. Die Musik, die sich im europäischen Ausland stärker offen neonazistisch präsentierte, erwartete ein Boom ungeheuren Ausmaßes.

Als das bedeutsamste Label für die nationale wie auch internationale Musikszene galt nach wie vor Rock-O-Rama, das allerdings zunehmend Konkurrenz von dem von Gael Bodilis 1987 gegründeten französischen Label Rebelles Européens erhielt. Bodilis, damals Jugendkoordinator des Front National, schuf eine neue Anlaufstelle für die internationale Szene. Die Bands konnten sich auf dem Label offen neonazistisch präsentieren, und so verwundert es auch nicht, dass Bodilis sein Label mit einer Compilation zum 100. Geburtstag von Adolf Hitler unter dem Titel *100 Birthday – Anniversaire – Geburtstag* präsentierte. Nach einleitender deutscher Marschmusik folgt die britische Band Public Enemy mit dem Song *National Socialist*, dessen Refrain sowohl den Grundtenor der auf dem Tonträger vertretenen Bands aus Frankreich, Großbritannien, Schweden und Italien widerspiegelt als auch die grundsätzliche Ausrichtung des Labels: »White National Socialist, proud to be and you could be a, white National Socialist, with honour and loyalty, white National Socialist.«

Während sich die internationale Szene politisch eindeutig präsentierte, versuchten sich die west-deutschen Skinheads aufgrund politischer Selbsteinschätzungen abzugrenzen; einige bezeichneten sich trotz deutlicher rechtsextremer Aussagen als ›unpolitisch‹, andere schlicht als Nationalisten und wieder andere machten aus ihrer nationalsozialistischen Gesinnung keinen Hehl.

Eine solch diffizile Unterscheidung existierte unter den Skinheads in der DDR hingegen kaum. Dort implizierte das Bekenntnis zum Skinhead-Stil fast ausschließlich das politische Bekenntnis zur extremen Rechten.

Laut einer Studie des Leipziger Zentralinstituts für Jugend von 1988 bekannte sich immerhin ein Prozent der befragten Jugendlichen zu den Skinheads und weitere 2,5 Prozent sympathisierten mit ihnen.[68] Vergleichbare Daten für die BRD fehlen leider.[69]

»Deutschland, einig Vaterland«: 1989–1991

Jubelstürme um Kohl in Dresden

Gott segne unser deutsches Vaterland

Bild

Das Brandenburger Tor geht auf. Weihnachten können alle rüber. In drei Monaten Deutscher Vertrag. Kohl: Wir grüßen euch. Wir lassen euch nicht im Stich. Die Massen riefen immer wieder: Deutschland einig Vaterland! Einheit! Einheit! Helmut, Helmut! Kohl: Gemeinsam werden wir es schaffen. Sie werden freie Wahlen haben. Wir sind eine deutsche Familie. Frieden ist nur durch Freiheit zu erreichen.

Die Renaissance des Nationalen im Zuge der Grenzöffnung 1989 und der anschließenden Vereinigung der beiden deutschen Staaten: Bild, 20.12.1989

Infolge der Ereignisse vom 9. November 1989 wandelten sich die von der DDR-Opposition seit September gegen die DDR-Regierung initiierten Demonstrationen zu Massenkundgebungen unter der Parole »Deutschland, einig Vaterland«. Damit verschwand der ehedem systemkritische Standpunkt zugunsten eines zunehmenden nationalisierenden Grundtenors, der die Wiedervereinigung forderte. Diese Rückbesinnung auf die geeinte Nation wurde in der Bundesrepublik von der konservativen Regierung sowie den Medien unter Ägide der Forderung nach ›nationaler Einheit‹ popularisiert. Mit der Renaissance des Nationalen nahmen auch nationalistische Versatzstücke im Diskurs der demokratischen Volksparteien zum Thema ›Deutsche Einheit‹ zu, deren Thematisierung vormals extrem rechten Gruppierungen vorbehalten war.[70] Unterdessen expandierten die in der BRD im politischen Aufwind[71] befindlichen rechtsextremen Parteien Die Republikaner, FAP oder NF in die DDR und verteilten auf den Demonstrationen ihr Material.[72] Ihr Zielpublikum im Osten wie auch im Westen waren Jugendliche sowie Skinheads, die eine mehr oder weniger gefestigte rassistische und nationalistische Einstellung vertraten. Sie galt es weiter gehend zu ideologisieren, für die politische Arbeit zu interessieren und schließlich zu rekrutieren.[73]

»Retter Deutschlands« – RechtsRock boomt

Im selben Zeitraum stieg die Anzahl der Bandneugründungen erneut an. Ihre Lieder handelten nun vornehmlich vom ›Kampf für Deutschland‹.

Die Köpfe kahl / unsere Fäuste hart wie Stahl / Unser Herz schlägt treu / für unser Vaterland / Was auch geschehn mag / wir werden niemals von Dir gehen / wir werden treu / für unser Deutschland stehen.

[Refrain:]
Denn wir sind die Kraft, die Kraft / die Kraft für Deutschland / die Deutschland sauber macht / Die Kraft / die Kraft für Deutschland / sei stolz auf dein Land

Die Zeit ist reif für unseren Widerstand / und keine Nation kann dagegen was tun / Es ist unser Land / in dem wir leben wollen / Verliere keine Zeit / laß den Kampf nicht ruhen / [...] Deutschland erwache!

Kraft für Doitschland, Störkraft 1990

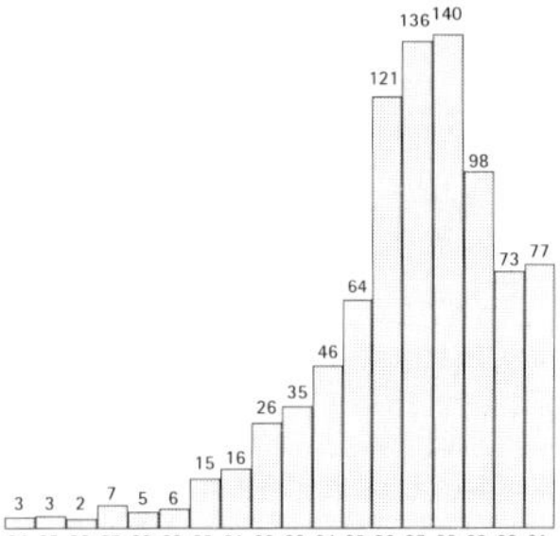

Veröffentlichte LPs/CDs deutscher RechtsRock-Bands und Liedermacher

Aufgenommen wurden LPs, 7" und CDs (keine Demotapes). Gezählt wurden auch Sampler, soweit auf diesen überwiegend deutsche RechtsRock-Bands vertreten waren. Aufgenommen wurden auch Wiederveröffentlichungen, nicht jedoch Neuauflagen. Erschien ein Tonträger gleichzeitig als CD, LP oder MC wurde er nur als einer gezählt.

Die Nation wurde dabei in der nationalistischen Übersteigerung zum alles bestimmenden Identifikationsobjekt erhoben, das sie gleichzeitig von inneren und äußeren ›Feinden‹, von ›Kommunisten‹, ›Ausländern‹ und ›Juden‹, bedroht wähnten. In den Texten schwangen sich die Skinheads »für das Blut und die Ehre« (Oi Dramz), als »Retter Deutschlands« (Radikahl) auf, stilisierten sich als »Kraft für Deutschland« (Störkraft), als Kämpfer »für ihr Vaterland« (Kroizfoier) und erklärten sich bereit, »für die Reinheit unserer Rasse [...] zu den Waffen zu greifen« (Kraftschlag). Ihr musikalisches Engagement verstanden die Bands dabei als einen eigenen, explizit politischen Ansatz: Störkraft: »Wir versuchen durch unsere Musik zum Kampf aufzurufen, sind aber nicht in Parteien organisiert.«[74] Radikahl: »Wir sehen in der Band ein Sprachrohr für die breitere Öffentlichkeit! Unsere Musik soll zum Nachdenken sowie zum Handeln anregen!«[75]

Die Interviewaussagen der Düsseldorfer Band Störkraft sowie der Nürnberger Gruppe Radikahl sind exemplarisch. Vor allem aber trugen sie dazu bei, die eigene Szene als ›Spitze einer Bewegung‹ zu deklarieren.

Ab 1990 begann Rock von Rechts kontinuierlich zu boomen. Während 1989 lediglich 6 LPs deutscher Bands veröffentlicht wurden, waren es 1990 bereits 15 LPs und CDs, 1991 16, 1992 26 und 1993 schließlich 35. Die Erstauflagen variierten meistens zwischen 3.000 und 5.000 Stück. Allerdings wurden sie oft schon nach kurzer Zeit nachgepresst. Mit den wachsenden Verkaufsaussichten drängten neue Plattenlabel auf den RechtsRock-Markt. 1991 wurden die ersten Tonträger auf den neu gegründeten Labels DIM Records von Ulrich Großmann und Walzwerk Records der Gebrüder Walz verlegt. Kaum ein Jahr später folgten die ersten Veröffentlichungen auf dem Label Skull Records der Brüder Roland und Oliver Schaffelhuber und beim Endsieg-Verlag (ESV) des damaligen NF-Aktivisten Andreas Gängel.

Während der Bereich der professionellen Veröffentlichungen noch überschaubar blieb, ist die Anzahl der in diesem Zeitraum veröffentlichten Demo-Kassetten nicht einzuschätzen.[76] Die Auflage dieser Kassetten lag zwischen einigen Dutzend und mehreren Hundert. Ihr Erfolg entschied letztendlich über einen etwaigen Plattenvertrag. Der qualitative Unterschied zwischen den semiprofessionellen Kassetten und den Veröffentlichungen auf LP oder CD bestand weniger in der Aufnahme- bzw. Tonqualität als in den inhaltlichen Aussagen. Die Bands präsentierten sich auf ihren Demo-Bändern extremer als auf späteren Label-Veröffentlichungen, da der überwiegend private Vertriebsweg die Bands in einem ›Underground‹ beließ. Die bereits erwähnte Nürnberger Band Radikahl beispielsweise erlangte mit dem Lied *Hakenkreuz* auf ihrer 1990 veröffentlichten Demo-Kassette *Retter Deutschlands* Kultstatus. Der Text in schlichten Reimen mit seinem offenen Bekenntnis zu Adolf Hitler und in Verbindung mit der einfach strukturierten Musik übertraf das bisher Dagewesene und geriet zum Ohrwurm der Szene: »Hängt dem Adolf Hitler, hängt dem Adolf Hitler, hängt dem Adolf Hitler den Nobelpreis um! Hißt die rote Fahne, hißt die rote Fahne, hißt die rote Fahne mit dem

Hakenkreuz! Schon als kleiner Junge, da war es mir klar, daß dieses Symbol leitend für mich war. Und heut', da stehe ich noch voll dazu, es gibt nur eines, und das bist du. Wie es auf alten deutschen Fahnen, so führt es mich auf rechte Bahnen. Für mich gilt es auch noch heut': Rasse, Stolz und Hakenkreuz! [Refrain:] Hakenkreuz, Hakenkreuz, Hakenkreuz ...« Auf dem im folgenden Jahr veröffentlichten Debüt fehlt das Lied.[77]

Paul Burnley, Sänger der Band No Remorse, 1990 in Finsterwalde

Ab 1990 nahm die Anzahl der Konzerte von und mit RechtsRock-Bands zu und bereits 1991 fanden so viele wie nie zuvor statt. Die Konzertorte lagen überwiegend in den neuen Bundesländern, die zu jener Zeit einen beinahe rechtsfreien Raum darstellten. Die Umwälzung 1989/90 sowie die Wiedervereinigung hatten bei vielen Polizisten der ehemaligen DDR eine breite Verunsicherung gegenüber der neuen rechtlichen Lage und ihrer ›neuen‹ Rolle im neuen Staat ausgelöst. Die so entstandene ›Freizügigkeit‹ wurde auf den Konzerten ausgelebt, wie es der Beschreibung eines Auftritts der schwedischen Band Dirlewanger auf dem von 700 Skinheads besuchten Festival am 27. Juli 1991 in Brandenburg zu entnehmen ist: »Es folgten überwiegend die englischen Lieder der Platten, sowie die Single ›Nigger Season‹. Einfach göttlich!! Die Stimmung war überwältigend, auf der Bühne wurden die H.K. [Hakenkreuz]-Flaggen geschwenkt, und was Dirlewanger uns da boten, war einfach voll die Hölle. Jeder der das verpaßt hat, ist echt nur zu bedauern.«[78] Hakenkreuz-Fahnen, ›Sieg Heil‹ grölende Skinheads und der zum Choral avancierte Hakenkreuz-Song gehörten 1991/92 zum Konzertalltag.

Organisiert wurden die Konzerte zum Teil von politischen Gruppierungen. Anders als zu Beginn der 80er-Jahre, als Parteikader noch in Fußballstadien oder Kneipen gehen mussten, um potenzielle Anhänger zu rekrutieren, verkehrte sich die Situation nunmehr ins Gegenteil: Rechte Jugendliche und Skinheads gingen zu den von NF oder FAP organisierten Konzerten. Als am ersten Jahrestag der ›deutschen Einheit‹ die Deutsche Alternative (DA) ein Konzert mit den Bands Radikahl, Tonstörung, Störkraft und Skrewdriver in Werben bei Cottbus organisierte, reisten über 800 Skinheads an. Mit solchen Aktionen gelang es den Parteien, sich gegenüber der ›national gesinnten Jugend‹ als attraktiv zu profilieren.

Indes hatten ab 1991 gewalttätige Angriffe mit rechtsextremem Hintergrund gegen ›Ausländer‹ sprunghaft zugenommen und gipfelten vom 17. bis zum 23. September 1991, zwei Wochen vor dem Konzert im benachbarten Cottbus, in den mehrtägigen Angriffen auf eine Unterkunft für Asylbewerber sowie ehemaliger Vertragsarbeiter aus Mosambik und Vietnam in Hoyerswerda. Am Ende des rassistischen Pogroms stand die Verlegung der angegriffenen Menschen und damit die Kapitulation vor dem Mob.

Doch das Volk hat sich wieder einmal entgegen dem erklärten Willen der Besatzer und ihrer Büttel entschieden. Es hat sich auf das besonnen, was uns überhaupt noch retten kann: Die Einigkeit! Nur zusammen läßt sich sinnvoll etwas tun für Doitschlands Zukunft! Angefangen von wenigen Kameraden, wurden die Aktionen zur Sache des gesamten Volkes,- vgl. auch '33! Das Chaos, was sich ob der sozialen Situation abzeichnet, hat uns ja nachweislich schon einmal geholfen! Also, ihr Bonner – weiter so, gebt uns Nigger, nehmt uns die Arbeit, und ihr braucht nur noch die Tage und Stunden zählen, an deren ihr Luft durch oire krummnasigen Atemwege zieht! Oi! Oi!

Kommentar zu den Brandanschlägen: Sachsens Glanz, Nr. 1, Herbst 1991

Der mit den Anschlägen und Übergriffen offen demonstrierte Rassismus war brutaler Höhepunkt der seit 1990 zunehmend abweisenden gesellschaftlichen Grundhaltung gegenüber Ausländern und Flüchtlingen.[79] Verstärkt wurde der latente Rassismus durch die öffentliche Debatte um die Restriktion des in Artikel 16 Grundgesetz garantierten

Grundrechtes auf Asyl. Im Zuge der teilweise mehr populistisch als sachlich geführten Debatte nahmen Politiker aus wahltaktischen Erwägungen heraus gezielt die Mobilisierung fremdenfeindlicher Ressentiments in Kauf, wenn sie Flüchtlinge als ›Scheinasylanten‹ und ›Asylbetrügern‹ bezeichneten.[80] Die Medien trugen mit reißerischen Schlagzeilen und Artikeln dazu bei, rassistische Ressentiments in der Bevölkerung zu schüren und die Situation weiter eskalieren zu lassen.[81]

Hamburg – Der Teufel spielt, die Neonazis tanzen. Über 20 Gruppen stacheln Jugendliche zur Gewalt auf. [...] Jetzt endlich will Bundesjugendministerin Angela Merkel (38, CDU) die Nazi-Bands verbieten lassen.

Bild, 30.11.1992: Nach dieser Musik tanzen die Nazis

Das ›Lehrstück‹ von Hoyerswerda wurde am 25. August 1992 fortgesetzt: Unter den Augen einer weitestgehend untätigen Polizei wurde mehrere Tage lang die örtliche Aufnahmestelle für Asylbewerber (ZAst) in Rostock angegriffen. Ebenso wie bereits zuvor in Hoyerswerda ging die Gewalt zwar in erster Linie von einem Mob von ca. 500 Jugendlichen aus, der aber von ihren zuschauenden Eltern und Nachbarn angefeuert wurde.[82] Ebenso wie vorher in Hoyerswerda wurden die Flüchtlinge und ehemaligen vietnamesischen Vertragsarbeiter ausquartiert. Die rechtsextreme Szene triumphierte: »Elf Monate nach Hoyerswerda gibt es eine zweite ›Ausländerfreie‹ Stadt in Mitteldeutschland – Rostock.«[83] Kaum sechs Wochen später, am zweiten ›Tag der deutschen Einheit‹ spielten in Massen (Brandenburg) die Bands Wotan sowie Störkraft zusammen mit dem ›Heroen‹ der Szene, dem Sänger der ›Kultband‹ Skrewdriver: Ian Stuart Donaldson. Dieses Mal waren 1.500 Besucher angereist, mehr als doppelt so viele wie im Jahr zuvor.[84]

Flüchtlinge und Migranten werden auch in den Medien zur Bedrohung stilisiert: Der Spiegel, Nr. 15, 6.4.1992

Unterdessen deklarierte der damalige Bundeskanzler Helmut Kohl aufgrund der Ereignisse von Rostock auf dem CDU-Parteitag am 26. Oktober 1992 den ›Staatsnotstand‹ und forderte auf, »dem Mißbrauch des Asylrechts wirksam einen Riegel« vorzuschieben.[85] Wiederholte Schuldzuschreibungen dieser Art, die indirekt die Opfer für ihre Misere verantwortlich machten, sowie eine teilweise zustimmende Bevölkerungsmeinung vor Ort schienen den jugendlichen und jung-erwachsenen Tätern zu suggerieren, dass ihre Taten gesellschaftlich akzeptiert seien und bestärkten sie in ihrer Wahrnehmung, sie seien »Deutschlands rechte Polizei« (Störkraft).

Erst der Brandanschlag von Solingen am 25. Mai 1993, bei dem fünf Angehörige einer seit Jahren in Deutschland lebenden türkischen Familie ermordet wurden, sowie die faktische Abschaffung des Asylrechts mit der Abstimmung über die Änderung von Art. 16 Grundgesetz sorgten für einen Umschwung der öffentlichen Meinung. Von nun an bekundeten Bürger mit Lichterketten ihre Missbilligung rassistischer Gewalt und Politiker plädierten für mehr Toleranz gegenüber Ausländern.

1992–1994: Razzien, Beschlagnahmungen, Verbote

Bereits nach den Ereignissen von Hoyerswerda 1991 setzte die Koordinierung der Polizei des Bundes und der Länder zur Verfolgung »fremdenfeindlicher« Straftaten ein.[86] Nachdem das Bundesinnenministerium Ende 1992 erste »rechtsextremistische Vereinigungen« verbot,[87] geriet die extrem rechte Skinhead-Szene zunehmend in den Fokus der staatlichen Verfolgungsorgane.[88] Sie wurde sowohl von den öffentlichen Medien als auch vonseiten der Polizei als die (vermeintliche) Tätergruppe rassistischer Gewalt identifiziert.[89]

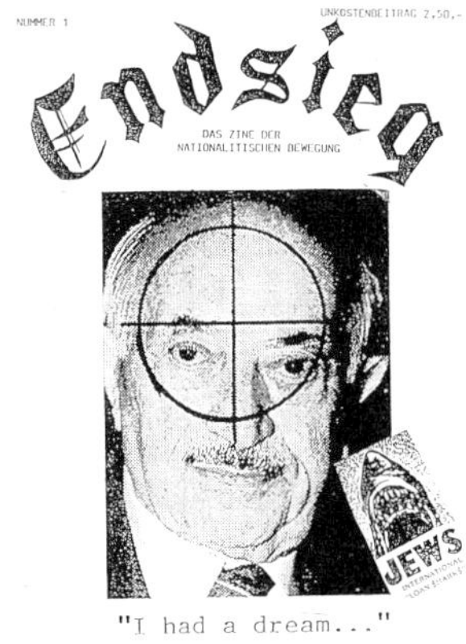

Heinz Galinski, damaliger Vorsitzender des Zentralrat der Juden in Deutschland, im Fadenkreuz – Titelbild des Fanzine Endsieg, Nr. 1, 1991, der Herausgeber Andreas Gängel wurde später nach §86a StGB verurteilt

Ab 1992 machte die Bundesprüfstelle für jugendgefährdende Schriften (BPjS) erstmals umfangreich von der Möglichkeit der Indizierung von Tonträgern Gebrauch.[90]

Unterdessen wurden verstärkt Ermittlungsverfahren gegen die Herausgeber von Skinhead-Fanzines wegen des Verdachts auf Volksverhetzung nach § 130 StGB eingeleitet. Bereits am 5. Dezember 1991 verurteilte das Amtsgericht Freiburg die Herausgeberin des Magazins *Schlachtruf*, Martina Janssen, wegen Volksverhetzung zu einer Geldstrafe in Höhe von 1.800 DM.[91] Kaum ein Jahr später, am 12. November 1992, verhängte das Amtsgericht Karlsruhe gegen den Herausgeber des Magazins *Endsieg – Das Zine der Nationalistischen Bewegung*, Andreas Gängel, wegen der Verwendung von Kennzeichen verfassungswidriger Organisationen sowie Volksverhetzung und Beleidigung eine Jugendstrafe von einem Jahr Gefängnis auf drei Jahre Bewährung.[92]

Es folgten Ermittlungsverfahren und Prozesse gegen die Bands Störkraft, Radikahl, Kraftschlag, Triebtäter, Kroizfoier, Stuka, Oi Dramz und Tonstörung vor allem wegen des Verdachts der Volksverhetzung (§ 130 StGB), Aufstachelung zum Rassenhass (§ 130 StGB), Gewaltverherrlichung (§ 131 StGB) und Verwendung verfassungswidriger Kennzeichen (§ 86a StGB). Anlass dafür waren vorwiegend die auf ihren Demo-Kassetten veröffentlichten Lieder. Die Gerichtsverfahren endeten mit Verurteilungen der Bandmitglieder zu Bewährungsstrafen und/oder empfindlichen Geldstrafen.[93]

Am 3. Februar 1993 führte die Polizei die ersten bundesweit koordinierten Hausdurchsuchungen unter dem Operationsnamen ›Notenschlüssel‹ gegen zehn RechtsRock-Bands und zwei Musikverlage durch, bei denen über 30.000 Tonträger beschlagnahmt wurden.[94] Am 15. Juli 1993 folgte die zweite bundesweite Aktion unter dem Namen ›Druckstock‹, bei der die Wohnungen der Herausgeber von sechs Fanzines und sowie die eines Versandinhabers durchsucht wurden.[95]

Seit 1993 im Visier des Staatsschutzes: Die Band Kraftschlag

Mit einer Verbindung aus erhöhtem Verfolgungsdruck, Ermittlungsverfahren und Verurteilungen versuchten die Innenministerien von Bund und Ländern, den Boom rechtsextremer Musik einzudämmen. Allerdings fiel das Resümee bezüglich der Maßnahmen im Verfassungsschutzbericht des Bundes für das Jahr 1993 relativ desillusioniert aus: »Die rechtsextremistische Skinhead-Szene befindet sich aufgrund der nachdrücklichen und umfangreichen Exekutivmaßnahmen [...] in einer Phase der Neuorientierung. [...] Aus taktischen Gründen passen sich viele Skinheads zunehmend dem äußeren Erscheinungsbild von Normalbürgern an. [...] An der Einstellung der Skinheads verändert sich dadurch nichts.«[96]

Die staatliche Repression hatte einerseits zwar zur Folge, dass ›Mitläufer‹ die Szene verließen, andererseits schweißte der Druck die Verbliebenen enger zusammen.

Zwischen ›Anpassung‹ und ›Underground‹

Im Zuge der Gerichtsverhandlungen wiesen die meisten angeklagten Musikgruppen die Verantwortung für ihre Texte von sich oder verharmlosten ihre eigene Rolle. Die wegen ihres Hakenkreuz-Songs angeklagten Musiker der Band Radikahl erklärten vor Gericht beispielsweise, sie hätten »nur Musik« gemacht und im Übrigen hätten sie den Song bei Konzerten nur »auf extremes Drängen des Mobs [...] gespielt [...], sonst wäre es noch zu Ausschreitungen gekommen.« Im Übrigen seien ihre Texte »jugendlicher Leichtsinn« gewesen und sie wollten nichts zu tun haben mit »hirnlosen Idioten, die Steine auf Asylantenheime werfen«.[97]

Was ist Meinungsfreiheit / ich habe davon gehört / Wenn man ruhig ist und niemals stört / Halt besser die Schnauze / sonst buchten sie Dich ein / Sprich nie gut über Deutschland / sonst bist Du ein Nazischwein / Ich lache / ja, ich lache / und ich lache / ja / ich lache / Ich singe gegen Gewalt / sonst buchten sie mich ein / in Ihren Augen bin ich ein Nazischwein / Doch ich steh zu meinem Land / ich sag es laut / Auch wenn mir der Staat / in die Fresse haut / Dann lache ich ...

Lachen, Sturmgesang,1994

Während die staatliche Repression sowie der via Lichterketten bekundete bürgerliche Unmut dem offen agierenden Rechtsextremismus kurzzeitig Einhalt gebot, expandierte der RechtsRock-Markt weiter. Das Gros der deutschen Bands passte seine Texte nunmehr dem strafrechtlich erlaubten Rahmen an, indem sie auf Umschreibungen oder Kodifizierung setzten. Der mittlerweile mit dem ersten Boom entstandene millionenschwere Musikmarkt fragmentierte sich angesichts lukrativer Geschäfte zusehends. Von den 57 im Jahr 1994 veröffentlichten CDs erschien über die Hälfte auf neuen Labels, darunter die CD *Lieder der Hoffnung* des Bandprojektes German-British-Friendship auf dem Stuttgarter Label G.B.F. Records, die *Best of ... Raritäten 1983–1994* der Gruppe Endstufe auf dem Bremer Label Victory Records, *The Flag Still Flies* der britischen Band Razors Edge auf Di-Al Records,[98] *Sieg des Glaubens* von Asgard bei Vincente Directori aus Glinde[99] und das CD-Debüt *Neue Macht* der Band Rheinwacht bildete den Einstand des Düsseldorfer Labels Funny Sounds. Dessen Inhaber Torsten Lemmer, ehemaliger Störkraft-Manager und zeitweiliges Ratsmitglied für die extrem rechte Freie Wähler Gemeinschaft in der Landeshauptstadt, verband mit der Musik neben eigenen kommerziellen Interessen auch die politische Hoffnung, dass »der Rechtsrock im Jahr 2000 die Hitparaden stürmt und über Jahrzehnte bestimmen wird.«[100]

Selbstdarsteller der RechtsRock-Szene: Torsten Lemmer (links)

Derweil die in Deutschland offiziell verlegten CDs vor ihrer Veröffentlichung von Anwälten auf etwaige strafrechtlich relevante Passagen und Symbole oder Fotos in den Begleitheften geprüft wurden, wichen einige wenige Bands ins Ausland aus, darunter auch die Band Kraftschlag. Ihre dritte, 1995 auf dem schwedischen Label Nordland veröffentlichte CD *Nordwind* enthielt auf Anraten ihrer Anwälte den Hinweis: »Dieser Tonträger wurde für das deutschsprachige Ausländer produziert«,[101] (Fehler im Original). Damit meinten sie, einer Strafverfolgung aufgrund des neonazistischen Inhalts in Deutschland entgehen zu können.

Während das schwedische Label internationale neonazistische Bands aus Skandinavien, Großbritannien und den USA produzierte, wurden über den 1993 in Dänemark gegründeten Versand und das Label NS88/NS Records des mittlerweile verstorbenen Deutsch-Dänen Marcel Schilf die in Deutschland indizierten und zum Teil beschlagnahmten

Tonträger wieder in Umlauf gebracht. Ab 1995 ging Schilf dazu über, auf seinem Label Tonträger zu verlegen, deren Produktion in Deutschland aufgrund des gesetzlichen Rahmens nicht möglich war. Da der Hauptabnehmerkreis des Versandes im benachbarten Deutschland lebte, wurden die CDs über den postalischen Weg oder in kleinen Mengen im privaten Kofferraum, auf so genannten ›Ameisenstraßen‹, nach Deutschland importiert.

Flucht ins Ausland:
NS-Records/NS88 beschickten den deutschen Markt von Dänemark aus

Diese sich dabei andeutenden klandestinen Strukturen waren Resultat eklatanter Veränderungen in der Skinhead- und RechtsRock-Szene seit Beginn der 90er-Jahre: Der damals einsetzende Boom der Musik bedingte die Entgrenzung des rechten Sounds aus der subkulturellen Verbindlichkeit der Skinheads und integrierte ihn zunehmend in die Alltagswelt ›normaler‹ Jugendlicher. Damit wurde den verschiedenen extrem rechten Organisationen ein bisher nicht gekannter politischer Agitationsrahmen eröffnet, der jedoch, kaum entfesselt, durch die staatliche Repression sowie breiten gesellschaftlichen Toleranzentzug von der öffentlichen Bühne verbannt wurde. Was blieb, war einerseits eine neu entstandene breite Hörerschaft, die allerdings aufgrund fehlender verbindlicher politischer Einbindung sowie der Angst vor Kriminalisierung und öffentlicher Mißbilligung die Musik weiterhin politisch inaktiv im Privaten konsumierte, während die ehedem politisch aktiven Skinheads sich enger und verbindlicher zusammenschlossen. Ausdruck dessen war unter anderem die lokale Selbstorganisierung in Vereinen, wie zum Beispiel im 1994 gegründeten und bis heute bestehenden Jugendbund (Wernigerode), in der im Jahr darauf initiierten und 1996 verbotenen Vereinigung Skinheads Allgäu e.V. oder bei den von 1995 bis zum Verbot 2001 existenten Skinheads Sächsische Schweiz (SSS).

Ein anderes Konzept verfolgte die deutsche Sektion des internationalen neonazistischen Netzwerkes Blood & Honour, die nach einer dreijährigen Aufbauphase 1994 gegründet worden war. In Deutschland bekannt geworden über den Sänger der Band Skrewdriver, Ian Stuart Donaldson, verfügte die Organisation in der Skinhead-Szene über großes Ansehen und galt aufgrund ihres Ansatzes ›von Skins für Skins‹, als eine legitime ›Interessenvertretung‹. Unter bundesweiter Koordinierung dehnte sich die Organisation durch die Gründung regionaler Sektionen ab Mitte der 90er-Jahre zunehmend aus.

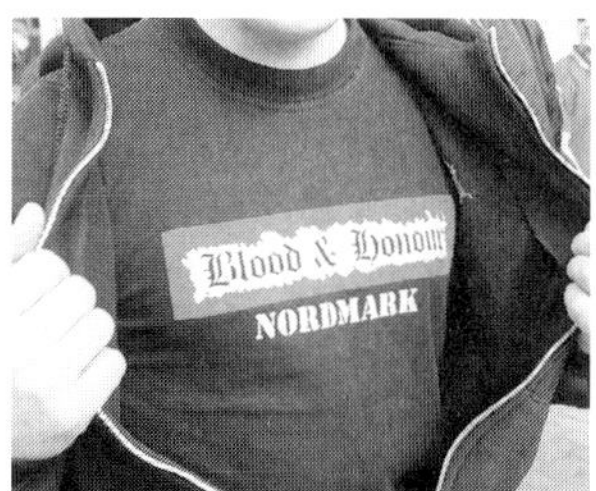

Von Skins – für Skins:
Blood & Honour-Netzwerk

Den Ansatz eines internationalen Netzwerkes verfolgt auch die 1986 in den USA gegründete »weiße, rassistische Bruderschaft«[102] der Hammerskins bzw. Hammerskin-Nation, deren deutsche Sektion ebenfalls 1994 gegründet wurde. Im Gegensatz zu Blood & Honour pflegt sie einen ausgesprochen elitären Gestus und stilisiert sich als »einzig wahre Skinheadbruderschaft«.[103] Obwohl sie weniger die Musik und den ›Skinhead – A way of life‹, als den politischen Kampf und die arische Gemeinschaft in den Mittelpunkt stellen, begeistern sie die Skinheads mit ihrem ausgeprägten militaristischen Stil und der ästhetischen Inszenierung ihrer Gewaltbereitschaft.

Die zunehmende Organisierung der Szene entwickelte sich weitestgehend jenseits jeglicher öffentlicher Wahrnehmung. Erst ein Konzert mit

DEUTSCH-SCHWEDISCHER VOLKSTANZ

ULTIMA THULE
MIDGARDS SÖNER
PANZERKNACKER
CHAOSKRIEGER
WILDE JUNGS

am 3. August 1996 in Haßfurt/Unterfranken

im Festzelt/Industriegebiet

Das Konzert beginnt pünktlich um 19,30 Uhr.

Eintritt: 35DM

Für das leibliche Wohl vor Ort ist bestens gesorgt!

Tarnung Viking-Rock: Flyer für ein RechtsRock-Konzert

›Schafft befreite Zonen‹: Therориekonzept im Schulungsorgan des NHB, Nr. 2, 1991

den deutschen Bands Chaoskrieger und Nordwind sowie den Schweden von Midgards Söner und Ultima Thule am 3. August 1996 in Haßfurt ließ einen Einblick zu: Die 1.500 Besucher folgten einer informellen Ankündigung und wurden via Mobiltelefon und Schleusungspunkten über Umwege zum Veranstaltungsort gelotst. Die technische Ausrüstung und das organisatorische Know-how ermöglichten die Durchführung eines Konzertes, das im Vorfeld zum Scheitern verurteilt schien: Nachdem antifaschistische Gruppen den ersten Veranstaltungsort publik gemacht hatten, untersagte die Polizei das Konzert. Daraufhin organisierten die Veranstalter einen Ersatzort, der allerdings ebenso entdeckt wurde – ein Verbot der Polizei folgte. Das schließlich stattgefundene Konzert fand indes an einer dritten, kurzfristig beschafften Lokalität statt. Die logistische Durchführung samt ihrer Flexibilität deutet die organisatorischen Qualitäten des neu entstandenen RechtsRock-Netzwerke an.

Längst hatten die Strategen der extremen Rechten dieses Potenzial erkannt. In einem Fernsehinterview schwärmte der damalige Bundesgeschäftsführer der Jungen Nationaldemokraten (JN), Sascha Wagner, davon, wie hervorragend die Musik geeignet wäre, um Leute anzusprechen, wenngleich »die Musik als solches, [...] man vergessen« könne.[104] Konzepte für eine solche ›Unterwanderung‹ gab es schon lange, das bekannteste veröffentlichte der Nationaldemokratische Hochschulbund (NHB) der NPD schon 1991 in seiner Theoriezeitschrift *Vorderste Front* unter der Überschrift *Schafft befreite Zonen.* Allerdings blieb die darin propagierte »Etablierung einer Gegenmacht« und die Schaffung von Orten »der Geborgenheit und des Dazugehörens« lange Zeit graue Theorie.[105] Einzig die geplante Verankerung auf dem RechtsRock-Markt gelang und dürfte nicht nur der NPD bis heute Millionen-Umsätze bescheren. Die Szene selbst jedoch orientierte sich stattdessen eher an Organisationsmodellen wie dem von Blood & Honour oder den ähnlich aufgebauten ›Freien Kameradschaften‹, die aktionistisch den ›Kampf um die Straße‹ propagieren. Sie bilden ein Netzwerk neonazistischer Basisgruppen mit hoher sozialer Bindungskraft und bundesweiter Koordinierung.

Zu dem Mitte der 90er-Jahre erneut einsetzenden Boom des RechtsRock trug vor allem das Blood & Honour-Netzwerk einen großen Anteil bei. Aus ihren Strukturen heraus wurden bis zum Verbot der Vereinigung im September 2000 über die Hälfte der klandestin vorbereiteten Konzerte organisiert, auf denen die internationalen ›Stars‹ des RechtsRock spielten. Und über ihre Strukturen wurden die in Deutschland illegalen CDs von Bands wie Landser oder Zillertaler Türkenjäger erfolgreich in tausendfacher Auflage verbreitet.

Die Alternativkultur von rechts etabliert sich

Ab Mitte der 90er-Jahre erweiterte sich der musikalische Rahmen des RechtsRock. Wurden die sich inhaltlich stets gleichenden Texte vom ›Kampf um Deutschland‹ zuvor vorwiegend zu einer Melange aus Oi-

Punk und Hard-Rock-Klängen vorgetragen, hielt nun eine neue Stilvielfalt Einzug.[106] Die Heavy Metal spielende, 1986 in Meppen gegründete Band Saccara warb nicht nur mit ihrem Aussehen für Akzeptanz von Langhaarigen, sondern wusste auch viele gestandene RechtsRock-Konsumenten von den metallischen Klängen zu überzeugen. Frank Rennicke, der seit 1987 zur Akustikgitarre klassisches Liedgut vorträgt, führte die Hörer indes an Volksmusik, Balladen und Soldatenlieder heran, während Josef Klumb den düsteren Sound des Dark Wave inhaltlich kompatibel macht.[107] Hardcore bzw. Hatecore[108]-Bands hingegen verliehen stattdessen mit ihren schnellen Riffs und brüllendem Gesang dem allenthalben in den Texten präsenten Hass eine musikalische Entsprechung und DJ-Projekte wie Standarte aus Duisburg fassten ihre rassistische Botschaft in Techno-Klänge. Auch auf Modebewegungen des musikalischen Mainstreams reagiert die Szene: 1997 feierte Schlagermusik ein Revival unter Deutschlands Jugend. Mitten in diesem Boom erschien die CD *12 Doitsche Stimmungshits* der Band Zillertaler Türkenjäger, deren Name Programm ist. Sie coverten bekannte Schlager und machten beispielsweise aus dem *Sonderzug nach Pankow* den *Sonderzug nach Mekka* und die Nordseeküste lag bei ihnen nicht mehr am norddeutschen, sondern »am arischen Strand«.

Metal aus Meppen:
CD-Inlay der Band Saccara

Balladen aus Ehningen:
Frank Rennicke

Dark Wave aus München:
Josef Klumb von der Band
Von Thronstahl

Pädagogen, Ausbilder und Gewerkschafter bestätigen allerorts, ob in West- oder in Ostdeutschland, die Verbreitung der Musik auch unter Jugendlichen und Jung-Erwachsenen, die nicht zu den Skinheads gezählt werden können. So wie sich der RechtsRock in musikalischer Hinsicht entgrenzt hat, stammt die Hörerschaft nur noch bedingt aus der Skinhead-Szene. Allerdings sind auch weiterhin vorwiegend Skinheads Mitglieder von RechtsRock-Bands, sind vorwiegend Skinheads Organisatoren von Konzerten, sind es vorwiegend Skinheads, die Fanzines herausgeben, Internetseiten kreieren, Label unterhalten und mit Versänden Geld verdienen. Und ihr ehemals subkulturell bedingter Kleidungsstil prägt heute maßgeblich die RechtsRock-Szene. Während einst vorwiegend von Skinheads bevorzugte Marken wie Lonsdale und Fred Perry nun allerorts getragen werden, konzipierte der um den RechtsRock entstandene Markt neue Marken: Walhalla, Masterrace, Doberman oder Consdaple. Mit ihnen soll Identität verkauft werden und dem Träger ermöglicht werden, sein eigenes politisches Bekenntnis offen zu zeigen. In manchen Regionen, Stadtteilen oder Schulen sind diese und andere Marken zu einem alltagsüblichen Life-Style einer ganzen Generation von Jugendlichen geworden, über die sich eine kulturelle Hegemonie von Rechts, Kernbestand im Konzept ›National befreite Zonen‹, auszudrücken scheint.

Den Boom bedient von einzelnen Skinheads bis zu Blood & Honour und NPD eine stetig wachsende Zahl von Anbietern. Sie alle versuchen, damit sowohl den eigenen Lebensunterhalt als auch den politischen Kampf zu finanzieren. Darüber hinaus ist Deutschland, abseits der Kölner Pop-Komm, längst zu einem Dreh- und Angelpunkt für die internationale rechte Musikszene geworden. Das im sächsischen Sebnitz 1997

Vor vier Jahren spielten fast alle Bands den selben Stil, und nun in der heutigen Zeit wird versucht mal ganz andere Wege zu gehen, mal was anderes auszuprobieren. Warum soll denn die rechte Musik immer an ein Schema angebunden sein? Es ist doch viel besser, wenn es unterschiedliche Arten von Musik gibt, die aber letztlich aber alle doch das selbe wollen. Das ist doch das, was zählt oder?...

Interview mit Mirko Hesse vom Label Hate Records, in Skinhead 88, Nr. 4, ca. 1999

von Mirko Hesse gegründete Label Hate Records samt seinem Sub-Label Hagal Records verlegt beispielsweise sowohl brasilianische Skinhead-Bands und US-amerikanische Hatecore-Gruppen als auch deutschen NS-Black-Metal.

Indizierungen, Verbote und strafrechtliche Verfolgung, das zeigt die zwanzigjährige Geschichte dieser Musik, erzielen nur vorübergehende, vermeintliche Erfolge. Aufgrund der zum Teil klandestinen und flexiblen Strukturen der Szene mit einer internationalen Vernetzung bieten repressive Aktivitäten keine Option auf eine Lösung des eigentlichen Problems. Zentral ist stattdessen, die mittels der Musik transportierten Identitätsangebote zu fokussieren und zu dekonstruieren. Denn hinter dem in der Musik gern zur Schau getragenen Bild des jugendlichen, rebellischen, nationalbewussten RechtsRock-Hörers steht pure nationalsozialistische Ideologie.

Anmerkungen

1 Kraftschlag: Rechtsrock, MCD, Funny Sounds, 1997.
2 Mut, Nr. 156, August 1980, S. 50–51, hier S. 50: Rock von Rechts.
3 Der Slogan ›Rock'n'Roll Resistance‹ fungierte unregelmäßig als zweiter Untertitel des englischen Blood & Honour-Magazins sowie aktuell als Untertitel und zugleich Werbeslogan des Bielefelder, von Bernd Stehmann herausgegebenen Fanzines Unsere Welt.
4 Knight, Nick: Skinhead. London, New York, Sydney, Köln, 1982, S. 12. Sowie: Marshall, George: Spirit of '69. Eine Skinhead Bibel, Lockerbie, 2. deutschsprachige Auflage, 1999.
5 Clarke, John: Die Skinheads und die magische Rückgewinnung der Gemeinschaft. In: Ders.; et al: Jugendkultur als Widerstand, Frankfurt am Main, 1979, S. 171–175, hier S. 171.
6 Vgl.: Brake, Mike: The sociology of youth culture and youth subcultures. Sex and drugs and rock'n'roll?, London, Boston, Henley, 1980, S. 78.
7 Pearson, Geoff: ›Paki-Bashing‹ in a North East Lancashire Connton Town: A case study and its history. In: Mungham, Geoff; Pearson, Geoff (Hg.): Working class youth culture, London, Henley, Boston, 1976, S. 48–81. Pearson wies nach, dass das Phänomen des ›paki-bashing‹ bereits vor dem Aufkommen der Skinheads aufgetreten war und als Ausdruck der rassistischen Grundstimmung in Teilen der Bevölkerung zu deuten ist.
8 Siehe dazu Phil Cohen, der eben dieses Zusammenspiel von weißen und farbigen, west-indischen Jugendlichen gegen die neuen Zuwanderer beleuchtet: Cohen, Phil: Subculture conflict and working class community. In: Working Papers in Cultural Studies 2, Frühjahr 1972, Universität Birmingham, Centre for Contemporary Cultural Studies, S. 5–51, hier S. 29f.
9 Siehe zum Rassismus: Bielefeld, Uli (Hg.): Das Eigene und das Fremde. Neuer Rassismus in der alten Welt, 2. Aufl., Hamburg, 1992.
10 Vgl.: Rees, Tom: Immigration policies in the United Kingdom. In: Husband, Charles (Hg.): ›Race‹ in Britian. Continuity and change, London, 1982. Sowie: Layton, Henry: The Politics of race in Britain, London, 1984.
11 Zitiert nach: Greß, Franz: Großbritannien. In: Ders.; Jaschke, Hans-Gerd; Schönekäs, Klaus: Neue Rechte und Rechtsextremismus in Europa. Bundesrepublik, Frankreich, Großbritannien, Opladen, 1990, S. 104–217, hier S. 188.
12 Cosgrave, Patrick: The Lives of Enoch Powell, London, 1989, S. 252.
13 Vgl.: Greß, Franz: Großbritannien. In: Ders.; Jaschke, Hans-Gerd; Schönekäs, Klaus: Neue Rechte und Rechtsextremismus in Europa. Bundesrepublik, Frankreich, Großbritannien, Opladen, 1990, S. 104–217, hier S. 109f. Zum s.g. ›Powell Effekt‹, der maßgeblich die Konzeption des ›Immigration Act‹ von 1971 beeinflusste, siehe ausführlich die Analyse von Douglas E. Schoen: Enoch Powell and the Powellites, London, 1977.

14 Christopher T. Husbands weist Rassismus als Teil des Arbeiterviertels East-End bereits seit dem Ende des 19. Jh. nach. Vgl.: Husbands, Christopher T.: East End Racism 1900–1980. In: The London Journal. A Review of Metropolitan Society Past and Present, Vol. 8, No. 1, 1982, S. 3–26.

15 Die lebensweltlichen Erfahrungen in den Liedern wurden abgelöst von religiösen Texten und der Rückbesinnung auf die schwarzen Wurzeln der Musik.

16 Vgl.: Savage, John: England's Dreaming. Anarchie, Sex Pistols, Punk Rock, Berlin, 2001. Zur frühen deutschen Szene siehe. Teipel, Jürgen: Verschwende Deine Jugend. Ein Doku-Roman über den deutschen Punk und New Wave, Frankfurt/M., 2001.

17 Trafik. Internationales Journal zur libertären Kultur und Politik, Nr. 1, 34. Jg., August 1991, S. 37–50: Crass. Libertärer Polit-Punk.

18 Vgl. Marshall, George: Spirit of '69. A Skinhead Bible, Dunoon, 1991, S. 99. Sowie das Interview mit Garry Bushell in: Mader, Matthias: Oi! – The Book Vol. 1, Berlin, 1996, S. 130–132.

19 Der Skinhead-Stil bricht Mitte der 80er-Jahre in Deutschland auseinander und differenzierte sich in den nachfolgenden Jahren zunehmend aus, sodass heute idealtypisch unterschieden werden kann in ›traditionsbewusste Skinheads‹, die sich der Musik und dem ›Spirit of '69‹ verpflichtet fühlen; linke, s.g. Redskins; das facettenreiche Spektrum der ›unpolitischen‹ Oi-Skinheads und die explizit rechten ›White-Power-Skinheads‹. Vgl. für das gesamte Skinhead-Spektrum: Farin, Klaus; Seidel-Pielen, Eberhard: Skinheads, München, 1993.

20 Eng verbunden mit der Skinhead-Subkultur ist auch die Vorliebe für Tätowierungen. Im Vorwort des 2001 in Zusammenarbeit des extrem rechten Versandes Show-down Records mit dem ebenfalls extrem rechten Fanzine Lokalpatriot veröffentlichten Oi! – The Tattoobook heißt es bezogen auf die Ausdifferenzierung der Skinhead-Szene: »Die Liebe zu bunten Bildern ist sogar etwas, was allen politischen Richtungen, sonst teilweise bis aufs Blut verfeindet, gemein ist – nicht unbedingt die Motive, aber die Tätowierungen an sich.«

21 Greß, Franz; Jaschke, Hans-Gerd: Neuere Tendenzen der Faschismusanalyse im deutschen und englischsprachigen Bereich. Ein Überblick. In: Neue Politische Literatur, 27. Jg., H. 1, S. 20–46, hier S. 36.

22 Vgl. Lowles, Nick; Silver, Steve: Vom Skinhead zum Bonehead. In: Searchlight; Antifaschistisches Infoblatt; Enough is enough; rat (Hg.): White Noise. Rechts-Rock, Skinhead-Musik, Blood & Honour – Einblicke in die internationale Neonazi-Musik-Szene, 3. überarb. Aufl., Hamburg, Münster 2001, S. 24. Den Blickwinkel der Skinhead-Szene siehe in: Big 3/Berlin und 54–46 Pressure Drop/Oberhausen, Nr. 4, Juli 1991, S. B3 3–B3 11: Time Tunnel Southall. The gig that sparked a race riot.

23 Zu Nick Crane siehe ausführlich: Gerth, Michael: Der Skinheadkult. Einblicke in eine Jugendkultur. Diplomarbeit am Institut für Kulturwissenschaften, Universität Leipzig, 1993, unveröffentlicht.

24 Die meisten Bandmitglieder einschließlich Ian Stuart Donaldson spielten zuvor in der 1975 gegründeten Coverband Tumbling Dice.

25 Vgl.: Pearce, Joe: Skrewdriver – The first ten years. The way it's got to be. http://www.unitedskins.com.htm, April 1999. Ian Stuart Donaldson war u.a. Organisator für die NF in den Bezirken Blackpool und Fylde und Anführer der parteieigenen Schlägertruppe Instant Response Unit.

26 Skrewdriver: White Power, EP, WNR, 1983. Sämtliche Skrewdriver Texte in: Ian Stuart Donaldson: Songbook, Ulm/Donau, 2001.

27 Die Organisationen präsentierten sich 1984 mit der EP This Is White Noise. Auf dem Tonträger sind neben Skrewdriver die bereits 1980 gegründete Band Brutal Attack vertreten sowie die im Jahr darauf formierten ABH aus Lowestoft/Suffolk und die 1983 gegründeten Die Hards aus London. Vgl. Lowles, Nick; Silver, Steve: Vom Skinhead zum Bonehead. In: Searchlight; Antifaschistisches Infoblatt; Enough is enough; rat (Hg.): White Noise, 3. erweit. Aufl., Hamburg, 2001, S. 30ff.

28 Aus der Zusammenarbeit zwischen ROR und WNC resultiert die Compilation-Reihe No Surrender 1–4, 1985, 1986, 1989, 1991, vgl.: Christoph, Ralph: Hitler's back in the Charts again. Herbert Egoldt und ›Rock-O-Rama‹.

In: Annas, Max; Christoph, Ralph (Hg.): Neue Soundtracks für den Volksempfänger. Nazirock, Jugendkultur & rechter Mainstream, Berlin, Amsterdam 1993, S. 111–120, hier S. 117.

29 Vgl. ausführlicher: Fahr, Margitta: Odins Erben. Neuheidentum und nordische Mythologie in Rechtsrock-Texten an ausgewählten Beispielen der britischen Band ›Skrewdriver‹. In: Forschungszentrum Populäre Musik (Hg.): PopScriptum 5: Rechte Musik. Aufsätze zur Populären Musik. Schriftenreihe, Berlin, 1995, S. 90–104.

30 Vgl.: Pearce, Joe: Skrewdriver – The first ten years. The way it's got to be. http://www.unitedskins.com.htm, April 1999.

31 Clockwork Orange, Nr. 2, 1984, Artikel über Peter and the Test Tube Babies

32 Blood & Honour England, Nr. 2, 1987, S. 2: Editorial. Siehe zur Entwicklung von Blood & Honour in Großbritannien ausführlich: Searchlight et al: White Noise, a.a.O.

33 Siehe exemplarisch die Compilation-Soundtracks zum Untergang 1 + 2, 1980 und 1982, auf dem Label Aggressive-Rock-Produktion, Berlin.

34 Auf dem Tonträger: Cotzbrocken: jedem das seine, ROR, LP, 1981.

35 Die Kölner Band Cotzbrocken dichtete in dem Lied Atatürk auf der LP jedem das Seine (ROR, 1981) in ähnlicher Manier: »Sie [die Türken] wollen nicht aus Deutschland weichen/denn hier gehören sie noch zu den Reichen«.

36 Vgl.: Der Spiegel, Nr. 18, 36 Jg., 3.5.1982, S. 37–44, hier S. 39: Ausländerfeindlichkeit: Exodus erwünscht. Infas-Umfrage über die Einstellung der Deutschen zu Gastarbeitern und Asylbewerbern. Siehe dazu auch: Herbert, Ulrich: Geschichte der Ausländerpolitik in Deutschland. Saisonarbeiter, Zwangsarbeiter, Gastarbeiter, Flüchtlinge, München, 2001, S. 253–261.

37 Siehe hierzu: Herbert, Ulrich: Geschichte der Ausländerpolitik in Deutschland. Saisonarbeiter, Zwangsarbeiter, Gastarbeiter, Flüchtlinge, München, 2001.

38 Vgl.: Aus Politik und Zeitgeschichte, B 25/82, 26.06.1982, S. 35–38, hier S. 35: Ausländerzunahme: objektives Problem oder Einstellungsfrage? Aktuelle Einstellungen der Deutschen gegenüber ausländischen Mitbürgern, von Dietmar Just und Peter Caspar Mülhens.

39 Vgl.: Aus Politik und Zeitgeschichte, B 25/82, 26.6.1982, S. 35–38, hier S. 37: Ausländerzunahme: objektives Problem oder Einstellungsfrage? Aktuelle Einstellungen der Deutschen gegenüber ausländischen Mitbürgern, von Dietmar Just und Peter Caspar Mülhens.

40 Der Spiegel, Nr. 31, 27.7.1981, S. 146–147: Oi, Oi, Oi. Sowie: Der Spiegel, Nr. 48, 29.11.1982, S. 64–69: ›Wir sitzen auf einem Pulverfaß‹. Krawalle im Stadion: Neue Militanz von rechts?

41 Flugblatt abgedruckt in: ZAP. Sonderausgabe!!! Chaos-Tage in Hannover!!! 5. bis 7. August 1994. Die Savage Army war eine Hooligan-Gruppe aus dem Umfeld von HSV-Fans, eng verwoben mit der neonazistischen ANS/NA. Sie trat in der Öffentlichkeit durch besondere Brutalität und rassistische Überfälle in Erscheinung. Einen kurzen Bericht zum Treffen siehe in: Der Neue Weg, Nr. 2, 1984, S. 24f.

42 Aus dem Lied Englandkult der Band Body Checks: Tätowiert + Kahlgeschoren. LP, ROR, 1984. Unter dem Vorzeichen zunehmender Nationalisierung steht auch die Neuschöpfung eines deutschen Gegenbegriffs zum englischen ›Oi‹. Der in diesem Zeitraum entstandene Begriff ›möh‹ hielt sich bis Anfang der 90er-Jahre, setzte sich aber nie durch. Zur Interpretation dieses Begriffs siehe: Hachel, Heinz: Alex und Co. Glatzensymbole. In: Farin, Klaus: Die Skins. Mythos und Realität, Berlin, 1997, S. 167–176.

43 Clockwork Orange, Nr. 2, 1984, S. 10–12, hier S. 12: Die Böhsen Onkelz.

44 Aus dem Lied Böhse Onkelz auf dem Tonträger Der nette Mann, LP, ROR, 1984.

45 Vgl.: Hartsch, Edmund: Böhse Onkelz. ›danke für nichts‹, Frankfurt am Main, 1997, S. 90; Force of Hate, Nr. 3, Sept. 1985: Lübeck – Rock gegen Links. Sowie Bereitschaftspolizei – heute, Nr. 11, 1986, S. 31–38: Punks und Skins. Jugendliche Problemgruppen als polizeiliches Gegenüber, von Norbert Wolf.

46 Vgl. den Konzertmitschnitt, veröffentlicht auf dem Bootleg: Böhse Onkelz: Hausmannskost. Auf gut Deutsch. Lieder, die wir einst sangen. CD, Haselnuss-Tonträger, 1995. Sowie: Hartsch, Edmund: Böhse Onkelz. ›danke für nichts‹, Frankfurt am Main, 1997, S. 91f.

47 Vgl. den Konzertmitschnitt, veröffentlicht auf dem Bootleg: Böhse Onkelz:

Hausmannskost. Auf gut Deutsch. Lieder, die wir einst sangen. CD, Haselnuss-Tonträger, 1995.

48 Vgl. dazu auch: Dudek, Peter; Jaschke, Hans-Gerd: Entstehung und Entwicklung des Rechtsextremismus in der Bundesrepublik. Band 1. Zur Tradition einer besonderen politischen Kultur, Opladen, 1984, S. 166.

49 Der Neue Weg, Nr. 1, 1984, S. 6–7, hier S. 7.: Das Türkenspiel – Beobachtungen am Rande.

50 Die OSBD wurde vor allem über ihren in einer Vielzahl von Fanzines abgedruckten Aufruf bekannt gemacht, siehe exemplarisch: Offensive, Nr. 7, 1984, Hanseaten Skins, Nr. 2, 1985 sowie Der Neue Weg, Nr. 2, 1984.

51 »Freiheit für Ralph«, siehe in: Der Neue Tag, Großdeutsches Skinhead-Magazin, Nr. 2, 1986, S. 17. Siehe auch: Die Zeit, Nr. 28, 4.7.1986: Öfter mal ein Bier. Urteil im Mordfall Avci: Die Hintergründe bleiben unklar, von Charlotte Wiedemann.

52 Noie Werte: Kraft für Deutschland, LP, Rebelles Européens, 1990. Vgl. auch den im österreichischen Fanzine Deutschland Erwachet (Nr. 2, 1990) abgedruckten Text.

53 Reste der Band Vortex gründeten 1990 die Musikgruppe Mad Monster Sound, die Ska Musik spielten.

54 Die Band KdF wurde 2000 reformiert, die Body Checks 1997 und laut Szenegerüchten wurde die Gruppe Vortex 2001 reformiert.

55 Siehe zur NF: Antifaschistische Koordination: Nationalistische Front. Eine Dokumentation. Broschüre, Bielefeld, Juni 1989. Zur FAP: Christians, Georg: ›Die Reihen fest geschlossen‹. Die FAP – Zu Anatomie und Umfeld einer militant-neofaschistischen Partei in den 80er-Jahren, Marburg, 1990.

56 Andreas Pohl, zwischenzeitlicher Vizepräsident vom Dresdner Chapter des MC-Gremiums wurde 2001 zu einer Haftstrafe verurteilt, da er an einem Überfall auf konkurrierende Rocker beteiligt war, in dessen Verlauf einer von diesen getötet wurde.

57 Zur Entwicklung der extremen Rechten in der DDR vgl. Waibel, Harry: Rechtsextremismus in der DDR bis 1989, Köln, 1996.

58 Süß, Walter: Zu Wahrnehmung und Interpretation des Rechtsextremismus in der DDR durch das MfS (1993), Berlin, 2000, S.14.

59 Vgl. Süß, Walter: Zu Wahrnehmung und Interpretation des Rechtsextremismus in der DDR durch das MfS (1993), Berlin, 2000, S. 17; Kriminologisches Journal, 24. Jg., Heft 1, 1992, S. 50–64, hier S. 53: Zur Entwicklung des Rechtsextremismus in der DDR, von Gunhild Korfes; Ministerrat der Deutschen demokratischen Republik, Ministerium für Staatssicherheit: Weitere Zurückdrängung und Verhinderung von Gefährdungen der Sicherheit und Ordnung, die von kriminellen/rowdyhaften Jugendlichen ausgehen. Berlin, 1988, S. 4–5; vgl. auch: Wagner, Bernd (Hg.): Handbuch Rechtsextremismus, Reinbek, 1994; hier besonders den Exkurs: Zur Entwicklung autonomer Rechtsextremer in der DDR, S. 185–194.

60 Ministerrat der Deutschen Demokratischen Republik, Ministerium für Staatssicherheit: Weitere Zurückdrängung und Verhinderung von Gefährdungen der Sicherheit und Ordnung, die von kriminellen/rowdyhaften Jugendlichen ausgehen, Berlin, 1988, S. 2.

61 Erst 1988 wurden die ersten beiden Skinhead-Gruppen, die Band Brutale Haie in Erfurt (vgl. das Interview im: Roial, Nr. 8, 1997, S. 30: Brutale Haie) und Pitbull (ab 1989 Bomber) in Meerane (vgl. die Interviews in: Nahkampf, Nr. 7, März 1991; Sowie Proißens Gloria, Nr. 5, Mai/Juni 1992, S. 3.) gegründet.

62 Schreiben des Ministeriums für Staatssicherheit, Hauptabteilung XX, vom 11.11.1987. Faksimile in: Süß, Walter: Zu Wahrnehmung und Interpretation des Rechtsextremismus in der DDR durch das MfS (1993), Berlin, 2000, S. 75.

63 MDI (Hrsg.): Erkenntnisse der Kriminalpolizei zu neofaschistischen Aktivitäten in der DDR, S. 10 und S. 24 (Zit. nach Neubach).

64 Neubacher, Frank: Jugend und Rechtsextremismus in Ostdeutschland, Bonn, 1994, S. 40.

65 Ministerrat der Deutschen demokratischen Republik, Ministerium für Staatssicherheit: Weitere Zurückdrängung und Verhinderung von Gefährdungen der Sicherheit und Ordnung, die von kriminellen/rowdyhaften Jugendlichen ausgehen, Berlin, 1988, S. 3.

66 Niederländer, Lonie: Forschungsbericht: ›Das politische Wesen der Skinheadgruppierungen und ihre Sicherheitsrelevanz‹, Berlin, 1989, S. 39.

67 Kriminologisches Journal, 24. Jg., Heft 1, 1992, S. 50–64, hier S. 57: Zur Entwicklung des Rechtsextremismus in der DDR, von Gunhild Korfes. Sie verweist an dieser Stelle auf Erkenntnisse der Kriminalpolizei zu rechtsextremen Gruppierungen junger Menschen. Hauptabt. Kriminalpolizei, unveröff. Bericht vom 20.2.1990.

68 Vgl. Brück, W.: Skinheads im Meinungsbild Jugendlicher, Leipzig, 1988, S. 16. Unveröffentlichter Forschungsbericht. Im Oktober 1988 registrierte das MfS 1067 Skinheads, vgl.: Hauptabteilung XX »Skinheads, unsortiertes Material der HA XX/2, dokumentiert in: Süß, Walter: Zu Wahrnehmung und Interpretation des Rechtsextremismus in der DDR durch das MfS (1993), Berlin, 2000, S. 106.

69 Mit der ersten repräsentativen Schülerstudie 1990, in der Schulklassen in Sachsen, Sachsen-Anhalt und Nordrhein-Westfalen befragt wurden, äußerten 7 % der westdeutschen und 5 % der ostdeutschen Schüler Sympathien für Skinheads, vgl.: Behnken, Imke; et al (Hg.): Schülerstudie '90: Jugendliche im Prozeß der Vereinigung, Weinheim, München, 1991, S. 154.

70 Funke, Hajo: ›Jetzt sind wir dran‹. Nationalismus im geeinten Deutschland, Berlin, 1991.

71 Vgl.: Stöss, Richard: Die Republikaner, Köln, 1990. Sowie: Falter, Jürgen W.: Wer wählt rechts?: Die Wähler und Anhänger rechtsextremistischer Parteien im vereinten Deutschland, München, 1994.

72 Vgl. zur NA ausführlich: Kriminologisches Journal, 24. Jg., Heft 1, 1992, S. 50–64, hier S. 59ff.: Zur Entwicklung des Rechtsextremismus in der DDR, von Gunhild Korfes. Sowie: Schumann, Frank: Glatzen am Alex, Berlin, 1990, S. 87–109. Sowie: Ködderitzsch, Peter: REPUBLIKANER in der ehemaligen DDR. In: Butterwegge, Christoph; Isola, Horst (Hg.): Rechtsextremismus im vereinten Deutschland, Bremen, O-Berlin, 1990, S. 82–87. ID-Archiv im ISSG (Hg.): Drahtzieher im braunen Netz, Amsterdam, o.J. (1992), S. 85–128.

73 Dargestellt ist dieser Prozess in: Groffmann, Anne Claire: Das unvollendete Drama. Jugend- und Skinheadgruppen im Vereinigungsprozeß, Opladen, 2001.

74 Jörg Petritsch und Volker Grüner (Störkraft) auf die Frage nach ihrer politischen Organisierung, vgl. Interview in: Oi! – The Delirium, Nr. 5, 1990.

75 Radikahl auf die Frage, warum sie sich entschlossen hätten, ihr »Leben der Musik zu weihen«, vgl. Interview in: Glorreiche Taten, Nr. 7, Mai 1991.

76 Eine genaue Übersicht ist aufgrund des Vertriebes über Privatadressen, seltener Versände, nicht möglich.

77 Vgl.: Radikahl: Retter Deutschlands, EP, ROR, 1992.

78 Aus dem Konzertbericht von Martina Janssen, in ihrem Fanzine Schlachtruf, Nr. 4, 1991, S. 9–11, hier S. 10. Vgl. auch: Oi! Deutsches Echo, Nr. 4, Jan. 1992.

79 Funke, Hajo: Zusammenhänge zwischen rechter Gewalt, Einstellungen in der Bevölkerung sowie der Verantwortung von Öffentlichkeit und Politik. In: Butterwegge, Christoph; Lohmann, Georg (Hg.): Jugend, Rechtsextremismus und Gewalt, Opladen, 2000, S. 63, sowie: Jäger, Siegfried: Brandsätze. Rassismus im Alltag, Duisburg, 1992.

80 Vgl. dazu u.a.: Lynen von Berg, Heinz: Politische Mitte und Rechtsextremismus. Diskurse zu fremdenfeindlicher Gewalt im 12. Deutschen Bundestag (1990–94), Opladen, 2000.

81 Ohlemacher, Thomas: ›Wechselwirkung nicht ausgeschlossen‹: Medien, Bevölkerungsmeinung und fremdenfeindliche Straftaten 1991–1997. In: Dünkel, Frieder; Geng, Bernd (Hg.): Rechtsextremismus und Fremdenfeindlichkeit, Mönchengladbach, 1999, S. 61, sowie: Jäger, Siegfried; Link, Jürgen (Hg.): Die vierte Gewalt. Rassismus und die Medien, Duisburg, 1993.

82 Zu den Ereignissen und Hintergründen siehe den Film: The truth lies in Rostock. (Die Wahrheit liegt in Rostock), Dokumentarfilm, GB, 1993, von Mark Saunders und Siobhan Cleary; Schmidt, Jochen: Politische Brandstiftung. Warum 1992 in Rostock das Asylbewerberheim in Flammen aufging, Berlin, 2002; sowie: Funke, Hajo: Brandstifter. Deutschland zwischen Demokratie und völkischem Nationalismus, Göttingen, 1993. Zum Phänomen der

s.g. Bystander siehe: Leviathan. Zeitschrift für Sozialwissenschaften. Nr. 1, 1993, S. 5–12: Rostocks Gewalt und ihre Erhellung durch die Bystander-Forschung, von Gunnar Heinsohn.

83 Der Angriff – Mitteilungsblatt des ›Förderwerk Mitteldeutsche Jugend‹ (FMJ), Nr. 1, 1992, S. 3: Spätsommer 1992 – oder – Kanacke gib Fersengeld, von Enno Gehrmann.

84 Bundesministerium des Innern: Verfassungsschutzbericht 1992, Bonn, 1993, S. 85.

85 Zitiert nach: die tageszeitung, 26.8.2000, S. 1.: Euch haben Sie beim Wort genommen.

86 Zur Definition fremdenfeindlicher Straftaten des polizeilichen Lagebildes siehe: Die Polizei, Heft 11, 1992, S. 272–276, hier S. 274: Maßnahmenkatalog zur Bekämpfung fremdenfeindlicher Kriminalität, von M. Klink.

87 Am 27.11.1992 die Nationalistische Front, am 10.12.1992 die Deutsche Alternative und am 22.12.1992 die Nationale Offensive, vgl.: Innere Sicherheit. Informationen des Bundesministeriums des Innern, Nr. 1, 15.2.1993, S. 3: Verbot rechtsextremistischer Vereinigungen.

88 Mischkowitz, Robert: Fremdenfeindliche Gewalt und Skinheads. Eine Literaturanalyse und Bestandsaufnahme polizeilicher Maßnahmen. BKA-Forschungsreihe, Band 30, Wiesbaden 1994, S. 49–71. Vgl. auch: Innere Sicherheit. Informationen des Bundesministers des Innern, Heft 1 vom 15.2.1991, S. 4f.: Das Gewaltpotential der Skinheads.

89 Vgl.: Willems, Heltmut et al: Fremdenfeindliche Gewalt. Einstellungen, Täter, Konflikteskalation, Opladen, 1993. Vgl. auch Neubacher, Frank: Fremdenfeindliche Brandanschläge – Kriminologisch-empirische Befunde zu Tätern, Tathintergründen und gerichtlicher Verarbeitung in Jugendstrafverfahren. In: Dünkel, Frieder; Geng, Bernd: Rechtsextremismus und Fremdenfeindlichkeit. Bestandsaufnahme und Interventionsstrategien, Mönchengladbach, 1999, S. 265–287.

90 Vgl.: BPjS Aktuell, Nr. 2, 1993, S. 7–15: ›Rechts-Rock. Was ist das für eine Musik?, von Thilo Geisler und Josefine Hempel.

91 Landesamt für Verfassungsschutz Baden-Württemberg: Skinheads, Stuttgart, 1993, S. 11.

92 Blick nach rechts, Nr. 26, 9. Jg., 7.12.1992, S. 4f.: Der ›Endsieg‹-Versand von Andreas Gängel, von Anton Maegerle und Sönke Braasch.

93 Siehe u.a.: Blick nach rechts, Nr. 25, 9. Jg., 23.11.1992, S. 2f.: Skinheads – Gewalttätigkeit in der Musik, von Sönke Braasch. Sowie: Blick nach rechts, Nr. 11, 12. Jg., 31.5.1995, S. 14: Kurznotiz.

94 Vgl.: Frankfurter Rundschau, 4.2.1993: Razzia bei rechtsradikalen Bands.

95 Die Maßnahmen richteten sich gegen die Herausgeber der Fanzines Anhalt-Attacke (SA), Schlagstock (SH), Midgard (Nds), Proißens Gloria (B), Der Angriff-Uslar (Nds) und United Skins (BB) sowie den Donner Versand (NRW). Vgl.: Innere Sicherheit. Informationen des Bundesministeriums des Innern, Nr. 6, 10.12.1993, S. 8: Bundesweite Exekutivmaßnahmen gegen rechtsextremistische Skinhead-Fanzine.

96 Bundesministerium des Innern: Verfassungsschutzbericht 1993, Bonn, 1994, S. 95.

97 Vgl.: die tageszeitung, 30.3.1993: ›Radikahl‹ spielen nur gemäßigte Töne, von Bernd Siegler; sowie die tageszeitung, 31.3.1993: Geldstrafe für Hakenkreuz-Song, von Bernd Siegler.

98 Di-Al Rec. steht für ›Di‹rk Bocksrocker vom ehemaligen Radi-Kahl Zine und ›Al‹exander Kuligowski vom ehemaligen Oi! Deutsches Echo Zine.

99 Das Label und der angeschlossene Versand wurde von Andreas Stähr betrieben.

100 Vgl.: Lemmer, Thorsten: Skinhead Rock. Eine notwendige Klarstellung über nonkonforme Musik, Düsseldorf-Langenfeld, 1994, S. 123.

101 Kraftschlag: Nordwind, CD, Nordland, 1995. Siehe zur Bedeutung dieses Satzes das Interview mit der Band in: Amok, Nr. 2, September 1996, S. 60–62, hier S. 62: Kraftschlag. Die bei NS88 Rec. veröffentlichten CDs deutscher, offiziell bestehender Bands wurden mit einem Zusatz versehen: »Produziert in Skandinavien für den dortigen Vertrieb. Die verwendeten Texte können möglicherweise einen freien Erwerb in Deutschland erschweren.«

102 Wehrt Euch!, Nr. 5, 1994: Hammer-Skin-Richtlinien.

103 Wehrt Euch!, Nr. 5, 1994, S. 20f.: Hammer-Skins-Richtlinien.

104 Vgl.: Lieder der Verführung, Dokumentarfilm, 1995, von Karl Heinz Käfer.

105 Vgl.: Vorderste Front, Zeitschrift für politische Theorie & Strategie, Nr. 2, 1991, S. 4–7: Revolutionärer Weg konkret: SCHAFFT BEFREITE ZONEN!

106 Dieser Vielfalt versucht die 1999 gegründete Initiative durch Musik (IDM), die deutsche Entsprechnung des französischen Rock-Identitaire-Français (RIF)-Netzwerks, gerecht zu werden, indem die verschiedenen Stile über die inhaltliche Prämisse ›deutsche Identität‹ verbunden werden. Siehe auch: Der Rechte Rand, Nr 74, Jan./Feb. 2002, S. 7: Identität durch Musik, von Christian Dornbusch und Hans Wanders.

107 Insbesondere mit den Projekten Unternehmen Dreizack und Von Thronstahl, die Josef Klumb zusammen mit Raymond Plummer betreibt.

108 Hardcore entwickelte sich Mitte der 80er-Jahre aus dem Punk und war zumindest in den ersten Jahren mit emanzipativen gesellschaftlichen Vorstellungen verbunden, siehe ausführlicher: Büsser, Martin: if the kids are united. Von Punk zu Hardcore und zurück, 2. überar. Aufl., Mainz, 1995; siehe auch: Mader, Matthias: New York City Hardcore. The way it was ..., Berlin, 1999.

Michael Weiss

Deutschland im September

Von der Szene zur Bewegung

Das Unternehmen RechtsRock in konkrete Zahlen zu fassen, ist eine kaum lösbare Aufgabe. Polizei und Verfassungsschutz, auf deren Angaben sich die meisten Studien und Veröffentlichungen stützen, können das nicht leisten. Die Sichtweisen dieser Institutionen, so beschreibt es der Ex-Polizist Bernd Wagner, heute Leiter des Berliner Zentrums Demokratische Kultur (ZDK), könnten »ausschließlich organisationspolitische Zusammenhänge wahrnehmen« und würden somit »die gesamte alltagskulturelle Dimension des Rechtsextremismus, das heißt seine neue Qualität in Deutschland« ausblenden.[1] Somit unterstützen deren Zahlen vielmehr das Unterfangen, neonazistische Jugendkultur als ein Randphänomen zu konstruieren, das von außen Unruhe in die Gemeinschaft der Demokraten trägt.

Sozialisationsinstanz extreme Rechte: ›Baby-Skins‹ auf einem Aufmarsch der NPD

Doch die Ränder der gesellschaftlichen und kulturellen Spektren sind ausgefranst. RechtsRock und rechter Lifestyle führen kein Nischendasein mehr. Die knapp 10.000 »rechtsextremistischen Skins und sonstigen gewaltbereiten Rechtsextremisten«[2], die das Bundesamt für Verfassungsschutz zählt, sind nur die Vorhut einer ganzen Jugendbewegung, die sich in fließenden Übergängen von ›stinknormalen‹ RechtsRock-Fans zu martialischen Neonazi-Skins bewegt. Welche Kategorien gibt es darin für die 12- bis 14-Jährigen, die in so genannten ›national befreiten Zonen‹ von Neonazis sozialisiert werden; für Kinder und Jugendliche, die sich in Outfit, Musikgeschmack und Sprüchen weitgehend anpassen – und sei es, weil dies der Weg des geringsten Widerstandes zu sein scheint und keine kulturelle Alternative greifbar ist, die das Bedürfnis nach Identität und Stärke bedienen könnte.

Wer vermag die Zahl der Hörer von RechtsRock zu schätzen, von denen der Großteil nicht über ein eindeutiges Erscheinungsbild erkennbar ist? Eine sechsstellige Zahl von Jugendlichen und Erwachsenen, von denen viele ihr Politik- und Geschichtswissen mehr aus den Booklets einschlägiger CDs denn aus Schulbüchern haben und die in Diskussionen oft ganze Textzeilen aus populären RechtsRock-Songs zitieren können.

Und weiter: Kann der Begriff ›Jugendkultur‹ das überhaupt noch erfassen oder handelt es sich nicht viel mehr um einen Lifestyle, der sich über das Jugendalter hinaus fortsetzt? Ist die ›aktive Laufbahn‹ beendet, wenn sich ein Neonazi-Skinhead vom Aussehen her ent-radikalisiert und als Familienvater und ›ganz normaler‹ NPD-Wähler nur noch gelegentlich auf Liederabenden blicken lässt?

Für das Buch *White Noise*[3], erschienen im Frühjahr 2000, errechneten wir, dass über 100 deutsche Neonazi-Bands in den letzten zehn Jahren

Holocaust jeden Monat neu: Kalenderbeilage des Proissen – Power-Fanzine

über 500 CDs in einer Gesamtauflage von ca. 1,5 Millionen Exemplaren produzierten. Die Recherchen zu diesem Buch ergaben, dass diese Zahl inzwischen auf über zwei Millionen nach oben korrigiert werden muss. RechtsRock ist in Deutschland ein Millionenmarkt: Hunderte bestreiten darüber zumindest einen Teil ihres Lebensunterhaltes und haben längst professionelle Produktions- und Vertriebssysteme aufgebaut.

Um die 100 Zeitschriften sorgen für die Kommunikation in der Szene. Skinhead-Magazine (Skinzines), die über Postfächer, Konzerte und Geschäfte erhältlich sind und sich zumeist auf dem schmale Grat zwischen radikalem Anspruch und legalistischer Ausrichtung bewegen; Untergrundmagazine, die über verborgene Wege ihre Leser finden und – wie zum Beispiel das Blatt *Proissen Power* – den »ultimativen Holocaust Kalender«, ausgeschmückt mit Hakenkreuzen und Hitlerportraits anbieten; neonazistische Politik-Magazine, die über mehrseitige CD-Besprechungen und Konzertberichte vor allem rechte Skins und RechtsRock-Fans erreichen wollen; oder auch selbst ernannte ›unpolitische‹ Musikzeitschriften, die sich der ›Parole Spaß‹ verschreiben und die rechte Oi-Musik oder den Wikinger-Rock der Neonazi-Band Ultima Thule (Schweden) als einen mittlerweile etablierten Teil des Rock'n'Roll-Undergrounds begreifen.

Über 50 Postversände und Merchandising-Vertriebe sorgen für den regelmäßigen Nachschub mit neonazistischer Hassmusik. Mehrere Dutzend Geschäfte von und für die Szene bieten eine Rundumversorgung mit Musik, Literatur, Kleidung und festen Treffpunkten. Darüber hinaus existiert ein vollkommen unüberschaubares, flächendeckendes Netz von Klein- und Kleinstvertrieben, geführt von Szene-Aktivisten, die am Ende konspirativer ›Ameisenstraßen‹ zum Vertrieb illegaler Musik stehen. Aus Muttis Speisekammer – zum CD-Lager umfunktioniert – werden die Cliquen, Schulhöfe und Jugendtreffs der Region beliefert.

Die Anzahl der Konzerte ist seit 2000 aufgrund einer rigideren Verbotspraxis der Behörden zwar zurückgegangen, befindet sich aber dennoch auf hohem Stand(Der Verlauf des Jahres 2002 lässt Zahlen wie 1999 erwarten). Während der Verfassungsschutz für die Jahre 1998 und 1999 insgesamt 128 bzw. 109 neonazistische Konzerte zählt, prahlen Szenegrößen von 500 Events dieser Art[4], die alljährlich in Deutschland stattfinden. Die Wahrheit liegt wohl irgendwo dazwischen. So hat alleine der »nationale Liedermacher« Frank Rennicke im Jahr 1998 knapp 40 Auftritte absolviert, die in offiziellen Zählungen kaum berücksichtigt wurden. Viele kleinere Zusammenkünfte wie Übungsraum-Partys mit Live-Musik bleiben dort ebenso ausgeklammert wie NPD-Treffen, die mit dem obligatorischen Liederabend ausklingen, und Neonazi-Kongresse, die den »musikalischen Teil« gar in den Mittelpunkt des Tagesprogramms stellen.

Ein kaum überschaubares Netz von Versänden beliefert die Szene mit allen denkbaren Materialien – im Angebot sind Tonträger, Bücher und Fanzines sowie Bekleidung

Auch ›unpolitische‹ Oi- und Hardcore-Konzerte oder Bandwettbewerbe werden mancherorts von Neonazis durch massive Präsenz und provokatives Auftreten kurzerhand zu ›ihren‹ Konzerten umfunktioniert. Wenngleich diese natürlich nicht zu den ›Neonazi-Konzerten‹ gezählt werden können, so sind sie doch allwöchentlicher Bestandteil neonazistischer Erlebniswelt und Machtdemonstrationen. Wer sich mit den

›Faschos‹ arrangiert, der kann bleiben, wer nicht mit ihnen feiern will, bleibt weg.

Die Neonazi-Skins und ihre Musik haben den engen Rahmen einer Szene verlassen und sich vielerorts als eine Bewegung formiert. Noch stehen für jede Integrationsfigur, die eine Gefängnisstrafe absitzen muss oder sich ins Privatleben zurückzieht, neue und unverbrauchte Aktivisten bereit. Zu groß ist das Bedürfnis, in der Hierarchie aufzusteigen. Zu groß ist die Verlockung der Gewinne, die das Geschäft mit der Neonazi-Musik abwirft. Die Netzwerke funktionieren gut. Ein exemplarischer Blick auf Deutschland im September 1999 mag verdeutlichen, welche Dynamik deren Aktivitäten entfalten und welch hohe Reproduktionsfähigkeit deren Projekte und Führungssysteme aufweisen.

Abschließende Blitzlichter auf die Geschehnisse im September 2000 und September 2001 sollen klarstellen: Alleine mit Repression ist der Verbreitung der Neonazi-Musik nicht beizukommen. Denn, so meint ernüchtert ein Ermittler des Berliner Landeskriminalamtes im Oktober 2001: »Überall wo es das einschlägige Publikum gibt, existiert regional auch ein entsprechendes Angebot.«[5]

Erlebniswelt Neonazismus

Das Freizeitvergnügen, Menschen zu jagen

3. September 1999 Die Jugendkammer des Duisburger Landgerichts spricht die Urteile gegen drei Neonazi-Skins: lebenslang mit anschließender Sicherheitsverwahrung für den 21-jährigen Oliver Pauckstadt, zehn Jahre für den 20-jährigen Stefan E.[6] und acht Jahre für den 17-jährigen Gordon B. Die drei hatten am 17. März 1999 eine regelrechte Blutspur durch den Duisburger Stadtteil Walsum gelegt und Passanten angegriffen. Zu dem 58-jährigen Familienvater Egon Effertz, der nach einer ersten Attacke bereits bewusstlos im Park lag, waren die Schläger zurückgekehrt, um ihn, so das Gericht, »in Grund und Boden zu Tode zu treten«[7] – und weiter: »Es war für sie ein Freizeitvergnügen, Leute zu jagen«, »sie hatten Spaß daran, Menschen zu misshandeln [...]«.[8]

Kneipenterroristen – Selbstbezeichnung der Duisburger Clique aus dessen Umfeld die Mörder von Egon Effertz stammen

Die Mörder kommen aus einem Kreis neonazistischer Skinheads in der Fanszene des MSV Duisburg und entsprechen gar nicht so recht dem Klischee des auf niedrigen Bildungsniveau stehenden rechten Schlägers. Dem Rädelsführer Pauckstadt wird ein IQ von 120 bescheinigt, er liest Fontane und hört gerne Mozart, wenngleich ihn die Bundeswehr wegen des Konsums rechtsradikaler Musik entlassen hat.

Der Duisburger Polizeisprecher indes versuchte nach dem Mord alles, um die politische Motivation der Tat auszublenden. Es sei kein rechtsextremer Hintergrund erkennbar, hieß es in einer Stellungnahme, die Täter seien lediglich »als Skinheads verkleidet« gewesen. Zuvor schon hatte die Polizei Hinweise ignoriert, wonach sich rechtsorientierte Jugendliche in Walsum um den örtlichen Kader der NPD-Jugendorganisation Junge Nationaldemokraten (JN) scharten. Auch in der Tatsache, dass auf Kameradschaftsabenden mit Neonazi-Produkten gehandelt und die Jugendlichen zu Schulungen angeworben wurden, konnte die Polizei »keinen weltanschaulichen Hintergrund« erkennen. Sozialarbeiter aus den Fußballfan-Projekten hatten zu dieser Zeit bereits Alarm geschlagen. Doch ihre Forderungen nach mehr Mitteln und besseren Rahmenbedingungen für ihre Arbeit verhallten zunächst ungehört. Nach dem Mord an Egon Effertz fahren der Vereinsvorstand des MSV Duisburg und die Polizei einen harten Kurs gegen Personen, die optisch als ›Skinheads‹ ausgemacht werden. »Dass willkürlich irgendwelche Bomberjackenträger kassiert werden, die gar nicht rechts sind«,[9] ist eine der Kehrseiten dieses Vorgehens. Um die Hinterbliebenen des Getöteten kümmerte sich niemand. Bei Sitzungen des Fan-Projektes, auf denen auch Vertreter von Jugendamt und Polizei teilnahmen, gab es auf entsprechende Nachfrage schon einmal die Antwort: »Der Witwe rennen doch bestimmt schon die Pfaffen die Bude ein.«[10]

Freizeittreff im Club Heil Hitler

Der neonazistische ›Liedermacher‹ Andre Lüders spielt auf einem versuchten Aufmarsch in Frankfurt am Main am 1. Mai 2001

Freizeittreff ›Heil Hitler‹, der Club 88 in Neumünster wurde zum Kristallisationspunkt der regionalen Szene

4. September 1999 Der nächste Tag, Neumünster, Schleswig-Holstein: Im Hinterhof der Neonazi-Kneipe Club 88 findet ein Grillfest mit anschließendem Liederabend statt. Viele der Gäste sind in Siegeslaune. Am Nachmittag waren sie, 60 Personen, unter Polizeischutz im Hamburger Stadtteil Lohbrügge gegen eine zeitgleich stattfindende Kundgebung antirassistischer und antifaschistischer Gruppen aufmarschiert. Befriedigt ob der geglückten Provokation ist eine Party mit Live-Musik genau der richtige Ausklang des Tages. Es spielt der Rostocker Barde Andre Lüders, »der mit seinem Auftaktlied ›frei, sozial und national‹ sogleich die Sympathien des Publikums gewann. Es folgte eine schöne Ballade zu Ehren der Waffen-SS, welche ebenfalls für Begeisterung sorgte«.[11] Dass die Neonazi-Skinhead-Band Nordmacht, die Lüders auf Tonträgern zeitweilig unterstützt, nicht mit von der Partie ist, fällt nicht ins Gewicht, denn Lüders kann »durch die wohltuende Radikalität seiner Texte überzeugen«.[12] Der nächste Musiker des Abends nennt sich Motte, kommt aus Berlin und ist ein neues Gesicht in der Szene. Er bietet »sinnlichere, politisch tiefergehende Balladen«, die beim reichlich besoffenen Publikum nicht so gut ankommen. Musik zum Mitgrölen wird verlangt. »Dem konnte Kamerad ›Motte‹ durch einige amüsante Vandalenlieder und allseits beliebte Coverversionen von Landser natürlich auch Rechnung tragen.«[13] Die Lieder von Landser, einer Kultband der Szene, lassen den Stimmungspegel wieder ansteigen und der Abend endet mit schrägen Tönen aus der E-Gitarre, die noch in den umliegenden Straßenzügen zu hören sind.

Im Club 88 ist der Name Programm. Die Zahl ›88‹ dient der Szene als Synonym für den jeweils achten Buchstaben im Alphabet, HH für Heil Hitler. Die Konzessionsinhaberin des Clubs, Christiane Dolscheid, ist ehemalige Aktivistin des Skingirl Freundeskreis Deutschland (SFD). Sie schwärmt »von der Vernetzung der nationalen Kräfte, was insbesondere im Norden auch viel dem Club zu verdanken ist.«[14] Ob anpolitisierte Jugendliche, rechte Hooligans, die altgedienten Neonazi-Kader aus Hamburg oder die selbst ernannten Eliten der Netzwerke Blood & Honour und Hammerskins – der Club führt sie zusammen. Er bietet Gemeinschaft, Action und Erlebnisfreizeit. Dazu zählen Konzerte, Partys, aber auch Fußballturniere, zu denen die Teams bis aus Bayern anreisen.

Christiane Dolscheid, die ehemalige Aktivistin des Skingirl Freundeskreis Deutschland ist heute Betreiberin des Club 88, Aufmarsch in Neumünster am 21.4.2001

Die Werbestrategie des Clubs 88 besteht darin, alle möglichen Verschwörungen von Antifaschisten und Behörden zu konstruieren, gegen die sich der Club zu erwehren habe. Das schweißt zusammen und sichert das finanzielle Überleben. Über Benefiz-Veranstaltungen wird Geld »für den Rechtskampf« aufgetrieben, und mittels eines eigens eingerichteten Kontos werden die Kameraden zum Solidaritäts-Obolus aufgefordert.

Dabei erweisen sich die Bemühungen der Behörden, gegen den Club vorzugehen, bisher als ausgesprochen zahnlos: Über Jahre hatten sie die integrierende und organisierende Wirkung des Clubs ignoriert. Der Versuch, diesen mittels eines Konzessionsentzuges zu schließen, scheiterte am 27. September 2000 vor dem Schleswig-Holsteinischen Oberverwaltungsgericht. Die Richter finden im Treiben der Christiane Dolscheid keine gravierenden Punkte, die eine »gaststättenrechtliche Unzuverlässigkeit zu begründen«[15] vermögen. Außerdem sei es mit dem im Grundgesetz verankerten Diskriminierungsverbot »unvereinbar, den Zugang zu einem Beruf wegen der politischen Anschauungen« zu behindern.[16]

Freie Fahrt für Neonazis

4. September 1999 Nach gemütlicher Grillparty ist an diesem Abend im Örtchen Garitz, nahe Dessau in Sachsen-Anhalt, wohl niemanden, weder den Bewohnern noch den 2.000 neonazistischen Skins im rappelvollen Festsaal der Gaststätte Am Weinberg. Ein ganz besonderer Event steht an – das alljährliche Ian-Stuart-Memorial-Konzert, welches seit 1994 stets im September zelebriert wird. Aus allen Teilen Deutschlands, aus Frankreich, Italien, der Schweiz, Skandinavien, Großbritannien, Ungarn und Tschechien sind Neonazi-Skins angereist, um den deutschen Bands Ultima Ratio und Kraftschlag sowie den US-amerikanischen Kameraden der Blue Eyed Devils und Chaos 88 zuzuhören – Bands, die zur Bekämpfung der ›Scheißpunks‹ das Reintreten mit 14-Loch-Doc-Martens-Stiefeln empfehlen und für die ›nigger lover‹ nur ›wertloser Abschaum‹ sind, der niederknien muss, wenn ihnen der Kopfschuss erteilt wird. Gerade die Blue Eyed Devils gehören zu den gefeierten Stars der Szene, nicht nur wegen ihrer Texte, die sogar in einigen Staaten der USA verboten sind, sondern als bekannteste Vertreter des Hatecores.[17] Musikalisch orientiert am (dem Punk entwachsenen) Hardcore hat jener Hatecore die RechtsRock-Szene mit neuen Sound- und Stilelementen aufgefrischt und viele Anhänger gefunden; Stagediving statt Proll-Pogo,

Punks sind dreckige Schweine / Punks sind der Abschaum der Stadt / ihr rotes Scheiß-Pack / ich hab' euch satt! / Sein Kiefer zersplittert durch die Doc-Stahlkappe / jetzt noch ein Eier-Tritt / dann liegt er auf der Matte / Er blutet aus'm Schädel / doch bewegt sich noch / dann tret' ich noch mal rein mit meinen 14-Loch / immer auf'n Kopf!

Scheißpunks, Kraftschlag, Trotz Verbot nicht tot, 1992

Nigger lover / race traitor / walk in shame and hide your face / Nigger lover / race traitor / for false pride you sold out your race [...] On your knees / my gun to your head / worthless scum you know what lies ahead / with the pull on the trigger / now you're dead

Walk in Shame, Blue Eyed Devils, Murder Squad, 1996

Die ›Lichtgestalt‹ der Szene: Ian Stuart Donaldson. Der ehemalige Skrewdriver-Sänger und Blood & Honour-Mitbegründer fuhr am 23. September 1993 auf der Rückreise von einem ›arischen Fest‹ in der englischen Grafschaft Derbyshire gegen einen Brückenpfeiler und starb am darauffolgenden Tag im Krankenhaus

halsbrecherische Gitarren-Riffs statt Oi-Oi-Oi mit drei Akkorden sind angesagt. Der Saal tobt.

Für etliche der Anwesenden ist das die Krönung eines ereignisreichen Tages. Bereits in den Mittagsstunden waren sie im thüringischen Gera hinter den Transparenten der NPD marschiert, die »Neue Leute braucht das Land – Jugend in den Landtag« forderte. 400 Neonazis hatten angesichts des schwachen Widerstandes das Gefühl genießen können, dass der sie umgebende Polizeikordon ausnahmsweise nicht dazu diente, sie vor der Wut antifaschistischer Gegendemonstranten zu schützen.

Von Widerstand ist in Garitz gar nichts mehr zu sehen. Selbst die Polizei wird vom plötzlichen Ansturm der Neonazi-Skins überrascht und beschränkt sich neben vereinzelten Kontrollen darauf, den Verkehr zu regeln und den Neonazis freie Fahrt zum Konzertort zu verschaffen. Ihr Einsatzplan weist lediglich einen »Rockwettbewerb für Jugendliche der Region« auf, doch der vermeintliche Routineeinsatz wird zum Desaster im staatlichen ›Kampf gegen Rechts‹. Knapp zehn Jahre hatte es gebraucht, bis antifaschistische Recherche und Publikationen den Behörden die ideologisierende, integrierende und radikalisierende Wirkung der Neonazi-Konzerte bewusst machen konnten. Daraufhin mussten sie einräumen, »dass im Zusammenhang mit Musikveranstaltungen insbesondere rechtsextremistischer Konzertgruppen Einordnungs- und Handlungsdefizite bestehen«, was besonders »für sogenannte Geburtstagsfeiern oder in sonstiger Form getarnte Veranstaltungen« zuträfe.[18] So wurden in den meisten Bundesländern ›Konzerterlasse‹ installiert, über die das »ordnungspolitische und polizeiliche Vorgehen« bei derartigen Ereignissen geregelt werden soll. Darin ist festgelegt, dass die getarnten Konzerte schwerlich durch das Versammlungsrecht gedeckt seien und dass, sollte deren Verbot aus Rechts- oder Zeitgründen nicht ausgesprochen werden können, zumindest eine breite Palette repressiver Maßnahmen angewendet werden müsse – polizeiliche Auflösung und Platzverweise, Ingewahrsamnahmen, Razzien, Vorkontrollen usw.[19] Von ›Verkehr regeln‹ steht darin nichts.

Der Termin für das Ian-Stuart-Gedenkkonzert stand bereits seit Wochen fest. Für die Organisation ist wie jedes Jahr das Netzwerk Blood & Honour zuständig. Schließlich war es ›ihr‹ Anführer, Ian Stuart Donaldson, der am 24. September 1993 auf der Rückreise von einem (polizeilich verhinderten) »arischen Fest« in der englischen Grafschaft Derbyshire nach einem Verkehrsunfall starb. Ursprünglich sollten die Schweizer Kameraden der Blood & Honour-Division Romandie in diesem Jahr Gastgeber sein, doch die eidgenössischen Behörden hatten die Pläne mit einem Verbot durchkreuzt. Was danach folgte, war bereits Dutzende Male eingeübt worden:

Die Kameraden der Blood & Honour Sektion Brandenburg erklärten sich bereit, einen Ausweichort zu besorgen, und fanden diesen schließlich im Raum Dessau, wo sie bereits einschlägige Erfahrungen sammeln konnten. Wenige Wochen zuvor, am 10. Juli, hatten sie dort ein Konzert mit Bands aus Deutschland, England und Finnland organisiert, an dem 800

Neonazis teilnahmen.[20] Nachdem die Brandenburger schließlich noch organisatorische Hilfe der neonazistischen Kameradschaft Köthen bekommen hatten, konnte das Konzert in Garitz angegangen werden. Über E-Mail-Verteiler, so genannte Nationale Infotelefone, Handy-Ketten und Mund-zu-Mund-Propaganda wurde die Szene kurzfristig über einen Konzertort in »Mitteldeutschland« informiert. Am Nachmittag des 4. September erhielten die Anreisenden an eigens eingerichteten Schleusungspunkten und über Mobiltelefon Anfahrtsbeschreibungen zum Konzertort. Das Triumphgeheul über das reibungslos abgelaufene »größte Konzert in der Skinheadgeschichte« hallt noch Monate später in den Szeneblättern nach.

Die Gesichter einer Bewegung:

– Rabauken und Clockwork-Skinheads

4. September 1999 Während die Hassgesänge der Bands sowie die schwarz uniformierte Blood & Honour-Security dem Publikum in Garitz ein nationalsozialistisches Spektakel in zeitgemäßem Lifestyle vorexerzieren, geht es im Düsseldorfer Stadtteil Benrath unbefangener zu. Dort spielt die Erkrather Oi-Band Rabauken vor 150 Gästen zum Tanz auf. Die beobachtende Polizei notiert lediglich ein Delikt nach §86a (Verwenden von Kennzeichen verfassungswidriger Organisationen), was kaum verwundert, denn einen Teil des harten Kernes hat es schließlich nach Sachsen-Anhalt verschlagen. Die Rabauken genießen einen ›unpolitischen‹ Ruf in der Szene. Sie zählen zu den Bands, die von den ganz Harten als »Schnulzen-Bands« mit »Wischi-Waschi-Texten«[21] abgelehnt werden und sind dennoch ein weithin akzeptierter Bestandteil der rechtsextremen Szene. Dabei stört auch wenig, dass öffentlich kolportiert wird, dass das Bandmitglied Oliver Gade mit seiner Zweitband Starkstrom bei Blood & Honour-Konzerten aufspielt, während ein anderes Bandmitglied mit seiner Zweitband Verlorene Jungs ein Lied zu einer CD beigesteuert habe, dessen Erlös antifaschistischen Gruppen zugute gekommen sein soll.[22] Szene-Insider weisen darauf hin, dass die Rabauken eigentlich gar keine Lust auf Sieg-Heil-Parolen während ihrer Auftritte haben. Dann erzählen sie von einem Konzert im Raum Bamberg, auf dem Rabauken, Trabireiter und Chaoskrieger spielten und der ganze Saal das Horst-Wessel-Lied gesungen habe.[23]

Keine zwei Autostunden von Düsseldorf entfernt, im Westerwald, ist die Stimmung am Abend des 4. Septembers fast schon beschaulich. Zu einer Party mit Lagerfeuer-Romantik haben sich 100 Personen eingefunden. Als Live-Act werden die schon erwähnten Chaoskrieger geboten, eine Band, die ihre Mitglieder aus dem Großraum Rhein-Main (vom bayerischen Aschaffenburg bis Wiesbaden) sammelt und eine der umtriebigsten Bands der Szene ist. Sie zählen zum breiten Spektrum von Bands, die, ganz gleich, wo sie sich selbst verorten, in der Schnittstelle zwischen Skinhead-Kult und neonazistischer Ideologie agieren. Mit verklärtem Blick auf die prügelnden und vergewaltigenden ›Helden‹ des Stanley-

Bei mir um die Ecke da sieht's vielleicht aus / Da wohnen ein paar Hippies in 'nem Haus / Müll und Dreck liegen auf dem Rasen / und der Gestank zieht durch die Straßen / Zottelige Haare ungewasch'ner Hals / und aus den Ohren quillt der Schmalz / Gar garstig sind sie anzuseh'n wenn sie durch die Straßen geh'n / Hippies sind dreckig, Hippies sind dumm / gehen nie zur Arbeit, gammeln nur rum / fahren nicht zum Fußball und trinken auch kein Bier / ich frag' mich doch langsam, was wollen die hier? (...) Und die Moral von der Geschicht': Hippies als Nachbarn, das wollen wir nicht.

Hippies, Rabauken: All die Jahre ..., 2000, DIM-Records

›Unpolitisches‹ Lied einer ›unpolitischen Band‹. Beim Text dieses Rabauken-Liedes hat der Chef des Label Dim-Records Ulrich ›Uhl‹ Großmann selbst die Feder geschwungen

Ohne Berührungsängste: Die Rabauken als Vorband der schwedischen RechtsRock-Band Ultima Thule am 24.2.1996

Kubrick-Films *Clockwork Orange* kultivieren die Chaoskrieger das Image der »Clockwork-Skinheads«. Ihre Lieder handeln vom ›Way of Life‹, in dem Raufen und Saufen die Skinhead-Identität bilden, und Textzeilen wie »mit drei Promille Alkohol im reinen deutschen Blut«[24] sorgen für die politische Unterfütterung des Ganzen. In ihren Anfangsjahren Mitte der 90er-Jahre konnten die Chaoskrieger gar auf ein Postfach der Blood & Honour-Struktur in Offenbach am Main zurückgreifen.

– Rechte, die nicht neonazistisch sind

Das Label DIM Records ist in Deutschland eine der ersten Anlaufstellen für Szene-Bands, die die Politik nicht so in den Vordergrund stellen wollen. Die Rabauken, Trabireiter und Chaoskrieger sind dort untergekommen und ebenso die Hamburger Band Wilde Jungs, die bisweilen auch durch eher linke Jugendzentren tingelt. Label-Chef Ulrich ›Uhl‹ Großmann aus dem oberfränkischen Ebersdorf, sieht sich zwar selbst als rechts, legt aber Wert darauf, nicht »neonazistisch« zu sein. Wer sein Label richtigerweise als Schnittstelle der Neonazi-Skinhead-Szene bezeichnet, den zerrt er vor Gericht,[25] und an seine Vergangenheit als Funktionär der JN möchte der Geschäftsmann heute nicht mehr gerne erinnert werden.

Chaoskrieger als Clockwork Skinheads: Der verklärte Blick auf die prügelnden und vergewaltigenden ›Helden‹ des Filmes, CD, Chaoskrieger, 655321, 2000

Auch Markus Beuth aus dem Taunusstädtchen Usingen, Frontmann der Chaoskrieger, ist ins Geschäft gekommen, doch allzu steil verlief seine Karriere nicht. Bei einer Razzia in seinem Geschäft Clockwork & Outdoor im oberhessischen Kirchhain im Juni 1998, welches nachfolgend geschlossen wurde, fand die Staatsanwaltschaft im dort ausliegenden Skinzine *Bembelsturm* einen Artikel, der mit dem Gruß »88« unterzeichnet war und leitete ein Verfahren nach §86a ein. Bei nachfolgenden Hausdurchsuchungen stieß die Polizei auf eine verdeckt wirkende regionale Versorgungslinie für neonazistische Musik: Der Frankfurter *Bembelsturm*-Herausgeber Patrick ›Patter‹ Prokasky war gerade im Begriff, einen Versand aufzubauen, und Rudolf Vitocco aus Frankfurt, ein unscheinbarer Supermarktangestellter und Polizistensohn ohne einschlägige Vita, sorgte für den Nachschub an Materialien. Über Flohmarktstände und eine Handynummer, die von Mund zu Mund in der Szene weitergegeben wurde, erzielte Vitocco nach Eigenangaben einen Jahresumsatz von bis zu 120.000 DM. Vor Gericht gab er an, ausschließlich aus finanziellen Interessen gehandelt und ansonsten mit der Szene nichts zu tun gehabt zu haben. Die am 14. Juni 1999 vom Landgericht Frankfurt verhängten Geldbußen von insgesamt 21.750 DM mögen auf den ersten Blick als empfindliche Strafen erscheinen. Zur Abschreckung taugen sie jedoch kaum. Der Usinger Clockwork-Versand beliefert die Szene weiterhin mit Musik und Merchandising-Produkten der Chaoskrieger. Prokasky ist inzwischen mit dem Moloko Plus Versand ganz offiziell ins Geschäft eingestiegen.

– Neonazistische Popstars

10. September 1999 Die Festlichkeiten des nächsten Wochenendes werden im Berliner Stadtteil Weissensee eingeläutet. 120 handverlesene ›Kameraden‹ feiern am 10. September im Klubhaus der Nazirockergruppe »Vandalen – Ariogermanische Kampfgemeinschaft« deren 17-jähriges Bestehen. Am nächsten Tag jedoch ist im doppelten Sinne Katerstimmung angesagt. 500 Antifaschisten demonstrieren in Weissensee unter dem Motto »Vandalen zurück in den Sumpf« gegen den Neonazi-Treffpunkt. Der Vermieter kündigt den Nazirockern daraufhin die Räume – »aus vertraglichen Gründen« allerdings erst zum 30. September 2000. Zumindest das 18-jährige Bestehen kann also noch gebührend gefeiert werden.[26]

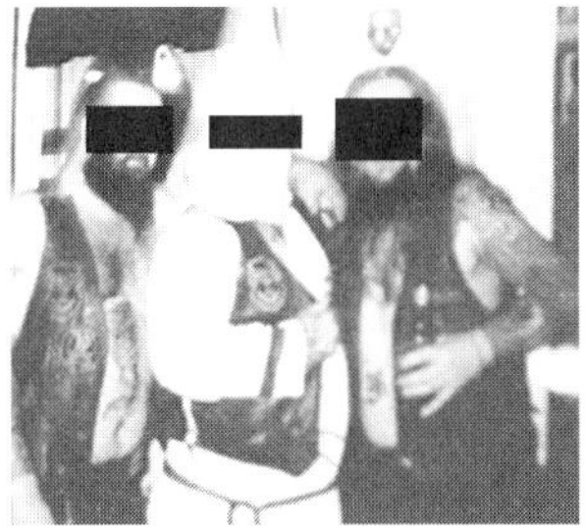
Mitglieder der Band Landser. Links Andre Möricke, rechts der Sänger Michael ›Lunikoff‹ Regener.

Die Vandalen sind eine der Hauptanlaufstellen für den militanten Kern der Berlin-Brandenburger Szene. Die zwei Musikgruppen Machr & Ehre und Landser sind ihrem Kreis zuzurechnen: Macht & Ehre (seit 2001 als ›Light-Version‹ unter dem Namen Schwarzer Orden aktiv), wurde um 1992 von dem Berliner Stephan Jones in der Justizvollzugsanstalt Plötzensee gegründet. Sie nehmen für sich in Anspruch, zu den radikalsten Vertretern des RechtsRock zu zählen, obgleich Textzeilen wie »Jude ab, ab in den Ofen« in der Szene nicht unumstritten sind, denn, so fragt Totto aus Bremen in einem Kommentar im Internet-Gästebuch von Macht & Ehre, »wer soll durch ab in den Ofen überzeugt werden?«[27] Doch mit diesen Fragen beschäftigt sich der Großteil der Szene nicht. Dort wird das öffentliche Entsetzen ob solcher Parolen eher schenkelklopfend aufgenommen und dient der Selbstbestätigung.

Schon am 25. Juli 1999 waren die Vandalen ins Blickfeld der Öffentlichkeit geraten. Eine im Klubhaus stattfindende »Hochzeitsfeier« wurde von einem Sondereinsatzkommando der Polizei gestürmt und aufgelöst. Geheiratet hatten Susann Stark und Vandale Jean-Rene Bauer. Erstere ist, nunmehr unter dem Namen Susann Bauer, in der NPD-Bundesgeschäftsstelle in Berlin-Köpenick angestellt. Ihr Ehemann Jean-Rene ist vielseitig beschäftigt. Im Juni 2000 gerät er ins Visier der Fahnder, als in Berlin und Brandenburg eine Gruppe von Beinahe-Terroristen aus dem Kreis der so genannten Nationalrevolutionären Zellen auffliegt. Die Gruppe hatte sich mit Bomben und einem von Bauer »gelieferten« Präzisionsgewehr ausgerüstet, um – so berichtet das Heft *Nationaler Beobachter* – »Racheaktionen gegen Linke« durchzuführen.[28] Außerdem ist Jean-Rene Bauer Musiker. Er spielt bei Landser, im Osten Deutschlands die bekannteste und beliebteste Neonazi-Band. Nie hatten Landser auch nur den Versuch unternommen, eine ihrer mittlerweile vier CDs über textliche Entschärfungen in den legalen Vertrieb zu bringen. Landser ist Untergrund und soll es auch sein. Dort werden Mythen geschaffen, dort kann laut davon geträumt werden, das Trinkwasser in Kreuzberg mit 100.000 Litern Strychnin zu vergiften[29] oder »im feldgrauen Ehrenkleid« in Polen einzumarschieren, um Deutschlands Osten heimzuholen.[30]

Das ›Erfolgsmodell‹ Landser: Rassismus, Antisemitismus und Mordphantasien zum ›Schieflachen‹

Landser sind Popstars. Ihre Popularität geht weit – ganz weit – über das Spektrum der Neonazi-Skins hinaus. Ihre Rockmusik mit eingängigen Rhythmen und Texten, teilweise auf Ohrwurm-Niveau, ist nicht nur professionell, sie ist auch Standard auf vielen Schüler-Partys. Hochrechnungen, die sich aus den Beobachtungen in Schulklassen in den neuen Bundesländern anstellen lassen, gehen davon aus, dass alleine dort etliche Zehntausend Jugendliche im Besitz meist selbst gebrannter Landser-CDs sind. Über Partys und gemeinsames Abhängen im Park multipliziert sich die – freiwillige wie auch unfreiwillige – Hörerschaft von Landser schnell auf mehrere Hunderttausend.

– Die Lustigen

Was Landser im Osten Deutschlands, sind die Zillertaler Türkenjäger in den westlichen Bundesländern. Viele Schülerinnen und Schüler, die bei Bandnamen wie Macht & Ehre nur mit den Achseln zucken, setzen bei der Frage nach den Zillertaler Türkenjägern ein verschwörerisches Grinsen auf: Ja, die »Zillertaler« würden sie schon kennen. Viele empfinden sich dabei gar nicht einmal als »rechts«, aber die »Zillertaler« seien ja »irgendwie lustig«. Dabei ist dies gar keine Band im eigentlichen Sinn sondern vielmehr eines der vielen Bandprojekte, bei denen sich Musiker verschiedener Gruppen für ein oder zwei CDs zusammenfinden. Und die Idee der ›Zillertaler‹ war denkbar einfach: Populäre Schlagersongs wurden simpel umgetextet. Im »Sonderzug nach Mekka« werden »Moslemaffen und andere Kanacken« aus Deutschland fortgeschickt, in den »Kreuzberger Nächten« werden »Ali-Banden« und Linke kurz und klein geschlagen. Ihr Silberling *12 Doitsche Stimmungshits* von 1997 fand keine Fortsetzung. Ein bundesweiter Pressewirbel hatte ihnen ungeahnte, verkaufsfördernde Publicity verschafft und die Polizei nahm die Ermittlungen auf. Im November 1998 wurde der Nibelungen-Versand ausgehoben, der beim Vertrieb der CD (interner Codename: »Die Lustigen«) eine Schlüsselrolle gespielt hatte. Ansonsten waren die Ermittlungsergebnisse bescheiden. Zwar gehen die Ermittler davon aus, der Sänger der Emsländer Neonazi-Band Saccara, Daniel ›Gigi‹ Giese, habe an dem Projekt mitgewirkt, doch weder Untersuchungen gegen weitere mutmaßliche Bandmitglieder noch die Eröffnung eines Verfahrens sind bekannt.

›Die Lustigen‹, interner Codename beim Vertrieb der illegalen CD der Zillertaler Türkenjäger, die in ihren Texten zu Mord aufrufen. Zillertaler Türkenjäger, 12 Doitsche Stimmungshits, 1997

– Die Terrortruppen

11. September 1999 Der Konzert-Höhepunkt des Wochenendes findet im sächsischen Zschortau statt. Mit dem Kultlied *Hail the new dawn* begrüßt die Skrewdriver-Cover-Band, ein Ein-Tag-Bandprojekt von Mitgliedern prominenter deutscher und englischer Bands, ein begeistertes Publikum.

Es ist nicht das erste Ereignis dieser Art in Zschortau. Bereits am 8. Mai 1995 fand dort ein Konzert statt, zu welchem die White Terror Skins (WTS) eingeladen hatten.[31] Die WTS, die vor allem in Leipzig aktiv sind und schon mal Ordnerdienste für die NPD übernehmen, sind nur eine von vielen martialisch klingenden und auftretenden Gruppen in dem Bundesland, das sich zu einem bundesweiten Schwerpunkt neonazistischer Konzerte, Bands und Versände entwickelt hat. Neben etablierten Unternehmen von Blood & Honour, Hammerskins und den Skinheads Chemnitz 88, sind es viele ›kleine‹ Projekte, die die Dynamik der sächsischen Szene herstellen – wie zum Beispiel der Dresdner Amico-Versand, ein Joint-Venture von italienischen und deutschen Neonazis und spezialisiert auf den Vertrieb von Neonazi-Musik aus Italien und Spanien. Wer auf dem Markt bestehen will, braucht mittlerweile Ideen und Innovationskraft.

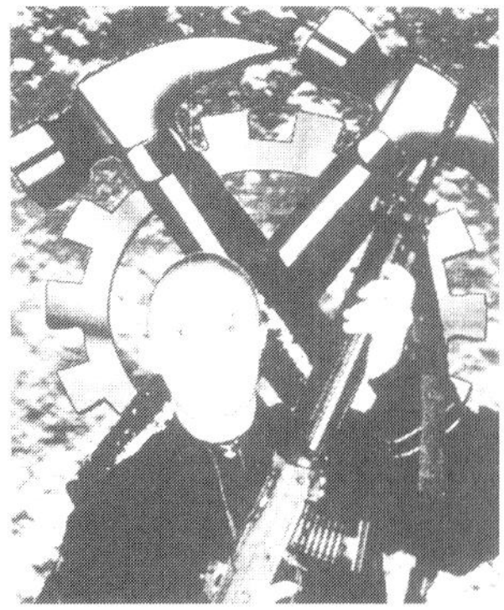

Schlüsselfigur von Hate Records ist Mirko Hesse, der ›Lautsprecher‹ der deutschen Hammerskins. Er agierte viele Jahre ungestört aus Sebnitz in der Sächsischen Schweiz – im Dezember 2001 wurde Hesse u.a. wegen der Produktion von CDs der Gruppe Landser zu 2 Jahren Haft verurteilt. Im Sommer 2002 wurde bekannt, das Hesse als V-Mann für das Bundesamt für Verfassungsschutz tätig war

Die Hammerskins haben diese bewiesen. Eine der europäischen Zentralen des 1986 in den USA gegründeten Neonazi-Skinhead-Netzwerkes repräsentiert der Versand und das Label von Hate Records - ein Unternehmen, welches der Hammerskin-Protagonist Mirko Hesse ab 1997 unter anderem mittels eines Existenzgründungsdarlehens aus EU-Geldern aufgebaut hatte. Er hat sich frühzeitig auf Hatecore-Musik konzentriert und dazu beigetragen, diese in Deutschland populär zu machen. Im Juli 1999 übernahm Hate Records das Erfurter Label Darker Than Black (DTB), ein Unternehmen des so genannten National-Socialist-Black-Metal, das über seinen ehemaligen Mitbetreiber Hendrik Möbus, einen verurteilten Mörder, Kultstatus erlangt hatte. Das nun entstandene Label Hagal Records versucht sich heute auch in den Bereichen der Dark-Wave- und Industrialmusik.

Die Geschäfte der Hammerskins laufen so gut, dass sie - wie die tschechische Zeitung *Pravo* im April 2001 enthüllt - in der Lage sind, Neonazi-Strukturen in Tschechien maßgeblich zu finanzieren. Die Gründe hierfür liegen auf der Hand: Tschechien spielt eine wichtige Rolle als Produktionsland für CDs und als Hinterland für Waffengeschäfte und paramilitärische Trainings. Dort erhielten auch Mitglieder der Skinheads Sächsische Schweiz (SSS) ihre Ausbildung an militärischem Gerät. Als die Polizei am 24. Juni 2000 bei der SSS eine Razzia durchführt, enthüllt sich eine paramilitärische Struktur von nahezu 100 Mitgliedern. Um der Presse die beschlagnahmten Waffen, Propagandamaterialien und Devotionalien präsentieren zu können, muss die Polizei gar eine Turnhalle anmieten. SSS-Mitbegründer Thomas Sattelberg, bis dato als Sozialpädagoge für Jugendarbeit bei der Arbeiterwohlfahrt angestellt, ist Sänger der Band 14 Nothelfer. Ihr Label ist Hate Records. Die Band gewann am 4. Oktober 1997 einen vom Lokalblatt *Sächsische Zeitung* organisierten Band-Nachwuchswettbewerb und heimste die ausgelobte Prämie von 1.100 DM ein, zu der die örtliche Sparkasse 500 DM beigesteuert hatte.

Cover der CD ›Einstand‹ der 14 Nothelfer von 1998. Der Name der Band geht nach deren Aussage auf eine sächsische Sage zurück.
Die 14 steht jedoch in der Szene für das Glaubensbekenntnis der ›14 Words‹ des in den USA inhaftierten Rechtsterroristen David Lane: *We must secure the existence of our people and a future for white children* und ist in der Szene eine häufig verwendete Grußformel. Auch die 14 Nothelfer veröffentlichten 1998 ein Lied mit dem Titel ›14 Words‹

Am 5. April 2001 wird die SSS vom sächsischen Innenminister verboten. 65 Neonazis bekommen polizeilichen Hausbesuch, darunter ein Bankangestellter und Söhne von Großbürgern und Funktionsträgern verschiedener politischer Parteien. Die beiden Razzien gegen die SSS waren polizeiliche Geheimoperationen, zu denen die Beamten zum Großteil aus anderen Bundesländern in die Sächsische Schweiz beordert wurden. Aufgrund familiärer Verbindungen von SSS-Mitgliedern zu Polizei- und BGS-Beamten erschien den Dienstherren im Innenministerium die Gefahr zu groß, die Neonazis könnten durch Indiskretion vorgewarnt werden.

– Die Menschenjäger

14. September 1999 Am 14. September 1999, dem 16. Verhandlungstag des ›Guben-Prozesses‹ vor dem Landgericht in Cottbus, zeichnet sich eine Verzögerung ab. Ein Antrag, der von mehreren Verteidigern gestellt wird, bestreitet die Identität des Algeriers Omar Ben Noui, der bei einer rassistischen Menschenjagd in den Morgenstunden des 13. Februar 1999 in der brandenburgischen Grenzstadt Guben ums Leben kam. Auf den Anklagebänken herrscht derweil gepflegte Langeweile. Die dort sitzenden elf Neonazi-Skins scherzen und schäkern, zumeist untereinander, aber auch mit einem Sozialarbeiter, der in einem Gubener Clubhaus mit Neonazis arbeitet und auf die Berichterstatterin der *Süddeutschen Zeitung* den Eindruck macht, »als sei er froh, Anschluss gefunden zu haben«.[32]

Unter den Klängen von Landser hetzten Neonazis in der Nacht zum 13. Februar 1999 Omar Ben Noui (Farid Guendoul) in den Tod

Erst am 28. September wird sich der 18-jährige Rene K. zum Geständnis durchringen. In mehreren Autos seien sie in dieser Nacht durch die Stadt geprescht, beim Anblick einer dreiköpfigen Gruppe von Dunkelhaarigen hätten sie mit quietschenden Reifen gebremst und seien mit Rufen wie »Wir kriegen euch!« und »Hass, Hass, Hass!« aus den Autos gesprungen. Die Opfer ergriffen die Flucht: Issaka Kaba aus Sierra Leone konnte entkommen, der Algerier Khaled Bensaha wurde zusammengetreten, aber die Schläger ließen von ihm ab, als sie erkannten, »dass er gar kein Schwarzer war«.[33] Der 28-jährige Omar Ben Noui suchte in einem Wohnblock in der Nähe Hilfe, doch niemand öffnete. Vor Verzweiflung trat er die gläserne Eingangtür ein, riss sich dabei eine Arterie auf und verblutete im Treppenhaus.

Nach dem Geständnis Kubitzas sagt Issaka Kaba als Zeuge aus. Er entkam in einem Taxi und wurde nachfolgend von der Polizei festgenommen. Unter dem Verdacht, an einer der Hetzjagd vorausgegangen Auseinandersetzung mit Neonazis beteiligt gewesen zu sein, musste er trotz eines schweren Schocks vier Stunden gefesselt auf dem Revier verbringen, während die Polizei alle Hände voll zu tun hatte, die Neonazis abzuwehren, die versuchten, in die Wache einzudringen, um seiner habhaft zu werden.

Der Prozess endet am 13. November 2000 mit milden Strafen für die Täter. Lediglich drei der Rädelsführer müssen bis zu zwei Jahre ins Gefängnis, der Rest erhält Bewährungsstrafen und Verwarnungen. Die Frage, welche Faktoren dazu beitrugen, dass die Angeklagten sich in jener Nacht in einen Blutrausch steigerten, interessiert das Gericht wenig. Dabei hatten drei der Angeklagten in richterlichen Vernehmungen interessante Hinweise gegeben: In voller Lautstärke hätten sie während der Hetzjagd die Landser-CD *Republik der Strolche* gehört und mitgegrölt. Just in diesem Moment trafen sie auf Issaka Kaba, Khaled Bensaha und Omar Ben Noui.

– Begleitmusiker zu Mord und Totschlag

Bands wie Macht & Ehre, Zillertaler Türkenjäger und Landser liefern die Begleitmusik zum neonazistischen Mord und Totschlag, dem seit der

Wiedervereinigung – das besagen unter anderem Statistiken, die die *Frankfurter Rundschau* und der *Berliner Tagespiegel* am 14. September 2000 und am 5. Oktober 2001 veröffentlichten – bis dahin über 100 Menschen zum Opfer fielen: so genannte Fremde, Punks, Obdachlose und x-beliebige Menschen, die als ›Linke‹ oder ›Asoziale‹ identifiziert wurden. Ihnen allen wurde zum Verhängnis, sich zur falschen Zeit an dem Ort befunden zu haben, an dem ein Neonazi-Schläger seinen Hass rauslassen oder sich vor der Gruppe profilieren wollte. Viele Tötungsdelikte sind nicht in die offiziellen Statistiken eingegangen. Nicht der Tod von Egon Effertz am 17. März 1999 in Duisburg; nicht der Tod des 60-jährigen Dieter Eich am 25. Mai 2000 in Berlin-Pankow, der sterben musste, weil vier Neonazi-Skins nach dem Konsum rechter Musik Lust darauf hatten, »einen Assi zu klatschen«; nicht der Tod des 38-jährigen Kurt Schneider am 7. Oktober 2000 in Berlin-Lichtenberg, der von polizeibekannten Schlägern aus Kreisen Berliner Hammerskins zusammengeschlagen und von einem der Täter, der später zum Tatort zurückgekehrt war, mit zahlreichen Messerstichen regelrecht massakriert wurde. Und auch nicht die Tötung von Helmut Sackers am 30. April 2000 im sachsen-anhaltinischen Halberstadt: Der hatte sich die Aufrufe zur Zivilcourage zu Herzen genommen und seinem Nachbarn Andreas Pawliczak mit einer Anzeige gedroht, als dieser die Nachbarschaft mit ohrenbetäubender Nazimusik terrorisierte. Kurz darauf wurde der Rentner von dem besoffenen Neonazi-Skinhead im Treppenhaus erstochen. Pawliczak, der nach seiner Heirat mittlerweile Schlemmermeyer heißt und in dessen Wohnung die Polizei eine große Sammlung neonazistischer Hassmusik und Hass-Videos fand, wurde in einem skandalösen Prozess freigesprochen. Das Magdeburger Landgericht glaubte seiner Einlassung, er habe sich vor dem als friedfertig bekannten Rentner gefürchtet und aus Notwehr gehandelt. Die Akten wären wohl im Gerichtsarchiv verstaubt, hätten nicht Anwälte und Journalisten den Fall nochmals aufgegriffen und hätte nicht Sackers' Lebensgefährtin die Courage bewiesen, gegen das Urteil anzukämpfen. Am 12. Juli 2001 hebt der Bundesgerichtshof in Karlsruhe das Urteil auf und verweist den Fall zur erneuten Verhandlung an das Landgericht Halle. Ein ungewöhnlicher Vorgang, doch offensichtlich hatten die Bundesrichter Zweifel an der Rechtsfindung der Magdeburger Justiz.

Dieter Eich – er wurde ermordet, weil vier neonazistische Skinheads Lust hatten ›einen Assi zu klatschen‹

Helmut Sackers – wurde von einem neonazistischen Skinhead erstochen, nachdem er sich über dessen laute Musik beschwert hatte

Die Kombination von Neonazi-Musik und Alkoholgenuss ist hochexplosiv. Die Neonazi-Schläger, die am 22. August 1999 nach einem Saufgelage auf dem Stadtfest im vorpommerschen Eggesin zwei Vietnamesen beinahe tottraten, hatten während der Tritte lautstark den Landser-Refrain »Fidschi, Fidschi, gute Reise«[34] gegrölt. Die neonazistischen Skins, die sich im September 1999 vor dem Landgericht in Magdeburg verantworten müssen, hatten auf einer Party am 23. April 1999 beschlossen, Punks »eine Lektion zu erteilen«. Zugedröhnt mit Rechts-Rock und Alkohol hatten sie daraufhin die Wohnung des 19-jährigen Gordon Gaffert in Magdeburg gestürmt und so lange mit einem Baseballschläger auf ihn eingeschlagen, bis die Hirnhaut zerriss und der Schädel brach. Erst nach mehreren Operationen stand fest, dass Gaffert überleben würde.

Als sich am 24. Juni 2000 eine Bande Neonazi-Skins auf dem Dorfplatz im wendländischen Rosche trifft, wird gesoffen und gesungen: »Und bald im ganzen Land, da kämpfen deutsche Skinheads, den Molli in der Hand«. Alle kennen das Lied, alle singen mit. Es ist der *ZAst-Song*[35], ein Klassiker auf dem 1992 erschienenen Tonträger *Das Reich kommt wieder* von Landser. Den Refrain »Das Asylheim brennt« auf den Lippen ziehen die Neonazis zur örtlichen Flüchtlingsunterkunft, und nur dem Eingreifen von Anwohnern, die sich den Schlägern in den Weg stellen, ist es zu verdanken, dass an diesem Abend kein Überfall stattfindet.

Auch die drei Neonazis, denen am 12. Juni 2000 beim Kampftrinken im Dessauer Stadtpark der dunkelhäutige Adriano Alberto über den Weg läuft, woraufhin sie ihn zu Tode treten, hatten zuvor Landser konsumiert – das *Afrika-Lied* von der CD *Republik der Strolche*. Als die Täter am 30. August 2000 zu langjährigen Haftstrafen verurteilt werden, liefert die Urteilsbegründung ein Novum: Nach vielen Jahren und vielen Toten erkennt ein deutsches Gericht in einem Prozess wegen eines neonazistischen Tötungsdeliktes erstmals einen direkten Zusammenhang zwischen der Musik und der Tat.

Obwohl gegen die Mitglieder von Landser mehrfach Strafverfahren eingeleitet wurden und obwohl sich seit den Beinahe-Morden von Eggesin nun auch die Bundesanwaltschaft für die Band interessiert, sind deren Aktivitäten zunächst noch ungebrochen. Ende 2000 erscheint ihre neueste CD. Das Innencover zeigt ein Comic-Bild, auf dem grotesk überzeichnete Bunthaarige und Dunkelhäutige, in *Stürmer*-Manier stereotypisierte Juden und klischeehaft dargestellte Schwule von deutschen ›Recken‹ durch die Straßen gehetzt werden. Der Titel der CD: *Ran an den Feind.*

Zeichnung aus dem Booklet der CD Ran an den Feind. Vermutlich mehrere hunderttausend CDs, Originale und vor allem Kopien, dürften von der Band Landser in Deutschland in Umlauf sein, Landser, Ran an den Feind, 2000

– RechtsRocker beim Parteibesuch

14. September 1999 In diesen Tagen im September 1999 sorgt auch die Republikanische Jugend in Berlin für Gesprächsstoff. Die Jugendorganisation der Partei Die Republikaner kündigt eine »Jugendgroßveranstaltung zur Berliner Abgeordnetenhauswahl« an, auf der der neonazistische ›Liedermacher‹ Frank Rennicke auftreten soll. Ein »Schnitt ins Fleisch der NPD«[36] soll die Veranstaltung sein, tönt der REP-Landesjugendvorsitzende Thomas Kay, der offensichtlich plant, den härtesten Konkurrenten im Buhlen um die Gunst rechter Jungwähler auszustechen. Der Plan geht nur zum Teil auf. Zwar erreichen die Jung-REPs die gewünschte Medienöffentlichkeit, doch das Konzert wird wenig später abgesagt – die Parteijugend wurde zurückgepfiffen.

Derartige Konflikte gibt es bei den REPs in der südhessischen Bergstraße nicht. Am 24. September 1999 tritt Frank Rennicke in Biblis auf, wofür die REPs ganz offiziell die stadteigene Riedhalle angemietet haben. Wie so oft ist es an diesem Tag Aufgabe der Polizei, die anrückenden 400 Neonazis (wie auch mobilisierte Antifaschisten) durch Omnipräsenz und penible Fahrzeugkontrollen einzuschüchtern, das Konzert in geordneten Bahnen ablaufen zu lassen und den ›Spuk‹ vor der wohlverdienten Nachtruhe der Bürger wieder zu beenden. In Anbetracht von knapp 500 aufgebotenen Beamten klappt das problemlos. Und während der Bürgermeister am nächsten Tag erleichtert an seinem Schreibtisch sitzt, um die Polizei in höchsten Tönen zu loben, treibt es Rolf Schlierer, dem Bundesvorsitzenden der Republikaner, im 150 Kilometer entfernten Stuttgart wohl die Zornesröte ins Gesicht. Schließlich hatte er in der Vergangenheit allerlei Abgrenzungsbeschlüsse durchgesetzt, um die Partei vom nazistischen Stallgeruch zu befreien und im rechtskonservativen Spektrum salonfähig zu machen. Die Durchführung des Liederabends war eine Rebellion der Basis und ein offener Affront gegen den als zu gemäßigt empfundenen Kurs der Bundesführung. Der Republikaner-Kreischef in der Bergstraße, Hans-Peter Fischer, freut sich des gelungenen Manövers. Mit 15 Prozent REP-Wähleranteil in Biblis im Rücken ist er einer der Stimmungsmacher in der parteiinternen Kraftprobe. Just im September 1999 setzt er sich im NPD-Organ *Deutsche Stimme* für die »Konzentration aller patriotischen Kräfte« ein und nannte die Zusammenarbeit mit der NPD »nicht nur sinnvoll, sondern überlebenswichtig« für das »rechte Lager«.[37] Dass das Konzert am 24. September, dem Todestag von Ian Stuart Donaldson, zum Großteil von neonazistischen Skins besucht wird, die ihren verstorbenen Helden mit Sprechchören feiern, scheint ins Kalkül zu passen.

Oft weit weniger vom militantem Neonazismus entfernt als die Parteispitze in offiziellen Verlautbarungen glauben machen will. Thomas Wulff, Integrationsfigur des militanten Neonazismus in Deutschland, auf einem Aufmarsch der Republikaner gegen die Ausstellung über die Verbrechen der Wehrmacht in Kassel am 3.6.1998

– Barden für Familie, Volk und Vaterland

Frank Rennicke ist als politisches Provokationsmittel ebenso prädestiniert wie als Bindeglied zwischen den verschiedenen Generationen und Spektren der extremen Rechten. Zu Beginn der 90er-Jahre stieg er als Barde der 1994 verbotenen Wiking Jugend zum Pionier neonazistischer Volksmusik auf. Damals noch in Kreisen der sich vulgär und antibürgerlich gebenden Skins oft verlacht, hat das Frank-Rennicke-Interview heute einen festen Platz in beinahe allen Gazetten der White-Power-Szene; um die entstehende Langeweile zu bekämpfen, darf dort mittlerweile auch seine Gattin und Flötistin Ute Rennicke, zu Wort kommen. Der fünffache Familienvater aus dem schwäbischen Ehningen macht aus seiner zutiefst spießbürgerlichen Lebenswelt keinen Hehl. Er appelliert an Disziplin, ordentliches Benehmen, Sauberkeit und verzeichnet – das zeigt der Blick auf sein Konzertpublikum – dabei erstaunliche Erfolge. Er berührt die harten Männer und Frauen von der Glatzenfront mit Liedern »für Familie, Volk und Vaterland«, sprich: mit sentimentalen Pathos, authentischem völkischen Familienidyll und rührseligen Einzelschicksalen: *Der alte Soldat*, der sich nostalgisch an El Alamein zurückerinnert, die ins Altersheim abgeschobene Mutter, die *Sehnsucht nach zu Hause* hat, oder die kleine *Erika*, die vom Lastzug überfahren wird. Im Mittelpunkt seiner ständigen Wortmeldungen im neonazistischen Blätterwald und in den einschlägigen Seiten im Internet steht aber die Geschichte vom guten Jungen, dem

Frank Rennicke (rechts) und der Grevesmühlener ›Liedermacher‹ Daniel Eggers. Eggers verstarb am 5.8.2001 durch ›Freitod‹, nachdem Gerüchte über eine Zusammenarbeit mit dem Verfassungsschutz in der Szene die Runde machten

Ca. 40 Auftritte pro Jahr machen müde: Frank Rennicke am Rande eines Neonazi-Aufmarsches, 1. Mai 1997

der böse Mann das Sparschwein stiehlt: die selbstgerecht aufbereitete »Verfolgung« des »Patrioten« Frank Rennicke, den die Antifa verprügelt, dem die Polizei die Wohnung durchsucht, die Bundesprüfstelle für jugendgefährdende Schriften die Tonträger indiziert und die Justiz auch noch sein Sparbuch beschlagnahmt, da er dieses Geld mit illegalen, weil volksverhetzenden, Tonträgern verdient haben soll.

Frank Rennicke weiß, wie das Geschäft läuft. Nicht vorhandenes musikalisches Talent wird durch Selbststilisierung zum Märtyrer kompensiert – der Erfolg ist garantiert. Von seinen über 20 bisher erschienenen Tonträgern, meist in Eigenproduktion hergestellt und im Eigenvertrieb unters Volk gebracht, ist eine Gesamtauflage von vielen Zehntausend anzunehmen. Doch nicht nur Rennicke und die Seinen verdienen daran. Seine CDs hat der braune Barde stets ordnungsgemäß bei der GEMA registrieren lassen, von dort aus fließen Tantiemen an seine angeblichen musikalischen Vorbilder, deren Lieder er zum Teil gecovert hat – die Liedermacher Reinhard Mey und Hannes Wader.[38]

Schätzungsweise zwei Dutzend Liedermacherinnen und Liedermacher komplettieren das neonazistische Musikangebot und bedienen die, die keinen Gefallen an den harten Rocktönen finden wollen. Der NPD-Funktionär Jörg Hähnel aus Frankfurt an der Oder zum Beispiel oder Annett Moeck aus dem brandenburgischen Schwedt, die mit ihrer im Jahr 2000 erschienenen CD *Eine Mutter klagt an* in die Männer-Domäne des nationalen Balladen-Liedgutes eingedrungen ist. Ihnen ist gemein, dass sie sich in ihrem Zuhörerkreis auch außerhalb der neonazistischen Szene orientieren und dort Sympathiepunkte und Geld für sich und die Szene sammeln. So spielte Hähnel schon mal gratis in Altenheimen auf, und als die Behörden weitere Darbietungen dieser Art unterbanden, reagierten die alten Leute überwiegend mit Unverständnis.

Der Barde Michael Müller von der Regensburger Burschenschaft Teutonia spielt auf Demonstationen und Liederabenden der NPD, hier auf dem Heß-Gedenkmarsch in Wunsiedel 2002

Andere Liedermacher sind eher etwas für Insidertreffen. Beispielsweise Oliver Podjaski, Frontmann der Kasseler Combo Hauptkampflinie, der nach einem Bericht des *Bembelsturms* auf einem Konzert am 6. Februar 1999 bei Koblenz mit Liedern der »lustigen Musikanten aus dem Zillertal«[39] für gute Laune sorgte. Oder Michael Müller von der Regensburger Burschenschaft Teutonia, der den Udo-Jürgens-Schlager *Mit 66 Jahren* umdichtete in »bei sechs Millionen Juden, da fängt der Spaß erst an, bei sechs Millionen Juden, da ist der Ofen an«, um dann zu enden mit »bei sechs Millionen Juden ist noch lange nicht Schluss«.

In öffentlichen Statements, beispielsweise von der NPD, werden solche Töne nicht angeschlagen. So etwas ist schlecht fürs Image und schafft Raum für Kriminalisierung durch das verhasste ›System‹. Doch mindestens zwei Michael-Müller-Liederabende (am 14. Oktober 1998 und 3. Januar 1999 in Bayern) waren Versammlungen von JN- und NPD-Mitgliedern. Nach Auskunft des bayerischen Verfassungsschutzes honorierten die Teilnehmeren, die sich unbeobachtet wähnten, das Lied mit großen Beifall und sangen es bei der Wiederholung mit.

Auch auf einer Neonazi-Geburtstagsfeier in der Nacht auf den 13. Januar 2001 im Münchner Stadtteil Burghausen ist Michael Müller für die musikalische Unterhaltung zuständig. Am Rande der Party schlagen Neonazi-Skins einen griechischen Staatsbürger zusammen und fügen ihm schwere Verletzungen zu.

White Power Music Industries worldwide Ltd.:

– Theater in Düsseldorf

14. September 1999 Eine Wahl anderer Art steht dieser Tage in Düsseldorf an. 15 Kandidaten bewerben sich auf der »Liste der nicht in das Handelsregister eingetragenen Unternehmen« um ein Mandat in der hiesigen Vollversammlung der Industrie- und Handelskammer (IHK). Einer von ihnen ist Torsten Lemmer, Jahrgang 1970, Besitzer eines Sonnenstudios. Ausgerüstet mit Wahlkampftross und Kleintransporter stattet er Unternehmen im Wahlbezirk seinen Vorstellungsbesuch ab, die IHK hat ihm eine entsprechende Liste zur Verfügung gestellt. Das Label des Sonnenstudio-Betreibers, mit dem Lemmer hausieren geht, ist jedoch nur die halbe Wahrheit: Seinen unternehmerischen Erfolg verdankt er einem ganz anderen Gewerbe – dem Geschäft mit der Neonazi-Musik.

Mit Neonazi-Musik zum reichen Mann: Torsten Lemmer

Nachdem er als Manager der Neonazi-Band Störkraft Anfang der 90er-Jahre »unbefriedigende Erfahrungen mit ihrem damaligen Label« gemacht hatte, entschloss er sich, »die Sache nun selber in die Hand zu nehmen.«[40] Die Marktaussichten waren gut, denn er hatte über spektakuläre Fernsehauftritte und Illustrierten-Interviews bereits ausreichend Werbung für seine Person und den RechtsRock gemacht. Schon Störkraft war so zum durchschlagenden Erfolg geworden, angeblich 60.000-mal wurde ihre 1991 erschienene CD *Mann für Mann* in den Folgejahren verkauft. Spätestens 1993 tat er sich mit dem Essener Andreas Zehnsdorf zusammen, der als Skinzine-Macher und Versandbetreiber bereits über einschlägige Erfahrung verfügte. Unter der Federführung von Lemmer und Zehnsdorf entstand ein Geflecht aus mehreren Firmen, Vertrieben und Labels. Ihre Funny Sound and Vision Produktions- und Handelsgesellschaft mbH wuchs zu einem der Marktführer, bevor im November 2000 ein Insolvenzverfahren eingeleitet wurde. Zum Flaggschiff im Hause avancierte die Zeitschrift *Rock Nord*, das auflagenstärkste monatlich erscheinende deutsche RechtsRock-Magazin. 1997 arbeiteten ca. 10 Angestellte – teils als Vollzeitkräfte, teils als Aushilfen – in den Unternehmen, ausschließlich »Szeneleute«, wie die Macher betonten. Unter ihnen der ehemalige Landesvorsitzende der JN in Hamburg, Jan Zobel, der Frontmann der Band Rheinwacht, Frank Krämer, und das Body-Checks-Bandmitglied Jürgen Drenhaus. Seit Jahren an Lemmers Seite und selten in der Öffentlichkeit sind der ehemalige Bundeswehr-Offizier und Stabsarzt Dr. Robert Nagels, ehemaliges Mitglied im nordrhein-westfälischen Landesvorstand der Republikaner, und dessen Schwester Charlotte Rosenberger. Nagels ist an Lemmers Immobiliengeschäften beteiligt, mit den »Stammeinlagen« von

Rosenberger konnte das Unternehmen überhaupt erst aufgebaut werden. Die Aufgabenteilung scheint klar. Die einen investieren, andere machen ihren Job und Lemmer spielt den selbstgefälligen Provokateur. Er erscheint mit Kameraden uneingeladen auf städtischen Feierstunden, um dort das Büffet zu eröffnen, und er spielt laut mit dem Gedanken, im Jahr 2004 ins Rathaus einzuziehen, denn schließlich wären »500.000 DM für den Wahlkampf [...] kein Problem.«[41]

Die Zeitschrift Rock Nord ist das meist verkaufte RechtsRock-Magazin in Deutschland

Ab 1999 zieht sich Lemmer schrittweise aus seinen Positionen zurück. Neben dem Sonnenstudio besitzt er eine Zucht von Rassehunden, Immobilien und auch im Handel mit homöopathischen Produkten hat er sich schon versucht. Lemmer wäre nicht Lemmer, wenn er heute nicht auch im allgemeinen Spektakel um »Neonazi-Aussteiger« in die Hauptrolle drängen würde. Er tritt als Mime in der *Hamlet*-Aufführung des Theaterregisseurs Christoph Schlingensief auf und bei dem Aussteiger-Verein namens Rein e.V. spielt er den Vorsitzenden. Die langjährige Hauptfirma Creative Zeiten Verlag und Vertrieb GmbH, nach der Abwicklung von Funny Sounds nur noch eine Hülle, wurde medienwirksam zum Verkauf angeboten und ist inzwischen aufgelöst. Parallel hierzu entstand die Firma VGR Multimedia GmbH mit fast demselben Unternehmensziel wie Creative Zeiten. Der Inhaber ist Lemmers über 80-jähriger Großvater, die bisher in Erscheinung getretenen Geschäftsführer Tim Holzschneider und Ferenc-Marco Szeplaki sind politische Ziehkinder Lemmers.

Während Lemmer versucht, sich Standbeine außerhalb einschlägiger Kreise aufzubauen, bemüht sich Zehnsdorf um den Dialog mit der Szene. Und das ist nicht einfach: Er und seine Kompagnons sind seit langem schon als »szenefremde Geldhaie« verschrien, ihr Streit mit Teilen der Szene füllt Bände. So soll Funny Sounds sich nicht an finanzielle Absprachen halten, zur Aufnahme von CDs bestimmter Bands Profimusiker anheuern, sich über eine Mittelsperson die Kundendatei eines Konkurrenz-Versandes verschafft haben, und ein Presswerk in Tschechien wurde geschlossen, weil es angeblich von Lemmer in einem Interview verraten worden war.

Die Konflikte in der Szene, die anhand derartiger Fallbeispiele hochkochen, sind grundsätzlicher Natur. Neben dem allgegenwärtigen Neid auf die geschäftlichen Erfolge anderer ist es auch das Misstrauen gegenüber dem Unterfangen, neonazistische Kultur als mainstreamkompatiblen Konsumartikel aufzubereiten. Es unterteilt die Szene in »nonkonforme« RechtsRock-Fans, »NS«-Skins und die, die ihren Weg irgendwo dazwischen suchen. Als Teil der Bewegung fühlen sich jedoch fast alle.

– Neonazi-Lifestyle als Markenprodukt

14. September 1999 Während Lemmer (am Ende vergeblich) um ein Mandat im IHK-Gremium ringt, wird im Deutschen Patentamt unter dem Aktenzeichen 39874333.9 das Warenzeichen Mjölnir eingetragen. Der Begriff dient in der germanischen Mythologie als Synonym für den

Hammer des Thor, und jener Thorshammer ist auch das Symbol der Schutzmarke. Ihr Inhaber ist der Hattinger Axel Zehnsdorf, der Vater des Andreas Zehnsdorf. Er zählte schon in den 80er-Jahren zu den führenden Neonazis in Nordrhein-Westfalen. Wenige Wochen später, im Oktober 1999, ist Zehnsdorf junior am Zuge. Er sichert sich ›die Rechte‹ an den Schriftzügen Skrewdriver und Ian Stuart, und auch die deutsche Band Kraftschlag darf sich nun als Markenprodukt fühlen. Alle sind registriert in der Warenklasse 25: Bekleidung.

Im Bemühen, einen leicht konsumierbaren rechten Lifestyle zu installieren, spielt die Kleiderordnung eine wichtige Rolle. Das haben nicht nur die Zehnsdorfs erkannt. Während Marken Nationalist oder Masterrace Europe eindeutige politische Botschaften versenden, wenden sich andere auch an Personen außerhalb der Szene, die über die Jackenmode Gefährlichkeit ausstrahlen wollen. Die Kollektionen hierfür nennen sich Violent Crew oder hate-core.

Die Firmen, die Pop-Marken wie Troublemaker und Pitbull vermarkten, sind eher den Hooligan- und Rockermilieus zuzuordnen. Dadurch, dass die Vorliebe für diese Marken bei Neonazis, Hooligans, Rockern und ›ganz normalen‹ Cliquen oft gleichermaßen ausgeprägt ist, werden nicht nur optische Gemeinsamkeiten geschaffen. Durch den Verkauf von Pitbull und Troublemaker-Produkten können sich etliche Neonazi-Versände und Läden nicht nur die eigenen Kassen füllen, sondern auch außerhalb des eigenen Spektrums ein Umfeld erreichen.

Kult in der Szene ist die englische Marke Lonsdale, kein Neonazi-Unternehmen, sondern der Legende nach der Name eines Londoner Boxerclubs, dem in den 60er-Jahren schon viele Skinheads angehörten. Doch das weiß unter den Neonazis kaum jemand. Wenn sich durch die geöffnete Bomberjacke nur die Mittelbuchstaben NSDA lesen lassen, wissen alle, was gemeint ist. Die Firma Punch Shoes & Fashion GmbH, für den Vertrieb von Lonsdale zuständig, reagiert erst im Februar 1999, in dem sie mehreren deutschen Neonazi-Versänden »aus Imagegründen« die weitere Belieferung kündigt – jedoch beträfe dies »nur unsere Lonsdale London Linie, auf anderen Produktlinien ist diese Maßnahme nicht geltend«.[42]

Die Antwort aus der Szene kommt prompt und in Gestalt einer dem Lonsdale-Schriftzug nachempfundenen Marke namens Consdaple. Warum also noch um den heißen Brei herumreden? Die Idee dazu entstand im bayerischen Landshut – beim Patria-Versand von Franz Glasauer, einem ehemaligen Funktionär der Partei Deutsche Liga für Volk und Heimat. Als Glasauer am 30. Januar 2001 Consdaple anmeldet, ist es das zweite Mal binnen acht Tagen, dass er beim Patentamt vorstellig wird. Bereits am 22. Januar hat er sich die Zahl 88, umrahmt von einem Lorbeerkranz, markenrechtlich schützen lassen. Im Juni 2001 erkennen die Zweitprüfer des Patentamtes in der Marke Consdaple einen »politisch verletzenden und sittlich anstößigen Sinngehalt«, da »durch entsprechende Anordnung der Kleidung das Wortelement ›NSDAP‹ blickfangmäßig herausgestellt werden kann.« Consdaple wird gelöscht – das codierte ›Heil Hitler‹ ist jedoch weiterhin markenrechtlich geschützt.

Patentrechtlich geschützte Marken deutscher Neonazis

Doberman: der Markeninhaber Werner Kahl steht der ›nationalen Szene‹ nahe

›Heil Hitler‹ im Lorbeerkranz: Auf Franz Glasauer, den Betreiber des Patria-Versandes, eingetragene Marke

14. September 1999 Auch Jens Pühse vom NPD-Bundesvorstand ist ein RechtsRock-Funktionär, der im Jahr 2000 in das Geschäft mit Schutzmarken einsteigt. Nahkampf nennt sich seine Marke in Anlehnung an die gleichnamige Bremer Neonazi-Band, die bei seinem Label unter Vertrag ist.

Doch in dieser Septemberwoche hat Pühse andere Sorgen. Denn am 14. September 1999 beginnt vor dem Ingolstädter Landgericht der Prozess gegen seinen »Vermieter« Anton Pfahler. Der 53-jährige Pfahler und der 23-jährige Alexander Larrass sind zahlreicher Verbrechen nach dem Kriegswaffenkontrollgesetz und Verstößen gegen das Waffengesetz angeklagt. Pfahler betrieb über Jahre einen schwungvollen Handel mit Maschinenpistolen, Handgranaten und ähnlichem Gerät, welches Larrass zum Teil aus Tschechien eingeschmuggelt hatte.

2001 erschien bei Jens Pühse die Split-CD von Nahkampf und der russischen Band Kolovrat (deutsch: Hakenkreuz). In einzelnen Katalogen von RechtsRock-Versänden wurde das stilisierte ›A‹ im Schriftzug von Nahkampf geschwärzt. Ganz offensichtlich hatten die Versand-Inhaber Zweifel, ob sich das an das verbotene SA-Zeichen angelehnte Nahkampf-Symbol noch im legalen Rahmen bewegt. Nichtsdestotrotz ist der Schriftzug als Schutzmarke ins Patentregister eingetragen

Die Polizei kam dem auf die Spur, als die Kollegen im pfälzischen Neustadt an der Weinstraße, dem Wohnort von Larrass, eine Bande von Neonazis aushob, die die Region jahrelang in Atem gehalten hatte. Auf deren Konto ging die Schändung jüdischer Friedhöfe, Telefonterror gegen die jüdische Gemeinde und 1996 auch ein Maschinenpistolenanschlag auf einen türkischen Imbiss. Mit den Verhaftungen kamen die Aussagen, die Stefan Michael Bar aus Neustadt als Rädelsführer sowie den Landauer Dirk Jeblick, Frontmann der RechtsRock-Band Gegenwind, als Mittäter an einer Friedhofsschändung belasteten.

Folgeermittlungen führten schließlich ins bayerische Sinning, wo Pfahler bereits im Blickfeld der Öffentlichkeit stand. Denn er hatte Teile seines großflächigen Anwesens Anfang 1998 an die NPD vermietet, die dort die Redaktion ihres Parteiorgans *Deutsche Stimme* sowie die Zentrale ihrer Versände Deutsche Stimme Verlagsgesellschaft mbH und Tonträgervertrieb Jens Pühse, genannt Pühses Liste, einrichtete. Während vom Vermieter in den Scheunen des Anwesens und Erdbunkern der Umgebung Kriegsgerät zum Aufbau von »bewaffneten Zellen« gehortet wurde, machten sich in den Räumen die Funktionäre der NPD daran, die *Deutsche Stimme* zu einem impulsgebenden Organ beim Kampf um die »kulturelle Hegemonie« zu entwickeln und eines der bedeutendsten Unternehmen für den Versand von rechter Musik aufzubauen.

Jens Pühse (rechts) ist einer der umtriebigsten RechtsRock-Produzenten und Anbieter. Sein politischer Werdegang führte über die 1992 verbotene Nationalistische Front in den Bundesvorstand der NPD. Hier mit Holger Apfel (links), Mitglied im Bundesvorstand der NPD

Schon seit den frühen 90er-Jahren ist der 1972 geborene Jens Pühse im Geschäft. Den Vertrieb, den er schon Mitte der 90er-Jahre zu Zeiten der Sozialrevolutionären Arbeiterfront, einer Abspaltung der 1992 verbotenen Nationalistischen Front, aufgebaut hatte, gliederte er 1998 der Deutschen Stimme Verlagsgesellschaft an. Vor allem die Produktion von RechtsRock-CDs ist für ihn ein lohnendes Geschäft. So gab die bei ihm unter Vertrag stehende Allgäuer Band Faustrecht an, von ihrer 1998 erschienenen CD *Blut, Schweiß und Tränen* 8.500 Stück allein in einem Jahr abgesetzt zu haben.[43] Die Produktionskosten liegen bei derartigen Auflagen gewöhnlich bei ein bis zwei Euro pro CD, Booklet eingeschlossen. Im Endverkauf über Konzerte und Postvertrieb ist ein Preis zwischen 14 und 17 Euro üblich. Auch wenn die Kosten für Tonstudios, für die Anwälte, die die Texte juristisch zu prüfen haben, und für die Infrastruktur nicht unbedeutend sind, dürfte der Reingewinn pro CD zweistellig sein.

Wenn es gilt, den ›Kameraden‹ Geld aus den Taschen zu ziehen, zeigen sich gerade die Unternehmen aus dem Kreis der NPD ausgesprochen kreativ. Das Sortiment des Deutsche Stimme Verlages umfasst neben Musik und Bekleidung auch völkische Feuerzeuge, Tischdecken und mehr. Pühses Liste und der Schwarze-Sonne-Versand sind 1999 auch die Ersten, die die Parfüms »Nationalist« und »Walküre« anbieten.

Der herbe Duft vom großen Reich
Werbeslogan für ein Erfolgsprodukt: das Parfüm Nationalist
Daneben:
Für die nationale Frau von heute
Das Damen-Parfüm Walküre

Ende 1999 muss die NPD ihr Quartier in Sinning verlassen. Vorausgegangen waren wachsende Proteste in der Bevölkerung und offensichtlich auch das Kalkül Anton Pfahlers, über die Kündigung der Räume seine Richter milde zu stimmen. Die Rechung geht auf. Pfahler erhält am 14. Oktober 1999 eine Haftstrafe von drei Jahren und acht Monaten, und nachdem ihm ein Drittel der Strafe erlassen wird, kommt er im März 2001 auf freien Fuß. Für die NPD bedeutet der Auszug keinen Rückschritt. Sie verlegt ihre Zentrale ins sächsische Riesa, wo ihr der NPD-Stadtrat Jürgen Günz eine Immobilie aus der Konkursmasse seiner eigenen Firma vermittelt hat.

Auf der Suche nach dem Weltmarkt

Ähnlich wie Blood & Honour und Hammerskins sind auch NPD und JN bemüht, ein internationales Netz zu errichten. Auf jährlichen Europäischen Jugendkongressen führen sie Neonazis aus ganz Europa, von Irland bis Griechenland, zu Strategiediskussionen zusammen.

Der Stargast des Treffens am 30. Oktober 1999 im bayerischen Falkenberg kommt gar aus Übersee: Dr. William Pierce, Vorsitzender der US-amerikanischen National Alliance (NA) referiert über den »Kampf der weißen Patrioten in den USA«. Darüber, wie dieser Kampf zu führen und zu finanzieren ist, hat der 66-jährige Physikprofessor klare Vorstellungen. Er ist eine der schillerndsten Figuren im internationalen Rechts-Rock-Business. Seine Vision ist eine weltumspannende White-Power-Musikindustrie, und sein Ziel ist, darin die Nummer eins zu sein.

Für angeblich 250.000 Dollar übernahm er Anfang 1999 das führende Neonazi-Musik-Unternehmen der USA, Resistance Records, und im Herbst 1999 löst er mit dem Aufkauf des Warenbestandes der schwedischen Firma Nordland seine Eintrittskarte nach Europa. Nach Informationen der in England erscheinenden Antifa-Zeitung *Searchlight* wurde der Deal mit Nordland im Rahmen einer Konferenz der NPD eingefädelt.[44] 1,5 Millionen DM, so gibt Pierce bekannt, will er für das Jahr 2000 mit Neonazi-Musik umsetzen, wobei er vor allem den weltweit größten Absatzmarkt im Auge hat: Deutschland.

Bis zu seinem Tod am 23. Juli 2002 einer der wichtigsten Investoren und Drahtzieher im internationalen RechtsRock-Business: William Pierce

Die NPD und Pierce betonen stets die Bedeutung ihrer Zusammenarbeit und bemühen sich um Kontinuität ihrer Beziehung. So schickte die NPD 1998 ihr damaliges Bundesvorstandsmitglied Alexander von

Das Symbol der National Alliance ist die Lebensrune im Lorbeerkranz

Mit der Herausgabe des Hochglanz-Magazins Resistance sicherte sich Pierce weltweiten Einfluss und Beachtung

Webenau für eine Woche in das NA-Hauptquartier nach Hillsboro in West-Virginia, wo dieser auf einem Kadertreffen über Jugendarbeit referierte. Von Webenau konnte dabei aus dem Nähkästchen plaudern: Aktivisten der NPD und JN in seinem Heimatkreis Augsburg betreiben den Schwarze-Sonne-Versand und versuchten am 31. Oktober 1998, ein Geschäft namens Befreite Zone zu eröffnen.[45] Dieses Vorhaben scheiterte, weil am Eröffnungstag 600 Antifaschisten protestierten und die Behörden daraufhin Auflagen erließen, die einen Ladenbetrieb unmöglich machten.

Auch Pierce hat die Finger nach anderen musikalischen Spektren ausgestreckt. Seine Pläne mit Resistance Records beschrieb er 1999: »Das [...] Unternehmen wird ein weit breiteres Spektrum an White Resistance Musik abdecken, einschließlich Genres wie Gothic und Black Metal.«[46] So kommt es ihm nicht ungelegen, als im Jahre 2000 Hendrik Möbus, deutsche Kultfigur des National-Socialist-Black-Metal, in seinem Hauptquartier erscheint, obwohl Möbus auf der Flucht ist. Er war in Erwartung von Haftstrafen unter anderem wegen der Verbreitung von Nazipropaganda vor der deutschen Justiz untergetaucht. Nach Informationen des *Antifaschistischen Info Blatts* nutzt Pierce die Zeit mit Möbus, um Einstiegsmöglichkeiten in die Black-Metal-Szene zu sondieren und Absatzmärkte zu erschließen.[47] Am 29. August 2000 wird Möbus beim Verlassen des NA-Anwesens verhaftet. Durch einen Antrag auf politisches Asyl kann Möbus seine Auslieferung bis zum 29. Juli 2001 hinauszögern, den juristischen Beistand organisierte und finanzierte die NA.

Im April 2001 musste William Pierce einen Rückschlag einstecken. Bei einer Razzia in Norwegen bei Neonazis der Gruppe Vigrid, laut Eigenangaben die norwegische Filiale der National Alliance, beschlagnahmte die Polizei Bargeld von umgerechnet 120.000 DM und CDs im Verkaufswert von fast einer Million DM.

– Ein Morast an Verhetzung, Verrohung und Geschichtslügen

15. September 1999 Auch die NPD-Kollegen in Nordrhein-Westfalen haben in diesen Tagen Probleme mit der Justiz. Am 15. September 1999 ergeht vor dem Landgericht in Essen das Urteil gegen den Betreiber des Labels und Versandes von DiKo, den 32-jährigen Sprockhöveler Dieter Koch: Zehn Monate auf drei Jahre Bewährung und 6.000 DM Geldstrafe wegen der Verbreitung volksverhetzender Musik. Es ist das vorläufige Ende eines Prozessmarathons gegen eines der renommiertesten deutschen Neonazi-Unternehmen. Bereits in der ersten Instanz, am 17. April 1998 in Hattingen, erkannte der Richter in den CDs, die in den Büroräumen von DiKo beschlagnahmt wurden, einen »Riesenmorast an Verhetzung, Verrohung und Geschichtslügen«[48], den Koch systematisch verbreitet und mit dem er »vornehmlich durch junge Käufer« Zigtausende im Monat verdient habe.[49] Koch selbst hatte zuvor einen Jahresumsatz von 700.000 DM eingeräumt.

DiKo-Mitarbeiter Dieter Schirmer erwischte es nur elf Tage später, am 28. April 1998, in einem Prozess gegen sechs Neonazis vor dem Wuppertaler Landgericht. Gegenstand des Prozesses war eine »Party« mit der Wuppertaler Band Entwarnung am 21. September 1996 in Solingen. Nur ausgewählte Leute waren hierzu eingeladen worden und der Grund hierfür wurde klar, als die Polizei ein Video sichtete, welches sie nach der polizeilichen Auflösung der Party bei einem Besucher konfisziert hatte. Ein Ordner wachte mit Hakenkreuzbinde über den reibungslosen Ablauf, »Überraschungsgast« Jens Uwe Arpe von der Band Kraftschlag sang antisemitische und rassistische Lieder und erbot von der Bühne den Hitlergruß. Das Publikum dankte es ihm mit fanatischen Sieg-Heil-Rufen. Derweil wurden – so die Ermittlungen – rassistische und antisemitische CDs aus dem Sortiment von DiKo verkauft.

Vom NPD-Funktionär zum Rechts-Rock-Händler und zurück: die Karriere des Dieter Koch, hier auf einem NPD-Aufmarsch in Essen, 1.5.2001

Während fünf der Angeklagten mit Geld- und Bewährungsstrafen belegt wurden, verurteilte das Gericht den vorbestraften Arpe zu zwei Jahren ohne Bewährung.[50] Er war zwischenzeitlich nach Schweden verzogen, fungierte dort als Reporter für das *Kriegsberichter*-Videomagazin von Blood & Honour Scandinavia. Das Verfahren gegen Koch wegen des Entwarnung-Konzertes war im März 1999 vom Amtsgericht in Solingen gegen Zahlung von 1.500 DM eingestellt worden.

Nach dem Essener Urteil vom 15. September 1999 zieht DiKo die Notbremse und beschließt, so berichtet das Skinzine *Volkswille*, »sich aus dem Musikgeschäft zurückzuziehen.« »Den Versand wird es weiterhin geben«, so *Volkswille* weiter, »nur ohne CD's. Dafür wird der Bereich Textilien, Schmuck und Fan-Artikel erheblich erweitert.«[51] Dieter Koch selbst kündigt an, sich zukünftig mehr auf seine Mandatstätigkeit für die NPD im Kreistag des Ennepe-Ruhr-Kreises konzentrieren zu wollen.

– Die Musik im Kalkül der Strategen

DIKOTEX – Dieter Koch Textil und Freizeitbekleidung: Statt musikalischer Propaganda bot Koch zeitweilig Skinhead-Kultbekleidung an. Heute besteht sein Angebot fast ausschließlich aus Outdoor- und Kinderbekleidung

Die Prozesse von Hattingen, Essen und Solingen waren drei unter vielen, die in den vergangenen Jahren gegen Organisatoren des RechtsRock-Geschäftes stattfanden. Sie erhalten ihre exemplarische Bedeutung über die Person Dieter Koch. Er ist kein Skinhead, er ist nicht ›nur‹ ein Geschäftemacher, sondern er zählt zum Kreis derer, die den RechtsRock strategisch vereinnahmen und ihm seine Rolle als Ideologieträger und strukturelles Standbein der Neonazi-Organisierung zuweisen.

Nachdem verschiedene neonazistische Organisationen schon in den 80er-Jahren begonnen hatten, das Feld der Jugendkultur zu erschließen, setzten Kreise der NPD ab 1991 weitere Impulse. Dort und zu dieser Zeit kam Dieter Koch zu Amt und Würden. Er wirkte als Bundesvorstandsmitglied der JN, als presserechtlich Verantwortlicher der JN-Zeitschrift *Einheit und Kampf* und als Funktionär des NPD-Studentenzirkels Nationaldemokratischer Hochschulbund (NHB), der für die Partei als eine Art Denkfabrik für visionäre Angelegenheiten fungiert.

Während *Einheit und Kampf*, berauscht durch die Pogrome von Hoyerswerda und Rostock-Lichtenhagen, den »Aufstand in Deutschland« feierte und »die Wichtigkeit der Integration der Skins in die nationalistische Szene«[52] betonte, machte sich der NHB daran, den »revolutionären Weg konkret« zu entwickeln. Unter der Überschrift »Schafft befreite Zonen« wurden 1991 in ihrer Zeitschrift *Vorderste Front* jene strategischen Leitlinien vorgezeichnet, die bis heute vielen neonazistischen Gruppen als Orientierungspunkt dienen und beständig weiterentwickelt werden.

STRATEGIE UND TAKTIK

Befreite Zonen schaffen

Wie schaffen wir befreite Zonen in westdeutschen Großstädten?

Strategiediskussion

Eigene Wege im Kulturkampf

Aus der dunklen Perspektivlosigkeit des Systems hebt sich eine »rechte« Subkultur ab

Strategie und Taktik

Vom deutschen Gemeinwohl

Nationalisten müssen heute Brücken schlagen und Gräben überwinden

DISKUSSION

»Befreite Zonen« schaffen

Couragierte Gegenmacht

Die Eroberung kultureller Freiräume ist Aufgabe und Ziel nationalistischer Politik

Strategiediskussion

»Unsere Doktrin ist die Tat«

Bei der Schaffung von »Befreiten Zonen« haben linke und ausländische Gruppen eine Vorbildfunktion

Strategiediskussion um den Weg zur Schaffung ›National befreiter Zonen‹ in NPD-Zeitungen, 1999 bis 2001

Obwohl das Konzept von 1991 vorschlägt, über den Verkauf von »T-Hemden und Schallplatten [...] Kohle zu verdienen«, spielte die Musik zunächst nur eine untergeordnete Rolle. Doch das änderte sich bald. Während Computerunternehmen oder Reisebüros, die im politischen und sozialen Umfeld der NHB- und JN-Kader entstanden, auf dem Markt nicht Fuß fassen konnten, wurde das Geschäft mit der Musik zum Selbstläufer. Die dafür notwendigen Investitionen (Lagerräume, Druck von Katalogen usw.) sind überschaubar. Mithilfe von Postfächern können die Mitarbeiter für die Öffentlichkeit anonymisiert werden, den Steuer-, Gewerbeaufsichts- und Polizeibehörden bleibt durch den Aufbau verdeckter Vertriebssysteme der Einblick in Geschäfte und Strukturen weitgehend versagt. Die Gewinne werden in teure Autos und Kurztrips zu Konzerten nach Florida umgesetzt – dennoch bleibt genug übrig für den Aufbau eigener Labels und Tonstudios, für die Anschaffung von PA-Anlagen und den Kauf von Immobilien. Doch damit nicht genug: Ein stärkeres Investment in die »nationale Erlebniswelt« fordert 1999 Jürgen Schwab, einer der profiliertesten Vordenker der Szene. Denn nur so könne es gelingen, die »Jugend-Subkultur«, die heute oft »die Rolle eines Bürgerschrecks« spiele, mit »Politikinhalten zu begeistern« und darüber mittel- und langfristig zu disziplinieren.[53]

Die zunehmende Bewegungsdynamik der Szene sowie die fortschreitende gesellschaftliche Rechtsentwicklung, die den Neonazis immer wieder die Stichworte vorgibt, sorgt schließlich dafür, dass in einer wachsenden Zahl von Orten und Stadtteilen vonseiten der Neonazis ›Befreite Zonen‹ ausgerufen werden. Die, die heute den Taktstock zu diesen Rufen schwingen, sind die Einpeitscher der ›Freien Nationalisten‹. Unter ihrer Regie hat sich der ursprüngliche Strategiebegriff der ›Befreiten Zone‹ längst verwandelt zum Schlachtruf einer überaus gewalttätigen Neonazi-Szene, die ihr Selbstbewusstsein darüber findet, sich in Revierkämpfen und nach SA-Manier Territorien zu erobern.

Steffen Hupka aus Timmenrode in Sachsen-Anhalt zählt zu diesen Scharfmachern. Er war ein Wortführer der Revolutionären Plattform – Aufbruch 2000,[54] über Aufmärsche organisiert er wichtige Bausteine der neonazistischen Erlebniswelt. »Befreite Zonen – aber wie?« fragt er in der *Deutschen Stimme* im November 1999, um gleich selbst die Antwort zu geben: Einen »wirklichen Freiraum für die eigene Arbeit« gebe es nur über den Aufkauf von Immobilien und den Aufbau von Wohnprojekten.

Die Möglichkeit, Derartiges zu finanzieren, sieht er über die Einrichtung von Versammlungsräumen, in denen »auch Konzerte und ähnliche kulturelle Veranstaltungen abgehalten werden«. Zur »Optimierung des Hausprojekts« empfiehlt er die Inbetriebnahme eines Szene-Ladens. In einigen Bundesländern bemühen sich Neonazis mit Erfolg um den Erwerb von Landgasthöfen und Grundstücken, vornehmlich außerhalb von Wohngebieten. Ihre Geldquellen bleiben weitgehend im Dunkeln.

Seit 2002 arbeitet Hupka am Aufbau eines vom NPD-Kader Uwe Meenen erworbenen Gebäudekomplexes im sächsisch-anhaltinischen Trebnitz

»Befreite Zonen sind machbar« tönen auch die Kameraden in der bayerischen Rhön. Im Jahr 2000 haben Neonazis aus dem Spektrum der NPD und der Kameradschaft Kreuzritter in Hollstadt (bei Bad Kissingen) einen Bauernhof gekauft und zum »Stützpunkt« erklärt. »Die Scheune wurde ausgebaut für größere Veranstaltungen und Balladenabende«, im Haus wurde »ein Ladengeschäft für Nationale Szenekleidung, Tonträger, Videos und Bücher eingerichtet. Mit den Gewinnen aus dem Geschäft kann der Stützpunkt zum Teil finanziert werden.«[55]

Schulungszentrum Nord? In Amholz renovieren Michael Greve und Thomas Wulff, beide Führungskader der ›Freien Kameradschaften‹, einen Gutshof

Das Netzwerk Blood & Honour

– Blut als Extrazugabe

17. September 1999 Im Mannheimer Probebunker der Band Bosheit werden zum Konzert hohe Gäste erwartet – die walisischen Celtic Warrior, eine der weltweit populärsten Blood & Honour-Rockbands. Schon bei Bosheit kommt Stimmung in die Bude. »Wetz die langen Messer auf dem Bürgersteig, lass die Messer flutschen in den Judenleib, Blut, Blut, Blut muss fließen knüppelhageldick, wir scheißen auf die Freiheit der Judenrepublik«, grölt der 19-jährige Sänger Andreas Wagner im Chor mit den drei Dutzend Gästen. Beim Bosheit-Auftritt am 16. Oktober 1999 in der Kulturhalle im badischen Pfinztal sind es mehrere Hundert, die das Lied begeistert mitsingen.

Der Song heißt *Blut*. Und er hat Tradition. Angelehnt an ein Kampflied der SA zählte er zu den Hits der Band Tonstörung, ein der beliebtesten Neonazi-Rockkapellen der frühen 90er-Jahre. Manch Anwesender der älteren Garde denkt in diesem Moment sicher an den 28. Februar 1992 zurück. Tonstörung spielten im badischen Plankstadt und servierten einem fanatisierten Publikum *Blut* als Extrazugabe. Es war der Anfang vom Ende von Tonstörung. Nachdem im Anschluss an das Konzert ein aufgehetzter Mob von 120 Neonazi-Skins eine türkische Hochzeitsfeier überfiel, einige Schwerverletzte zurückließ und schließlich noch eine mehrstündige Straßenschlacht mit der anrückenden Polizei anzettelte, nahm die Staatsanwaltschaft die Ermittlungen gegen Tonstörung auf. 1993 wurden die Musiker zu Bewährungsstrafen verurteilt, die Band wurde (zwangs-)aufgelöst.

Alte Garde des RechtsRock – Tonstörung, Schöne Welt, 1991

Auch für Bosheit haben Parolen wie »Nigger Out« und Lieder wie *Blut* Konsequenzen. Die Bandmitglieder werden im März 2001 vom

Mannheimer Jugendschöffengericht zu Bewährungsstrafen von neun bis 15 Monaten verurteilt. Neben ihnen auf der Anklagebank sitzt der 31-jährige Achim Pfeiffer aus Ludwigshafen. Er hat nach Auffassung des Gerichtes mindestens eines der Bosheit-Konzerte organisiert und erhält mit 18 Monaten auf Bewährung die höchste Strafe. Er kann auf eine mittlerweile knapp zehnjährige ›Karriere‹ zurückblicken. Schon Anfang der 90er-Jahre hatte er für Tonstörung Auftritte organisiert und ist in den Jahren danach, nach Erkenntnis des baden-württembergischen Landeskriminalamtes, zu einem führenden Funktionär von Blood & Honour aufgestiegen.

– Musikorganisation und Kampfgemeinschaft

Der Berliner Stephan ›Pin‹ Lange war ein leitender Kader der deutschen Division von Blood & Honour, hier auf einem NPD-Aufmarsch am 10.4.1999 in Berlin Marzahn

Dass in der Aufzählung von RechtsRock-Aktivitäten ständig der Name Blood & Honour erscheint, ist bezeichnend. Denn tatsächlich ist das Netzwerk ein tragendes Führungssystem der Szene. Als es Anfang der 90er-Jahre unter tatkräftiger Mithilfe der (1995 verbotenen) norddeutschen Neonazi-Gruppe Nationale Liste von England nach Deutschland importiert wurde, war es, als habe der harte Kern auf dieses Angebot nur gewartet. Die Szene war zu groß, zu unübersichtlich geworden und Blood & Honour bot die Möglichkeit, sich von den Modeerscheinungen abzugrenzen und in einer elitären Gemeinschaft zu sammeln. In Blood & Honour spiegelt sich das gestiegene Selbstbewusstsein der Neonazi-Skins wider, die nicht mehr ›orientierungslos‹ und ›politisch diffus‹ auf eine Führung warten, sondern immer stärker eigene Ideen und Interessen durchsetzen. Mit der offiziellen Gründung der Division Deutschland im Jahre 1994 begann Blood & Honour, sich zu professionalisieren und das Netz von Bands, Konzertveranstaltern und Versänden in einer »festen Organisationsstruktur« weiterzustricken. Der Ruf einer ›Musikorganisation‹ reichte ihnen jedoch nicht aus. Mit den Beschlüssen des Blood & Honour-Deutschlandtreffens am 3. Oktober 1998 wurde eine Phase eingeläutet, in der Blood & Honour mit Erfolg danach strebte, sich als politische Kraft zu etablieren. Schließlich sei es Aufgabe, so schrieb ihr internes Mitteilungsblatt, »Patrioten verschiedener Stilrichtungen zu sammeln und zu einen, nicht nur in der Musik, sondern im Kampf«, und deshalb sollten sich die Aktivisten »in Zukunft vermehrt geschlossen an politischen Aktionen beteiligen«.[56] In der Folgezeit engagierten sich Blood & Honour-Aktivisten in Ämtern neonazistischer Gruppen und Parteien, die Fahnen der Blood & Honour-Sektionen bestimmten immer mehr das Bild der Aufmärsche.

Blood & Honour-Aktivisten werden sich in Zukunft vermehrt geschlossen an politischen Aktionen beteiligen um den beschlossenen Standpunkt auch zu demonstrieren – im internen Rundschreiben wird 1998 der Schritt vom ›Kulturkampf‹ zum Straßenkampf angekündigt

Die Bedeutung von Blood & Honour wuchs im selben Maße, in dem die Grenzlinien zwischen ›Jugendkultur‹ und ›Politik‹ verschwammen. Teile der NPD, die ›Freien Nationalisten‹, der sich unter Labels wie Anti-Antifa und Weisser Arischer Widerstand formierende Terroruntergrund sowie Blood & Honour bilden heute einen multifunktionalen Aktionsrahmen, in dem Doppel- und Dreifach-Mitgliedschaften üblich sind und in dem sich die unterschiedlichen Ansätze und Optionen ergänzen. In diesem Gefüge ist Blood & Honour ein wichtiges Scharnier. Es verbindet unter seinem Dach Kultur und Politik und leistet Vermittlerdienste. Es ist eine politisch militante Organisation, die sich kulturell definiert und deshalb im Spektrum der Jugendkultur starke Authentizität hat. So ist es Blood & Honour möglich, sein Umfeld beständig zu ideologisieren und schrittweise an die militanten politischen Strukturen heranzuführen.[57]

Eine Legion arischer Gladiatoren

›Sportfest‹ – verniedlichende Beschreibung von paramilitärischen Übungen in Niedersachsen, Sommer 1999 – Ausrichter Blood & Honour

18. September 1999 In der Provinz Niedersachsens findet an diesem letzten schönen Septemberwochenende eine Erlebnisfreizeit der besonderen Art statt. »Sportfest« nennt sich der Wettbewerb, an dem Teams verschiedener Blood & Honour-Sektionen und befreundeter Gruppen mit zehn Kilogramm Gepäck pro Person auf einen 15 km langen Marsch geschickt werden, auf dem es gilt, Aufgaben unterschiedlicher Schwierigkeitsstufen zu lösen. Es geht »nicht darum, der Beste zu sein, sondern vielmehr darum, die Gemeinschaft zu vertiefen«, schwärmt der Berichterstatter von Blood & Honour Mecklenburg, denn diese Aktivitäten würden den Gemeinschaftssinn besser prägen als Suff und Konzerte.[58] Was sich »Sportfest« nennt und wenige Wochen später in Ostwestfalen als »Orientierungsmarsch« deklariert wird, ist die Umschreibung für paramilitärischen Wehrsport, ein Pflichtprogramm, das sich die ›Elitetruppen‹ von Blood & Honour und Hammerskins auf ihre Fahnen geschrieben haben. Dass sich die Gruppen mit ihren jeweiligen Führungsansprüchen in die Quere kommen, ist zumindest in Niedersachsen Vergangenheit: Die Nordmark-Sektionen der beiden Netzwerke hatten unlängst beschlossen, ein Zeichen »für die Einigkeit der Szene« zu setzen, und diese mit einer ausgiebigen »United« Feier am 28. August 1999 unter den Klängen von RechtsRock und Liedern »aus der Kampfzeit der 20er« besiegelt.[59] Das Gelände hierzu hatte eine Kirchengemeinde zur Verfügung gestellt.

Größenwahn und Vernichtungsfantasien aus dem Hause Blood & Honour: Der Weg vorwärts, von Max Hammer alias Erik Blücher

Max Hammer ist eine der bedeutendsten Personen der Blood & Honour-Bewegung. Hinter dem Pseudonym verbirgt sich der Norweger Erik Blücher, Anführer der einflussreichen skandinavischen Division und einer der Drahtzieher im Blood & Honour-Musikbusiness. Was er 1998 mitzuteilen hatte, hat mit Musik jedoch wenig zu tun. *The Way Forward* nennt sich seine Schrift, die auch ins Deutsche (*Der Weg Vorwärts*) übersetzt und per Broschüre und Internet verbreitet wird. Es ist die Vision von einer »neuen Legion arischer Gladiatoren«, die nach dem Vorbild der Waffen-SS ausziehen solle, um das »multikriminelle ZOG-Inferno« zu zerstören. ZOG, das Kürzel für Zionist Occupation Government (Zionistische Besatzungsregierung), ist das Synonym für die »jüdische Weltverschwörung«, in deren Diensten die »roten Bastarde«, aber auch die »Bürger, Politiker und Journalisten« stünden, die »uns sabotieren« würden.[60] *Der Weg Vorwärts* ist der Aufruf zum Vernichtungsfeldzug gegen politische Gegner, angeleitet von einem eliminatorischen Antisemitismus.

Der Ton, den Blood & Honour nun auch in Deutschland anschlägt, wird schärfer. Die Zahl antisemitischer Schändungen und Anschläge steigt spürbar. Jene Nationalrevolutionäre Zelle aus Berlin und Brandenburg, die sich im Dunstkreis von Blood & Honour formierte und im Juni 2000 ausgehoben wird, steht ganz offensichtlich kurz davor, mit Bombe und Präzisionsgewehr loszuschlagen. Die Blood & Honour Sektion Weser-Ems hält es angesichts eines am 22. Juli 2000 von der Polizei aufgelösten Konzertes »absolut unverständlich, daß sich einige Beamten immer noch fragen, warum Menschen wie Kay Diesner auf Polizisten schießen. Bei diesem Verhalten [...] sollten sie sich fragen, warum die anderen dies nicht machen«.[61] Die Drohung kommt per Fax – über das Faxgerät der Bremer NPD.

Musik als Füllhorn für die Kriegskassen

Der Blood & Honour-Aktivist Christian Hehl aus Ludwigshafen wurde im April 1999 in den Bundesvorstand der JN gewählt und kandidierte für die NPD zur Bundestagswahl 2002

Terrorgruppe und Profiteure des RechtsRock: Combat 18

Die Gruppe Combat 18 (C18) nennt Blücher stolz als »die Armee« und den «bewaffneten Arm von Blood & Honour«. Als eine »Gang von Markenklamotten tragenden Schlägern« (*Searchlight*) im Umfeld der British National Party machte sich C18 Anfang der 90er-Jahre durch Angriffe und Brandbombenanschläge auf politische Gegner einen Namen. Mit Intrigen und Gewalt (bis hin zum Mord an einem missliebigen Kameraden) riss sie nach dem Tod Ian Stuart Donaldsons 1993 die Führung des britischen Blood & Honour an sich. Unter ihrer Leitung steht das 1994 gegründete Label Ian-Stuart-Donaldson-Records, ISD-Records, laut *Searchlight* ein »Goldesel des White Power«[62], der von 1994 bis 1996 mit 20 produzierten CDs einen Reingewinn von über 300.000 DM erwirtschaftete.

Auch wenn so manchem das selbstherrliche Auftreten von C18 nicht schmeckt, so richtig anlegen möchte sich niemand mit ihnen. In Deutschland sind sie zuweilen gern gesehene Gäste. Am 27. Juni 1999 zum Beispiel reiste eine 14-köpfige Delegation des britischen C18 zu einem von der fränkischen Sektion ausgerichteten Blood & Honour-Treffen an. Im Gefolge ist ihre Vorzeigeband No Remorse, die als Top-Act auf einem Waldsportplatz nahe Bamberg aufspielt. Unter allgemeinen Gejohle werden die pogromartigen Ausschreitungen in Rostock-Lichtenhagen 1992 verherrlicht (*Barbecue in Rostock*) und das Publikum aufgefordert, die »verdammten Nigger« zu erschießen (*Zigger! Zigger! Shoot those fucking niggers*). Die Polizei ist mit starken Kräften vor Ort, greift aber nicht ein. Auch kann die Band trotz der unverblümten Mordaufrufe ungehindert ein- und ausreisen.

C18 wird auch in Deutschland zum Synonym für eine entfesselte Gewalt und zum Markennamen, wenn Neonazis Häuserwände mit Schriftzügen der »C18 Boys« beschmieren oder ihre Drohbriefe damit signieren. Ein Verfechter von C18 ist Bernd ›Pernod‹ Peruch aus Gundelsheim (bei Bamberg), Leiter der Blood & Honour Sektion Franken. Über seine Band Hate Society lässt der 27-Jährige, der als Beruf »selbstständiger Tontechniker« angibt, die »Terrormaschine« C18 hochleben. Das Bandlabel Hatefront Records ist zuständig für die Produktion von CDs der härteren Sorte. Wegen seiner angeblichen Freundschaft mit einem Beamten des Bamberger Staatsschutzes gilt er in Teilen der Szene als »Verräter«, was ihn in seinem Treiben jedoch nicht einschränkt.

Bei Carsten Szczepanski aus dem brandenburgischen Königs Wusterhausen hingegen liegen die Fakten auf dem Tisch. Unter dem Decknamen Piato hatte er seit 1994 für den Verfassungsschutz gearbeitet, bevor er im Juli 2000 »abgeschaltet« wird. Das von ihm bis dato herausgegebene Heft *United Skins* war ein wichtiges Propagandaorgan für C18 in Deutschland. Dass er 1995 wegen versuchten Mordes an dem Nigerianer Steve Erenhi zu einer achtjährigen Haftstrafe verurteilt wurde, tat seinen Aktivitäten wenig Abbruch. *United Skins* publizierte er aus dem Knast heraus, als Freigänger konnte er Treffen und Konzerte besuchen.

Die Band Strength thru Blood ist ein internationales Bandprojekt aus dem Kreis von Blood & Honour und Combat 18. Das Bild, entstanden auf einem Konzert 2001 in Dänemark, es zeigt rechts Bernd Peruch

Der Dartclub in Berlin

24. September 1999 Das nächste Wochenende im Terminkalender der deutschen Blood & Honour-Neonazis beginnt. Doch heute findet kein »Sportfest«, keine Party, kein Konzert statt. Statt dessen herrscht im Dartclub Bert & Holger im Ostberliner Stadtteil Kaulsdorf Hochbetrieb. Gekommen sind Neonazis aus Berlin, Brandenburg, Thüringen, Mecklenburg-Vorpommern, Sachsen-Anhalt und von der neonazistischen Kameradschaft Hamburger Sturm. Das Szenario ist das gleiche wie an den Freitagen zuvor, an denen die ›Kameraden‹ sogar aus Ungarn, Tschechien und der Schweiz angereist waren. Der Name des Klubs, Bert & Holger, verrät, wer sich hier eingenistet hat, vor allem da Blood & Honour in dem schwarzen Schriftzug rot hervorgehoben sind. Es ist das ›Klubhaus‹ der deutschen Division von Blood & Honour. ›Kameraden‹ können hier nächtigen und für 5 DM frühstücken, ansonsten finden interne Aktions- und Strategiebesprechungen statt.

Bert & Holger alias Blood & Honour: deutsches Wappen des internationalen RechtsRock-Netzwerkes

So auch an diesem Tag: Angelehnt an das NSDAP-Programm von 1924 verabschieden die Anwesenden ein »25-Punkte-Programm«. Darin sind die politischen Leitlinien von Blood & Honour neu verfasst und die organisatorischen Zügel werden straffer angezogen. Das Eintrittsalter ist auf 21 Jahre festgelegt und Neuzugänge müssen sich in einer einjährigen Probezeit bewähren. Die Hierarchieebenen bestehen aus Divisionsleitung, Regionaldirektoren und Sektionschefs. Mitglieder sind an deren Weisungen gebunden, denn schließlich habe »Demokratie keine Substanz innerhalb der Divisionsstruktur«.

Seit Monaten schon operiert das deutsche Blood & Honour-Gremium vom Kaulsdorfer Dartklub aus. Keine Gesänge dringen aus dem mit Stahlplatten vor den Fenstern gesicherten Hinterhof-Flachbau, keine besoffenen Glatzköpfe ziehen pöbelnd ihre Runden. Alles geschieht diszipliniert und die Nachbarschaft in der gutbürgerlichen Wohngegend stört es nicht. Im Oktober 1999 zieht Blood & Honour in Kaulsdorf aus.

Ein neues Klubhaus in einem Gewerbekomplex in Berlin-Lichtenberg bietet größere Räume und Hofbenutzung. Als Mieter tritt der Dartklub Adlerpfeile auf.

– Anspruch und Wirklichkeit

NS-Ideologie in Reinform: Als die Leipziger Band Gestapo bei einem Konzert gemeinsam mit der ungarischen Band Archivum auftreten sollte, sprach sie dieser das Recht ab, eine White-Power-Band zu sein. Es folgte eine wüste Schlägerei. Gestapo, Heil dem Führer, 1998

25. September 1999 Auch das am 25. September 1999 im britischen Nottingham stattfindende Ian-Stuart-Memorial-Konzert darf in die Auflistung der Aktivitäten deutscher Neonazi-Skins eingefügt werden, denn immerhin sind 60 von ihnen angereist. Und sie sorgen beim Auftritt der polnischen Band Konkwista 88 (Eroberung 88) für einen Eklat, als sie unter Protest die Halle verlassen. Die Polen, so die Erklärung, würden nicht zur »weißen Rasse« gehören und hätten demzufolge auf derartigen Events nichts verloren. Diesen Standpunkt vertritt auch Landser-Sänger Michael ›Lunikoff‹ Regener, der die »Polackenlümmel« in Songs wüst beschimpft.[63] Auch dass die ungarischen Kameraden im Blood & Honour-Clubhaus ein- und ausgehen, kann mancher nicht nachvollziehen. »Ungarn – nein danke« textete die Band Radikahl, und die Leipziger Combo Gestapo sprach auf dem Zschortauer Konzert am 8. Mai 1999 der ungarischen Band Archivum das Recht ab, sich zur White-Power-Szene zu zählen. Es folgten wüste Schlägereien. Der nächste Streit steht an. Während die Zusammenarbeit deutscher und russischer Neonazi-Skins an Kontinuität gewinnt und sich in ersten Gemeinschafts-Projekten niederschlägt, haben die Hammerskins im Jahre 2000 ihre russische Sektion ausgeschlossen, da diese der »slawischen Rasse« (als Synonym für ›Untermenschentum‹) angehörten.[64]

Mehr noch als die im »25-Punkte-Programm« festgelegten »rassischen Gesichtspunkte«, an denen sich Blood & Honour zu orientieren habe, sind es Streits um die Aufteilung der Gewinne, die die vielbeschworene Kameradschaft bisweilen arg strapazieren. Dem sächsischen Label Movement Records (MR) wurde 1998 vorgeworfen, in die eigene Tasche gewirtschaftet zu haben, und deshalb die Berechtigung entzogen, sich »weiterhin als Label dieser Bewegung zu bezeichnen«.[65] Ein Großteil der Blood & Honour Sektion Sachsen brach nachfolgend weg und nur ein Jahr später wurde die Zusammenarbeit »mit der Firma MR« wieder aufgenommen. Kurz darauf schied die Sektion Württemberg im finanziellen Streit aus.

MOVEMENT RECORDS

Beim Geld hört die Kameradschaft auf: dem Labels Movement Records wurde 1998 zeitweilig die Genehmigung entzogen sich als Blood & Honour-Label zu bezeichnen, da es angeblich zu wenig vom Gewinn abgeführt hatte

Eine weitere Facette von Blood & Honour sind deren vielfältige Verbindungen ins Milieu der so genannten »organisierten Kriminalität«. Dort verzahnen sich ihre Versand-Unternehmen, Tätowierstudios, Security- und Türsteher-Jobs mit hochgradig kriminellen Aktivitäten im Waffenhandel, der Geldwäsche und (in vereinzelten Fällen) sogar im Prostitutionsgewerbe und im Handel mit harten Drogen. Die Geschichte von Blood & Honour und der mit ihnen verbundenen politischen Kreise ist ein Sammelsurium von Grotesken, mit denen sich die selbst ernannte ›Elite‹ permanent der Lächerlichkeit preisgibt. In der Szene wagt es jedoch kaum jemand, darüber zu lachen.

– Ganz Europa mit »extremen Material« überschwemmt

28. September 1999 Jens Hessler ist das, was mittlerweile ein ›Aussteiger‹ genannt wird. Am 28. September 1999 sitzt er treuherzig vor dem Amtsrichter in Lingen (Emsland) und gelobt, mit Frau und Kind »ein neues Leben anzufangen«. Schon vorher hatte er sich geständig und der Polizei gegenüber recht gesprächig gezeigt. Der Richter hat ein Einsehen. Er verurteilt den 24-Jährigen nach nur einem Tag Verhandlungsdauer zu einer Bewährungsstrafe. Auch die mitangeklagten Nils Janning (Lingen) und Sven Faltermeier (Stralsund) kommen mit Geld- bzw. Bewährungsstrafe davon. Die drei werden verurteilt, als Aktivisten eines internationalen Kartells Zehntausende volksverhetzender Tonträger, unter anderem der Bands Gestapo, Zillertaler Türkenjäger und Macht & Ehre, in Umlauf gebracht zu haben. Ihre Zentrale war der Nibelungen-Versand in Lingen, die deutsche Hauptfiliale von Blood & Honour. Über Monate hatten die Ermittler den Kreis observiert und am 26. November 1998 schließlich zugeschlagen. In Stralsund wurde ein Lager mit 8.000 CDs ausgehoben, in Lingen beschlagnahmte die Polizei weitere CDs sowie ein Haus und ein PKW, die Hessler gehörten.

Als Geschäftspartner Hesslers tauchen viele der in diesem Beitrag erwähnten Personen wieder auf: Patrick Prokasky in Frankfurt, Daniel Giese in Meppen, Bernd Peruch in Raum Bamberg. Und weiterhin der Dresdner Waffenhändler Bert Stötzer sowie Thorsten Heise aus Northeim, einer der ›prominentesten‹ Neonazis in Deutschland, der nach Auskunft des niedersächsischen Verfassungsschutzes von Oktober 1999 »CDs mit schrecklichem antisemitischen Inhalt produzieren«[66] lässt.

Der von Jens Hessler (rechts) geleitete Nibelungen-Versand war über Jahre eine Hauptfiliale von Blood & Honour in Deutschland, Aufmarsch in Tostedt, 22.4.2000

Zuständig für die Pressung verschiedener CDs war der deutsche Neonazi Adrian Preißinger im slowakischen Banska Bystrica. Er war bis 1994 in Kronach (Oberfranken) ansässig, gab die Neonazi-Zeitschrift *Nation* heraus und bemühte sich über eine Agentur für Kommunikation (AfK) um Investoren für Immobilien-, Edelmetall- und Rohstoffgeschäfte in Bolivien. Aufgrund einer Verurteilung wegen Volksverhetzung und interner Zerwürfnisse ging er in die Slowakei. Über die AfK baute er nun Kontakte zu CD-Presswerken auf und war schon bald eine gefragte Person. Die Aufträge des Nibelungen-Versandes brachte er unter anderem bei der renommierten Firma Phonocomp SPA in Mailand unter.[67]

Was für den freien Verkauf geeignet schien, wurde über den Katalog des Nibelungen-Versandes angeboten. Der Vertrieb illegalen Materials lief über ›Ameisenstraßen‹ oder wurde von Versänden im Ausland abgewickelt. Ein kurzer Einblick in diese Systeme gelang den Ermittlern 1998, als sie die Spur der Landser-CD *Rock gegen oben* verfolgten. Eingespielt wurde sie in einem Tonstudio in Deutschland, von dort ging es per Flugzeug in die USA, wo Ed Wolbank, Sänger der Band Bound for Glory, die Pressung der fünfstelligen Auflage vermittelte. Per Schiff wurden die CDs in die Niederlande und nach Schweden verfrachtet, nach Deutschland eingeschmuggelt und mittels Kurier in die Regionen verteilt. Bei einer Übergabe von 500 CDs am Berliner Ostbahnhof schritt die

Thorsten Heise aus Northeim lässt laut Verfassungsschutz »CDs mit schrecklichen antisemitischen Inhalten produzieren«

Polizei schließlich ein. Die fünf Beteiligten, unter ihnen Torben Klebe, in Blood & Honour und der Kameradschaft Hamburger Sturm gleichermaßen eine Führungsperson, wurden zu Bewährungs- und Geldstrafen verurteilt.

Dirigierte von Skandinavien aus den Versand von illegalen Tonträgern und Videos. Der im Januar 2001 verstorbene Deutsch-Däne Marcel Schilf

Schlüsselfigur der Blood & Honour-Corporation war bis zu seinem Tod im Januar 2001 (er starb an einer Stoffwechselkrankheit) der gebürtige Brandenburger und dänische Staatsbürger Marcel Schilf. Zusammen mit Erik Blücher dirigierte er von Skandinavien aus das internationale Versandnetz, repräsentiert von den Unternehmen NS88/NS Records und Ragnarock-Records. 1998 hatten sie einen weltweiten Kundenkreis von 8.400 Personen aufgebaut. Beinahe zwei Drittel davon, also 5.190, kamen aus Deutschland und waren zum Zeitpunkt ihrer Bestellungen teilweise erst 13 Jahre alt. Vor allem die vom 1993 gegründeten Schilf-Unternehmen NS88 produzierten Videomagazine *Kriegsberichter* sind Renner auf dem Markt. Ein technisch aufwendiger Mix aus Bandvorstellungen und Interviews, Konzert- und Aufmarschberichten, Bombenbau-Kursen nach dem Motto ›Zugeschaut und mitgebaut‹ – alles gewürzt mit beständigen Mordaufrufen gegen Schwarze, namentlich genannte Linke (»a bullet in the head«) und immer wieder gegen Jüdinnen und Juden.

Erst 1998 gingen die dänischen Behörden gegen NS88 und NS-Records vor. Mit neuem Konzept, neuem Hauptsitz in Schweden und unter dem Namen Blood & Honour Scandinavia geht es jedoch munter weiter. Selbstzufrieden resümierte das »NS-Team« im Frühjahr 1999, »kompromisslos extremes Material« angeboten und damit tonnenweise ganz Europa, »besonders aber die Judenrepublik Deutschland [...] überschwemmt« zu haben.[68]

Auch die Geschichte des Jens Hessler ist am 28. September 1999 noch nicht zu Ende. Er wartet ein wenig, bis sich die ›Verräter‹-Diskussion wegen seiner umfangreichen Aussagen gelegt hat, dann mischt er wieder mit. Der Aussteiger wird zum Aufsteiger. Spätestens im Jahre 2000 ist er eine der führenden Figuren der Blood & Honour Sektion Weser-Ems.

›Kompromisslos extremes Material‹ – über Dänemark versorgte der Versand NS88 die deutsche Neonazi-Szene mit illegalen Videos und Tonträgern

September 2000 – ein Jahr später

– Das Label verboten – das Netzwerk bleibt

14. September 2000 Am 14. September 2000 verbietet Innenminister Otto Schily im Zuge der ›antifaschistischen Sommerdebatte‹ die deutsche Division von Blood & Honour samt ihrer 1997 gegründeten Jugend- und Vorfeldorganisation White Youth. Bei insgesamt 300 bis 500 Mitgliedern finden gerade einmal 45 Razzien statt, die vor allem gegen Versandstrukturen gerichtet sind. Die Ausbeute ist gering. Die 73.000 DM aus der Blood & Honour-»Kriegskasse«, die bei Sven Schneider in Borkwalde (Brandenburg) beschlagnahmt werden, und die paar Stapel CDs und T-

Shirts, die an anderen Orten aufgefunden werden, fallen in der Endabrechnung wohl kaum ins Gewicht.

Da maßgebliche Strukturen von Blood & Honour sowieso schon in der Illegalität operieren, bedeutet das Verbot für sie keinen existenziellen Einschnitt. Die Geschäfte gehen weiter. Am 22. Dezember 2000 werden bei der Übergabe von 1.000 illegalen CDs in einem Hamburger Gewerbegebiet vier Personen festgenommen, darunter die Betreiber eines Tonstudios in Neustadt/Glewe (Mecklenburg) und Ingo Knauf vom V7-Versand aus dem Hamburger Vorort Halstenbek. Unter den CDs befindet sich der pressfrische Sampler der Blood & Honour Sektion Brandenburg. Das zentrale Postfach des deutschen Blood & Honour in Werder an der Havel wird eine Woche nach dem Verbot aufgelöst und nur wenig später stellt sich per Hochglanzkatalog der Versand Hate Sounds vor – mit Postfach in Werder und betrieben von Sven Schneider. Hatefront Records indes macht Platz für das in Memmelsdorf (bei Bamberg) ansässige Label Shoot-down Records. Über eine anonyme E-Mail-Adresse, die vom Kreis des fränkischen Blood & Honour unterhalten wird, lässt sich weiterhin illegale Ware in großer Auswahl ordern. Die Lieferungen erfolgen postwendend aus Frankreich. Identitätsprobleme im Umfeld des harten Blood & Honour-Kernes, bedingt durch das ›Namensverbot‹, werden durch den zwangsläufig steigenden Untergrund-Mythos kompensiert, die Behörden werden verhöhnt. »28 – banned in Germany«, »Headhunter 28«, »Supporter 28« nennen sich die T-Shirt-Kollektionen, die von den ›neuen‹, namentlich unbelasteten, Versänden angeboten werden. Die 28 steht für die Buchstaben BH.

Nur wenige Wochen nach dem Verbot eröffnete der Blood & Honour-Kader Sven Schneider den Versand Hate Sound. Im August 2002 wurde bekannt, dass Schneider Mitarbeiter des Landeskriminalamtes Brandenburg war

Weit über ein Dutzend größere Konzerte, die von ehemaligen Blood & Honour-Aktivisten organisiert oder mitgetragen werden, finden allein in den Monaten nach dem Verbot statt, bei Lüneburg und Straubing, in verschiedenen Orten Sachsen-Anhalts sowie in Ungarn, Tschechien, in der Schweiz, Schweden, Frankreich und Belgien.[69] Sogar ins verhasste Polen wird mittlerweile ausgewichen. Die deutschen Kameraden steuern zu den Auslandskonzerten nicht nur einen unübersehbaren Teil des Publikums bei, sondern auch Bands und Technik. Via Internet bedankt sich die neugegründete Blood & Honour Division Flandern anlässlich eines Konzertes am 3. März 2001 bei den Blood & Honour Sektionen Saar und Brandenburg für deren organisatorische Hilfe.

Shoot-down Records: Label, Versand und angemeldete Marke des ehemaligen fränkischen Blood & Honour-Kaders Bernd Peruch

Als am 13. Juni 2001 die Geraer Blood & Honour-Aktivisten Mike Bär und Marcel Degner vor dem Bundesverwaltungsgericht in Berlin mit ihrem Widerspruch gegen die Verbotsverfügung scheitern, ist das Possenspiel um Blood & Honour um eine Anekdote reicher. Es wird bekannt, dass Degner, der der Kassenwart von Blood & Honour Deutschland gewesen sein soll, für den Verfassungsschutz (VS) gearbeitet hatte – und es wird öffentlich kolportiert, dass der Vizepräsident des VS in Thüringen, Wolfgang Nocken, kurz vor der Verbotsvollstreckung gar einen offiziellen Termin abgesagt habe, um sich mit Degner in dessen Wohnung zu besprechen. Bei der Durchsuchung am 14. September stößt die Polizei bei Degner auf eine penibel aufgeräumte Wohnung, in der sich keinerlei belastendes Material findet.

28 – Banned in Germany: Verklausulierter Blood & Honour-Schriftzug als T-Shirt-Motiv aus dem Hause Shoot-down Records

September 2001 – zwei Jahre später

– »Musikveranstaltungen« zur Chefsache erklärt

27. September 2001 Dennoch: Die Verbotspraxis und das härtere Durchgreifen der Polizei hat im Jahre 2001 zumindest die Zahl größerer Konzerte zurückgehen lassen. In den neonazistischen Chefetagen macht man sich Sorgen, der ›nationalen Erlebniswelt‹ könne nun eine überaus integrative Säule abhanden kommen. Ein Fall für Christian Worch aus Hamburg, Kristallisationsfigur der ›Freien Nationalisten‹ und seit über 20 Jahren erprobt in zahllosen Auseinandersetzungen mit den Behörden. In einem internen Rundbrief an ›seine‹ Führungskader, datiert auf den 27. September, gibt er in Hinblick auf einen bevorstehenden Aufmarsch der ›Freien Nationalisten‹ in Leipzig Einblick in seine Strategie, Konzerte noch stärker in genehmigte Aktivitäten einzubetten bzw. daran anzukoppeln und darüber Verbote auszuhebeln. Er schreibt: »Es ist vorgesehen, in Leipzig bei der Abschlußkundgebung die Band ›Oidoxie‹ auftreten zu lassen. Einmal, damit vor allem den jüngeren Demonstranten, die auch musikalisch interessiert sind, zusätzlich etwas geboten werden kann. Und zum anderen, damit wir auch in Sachen Musikveranstaltungen einmal ein bißchen mehr Rechtssicherheit haben. (Denn die meisten von Euch wissen wahrscheinlich, daß wir zwar nahezu jede Demo durchkriegen, aber Konzerte viel zu häufig noch immer von der Polizei hochgenommen und aufgelöst werden. Je mehr öffentliche Auftritte von Szene-Bands wir – bei welchen Gelegenheiten auch immer – durchsetzen, desto schwerer wird es für die Behörden, bei Konzerten dann noch Repression auszuüben.« Der Auftritt von Oidoxie am 3. November 2001 findet statt. Beschützt von der Polizei spielt die Band vor 1.200 Neonazis, die zuvor durch Leipzigs Straßen gezogen waren.

Mittels ›Konzerterlassen‹ sollen RechtsRock-Konzerte verhindert werden. Die Band Oidoxie hingegen spielte am 3.11.2001, beschützt von einem polizeilichen Großaufgebot, vor 1.200 Neonazis im Rahmen eines von Christian Worch angemeldeten Aufmarsches in Leipzig

Party, Freibier, Polizeigroßeinsatz

29. September 2001 Sebastian Stöber ist in Tostedt, einer Kleinstadt zwischen Hamburg und Bremen, kein unbeschriebenes Blatt. Schon 1997 zählte er zum Kreis um den späteren Blood & Honour-Funktionär Sacha Bothe, im August 2001 trat er als Einzelbewerber für den Tostedter Gemeinderat an und warb mit deutschnationalen Parolen um Wählerstimmen von Rechtsaußen. Da Stöber jedoch schon mehrfach als Veranstalter von Disco-Veranstaltungen aufgetreten war, wurde im Ordnungsamt niemand misstrauisch, als er für den 29. September 2001 in der Festhalle des Tostedter Schützenvereins eine »Disco« mit Freibier, Eintritt: 25 DM, anmeldete.

Der Abend des 29. September: Das Bier ist geliefert und der örtliche DJ hat gerade die Musikanlage aufgebaut, als ihm kurzgeschorene Männer eröffnen, er könne wieder einpacken: Die Veranstalter hätten ihre eigene Anlage und ihre eigene Musik mitgebracht. Binnen kurzer Zeit füllt sich der Raum mit Neonazi-Skinheads, Vermummte kontrollieren den Eingangsbereich, und die kalifornische Neonazi-Band Youngland und die Rostocker von Nordmacht spielen auf zum diesjährigen Ian-Stuart-Gedenkkonzert. Derweilen werden draußen, wohl für den Fall eines polizeilichen Auflösungsversuches, Steine und Eisenstangen bereit gelegt. Doch die Befürchtungen erweisen sich als unbegründet. Die Polizei rückt erst gegen 23 Uhr mit einem Großaufgebot an. Die Bands haben ihre Sets zu dieser Zeit schon beendet, von den über 500 Gästen sind gerade noch 141 anwesend. Der Rest ist so klammheimlich verschwunden, wie er aufgetaucht war. Der Sprecher des niedersächsischen Verfassungsschutzes stöhnt noch Tage später »über den außergewöhnlich hohen Grad an Konspirativität, mit der mehrere hundert Konzertbesucher zum Ort des Geschehens gelotst wurden.«[70]

Heizten dem Publikum beim Ian-Stuart-Gedenkkonzert 2001 ein – die US-amerikanische Band Youngland

Das Ende der Braunen Musik Fraktion ...

In Berlin laufen derweilen die letzten Vorbereitungen für den bisher spektakulärsten Schlag gegen eine Neonazi-Band in Deutschland. Am 2. Oktober 2001 ist es dann soweit: Beinahe zehn Jahre nach ihrer Gründung, Zehntausende verkaufte und Hunderttausende schwarzgebrannte CDs später, gehen die Behörden gegen die Kultband Landser vor. In 15-monatiger Ermittlungsarbeit haben Polizei und Staatsanwaltschaft Material zusammengetragen, die Vorwürfe gegen die Bandmitglieder reichen von Volksverhetzung bis zur Bildung einer kriminellen Vereinigung. Die Landser-Mitglieder wandern vorübergehend in Untersuchungshaft: der Neonazi-Skinhead Christian Wenndorf sowie die drei langmähnigen und vollbärtigen Vandalenrocker Jean-Rene Bauer, Andre ›Möhre‹ Möricke und Michael ›Lunikoff‹ Regener, der seine Berliner Wohnung als NS-Kultstätte ausstaffiert hat. Mit ihnen verhaftet wird der Betreiber von Movement Records, der Chemnitzer Jan Werner, der bei der Produktion von Landser-CDs eine führende Rolle gespielt haben soll.

Landser wurde durch die Verhaftung der Bandmitglieder vollends zum Mythos

Fast zehn Jahre hatte das Landser-System funktioniert bzw. funktionieren dürfen. Die Situation war beinahe absurd: Natürlich wusste die Polizei, wer die Bandmitglieder sind und die wiederum wussten, dass die Polizei dies wusste. Doch die Beweise hierfür ließen sich nur erbringen, sollte die Polizei die Band »auf frischer Tat«, etwa auf der Bühne oder im Tonstudio, ertappen. Deswegen trat die Band auf ihren wenigen, höchst konspirativ durchgeführten, Konzerten nur vermummt auf, Bandinterviews waren Mangelware und selbst die Probetermine in Potsdam wurden über Codewörter (»Frühschoppen«) verabredet. Eigens für die Proben wurden zudem die Texte in schlechtes Englisch übersetzt. Die Verteilung der CD *Ran an den Feind* wurde mittels anonymer Anrufe aus wechselnden Telefonzellen abgewickelt: Über einen vorher per Brief mitgeteilten Code konnten die szenebekannten Händler dem Anrufer ihr Interesse am Verkauf der CD mitteilen. Die Produktionswege der Landser-CDs führten

›Terroristen mit E-Gitarren‹ – ›Braune Musik Fraktion‹ – Selbststilisierung der Berliner Band Landser

Der Wirkungsgrad von Verboten ist beschränkt – ohne gesamtgesellschaftliche Veränderungen sind die Strukturen schnell wieder aufgebaut

über Tonstudios und Presswerke in England, Dänemark, USA und vermutlich auch Kanada, für die Booklets sorgten Druckereien in Osteuropa und Honorarkräfte entfernten auf jeder CD per Fräsgerät die Kennzeichnung, die Rückschlüsse auf den Produktionsort erlaubt. Die Blood & Honour-Band (Eigenwerbung: Braune Musik Fraktion) wird durch die Verhaftungen endgültig zum Mythos.

– … aber nicht der braunen Musik

Die Behörden werden indes nicht müde, ihr Vorgehen gegen die neonazistischen Produktions- und Vertriebswege nach außen als Erfolg zu verkaufen. Doch in Anbetracht der kaum verminderten Aktivitäten der dort aktiven Netzwerke liest es sich eher als frommer Wunsch, wenn die Bundesregierung in einer Antwort auf eine parlamentarische Anfrage mitteilt, die Strukturen Blood & Honours seien durch das Verbot am 14. September 2000 »entweder zerschlagen oder handlungsunfähig«.[71] Der Verfassungsschutz lässt gar freudig verlauten, durch das Verbot von Blood & Honour sei »ein Drittel der Mitläufer verunsichert« worden.[72]

In letzterer Einschätzung ist dem VS sogar zuzustimmen. Doch »verunsichert« meint nicht abgeschreckt und schon gar nicht ausgestiegen. Wohin werden sich die »Verunsicherten« nun wenden? Zu den JN, die sich stets um die Rekrutierung von organisatorisch heimatlosen Neonazis bemühen? Zu Gruppen der ›Freien Nationalisten‹, die weiter expandieren und eine umfassende Erlebniswelt bieten? Zu den Nachfolgestrukturen von Blood & Honour, die sich ebenso namenlos wie erfolgreich um den Umbau ihres Netzwerkes bemühen? Oder werden sie sich unter dem Logo »No politics just music« auf legale Aktivitäten konzentrieren und neonazistische Kultur noch stärker im Mainstream der Spaßgesellschaft etablieren? Von Region zu Region wird die Antwort unterschiedlich ausfallen auf die Frage, wer das Rennen um diese »Verunsicherten« machen wird. Die demokratischen Kräfte der Gesellschaft werden es jedoch kaum sein.

Anmerkungen

1 Zentrum demokratische Kultur: Rechtsextremismus und kulturelle Subversion in den neuen Ländern, Berlin, 1998.

2 Ein genaue Angabe über die Anzahl rechtsextremistischer Skins ist von den Verfassungsschutzbehörden in den letzten Jahren nicht erfolgt. Die Verfassungsschutzberichte für den Zeitraum 2000 schreiben u.a. von 9.700 »subkulturell geprägten [Skinheads] und sonstigen gewaltbereiten Rechtsextremisten« (VS Hamburg) oder 9.700 »rechtsextremistischen Skinheads, sonstigen gewaltbereiten Rechtsextremisten und Kameradschaftsangehörigen« (VS Sachsen-Anhalt). Diese Zahl wird im Jahr 2001 auf »über 10.000« erhöht. Zusätzlich wird in den Berichten für das Jahr 2000 eine Zahl von 2.200 Personen angegeben, die Mitglieder in rechtsextremen Organisationen sind. Ca. 80 Prozent der Personen des neonazistischen Spektrums sind nach Erkenntnissen der Verfassungsschutzbehörden Skinheads.

3 Searchlight; Antifaschistisches Infoblatt; Enough is enough; rat (Hg.): White

Noise. Rechts-Rock, Skinhead-Musik, Blood & Honour – Einblicke in die internationale Neonazi-Musik-Szene, Hamburg, 2000.

4 Dies behauptete Jens-Uwe Arpe (Sänger der Band Kraftschlag) in einem Prozess vor dem Landgericht Wuppertal im April 1998, Frankfurter Rundschau, 29.4.98, Wiederkehr einer hässlichen Fratze, von Ingrid Müller-Münch.

5 Frankfurter Rundschau, 3.11.2001: Böse Menschen haben doch Lieder, von Heike Kleffner.

6 Die nachfolgenden Namen sind dem Autor bekannt. Aufgrund des jugendlichen Alters soll hier auf eine Namensnennung verzichtet werden.

7 Frankfurter Rundschau, 4.9.1999: Höchststrafe für Hooligan, von Ingrid Müller-Münch.

8 Der Übersteiger, Nr. 46, Hamburg 2000: Vor einem Jahr mordeten Boneheads in Walsum, Gastartikel von Gerd.

9 Ebd.

10 Ebd.

11 Blitzkrieg – die szene-seiten im zorg, In: Zentralorgan, Nr. 8, November 1999.

12 Ebd.

13 Ebd.

14 Hamburger Sturm, Nr. 21, Oktober 1999, S. 44f.: Club 88, Interview mit Christiane Dolscheid.

15 Beschluss vom 27.9.2000 der 12. Kammer des Schleswig-Holsteinischen Oberverwaltungsgerichtes, Schleswig, S. 2.

16 Ebd., S. 7f.

17 Zu bemerken ist, dass der Begriff ›Hatecore‹ keineswegs von der neonazistischen Szene ›erfunden‹ wurde. Schon in den 80er-Jahren wurden in der – überwiegend linken – Hardcore-Szene der USA Bands mit besonders brachialer Musik und aggressiven Texten als ›Hatecore‹-Bands bezeichnet.

18 Vgl. Innenministerium Mecklenburg-Vorpommern: »Skinheads«, August 1999, S. 61.

19 Ebd., S. 61ff.

20 Weisse Liga, Nr. 8, 1999: Konzertbericht vom 10.7.1999 im Raum Dessau mit Frontstadt (Berlin), Skinhead-Einsatz-Kommando (Wernigerode), Deutsche Patrioten (Magdeburg), Mistreat (Finnland), White Law (England), von Frank Kreller.

21 Hamburger Sturm, Nr. 20, Hamburg, August 1999, S. 9: Ein Interview aus dem Untergrund.

22 Rock Nord, Nr. 54, Dezember 1999, S. 22f: Geld stinkt nicht, von Frank Winter.

23 Bembelsturm, Nr. 6, 1999 – faksimilierter Abdruck eines Interviews mit der antifaschistischen Band Stage Bottles, erschienen in der Zeitschrift Skin Up.

24 Chaoskrieger: Schöner Abend, auf: Die Todesreiter, CD, DIM-Records, o. J.

25 Am 25.2.2000 verliert Ulrich Großmann vor der 4. Zivilkammer des Landgerichts Münster einen Prozess gegen den Unrast-Verlag. Großmann hatte gegen die Darstellung im Buch White Noise. Rechts-Rock, Skinhead-Musik, Blood & Honour – Einblicke in die internationale Neonazi-Musik-Szene geklagt, die u.a. sein Label als eine »Schnittstelle der Neonazi-Skinhead-Szene« benennt.

26 Am 16.9.2000 feierten 250 Neonazis aus ganz Deutschland im Clubhaus der Vandalen deren 18-jähriges Bestehen. Die Feier wurde von der Polizei aufgelöst. Vgl. Tagesspiegel, 18.9.2000, Volkseigene Neonazis, von Frank Jansen.

27 Eintrag vom 7.10.2000 im Internet-Gästebuch von Macht & Ehre.

28 Nationaler Beobachter, Nr. 15/16, 2000, S. 12: VS-Spitzel und Anstifter.

29 Landser: Rock gegen oben CD, Rebel Records, 1998.

30 Landser: Polacken-Tango, auf: Rock gegen oben CD, Rebel Records, 1998.

31 Am 8.5.1999 spielten in Zschortau die Bands Odessa und Gestapo (beide aus dem Raum Leipzig) sowie Archivum (Ungarn), vgl. Weisse Liga, Nr. 8.

32 Süddeutsche Zeitung, 24.9.1999: Die mörderische Kälte, von Dorit Kowitz.

33 Frankfurter Rundschau, 29.9.1999: Noch ein Tritt für den ›ausländischen Mitbürger‹ von Ute Frings.

34 Landser: Xenophobia, auf: Republik der Strolche, CD, 1995; im Text heißt es u.a.: »Fidschi, Fidschi, gute Reise, Fidschi, Fidschi, non-stop nach Saigon, Fidschi, Fidschi, ab durch die Mitte, Fidschi, Fidschi, auf und davon« und

weiter: »Ein Schlitzauge grinst dich an, bietet dir Zigaretten an, du nimmst Dir 'ne Stange mit, doch statt der D-Mark kriegt er 'nen Tritt«.

35 Der Titel ZAst-Song bezieht dich auf die Zentralen Aufnahmenstellen für Asylsuchende (ZAst).

36 Tagesspiegel, 18.9.1999: Reps engagieren Neonazi.

37 Deutsche Stimme, Nr. 11, 1999, S. 10: ›Schlierers Kurs ist profillos‹, Interview von Jürgen Schwab mit Hans-Peter Fischer.

38 Fahr, Margitta-Sybilla: ›Stolz weht die Fahne schwarz-weiß-rot‹, Berlin, 2001.

39 Die Formulierung »lustige Musikanten aus dem Zillertal« steht als Synonym für die Zillertaler Türkenjäger; Bembelsturm, Nr. 7, 1999: Balladenabend am 6.2.1999 bei Koblenz, von Patrick Prokasky.

40 The White Power Online Magazine, www.WhitePower88.de, Februar 2000: Große Labelumfrage.

41 Der Spiegel, Nr. 47, 2000: Ein bisschen konservativ, von Sven Röbel und Barbara Schmid.

42 Vgl. Abdruck des Schreibens von Punch Shoes & Fashion GmbH in: Rheinsturm, Nr. 1, 1999. Unter dem Hinweis, grundsätzlich keine Kundendaten weiterzugeben, lehnte es die Firma Punch Shoes & Fashion mit Sitz in Neuss im August 2001 ab, den Autoren weitergehende Informationen zur Verfügung zu stellen.

43 Weisse Liga, Nr. 5, 1999: Interview mit Faustrecht.

44 Searchlight, Nr. 295, Januar 2000, S. 5: Top nazi buys music business, von Nick Lowles und Devin Burghart.

45 Der Schwarze-Sonne-Versand wird betrieben von Alexander Feyen, einem langjährigen JN-Funktionär und heutigen Aktivisten der Revolutionären Plattform – Aufbruch 2000. Für das Geschäft Befreite Zone stand namentlich die NPD/JN-Funktionärin Sabine Spermann.

46 National Alliance Bulletin, August 1999.

47 Antifaschistisches Info-Blatt, Nr. 51, 2000, S. 64: Des Teufels Leadsänger.

48 Westfälische Rundschau, 18.4.1998: Nazi-CDs verkauft: Ein Jahr Haft, von FraG.

49 Ebd.

50 Der Prozess richtete sich gegen Steve Bramekamp (Wuppertal), Ralf Schlupkothen (Wuppertal), Jörg Kirchner (Wülfrath) und Jens-Uwe Arpe (Elmshorn), die als Musiker auftraten, sowie gegen Dieter Schirmer (Wuppertal) und Rainer Triebsch (Wuppertal), die als Ordner aktiv waren. Bis auf Jörg Kirchner (4.800 DM Geldstrafe) und Jens Uwe Arpe (zwei Jahre Haft ohne Bewährung) wurden die Angeklagten zu Bewährungsstrafen verurteilt. Vgl. Antifaschistische NRW Zeitung, Nr. 17, S. 10f.

51 Volkswille, Nr. 9, o.J., S. 48: Weitere News.

52 Einheit und Kampf, Nr. 8, o.J.

53 Vgl. Recht und Wahrheit, Organ der Deutschen Freiheitsbewegung e.V. (DDF), Nr. 1-2, 1999: Vom deutschen Gemeinwohl, von Jürgen Schwab. Der Artikel erschien nachfolgend in weiteren Publikationen der extremen Rechten.

54 Die Revolutionäre Plattform – Aufbruch 2000 (RPF) wurde im März 2000 gegründet, um die »revolutionären Nationalisten« in der NPD zu organisieren. Als die Parteiführung ihre Mitglieder zur taktischen Zurückhaltung während der Debatte um ein mögliches Verbot der NPD aufruft, verstärkte die RPF ihre Bemühungen, die radikalen Kräfte inner- und außerhalb der NPD gegen den als zu gemäßigt empfundenen Kurs der NPD-Führung zu mobilisieren und den »Kampf um die Straße« zu forcieren. Am 12. Januar 2002 wurde die RPF aufgelöst. Als Grund hierfür nennt Hupka, »daß die RPF ihre Aufgabe in der Partei [...] erfüllt hat«. Vgl.: Zum Parteitag – Rundbrief oppositioneller NPD-Kräfte, Nr. 1, 2002.

55 Bayern Stimme, Nr. 1, 2001: ›Befreite Zonen sind machbar ...‹.

56 Erstes Offizielles Newsletter der BH-Bewegung (Schreibweise im Original).

57 Der Rechte Rand, Nr. 65, 2000: Business und Bomben, von Michael Weiss.

58 Blood & Honour Division Deutschland, Nr. 9, 2000, S. 32: Sportfest in Niedersachsen, von Blood & Honour Mecklenburg.

59 Blood & Honour Division Deutschland, Nr. 9, 2000, S. 18: Blood & Honour Nordmark und Hammerskins Nordmark; sowie Hamburger Sturm, Nr. 21: Blood & Honour/Hammerskins United-Feier im Gau Nordmark, von Klemens und Christoph.

60 Hammer, Max: Blood & Honour - Der Weg Vorwärts, 1998, S. 45.

61 Presseerklärung der Blood & Honour Sektion Weser-Ems, 23.7.2000.

62 Searchlight et al: White Noise ..., a.a.O., S. 43.

63 Landser: Polackentango, auf: Rock gegen Oben, 2001.

64 Vgl. Blood & Honour Moskau: Otvjortka, Nr. 9, 2000, S. 14; vgl. Antifaschistisches Info Blatt, Nr. 53, Berlin 2001, S. 6.

65 Erstes Offizielles Newsletter der BH-Bewegung (Schreibweise im Original).

66 taz, 29.10.1999: Brandanschlag auf Neonazi.

67 Es sollte bis zum 7.2.2002 dauern, bis die Polizei in einer länderübergreifenden Aktion unter Federführung des LKA Sachsen nun auch gegen Preißinger vorgeht. Im slowakischen Büro werden Computer und Geschäftsunterlagen beschlagnahmt, in der Kronacher Wohnung von Preißinger finden sich 3.000 CDs mit extrem rechtem Inhalt.

68 Blood & Honour Scandinavia, 1999: Eine Aera geht zu Ende!.

69 Ein Konzert in Laave (Landkreis Lüneburg) am 23.9.2000 wurde von 500 Personen besucht und von der Polizei aufgelöst, nachdem die Einsatzleitung feststellte, dass die Anwesenden in engen Kontakt zur erst neun Tage zuvor verbotenen deutschen Division von Blood & Honour stünden. Die Neonazis wehrten sich militant gegen die Auflösung. Ein Konzert am 25.11.2000 in Annaburg (Landkreis Wittenberg), welches nach Angaben des Verfassungsschutzes »äußerst konspirativ vorbereitet« wurde nach Polizeierkenntnissen von Blood & Honour-Nchfolgestrukturen organisiert. Die 400 Konzertbesucher wehren sich militant gegen die polizeiliche Auflösung und hinterließen die gesprühten Insignien »BH« und darunter den Schriftzug »Hallo Otto [gemeint ist wohl Innenminister Schily, d.A.], trotz Verbot sind wir nicht tot«. Ein Konzert in Burg Steinach nahe dem niederbayerischen Straubing am 26.5.2001 wurde von 600 Neonazis besucht. Anmelder war der (ehemalige) Blood & Honour- und JN-Aktivist Christian Hehl aus Ludwigshafen. Auch dieses Konzert wurde vorzeitig von der Polizei aufgelöst. Ein Konzert in Martinsrieth (bei Sangerhausen in Sachsen-Anhalt) am 9.6.2001, auf dem Blue Eyed Devils (USA) und Kraftschlag auftreten, wurde von Blood & Honour-Nachfolgestrukturen organisiert und von knapp 300 Neonazis besucht. Nachdem diese die anrückende Polizei mit Steinen, Flaschen und Molotow-Cocktails angriffen, rückte ein Thüringer Sondereinsatzkommando an und löste die Versammlung auf.

70 Frankfurter Rundschau, 3.11.2001: Böse Menschen haben doch Lieder, von Heike Kleffner.

71 Drucksache 14/6137 vom 23.5.2001: Antwort der Bundesregierung auf die kleine Anfrage der Abgeordneten Ulla Jelpke und der Fraktion der PDS, Drucksache 14/5968, Die Neonazi-Organisation »Blood & Honour« nach dem Verbot.

72 Ox, Nr. 44, 2001, S. 153, Blood & Honour: Nur ein Alibi-Verbot des frisch gestressten Antifaschismus?, von Michael Klarmann.

Henning Flad

Trotz Verbot nicht tot

Ideologieproduktion in den Songs der extremen Rechten

Die Musik gibt uns Kraft, sie gibt uns neuen Mut
mit ihr da zeigen wir Euch unsere ganze Wut
Seht auf diese Jugend, seht sie Euch doch an
wir stehen nicht allein fürs Vaterland
Wir spielen weiter, Noie Werte, 1996

RechtsRock – schnelle Musik und extreme Texte

Warum sich mit RechtsRock-Texten beschäftigen? Reicht es nicht aus zu wissen, dass es sich um rechtsextremistische Texte handelt? Ist nicht hinlänglich bekannt, für welche Inhalte Nazis stehen? Eine eingehende Beschäftigung mit den Texten der rechtsextremen Szene macht dennoch aus einer ganzen Reihe von Gründen Sinn. Eine Analyse der Texte gibt Auskunft über den Grad der Politisierung in der rechten Szene[1]. Die Texter und Musiker der Bands sind im Regelfall nicht gerade die ›Intellektuellen‹ oder Führungskräfte der Szene, die Bands rekrutieren sich viel mehr aus dem Fußvolk[2]. In Blättern wie *Nation und Europa* schreiben diese nicht, und auch der Parteivorstand der NPD besteht nicht aus Musiker. Die Bands verbreiten eine Ideologie, die von anderen vorher ausgearbeitet und präzisiert wurde. An den Songtexten lässt sich also ablesen, inwieweit es den ideologischen Stichwortgebern der Szene gelungen ist, für deren inhaltliche Schulung zu sorgen. Damit soll jedoch nicht der Eindruck erweckt werden, die rechte Skinszene sei ausschließlich ›von außen‹ beeinflusst worden; es geht darum, das Verhältnis zwischen den Ideologen und der Subkultur zu beleuchten. Gleichzeitig sorgen die Bands für die Politisierung und für die Vermittlung eines Lebensgefühls in die Randbereiche der neonazistischen Szene und der rechten Skinhead-Subkultur hinein. »Die Bands und ihre Texte haben Einfluß, sie stellen ein zentrales Attraktivitätsmuster dar, üben als opinion leaders eine Art ideologischer Führung aus und wirken kulturell stabilisierend für die Skinhead-Szene.«[3] Sie sind diejenigen, die Jugendliche, welche noch nicht in die Szene eingebunden sind, am ehesten erreichen können – Songtexte sind viel interessanter als ›langweilige‹ Parteitagsreden. Immer wieder lässt sich beobachten, dass Jugendliche auch an Orten, an denen keine NPD und keine Kameradschaft existiert, ihre historischen ›Kenntnisse‹ aus diesen Songs beziehen. Dies gilt insbesondere für das Bild, das anpolitisierte rechte Jugendliche beispielsweise von Rudolf Heß und der Wehrmacht haben.

Bei der Analyse der RechtsRock-Texte der letzten zwanzig Jahre lassen sich zwei wichtige Einschnitte feststellen. Im Zuge dieser Einschnitte verändern sich die Texte sowohl was die Themen als auch was Radikalität und Politisierungsgrad betrifft. Der interessantere Punkt ist jedoch sicherlich, wie das Verhältnis zwischen rechter Szene und gesellschaftlichem Mainstream aussieht. Im Folgenden soll zunächst beschrieben werden, wie sich die Texte im Laufe der Jahre verändert haben, anschließend werden die mehr oder weniger ›zeitlosen‹ Themen des RechtsRock anhand von Beispielen aus den 90er-Jahren vorgestellt.

»Prollpower« (Kraft durch Froide) – von den Anfängen bis 1989

Deutsche Musik – nicht Marschmusik, sondern Skinhead-Rock. EP der Band K.d.F., 1992

Die erste Phase in der Geschichte der extrem rechten Skinhead-Musik reicht von Anfang der 80er-Jahre bis 1989. Um die Zeit, als Helmut Kohl seine »geistig-moralische Wende« ausrief, entstanden die ersten Aufnahmen von rechtsextremen Skinbands,[4] wie zum Beispiel Kraft durch Froide, Endstufe oder auch Böhse Onkelz. Die Texte geben einen sehr präzisen Einblick in das Lebensgefühl und die Denkweise der rechten Skinheads dieser Jahre. In den Songs geht es vornehmlich um Gewalt oder Gewaltphantasien, Fußball, Alkohol, Beschreibung des Skinhead-»Way of Life«: »Fragt man Skinheads, was ihnen ihr Skinhead-sein bedeutet, so tauchen bestimmte Begriffe immer wieder und meist in Verbindung miteinander auf: ›Spaß haben‹, ›Zusammenhalt und Gemeinschaft‹, ›saufen‹, ›raufen‹, ›Musik‹, ›geile Kleidung‹, ›Provokation‹, ›Protest‹, ›arbeiten gehen‹, ›Arbeiterklasse‹, ›(Anti-)Rassismus‹, ›mein Lebensstil‹. Auch wenn diese Reihung keine Rangfolge beinhaltet, so legt sie doch offen, daß der Bezug auf bzw. die Haltung zur Politik, insbesondere rechtsextremer Politik, ein Moment unter vielen und nicht zentraler Bezugspunkt ist.«[5] Typisch sind für die Texte aus den 80er-Jahren aber auch rassistische Hetze und Nationalismus. Charakteristisch ist ihnen ein widersprüchliches Verhältnis zu organisierten Neonazis – eine gewisse Distanz, wie sie sich etwa in folgendem Song von Kraft durch Froide ausdrückt:

Du willst ein Soldat des Führers sein,
aber du bist nur ein kleines fettes Schwein.
Nickelbrille im Pickelgesicht,
Wulstlippen, so etwas brauchen wir nicht.
Fettiges Haar in die Stirn gekämmt,
braune Augen blitzen mich dunkel an.
Kantiges Gesicht, du bist ein Mann,
du bist ein Sturmabteilungsmann
Landser lesen, Wochenschau sehen,
mit dem Braunhemd in die Disco gehen.
Gehst du dann aus der Disco nach Haus,
ist die Schlacht für dich noch lange nicht aus.

In der U-Bahn kommt es dann zur Panzerschlacht,
ohne Gnade wird der Gegner niedergemacht.
An der Brust hängt das EK1,
das Eichenlaub wird auch bald deins.

Doch kommst Du dann später wieder nach Haus,
Ist es mit deinen Träumen wieder gleich aus,
Dein Alter schlägt dir ins Gesicht,
denn er versteht deine Träume nicht.
Soldat des Führers, Kraft durch Froide, 1983

Es wäre falsch, aus diesem Song eine generelle Distanz zum Neonazismus abzuleiten. Die Pointe des Songs besteht in dem Vorwurf an die organisierten Neonazis, es nicht ernst genug zu meinen, sich in einer Fantasiewelt zu bewegen, persönlich feige und körperlich schwach zu sein – wo hingegen die Skinheads diejenigen seien, die als harte Männer keiner Schlägerei aus dem Weg gehen, und auch tatsächlich, nicht nur in der Fantasie, ihre Feinde angreifen. Dies veranschaulicht etwa der Song *Parole Spaß*, der auf dem gleichen Demotape erschien:

RechtsRock aus der Gründerzeit – Demo der Band K.d.F., 1983

Skinhead, Skinhead ist der Schlachtruf,
den man überall hört.
Heute wird es noch passieren,
Spaß ist die Parole der Nacht.
Siehst du die Schweine flitzen,
Weißt du, wir sind da.
Parole Spaß, Kraft durch Froide, 1983

Gewalttätigkeit und Männlichkeitsinszenierungen gehören in der Welt – nicht nur der rechten – Skinheads zusammen. »Unzweifelhaft sind auch Gewaltrituale Insignien traditioneller Männlichkeit. Gewalt ist (auch) ›Fun‹. Sie macht Spaß, sie enthält Lust-Komponenten, sie ist ›einfach geil‹ – die superlative Bewertung und Verbindung mit sexueller Lust ist keine zufällige.«[6] Inszenierung traditioneller Männlichkeit – unter diesem Stichwort lassen sich viele Elemente des Skinkultes analysieren: der übermäßige Bierkonsum, Pogo als extrem körperbetonter Tanz, die Glatze, der gesprochene, bewusst obszön gehaltene Jargon, die Betonung körperlicher Kraft. Die Skinszene war damals, nicht anders als heute, stark männerdominiert. Sexismus ist ein konstitutives Merkmal insbesondere der rechten Skinszene.[7]

Es ist die *Prollpower*, so der Titel eines weiteren Songs von Kraft durch Froide aus dieser Zeit, die sich mit der Welt des organisierten Neonazismus der ›Scheitelträger‹ aus Disziplin und Gehorsam nicht verträgt. Da will man lieber viel trinken (was auch immer wieder thematisiert wird) und ist auf die spontane, aber eben nicht auf die strategisch geplante Gewalttat aus. Andererseits gibt es sehr wohl ideologische Gemeinsamkeiten, trotz relativ niedrigen Politisierungsgrades, wie beispielsweise den gemeinsam gepflegten Hass auf Linke, Ausländer und andere. Oder auch die in einem Song von Kraft durch Froide ausgedrückte Bewunderung für Rudolf Heß. Das Lebensgefühl der Naziskins dieser Zeit bringt die Bremer Gruppe Endstufe in einem Song, der nicht zufällig den Titel *Skinhead-Hymne* trägt, auf den Punkt:

Erstlingswerk der dienstältesten deutschen RechtsRock-Band – Endstufe, Der Clou, 1987

Hörst Du wo die Schläge knallen
Wo besoffene Skinheads lallen
Und Sirenen heulen
Da gibt's für Punker Beulen
Skinhead-Hymne, Endstufe, 1987

Die bedeutendste Stimme des rechten Musikuntergrundes dieser Zeit sind jedoch die Böhsen Onkelz. 1984 erschien ihr Album *Der nette Mann*, das bis heute als eines der wichtigsten in der Geschichte der Skinhead-Musik gilt. Schaut man sich die Texte der frühen Onkelz an, so wirken diese im Vergleich zur neonazistischen Musik der 90er-Jahre relativ harmlos. In einer Zeit, in der Helmut Kohl, damals viel belächelt, durchsetzte, dass zum Sendeschluss die Nationalhymne im Fernsehen lief, sangen die Böhsen Onkelz:

Die zwölf dunklen Jahren in deiner Geschichte,
machen unsere Verbundenheit zu dir nicht zunichte.
Es gibt kein Land frei von Dreck und Scherben,
Wir sind hier geboren, wir wollen hier sterben.

Deutschland, Deutschland, Vaterland,
Deutschland, Deutschland, mein Heimatland.

Den Stolz, deutsch zu sein, wollen sie dir nehmen,
das Land in den Dreck ziehn, die Fahne verhöhnen.
Doch wir sind stolz, in dir geboren zu sein,
wir sind stolz drauf, Deutsche zu sein.

Refrain

Wir sind stolz, in dir geboren zu sein,
wir sind stolz, darauf Deutsche zu sein.
Deutsche Frauen, deutsches Bier,
Schwarz-rot-gold, wir stehn zu dir.
Deutschland, Böhse Onkelz, 1984

Kultalbum der 80er-Jahre – Böhse Onkelz, Der nette Mann, 1984

Auch hier gibt es wieder eine gewisse Distanz zum Nationalsozialismus, allerdings kombiniert mit völkischem Nationalismus und anderen rechten Ressentiments. Dergleichen zeigte sich eine große Nähe zu Äußerungen aus dem Kabinett der neu gewählten Regierung Kohl. Der neue Bundeskanzler versprach in seiner Regierungserklärung: »Wir werden die Arbeitslosigkeit und den Anteil der in der Bundesrepublik lebenden Ausländer begrenzen.«[8] Bundesinnenminister Friedrich Zimmermann legte im Mai 1983 nach: »Ein konfliktfreies Zusammenleben wird nur möglich sein, wenn die Zahl der Ausländer bei uns begrenzt und langfristig verringert wird, was vor allem die Türken betrifft.«[9] Auch wenn damals regelmäßig – nicht zuletzt aus dem Kabinett der Regierung Kohl – völkisch-nationalistische Äußerungen zu hören waren, innerhalb der Jugendszenen waren dieses neue Töne. Die Onkelz stießen beim größten Teil der Jugend auf wenig Begeisterung, die zu jener Zeit eindeutig von einer links-alternativen Hegemonie bestimmt war. Auch wüste rassistische Ausfälle leisteten sich die Onkelz in diesen Jahren:

Die frühen Demotapes der Böhsen Onkelz werden regelmäßig als Bootlegs neu aufgelegt, hier das Cover der CD Hausmannskost, o.J.

Türken raus, Türken raus, Türken raus,
Türken raus, Türken raus, Türken raus, alle Türken müssen raus!
Türkenfotze naßrasiert, Türkenfotze glattrasiert,
Türkenfotze naßrasiert, Türken raus! Türken raus! Türken Raus ...[10]

Doch das Hauptcharakteristikum der Böhsen Onkelz und der anderen rechten Skinhead-Bands war nicht etwa eine ausgefeilte Nazi-Ideologie, sondern eine hohe persönliche Gewaltbereitschaft gegenüber allen und allem, was ihnen nicht passte:

Dr. Martens Beat,
der Klang einer Stahlkappe,
die Dich in die Fresse tritt

Dr. Martens Beat
Das ist der Tanz,
den wir tanzen
Dr. Martens Beat, Böhse Onkelz, 1984

Für die Straßengewalt brauchte es keine ausgearbeitete Ideologie. Eine rassistische und nationalistische Grundhaltung, ein Fußballstadion und jede Menge Bier reichten vollkommen aus. Die Böhsen Onkelz waren nicht nur musikalisch, sondern auch in ihren Texten genrebegründend. Bis heute folgen rechtsextreme Skinbands der auf diesem Album vorgegebenen Themenpalette: Lied zu Skinheadkult, Alkoholverherrlichung/ Party, Gewalt, Deutschland, Frauen und sexualisierte Gewalt. Der Titelsong des Albums *Der nette Mann*:

Kinderschänder, Exhibitionisten oder Psychopathen sind beliebtes Thema bei RechtsRock-Bands der 80er-Jahre – wie z.B. der »Metzger mit der Motorsäge« auf: Kahlkopf, Der Metzger, 1987

Kleine Kinder hab ich gern, zerstückelt und in Scheiben
warmes Fleisch, egal von wem, ich will's mit allem treiben,
ob Tiere oder Menschen, ich seh gern alles leiden,
blutbeschmiert und mit großer Lust wühl ich in Eingeweiden.

Ich bin der nette Mann von nebenan,
und jeder könnt es sein,

schaut mich an, schaut mich an,
ich bin das perverse Schwein!
Der nette Mann, Böhse Onkelz, 1984

der zur Indizierung dieses Albums führte, fand später unzählige Nachahmungen. Bis heute sind ›Kinderschänder‹ und ›Triebtäter‹ ein ständiges Thema dieser Musik. Dies ist aber nicht nur auf die Onkelz zurückzuführen, das Thema eignet sich einfach hervorragend für Forderungen nach Todesstrafe beziehungsweise nach einer allgemeinen Verschärfung des Strafrechts.

Phase 2 – 1989 bis 1993: »Wir sind Deutschlands rechte Polizei« (Störkraft). Terror, Politisierung und verbale Amokläufe

Radikahl:
Die Band aus Nürnberg
setzte neue Akzente

Nach der »Wiedervereinigung« gab es eine Vergrößerung und gleichzeitig auch Radikalisierung und Politisierung der militanten Nazi-Skinszene. Während in Deutschland ein gesamtgesellschaftlicher Rechtsruck stattfand, offen rassistische Hetze gegen Asylbewerber auch im Parlament und in seriöseren Medien wie dem Spiegel verbreitet wurde, veränderte sich die rechte Skinszene. Der im Zuge des nationalistischen Taumels der Nachwendezeit stattfindende explosionsartige Anstieg von rechtsextremen Gewalttaten, die Pogrome und Mordanschläge von Hoyerswerda (September 1991), Rostock-Lichtenhagen (August 1992) und Mölln (November 1992) hatten auch auf die rechtsextreme Skinszene und vor allem die Songtexte Auswirkungen. Es fand eine merkliche Radikalisierung und Politisierung statt. Klaus Farin schreibt dazu: »Waren rechtsradikal eingestellte Bands der frühen 80er-Jahre in ihrem Repertoire eher auf männlich-derben, aber weitgehend ›unpolitischen‹ Spaß orientiert – Sex, Alkohol, Partys, Fußball(randale) – und explizit politische Songthemen selten, so stieg deren Anteil in den 90er-Jahren drastisch an.«[11] Auch die Distanz zwischen rechtsextremer Skinhead-Szene und organisiertem Neonazismus verringerte sich. Ein geradezu paradigmatischer Song aus dieser Zeit mit dem Titel *Trotz Verbot nicht tot* stammt von der Gruppe Kraftschlag:

Wir schauen zurück in die Vergangenheit,
in unseren Augen eine herrliche Zeit,
doch die Mächtigen sahen damals schon rot
und verhängten ein NS-Verbot.
Doch Gedanken kann man nicht verbieten,
wir glauben nach wie vor an die alten Riten,
wir stehen zum Volk und zur Nation,
und eines Tages stürzen wir Zions Thron!

Refrain:
Trotz Verbot sind wir nicht tot,

ja wir sind immer noch da!
Wir stehen zum Volk und zum Reich.
Ist doch klar!

Und es gründen sich neue Rechts-Parteien,
für die deutsche Freiheit, ja so soll es sein.
Der wahre Nationalismus bricht sich seine Bahn,
und die da oben, die da sitzen,
kommen auch noch dran.
Sie werden es bald sehen,
wozu ein Skinhead fähig ist,
ein weißer Skinhead, ein Nationalist.

Neue Qualität bei der Verbreitung von NS-Gedankengut.
Kraftschlag, Trotz Verbot nicht tot, Nachpressung von 1996

Refrain

Für die Reinheit unserer Rasse sind wir bereit
zu den Waffen zu greifen,
es kommt unsere Zeit.
Für Deutschland und Europa,
so soll es diesmal sein,
für die Wiedergeburt des Guten,
stolz, weiß und rein!
Trotz Verbot nicht tot, Kraftschlag, 1992

Ein solcher Song wäre in den 80er-Jahren nicht denkbar gewesen. Es ist nicht nur die Verwendung des Wortes ›wir‹, die eine ungebrochene Identifikation mit dem Nationalsozialismus zeigt. Hier finden sich in kürzester Form die wesentlichen Elemente nationalsozialistischen Gedankengutes[12]: Eindeutig positiver Bezug auf die NSDAP und den Nationalsozialismus, ein Aufruf zum »Rassenkrieg«, antisemitische Verschwörungstheorie. Wenn Kraftschlag davon singen, eines Tages »Zions Thron« stürzen zu wollen, so reproduzieren sie damit die traditionelle nationalsozialistische Verschwörungstheorie, nach der die Regierungen der Welt letztendlich hinter den Kulissen von Juden gesteuert seien. Der heutige Neonazi-›Fachbegriff‹ für diesen Irrsinn heißt ›ZOG‹, und steht für ›Zionist Occupied Government‹. Auch die Gleichsetzung von Marxisten und Bürgerlichen, die in dem Lied zum Ausdruck kommt, wenn die Verantwortlichen für das NSDAP-Verbot nach dem Krieg als »rot« bezeichnet werden, ist original nationalsozialistisches Gedankengut. Worin besteht in dieser Nazi-Ideologie die Gemeinsamkeit beider so offenkundig unterschiedlicher politischer Lager? Hinter beiden steht für Nazis das Judentum.[13] Bemerkenswert ist weiterhin die rhetorische Kehre, deutsche Bevölkerung und NS-Bewegung gleichzusetzen: »Wir stehen zum Volk und zum Reich«. Im Umkehrschluss heißt das: »Wer sich nicht zu uns gesellt, ist ein ›Volksverräter‹«. Die NSDAP wird so als einzig legitimer Ausdruck reinen ›Deutschtums‹ dargestellt. Auch dieses ist ein propagandistischer Trick, der direkt bei der historischen NSDAP abgekupfert ist. In der zweiten

Störkraft gehörte Anfang der 90er-Jahre zu den Medienstars des RechtsRock

Dreckig, kahl und hundsgemein. Selbsteinschätzung der Band Störkraft auf ihrem Album 1989

Strophe wird deutlich, dass die Distanz der rechten Skins zu Parteien, die für die 80er-Jahre noch typisch war, zumindest für Kraftschlag der Vergangenheit angehört. Wenn davon die Rede ist, dass sich neue Rechtsparteien gründeten, so bezieht sich das auf die Neugründungen neonazistischer Kleinparteien Anfang der 90er-Jahre insbesondere in Ostdeutschland. Die letzte Strophe ist ein einziger, dezidiert rassistischer Kampfaufruf, der durchaus auch als indirekter Aufruf zum Mord an Ausländern in Deutschland zu lesen ist. Der Text bringt die damalige Aufbruchstimmung in der rechtsextremen Szene präzise zum Ausdruck. Kraftschlag gelten in der Szene – nicht zu Unrecht – als besonders überzeugte NS-Ideologen. Der Song passt in eine Zeit, als der Eindruck entstand, neonazistische und rassistische Gewalttäter besäßen Narrenfreiheit in Deutschland, eine polizeiliche Verfolgung von Gewaltstraftaten mit rechtsextremen Hintergrund fände fast gar nicht statt.[14] Ab 1989 tauchen nicht nur erstmals ideologisch ausgefeiltere Songs auf, es finden auch verbale Amokläufe in vorher nicht gekanntem Ausmaß statt. In keiner anderen Phase in der Geschichte des RechtsRock wurden derart viele Texte mit offenen Mordaufrufen und übelster Hetze geschrieben, wie in der Zeit zwischen 1989 und 1993. Die Neonazi-Szene agierte außerordentlich selbstbewusst; und ein Song der Gruppe Störkraft wurde zu einem großen Hit in der Szene, der dieses Selbstbewusstsein deutlich zum Ausdruck brachte.

Gestandene Recken des deutschen RechtsRock – Störkraft, Mann für Mann, 1990

Wir sind Deutschlands rechte Polizei,
wir machen die Straßen wirklich frei.
Wir sind Deutschlands rechte Polizei,
wir bleiben dabei.

Orden bekommen wir nicht angesteckt für unsere Heldentaten,
obwohl es schon ein jeder weiß, daß die große Wende naht.
Marschieren Stiefel durch die Nacht,
sind wir nicht mehr weit,
es gibt keine Kraft, die uns noch hält,
wir Skinheads sind zu allem bereit.
Deutschlands Polizei, Störkraft, 1989

1993 bis heute: »Wir spielen weiter« (Noie Werte)

Nach dem Brandanschlag von Mölln im November 1992 reagiert der Staat schließlich. Einige neonazistische Organisationen werden verboten, die Polizei greift spürbar härter durch, und auch die Rechtsprechung blendet bei Gewalttaten von rechts nicht mehr so häufig den politischen Hintergrund aus.

Als die Regierungskampagne mit dem Ziel der De-facto-Abschaffung des Grundrechts auf Asyl, die die rassistische Gewalt deutlich begünstigte,[15] schließlich Erfolg hat und die SPD unter Björn Engholm umschwenkt, wird auch die öffentliche Hetze gegen Asylbewerbern eingeschränkt. Das neue Feindbild heißt nicht mehr ›Asylbetrüger‹, sondern ›Neonazi‹. Die härtere Gangart bekommt auch die Musikszene zu spüren, was sich auch auf die Texte auswirkt. Es kommt zu einer Art Zweiteilung des Marktes: Produktionen für den ›offiziellen‹ Markt werden entschärft. Wo vorher der direkte Mordaufruf stand, bleibt es nun bei strafrechtlich nicht mehr verfolgbaren Andeutungen. Dieser Teil der Veröffentlichungen wurde damit aber auch, weil er nicht mehr so offen barbarisch klang, anschlussfähiger. Klaus Farin schreibt über die Texte aus dieser Zeit: »Das mag weniger brutal klingen, ist aber auch politik- bzw. mehrheitsfähiger und deutlich auf Wirkung bedacht.«[16] Musik mit offener Mordhetze wird natürlich weiter verbreitet, aber nun nicht mehr über den ›offiziellen‹ Markt.

Statt politischer Eindeutigkeit stellten ab 1993 manche Bands die eigene Szene in den Mittelpunkt ihrer Texte – Oistar Proper, Mach Dein Ding, 1993

Idealtypisch für die Veränderung der Texte nach 1993 ist der Song *Eisern Berlin* der Berliner Gruppe Spreegeschwader, an dem sich zudem exemplarisch nachweisen lässt, wie es um das Verhältnis zwischen militanter rechter Szene und der Mitte der Gesellschaft bestellt ist. In den ersten beiden Strophen heißt es:

Berlin, du stehst noch immer in der Schlacht
gegen eine fremde Übermacht
Berlin, du kämpfst gegen Dummheit und Verrat
gegen Korruption und Kommunistensaat
gegen Schwachsinn und Multikultikram
gegen Unrecht und Spießbürgertum
doch aus der Dunkelheit da dringt ein Schein
es kann für dich noch Hoffnung sein

Berlin – eisern Berlin
Berlin – eisern Berlin
Berlin – eisern Berlin ...

Dreck und Abschaum wohin man geht
und keiner da der zu dir steht
stattdessen wird geschwafelt und nix getan
eine Stadt wie im Fieberwahn
Eisern Berlin, Spreegeschwader, 1996

Markige Durchhalteparolen gegen allgegenwärtige ›Bedrohungen‹ – Spreegeschwader, Eisern Berlin, 1996

Hier ist versammelt, was zum Standardrepertoire rechtsextremen Denkens gehört: die Imagination und Überhöhung eines Kollektives (Volk, Nation, Einwohner einer Stadt), das man sich als homogene Gruppe vorstellt und sogar per ›Du‹ ansprechen kann; Rassismus (»Multi-Kulti-Wahn«); Kadavergehorsam – alle, die sich gegen das Kollektiv stellen, begehen Verrat. Weiterhin finden sich antidemokratische Ressentiments (»stattdessen wird geschwafelt und nix getan«), Antikommunismus (»Kommunistensaat«), und unterschwellig antisemitische Verschwörungstheorie: »Berlin, du stehst immer noch in der Schlacht / Gegen eine fremde Übermacht«. Wer anders als Jüdinnen und Juden soll diese »fremde Übermacht« denn sein? Ausländern scheiden jedenfalls aus, die Formulierung »noch immer« würde angesichts der in dieser Szene konsensualen rassistischen Fehlwahrnehmung, Migration nach Deutschland hätte es in zahlenmäßig relevanter Größe erst ab den 60er-Jahren gegeben, in diesem Zusammenhang keinen Sinn machen. Es handelt sich, auch wenn auf offene Volksverhetzung verzichtet wird, um eindeutig rechtsextreme Positionen – die aber gleichzeitig auch in der Mitte der Gesellschaft vorhanden sind. Beispiele dafür aus den letzten Jahren sind die Diskussion über so genannte Parteienverdrossenheit[17] und die weit verbreiteten Vorurteile über faule Politiker, die angeblich doch sowieso nur in die eigene Kasse wirtschafteten und vor allem immer nur redeten und nie handelten; die erfolgreiche Unterschriftenkampagne der CDU gegen die doppelte Staatsbürgerschaft; die verbreiteten Ressentiments gegen alles, was links ist. Kurz, das meiste, wovon Spreegeschwader singt, ist weit verbreitet und tendenziell mehrheitsfähig. Glücklicherweise nicht mehrheitsfähig ist allerdings das ›Lösungsangebot‹, das Spreegeschwader anbietet:

Der Band aus der Hauptstadt geht es immer um die Hauptstadt – Spreegeschwader, Best of 1995-2001, CD, 2002

Wenn feste Schritte durch die Nacht erschallen
wenn schwere Stiefel auf deine Straßen knallen
dann wirst du endlich wieder befreit
Berlin halte durch, es naht die Zeit
wir schwören, wir werden immer zu dir stehn
Berlin, deine Feinde, die werden untergehn
denn aus der Dunkelheit, da dringt ein Schein
wir werden deine Hoffnung sein
Eisern Berlin, Spreegeschwader, 1996

Die Assoziation zum Abend des 30. Januar 1933, als die SA in Berlin einen Fackelmarsch durch das Brandenburger Tor unternahm, ist unweigerlich: Berlin soll »wieder« befreit werden. Der Song ist nicht nur ein Paradebeispiel für knallharte ›Nazilyrik‹, die juristisch nicht angreifbar ist, er zeigt auch auf, wie es um das Verhältnis zwischen den Ressentiments der Mitte und dem neonazistischen Rand der Gesellschaft bestellt ist: Die Feindbilder werden von der Mitte vorgegeben: »Vor allem im Osten Deutschlands sehen sich die jungen Rechten nicht als fundamentalistische Außenseiter der Gesellschaft, sondern als deren tatkräftige Avantgarde, die zwar den Konsens in ihren Methoden (Gewalt) temporär verläßt, nicht jedoch in ihren Zielen: Fremde raus!«[18] Überaus deutlich brachten diesen Zusammenhang schon Störkraft zum Ausdruck, als sie 1989 sangen:

Die Aufgaben des ganzen Volks
Läßt man auf unser'n Schultern ruh'n
und werden wir mal eingesperrt,
hat niemand was mit uns zu tun
Deutschlands Polizei, Störkraft, 1989

Die extreme Rechte befindet sich nicht in einer grundsätzlichen Opposition zur Gesellschaft, sondern sorgt für eine Zuspitzung hegemonialer Werte, für eine, allerdings entscheidende, Radikalisierung, die in dieser Form dann freilich nicht mehr mehrheitsfähig ist. Dies gilt sowohl für die angewandten Methoden als auch für die politische Zielsetzung.

›Partymusik‹ auf dem illegalen Markt: Landser

Tanzorchester immervoll – Landser-Veröffentlichung aus 2002 zwischen Party und Politik

Parallel zur seit 1993 geübten verbalen Zurückhaltung in den offiziellen Produktionen läuft die Verbreitung übelster Hetze, von nationalsozialistischer Propaganda und offenen Mordaufrufen weiter. Die wichtigste Band, die dieses Segment abdeckt, ist die Berliner Gruppe Landser. Sie liefert auch den Beleg dafür, dass die Zurückhaltung im offiziellen Markt rein taktisch motiviert ist: Sie ist die mit großem Abstand populärste neonazistische Band aus Deutschland, mit deren Beliebtheitsgrad nur noch die englische Band Skrewdriver konkurrieren kann. Geht es in Fanzines oder in rechtsextremen Diskussionsforen im Internet um Landser, so taucht beinahe prinzipiell der Begriff ›Kultband‹ auf.[19] Landser macht ›Partymusik‹: Ihre Songs sind zum Mitgrölen geeignet, klingen nicht so finster und ernst wie die meisten RechtsRock-Produktionen. Landser unterscheidet sich von den restlichen Bands darin, dass sie mitunter einen gewissen Sprachwitz haben und mit ihrer eigenen Boshaftigkeit kokettieren:

> *Ein Asylantenheim ist abgebrannt,*
> *die armen Schwarzen sollen jetzt Obdachlose sein.*
> *Nach außen tu ich schwer empört,*
> *zu Hause kicher ich still in mich hinein.*
> *Ein Türke mit blutigem Kopf*
> *fragt mich nach dem Weg zum Krankenhaus.*
> *Ich schick ihn in die falsche Richtung,*
> *das hälste echt im Kopf nicht aus.*
>
> *Ich weiß, es ist gemein,*
> *sowas von abgrundtief schlecht,*
> *aber doch irgendwo geil*
> *und irgendwo gerecht.*
> In den Bergen von Ruanda, Landser, 1998

Gegen Einwanderer, Farbige, Juden, Demokraten, Punker, Kommunisten, Homosexuelle und Feministinnen. Landser, Ran an den Feind, 2000

Hier wird geradezu exemplarisch eine ›Anti-Moral‹ gepredigt, »geil« ist, was der Befriedigung des eigenen Hasses dient. Sonst für RechtsRock-Texte typische Schein-Begründungen für Gewalt – die Rettung von Deutschland/der weißen Rasse oder Ähnliches – tauchen hier nicht mehr auf. Der Hass genügt sich selbst. Hier wird klar ausgesprochen, worum es bei der Hetze geht: um Rache, um den Wunsch, andere leiden zu lassen. Der Song von Landser ist ein schöner Beleg für eine alte These von

Horkheimer/Adorno, dass es beim Hass der Rechten nicht um Beweggründe materieller Art gehe: »Der eigentliche Gewinn, auf den der Volksgenosse rechnet, ist die Sanktionierung seiner Wut durchs Kollektiv.«[20] Die Analyse von Horkheimer/Adorno hebt darauf ab, dass es sich bei Parolen wie »Die Ausländer nehmen uns die Arbeitsplätze weg« um nachgeschobene Begründungen einer ohnehin bestehenden Feinderklärung handelt, dass es den Rassisten auf Tatsachen wie die realen Ursachen von Arbeitslosigkeit gar nicht ankommt. Dieser Ansatz ist auch in der Lage zu erklären, warum die rassistischen Ressentiments in sich so widersprüchlich sind – einerseits wird Ausländern vorgeworfen, sie lägen den Deutschen auf der Tasche, anderseits seien sie jedoch gleichzeitig auch für die Arbeitslosigkeit der Deutschen verantwortlich.

Vernichtungsfantasien als ›Partymusik‹ – nach dieser Masche funktionieren einige in der zweiten Hälfte der 90er-Jahre verbreitete Machwerke. Es ist kein Zufall, dass gerade diese Produktionen – samt und sonders illegal – zu den größten RechtsRock-Hits auf deutschen Schulhöfen geworden sind. Neben Landser sind in diesem Zusammenhang von Bedeutung auch die Zillertaler Türkenjäger, die vorwiegend bekannte deutsche Schlager mit volksverhetzenden Texten versahen, sowie Die Härte, die dieses vor allem mit bekannten Songs der Neuen Deutschen Welle tat.

Die Themen des RechtsRock in den 90er-Jahren

Liebesobjekte, Teil 1: Deutschland und die Fahne

Das zentrale Liebesobjekt[21] des RechtsRock heißt Deutschland. Die Texte über Deutschland, aber auch die über den Alkohol haben den Charakter von Liebes- oder religiösen Liedern. Diese Liebesobjekte haben mitunter die Rolle des Partners in einer Liebesbeziehung, sie sind es, bei denen man Trost findet. Fortwährend bekunden die Autoren, wie stolz sie auf Deutschland[22] und seine Fahne (die in den Songs des RechtsRock natürlich nicht schwarz-rot-gold, sondern schwarz-weiß-rot ist) sind. Zwei kurze Ausschnitte mögen hier als Beispiel genügen:

Ich bin stolz, daß ich ein Deutscher bin
Deutsch ist mein Fühlen, deutsch ist mein Sinn
Ich bin stolz, daß ich ein Deutscher bin, Frank Rennicke, 1987

Der Deutschlandadler im weißen Feld
Auf schwarzweißrotem Grunde
Hat unsren Stolz wiederhergestellt
Es heilt die offene Wunde
Wir Skinheads stehen fürs Vaterland
Dem Deutschlandadler zugewandt
auf schwarzweißrotem Grunde
Der Deutschlandadler, Sturmtrupp, 1993

Bezug sind die alten Reichsfarben, nicht schwarz, rot, gold. Cover der Szenepublikation Der Fahnenträger aus Pommern, Nr. 3, 2001

Auffällig ist, dass ab Mitte der 90er-Jahre verstärkt ›internationalistische‹[23] Töne aus der Szene zu vernehmen sind. ›Europa‹ und ›weiße Rasse‹ beziehungsweise ›White Power‹ fallen immer häufiger als Begriffe, insbesondere bei Bands mit ideologisch ausgefeilteren Texten.[24]

Beispiele dafür finden sich bei Faustrecht:

Gemeinsam stehen wir für ein Europa der Vaterländer
Nie mehr Bruderkrieg und Völkerschlachten
Europa, Faustrecht, 1999

Für die extreme Rechte ist ›Deutschland größer als die BRD‹ – das Foto auf dem Cover der Compilation Die Deutschen kommen! 1998, zeigt Wehrmachtssoldaten, die am 1.9.1939 den Schlagbaum nach Polen beiseite schoben, um in das Land einzumarschieren

und bei der Band mit dem programmatischen Namen 14 Nothelfer[25]:

Es gibt einen Satz, den vergesse nie
Kämpfe, lebe, streite nach ihm
14 Words, never forget

Mach es deutlich, mach es gut
Zeig deinen Hass, zeig deine Wut

White Power

You must secure the existence of our people
and the future for white children
14 Words, 14 Nothelfer, 1998

Diese vermeintliche Modernisierung der Ideologie – weg vom Deutschnationalismus, hin zu einer ›White Power‹-Ideologie – ist allerdings noch lange nicht konsensfähig, weist sie doch gerade für deutsche Rechtsextreme Widersprüche auf. Das führte in der deutschen Szene in den letzten Jahren zu einer immer wieder aufflammenden Debatte: Dürfen Griechen, die man hier mit rassistischen Schmähausdrücken belegt, einen Ableger von Blood & Honour gründen? Und, vor allem: wie umgehen mit polnischen Naziskins? Die Position der Gruppe Landser ist hier eindeutig und eher traditionell:

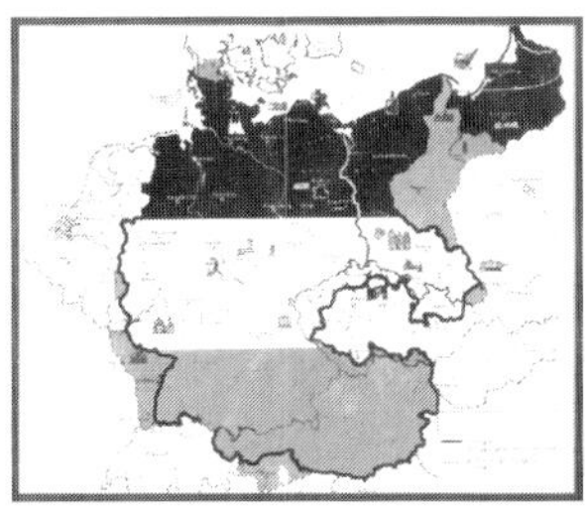

Träume von Großdeutschland – aus dem Booklet der Kraftschlag-CD Alles oder nichts, 1997

Wenn ich das seh, bin ich echt sauer:
Polackenlümmel schreien ›White Power‹
und wie ich dieses Scheißvolk hasse,
seit wann gehören Polacken zur arischen Rasse?

45 haben sie uns unser Land genommen,
lassen seitdem Haus und Hof verkommen.
Denn tief im Innern ahnten sie's die ganze Zeit,
wir kommen wieder im feldgrauen Ehrenkleid.
Polackentango, Landser, 1998

Die Widersprüche liegen hier jedoch nicht nur zwischen deutschen und beispielsweise englischen Rechtsextremisten, sondern vor allem auch zwischen ideologisch geschulten und eher ›bodenständig‹ rassistisch denkenden Rechtsextremisten. Man ist vor allem gegenüber Polen revisionistisch und erkennt die bestehenden Grenzen zu Polen nicht an. Aber auch aus »Rassegründen« gibt es mit den neuen Tönen noch Schwierigkeiten:

Wir pfeifen auf Polen und Rumänien,
auf Rußland und die Tschechei.
Denn wir reden vom alten Europa,
und da seid ihr nicht mit dabei.
Wir wollen diesen Kontinent für uns allein,
doch gilt euch unser Verzicht,
Denn wir sind Europäer, und ihr seid es nicht.
Festung Europa, Kraftschlag, 1997

Endstufe: Selbststilisierung als Komatrinker. Cover der CD Glatzenparty, 1993

Liebesobjekte, Teil 2: Alkohol

Alkoholgenuss in exzessiver Form ist eines der häufigsten Themen überhaupt. Das Alltagsklischee vom betrunkenen Naziskin hat, betrachtet man die Texte, offenkundig einen hohen Realitätsbezug. Ohne Alkohol geht in diesen Kreisen nichts:

Ohne Alkohol fühlt sich doch keiner wohl
das ist wohl allen klar.
Wir wollen trinken, Tollwut, 1994

Alkohol ist Objekt intensiver Zuneigung, Freund und Geliebte in einem:

Alkohol, mein bester Freund,
du glaubst nicht, wie es mich freut,
daß du wieder bei mir bist,
oh Alkohol, ich liebe Dich.
Alkohol, Todesstrafe, 1997

und wird mitunter gar angebetet:

Bier, das Du bist im Glase, geheiligt sei Dein Name.
Dein Reich komme, Dein Wille geschehe,
wie im Himmel, so auf Erden ... Prost!
Party-Zeit, Staatsfeind, 1996

Die offenkundig unangenehmen und unwürdigen Folgen der ständigen Exzesse haben jedoch nur den Wunsch nach Wiederholung zur Folge:

Nach dem dritten Tag Dauersuff
hänge ich dann kotzend über'm Becken,
auf der Heimfahrt Richtung Hamm bin ich fast am Verrecken.
Doch eins, das ist sicher – irgendwann in nächster Zeit,
dann sind wir aus dem Ruhrpott wieder zum Kampftrinken bereit.
Ruhrstörung und Reinheitsgebot, Reinheitsgebot, 1998

Hier kommt die Komakolonne / Bier und Schnaps sind die reinste Wonne / Die Komakolonne / saufen bei Regen oder Sonne

Koma-Kolonne, 2001

So viel, wie RechtsRocker vom Dauersuff bis hin zur Besinnungslosigkeit auch halten, bei illegalen Drogen sind sie Konformisten. Vom Gesetzgeber als illegal eingestufte Drogen werden prinzipiell abgelehnt. Insbesondere Dealer ziehen ihren Hass auf sich. Die Gruppe Sturmtrupp beschreibt, wie für sie der Traum vom perfekten Deutschland aussieht:

Das Drogenproblem war auch gelöst
Die Dealer waren alle fort
Die Kiffer und Fixer wurden entblößt
Sie lebten jetzt an einem anderen Ort.
Fixer, Sturmtrupp, 1993

Es gehört nicht viel Fantasie dazu, hinter diesem »anderen Ort« ein Konzentrationslager zu vermuten. Bei Drogen denken RechtsRocker genau wie CDU/CSU und weite Teile der SPD: Haschisch als illegale Droge wird abgelehnt, weil es eben verboten ist. Doppelmoral prägt den Blick der Komatrinker auf Drogen, die offenkundigen Widersprüche in den eigenen Aussagen stören dabei nicht weiter. So singt Spreegeschwader innerhalb ein und desselben Textes zunächst:

Wir saufen uns nur die Birne zu

um nur wenige Zeilen weiter zu behaupten:

Mit Drogen haben wir nichts am Hut
auch ohne Haschisch geht's uns gut.
Parole Spaß, Spreegeschwader, 1996

Alkohol ja, andere Drogen nein. Poster aus dem Fanzine K.d.F., Nr. 1, 1999

Die ebenso konservative wie abstruse Ansicht, bei Alkohol handele es sich nicht um eine Droge, wird von Rechtsextremen bedingungslos übernommen, obwohl sie in ihren Texten fortlaufend das Gegenteil beweisen.

Gut und Böse

Die Welt der Rechtsextremen ist manichäisch. Es wird säuberlich zwischen eindeutig gut und eindeutig böse unterschieden. Dazwischen gibt es nichts. Auf der einen Seite stehen die Helden, die bedingungslos idealisiert werden, auf der anderen Seite die Feinde, die ebenso bedingungslos entmenschlicht und, im wahrsten Sinne des Wortes, zum Abschuss freigegeben werden.

Helden, Teil 1: Ian Stuart und Rudolf Heß

Die rechte Szene mit ihren Fantasien von unbeugsamen, harten Männern, mit ihrer Vorliebe für Befehle braucht natürlich Helden, starke Männer, echte Vorbilder, die identitätsstiftend sind und an denen sich das Fußvolk aufrichten kann. Hitler selbst ist, anders als zu erwarten wäre, keineswegs der größte Held der Szene. Zwar gibt es einige Songs, in denen er mehr oder weniger explizit verherrlicht wird, zum Beispiel der Song *Adolf Hitler*, von einer der am martialischsten auftretenden und daher in der Szene auch umstrittensten Bands, von Macht & Ehre[26]:

Ein Mann, den es nur einmal gab,
und der alles für Deutschland und Europa tat ...
Denn wir werden ihn weiter lieben und ehren,
und wir werden uns auch bald vermehren.
Adolf Hitler, ein Mann, der alles tat ...
Du wirst in unseren Herzen weiterleben.
Adolf Hitler, Macht & Ehre, 1991

Adolf Hitler im Herzen und auf dem CD-Cover: Best of NS-Rec., 1999

Oder der Song *Hakenkreuz* der Gruppe Radikahl, erschienen 1991 auf einem Demotape:

Häng dem Adolf Hitler, häng dem Adolf Hitler,
häng dem Adolf Hitler den Nobelpreis um
Hiß die rote Fahne, hiß die rote Fahne, hiß die rote Fahne
mit dem Hakenkreuz!
Hakenkreuz, Radikahl, 1991

Rudolf Heß – der ›Märtyrer‹ der Szene nahm sich 1987 im Kriegsverbrechergefängnis Berlin-Spandau das Leben Titelbild des Landser, Nr. 8, 2001

Zwar wurde gerade dieser Song zu einer der bekanntesten und auf Konzerten meistgespielten Hymnen der Szene, doch typisch ist er nicht, mögen die Gründe dafür auch im Strafrecht zu suchen sein.

Die zentralen, immer wieder umjubelten Helden der Szene sind Ian Stuart und Rudolf Heß. Sie sind die Vorbilder, die laut Mythos trotz widrigster Umstände und mit hohem persönlichem Einsatz Großes leisteten, für ihre Überzeugung im Gefängnis saßen, zu Lebzeiten ungebeugt, die natürlich angeblich von Geheimdienst, Alliierten oder wem auch immer heimtückisch ermordet wurden. Rudolf Heß wird als Opfer dargestellt:

Der einsamste Mann auf der ganzen Welt,
bis zum Ende seiner Tage wurde er gequält.
Für ihn gab es keine Gerechtigkeit,
keine Freiheit bis zum Ende der Zeit.
Geheuchelte Humanität, Noie Werte, 1996

als strahlender Held, der nur den Frieden wollte, als Lichtgestalt:

Er hatte nicht die Augen eines Kriegers,
seine waren die eines Fliegers,
er flog für den Frieden,
doch nur seine Hoffnung war ihm geblieben.

Refrain:
England hatte er erreicht,
seine Entscheidung, die fiel ihm nicht leicht.
Er ist für's deutsche Volk geflogen,
für's Vaterland, das er nie betrogen.
Friedensflieger, Schlachtruf, 1998

Heldenvergötterung in schwarz-weiß-rot: Rudolf-Heß-Sampler, 1997, mit Beiträgen von Noie Werte, Frank Rennicke und anderen

Mit der Kriegsführung und den deutschen Massenmorden hatte Rudolf Heß in diesen Mythen natürlich nichts zu tun, er ist der »Friedensflieger«. So wird er zur geeigneten Figur gemacht, die deutsche Schuld am Zweiten Weltkrieg zu relativieren, beziehungsweise auf England zu projizieren, das hartherzig das Friedensangebot abgelehnt habe:

Dann steckte man ihn ins Gefängnis,
sein Friedenswille war sein Verhängnis.
Friedensflieger, Schlachtruf, 1998

Rudolf Heß – stetig wiederkehrende historische Bezugsperson in Rechts-Rock-Texten. Hier Cover der CD Entwarnung, Rudolf Hess, 1996

Mit »Frieden« hatte der Flug von Rudolf Heß natürlich nichts zu tun, das wird in den Songs geflissentlich unterschlagen. Heß verfolgte mit dem eigenmächtig geplanten Flug das Ziel, einen Separatfrieden mit England zu schließen, um den Vernichtungskrieg gegen die Sowjetunion umso effektiver führen zu können.[27] Es entbehrt nicht einer gewissen Komik, dass mit Rudolf Heß ausgerechnet derjenige Würdenträger des ›Dritten Reiches‹ zu einer mythischen Figur werden konnte, der während des ›Dritten Reiches‹ ob seines Geisteszustandes ein ausgesprochen beliebtes Thema von in der Bevölkerung kursierenden politischen Witzen war. Auch von der Propagandamaschine des ›Dritten Reiches‹ wurde er nach dem Englandflug als ›Wahnsinniger‹ dargestellt. Der Geisteszustand von Rudolf Heß war auch nach dem Krieg immer wieder Gegenstand von Spekulationen. Ärzte, die Rudolf Heß behandelten, diagnostizierten eine Tendenz zur Schizophrenie und leicht psychopathisches Verhalten.[28] Die damit verbundenen Schwierigkeiten in der Legendenbildung werden immerhin bei den Doitschen Patrioten verdruckst eingestanden:

Hinter Gittern rückte er die Welt sich hin,
keiner konnte seine Art verstehn.
Rudolf Heß, Doitsche Patrioten, 1994

Die hier zum Ausdruck kommende Relativierung einer Heldengestalt ist allerdings reichlich ungewöhnlich.

Auch über Ian Stuart werden regelmäßig, wenn auch nicht ganz so häufig wie bei Rudolf Heß, Verschwörungstheorien über die Ursachen seines Todes verbreitet. Ian Stuart Donaldson (1958–1993) war Sänger der englischen Nazi-Rock-Gruppe Skrewdriver, der bis heute wichtigsten Band der militanten Naziszene sowie Begründer des internationalen Nazi-Netzwerkes Blood & Honour. Er starb bei einem simplen Autounfall, der jedoch in der Mythologie der Songs schnell zu einem weiteren Verbrechen von ›ZOG‹ werden kann:

Und ich glaub nicht an 'nen Unfall, kein Wort,
Du bist im Kampf gefallen, war es vielleicht Mord?
60 Sekunden für Ian Stuart, Staatsfeind, 1996

Während Landser immerhin finden, dass das »Schicksal« daran schuld war:

Ian Stuart Donaldson (1958–1993), Sänger der englischen Nazi-Rock-Gruppe Skrewdriver

Wie konnte das Schicksal uns nur einen wie Dich rauben?
Ian Stuart, Landser, 1996

beschuldigen Spreegeschwader in ihrer Version eines musikalischen Nachrufes auf Ian Stuart von No Remorse höhere Kräfte:

Die Götter ließen dich im Stich.
Lebewohl Ian Stuart, Spreegeschwader, 1998

ähnlich wie 08/15:

Hat Odin Dich in sein Reich geführt,
abgerufen in seine Welt.

Legenden sterben nie! Postkarte des Rock-Nord-Magazin, 2000

Bei 08/15 wird er gar zu einer Art übermenschlicher Lichtgestalt:

Sei stolz auf das, was Du geschaffen hast,
nie hat ein Mensch soviel vollbracht.
Wir wissen, daß Du weiterlebst
und Dein Schein hält über uns Wacht.
Septembertag – RIP Ian Stuart, 08/15, 1995

Sein Tod wird für die Jünger zur Verpflichtung:

Nun führen wir weiter, was du einst begonnen
Dein Traum ist nicht mit Dir zerronnen.
24. September, Sturmwehr, 1996

Helden, Teil 2: Die Wehrmacht

Die Sehnsüchte der deutschen Neonazis sind rückwärtsgewandt. Die Waffen-SS, aber mehr noch die Wehrmacht wird insbesondere seit der verstärkten öffentlichen Thematisierung der Verbrechen im Zweiten

Weltkrieg mit der ›Wehrmachtsausstellung‹ des Hamburger Instituts für Sozialforschung bedingungslos idealisiert:

In vielen späteren Jahren wird man sie noch verehren
über ihren Heldenkampf wird man unsere Kinder lehren.
Blut für's Vaterland, Thorshammer, 1997

Es gibt keine Frage, ihr wart die Besten,
Weit weg von der Heimat, im Feindesland.
Soldaten, Volkstroi, 1997

Die Soldaten der Wehrmacht sind nicht nur Helden der Vergangenheit, sondern auch Verpflichtung für die Gegenwart:

Wehrmacht I: Nahkampf; Schwarzer Orden: Ehre, Freiheit, Vaterland, 2001

Der Ruf der Heldenahnen
ist noch lange nicht verstummt
er zieht mahnend übers Land
und tut Kampfeswillen kund.
Wir wollen unsere Väter
vor Verrat und Lüge schonen -
die, die kämpften an allen Fronten
in den tapferen Divisionen.

Ihr Leitspruch und ihr Handeln
sollte uns Vorbild sein
im Kampf gegen Unrecht und Not
Durch ihre Taten sind wir nicht allein
und tapfer bis zum Tod.
Divisionen des Sieges, André Lüders & Nordmacht, 2000

Die Opfer der Wehrmacht und ihr Leiden sind grundsätzlich nicht Thema, Leiden taucht einzig im Zusammenhang mit deutschen Soldaten auf:

Wehrmacht II: Blutrausch, Entschlossen und Stolz, 2001

Seit Wochen im Kessel von Stalingrad
Liegt hungrig und müde ein deutscher Soldat
Ein Stabsgefreiter – geboren in Danzig
Zwei Jahre schon Soldat; Jahrgang '21.
Sein Rücken schmerzt, die Knochen zerschunden
Der Leib ist gekennzeichnet von hundert Wunden

Die Beschreibung dieses Irrsinns führt trotzdem nicht zur Distanzierung von Hitler und der Wehrmachtsführung, hier werden auch noch Durchhalteparolen verbreitet:

Und doch setzten sie sich tapfer zur Wehr.
So hielten sie auch bis zum Ende noch aus.
Stalingrad, Saccara, 1995

Wehrmacht III: Schwurbrüder, ... immer feste druff, 2000

Wehrmacht IV: 08/15, Es war das Vaterland, 2002

Wehrmacht V: Sturm 18, Komm zu uns, 2001

Für Leiden sind in dieser schlichten Welt aus Gut und Böse immer nur die anderen verantwortlich. Ein Musterbeispiel für Projektionsleistungen und Schuldumkehr in diesem Zusammenhang ist die *Vertriebenenballade* der Gruppe Noie Werte:

Es war eine Zeit, über die man nicht spricht
Als das Licht von der Erde verschwand
Das Böse kam und wollte nehmen
Der Hof, die Heimat, das Land
Brennende Häuser, schreiende Kinder
Teuflisches Lachen lag in der Luft
Sie wurden gefoltert, sie wurden erschlagen
Doch das Flehen der Menschen verhallt im Wind.
Vertriebenenballade, Noie Werte, 2001

Der Mechanismus ist einfach: In der grotesken Überbetonung des Leidens der Deutschen verschwinden die deutschen Verbrechen; Fragen von Ursache und Wirkung und schlichte Tatsachen wie die, dass es ohne deutsche Angriffskriege und Massenmorde auch keine Vertreibung gegeben hätte, spielen keinerlei Rolle. Werden in gesellschaftlichen Diskussionen hingegen Fakten über den verbrecherischen Charakter der Wehrmacht und ihrer Kriegsführung festgestellt, wird man ausfällig, wie zum Beispiel die Gruppe Landser:

Und heute beleidigt man ihre Namen
Reemtsma und Heer, die sauberen Herren
Wir müssen uns dagegen wehren
Denn unsere Toten die können sich nicht wehren!

Volk ans Gewehr – Gegen Reemtsma und Heer
Volk ans Gewehr – Gegen Reemtsma und Heer
Volk ans Gewehr, Landser, 2000

Dieser Song aus dem Jahr 2000 ist geradezu ein nachgereichter Soundtrack zur von Rechten aller Schattierungen getragenen Kampagne gegen die Wehrmachtsausstellung des Hamburger Institutes für Sozialforschung.

Helden, Teil 3: Wikinger und nordische Götter

Was für die Lektüre von rechtsextremer Lyrik im Allgemeinen gilt, gilt hier im Besonderen: Man hat das Gefühl, in eine fremde Welt, in ein bizarres Paralleluniversum abzutauchen. Rechtsextreme haben das ständige Bedürfnis, ihr eigenes Handeln in eine lange Tradition zu stellen, sie leben in dem Wahn, fortzuführen, was schon in grauer Vorzeit begonnen wurde. Auf der Suche nach den ursprünglichen Wurzeln des Deutschtums wurde man bei Wikingern und der germanischen Mythologie fündig. Der enge Bezug dazu zeigt sich allein schon durch zahlreiche Bandnamen: Nordmacht, Nordwind, Wotan, Thorshammer, Walhalla, Odins Erben. Die von RechtsRockern imaginierte Ahnenreihe sieht so aus: Erst der Wikinger, dann der Wehrmachtssoldat beziehungsweise SA- oder SS-Angehörige und heute der Skinhead mit Baseballschläger. Die Wikinger als vermeintliche Vorfahren werden bedingungslos idealisiert. Gerade hier gilt: »Die Guten werden als die vorgestellt, denen man selber gleicht, und das Schema erspart einem, als Guter sich erst zu bewähren, denn alles ist ja längst vorentschieden«[29]:

Mythologie als Handlungsanleitung für die Gegenwart – Thorshammer, Keep up the fight, 1997

Die Wikinger kämpften schon vor 2000 Jahren
Für ihren Stamm und ihre Vorfahren

Wir halten sie in Ehren, unsere stolzen Vorfahren
Denn wir wollen so stolz sein, wie sie es einst waren.
Wikinger, Schlachtruf, 1995

Die Wikinger sind keineswegs ein Thema der Vergangenheit, ihre Thematisierung ist höchst gegenwartsbezogen:

Das Feuer von damals ist längst verraucht
Walhallas Heerscharen aufgebraucht
Den toten Helden als Tribut
auch in Deinen Adern fließt ihr Blut
Weiße Ritter, Odins Erben, 1995

Nordisches Blut floß in ihren Adern
Vergeßt niemals all ihre Taten
Laßt diese Männer uns ein Vorbild sein
Wikinger, Aufmarsch, 1997

Neonazi-Galerie: Wikinger, Wehrmachtssoldat und Skinhead. Cover des Fanzine Donnerschlag, Nr. 8, 2001

Man teilt mit seinen vermeintlichen ›Blutsvorfahren‹ jedoch nicht nur die Vorliebe für Männerbünde, für Kampf und Gewalt, sondern auch die Götter. Das Christentum wird wegen seiner angeblich ›dem Deutschtum fremden Wesensart‹, aber auch aufgrund seiner ›jüdischen Wurzeln‹ abgelehnt. Die Band Landser begründet ihre Ablehnung des Christentums in einem Interview folgendermaßen: »Deutschlands Unglück begann nicht mit dem Marxismus, es begann nicht mit dem Liberalismus, es begann an dem Tag, da rassefremde Elemente unsere germanischen Vorfahren dazu zwangen, bestimmte Dinge zu ›glauben‹. Der Pestherd liegt irgendwo in den Wüsten des Nahen Ostens, von wo die tollen Religionen kommen, die die Völker der Erde zwingen wollen, an ihrem verfluchten Rache-Gott zu glauben.«[30] Oder, knapp und überaus deutlich, in Songform:

Wir wollen Euren Jesus nicht, das alte Judenschwein
Denn zu Kreuze kriechen, kann nichts für Arier sein
Odin, Landser, 1996

Ein Wikinger stirbt, sein Schwert in der Hand ...
Noie Werte, Sohn aus Heldenland, 1996

Insbesondere seit den 90er-Jahren kann man den Eindruck haben, bei der extremen Rechten handele es sich nicht nur um eine politische, sondern auch um eine religiöse Szene:

Wir glauben nicht an Jesus,
so muß es auch nicht sein,
Wir glauben nicht an Gott.
In die Kirche gehen wir nicht rein.
Wir glauben an die alten Götter.
An Odin, Wotan und Thor.
Ewig werden sie uns weisen.
Ihr Ruf klingt uns im Ohr.

Auf nach Walhall in die Ruhmeshalle
Unser Götter werden wir ziehen
Auf nach Walhall, Ruhrstörung, 1997

Die Wikinger als die ersten ›arischen‹ Krieger.
Schlachtruf, Weiße Krieger, 1996

Töne wie diese sind beileibe kein Einzelfall. Da stellt sich die Frage, was für deutsche Neonazis der Gegenwart etwa an Walhalla, dem Ort der toten Kämpfer in der germanischen Mythologie, so faszinierend ist. Der Bochumer Professor für Religionswissenschaften Hans-Peter Hasenfratz gibt in seinem Buch über germanische Mythologie darauf indirekt eine überzeugende Antwort, wenn er beschreibt, was in Walhalla passiert: »Die Bewohner Walhalls, kampftote Helden, vergnügen sich mit Einzelkämpfen; fallen sie dabei, so stehen sie immer wieder (unversehrt) auf. Sie trinken Bier aus dem immervollen Euter der Ziege Heidrun und werden bei ihren Gelagen von den Walküren bedient.«[31] Bei solchen Aussichten schlagen Jungmänner-Herzen wahrlich höher.

Feinde, Teil 1: Ausländer

In der Schwarz-weiß-Welt des RechtsRock erfüllen Feindbilder eine wichtige Funktion: Über sie wird das simple Gut-und-böse-Schema im Kopf der Rechtsextremen stabilisiert. Je schlechter der oder die Gegner dargestellt werden, je stärker das Gegenüber entmenschlicht wird, desto mehr erscheinen die eigenen Vorbilder und man selbst in hellem Glanz. Die eigene Gemeinschaft definiert sich vor allem in Abgrenzung zu den Feinden. Die Feindbilder erfüllen zudem eine wichtige Funktion als Projektionsfläche.

Ausländer sind das zentrale Feindbild in den Songs des RechtsRock. Nach einer Zählung von Klaus Farin fanden sich unter 1.150 untersuchten Songs 225 gegen Ausländer gerichtete.[32] Ihnen wird alles vorgeworfen, was zum Standardrepertoire des Rassismus gehört: Sie nähmen den Deutschen die Arbeitsplätze weg, seien kriminell, bereicherten sich persönlich auf Kosten der Deutschen und ausländischer Männer belästigten deutsche Frauen.[33] In besonderem Maße richtet sich die rassistische Hetze gegen Türken. Ein übles Machwerk in diesem Zusammenhang ist der Song *Schwarze Division* der Gruppe Stahlgewitter:

Zu erwähnen wäre aber auch noch ein gewisser Herr Heindorf, der es auch immer wieder schafft, unsere Wünsche umzusetzen und diese geilen Cover zeichnet. Ich rief ihn an, und meinte, er soll mal einen U-Bahn-Wagen zeichnen, mit all dem, was man dort so trifft. Ich meinte allerdings, er könne etwas übertreiben, was er aber nicht getan hat.

Spreegeschwader über das CD-Cover im Rock Nord, Nr. 45, März 1999

Eine türkische Stadt auf deutschem Boden
Millionen Fremde, die sich hier austoben
Wie soll ich das denn meinen Kindern erklären
Daß wir Deutschen so blöd sind und uns selber zerstören

Multi-Kulti-Terror, Kriminalität,
Eine sterbende Stadt, es ist schon fast zu spät.
Meint Ihr nicht auch, daß es langsam reicht
Macht ganz Kreuzberg dem Erdboden gleich

Refrain:
Eine Division nach Kreuzberg
Eine Division in Schwarz
Keine Gnade mehr für Kreuzberg, keine Gnade
Eine Division, und das war's

Wir brauchen sie wieder, das ist kein Witz
Die Jungs in Schwarz mit dem doppelten Blitz
(na, was ist wohl der doppelte Blitz?)
Schwarze Division, Stahlgewitter, 1998

Die groteske, paranoide Fehlwahrnehmung (»Eine türkische Stadt auf deutschem Boden / Millionen Fremde, die sich hier austoben«) ist typisch für rassistischen Wahn – und keineswegs auf ideologisch gefestigte Nazis beschränkt. Befragt man beispielsweise durchschnittliche brandenburgische Jugendliche, für wie hoch sie den Anteil von Menschen ohne deutschen Pass an der Bevölkerung in ihrem Bundesland halten, so bekommt man in der Regel Antworten, die sich bei Werten in einer Höhe zwischen zwanzig und dreißig Prozent bewegen, in Einzelfällen auch mehr.[34] Auch mit der Wahrnehmung von Kreuzberg als einem Ort mit einem relativ hohen Anteil an türkischer Wohnbevölkerung und damit als Synonym für »Überfremdung« stehen Stahlgewitter beileibe nicht allein. Kreuzberg ist für viele ganz ›normale‹ Rassisten in diesem Land ein rotes Tuch, zu einer Art negativen Mythos geworden.[35] So wurde aus Kreisen der Jungen Union Berlin Ende der 90er-Jahre ein Aufkleber mit der Aufschrift »Deutschland muß in Kreuzberg wieder erkennbar werden« verbreitet. Erkennbarkeit und Sichtbarkeit von Ausländern in Deutschland – das sind die eigentlichen Themen des in den Songs verbreiteten Rassismus. Den Ausländern wird vor allem vorgeworfen, eine angebliche

Das Thema ›Ausländer‹ als Mobilisierungsfaktor für die Rechte. Aufruf für die »Großdemonstration gegen Integration und Doppelpaß« in Köln am 2.10.1999

Homogenität des ›deutschen Volkes‹ zu zerstören beziehungsweise, wie es im rassistischen Slang heißt, für »Überfremdung« verantwortlich zu sein:

Sieh dich um in diesem Land – Was kannst Du sehen?
Überfremdung – Man kann kaum noch auf die Straße gehen.
Gegenwind, Kraftschlag, 1997

Feinde, Teil 2: Jüdinnen und Juden

Jüdinnen und Juden als Feindbild der extremen Rechten tauchen bemerkenswerterweise im Vergleich zu Ausländern in den Songs relativ selten direkt auf. Das ist überraschend, da Antisemitismus zum Kernbestand rechtsextremer Ideologie gehört. Auffällig ist das vor allem im Vergleich zur rechtsextremen Publizistik, wo subtiler (und häufig auch offener) Antisemitismus ein ständiges Thema ist. Die Gründe dafür sind einerseits darin zu suchen, dass bei den RechtsRockern die realistische Annahme vorherrscht, dass die Polizei bei antisemitischer Hetze schneller tätig wird als bei rassistischer Hetze. Zudem sind die Gründe aber auch in einem im Vergleich zu den Autoren der rechtsextremen Presselandschaft geringer ausgeprägten Politisierungsgrad zu finden. Vor allem ist aber in Rechnung zu stellen, was Rainer Erb in einem Aufsatz über Antisemitismus in den Texten des RechtsRock feststellt: »Nicht nur die hier zitierten Textzeilen, die explizit zum Judenhaß und Judenmord aufrufen, müssen zum Komplex des Vernichtungsantisemitismus gezählt werden, auch jede Sieg-Heil-Parole, jeder Textbezug auf Hakenkreuz, auf SA und SS, auf Reinhard Heydrich, oder auf den vielbesungen Märtyrer Rudolf Heß, auf Rasse und Arier – alle derartigen akustischen und optischen Signale (z.B. als Cover-Illustrationen) meinen Judenmord, weil sich die Täter unter diesen Symbolen organisierten.«[36] Hinzuzufügen wäre, dass die bedingungslose Affirmation der Wehrmacht als am Holocaust beteiligter Organisation diesem zugerechnet werden müsste. Auch die Verehrung nordischer Gottheiten ist im Kontext der rechtsextremen Szene antisemitisch.

Antisemitismus und Antiamerikanismus auf dem Cover der CD Saccara, Weltenvergifter, 2001

Antisemitismus taucht in den Texten der Bands vor allem in zwei Varianten auf: einerseits in Form von verbalen Amokläufen, in offen geäußerten Vernichtungsfantasien. Für derartige Machwerke seien hier zwei besonders abstoßende Beispiele genannt:

Bald stirbt die Ausgeburt der Hölle,
die Teufel in Menschengestalt.
Bald stirbt die Ausgeburt der Hölle,
dann stimmt das Märchen von Auschwitz-Buchenwald

Nennt sie Izigs oder auch Chasaren,
Blutsauger im Rabbinergewandt.[37]

Alle Welt kennt die Verbrechernamen,
die Perversionen sind überall bekannt.

Und die Geschichte wird sich wiederholen
und diesmal so, wie ihr sie uns falsch erzählt.
Und so haben heute sechs Millionen
ihr eigenes Schicksal schon selber gewählt.
Ausgeburt der Hölle, White Aryan Rebels, 2001

Hier zeigt sich auch, wie nahe Leugnung des Holocausts und Vernichtungsfantasien beieinander liegen. Die Berliner Gruppe Macht & Ehre hingegen hält es im Gegensatz zu sonst üblichen Gepflogenheiten der Naziszene nicht mehr für nötig, den Holocaust zu leugnen, sie bejaht ihn offensiv:

Antisemitische Stereotype auf dem Cover der CD Macht & Ehre, Herrenrasse, 1997

Jude, ab, ab in den Ofen
Jude, wir werden Dich ersaufen.
Ab in den Ofen, Macht & Ehre, 1997

Auf der Rückseite des Covers des Albums *Herrenrasse*, auf dem der hier zitierte Song erschien, ist Reinhard Heydrich, Leiter des Reichssicherheitshauptamtes (RSHA), abgebildet, unter dessen Vorsitz die berüchtigte Wannseekonferenz stattfand. Liedtext und Aufmachung ergänzen sich hier und unterstreichen die Aussage eindeutig.

Andererseits gibt es eine etwas elaboriertere Fassung der gleichen Vernichtungsfantasien, wie sie sich bei der Gruppe Stahlgewitter findet. Sie zeigt, wie Antisemitismus als Modell zur Erklärung der Welt funktioniert. Hier ist alles versammelt, was zur Tradition antisemitischer Verschwörungstheorie gehört: Freimaurer, Zionismus, angebliche Weltherrschaft der Juden, die *Protokolle der Weisen von Zion*. Der Song heißt bezeichnenderweise *Weltherrschaft*, was stark projektive Züge hat.

Freimaurer-Loge, Zionisten,
Weltverschwörer, Humanisten.
Sie nehmen unser Schicksal in ihre Hand,
ziehen alle Fäden, habt Ihr's noch nicht erkannt?

Hinter all diesen Mächten steht das eine Symbol,
wer steckt dahinter, na, wer ist das wohl?
Es gibt Protokolle und sogenannte Weisen,
sie legen die Völker in Ketten und Eisen.

Der antisemitische »Rock gegen oben« der Band Landser fokussiert den Zentralrat der Juden. Das Cover der CD von 1998 zeigt Ignatz Bubis

Refain:
Eine Weltherrschaft streben sie an,
ziehen Volk für Volk in ihren Bann.
Nur wenige kennen die Gefahr,
das ist kein böses Märchen, das ist wahr.
Weltherrschaft, Stahlgewitter, 1998

Ein ideologisch so intensiv ausgearbeiteter Text voll antisemitischer Verschwörungstheorien ist Ausdruck eines wasserdicht geschlossenen Weltbildes. Wahnvorstellungen in dieser Form tauchen in den Texten eher selten auf, Antisemitismus in dieser ›elaborierteren‹ Form ist eigentlich eher für die Texte der NS-Black-Metal-Szene typisch.[38] Was allerdings in diesem Song noch fehlt, ist die Herstellung eines angeblichen Zusammenhanges zwischen Juden und Geld, wie es die Gruppe Faustrecht besorgt:

Comic aus dem Vollstrecker, Nr. 3, 1992, zeigt eine jüdische Karikatur in Stürmer-Manier: Aus dem zerquetschten Juden rieseln Dollarscheine

Euer Geld ist Eure Macht!
Seit dem Mittelalter zieht ihr die Fäden
Laßt Regierungen nach eurem Sinne reden
Viele Revolutionen habt ihr inszeniert
Um zu zeigen, wer die Welt regiert.

Euer Geld ist Eure Macht
[...] Im Zeichen der Freimaurerei
[...] Vernichtet Nationen für des Geldes Macht.[39]
F.G.B., Faustrecht, 1997

Der Hass beschränkt sich dabei nicht auf die Jüdinnen und Juden, die in Deutschland leben, sondern ist prinzipiell. So wird auch Israel zum Feindbild:

Wir stellen die Auserwählten
zum letzten entscheidenden Schlag
Wir halten Gericht,
ihre Weltmacht zerbricht,
das wird unser stolzester Tag

Ran an den Feind
Ran an den Feind
Bomben auf Israel
Ran an den Feind, Landser, 2000

Feinde, Teil 3: Linke, Punks und andere

Linke und Punks sind bereits seit Anfang der 80er-Jahre ein ständig wiederkehrendes Feindbild. Ihnen wird vorgeworfen, dass sie immer alles so kompliziert machen und immer diskutieren wollen:

Du willst ständig agitieren
Und wie'n Studi diskutieren
Roter Stern, Kraft durch Froide, 1983

Linke werden als ›krank‹ und ›gewalttätig‹ dargestellt:

Verblendete, kranke Idioten
gewaltbereite, dumme Chaoten
Zerschlagt den Terror, Sturmwehr, 2000

Politische Gegner sind in den Augen der extremen Rechten immer entweder Juden oder Kommunisten. Cover der CD Sturmwehr, Zerschlagt den Terror, 2001

Häufig werden auch die Begriffe ›Linke‹ und ›Punks‹ synonym verwendet:

›No future‹ auf Deiner Schmuddeljacke steht,
doch Dein Leben nur von Faulheit geprägt
Stets besoffen und zugekifft;
wenn man euch nicht sieht –
doch schon von Weitem riecht.

Wir hassen euch,
denn ihr seid nur Abschaum und Dreck
Wir hassen euch,
denn ihr seid nur linke Parasiten
Parasiten, Senfheads, 1997

In der Tendenz, wenn auch nicht in dieser Radikalität, ist der Blick deutscher Spießbürger auf Linke und Punks kaum anders. Wenn, wie in diesen Texten, Linke und Punks so konsequent entmenschlicht werden, zu ›Parasiten‹, zu ›Zecken‹ erklärt werden, ist der Weg zur konkreten Gewalttat auch nicht mehr weit:

Mit Gewalt gegen Punker – Aufkleber Mitte der 90er-Jahre

Punks sind dreckige Schweine,
Punks sind der Abschaum der Stadt
Punks sind dreckige Schweine,
ihr rotes Scheißpack, ich hab euch satt

Sein Kiefer zersplittert durch die Doc's-Stahlkappe
jetzt noch 'nen Eiertritt und dann liegt er auf der Matte
Er blutet aus dem Schädel und bewegt sich noch
Dann tret ich noch mal rein mit meinem 14-Loch,
meinem 14-Loch[40] *Immer auf'n Kopf …*
Scheiß Punks, Kraftschlag, 1992

Feinde, Teil 4: Polizei und Justiz

Insbesondere seit der 1993 verstärkt einsetzenden Repression müssen sich die Aktivisten der Szene mit ständigen Gefängnisaufenthalten auseinander setzen, was seitdem Thema zahlreicher Songs ist. Zwar gibt es vereinzelte Distanzierungen von rechter Gewalt:

Extrem rechte Skinheads als vermeintliche Opfer. Cover der Single von Staatsfeind, Wer Wind säht ..., 1998

Den rechten Arm zum Gruß gestreckt
hast Du Hass und Gewalt gesäht
Lachend stehst Du jetzt vor einem brennenden Haus
es laufen die letzten Leute heraus.

Valhalla ist nur für starke Krieger
und nicht für Mörder und ewige Verlierer

Viele von uns werden nun gejagt
das ist die Antwort auf Deine dumme Tat
Viele von uns mußten dran glauben
denn Du mußtest fremdes Leben rauben.
Valhalla, Rheinwacht, 1994

doch Distanzierungen dieser Art kritisieren in erster Linie den Imageschaden und die negative Wirkung für die eigene Szene. Die häufigere Haltung in Bezug auf negative Wirkungen eigener Gewalt ist Uneinsichtigkeit und Starrköpfigkeit, was die Gruppe Staatsfeind in Vollendung demonstriert:

Du gehst in Deine Kneipe 'rein
und ziehst Dir viele Schnäpse 'rein
da kommt doch so ein Mistvieh
und das geht Dir auf's Schwein
Du bist auf hundertachtzig
und überlegst nicht mehr.
Du siehst rot, ein Blackout kommt,
die Zecke steht nicht mehr ...

Fünf Jahre hat man Dir gegeben
für'n schweren Schädelbasisbruch.
Du kannst es nicht begreifen
das ist für Dich ein rotes Tuch.
Nach zwei Wochen Krankenhaus
ging es der Zecke wieder gut.
Am Fenster, Staatsfeind, 1998

»Scheiß §86a«, Sprechblase über der Gruppe Skinheads, aus deren Fahne das Hakenkreuz entfernt wurde. Cover des Fanzine Harzsturm, Nr. 4, 1997

Ja, so ungerecht kann die Welt sein. Dieser Song ist wahrlich ein Musterbeispiel für »verfolgende Unschuld« (Karl Kraus). Generell ist die Haltung von RechtsRockern gegenüber der staatlichen Gewalt von einer nicht zu überbietenden Weinerlichkeit und Doppelmoral geprägt. Die Freunde von Konzentrationslagern und Massenhinrichtungen, Leute, die mit Meinungsfreiheit und Menschenrechten reichlich wenig am Hut haben, empören sich nun über Repression, von der sie selbst betroffen sind, und benehmen sich wie die schlechte Kopie einer Datenschutzkommission:

Verbote, Verbote in diesem Land
wir Deutsche stehen mit dem Rücken zu Wand
Gesetze, die zählen wohl heute nichts mehr
man schickt gleich den Verfassungsschutz her.
Zeit des Erwachens, Idee Z, 1996

Die Reaktion auf die staatliche Repression ist von Wut und Aggressivität geprägt:

Ich kann es langsam nicht mehr hören
Allmählich kotzt es mich an
Für jede kleine Scheiße
Bist Du heute dran
Jede kleine Armbewegung

Oder die Kleidung, die Du hast
Bringt Dich sofort in Schwierigkeiten
Und mit einem Bein in den Knast

Wer hat ihn nicht schon zu spüren bekommen
Paragraph 86a[41]
Paragraphenflut, Kraftschlag, 1997

Neonazis generieren sich als Verteidiger der Verfassung – Noie Werte, Am Puls der Zeit, 2000

Die Polizei selbst wird Ende der 90er-Jahre verstärkt zu einem Feindbild, so singt die deutsche Band Hate Society:

Another day in life but the same old game
cops at my door I know already their names
they come in just to piss me off again
those bollox makes me angry
make explode my brain

kill all cops

Cops are just tools of the hated zionism
but we stand strong against this kind of cowardism
their job is to bring us away from our cause
but we are no wimps, we are a mighty force
Kill Them All, Hate Society, 1999

Als Solidaritätsbekundung mit den inhaftierten ›Kameraden‹, s.g. POW – Prisoners Of War, wurde in den vergangenen Jahren einige CDs veröffentlicht, mit deren Verkaufserlös szeneeigene Gefangenenhilfsorganisationen unterstützt werden.
Hier die internationale Compilation Soutien des Prisonniers, 1998

Trotz des staatlichen Verfolgungsdruckes wird versucht, die Strafgesetze möglichst häufig zu umgehen. Der Versuch, offen neonazistisches Gedankengut in mehr oder minder legaler Form zu verbreiten, mit NS-Parolen zu ›spielen‹, nimmt dabei abstruse Formen an, etwa im *Skifahrerlied* von Staatsfeind:

Ich stehe oben am Abhang,
die sehen mir zu.

Denn ich bin sturzbesoffen
und fahr' mit Alk im Blut.
Und was höre ich da?
Ein netter und vertrauter Gruß
Mensch, so ein Zufall,
ein Bekannter hier sein muß!

Refrain:
Ski-Heil! So tönt es laut!
Ski-Heil! So vertraut ...
Ski-Heil! na wenn's denn sein muß
Ski-Heil! – erwidere ich den Gruß!

Mitten auf der steilen Piste
schreit ein alter Mann.
Ich stutze gar verwirrt,
wie nett die Stimme klang ...
Und als ich unten ankam,
rufen die süssen Mädel
diesen vertrauten Gruss.
Mann, fühl ich mich edel!
Das Skifahrerlied, Staatsfeind, 1996

Richter und Staatsanwälte als Handlanger einer vermeintlichen jüdischen Weltverschwörung. Cover der CD Volkszorn, Im Namen des Volkes, 1993

Zusammenfassung

Die Auswertung von Texten aus 20 Jahren rechtsextremer Musikproduktion zeigt, wie stark sich die rechte Musikszene, die zunächst beinah ausschließlich Skinhead-Szene war, verändert hat. Es ist auffällig, dass die Songs der 80er-Jahre noch stark von ›klassischen‹ Skinhead-Themen wie Alkohol, ›Way of Life‹, ›Spaß‹ und Gewalt, aber auch plumpem Rassismus geprägt waren, ausgefeilt rechtsextreme Songs jedoch selten vorkamen. Solcherlei Songs werden erst ab 1989 veröffentlicht. Ab 1989 wächst die Szene stark an, es findet eine Politisierung statt, die sich im Zuge der Repressionswelle 1992/93 noch verstärkt. Die in den 80er-Jahren noch vorherrschende relative Distanz der Bands zum organisierten Rechtsextremismus lässt spürbar nach, die Musik bewegt sich auch stilistisch längst nicht mehr in den musikalischen Grenzen des Skinhead-Kultes. Seitdem die Szene ab 1992/93 von staatlichen Repressionsmaßnahmen betroffen ist, ist der Markt in zwei Bereiche geteilt: einerseits in Produktionen, die strafrechtlich kaum angreifbar sind, und andererseits in illegale Produktionen mit offenen Mordaufrufen. Die Themenpalette ist generell begrenzt, ›klassische‹ Liebeslieder sind außerordentlich ungewöhnlich. Typisch sind dagegen Songs, die thematisch zum manichäischen Denken der Rechtsextremen passen: Verehrung angeblicher Helden, von Ian Stuart bis Rudolf Heß, von Wehrmachtsangehörigen bis zu Wikingern auf der einen Seite; Hetze gegen Feinde, von Ausländern über Juden bis hin zu Linken auf der anderen Seite. Der Anteil klassischer Skinhead-Themen ist merklich geringer geworden, zugenommen haben dagegen über die Jahre hoch politisierte Songs – dazu sind vor allem der uneingeschränkt positive Bezug auf das ›Dritte Reich‹, das Aufgreifen nordischer Mythologie sowie ausgefeilt antisemitische Verschwörungstheorien zu zählen. Die absoluten ›Stars‹ der Szene von heute – vor allem die Berliner Band Landser – verbreiten dabei die härtesten Inhalte. Die Geschichte des RechtsRocks ist auch eine Geschichte seiner Radikalisierung.

Stilisierung und Politik: Landser

Des Weiteren konnte gezeigt werden, dass die Feindbilder in den Texten alles andere als originell sind. Hier wird vielfach reproduziert, was auch in *BILD* oder bei Wahlkampfreden an Feindbildern präsentiert wird: Linke, Ausländern, die ›unser Sozialsystem‹ missbrauchen, Drogenhändler, Sexualstraftäter. Die Texte zeigen auf erschreckende Weise, wie stark die inhaltlichen Berührungspunkte der extremen Rechten mit dem Mainstream in der Bundesrepublik sind. Dies gilt, obwohl die Nähe auch immer nur punktuell ist (*BILD* äußert sich nicht über Odin, auch ›ZOG‹ ist dort kein Thema), obwohl die Rechtsextremen ihre Feinderklärungen entscheidend radikalisieren und sich auch in der Wahl der Mittel deutlich unterscheiden. In der Bekämpfung des Rechtsextremismus, das zeigen die Songtexte, ist die Auseinandersetzung mit den Ressentiments des gesellschaftlichen Mainstreams eine zentrale Aufgabe.

Anmerkungen

1 Wenn hier von rechter Szene die Rede ist, so ist damit in erster Linie die militant-neonazistische Szene sowie der rechtsextreme Teil der Skinhead-Szene gemeint. Die Herren Frey von der DVU und Schlierer von den Republikanern haben mit der hier diskutierten Musik nichts zu tun. In diesen Kreisen bevorzugt man andere Musik. Überschneidungen finden sich allerdings bei Frank Rennicke und anderen Liedermachern.

2 Daran ändert auch die Tatsache nichts, dass z.B. Ian Stuart Donaldson eine Schlüsselfigur der englischen Szene war. Ian Stuart war der Frontmann von Skrewdriver, der international bislang bedeutendsten Naziband. Skrewdriver ist die in der Szene am häufigsten gecoverte Band. Er ist auch der Begründer der in Deutschland verbotenen Organisation Blood & Honour. Er starb 1993 bei einem Autounfall. Der ›Liedermacher‹ und JN/NPD-Funktionär Jörg Hähnel ist ein Beispiel unter mehreren für die Bundesrepublik. Das ändert am grundlegenden Befund aber nichts.

3 Erb, Rainer: Antisemitismus in der rechten Jugendszene. In: Bergmann, Werner; Erb, Rainer (Hg.): Neonazismus und rechte Subkultur, Berlin, 1994, S. 40.

4 Anders als später handelt es sich bei den rechten Bands ausnahmslos um Skinhead-Bands. Erst ab 1989 tauchen auch ›Langhaarige‹ und ›Scheitelträger‹ unter den Musikern der Bands auf.

5 Möller, Kurt: Häßlich, kahl und hundsgemein. Männlichkeits- und Weiblichkeitsinszenierungen in der Skinhead-Szene. In: Farin, Klaus (Hg.): Die Skins. Mythos und Realität, Berlin, 1997, S. 116.

6 Ebd., S. 119.

7 Vergleiche zum Themenkomplex Sexismus, Geschlechterverhältnisse und Männlichkeitsinszenierungen den Aufsatz von Kirsten Döhring und Renate Feldmann in diesem Band.

8 Zitiert nach Seidel-Pielen, Eberhard: Rechtsradikalismus: (k)ein ostdeutsches Jugendphänomen? In: Otto, Hans-Uwe; Merten, Roland (Hg.) Rechtsradikale Gewalt im vereinigten Deutschland, Bonn, 1993, S. 370.

9 Ebd.

10 Dieser Song erschien nur auf einem Demoband, kursierte (und kursiert bis heute) aber in schwarz-kopierten Aufnahmen unter den Fans. Es ist dieser Song, der entscheidend zum bis heute nachwirkenden schlechten Ansehen der Band in der Öffentlichkeit beigetragen hat.

11 Farin, Klaus: Reaktionäre Rebellen. Die Geschichte einer Provokation. In: Baacke, Dieter; Farin, Klaus; Laufer, Jürgen (Hg.): Rock von Rechts II, Bielefeld, 2000, S. 40.

12 Zur Analyse originär nationalsozialistischen Gedankengutes vergleiche: Jäckel, Eberhard: Hitlers Weltanschauung, Stuttgart, 1981.

13 Moishe Postone beschreibt diesen Sachverhalt folgendermaßen: »Der moderne Antisemitismus ist dadurch gekennzeichnet, daß die Juden für die geheime Kraft hinter jenen Widersachern, dem plutokratischen Kapitalismus und dem Sozialismus, gehalten werden.« Moishe Postone: Nationalsozialismus und Antisemitismus. In: Diner, Dan (Hg.): Zivilisationsbruch, Frankfurt am Main, 1988, S. 245.

14 Vergleiche dazu Siegler, Bernd; Tolmein, Oliver; Wiedemann, Charlotte: Der Pakt. Die Rechten und der Staat, Göttingen, 1993. Hier findet sich eine umfangreiche Zusammenstellung der Nicht-Verfolgung rechtsextremer Straftaten sowie der Entpolitisierung und Verharmlosung vor Gericht.

15 Zum Zusammenhang von Asyldebatte und rechtsextremer Gewalt vergleiche beispielsweise Funke, Hajo: Rechtsextremismus – Zeitgeist, Politik und Gewalt. Eine Zwischenbilanz. In: Faber, Richard; Funke, Hajo; Schoenberner, Gerhard (Hg.) Rechtsextremismus. Ideologie und Gewalt, Berlin, 1995, S. 14–51.

16 Farin, Klaus: Reaktionäre Rebellen. Die Geschichte einer Provokation. In: Baacke, Dieter; Farin, Klaus; Laufer, Jürgen (Hg): Rock von Rechts II, Bielefeld 2000, S. 36.

17 Zur Politik- bzw. Parteienverdrossenheit vgl.: Ullrich, Volker: Das Weimar-Syndrom. Zur Geschichte und Aktualität der Parteienverdrossenheit in Deutschland. In: Lohmann, Hans-Martin: Extremismus der Mitte. Vom rechten Verständnis deutscher Nation, Frankfurt am Main, 1994, S. 51–65.

18 DVJJ-Journal, Nr. 1, 2001, S. 44: Alles Rechtsextreme? Skins ..., Glatzen ... Rechte Erscheinungsformen in Jugendkulturen, von Klaus Farin.

19 Diesem Resultat spricht auch nicht entgegen, dass Kraftschlag zweimal hintereinander die Wahl zur beliebtesten Band des Jahres in der rechtsextremen Musikzeitschrift Rock Nord vor der Band Landser gewonnen hat. Kraftschlag waren unter Vertrag beim Label Funny Sounds, dessen ›Hausblatt‹ Rock Nord ist.

20 Horkheimer, Max; Adorno, Theodor W.: Dialektik der Aufklärung. In: Horkheimer, Max: Gesammelte Schriften, Bd. 5, Frankfurt/M., 1987, S. 199.

21 Lieder, in denen die Liebe zu konkreten Menschen aus dem eigenen Umfeld besungen wird, sind überaus selten. Vgl. dazu den Aufsatz zu Geschlechterverhältnissen von Kirsten Döhring und Renate Feldmann in diesem Band.

22 Eine Differenz etwa zur ›Stolz-auf-Deutschland‹-Kampagne der CDU im Jahr 2001 ist bei vielen Texten auf den ersten Blick nur mit der Lupe zu erkennen. Den entscheidenden Unterschied macht aber aus, dass die Fahne der CDU schwarz-rot-gold ist, die der Rechtsextremen hingegen schwarz-weiß-rot. Auch hat die CDU/CSU seit Anfang der neunziger Jahre die Grenzen zu Polen und Tschechien offiziell anerkannt – im Gegensatz zur extremen Rechten.

23 Hinter diesem ›Internationalismus‹ steht der alte Gedanke vom nationalsozialistisch beherrschten Europa, der während des Nationalsozialismus vor allem von der SS vertreten wurde. Vergleiche dazu: Vierteljahreshefte für Zeitgeschichte, Heft 3, 3. Jg., 1955, S. 240–275: Nationalsozialistische Europaideologie, von Paul Kluke.

24 Bereits Hannah Arendt hielt den Nationalsozialismus für eine gegen die Nation gerichtete internationale politische Bewegung. Vergleiche dazu unter anderem: Antisemitismus und faschistische Internationale. In: Arendt, Hannah: Nach Auschwitz. Essays & Kommentare 1, Berlin, 1989, S. 31–48. Inwieweit ihre Annahme zutreffend ist, kann hier nicht diskutiert werden, offenkundig scheint nur die prinzipielle Anwendbarkeit auf Organisationen wie Blood & Honour und die Hammerskins. Bei diesen handelt es sich um internationale Organisationen mit nationalen Ablegern.

25 Die »14« bezieht sich wie der Songtitel auf einen vom amerikanischen Naziterroristen David Lane geprägten rassistischen Slogan, der aus vierzehn Wörtern besteht: »We must Secure The Existence Of Our People And A Future For White Children.« Das neonazistische Fanzine Weißer Wolf (Nr. 15, 2000) übersetzt den Spruch folgendermaßen ins Deutsche: »Wir müssen den Fortbestand unserer Art bewahren und auch die Zukunft weißer Kinder sicherstellen.«

26 Macht & Ehre ist sicherlich die Band, die sich am deutlichsten positiv auf den Nationalsozialismus und den Holocaust bezieht. So trägt eine CD den Titel NSDAP, auf dem Cover ist ein Bild von Heinrich Himmler. Kaum ein Text der Band kommt ohne Mordfantasien aus, die außerordentlich primitive und aggressive Musik unterstreicht zusätzlich den martialischen Gesamteindruck.

27 Zu den tatsächlichen Hintergründen des Fluges vergleiche beispielsweise: Kershaw, Ian: Hitler. 1936–1945, Stuttgart, 2000, S. 489–503.

28 So schreiben beispielsweise Heydecker und Leeb: »Der Münchener Arzt Dr. Ludwig Schmitt, der Rudolf Heß von 1936 bis 1939 wegen verschiedener Beschwerden behandelte, erklärte nach Kriegsende einem Reporter der New York Times: ›Heß hatte eine Tendenz zur Schizophrenie und war leicht psychopathisch.‹ Nach dem Mißerfolg von seines Englandfluges müssen sich diese Tendenzen verstärkt haben.« Heydecker, Joe J.; Leeb, Johannes: Der Nürnberger Prozeß. Band 1. Mit einem Vorwort von Eugen Kogon und Robert M. W. Kempner, Köln, 1985, S. 77.

29 Horkheimer, Max; Adorno, Theodor W.: Vorurteil und Charakter. In: Adorno, Theoder W.: Gesammelte Schriften. Band 8, Frankfurt am Main, 1985, S. 364.

30 Blood & Honour Division Deutschland, Nr. 8, 1999, S. 32: Landser.

31 Hasenfratz, Hans-Peter: Die religiöse Welt der Germanen. Ritual, Magie, Kult, Mythos, Freiburg, 1992, S. 74.

32 Baacke; Farin; Lauffer: Rock von ..., a.a.O., S. 185.

33 Vergleiche dazu den Aufsatz von Kirsten Döhring und Renate Feldmann zu Frauen in der RechtsRock-Szene in diesem Band.

34 Der reale Ausländer-Anteil in Brandenburg beträgt etwa zwei Prozent.

35 Zur Assoziierung von Migranten mit Türken vergleiche beispielsweise Jäger, Siegfried: BrandSätze. Rassismus im Alltag, Duisburg, 1992.

36 Erb, Rainer: Er ist kein Mensch, er ist ein Jud. Antisemitismus im Rechtsrock. In: Baacke; Farin; Lauffer: Rock von ..., a.a.O., S. 150.

37 Rechtschreibung im Original, dies gilt auch für alle anderen Songzitate, von den Texte in den Booklets vorlagen.

38 Es ist sicher kein Zufall, dass ein Mitglied der Band Stahlgewitter ausgerechnet mit einem Musiker der führenden deutschen Band für dieses Genre, der Gruppe Absurd um den verurteilten Mörder Hendrik Möbus, eine gemeinsame CD aufgenommen hat. Das Ganze ist auf jeden Fall ein weiterer Hinweis darauf, dass sich hier die rechten Flügel verschiedener Szenen verstärkt aufeinander zu bewegen. Vergleiche dazu den Aufsatz von Hans Wanders und Johannes Lohmann über NS-Black-Metal in diesem Band.

39 Moishe Postone erklärt den modernen Antisemitismus auf folgende Weise: »Der moderne Antisemitismus ist also eine besonders gefährliche Form des Fetischs. Seine Macht und Gefahr liegt darin, daß er eine umfassende Weltanschauung liefert, die verschiedene Arten antikapitalistischer Unzufriedenheit scheinbar erklärt und ihnen politisch Ausdruck verleiht. Er läßt den Kapitalismus aber dahingehend bestehen, als er nur die Personifizierung jener gesellschaftlichen Form angreift.« Postone, Moishe: Nationalsozialismus und Antisemitismus, in: Diner: Zivilisationsbruch ..., a.a.O., S. 253.

40 Mit ›14-Loch‹ sind Doc-Martens-Stiefel gemeint.

41 Der §86a StGB stellt die Verbreitung oder Verwendung von »Kennzeichen (z.B. Fahnen, Abzeichen, Parolen und Grußformen)« verfassungswidriger, das heißt verbotener, Organisationen unter Strafe. Der Paragraph zielt insbesondere auf die NSDAP ab.

Georg Seeßlen

Gesänge zwischen Glatze und Scheitel

Anmerkungen zu den musikalischen Idiomen der RechtsRock-Musik

Die Musik der Skinheads, das macht schon den ersten Schritt über eine Subkultur-Musik hinaus, ist seit der Konsolidierung des Paktes zwischen ›Szene‹ und neofaschistischer Politik eine ›gestohlene‹ Musik, deren Wurzeln den Vertretern der alteingesessenen Organisationen und Parteien der extremen Rechten etwas ungeheuer blieben. Diese ›ursprüngliche‹ Skinhead-Musik setzte sich aus Elementen von Ska und Punk zusammen und war entsprechend laut und scharf. Es war aber rasch auch eine Musik, in deren Vertrieb, deren Verbreitung und schließlich deren Gestaltung sich diese Organisationen massiv einmischten, so wie sich umgekehrt immer auch Musiker und Manager in ihnen bewegten. Die Einheit von Musik und Fans funktionierte also von Anfang an anders als die in anderen Szenen. Da wirkte immer etwas mehr oder weniger unsichtbares Drittes, und so falsch die gereimten Spießer-Tiraden der Texte gegenüber der subkulturellen Attitüde wirken mussten, so ›falsch‹ war dadurch auch das musikalische Idiom, das man dafür benutzte. Schließlich setzte es sich zusammen aus der Verschmelzung von weißen und schwarzen Elementen im Ska und aus der reduktionistischen Rebellion des Punk, die sich auch gegen die Macho-Pose des Heavy Metal richtete.

Ska – schwarze Musik als ›Roots‹ der Skinhead-Bewegung

Was sich zuerst in England für alle Seiten politisch und ökonomisch bewährte, wenn auch nicht immer ganz ohne Spannungen, das wurde dann in Deutschland perfektioniert: Die Musiker benutzen nur zu gern die Vertriebskanäle und Auftrittsmöglichkeiten, die die organisierte Rechte ihnen bietet; diese Rechte wiederumbenutzt nur zu gern die Musik als Instrument von Propaganda und Rekrutierung, und die kleinen und großen Geschäftemacher der Szene benutzen beides, um ihrerseits wieder von den größeren politischen Netzwerken zwischen ›Neuer Rechter‹ (im Sinne einer modernisierten Rechten, die sich vom ›nostalgischen‹ Stamm lösen kann) und Neofaschismus benutzt zu werden. Das heißt freilich nicht, dass sich diese Beziehung in einer Instrumentalisierung der Subkultur durch die politische Organisation erschöpft. Sie wird gerade durch ihre Vielfältigkeit wirksam. Mag faschistische Ideologie auch umso ›reiner‹ erscheinen, je geringer der Anteil an subkulturellen

Ich hebe hier auch ein bißchen auf Antonio Gramsci ab, (...) der eben sagt, man muß den Streit führen um die kulturelle Hegemonie. Wenn wir das konkret tun wollen, dann müssen wir das machen mit Kulturträgern, die auch akzeptiert werden

Strategische Umarmung der Skinhead-Szene – Manfred Rouhs, Betreiber des Europa-Vorn-Labels und Versandes in dem Film »Lieder der Verführung«, 1995

Selbststilisierung als ›Prollpower‹: Saufen und Randale. Komakolonne, ›unpolitisches‹ Spaß-Projekt von Sturmwehr, 2000

Elementen, so ist sie doch umso ›authentischer‹ je mehr der Widerspruch zwischen Szene und Politik selbst Teil der Musik ist. So kann eine Organisation wie die NPD ein fast ausschließlich instrumentelles Verhältnis zur Skinhead-Musik haben, umgekehrt eine andere wie Blood & Honour vollständig in diesem Widerspruch leben, der nicht ein Widerspruch zwischen organischer Subkultur und ihr entfremdeter Politik ist, sondern der Widerspruch zwischen zwei verschiedenen Arten des gelebten Faschismus. In diesem Dreieck aus Subkultur, organisierter Rechten und Schattenkommerz musste diese Musik nur noch stärker empfinden, wie sehr sie vom ›Gegner‹ gestohlen war, und ihre ›Authentizität‹ schneller und anders verlieren als die Musik anderer Subkulturen, die sich früher oder später »an den Kommerz verraten« muss, aber zur gleichen Zeit auch schon immer ihre Dissidenten und Erneuerer hervorbringt. Dissidenten und Erneuerer einer faschistischen Musik aber sind in sich undenkbar; das Idiom einer faschistischen Szene muss sich die Selbstüberschreitung verbieten, sodass einerseits mit den ersten expliziten Nazi-Bands schon mehr oder weniger alles gesagt war (musikalisch hat sich im ersten Idiom der Skinhead-Musik in der Tat seit Skrewdriver nicht viel getan, während auch die anderen Idiome einen ganz ähnlichen Anverwandlungsprozess durchmachen mussten), die Musik andrerseits ihren eigenen Selbstwert verlieren musste: Je weniger die Musik selber zu ›sagen‹ in der Lage ist, desto mehr muss die ›politische‹ Pose und die angebliche Provokation gepflegt werden.

Von vorneherein stand die offen faschistische Skinhead-Musik (also, wenn man so will, die Musik der ›zweiten Generation‹, in der der Widerspruch zwischen Szene und Politik schon wirkte)[1] in einem ideologischen und praktischen Widerspruch, den die ›Scheitel‹, die Eliten der faschistischen Organisationen, denn auch mit einer Mischung aus Nachsicht gegenüber dem ›Proll-Aspekt‹ der Bewegung und ideologischer Berechnung quittieren: Die faschistischen Texte sind in diesem Zusammenhang nicht viel anderes als eine ›Entschuldigung‹ für eine Musik, die beim besten Willen nicht in den nationalen und völkischen Kontext zu integrieren ist, andererseits aber auch nicht im Sinne der ›Neuen Rechten‹ als Ausweis der eigenen Fähigkeit zur Moderne durchgeht. Diese Musik ist, natürlich, nicht deutsch, sie ist nicht einmal europäisch und nicht vollständig ›weiß‹; anders als beim faschistischen ›Volkslied‹ muss die Akzeptanz dieser Musik, die von der nostalgischen Fraktion allenfalls als ›Zugeständnis‹ geduldet wird, außermusikalisch begründet werden. Dadurch bricht der Widerspruch zwischen Szene und Politik an unerwartetem Ort wieder auf.

Umgekehrt gilt die Musik für die Szene als ›Entschuldigung‹ für die Texte. RechtsRock, Nazi-Musik, rechte Skinhead-Musik oder wie immer man die Verbindung nennen will, funktioniert auf eine paradoxe Weise und im Gegensatz zum allgemeinen Pop-Gestus, nämlich dadurch, dass Musik und Texte eben keine ästhetische Einheit bilden, sondern gerade die widersprüchlichen Elemente der ›rechten Szene‹ in zwei genauso widersprüchlichen Codes bedienen.

Von außen her mag sich folgender Eindruck ergeben: Das Gros der RechtsRock-Musik ist auch bei Anlegen allerbescheidenster Maßstäbe herzzerreißend schlecht, und das nicht im Sinne eines naiven Dilettantismus, gar eines sich Selbst-Erprobens und -Entdeckens, sondern im Sinne der ursprünglichen Korruption von Text und Idiom. Die Anziehungskraft der Skinhead-Musik ist ohne ihren Gestus nicht zu verstehen, weder die Musik für sich (von wenigen Ausnahmen abgesehen) noch die Texte für sich können verführerisch auf einen etwa noch neutralen Zuhörer wirken, es wirkt vielmehr exakt die Transition: die Lösung für einen möglichen Konflikt zwischen Rock und Politik. Für einen unsichtbaren Dritten, ein äußeres Interesse, eine ideologische Abstraktion werden Texte, deren Sinn man offensichtlich selbst kaum versteht oder die zum unfreiwilligen Ausdruck der eigenen unterdrückten Paranoia werden (die Verknüpfung des Politischen mit dem Sexuellen) zu einer Musik vorgetragen, die nicht die eigene ist und deren Möglichkeiten eher unterdrückt als ausgespielt werden müssen. Mindestens eins von beiden, die Musik oder die Texte, sind immer nur ›benutzt‹. Für die Bewegung vom Rand in die Mitte dieses Geschehens indes verhält es sich genau umgekehrt: Hier wird nicht das Auseinanderbrechen von Gestus und Rhetorik empfunden, sondern viel eher die Vereinigung, und was noch nicht ›verstanden‹ wird, das wird zuerst in der Inszenierung der Gemeinschaft und dann in der Gewalttat eindeutig. Dadurch ist die Form fixiert und fetischisiert wie in der traditionellen faschistischen Ästhetik, ein ewiges Wiederholen und Serialisieren, das sich weder die Selbstentwicklung der Kunst noch die kulturelle Entwicklung zwischen Mainstream und Subkultur des Pop erlauben kann. Unnütz zu sagen, dass das Idiom daher auch eine Anziehungskraft auf Musiker ausübt, die sowieso weder zu dem einen noch zu dem anderen in der Lage sind. Erfolgreich kann diese Musik indes dennoch werden, weil das Dilemma, das sie ausdrückt, das der Musiker ebenso wie das der Fans ist. Es ist Musik von Leuten und für Leute, denen Musik ›*an sich*‹ fremd bleiben muss: Sie mag im Einzelfall handwerkliche Qualität aufweisen, kann aber zu keiner Originalität, zu einem ästhetischen Selbstwert gelangen. Sie entsteht und wird gelebt als Einheit von Ästhetik, Propaganda und Gewalt. Der Widerspruch zwischen Szene und Politik wiederholt sich in einem Widerspruch zwischen Text und Musik und schließlich in einem Widerspruch zwischen Ausdruck und Instrument in der Musik selber. Gerade dies macht den RechtsRock in seinen verschiedenen Idiomen zum idealen Instrument der Abholbewegung, indem er noch die ästhetische Limitierung als Ausdruck des Widerspruchs von Ausdruck und Funktion in so etwas wie gelebte Propaganda verwandelt. Die Musik verspricht auf diese Weise dem ›Rekrutierten‹, den Widerspruch im Selbstportrait als junger Hedonist und dem Selbsportrait als junger Faschist lösen zu können. Der RechtsRock verspricht einen Faschismus, in dem die Verhältnisse von Spaß, Größenwahn, Hass, Ideologie und Unterwerfung in dieser Reihenfolge sortiert sind. Die allmähliche Verabschiedung vom Aspekt der Subkultur, die unter anderem auch durch das differenzierte

Glatzen überwiegen, Braunhemd und Scheitel sind aber immer noch präsent, Heß-Gedenkmarsch, Wunsiedel, 2002

Angebot verschiedener Idiome erreicht wird, bringt eine Neusortierung dieser Elemente mit sich.

Daher lässt sich ›Nazi-Rock‹ sowohl als Ergebnis der politischen Instrumentalisierung der Szene durch die organisierte Rechte verstehen, als Selbstausdruck der Szene in ihrer Widersprüchlichkeit und schließlich auch als eine besondere Verwerfung des Pop-Marktes, genauer gesagt die Schaffung eines zweiten Marktes zwischen der ›verbotenen Ware‹ und den nicht mehr justiziablen Kodifizierungen für das Niemandsland zwischen der Szene und dem Mainstream. Eine Musik, die im ›besten‹ Fall handwerklich entwickelt werden kann, aber keinen ästhetischen Eigenwert entwickelt, kann dem Widerspruch zwischen Pop und Propaganda, wenn es denn notwendig ist, nur ›seitwärts‹ entgehen, nicht durch die Entwicklung einer musikalischen ›Sprache‹, sondern durch die Eroberung vorhandener Sprachen.

Ein solches ästhetisches Urteil wäre so wohlfeil wie beliebig, wenn es nicht auf eine strukturelle Beziehung hinweise, darauf, dass diese ästhetische Schwäche zugleich Grundlage der Wirksamkeit ist. Der Widerspruch zwischen Ideologie und Authentizität hat in den USA, Skandinavien, ja sogar in Großbritannien immer wieder zum Auseinanderbrechen von faschistischer Organisation und Skinhead-Musik geführt, zu Abspaltungen und Revisionen, zu, immerhin, kleinen Formen der Dissidenz des subkulturellen gegen den ideologischen Aspekt der Skinhead-Musik. In Deutschland, so scheint es, funktioniert dieser Zusammenhang weitgehend reibungslos – und hierarchisch. Weniger Skin-Bands als anderswo haben sich hier dem Zugriff der organisierten Rechten entzogen, der Organisationsgrad ist beträchtlich und entsprechend formelhaft sind mittlerweile die akustischen, ›literarischen‹ und visuellen Angebote.

RechtsRock-Texte sind vergleichsweise einsichtig auf das Zusammentreffen pubertärer und sozialer Ängste, Überlebensstrategien und Selbstdarstellungen mit dem faschistischen Vokabular zu untersuchen, den Sprachregelungen der rechten Parteien ebenso wie den dumpfen Ressentiments der Elterngeneration. Jede Band verortet sich vielleicht an einem anderen Punkt auf dieser geraden Linie zwischen Teenage Paranoia und Neofaschismus, diese Linie aber bleibt selber klar und ungebrochen. Die nationalen und internationalen Vernetzungen zwischen neofaschistischen Organisationen, rechten Bands und kommerziellen Unternehmungen sind mit Mühe und Geschick aufzudecken. Wenn eine Band sich als ›rechts‹ versteht, wächst auch der Druck aus der Szene, Identifikationsmodell zu werden. Aus beidem lässt sich ein Modell für die Funktion der Musik als Medium zwischen Subkultur und politischer Organisation gewinnen: Eine Kette, die auf der einen Seite beinahe unverdächtig in die Mitte der Gesellschaft reicht, und auf der anderen Seite zur Organisation des Rechtsterrorismus führt. Aber merkwürdigerweise scheint die Musik selbst dabei die geringste Rolle zu spielen; sie erschöpft sich in der öffentlichen Wahrnehmung in der puren Tautologie: Laut, hässlich, aggressiv und geradezu idiotisch einfach gestrickt – so wird, wenn überhaupt, der RechtsRock von der Kritik zur

Kameraden!
(...) die Hammerskin-Nation hat Entschieden, die Zusammenarbeit mit allen slawischen Ländern einzustellen, was viele enttäuscht hat. Eine große Rolle in dieser negativen Entscheidung spielten die revanchistischen Ansichten westeuropäischer Hammerskin-Sektionen. Nach einigen Überlegungen sind wir zu dem Schluß gekommen, das nichts uns dazu zwingen kann, sich von der Hammerskin-Szene abzuwenden – das ist unser Fleisch und Blut, unsere Tatoos und Lebensstil. Zugleich bekamen wir moralische Unterstützung von solchen bekannten amerikanischen politischen Gefangenen wie David Lane und Michael Benson. Sie sehen in uns ihre arischen Brüder und Schwestern und glauben dass Rußland wiederaufkommt. Wir sind in unserem Kampf nicht alleine, und unser Sieg wird die Befreiung nicht nur Rußlands, sondern auch der ganzen weißen Welt.

Streitigkeiten unter neonazistischen Skinheads um ›Arier‹ und ›Untermenschen‹ Übersetzung aus: Otwiortka, Nr. 11, 2001

Kenntnis genommen. Und von der einfachen Struktur des musikalischen Materials wird schnell auf die einfache Struktur des Weltbildes geschlossen, womit man wieder beim einfacheren Thema der Texte angelangt ist. Indes: Der ästhetische Eigenwert der faschistischen Rockmusik ist durch die propagandistische Absicht und durch den organisatorischen Zusammenhang zwar extrem limitiert, dennoch wird sie sich nicht als bloßes Transportmittel erschöpfen, das man nur entsprechend reduzieren muss. Sie ist daneben immer auch Ausdruck der Geschichte der Szene und Ausdruck der Widersprüche zwischen Subkultur und Politik.

Aber nicht alles ist pure Politik: Stigger, Ex-Gitarrist von Skrewdriver und langjähriger Freund und Weggefährte von Ian Stuart, sollte auf der NPD-Parteiveranstaltung sein Balladenprogramm spielen

Die Beziehung der organisierten Rechten und der Skinhead-Bands war von Beginn an nicht nur durch ideologische Sympathie, sondern auch durch kommerzielle Interaktionen bestimmt. Bands, die keine Chance haben, in den üblichen Vertriebskanälen zu reüssieren, werden dankbar die Möglichkeiten aufgreifen, die ihnen die organisierte Rechte bietet. Freilich achten Organisationen wie die NPD oder *Europa vorn* auch darauf, echte ›Zugpferde‹ für ihre Veranstaltungen einzuladen. (Nach Passau lud die NPD neben dem Liedermacher Frank Rennicke auch den Ian-Stuart-Weggefährten Stigger ein.[2]) Die rechte Gesinnung allein kann auch hier nicht die Karriere bestimmen. Umgekehrt werden Bands, die es zu einer gewissen Berühmtheit gebracht haben, versuchen, in den lukrativen Mainstream zurückzukehren oder in ihm Fuß zu fassen, ohne ihre Wurzeln zu kappen. Die Bandbreite der rechten Musik regelt sich also auf diese Weise sozusagen selbst, gleichzeitig aber setzt sich auch das ›Un-Authentische‹ der Musik immer weiter fort. Mag die Pop-Öffentlichkeit vielleicht noch darüber spekulieren, wie ernst es den Böhsen Onkelz mit ihrer Abkehr von den rechtsextremen Wurzeln sei, wie unoriginell ihre Musik dabei immer noch ist, fließt in den Diskurs nicht ein.

Offenes Bekenntnis zum Nationalsozialismus: die Berliner Band Macht & Ehre, 1996

All dies soll nicht eine einfache Gleichung von ›schlechter Musik‹ und ›rechter Musik‹ aufmachen. Wieder scheint hier der Widerspruch von Ausdruck und Absicht, von Ästhetik und Propaganda den Markt ausreichend zu differenzieren. Bei einer Gruppe wie Macht & Ehre ist der ›Kultstatus‹ offensichtlich allein durch die Offenheit des faschistischen Bekenntnisses gegeben,[3] bei den ›Popstars‹ wie Landser sind dagegen musikalische Qualitäten nicht zu leugnen. Dennoch bleiben sie im illegalen Untergrund. Sie profitieren davon, dass das Netzwerk rechter Strukturen so dicht ist, dass sie trotz Illegalität ihre Kunden erreichen. So befinden sich schätzungsweise (einschließlich der selbstgebrannten) etwa 100.000 CDs von Landser im Umlauf.

Die ›Funktion‹ der Musik in der politischen Propaganda, in der Praxis der Subkultur und in der Stabilisierung des einzelnen in der Szene stehen so sehr im Widerspruch zueinander, dass man nur durch das Ritual und den Fetisch Ausgleich findet. Dass die Musik ›instrumentalisiert‹ wird, ist in ihr Wesen so eingeschrieben, dass die Gruppe Edelweiß etwa ein nur leicht verfremdetes Statement aus den Medien dazu auf ihre CD aufnimmt[4]. Dass man als ›Propaganda-Instrument‹ entlarvt wurde, wird eher in den Provokations- und Opfer-Diskurs eingebaut, denn als Mangel an Authentizität empfunden. Im ›RechtsRock-Schwindel‹ kann sich

Macht auf den großen Kasten und schmeißt uns alle rein / häßliches Gesockse hinter Gittern soll es sein / was waren das doch für schöne Zeiten / als es uns noch nicht gab / doch heute sind wir endlich da

Wir rauben alte Omas aus und versaufen ihre Rente / wir fressen kleine Kinder auf und reiben uns die Hände

All diese Geschichten kennen wir schon zur genüge / Ja jeden Tag steht es schwarz auf weis / in der Presse der Lügen ...

Presse der Lügen, Gassenhauer, 1995

die Musik also sozusagen an ihrer eigenen Korruption berauschen. Der ›Vorwurf‹, zu Propaganda und Infiltration ›verwendet‹ zu werden, trifft die Bands nicht, die sich selbst als Medium sehen und ihre ›Identität‹ aus etwas ziehen, das für sie größer als die Musik und größer als die Szene ist. Erstaunlicherweise gibt es bei einer Reihe von deutschen Nazi-Bands (z.B. Gassenhauer[5]) neben der gezielten Provokation den Song gegen die Presse, nicht nur im Sinne der ›Jewsmedia‹[6] der amerikanischen Klan-Sprache, sondern gegen den falschen ›Blick‹. Man empfindet sich durchaus als Propaganda-Instrument (weshalb es nie einen an sich musikalischen Ehrgeiz gibt), aber man will nicht als solches angesehen werden – so wie man sich mit dem Bild identifiziert, das die Medien von der eigenen Szene zeichnen, und sich gleichzeitig diese Medien zum Feind erklärt. Nazi-Rock kann und will keine (im doppelten Sinne:) ›gute Musik‹ werden und will doch die Schuld dafür der unterstellten Kritik aus dem Mainstream geben. Der dritte Produzent, nach der Szene und dem Einfluss der organisierten Rechten und ihrer Wirtschaftsunternehmen, ist die Wahrnehmung der Bands in der Öffentlichkeit.

Der Nazi-Rock verlängert die narzisstische Kränkung in die musikalische Praxis selbst. Und er muss zwei eigentlich unvereinbare Aufgaben lösen: den subkulturellen Zusammenhang bestätigen (oder ihn als Mythos konstruieren) und dem ›großen anderen‹, dem historischen Faschismus, der imaginären Nazi-Vater-Führer-Gestalt (und seinen Stellvertretern im real existierenden organisierten Neofaschismus) zu ›gefallen‹. Jedes Konzert, jede ›Komposition‹, jede CD offenbart diesen negativ ödipalen Widerspruch einer ›Rebellion‹ (Suff, Sex, Regression und Gewalt) im Namen einer höheren, nationalen irreversiblen und unwidersprechbaren Ordnung. Diese Musik will scheinbar laut, hässlich und aggressiv wirken, aber sie will mehr noch und zur gleichen Zeit ordentlich, hierarchisch, rhetorisch überdeutlich sein. Das hat schon die Vereinfachung der musikalischen Strukturen und nicht zuletzt die Vereinfachung der Instrumentierung zur Folge. Die rebellische Armut des Punk wird in der Skinhead-Musik zu einer Art der barbarischen Reduktion umfunktioniert.

Dieser Widerspruch ist das Wesen jeder Spielart der faschistischen Rockmusik. Zum einen brechen immer wieder das musikalische Idiom und der Gesang auseinander wie der Fascho-Gesang (irgend etwas zwischen verschärftem Kinderlied und Marschgesang) und der Metal-Sound bei Edelweiß[7]. So wie in den Texten, so bricht auch in der Musik die Pop-Mischung von ›Kampfansage‹ und ›Selbstmitleid‹ ins Rhetorische weg.

Aber was da als Auseinanderbrechen empfunden werden kann, wenn man an den traditionellen Pop-Diskurs denkt, ist auf einer zweiten Ebene selbst die Botschaft: Text und Musik verhalten sich im Lied der Band so wie Ideologie und Praxis im Leben des Nazi-Skins. Sie bleiben einander äußerlich, Fetisch oder Leerstelle, und die Lösung des Widerspruches kann nur in einem andern Außen, in der disziplinierenden Kraft des großen Anderen liegen. Nazi-Rock ist nie ›die Sache selbst‹, sondern immer nur ihre Erwartung, die Repetition der fetischisierten Begriffe, die Einstimmung auf den Kampf, die Beschwörung der Transzendenz im historischen Faschismus und in der alten Kriegsmaschine. Und damit verliert die Musik wiederum gerade die Kraft, die ihr andauernd unterstellt wird, nämlich die der Identitätsstiftung. Sie löst, sie perpetuiert aber auch die Reibungen zwischen politischer Einstellung, Gruppen- und Szenenzusammenhang und lebensweltlichem Miteinander. Sie verweist auf das Dritte, während sie zur gleichen Zeit der Szene, aus der sie ursprünglich stammt, verweigern muss, was sie braucht, nämlich die wirklich ›eigene‹ Musik. So verhält sich nicht nur die faschistische Propaganda in Bezug auf die Musik parasitär, sondern es verhält sich die faschistische Musik zum Pop parasitär.

›Metallische‹ Ikonographie der faschistischen Rock-Musik: Asgard, Ein Volk steht auf, 2001

Auch darin gleicht sie ästhetischen Strategien des historischen Faschismus. Es geht nicht um genuine Kreation als vielmehr darum, möglichst viele Bereiche des Lebens so zu ›ästhetisieren‹, dass sie zu endlosen Metaphern-Ketten der faschistischen Grundaussagen von Rasse, Nation, Krieg, Volk und Führer werden, Metaphern auf eine Bewegung zugleich zurück und nach vorn, auf eine neue Beziehung von Körper und Maschine und eine sehr alte Beziehung von Geschlecht und Familie. Faschistische Rockmusik (auf den ersten Blick ein Widerspruch in sich) bildet nicht nur die Brücke zwischen dem alten und dem neuen (die radikale technische Modernisierung bei gleichzeitig genauso radikaler geistiger Regression), sie sucht immer wieder die Auflösung des Widerspruches zwischen dem Körperlichen und dem Maschinellen. Die Band ist dabei sozusagen eine Maschine, die dem ›Führer‹ gehorcht, und die umgekehrt ihn wieder in eine ›gestählte‹ Person verwandelt. Deshalb muss gerade beides, der Körper und die Maschine, besonders sichtbar und hörbar werden. Die Technik der faschistischen Rockmusik und ihre Ikonographie ist ›metallisch‹, sie schließt auch musikalisch alles aus, was postindustriell und postmodern ist.

Gestählte Körper: Entwarnung, Ich sehe einen Staat, 1999

Die Meta-Aussage ist also: Die neuen Mittel (der Musik als Metapher) werden nur akzeptiert, um zum alten zurückzukehren. Worum es daher geht, ist die musikalische Übersetzung der Textzeile von Volkszorn:

Genau wie früher die SA,
stehen wir Skinheads heute da.[8]

Die Metallisierung des SA-Gesanges ist also durchaus folgerichtig. Immer wieder wird eine Rückbindung des Idioms an das alte ›Liedgut‹ versucht. So beginnt *Der Geist der Helden*, eine Allmachtsfantasie der Gruppe Hässlich[9] wie das Deutschlandlied, immer wieder werden Volkslieder zitiert (*Ein Heller und ein Batzen* von Endstufe[10]), man kehrt inmitten des metallischen Sounds zu Volksliedern und Schlagern zurück. Umgekehrt zitieren Lieder wie *Glatzenparty*[11] von Endstufe den Fun-Punk, bei anderen Songs wird der Stadion-Gesang zitiert (»Endstufe wird es immer geben«[12]). Die Regression wird hier gleichsam stationär, die Musik tritt ganz buchstäblich auf der Stelle, während man das eigene

Outfit und das Zusammenhalten (»Du bist nie allein – wir werden immer bei dir sein«[13]) besingt. Während sich in der Frühphase dieses Idioms das Stationäre und Selbst-Identifizierende und das aggressive Statement zum völkischen Krieg noch abwechselten, scheint es, als würde sich nun beides auseinanderentwickeln.

Skinhead-Kult im Ska-Stil bei den frühen Böhsen Onkelz:

Die Woche ist vorbei/ man macht sich fein /putzt seine schwarzen Docs, schlüpft in die Starpress rein / Ein kurzer Blick in den Spiegel/ alles sitzt perfekt / das Fred Perry ist gebügelt / die Glatze ist geleckt / Gut gelaunt, man macht sich auf den Weg / trifft sich mit den andren und trinkt noch schnell ein Met / Ein Ska-Konzert ist angesagt / alkoholisiert wird ein Tänzchen gewagt Wir singen und tanzen die ganze Nacht / Schlägereien und Romanzen, viel getrunken / viel gelacht / Wir singen und tanzen die ganze Nacht / Die Stimmung ist am Ende, es wird schon langsam hell / Wir steigen ins Auto und fahren ziemlich schnell / Um die nächste Ecke machen wir Bekanntschaft mit der Bahn / vor den Trümmern stehend fangen wir zu singen an / Total betrunken stehen wir vor unsrem Dreck / mit dem letzten Kasten Bier durchzechen wir die Nacht / Da kommen grüne Männer und lesen uns auf / doch in unsrer engen Zelle machen wir einen drauf...

Singen und tanzen, Böhse Onkelz, 1984

In der Entwicklung der Skinhead-Musik in den frühen achtziger Jahren scheint dieses Idiom des Körper-Maschine-Dialoges noch direkt der sozialen Bewegung zu entstammen: Die Transformationen der industriellen Produktion haben den Gleichklang zwischen der Maschine und dem Männerkörper aufgelöst, und es ging um die Abwehr des Neuen, ›Flüssigen‹ und des ›Weiblichen‹. Während andere musikalische Idiome das Schweben und Fliegen erprobten, Reisen durch neuronale Netze oder in die kalte Technik, wurde hier immer wieder das Marschhafte und Erdbezogene betont, die Bewegung, die sich aus dem Boden stampft. Skinhead-Musik war gleichsam die Infanterie. Dass man sich dabei zunächst jener Musik bediente, die von den großen Gruppen der ›aktiven Verlierer‹, dem Ska der Imigranten und dem Punk des ›weißen Abschaums‹ bediente, scheint nur folgerichtig. Denn auch der Skinhead definierte und definiert sich zum Teil noch aus einer Perspektive von Opfer und Märtyrer. Doch wurden aus beidem entscheidende Merkmale getilgt. Das ›blue‹ aus dem Ska und die auch musikalische Selbstzerstörung des Punk. Je mehr sich diese Bewegung von ihren sozialen Wurzeln entfernte, desto mehr musste sich der Widerspruch zwischen dem Körperlichen und dem Maschinellen ideologisch aufladen. Der ursprüngliche Hass, den man aus dem Punk übernommen hatte, und die ›Schärfe‹ von Musik und Bewegung im Ska fanden sich zum technisch unterlegten Kampfgesang.

Wenn also die Gleichung zwischen ›schlechter Musik‹ und ›rechter Musik‹ nicht immer so einfach aufgeht, so entsteht doch offensichtlich eine traditionelle Entsprechung von Form und Inhalt. RechtsRock muss sich auf eine einfache, überschaubare Struktur beschränken und kann den einzelnen Musikern weder ›Alleingänge‹ noch ›Dialoge‹, einem musikalischen Motiv keine Entwicklung gestatten. Zwar mag es eine Abwechslung zwischen langsameren und schnelleren Songs oder Abschnitten geben, und noch hier findet sich die pervertierte Form des Blues, die Beschreibung der Situation und die Positionierung der ›Erzähler‹ in dieser Welt in den langsamen Teilen, die repetitive ›Lösung‹, die Parole in der Beschleunigung. Und wie aus der Erlösungs- die Hassformel geworden ist, so ist aus dem ›response‹ das Mitgröhlen des Refrains geworden, eine direkte Überführung von Musik in Bewegung, in der im RechtsRock aus einer Gemeinschaft der Leidenden (wie im Blues) oder einer Gemeinschaft der Begehrenden (wie im Rock) eine Gemeinschaft der Täter wird. Aber natürlich ist selbst dies keine genuine Erscheinung, sondern dem virtuellen Kampf der Fußballgesänge so sehr wie dem Sauflied entnommen. ›Komposition‹ im RechtsRock ist also nichts anderes als die Rückführung des gestohlenen Rock'n'Roll auf den völkischen Kampfgesang.

Ein weiteres ›Ziel‹ des faschistischen Rock ist die Sexualisierung der Gewalt und die Maschinisierung der Sexualität. Die rüden Sexualfantasien bei Edelweiß werden zu einer Stakkato-Melodie vorgetragen, die wir von den Lauf-Gesängen amerikanischer Rekruten (sagen wir aus dem Film *Full Metal Jacket*) kennen. Bei Die Härte stehen ein Song wie *Ich ficke deine Mutter* und *Hurra ein Nigger brennt*[14] nebeneinander und im selben Idiom. Die Maschine und der Körper, die Band und der Sänger, lassen den Unterschied zwischen dem Sexual- und dem Hassobjekt verschwimmen. Wenn es überhaupt langsame und gefühlvolle Lieder gibt, dann erklären diese nicht die Liebe zu einem Menschen, sondern zu einem personifizierten Deutschland oder zu den Träumen von Odins Wiederkehr.

Die Beziehung zwischen dem alten und neuen Faschismus und der Musik ist wohl weniger in der Form einer Schnittstelle als in der einer Schaltfläche zu beschreiben. Nicht eine Art von Beziehung oder Funktionalisierung, sondern ein vernetztes System, das weniger mechanisch als prozessual wirkt. All das hat eine Matrix im Kern:

Die Musik wird nicht begriffen als ein Mittel der Kommunikation, Dialog und Differenz unter den Kulturen, wie in der Popmusik, noch als eine Ausdrucksweise für sich, deren ästhetischer Eigensinn zu entwickeln wäre, sondern wie es die ›nationale‹ Theorie schon vor der Machtergreifung des historischen Nationalsozialismus formulierte: die »gemeinschaftsbildende Kraft der Musik«. Kein Wunder, dass man bei Carpe Diem zur ›Initiative Identität durch Musik‹ verwiesen wird.[15] Die Werbung selbst ist der Inhalt, die Rhetorik der Rekrutierung wird zum Inhalt von Text und Musik: *Die Antwort* der Gruppe Entwarnung[16] beginnt wie ein sentimentaler Schlager, der den Weltschmerz eines jungen Menschen beschreibt und dann bei Textzeilen »Komm zu uns« und »Wir stehen zusammen« zu metallischem Gleichklang hinführt. Das sentimentale Angebot des Männerbundes, das seine homoerotischen Aspekte nie ganz verbergen kann, hört sich auf der Ebene der Musik wie eine Aufforderung zur Selbstmaschinisierung an, zur ›Stählung‹ gegen den inneren Aufruhr. Dasselbe Schlager-Schema übrigens wird auf *Frauenketten* angewandt, wo davor gewarnt wird, wie eine Frau den Männerbund zerstört, genauer: »die Freundschaft, die Mann einst schuf«,[17] der in der Melodie noch deutlicher als im Text eine homosexuelle Liebesgeschichte nebst Nutzanweisung beschreibt (»Lasst euch nicht von zwei Titten betören, sonst werden sie eure Freundschaft zerstören«). Rock ist hier nur noch eine Instrumentierungspointe; das Wesen der Musik ist dagegen schon wieder das ›deutsche Lied‹, das Marschgegröhle. Auch im historischen Faschismus hat Musik, ein endloses Singen und Musizieren, ein ganz wesentliches Element der ›Stärkung der deutschen Identität‹. Und so ist dieses Aufbrechen des alten aus dem neuen, die Abwechlsung von metallischer Brutalität und männerbündischer Wärme zum Wesen des Idioms selber geworden, das sich auf diese Weise immer noch weiter vom ursprünglichen Skinhead-Sound entfernt: So wie es eine eindeutige und ununterbrochene Linie aus dem Mainstream in den Kern des Rechtsterrorismus durch die rechten Bands gibt, so gibt es eine zweite, ebenso eindeutige und ununterbrochene Linie zwischen dem ›wilden‹ Skinhead-

Sexualfantasien und rassistische Mordaufrufe: Lieder der Neuen Deutschen Welle mit neuen Texten

Es wird dunkel und es ist wieder mal Zeit / es versammelt sich der Ku-Klux-Klan / denn noch sind im Volk kleine Nigger dabei / […] / Schon lodert das Kreuz den Klansmen freut's / man will diesen Bastard gegrillt sehen / und jetzt brennt die Sau und rennt davon / Da tut ein Lied durch die Runde gehen: Das ist geil, das ist geil / Hurra Hurra ein Nigger brennt …

Hurra ein Nigger brennt,
Die Härte, 1999

Heute kam ich und du warst nicht zu Haus / doch deine Mutter: Mach ich das beste draus / und ich fragte sie die Drecksau: Wie wär's denn mit uns beiden / sie schaut verlegen und läuft knallrot an / sie stottert langsam: Was ist mit meinem Mann / und ich lachte und sprach: Ich will dich doch nur schnell ficken / fick deine Mutter, denn die find ich so geil / die Hängetitten das fette Hinterteil und ihre Lippen / die sich nach was hartem sehnen / fick deine Mutter …

Ich fick deine Mutter, Die Härte, 1999

Seitenscheitel mit dem Gestus der Hitlerjugend – heute in rechten Skinhead-Kreisen angesagt: Frank Rennicke, Ich bin nicht modern ... ich fühle deutsch, 1993

Rock der Glatzen und der tautologischen Text-/Musik-Einheit für die ›Scheitel‹, wie sie dann die ›Barden‹ auf den Parteitagen etwa vertreten, die wie Frank Rennicke das musikalische durch das rhetorische Wir-Gefühl ersetzen und nicht mehr aus der Position des körperlichen ›Märtyrers‹ und Hass-Kämpfers, sondern aus der eines kalten Sadismus, einer Mischung aus Herrenmenschen-Hohn und fast intimer Kameraden-Sentimentalität argumentiert.

Die rassistische und nationalistische Umdeutung der Geschichte der Musik wiederholt sich dabei. Während die nationalsozialistische Musiktheorie ›nachwies‹, wie die wesentlichen Merkmale der klassischen Musik ›deutsche Erfindungen‹ seien, so werden in der Skinhead-Musik ganz bewusst die schwarzen Wurzeln gekappt (die Musik der Scheitel verzichtet natürlich vollkommen auf die ›Negermusik‹).

Zwei entgegengesetzte Hypothesen könnten also aufgestellt werden:

1. Die Musik der Rechtsradikalen wird zur rechtsradikalen Musik erst durch ihre Texte. Die hauptsächlich verwendeten musikalischen Genres (Oi-Punk, Skin-Reggae/Ska, Metal etc.) dienen dabei vor allem als Transportmittel, ohne ihre Texte und den optischen Gestus der Bands könnten sie auch andere Tribes der Jugendkultur betreffen.

2. Die Bearbeitung des musikalischen Materials selber, das Verständnis von Musik und ihre Praxis, sind direkter Ausdruck der rechtsextremen Kultur und wäre in gewisser Weise verständlich auch ohne die mehr oder weniger justiziablen und Tabu-brechenden Texte. Die Behauptung Diedrich Diederichsens, rechtsextreme Bands seien zu allererst an ihren »schlechten Schlagzeugern« zu erkennen, gehört in diesen Zusammenhang.[18]

Volkstümliche Musik und Skin-Musik ergänzen einander nicht nur wie Regression zu Aggression, sondern ähneln einander überraschend in der musikalischen Struktur.

V.A., Süddeutscher Sampler, 1997

Die Wahrheit wird wohl am ehesten in einem Austausch beider Elemente zu finden sein, und dieser Widerspruch ergibt sich überdies sowohl aus der Geschichte der Szene und ihrer Musik als auch aus der Offenheit eines Teils der Idiome vom Nazi-Skin zum S.H.A.R.P.[19] oder in den Pop-Mainstream.[20]

Die musikalischen Genre der rechtsextremen Szene scheinen auf den ersten Blick bis zur Inkommensurabilität differenziert von der rauschhaften Einpeitschmusik bis zur zynischen Rhetorik des rechtsradikalen Liedermachers. So geht es in zweifacher Hinsicht darum, das Ghetto zu verlassen, zum einen, indem sich Bands ›läutern‹ und in den Mainstream aufnehmen lassen, zum anderen durch die Verknüpfung musikalischer Idiome wie bei den Zillertaler Türkenjägern. Volkstümliche Musik und Skin-Musik ergänzen einander nicht nur wie Regression zu Aggression, sondern ähneln einander überraschend in den musikalischen Strukturen. Das eine wirkt manchmal nur wie die Beschleunigung des anderen, dieses umgekehrt wie die Sentimentalisierung des ersten. Die scheinbaren Null-Botschaften der volkstümlichen Musik, die das völkische Wir-Gefühl ohne direkt erkennbaren rhetorischen Inhalt anbieten, liefern dabei ebenso begriffliche wie musikalische Codes, und die Kompositionsschemata sind in beiden Idiomen vollkommen austauschbar.

Schon die Musik der Oi-Skins ist von vornherein reduziert, die traditionelle Besetzung, ein oder zwei E-Gitarren, Bass und Schlagzeug, das

Schema Intro, Vers und Refrain. Man bleibt in aller Regel beim Drei-Akkord-Schema. Es gibt weder Elemente der Improvisation und ›Abschweifung‹, niemals einen selbstironischen Bruch, keine ›zweite Ebene‹ und keine ›Zwischenschläge‹ auf dem Schlagzeug, selbst instrumentale Zwischenstücke sind selten, wenn sie nicht Wiederholungen der Grundmelodie sind, wie das auch in der volkstümlichen Musik der Fall zu sein pflegt. Text und Musik sollen also eine reine, symbiotische Einheit bilden. Die Musik verhält sich weder dialogisch zum Text noch rein transportierend, sie nimmt einerseits symbolisch bereits die Handlung auf, den Kampfgesang (der nicht über eine Quinte hinausgeht aber auch nicht den Sprechgesang des HipHop erreicht), eine Angriffsbewegung, wie bei Radikahl werden Schreien und Kotzen integriert, auch bei Edelweiß gibt es etwa bei *Wehrmachtssoldaten* die Imitation von Motoren- und Kampfgeräuschen. Die Instrumente sind vor allem auf den Gleichklang ausgerichtet, keiner der Musiker darf, wie man das im Rock genannt hat, einen ›Ausflug‹ unternehmen. Die Band ist eine gruppenpsychologisch, ideologisch und eben auch musikalisch bestimmte ›eherne‹ Einheit, in der es keinen Platz für Individualität gibt. Guitarren-Soli wie es sie etwa bei Hässlich gibt, sind eher kleine Exerzitien, auf geradezu lächerliche Weise ›ordentlich‹.[21] Auch die Verwendung von Zitaten ist eher selten, es verhält sich entweder tautologisch (Carpe Diem benutzt ein markiges Filmzitat aus der mittelalterlichen Legende *Braveheart* als Intro von *Frei geboren*). Entscheidend ist eine geschlossene Form, das Vermeiden von Collage und Offenheit. Es entsteht ein akustischer Raum, der die Zuhörer, Mitklatscher und -singer und Pogo-Tänzer vollständig umhüllt, und in dem es in gewisser Weise nur das Zwingende gibt. Mit der Vorherrschaft des Textes oder zumindest der Stimme ist der Sänger eine eindeutige Führergestalt, dessen Absicht sich alles unterordnet, der aber seinerseits nur wieder Ausdruck des Ganzen sein darf, kein biografischer ›Erzähler‹, keine musikalische Persönlichkeit. Aus dem ›Response‹ der Pop-tradition ist so etwas wie Befehlsgebrüll und Antwort geworden. Jedes musikalische Signal ist Programm und wird auch als solches empfunden.

Faszination des archaischen Kämpfers: Braveheart Rock Nord, Nr. 56, 2000

Wenn es überhaupt Ansätze zur Musikalität in der Performance der Nazi-Bands gibt, so müssen sich diese an den ›grausen lyrics‹ brechen. Die Texte der Skin-Bands sind, von der Gewaltfantasie und von der larmoyanten Beschreibung der eigenen Außenseitersituation abgesehen, gereimte Formen der klassischen rechten Spießer-Fantasien; dabei tendieren sie zu unangemessenen Worthülsen, einer Prätention, die der Musik nicht entspricht; die unmusikalischen Texte wiederum müssen auf die Musik zurückwirken: statt sich zu komplizieren wie in anderen Pop-Idiomen bricht sie sich an der Rhetorik. Einen Text wie

Deutschlands Retter als Bürgerschreck: ›Mandy‹, Sänger der Band Radikahl, 1992 in Brandenburg

Die Retter Deutschlands, das sind wir,
Für mein Heimatland kämpf' ich wie ein wildes Tier,
mit neuem Blut und Ehre, all unserm Stolz
denn wir sind hart wie deutsches Eichenholz.[22]
Radikahl

kann man nur mit brachialer Gewalt in so etwas wie eine Melodie und gar einen Rhythmus übersetzen. Diese Beziehung von Text und Musik übt einen weiteren Druck auf die Entwicklung der Glatzen- zur Scheitelmusik aus. An einem Ende ihrer Entwicklung ist diese Musik nur noch Stakkato-Grundlage für die Tirade. Das steht für eine von mehreren solcher Beziehungen, die nicht nur andere, sondern auch gegenläufige Bewegungen zulassen. RechtsRock, darin noch einmal der Ästhetik im historischen Faschismus verwandt, vereinigt in sich Widersprüchlichkeit und Vereinfachung. Dabei kann weder das eine noch das andere zu sich kommen, beidem wird das fundamentale Verbot entgegengehalten: Die Widersprüchlichkeit darf sich nicht entwickeln, und die Vereinfachung nicht zum Ursprung führen.

Auf der Ebene der Texte unterscheiden sich wiederum die Glatzen-Oi und der rechte Liedermacher kaum: Es ist immer die verschrobene Situation, sich selbst – den Skin und seine Nation – in den Augen der Anderen minderwertig erscheinen zu lassen, dann die Blickrichtung zu wechseln und »die welsche Kultur« (Sturmtrupp) als das eigentlich Minderwertige zu beschreiben, von dem man das Heimatland eliminatorisch zu befreien habe. Diese Beziehung zwischen narzisstischer Kränkung und ungezügelter Aggression vermittelt die Nazi-Musik in ihrer Beziehung zwischen metallischer Musik und Männerstimme: Das Metallische ›tranformiert‹ den gekränkten Narziss in die Angriffsmaschine. Zweifellos gibt es in den reinen Skin-Musikgruppen, eine weitere Erbschaft des Punk, immer noch die Versuche, den Ursprung, die Angst, die Verzweiflung mit der Aggression auszudrücken, in die er überführt worden ist. Doch solche ›Glatzenparty‹-Musik, in der die Szene vielleicht für eine kurze Zeit aus dem Blick des ›großen Anderen‹, aus ihrer eigenen Instrumentalisierung verschwinden möchte, tritt, wie es scheint, immer mehr in den Hintergrund.

Rammstein spielt mit Symbolen und Ästhetik der extremen Rechten um im Mainstream einen ›zwiespältigen‹ Appell zu vermitteln: Nachdem in der Öffentlichkeit die Verwendung von Filmmaterial aus dem von Leni Riefenstahl gedrehten und von der NSDAP finanzierten Olympiafilm von 1936 für die Produktion des Musikvideos ›Stripped‹ heftig kritisiert wurde, zeigte die Band keine Einsicht. Für die CD Live in Berlin, 1999, ließ sich die Band im Wandelgang des Berliner Olympia-Stadions fotografieren. In der im ›Dritten Reich‹ erbauten Arena fanden 1936 die Spiele statt. Das Konzert, von dem der veröffentlichte Mitschnitt stammt, fand im übrigen in der Berliner Wuhlheide statt und nicht im Olympia-Stadion

Neben der Linie zwischen Glatzen-Musik und Scheitel-Musik entwickelt sich so etwas wie das Idiom einer Crossover-Musik: Diese Crossover-Musik muss wiederum von zwei Seiten definiert werden, als eine Musik aus der rechten Szene, die die Fans abholen soll, indem alles vermieden wird, was eine eindeutige Identifikation mit dem Rechtsterrorismus ermöglicht, und eine Musik, die mit Symbolen und Aussagen der Rechten zu ›spielen‹ gelernt hat, um aus dem Mainstream heraus einen ›zwiespältigen‹ Appeal zu vermitteln. Das einander und sich selbst Funktionalisieren ist auch ein Ausdruck der Musik im Crossover (so wie die Scheitel glauben, sie könnten die Glatzen als tumbes Werkzeug verwenden, so glauben gewisse Mainstream-Bands und Musiker, den eigenen Flirt mit der Ästhetik und Rhetorik der Rechten kontrollieren zu können). Die Signale aus der rechten Szene an den Mainstream werden durchaus beantwortet, und dieser ›Dialog‹ wird unwidersprochen auch in der anderen Richtung geführt. Die Zillertaler Türkenjäger grüßen auf ihrer CD ausdrücklich Rammstein.[23]

Auf lange Sicht vielleicht bedeutender aber ist das Crossover zwischen nationalsozialistischer Rock-Musik am Rande und nationaler

Volksmusik in der Mitte. So ist auch der Skin-Song als ein Schunkellied wie bei Störkraft

> *Unter Froinden ja, da gibt's festen Halt,*
> *unter Froinden, nein, da wird man niemals alt.*
> *Bedrückende Stunden, die gibt es bei uns wohl,*
> *doch da hilft unser Freund, der Alkohol*[24]

Der ›Arier‹ befreit sich vom christlichen Joch – extrem rechtes Ideologiefragment zur Überwindung christlich geprägter Werte. Hässlich, Die Spiele beginnen, 1996

nur die verschärfte Version eines volkstümlichen Trinkliedes. *Kinder des Nordens* von Carpe Diem, die Geschichte des treuen und freien Volkes, das von den Fremden verraten wurde, natürlich, ist ganz dem Idiom der volkstümlichen Musik entnommen, endet dann allerdings mit den ›Maschinengewehr-Gitarren‹ über dem Melotron, mit der Anrufung von »Odin«, der das nordische Volk »aus der Knechtschaft befreien«[25] soll. Die bombastische Version des volkstümlichen Kitsches, komplett mit Hintergrundchor und mit einem kleinen Einschlag von goth, übernimmt etwa *Mein Name ist Deutschland* von Kraftschlag[26] (»Ich liege im Sterben«). Auch die Musik auf dieser CD macht modellhaft die emotionale Spaltung des deutschen Faschisten in die abstrakte Sentimentalität und die konkrete Brutalität (›Antifa‹) klar. Unter der maschinellen Instrumentierung kommt sehr schnell das sentimentale Volkslied (das dem ›Wir‹ gewidmet ist, der Wärme des Innenraums, der Freundschaft, die fast immer auf den Männerbund beschränkt bleibt) und das Marsch- und Kampflied, das dem ›Feind‹ gewidmet ist, wieder hervor.

Nicht alle Nazi-Rockgruppen sind beim Projekt der Rückverwandlung des ›neuen‹ Idioms in die alte faschistische Musik so weit fortgeschritten. Aber auch darin zeigt sich, dass der Begriff der Subkultur kaum anzuwenden ist. Ein eigenes Idiom ist daraus nicht entstanden, wohl aber eine bestimmte Weise, mit dem ästhetischen Material umzugehen. Rock verhält sich in diesem Idiom nur als technische Verstärkung, als Maschinisierung und gelegentlich auch als Maskierung.

Warb für die Einbeziehung der Skinheads in die extreme Rechte: Das neonazistische Strategie- und Theorieorgan Nation Europa, Nr. 9, 1987

Diese Musik ist in zweiter Linie ein Medium der Inszenierung von Männlichkeit; sie inszeniert sich als Ich und als Wir und in der Abwehr durch die ›ironische‹ Identifikation mit gefürchteten Anderen, dem bösen, formlosen, weibischen ›Ausländer‹. Gleichgültig also welches Idiom verwendet wird, es geht zunächst immer um die Produktion von ›Härte‹. So wird die sexuelle Paranoia in der Inszenierung und in der Musik selbst zum Passepartout zwischen dem ›unpolitischen‹ und dem ›politischen‹ Aspekt der Szene. Die akustische und visuelle Inszenierung dieser ›Härte‹ saugt die Begrifflichkeit der extremen Rechte gleichsam schon auf, ohne sich dessen bewusst zu sein, und umgekehrt vermittelt diese Inszenierung beinahe mechanisch die Begriffe.

Wenn es in der Zeitschrift *Nation Europa* hieß, man müsse die Skins für das »Volksganze« gewinnen und sich dabei »mit den Modetrends in der Jugendkultur«[27] bekannt machen, beschreibt das nicht nur die Instrumentalisierung der Skins durch die Scheitel, sondern auch eine Absicht des Einbeziehens, die schließlich den Einfluss der ›Kader‹ auf die

›Szene‹ nicht allein auf den Inhalt der Texte beschränken würde. So also würde die Musik zum einen als Verführung und Anlass zur Rekrutierung verwendet, während umgekehrt auch andere Idiome wie Death Metal oder Goth sich dem Trend nach rechts von sich aus anschlossen, und erneut in den Kreislauf der Instrumentalisierung einbezogen wurden.

Das Auseinanderbrechen des ›Authentischen‹ und des Ideologischen spiegelt sich wie in den Texten und der Musik auch in den optischen Präsentierungen. Da ist auf der einen Seite die Selbstdarstellung, etwa in der Karikatur als das saufende und kotzende Springerstiefel-Monster bei Endstufe (*Glatzenparty*). Das zweite Element ist das direkte Zitat der faschistischen Ästhetik, Leni Riefenstahl und Arno Breker, die faschistische Beziehung von Männerkörper und hartem Industriestahl (wie bei Entwarnung: *Ich sehe einen Staat*), des weiteren immer wieder Embleme und Bilder der Wehrmacht, und auch hier geht es immer wieder darum, das Maschinelle und das Körperliche miteinander zu verknüpfen. Der Panzer ist das offenkundig höchst mehrdeutige Lieblingsmotiv (Südsturm: *Weißes Bataillon.*[28]), das infanteristische Losstürmen (Kraftschlag: *Mein Name ist Deutschland*). Die Panzerfaust, der Helm, kurz die Verwandlung des Männerkörpers in einen Superphallus wird in der Ikonographie wie in den musikalischen Inszenierungen vorangetrieben. Die Dramaturgie beschreibt so etwas wie eine ›Härtung‹. Keine Melodie verzweigt sich oder löst sich gar auf. Maschinelle Reduktion ist das Ziel auch jeden einzelnen Songs. Das vierte ikonographische System bilden Fantasy-Illustrationen aus einer ›nordischen‹ Vorstellungswelt, auch hier ist der nackte Männerkörper und das phallische Symbol das Ziel der Aussage: In der ›mythischen‹ Idiomatik des rechten Rock übersetzt sich das Maschinelle ins ›Natürliche‹. Auf der visuellen Ebene also wird noch einmal die ›Krankheitsgeschichte‹ des Idioms wiederholt: die narzisstische Kränkung nebst der Angst vor dem Formlosen und ›Weichen‹, das Prinzip der ›Härtung‹ und ›Maschinisierung‹, die Furcht vor der eigenen Anarchie und die Sehnsucht nach dem großen Anderen, der Ordnung und dem Führer.

Verknüpfung des Maschinellen und des Körperlichen: Der Panzer als mehrdeutiges Lieblingsmotiv vieler RechtsRock-Bands. Südsturm: Weißes Bataillon, 1998

Die Doppelgestalt der White-Noise-Musik hat das amerikanische Fanzine *Wolf* dankenswert klar beschrieben: Musik, heißt es da, ist »grundlegend und notwendig für das Überleben und die Wiederbelebung eines Volkes«. Aber zur gleichen Zeit erkennt man die ›Rattenfänger‹-Funktion der Musik. Was also White-Noise-Musik oder RechtsRock in allen seinen Spielarten ausmacht, das ist diese bewusste Doppelgestalt von Selbstidentifikation und Propaganda: Eine Musik, die sich selbst zugleich ›treu‹ und ›fremd‹ sein muss, die panzert und maschinisiert, bizarrerweise vor allem gegen Musik selber. Auf diese Weise bricht eine RechtsRock-Band nicht auseinander, wenn allzu offenkundig wird, dass ihr subkultureller Anspruch nichts anderes als eine Pose ist. Die Musik versteht sich selbst bereits strategisch, wie etwa auch der Sänger der schwedischen Nazi-Band Swastika, Matti Sundquist, erklärt: »Jede Epoche hat ihre eigenen Strategien für den Kampf, heute ist unsere Waffe die Musik, und unsere weiße Haut ist unsere Uniform«.[29] So wird jedes

Konzert zur Inszenierung eines Rassenkrieges mit den jeweils vorhandenen musikalischen und modischen Mitteln. Durch ihre Funktionalisierung hat White-Noise-Musik die Falle der Authentizität vermieden, die noch jedem Pop-Idiom droht. Wie immer die Band reagiert, durch Radikalisierung, durch Mainstreaming, durch Stabilität oder durch Verwandlung, sie dient immer, jenseits der ›Echtheit‹, dem politischen Zweck. Umgekehrt indes gibt es für die faschistische Gruppe keine ästhetische Beurteilung mehr, sieht man einmal vom direkten Publikumszuspruch ab. So könnte man wohl annehmen, dass eine Band, die nicht aus reinem Sendungsbewusstsein besteht, umso weiter nach rechts geht, je ›schlechter‹ sie ist, und umso weiter zum Mainstream tendiert, je professioneller sie arbeiten kann. Der Widerspruch zwischen Kalkül, Sendungbewusstsein, Szeneverankerung und politischer Führung aber steckt in der Regel tiefer in der Selbstidentifikation. In der Annäherung von ›authentischem‹ und ›gespieltem‹ Faschismus, von Geste und Pose entwickelt sich dabei ein neues Spiel zwischen Illegalität und Mainstream. Der Weg durch die Szene kann also wie bei Böhse Onkelz in die Karriereplanung einbezogen und nach der Wendung zum Mainstream von der Eindeutigkeit in die Ambivalenz zurückverwandelt werden. Bands, die diesem Weg folgen wollten oder zumindest vom Underground in die Legalität ihrer Produkte rücken wie Commando Pernod, konnten solche Erfolge indes nicht mehr erzielen. Wer nicht ›Wandlung‹ von der einen oder ›Ironie‹ von der anderen (der Mainstream-) Seite anzubieten hatte, sondern bloß leichte Mäßigung, fand wenig Wiederhall. Augenblicklich, so scheint es, produziert man aus dem Mainstream heraus selber genügend Ambivalenz, um auf einen Flirt mit dem rechten Untergrund verzichten zu können.

Fühlen sich von Feinden umgeben – RechtsRocker im Rassenwahn: Kriegsberichter, Videomagazin, Vol. 2, 1997

Dass die Nazi-Musik nie wirklich ›schnell‹ war – in der Regel aufgrund schlichtem musikalischen Unvermögens – und ›laut‹ nur als Attitüde, macht in seinem Zwang zur Reduktion das Crossover wahrscheinlich. Natürlich kann man insbesondere Bands auf dem Hatecore-Sektor als ›schnell‹ ansehen, aber es ist eine Schnelligkeit mechanischer Beschleunigung, in der es keine musikalische Beweglichkeit mehr gibt. Dabei kommt auch eine Re-Invention des Konzeptes Band zum Vorschein. Nur sehr selten geht man über eine Trio- oder Quartett-Besetzung hinaus, die eine vollständige Übersichtlichkeit zu garantieren scheint.

Die Veränderung lässt sich auch auf der zeitlichen Schiene feststellen: Die ursprünglichen Skin-Bands wie Springtoifel oder auch Endstufe, die zuallerst der eigenen Subkultur zugewandt waren und nur sozusagen am Rande das faschistische oder rassistische einfließen lassen, zeigten noch die stärksten Einflüsse von Ska und Punk. Um 1989 als die meisten reinen Nazi-Bands von Störkraft, Radikahl, Noie Werte oder Freikorps entstanden, war man schon auf den reduzierten Metal, nebst Anklängen an einen skelettierten Punk geraten. In den nächsten Jahren konsolidierte sich sowohl die Szene als auch das Idiom. Mitte der neunziger Jahre verstärkte sich der Einfluss von Black Metal, bis schließlich auch die neue rechte Folk- und Barden-Musik ihren Anteil erobert hatte.

RechtsRock ist längst nicht mehr auf die Skinhead-Szene beschränkt: Arr, Sänger der neonazistischen Black-Metal-Band Magog

Das Projekt all dieser musikalischen Formen scheint die Selbstreduktion. Diese Schizophrenie ist die Voraussetzung für die Allianz zwischen politischer Organisation und Subkultur des neuen Faschismus im Zeichen der ›kulturellen Hegemonie‹. Das Idiom wird umgeformt, selektioniert, instrumentalisiert und am Ende auf das eigentliche, das ›Völkische‹ zurückgeführt. So ist man in der Lage, neben der ›ursprünglichen‹ Skinhead-Musik – von Max Annas auch ›Proll-Metal‹ genannt[30], was zunächst ja beileibe nichts Böses wäre – in die Szenen anderer musikalischer Dialekte wie Death Metal, Gothic, Industrial oder den Black Metal mit seinen Wikingerfantasien einzudringen, ohne dabei ›Verrat‹ zu empfinden. Die musikalischen Idiome der Kulte des Irrationalen in den Szenen, der Satanismus, die Odin-Kulte, die musikalische Fantasy etc. werden von den White-Noise-Bands ebenso übernommen, wie sich umgekehrt Bands des jeweiligen Idioms der rechten Szene nähern. Die Differenzierungen können sich schließlich auch nach jeweiligen Umständen und Moden richten. In Norwegen ist Black Metal (vielleicht vorschnell) als bevorzugtes Genre der extremen Rechten identifiziert worden, in Großbritannien entdeckt die neurechte Szene den Neo-Folk als eine Dark-Wave-Variante, in den USA wird das Hatecore-Idiom bevorzugtes Ziel der RechtsRock-Bewegung. Zieht man eine Linie bei den Wanderungen der neofaschistischen Dominanz in den einzelnen musikalischen Idiomen, so ergibt sich eine einigermaßen eindeutige Strategie der ›Verbürgerlichung‹, der Rhetorisierung und der Distanz zum Subkulturellen. Die politische Aussage dominiert schließlich noch die Körper-Inszenierung. Diese Verlagerung, die in Deutschland offenkundig erst am Anfang steht, hat gewiss nicht allein mit den Spannungen in der Subkultur zu tun, sondern auch mit dem mittlerweile enormen Geschäft, das mit rechtsextremer Musik in jeder Form gemacht werden kann und mit den Doppelstrategien der Rechten zwischen Straßengewalt und bürgerlicher Mitte. Nachdem in einigen europäischen Ländern die Bedeutung der Konzerte als direkte Anlässe für Gewalt ebenso wie als Rekrutierungsbörse durch behördliche und polizeiliche Eingriffe zurückgegangen ist, hat sich der Vertrieb von CDs und anderen Tonträgern gesteigert. Musik, die auf diese Weise ihre Abnehmer findet, kann ruhiger und, nun ja, ›individueller‹ sein. Das Idiom ist überdies ›unverdächtiger‹, das nicht so direkt an ein bestimmtes Auftreten und medial verbreitete Images gebunden ist wie die Skinhead-Musik.

Lagerfeuerromantik und Landser-Chic: Douglas Pearce, Kopf der extrem rechten Dark-Wave-Band Death In June

Immer ist dabei auch Strategie im Spiel: Eine tendenzielle ›Abnabelung‹ des RechtsRock von der Skinhead-Szene wird von der steigenden Relevanz der Tonträger begleitet, während die Zunahme von Konzertverboten zu flexibleren und einfacher zu organisierenden ›Balladenabenden‹ führt. Diese absurde Form des ›unplugged‹ RechtsRock führt indes ihrerseits zu einer Entfernung von den subkulturellen Wurzeln, zu noch weniger Musik und noch mehr Propaganda.

Black Metal, auf den ersten Blick ein semiotisches Gegenteil zur Skin-Kultur (lange Haare, Schminke, Introspektion und akustische Sättigung, die sich nicht mehr als Lautstärke allein verstehen lässt) gibt dem faschistischen musikalischen Diskurs das Theatralische zurück; und so wie die Musik in diesem Idiom nicht mehr den Widerspruch zwischen Körper und Maschine in den akustisch vorweggenommenen Akten der Gewalt gegen den sozial identifizierten Anderen auflöst, sondern eine Art des inneren Sturms entfacht, so ist nun auch die Form des Hasses sozusagen spirituell geleitet, im Namen eines satanischen oder heidnischen Kultes gegen das ›Jüdisch-Christliche‹.

›Arteigene Religion‹ versus ›jüdisch-christliche Fremdreligion‹

Die Auflösung der faschistischen Musik von der Skinhead-Musik in die ›gepflegte‹ Rhetorik des rechtsextremen Folk-Barden einerseits und in die obskuren Szenen von Dark und Death Metal hat natürlich auch einen Aspekt der Selbst-Identifizierung der extremen Rechten. Der faschistische Barde sieht sich zumindest in semiotischer Form eigentlich bereits in der Mitte der Gesellschaft angekommen, er definiert sich nicht mehr, wie der Skin-Musiker, in irgendeiner Weise als Opfer oder Außenseiter. Im Death Metal dagegen wird ein neues Außenseitertum beschworen, das sich, wiederum im Gegensatz zu den Skins, seinerseits als ›eingeweiht‹ und elitär empfinden kann. Der Rassismus der Szene (Black Metal for White People) definiert sich auch nicht mehr als Abwehr einer Gefahr, sondern als sadistischer Größenwahn einer sich selbst gar als ›intellektuell‹ verstehenden nationalsozialistischen Avantgarde. Daher kann diese Musik, im Gegensatz zum extrem reduzierten ›Proll-Metal‹, auch wieder ›architektonisch‹ sein; sie ist nicht so sehr faschistische Kampfansage als vielmehr musikalische Vorwegnahme faschistischer Innenwelten. Wenn die Skin-Musik am Ende wieder beim faschistischen Volks- und Marschlied angekommen ist, dann kommt Death Metal, trotz oder auch in ihrer provozierenden Gestik und des ›growling‹, früher oder später bei reduziertem Wagner-Kitsch an.

Wewelsburg:
Die Ordensburg Himmlers, das esoterische Zentrum der SS, Kultobjekt der neonazistischen Death-Metal-Band Voice of Blood, 1998

Um die faschistischen Black-Metal-Szenen bilden sich eigene Netzwerke wie die Pagan Front, die wiederum ihre eigenen Beziehungen zur organisierten Rechten aufbauen. Wenn die Nazi-Skins so etwas wie die SA des Neofaschismus sind, dann tendieren die Anhänger der faschistischen Black-Metal-Gruppen (natürlich gibt es auch andere) dazu, sich mit einer esoterischen (›Nietzscheanischen‹) SS-Elite zu identifizieren. Dementsprechend bleiben die Beziehungen zur organisierten Rechten, und zu den bürokratischen ›Scheiteln‹ insbesondere, eher locker. Hier scheint durchaus noch nicht verhandelt, wer wen benutzt. Black Metal ist nicht die Musik des Rekrutierens, nicht die Musik eines Versprechens von Solidarität und ›Froindschaft‹ in der Szene, sondern die Rückgewinnung der Differenz von rechts. Wenn sich das ›growling‹ mit wagnerianischen Orchester-Einsätzen trifft, das ›dämonische‹ Outfit, wie man es von den alten mehr oder weniger ›unpolitischen‹ Provokateuren des Genres kennt, sich mit den ›odinistischen‹ Wikinger-Zeichen trifft (wie bei der norwegischen Bathory, die auch von deutschen Gruppen imitiert werden), wird auch hier ein Weg zurück, vom neuen zum alten, unternommen. Wie bei den Skin-Bands, so ist auch bei der Black-Metal-Szene die Grenze zwischen den offen faschistischen und vor allem rassistischen und den unpolitischen Gruppen und Events offen.

Das neue Geflecht der faschistischen Musik, gebildet aus Skinhead-Musik, Black Metal, Folk- und Barden-Musik sowie Hatecore, deckt nun ziemlich genau das Spektrum der faschistischen Ästhetik an sich ab, die die Macht der Straße ebenso wie die nihilistische Elite und die strategisch-bürokratische Elite repräsentiert. So kann sich die faschistische Organisation auch mit einer Musik versöhnen, die man noch nicht allzu lange Zeit als ›Niggermusik‹ und kulturelle Schändung angesehen hat (und die heute einen Großteil der Einnahmen der rechten Organisationen ausmachen). Nach wie vor handelt es sich um rassistische Musik, die aus einer Tradition der ›anderen‹ Kulturen kommt. Die ›Scheitel‹ in den politischen Organisationen werden denn auch nicht müde, sich inhaltlich mit der Skinhead-Musik zum Beispiel zu identifizieren und eine milde Distanzierung von der Form vorzunehmen. Die Bands selber sehen sich in drei Perspektiven, in der ihrer Szene, in der der unwohlmeinenden Öffentlichkeit des ›undeutschen‹ Mainstreams und in der Perspektive des großen Anderen, des ›Vaters‹, des Führers in der politischen Organisation der Rechten. Texte und Musik richten sich nach dieser dreifachen Identifizierung; die Kampfansage an den (virtuellen) Mainstream, der Identität und Fun stiftende Aspekt für die Szene und die ›Ergebenheit‹ an den großen Anderen, die Rückbindung an die Väter des historischen Faschismus.

Hassobjekt ›Niggermusik‹: Emailleschild aus dem Angebot des Show-down-Versands, 2001

Zwischen den drei Idiomen flottieren nicht nur beinahe identische Textmodule und repetitive Phrasen, sondern auch Zeichen, allerlei zwischen ›Sonnenkranz‹ und Hakenkreuz, das Zeichen der Aryan Nation, das Kreuz der American Front, das Keltenkreuz usw.

Das gothische Emblem, der Wikinger und der Landser, die Zitierung des soldatischen Mensch-Maschine und die Selbstdarstellung des Skins als unkontrolliertes Triebwesen finden sich ebenso an einem Körper als semiotischen System sowie in einzelnen Songs. Das bevorzugte musikalische Idiom deutscher Nazi-Bands, die Transition von Rock in Marschlied beschreibt selbst schon die Auflösung des Punk- und Ska-orientierten ›originalen‹ Skin-Musik ins Bardenhafte (was bei den deutschen Bands oft einen Hang zum volkstümlichen Schlager oder zum ›alten Lied‹ bedeutet) oder in die Black-Metal-Version, bei der das ›growling‹ zu einem halbwegs verständlichen politischen Sermon wird, und die ›double drumbeats‹ sich dem alten Trommelwirbel anpassen.

Vermeintlich arische Ahnenreihe: Vom Wikinger zum neonazistischen Rechts-Terroristen. Blood & Honour-Deutschland Sampler, 1998

Freilich vermag der Black Metal und der Wikinger-Mythos auch so etwas wie einen Ausweg aus dem Widerspruch zwischen der Glatze und dem Scheitel in der neofaschistischen Bewegung zu suggerieren, eine Figur auf den sich beide beziehen können, der ›Schläger‹ und der ›Planer‹, der allseitig gewalttätige Maschinenkörper und der Stratege. Auf dem Deutschland-Sampler von Blood & Honour finden sich der Wikinger, der normannische Kreuzritter und der vermummte Rechtsterrorist als ikonische Einheit, so wie sich auch die drei musikalischen Idiome verbinden.[31] Mit der Dreifach-Codierung von Skin-Proll-Metal, Fascho-Folk und Black Metal ergänzen sich die Idiome auch zu einer Dreieinheit der faschistischen Repräsentierung in Rhetorik, Praxis und ›Transzendenz‹. Nun kommt es nur noch auf die Verbindung der musikalischen

Idiome und ihrer Szenen sowie ihrer ›ideologischen Dialekte‹ an. Kraftschlag besingen Leif, den Wikinger, *Walhalla*, die *Ausländerhure* und den *Racemixer*.[32]

Diese eingebaute Schizophrenie des RechtsRock ist zugleich seine Stärke und seine Schwäche. Musikalisch ist man dabei nämlich zu einem weitgehend parasitären Dasein verdammt, das in der Beziehung zu den Scheiteln (die Wagner und ihre ›Barden‹ immer noch vorziehen) noch eine weitere narzisstische Kränkung zu verarbeiten hat. Das Projekt der Selbstaufhebung in ›reiner‹ faschistischer Propaganda ist in der einen Richtung mehr, in der anderen weniger eingeschrieben. Proll-Metal hebt sich schneller selbst auf als Black Metal. Der Kampf um die Identität ist schon musikalisch verloren, bevor er dem einen oder anderen auch als Person dämmert.

Der Kampf um die Identität ist musikalisch von Anfang an verloren

Umgekehrt drückt sich in der Skinhead-Musik aber auch eine ›Erlaubnis‹ aus, selbst im Blick des großen Anderen den eigenen Lebensstil, den ›anarchischen‹ Aspekt des Skinhead-Daseins fortzuführen, jedenfalls solange bis es zu dem ›großen‹ Kampf kommt, der in den Texten immer wieder beschworen wird, und durch den offensichtlich die endgültige Verwandlung des Skinhead in den ›alten‹ faschistischen Soldatenkörper erreicht wird. Die Verschmelzung des neuen mit dem historischen Faschisten ist der imaginäre Zielpunkt der White-Noise-Musik; jeder Song ist ein neuer Ansatz dazu und beinhaltet die Auseinandersetzung des faschistischen Ziels mit der subkulturellen Praxis. Die Musik richtet den Hass nicht nur auf den Gegner, sie organisiert die Energie auch in einer bestimmten Dramaturgie von Kränkung, Hass, Faschisierung, Erlösung im großen Kampf. Wenn Punk den ›Ausbruch‹ in musikalischen Lärm verwandelte, dann verwandelt White Noise musikalischen Lärm in das Dokument bedingungsloser Unterwerfung. Die sentimentale Beschreibung des Jenseits (des historischen Faschismus und seiner Väter, immer wieder Rudolf Heß, für den die meisten Skinhead Bands eine Hymne bereit haben, die völkisch-rassische Walhalla-Mythologie usw.) die rhetorische Verbeugung vor den faschistischen Sprach- und Weltbildern, die entgrenzte und zugleich ideologisierte Praxis von Suff und Gewalt und die Zielrichtung des Hasses werden in dieser Musik, das macht sie weiterhin wertvoll für die Szene, ›sortiert‹. Man kann sich nicht nur von einer rechten Band zur anderen gleichsam in das völkische Innen vorarbeiten, bis man bei einer reinen Begrifflichkeit, einer reinen Rhetorik wie bei den faschistischen ›Barden‹ angelangt ist, auch jedes Konzert, jede CD schafft die Entmischung der drei Zustände und setzt sie in eine neue, ›ordentliche‹ Beziehung zueinander. Was so entsteht ist auf allen Wahrnehmungsebenen das gleiche: ein vollkommen geschlossenes Weltbild.

Ein vollkommen geschlossenes Weltbild: Nordmacht, Ihre Ehre hieß Treue, 2000

Anmerkungen

1 ›Zweite Generation‹ meint die Renaissance der Skinheads im Zuge der Entstehung von Punk und der religiösen Aufladung der schwarzen Musik, vgl. in diesem Buch: Dornbusch, Christian; Raabe, Jan: 20 Jahre RechtsRock. Vom Skinhead-Rock zur Alltagskultur.

2 www.tdnw.de (Tag des Nationalen Widerstandes – Webside der NPD zu der Veranstaltung).
3 Zum Beispiel heißt es in der ersten Strophe des Liedes Ab in den Ofen ... auf: Macht & Ehre: Herrenrasse, CD, o.A., 1997: »Ohweia, was ist das? Ist das ein Jude? Kommt lasst uns anzünden seine Synagogenbude. Wir werden geknechtet von diesem System. Wir werden verdammt, na, von wem? Es gibt nur ein Wort, was man sagen muss: Juden raus! Jetzt ist Schluss!«
4 Edelweiß: Der Kampf geht weiter, CD, PüCD, 1998.
5 Gassenhauer: Presse der Lügen, CD, BHCD, 1996.
6 Der Begriff ›Jewsmedia‹ bezeichnet im neonazistischen Jargon die angebliche Herrschaft des Judentums über die Medien. Vgl. Burghart, Devin (Hg.): Soundtracks to the White Revolution, Chicago, 1999, S. 8.
7 Edelweiß: Der Kampf geht weiter, CD, PüCD, 1998.
8 SA der Neuzeit. Auf: Volkszorn: Im Namen des Volkes, CD, WCR, 1995.
9 Vgl. das Lied Der Geist der Helden auf: Hässlich: Die Spiele Beginnen, CD, DIM, 1996.
10 Ein Heller und ein Batzen. Auf: Endstufe: Glatzenparty, CD, ALCD, 1993.
11 Glatzenparty. Auf: Endstufe: Glatzenparty, CD, ALCD, 1993.
12 12 Jahre. Auf: Endstufe: Glatzenparty, CD, ALCD, 1993.
13 Nie allein. Auf: Endstufe: Glatzenparty, CD, ALCD, 1993.
14 Auf: Die Härte: National Deutsche Welle, CD, o.A., 1999.
15 Die Initiative Identität durch Musik ist Produzent der Carpe-Diem-CD, Carpe Diem: Frei geboren, CD, IDM, 1999.
16 Auf: Entwarnung: Ich sehe einen Staat, CD, BHCD, 2000.
17 Ebd.
18 Vgl.: Spex, Nr. 11, 1992: The kids are not allright. Abschied von der Jugendkultur, von Dietrich Diederichsen.
19 Die Abkürzung S.H.A.R.P. steht für SkinHeads Against Racial Prejudice – Skinheads gegen rassistische Vorurteile.
20 Büsser, Martin: Wie klingt die Neue Mitte? Rechte und reaktionäre Tendenzen in der Popmusik, Mainz, 2001.
21 Vgl.: Hässlich: Die Spiele beginnen, CD, DIM, 1996.
22 Radikahl: Retter Deutschlands, LP, ROR, 1992.
23 Zittertaler Türkenjäger: 12 Doitsche Stimmungshits, CD, o.A., 1997. Zur Thematik Rammstein etc. siehe: Lindke, Stephan: Der Tabubruch von heute ist der Mainstream von morgen – Die ›Neue Deutsche Härte‹ als ästhetisches Spiegelbild der wiedererstarkten Nation, In: Speit, Andreas: Ästhetische Mobilmachung. Dark Wave, Neofolk und Industrial im Spannungsfeld rechter Ideologien, Hamburg, Münster, 2002, S. 231–266.
24 In dem Lied Unter Froinden, erstmals auf: Störkraft: Mann für Mann, LP, ROR, 1990.
25 Vgl. das Lied Kinder des Nordens auf: Carpe Diem: Frei geboren, Demo-CD, IDM, 1999.
26 Vgl. auf: Kraftschlag: Mein Name ist Deutschland, CD. Wotan, 1999.
27 Nation Europa, Nr. 9, September 1987, S. 3: Zu diesem Heft, von Peter Dehoust.
28 Siehe Coverbild von: Südsturm: Weißes Bataillon, CD, PüCD, 1998.
29 Nordland, Nr. 3, 1995, S. 33: Med Musiken som Vapen!, von Matti Sundquist.
30 Annas, Max: Diktatur und Alltag. In: Ders.; Christoph, Ralf (Hg.): Neue Soundtracks für den Volksempfänger, Berlin; Amsterdam, 1993, S. 76.
31 Vgl.: V.A. Blood & Honour Deutschland Sampler Vol. 1, CD, Nibelungen Versand, 1998.
32 Vgl. die Lieder Leif der Wikinger und Walhalla auf: Kraftschlag: Mein Name ist Deutschland, CD, Wotan, 1999; das Lied Ausländerhure auf: Kraftschlag: Trotz Verbot nicht tot, CD, Skull, 1992; das Lied Racemixer auf: Kraftschlag: Nordwind, CD, Nordland, 1995.

Liane M. Dubowy

Von Party bis Propaganda

RechtsRock-Fanzines zwischen Subkultur und Politik

Fanzines sind kein Phänomen der RechtsRock- oder Skinhead-Szene. Als alternative Presseerzeugnisse haben sie eine lange Tradition: Bereits in den 30er-Jahren kursierten in den USA selbst erstellte Hefte von Science-Fiction-Fans. Fanzines – der Begriff kombiniert die englischen Begriffe ›Fan‹ und ›Magazine‹ – verstehen sich als Publikationen von Szenemitgliedern für die Szene und werden von Begeisterten aus unterschiedlichen Themenbereichen wie Comic, Film, Politik, Sport oder Musik produziert.

Fanzines sind heute in all jenen Bereichen vertreten, wo sich aktive Fan-Bewegungen gebildet haben, wie im Fußball (z.B.: *Angriff – Das kritische Löwenfanzine, Dat Ruhrpott Zebra* oder *Brutal – Das etwas andere 98er Fanzine).*[1] Besonders beliebt ist das alternative Presseerzeugnis seit den 60er-Jahren in Musik-Subkulturen, als *Rolling Stone* oder *Crawdaddy!* entstanden. Eine wahre Fanzine-Flut brach mit dem Entstehen der Punk-Bewegung herein: In den 70ern wurde in Deutschland *The Ostrich* gegründet, heute zählen zu den Bekanntesten *Ox, Wahrschauer, Trust* oder *Plastic Bomb.* Zahlreiche Fanzines hat seitdem auch die Skinhead-Bewegung hervorgebracht, die zum Teil auch ›Skinzines‹ genannt werden.

Von der Öffentlichkeit werden Fanzines kaum wahrgenommen, da sie fast ausschließlich innerhalb der jeweiligen Szene zirkulieren. Für die interne Vernetzung und Kommunikation sind sie von großer Bedeutung: Hier werden Grüße, Erlebnisse und Neuigkeiten ausgetauscht, andere Fanzines rezensiert und Kontaktadressen abgedruckt. Szenemitglieder gestalten die Hefte selbst und vertreiben sie zum Selbstkostenpreis (meist zwischen ein und fünf Euro) auf Konzerten, im Postversand, über eine Kontaktadresse oder im Versandhandel. Aufmachung und technische Qualität unterscheiden sich stark, seit Mitte der 90er-Jahre hat sich Computerlayout gegenüber dem aus Schnipseln zusammengesetzten Klebelayout durchgesetzt. Die im DIN-A5- oder -A4-Format gehaltenen Hefte erscheinen meist unregelmäßig und in einer Auflage von wenigen hundert Stück, einzelne erreichen Auflagenzahlen im vierstelligen Bereich.

Fanzines sind solche Publikationen, die von nicht-kommerziellen Körperschaften herausgegeben werden und über alternative Distributionswege (Eigenvertrieb, Mailorder, Tonträgerdistributoren, NICHT Postzeitungsvertrieb) ihrem Publikum zugänglich gemacht werden. Generell hat bei einem Fanzine das Mitteilungsbedürfnis der Herausgeber einen höheren Stellenwert als das Informationsbedürfnis der avisierten Teilöffentlichkeit und die marktstrategischen Ambitionen der Kulturindustrie

Nicolaus, Jörg: Fanzines – Geschichte, Bedeutung und Perspektiven
In: Neumann, Jens (Hg.): Fanzines 2, Mainz, 1999

Szenetratsch und politische Bildung: RechtsRock-Fanzines

Rechte Skinhead-Fanzines

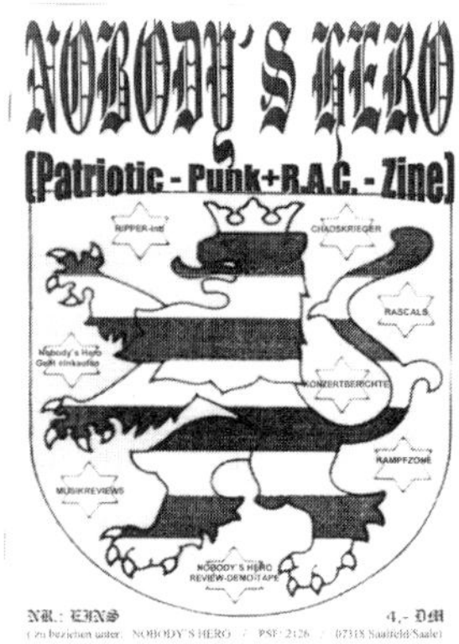

RechtsRock-Fanzine unter dem Label von Punk: Nobody's Hero, Nr. 1, 1999

Unter den als rechts oder neonazistisch einzustufenden Fanzines sind die der Skinheads überproportional vertreten, auch wenn sich Beispiele aus anderen Subkulturen wie das rechte Punk-Rock-Fanzine *Nobody's Hero* (Saalfeld) oder das aus der ›neurechten‹ Dark-Wave-Szene stammende *Zinnober* (früher *Sigill*, Dresden) nennen lassen. Dieser Beitrag konzentriert sich im Folgenden auf rechte oder neonazistische Skinhead-Fanzines.

Hinweise auf Einstellung und Ziele der Herausgeber lassen sich häufig schon den Titeln entnehmen. Manche sind der nordisch-germanischen Mythologie entlehnt – wie *Walküre*, *Viking* oder *Freyja* – oder enthalten eine Absichtserklärung – wie *Attacke*, *Bier und Spiele*, *Der Kampftrinker* oder *Der Rippenbrecher*. Andere scheinen aus einer Laune heraus entstanden zu sein – *Äbbelwoi Exbress*, *Gesunde Kopfhaut* oder *Grober Unfug*. Einige greifen mehr oder weniger humorig den Bezug zur Skinhead-Subkultur auf – etwa *After Shave*, *Der Skinhead*, *Skinhead Erwache* oder *United Skins*. Beliebt sind aber auch Bezeichnungen, bei denen ›eu‹ durch den Szene-Ruf ›oi‹ ersetzt werden kann, wie bei *Der Foiersturm*, *Foier Frei*, *Doitsche Musik* oder *Spaß & Froide*, oder ein Oi! dem Namen vorangestellt wird: *Oi! The Bulldog*, *Oi! The Delirium*, *Oi! Deutsches Echo* oder *Oi! Die Klolektüre*. Einige Fanzines tragen den Bezug zum Nationalsozialismus oder zu neonazistischer Ideologie im Titel (z.B.: *Blood & Honour*, *Der Landser*, *Der Sturmführer*, *Endsieg* oder *Route 88)*, in dem sich häufig auch der lokale Bezug niederschlägt (z.B.: *Sachsens Glanz*, *Barnimer Volksruf*, *Behnsdorfer Skin-Zine*, *Hamburger Sturm*, *Voice of Zwickau*).

Wer nicht lesen kann, hat eben Pech gehabt! Die Lektüre von Fanzines wird zur Pflicht erhoben. Zeichnung aus: Nahkampf, Nr. 7, 1991

Rechte Fanzines tragen dazu bei, die heterogene rechte Skinhead-Szene zusammenzuschließen und Skinheads ein Gemeinschaftsgefühl zu vermitteln, anhand dessen sie sich von anderen Jugendlichen abgrenzen können. Skinzines informieren über Bands und Tonträger, bieten Vertrieben eine Werbeplattform und versuchen ebenso wie Liedtexte, neonazistisches Gedankengut zu vermitteln und als Normalität im Alltag ihrer Leserinnen und Leser zu verankern. Szeneeinsteiger werden darin mit rechter Ideologie und Werten, rassistischen Aussagen, revisionistischer Geschichtsauffassung sowie mit dem Jargon und der Ästhetik der Szene bekannt gemacht.

In ihrem politischen Gehalt unterscheiden sich rechte Fanzines stark voneinander: Während die einen fast ausschließlich die eigene kulturelle Szene zelebrieren, beinhalten andere sowohl kulturelle Texte als auch Artikel, die sich mit der Thematik des Neonazismus beschäftigen. Zwar lassen sich beispielsweise *Foier Frei* (Limbach/Oberfrohna), *Violence* (Braunschweig) oder die neueren Ausgaben des *Lokalpatriot* (Bamberg) anhand der favorisierten Bands und Konzerte im neonazistischen Spektrum verorten, doch stehen hier Musik und Skinhead-Kult im Vordergrund, wohingegen politische Themen fast völlig fehlen. Bei Politzines hingegen wie *Der Förderturm* (Bottrop), *Blood & Honour Division Deutschland* (Berlin), *Hamburger Sturm* (Hamburg) oder *Der Landser*

(Nürnberg) bestimmt Politik die inhaltliche Linie und subkultur-spezifische Anteile treten demgegenüber in den Hintergrund. Direkter Einfluss einer Partei oder politischen Gruppierung bleibt dabei jedoch die Ausnahme. Zahlreiche Fanzines entsprechen weder dem einen noch dem anderen idealtypischen Bild, sind also weder reine Musik- noch Polit-Magazine und lassen sich an unterschiedlichen Punkten des Spannungsbogens aus subkulturellen und politischen Anteilen einordnen.

Einen dritten Eckpunkt des Fanzine-Marktes markiert das rechte Hochglanz-Magazin *Rock Nord* (Langenfeld, später Hilden). Die kommerzielle Publikation rund um RechtsRock will eine deutlich breitere Zielgruppe als die so genannten Skinzines ansprechen. Nicht nur Skinheads sollen das Magazin kaufen, sondern alle, die sich für RechtsRock und die dazugehörige Szene begeistern. Vergleichbare Projekte sind etwa *Neue Doitsche Welle* (Köln, 1997–1998), *Resistance* (Detroit/USA, seit 1994) oder *Nordland* (Stockholm/Schweden, 1995–1999).

Rechte Fanzines in Deutschland: Die 80er-Jahre

Lieblingslektüre der deutschen Skinheads in den 80er-Jahren: Clockwork Orange, Nr. 1, 1983

In der Bundesrepublik tauchen erste Skinhead-Magazine zu Beginn der 80er-Jahre auf. In der damaligen DDR wurden keine eigenständigen Szene-Publikationen bekannt – dort erhielt man diese nur über West-Kontakte. Obwohl viele dieser Fanzines sowohl die subkulturelle als auch die politische Breite der Skinhead-Szene widerspiegeln, indem sie wie frühe Ausgaben des Magazins *Clockwork Orange* von Ulrich ›Uhl‹ Großmann (Coburg) sowohl Ska, Oi-Punk als auch RAC[2] in einem Heft vereinten, gab es bereits in den 80er-Jahren Fanzines, die sich ausschließlich neonazistisch präsentierten, wie Der *Hezzer* oder *Kahlschlag* (beide Lüneburg), *Der Neue Tag* (Bleckede), *Attacke* sowie dessen Nachfolgemagazin *Der neue Weg* oder das darauf folgende Heft *Wille und Weg* (alle Berlin).

Allerdings unterscheiden sich diese von den heutigen nicht nur im Grad ihrer ideologischen Festigkeit, sondern auch in ihrer Bedeutung für die Skinhead-Szene. Die Hefte der 80er-Jahre waren mehr Mitteilungsblätter von der Szene für die Szene als heute, lieferten Berichte über die Szene vor Ort, von Festen oder von großen Skinhead-Treffen. Allgegenwärtig ist dabei die Selbststilisierung von Skinheads als extrem gewaltbereit.

Auch die Fanzines der 80er-Jahre positionierten sich unterschiedlich zwischen Subkultur und Politik. Während der Anteil politischer Inhalte in *Clockwork Orange* zwar im Laufe der Zeit zunahm – Herausgeber Großmann war immerhin kurzzeitig Funktionär der Jungen Nationaldemokraten (JN) – grenzte sich das Fanzine auch weiterhin gegen ›Nazi-Skins‹ ab.

Und sie [die s.g. Nazi-Skins] müssen akzeptieren, daß es auch eine ganze Reihe Skins gibt, die entweder links sind, oder absolut kein Interesse an Politik haben. Und auch diese Skins sind Skins [...] SKINHEAD – A WAY OF LIFE! Warum sollte dieser ›way of life‹ nicht auch von einigen Negern oder Linken eingeschlagen werden?

Clockwork Orange, Nr. 5, ca. 1987: Vorwort, von Ulrich Großmann

Im klaren Gegensatz dazu standen die sich deutlich neonazistisch positionierenden Hefte der nordniedersächsischen Skinhead-Szene. Der mittlerweile verstorbenen Peter Saucke aus Bleckede publizierte das Heft *Der Neue Tag*, zeichnete verantwortlich für das Magazin *Der Hezzer*, zusammen mit Hans Grewe und Michael Grewe, der das Fanzine *Kahlschlag* herausgab. Die Redaktion *Kahlschlag* bezeichnet sich selbst im

Vorwort zur dritten Ausgabe als ›deutsch-national‹. Inhaltlich ist ihre Position allerdings eindeutig der extremen Rechten zuzuordnen, die Forderung nach »Freiheit für Rudolf Heß«, ein mit Odalsrunen und Keltenkreuzen illustrierter Artikel sowie eine antisemitische Karikatur auf der Rückseite offenbaren eine starke Affinität zum Nationalsozialismus.

Die 90er-Jahre: Repression und Professionalisierung

Endsieg, das Zine der nationalistischen Bewegung, erschien bis zur Intervention der Staatsanwaltschaft 1992: Endsieg, Nr. 8, 1992

Bereits ab 1988/89 nahm der Anteil neonazistischer Fanzines deutlich zu. Herausragendes Beispiel ist das ab Dezember 1987 erschienene Essener Fanzine *Der Querschläger*, das der eindeutig neonazistischen Haltung von Teilen der Skinheads einen ideologischen Rahmen gab. Bis 1993 folgten weitere derartige Hefte, die scheinbar versuchten, sich gegenseitig in der Verwendung rassistischer, menschenfeindlicher und nationalsozialistischer Äußerungen und Symbolik (z.B. Hakenkreuze, SS- oder Odalsrunen) zu übertreffen. Auf der ersten Ausgabe des Fanzines *Endsieg* von 1990, herausgegeben vom damaligen Kader der Nationalen Front Andreas Gängel, ist das Konterfei des ehemaligen Vorsitzenden des Zentralrats der Juden in Deutschland, Heinz Galinski, abgebildet, auf dessen Kopf ein Fadenkreuz gezeichnet wurde. Die siebte Ausgabe von *Macht und Ehre*, erstellt vom Kopf der gleichnamigen Band, Stephan Jones, trägt ein Porträt Hitlers auf dem Titel. In extrem nationalistischen und rassistischen Texten wurde in diesen Magazinen Sympathie mit den Brandstiftern von Hünxe, Solingen, Rostock oder Hoyerswerda gezeigt. RechtsRock-Bands bezogen in den Interviews deutlich Position, wie z.B. die Band Kraftschlag, die im Interview mit *Querschläger* auf die Frage nach ihrem größten politischen Wunsch antwortete: »Ein nationalsozialistisches, großdeutsches Reich ohne Juden u. sonstigen Abschaum.«[3]

Nachdem bereits am 3. Februar 1993 die Polizei in einer ›Aktion Notenschlüssel‹ gegen zehn Bands und zwei Musikverlage vorgegangen war, wurden am 15. Juli 1993 Hausdurchsuchungen bei den Herstellern der Fanzines *Anhalt Attacke, Schlagstock, Midgard, Proißens Gloria, Der Angriff – Uslar* und *United Skins* sowie in den Räumen des Donner-Versands durchgeführt.[4] Diese ›Aktion Druckstock‹ zog Ermittlungsverfahren wegen »Verdachts der Volksverhetzung« und der »Verwendung von Kennzeichen verfassungswiedriger Organisationen« nach sich, viele Titel wurden kurz darauf eingestellt, was die Herausgeber aber nicht daran hinderte, bald neue Hefte ins Leben zu rufen.

Im Jahr 1993 wurden Ausgaben von 21 verschiedenen neonazistischen Fanzines indiziert, und damit mehr als in den Jahren zuvor oder danach. Auf den Index wanderten etwa Ausgaben des Schweizer Magazins Totenkopf, des Chemnitzer Sachsens Glanz, des von Alexander Kuligowski aus Nürnberg herausgegebenen Oi! Deutsches Echo, des von Markus Dierchen aus Berlin veröffentlichten Proißens Gloria oder des von Martina Janssen aus Freiburg hergestellten Schlachtruf

BPjS Aktuell – Amtliches Mitteilungsblatt, Nr. 1, 2000

In Sprache und Aufmachung der Fanzines hat dies Spuren hinterlassen: Zwar hat sich an der ideologischen Ausrichtung nichts geändert, doch offene NS-Verherrlichung findet sich heute kaum noch. Stattdessen wird auf nicht-strafbare Chiffren wie die Zahl ›18‹ für ›Adolf Hitler‹, zurückgegriffen und Artikel werden mit ›88‹ oder zunehmend auch mit ›2x44‹ unterzeichnet. Eine größere inhaltliche Aussage birgt der Code ›14 Words‹ für »We must secure the existence of our people and a future for white children.«[5]

Die neonazistische Ausrichtung eines Fanzines verdeutlichen auch die darin kultivierten Feindbilder: Farbige, Juden, Homosexuelle, Asylbewerber, Ausländer, Linke und Behinderte werden in Liedtexten, Interviews oder Zeichnungen diskriminiert, wobei die Schwerpunkte unterschiedlich liegen: Während *Endsieg* (1990–1992) sich vor allem auf jüdische Menschen und den »amerikanischen Imperialismus« eingeschossen hatte, lag der Schwerpunkt von *Der Kampftrinker* (1989–1990) auf Ausländerfeindlichkeit.[6] Jüdische Repräsentanten wie seinerzeit Ignatz Bubis oder nunmehr Paul Spiegel stehen im Mittelpunkt antisemitischer Agitation und Illustrationen, die auf stereotype, antisemitische Attribute, z.B. die ›Hakennase‹, zurückgreifen. Begriffe werden antisemitisch zweckentfremdet: »statt ›show-schoa‹, ›verschekelt‹ statt verschaukelt«.[7] Dem Feindbild ›Antifa‹, also Personen, die sich gegen Rechts engagieren, ob aus der linken Szene, Gewerkschaften, Parteien oder Journalisten, werden ganze Rubriken gewidmet, wie etwa in der siebten *Landser*-Ausgabe.

Aber Mitte der 90er-Jahre lässt sich allgemein eine deutliche Zunahme explizit politischer Artikel in Fanzines verzeichnen, Beiträge wie »Oberst Hans-Ulrich Rudel, Frontsoldat Nr. 1«[8] halten Einzug und neben eigenen Artikeln finden sich zunehmend auch Gastbeiträge führender Neonazi-Kader. Auch germanisch-heidnische Themen rücken in das Interesse der Fanzinemacher und -leser, fast alle Blätter berichten irgendwann einmal über Runen oder ›nordische Mythologie‹, einige wie das ›Skingirlzine‹ *Freyja* (Neubrandenburg) nehmen das Thema als regelmäßigen Schwerpunkt auf.

Zeitgleich macht sich bei rechten Fanzines eine Professionalisierung bemerkbar: Verwendung von Computern für Text und Layout, farbige Cover und journalistischer Stil deuten auf zunehmende Professionalisierung hin. Das Spektrum reicht aber auch weiterhin vom einfachen, selbst kopierten Heft voller Rechtschreibfehler bis zum semiprofessionellen, im Offsetdruck erstellten A4-Magazin, von lokalem Bezug bis zum Anspruch bundesweiter Verbreitung. Als Musterbeispiel für die Entwicklung vom schlecht kopierten Blatt in Schnipsellayout (damals noch *Querschläger)* zum Hochglanzmagazin mit journalistischen Ansprüchen gilt *Rock Nord.*

Die Magazine liefern einen guten Überblick darüber, was die rechte Skinhead-Szene bewegt. Ab 1997 etwa nimmt die Diskussion um Torsten Lemmer, Herausgeber *Rock Nord* und Labelbesitzer, der wegen seiner kommerziellen Aktivitäten und Distanzierungen vom neonazistischen Teil der Szene sehr umstritten ist, immer wieder Raum ein. Neben Konzertberichten, Tonträgerbesprechungen und Interviews rund um Skinhead-Musik finden sich je nach Interesse der Herausgeber auch politische, mythologische oder zeitgeschichtliche Artikel, aber auch Streifzüge in andere Musikbereiche oder Beiträge zu Fußball, abgerundet durch Fotos, Comics, Grüße, Werbung und Kontaktadressen. Humorvolle Beiträge haben ihren festen Platz, wobei gerade diese vor Sexismus, Antisemitismus und Rassismus strotzen und das Niveau von mit Sprachwitz glänzenden Meldungen in *Rock Nord* bis zur Imitation der Dr.-Sommer-Seiten in *Bravo* reicht.

Neben dem ›Skingirlzine‹ Freyja, das seit 1997 von Nadine Kortegast aus Berlin herausgegeben wird, ist mit Triskele seit 2000 ein neues Fanzine für ›Freie Nationalistinnen‹ auf dem Markt. Noch in den 80er-Jahren gab es kaum wichtige Frauen-Fanzines, doch ab Anfang der 90er wurden trotz gleich bleibender Männerdominanz in der Skinhead-Szene mehrere bedeutende Magazine von Frauen produziert. Dazu zählte das bis 1993 von Martina Jansen aus Freiburg herausgegebene Fanzine Schlachtruf, das sich mit frauenspezifischen Themen auch an Renees richtete. Ähnliche Ziele hatte zeitgleich Nicole Nowicki aus Recklinghausen mit dem Magazin Volkstreue. Kaum auf Frauen zugeschnittene Inhalte fanden sich dagegen in auch von Frauen herausgegebenen Fanzines wie Der gestiefelte Kater aus Kirkel-Limbach oder Victory aus Pulsnitz, später Berlin

RechtsRock-Fanzine aus Frauenhand mit germanischer Mythologie

Rock Nord Nr. 22 folgte 1996 auf das Heft Moderne Zeiten, Nr. 22 (sic!)

Die politische Verortung eines Fanzines lässt sich bereits an der Auswahl der Bands, Tonträger, Interviews oder Werbung für einschlägige Vertriebe erkennen. Artikel zu politischen Themen finden sich vor allem in Fanzines, die sich auf politische Aktivisten zurückführen lassen, unabhängig davon, ob diese in der NPD, bei den ›Freien Nationalisten‹, Blood & Honour oder den Hammerskins aktiv sind. Hier wird über Neonazi-Demonstrationen und -Kundgebungen berichtet, werden Tipps zur politischen Praxis und Rechtslage gegeben und revisionistische Artikel, z.B. zur Waffen-SS, abgedruckt. Neonazistische Politikansätze und Theorien werden im Szene-Jargon dem Skinhead-Publikum erschlossen und Neonazi-Gruppierungen wird Gelegenheit zur Selbstdarstellung gegeben.

Rechte Skinhead-Fanzines sind zahlenmäßig nur unzureichend erfasst, gegenwärtig liegt ihre Zahl in Deutschland bei rund 50, darunter überproportional viele Publikationen aus den neuen Bundesländern.[9] Um die Eckpunkte des rechten Fanzine-Marktes genauer zu skizzieren, sollen in den folgenden Kapiteln drei Magazine exemplarisch betrachtet werden. Das Bamberger Skinzine *Lokalpatriot* hat wie viele Fanzines seinen Schwerpunkt auf Skinhead-Musik und -Szene gelegt, das Magazin *Blood & Honour Division Deutschland* dagegen auf Politik, wohingegen mit *Rock Nord* ein RechtsRock-Magazin für den rechten Mainstream hergestellt wird.

Das Skinhead-Fanzine Lokalpatriot

Politische noch indifferent zwischen ›unpolitischen‹ und rechten Inhalten: Lokalpatriot, Nr. 1, 1995

Lokalpatriot – antikommunistisches und antirassistisches Skinzine lautete der Titel der ersten Ausgabe des Bamberger Fanzines, die im April 1995 mit 24 Seiten im DIN-A5-Format erschien. Berichtet wurde über Themen rund um Skinhead-Subkultur und -Lifestyle mit regionalem Schwerpunkt auf Franken. Das Fanzine hatte sich zu diesem Zeitpunkt auf keine politische Richtung festgelegt: »Reviewt wird ohne politische Rücksichtnahme von Endstufe und Freikorps, über Oi Polloi, bis hin zu Dr. Ring Ding«, wie das Fanzine *Guten Morgen Doitschland* in einer Rezension feststellte.[10] Musikalisch nahm Ska mit zahlreichen Konzertberichten von Bands wie Laurel Aitken, Mr. Review, Dr. Ring Ding oder No Respect viel Raum ein, während RechtsRock-Konzerte seltener vorkamen.

Die politische Ambivalenz zieht sich – mit Tendenz nach Rechts – durch die ersten fünf Ausgaben: Die vorletzte Seite der ersten Ausgabe ziert ein ›Rock against Communism‹-Symbol, die zweite Ausgabe trägt auf dem Cover ein eindeutiges »Lieber tot als rot« und in der dritten Ausgabe heißt es bei der Besprechung des Fanzines *Skin up!*: »Linkes Gesülz an Mass!«[11] (Fehler im Original). Andererseits zeigt die Rückseite der ersten Ausgabe Hitler als Menschenfresser und Herausgeber Andreas Grabo beschwert sich über das »andauernde ›Sieg-Heil‹-Geschreie« bei einem Konzert der Neonazi-Bands *Gesta Bellica, A.D.L. 122* und *Bound for Glory*, nicht ohne jedoch deren Musik zu loben: »Was man aber sagen muß, ist das (sic) sie rein musikalisch selbst besser waren, als es Cock Sparrer oder The Business [sic] auf ihrer Tour waren, aber die Texte und die Einstellung dieser Herren mag verstehen wer will.«[12]

Ab 1996 zeichnet sich allmählich die Entwicklung des bislang ambivalenten Skinhead-Fanzines zu einem neonazistischen RAC-Blatt ab. Der musikalische Schwerpunkt verschiebt sich von Ska und Soul in Richtung Oi, RAC und Psychobilly. Mit der sechsten Ausgabe wird der Rechtsruck offensichtlich: Das Vorwort wird mit der Neonazi-Formel ›14 Wörter‹ unterzeichnet, erstmals werden Neonazis wie Bernd Stehmann (Bielefeld) gegrüßt, es finden sich Textstellen wie »[...] ›HJ‹ steht für ›Hi ... (äh Holsteiner) Jugend‹ [...]«[13] und vereinzelt tauchen antisemitische Formulierungen auf, etwa bei der Aufforderung, den *Lokalpatriot* zu abonnieren: »20 Schekel und die nächsten vier Ausgaben sind Dein!!! Tja, da wächst die Nase ...«.[14] Das Erscheinen der Ausgabe 12/13 verzögerte sich dann sogar um ein halbes Jahr, denn »[...] da wurde ›B&H‹ verboten, so daß diverse Artikel umgeschrieben, gestrichen oder geschwärzt werden mußten [...].«[15]

Über die Jahre vollzog sich ein Wandel zum rechten Szene-Magazin: Lokalpatriot, Nr. 5, 1996

Hohe Kontinuität und Akzeptanz

Mit ›Skinhead – A way of life‹ lässt sich auch das Credo des *Lokalpatriot* beschreiben, dessen Inhalte sich, obwohl seine Herausgeber inzwischen neonazistische Positionen vertreten, ausschließlich aus Beiträgen rund um Musik und die Skinhead-Szene zusammensetzen: Konzertberichte, Tonträger- und Fanzine-Besprechungen sowie Interviews füllen unverändert die Seiten. Besonders deutlich wird der hohe subkulturelle Gehalt des Heftes durch die sehr persönliche Ebene der Grüße, Fotos von Freunden beim letzten Trinkgelage, Empfehlungen anderer Fanzines, Leserbriefe und Neuigkeiten aus der Szene. Der Spaßfaktor hat Vorrang, sodass der Inhalt mancher Konzertberichte fast nur Reisevergnügen und Alkoholkonsum umfasst.

Überraschung aus dem Kameradenkreis: Titelblatt der Hochzeitszeitung des Brautpaares Meierhoff, 2001

Geht es um Musik, blickt das Fanzine über den Szene-Tellerrand hinaus und unternimmt einen Ausflug in andere Stilrichtungen: In der siebten Ausgabe findet sich ein Bericht über das Neofolk-Konzert von Strength Through Joy, Death In June und Boyd Rice, das der Autor seinen Lesern leichtverdaulich im Szene-Jargon nahe zu bringen versucht: »Gruftiescheiß werden wohl viele von Euch sagen – die White Power Musik der Zukunft sagen vor allem viele Amerikaner, wenn man sich diverse Berichte und Lesercharts im *Resistance* (und neuerdings auch im *Nordland*!) so durchliest.« [16]

Mittlerweile erscheint *Lokalpatriot* im siebten Jahr und hat sich etabliert, die Auflage hat sich von anfangs 100 inzwischen verzehnfacht, wobei ein Großteil der Hefte über Vertriebe wie Ultima Tonträger Vertrieb, Hanse Records, Dieter Koch Musikverlag, Scumfuck oder Nord Versand abgesetzt wird.[17] Gegenüber der im Schnipsellayout erstellten ersten Ausgabe mit nur 24 Seiten kann die Doppelausgabe 12/13 mit

Humoriger Umgang mit staatlicher Repression: Zeichnung aus Lokalpatriot, Nr. 7, 1997

100 gedruckten Seiten in Computerlayout glänzen. An Illustrationen wurde von jeher gespart, die textdominierten Seiten werden nur durch einige Skinhead- und Band-Fotos, CD/LP-Covers, Zeichnungen und Werbung aufgelockert sowie durch semiprofessionell gezeichnete Comics, die die unbeholfenen Zeichnungen der ersten Ausgaben abgelöst haben.

Eine 1998 ins Netz gestellte Internetausgabe ist seit langem offline, obwohl Herausgeber Erik Meierhoff sich im Februar 2000 noch eine eigene Domain unter dem Namen Meisterhoff gesichert hat. In Heft 12/13 ist die Rede davon, dass die »[...] wegen ›Nicht-PC‹ vom amerikanischen xoom.com-Server [...]«[18] gelöschte Website, jetzt über front14.org zu erreichen sei, wo zahlreiche neonazistische Websites liegen, doch blieb ihr Status unverändert offline. Ausgabe 14 berichtet, dass front14.org »dicht gemacht« habe und der Fortbestand der Website unklar sei.[19]

Positive Rezensionen des *Lokalpatriot* in anderen Fanzines belegen, dass das ursprünglich nur regional ausgerichtete Blatt inzwischen überregional in der Skinhead-Szene bekannt und akzeptiert ist. *Der weiße Wolf* etwa lobt die achte Ausgabe: »Das locker geschriebene und lachmuskelreizende Heft ist auf jeden Fall kaufpflichtig!«[20], »Alles in allem ein sehr gutes dickes Heftchen« meint *Der Rippenbrecher*[21], *Freyja* bestätigt: »[...] alles drin, was das Skinheadherz so bewegt«[22] und *White Supremacy* empfiehlt seinen Lesern: »[...] Kaufen, kaufen und nochmals kaufen!«[23]

Die Herausgeber

Mit der siebten Ausgabe 1999 wird Erik Meierhoff, Jg. 75 neuer Herausgeber des Heftes

An der Entwicklung des *Lokalpatriot* zeigt sich, wie stark die musikalische und politische Ausrichtung eines Fanzines von seinen Machern abhängt. Andreas ›Andi‹ Grabo, der das Projekt 1995 ins Leben gerufen hatte, prägte das Blatt sowohl musikalisch mit Ska und Soul, als auch mit seiner weitgehend unpolitischen Einstellung. Ab Anfang 1997 (Nr. 7) löste Erik Meierhoff, der bereits ab der zweiten Ausgabe Konzertberichte verfasst hatte, Grabo als Herausgeber ab, der bald darauf ganz aus dem Projekt ausschied. Die musikalische Berichterstattung verschob sich in Richtung Oi, Psychobilly und RAC und die ideologische Ausrichtung des Fanzines rückte mit dem Herausgeberwechsel deutlich nach rechts. Statt unpolitischen oder gar linken Bands werden seitdem fast ausschließlich rechte und neonazistische Gruppen besprochen und in einigen Fällen finden sich – meist unter den Grüßen – Hinweise auf Kontakte zu organisierten Neonazis.

Der ab der fünften Ausgabe zur Redaktion gestoßene ›Dennis‹ verstärkt diesen Rechtstrend, er liefert neben Konzertberichten auch Comic- und Titelblatt-Zeichnungen. Ideologisch eindeutig gibt er sich in seinen Texten: »Jedenfalls bekam ich damals ein INFO RIOT-Zine in die Hände und fortan bin ich überglücklich, daß ich bei einem Heft wie den *Lokalpatriot* mitmachen darf, und nicht bei so einem roten Kotzblatt, wie das oben erwähnte!!!!«[24] (Fehler im Original). Sein ganzer Stolz ist das Titelblatt der siebten Ausgabe, das einen seiner Comics mit der Sprechblase »Stimmung, Sprudel, nackte Negers!« trägt, denn »das bedeutet im Klartext: 188% nicht-PC!!!!!«[25]

Erik Meierhoff und ›Dennis‹ sind ab der siebten Ausgabe die tragenden Säulen des Bamberger Skinzines. Zu diesem Zeitpunkt sind zudem Teile der Redaktion des eingestellten Schwabacher Fanzines *FDJ – Freie Doitsche Jugend* zum *Lokalpatriot* gestoßen.[26] Häufigere Mitarbeiter, etwa für Konzertberichte, sind außerdem Meierhoffs Bruder Henrik sowie ›Lossa‹, der auch die Zeichnungen für die ersten *Lokalpatriot*-Ausgaben erstellte.

Das Logo H8 der Band Hate Society steht als Szene-Chiffre für ›Heil Hitler‹

Kontakte bis ins neonazistische Spektrum

Die Herausgeber des *Lokalpatriot* bewegen sich nicht nur in neonazistischen Skinhead-Kreisen, sondern pflegen auch Kontakte zum politisch aktiven Spektrum wie Blood & Honour. Dies belegt etwa der Bericht über die »B&H Franken Sommerparty mit Warhammer, Razors Edge, Stahlgewitter, No Remorse, Hate Society und Drunken Allstars« am 26. Juni 1999 bei Bamberg[27], an der nur geladene Gäste teilnehmen konnten. Grüße finden sich außerdem an den Leiter der Blood & Honour Sektion Franken und Sänger der Blood & Honour-Band Hate Society, Bernd ›Pernod‹ Peruch[28], der für die siebte Ausgabe selbst einen Beitrag verfasste. Bereits die zehnte Ausgabe von *Lokalpatriot* warb für die neonazistische Hilfsgemeinschaft für nationale politische Gefangene und deren Angehörige e.V. (HNG) sowie den sich namentlich an das Rote Kreuz anlehnenden neonazistischen Hilfsdienst Das braune Kreuz.

Eigentlich hielt ich mich nur an gewisse Fakten, verpackte das ganze noch comicmäßig und fertig war ein Stück Kult: Der Lemming! Ein geldgeiles Arschloch, das im Nadelstreifenanzug und mit Indianerschmuck behängt, umherzieht und die Loite abzockt, kommentiert der Zeichner sein Werk in Lokalpatriot, Nr. 10, 1999

Eine gewisse Nähe zu einem breiten Spektrum neonazistischer Vertriebe, Verlage und Labels belegt auch die im Heft abgedruckte Werbung. Findet sich in der zweiten Ausgabe gerade mal eine Werbung für ein Bamberger Irish-Pub, sind später sowohl die der NPD/JN nahe stehenden Vertriebe Dieter Koch Musikverlag aus Sprockhövel und der Tonträgervertrieb Jens Pühse aus Freising vertreten als auch Blood & Honour-nahe Firmen wie der Ultima Tonträger Vertrieb aus Halle, Show-down Records (später Shoot-down Records) aus Memmelsdorf oder G.B.F. Records aus Stuttgart sowie Firmen aus Hammerskin-Kreisen wie z.B. Hanse Records aus Bremen. Auch Versandunternehmen aus der rechten Subkultur wie DIM Records aus Ebersdorf oder der aus der Punk-Rock-Szene stammende Scumfuck-Versand aus Dinslaken schalten Anzeigen in *Lokalpatriot*. Werbung für die Firmen aus dem Umfeld Torsten Lemmers wie den MZ-Vertrieb findet sich hingegen nicht. Es wurde nach der ersten Ausgabe auch keine weitere Nummer von *Rock Nord* rezensiert, stattdessen präsentiert das Fanzine ab der neunten Ausgabe einen Comic, der Lemmer parodiert. Die Kritik am kommerziellen Ansatz Lemmers macht deutlich, wie sehr *Lokalpatriot* der Skinhead-Szene und damit dem Prinzip ›von der Szene für die Szene‹ verhaftet ist.

Mit Beiträgen wie »Skinheads in Argentinien«[29], »Die Geschichte der

Skinheads Slovakia«[30] oder Interviews mit ausländischen Bands wie The Skulls (Brasilien) oder Zetazeroalfa (Italien) zeigt *Lokalpatriot* Interesse für die Skinhead-Kultur auch jenseits nationaler Grenzen. Zwar bleiben Berichte über Konzerte im Ausland selten, doch ausländische Fanzines wie das spanische RAC-Blatt *Respuesta Sonora*, *Groarr* aus Verona oder das nationalrevolutionäre *Offensiva* aus Genua finden regelmäßig Beachtung, obwohl der Rezensent keine der beiden Fremdsprachen beherrscht.[31] Einer positiven Besprechung des spanischen Fanzines *Gente Blanca* aus Parla/Madrid tut dies keinen Abbruch, die Symbol-Sprache macht es möglich, Sprachgrenzen zu überwinden und sich als Teil einer weltweiten Gemeinschaft zu fühlen: »[...] die sehr zahlreichen Symbole des dritten Reichs könnten den einen oder anderen auch noch zum Kauf animieren.«[32]

Zeichnung aus dem spanischen Fanzine Gente Blanca, Nr. 10, 2000 – die offen dargestellten Symbole begeistern viele deutsche Fans

Längst nicht mehr auf Deutschland beschränkt ist auch die im Heft abgedruckte Werbung einschlägiger Vertriebe und Labels, etwa für Panzerfaust Records aus Newport/USA, Nordisc aus Leeuwarden/Niederlande, Hang'em High Records aus den USA, Pure Impact aus Kampenhout/Belgien oder Pit Records aus Evry/Frankreich.

An der neonazistischen Ausrichtung des *Lokalpatriot* besteht kein Zweifel: nicht politisches Kampfblatt, sondern Medium der Skinhead-Subkultur – »Ein typisches RAC-Heft, [...] welches auf Parolen, Politik & Symbolik scheißt.«[33] Das Szene-Blatt trägt zwar auch zur Festigung rechter und neonazistischer Werte und Vorstellungen bei, dient aber vor allem dem Zusammenhalt der rechten Skinhead- und Musik-Szene.

Das Neonazi-Magazin Blood & Honour Division Deutschland

Fest mit der Neonazi-Musikszene verknüpft ist das 1987 von Ian Stuart Donaldson in England gegründete internationale Blood & Honour-Netzwerk.[34] Während das in Dänemark veröffentlichte *Route 88* länderübergreifend als Magazin des gesamten internationalen Netzwerks dient, geben die jeweiligen Länderdivisionen zusätzlich eigene Publikationen in ihrer Landessprache heraus. In Deutschland erschien erstmals im Sommer 1993 eine ins Deutsche übersetzte Ausgabe des englischen Blood & Honour-Magazins, auf die 1995 ein vierseitiges, deutschsprachiges Mitteilungsblatt folgte und aufgrund der positiven Resonanz im Frühjahr 1996 das Magazin *Blood & Honour Division Deutschland* der gleichnamigen deutschen Blood & Honour-Division ins Leben gerufen wurde. Während die ersten Ausgaben im A5-Format noch wenig professionell wirkten, erschien das Fanzine ab der vierten Ausgabe im A4-Format und die Foto- und Layout-Qualität verbesserte sich stetig. Die neunte und bislang letzte Ausgabe vom Mai 2000 markiert schließlich einen Höhepunkt: ein modernes Magazin mit farbigem Titelblatt, stattlichen 124 Seiten Umfang in einer Auflage von mindestens 6.000 Exemplaren. Die verschiedenen Fanzines waren sich einig: »[...] wohl das beste Fanzine aus dem gesamten Deutschen Raum.«[35]

Expansion nach Deutschland: das englische Blood & Honour-Magazin, Nr. 4, 1993, in deutscher Übersetzung

Aufgrund seines offen neonazistischen Kurses musste das Magazin von vornherein mit staatlicher Repression rechnen, die ersten drei Ausgaben nannten deshalb noch eine dänische Kontaktadresse und die Redaktion betonte im Vorwort der zweiten Ausgabe: »Das Berliner Postfach [...] ist daher nicht identisch mit der Redaktion vom Blood & Honour Heft.«[36] Der Grund: Die nach deutschem Recht strafrelevanten Inhalte der Ausgabe, etwa ein abgedruckter Liedtext von People Haters, der zum Mord aufruft: »[...] ich will sie alle tot sehen, erschießt sie in ihren Autos, schlagt ihre schmierigen Köpfe ab, stich einen in einer Bar ab [...]«.[37] Ab der vierten Ausgabe versuchte das Magazin, in Deutschland strafbare Inhalte zu vermeiden, ersetzte die Triskele im Blood & Honour-Schriftzug auf dem Titelblatt durch ein ›&‹ und nutzte fortan das Berliner Postfach als Kontaktadresse. An der neonazistischen Ausrichtung des Magazins änderte sich jedoch nichts. Während die ersten Ausgaben zudem kaum längere Beiträge zu politischen Themen enthielten, setzen die späteren Nummern die Entwicklung zu einem Polit-Magazin konsequent um, wobei die neunte und bislang letzte Ausgabe politischer und internationaler ausgerichtet ist als alle vorherigen.

Neben einem großen Anteil an Konzertberichten, Tonträgervorstellungen und Bandinterviews, z.B. mit Brutal Attack oder Frank Rennicke, geben Führungspersonen verschiedener extrem rechter Organisationen, wie der ehemalige Ku-Klux-Klan-Führer David Duke, der Führer der National Alliance, William Pierce, und Melody LaRue, eine Vertreterin der Sisterhood of the World Church of The Creator, ihre politischen Ansichten zu Protokoll. Berichtet wird neben Internationalem von Demonstrationen des ›Nationalen Widerstands‹ und der NPD, Heldengedenk- und Sonnwendfeiern, dem »Aufstieg der NSDAP« und über ehemalige Angehörige der Waffen-SS oder führende Nazis wie Joseph Goebbels, Otto Skorzeny oder Erwin Rommel.

Am 14. September 2000 wurde Blood & Honour-Division Deutschland – und mit ihr das gleichnamige Fanzine – verboten, nachdem bereits im März Durchsuchungen bei Blood & Honour-Kadern wegen der neunten Ausgabe des Magazins stattgefunden hatten und über 1.800 Exemplare des Heftes sowie 1.500 Exemplare der als Beilage gedachten Promo-CD des US-amerikanischen Labels Panzerfaust Records beschlagnahmt worden waren. Die Website der deutschen Division wurde zwar gelöscht, doch der Verlust dürfte gering wiegen, hat doch die Blood & Honour-Division Skandinavien mittlerweile eine deutschsprachige Blood & Honour-Seite ins Netz gestellt. Großen Eindruck hat das Verbot nicht gemacht, noch einen Monat danach, im Oktober 2000, wurde das Magazin verschickt, nur vor der Kontaktaufnahme mit den bekannten Postfächern wurde gewarnt und auf ausländische Adressen verwiesen.[38] Das Verbot bedeutet deshalb nicht zwingend auch das Ende des Fanzines, eine Fortführung aus dem Ausland oder unter anderem Namen ist denkbar.

Aus Furcht vor staatlicher Verfolgung anfangs in Dänemark verlegt: das deutsche Blood & Honour-Magazin, Nr. 1, 1995

Wir versuchen im B&H eine gesunde Mischung aus Beiträgen der Richtungen Musik, Politik, Geschichte und Information zu finden ..., schrieb ›Pin‹ im Vorwort von Blood & Honour Division Deutschland, Nr. 6, 1998.

Die ›Men in Black‹ von Blood & Honour als Beschützer der ›weißen Rasse‹: Blood & Honour Deutschland, Nr. 9, 2000

In der internationalen Neonazi-Musikszene fest verankert

Die rund 300 Mitglieder des deutschen Blood & Honour-Netzwerks waren auf rund 17 Sektionen über die gesamte Bundesrepublik verteilt, in den jeweiligen Regionen an der Organisation von Konzerten beteiligt und als Bandmitglieder und Fanzine-Macher selbst wichtiger Bestandteil der Neonazi-Musikszene. Federführend wurde das Blood & Honour-Magazin von Stefan Lange herausgegeben, dem deutschen Divisionsleiter und Kopf der 1994 gegründeten Berliner Sektion[39], der unter dem Pseudonym ›Pinocchio‹ bzw. im Heft abgekürzt ›Pin.‹ das Vorwort und zahlreiche Artikel verfasste. Das Magazin wurde in halb-klandestinen Strukturen hergestellt und die Beiträge wurden daher nur mit Vor- oder Spitznamen in Kombination mit der Sektions-Bezeichnung gekennzeichnet. Viele Sektionen steuerten Artikel bei, wobei die Autorinnen und Autoren über Konzerte, Demonstrationen und andere Aktivitäten aus ihrer eigenen Region berichteten. Dadurch konnte die Redaktion dem Anspruch gerecht werden, ein internationales Magazin für den deutschsprachigen Raum herauszugeben.

Heft des zeitweiligen Blood & Honour-Sektionsleiters Jan Werner: White Supremacy, Nr. 1, 1998

Szenemitglieder aus dem näheren Umfeld von Blood & Honour publizieren zudem weitere Fanzines. Seit 1997 veröffentlicht etwa Hannes Franke *Axtschlag* aus Hildesheim, Mitglieder der Sektion Sachsen *White Supremacy*, die Sektion Bayern aus dem Raum Amberg *United, White & Proud*, Mitglieder von Blood & Honour-Hessen *Handkäs' mit Musik* und 1999 erschien eine Ausgabe des von Sven Liebich aus Leipzig herausgegebenen *The New Dawn* als Rundbrief der Sektion Sachsen-Anhalt. Aus demselben Spektrum stammen auch die beiden Offenbacher Skinzines *Brutal Attack* (1997–1998) und *Äbbelwoi Exbress* (1996–1998).[40]

Das Magazin *Blood & Honour Division Deutschland* orientiert sich in hohem Maß an der internationalen RechtsRock-Musikszene und ist in dieser fest verankert. Einblicke in die »Skinhead- und Nationalisten-Szene« anderer Länder, etwa Russlands oder Brasiliens, sind obligatorisch, wobei das Interesse auch den osteuropäischen Ländern gilt. So heißt es bei einer CD-Rezension der tschechischen Band *Buldok*: »[...] sofort zulegen, sei denn man zählt zu den Armseligen, die tschechische Kameraden als Untermenschen bezeichnen.«[41]

[...] wir sind nicht der Meinung, mehr Interviews und Berichte aus Deutschland abzudrucken, es gibt ja wohl mehr als genug Magazine in Deutschland, die sich hauptsächlich dieser Thematik bedienen. Außerdem sagt doch der Name Blood & Honour schon eindeutig, in welche Richtung wir arbeiten, wir sind international und ausdrücklich europäisch ausgerichtet!

Blood & Honour Division Deutschland, Nr. 8, 1999

Bereits bei der Musikauswahl wird der neonazistische und internationale Charakter des Magazins deutlich: Im Vordergrund stehen internationale Bands, wie Brigada NS (Brasilien), Torquemada 14/88 (Spanien), Excalibur (Tschechien) oder Pluton Svea (Schweden), die sich offen neonazistisch artikulieren. Häufig wird auch über Konzerte im – nicht immer nur benachbarten – Ausland berichtet. Dient es den politischen Zielen, ist das Magazin aber auch offen für Musik anderer Subkulturen, in denen sich rechte Einflüsse bemerkbar machen, wie NS-Black-Metal (z.B. Varg Vikernes/Burzum[42]) oder Dark Wave (z.B. Camerata Mediolanense[43]).

Die guten internationalen Kontakte des Magazins belegt nicht nur das Anzeigenaufkommen, das Vertriebe, Bands, Fanzines und Labels wie

Resistance Records aus den USA, Midgard aus Schweden, *Spirit of 88* aus Italien, *Sigrdrifa* aus Kanada, die Fascist Union aus Neuseeland oder *Wotan* aus der Slowakei umfasst.

Politisches Kampfblatt auf neonazistischem Kurs

RechtsRock im Ohr, den Nationalsozialismus vor Augen: Blood & Honour-Magazin, Nr. 8, 1999

»Im großen wie im kleinen, alles was um uns geschieht ist Politik, jede Veränderung im Leben ist Politik. [...] Unpolitisch zu sein, also gar nichts zu tun, damit kann sich eigentlich keiner zufrieden geben, schon gar nicht, wenn man sich als ›rechts‹ oder ›national‹ bezeichnet.« [44] *Blood & Honour Division Deutschland* ist ein politisches Kampfblatt, das die Absicht von Blood & Honour, mehr zu sein, als nur eine Musikbewegung, schriftlich festhält und seine Leserinnen und Leser auffordert, aktiv zu werden, mehr zu tun, »als nur zu marschieren«.[45] In der Wahl der politischen Mittel sind die Herausgeber dabei nicht zimperlich und geben als Anregung ein Zitat eines ehemals führenden Kopfes des Ku Klux Klan, Louis Beam, mit auf den Weg: »[...] Das politische Engagement ist ein ausgezeichnetes Mittel zur Verbreitung und Popularisierung von Ideen. Aber diese Aktivitäten können nicht mehr sein, als sie sind: eine Ergänzung, ein Kampfmittel zur Vernichtung der Feinde unserer Rasse. [...] Die Patrioten von heute müssen sich auf den größten aller Kriege, den Rassenkrieg vorbereiten, und dafür muß man geheime Strukturen schaffen und bereit sein, sein Leben zu opfern.«[46]

Dem durch einen derart extremen Ansatz entstehenden hohen Risiko der Strafverfolgung trug das Magazin Rechnung, indem es strafbare Formulierungen durch chiffrierte NS-Bezüge wie ›88‹ ersetzte und davon berichtet, dass »der Arm so 'ne komische Steife«[47] gehabt habe, statt vom ›Hitlergruß‹ zu schreiben. Um die den Lesern drohende Repression zu vergegenwärtigen und sich damit den Reiz des Verbotenen zu sichern, wurden Begriffe mit Bezug zum Nationalsozialismus, wie ›Hakenkreuz‹ (»Ha...nkreuze«[48]) oder ›Rasse‹ häufig nur angedeutet: »Es ist unsere heilige Pflicht, für das Weiterbestehen der weißen R... zu kämpfen, egal wo!«[49] Dieser offen neonazistische Kurs wird verstärkt durch lange revisionistische Artikel über den Nationalsozialismus, wie beispielsweise eine Biografie von Joseph Goebbels in der neunten Ausgabe, die für Fanzines in dieser Länge völlig untypisch ist. Die »Ritterkreuzträger der Waffen-SS«[50], wie Erich Eberhardt, feiert das Neonazi-Zine als »Helden der Vergangenheit« und auch ein Artikel aus dem vom ›Kameradenkreis der ehemaligen Waffen-SS e.V.‹ herausgegebenen *Leitheft* findet seinen Weg in das Fanzine.[51] Feste inhaltliche Bestandteile sind außerdem Berichte über Heiden- und Germanentum, wie »Heidnische Naturreligion – Priester und Hexen«[52] oder die »Germanen im Kampf gegen Rom«.[53]

Will kein Fanzine sein, sondern ein Rundbrief: *»Der B&H Rundbrief ist keine Publikation im Sinne des Pressegesetzes. Dieser Rundbrief ist nur für den Kameraden- und Freundeskreis.«* Impressum, Blood & Honour Magazin, Nr. 4, 1997

In Sachen Ausländerfeindlichkeit und Antisemitismus bewegt sich das Fanzine ebenfalls auf neonazistischem Kurs, die Redaktionsmitglieder bezeichnen sich selbst als »[...] weiße Rassisten [...]«[54] und ziehen stereotype antisemitische Attribute wie die ›Hakennase‹ zu Diffamierungen heran (»[...] Ich glaube der Besitzer war der mit der seltsam geformten Nase, der sein Geld erst in Schekel haben wollte und dann was von

Hohn und Spott über Rock Nord und Torsten Lemmer: Comic aus dem Blood & Honour-Magazin, Nr. 6, 1998

umtauschen gebrummelt hat.«[55]). Als Rechtfertigung für Antisemitismus müssen angebliche Talmud-Zitate herhalten: »Juden müssen immer versuchen, Nichtjuden zu betrügen«.[56]

Dass sich das Magazin *Blood & Honour Division Deutschland* als fester Bestandteil der RechtsRock-Szene betrachtete, zeigt sich auch daran, dass es sich den szeneinternen Boykottaufrufen gegen den »Rotwein-saufenden Jupie«[57] Lemmer anschloss und sich weigerte, für dessen »Label/Versand-Maschinerie« zu werben.[58] Die Skinhead-Szene war auch die Zielgruppe des Neonazi-Fanzines, das deren unpolitische Teile an Politik heranführen und für die eigene Bewegung rekrutieren wollte. Als ›Sprachrohr‹ bot das Magazin einerseits der deutschsprachigen Blood & Honour-Bewegung eine Kommunikationsplattform und wirkte andererseits als ›Werbeträger‹ ihrer politischen Ideen und kommunizierte diese nach außen. Mit Erfolg: Auch bei Nicht-Blood & Honour-Mitgliedern war das Fanzine äußerst hoch angesehen: »Der absolute Hammer, was die Berliner Kameraden uns hier bieten.«[59]

Das RechtsRock-Magazin Rock Nord

Die Wurzeln des Zeitungsprojektes *Rock Nord* reichen zurück bis 1987, als Andreas Zehnsdorf *Querschläger* (1987–1991) herausgab. Das Fanzine erreichte in der Skinhead-Szene Kultstatus, wurde aber Ende 1991 eingestellt, da »[…] mit dem *Querschläger* der maximale Bekanntheitsgrad erreicht war, der mit den zur Verfügung stehenden Mitteln überhaupt erreicht werden konnte«.[60] Das Nachfolgeprojekt sollte ein breiteres Publikum jenseits der Skinhead-Szene ansprechen und parteiunabhängig operieren: *Ketzerblatt Frontal* (1991–1993) brachte es auf eine Auflage von 1.300 Exemplare (Eigenangabe), allerdings wurden fünf von den veröffentlichten sechs Ausgaben indiziert.

Das Fanzine Querschläger erschien erstmals im Dezember 1987 in einer Auflage von 50 Exemplaren als »Kameradschaftsblatt« [Endsieg, Nr. 3, 1991: Querschläger] der FAP-Essen, die auch die Herstellungskosten trug. Das von Andreas Zehnsdorf herausgegebene Fanzine erschien in der Regel vierwöchentlich und brachte es bis 1991 auf 43 Ausgaben. Die Querschläger-Redaktion unterhielt zusätzlich den Querschläger-Vertrieb

Ab April 1993 erschien dann, ebenfalls unter der Regie von Zehnsdorf in Zusammenarbeit mit Torsten Lemmer, *Moderne Zeiten* (MZ), dessen erste Ausgaben im Untertitel noch auf den Vorgänger verwiesen: »Das Ketzerblatt für Musik und Trends einer neuen Generation«. Herausgeber war die »LER & Partner GmbH in Gründung«[61] von Torsten Lemmer sowie dem ehemaligen Mitglied der Freien Wählergemeinschaft Düsseldorf Christian Eitel und *Europa-Vorn*-Herausgeber Manfred Rouhs, der sich jedoch bald mit seinem Gesellschafterkapital zurückzog, woraufhin das Unternehmen im Juni 1993 in Creative Zeiten Verlag und Vertrieb GmbH umbenannt wurde.[62]

MZ sollte den Weg, der mit *Frontal* eingeschlagen worden war, fortsetzen, »[…] eine breitgestreute, monatlich erscheinende, bundesweite Szene-Zeitung über bzw. mit nationaler Gegenkultur von rechts zu etablieren.«[63] Musik mit rechten Inhalten sollte als Teil des gesellschaftlichen Mainstreams verankert werden. Die Auflage der *MZ* belief sich angeblich auf 10.000, darf jedoch deutlich niedriger geschätzt werden. Galt zu *Frontal*-Zeiten für Zehnsdorf noch »Kommerziell werden kommt für uns nicht in Frage«[64], kam es in der *MZ* erstmals zu einer Verquickung von Heft und Vertrieb, die prägend für Publikationen aus dem Hause Creative Zeiten bleibt: Von den maximal zwölf Seiten bestanden bis zu vier Seiten aus der Versandliste des MZ-Vertriebs – der von CDs über Buttons, Bücher, T-Shirts, Fahnen des ›Nationalen Widerstandes‹ und Deutschland-einig-Vaterland-Aufnähern bis hin zum Skrewdriver-Kissen zahlreiche Artikel anbot – und die Inhalte waren geprägt von der Berichterstattung über Bands und Tonträger der hauseigenen Labels Dorfmusik und Funny Sounds.

Die Entwicklung zu einem professionellen und kommerziellen Magazin fortsetzend, erschien im Mai 1996 das Nachfolgeblatt *Rock Nord*, dessen erste Ausgabe die Nummer 22 trägt: »Wie ihr bestimmt schon an der Nummer erkannt habt, die auf der ersten Seite steht, ist dieses erste Heft des *Rock Nord* gleichzeitig die Fortsetzung der *Modernen Zeiten* mit besseren Mitteln und unter einem anderen Namen.«[65] Mit *Rock Nord*, das laut Eigenangaben seit Beginn in einer Auflage von 15.000 Exemplaren gedruckt wird, waren die Herausgeber ihrem 1993 formulierten Ziel einen Schritt näher gekommen: RechtsRock einem breiten Publikum zugänglich zu machen. Die Inhalte änderten sich kaum, die MZ-Vertriebsliste mit rund zehn Seiten Umfang wurde ebenfalls beibehalten, Neuerungen erfuhr nur die Aufmachung: DIN-A4-Format, Farbdruck, journalistischer Schreibstil und Zeitschriftenlayout.

Dem Status eines Skinhead-Fanzines ist *Rock Nord* damit genau genommen bereits entwachsen, andere Fanzines besprechen es in einer Rubrik mit vergleichbaren Hochglanz-Magazinen wie *Resistance*, das selbst voll des Lobes ist: »Schweden hat *Nordland*, die englischsprachigen Länder haben *Resistance* und nun haben die Deutschen *Rock Nord* [...] der Inhalt ist so inspirierend wie das Cover, mit ordentlichem Layout und starkem Schreibstil. [...] es ist klar, das dies das deutsche Jugendmagazin von morgen ist!« [66] Einen weiteren Schritt in Richtung professionelles Medium unternahm das Magazin 1997, als es eine aufwendig gestaltete Website ins Internet stellte, die analog zur Vertriebsliste der Druckausgabe an einen ›Online-Shop‹ angegliedert ist.

Trotz Professionalisierung ist *Rock Nord* bemüht, den Kontakt zur Skinhead-Szene nicht zu verlieren und sich als deren Teil zu gerieren: »Bedenkt bitte, daß ein starkes *Rock Nord*, auch ein starkes Sprachrohr für unsere Szene ist. Nur wenn wir alle an einem Strang ziehen, und nicht wie die ewigen Spalter, Sektierer und Kleingeister gegeneinander arbeiten, nur dann können wir [...] das vollenden, vor dem es den etablierten Sesselpupsern im deutschen Medienkartell allein bei dem Gedanken daran graut: den Durchbruch unserer vaterländischen Musikszene!«[67]

Nachfolgemagazin von Querschläger: Frontal, Nr. 4, 1992

Moderne Zeiten

Das KetzerBlatt für Musik und Trends einer neuen Generation
Nr. 1, April 1993, Einzelpreis DM 2,–

Es ist soweit.

Harte Zeiten.

Harte Pflichten.

MODERNE ZEITEN!

Die Schonzeit ist vorbei!

Stark angekündigt in verschiedenen TV-Programmen; nicht zuletzt in SPIEGEL TV

08/15 ist schon jetzt eine prominente Band. Noch bevor ihr erster Tonträger erschienen ist, ist sie bereits eine der bekanntesten deutschen Bands mit wirklich deutschen Texten. Wer steckt hinter 08/15?

Fortsetzung auf Seite 2

08/15

»Es geht los!«

»Das Ketzerblatt für Musik und Trends einer neuen Generation«: Moderne Zeiten, Nr. 1, 1993

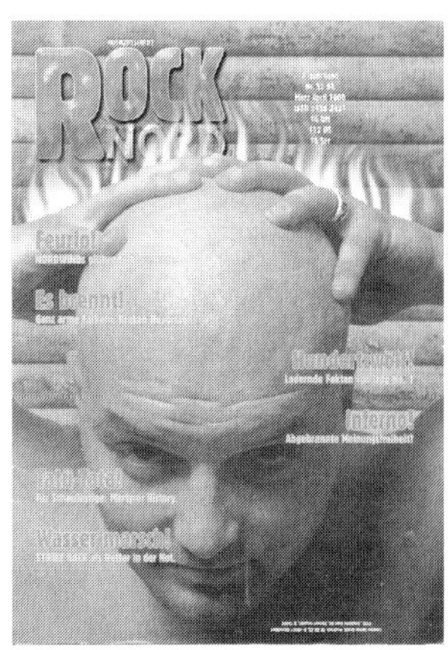

Hochglanz und professionelle Vermarktung: Rock Nord, Nr. 57/58, 2000

Herausgeber und Redaktion

Wie schon *Moderne Zeiten* wurde *Rock Nord* bis zur Ausgabe Nr. 66/67 von der Creative Zeiten Verlag und Vertrieb GmbH herausgegeben. Der

Essener Andreas Zehnsdorf, Creative-Zeiten-Geschäftsführer und -Anteilseigner, übernahm diese Funktion dann für eine Ausgabe, seit Nummer 70/71 übernimmt dies die VGR Multimedia Verlagsgemeinschaft Rheinland GmbH mit Sitz in der Kleinstadt Hilden nahe Düsseldorf.

Die Verbindungen zu Torsten Lemmer, der das in Auflösung begriffene Unternehmen Creative Zeiten mitgegründet hat und lange Jahre ihr Geschäftsführer war, sind auch hier sichtbar: Lemmer war Geschäftsführer der Firma Enorgon Meyer GmbH, die von seinem Großvater als alleiniger Anteilseigner 2001 in die VGR überführt wurde.

Einen Nachfolger gefunden hat auch der MZ-Vertrieb: Die MZ-Vertriebsliste – seit jeher Bestandteil des Magazins – firmiert nun unter dem Namen Nordcore Versand, jedoch mit einem weitgehend identischen Sortiment. Der bis 1992 in der FAP aktive Andreas Zehnsdorf ist seit Jahren unter mehreren Pseudonymen und mit wechselnden Partnern als Chefredakteur, Autor und Layouter tätig.

Als zeitweilig presserechtlich Verantwortlicher und zweiter Chefredakteur trat das Pseudonym ›Michael Eymann‹ in Erscheinung, das dem Düsseldorfer Ferenc Szeplaki zugerechnet wird, der zu den Aktivposten des von Lemmer und Jan Zobel initiierten Düsseldorfer Jugendoppositionsstammtisches zählt und federführend an der Erstellung der neonazistischen Schülerzeitung *Reflex* beteiligt war. Nachdem kurzzeitig der 19-jährige Düsseldorfer Tim Holzschneider, der ebenfalls zum Kreis des Jugendoppositionsstammtisches zählt und wie Lemmer, Zobel, Melanie Dittmer und Jürgen Drenhaus im Rahmen von Christoph Schlingensiefs ›Aussteigerprojekt‹ naziline.com mitwirkte, Geschäftsführer der VGR GmbH und Verantwortlicher von *Rock Nord* war, fungiert seit der Ausgabe 72/73 wieder Szeplaki als Verantwortlicher im Sinne des Presserechts.

Zum festen Kreis der *Rock-Nord*-Redaktion gehörten in den letzten Jahren Frank Krämer, ehemaliges REP-Mitglied und Sänger der Band Rheinwacht, die ehemalige JN-Stützpunktleiterin und spätere Aktivistin der Bewegung Deutsche Volksgemeinschaft und *Wille-und-Weg*-Redakteurin Melanie Dittmer aus Dorsten, der in Duisburg lebende und mehrfach wegen schwerer Körperverletzung vorbestrafte Jürgen Drenhaus und der aus Neuenkirchen bei Rheine stammende und seit 1996 in Düsseldorf lebende ehemalige Herausgeber des zwischenzeitlich eingestellten Fanzines *Amok* und ehemalige NPD-Kommunalwahlkandidat Mike Beyer. Beyer trat von Juni 1998 bis Januar 2000 auch als presserechtlich Verantwortlicher von *Rock Nord* auf und wurde im Impressum gemeinsam mit Denis Peter (Nr. 36 bis 40) vom Erfurter Fanzine *Doitsche Musik*, später dann mit dem ehemaligen Mitglied des JN-Bundesvorstands Jan Zobel (Nr. 44 bis 55) als Chefredakteur geführt. Zobel war Herausgeber und Verantwortlicher der rechten Postille *Düsseldraht* sowie Redakteur und presserechtlich Verantwortlicher der JN-Zeitschrift *Einheit und Kampf* und fungierte laut Handelsregister neben Zehnsdorf als kaufmännischer Geschäftsführer der Creative Zeiten GmbH.

Selbstdarsteller ohne Glatze: Torsten Lemmer

Unternehmenszweck der VGR Multimedia Verlagsgemeinschaft Rheinland GmbH ist laut Vereinsregister *»der Verlag, die Produktion und der Vertrieb im Groß- und Einzelhandel von Tonträgern, Zeitschriften, Büchern, Werbe- und Fanartikeln sowie die Erstellung und Vermarktung von Internetauftritten und Datenverarbeitung und das Management von Künstlern und Autoren«. Das Unternehmen ist damit bestens geeignet, die Nachfolge von Creative Zeiten anzutreten und schickt sich, wie die Übernahme der Herausgeberschaft für Rock Nord zeigt, bereits an, dies zu tun.*

Der 32-jährige Torsten Lemmer, ehemaliges Mitglied der REP und Ex-Fraktionsgeschäftsführer und stellvertretender Vorsitzender des Vereins Freie Wählergemeinschaft, wurde vor allem durch seine Managertätigkeit für die Gruppe Störkraft bekannt. Selbst nie Skinhead gewesen, knüpfte Lemmer in dieser Zeit Kontakte in die Szene, die den Grundstock für seine kommerziellen Unternehmungen legten

No politics, just music?

Obwohl also ein großer Teil der Redaktion bereits im politisch organisierten Spektrum aktiv war, will diese nun lediglich »[...] eine Musikzeitschrift mit patriotischer Ausrichtung«[68] publizieren. »No politics just music« lautet denn auch das Motto eines Artikels von Andreas Zehnsdorf, mit der »[...] Absicht, Parteipolitik aus den Texten und dem Handeln der Bands im speziellen, und der Szene im allgemeinen, herauszuhalten. Parteipolitik wohlgemerkt!« Der Einfluss von Parteien und Organisationen wie Blood & Honour oder der NPD auf die rechte Musikszene ist dem Magazin ein Dorn im Auge, es kritisiert Bands, die sich zu politischen Gruppierungen bekennen, und meint einen »heftigen ›Beeinflussungsüberfall‹ durch mutmaßliche Kader-Aktivisten« in der RechtsRock-Szene zu erkennen. *Rock Nord* fordert von seinen Leserinnen und Lesern nicht, aktiv zu werden, und meidet politische Themen grundsätzlich, außer sie betreffen – etwa in Form von Repression gegen Konzerte, Bands oder Labels – die Musikszene. Neben den Konzertberichten, Interviews und Tonträgerrezensionen bietet *Rock Nord* sich seinen Lesern auch als Forum für Diskussionen und Meinungen dar, jede Ausgabe enthält abgedruckte Zuschriften und Lesercharts.

Mit der Absicht, sowohl die Skinhead-Szene, als auch eine darüber hinausreichende Zielgruppe anzusprechen, konstruiert »die Bravo der Rechten«[69] eine ›RechtsRock-Szene‹, die dem Magazin zufolge neben rechten Skinheads all jene umfasst, die sich für ›nonkonforme‹, ›patriotische‹ oder ›vaterländische‹ Musik interessieren. Die gewählten Begriffe sind einerseits ein Zugeständnis an ›unpolitische‹ Jugendliche, die der Begriff ›RechtsRock‹ abschreckt, und andererseits auch auf andere Musikstile wie Dark Wave, Black Metal oder die Musik von Frank Rennicke anwendbar.

In der Praxis orientiert sich das Blatt inhaltlich vorwiegend an Skinhead-Bands wie Skrewdriver, Brutal Attack oder Sturmtrupp, berichtet jedoch mit einer gewissen Regelmäßigkeit auch über Konzertereignisse aus anderen Musikrichtungen, wie das Wave-Gotik-Treffen (Nr. 48/49), ein Guildo-Horn-Konzert (Nr. 34), die NS-Black-Metal-Bands Burzum (Nr. 36/37) und Absurd (Nr. 48/49) oder die Hard-Rock-Gruppe J.B.O. (Nr. 63/64/65).

Dabei hat das Ziel, eine möglichst breite Leserschaft zu erreichen, vor allem kommerzielle Hintergründe, die das Magazin auch gar nicht leugnet: »Wir machen das *Rock Nord*, weil wir damit Geld verdienen wollen. Daraus haben wir nie einen Hehl gemacht.«[70] In der Szene stößt das Blatt deshalb auf massive Kritik, etwa wegen des Heftpreises – 4 EUR pro Heft (36 Seiten), 8 EUR für eine Doppelausgabe und dieser Logik folgend 12 EUR für die Ausgabe 63/64/65 mit 64 Seiten – oder der weitgehenden Übereinstimmung der besprochenen Bands und Tonträger mit dem Angebot des MZ-Vertriebs und dass »[...] die eigenen CD's zu sehr gelobt werden.«[71] Die szeneinterne Kritik gipfelte 1997 in den beiden

Das von Mike Beyer von 1995–97 veröffentlichte Fanzine Amok war aufgrund des betont witzigen Stils in der Szene äußerst beliebt, Amok, Nr. 1, 1995

Verleugnung des politischen Charakters: Zeitweiliges Logo auf den Tonträgern aus dem Hause Lemmer (links); Reaktion aus dem Hause Landser: RechtsRock ist in erster Linie politisch (rechts)

Übrigens liegt es uns fern explizit eine Skinheadleserschaft anzusprechen, sondern prinzipiell alle Leute, die sich mit dieser Art von Musik, wie wir sie repräsentieren identifizieren können.

Rock Nord im Interview mit Skinhead eight-y-eight, Nr. 3, 1998

FINANZIERE NICHT DEINE FEINDE!

Sicher hat es jeder von Euch durch die Medien oder durch Freunde erfahren: Aktion Notenschlüssel II gegen Skinheadmusik und Rechtsrock läuft auf vollen Touren!

Betroffen waren davon in einer groß angelegten Hausdurchsuchungswelle fast alle deutschen Labels und Mail Orders. Interessant daran ist, daß ausgerechnet die zwei größten Läden in Deutschland davon verschont geblieben sind: Funny Sounds aus Langenfeld und Rock-O-Rama aus Köln.

Die Gerüchteküche brodelt und beiden Versänden wurde schon seit längerem von einigen Leuten nachgesagt, sie würden mit den Bullen zusammenarbeiten. Aber wir wollen hier keine Gerüchte aufkochen, sondern mal einige Fakten, die für sich sprechen, nennen:

Im Frühjahr dieses Jahres zogen die beiden Firmenchefs Herbert Egoldt (Rock-O-Rama, B.H.C.D. und div. Unterlabels) und Thorsten Lemmer (Funny Sounds, Dr. CD, Destiny Records und div. Unterlabels) gemeinsam durch die Lande, um einige kleinere Konkurrenten unter Druck zu setzten. Dabei ging es unter anderem darum, die politischen Aktivitäten von einigen in der Szene aktiven Kameraden zu stören oder ganz zu unterbinden.

Kampagne aus der Szene gegen Lemmer und Konsorten

Mit moderner Aufmachung und Hochglanzpapier versucht das Magazin auch Leser jenseits der Szene zu erreichen. Das Titelblatt des Rock Nord, Nr. 62, 2000, zeigt die schwedische RechtsRock-Sängerin Saga

Ich gehe lieber zum Italiener Rotwein trinken, als daß ich mir einen Reichsparteitag auf Video angucke.

Torsten Lemmer im Interview mit Skinhead eight-y-eight, Nr. 3, 1998

Boykott-Aufrufen »Deutsche wehrt Euch – Kauft nicht bei Lemmer« und »Finanziere nicht deine Feinde!«

Rock Nord und das neonazistische Spektrum

Zur neonazistischen Skinhead-Szene hat *Rock Nord* ein zwiespältiges Verhältnis: Einerseits stellt sie die Hauptklientel der Zeitschrift und muss bei der Stange gehalten werden, andererseits soll die Leserschaft über diesen Kreis hinauswachsen. Um den dafür schädlichen Ruch des Rechtsextremismus loszuwerden, der das im Verfassungsschutzbericht erwähnte Magazin noch immer umgibt, distanzierte sich Lemmer in einem 1997 veröffentlichten Interview deutlich vom offen neonazistischen Flügel der Skinhead-Szene: »Das sind politische Idioten, Verrückte oder Provokateure.«[72] Bei Neonazi-Skinheads hat er damit sich und das »rheinländische Fachmagazin für Indianerschmuckträger, Rotweintrinker und gescheiterte FAP-Aktivisten«[73] noch mehr in die Kritik gebracht.

Die »liberale Versager-Front derer, die den Nationalismus von Rassismus und NS-Verherrlichung befreien wollen,«[74] wie das Neonazi-Magazin *Hamburger Sturm* das *Rock Nord* abfällig betitelt, glaubt, einen Nationalismus ohne derlei Vorurteile vertreten zu können: »Noch immer meinen viele Aktivisten, Rassismus und Antisemitismus seien Teil des Nationalismus. Damit liegen sie aber völlig falsch.«[75] Antisemitismus verkneift sich das Blatt weitgehend, und: »Nur weil wir Spaß daran haben, wenn eine Kultband ›deutsche Kolonien in Afrika‹ als erstrebenswert betrachtet, heißt das nicht, daß wir im realen Leben jedem Schwarzen im Supermarkt mit dem Korb auf die Füße fahren, weil er hier sowieso nichts zu suchen hätte.«[76] Gewalt sei kontraproduktiv, denn »›die da oben‹ [...] versuchen so unfaßbar stur wie noch nie, uns zu kriminalisieren und in die gewalttätige rechte Ecke zu drängen.«[77]

Echt ist die Distanz des Blattes zum Neonazismus nicht: *Rock Nord* kokettiert mit codierten NS-Bezügen und bedient damit seine neonazistische Leserschaft: So kostete ein Abo bis vor kurzem 88 DM, im Vertrieb sind T-Shirts mit ›88‹-Aufdruck erhältlich und als Stichtag einer Abo-Aktion wurde der 20. April, der Geburtstag Adolf Hitlers, gewählt. Auf manchen Fotos überdecken gut erkennbare schwarze Flächen strafbare Symbole wie Hakenkreuze und SS-Runen. Zeigen die Abgebildeten den ›Hitlergruß‹, wurden die Bilder teilweise mit schwarzem Balken versehen, wobei die Geste jedoch erkennbar bleibt oder erläutert wird: »[...] Stuart und Stigger zeigen ihren deutschen Fans während eines Gigs im Stuttgarter Raum 1991 nicht die geballte Faust, sondern die ausgestreckte Hand. Ein Unterfangen, daß [sic] in Deutschland schnell zu einem juristischen Spießrutenlauf ausarten kann.«[78]

Dass sich Creative Zeiten und *Rock Nord* nicht immer im Rahmen bundesdeutscher Gesetze bewegen, haben mehrere staatliche Maßnahmen gezeigt: 1998 wurden zweimal die Räume von Creative Zeiten durchsucht und es wurden insgesamt über 4.700 CDs wegen des Straftatbestands der

Volksverhetzung oder Gewaltdarstellung sichergestellt.[79] Bereits 1997 hatte das Magazin die CDs *Our time will come* von Squadron, die volksverhetzende Titel enthält, sowie *Skinhead Rock'n'Roll* und *Allzeit bereit* von Endstufe, gegen die ein Einziehungsbeschluss besteht, zum Verkauf angeboten.[80]

Vor diesem Hintergrund erscheint die Distanzierung des Magazins von der extremen Rechten als taktischer Schachzug, um RechtsRock in breiteren gesellschaftlichen Schichten zu etablieren. Eine Strategie, die aber aufgrund der Kontakte zu Neonazi-Bands und zur neonazistischen Skinhead-Szene nicht umgesetzt werden konnte. Das kommerzielle Interesse überwiegt bei *Rock Nord* die politischen Zielsetzungen, doch während es sich als Vertriebsplattform bewährt hat und eine regelmäßige Käuferschicht den Fortbestand sichert, ist eine Verankerung in der gesellschaftlichen Medienlandschaft ebenso wie der geplante Kioskvertrieb des Magazins gescheitert. Auch eine hohe Akzeptanz in der rechten Skinhead-Szene hat das Magazin nicht erreicht, obwohl es dort noch immer einen nicht unbeträchtlichen Teil seiner Leser rekrutieren dürfte.

Freundliche Geste – Stuart und Stigger zeigen ihren deutschen Fans während eines Gigs im Stuttgarter Raum 1991 nicht die geballte Faust, sondern die ausgestreckte Hand. Ein Unterfangen, daß in Deutschland schnell zu einem juristischen Spießrutenlauf ausarten kann.

Kommentar zum selbst zensierten Foto in Rock Nord, Nr. 39/40, 1998

Fazit

Die exemplarische Betrachtung der Fanzines aus Skinhead-Szene, organisiertem Neonazismus und Mainstream zeigt, dass die inhaltlichen und politischen Schwerpunkte eines Fanzines je nach Herausgeber differieren, obwohl alle drei Beispiele im rechten oder neonazistischen Spektrum anzusiedeln sind. Je nach Verankerung im politischen Umfeld tritt das ideologische Weltbild offen in Erscheinung oder schwingt lediglich als Unterton mit. Das Magazin *Blood & Honour Division Deutschland* unterstützt aktiv die Politik eines neonazistischen Netzwerks und verfolgt als solches klar definierte politische Ziele, wohingegen *Lokalpatriot* sich dem Zusammenhalt der rechten Skinhead-Szene, ihrem Lebensstil und ihrer Musik widmet und *Rock Nord* auf reformistische Weise versucht, Teil des gesellschaftlichen Mainstreams zu werden. Gewaltanwendung, Verherrlichung des Nationalsozialismus und direkte Kontakte zu Neonazis stehen der Vorgehensweise des Düsseldorfer Hochglanzmagazins entgegen und werden deshalb vermieden, der spielerische Umgang mit chiffrierten NS-Bezügen lässt aber gleichzeitig die ideologische Distanz zum Nationalsozialismus vermissen. Offen neonazistische Positionen vertritt hingegen das Blood & Honour-Magazin und schöpft in diesem Zusammenhang den Rahmen der bundesdeutschen Gesetze voll aus, während das Bamberger Skinzine konkrete politische Äußerungen oder NS-Bezüge ganz unterlässt, ohne sich aber explizit davon zu distanzieren.

Der Wirkungskreis und die anvisierte Zielgruppe der drei Fanzines unterscheiden sich stark. Während *Lokalpatriot* ausschließlich auf die Skinhead-Subkultur abzielt, findet das Blood & Honour-Magazin seine Verbreitung sowohl unter Skinheads als auch unter politischen Aktivisten und bedient den ›grauen‹ und illegalen Markt. *Rock Nord* dagegen

Fanzines: Musikmagazin, Gegenöffentlichkeit und internes Kommunikationsmittel

richtet sich an eine breite, nicht genauer definierte, diffus rechte Käuferschicht verschiedener musikalischer Stilrichtungen mit Schwerpunkt auf Skinheads.

Dementsprechend werden die Magazine unterschiedlich von außen rezipiert und erfüllen unterschiedliche Funktionen, die sich gegenseitig ergänzen. *Lokalpatriot* fungiert nur als internes Kommunikationsmittel der Szene, wohingegen das Blood & Honour-Magazin nicht nur als Medium für deutschsprachige Blood & Honour-Mitglieder dient, sondern sein publizistisches Potenzial in den Dienst der Bewegung stellt und als ›Sprachrohr‹ die Ziele von Blood & Honour nach außen an eine Zielgruppe aus politischen Aktivisten und RechtsRock-Fans kommuniziert. ›Gegenöffentlichkeit schaffen‹, ein ›patriotisches‹ Magazin innerhalb der Medienlandschaft und des RechtsRock zu etablieren und zu vermarkten, lauten die Absichten von *Rock Nord*, das über die Skinhead-Szene hinaus sowohl andere Subkulturen als auch den gesellschaftlichen Mainstream und damit eine möglichst breite Zielgruppe ansprechen will.

Anmerkungen

1 Archiv der Arbeiterjugendbewegung: Bestandsliste Fußball-Fanzines, Stand: 6.1.2000.
2 Rock Against Communism (RAC), ursprünglich eine Organisation innerhalb der National Front, wurde 1979 in Großbritannien als Gegenkonzept zu Rock Against Racism ins Leben gerufen. Seit den 80er-Jahren werden unter diesem Motto RechtsRock-Konzerte organisiert.
3 Querschläger, Nr. 6/7, Juni/Juli 1990.
4 BMI: Innere Sicherheit, 6/93 vom 10.12.1993, S. 8.
5 Übersetzt: »Wir müssen die Existenz unseres Volkes und eine Zukunft für weiße Kinder sichern.«
6 Niedersächsisches Innenministerium: Skinheads – Fakten und Hintergründe 1, Hannover, 6. überarbeitete Auflage, 1999, S. 13.
7 Erb, Rainer: Antisemitismus in der rechten Jugendszene, S. 67. In: Bergmann, Werner; Erb, Rainer: Neonazismus und rechte Subkultur, Berlin, 1994, S. 31–76.
8 Victory or Valhalla, Nr. 2, 1999, S. 10–14.
9 Siehe auch: BMI, Verfassungsschutzbericht 1999, Berlin, 2000, S. 30.
10 Guten Morgen Doitschland, Nr. 4, 12/1995.
11 Lokalpatriot, Nr. 3, 1995, S. 44: Zinecheck.
12 Lokalpatriot, Nr. 2, Juni 1995, S. 9: Konzertbericht vom 27.5.1995 aus Milano, mit den Bands Gesta Bellica, A.D.L. 122, Bound for Glory, von Andi.
13 Lokalpatriot, Nr. 6, Oktober 1996, S. 25: Holsteiner Jungs.
14 Lokalpatriot, Nr. 8, 1997, S. 2: Super Hallo!!!, von Erik Meierhoff.
15 Lokalpatriot, Nr. 12/13, 2001, S. 2: Vorwort, von Erik Meierhoff.
16 Lokalpatriot, Nr. 7, 1997, S. 57–58: Strength through Joy, Death In June und Boyd Rice – am 20.12.1996 in München.
17 Pfalzfront, Nr. 2/1999, S. 12: Interview mit dem Lokalpatriot Fanzine.
18 Lokalpatriot, Nr. 12/13, 2001, S. 2: Vorwort, von Erik Meierhoff.
19 Lokalpatriot, Nr. 14, S. 2: Vorwort, von Erik Meierhoff.
20 Der weiße Wolf, Nr. 6, 1998.
21 Der Rippenbrecher, Nr. 1, 1999, S. 22.
22 Freyja, Nr. 8, 1999: Zinebesprechungen.
23 White Supremacy, Nr. 2, 2000, S. 28: Fanzine-Besprechungen.
24 Lokalpatriot, Nr. 10, 1999, S. 63: Die kleine Lokalpatriot Geschichte, von Dennis.
25 Ebd., S. 62.
26 Roial, Nr. 8, 1997, S. 44.
27 Lokalpatriot, Nr. 11, 1999: Blood & Honour Franken Sommerparty mit War-

hammer, Razors Edge, Stahlgewitter, No Remorse, Hate Society und Drunken Allstars, S. 39.

28 Der Rechte Rand, Nr. 69, März/April 2001, S. 12: Das Leben nach dem Verbot, von Michael Weiß.

29 Lokalpatriot, Nr. 8, 1997: Skinheads in Argentinien.

30 Lokalpatriot, Nr. 12/13, Mai 2001.

31 Lokalpatriot, Nr. 11, 1999, S. 22 und 50–51: DIN A4 Magazine/Fanzines.

32 Ebd.

33 Raumschiff Wucherpreis, Nr. 6, 2001.

34 Vgl.: Silver, Steve: Das Netz wird gesponnen – Blood and Honour 1987–1992. In: White Noise, Münster, 2000, S. 25–42.

35 Doitsche Offensive, Nr. 13, 1998.

36 Blood & Honour Division Deutschland, Nr. 2, 1996, S. 2: Statement!, von Pin.

37 Blood & Honour Division Deutschland, Nr. 2, 1996, S. 6–7: Songbook Spickillya.

38 Jungle World, Nr. 9, 21.2.2001: Rechtsrock für alle, von Heike Kleffner.

39 Bundesministerium des Innern, Berlin: Verbotsverfügung vom 12.9.2000, S. 7.

40 Weiss, Michael: Begleitmusik zu Mord und Totschlag – Rechtsrock in Deutschland. In: White Noise, Münster, 2000, S. 63–88, hier S. 80.

41 Blood & Honour Division Deutschland, Nr. 8, 1999, S. 68: Scene News, von Jan und Pin.

42 Blood & Honour Division Deutschland, Nr. 6, 1998, S. 50–51: Interview mit Varg Vikernes/Burzum.

43 Blood & Honour Division Deutschland, Nr. 9, 2000, S. 6–7: Interview mit Camerata Mediolanense, von MZ.

44 Blood & Honour Division Deutschland, Nr. 2, 1996, S. 14–16: Politik, von B.

45 Blood & Honour Division Deutschland, Nr. 9, 2000, S. 35: Nicht müde werden!, von Freki für Blood & Honour NS.

46 Blood & Honour Division Deutschland, Nr. 2, 1996, S. 14–16: Politik, von B.

47 Blood & Honour Division Deutschland, Nr. 3, 1997, S. 14: Konzerte – 22.2.1997 in Berlin, von H. Radebeul.

48 Blood & Honour Division Deutschland, Nr. 7, 1999, S. 21: John C. Perry – Interview mit dem Pow.

49 Blood & Honour Division Deutschland, Nr. 4, 1997, S. 6: Hauptkampflinie.

50 Blood & Honour Division Deutschland, Nr. 4, 1997, S. 2: Vorwort, von Pin.

51 Blood & Honour Division Deutschland, Nr. 9, 2000, S. 26: Stalingrad – Weihnachten 1949, von Willy Hillen.

52 Blood & Honour Division Deutschland, Nr. 2, 1996, S. 23–25: Heidnische Naturreligion – Priester und Hexen.

53 Blood & Honour Division Deutschland, Nr. 9, 2000, S. 102–103: Germanen im Kampf gegen Rom, von Section Westfalen.

54 Blood & Honour Division Deutschland, Nr. 9, 2000, S. 70: Interview mit Aggressive Force, von MZ.

55 Blood & Honour Division Deutschland, Nr. 3, 1997, S. 21: Gig am 8.2.1997 in Eilenburg.

56 Blood & Honour Division Deutschland, Nr. 1, 1996, S. 15: Eine Seite zum nachdenken ...

57 Blood & Honour Division Deutschland, Nr. 5, 1998, S. 2: Heil Euch!, von Pin.

58 Blood & Honour Division Deutschland, Nr. 6, 1998, S. 57: News & Halbwahrheiten, von Pin, Jan und MuNin.

59 Hamburger Sturm, Nr. 20, Mai 1999, S. 13.

60 Phönix, Nr. 3, o.J.: Frontal Exclusiv Smalltalk.

61 LER stand für Lemmer, Eitel, Rouhs.

62 Eintrag ins Düsseldorfer Handelsregister am 22.6.1993. Vgl.: RechtsSchutz-Institut (Hg.): Lokalpolitik und die extreme Rechte in Düsseldorf, Düsseldorf, 1997, S. 75.

63 Moderne Zeiten, Nr. 1, April 1993, S. 1: Vorwort, von Andreas Zehnsdorf.

64 Phönix, Nr. 3, o.J.: Frontal Exklusiv Small Talk.

65 Rock Nord, Nr. 22, Mai 1996, S. 2: Vorwort.

66 Resistance, Issue 8, 1997, S. 50: 'zine Reviews, von Peter Andersson.

67 Rock Nord, Nr. 25, Februar 1997, S. 2: Vorwort.

68 Rock Nord, Nr. 66/67, 2001, S. 2: Vorwort, von Stefanie Hess.
69 Doitsche Musik, Nr. 6, April/Mai 1996, S. 14–16: Abrechnung - Teil 4.
70 White Youth Deutschland, Nr. 1, S. 34–38: Interview mit RockNORD.
71 Hass Attacke, Nr. 7, 1996, S. 19: Zines.
72 »Die sind total gestört«. In: Der Spiegel, Nr. 30, 1997, S. 50–53.
73 Der Wachturm, Nr. 3, o.J., S. 23: DIM Records Versand.
74 Hamburger Sturm, Nr. 16, Okt. 1997, S. 5: Denkzettel für die Versager-Front!
75 Rock Nord, Nr. 62, August 2000, S. 6: Nachrichten aus der Szene.
76 Rock Nord, Nr. 68, 2001, S. 2: Vorwort, von Stefanie Hess.
77 Rock Nord, Nr. 62, August 2000, S. 2: Vorwort, von Stefanie Hess.
78 Rock Nord, Nr. 39/40, September/Oktober 1998, S. 6–11.
79 Innenministerium NRW: Verfassungsschutzbericht NRW 1998, Düsseldorf, 1999, S. 95 und 96.
80 Verfassungsschutz NRW: Skinheads und Rechtsextremismus, Düsseldorf, 1998.

Uwe Seher · Andreas Speit

White Noise im Cyberspace

Heil Euch Kameraden«, verkünden die Webmaster von *WhitePowerMP3* (WPMP3), »bitte habt Verständnis dafür, daß wir nur in der BRD zensierte/verbotene Alben hochladen«.[1] Nur was verboten ist, ist bei den Webmastern erlaubt, die an die 150 indizierte Alben des RechtsRocks wie zum Beispiel: *Ran an den Feind* von Landser, *Barbecue in Rostock* von No Remorse oder *12 Doitsche Stimmungshits* von den Zillertaler Türkenjägern mittels des Kompressionsverfahrens MP3 zum Downloaden anbieten.[2] Unter den Liedern zwei Klassiker des RechtsRocks: Von Tonstörung *Blut muss fließen*, in dem es heißt: »Wetzt die langen Messer auf dem Bürgersteig / Lasst die Messer flutschen in den Judenleib // Blut muß fließen knüppelhageldick / Und wir scheißen auf die Freiheit dieser Judenrepublik«[3], und *Hakenkreuz* von Radikahl: »Hängt dem Adolf Hitler, hängt dem Adolf Hitler, / hängt dem Adolf Hitler den Nobelpreis um! / Hißt die rote Fahne, hißt die rote Fahne, / hißt die rote Fahne mit dem Hakenkreuz!«[4]

14 Words.com: World White Web – virtuelle Nazis

Höchstens auf der Hitliste von *WPMP3* könnten sich »unter Umständen legale Lieder« befinden, betonen die Webmaster und fordern sogleich die Downloader auf, »die komplette CD bei einem Versand« zu bestellen. Regelmäßig wird erklärt: »... wenn du legale Oi-Rac Musik suchst, mußt du sie dir kaufen.« Auch in einem von *WPMP3* in Umlauf gebrachten elektronischen Rundbrief erinnern sie die Nutzer: »Überprüft bitte vorher in der Indizierungsliste ob dieses Album verboten ist in der BRD«. Schließlich wollen sie »online Politik« machen und nicht durch das kostenlose Downloaden von »nationalen Liedermachern« deren Profit beeinträchtigen. »WPMP3 sind keine Raubkopierer oder sogenannte InterNet Skins!« beteuern die Macher: »Wir versuchen lediglich patriotisch-nationale Musik, die in unserem System verboten ist, auch anderen national bewussten Menschen [...] zu vermitteln!«[5] Mittlerweile ist *WPMP3* die bedeutendste deutschsprachige RechtsRock-Website, von der nur derjenige Musik runterladen kann, der auch mal MP3s raufspielt.

Hoffnung der extremen Rechten: Internet als neue Waffe gegen das ›Weltjudentum‹, Zeichnung aus: Meinungsfreiheit, Nr. 6, 1998

Kaum war das Internet 1995 der allgemeinen Öffentlichkeit zugänglich, gingen auch die ersten Neonazis, Auschwitzleugner und Geschichtsrevisionisten online.[6] Ab 1996 entdeckten die bundesdeutschen extremen Rechten das ›Kult-Medium der 90er-Jahre‹ für sich.[7] Erfasste das Bundesamt für Verfassungsschutz (BfV) für das Jahr 1996 noch »32 rechtsextreme Homepages[8]«, zählten sie in der ersten Hälfte des Jahres 2001 etwa 1.000 rechtsextreme beziehungsweise rassistische

Sites. Die Webpräsenz der deutschen extremen Rechten ist nicht nur stetig gestiegen, sie hat sich seit 1999, korrespondierend mit dem ersten Internetboom in der Bundesrepublik, vervierfacht.[9] Eine Differenzierung der Websites nach Themen, Aktualität und Klientel nimmt das BfV in der Statistik nicht vor.[10] Burkhard Schröder stellt indes fest: »Die heutige rechtsextreme Propaganda per World Wide Web konzentriert sich auf zwei Schwerpunkte: Revisionismus und Musik«.[11]

It's cheaper, quick and clean. We love it.

Die ›Webstory‹[12] begann Anfang der 90er-Jahre. Zwar initiierten schon 1983 Militärkreise das ARPA-Net (Advanced Research Project Agency) als Vorläufer des Internets, doch erst 1990/91 konzipierten Tim Berners-Lee und Robert Cailliau[13] die Basis für das World Wide Web (WWW bzw. Web). Mit dem rasanten Durchbruch des Webs ab 1993 wird das Internet zum ersten universellen Medium einer globalen Gesellschaft. Derzeit gebrauchen weltweit zwischen 200 und 250 Millionen Menschen die Dienste des Internet: um digitale Daten als elektronische Post (E-Mail) zu senden oder zu empfangen, um Nachrichten in virtuellen Foren (newsgroups) zu hinterlassen, um es als Diskussionsplattform in Echtzeit (chat) zu nutzen oder um einfach nur zu surfen und Informationen abzurufen. Täglich sollen weltweit etwa 170.000 User dazukommen.[14]

Stormfront: Amerikanischer Vorreiter für eine Weiße Vormacht

Eng mit der Entwicklungsgeschichte ist auch die Präsenz extrem rechter Gruppierungen im Web verbunden. Mitte 1995 tauchte die Site *Stormfront – White Nationalist Ressource Page*[15] aus den USA auf. Die Stormfront-Site enthielt neben aktuellen Kommentaren, traditionellen Texten und NS-Symbolen auch Werbung für das deutsche Thule-Netz. Der Cybercommunity war zuvor keine andere neonazistische Site aufgefallen, sodass die Behauptung des Webmasters und Domain-Inhabers Stephen Donald ›Don‹ Blacks: »The first White National site on Web« zutreffend sein dürfte.[16] Lange bevor Black die Stormfront-Site ins Netz stellte, war er schon in der neonazistischen Szene aktiv: 1980 übernahm er den Vorsitz der Knigths of the Ku Klux Klan, 1982 versuchte er mittels eines Staatsstreiches die Regierung der Dominikanischen Republik zu übernehmen, um einen »weißen Staat« zu errichten. Ein amerikanisches Gericht verurteilte Black daraufhin zu einer mehrjährigen Haftstrafe, die er dazu nutzte, Computertechnik und das Programmieren zu lernen.[17]

In der Bundesrepublik wendete die Nationaldemokratische Partei Deutschlands (NPD) als erste Gruppierung aus dem Spektrum der extremen Rechten die neuen Kommunikationstechniken an. Anfang 1992 bediente sich die NPD des Btx-Dienstes der Telekom für ihre Propaganda. Unter dem Titel *Hacker von Rechts?* verkündete der NPD-Pressesprecher Karl-Heinz Sendbühler in der Zeitschrift *Nation*: »Mit dem Aufbau eines bundesweiten Netzwerkes wird es sicher noch eine Weile dauern, aber Ende des Jahres dürfte es soweit sein.«[18] Die Nutzung des Btx-Dienstes war technisch jedoch sehr umständlich, was dazu führte, dass das

Angebot wenig in Anspruch genommen wurde und die Seiten nicht mehr aktualisiert wurden.[19]

Eine weitere Kommunikationstechnologie nutzte Thomas Hetzer aus Erlangen. Ausgehend von seiner Mailbox Widerstand BBS verband er Ende 1992 weitere Mailboxen[20] und gab dem Mailbox-Verbundsystem im März 1993 den Namen Thule-Netz.[21] Aus dem Umfeld des Nationaldemokratischen Hochschulbundes (NHB) kommend, erklärte Hetzer unter dem Pseudonym Alfred Tetzlaff: »Mit den Mailboxen wollen wir eine Gegenöffentlichkeit schaffen – politisch, national.«[22] Seit 1996 unterhält das Thule-Netz eine eigene Website[23], die trotz internen Konflikten im Jahr 1997 und dem Zerfall der Struktur 1999 bis dato online ist. Mit der Gründung des Thule-Netzes begann für die bundesdeutsche extreme Rechte die systematische Nutzung computergestützter Kommunikation. Dieses Netzwerk machte die Bewegung mit den technischen Grundlagen und strategischen Vorzügen des neuen Mediums vertraut.

Thule-Netz: Alte Symbole – für ein neues Medium

Erst nach und nach interessierten sich bundesdeutsche Neonazis, Naziskins, Auschwitzleugner, Rechte aller Couleur für die politischen, juristischen und technischen Optionen des Internets: Sie können sich so der Strafverfolgung und Kontrolle entziehen, erreichen kostengünstig, ohne viel Aufwand ein großes Publikum, sie können mit Interessierten Netzgespräche führen und globale Propaganda und internationale Kooperation wird möglich.[24] »It's quick, cheap and clean«, fasst Ingrid Rimland, Webmasterin der Zündel-Site des kanadischen Revanchisten Ernst Zündel, die Optionen zusammen. »We love it.«[25]

Daten-Highway und Cyber-RechtsRocker

Die zögerliche Nutzung des Daten-Highways durch das bundesdeutsche Spektrum der extremen Rechten spiegelte sich auch in der Webpräsenz der RechtsRock-Szene wieder. Bereits 1995 platzierte Black auf der Stormfront-Site einen Hyperlink zu Resistance Records.[26] Der damalige Besitzer des US-amerikanischen Labels mit angebundenem Magazin und Versand, George Burdi alias George Eric Hawthorne, erkannte sofort die neuen Möglichkeiten für Propaganda und Kommerz. »Wir müssen zu Jugendlichen in einer Sprache sprechen«, so George Burdi, seinerzeit Sänger der neonazistischen Band RaHoWa (Racial Holy War), »die sie verstehen, und das geht vor allem durch Musik und durch Hightech-Zugänge, wie Internet-Websites und E-Mail-Diskussionsgruppen.«[27] Dementsprechend ist das Angebot auf der Website. Die Fans des RechtsRock konnten schon zu dieser Zeit Interviews ihrer Bands lesen oder nach Angabe der Kreditkartennummer per Mausklick CDs bestellen. Auch das schwedische Label Nordland ging 1995 ins Netz. Auf deren Website, dem ebenfalls ein Magazin und ein Versand angeschlossen sind, bietet der Betreiber Patrick Asplund CDs, Propaganda- und Fanmaterial an.[28] Im Thule-Netz fanden die User damals nur Empfehlungen zu RechtsRock-Bands wie Radikahl und Endstufe oder zu Nazi-Barden wie

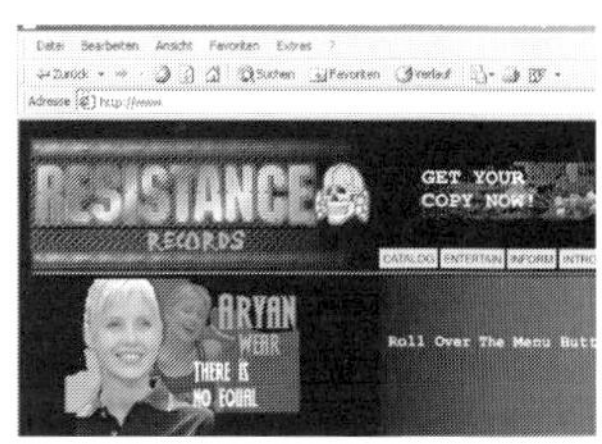

Resistance: Entdeckte als erste den weltweiten Markt

Der Titel ist Programm: Internetauftritt des Verlages 14 Word Press

Frank Rennicke.[29] Mittlerweile können von der Thule-Website über 240 Titel als MP3-Sounddateien heruntergeladen werden.[30]

Seit 1998 findet der interessierte Surfer alle Segmente des bundesdeutschen RechtsRocks im Web, von Band- und Fan-Sites über Shops und Fanzines bis zu Video- und MP3-Dateien. Die Chiffren und Symbole der neonazistischen Szene helfen beim Surfen. Sei es ›RAC‹ für ›Rock Against Communism‹ oder Ziffern wie 88, die vom Alphabet abgeleitet für ›Heil Hitler‹ steht und die 14, die das von dem Rechtsterroristen David Lane entworfene »14 Words«-Bekenntnis meint: »We must secure the existence of our people and a future for white children.« Die Gestaltung der Websites als propagandistische, kommerzielle und interaktive Programme tendiert jedoch zwischen professionellem und rudimentärem Know-how. Bereits die Präsentation, aber auch die Aktualisierung der Sites scheinen für Bands, Fans und Manager des RechtsRock oftmals problematisch zu sein.

Die Anglophobie der Szene führt auch im Web zu einem eigenen Sprachgebrauch: Aus Internet wird Weltnetz, aus Homepage Heimatseite und aus Chat wird Sprechraum. Diese Bemühungen offenbaren den Widerspruch zwischen dem Einsatz eines internationalen Mediums und der Provinzialität ihres Denkens.

Bands online und virtueller Sound

Die Musiker von Konzept für die Zukunft (KfZ) verkündeten noch Anfang 2001 im *Rock Nord* über die Nutzung des Webs und MP3s optimistisch: »Wir denken, daß die Flexibilität und Änderungsfähigkeit der Tonträger – unabhängigen Musikveröffentlichungen von Vorteil sein werden, da somit die Musik resistent [...] gegen politische Verfolgung und fiskale Willkürmaßnahmen wird.«[31] Doch schon im Sommer 2001 ist die KfZ-Website nicht mehr online.[32] Offline beziehungsweise inaktiv sind auch ›Stars‹ der Szene, wie zum Beispiel Kraftschlag, Macht & Ehre, Skrewdriver und die Zillertaler Türkenjäger. Von den über 120 deutschen RechtsRock-Gruppen präsentieren sich etwa zwanzig im Web.[33]

Rennicke: Veteran im Internet

Als einer der ersten ging 1997 Frank Rennicke aus Ehningen online. Aus Sorge vor einer »möglichen Zensur« unterhält der »wichtigste Liedermacher« der rechten Szene, der sich als »politisch verfolgt« versteht, mehrere Websites von denen manche im Ausland liegen.[34] Denn nachdem der Internet-Service-Provider (ISP) Strato Ende 2000 die bei ihnen liegende Website *frank-rennicke.de* sperrte, weil es Links zu »rechtswidrige[n] Seiten« gab, wich Frank Rennicke Anfang 2001 mit seiner Domain zur Hamburger Firma *netzpunkt.net* des Neonazis Jens Siefert aus.[35] Aber Rennickes Furcht vor einer möglichen Sperrung scheint sehr groß zu sein, sodass die Website eine Weiterleitung enthält und die Dateien bei dem US-amerikanischen Projekt *freespeech.org* liegen.

Der Startseite kann dann auch gleich Rennickes »Lebens- und Leidensweg« entnommen werden: »Nationaler Barde, verheiratet, fünf Kinder, seit über fünfzehn Jahren im nationalen Freiheitskampf, gebürtiger Niedersachse, Systemverfolgter, Steckenpferd: Volk, Familie, Vaterland.« Als Autor zeichnet Fritz Reinhardt, vermutlich ein von Frank Rennicke mit bedacht gewähltes Pseudonym. Fritz Reinhardt trat 1926 der NSDAP bei, war NS-Gauleiter von Oberbayern und Gründer der Rednerschule der NSDAP. Nach ihm ist ursprünglich die ›Aktion Reinhardt‹ benannt, die Vernichtung von zwei Millionen Jüdinnen und Juden in Osteuropa.

So hört doch das Flehen, hört unseren Ruf / uns hat's der Herr gegeben, der hier uns erschuf / Zum Himmel erheben wir bittend die Hände / ›So mach' doch der Knechtschaft endlich ein Ende!‹ / Wie ist die Welt doch so weit und so groß / lasset uns doch dies' bißchen Heimat noch bloß / Es hat ein jeder Mensch auf dieser Welt / ein Recht auf seiner Väter Haus, seiner Väter Feld / Nehmt Eure Russenpanzer / Euer Mafiageld / und laßt uns zufrieden, um alles in der Welt! / Nehmt Eure Scheißbomben und Staatsformen heim / und laßt uns mit unseren Sorgen allein! / Packt Eure Snackbars und Kolchosen ein / laßt uns wieder Deutsche in Deutschland sein! / Amis / Russen / Fremdvölker raus / endlich wieder Herr im eigenen Haus!

Heimatvertriebenenlied,
Frank Rennicke, 1986

Unter den auf seiner Website präsentierten Liedtexten ist auch das Stück *Heimatvertriebene*, wegen dem die Ermittlungsbehörden seine Wohnung durchsuchten. Ende 2000 sah ein Gericht in dem Lied den Tatbestand der Volksverhetzung gegeben und verurteilte den ›volkstreuen Barden‹ zu zehn Monaten auf Bewährung. Etliche Lieder Rennickes wie zum Beispiel *An Deutschland* oder *Ich bin nicht modern ... Ich fühle Deutsch* wurden von der Bundesprüfstelle für jugendgefährdende Schriften (BpjS) beanstandet und die entsprechenden Tonträger wurden indiziert.[36]

Die Indizierungen zeigten Wirkung: Auf Rennickes Website werden keine MP3-Datei mehr zum Downloaden angeboten. Mitte 2000 wurden allerdings beim nicht rechten Music-Service-Provider *mp3.com*, eine der weltweit größten Musiktauschbörsen, mehrere Lieder verfügbar gemacht und Rennicke erlebte den größten Publikumserfolg seiner Karriere. In den Top 40 der US-amerikanischen Website, wo die Häufigkeit des Downloadens die Platzierung bestimmt, tauchte er gleich neunmal auf, u.a. auf Platz elf mit seinem Song *Nürnberg 1946 – Rudolf Hess.*[37] Dieser Erfolg brach aber im Oktober 2000 abrupt ab, da *mp3.com* seine Lieder aus dem Angebot nahm. Daraufhin bauten einige Fans aus Solidarität zwei Websites für Rennicke auf[38] und die schwedische neonazistische Site Pro Patria warb virtuell: »Also check out the unofficial Frank Rennicke Site. Rennicke is a well know german patriot musician, plenty of Frank's mp3's there.«[39]

Die Band Landser, die ›Stars‹ des RechtsRock aus Berlin, unterhalten seit Anfang 2001 eine Website unter der chiffrierten Adresse *88rocknroll.com*. Sie ist auf Don McKechnie vom US-Label Strikeforce Records registriert, ist simpel gestaltet und enthält Liedtexte, Danksagungen, CD-Cover und ein Interview aus der achten Ausgabe des deutschen Blood & Honour-Magazins. »Ein MP3-Forum wird es aus bekannten Gründen hier nicht geben«, verkündet die Band.[40] Ihre Sorge vor Repression ist berechtigt, stehen doch ihre ›Hits‹ wie *Kanake verrecke* auf dem Index. Anfang Oktober 2001 nahm die Polizei fünf Mitglieder der Band fest, die Bundesanwaltschaft sah in ihnen eine »kriminelle Vereinigung«, welche mit Musik zu Brandstiftung und Mord aufrufe.

Der persönliche MP3-Player
mit NS-Grafik

Aber nach wie vor sind MP3-Dateien von Landser im Web präsent. So können die Fans u.a. einen Song mit der Strophe »Kanake verrecke, verfluchter Kanake / Du bist nichts weiter als ein mieses Stück Kacke / Du bist das Letzte – Du bist nur Dreck / Du bist nur Abschaum – Du mußt hier weg«[41] von *www.front14.org/landser33* downloaden. Auf solche Optionen weisen sich die Fans in Gästebüchern gern auch gegensei-

Blood & Honour Serbia schrieb am 7. Juni 2001 um 09:20 Uhr: E-Mail: bhserbia@xxx.com Homepage: http://www.front14.xxx/bhserbia Very good site comrades! Keep up the fight against ZOG's occupation! Heil White Europe! 14/88!

Aus dem Gästebuch der ›Weiße Wolf‹-Homepage

tig hin: »Nette Seite! Besucht auch mal meine. Ich lade bis Anfang September 230 Alben hoch! LaSSt 0ich nicht unterkriegen! Linni88.«[42] Unter den MP3-Files, so der Tipp, seien auch vier Landser-Alben.

Im Stil und Umfang professioneller ist seit Anfang 2001 die »dienstälteste deutsche RechtsRock-Band« Endstufe im Web präsent und erfreut trotz fehlender MP3-Dateien die Fans: »Endlich ist eine offizielle Homepage der Besten Band Deutschlands im Netz. Wird auch mal Zeit, schließlich ist Endstufe ja Kult. Ist wirklich alles super gemacht, aber schade, daß es nicht ein paar Lieder zum runterladen gibt oder einen Chat. Na ja vielleicht wird's noch. Weiter so – Endstufe wird es immer geben!!!«[43] Die Bremer RechtsRocker wollen vermeiden, mit Sounds wie »Das Türkenpack, das will uns linken / Die wollen, daß wir wie sie nach Knoblauch stinken« eine Sperrung der Site zu riskieren. Dafür bieten sie ihren Fans an, die Band-Geschichte seit 1981 mit Bildern nachvollziehen zu können, sowie einen Bestellservice für CDs, T-Shirts, Anstecker und Aufnäher. Bevor die Website ins Netz gestellt wurde, beunruhigten Band und Fans eine inoffizielle Page.[44] Im Gästebuch stellte Endstufe-Sänger Jens Brandt alias Brandy sofort klar: »Hallo wo hier gerade ein paar leute diese komische andere endstufe seite erwähnen. mit der seite haben wir nichts zu tun! tschüß brandy&endstufe.«[45]

Endstufe: Merchandising direkt von der Band

Ein wesentlich breiteres Angebot für ihre Fans bietet die Band Eugenik aus Gera. Ende 2000 hat »ein Freund der Band« die Website eingerichtet. Unter verschiedenen Rubriken stellt die Band MP3-Dateien von sich, Videos mit Titeln wie *Krasse Aufnahmen von einer Hinrichtung durch russische Söldner*, Musikclips, Bilder, Konzertinfos und über 200 Links zur Verfügung. Um Ermittlungsverfahren vorzubeugen, haben sie bei Bildern »aus Gründen der eigenen Sicherheit und der unserer Freunde und Bekannten, die Gesichtsfelder und diverse Zeichen und Gesten zensiert«.[46]

Auf den Websites der Bands bieten die RechtsRocker überwiegend ihre eigenen CDs und Fanartikel an. Allerdings sind sie mit verschiedenen einschlägigen Versandgeschäften verlinkt, über die der Fan das gesamte Programm des RechtsRocks bestellen kann.

E-Commerce and E-Merchandising

Einige Bands nutzen auch E-Commerce, den Verkauf und Handel via Internet. Zum Beispiel Endstufe und Noie Werte, die den Interessierten auf die ihnen nahe stehende oder von ihnen selbst geführten Versände Evil Records, Hanse Records und G.B.F. Records lenken.[47]

Bereits 1997 erkannte der geschäftstüchtige Torsten Lemmer das ökonomische Potenzial des E-Commerce. Der ehemalige Fraktionsgeschäftsführer der Düsseldorfer Republikaner-Abspaltung Freie Wählergemeinschaft dominiert seit Jahren mit dem Creative Zeiten Verlag die RechtsRock-Szene.[48] Die Website seines Vertriebes bietet einen Onlineshop, dessen Angebot von CDs über Fanbekleidung wie Caps, Gürtelschnallen, »T-Hemden« mit Aufschriften wie »Freikorps – Wir marschieren wieder« und Szeneanstecker reicht. Mit Hörproben von Kraftschlag, Sturmwehr oder Rheinwacht soll zum Kauf angeregt werden. Zusätzlich werden eine Inhaltsübersicht der jeweils aktuellen Ausgabe des Fanzines *Rock Nord* und ausgewählte Interviews ins Netz gestellt.[49] Nach der Public-Relation-Tour als Nazi-Aussteiger bei Christoph Schlingensiefs *Hamlet-Projekt* 2001 erfolgte jedoch nicht der verkündete Abschied von der rechten Szene, sondern lediglich eine leise Umstrukturierung der Firma zur VGR Multimedia Verlagsgemeinschaft Rheinland GmbH.[50]

Rock Nord ist eng mit dem virtuellen Netzwerk von Andre Goertz verbunden, die Domain von *Rock Nord* ist auf Goertz' NIZ-Verlag angemeldet[51], und unterstützt auch ›Radio Nord – Das Internetradio für Rechtsrock und Oi-Musik‹ das ebenfalls von Goertz unterhalten wird. Zusätzlich tritt der ehemalige Hamburger Funktionär der Freiheitlichen Arbeiterpartei Deutschlands und der NPD mit dem »NIT – Nachrichten Information Theorie« und dem Nord Versand im Web auf. Das NIT ist ein Onlineprojekt des früher von Goertz betriebenen Nationalen Info Telefons (NIT). Dass die von ihm betreute *Rock-Nord*-Web-Präsenz seinem Nord Versand Konkurrenz machen könnte, stört ihn nicht. Per Werbebanner auf der Nord-Versand-Website empfiehlt Goertz selbstbewusst: »Vergleich den Preis und spar dein Geld« und wirbt mit einer 24-stündigen »Order-Line.«

Zentralversand – in Bielefeld ansässiger Versand der ›Freien Nationalisten‹

Seit 1999 bietet der Nord Versand alles an, was der RechtsRock-Fan begehrt. Die User können nicht nur online RechtsRock- und Viking-Rock-CDs und Fanartikel bestellen, sie dürfen die CDs in der Rubrik Kommentare auch bewerten. Da »sprechen Lieder wie HASS mir aus der Seele. Es macht Spaß mit der Band alt zu werden!«, so die Bemerkung eines »C-L« zur CD *Mit den Jungs auf Tour* von Endstufe. Zusätzlich werden die neonazistischen Fanzines *Aryan Law* oder *Brauner Bär* angeboten.[52]

Rock around the Clock – 24 Stunden Bestellservice per Nachnahme

Wie umfangreich die Produktpalette sein kann, offenbart auch der Wikinger Versand[53] aus Geiselhöring (Niederbayern). Mit einer »88« auf der Startseite, vermummt und mit Baseball-Keule bewaffnet, stellen sich die Betreiber Siggi, Peter und Michael auf einem Foto vor. Im Onlineshop werden nicht nur CDs verkauft und Kleidung mit Aufdrucken wie »Rasse ist klasse« oder »Odin statt Jesus« angeboten, sondern auch Bücher über Kampfsport und den politischen Kampf. Muhammar al Gaddafis *Das grüne Buch – Die dritte Universaltheorie* kann ebenso bestellt werden wie ein Buch von Andreas Molau über Alfred Rosenberg, einen der Theoretiker der NSDAP, sowie *Nützliche Broschüren des deutschen Rechtsbüros.*[54] Abgerundet wird das Angebot durch Parfüm der Duftnote »Nationalist« und »Walküre« zu je 20,45 Euro.

Wikinger Versand – Label und Versand mit angegliedertem Chatroom

Politisch aggressiver hingegen präsentiert sich Lu-Wi-Tonträger aus Gütersloh. »Nichts für uns. Für Deutschland alles. Radikal – national – sozial«[55], beschreiben die Webmaster ihr Programm. Auf der einfach gestalteten Website gibt es weder einen Shop noch ein Gästebuch. Dafür ein eindeutiges Selbstverständnis über die Motive der Initiatoren: »Wir haben unseren Versand ins Leben gerufen, um so viel Geld wie nur möglich für unsere Bewegung zu gewinnen. Das heißt, wir stecken unsere Gewinne in das nationale Netz, um dieses zu erhalten, auszubauen bzw.

Lu-Wi-Tonträger: Überzeugungstäter im Internet

Hallo! Hiermit möchten wir bekanntgeben, daß wir ein Auktionshaus frei gegeben haben. Es hat sämtliche Funktionen wie der ›große Bruder‹ Egay äh, Entschuldigung, Ebay natürlich. Wir haben für den Start gleich 41 CDs ab einem Startpreis von 10 DM reingesetzt. Schaut einmal rein, es ist mit Sicherheit auch was für Dich dabei ;-) [...] Viel Spaß RACords.

Rundmail zur Eröffnung des ›Nationalen Internetauktionshauses‹, November 2001

zu erweitern!« Welches nationale Netz gemeint ist, offenbaren die verschiedenen Links zum Spektrum der ›Freien Nationalisten‹. Ein Versand-Katalog kann per Post oder E-Mail angefordert werden.

Ebenso aggressiv präsentiert sich der Head-Check-Versand aus Wernigerode im Harz. Gleich auf der Startseite verkündet der Webmaster Marcel Günther, Mitglied der Blood & Honour-Band[56] S.E.K. und Herausgeber des Neonazi-Zines *Der Harzsturm*, regelmäßig aktuelle Informationen über den »nationalen Widerstand«.[57] Per Onlineshop könne »nur« szenetypisches »Street & Fightwear« und die gängigen CDs bezogen werden. Zum politischen Geschäft gehört auch die Anti-Antifa-Arbeit, u.a. in der Veröffentlichung diverser Fotos von Antifaschisten auf Demonstrationen.

Bei allen Versänden wird als Zahlungsweise nur Vorkasse oder Nachnahme akzeptiert. Das Onlineshoppen mit Kreditkarten ist im bundesdeutschen Raum noch nicht sehr verbreitet. Dies liegt aber nicht allein an mangelnden Computerprogrammen oder fehlenden Kreditkarten. Offen erklären die Lu-Wi-Tonträger-Webmaster: »Auch Preller und Abzocker [gibt es] in unseren Reihen.«[58]

Bei Versteigerungsbörsen im Web tauchen RechtsRock-Alben selten auf und wenn dann meistens unter Codenamen. Auch Nazi-Devotionalien können bei diesen Versteigerungen erstanden werden.[59] Den privaten Handel wickeln die Interessierten überwiegend über Gästebücher auf einschlägigen Websites ab.

Kommunizieren und Chaten

*Name: Jonsey
Homepage: http://hatecore.xxxx.tk
Sent: 20.18 – 26/4
Moin! Auch von meiner Seite ein Glückwunsch zur neuen CD! Wirklich vom Feinsten! Habe die Scheibe rezensiert...nachzulesen auf unserer HP. Schaut doch mal rein. Viele Grüße, Jonsey*

Aus dem Gästebuch der Hannoveraner Band Nordfront

»Habe diverse CDs zu verkaufen, kann zu 95 % alles Original besorgen, was Ihr sucht zu fairen Preisen«, verspricht 8814 im Gästebuch vom Nord Versand[60] und meck88 bietet die Störkraft CD *Wo ist die Freiheit?* an: »Habe sie 3 Mal, biete 2 zum Verkauf. Pro CD 20 DM. Bei Interesse schreibt ne Mail.«[61]

Beschränken die traditionellen Kommunikationsmedien den Interessierten (trotz interaktiver TV- und Radio-Aktionen) vor allem auf den Konsum, so eröffnen die modernen Kommunikationsmedien dem User die Interaktion. Neben dem privaten E-Commerce dienen die Gästebücher auch zur individuellen Kommentierung von CDs oder Aktionen und zur Information über neue Websites und Konzerte. Dieses integrative Moment ist den rechten Funktionären der Szene durchaus bewusst. »In vielen interaktiven Bereichen, etwa in Foren, Gästebüchern oder sogenannten Chat-Räumen«, betont Karsten Voigt in der NPD-Zeitung *Deutsche Stimme*, »können sich die Nutzer auch untereinander austauschen und werden somit zu medialen Multiplikatoren, die ihrerseits die Informationen einer breiteren Öffentlichkeit zugänglich machen. Somit entsteht ein wichtiger Gegenpol zum herrschenden Zeitgeist«.[62]

So sehr die Funktionäre über die Chancen der virtuellen Interaktion für die rechte Bewegung wissen, so sehr befürchten rechte Bands und

Webdesigner, dass die User glauben der virtuelle Raum sei ein rechtsfreier Raum. Aus Sorge vor juristischen Beschränkungen des IT-Geschäftes ist beispielsweise Torsten Lemmer besonders auf Legalität bedacht. Strafbare Eintragungen im Gästebuch werden, laut Ankündigung, sofort gelöscht.[63] Ihr Klientel ebenso kennend führt die Band Eugenik aus: »Diese Seite obliegt der freiwilligen Selbstkontrolle der Band [...], und wurde soweit wie es die jetzige Rechtslage der BRD zulässt, von einem Anwalt geprüft?! Sie als Besucher werden auf dieser Seite keinerlei Anzeichen auf volksverhetzende Inhalte finden?!«[64] Nicht gerade kämpferisch betont Kampfzone: »Dummschwätzer und Vollidioten, welche vorhaben, sich in das Gästebuch einzutragen, können es gleich lassen. Es werden alle Eintragungen mit jeglichem politischen Inhalt gelöscht. Das bringt nichts und hat auch keinen Sinn.«[65] Goertz bietet auf der NIT-Website sogar »Beispiele für rechtliche Verstöße oder was man in Deutschland nicht tun sollte«.[66] Diese Ermahnungen und Belehrungen zielen darauf ab, zwischen nationaler und internationaler Rechtssprechung zu unterscheiden. Auf den Websites, die auf deutschen Servern liegen, sind die Kommentare moderat. »Moin Endstufe, obergeile Page habt Ihr da zusammengeschustert! Macht weiter wie eh und je und lasst Euch von diesem Scheiß-System nicht unterkriegen«, schreibt ein Fan.[67] Befindet sich der Server der Website im Ausland wird es gleich radikaler: »Sieg Heil, Gute Seite, die sich wenigstens nicht verbieten läßt. Nur das linke Zeckenpack stört – ich freue mich auf den Tag, an dem diesem Drecksgesindel der Garaus gemacht wird.«, schreibt jemand mit dem aussagekräftigen Namen »Führertreuer« bei der US-amerikanischen Website NS-Sturm und unter dem Namen Totenkopf wird auf derselben Site ausgeführt: »Wie jeder Kamerad weiß, hat heute unser FÜHRER seinen Ehrentag! [...] Diese jüdischen Halbtiere werden bald merken, was es heißt, einen Arier zu ärgern! Man sollte dieses Judenpack auf offener Straße totschlagen, nun vielleicht tue ich es heute ...«[68]

Solche Bekenntnisse können auch in Diskussionsforen gelesen werden, aber die Multiplikatoren des RechtsRocks bieten sie ebenso selten an wie Chats. Alleine bei übergeordneten oder gemeinschaftlichen Websites können die Fans in Foren diskutieren.[69] Aktuelle Terminlisten von Konzerten sind ebenfalls rar. Zwar versuchte Thomas Scharfy aus Winnenden die Termine virtuell zu managen, aber dies scheint nicht besonders gut zu funktionieren. Der letzte Konzerthinweis war für Dezember 2000.[70]

Virtuelle Fanzines und digitalisierte Prints

Im Web stellen Fanzines ein weiteres Forum für die RechtsRock-Szene. Sowohl aufwendig gestaltete virtuelle Fanzines als auch digitalisierte Prints sind seit Mitte der 90er-Jahre online.

»Uns liest man nicht nebenbei«, wirbt das Musik-Magazin *Rock Nord*. Allerdings soll die Web-Präsenz des Lemmer-Projektes, das auf der Versand-Website liegt, zum Offline-Lesen anregen. Außer dem aktuellen

Geschrieben: Don Sep 12, 2002 5:02 pm Titel: Ich suche AdF – Nur für Euch als Original! Heil, ich habe sie bißcher noch in keinem Versand aus dem Ausland gefunden. Gibt es die CD überhaupt noch original zu kaufen? MkG Stahlhelm1918

Posting im Nationalen Forum

Nationales Forum: Klatsch und Tratsch im Cyberspace

Name: ladyofthedark
Sent: 07.54 – 4/9
Hi! Am Samstag den 7. September spielt im Elsaß die Black-Metal-Combo Totenburg mit vier anderen Kapellen. Infos gibts unter 0172/139xxxx und unter 0033/6778xxxx. Den Treffpunkt kann man ab Freitagabend erfahren. Greetings The Lady

Hinweis auf das RechtsRock-Konzert mit Totenburg, Race War, Sturm und Drang, Propaganda und Tollschock im Gästebuch von Donnerschlag Records, Gera

Titelbild stellen sie nur das Inhaltsverzeichnis ins Netz. Wenn eine aktuelle Print-Ausgabe erschienen ist, folgen einige Interviews und Artikel. Monatlich werden Szenenews, Konzert- und Musikkritiken veröffentlicht. Den kommerziellen Charakter offenbart auch ein Gewinnspiel, bei dem CDs verlost werden. Als interaktive Option werden Online-Spielchen angeboten: Per Mausklick dürfen Hexen, Ufos oder Menschen abgeschossen werden. Links haben die Webmaster nur zu den eigenen oder von ihnen betreuten Websites gelegt.[71]

Internetlogo des gleichnamigen Fanzines

Das Fanzine *Unsere Welt – Das Magazin des Rock'n'Roll* aus dem Spektrum der ›Freien Nationalisten‹ präsentiert sich im Web nur dürftig. Auf der Website des Konkurrenzblattes zu *Rock Nord* sind nur die Titelseiten der erschienenen Ausgaben in Briefmarkengröße samt verkürzten Inhaltsverzeichnissen abgebildet. Sie bieten lediglich an, das Magazin via E-Mail zu bestellen.[72] Das Fanzine *Victory or Valhalla*[73] dagegen scheinen die Macher langsam zum ›Onlinemagazin‹ umzugestalten. Standen vorher nur Titelblätter und Inhaltsangaben auf der Website, werden nun News, Newsletter, Umfragen, Quiz, Interviews, Desktop-Hintergrundbilder und eine Galerie mit Tattoo-Bildern angeboten.

Mit der Option eines Onlinemagazins versucht die ›Initiative Identität durch Musik – Musiker gegen den Zeitgeist‹ (IDM) derweil virtuelle Debatten für die Bewegung zu organisieren.[74] Unterstützt von den Bands Von Thronstahl und Landsturm stellte die Band Carpe Diem im Jahr 2000 die Website ins Netz. Die Initiative will eine »Identitätsrock-Bewegung« entwickeln mit dem Ziel, »nationale Inhalte zu vermitteln und dabei diese Inhalte so weit wie möglich aus der politischen Isolation herauszubekommen«.[75] Die »Vision« einer »musikstilübergreifende[n] Ansammlung von Bands, die sich dem System und dem Zeitgeist kritisch entgegenstellen und sich für den Erhalt nationaler Identität und Unabhängigkeit einsetzen«, scheint von der Realität eingeholt worden zu sein. Kaum online, verabschiedeten sich die zwei anderen Bands vom Projekt, und Carpe Diem beklagte, »wir waren wieder auf uns alleine gestellt«.[76] Das Ziel, dass Musik »zum gemeinsamen Nenner aller Systemkritiker« wird, spiegelt sich auf der Website nicht wieder. Die »sinnbildlichen Aufforderung, sich endlich an einen Tisch zu setzen und nach Alternativen zu suchen«,[77] verfolgten die Interessierten alleine im Diskussionsforum. Mit der Auflösung von Carpe Diem im Juni 2001 ist auch die Entwicklung von IDM unklar. Versprochen wurde jedoch, dass ihre Entscheidung zur Auflösung »keinesfalls negative Auswirkungen auf die Aktivitäten der Initiative IDM« haben werden.[78]

Identität durch Musik: virtueller Organisationsansatz ohne Basis

Web-Radios und digitale Sendungen

Im weltweiten Netz installieren Neonazis und extrem Rechte auch Onlineradios. Die Radio-Websites auf denen Musik und Politik zur virtuellen Propaganda verschmelzen, bieten aber nur wenige regelmäßige Sendungen an.[79]

Seit 1996 sendeten Mike Penkert, Rudolf Bachstein und Frank

Schwerdt von der Kameradschaft Germania Berlin im städtischen Offenen Kanal. Die »Nationalen Sozialisten« sahen sich »gezwungen, eine nationale Radiosendung in dieses deutschfeindliche Medienwirrwarr einzubringen«.[80] Nach der vierzehnten Sendung am 29. Oktober 1999 griff die Medienanstalt Berlin-Brandenburg als Betreiberin des Offenen Kanals ein. Über den Äther hatten die Neonazis zum Tod des Zentralratsvorsitzenden der Juden in Deutschland Ignatz Bubis erklärt: »Bekanntlich soll man über Tote nur Gutes sagen, drum sagen wir: Es ist gut, dass er tot ist.«[81] Zur selben Zeit ging Radio Germania online und präsentierte auf ihrer Website ältere Sendungen in digitalisierter Form.[82]

Die Textbeiträge von Radio Germania Online stimmen inhaltlich mit den Nachrichten des ebenfalls von Penkert betrieben Nationalen Info Telefons Preussen überein und die angebotene Musik besteht überwiegend aus nicht indizierten Liedern von neonazistischen RechtsRock-Bands. Das Angebot ist mehrfach im Web dupliziert, nachdem es zu Sperrungen von verschiedenen deutschen Service-Providern gekommen war. Radio Germania hat aus Sorge vor zukünftigen Sperrungen sogleich Domains in Deutschland und den USA angemeldet.[83] Im Gästebuch stehen neben Hinweisen auf »nationale Sites« auch klare Bekenntnisse: »Heil, Kameraden! Bald werden die Saujuden kahlgeschorren in gestreiften Häftlingsanzügen rumkriechen und unsere Sprache für sie wird [...] am Ende das Gas sein.«[84] Nach dem endgültigen Sendeverbot ihrer Radiosendung im Offenen Kanal Berlin im Juli 2000 wich Radio Germania ins Web aus und präsentierte nach langer Unterbrechung[85] am 27. Juni 2001 eine neue Sendung.

Auch beim Radio Nord von Andre Goertz dauerte die Produktionszeit einer Sendung lange. Die aktuellste Sendung ist vom Mai 2001. Die nächste sollte laut Ankündigung im Juli folgen. Im Oktober 2001 lag das Programm jedoch immer noch nicht auf der Website.

Ohne Sorge vor Beschlagnahmungen oder Hausdurchsuchungen agierten dagegen die Webmaster vom »Großdeutscher Rundfunk – Radio Wolfsschanze«.[86] »Wir werden uns von dieser Judenrepublik nicht vorschreiben lassen, was wir zu sagen haben«, betonten sie. Über einen anonymen Provider in Nordamerika und Russland betrieben sie die Website. Innerhalb eines Jahres stellten sie vier Sendungen mit indizierten Liedern und fiktiven Reportagen wie »Wir erschrecken Bürger des öffentlichen Lebens« zusammen.

In einer anderen fiktiven Reportage stellen sie ein Attentat auf Bubis nach. Vier Schüsse fallen und Reporter Ekligmann stellt fest: »Oh, tot. Pech gehabt, die Sau.«[87] Die anonymen Macher des Radios mit dem programmatischen Titel[88] überschätzten sich jedoch. Mitte Mai 2001 durchsuchte das Landeskriminalamt Niedersachsen mehrere Wohnungen von acht Beschuldigten, beschlagnahmte Computer und selbst gebrannte CDs, darunter auch eine noch nicht veröffentlichte Sendung.

Radio Germania: Antisemitismus via Internetradio

Heil Euch Kameraden, es ist wieder soweit. Ihr hört Radio Germania, das Radio für nationale Interessen. Wie immer ist die Sendung auch dieses Mal von unseren Rechtsanwälten als strafrechtlich nicht relevant und ohne Verstöße gegen die Jugendschutzbestimmungen gewertet worden. Wir grüßen alle Zuhörer, nationale Aktivisten und Sozialisten. Verantwortlich für diese Sendung ist Mike Penkert

Ansage zum Auftakt der Radio-Germania-Sendung Februar 1999

Läuft auch offline: Radio Germania auf CD

Surfen und linken

Reaktion auf Repression: Schuld sind die Anderen

Keine Website ohne Links, die den Nutzer direkt zu den Seiten anderer Anbieter weiterleiten. Ermöglicht doch gerade diese Technik das Surfen in der Virtualität. Keine Linkpage der extremen Rechten allerdings ohne den Verweis auf das Urteil des Landgerichts Hamburg vom 12. Mai 1998 (Az. 312 O 85/98). So auch auf der Linkpage von Endstufe: »Das Landgericht Hamburg [hat] entschieden, daß man durch die Ausbringung eines Links die Inhalte der gelinkten Seite ggf. mit zu verantworten hat. Dies kann – so das LG – nur dadurch verhindert werden, dass man sich ausdrücklich von diesen Inhalten distanziert.«[89] Was die Band dann auch macht: »Wir möchten ausdrücklich betonen, daß wir keinerlei Einfluß auf die Gestaltung und die Inhalte der gelinkten Seiten haben.«[90] Nach einer solchen abgenötigten Distanzierung können die Interessierten von einer rechten Website aus durch die neonazistische Virtualität surfen. Klickt der User zum Beispiel auf der Linkpage von Endstufe das Fanzine *Victory or Valhalla* an, kann er über deren Website zum US-amerikanischen Web-Fanzine *88music.net* gelangen, das zu dem in der Bundesrepublik verbotenen Blood & Honour-Netzwerk gehört.

Die zusammengestellten Linkpages spiegeln meistens das politische Bewusstsein der Webmaster wieder. Denn nur die dem Webmaster nahe stehenden Projekte oder für ihn spannende Websites werden verlinkt. Getreu dem neonazistischen Profil vom *WPMP3* können die User von deren Linkpage sofort zum digitalen Nationalsozialismus surfen: Zum Beispiel zu *Der Angriff – Nationalsozialistische Nachrichten und Aufsätze*[91] oder *Arisches Blut – Songs and Music of the Third Reich on MP3.*[92]

Von Rechts gelinkt: Linkepage der Website Rechtsrock-MP3

Immer wieder finden sich auf Websites der deutschen extremen Rechten auch ein Link zu der Liste Users, Member Pages and Mirrors[93] des US-amerikanischen Nazi-Portals *front14.org*, über das die User zu weiteren 200 Links aus dem internationalen extrem rechten Spektrum virtuell reisen können. Selten haben die Webmaster Links zu Sites außerhalb der neonazistischen Szene gelegt und so dreht sich denn auch die RechtsRock-Szene um sich selbst.

online verbieten, was offline verboten ist

Das Internet ist kein ›rechtsfreier Raum‹. Die vermeintliche Anonymität und tatsächliche Internationalität des virtuellen Raumes überforderte anfänglich die Justiz. Nach und nach folgte jedoch die Rechtssprechung dem technischen Fortschritt. Neben dem Urteil des Hamburger Landgerichtes stellten bundesrepublikanische Gerichte grundsätzlich fest, dass auch im Internet für Provider und User die deutsche Rechtsprechung gilt. Was auf deutschen Computern und Servern veröffentlicht wird, unterliegt dem deutschen Medien- und Strafrecht sowie dem Verfassungs- und Jugendschutz.[94]

Ende 2000 betonte der Bundesgerichtshof in Karlsruhe im Revisionsverfahren gegen den australischen Holocaust-Leugner Gerald Fredrick Toben, dass obwohl der Direktor des revisionistischen Adelaide Instituts die Auschwitzleugnung in Australien ins Netz stellte, er dennoch wegen Volksverhetzung in Deutschland verurteilt werden kann. Da Toben die geschichtsfälschenden Texte für deutsche Surfer bereitstellte und diese Schriften gerade in Deutschland geeignet seien, den öffentlichen Frieden zu stören, sei der ›Erfolg‹ der Handlung – der Tatort – damit in Deutschland.[95] »Wer vom Ausland per Internet den Holocaust leugnet, kann sich in Deutschland der Volksverhetzung strafbar machen«, stellten die höchsten Richter fest und betonten »volksverhetzende oder sonst wie strafbare [Inhalte im Internet] können deutsche Staatsanwälte auf den Plan rufen«.[96]

Seit 1978 Bibel der Holocaust-Leugner, im Internet ein gefragtes Dokument

Im Jahr 2000 wurden bundesweit 298 polizeiliche Ermittlungsverfahren wegen rechtsextremer Propaganda im Internet eingeleitet.[97] Anfang 2001 verfolgte die Staatsanwaltschaft Bonn mit 120 Ermittlungsverfahren »Anbieter rechtsextremistischer Musikdateien in der Internet-Musiktauschbörse [Napster] wegen des Verdachts des Verwendens von Kennzeichen verfassungswidriger Organisationen, der Volksverhetzung, der Aufstachelung zum Rassenhass bzw. der Verherrlichung von Gewalt«.[98] Gegen die acht mutmaßlichen Betreiber von Radio Wolfsschanze gingen die Behörden Mitte 2001 vor. Sie fanden die anonymen Webmaster, führten Hausdurchsuchungen durch und stellten eine unveröffentlichte Sendung sicher. Das Amtsgericht Hofgeismar verurteilte Mitte 2001 drei Neonazis wegen Bedrohung und Verwendung verfassungswidriger Kennzeichen. Sie hatten eine Droh-Mail, unterzeichnet mit »fröhlichen 88« und »NSDAP-AO Hessen«, an Antifaschisten geschickt.[99]

Aktivster Revisionist im Internet seit der ersten Stunde: Ernst Zündel aus Kanada

Die verschiedenen Ermittlungsverfahren verunsicherten die Nazi-Cybercommunity von Auschwitzleugnern bis RechtsRockern. Ebenso störten die vermehrten Aktivitäten verschiedener Internet-Server-Provider, die in den letzten Jahren immer wieder Nazi-Sites sperrten oder löschten. Nachdem u.a. die Aktion Kinder des Holocaust aus der Schweiz und das Simon Wiesenthal Center aus den USA die Sites kritisiert hatten, griffen die Provider-Firmen ein. Sie handeln aber auch immer öfter aus Image- beziehungsweise Profitinteresse selbständig.[100]

Dennoch können rechte Provider und Webmaster bestehende Lücken und Unsicherheiten im internationalen Recht ausnutzen. Vor allem die »weit auseinander liegenden Verständnisse zulässiger Meinungsfreiheit« der einzelnen Staaten, die »Anonymität agierender Personen« und »Probleme der Urteilsvollstreckung« über Ländergrenzen hinaus erschweren die Verfolgung.[101] Das Internet ist insofern ein nicht gänzlich rechtsfreier Raum, aber ein »bislang weitgehend rechtsfolgenfreier Ort.«[102]

Auf der internationalen Konferenz *Verbreitung von Hass im Internet* des Simon Wiesenthal Centers, des Bundesministeriums der Justiz und der Friedrich-Ebert-Stiftung diskutierten im Juni 2000 die Teilnehmer diese Problematik. In der abschließenden *Berliner Erklärung* empfehlen sie, »international wenigstens einen Mindestbestand an Strafbestimmun-

The Nizkor Project

Das Nizkor Projekt: Auf ihrer Website listen sie »Seiten des Hasses« auf und stellen zugleich deren Inhalte richtig

gen zu vereinbaren«, um den »Hass gegen Einzelpersonen und gegen Teile der Bevölkerung insbesondere gegen Minderheiten« im Netz weitmöglichst zu unterbinden. Sie riefen alle »Beteiligten zur Kooperation und Selbstverpflichtung« auf. Ausgefeilte Filterprogramme oder verschärfte Rechtsregelungen dürften jedoch nicht die bestehende Meinungs- und Informationsfreiheit im Netz aufheben.[103] Als »Grundsatz« solle allerdings vielmehr gelten, »daß auch online verboten sein muß, was offline verboten ist«.[104] Die derzeitige Darstellung der extremen Rechten im Web durch staatliche Behörden lässt befürchten, dass hier Bürgerrechte eingeschränkt werden sollen. Denn außer der Zensur und Kontrolle des Rechtes auf Information und der Meinungsfreiheit scheinen die Behörden keine anderen Alternativen im Umgang mit Rechtsextremismus im Internet zu überlegen. Stattdessen werden in der Diskussion Fakten suggeriert, die spekulativ sind. Bisher gibt es aber keine empirischen Studien über die Rezeption von nicht organisierten Usern von Nazi-Sites. Dennoch wird von einem monokausalen Zusammenhang zwischen der gestiegenen Anzahl von Nazi-Sites und steigender rechtsextremer Gewalt ausgegangen. Das mit der angestrebten Privatisierung des öffentlichen Raumes Internet indes ökonomische Kriterien die demokratischen Optionen revidieren können, wird bei der veröffentlichten Debatte diskret unerwähnt gelassen.

Zu der Problematik des wirtschaftlichen und staatlichen Zugriffes auf den öffentlichen Raum merkt Joseph Weizenbaum, der sich 1976 mit seinem Buch *Die Macht der Computer und die Ohnmacht der Vernunft* als internationaler Computerkritiker hervortat, grundsätzlich an: »Eine Überwachung, die ein Höchstmaß an Sicherheit garantieren soll, bedeutet das Ende jeder freizügigen Kommunikation. Die besonders Raffinierten würde man wahrscheinlich auch dann nicht erwischen.«[105] »Denn«, so Weizenbaum, »eine absolute Überwachung des Internets ist nicht möglich«.

Statt behördlicher Zensur bedarf es der gesellschaftlichen Medienkompetenz. Solch eine Kompetenz zu vertiefen und zu entwickeln, bedeute aber nicht alleine die Technik zugänglicher zu machen, sondern auch zur Einordnung der Informationen und Positionen zu befähigen.[106] Letztlich, glaubt Andreas Bogk vom Chaos-Computer-Club, bedeutet dies, den »rechten Ungeist im Netz« entgegenzuwirken, die »Lügen zu bekämpfen, die Wahrheit zu verbreiten«.[107] Das jüdische Netzwerk Nizkor aus den USA macht dies bereits. Auf ihrer Website listen sie »Seiten des Hasses« auf und stellen zugleich deren Inhalt richtig.[108]

ACHTUNG! Diese Internetseite ist nur für einen bestimmten Personenkreis erstellt worden, sollten sie nicht dazu gehören klicken sie auf <Abrechen> bzw. verlassen Sie diese Seite wieder! Wichtiger Hinweis zu allen Verweisen auf diesen Seiten. Mit Urteil vom 12. Mai 1998 hat das Landgericht Hamburg entschieden, daß man durch die Anbringung eines Verweises die Inhalte der gelinkten Seite ggf. mit zu verantworten hat. Dies kann – so das LG – nur dadurch verhindert werden, daß man sich ausdrücklich von diesen Inhalten distanziert. Für die aufgeführten Links gilt: Wir möchten ausdrücklich betonen, daß wir keinerlei Einfluß auf die Gestaltung und die Inhalte der gelinkten Seiten haben. Deshalb distanzieren wir uns hiermit ausdrücklich von allen Inhalten aller gelinkten Seiten auf unserer Seite und machen uns ihre Inhalte nicht zu Eigen. Für (strafbare) Inhalte und Linkverweise sind alleinig die Betreiber der betreffenden Internetseiten verantwortlich.

Üblicher Hinweis zu Link-Sammlungen – hier von der Homepage des ›Weißen Wolf‹ – die vor juristischen konsequenzen bewahren sollen

Cyberhypes und Internetillusionen

Nachdem die von deutschen extremen Rechten betriebenen Websites auf 1.000 angestiegen waren, reagierten Medien und Politik alarmiert.[109] Der Charakter des Internets – flexible Dynamik, universelle Interaktivität und dezentrale Globalität – irritierte. Relativierte diese »Post-Kultur« (Pierre Lévy) doch Zeit und Raum, Macht und Einfluss.

Zwar können Justiz und Provider eine Website mit dem Lied *Der ewige Jude* von Macht & Ehre, in dem es heißt: »Auschwitz Dachau und Buchenwald / da machen wir die Juden aufs neue kalt«[110] sperren, doch Interessierte können den Song auch anderswo im Web finden. *Rechtsextremismus im Internet. Die neue Gefahr*[111] oder *Kampf gegen 1000-köpfige Hydra*[112] titelten so dann einige Journalisten. Manche Publizisten echauffierte, dass das demokratische Medium Identitätskulturen und Nationsformierungen auflöse,[113] zugleich jedoch für die Propaganda vom Neofaschismus und Rechtsextremismus und der Promotion von White Noise dienlich sei. Hatten doch die sozialen Bewegungen aus dem liberalen und demokratischen Spektrum mit als erste die politischen Optionen des Internets entdeckt. Irritationen und Aufregungen offenbaren die populären Mythen über den Cyberspace.[114]

Internet als zentrale Gefahr von Rechts? Hysterie beim Verfassungsschutz – ohne analytische Schärfe

So sehr das Web eine digitale Widerspiegelung der gesellschaftlichen Realität ist, so ist die Web-Präsenz des RechtRocks eine virtuelle Spiegelung der neonazistischen Realität. Aktivitäten und Kompetenz der extrem rechten Szene spiegeln sich ebenso wieder wie Apathie und Inkompetenz. Neben einigen ausgereiften Websites existieren unter den etwa einhundert deutschen RechtsRock-Sites auch viele dilettantisch gemachte Sites.[115] Gestalten einige Webmaster die Seiten attraktiv, bilden ein Informations- und Diskussionsforum und schaffen mit Interaktivprogrammen Integrations- und Mobilisierungsoptionen, gelingt anderen Webmastern nicht einmal eine periodische Aktualisierung.

Der virtuellen RechtsRock-Szene dient das Internet vor allem zum illegalen Vertrieb und Tausch von indizierten Liedern als MP3-Dateien und zum legalen Verkauf von einschlägigen CDs und Fan-Utensilien. Die klandestinen Websites der illegalen RechtsRocker von *WPMP3* oder *88music.net* sind überwiegend professionell gestaltet wie auch die legalen Sites der kommerziellen RechtsRocker von *Rock Nord* oder Nord Versand. Von den Band-Websites sind die wenigsten innovativ konzipiert. Die Seiten von Endstufe und Eugenik gehören zu den attraktiven Sites, über die Fans Informationen und Kontakte bekommen können. Die Webpräsenz manch anderer Bands, wie die von Landser, scheint nur zu Werbezwecken entwickelt worden zu sein. Und auch viele der Szene-Fanzines sind eben nur präsent, mehr ein Verweis als ein virtuelles Angebot. Nur IDM bietet derweil mittels Gästebuch und Forum eine eingebettete virtuelle Diskussionsmöglichkeit. Innovativ gestaltet sind auch die Websites der Webradios, so die von Radio Germania, deren seltenen Sendungen dem technischen Aufwand geschuldet sein dürften.

Was mir in letzter Zeit auch sehr negativ aufgefallen ist, ist daß es immer mehr (ich nennen sie mal einfach so) ›Internet-Nazis‹ gibt, die zwar im Internet das große Wort führen, aber bei irgendwelchen Aktionen außerhalb des Wohnzimmers noch nie gesehen wurden [...] Wo seid Ihr auf der Straße wenn es wirklich um etwas geht, z.B. auf Demonstrationen?

Kommentar vom Fanzine-Herausgeber Michael Wiedemann
Der Braune Bär, Nr. 5/6, 2002

Manche virtuelle Vision der extremen Rechten scheiterten bisher an technischer Inkompetenz. Das von ihnen als »neue[s] Medium der nationalen Gegenöffentlichkeit«[116] entdeckte Internet, muss schließlich gestaltet und laufend gepflegt werden. Doch auch die politischen Reaktionen und juristischen Repressionen beeinflussen den rechten Webhype. Um unabhängig vor Zugriffen von Providern zu sein, bemühten sich in den letzten Jahren Aktivisten aus der extrem rechten Bewegung, wie Jens Siefert und Siegfried Birl, sich zu Internetspezialisten zu qualifizieren und virtuelle Netzwerke mit eigenen Firmen zu konzipieren. Die Band KfZ diskutiert längst neue Visionen. Im Web könnten »Lieder präsentiert« werden, so KfZ, bei denen, falls juristisch nötig, »bestimmte Passagen leicht abgeändert ggf. ersetzt« werden können. »Was sicherlich für den Sektor der herkunftsbewußten Tonkunst nicht uninteressant sein dürfte.«[117]

Die attraktivsten Webprojekte des RechtsRocks manifestieren eine Synthese zwischen Webpräsenz und realer Szene. Sie etablieren nicht nur für die extrem rechte Bewegung virtuelle Informationsnetzwerke und subkulturelle Identitätsangebote, sie forcieren auch digitale Integrationsmöglichkeiten für Jugendliche und junge Erwachsene in die rechte Bewegung.[118] Die Aktivitäten der Cybernazis des RechtsRocks sind ein virtuelles Indiz für eine reale Gefahr, dessen gesellschaftliche Dimension und Akzeptanz kaum thematisiert wird. Durch das neue Medium wird nur ein alter, oft nicht wahrgenommener Missstand öffentlich.

Anmerkungen

1 www.americanskinheads.com/wpmp3, August 2001.
2 Ebd.
3 Blut muß fließen. Auf: Tonstörung: Deutsche Musik, Demotape, 1992.
4 Hakenkreuz. Auf: Radikal: Retter Deutschlands, Demotape, 1991.
5 www.americanskinheads.com/wpmp3, August 2001.
6 Antisemitismus und Geschichtsrevisionismus finden nur in Bezug zu RechtsRock Beachtung. Siehe u.a.: Nickolay, Bernd: Rechtsextremismus im Internet. Ideologisches Publikationselement und Mobilisierungskapital einer rechtsextremen sozialen Bewegung?, Würzburg, 2000. Und: Wetzel, Juliane: Antisemitismus im Internet. In: Stiftung Dokumentationsarchiv des österreichischen Widerstandes (Hg.): Das Netz des Hasses. Rassistische, rechtsextreme und neonazistische Propaganda im Internet, Wien, 1997, S. 78–105.
7 Pfeiffer, Thomas: Rechtsextremisten auf dem Daten-Highway, Broschüre, Dortmund, 1996, S. 5.
8 Antwort der Bundesregierung auf die Kleine Anfrage der Abgeordneten Ulla Jelpke und der Fraktion der PDS, Drucksache 14/5526, 9.3.2001.
9 Nach einer Erhebung der Gesellschaft für Konsumforschung stieg 1999 die Anzahl der Domains mit der Endung de um 1,6 Millionen an, das sind fünfmal soviel wie noch zu Beginn des Jahres. Siehe: Maresch, Rudolf; Rötzer, Florian: Cyberhypes. In: Dies. (Hg.): Cyberhypes. Möglichkeiten und Grenzen des Internet, Frankfurt am Main, 2001, S. 7–26, hier S. 17.
10 Bundesamt für Verfassungsschutz, Telefoninterview der Autoren, August 2001.
11 Schröder, Burkhard: Rechtsextremismus im Internet als politisches und pädagogisches Problem. In: Butterwegge, Christoph; Lohmann, Georg (Hg.): Jugend, Rechtsextremismus und Gewalt, Opladen 2000, S. 155.
12 Siehe auch public.web.cern.ch/Public/ACHIEVEMENTS/web.html, Darstellung der Geschichte des WWW durch die Entwickler.
13 Am europäischen Kernforschungszentrum CERN (Conseil Européen pour la Recherche Nucléaire) in der Schweiz.
14 Rudolf Maresch und Florian Rötzer problematisieren sogleich, dass 90 Prozent der User in den Industrieländern leben. Maresch; Rötzer: Cyberhypes, a.a.O., S. 8f.
15 www.stormfront.org
16 Black zitiert nach: Pfeiffer: Rechtsextremisten, a.a.O., S. 29.
17 Ebd., S. 37ff.
18 Karl-Heinz Sendbühler zitiert nach: Dietzsch, Martin; Maegerle, Anton: »Befreite Zone« Thule-Netz. In: Stiftung Dokumentationsarchiv des österreichischen Widerstands (Hg.): Das Netz des Hasses, a.a.O, S. 170–192, hier S. 171.

19 Ebd. Seit Mitte 1996 wird die Website www.npd.net betrieben.
20 Ebd., S. 172ff.
21 Der Terminus Thule hat bei der extremen Rechten eine mehrfache Bedeutung. Angelehnt an die germanische Mythologie steht »Thule« für die angebliche Urheimat der Europäer im Norden. Er steht aber auch für die Thule-Gesellschaft, einem präfaschistisch-esoterischen Geheimorden in München, der zwischen 1918 bis 1936 aktiv mithalf den Nationalsozialismus zu etablieren. Siehe: Speit, Andreas: Esoterik und Neuheidentum. Historische Allianzen und aktuelle Tendenzen. In: Mecklenburg, Jens (Hg.): Handbuch Deutscher Rechtsextremismus, Berlin, 1996, S. 714ff.
22 Thomas Hetzer zitiert nach: Pfeiffer, Thomas: Medien einer neuen sozialen Bewegung von rechts. Inauguraldissertation zur Erlangung des akademischen Grades eines Doktors der Sozialwissenschaften, Bochum, 2000, S. 64f.
23 Nickolay: Rechtsextremismus im Internet, a.a.O., S. 138.
24 Neugebauer, Wolfgang: Vorwort, In: Stiftung Dokumentationsarchiv des österreichischen Widerstands (Hg.): Das Netz des Hasses, a.a.O., S. 8.
25 Ingrid Rimland, zitiert nach: Pfeiffer, Thomas: Zukunftsmedien von rechts? Internet, Mailboxen und ihre Bedeutung für den deutschen Rechtsextremismus. In: Perspektiven des demokratischen Sozialismus, 15. Jahrgang, Heft 3, Marburg, 1998, S. 209.
26 www.resistance.com
27 George Burdi zitiert nach: Dietzsch; Maegerle: Rechtsextremisten und Neue Medien. In: Mecklenburg, Jens (Hg.): Antifa Reader, Berlin, 1996, S. 221.
28 Perner, Markus: Skinheads und Internet. In: Stiftung Dokumentationsarchiv des österreichischen Widerstands (Hg.): Das Netz des Hasses, a.a.O., S. 238–245, hier 241f.
29 Pfeiffer: Rechtsextremisten, a.a.O., S. 17f.
30 www.propatria.org/thulenet, August 2001.
31 Rock Nord. Das Patriotische Musikmagazin, Nr. 68, 2001, S. 34–37: Konzepte für die Zukunft.
32 www.konzepte.tsx.org, August 2001.
33 www.kraftschlag.tsx.org war 1999 noch aktiv. Im August 2001 wird man jedoch zu www.rocknord.de geleitet. www.skrewdriver.com und www.machtundehre.com sind im August 2001 nicht mehr erreichbar. Unter www.skrewdriver.net befindet sich Combat 18/Blood&Honour und enthält bzgl. Skrewdriver nur einen »Tribut«-Text und eine Discography. Eine Website der Zillertaler Türkenjäger ist nicht bekannt. Erreichbar waren u.a.: www.aufmarsch.de, www.dollyd.de, www.faustrecht.de, people.freenet.de/KAMPFZONE, www.kreuzfeuer.net, www.nordfront.de. Stand August 2001. Die Dynamik und Flexibilität des Webs erschwert die Erfassung der elektronischen Quellen. Siehe: Stolpmann, Markus: Internet & WWW für Studenten. WWW, FTP, Email und andere Dienste, Bonn, 1997.
34 www.rennicke.de, www.frankrennicke.de, go.to/rennicke, free.freespech.org/rennicke, musikerfuermeinungsfreiheit.virtualave.net
35 Ergebnis der Domain-Abfrage www.frank-rennicke.de bei der Registrierungsstelle DENIC (www.denic.de), August 2001.
36 Bundesprüfstelle für jugendgefährdende Schriften, aktuell, 4/1999.
37 Patalong, Frank: »Troubadix der Neonazis«, Spiegel online, 23.6.2000. www.spiegel.de/netzwelt/netzkultur/0,1518,81726,00.html
38 Beide Seiten, www.verfolgung.com und www.prorennicke.de, werden jedoch kaum betreut, August 2001.
39 www.propatria.org, August 2001.
40 www.88rocknroll.com, August 2001.
41 Kanacke verrecke. Auf: Das Reich kommt wieder, Demotape, 1992. 1993 indiziert.
42 www.front14.org/gb/Landser, August 2001.
43 www.endstufebremen.de/gästebuch, August 2001. Die Domain ist auf Jens Brandt angemeldet. Dieser unterhält u.a. auch den Web-Shop. Siehe: www.evil-records.de. Als ISP dient ihnen die Hamburger Firma netzpunkt.net des Neonazis Jens Siefert. Siehe: www.endstufebremen.de, August 2001.
44 Der Web-Designer Stahlhagel alias Thorsten Kraneis aus Benneckenstein im Harz gestaltete die Web-Site und betreut das Gästebuch.

45 www.endstufebremen.de, Gästebuch vom 16.8.2001.
46 www.eugenik.com, August 2001.
47 Endstufe mit www.evil-records.de und www.hanse-records.de, Noie Werte mit www.gbfrecords.de
48 Genese und Struktur von Lemmers Firmennetz siehe in diesem Buch den Artikel von Liane M. Dubowy: Von Party bis Propaganda. Sowie: Rechtsschutzinstitut (Hg.): Lokalpolitik und die extreme Rechte in Düsseldorf, Düsseldorf 1997, S. 72–82.
49 www.rocknord.de
50 Siehe: Der Rechte Rand, Nr. 72, Sept./Okt. 2001: »Wie langweilig, müd, seicht und unergiebig«, von Andreas Speit.
51 DENIC Abfrage, August 2001.
52 www.nordversand.de, August 2001.
53 www.wikingerversand.de. Betreiber ist Siegfried Birl. Diese Site ist nicht identisch mit www.wikinger-versand.de der Nationalen Aktions Front von Thomas Scharfy.
54 www.werbestudio-birl.de/shop/index.htm, August 2001.
55 www.lu-wi-tontraeger.de, August 2001.
56 www.head-check.de/sek_scroll.htm, vom Dezember 2000, Marcel Günther benennt dort als Höhepunkt seiner Karriere ein Konzert in London, das von Blood & Honour East London organisiert wurde.
57 Im August veröffentlichte er einen Text des Aktionsbüros Norddeutschland für den Neonazi-Aufmarsch zum Antikriegstag 2001 in Leipzig, www.headcheck.de, September 2001.
58 www.lu-wi-tontraeger.de/schwarze%20Liste.htm, August 2001.
59 auctions.yahoo.com (englischsprachig), bzw. de.auctions.yahoo.com (deutschsprachig). Aufgrund öffentlichen Drucks von jüdischen und antifaschistischen Initiativen greifen die Webmaster hin und wieder ein. Einige virtuelle Auktionshäuser untersagen mittlerweile diesen Handel durch die allgemeinen Geschäftsbedingungen. Siehe: Blick nach rechts, 4/2000: Digitale Geschäfte, von Thomas Pfeiffer.
60 www.nordversand.de. »Angezeigter Beitrag ist von 8814 und wurde übermittelt am Dienstag, 11. September 2001 um 18:40:42 Uhr.«
61 www.nordversand.de. »Angezeigter Beitrag ist von death2zog und wurde übermittelt am Donnerstag, 29. März 2001 um 21:04:03 Uhr.«
62 Deutsche Stimme Nr. 9/2000, »Mit Info-Eliten gegen den Zeitgeist – Welche Rolle spielt das Internet für die nationale Opposition?« von Karsten Voigt.
63 www.rocknord.de/gaestebuch.html, August 2001.
64 www.eugenik.com, August 2001.
65 people.freenet.de/KAMPFZONE/page2.html August 2001.
66 www.nit.de/webpoint/recht.htm. »1. Beispiel: ›Wir treffen uns am (DATUM) um (UHRZEIT) an dem (TREFFPUNKT) um die (PERSON(EN)) aufzumischen.‹ Wäre Aufforderung zu Straftaten, wie Körperverletzung, Landfriedensbruch oder auch eventuell Bildung eines bewaffneten Haufens u.s.w. Grundsätzlicher TIP: Trag nur nette Einträge in Euer Gästebuch ein, denn Müll gibt es im Internet schon genug.«
67 www.endstufebremen.de, September 2001.
68 www.front14.org/rollkommando/NS-Sturm, September 2001.
69 www.pub23.ezboard.com/boikrach wird von dem Web-Anbieter Tonstörung, Oikrach und Templer betrieben.
70 www.n-a-f.com/Konzerte, August 2001.
71 www.torsten-lemmer.de, www.duesseldraht.de, www.reflex-duesseldorf.de. Ein weiterer Link führt zu www.aktmodel.net – »Da gibt's hübsche Mädels!«, heißt es auf der Site. Siehe: www.rocknord.de/aktmodelnet-sedcard.php3?id=94. www.rocknord.de/links.html, August 2001.
72 www.widerstand.com/unserewelt/index1.htm. Seiten aufgespielt am 11.7.2001. Hinter der E-Mail-Adresse Xethanol11@aol.com verbirgt sich der Web-Designer Michael Stephan (Bünde), dessen Spezialität die Programmierung von Flash-Animationen ist. www.thebuilder.de ist seine Web-Site. Stand: September 2001.
73 www.valhalla88.de ist registriert auf Thomas Pavenzinger, 84339 Unterdietfurt, ISP ist Jens Siefert/Netzpunkt. Vertrieb durch Patria Versand, Postfach

1543, 84003 Landshut, www.patriaversand.de, patria@t-online.de. Stand: 15.9.2001.

74 www.i-idm.org. Ein anderes Online-Magazin – Tonstörung – war zur Zeit der Recherche nicht abrufbar. (www.tonstoerung.net, bzw.: www.rechts-rock.de)

75 www.i-idm.org/wir.htm, August 2001.

76 www.i-idm.org/sonderberichte/jahresbericht1.htm vom 13.2.2001, Serverdatum, gesehen August 2001.

77 www.i-idm.org/wir.htm.

78 www.i-idm.org/musikgruppen_national.htm.

79 Auch eine Recherche der Bundeszentrale für politische Bildung in Kooperation mit jugendschutz.net hat dies ergeben. Siehe: Bundeszentrale für politische Bildung: Rechtsextreme Jugendszene im Internet, o.O., 2000, S. 49.

80 Mike Penkert, Christian Wendt und Rudolf Bachstein, nach www.idgr.de/lexikon/stich/r/radiogermania/radiogermania.html, 15.9.2001.

81 Presseerklärung der Medienanstalt Berlin-Brandenburg zum Ausschluss von Radio Germania, Berlin, 3.7.2000, www.mabb.de/aktuell/ok-ausschluss.html, August 2001.

82 www.radio-germania.com, gestaltet von Rudolf Bachstein. Sieben weitere Sendungen aus dem Jahr 1999 sind abrufbar.

83 www.radio-germania.de, www.radio-germania.com, www.radiogermania.net, www.radio-germania.org.

84 www.radio-germania.org.Gästebuch, August 1999.

85 So jammert Radio Preussen: »Ja, auch wir sind noch da, aber ohne Ideen, was können wir mit Radio Preußen machen?« Siehe: www. radiopreussen. com. Preussenradio (www.phi-presse.de/radio/sendungen.htm) sucht »dringend Mitarbeiter«. Beide hatten ihre letzte Sendung Anfang 2001, August 2001.

86 rastenburg.da.ru

87 Der Spiegel 12/ 20.3.2000: Rechtsradikale: Gewaltbereitschaft beunruhigt Sicherheitsbehörden.

88 Die Wolfsschanze bei Ketrzyn/Polen (Rastenburg) war zwischen 1941 und 1944 eines der Hautquartiere Hitlers. Siehe: Benz, Wolfgang; Graml, Hermann; Weiß, Hermann: Enzyklopädie des Nationalsozialismus, München, 1997, S. 475.

89 www.endstufebremen.de/verweis.htm

90 Ebd.

91 derangriff.cjb.net

92 www.kickme.to/thirdreich

93 www.front14.org/users.htm

94 Siehe: Pfeiffer: Medien a.a.O, S. 108ff., siehe auch: Gercke, Marco: Rechtswidrige Inhalte im Internet. Eine Diskussion ausgewählter Problemfelder des Internet-Strafrechts unter Berücksichtigung strafprozessualer Aspekte, Köln, 2000.

95 www.netlaw.de/urteile/bgh_4.htm. BGH Az: 1 StR 184/00 vom 12. Dezember 2000.

96 Blick nach rechts, Nr. 1/2001: Falltür für Net-Nazis, von Thomas Pfeiffer. Siehe auch: www.heise.de/newsticker/data/wst-12.12.00-002/, sowie das Urteil mit Leitsätzen www.hrr-strafrecht.de/hrr/1/00/1-184-00.php3

97 Siehe: Antwort der Bundesregierung auf die Kleine Anfrage der Abgeordneten Ulla Jelpke ..., a.a.O.

98 Pressemitteilung des BKA vom 10.4.2001. Die Ermittlungen sind Anfang September 2001 noch nicht abgeschlossen.

99 Der Rechte Rand, Nr. 70, Mai/Juni 2001: Neonazi wegen Droh-Mail verurteilt, von Bernd Kant.

100 Der Rechte Rand, Nr. 60, Sep./Okt. 1999: »Yahoo« sperrt Nazi-Seiten. Siehe auch www.akdh.ch und www.wiesenthal.com

101 Siehe Pfeiffer: Medien, a.a.O., S. 116.

102 Siehe Nickolay: Rechtsextremismus, a.a.O., S. 285ff.

103 Berliner Erklärung (www.bmj.bund.de/misc/2000/m_inter2.htm). Siehe ausführlich: Friedrich-Ebert-Stiftung (Hg.): Verbreitung von Hass im Internet. Ein internationaler Dialog, Berlin, 2000.

104 Blick nach rechts, 14/2000: Hass-Seiten im Netz, von Jannete Goddar.

105 Frankfurter Rundschau, 27.11.2001: Freiheit gibt es nur für alle. Joseph Weizenbaum über das Internet und die Anschläge.

106 Siehe: Schröder: Rechtsextremismus, S. 160ff.

107 Frankfurter Rundschau, 3.8.2001: Ein paar gesperrte Homepages stören das Thule-Netz noch lange nicht, von Jörg Schindler.

108 www.nizkor.org. August 2001.

109 Bundesamt für Verfassungsschutz. Presseerklärung, ohne Datum: Ins Netz gegangen – Wie organisiert sich die rechtsextremistische Szene im Internet. (www.verfassungsschutz.de/news/page15.html)

110 Der ewige Jude, auf: Macht & Ehre: Sturm 20, Demotape, 1993.

111 Siehe: Fromm, Rainer; Kernbach, Barbara: Rechtsextremismus im Internet. Die neue Gefahr, München, 2001. In der Zeit kritisierte Claus Leggewie die mangelnde Analyse, Die Zeit, Nr. 4/2001. Siehe auch: Der Rechte Rand, Nr. 72, Sep./Okt. 2001: Alter Wein in neuen aber schlechten Schläuchen von Henrik Börjesson.

112 Rheinische Post vom 25.5.2001.

113 Lévy, Pierre: Internet und Sinnkrise. In: Maresch; Rötzer: Cyberhypes, a.a.O., S. 233ff.

114 Ahlert, Christian: The Party is over. In: Maresch; Rötzer: Cyberhypes, a.a.O., S. 138ff.

115 Nicht berücksichtigt sind Versandgeschäfte und Verlage, die zusätzlich RechtsRock-CDs und -Utensilien im Programm haben.

116 Deutsche Stimme, Nr. 9, 2000, a.a.O.

117 Rock Nord, Nr.68, 2001, S. 34f.: Interview mit der Band »Konzepte für die Zukunft.«

118 Bernd Nickolay und Thomas Pfeiffer weisen auf diese Option hin und betonten, dass keine empirischen Daten über die Relevanz dieser Strategie vorliegen.

Kirsten Döhring · Renate Feldmann
argumente – netzwerk antirassistischer bildung e.V.

Frauen(bilder) in rechten Subkulturen

Ich weiß genau was ich will, halt nicht die Schnauze und bin still ...

In Medienberichten zum Thema Rechtsextremismus ist zumeist von männlichen Jugendlichen die Rede. Mädchen und Frauen kommen nur am Rande vor. Dabei sind Frauen nicht weniger rassistisch, völkisch und antisemitisch als Männer, wie Studien belegen.[2] Rechtsextreme Gruppen, Cliquen und Organisationen sowie rechtsextreme Subkulturen bestehen zu ca. zwei Dritteln aus Männern und zu einem Drittel aus Frauen.[3] Angesichts des hohen Anteils von Frauen ist es auf den ersten Blick verwunderlich, warum rechtsextreme Frauen so wenig in der Öffentlichkeit wahrgenommen werden. Zum einen liegt das an der größtenteils undifferenzierten Berichterstattung, beispielsweise in der Darstellung rechtsextremer Gewalttaten. Das Phänomen Rechtsextremismus wird in der öffentlichen Wahrnehmung auf Gewalt reduziert und seine Verankerung in der Mitte der Gesellschaft wird ausgeblendet. Zum anderen ist in der Berichterstattung meist geschlechtslos von ›Jugendlichen‹ die Rede, dadurch bleibt die Beteiligung von Mädchen und Frauen unbenannt. Obwohl Frauen nur zu ca. 5 Prozent in rechtsextrem motivierte Straftaten involviert sind, entlässt sie das nicht aus der Verantwortung für ihre rechtsextremen Einstellungen. Zudem bestätigen neuere Untersuchungen den steigenden Anteil von Frauen an rechtsextremen Straftaten.[4]

Ob im Skingirl-Outfit oder mit langen Haaren: Die Zahl der aktiven Frauen in der extrem rechten Szene wächst. Teilnehmerinnen der NPD-Demonstration am 1. Mai 2002 in Berlin

Eine weitere neue Entwicklung innerhalb der extremen Rechten ist die vermehrte Organisierung von Frauen in eigenständigen Frauengruppen und -organisationen. Dieses Phänomen wirft im feministischen Diskurs die Frage auf, ob es sich dabei um eine emanzipatorische Entwicklung handelt. Allein die Tatsache, sich als Frauen zusammenzuschließen und zusammen zu agieren, stellt unseres Erachtens keine solche Entwicklung dar. Die Stärkung des Selbstbewusstseins von Frauen – zweifelsohne eine positive Errungenschaft der Frauenbewegung – macht vor neonazistischen Ideologien nicht Halt. Das zunehmende Selbstbewusstsein rechter Frauen ist allerdings weder darauf angelegt, eine Geschlechteregalität in der rechten Szene zu erreichen noch emanzipatorische Ziele zu verfolgen.

Rechte Frauen sind, wie ihre männlichen Kameraden, ernst zu nehmende politische Akteurinnen, die neonazistische Ideologien mit unterschiedlichen – auch geschlechterdifferenzierten – Schwerpunkten produzieren, (mit)tragen, praktizieren und verbreiten. Wir sehen Frauen im subkulturellen Bereich, wo Musik eine tragende Rolle spielt, als handelnde Akteurinnen, die für ihr rechtsextremes Engagement verantwortlich sind.

Rechtsextreme Musikerinnen

Die rechte Szene besteht zu ca. einem Drittel aus Frauen. Der Anteil der Konsumentinnen rechter Musik dürfte ähnlich groß sein, während die Protagonisten der RechtsRock-Szene, ob als Bandmitglieder, Labelinhaber, Fanzinemacher oder Konzertorganisatoren, hauptsächlich männlich sind. Frauen als Musikerinnen stellen im RechtsRock-Bereich eine absolute Minderheit dar. In der Bundesrepublik existier(t)en seit Beginn der 90er-Jahre bis heute vier Frauenbands: Wallküren, Lokis Horden, Ostara, und Froidenspender. Ein weiteres Bandprojekt namens Monique (Monique Werner) wurde lediglich einmal 1993 in einem reißerischen Interview »Hemmungslos und geil ›Monique‹« im RechtsRock-Magazin *Moderne Zeiten* vorgestellt, trat aber seitdem nicht wieder in Erscheinung.[5]

Hemmungslos und geil: Monique. Vergesst Doro, hier kommt Monique oder besser: die erste Frauenkombo!

Reißerisch aufgemacht im Fanzine Moderne Zeiten, Nr. 3/4, 1993, der angekündigte Tonträger von ›Monique‹ erschien nie

In CD-Besprechungen und Interviews rechter Fanzines werden die Frauenbands als »Frauencombo«, »Mädelband« oder »Reneekapelle« bezeichnetet. Keine dieser Bands besteht ausschließlich aus Frauen – es sind gemischtgeschlechtliche Bands, Frauen, die instrumental von Männern unterstützt werden. Im Folgenden werden solche Musikgruppen als Frauenbands bezeichnet, die mindestens zu großen Teilen aus Frauen bestehen und Frauen thematisieren.

Neben dem RechtsRock gibt es ein weiteres Musikgenre, das sich bei vielen Skinheads, Skingirls und anderen Kamerad großer Beliebtheit erfreut: die Balladen. Der bekannteste Vertreter dieser Sparte ist Frank Rennicke. Das weibliche Geschlecht ist durch die Liedermacherinnen Annett Moeck und Swantje Swanhwit alias Iris-Kathrin Fischer vertreten sowie bis 2000 durch das gemischtgeschlechtliche thüringische Duo Eichenlaub[6].

Frauengesang zwischen bündischer Tradition und RechtsRock: Das Duo Eichenlaub aus Thüringen, Cover ihrer Demo-CD, 1999

Weibliche Musikerinnen stellen eine Ausnahme dar und werden von rechten Musikkritiker als etwas Besonderes, Exotisches hervorgehoben. Die Kommentare schwanken zwischen positivem Feedback: »endlich mal eine weibliche Stimme in der Szene«[7], abschätzigen Bemerkungen: »leider noch zu selten, dass Frauen Musik machen, aber man kann sich ja vielleicht denken warum«[8] und eindeutig frauenfeindlichen Statements: »Das Frauen hinter den Herd und nichts hinters Mikrophon gehören, beweist uns diese Veröffentlichung der ›Band‹ Wallküren!«[9]. Die musizierenden Frauen selbst nennen unterschiedliche Gründe für ihr musikalisches Engagement in der rechten Szene. Diana, Sängerin der Band Wallküren, sagt in einem Interview: »Wir wollten auch mal sehen, wie unsere männlichen Kollegen darauf reagieren.«[10] Die Leipziger Frauenband Ostara »wollte[n] ganz einfach auch als Mädels etwas auf die Beine stellen und nicht nur Anhängsel unserer Freunde sein. Außerdem sind wir der Meinung, dass man durch Musik seine Überzeugung sehr gut zum Ausdruck bringen kann.«[11] Während die Liedermacherin Annett auf die Frage nach »Impulsen [...] weiblicher Liedermacher [für die] Szene« konstatiert: »Ob weiblich oder männlich, ist eigentlich gar nicht so wichtig, sondern was der- oder diejenige aussagen will [...] in meinen Texten [...] mütterliche Fürsorge und Feinfühligkeit den Kindern gegenüber.«[12]

Es geht zum Kampf hinaus: Wa(l)lküren

Die Band Wallküren[13] besteht aus den beiden Sängerinnen Diana und Natascha sowie dem Gitarristen Jens Brucherseifer von der neonazistischen Skinhead-Band Sturmwehr und dem Schlagzeuger Patrick von der Gruppe Foierstoss.[14]

Befragt nach ihrer Position als Frauen in der RechtsRock-Szene antworten die Wallküren, dass wenige Frauen Musik machten, weil es »wenig Frauen in der Szene« gebe oder diese zu »feige« seien. Zudem hätten »Skins, die Frauen ausnutzen [...], in der Szene nichts verloren«, ebenso wenig wie Frauen, die Männer ausnutzen.[15]

Die Wallküren haben 1997 die CD *Unter einer Fahne* veröffentlicht.[16] Die fünf Songs handeln hauptsächlich von ihrem ›Kampf für Deutschland‹. Die Motivation ihrer musikalischen Aktivitäten wird klar benannt: »unser Marsch bewegt die Massen, und es reihen sich Millionen ein«[17], ebenso wie ihre Zukunftsvorstellung, die mit einer nationalsozialistischen Machtübernahme verbunden ist und in einem mythischen Bild dargestellt wird. »Wir kämpfen für eine neue Zeit, der Weg geradeaus, zum Stürmen sind wir stets bereit, es geht zum Kampf hinaus. [...] Die Vergangenheit wird in den Schatten gestellt, es zählen andere Werte als Geld. Die Zukunft wird heller als je zuvor, und vor uns öffnet sich ein Tor.«[18]

Die Frauen der Band Wallküren verfolgen mittels ihrer Texte eindeutig an den Nationalsozialismus angelehnte Ziele.

Das Frauen hinter den Herd und nicht hinters Mikrophon gehören, beweist uns diese Veröffentlichung der ›Band‹ WALLKÜREN! So warem zumindest meine ersten Gedanken beim Hören dieser Platte. Aber so schlecht sind die 5 hier veröffentlichten Lieder eigentlich gar nicht.

Rezension der CD Unter einer Fahne, der Band Wallküren, in: Doitsche Musik, Nr. 9, 1997

Das Weib ist des Mannes Ehre: Ostara

Die Leipziger ›Mädelband‹ Ostara[19] wurde zunächst von der Sängerin Sandra und der Gitarristin Sandy gegründet. Ergänzt werden sie mittlerweile durch die zweite Gitarristin Dominik, die auch in der ehemals bedeutenden extrem rechten Frauengruppierung Skingirl-Freundeskreis Deutschland (SFD) organisiert war, durch Bassistin Susi und Schlagzeuger Janek, der in einem Interview mit dem neonazistischen Musikmagazin *White Supremacy* ironisch als »Schlagzeugerin« bezeichnet wird.[20] Erstmalig in Erscheinung getreten ist Ostara 1999.[21] Ihren Proberaum hat Ostara im Leipziger Jugendzentrum Kirschberghaus.[22] Die Musikerinnen bezeichnen sich selbst als »im Geiste Renees«, die sich allerdings »nicht über einen Haarschnitt definieren«. Auf die Frage, ob es nicht schwer sei,

Skinhead Girls! The passion and the pride, Goél-Béthane, 2001

Das Outfit von Renees ist dem der männlichen Skinheads ähnlich, außer dem so genannten Haarkranz: kahl rasierter Kopf mit Strähnen in Stirn, Schläfen und Nacken. Renees sind sowohl in der rechten als auch in der linken Subkultur zu finden. Das Erscheinungsbild der Renees wird als Zeichen der Zugehörigkeit zur rechten Subkultur, Abgrenzung zu weiblichen Schönheitsnormen, als Signalisierung von Stärke und Unangepasstheit sowie als gleichzeitiges Spiel mit ›Weiblichkeit‹ interpretiert.[23] Sowohl bei Renees als auch bei anderen rechten Frauen vollzieht sich ein Wandel im Kleidungsstil. War vor einigen Jahren die Kleidung von Renees mit der männlicher Skinheads identisch, so ist mittlerweile die ›Girlie-Welle‹, z.B. kurze enge Tops, auch im rechten Spektrum angekommen. In Katalogen rechter Versände wird zunehmend Girlie-Mode mit extrem rechter Symbolik angeboten

»als reine Girlband vor lauter trunkenen, sabbernden Glatzen aufzutreten«, antworten sie: »Schwer ist es schon, da gewisse Leute wirklich nur auf die Titten glotzen [...], aber wir hoffen doch vorrangig mit unserer Musik zu überzeugen.«[24] – die Diskrepanz zwischen dem Wunsch nach Profilierung als Musikerinnen und der männlichen Wahrnehmung als Sexualobjekten in der männerdominierten rechten Szene wird deutlich.

Bisher veröffentlichte Ostara weder eine CD noch eine Demokassette, sondern trat lediglich bei einigen Konzerten auf. Ihr Auftritt in Riesa, zusammen mit der Krefelder Band Barking Dogs und der Leipziger Band Schwurbrüder, wird von einem Konzertbesucher kommentiert: »Die Damen waren sichtlich nervös, machten aber bis hierher die beste Stimmung im Saal. So erklang selbst der Skrewdriver-Klassiker ›Hail the new dawn‹ in ganz neuem Glanze.«[25] Die Band Ostara hat nach eigenen Aussagen keinen Kontakt zu anderen weiblichen Musikerinnen der RechtsRock-Szene, die Band Froidenspender sei ihnen allerdings bekannt.[26]

Nach ihrer politischen Aktivität befragt, antworten sie, in keiner Partei organisiert zu sein und auch nicht auf jeder Demo »sinnlos mitzulatschen«[27], jedoch »jede nationale Organisation, die unsere Interessen vertritt«[28] zu unterstützen; ihre Sympathie gilt dem internationalen neonazistischen Netzwerk Blood & Honour und der Gruppierung der Hammerskins.[29] Die Organisierung von Frauen im Skingirl-Freundeskreis Deutschland betonen sie als für die rechte Szene bedeutsam. Die NPD betrachten sie dagegen kritisch. Ihre antisemitische Einstellung wird offensichtlich, indem sie den Tod des ehemaligen Vorsitzenden des Zentralrats der Juden, Ignatz Bubis, als positivstes Ereignis in der letzten Zeit benennen.[30]

Die Frage nach der Vereinbarkeit von Proben und Haushaltsführung beantwortet Ostara mit: »Wir haben Männer und Geschirrspüler. Man braucht halt nur ein paar gutgehende Erziehungsmaßnahmen.«[31] Die scheinbare Emanzipationsbestrebung wird ebenso an der Aussage deutlich, dass es »zu wenig Mädels in der Szene« gebe, was daran liegen könne, dass »sich viele ihrer eigenen Stärken nicht bewusst«[32] seien.

Daneben vertreten sie antiquierte Vorstellungen von dem Verhältnis zwischen Frauen und Männern: »Das Weib ist des Mannes Ehre«[33]. Im Kontext dieser Äußerungen sowie ihrer politischen Aktivität als weibliche Musikerinnen der männerdominierten RechtsRock-Szene erscheinen ihre Vorstellungen als moderne Variante nationalsozialistischer Geschlechterideologien.

Ein Produkt akzeptierender Sozialarbeit: Froidenspender

Die Delmenhorster Band Froidenspender besteht seit Anfang der 90er-Jahre und ist somit die am längsten existierende Frauenband im extrem rechten Spektrum. 1999 veröffentlichte sie ihre erste CD unter dem gleichnamigen Titel *Froidenspender*.[34] Ihr Debüt wurde sowohl im RechtsRock-Magazin *Rock Nord* als auch im Onlinekatalog *Doitsche*

Musik[35] mit positiven Kritiken bedacht. Die Besetzung der Band wechselte häufig. Laut einem Interview mit *Rock Nord* im Sommer 1998 ist Kathrin am Gesang und Jana an der Gitarre, sowie am Bass Daniel und Frank.[36] Zu den beiden Frauen-Bands Lokis Horden und Wallküren befragt, loben Froidenspender deren spielerische Leistungen, kritisieren jedoch »fehlende Emotion und Kraft« der Lieder. Andere weibliche RechtsRock-Musikerinnen werden einerseits als Konkurentinnen wahrgenommen und andererseits mit solidarischer Kritik bedacht. Von einem Mitglied des SFD werden sie im Gegenzug als »zu primitiv«[37] kritisiert. Dies bezieht sich auf den sexualisierten Namen Froidenspender, den SFD-Frauen mit ›Schlampen‹ gleichsetzen. Dabei lehnt Froidenspender selbst »unnatürliche Frauen«[38] und ›Schlampen‹ in der Szene ab. Sie sagen in einem Interview dazu, dass sich viele Frauen nur über Sex ›Respekt‹ verschaffen könnten, was der Interviewer von *Rock Nord* erstaunlich selbstkritisch kommentiert: »Bei uns Männern ist es ja genau dasselbe, man hört nur so wenig von männlichen Schlampen. Die Typen sind dann alles tolle Hechte, die jede Frau rumkriegen. Allerdings frage ich mich, ob sich eine Frau sich [!]damit Respekt verschafft. Ich meine das Wörtchen Respekt wurde mit Anerkennung verwechselt.«[39] In der männerdominierten Skinhead-Szene sind solche kritischen Äußerungen von Männern eine absolute Ausnahme, die Regel hingegen sexistische Verhaltensweisen gegenüber Frauen und frauenfeindliche Darstellungen in Liedtexten.

›Zu primitiv‹ fanden die Kameradinnen des organisierten Neonazismus den Namen der Renee-Band. Froidenspender, Same, 1999

Die Band Froidenspender probt(e) im Rahmen eines Projektes der umstrittenen akzeptierenden Sozialarbeit[40] mit rechten Jugendlichen regelmäßig in den Räumen des Jugendfreizeitheimes ›Villa‹ in Delmenhorst. In einem Interview im Sommer 1998 mit *Rock Nord* sagen sie dazu: »Wir proben da nach wie vor. Wir haben ihn vor fünf Jahren von den Boots Brothers übernommen [...] entgegen unserer Vermutungen haben uns die Sozialarbeiter voll in der Sache und mit den Proben unterstützt. Und die Zecken, die Randale gemacht haben, durften nicht mehr kommen.«[41] Die Förderung und Unterstützung der rechten Musikerinnen von Froidenspender seitens der Sozialarbeiter zieht hier die Forcierung und Etablierung neonazistischer Strukturen in der Gesellschaft nach sich.

Starke Renees – Ziel der ›Unterstützung von Mädchenstrukturen‹ durch pädagogische Maßnahmen? Foier Frei, Nr.10, 1997

Froidenspender ist die einzige Frauenband, die schon seit mehreren Jahren existiert.

Ein weiteres Negativbeispiel akzeptierender Sozialarbeit mit rechten Mädchen ist die Mädchenarbeit im Rahmen des von Franz-Joseph Krafeld ins Leben gerufenen Bremer Projektes akzeptierender Sozialarbeit.[42] Die Sozialarbeiterinnen des Projektes schreiben in einem Artikel über Mädchen in rechten Jugendcliquen: »Dass die Mädchen nun auch in der Lage sind, unabhängig von den Jungen Unternehmungen einzufordern bzw. diese auch als ausgesprochen angenehm zu empfinden, zeugt von einem gewonnenen Maß an Selbstbewusstsein und Selbstwertgefühl. Dieses mittlerweile gewonnene Stück Freiheit ließ unter anderem in einer Clique zu, Überlegungen über den Aufbau einer eigenen Mädchenmusikgruppe anzustellen und dieses Vorhaben auch umzusetzen.«[43] Die Sozialarbeiterinnen blenden mit der Unterstützung von Mädchenstrukturen in der extrem rechten Szene die politische Motivation der jungen Frauen aus. Die dahinter stehende Hoffnung, dass rechte Mädchen durch den Aufbau männerfreier Strukturen den Sexismus der rechten Szene erkennen und aussteigen, ist trügerisch, da die rechten Positionen dabei außer Acht gelassen und letztendlich rechtsextreme Strukturen gestärkt werden.

Wir saufen uns die Birne hohl ... – germanische Maiden mit Hang zum Alkoholismus
Die Frauenband Lokis Horden, Eine starke Hand, 1997

Lokis Horden

Die Band Lokis Horden[44] mit der Sängerin Dagmar wird von dem Foierstoss-Gitarristen Jens unterstützt.[45] Ebenso wie die Frauenbands Wallküren und Ostara beziehen sich die rechtsextremen Musikerinnen von Lokis Horden zumindest ihrem Namen nach auf heidnisch-germanische Mythologien, die Bestandteil rechtsextremer Einstellungen sind. Davon ist allerdings in den Texten ihrer 1997 erschienenen CD *Eine starke Hand* nur wenig zu finden. Sie besingen vielmehr die Skinhead-Szene (*Party*), ihr selbstbewußtes nationalistisches Renee-Dasein (*Renee*), den Wunsch nach autoritären Strukturen, die einem Hierarchie- und Elitedenken folgen (*Eine starke Hand*) und die Abwertung von als ›anders‹ definierten Prostituierten (*Hure*). Über ein mittelmäßiges Szeneurteil ist es nie hinausgekommen: »Renee-Projekt, das schon ganz ordentlich geraten ist. Wird ja auch Zeit, dass mehr weibliche Stimmen in der Szene zu vernehmen sind.«[46] Sexistische Kommentare wie bei der Band Wallküren werden auch bei Lokis Horden laut. Es heißt, Frauen gehörten »hinter den Herd« und nicht ans Mikrofon.[47] Vor allem die Textpassage »Wir saufen uns die Birne hohl«[48] wird von mehreren rechten Magazinmacher als primitiv kritisiert. Bei männlichen RechtsRock-Bands sind die kritischen Stimmen das Saufen betreffend wesentlich leiser – obwohl Frauen durchaus bei alkoholischen Exzessen in der rechten Szene dabei sind, gilt Saufen als reine Männersache.

Deutsche Mutter – Selbstdefinition der Liedermacherin Annett Moeck. Annett, Eine Mutter klagt an, 2001

Mit der Gitarre für Familie, Volk und Vaterland: Annett Moeck

Die »nationale Liedermacherin Annett Moeck«[49] lebt im brandenburgischen Schwedt[50] und macht nach eigenen Angaben bereits seit über 20 Jahren Musik – ihre musikalische Karriere muss also bereits als Kind begonnen haben, womöglich mit deutschen Volksliedern auf der Blockflöte. Annett Moeck würde auf der Straße niemandem auffallen – sie entspricht dem Klischee eines mütterlichen Typs mit halblangen blonden Haaren, unauffälliger Kleidung – die nette Nachbarin von nebenan. Ihre Entwicklung zur Rechtsextremistin ist in einer Stadt wie Schwedt, die seit Anfang der 90er-Jahre eine ausgeprägte rechte Szene hat und kaum kulturelle Alternativen bietet, nicht verwunderlich.

2001 veröffentlichte sie unter dem Namen Annett ihre erste CD *Eine Mutter klagt an* und plant, zukünftig jedes Jahr einen weiteren Tonträger herauszubringen.[51] Einige weitere Lieder veröffentlichte sie auf der CD *Rufe ins Reich*, die vom neonazistischen Gemeinschaftswerk Funkenflug, einem Projekt der neonazistischen Kulturoffensive Berlin-Brandenburg, herausgegeben wurde.[52]

Politisch ist Annett Moeck sowohl in der Bürgerinitiative Schwedt als auch in der NPD aktiv, für die sie auch im Wahlkampf eintrat.[53] Sie sorgte bereits öfter für das musikalische Begleitprogramm der NPD, beispielsweise bei einer Großveranstaltung im brandenburgischen Fürstenwalde im April 2000[54] und bei einem ›nationalen Balladenabend‹ der NPD im bayrischen Heufeldmühle im Juni 2000[55].

Gitarre als Wahlkampfinstrument: NPD-Veranstaltung mit Annett Moeck und Michael Praxenthaler

Ihre CD ist in das rechtsextreme Klischee des Protestes einzuordnen: »Otto-Normal-Bürger, ein Bürger, eine Mutter wie ich«[56] wehren sich gegen Dinge, die ihnen nicht gefallen. Sie orientiert sich dabei an der Parole: »National ist es nicht, andere Völker zu hassen, sondern nur, sein eigenes zu lieben!« und konstatiert weiter: »Vielleicht lernt der Deutsche das wieder. Und dies will ich mit der CD erreichen.«[57] Diese Vorstellung eines völkischen Nationalismus wird ergänzt durch die Reproduktion altbekannter rassistischer Stereotype: »Und er [der Ausländer;[58] die Autorinnen] sich eins ins Fäustchen lacht, denn er weiß ganz genau, wie man es macht. Man schafft sich sieben Kinder an, die unsereins dann durchfüttern kann.«[59] Gezielt schürt sie hier wie an anderer Stelle rassistische Vorurteile, indem sie wiederholt postuliert, dass »der Ausländer [...] sich überall breit« mache.[60] Daran anknüpfend suggeriert sie sozialdemagogisch, dass ›Ausländer‹ ausschließlich auf Kosten des Sozialstaats leben würden. Sie singt, mit einer rhetorischen Frage den Untergang Deutschlands beschwörend: »wenn unser Land liegt in Schutt und Asche, packt ihr wenigstens dann eure Tasche?«.[61] Moeck postuliert eine Ideologie der natürlichen Ungleichheit von Menschen sowie der Ausgrenzung als ›anders‹ Definierter.

Jeden Tag, jede Sekunde schlägt und mahnt das junge Herz / Deutschlands Henker stehn im Bunde, Deutschland liegt in Leid und Schmerz / Vorwärts jetzt zu neuen Siegen, vorwärts unsre Stunde naht / Uns muß jeder Feind erliegen. Herbei, NPD ruft zur Tat!

Vorwärts, Gemeinschaftswerk Funkenflug, 2001

Die Liedermacherin hat positive Vorstellungen einer homogenen Volksgemeinschaft: Sie weist in dem Lied *Zeit zu rebellieren* den Vorwurf, rassistisch zu sein, weit von sich, während sie gleichzeitig ethnopluralistisch argumentiert: »Der Deutsche – so heißt es, ist ein Rassist, doch nein – das ist er wirklich nicht. Wir helfen gern, doch irgendwann ist Schluss, weil ein Land, irgendwann mal, an sein Volk denken muss.«[62]

Annett Moecks Texte sind geprägt von vielen Facetten des Rechtsextremismus: Rassismus, Ethnopluralismus und Nationalismus. Sie verbreitet damit aktiv rechtsextreme Ideologien.

Mit der Blockflöte zurück zur Natur: Swantje Swanhwit

Bei der Musik der Balladensängerin Swantje Swanhwit alias Iris-Kathrin Fischer handelt es sich um einen Ausflug in ein anderes politisch-kulturelles Milieu. Sie kann einerseits als Liedermacherin bezeichnet werden, nutzt aber im Gegensatz zu Annett Moeck mythische Musikelemente.

Elfenzauber der extremen Rechten: Die Liedermacherin Swantje Swanhwit ist fest in die Strukturen des deutschen Neonazismus eingebunden

Die goldene Sonne sahst du nie armes kleines Kind / weil die Menschen dieser Zeit Egoisten sind/ Nur kurze Zeit klopfte dein Herz / dann jagte es kurz in wildem Schmerz / und schweigt / Sei nicht traurig kleine Seele, dies ist 'ne eiskalte Zeit / Kinderlachen ist selten geworden in unserem Land weit und breit/ Versuch es später ruhig noch einmal / doch triff mit der Mutter 'ne bessere Wahl / die deine sprach: Mein Bauch gehört mir / und ließ zerreißen den deinen dir / und ledig ihrer Mutterpflicht / sie wieder erfolgreich ist und up to date und frei / Kleines Flämmchen unter Millionen Flammen, ein nie entzündeter Brand / deshalb herrscht auch Finsternis in unserem nüchternen Land / denn eh euer Licht in die Herzen uns fällt / vertreibt man euch schon von dieser Welt / und I eise glimmt ihr irgendwo / hoffend, wartend im Nirgendwo / Bis das an unsere Menschenohren dringt / von Millionen Ungeboren ein stummer Schrei

Swantje Swanhwit, Sonnenreigen, 2000

Ihre neuheidnische, esoterisch wirkende Musik ist geprägt von ihrer hohen Sopranstimme und wird von Blockflöten untermalt. Sie besingt Bilder elfenhafter Gestalten, die Met trinkend durch blühende Sommerlandschaften tänzeln. Diese Traumwelten bewegen sich fernab der modernen Gesellschaft und beschwören die archaische Vorstellung einer heilen Welt, in der Götter und Menschen vereint in Frieden mit der Natur lebten: »Und ich folge freudig den Spuren meiner Ahnen in die rauschenden Wälder, an die kristallenen Quellen, auf den uralten Hellwegen hin zum Ring der Heiligen Steine«.[63]

Die Hamburgerin hat Kontakte zum harten Kern der neonazistischen Szene. Swantje Swanhwit war 1995 Mitbegründerin des extrem rechten Heidenkreises Hamburg e.V., der sich die »Förderung von Wissenschaft und Forschung im Bereich Grundlagen und Geschichte unserer Kultur, die Förderung der Bildung über die germanischen Naturreligionen [...] sowie die Förderung des heidnischen Brauchtums«[64] auf die Fahnen geschrieben hat. Zudem bewegt sie sich in ›neurechten‹ Kreisen wie dem Synergon, dem deutschen Ableger des europäischen Netzwerkes Synergies Européenes.[65]

Swanhwit sang u.a. 1997 auf der Hetendorfer Tagungswoche,[66] dem Leinerntenfest der neonazistischen Arbeitsgemeinschaft Naturreligiöser Stammesverbände Europas[67] und beim ›Sängerkrieg‹ im Rahmen des Wartburg-Festes der Deutschland-Bewegung.[68]

Swantje Swanhwit hat bereits zwei CDs mit den Titeln *Elfenzauber* und *Sonnenreigen* veröffentlicht, die in extrem rechten Medien positiv aufgenommen wurden. Die NPD-Zeitung *Deutsche Stimme* schrieb beispielsweise begeistert: »Mit ihrem melodisch, germanisch-mythischen Tonträger prägt die junge Sängerin Swantje Swanhwit einen ganz eigenen Stil, der zu begeistern weiß.«[69] Hervorgehoben wird die inhaltliche Seite der Musik: »Mit ihrer klaren, schönen Stimme entführt sie ihre Zuhörer in den Zauber des Waldes, tanzt sie in fröhlichem Reigen durch Wiesen und Blumen, träumt in den märchenhaften Welten alter Mythen und trotzt den zerstörerischen Kräften der alten und neuen Inquisition.«[70] Mit ihren elfenhaften neuheidnischen Gesängen eröffnet Swanhwit ein neues musikalisches Feld, das auch in der männerdominierten neonazistischen Szene Begeisterung hervorruft.

Extrem rechte Musikerinnen haben unterschiedliche musikalische und inhaltliche Schwerpunkte: was sie verbindet, ist neonazistische Ideologie; Rassismus und Nationalismus als Fundamente des Rechtsextremismus sind ihre Motivation für einen ›Kampf gegen die Ungerechtigkeit‹.

Frauenbilder in rechtsextremen Musiktexten

Die Auseinandersetzung mit den Frauenbildern in den Texten des RechtsRock-Genres basiert auf 160 Texten. Darin sind Texte von Liedermacherinnen und jenen Bands enthalten, in denen Frauen eine bestimmende Rolle spielen, sowie Texte von Männer- oder männlich dominierten Bands, die über Frauen im Allgemeinen und ›Skinhead-Girls‹ im

Besonderen singen. Dieses Sample kann nicht repräsentativ sein, allerdings ermöglichen die Texte eine differenzierte Analyse heterogener Frauenbilder.[71]

Wenn Rechte Frauen über Frauen singen

Immer öfter treten auch Frauen mit extrem rechte Forderungen in die Öffentlichkeit:
Eine Teilnehmerin des NPD-Aufmarsches am 1. Mai in Berlin

Rechte Musikerinnen begreifen sich als politische Aktivistinnen, die – ebenso wie Männer – mit ihrer Musik neonazistische Ziele verfolgen. Und die Musik stellt für die Frauen eine Möglichkeit dar, sich als Frauen in der männerdominierten RechtsRock-Szene zu profilieren.

Deutlich wird dies anhand ihrer Texte, in denen sie Frauen, meist sich selbst, zum Thema machen. Im Gegensatz zu Männer-Bands, in denen Frauen überproportional als Objekte sexualisierter Handlungen dargestellt werden, sehen sich weiblichen Musikerinnen, insbesondere die Band Wallküren und die Sängerin Annett, in der politischen Arbeit als gleichberechtigte Kameradinnen. Annett betont beispielsweise, dass sie es als ihre Aufgabe ansieht – sie delegiert nicht an Männer –, für nationalsozialistische Ideale einzustehen. Sie verbindet ihre eigenen Ideale mit dem Aufruf an Gleichgesinnte, sich gemeinsam zu organisieren. »Ich geb alles für dich, mein Deutschland, wenn ich leb und wenn ich sterbe«, »Schließ dich, wenn du willst, unserer Sache an, weil man alles in der Masse erreichen kann. Ich hab nun mal diesen patriotischen Traum. Ich steh für mein Land – sag nicht, es lohne sich kaum«[72].

Die Wallküren widmen sich auf ihrer CD *Unter einer Fahne* ausschließlich dem gemeinsamen politischen Kampf. Sie sprechen zwar nie explizit aus, dass ›Skingirls und Skinheads zusammen kämpfen müssen‹, aber aus ihren Texten wird der Zusammenhalt deutlich. In dem Song *Unter einer Fahne* heißt es: »Zusammen werden wir kämpfen unter einer Fahne. Zusammen werden wir sterben unter der deutschen Fahne, unter der deutschen Fahne [...]. Wir sind Skingirls mit Stolz, so hart wie Eichenholz [...], wir ziehen in den Kampf für Volkes Wut«.[73] Sie bejahen den gemeinsamen Kampf für eine homogene Volksgemeinschaft nach nationalsozialistischem Vorbild und sehen sich daran als kämpfende Skingirls beteiligt. Die Passage »hart wie Eichenholz« rekurriert dabei auf ein eigentlich den Männern bisher vorbehaltenes Körperbild. Beim militärischen Drill und im anschließenden Kampf mutiert der Mann zu einem äußerlich wie innerlich verhärteten Wesen.[74]

Zusammen werden wir kämpfen unter einer Fahne. Zusammen werden wir sterben unter der deutschen Fahne, unter der deutschen Fahne [...] Wir sind Skingirls mit Stolz, so hart wie Eichenholz ...

Wallküren, Unter einer Fahne, 1996
Zeichnung vom Titelbild
Proissen Power, Nr. 4, o.J.

Die Musikerinnen von Lokis Horden verbreiten das klassisch rechte Klischee, »Deutschlands Elend« sei hervorgerufen durch zunehmende Gewalt, Drogendealer und eine Zerstörung der Natur. Sie fordern »eine starke Hand, die uns lenkt mit Verstand«[75]. In diesem autoritaristischen Hierarchie- und Elitedenken drückt sich ihre ›Sehnsucht nach einem Führer‹ aus – ein Pfeiler rechtsextremer Ideologie.

In dem Lied *Renee* wird deutlich, dass sie Frauen (Renees) den gleichen Stellenwert wie den männlichen Kameraden einräumen. Sie wollen mitreden: »Ich weiß genau, was ich will, halt nicht die Schnauze und bin

Halt nicht die Schnauze und bin still – die konservativen bis neonazistischen Geschlechterrollen werden von vielen weiblichen ›Kameraden‹ nicht widerspruchslos akzeptiert. Darstellung des nationalsozialistschen Familienideals, Titelbild Moin Moin, Nr. 3, 1999

Gegen Kindesmißbrauch und Abtreibung – traditionell weibliche Themen bei der 1. Nationalen Frauendemonstration in Greifswald am 27. Juli 2002

still«[76], dazugehören: »Ich spüre den Zusammenhalt [...] uns verbindet ein starkes Band, ewig treu, Hand in Hand«[77] und sich durchsetzen: »Wir lassen uns nicht unterkriegen, wir können sie alle besiegen. Auf das Gerede ›dummer Weiber‹ geben wir nichts, wir lachen ihnen ins Gesicht«[78]. Lokis Horden distanzieren sich damit von traditionalistischen Zuschreibungen von ›Weiblichkeit‹ und fordern Zugang zu Handlungsfeldern von Männern.

Das selbstbewusste Auftreten der Musikerinnen kann nicht darüber hinwegtäuschen, dass in der männerdominierten Skinhead-Szene Gewalt gegen Frauen alltäglich ist. Die Gewalt der ›eigenen‹ Männer wird von Frauen jedoch kaum thematisiert und kritisiert. Diese Männergewalt wird in der Regel ideologischen Feinden zugeschrieben.

Die Band Froidenspender kritisiert Gewalt gegen Frauen nach eben diesem Muster. In dem Lied *Traummann* singen sie: »Ich blickte ihn an und sag zu diesem Schwein, ich trete dir die Eier ein«[79]. Sie skizzieren einen Mann, der dem Klischee eines ›Linken‹ entspricht. Häufiger als in diesem Liedbeispiel, in dem männliche Gewalt einem Linken zugeschrieben wird, werden Nichtdeutsche dafür verantwortlich gemacht. In keinem anderen Titel außer in *Traummann* thematisieren rechte Musikerinnen Gewalt gegen Frauen.

Strukturelle Gewalt dagegen wird in dem Lied *Alltagsleben einer Mutter* von Annett angesprochen. Sie beklagt, dass Hausarbeit von Männern nicht anerkannt wird und lobt Frauen für ihre tägliche wertvolle Arbeit. »Deshalb, was eure Frauen so leisten, es sieht nur immer so einfach aus. Das ist einfach jahrelanges Training, dass sie fertig werden mit Kindern, Mann und Haus.« Und: »Wenn ich noch mal leb, dann nur als Mann. Das schwör ich, weil man da viel einfacher leben kann.«[80] Die in der Rechten besonders hervorgehobene weibliche Rolle als Mutter wird hier nur am Rande gestreift. Anders dagegen das Lied *Deutsche Mutter*: Hier verbindet Annett ihren ›Mutterstolz‹ mit Nationalismus und Rassismus. »Ich hab für Deutschland einen Sohn geboren [...] ich arbeit mir den Arsch hier blau für seine sieben Görn und seine olle Frau [...] meinen Sohn will ich lehren was Vaterland heißt«[81]. Sehr deutlich wird hier, dass Frauen genauso rassistisch denken und handeln wie Männer. In ›ihrem‹ Bereich entscheiden sie, welche Kinder sie unterstützen und welche sie ablehnen. Das bestätigt die These von Birgit Rommelspacher und Christine Holzkamp, dass Frauen durch die Begrenzung ihrer Fürsorglichkeit ein- und ausschließend zugleich sein können und somit nicht als menschenfreundlicher und weniger rassistisch angesehen werden können.[82]

Mutterschaft wird auch von Swantje Swanhwit in dem Titel *Mutter* verherrlicht. Sie betrachtet ›Muttersein‹ als ihre Bestimmung: »Das unklare Sehnen, es ist jetzt gestillt, ein Teil meines Schicksals hat leis sich erfüllt«[83]. In dem Text, in dem sie die Schönheit und Natürlichkeit ihrer Schwangerschaft beschreibt, klingt deutlich ihre Wertschätzung von Müttern im Gegensatz zu Nichtmüttern an: »das Wissen, das macht mich viel stärker als Frau«[84]. Ihre naturreligiöse, esoterische Gesinnung wird besonders deutlich in ihrer Danksagung an imaginäre weibliche höhere Mächte für ihre Schwangerschaft: »so danke ich heil Göttin, so danke ich dir, ewige Mutter für das Kindlein in mir, ewige Mutter für das Leben in mir«[85].

Auch klassisch-konservative Feindbilder wie Prostituierte werden von den rechten Musikerinnen aufgegriffen: Lokis Horden wenden sich in einem Song gegen Prostituierte (*Hure*). Diese gelten für sie als »das Letzte«, als Frauen ohne Stolz, und stellen somit den Gegenpol zu ihnen selbst als stolze Frauen dar. Dies erscheint unter dem Gesichtspunkt der eigenen häufigen Verstrickungen von Frauen aus der rechten Skinhead-Szene in Gewaltbeziehungen absurd.

Swantje Swanhwit kritisiert Frauen, die abtreiben (*Kleines Flämmchen*), aus einer Lebensschutz-Position heraus, deren Ziel es ist, »ungeborenes Leben« zu schützen. Insbesondere die Geburt und ›Aufzucht‹ weißer, deutscher Kinder ohne Behinderungen wird mit einem bevölkerungspolitischen Interesse propagiert.

In dem Lied *Junge Nonne* verurteilt die Bardin das Leben einer Nonne als »widernatürlich«: Sie argumentiert mit Naturbeispielen und kritisiert deren angeblich entsagungsvolles Leben – unter anderem klingt zusätzlich eine heidnisch begründete antichristliche Haltung mit an.

Annett dagegen lehnt in dem Lied *Oder was glaubst du ...* dekadente und konsumorientierte Frauen ab, weil sie glaubt, dass ein materialistisches Leben Träume zerstöre, Lebenswege verbaue und bis hin zu absoluter Unzufriedenheit und Lebensunlust führen könne. Offener Rassismus kommt in dem Titel *Thors Enkel*, ähnlich wie schon bei *Deutsche Mutter* beschrieben, zum Tragen. Sie greift auf das in der Bevölkerung weit verbreitete Vorurteil zurück, Nichtdeutsche würden besonders viele Kinder bekommen und sie dann vom Staat finanzieren lassen. Auch ›unpolitische‹, nicht extrem rechts engagierte Frauen (und Männer), lehnt sie ab (*Verraten, verkauft, belogen, verloren*).

Rechte Musikerinnen propagieren und verbreiten aktiv nationalistische, rassistische und nationalsozialistische Ideologien. Die Konstruktion von Feindbildern, die Abwertung und Ausgrenzung des ›Anderen‹, dient dazu, sich selbst aufzuwerten. Das ›Andere‹ können linke, unpolitische, nichtdeutsche oder sich prostituierende Frauen sein; Frauen, die nicht in die Vorstellungen einer homogenen Volksgemeinschaft passen.

Rechte Frauen sehen sich in ihren Musiktexten nur selten als Anhängsel von Männern, sondern als gleichwertige Kameradinnen. Sie lehnen Liebesbeziehungen ab, in denen sie sich dem Mann unterordnen und von ihm abhängig machen. Lokis Horden sind hier eine Ausnahme: »Ich hab 'nen Skinhead, der zu mir steht und mit mir alle Wege geht«[86]. Dieses Bild wird durch einen weiteren Text unterstützt. Allerdings stammt dieser von der bekannten neonazistischen Männer-Band Endstufe aus Bremen. In dem Lied *Skinheadgirl* gesteht eine Gastsängerin ihre Liebe zu einem imaginären Skinhead ein: »denn als ich diesen Skinhead sah, da war mir klar, nur mit ihm ist das Leben wunderbar [...] Skinhead du bist wunderbar, denn du bist immer für mich da.«[87] Im Gegensatz zu anderen Titeln von Endstufe, in denen Frauen zumeist

Was und wie wollt Ihr in Euren Liedern (Texten) zum Ausdruck bringen? Zuerst einmal wollen wir den ›Männern‹ mal zeigen, das es auch ganz in ›Frau‹ geht. Aber hauptsächlich versuchen wir in unseren Texten Erlebnisse und Meinungen zum Ausdruck zu bringen, die man eigentlich zurückhalten sollte

Interview mit der Band Ostara, in: Ostara, Nr. 4, 1998; Zeichnung aus Foier Frei, Nr. 10, 1997

›Neue‹ alte deutsche Mütterlichkeit als Export-Schlager und Leitbild für die neonazistische Internationale – Final Conflict aus Großbritannien, Nr. 29, 2002

abgewertet werden, lassen sich die Männer hier von einer Frau heroisieren. Damit versuchen sie, sich selbst ihre männliche Anziehungskraft auf Frauen zu bestätigen.

Die Untersuchung der Frauenbilder in Musiktexten zeigt, dass extrem rechte Musikerinnen vorwiegend Bilder von selbstbewussten, für nationalsozialistische Ideale kämpfenden Frauen propagieren. Durch die absolute Unterrepräsentiertheit der Musikerinnen im RechtsRock bleibt allerdings mehr als fraglich, ob deren Darstellungen von Frauen Einfluss auf das Geschlechterverhältnis in der Szene haben.

Skinhead, du bist wunderbar, denn du bist immer für mich da – Wunschtraum eines Renee in einer Szene, in dem nur der Männerbund wirklich zählt

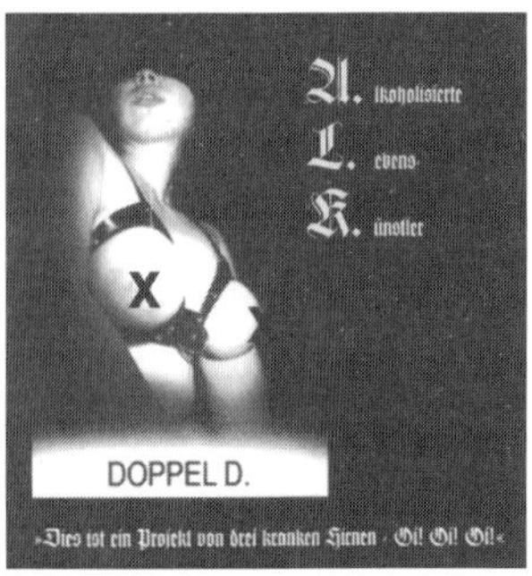

Reduktion der Frau auf ihren Körper: ALK (Alkoholisierte Lebenskünstler), Doppel D., 1997

Wenn rechte Männer über Frauen singen

Zentral in den Songs männlicher RechtsRock-Bands sind Themen, die eine völkisch-rassistische Ideologie transportieren, sowie Darstellungen von Männlichkeitsstereotypen. Frauen tauchen nur am Rande auf und sind dann zumeist Objekte sexualisierter Gewalthandlungen. Im Vordergrund steht der rechtsextreme Skinhead-Kult, zu dem neben Alkohol, Musik, körperlicher und verbaler Gewalt Frauen gehören. Die Reduzierung von Frauen auf ihren Körper und ihre Sexualität wird dabei sowohl offen benannt: »Renee, oh Renee, hast du heute Zeit für mich? Renee, oh Renee, komm' vorbei, dann fick ich dich.« (Kruppstahl: *Renee*)[88] als auch implizit ausgedrückt, wie beispielsweise in dem Lied *Skinhead* der Band Werwolf: »Zwischendurch 'ne Schlägerei, doch die ist auch schnell vorbei. Oi-Musik, laut, das ist doch klar, schöne Mädels sind oft da.«[89] Dabei spielen die Bedürfnisse der Frauen keine Rolle. Die Verknüpfung von Sexualität und Gewalt wird offensichtlich, Sex ist hier keine lustvolle, sondern eine machtausübende, zerstörerische Handlung: Auf die zerstörerische Handlung ›Schlägerei‹ folgt die zerstörerische Handlung ›Sex‹. Kurt Möller stellt dazu fest, dass die »verschiedenen Gruppen immer Alkoholexzesse verklären, aber kaum einmal emotional intensive Kontakte zum anderen Geschlecht thematisieren.«[90] Er legt damit die Vermutung nahe, die rechtsextremen Männer würden mit dem Alkohol und der Gewalt ihre emotionale Instabilität und Defizite kompensieren. Unseres Erachtens geht es aber vielmehr um die Inszenierung von Männlichkeit, die Machtausübung gegenüber Frauen.

Losgelöst vom ›Skinheadkult‹ sind Frauen oftmals Objekte von ›Männerfantasien‹: Erotische Träume, sadomasochistische sowie sexualisierte Gewaltfantasien nehmen in den Liedtexten einen großen Raum ein, beispielsweise in dem Song *Komm' her, Du Sau!* der Band Oiphorie: »Ich kenn sie nicht, die wahre Liebe. Ich steh nur auf Tritte und Peitschenhiebe. Gewalt beim Sex, so muß es sein. Ich liebe ihr Flehn, ich liebe ihr Schrein.«[91] In der Unterwürfigkeit der Frau verherrlicht sich der Mann in seiner Potenz.

Die meisten Frauen stören sich an diesen Texten nicht, vereinzelte Kritik bezieht sich eher auf die eigene Rolle in der extrem rechten Szene: So sagt eine SFD-Frau, zu sexistischen Inhalten in rechten Songs befragt: »Es gibt immer wieder Leute (meist Männer), die zwar groß tönen, national zu sein, jedoch wohl nicht begriffen haben, welchen Stellenwert die Frau in unserer Lebensphilosophie einnehmen sollte.«[92] Offen lässt sie hier allerdings die erwünschte Position von Frauen in der neonazistischen Ideologie. In einer Selbstdarstellung formuliert der SFD, mit einem deutlichen Bezug auf die heidnisch-germanische Mythologie, das offizielle Frauenbild der Organisation: »Ohne Emanzentick, mit genug Selbstvertrauen sind wir Frauen und die ›bessere Hälfte‹ unserer Männer. Wir kämpfen für dieses urgermanische Prinzip des gleichwertigen Zusammenlebens von Mann und Frau.«[93] Frauen und Männern werden demzufolge unterschiedliche naturalisierte Eigenschaften und Aufgaben zugeschrieben, die gleich viel wert sein sollen.

Neben der Rolle als Sexualobjekte nehmen Frauen in den Texten der Männer Gestalt als Feindbild an. Dabei sind als Erstes Frauen zu nennen, die mit ›Nichtdeutschen‹[94] Liebesbeziehungen eingehen: »Kanakensau, Kanakensau, dich liebt so manche deutsche Frau. Doch von Kanakenhuren wollen wir nichts wissen, die sollen sich gleich mit euch verpissen.« (Volkszorn: *Sympathisanten*)[95] Solch offener Rassismus in Texten ist weit verbreitet und nicht selten mit Aufrufen zur Gewalt bis hin zu Morddrohungen verbunden. Diese Aufrufe richten sich entweder an Deutsche, keine ›Rassenmischung‹ zu begehen, oder an Nichtdeutsche, nicht mit Deutschen zu verkehren. Daraus wird das Primat der völkisch-rassistischen Ideologie in den Texten deutlich, ›die eigene weiße Rasse reinzuhalten‹. Beziehungen zwischen Schwarzen und Weißen widersprechen dabei der Konstruktion einer ›arischen Volksgemeinschaft‹.

RechtsRock-Sänger lehnen ebenso Frauen ab, die ihrer Meinung nach ein Zuviel an ›weiblichen Eigenschaften‹ aufweisen. Seitensprünge und Beziehungstrennungen durch Frauen greifen Männlichkeit an und müssen sanktioniert werden. Gewalt ist dabei ein legitimes Mittel. Besonders krasse Gewaltfantasien finden sich in dem Lied *Ich hau dich weg* der Band Standarte. Ein Mann, verlassen von seiner Frau, droht ihr mit Mord: »Ich hau dich weg, ich mach dich kalt. Ich komm zu dir als Angstgestalt. Ich bring dich um, ich töte dich, dein kleines Hirn, das fresse ich.«[96]

Angefeindet werden auch Frauen, die sich prostituieren. Obwohl Männer zur eigenen Lust- und Machtbefriedigung auf Prostituierte zurückgreifen, erkennen sie ihnen keinen menschlichen Wert zu. Um sie noch mehr abwerten zu können, werden diese Frauen oft mit Drogenabhängigkeit in Verbindung gebracht.

Das Thema Abtreibung wird insbesondere unter rechten Frauen viel diskutiert. Konsens besteht im subkulturellen Milieu darüber, dass Abtreibung Mord sei (außer bei Kindern mit Behinderungen) und die ›nationale Bewegung‹ Nachwuchs brauche. Nur sehr selten wird das Selbstbestimmungsrecht von Frauen anerkannt. Rechte Männer und Frauen sind sich bei diesem Thema relativ einig. Frauen, die dieses Recht wahrnehmen, werden als Mörderinnen tituliert, beispielsweise als *Mörderinnen mit gutem Gewissen* in dem Titel der Band Wolfsrudel[97].

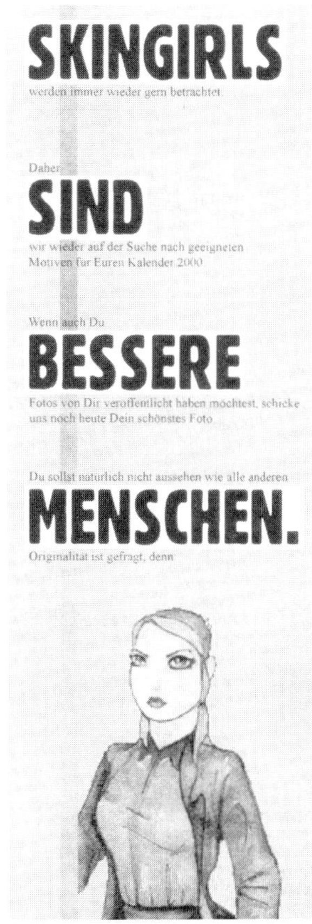

Werbung für Renee-Kalender, Rock Nord, Nr. 47, 1999

Rassismus, Besitzansprüche und Vernichtungsfantasien: Dead man fucking, Comic aus Der Förderturm, Nr. 2, 2001

Obwohl Skinhead-Frauen in der Realität weniger gewalttätig sind, zeichnen Szene-Comics ein anderes Bild.
Hou-Kontakt, Nr. 5, 1992

Frauen wehrt Euch – völkische Selbstverteidigung gegen einen Vergewaltiger
Volkstreue, Nr. 4, 1992

Lesbische Frauen werden in Texten nicht thematisiert. Homosexualität wird mit Männern in Verbindung gebracht. Schwule werden dabei als pathologisch oder sexuell abnormal (›pervers‹) dargestellt.[98]

Die Band Kahlkopf wiederum beschreibt eine Frau als *Teufelsweib*[99], die sich gegen einen sie verfolgenden Mann wehrt, der sie vergewaltigen will, indem sie den Verfolger zum Wehrwolf mutieren lässt. Hier wird ein Motiv für Gewalt gegenüber Frauen deutlich: Erscheint die Frau machtvoll, muss der Mann sie unterdrücken – und sei es mit (sexualisierter) Gewalt –, um nicht selbst von ihr unterdrückt zu werden.

Auf den ersten Blick überraschend äußern sich einige RechtsRock-Bands in Liedern gegen Gewalt gegen Frauen. Bei näherer Betrachtung muss diese scheinbar fortschrittliche Einstellung jedoch stark relativiert werden. Als Täter sind in den Texten ausschließlich ›Ausländer‹, ›Drogendealer‹, ›Psychopathen‹ oder ›der Staat‹ benannt. Dabei greifen die Musiker auf die gängigen Stereotypen der extremen Rechten zurück und formulieren daran anknüpfend ihre eigenen autoritären und rassistischen Einstellungen. So z.B. in dem Song *Sieg des Gewissens* der Band Foierstoss: »Oft werden Kameraden zusammengeschlagen. Wir können uns kaum mehr auf die Straße wagen, Frauen vergewaltigt, Kinder geschändet. Ich weiß nicht wo es mit diesem Staat noch endet.«[100]

Positive Darstellungen von Frauen sind in den Liedtexten dann zu finden, wenn es um die ›treue Gefährtin‹, ›deutsche Mutter‹, ›Geliebte‹ oder ›Kameradin‹ geht. Sie sind ein »geiles Skinheadgirl« (Störkraft)[101] oder das *Traummädchen* (Veit)[102]. Sie sind – wie nicht anders zu erwarten – natürlich weiß und deutsch. Die Mischung aus Attraktivität, weißer Hautfarbe, deutschem Pass und politischem (natürlich rechtsextremem) Engagement wird entweder an ihrem Renee-Outfit festgemacht oder explizit besungen wie in dem Song *Skinheadgirl* der Band Endstufe[103]: »Keine ist so schön wie du, Renee-Girl, hör mir mal zu. Du bist stolz drauf, deutsch zu sein, denn für Deutschland stehst du ein.«[104] Diese Songs sind oftmals romantische Liebeserklärungen an die ›geliebte Freundin‹, die als wichtiger Halt im Leben dient.

Sexualität wird in diesen Liedern als Ausdruck intimer Vertrautheit und nicht in abwertender Art und Weise thematisiert. Lust und Spaß von Frauen am Sex stellen die männlichen RechtsRock-Musiker positiv dar. Teilweise sind sadomasochistische Fantasien mit im Spiel: »Im Bett, da bist du spitze, du laugst mich total aus, bist unheimlich verspielt, probierst was Neues aus. Doch neulich mit der Peitsche, das war ein bisschen viel. Ich hatte überall Striemen ...« (Endstufe: *So schön kann keine Frau sein*)[105]. Oder Nordwind *Luna Blue*: »Sünde heißt deine Botschaft und ich hör sie gern, denn du weißt genau, was du willst. Für dich ist selbstverständlich, was ich nie zu träumen wagte, wenn du unsre Sehnsucht stillst.«[106]

In den Texten werden auch Bilder so genannter Traumfrauen gezeichnet: Sie erscheinen unerreichbar, werden angebetet, sind bar jeglicher Individualität und realer Entsprechung. »Sie ist so wunderschön, wunderschön anzusehn, sie hat alles, was ich brauche, ich bin stolz auf sie.«[107] Oder: »Sie war so geil mit ihrem kurzen Haar, ich fand sie einfach nur wunderbar.«[108] Sie entsprechen dem gängigen Klischee der Traumfrau, wie es tausendfach in jeder Musiksparte zu finden ist.

Frauen als ›Kämpferinnen für Volk und Heimat‹ werden in manchen Liedern der Männer thematisiert, wenn auch bei weitem nicht so häufig wie bei den weiblichen Musikerinnen. Die deutsche Nationalität und vor allen Dingen die rechtsextreme politische Gesinnung und das Engagement der Frauen sind entscheidend, um in den Texten Erwähnung zu finden. Dabei entsteht teilweise der Eindruck, dass eine Verschiedenheit von Mann und Frau im Sinne einer Geschlechterunterscheidung keine Rolle spielt. Der rechtsextreme Liedermacher Veit Kelterborn bringt es in einem Selbstporträt in musikalischer Fassung auf den Punkt: »Muss ich auch einmal aus dem Leben gehen, eines, das weiß ich ganz genau, für mich werden einhundert andere stehen, ganz egal, ob Mann oder Frau.«[109]

Bei anderen Musikern sind Frauen zwar Kämpferinnen, aber trotzdem anders als Männer. Die Frauen werden zusätzlich zu politischen Eigenschaften mit Attributen über ihr Äußeres bedacht (z.B. »schönste Froinde«). Charakterisiert werden diese Frauen als »national, treu« und »stolz«. Sie werden wertgeschätzt und anerkannt. Insbesondere der Liedermacher Frank Rennicke greift auf traditionelle Weiblichkeitsideale zurück, die Assoziationen zum Nationalsozialismus wecken. Frauen werden zum Idol und Vorbild, die bereit gewesen seinen, ihr Leben für die »nationale Sache« zu riskieren.[110]

Im Gegensatz zu den Texten von Frauen werden in denen der Männer Frauen selten als Mütter dargestellt. Wenn doch, sind sie zuständig für Geburt und Erziehung von Kindern zu »deutscher Kultur«.

Frauen werden in den Musiktexten der Männer vorwiegend abgewertet, vor allem als Objekte für sexualisierte (Gewalt-)Handlungen. Offen bleibt die Frage, warum sich rechtsextreme Frauen nicht oder kaum dagegen wehren. Forschungen, die dazu Erklärungen bieten, existieren nicht. Kenner der extrem rechten Szene beschreiben diese als extrem sexistisch. Vergewaltigungen sind an der Tagesordnung, obwohl sie selten als solche wahrgenommen und benannt werden. Sie gelten sowohl für Männer als auch für Frauen als normal. Widerspruchsmöglichkeiten sind für Frauen sehr eingeschränkt.

Rechte Frauen entscheiden sich aber nicht für rechtsextreme Strukturen, weil sie »als Frau« darin einen Platz finden, der selbstbestimmt ist, sondern weil sie eine Gruppe gefunden haben, in der sie eigene rassistische, antisemitische und völkische Positionen bestätigt sehen. Diese inhaltliche Übereinstimmung ist entscheidend, der Sexismus wird ausgeblendet oder gar nicht wahrgenommen – auch nicht der in den Musiktexten.

Motive von Gestern im RechtsRock von heute – Die Vorlage des Covers der schwedischen Band Storm, 1999, ist ein NS-Plakat aus den 30er-Jahren, das damals zur Unterstützung des Hilfswerk Mutter Kind aufrief

Hinzu kommt, dass sich viele rechte Frauen nicht mit den Frauen gleichsetzen, die in den Texten abgewertet werden. Frauensolidarität ist in der extremen Rechten selten. So bezeichnen Frauen andere Frauen als ›Schlampen‹ oder ›Mitläufertucken‹. Sie werten sich untereinander ab, wie die Männer das tun. Durch diese Ausgrenzung der als ›anders‹ Definierten konstruieren sie eine Gruppe, die frei ist von unerwünschten

Eigenschaften. Auch in den Liedtexten scheint diese Struktur zum Tragen zu kommen. Über die Betrachtung, andere Frauen und nicht sie selbst seien mit den Texten gemeint, ist eine Begeisterung für frauenverachtende Lieder zu erklären. Sexismus dient somit sowohl Männern als auch Frauen dazu, angebliche ›weibliche Eigenschaften‹ abzuwerten und sich selbst aufzuwerten.

Publikationen rechter Frauen

Voll und ganz auf NS-Linie – Volkstreue, Nr. 2, 1992

Keine rechte Band würde in der Szene erfolgreich sein, gäbe es nicht die politischen Musikmagazine – die Fanzines, auch Zines genannt. Neben Berichten über Aktionen und Demonstrationen und Beiträgen zu germanischer ›Kultur‹ berichten diese Zines über Konzerte, rezensieren neu erschienene CDs und interviewen Bands. Zines stellen die Verbindung zwischen Produzent, also der Band, und Konsument her. Sie haben somit eine sehr wichtige Funktion im RechtsRock.

Seit Anfang der 90er-Jahre sind Frauen als Herausgeberinnen rechter Fanzines bekannt. Die Fanzines unterscheiden sich meist nicht von denen der Männer. Nur teilweise werden bei genauerem Hinsehen Spezifika sichtbar. So werden beispielsweise Bands nach ihrer Meinung zu Frauen in der Szene befragt. Über einige der wichtigen Fanzines aus Frauenhand, die in der Szene eine Rolle spielen, geben wir einen kurzen Überblick: Von 1992 bis 1993 gab Nicole Nowicki, Leiterin der deutschen Sektion des in den USA gegründeten internationalen Frauennetzwerkes Women for Aryan Unity (WAU), das rechtsextreme Magazin *Volkstreue* heraus.[111] Die WAU ist ein Ableger des US-amerikanischen Ku Klux Klan (KKK).

Der *Schlachtruf* von Martina Janssen erschien im selben Zeitraum. Sie galt aufgrund ihrer vielfältigen Aktivitäten und Kontakte, ihrer SFD-Mitgliedschaft und der Gründung einer eigenen Hammerskingruppe Mitte der 90er-Jahre, als wichtige Aktivistin der Neonazi-Szene.[112]

Seinerzeit bundesweit beliebt – Schlachtruf, Nr. 3, 1991

1996 bis 1998 erschien das Fanzine *Victory* von Mandy Neff und Annett Wendefeuer. Ab 1997 ist *Der gestiefelte Kater* von Anja Busch und ihrem Freund Matze auf dem Markt. Beide richten sich an die gesamte gemischtgeschlechtliche extrem rechte Szene und genießen bzw. genossen einen guten Ruf und haben bzw. hatten einen hohen Stellenwert durch ihre starken Bezüge und Verbindungen zu dem internationalen neonazistischen Netzwerk Blood & Honour. Während im *Gestiefelten Kater* Frauenbezüge nur selten auftauchen, werden in Interviews im Fanzine *Victory* regelmäßig Männer nach ihrer Meinung zu Renees befragt. Das Fanzine hat den Anspruch, Frauen als gleichberechtigte politisch aktive Kameradinnen darzustellen.

Auch die Magazine *Freyja* und *Germanenorden* sind von Bedeutung. Seit Ende der 90er wird *Freyja* von der Konzessionsinhaberin des inzwischen wieder geschlossenen neonazistischen Cafés Germania in Berlin, Nadine Kortegast, zusammen mit Nadin Freitag herausgegeben. Beide stammen aus Neubrandenburg. Aktuell ist Kortegast die Verantwortliche für das neonazistische Magazin. Für das Fanzine *Germanenorden* ist hingegen Heike Langguth verantwortlich. In der Berichterstattung über RechtsRock versuchen die Herausgeberinnen, Bezüge zu Frauen herzustellen, indem die männlichen Musiker ebenso wie bei *Victory* nach ihrer Meinung zu Frauen in der Szene interviewt werden.

Das Schwerpunktthema Musik wird durch politische Beiträge ergänzt. In der sechsten Ausgabe des Magazins *Freyja* ist beispielsweise ein antisemitischer Beitrag über eine »›Gesprächsrunde‹ mit Ignatz Bubis auf der Burg Bodenstein« abgedruckt, die auch von Neonazis besucht wurde. Darin schreiben sie: »Zum guten Abschied bekam der ›ehrenwerte‹ Ignatz Bubis natürlich noch einen schönen Blumenstrauß und ein Buch überreicht. Als man ihm und den Juden zur Ehre auch hebräisches Live-Geheule präsentierte, standen wir alle geschlossen auf und verließen den Saal.«[113]

Die Magazine *Freyja* und *Germanenorden* veröffentlichten 2000 als einmaliges Projekt die Schrift *Freyja's Germanenorden.*[114]

Sowohl das Fanzine *Victory* als auch *Der gestiefelte Kater*, *Freyja* und *Freyja's Germanenorden* werden in anderen Magazinen der extrem rechten Musikszene positiv rezensiert und weisen für die relativ kurze Dauer ihres Erscheinens bereits erstaunlich viele Kontakte und einen gewissen Bekanntheitsgrad in der Szene auf. Sicherlich ist der Druck für die Frauen in diesem Bereich höher als für Männer. Sie müssen sich doppelt beweisen und intensiver um Kontakte bemühen, um sich in der Szene zu profilieren und zu legitimieren.

Drei weitere Magazine, *Triskele*, *Aryan Sisterhood* und *Das Treue Mädel,* sind recht neu auf dem Zeitungsmarkt der extremen Rechten. Musik spielt in ihnen nur eine Nebenrolle. *Triskele* aus Essen erschien erstmalig Ende 2000. Sie kommt aus dem Umfeld der Freien Kameradschaften und ist vermutlich ein Nachfolgeprojekt einiger SFD-Frauen. Innerhalb eines Jahres erschienen vier Ausgaben, die sich inhaltlich aktuellen politischen und kulturellen Themen widmen. Zwischen Berichten von Aktionen und Demonstrationen, Argumentationshilfen für rechte Positionen und heidnisch-germanischer Mythologie finden sich Artikel, die positive Bezüge zu Frauen herstellen. Sie propagieren ein traditionalistisches Bild der gleichwertigen, aber nicht gleichartigen Frau und sehen Mutterschaft als biologische Bestimmung. Über das Internetportal *Die Kommenden*, das aus dem Spektrum der ›Freien Kameradschaften‹ betrieben wird, präsentiert sich das Magazin unter der Überschrift: »Triskele ... es ist auch unser Kampf!«[115] auch im Internet. Die Seite hält die älteren Ausgaben des Heftes bereit, bietet Tips für »Mutter und Kind«, Texte deutschen ›Liedguts‹ sowie einen Flohmarkt.

Ab Sommer 2001 sind zwei neue ostdeutsche Frauenmagazine, die inhaltlich und ästhetisch am Nationalsozialismus ausgerichtet sind, erschienen: *Aryan Sisterhood* aus dem sächsischen Sebnitz und *Das Treue Mädel* aus Halle in Sachsen-Anhalt. In der bundesweiten Zinelandschaft scheinen sich die beiden noch nicht ausreichend bekannt gemacht zu haben. Im Gegensatz zu *Triskele* wurden sie noch nicht

Hammerskin nahes Fanzine aus Frauenhand: Victory, Nr. 1, 1996

Skinhead-Fanzine aus dem Saarland: Der geestiefelte Kater, Nr. 4, 1998

Neonazistische Koproduktion: Freyja's Germanenorden, 2000, war ein Gemeinschaftsprodukt der Zines Freyja und Germanenorden

... es ist auch unser Kampf
Untertitel des Fanzine Triskele, Nr. 3, 2001

rezensiert. Lediglich gegenseitig stellen sie sich vor. Es bleibt abzuwarten, welche Entwicklung die Hefte nehmen werden und welche Bedeutung sie bekommen. Sie verdeutlichen aber jetzt schon die zunehmende Präsenz und Akzeptanz von Frauenprojekten mit kulturpolitischem Anspruch in der männerdominierten extremen Rechten.

Die Webseite *Storchennest* von Birka Vibeke ist das einzige von einer Frau betriebene deutschsprachige rechtsextreme Online-Magazin. Die »volkstreue Frauen- und Familienseite« ist seit Anfang 1998 online. Mittlerweile wurde *Storchennest* zu einem Diskussionsforum zu ›neurechten‹ Themen umgestaltet.[116]

Die Herausgabe von Magazinen in der extremen Rechten bedeutet für die Herausgeber Anerkennung. Nicht verwunderlich also, dass Frauen auch in diesem Bereich Fuß fassen wollen. So erleben sie einen Prestigegewinn, der ihre Person und ihre Position in der rechten Szene aufwertet.

Organisierung und zunehmende Politisierung rechtsextremer Frauen

Frauen halten in den RechtsRock-Bereich Einzug. Sie beteiligen sich zunehmend an der Verbreitung von Musik und einige versuchen sich als Musikerinnen. Sie treten selbstbewusst auf und stellen sich als politisch aktive Kameradinnen dar. Ob Männer das so wahrnehmen, wie die Frauen wünschen, ist zu bezweifeln. Zwar verändert sich die Wahrnehmung von Neonazis durch die zunehmende Sichtbarkeit der rechtsextremen Frauen in der breiten Öffentlichkeit, denn da wo Frauen sind, kann es ja nicht so rabiat zugehen. Anerkannt sind jene Frauen, die verlässliche Kameradinnen sind und Themenbereiche übernehmen, die szenewichtig sind, so beispielsweise die Betreuung Inhaftierter. Gleichzeitig jedoch gelten sie als Objekte männlicher Lustbefriedigung.

Durch die Gründung von Frauengruppen kann es den Frauen gelingen, politisch anerkannt und wahrgenommen zu werden. Sie schaffen sich einen Zusammenhang, in dem sie politisch aktiv sein und an die rechte Öffentlichkeit treten können. In den letzten Jahren nahm die Organisierung und Politisierung rechter Frauen in Gruppen und eigenständigen Organisationen innerhalb der neonazistischen Szene stark zu. Um die aktuellen Entwicklungen einordnen zu können, ist es wichtig, einen kurzen Blick zurück in die Geschichte der rechtsextremen Organisierung von Frauen nach 1945 zu werfen:

Frauen in der ersten Reihe: Immer häufiger übernehmen ›Kameradinnen‹ wichtige Aufgaben, Frau aus dem Spektrum der ›Freien Kameradschaften‹ am 21. Oktober 2000 in Dortmund

1952 gründete sich die Wiking Jugend (WJ) als Nachfolgeorganisation der Jugendorganisation der im gleichen Jahr verbotenen Sozialistischen Reichspartei (SRP). Die WJ war nach dem Vorbild der nationalsozialistischen Hitlerjugend (HJ) geschlechtergetrennt, hierarchisch strukturiert und gliederte sich in den Mädelbund und die Jungenschaft. Der Mädelbund der WJ, der als Mitteilungsorgan unter der Schriftleitung u.a. der mittlerweile in der baden-württembergischen NPD aktiven Edda Schmidt die *Bauge* herausgab, war bis zum Beginn der 80er-Jahre die einzige Bündelung rechtsextremer Mädchen und Frauen. Die WJ propagierte bis zu ihrem Verbot 1994 ein traditionalistisches Frauenbild.

Mit Beginn der 80er-Jahre veränderte sich dies mit der Gründung der beiden eigenständigen Frauenorganisationen Deutsche Frauenfront (DFF) und FAP-Frauenschaft. Diese waren Teil der militanten neonazistischen Organisationen Freiheitliche Deutsche Arbeiterpartei (FAP) und Gesinnungsgemeinschaft der Neuen Front (GdNF) und bundesweit organisiert. Obwohl ohne größere Bedeutung für die Szene, markiert die pure Existenz der Frauengruppen den Beginn eines Prozesses, der Frauen stärker in die rechtsextreme Politik einbeziehen wollte.

Ende der 80er-Jahre spalteten sich die DFF und die FAP-Frauenschaft mehrfach in verschiedene Gruppen und lösten sich kurz darauf auf. Geschuldet waren die Auflösungen internen Diskussionen um Eigenständigkeit und Teilnahme an militanten Aktionen sowie der so genannten ›Homosexualitätsdebatte‹[117] um den im April 1991 verstorbenen Neonazi-Führer Michael Kühnen. Einige Frauen aus den damaligen Organisationen sind bis heute aktiv, so beispielsweise Ursula Müller: Sie war in den 80er-Jahren unter anderem Vorsitzende der DFF und Autorin in deren internem Mitteilungsorgan *Die Kampfgefährtin*. Seit 1991 ist sie Vorsitzende der Hilfsgemeinschaft für nationale politische Gefangene und deren Angehörige e.V. (HNG) und nimmt in der neonazistischen Szene als ›Autoritätsperson‹ und Organisatorin einen großen Stellenwert ein.[118]

Gitarrenklänge beim Kameradschaftsabend: Edda Schmidt, die ehemalige Funktionärin der verbotenen Wiking Jugend ist heute in der NPD aktiv

Mit der Gründung des Skingirl-Freundeskreis Deutschland (SFD) zum Jahreswechsel 1990/91 begann eine neue Ära rechter Frauenorganisierung. Frauen aus dem subkulturellen Milieu beschlossen, sich als eigenständige Frauengruppe bundesweit zu organisieren und waren damit Vorbild für eine Reihe weiterer Gründungen von neonazistischen Organisationen von Frauen für Frauen Ende der 90er-Jahre. Bis dahin gab es neben dem SFD nur noch eine weitere neonazistische Frauenorganisation in der BRD, die deutsche Sektion der Women for Aryan Unity (WAU), deren Sektionsleiterin Nicole Nowicki war.

Organ der Deutschen Frauenfront aus den 80er-Jahren Die Kampfgefährtin, Nr. 33, 1988

Rechte Frauen agieren stärker als in den 80er-Jahren aktiv in der extrem rechten Szene. Eine zunehmende Politisierung ist festzustellen. Frauen in diesen Gruppierungen sehen sich in erster Linie als ›nationale Aktivistinnen‹, die sich für Volk und Vaterland einsetzen. Die Organisierung unter Frauen ist ein Zeichen dafür, dass die rechte Szene erstarkt ist und sich eine Ausdifferenzierung erlauben kann. Sie soll vor allem dazu dienen, mehr Frauen für den politischen Kampf zu gewinnen, eine positive ›weibliche‹ (=friedvolle) Außenwirkung zu erzielen und effektiver zu arbeiten.

Der Skingirl-Freundeskreis Deutschland (SFD) ragt aus den Gruppierungen rechter Frauen aufgrund seiner langjährigen Aktivität heraus – er existierte fast zehn Jahre und löste sich im Oktober 2000 auf. In der gesamten rechten Szene stieß seine Auflösung jedoch auf starke Kritik, vor allem, da sie von nur wenigen Frauen des SFD beschlossen wurde. Hintergrund dieser Auflösung war der Vorgriff auf ein befürchtetes Verbot des SFD, da einige SFD-Frauen gleichzeitig auch Funktionsträgerinnen bei der NPD und

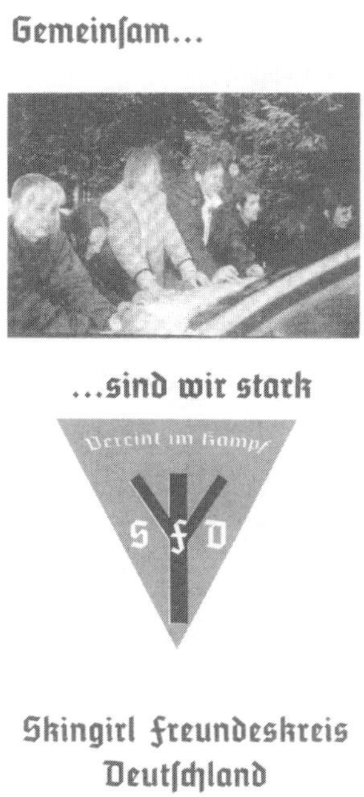

Stärke durch Organisierung: aus der Selbstdarstellung des Skingirl Freundeskreis Deutschland

mit Blood & Honour verstrickt waren. Stella Schweigert, geborene Palau, beispielsweise ist stellvertretende Vorsitzende des Landesverbandes der NPD Berlin-Brandenburg. Claudia Jäppelt ist dort für die Abteilung Personal zuständig und organisierte bei Blood & Honour Konzerte.[119] Die öffentliche Debatte um ein NPD-Verbot und das Verbot der deutschen Sektion von Blood & Honour löste Befürchtungen aus, gleich mit verboten zu werden. Hausdurchsuchungen waren angeblich ein Hinweis darauf.[120] Die rechtsextreme Szene begegnete dem vorauseilenden Gehorsam mit Unverständnis und harscher Kritik. Deutlich wurde dabei, welche bedeutsame Rolle dem SFD innerhalb der extremen Rechten in Deutschland spielte.

Der SFD war eine bundesweite Organisation, von der keine eigenen Aktionen ausgehen sollten. Ziel war es vielmehr, den Frauen Zusammenhalt zu bieten und sie für bestimmte Themen zu interessieren und zu politisieren.[121] Die Frauen arbeiteten in unterschiedlichen Interessengemeinschaften und veranstalteten politische Schulungen und gemeinschaftsfördernde Treffen.[122] Aus dem SFD gingen zwei Initiativen hervor: Das braune Kreuz, ein Sanitätsdienst für neonazistische Aufmärsche und Veranstaltungen[123], und Einfach ins kalte Wasser geworfen, ein Betreuungsdienst für Gefangene und vor allem deren weibliche Angehörigen.[124] Der SFD gab mehrmals im Jahr das Mitteilungsblatt *Walküre*, vormals *Midgard*, für seine Mitglieder heraus. Darin veröffentlichten die SFD-Frauen hauptsächlich Berichte der Interessengemeinschaften zu Themen wie Brauchtum/Germanentum, Politik/Geschichte oder Mutter und Kind. Die Untersuchung des Magazins *Walküre* zeigt, dass in fast 20 Prozent aller Artikel antisexistische Positionen vertreten werden.[125] Die Frauen des SFD kämpften für die Anerkennung von Frauen in der Szene, setzten sich gegen Gewalt gegen Frauen zur Wehr und forderten für sich die Möglichkeit, gleichermaßen wie die Männer politisch aktiv sein zu können. Sie gingen allerdings nie so weit, sexistische Strukturen in der Gesellschaft und ihrem politischen Handlungsfeld zu kritisieren oder die Zusammenarbeit mit Männern abzulehnen.

Auch im Internet war der SFD ab 2000 vertreten.[126] Über dieses Forum wurde im vergangenen Oktober auch die Auflösungserklärung verbreitet. Gleichzeitig verwiesen die SFD-Frauen auf vier andere Frauengruppen, die alternative Organisierungsmöglichkeiten aufzeigen sollten: die Mädelschar Deutschland (MSD), den Freien Mädelbund Bad Gandersheim (FMB), den Bund heimattreuer Frauen (BhF) und die Gemeinschaft Deutscher Frauen (GDF).[127] Mittlerweile hat sich herausgestellt, dass die Gemeinschaft Deutscher Frauen die ›Nachfolgeorganisation‹ einiger ehemals im SFD organisierter Frauen ist.

Pflegen und Helfen: Frauensache. Das ›Braune Kreuz‹ am Rande eines neonazistischen Aufmarsches

Auf der GDF-Homepage finden sich dann auch Hinweise nach einer schon länger bestehenden Tradition: »Wir halten Kameradschaft unter Frauen für etwas sehr schönes und wichtiges. Wir wollen nicht nur davon reden, sondern es einfach vorleben, damit haben wir bereits gute Erfahrungen gemacht«.[128] Die Magazine *Zentralorgan* und *Triskele* bestätigen, dass Teile des SFD bereits in einer neuen Frauenorganisation aufgegangen sind.[129]

Trotz ihres relativ kurzen Bestehens hat die GDF schon eine Zeitschrift auf den Markt gebracht, *Unsere Zukunft*. Diese Zeitschrift ist laut Heike Müller in einem Interview in der *Deutschen Stimme* das Baden-Württemberg-weite GDF-Organ.

Das Magazin *Triskele* ist ebenfalls ein Ergebnis der SFD-Auflösung. In dem Artikel »Kameradschaft, Ehrlichkeit … alles Phrasen« kritisiert die Autorin die Auflösung. Der angeschlagene Ton macht deutlich, dass sie sich persönlich betroffen und hintergangen fühlt: »Vereint im Kampf so lautete unser Leitspruch. Doch was ich in den letzten Wochen erlebt habe erinnert mich mehr an: Vereint mit Krampf!!«[130] Die Auflösung des SFD hat zu einer Spaltung der ehemaligen Gruppe geführt, und neue Frauengruppen und Projekte hervorgebracht. Staatliche Verbote, beziehungsweise deren Androhung, führen eher zu Umstrukturierungen in der Szene, als rechtsextreme Gruppen zu schwächen und deren Aktionsradius einzuschränken.

Die Organisierungswelle rechtsextremer Frauengruppen seit Ende der 90er-Jahre verdeutlicht die zunehmend aktivere Rolle rechter Frauen: 1998/1999 entstand die Renee Kameradschaft Deutschland[131], die allerdings vermutlich nie wirklich ihre Arbeit aufnahm, sowie der Nationale Mädelbund Thüringen, der in Jena bei Aktivitäten gegen die Junge Gemeinde, die sich antirassistisch engagiert, auffiel.[132] 1999 gründeten sich im Nordwesten der BRD die Mädelschar Deutschland[133] sowie der Freie Mädelbund Bad Gandersheim[134], im Ruhrgebiet die Nationale Weiber Aktions Front (NWAF), im ostdeutschen Stralsund die Kraft deutscher Mädels[135] und ebenfalls in den neuen Ländern die Mädelkameradschaft Sachsen-Anhalt[136]. Die White German Girls entstanden als Teil der Blood & Honour-Struktur White Youth.[137] Im Jahr 2000 wurde aus der NWAF der Bund heimattreuer Frauen (BhF)[138], im selben Jahr wurde die Gemeinschaft Deutscher Frauen (GDF) gegründet. 2001 entstand im Ruhrgebiet eine weitere Gruppe, der JN-Mädelbund um Sandy Nadine Schlotmann aus Duisburg. In Bayern gründete sich innerhalb der neonazistischen Fränkischen Aktionsfront (F.A.F.) die Gruppe Frauen in der F.A.F., um sich als »nationale Frauen mehr politisches Gehör zu verschaffen« und ihr Ideal als »moderne, selbstbewusste, anständige, revolutionäre, nationale, deutsche Frau« anzustreben.[139]

Über das subkulturelle Milieu hinausgeschaut, scheinen Frauen in der Rechten sich zunehmend zu organisieren. Selbst in der NPD werden Frauengruppen und -treffen häufiger. So gibt es beispielsweise von der NPD Hannover einen wöchentlichen Frauenstammtisch.[140] Die meisten dieser Frauenorganisationen der extremen Rechten sind regional tätig. Lediglich die Gemeinschaft deutscher Frauen (GDF), die Mädelschar Deutschland und der Freie Mädelbund Bad Gandersheim versuchen, sich bundesweit über Interviews in Fanzines und über eigene Homepages bekannt zu machen und sich zu vernetzen.[141] Strukturell und inhaltlich ähneln sich die Frauengruppen. Lediglich punktuell lassen sich Unterschiede feststellen: Die Frauen der Mädelschar Deutschland[142] machen öffentliche Aktionen und vertiefen bei internen Schulungen ihr ideolo-

WIR, das sind Mädels, Frauen und Mütter, die aktiv an einer nationalen Gemeinschaft teilhaben, diese gestalten und erleben. WIR, wollen gemeinsam alte Werte und altes Wissen erarbeiten und vermitteln und dabei Neues gestalten. WIR, leben Kameradschaft. WIR, erweitern unser Wissen über deutsches Brauchtum und unsere Kultur und Geschichte, über Kindererziehung, ganzheitliche Lebensführung, Politik und vieles mehr. WIR, wissen, wie wichtig die Stellung der Frau im Schicksalslauf unseres Volkes ist. WIR, lernen aus dem Vergangenem, leben in der Gegenwart und gestalten die Zukunft für unser Deutschland. WIR, reden nicht nur, sondern handeln. WIR, brauchen nicht jede, aber vielleicht gerade Dich!

Wer sind wir? Selbstdarstellung der Gemeinschaft Deutscher Frauen (GDF), September 2002

›Reproduktionsmaschine Frau‹: Aufkleber der ›Frauen in der Fränkischen Aktionsfront‹, 2002

Der FMB selbst ist ein Verbund nationalistischer Frauen, Mütter und Aktivistinnen, die im freien Widerstand versuchen, ihren Teil im Kampf an Deutschland zu leisten. Das heißt nicht, daß Ihr aktive Nationalistinnen sein müßt, wenn Ihr Euch an uns wenden wollt. Frauen und Mädels, die meinen durch den FMb ihre ›Abschußrate‹ von männlichen Kameraden erhöhen zu müssen, sind völlig fehl am Platz. Da es wenig überzeugte und anständige Kameradinnen in unserer Bewegung gibt, sehen wir es als unsere Aufgabe, Frauen in Zeiten der Not beizustehen.

Wir über uns, aus dem Selbstverständnis des FMb, September 2002

gisches Wissen.[143] Der Freie Mädelbund Bad Gandersheim (FMb) trat zum ersten Mal Anfang 2000 bei der Hauptversammlung der HNG an die Öffentlichkeit. Die Hauptaktivität des FMb besteht in Zusammenarbeit mit der HNG, in der Betreuung inhaftierter ›Kameraden‹ und deren Angehöriger.[144] In ihrer Öffentlichkeitsarbeit setzen beide Gruppen unterschiedliche inhaltliche Schwerpunkte: Während der FMb die Unterschriftenkampagne »Todesstrafe für Kinderschänder« durchführte,[145] organisierte die Mädelschar eine Putzaktion am ›76er-Denkmal‹, einem als ›Kriegsklotz‹ bezeichneten geschichtsrevisionistischen Soldatenehrenmal in Hamburg.

Der FMb bezeichnet sich selbst als »Verbund nationalistischer Frauen, Mütter und Aktivistinnen, die im freien Widerstand versuchen, ihren Teil im Kampf für Deutschland zu leisten.« Inhaltlich haben sich die Kameradinnen zum Ziel gesetzt, aktuelle frauen- und gesellschaftspolitische Themen aufzugreifen und Unterstützer, auch außerhalb der rechten Szene, zu suchen: »Hierbei erzielen wir als Frauen große Erfolge und hinterlassen einen guten Eindruck in der Bevölkerung.«[146] Die Frauen des FMb versuchen, mit dem gesellschaftlich populistisch diskutierten Thema Kindesmissbrauch an Stimmungen in der Bevölkerung anzuknüpfen. Es wird deutlich, dass Frauen aufgrund ihres Geschlechts in der Szene besondere geschlechterdifferenzierte Aufgabenfelder übernehmen und damit nicht nur als ›Anhängsel‹ betrachtet werden können.

Die Mädelschar bezeichnet sich als »Zusammenschluß von Mädels, die sich die Koordination und Schulung von Kameradinnen zur Aufgabe gemacht haben. Unser Hauptziel ist es, die Kameradinnen aus dem Schatten ihrer Freunde herauszulocken und aus ihnen selbständig arbeitende Aktivistinnen zu machen.«[147] »Bei uns ist jede Kameradin willkommen, die sich voll für unser Land und unsere Rechte einsetzen will.«[148] Damit bezieht die Mädelschar als einzige aller extrem rechten Frauenorganisationen in dieser Deutlichkeit Stellung für eine Geschlechteregalität. Sie sieht Frauen als den Männern gleich gestellte Persönlichkeiten an und unterstützt sie darin, selbstbewusste Kämpferinnen für ›Volk und Vaterland‹ zu werden. Sie benennen die rechte Szene als »Männerdomäne, in welcher es die Frauen sehr schwer haben, sich zu behaupten.«[149] Stünde die Kritik der Mädelschar an männlicher Dominanz in der eigenen Szene nicht im völkisch-rassistischen Kontext, wären Parallelen zu linken feministischen Positionen zu erkennen.

Will Teil der Herrenrasse sein – Teilnehmerin am Rudolf-Heß-Gedenkmarsch 17.8.2002 in Wunsiedel

Unterschiedlich positionieren sich beide Gruppen zum Thema Abtreibung: Während der FMb in seinem Rundbrief unter der Darstellung verschiedener Abbruchmethoden schreibt, »es liegt im Wesen der Frau, Leben zu geben und zu schützen«[150] und damit eine biologistische Haltung zu Geschlechterrollen und -aufgaben einnimmt, konstatiert die Mädelschar, dass Abtreibung Mord sei, aber die Entscheidung trotzdem bei der Frau liegen müsse.[151] In der rechten Szene ist eine abtreibungsfeindliche Haltung unter Bezugnahme auf den ›Lebensschutz‹-Gedanken weit verbreitet. Nur sehr wenige stellen die freie Entscheidung der Frau über das vermeintliche Recht des ungeborenen Kindes. Deutlich wird an der ›Abtreibungsfrage‹ der bevölkerungspolitische Charakter. Es gilt – jenseits der Rechte von Frauen und Kindern –, so viele Kinder wie möglich zu zeugen. Hauptsache ist, dass sie weiß und gesund sind und ›national‹ erzogen werden.

Die seit 1999 zunehmende Organisierungswelle von rechtsextremen Frauen steht in einem gesamtgesellschaftlichen Kontext. Frauen sind durch den Einfluss der Neuen Frauenbewegung selbstbewusster geworden und haben vielfältigere Lebensentwürfe entwickelt. Traditionelle Entwürfe vermischen sich mit fortschrittlicheren, Kombinationen von Berufstätigkeit, Partnerschaft, politischer Aktivität und Mutterschaft sind für viele Frauen von Bedeutung. Dies trifft auch auf neonazistische Frauen zu. Hinzu kommt ein Erstarken rechtsextremer Strukturen, die sich ausdifferenzieren und vernetzen. Die Entstehung der Frauengruppen muss in diesem Kontext betrachtet werden. Rechte Frauen diskutieren ihre Frauenrolle. Ideologisch beziehen sie sich überwiegend auf den heidnisch-germanischen Mythos der ›gleichwertigen, aber nicht gleichartigen‹ Frau. Im Widerspruch dazu steht ihr Kampf um Anerkennung als gleichgestellte Kameradinnen in der rechten Szene. Sie setzen sich teilweise gegen Sexismus ihrer männlichen Kameraden zur Wehr. Dabei wollen sie aber nicht so weit gehen, sich grundlegend von den Männern zu separieren, sondern sehen sich immer als Teil ›einer‹ Neonazi-Szene. Sie kritisieren zwar einzelne Männer aufgrund ihres sexistischen Verhaltens, thematisieren jedoch selten erkennbare sexistische Strukturen in der Szene oder in der Gesamtgesellschaft.

Auch im internationalen neonazistischen Spektrum spielen Frauen eine wichtige Rolle. Das internationale Blood & Honour-Magazin Route 88, Nr. 2, 1999

Die Organisierung in rechten Frauengruppen bedeutet zwar einen positiven Bezug auf bestimmte Frauen, ist aber klar abgegrenzt zu denjenigen, die nicht dazugehören sollen. Diese ›Schlampen‹, ›Schlägermädels‹, ›Mitläufertucken‹ oder ›Fickhennen‹ werden abgewertet. Rechte Frauen schaffen sich durch eigenständige Frauengruppen eine Organisationsstruktur, um innerhalb der Szene sichtbar zu werden. Ihre rassistischen, antisemitischen und nationalistischen Aktivitäten gehen somit auf *ihr* Konto. Sie können als Erfolg der Frauen verbucht werden und sie bekommen Anerkennung in den eigenen Reihen. Die Frauen werten sich somit selbst auf und leisten einen Beitrag für die Szene. Sie organisieren sich nicht aufgrund von ›Fraueninteressen‹, sondern schließen sich zusammen, um rechtsextreme Inhalte durchzusetzen und so allen Neonazis, auch Männern, zuzuspielen.

LA VOZ N.S. FEMENINA – Blood & Honour Espana: Edelweiss, Nr. 3, 2000 – Organ der spanischen Blood & Honour-Frauenorganisation

Resümee

Rechte Frauen sind in der gemischtgeschlechtlichen Neonazi-Szene von zunehmender Bedeutung. Das wird an der Organisierung von Frauen deutlich. Frauen denken genauso rassistisch, antisemitisch und nationalistisch wie Männer und verbreiten diese Positionen. Sie sind somit genauso verantwortlich für eine gesellschaftliche Orientierung nach rechts.

Betont weiblich mit offenem Bekenntnis: Frauen denken genauso rassistisch, antisemitisch und nationalistisch wie Männer. Foto aus Resistance, Nr. 12, 2000

Die Musik ist ein Ausdruck dessen. Männer und Frauen verbreiten durch ihre Texte hauptsächlich ihre rechtsextremen Einstellungen. Dass darin widersprüchliche Frauenbilder von Männer- und Frauenbands transportiert werden, ist dem untergeordnet. Die Männer betonen die Rolle von Frauen zumeist als Sexualobjekte, während Frauen sich als gleich gesinnte politische Aktivistinnen beschreiben. Die Musikerinnen können somit als Bestandteil der zunehmenden Frauenorganisierung in der extremen Rechten betrachtet werden. Sie transportieren die Inhalte, die denen der politischen und frauenbezogenen Ausrichtung der Frauengruppen und -organisationen entsprechen. Somit könnten Musikerinnen Vorbilder und Wegbereiterinnen für andere Frauen werden. Es bleibt abzuwarten, ob sie mit ihrer Musik mehr Einfluss gewinnen und die Frauen und damit die gesamte Szene gestärkt und gefestigt werden.

Anmerkungen

1 Lokis Horden: Eine starke Hand, CD, Funny Sounds GmbH, 1997.
2 Vgl. Niemayer, Oskar; Stöss, Richard: Rechtsextremismus, politische Unzufriedenheit und das Wählerpotential rechtsextremer Parteien in der Bundesrepublik Deutschland im Frühsommer 1998 (1998), Arbeitspapiere des Otto-Stammer-Zentrums Nr. 1/1998, Freie Universität Berlin, S. 14.
3 Vgl. Bitzan, Renate: Selbstbilder rechter Frauen, Tübingen, 2000, S. 28.
4 Vgl. Frankfurter Rundschau vom 29.11.2000.
5 Vgl. Moderne Zeiten, Nr. 3+4, 1993, S. 1 und 6–7: Hemmungslos und geil ›Monique‹.
6 Sie treten unter den Namen Jecha und Erlwig auf. (Vgl. Der Foiersturm, Nr. 9, 2000, S. 46).
7 http://www.signal-online.de/cds_seite_10.htm, 21.3.01: Wallküren: Unter einer Fahne, von Doitsche Musik.
8 Rock Nord, Nr. 48–49, 1999, S. 15: Froidenspender ›Same‹, von Mike Beyer.
9 Doitsche Musik, Nr. 9, 1997, S. 11: Wallküren ›Unter einer Fahne‹.
10 Amok!!!, Nr. 4, 1997, S. 83: Interview: Wallküren, von Mike.
11 Der Foiersturm, Nr. 6, 1999, S. 48: Inti mit der Skingirlband Ostara.
12 Nation (&) Europa, 2001, S. 62: Eine Sängerin rebelliert.
13 Zunächst einmal verwundert die Schreibweise des Bandnamens Wallküren, die vielleicht auf eine Rechtschreibschwäche der Musikerinnen zurückzuführen ist oder eine andere unergründliche Bedeutung hat. Laut heidnisch-germanischer Mythologie waren die Walküren einerseits Kriegerinnen zu Pferde, andererseits schenkten sie den Kriegern in Walhalla, dem Reich Odins, Wein ein. Vgl. Hating, James, 1974, Bd. 4, S. 178 und Bd. 12, S. 251f.
14 Vgl. Amok!!!, Nr. 4, 1997, S. 83: Wallküren; vgl. Doitsche Musik, Nr. 9, 1997, S. 11: Wallküren ›Unter einer Fahne‹.
15 Vgl. Amok!!!, Nr. 4, 1997, S. 83: Wallküren.
16 Vgl. Doitsche Musik, Nr. 11, 1997, S. 18.
17 Wallküren: Unter einer Fahne, CD, Funny Sounds GmbH, 1996.
18 Ebd.
19 Ostara hieß eine altgermanische Frühlingsgöttin, allerdings ist deren Verehrung laut Meyers Lexikon bis heute umstritten.
20 Vgl. White Supremacy, Nr. 2, 2000, S. 24: Ostara.
21 Vgl. Rock Nord, Nr. 50, 1999, S. 8–9, Neues von der Konzertfront.
22 Vgl. Weiss, Michael: Begleitmusik zu Mord und Totschlag. Rechtsrock in Deutschland (2001). In: Searchlight, Antifaschistisches Infoblatt, Enough is enough, rat (Hg.): White Noise, Münster,2001, S. 72.
23 Vgl. Bitzan, Renate: ›Zwischen Antisexismus und völkischem Denken‹. Zeitschriftenanalyse zur Präsenz von Frauen in rechtsextremen Publikationen und zu ihren heterogenen Positionen im Geschlechterdiskurs – Eine Herausforde-

rung für die feministische Theorieentwicklung? (1998), Unveröffentlichte Dissertation an der Gesamthochschule Kassel.
24 White Supremacy, Nr. 2, 2000, S. 24: Ostara.
25 Rock Nord, Nr. 50, 1999, S. 8-9: Neues von der Konzertfront.
26 Vgl. White Supremacy, Nr. 2, 2000, S. 25: Ostara.
27 White Supremacy, Nr. 2, 2000, S. 24: Ostara.
28 Der Foiersturm, Nr. 6, 1999, S. 49: Inti mit der Skingirlband Ostara.
29 Siehe auch in diesem Band: Michael Weiss: Deutschland im September.
30 Vgl. White Supremacy, Nr. 2, 2000, S. 24f: Ostara.
31 Vgl. White Supremacy, Nr. 2, 2000, S. 25: Ostara.
32 Der Foiersturm, Nr. 6, 1999, S. 49: Inti mit der Skingirlband Ostara.
33 White Supremacy, Nr. 2, 2000, S. 25: Ostara.
34 Vgl. Rock Nord, Nr. 48-49, 1999, S. 15: Froidenspender ›Same‹.
35 Vgl. http://www.signal-online.de/cds_seite_4.htm, 21.03.01: Froidenspender.
36 Vgl. Rock Nord, Nr. 6-7, 1998, S. 40: Froidenspender.
37 Der gestiefelte Kater, Nr. 7, 1999, S. 9: Skingirl-Freundeskreis Deutschland im Interview.
38 Vgl. Rock Nord, Nr. 6-7, 1998, S. 41: Froidenspender.
39 Rock Nord, Nr. 6-7, 1998, S. 41: Froidenspender.
40 Siehe hierzu den Beitrag von Andreas Buderus in diesem Band.
41 Rock Nord, Nr. 6-7, 1998, S. 40: Froidenspender.
42 Vgl. Krafeld, Franz-Joseph: Die Praxis akzeptierender Jugendarbeit (1996), Opladen.
43 Lutzebaeck, Elke; Schaar, Gisela; Storm, Carola: Zur Rolle und Bedeutung der Mädchen in rechten Jugendcliquen. Erfahrungen aus der Praxis akzeptierender Jugendarbeit (1995). In: Engel, Monika; Menke, Barbara (Hg.): Weibliche Lebenswelten – gewaltlos? Analysen und Praxisbeiträge für die Mädchen- und Frauenarbeit im Bereich Rechtsextremismus, Rassismus und Gewalt, Münster, 1995, S. 116.
44 Der Name Loki ist aus der heidnisch-germanischen Mythologie entlehnt und bezeichnet eine äußerlich wandelbare Gestalt, die sowohl mit dem germanischen Gott Odin verwandt ist als auch mit den Göttern streitet. Vgl. Freyja, Nr. 4, 1997.
45 Vgl. Der gestiefelte Kater, Nr. 2, August 1997, S. 8: Lokis Horden ›Eine starke Hand‹.
46 http://www.signal-online.de/cds_seite_5.htm, 21.03.01: Lokis Horden.
47 Vgl. Doitsche Musik, Nr. 11, 1997, S. 42: Lokis Horden ›Eine starke Hand‹.
48 Vgl. Doitsche Musik, Nr. 11, 1997, S. 42: Lokis Horden ›Eine starke Hand‹; vgl. Der gestiefelte Kater, Nr. 2, August 1997, S. 8: Lokis Horden ›Eine starke Hand‹.
49 Einladung NPD, 3.6.2000.
50 Inzwischen ist Kritik an Annett Moeck in der Szene aufgekommen, sie wird des ›Kameradendiebstahls‹ bezichtigt und zur unerwünschten Person erklärt. Vgl. Ostara, Nr. 11, Oktober 2002, S. 12: Vorsicht ist geboten!
51 Vgl. Nation (&) Europa, 2001, S. 61: Eine Sängerin rebelliert.
52 Vgl. http://www.fortunecity.de/parkalleen/eichenring/751/index/funkenflug/funkenflug.html, April 2001: Gemeinschaftswerk Funkenflug.
53 Vgl. Nation (&) Europa, 2001, S. 62: Eine Sängerin rebelliert.
54 Vgl. Deutsche Stimme, Nr. 6, 2000, S. 8: ›Jehn' se ma' nach Hause; hier jibt's nischt zu sehn‹.
55 Vgl. Flugblatt der NPD: »NPD lädt ein zu nationalen Balladen in Red Rock City«, 2000.
56 Nation (&) Europa, 2001, S. 61: Eine Sängerin rebelliert.
57 Ebd.
58 Immer wenn wir im Text den Begriff Ausländer benutzen, bitten wir mitzudenken, dass der Begriff negativ von rechts besetzt ist und sich in deren Verständnis nur auf Menschen bezieht, die nicht aus Westeuropa kommen und keine weiße Hautfarbe haben. Wir benutzen den Begriff trotzdem teilweise, wenn wir genau das verdeutlichen wollen, was die Rechten mit diesem Begriff meinen.
59 Annett: Eine Mutter klagt an, CD, Pühses Liste, 2001.
60 Ebd.

61 Ebd.
62 Ebd.
63 Swantje Swanhwit: Sonnenreigen, CD, fositesland, 2000.
64 Zit. n.: http://www.infolinks.de/an/1997/23/001.htm, 21.3.2001: Elfenzauber in Eisenach, von Cremet, Jean; Speit, Andreas.
65 Vgl. Cremet, Jean; Krebs, Felix; Speit, Andreas: Jenseits des Nationalismus. Ideologische Grenzgänger der »Neuen Rechten« – ein Zwischenbericht, Münster/Hamburg, 1999.
66 Auf dem Gelände des extrem rechten Schulungs- und Tagungszentrums Heide-Heim im niedersächsischen Hetendorf richtete von 1991 bis zum Verbot 1998 der neonazistische Rechtsanwalt Jürgen Rieger jährlich die Hetendorfer Tagungswoche aus, zu der sich organisations- und generationsübergreifend Alt- und Neonazis und Anhänger neuheidnischer Sekten trafen.
67 Die Arbeitsgemeinschaft Naturreligiöser Stammesverbände Europas (ANSE), 1990 von Sigrun Freifrau von Schlichting alias Sigrun Schleipfer gegründet, ist eine Plattform für die Vereinigung aller heidnischen Gruppen in Europa. Sie ist stark kirchenfeindlich und personell und ideologisch der extremen Rechten zuzuordnen.
68 Vgl. http:www.infolinks.de/an/1997/23/001.htm, 21.03.2001: Elfenzauber in Eisenach, von Cremet, Jean; Speit, Andreas.
69 Deutsche Stimme Katalog 2001, S. 67: Swantje Swanhwit.
70 Ebd.
71 Musiktexte von rechten Männerbands wurden bereits von dem Sozialwissenschaftler Kurt Möller in dem Aufsatz ›Harte Kerle – geile Weiber. Rechts-Rockkonsum geschlechtsspezifisch‹ auf Männer- und Frauenbilder hin beleuchtet; vgl.: Baake, Dieter; Farin, Klaus; Lauffer, Jürgen (Hg.): Rock von Rechts II. Milieus, Hintergründe und Materialien, Bielefeld, 1999, S. 118–141. Allerdings wurden dort weder explizit Texte von Frauenbands und Liedermacherinnen mit einbezogen noch wurde ein Vergleich zwischen den Geschlechterbildern von Frauen und Männern innerhalb der Szene vorgenommen.
72 Annett: Eine Mutter klagt an, CD, Pühses Liste, 2001.
73 Wallküren: Unter einer Fahne, CD, Funny Sounds GmbH, 1996.
74 Vgl. die Beschreibung von Ernst Jünger in seinem Roman ›In Stahlgewittern‹ (1920) oder den Ausspruch von Goebbels: »Zäh wie Leder, hart wie Kruppstahl«.
75 Lokis Horden: Eine starke Hand, CD, Funny Sounds, 1997.
76 Ebd.
77 Ebd.
78 Ebd.
79 Froidenspender: Same, CD, ROR, 1999.
80 Annett: Eine Mutter klagt an, CD, Pühses Liste, 2001.
81 Ebd.
82 Vgl. Holzkamp, Christine; Rommelspacher, Birgit: Frauen und Rechtsextremismus. Wie sind Mädchen und Frauen verstrickt. In: päd extra & demokratische Erziehung, Januar 1991, S. 37.
83 Swantje Swanhwit: Sonnenreigen, CD, Fositesland, 2000.
84 Ebd.
85 Ebd.
86 Lokis Horden: Eine starke Hand, CD, Funny Sounds, 1997.
87 Endstufe: Wir kriegen euch alle, CD, ROR, 1997.
88 Kruppstahl/Volkszorn: Deutschland Erwache, CD, Charlemagne Records, 1996.
89 Werwolf: Vereint, CD, ROR, 1990.
90 Möller, Kurt: Harte Kerle – geile Weiber. RechtsRockkonsum geschlechtsspezifisch. In: Baake, Dieter; Farin, Klaus; Lauffer, Jürgen (Hg.): Rock von Rechts II. Milieus, Hintergründe und Materialien, Bielefeld, 1999, S. 135
91 Oiphorie: Titel »Komm' her, Du Sau!«, auf: V.A.: Arschlecken Rasur. Vol V. EP, Scumfuck, 1996.
92 Axtschlag, Nr. 7, 1998, S. 7: Interview mit dem Skingirl Freundeskreis Deutschland.
93 Selbstdarstellung des SFD.

94 Der Einfachheit halber benutzen wir den Begriff Nichtdeutsche, obwohl auch dieser Begriff nicht korrekt ist. Die Rechten grenzen nicht nur Nichtdeutsche aus, sondern auch Deutsche, die keine weiße Hautfarbe und/oder einen nichtdeutschen Hintergrund haben.
95 Volkszorn: Blut und Ehre, Demotape, 1989.
96 Standarte: 10 kleine Negerlein, CD, DDV, 1996.
97 Wolfsrudel: Nationaler Widerstand, CD, Jens Pühse, 1998.
98 Vgl. z.B. Stahlgewitter: Das eiserne Gebet, CD, ITV, 1996.
99 Kahlkopf: Der Metzger, LP, ROR, 1987.
100 Foierstoß: Sieg des Gewissens, CD, FS CD, 1999.
101 Störkraft: Wikinger, CD, Rock-o-Rama, 1993.
102 Veit: In eine neue Zeit, CD, VBR, 1997.
103 Endstufe hat in ihrem Liedrepertoire zwei Songs mit dem Titel Skinheadgirl. Bitte diesen Titel nicht mit dem verwechseln, der von einer Gastsängerin gesungen wird und eine Liebeserklärung an einen Skinhead ist.
104 Endstufe: Der Clou, LP, ROR, 1987.
105 Endstufe: Skinhead Rock'n Roll, LP, ROR, 1990.
106 Nordwind: Walhalla ruft!, CD, Funny Sounds GmbH, 1995.
107 Freikorps: Immer und ewig, CD, Walhalla Rec., 1994.
108 Werwolf: Vereint, CD, ROR, 1990.
109 Veit: In eine neue Zeit, CD, VBR, 1997.
110 Frank Rennicke: Der Väter Land, CD, FR CD, 1997.
111 Vgl. Schwarzmeier, Antje; Wunderlich, Eike: Politische Aktivistinnen für Volk und Vaterland (1996). In: Fantifa Marburg (Hg.): Kameradinnen: Frauen stricken am braunen Netz, Münster, 1996, S. 140.
112 Vgl. Antifaschistisches Info Blatt, Nr. 22, 1993, S. 15–18: Frauen in der faschistischen Skinhead-Szene.
113 Vgl. Freyja, Nr. 6, 1998: ›Gesprächsrunde‹ mit Ignatz Bubis auf der Burg Bodenstein.
114 Vgl. Freyja's Germanenorden, Nr. 1, 2000, S. 1: Liebe Kameraden + Kameradinnen.
115 Vgl.: http://www.die-kommenden.net/triskele/index1.htm, Juli 2002.
116 Vgl. http://www.storchennest.online.de, August 2000: Das Storchennest – die volkstreue Frauen- und Familienseite.
117 Bei der Homosexualitätsdebatte in den 90er-Jahren ging es um die Homosexualität Michael Kühnens und um den Umgang der rechtsextremen Szene damit, die sich daran spaltete. (Vgl. Fichte, Paula: Politische Aktivistinnen im militanten neofaschistischen Spektrum (1997). In: Bitzan, Renate (Hg.): Rechte Frauen. Skingirls, Walküren und feine Damen, Berlin, 1997, S. 132.)
118 Vgl. http://www.hng-nachrichten.de/HNG/Archiv/hng_231.html, Mai 2000: Hauptversammlung war ein voller Erfolg, von Christian Wendt.
119 Vgl. Zündstoff, Nr. 1, 2000, S. 2.
120 Vgl. Zentralorgan, Nr. 11, 2001, S. 15–16: SFD verbot sich selbst, von I.N. Tern.
121 Vgl. Selbstdarstellung des SFD.
122 Ebd.
123 Ebd.
124 Vgl. Axtschlag, Nr. 4, 1997: Einfach ins kalte Wasser geworfen, von Sylvia.
125 Vgl. Döhring, Kirsten; Feldmann, Renate: Konstruktionen von Weiblichkeit in nationalsozialistischen und rechtsextremen Frauenzeitschriften. Eine Untersuchung zur Vielfalt rechter Frauenbilder von der Zeit des Nationalsozialismus bis in die späten 90er-Jahre, unveröffentlichte Diplomarbeit, Berlin, 1999, S. 266.
126 Vgl. http://www.s-f-d.de, März 2000.
127 Vgl. http://www.s-f-d.de, November 2000: Allgemeine Mitteilung.
128 Vgl. http://ganz.dufte.de/gdf/index/eins/zwei/zwei.html, November 2000: Herzlich Willkommen auf den Heimatseiten ...
129 Vgl. Triskele, Nr. 1, 2001, S. 31: Kameradschaft, Ehrlichkeit ... alles Phrasen; vgl. Zentralorgan, Nr. 11, 2001, S. 16: SFD verbot sich selbst!
130 Vgl. Triskele, Nr. 1, 2001, S. 31: Kameradschaft, Ehrlichkeit ... alles Phrasen.
131 Vgl. http://www.mageo.cz/home/VYSEHRAD/rkd.html, April 1999: Der Nationale Widerstand warnt vor ...

132 Vgl. Der Rechte Rand, Nr. 56, 1999, S. 7: »Wer predigt Liebe, wer Haß?« Anti-Antifa in Jena, von Janine Clausen und Andreas Speit.
133 Vgl. NIT Rheinland, 13.10.1999.
134 Vgl. Der Foiersturm, Nr. 8, 2000, S. 40: FMb – Freier Mädelbund.
135 Vgl. Der Fahnenträger – aus Pommern, Nr. 3, 2000, S. 23: Im Gespräch mit der K.D.M.
136 Vgl. Freyja, Nr. 8, 1999, o.S.: Liebe Kameradinnen.
137 Vgl. Victory, Nr. 5, in: Blood & Honour, Nr. 6, 1998, S. 51: Vorstellung White Youth Germany.
138 Vgl. http://members.yoderanium.com/freyja/bhf.htm, November 2000: Bund heimattreuer Frauen.
139 Vgl. Landser, Nr. 8, 2001, S. 51–53.
140 Vgl. http://www.npd-hannover.de/aktionen.htm, Juli 2002.
141 Vgl. u.a. http://www.batcave.net/health/alternative/fmb99/headline.htm, Juni 2001: Freier Mädelbund; vgl. http://www.widerstand.co/ maedel/ page4.htm, August 2000: Mädelschar Deutschland; vgl. Feuer & Sturm, Nr. 9, 2000, S. 69: Mädelschar Deutschland; vgl. http://members. yoderanium. com/freyja/bhf.htm, November 2000: Bund heimattreuer Frauen.
142 Herausragende Vertreterin ist die Hamburger Geschichtsstudentin Inge Nottelmann, deren neonazistische Aktivitäten im Mai 2001 an der Universität Hamburg von Antifaschisten öffentlich gemacht wurden.
143 Vgl. Feuer & Sturm, Nr. 9, 2000, S. 69: Mädelschar Deutschland.
144 Vgl. Foiersturm, Nr. 8, 2000, S. 41: FMb – Freier Mädelbund.
145 Unterschriftenliste »Todesstrafe für Kinderschänder«.
146 Lübscher Aufklärer, Nr. 6, Dezember 2000, S. 8: Nationalpolitische Organisationen: Freier Mädelbund (FMb).
147 Feuer & Sturm, Nr. 9, 2000, S. 69: Mädelschar Deutschland.
148 Freyja's Germanenorden, Nr. 1, 2000: Wie konntet ihr das zulassen?
149 Feuer & Sturm, Nr. 9, 2000, S. 70: Mädelschar Deutschland.
150 Bifröst, Nr. 1, Oktober/November 2000, S. 15: Freier Mädelbund von FMb.
151 Feuer & Sturm, Nr. 9, 2000, S. 70: Mädelschar Deutschland.

Heike Kleffner

RechtsRock vor Ort

Drahtzieher, Konsumenten und Produzenten

Groß ist die Überraschung bei Kommunalpolitikern und Medien, wenn scheinbar aus dem Nichts heraus hunderte von rechten Skinheads in einer Kneipe, einem Jugendclub oder auf einem Privatgrundstück zum Konzert auftauchen. Derartige Veranstaltungen fallen nicht vom Himmel. Neonazistischen Kadern geht es darum, eine ›Erlebniswelt‹ mit entsprechenden Angeboten auf- und auszubauen.

Die gesellschaftlichen Bedingungen in Klein Bünzow/Mecklenburg-Vorpommern und im niedersächsischen Lüneburg sind sehr unterschiedlich. Sieht man in Klein Bünzow die extrem rechten Skinheads als ›unsere Jungs‹, stoßen diese in Lüneburg auf Ablehnung. Trotzdem haben beide Regionen aus unterschiedlichen Gründen eine wichtige Rolle für die RechtsRock-Szene. Anhand der beiden Beispiele wird im Folgenden dargestellt, wie eng der Aufbau rechtsextremer Strukturen mit dem kulturellen Angebot verwoben ist – und wie Kommunen und Behörden durch Verharmlosung und Wegschauen dazu beitragen, dass rechtsextreme Musik heute als der herausragende Ideologievermittler gelten muss.

RechtsRock in Klein Bünzow: »Das war ein gutes Geschäft«

Landluft, frisch gezapftes Bier und RechtsRock – Gaststätte Zur Linde im Frühjahr 2001

Dreizehn Züge halten täglich auf dem menschenleeren Bahnhof mit der verschlossenen Ankunftshalle und dem verwitterten Ortsschild Klein Bünzow. Wer hier auf der Strecke zwischen Berlin und Ostsee aussteigt, findet sich nach wenigen Schritten auf einem gepflasterten Bahnhofsvorplatz unter den Ästen einer uralten Linde wieder – Namensgeberin für die ganz in grün-weiß gestrichene Gaststätte neben Baum und Bahngelände. So verlassen wie der Bahnhof wirkt auch der große Speisesaal der Gaststätte, hinter deren Tresen der Wirt Werner Streichert im Frühjahr 2001 eher unregelmäßig anzutreffen ist. Das Geschäft läuft schlecht für den 69-Jährigen, der die Dorfkneipe der knapp 900 Einwohner zählende Gemeinde schon zu DDR-Zeiten betrieben hatte und ab 1994 als Pächter wieder übernahm. Da hatten sich die Zeiten geändert und die Samstagabend-Diskos, Hochzeiten und LPG-Feste gehörten der Vergangenheit an. Als Streichert dann im Januar 1996 Eigentümer des Gebäudes wurde, machte er sich auf die Suche nach neuer Kundschaft. Die »junge Dame aus Berlin und ihr Begleiter«, die in dieser Zeit bei dem

Wirt mit den chronischen Geldsorgen anfragten, ob sie den großen Festsaal gelegentlich für Veranstaltungen mieten könnten, kamen mehr als gelegen. 300.000 DM habe der Umbau damals gekostet, rechnet der Mann mit den dicken Brillengläsern und dem kugelrunden Bauch noch heute vor. Die »jungen Leute« hätten pro Konzert 250 DM Saalmiete gezahlt; besonders lohnend sei der Bierverkauf gewesen – 12 Fässer pro Abend mindestens.

Neonazistische Konzerte als lohnendes Geschäft, das Streichert fast drei Jahre betreiben konnte. Der Wirt betont, er habe jedes Konzert beim Ordnungsamt angemeldet: »Die wussten immer genau Bescheid.« Schwierigkeiten hätten die Behörden erst 1998 gemacht. Bis dahin sei alles reibungslos gelaufen, schließlich hätten die Veranstalter auch gleich eine 20-köpfige Ordnertruppe mitgebracht, die darauf geachtet hätten, dass »die Besucher aus ganz Deutschland« sich ordentlich aufführten.

Was sich hinter den dicken Mauern abseits des Dorfes zwischen 1996 und 1998 abspielte, interessierte in der Gegend kaum jemanden wirklich. Fragt man die älteren Herren, die mittags den altertümlichen Löschwagen der Freiwilligen Feuerwehr des Dorfes auf Hochglanz polieren, bekommt man zu hören, dass »die Jungs uns doch nichts getan haben.« Erst als »die Gendarmen« kamen, und sich »völlig daneben aufführten«, da hätte man »die Frauen ins Haus sperren müssen«. Im zuständigen Amt in Ziethen möchte man sich zu dem Komplex ›Zur Linde‹ gar nicht äußern. Beim Landratsamt Ostvorpommern, das bis zu den Wahlen im Mai 2001 fest in CDU-Händen war, ist man seit Amtsantritt der PDS-Landrätin Barbara Syrbe etwas auskunftsfreudiger: Zuständig dafür, warum in der knapp fünf Kilometer nördlich von Anklam an der B109 liegenden Gemeinde über Jahre hinweg einige der damals größten neonazistischen Konzerte in Deutschland stattfinden konnten, sei das Ordnungsamt. Dessen Leiter wiederum gibt Auskunft, ihnen sei es weniger um die als Geburtstagsfeiern oder Tanzveranstaltungen angemeldeten Konzerte gegangen, als vielmehr um »die strafbaren Handlungen (...), die dort begangen wurden.« Bei dem Versuch, diese zu vereiteln, ließ man sich allerdings viel Zeit.

Codewort: »Grillfest in Rostock«

Neonazistisches home-MTV, mit Konzertausschnitten, Interviews und Anleitung zum Bombenbau: Kriegsberichter

Dabei hätten die Behörden frühzeitig Einblicke in die Ereignisse in dem Saal mit der breiten Holzbühne haben können, die bei derartigen Anlässen meist mit den Fahnen der Blood & Honour Sektion Berlin verziert war. Denn die Neonazis ließen es sich nicht nehmen, die Großereignisse hinterher zu vermarkten – für alle, die nicht dabei sein konnten, wenn Kultbands wie Blue Eyed Devils aus den USA oder lokale Größen wie Nordmacht aus Rostock vor hunderten von Skinheads und Neonazis aus ganz Deutschland und den Nachbarländern auftraten. Ab 1996 kursierten in der Szene Konzertmitschnitte aus Klein Bünzow – hergestellt und vertrieben vom Blood & Honour-Versand *NS88*. Die Bilder ihres indizierten *Kriegsberichter*-Videos zeigen schwarz-gekleidete, muskelbepackte Naziskin-Ordner, die am 13. Januar 1996 vor 600 grölenden, halbnackten und schwitzenden Gesinnungsgenossen mit dem Hitlergruß posieren, während auf der Bühne neben der Hakenkreuz-Fahne die neonazistische Band No Remorse ihren ›Hit‹ *Barbecue in Rostock* in die Mikrofone brüllt.[1] Als »Grillfest in Rostock« werden jene Tage im August 1992 gefeiert, als in Rostock-Lichtenhagen ein Mob von Neonazis und jugendlichen Rechten das Wohnheim vietnamesischer Vertragsarbeiter in Brand setzte.

Die tagelangen Ausschreitungen in Rostock-Lichtenhagen im August 1992 bezeichnet die Band No Remorse auf ihrer CD Barbecue in Rostock, 1996, als ›Grillfest‹

Die Regionalpresse reagierte auf dieses Konzert zunächst zurückhaltend. Die *Anklamer Zeitung* berichtete in einer einspaltigen Meldung lediglich über »600 rechtsorientierte Jugendliche aus ganz Deutschland«, die sich »zu einem Rockkonzert in einer Klein Bünzower Gaststätte« getroffen hätten. Laut Polizei »verlief alles ruhig, es gab keine Beschwerden, so daß ›kein Handlungsbedarf‹ vorlag.«[2] Am 19. Januar 1996 sind die Ereignisse in Klein Bünzow dem *Nordkurier* allerdings einen längeren Artikel wert.[3] Dort heißt es, der Verfassungsschutz des Landes sei von dem Konzert »überrascht worden«, und »da Besucher nur mit einem Codewort Zutritt zum Konzert (...) erhielten, kamen Verfassungsschützer nicht in den Saal.« Die Polizeidirektion Anklam wollte sich zu den Vorgängen nicht äußern und der damalige CDU-Landesinnenminister Rudi Geil, der offenbar im Vorfeld informiert worden war, antwortete ebenfalls nicht auf die Frage des *Nordkuriers*, warum er »weder vor noch nach der rechten Großveranstaltung (...) die Öffentlichkeit informierte.«[4] Redseliger war Linden-Wirt Streichert. Dem *Nordkuriers* erzählte er, dass »eine Frau aus Berlin« den Saal zehn Tage zuvor angemietet hatte. Im Übrigen hätte bei seinen Gästen »Zucht und Ordnung« geherrscht, und »ausländerfeindlich waren die nicht, sonst hätten ja keine ausländischen Gruppen gespielt.«[5]

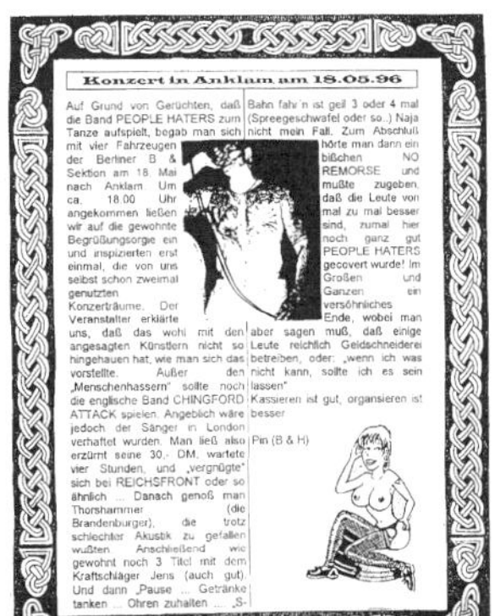
Konzert in Anklam am 18.05.96

Auf Grund von Gerüchten, daß die Band PEOPLE HATERS zum Tanze aufspielt, begab man sich mit vier Fahrzeugen der Berliner B & Sektion am 18. Mai nach Anklam. Um ca. 18.00 Uhr angekommen ließen wir auf die gewohnte Begrüßungsorgie ein und inspizierten erst einmal, die von uns selbst schon zweimal genutzten Konzerträume. Der Veranstalter erklärte uns, daß das wohl mit den angesagten Künstlern nicht so hingehauen hat, wie man sich das vorstellte. Außer den „Menschenhassern" sollte noch die englische Band CHINGFORD ATTACK spielen. Angeblich wäre jedoch der Sänger in London verhaftet wurden. Man ließ also erzürnt seine 30,- DM, wartete vier Stunden, und „vergnügte" sich bei REICHSFRONT oder so ähnlich ... Danach genoß man Thorshammer (die Brandenburger), die trotz schlechter Akustik zu gefallen wußten. Anschließend wie gewohnt noch 3 Titel mit dem Kraftschläger Jens (auch gut). Und dann „Pause ... Getränke tanken ... Ohren zuhalten .... „S-Bahn fahr'n ist geil 3 oder 4 mal (Spreegeschwafel oder so..) Naja nicht mein Fall. Zum Abschluß hörte man dann ein bißchen NO REMORSE und mußte zugeben, daß die Leute von mal zu mal besser sind, zumal hier noch ganz gut PEOPLE HATERS gecovert wurde! Im Großen und Ganzen ein versöhnliches Ende, wobei man aber sagen muß, daß einige Leute reichlich Geldschneiderei betreiben, oder: „wenn ich was nicht kann, sollte ich es sein lassen"

Kassieren ist gut, organsieren ist besser

Pin (B & H)

Organisiert wurde die Veranstaltung – wie auch viele nachfolgende große Konzerte in Klein Bünzow – von der Blood & Honour Sektion Berlin. Gegenüber dem Wirt traten nach Angaben der Sicherheitsbehörden unter anderem Claudia Jäppelt und Martin Stefan Richter aus Berlin als Verantwortliche auf. Beide sind bekannte Aktivisten der neonazistischen Szene: Die 1973 geborene Jäppelt als Beisitzerin im Vorstand des NPD-Landesverbandes Berlin-Brandenburg und ehemalige Funktionärin des Skingirl Freundeskreis Deutschland (SFD), der sich im Herbst 2000 selbst auflöste. Der heute 29-jährige Pharmaziestudent Martin Stefan Richter ist seit Anfang der 90er-Jahre als Aktivist der Wiking Jugend sowie 1993 als Teilnehmer auf einem ›Wehrmarsch‹ in der brandenburgischen Provinz aufgefallen.[6] Als im Dezember 1998 vor dem Berliner Landgericht gegen fünf Neonazis wegen des Vertriebes der CD *Rock gegen Oben* der berüchtigten Band Landser verhandelt wurde, war Richter unter den Angeklagten. Doch das Gericht ließ Milde walten: Trotz eines Bewährungsverstoßes wurde er lediglich zu einer 15-monatigen Bewährungsstrafe verurteilt.[7]

In bundesweiten Fanzines wurde regelmäßig über die Konzerte in Klein Bünzow berichtet

Ich würd´ Kanaken jagen / tagein, tagaus / ich kam viel rum, ich würd nach Auschwitz reisen / und den Juden die Wahrheit beweisen / Refrain: Das alles und noch viel mehr / würde ich machen / wenn ich Führer von Deutschland wär´ / Die Synagogen würden wieder täglich brennen / die Roten müßten um ihr Leben rennen / ich wär´ cooler als der Schmidt / und rechter als der Strauß / unsere Parole lautet: Ausländer raus! Das deutsche Volk würde wieder auferstehen / und das Judensystem zugrunde geh´n / Vorher würd´ ich gerne wissen / ob sie Spaß versteh´n / sie müßten vorher 48 Stunden lang duschen geh´n

Wenn ich Führer von Deutschland wär, A.d.F., 1996

Highlights der Erlebniswelt

Das Konzert am 13. Januar 1996 bildete jedoch nur den Auftakt für eine ganze Serie (s. S. 221). In der bundesweiten Naziskin-Szene gehörten die Samstagabende in Klein Bünzow zwei Jahre lang zu den Highlights. Nachlesen kann man das in Konzertberichten in rechtsextremen Skinzines. Wobei der führende Kader der deutschen Blood & Honour-Division, Stephan ›Pin‹ Lange aus Berlin, schon mal persönlich die Berichterstattung übernahm.[8] Vor allem Stimmung und Ambiente der Konzerte in der »Linde« hatten es den Neonazis angetan: Die Hammerskins Nordmark begeistern sich im *Warhead* über das »Feuerwerk aus Hass und Gewalt« auf dem Konzert am 26. Juli 1997[9] und das Fanzine Victory schreibt über den 18. Januar 1997: »Die Wand war schon geschmückt mit ʻner recht bösen H... K... Fahne«, während die Band A.d.F. (Auf den Führer) »die Lieder *Führer* und *Skinhead*« intonierte.[10] Nach einem Auftritt der US-amerikanischen Band Blue Eyed Devils am 26. Juli 1997 berichtete das Magazin von Blood & Honour Deutschland: »Ob nun Songs der ›Murder Squad‹ oder der ›Hate Crimes‹ in den Mob gepeitscht wurden, sie ließen den Saal kochen. Viele winkten mit einem Arm der Band zu, der Sänger winkte zurück.«[11] – Die szeneübliche verklausulierte Beschreibung für das Zeigen des Hitlergrußes. Das RechtsRock-Magazin *Rock Nord* findet anlässlich dieses Konzertes sogar lobende Wort für die Sicherheitsbehörden: »Die ca. 500 Besucher erlebten ein gutes Konzert, ohne die sonst übliche Provokation seitens der Polizei.«[12]

(K)ein rechtes Dorf

Beim LKA behauptet man, erst nach einiger Zeit auf die Konzerte in Klein Bünzow aufmerksam geworden zu sein. Auf die Frage nach den Gründen erntet man bei den Beamten ein beinahe resigniertes Kopfschütteln. Die Region sei konservativ und decke »ihre Jungs«.

Die seit 1994 amtierende Bürgermeisterin von Klein Bünzow, Iris Hartje, hingegen erinnert sich gut an ihre vergeblichen Versuche, dem Treiben ein Ende zu setzen. »Als Kommune hatten wir allerdings keine Handhabe. Das war Sache der Polizei.« Ihr Engagement brachte ihr einigen Ärger. Iris Hartje vermutet, dass unter anderem deshalb die Reifen ihres Autos zerstochen wurden. Sie habe sich damals »ziemlich allein gelassen« gefühlt, sagt die SPD-Frau. Von Seiten der CDU, die damals im Landratsamt das Sagen hatte, sei sie einmal gefragt worden, was sie denn hätte: Das seien doch sportliche Jungs.

Der Reporter des *Nordkuriers* vernahm bei einem Ortstermin gemischte Reaktionen: »›Klein Bünzow ist doch kein rechtsradikales Dorf‹, sagt einer [...] Sein Nachbar erinnert sich jetzt aber, doch schon einmal dabei gewesen zu sein: ›Das war so eng hier,‹ zeigt er, ›dass man kaum sein Bierglas an den Mund bekam.‹ Die Rechten hätten ihm nichts getan, die seien ganz friedlich gewesen. Ihm wäre es egal, welche Frisur

Auch internationale RechtsRock-Bands, wie die US-amerikanischen Blue Eyed Devils, gastierten auf ihren Europatourneen in Klein Bünzow

einer trage oder welche Musik der höre. ›Hauptsache, die lassen mich in Ruhe mein Bier trinken.‹«[13] Der Leiter des Ordnungsamtes in Ziethen beruhigte den Reporter: Es gebe »keine Klagen«, »alles bleibt sauber und ordentlich.«[14]

Hilflose Polizei

Nachdem sich die Überraschung über das Konzert im Januar 1996 gelegt hatte, wäre es sicherlich möglich gewesen, seitens der Sicherheitsbehörden einen adäquaten Umgang zu finden. Doch nichts passierte. Stattdessen wurde verwundert die Zunahme rechtsextremer Straftaten im Kreis registriert, etwa als im Anschluss an ein Konzert am 23. März 1996 Berliner Naziskins auf dem Anklamer Bahnhof randalierten und rechte Parolen riefen.[15] Ein Jahr – und zehn Konzerte lang – sah man zu, bis die Polizei am 18. Januar 1997 bei Fahrzeugkontrollen von Konzertbesuchern neonazistische CDs beschlagnahmte.[16] Das Konzert mit rund 500 Teilnehmern konnte trotzdem stattfinden. Im Sommer des gleichen Jahres häuften sich dann die Einsätze bei den ›Geburtstagsfeiern‹ und ›Diskos‹ in der Linde, und im Frühjahr 1997 sind diese dann Thema einer Diskussion im Kreistag. Der damalige CDU-Innenminister Geil jedoch wiegelte weiter ab: Es habe für die Polizei »noch keinen akuten Handlungsbedarf gegeben«.[17]

C18 Killing machine / Whatever it takes / you know what I mean / Don't try and mess with the Master Race / Cos if you do we'll smash your face / Refrain: Zigger, Zigger, Shoot those fucking Niggers ... / C18 Killing machine / Blood & Honour / you know what I mean / The next ten years are make or break / They're gonna do whatever it takes / [...] / C18 you're just a killing machine / Stormabteilung fighting team / Fighting for the Führer's dream / This putsch will be no dream

No Remorse auf dem Konzert am 13.1.1996 in Klein Bünzow

Mitte September 1997 sorgt dann der Fund von Messern, Baseballschlägern und Pistolen bei einer Kontrolle von ca. 150 Autos der ›Linde‹-Besucher für ein wenig Aufregung.[18] Doch obwohl zu diesem Zeitpunkt der Kameradschaftsbund Anklam (KBA) schon über ein Jahr aktiv ist, bezweifelt ein Hauptkommissar, dass es in der rechten Szene der Region bereits feste Strukturen gebe: »Um das festzustellen, fehlt es einfach noch an Erkenntnissen.«[19] Die Situation eskaliert schließlich anlässlich eines für Klein Bünzower Verhältnisse kleinen Konzerts mit 120 Teilnehmern am 4. Oktober 1997: Da entgegen den Auflagen auf Fahnen und Kleidungsstücken verfassungswidrige Symbole zur Schau gestellt werden, lässt das Ordnungsamt das Konzert auflösen. Während die Polizei über »Störungen der öffentlichen Sicherheit und Ordnung« und über die Festnahme fünf »widerspenstiger« Besucher berichtete,[20] stellte sich das ›Linde‹-Wirtsehepaar an die Seite seiner Gäste und warf den Beamten vor, »die Leute wie Vieh rausgetrieben« zu haben. Veranstalter Lars Heiden ließ in der *Anklamer Zeitung* verlauten, die Polizei habe den Saal »ohne Grund« gestürmt.[21] Der damalige CDU-Landrat Herbert Kauz reagierte erstmals mit einem Machtwort: »Soweit Recht verletzt wird bei solchen Veranstaltungen, wird es keine Genehmigungen mehr geben.«[22] Die Drohung zeigte Wirkung. Die Blood & Honour-Strukturen suchten sich einen neuen Konzertort, und die örtlichen Kameraden beließen es fortan bei kleineren Events.

Die »Jungs von hier« seien entscheidend für den Niveauverlust der Veranstaltungen und den zunehmenden Ärger mit der Polizei verantwortlich gewesen, findet Lindenwirt Streichert. Das hat ihren Karrieren in der regionalen Neonazi-Szene allerdings kaum geschadet. Wenn es um den KBA geht, fallen Namen, die auch im Zusammenhang mit Klein Bünzow auftauchen. Streichert erzählt, er habe die Behörden angefleht, noch ein paar Konzerte veranstalten zu dürfen, um seine Schulden gänzlich abbezahlen zu können. Und er versuchte, diese unter Druck zu setzen: Drei Arbeitsplätze würden nun verloren gehen, doch bekäme die ›Linde‹ den Zuschlag für die Schulspeisung, könnte er auf weitere Treffen verzichten.[23] Beim Landratsamt in Anklam erinnert man sich noch gut an das letzte Treffen 1998: Gesprächspartner seien der Gastwirt, sein Sohn und die regionalen Veranstalter gewesen. Bei den rechten Gesprächspartnern seien zwar »Einsicht und die Kenntnis« vorhanden gewesen, dass während der Konzerte Straftaten verübt wurden. Dennoch war »der Wille der Beteiligten, die Grenze zwischen strafbaren und straffreien Handlungen durchzuhalten, nicht vorhanden gewesen«, so der Leiter des Ordnungsamtes. Im Gegenteil, die Rechten hätten eindeutig erklärt, dass sie diese Grenze bewusst übertreten würden. Daraufhin hätte die Polizei »die letzte Feier« im August 1998 auch aufgelöst, als verbotene Kennzeichen gezeigt wurden. »Danach war dann Ruhe«, erinnert sich der Ordnungsamtsleiter erleichtert.

Bei Konzerten wurde der Veranstaltungsraum immer reichlich mit Blood & Honour-, Hakenkreuzfahnen oder Bandbannern ›geschmückt‹

Konsequenzen auf Landesebene

Auf die oft angeführte ›Unsicherheit der Beamten vor Ort bei derartigen Anlässen‹ reagierte das Schweriner Innenministerium am 19. März 1999 – als letztes neues Bundesland – mit dem so genannten ›Konzerterlass‹. Danach kann die Polizei nun einschreiten, wenn sie eine Störung der öffentlichen Sicherheit und Ordnung durch »Verherrlichung führender Personen der NS-Diktatur, Verharmlosung des Systems des Nationalsozialismus, Skandieren von Parolen oder Grußformen, die denen des NS-Regimes ähneln«,[24] und andere Straftaten nach dem Landespolizeigesetz und einschlägigen Paragrafen des Strafgesetzbuches feststellt.[25]

Derartige Verstöße waren allerdings schon vor dem Erlass strafbar. Trotzdem herrschte in der Gaststätte Zur Linde ein rechtsfreier Raum, in dem vor insgesamt einigen tausend Rechtsextremisten Bands auftreten konnten, deren Lieder eindeutig das NS-Regime verherrlichen, zu ›Rassenhass‹ aufrufen und den Holocaust leugnen – und in dem das Zeigen des Hitlergrußes gang und gäbe war. Beim LKA heißt es dazu, nicht alle Texte seien verständlich, außerdem seien die Beamten ja nicht mit dabei gewesen. Kurzum, für die in Berlin und Brandenburg ab Mitte der 90er-Jahre längst unter einem gewissen Verfolgungsdruck stehende Konzertstruktur von Blood & Honour erwies sich Klein Bünzow als absoluter Glücksgriff.

In Schwerin wird gesagt, man habe keine Informationen darüber erhalten, dass sich die Aktivitäten der Berliner Blood & Honour-Sektion nach Mecklenburg-Vorpommern verlagerten. Erst als eine breitere Öffentlichkeit aufmerksam geworden sei, sei man gezwungen gewesen, einzugreifen. Beim zuständigen Staatsschutzkommissariat in Greifswald stoßen Fragen zu Klein Bünzow heute noch auf offene Ablehnung. Das sei alles so lange her, und im Übrigen sei die Zahl der Konzerte in Klein Bünzow keineswegs höher als anderswo gewesen. Auf weitere Nachfragen reagiert der Referatsleiter mit dem unwirschen Kommentar, er rede lediglich mit der Presse, wenn es darum ginge, zukünftige Straftaten zu verhindern oder vergangene Straftaten aufzuklären.

Nach mehrmaligem Hin- und Her hatte die Polizeipressestelle in Anklam jedoch Erbarmen. Doch auf Fragen nach der Anzahl der Konzerte in Klein Bünzow folgten Antworten, deren Wertung angesichts der vorliegenden Zahlen aus den Antworten des Schweriner Innenministeriums und des Bundesamtes für Verfassungsschutz beinahe überflüssig ist: »Im Zeitraum vom 13. Januar 1996 bis zum 8. August 1998 fanden in der Gaststätte Zur Linde 31 Veranstaltungen statt. Nach unserer Zählung gab es dabei vier Konzerte.«[26] Weiter wird behauptet: »in den meisten Fällen wurden für die Veranstaltungen Musikgruppen/Bands angekündigt, die letztlich jedoch nicht anreisten. Die Polizei registrierte dann zumeist ›Diskotheken‹.« Wenige Zeilen später widersprechen die Beamten sich selbst: »Von den 31 Veranstaltungen wurden zwei Veranstaltungen abgebrochen bzw. aufgelöst. In ca. 15 weiteren Fällen konnten die angemeldeten Veranstaltungen durch polizeiliche Voraufklärung und polizeiliche Präsenz vor Ort unterbunden werden.«[27]

Demgegenüber heißt es beim LKA, dass in den Jahren 1996 und 1997 jeden Monat ein Konzert in Klein Bünzow mit unterschiedlich großer Beteiligung stattfinden konnte. Und schon im April 1997 hatte der *Nordkurier* unter Berufung auf den Schweriner Verfassungsschutz berichtet, dass alleine im Jahr 1996 die Hälfte aller im Bundesland registrierten Konzerte – nämlich zehn von insgesamt 21 – in der Linde stattgefunden hätten.[28] Nicht alle Konzerte in Klein Bünzow lassen sich im Nachhinein noch rekonstruieren. Nach der momentanen Quellenlage können 13 Konzerte für den Zeitraum 1995 bis 1998 nachgewiesen werden.

Zum Stand von heute erfährt man beim LKA nur Beruhigendes: 1998 habe nur noch eine Veranstaltung mit 120 Naziskins stattfinden können. Dabei ist im Lagebild Staatsschutz der eigenen Behörde für das Jahr 2000 schwarz auf weiß nachzulesen, dass in der ›Linde‹ weitere rechtsextreme Treffen stattfanden: Am 22. Januar 2000 – immerhin der traditionell von Neonazis begangene Jahrestag der ›Reichsgründung‹ – wurden zehn Neonazis in der ›Linde‹ gezählt, am 4. März 2000 dann 35 und am 5. August schon wieder 100 – aber da sei nur »Musik vom Band« abgespielt worden.[29]

Chronologie Klein Bünzow

27.10.1995 Konzert mit Freikorps – Angaben schwanken zwischen 60 bis zu 500 Besuchern

13.1.1996 Konzert mit No Remorse (GB), Thorshammer, Kraftschlag, A.D.L 122 (I) – ca. 600 Besucher

9.3.1996 Konzert mit Thorshammer, 08/15, Bound for Glory (USA) – ca. 150 Besucher

23.3.1996 Konzert mit ca. 150 Besuchern – Bands nicht bekannt

18.5.1996 Konzert mit Thorshammer, No Remorse (GB), Kraftschlag – ca. 300 Besucher

28.9.1996 Konzert mit Kraftschlag, Gesta Bellica (I), Spreegeschwader, SS-Totenkopf – ca. 400 Besucher

31.12.1996 Konzert mit Nordmacht, Auf den Führer, Ostseefront, Elbsturm – ca. 100 Besucher

18.1.1997 Konzert mit Sturmflut, Auf den Führer, Nordmacht, Elbsturm – ca. 500 Besucher

3.5.1997 Konzert mit Svastika (S), Spreegeschwader, Heysel (S) – ca. 250-300 Besucher

17.5.1997 Konzert mit Schlachtruf – ca. 25 Besucher

26.7.1997 Konzert mit Störfaktor, Freikorps, Proissenheads, Blue Eyed Devils (USA), Westsachsen Gesocks – ca. 400-600 Besucher

4.10.1997 Konzert mit ca. 130 Besuchern – Bands nicht bekannt

8.8.1998 Konzert mit Sturmtrupp – ca. 120 Besucher

22.1.2000 rechtsextreme Veranstaltung mit 10 Besuchern

4.3.2000 rechtsextreme Veranstaltung mit 35 Besuchern

5.8.2000 rechtsextreme Veranstaltung mit 100 Besuchern

Der Gewinner: Kameradschaftsbund Anklam

Klein Bünzow und Anklam liegen mitten im ›rechten Hinterland‹ von Vorpommern: In der gesamten Region sowie auf der angrenzenden Insel Usedom existiert seit Anfang der 90er-Jahre eine ungebrochene rechte

Mit dem Kauf eines Gehöftes sicherte sich der Kameradschaftsbund Anklam einen steten Treffpunkt, Aufmarsch in Anklam, 14.6.98

Die Bewegung braucht keine Parteien! Kameradschaftsbund Anklam – das Foto ziert den Monat Scheiding (September) im Wandkalender des Triskele-Magazins für das Jahr 2002

Dominanz unter Jugendlichen. Rechter Life-Style, Bomberjacke, Glatze und RechtsRock sind und waren angesagt. Mit Widerstand müssen die Protagonisten kaum rechnen. Heute geht selbst das Innenministerium in Schwerin davon aus, dass bis zu 30 Prozent aller Jugendlichen zwischen 18 und 25 Jahren im Land über ein rechtes Weltbild verfügen. Hinzu kommt ein virulenter ›Rassismus ohne Ausländer‹ – in ganz Mecklenburg-Vorpommern liegt der Anteil von Migranten und Flüchtlingen an der Gesamtbevölkerung bei knapp zwei Prozent, in der Region Vorpommern sogar noch darunter.

Ein wesentlicher Faktor, der zur Hegemonie der rechten Jugendkultur führte, war das Pogrom 1992 in Rostock und die nachfolgende Serie von Angriffen gegen Flüchtlingsheime im ganzen Bundesland. Hier erhielten die Akteure durch die Beifall klatschende Bevölkerung und durch das oft inkonsequente Vorgehen der Polizei den Eindruck, ihre Angriffe seien gesellschaftlich legitimiert. Das flächendeckende Konzertangebot ab Mitte der 90er-Jahre trug dann maßgeblich zum Zusammenhalt und zur Politisierung der rechten Jugendkultur bei. In einer Zeit, in der die Neonazi-Szene bundesweit durch Partei- und Organisationsverbote geschwächt schien, war das Flächenland Mecklenburg-Vorpommern ideales Rückzugsgebiet. Hier konnte man sich ungestört von Polizei und entnervten Bürgern treffen und feiern – und die eigenen Kassen füllen: Durchschnittlich zahlten Konzertbesucher in Klein Bünzow 25 bis 30 DM Eintritt, lediglich die Bierpreise bewegten sich bei 2,50 DM für 0,4 Liter auf Ostniveau.

Parallel zu den Konzerten steigerte sich auch das Selbstbewusstsein der rechten Szene in der Anklamer Umgebung. Damit einher gehen brutale Übergriffe im Zeitraum 1996 bis 1998. Eine kleine Auswahl: Anfang Februar 1997 stirbt ein 20-Jähriger nach einer Diskoschlägerei in Nerdin. Zeugen, die aus Angst anonym bleiben wollten, beschrieben die Angreifer: »Sie trugen Tarnjacken, Springerstiefel, auf dem Arm ein Emblem mit zwei gekreuzten Hammern und der Schrift ›Hammer-Skin‹. Bei Veranstaltungsende suchen sie sich jemanden, der betrunken oder schwächlich ist, gehen auf die Toilette und schlagen drauf los. Einer wacht dabei vor der Tür.«[30] Im März 1997 misshandeln zwei Skins einen 21-Jährigen im Zug zwischen Züssow und Wolgast. Die Angreifer hatten sich an Aufklebern »Gebt Nazis keine Chance« auf dem Rucksack des Opfers gestört.[31] Ende März 1997 überfallen 30 Naziskins die zehn Männer und Frauen im mittlerweile geräumten Hüttendorf gegen den Ausbau der Autobahn A20 in Breechen – drei von ihnen werden so schwer verletzt, dass sie im Krankenhaus stationär behandelt werden müssen. Die Opfer kritisierten, dass die Polizeibeamten einige der Angreifer ungehindert davonkommen ließen, die Regionalpresse spricht von »vermutlich rechtsgerichteten Jugendlichen«.[32]

So wurden die Voraussetzungen für den heutigen Stand der Dinge geschaffen: Zunächst war es die NPD, die mit Aufmärschen und Musikveranstaltungen, oft verknüpft mit Wahlkampfaktionen, die Skins einband. Vom einsetzenden Ideologisierungsschub profitierten allerdings vor allem die so genannten Freien Kameradschaften, deren militanter Habitus und enges soziales Gefüge die rechten Jugendlichen wesentlich mehr anspricht. Befragt man heute in den kleineren Städten rings um Anklam – beispielsweise in Ueckermünde – nicht-rechte Jugendliche und Flüchtlinge nach ihren Alltagserfahrungen, wird deutlich, dass die Gewalt gegen alle, die nicht ins rechte Weltbild passen, unvermindert anhält.

Treacherous scumbag make my day / Zyklon B is the only way / Die Jew Die, singt die britische Band Warhammer in ihrem Szene-›Hit‹ *Die Jew Die*. Auch sie traten in Groß Schwiesow auf, Warhammer, Valhalla's Warriors, 2000

Ohne die Konzerte in der ›Linde‹ wäre es vermutlich weder zur Gründung des Kameradschaftsbundes Anklam noch zu dessen Entwicklung zu einer – laut VS – »eindeutig neonazistischen und besonders aktiven« Kameradschaft gekommen.[33] Der Zusammenhang lässt sich in einem Interview nachlesen, das Aktivisten des KBA anlässlich ihres dreijährigen Bestehens *Blood & Honour Deutschland* gaben.[34] Nach einer gemeinsamen London-Reise Anfang 1996, just nach den ersten Auftritten englischer Bands in Klein Bünzow und den daraus entstandenen Kontakten, habe man entschieden, »sich politisch zu binden«. Auf die Frage nach den politischen Aktivitäten des KBA wird geantwortet: »Als unser Bundesland noch von der CDU regiert wurde, organisierten wir regelmäßig Konzerte, Liederabende, Partys und Geburtstagsfeiern in Klein Bünzow und anderswo. Des weiteren organisierten wir Klebeaktionen, Sonnenwendfeiern, Gedenkmärsche und Kranzniederlegungen.«[35] In dem Interview bedauern die KBA-Aktivisten zwar den Verlust ihrer Einnahmequelle durch ein rigideres Vorgehen der Sicherheitsbehörden gegen die Konzerte. Doch sowohl KBA als auch Blood & Honour erwiesen sich als flexibel.

Ab Februar 1998, nach dem Ende der Konzerte in Klein Bünzow, verlagerte Blood & Honour seine Aktivitäten in die Gaststätte To'n Dörpkrog im 300 Einwohner kleinen Dorf Groß Schwiesow bei Güstrow. Hier fanden dann bis Ende 1998 vier Großkonzerte mit jeweils 200–400 Besuchern unter anderem mit jenen Bands statt, die größtenteils zuvor in Klein Bünzow aufgetreten waren. Dabei wiederholte sich das bekannte Muster.[36] Gegenüber dem Berliner *Tagesspiegel* erklärte ein Sprecher der Rostocker Polizeidirektion nach einem Konzert in Groß Schwiesow am 5. Dezember 1998 mit mehreren hundert Teilnehmern, Gründe zum Eingreifen hätte es nicht gegeben: Schließlich hätten »ja nur drei Skinheads eine Geburtstagsfeier veranstaltet«.[37] Allerdings bedeuteten die *Tagesspiegel*-Berichte für den Blood & Honour-Treff in Groß Schwiesow nach einem Jahr das Aus.

Beim KBA hat man inzwischen andere Lösungen gefunden. nach Angaben der Regionalpresse soll durch den Kauf eines Gehöftes in der kleinen Ortschaft Salchow bei Anklam durch »drei szenebekannte Kameraden« heute ein Treffpunkt existieren, in dem nach Informationen der Sicherheitsbehörden regelmäßig getarnte Neonazi-Treffen stattfinden.[38] Rechtlich gesehen sind die Hürden für ein staatliches Eingreifen nun höher, da es sich um ein Privatgelände handelt. Und mitten in der Anklamer Innenstadt hat sich mit dem New Dawn ein Ladengeschäft etabliert, dessen Betreiber zum Umfeld des KBA gerechnet wird und dessen Sorti-

Chronologie Groß Schwiesow

21.2.1998 Konzert mit Proissenheads, Nordmacht, Senfheads – ca. 300 Besucher

11.7.1998 Konzert mit Proissenheads und Mistreat (FIN) – ca. 300 Besucher

2.8.1998 Wahlkampfveranstaltung der NPD mit einem Konzert von Frank Rennicke

31.10.1998 Konzert mit Spreegeschwader, United Blood und Daniel Eggers – ca. 300 Besucher

5.12.1998 Konzert mit Hate Society, Nordmacht, Intimidation One (USA) und Warhammer (GB) – ca. 200-400 Besucher ment alles bietet, was zum rechten Lifestyle gehört.[39] Auch das Konzertbusiness läuft – lediglich ohne das Label Blood & Honour – weiter: Als Organisatoren treten die einschlägig bekannten Kader des KBA mittlerweile in der gesamten Region auf.

Lindenwirt Werner Streichert indes kann heute noch nicht verstehen, warum im August 1998 nach dem letzten Konzert in Klein Bünzow Schluss sein musste. »Nur noch ein paar Konzerte, und ich wäre schuldenfrei gewesen«, wiederholt er ein ums andere Mal, um sofort nachzuschieben, dass er keineswegs selbst rechts eingestellt sei. »Das war ein gutes Geschäft, die haben gut gezahlt.« Im übrigen habe er »nur aus Mitleid« den Jungs auch schon mal angeboten, nach den Konzerten mit Zelten auf seiner Wiese zu übernachten. Die zwei Schlagzeuge auf der leeren Bühne in der Gaststätte würden von gänzlich »unpolitischen« Musikgruppen zum Proben genutzt, versichert er im Frühjahr 2001 ungefragt. Der Wirt hat sich inzwischen auf die Suche nach anderen Einnahmequellen gemacht: Er möchte die Stadt Anklam davon überzeugen, in den Zimmern oberhalb der Gaststätte Asylbewerber einzuquartieren – zu den ortsüblichen Übernachtungspreisen.

Wir werden uns nicht beugen / werden fest zusammen stehen / wir werden tausend Jahre / die gleichen Wege gehen / all die feigen Lügen / ersticken wir im Keim / Save our Breed / soll unser Schlachtruf sein / REFRAIN: Wake up / proud man / die Reihen werden sich füllen / der Triumpf des Willen / komm und reih dich ein / der Sieg wird unser sein

Wach auf, Proissenheads, 2001

Der Landkreis Lüneburg: Bierkrüge flogen durch den Saal – und (fast) alle wunderten sich.

Neun Tage nach dem medienwirksamen Verbot von Blood & Honour am 14. September 2000 durch Bundesinnenminister Otto Schily (SPD) veranstalteten die norddeutschen Strukturen von Blood & Honour und Hammerskins ein Ian-Stuart-Memorial-Konzert. Ort des Geschehens: Das Landgasthaus Zum goldenen Stern in dem kleinen Dorf Laave im Landkreis Lüneburg. Angemeldet worden war das Konzert als ›Geburtstagsparty‹, das Wirtsehepaar wurde von den aus dem gesamten Bundesgebiet anrückenden Naziskinheads völlig überrascht. Die Blood & Honour-Vorzeigebands Max Resist aus den USA, Razors Edge aus Großbritannien sowie die beiden deutschen Bands Proissenheads und Spreegeschwader konnten stundenlang vor rund 500 Rechtsextremisten spielen, bevor die Polizei kurz vor dem Ende einschritt. »Nachdem die Einsatzleitung feststellte, dass die bei dem Konzert Anwesenden in engem Kontakt zu der verbotenen Organisation Blood & Honour Division Deutschland stehen, wurde das Konzert aufgelöst«,[40] erklärte der leitende Polizeibeamte vor Ort. Doch kampflos wollten die Neonazis nicht das Feld räumen. Sie verschanzten sich in der Gaststätte und griffen die Polizei mit Tränengaswurfkörpern und Rauchbomben an. Die Bilanz des Abends: 46 verletzte Polizisten und 32 vorübergehend festgenommene rechte Skins.[41]

Nach der Auflösung des Konzerts reagierten die Neonazis selbstbewusst und drohten im Internet »Auch ohne Blood & Honour wird der Kampf weitergehen. [...] Dieser Staat muß merken, daß zukünftig einige tausend Bullen aufgeboten werden müssen, um unsere Konzerte zu verhindern. [...] Auch zukünftig wird es Konzerte geben! Auch zukünftig wird es massive Gegenwehr geben bei dem Versuch unsere Konzerte zu stürmen!« Das Aktionsbüro Norddeutschland rechnete vor: »Die Zahl der verletzten Polizisten [...] war letztlich drei mal so hoch wie die Zahl der verletzten Konzertbesucher. Und darüber braucht sich wirklich niemand mehr zu wundern.«[42]

Schon zuvor waren es vor allem die Konzerte der Blood & Honour Sektionen Nordmark und Niedersachsen, die erhebliche Wirkung innerhalb der Szene entfalteten.[43] Bereits im Juni 2000 war es zu heftigen Auseinandersetzungen gekommen, als in Holvede im Kreis Harburg ein Blood & Honour-Konzert polizeilich aufgelöst wurde. Auch dieses Konzert mit rund 400 Teilnehmern war als ›Geburtstagsfeier‹ getarnt.[44] Als dann am 29. September 2001 zum alljährlichen Ian-Stuart-Memorial 500 Neonazis in der Tostedter Schützenhalle auftauchten, zeigte sich selbst der niedersächsische Verfassungsschutz über den »außergewöhnlich hohen Grad an Konspirativität« bei der Organisierung und Durchführung des Konzertes besorgt.[45]

Auf ihrer Europatournee gastierte die US-amerikanische RechtsRock-Band Youngland 2001 auch in der Tostedter Schützenhalle

Der Kahlschlag wurde von Michael Grewe herausgegeben, nachdem das von ihm und seinem älteren Bruder Hans veröffentlichte Fanzine Der Hezzer eingestellt wurde. Kahlschlag, Nr. 3, 1986

Strukturen im Hintergrund

Anhand der Entwicklung im nordöstlichen Niedersachsen wird deutlich, dass nicht nur in den neuen Bundesländern RechtsRock zu den wichtigsten Elementen rechtsextremer Erlebniswelt gehört. Ein Blick auf die Geschichte der Region macht deutlich, dass hier seit Anfang der 80er-Jahre führende neonazistische Kader ungestört agieren können. Da verwundert es kaum, dass rechte Konzert-Events häufig in der Umgebung von Lüneburg stattfinden. Denn auch hier ist ein Rückzugs- und Ruheraum entstanden, doch im Gegensatz zu Regionen im Osten Deutschlands, wo sich eine rechte Jugendkultur ständig erneuert und wächst, sind es in der Region südlich von Hamburg seit Jahren dieselben Akteure, die sich in wechselnden Gruppen um die Erlebniswelt und um den Nachwuchs sorgen.

Dass sich Lüneburg und die knapp 50 Kilometer entfernte Kreisstadt Uelzen mit dem Problem einer gewachsenen rechtsextremen Struktur konfrontiert sehen, hat mehrere Gründe. Schon zu Beginn der 80er-Jahre formierte sich in der Region eine Skinszene mit starkem NS-Bezug. Ende der 80er-Jahre setzte ein erster Ideologisierungs- und Organisierungsschub ein. Besonders aktiv waren hier neben der NPD vor allem die seit 1994 verbotene Wiking Jugend und die seit 1995 verbotene FAP. Zwar sind die Neonazis in der 66.000 Einwohner großen Kreisstadt Lüneburg auch heute nicht in der Lage, die Jugendszene auch nur ansatzweise zu dominieren und von einer kulturellen Hegemonie weit entfernt, doch in manchen kommunalen Jugendräumen in den Dörfern ringsum zählen sie zu den wenigen, die ›Angebote‹ an Jugendliche machen, denen ansonsten wenig geboten wird.

Motor für ländliche Mobilisierung: Sacha Bothe war in der Nordheide lange Zeit ein führender Aktivist, Aufmarsch in Tostedt, 22.4.2000

Seit Anfang den 90er-Jahre veranstaltete die von dem Tostedter Sacha Bothe geführte Blood & Honour Sektion Nordmark zusammen mit

Das Bekenntnis zu den Hammerskins auf den Schädel tätowiert: Sven Grewe gehört seit annähernd 15 Jahren zur Lüneburger Skinhead-Szene. Während er Ende der 80er-Jahre das Fanzine NS-Eisenschädel herausgab, organisierte er später Nazi-Konzerte

der von dem Lüneburger Sven Grewe geleiteten Hammerskins-Nordmark[46] Konzerte im norddeutschen Raum.

Bothe war einer der Hauptorganisatoren eines der größten Coups der norddeutschen Rechts-Rock-Szene, dem Horst-Wessel-Gedenkkonzert am 26. Januar 2000. Für das Konzert war die Heidehalle in Wesel bei Undeloh im Kreis Harburg – natürlich für eine ›private Geburtstagsfeier‹ – angemietet. Nachdem Antifaschisten die Pläne öffentlich machten, reagierten die niedersächsischen Sicherheitsbehörden mit einem Versammlungsverbot für die Neonazis im Landkreis. Diese wichen daraufhin in eine Gaststätte im schleswig-holsteinischen Dorf Klein Gladebrügge aus und führten dort, ohne dass die Polizei eingriff, ein Konzert mit 800 Teilnehmern durch.[47]

Häufig mit dabei, wenn irgendwo in Norddeutschland ein Naziskinkonzert organisiert wird, ist auch Sven Grewe, der schon Ende der 80er-Jahre durch sein offen neonazistisches Fanzine *NS-Eisenschädel* überregionale Bedeutung erlangte und auf dessen kahlrasiertem Kopf eine Tätowierung der gekreuzten Zimmermannshämmer prangt, das Kennzeichen der Hammerskins. Deren Selbstverständnis ist noch stärker als bei Blood & Honour von der Idee einer Avantgarde und ›arischen Elite‹ geprägt. Potenzielle Mitglieder der selbsternannten ›Skinhead-Bruderschaft‹ müssen ›geschichtliche und politische Schulungen‹ absolvieren und sich um ihre ›körperliche Fitness‹ bemühen, das heißt: an Wehrsportübungen teilnehmen.

In der Tradition des Ladens Buy or Die vertreibt heute der temple of football in Lüneburg Szene-Artikel

Und beinahe unbemerkt von der Öffentlichkeit verfügt die Region mittlerweile über eine gefestigte rechte Erlebniswelt mit allem, was dazu gehört: Läden, Kameradschaftsabende, Aufmärsche und Konzerte sowie Angriffe auf Flüchtlinge, Migranten und politisch Andersdenkende.[48] In Lüneburg existierten bis zum Sommer 2000 gleich mehrere Läden, die die Versorgung der regionalen Szene mit den Accessoires des rechten Lifestyles – von T-Shirts über CDs, Tattoos und Springerstiefel – sicherstellten. Die einen mussten wieder aufgeben, das Ladengeschäft Buy or Die benannte sich um. Ganz in der Nähe zum Stadtzentrum leuchtet heute zwischen einem alternativen Handarbeitsladen und einem Fahrradgeschäft der Schriftzug »temple of football« in roter Schrift auf weißem Grund über dem Schaufenster, das abends durch ein festes Stahlrollo verborgen ist. Der Name soll vor allem die rechte Hooligan-Szene ansprechen. Tatsächlich ist er zu einem Treffpunkt geworden, dessen Mischung Brisanz birgt, denn dem Betreiber Christian Sternberg, der anfangs ausschließlich eine extrem rechte Klientel bediente, ist es gelungen, auch unpolitische Hooligans anzuziehen. Im November 2001 versuchte sich Sternberg erstmals als Konzertveranstalter: In der Schützenhalle der Kleinstadt Scharnebeck organisierte er ein Konzert mit der rechten Bands Kategorie C. Das Konzert mit rund 250 Besuchern – Naziskins und Hooligans aus dem gesamten norddeutschen Raum – verlief »ohne besondere Vorkommnisse«. Eben jenes Publikum ist es auch, das sich nun im temple of football einfindet.

Heute haben sich in der Region verstreut mehrere langjährige neonazistische Kader aus unterschiedlichen Gruppierungen – NPD, ›Freie Kameradschaften‹, Blood & Honour und Hammerskins – niedergelassen. Bedeutsam für die Organisation von Konzerten – auch über die Grenzen des Landkreises hinaus – ist vor allem die so genannte ›alte‹ Naziskinhead-Szene. Deren Aktivisten orientieren sich seit vielen Jahren an den Hamburger Neonazi-Kreisen um Christian Worch und Thomas Wulff und sind fest in die Strukturen der Freien Kameradschaften eingebunden.

Zu den einflussreichen Naziskins im Landkreis gehören die Brüder Hans, Michael und Sven Grewe. Hans und Michael Grewe sind seit Mitte der 80er-Jahre in der rechten Skinhead-Szene Norddeutschlands aktiv. Schon 1988 klagte der rechte Musikhändler Ulrich Großmann in einem Leserbrief in dem Skinzine *Bier und Spiele*: »Wenn Grewe mal Hitlers Erbe angetreten hat, darf sicher keiner mehr hören was er will, sondern muß täglich mindestens 2 Stunden Skrewdriver hören und sich 2mal täglich gen Ostmark knien, um whiteprideunitefightallright zu sabbeln.«[49]

Entscheidend zur Ideologisierung und organisatorischen Einbindung – nicht nur – der Grewe-Brüder trug vor allem der 1950 geborene Manfred Börm bei. In den 70er-Jahren war er ›Gauführer Niedersachsen/Bremen‹ der inzwischen verbotenen Wiking Jugend und an den Aktionen einer ›Wehrwolf‹-Untergrundgruppe beteiligt. Aus dieser Zeit resultiert auch seine Verbindung zu Christian Worch, damals aufstrebender Kader der 1983 verbotenen Aktionsfront Nationaler Sozialisten/Nationale Aktivisten (ANS/NA). 1979 wurden Börm und andere Neonazis als Mitglieder einer ›kriminellen Vereinigung‹ nach §129 StGB unter anderem wegen eines Banküberfall und wegen eines Überfalles auf ein Munitionsdepot der Bundeswehr in der Lüneburger Heide verurteilt. Börm erhielt sieben Jahre Haft.[50]

Direktkandidat der NPD im Wahlkreis Lüneburg/Lüchow-Dannenberg bei der Bundestagswahl 2002: Manfred Börm

Nach seiner Haftentlassung ließ sich Börm mitsamt Familie in Handorf bei Lüneburg nieder, brachte es zu einer eigenen kleinen Baufirma und begann gleichzeitig mit dem systematischen Aufbau von neonazistischen Strukturen in der Skinhead-Szene. Neben kleineren Übergriffen sorgte er mit einer Truppe Neonazis erstmals mit dem Überfall auf die Veranstaltung *Darf Faschismus wählbar sein* der VVN Lüneburg in der Lüneburger Universität am 10. April 1989 für Aufsehen. Rund 25 Naziskins, darunter auch Michael Grewe und der spätere Blood & Honour-Aktivist Sacha Bothe aus Tostedt, verschafften sich unter Anleitung von Manfred Börm Zugang zur vollbesetzten Aula, riefen Naziparolen und bedrohten Zuschauer und Referenten.[51]

Der unscheinbar wirkende Börm entspricht so gar nicht dem Klischeebild des neonazistischen Kaders. Statt durch breite Schultern und Glatze fällt er allenfalls durch sein gehobenes Alter und ein freundliches Dauerlächeln auf. Doch der Eindruck täuscht. Börms Einfluss in der regionalen und bundesweiten Neonazi-Szene sowie seine Mittlerfunktion zwischen den verschiedenen Gruppen begründet sich auf seine Biografie, die eng mit den Ansätzen von Neonazi-Terrorismus in den 70er-Jahren verwoben ist. Seitdem er Ende der 90er-Jahre den Vorsitz des NPD Unterbezirks Heide/Elbe übernommen hat und im niedersächsischen NPD-Landesvorstand sitzt, arbeitet die Partei in der Region eng mit den Freien Kameradschaften zusammen. In Uelzen und rings um Lüneburg sorgt er sich um die politische Schulung der Aktivisten und

1995/96 organisierte Buy or Die drei Fußballtuniere für die Szene. Am letzten Turnier, am 31.8.1996, nahmen 16 Mannschaften aus Norddeutschland teil. Das mittlerweile verbotene Politzine Hamburger Sturm resümierte in seiner Nr. 11:

Die ganze Veranstaltung, die längst mehr ist, als nur ein Fußballturnier, war wieder einmal von den Kameraden Grewe bestens organisiert worden. Der sportliche Schlagabtausch verlief betont kameradschaftlich, ebenso wie das Skinheadtreffen außerhalb des Spielfeldes, was sicher zur Stärkung unserer Gemeinschaft beiträgt.

organisierte seit 1998 Kameradschaftsabende und Kundgebungen. Durch Börms überregionale Kontakte wurde Lüneburg auch zum Ausweichort für andernorts verbotene Aufmärsche: Als beispielsweise während der Kampagne gegen die Ausstellung *Verbrechen der Wehrmacht. 1941 – 1944* ein NPD-Aufmarsch in Braunschweig am 4. Dezember 1999 verboten wurde, mobilisierten die Freien Nationalisten nach Lüneburg, wo sie zunächst ungestört von den überraschten Sicherheitsbehörden vor dem Oberverwaltungsgericht aufmarschierten. Mittlerweile ist Börm zum Ordnungsdienstleiter und Beisitzer im Vorstand der Bundes-NPD aufgestiegen und damit für die Ordnergruppen bei Aufmärschen und Veranstaltungen zuständig.

Darüber hinaus ist es ihm gelungen, eine soziale Struktur für den engen ›Kameradenkreis‹ zu schaffen: Er bietet Arbeitsmöglichkeiten in seiner Baufirma, fährt junge Rechte auch schon mal selbst nach Veranstaltungen nach Hause und kutschiert regelmäßig ein Dutzend Gleichgesinnter zu Aufmärschen.

Die gerne von Soziologen und Kriminologen verbreitete Prognose, dass die meisten Naziskinheads mit Heirat, Job und festeren Lebensverhältnissen in den Schoß der Gesellschaft zurückfinden, trifft auf den Kreis der Naziskins, die Börm um sich scharte, nicht zu. In der Phase der neonazistischen Reorganisierung Mitte der 90er-Jahre verlegten die Grewe-Brüder ihre Aktivitäten wieder mehr in Richtung Kulturarbeit. So betrieb Michael Grewe zusammen mit seinem Bruder Hans von 1996 bis 1997 in Hamburg-Lohbrügge den Laden Buy or Die und organisierte zu dieser Zeit mindestens drei überregionale »nationale Fußballturniere«.[52] Das Beispiel der Fußballturniere, bei denen sich soziale Elemente mit der Gestaltung einer eigenen Freizeitwelt bei gleichzeitigem politischen Austausch verbinden, machte in Norddeutschland Schule.

Ende der 90er-Jahre kehrte der wegen Verstoß gegen das Kriegswaffenkontrollgesetz[53] vorbestrafte Michael Grewe auf der Suche nach geringeren Betriebskosten und weniger Ärger mit Antifaschisten nach Lüneburg zurück und übernahm mit seinem Bruder Sven die Führung der regionalen neonazistischen Skinhead-Szene. In Anlehnung an die Kennziffer der historischen regionalen SA-Abteilung nennt sich die hiesige Kameradschaft Trupp 16. Man fährt gemeinsam zu Aufmärschen und half im Lüneburger Kommunalwahlkampf 1998 der am äußersten rechten Rand angesiedelten Unabhängige Wählerliste Landkreis Lüneburg/Bündnis Rechte (UWL) aus ehemaligen CDU- und NPD-Aktivisten.

Heute orientiert sich Michael Grewe auf die andere Seite der niedersächsischen Landesgrenze in Mecklenburg-Vorpommern. Gemeinsam mit dem Hamburger Thomas Wulff, neben Worch die Kristallisationsfigur der Freien Kameradschaften im Norden, kaufte er im Frühjahr 2000 in Amholz bei Boizenburg ein altes Gutshaus für geschätzte 300.000 DM. Geplant ist offenbar, das baufällige zweistöckige Gebäude als Treffpunkt und Schulungsstätte für Neonazis aus ganz Norddeutschland auszubauen. Dafür fahren in der Gemeinde mit einem Dutzend Häusern an den Wochenenden Geländewagenladungen Gleichgesinnter vor und schieben

Der Sturm 16 marschierte auf der Kundgebung des ›Nationalen Widerstandes‹ am 7.4.2001 in Uelzen unter dem Motto *Contra Castor – Gewalt kommt von Links*

»freiwillige Baudienste«. Auch die ersten internen Veranstaltungen, wie eine Grillfeier von SFD und den Hammerskins Nordmark am 1. Juli 2000, haben auf dem Anwesen stattgefunden. Der Ausbau ist allerdings mehrfach ins Stocken geraten ist. Parallel dazu entwickelte sich das nahegelegene Boizenburg immer mehr zu einem Knotenpunkt rechtsextremer Aktivitäten: Von hieraus wirbt über eine Postfachadresse das »Braune Kreuz«, eine neonazistische Erste-Hilfe-Truppe, die vor allem auf Aufmärschen in Erscheinung tritt. Auch der neonazistische Versandhandel namens FSN-Zentralversand nannte auf seinen Anzeigen bis Anfang 2002 eine Postfachadresse in Boizenburg.[54]

Das Amholzer Anwesen von Wulff und Grewe erhielt bereits mehrfach Besuch der Sicherheitsbehörden: beispielsweise am 10. Januar 2000 im Rahmen eines Ermittlungsverfahrens wegen Volksverhetzung[55] und bei der Fahndung nach dem Haupttäter eines brutalen Überfalls auf einen griechischen Staatsbürger in München im Januar 2001.[56]

Das Zusammenspiel zwischen Blood & Honour, Hammerskins, Freien Kameradschaften und NPD, die Attraktivität ihrer Angebote sowie die räumliche Nähe zu Mecklenburg-Vorpommern und den mittlerweile dort angesiedelten Projekten der Kameradschafts-Szene sorgen im Raum Lüneburg/Uelzen dafür, dass die rechte Jugendszene organisatorisch enger angebunden und angeleitet wird. Und in den meisten betroffenen Kommunen herrscht offenbar noch immer die Haltung vor, solange man sich nicht zu dem Problem verhält, muss man auch nicht darüber reden.

Das Zentralorgan ist das wichtigste Magazine der ›Freien Kameradschaften‹, Postalisch ist es in Boizenburg zu erreichen,
Zentralorgan, Nr. 9, 1999

Eine ungünstige Prognose

Am 13.6.1998 zog der ›Nationale Widerstand‹ durch die Lüneburger Innenstadt. Angemeldet hatte den Aufmarsch eine vermeintliche Lüneburger Arbeitsloseninitiative – die eigentliche Lüneburger Erwerbsloseninitiative wusste davon nichts

Das liberale Image von Lüneburg als Universitäts- und Verwaltungsstadt strahlt längst nicht in die umliegenden Kleinstädte und Dörfer ab. In den 60er-Jahren kam die NPD hier bei Kommunalwahlen locker über die 5-Prozent-Hürde; auch im niedersächsischen Landtag war die Partei damals vertreten. Lange Zeit war zudem das gesellschaftliche Klima in Lüneburg durch den Zuzug ›Ostvertriebener‹, durch eine konservative CDU sowie durch die Militärstandorte rings um die Stadt geprägt. Noch heute ist die dortige Bundeswehr-Kaserne nach dem deutschnationalen Dichter Theodor Körner benannt, der vielen Rechtsextremisten als ›Vorbild‹ im völkischen ›Freiheitskampf‹ gilt. Einer der örtlichen Schützenvereine hat sich ganz der Traditionspflege im Geist von Körner verpflichtet und sich nach dessen Regiment im preußisch-napoleonischen Krieg *Lützower Jäger* benannt. Ausdruck dieses Klimas ist auch der Umgang mit einem Denkmal für die Legion Condor, die u.a. für das Bombardement der spanischen Stadt Guernica 1938 verantwortlich war. Das Anfang der 50er-Jahre erbaute Monument stand mehrere Jahrzehnte nahezu undiskutiert vor dem Stadttheater. Erst im November 2001 musste aufgrund von Protesten der Standort gewechselt werden. Da verwundert es wenig, dass die NPD über ein Jahrzehnt lang in der Stadt ein öffentliches Büro unterhalten konnte und neonazistische Kader durchaus unbehelligt blieben und bleiben. Gerade in kleineren Orten rings um Lüneburg sind sie Teil der Dorfgemeinschaft.

Die Grenze der Toleranz ist für die Öffentlichkeit lediglich dann überschritten, wenn es ›Ärger‹ gibt. Wer dafür verantwortlich gemacht wird, hängt von den Begleitumständen ab. Bis zum ›Sommer der Anständigen‹ wurde von den größeren und kleineren neonazistischen Aktionen in der Region kaum Notiz genommen. Lediglich, wenn Proteste von links angekündigt waren, rückten sie ins öffentliche Bewusstsein, doch oftmals wurden die Gegendemonstranten als eigentlicher Störfaktor begriffen.

Vergleicht man den Landkreis Lüneburg mit der Region rings um Anklam, scheint es auf den ersten Blick wenig Gemeinsamkeiten zu geben. Immerhin existiert in Lüneburg eine aktive linke Jugendszene, die den neonazistischen Aktivitäten kontinuierlich Widerstand entgegensetzt. Migranten gehören in der Kreisstadt ebenso zum Alltagsbild wie eine liberale Kulturszene. Doch in den kleineren und auch größeren Gemeinden ringsum ähnelt die Situation mehr und mehr den Verhältnissen in Mecklenburg-Vorpommern. Einen nicht unwesentlichen Beitrag zur Verharmlosung der rechten Strukturen leisten die Sicherheitskräfte. So verkündete die Uelzener Polizei beispielsweise im Anschluss an eine Grillparty am 7. Juli 2001, an der neben Sven Grewe rund 70 neonazistische Skinheads aus Niedersachsen, Sachsen-Anhalt und Mecklenburg-Vorpommern teilnahmen, rechte Musik abspielten und Passanten vertrieben: »Ca. 70 Personen feierten feucht-fröhlich – aber im Rahmen: ohne alkoholbedingte oder gar andere Ausfälle.«[57] Die Aufklärungsarbeit engagierter Antifaschisten, beispielsweise der Antifaschistischen Aktion Lüneburg/Uelzen, verhallt dagegen bei den politisch Verantwortlichen meist ungehört – oder sie wird, wie bei Gegendemonstrationen gegen Naziaufmärsche, als »linksextrem« gebrandmarkt und immer wieder auch kriminalisiert.[58] Seit dem Sommer 2000 sind es nun kleine Veränderungen, beispielsweise die Aktion Noteingang Lüneburger Gaststätten und Geschäften, mit denen auf eine Verschiebung des Alltagsklimas nach rechts geantwortet werden soll.

Die Hammerskins Nordmark, die neben Blood & Honour eine der wichtigsten RechtsRock-Organisatoren in der regionalen Szene sind, veröffentlichten 1996/97 ihr eigenes Fanzine für den ›Freundeskreis‹: Warhead, Nr. 2, 1997

Die Notwendigkeit, eine nicht-rechte Jugendkultur zu (re)etablieren

Als Fazit im Vergleich zweier so unterschiedlicher Regionen wie Ostvorpommern und Lüneburg bleibt vor allem die bittere Feststellung, dass die Ausstrahlung der rechten Erlebniswelten von den Sicherheitsbehörden und Kommunen ein entscheidendes Jahrzehnt lang verharmlost und ignoriert wurde. Der Aktionismus, der nun an den Tag gelegt wird, kommt zumindest in Ostvorpommern zu spät. Selbst der Verfassungsschutz Mecklenburg-Vorpommern musste einräumen, dass die Zahl der von der Behörde registrierten rechtsextremen Musikveranstaltungen von 15 im Jahr 2000 auf 24 im Jahr 2001 anstieg.[59] Dazu, dass beispielsweise in Sassnitz auf der Insel Rügen im Jahr 2001 mit dem ›Club 18‹ ein neuer Konzertort etabliert werden konnte, in dem innerhalb von einem knappen Jahr mindestens sieben Konzerte überregionaler neonazistischer Bands mit bis zu 200 rechten Skinheads aus dem gesamten Bundesgebiet stattfanden, bevor die Stadtverwaltung den Club im Mai 2002 schließen ließ, wurde in der Region, ganz im Stil der 90er-Jahre, lange geschwiegen - wohl auch, um den Standortfaktor Tourismus nicht zu gefährden.[60] Ein Diskurs über die Haltungen und Ideologiefragmente, die weit über die rechtsextreme Szene hinaus in der Mitte der Gesellschaft erst dazu beigetragen haben, dass Rechtsextremisten hier keineswegs eine ›Randgruppe‹ oder gar ein flüchtiges Phänomen darstellen, findet nach wie vor kaum statt. Dementsprechend gering ist der Widerhall für Versuche, eine nicht-rechte Jugendkultur zu fördern und zu reetablieren. Dass dieses jedoch der einzig Erfolg versprechende Weg ist, zeigt das Beispiel Lüneburg, wo es den Rechtsextremisten wenigstens im Stadtgebiet noch nicht gelungen ist, Fuß zu fassen.

Anmerkungen

1 Vgl.: Kriegsberichter, Vol. II, o.J. Zu der Anzahl der Teilnehmer siehe: Drucksache 2/2755 des Landtags Mecklenburg-Vorpommern. Anfrage der PDS-Abgeordneten Sabine Jünger.
2 Anklamer Zeitung, 15.1.1996.
3 Nordkurier, 19.1.1996.
4 Ebd.
5 Ebd.
6 Organisiert wurde der ›Wehrmarsch‹ von der Sozialrevolutionären Arbeiterfront, einer Abspaltung der im August 1992 verbotenen Nationalistischen Front. Vgl.: Antifaschistisches Autorenkollektiv: Drahtzieher im braunen Netz, Hamburg, 1996, S. 112.
7 Tagesspiegel, 16.12.1998.
8 Victory, Nr. 1, o.J.
9 Warhead, Nr. 2, o.J.
10 Victory, Nr. 3, 1997.
11 Blood & Honour Deutschland, Nr. 4, 1997.
12 RockNord, Nr. 28, April 1997.
13 Nordkurier, ohne Datum, April 1997: Alles bleibt sauber und ordentlich, von Thomas Beigang.
14 Ebd.
15 Anklamer Zeitung, 25.3.1996/2.4.1996.
16 Anklamer Zeitung, 22.1.1997.
17 Anklamer Zeitung, 18.3.1997.
18 Anklamer Zeitung, 15./16.9.1997.
19 Ebd.
20 Anklamer Zeitung, 6.10.1997.
21 Anklamer Zeitung, 7.10.1997.
22 Ebd.
23 Anklamer Zeitung, 16.9.1997.
24 Innenministerium Mecklenburg-Vorpommern: Skinheads, Schwerin, August 1999, 4. überarbeitete Auflage, S. 61f.
25 Trotz des Konzerterlasses konnte beispielsweise am 10.6.2000 in Priborn an der Müritz ein internationales Neonazi-Konzert mit 350 Besuchern stattfinden, ohne dass die Polizei eingriff. Diesmal sahen die Sicherheitsbehörden keine Handlungsmöglichkeiten, weil die Veranstaltung in geschlossenen Räumen stattfand (Jungle World, Nr. 45/2000, 1.11.2000).
26 Fax der Polizeidirektion Anklam an dic Autorin, 16.11.2001.
27 Ebd.

28 Nordkurier, ohne Tag, April 1997.
29 Vgl. Extremismusbericht 2000, Lagebild Staatsschutz 2000 und Statistiken d. LKA M-V, http://www.verfassungsschutz-mv.de, Dezember 2001, Kapitel VII, Rechtsextremismus, 1.12 Veranstaltungsorte.
30 Anklamer Zeitung, 5.2.1997.
31 Anklamer Zeitung, 21.3.1997: Skins schlagen Mann im Zug zusammen.
32 Anklamer Zeitung, 2.4.1997/11.4.1997.
33 http://www.verfassungsschutz-mv.de/pages/jahr00-kap1.htm, Januar 2002, Extremismusbericht 2000.
34 Blood & Honour Deutschland, Nr. 9, 2000.
35 Ebd.
36 Tagesspiegel, 11.12.1998: Polizeiskandal in Mecklenburg-Vorpommern. Auftritte rechtsextremer Bands und Liedermacher nicht verhindert, von Frank Jansen.
37 Tagesspiegel, 7.12.1998.
38 Nordkurier, 14.10.2000.
39 Vgl. Antifaschistisches Info Blatt, Nr. 55, Frühjahr 2002, S. 20f.: Braunzonen Shopping.
40 Taz Hamburg, 25.9.2000.
41 Ebd.
42 Vgl. Antifaschistisches Info Blatt, Nr. 51, 2000: Anstandshalber Starker Staat, S. 12f.
43 Vgl. White Noise, 3. Auflage, Hamburg, Münster, 2001, S. 105.
44 Taz Hamburg, 25.7.2000.
45 Frankfurter Rundschau, 3.11.2001.
46 Vgl. Lüneburger Zeitung, 29.4.1999.
47 Taz Hamburg, 28.2.2000; Antifaschistisches Info Blatt, Nr. 50, Januar 2000.
48 Vgl. Allgemeine Zeitung Uelzen, 30.10.2000.
49 Bier und Spiele, Nr. 5, 1988, S. 26.
50 Urteil des OLG Celle, 13.9.1979.
51 Urteil des Schöffengericht Lüneburg, 7.3.1990. Manfred Börm und drei Mitangeklagte wurden wegen gemeinschaftlicher Vereitelung einer Versammlung und gemeinschaftlicher Nötigung zu einer Geldstrafe von 3.500 DM verurteilt.
52 Die Fußballturniere fanden statt am 14.10.1995, 18.5.1996 und am 31.8.1996.
53 Allgemeine Zeitung Uelzen, 30.10.1998: Im Sommer 1997 hatte die Polizei die Wohnung von Michael und Iris Grewe durchsucht und dabei 1.300 Schuss Munition, einen Karabiner und eine funktionfähige Uzi-Maschinenpistole gefunden. Grewe kam mit einer 13-monatigen Bewährungsstrafe davon.
54 Jungle World, Nr. 9, 2000, 23.2.2000; Flugblatt der Antifaschistischen Aktion Lüneburg/Uelzen, Januar 2000.
55 Ermittelt wurde gegen die Ausgabe Nr. 8 (November 1999) der Zeitschrift Zentralorgan mit dem Titelschriftzug »Juden Raus«.
56 Vgl. Antifaschistisches Info Blatt, Nr. 55, Frühjahr 2002, S. 39f.: Neonazifluchtwege.
57 Aus der Pressemitteilung der Polizei Uelzen: Polizeieinsatz am 7.7.2001 anlässlich einer Geburtstagsfeier am Oldenstädter See.
58 So verteilte nach einer Demonstration gegen einen Aufmarsch am 7. April 2001 in Uelzen der CDU-Kreisverband Uelzen eine Erklärung mit dem Titel »Gegen Rechtsextremismus, Gegen Linksextremismus« und der Parole »Die Antwort auf Rechtsextremismus darf nicht Linksextremismus sein!«. In der Erklärung wird ein Antifaschist namentlich denunziert.
59 Vgl. Extremismusbericht 2001, http://www.verfassungsschutz-mv.de.
60 Vgl. taz, 28.1.2002: Seine Enttarnung traf mich unvorbereitet. In einer Antwort auf eine entsprechende Kleine Anfrage des PDS-Landtagsabgeordneten Monty Schädel über ein Konzert im Club 18 am 26.1.2002, bei dem u.a. die neonazistische Band Oidoxie auftrat, heißt es von Seiten der Landesregierung lapidar: »Es handelte sich bei der Veranstaltung in Sassnitz um eine nicht-öffentliche Feier. Der Landesregierung liegen [...] keine eigenen Erkenntnisse vor.« (LT-Drucksache 3/2748) sowie Ostseezeitung, 24.4.2002: Großeinsatz der Polizei galt Party der rechten Szene.

Nick Lowles

Die Internationale des Hasses

We believe in Nationalsocialism.
We believe in white supremacy.
We believe we'll smash zions occupation.
We believe in european destiny.
We fly the swastika for Europe.
We fly the red the white and black.
We fly the swastika for Europe.
We believe, Strength thru Blood, 2000[1]

Nationalsozialistische Ideologie als internationales Bindeglied. Strength thru Blood aka Razors Edge & Hate Society, 2000

In der Geschichte der RechtsRock-Musikszene spiegelte sich bereits kurz nach ihrer Entstehung zu Beginn der 80er-Jahre ihre internationale Dimension wider. Entstanden aus der rechtsextremen Skinhead-Szene in Großbritannien breitete sich die Musik im Laufe der folgenden Jahre über ganz West-Europa und die USA aus. Nach dem Fall des ›Eisernen Vorhanges‹ schlossen auch die ehemaligen Länder des ›Ost-Blocks‹ rasant auf, sodass heute eine international vernetzte Musikszene samt einem millionenschweren Markt existiert. In den meisten Ländern gibt sich die extreme Rechte nationalistisch, ›Britains first‹ oder ›Deutschland den Deutschen‹ lauten die Parolen. RechtsRock-Bands greifen diese Slogans auf und steigern sie oft bis ins Extreme. Dabei tragen sie die rechtsextreme Botschaft in ihrer jeweiligen Landessprache vor, da die politische Implikation neben der eigenen nationalen Selbstvergewisserung schließlich auch verstanden werden muss. Gemeinsam ist den jeweiligen nationalen Szenen der Bezug auf ›Volk und Nation‹, der je nach historischen Wurzeln bis in den Faschismus oder Nationalsozialismus zurückreichen kann. Doch trotz der teilweise bestehenden ideologischen Heterogenität vereint die verschiedenen Szenen ihr Antikommunismus und ihr völkischer Bezug auf eine konstruierte ›gemeinsame Wiege der weißen Rasse‹.[2]

Während die europäischen Parteien der extremen Rechten nur punktuell zusammenarbeiten, hat die RechtsRock-Szene aufgrund der die Grenzen überschreitenden Musik, der vielfältigen Kontakte untereinander und der gemeinsamen ideologischen Basis einen internationalen Charakter. Entsprechend titelt eine 1996 veröffentlichte internationale CD-Compilation *No more brother wars*.[3] Rückblickend wird der Zweite Weltkrieg als ›Bruderkrieg‹ umdefiniert, der sich als solcher nicht mehr wiederholen dürfe.

Über die ehemaligen Konfliktlinien des Zweiten Weltkrieges hinweg – No More Brothers Wars, 1996

Die internationale Szene steht vielmehr unter dem Motto *White Pride World Wide*[4] und betont in den letzten Jahren zunehmend ihren inter-

Das ›Dritte Reich‹ fasziniert die internationale Szene. Compilation White Pride World Wide, Vol. III, 1996

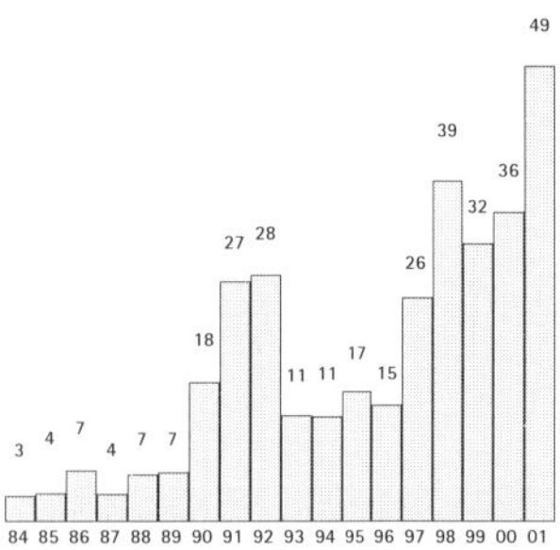

Tonträger-Veröffentlichungen internationaler Bands in der BRD.

Aufgenommen wurden LPs, 7" und CDs (keine Demotapes). Gezählt wurden auch Sampler, soweit auf diesen überwiegend nichtdeutsche RechtsRock-Bands vertreten waren. Aufgenommen wurden auch Wiederveröffentlichungen, nicht jedoch Neuauflagen. Erschien ein Tonträger gleichzeitig als CD, LP oder MC wurde er nur als einer gezählt. Von den hier erfassten 341 Tonträgern erschienen fast die Hälfte beim Label Rock-O-Rama

nationalen Charakter. Die Zusammenstellung der 2001 veröffentlichten Compilation *Unsere Welt* des gleichnamigen Bielefelder Fanzines unterstreicht dies: Neben den deutschen Gruppen Ultima Ratio und Nahkampf sind auf dem Tonträger Kolovrat aus Russland, Buldok aus Tschechien, die Band A.C.A.B. aus Ungarn, Stürmer aus Griechenland, White Law aus Großbritannien, Konkwista 88 aus Polen und Storm aus Schweden vertreten. Aber auch internationale Bandprojekte wie beispielsweise Grenadier zeugen von Freundschaften unter den Musikern: Gemeinsam spielten die deutsche Band Endstufe mit dem Gitarristen Ed Wolbank der amerikanischen Band Bound for Glory und Scott McGuiness von der australischen Band Fortress die CD *Commando* ein.[5]

Internationale Erfolgsaussichten haben allerdings beinahe ausschließlich englischsprachige Bands, da Englisch die gängige Fremdsprache in vielen Ländern ist. Die internationale Kameradschaft unter dem Motto ›united, white and pride‹ ist jedoch mancherorts überschattet von der Last der Geschichte. Zwischen Teilen der RechtsRock-Szene in den ehemaligen Ländern der UDSSR wie Ukraine, Litauen oder Estland und dem heutigen Russland bestehen aufgrund der kommunistischen Ära der ehemaligen Sowjetunion nach wie vor Ressentiments. Deutsche RechtsRock-Fans wiederum reproduzieren die nationalsozialistische Rassenideologie, wenn beispielsweise auf einem Konzert der ungarischen Band Archivum 1999 in Sachsen die Musiker als »Schindlerj…« (›Schindlerjuden‹[6]) bezeichnet und aufgefordert werden zu gehen.[7] Ebenso wirkt die alte ›Herrenmenschen‹-Ideologie bei der Berliner Band Landser nach, wenn sie in ihrem bekannten Song *Polackentango* singt: »Wenn ich das seh, bin ich echt sauer: Polackenlümmel schreien White Power. Und wie ich dieses Scheißvolk hasse, seit wann gehören Polacken zur arischen Rasse?«[8] Um im gleichen Atemzug im Refrain des Liedes die Rückeroberung der ehemals deutschen Gebiete herbeizusehnen: »Wenn bei Danzig die Polenflotte im Meer versinkt und das Deutschlandlied auf der Marienburg erklingt, dann zieht die Wehrmacht mit ihren Panzern in Breslau ein und dann kehrt Deutschlands Osten endlich wieder heim.«[9] Solche Besitzansprüche führten auch bei einem Konzert in der norditalienischen Stadt Vahrn am 13. Januar 2001 zu einer Massenschlägerei, nachdem die anwesenden Deutschen den Mitgliedern der italienischen Organisation Veneto Fronte Skinheads mit der Parole »Südtirol bleibt deutsch« den Einlass verweigerten.[10]

Auf der anderen Seite verfügt die deutsche RechtsRock-Szene mittlerweile über die mit Abstand besten internationalen Kontakte. Nirgendwo anders werden so viele ausländische Bands verlegt, allein in den Jahren 2000 und 2001 erschienen 85 CDs ausländischer Bands auf deutschen Labeln, unter anderem das CD-Debüt der 1994 gegründeten Moskauer Band Kolovrat (dt.: Hakenkreuz) bei Pühses Liste/Deutsche Stimme Verlag in Riesa und die CD *We'll never die* der amerikanischen Band Blue Eyed Devils auf dem Label Hate Sounds aus Werder an der Havel. Davon profitiert die bundesdeutsche Szene auch auf andere Art und Weise. Unter Umgehung des deutschen Strafrechtes werden im Ausland die offen neonazistischen CDs deutscher Bands produziert und in Deutschland indizierte bzw. verbotene Tonträger neu aufgelegt. Obwohl deren Einfuhr nach Deutschland illegal ist, erfolgt sie massenhaft. Aufgrund des erhöhten Risikos der Verfolgung durch die deutsche Polizei dienen in zunehmendem Maße Frankreich, die Schweiz und Tschechien als Ort für Konzerte.

Der folgende Beitrag soll einen kurzen Überblick über die derzeitige internationale Situation des RechtsRock geben, das Zusammenspiel, die Brüche sowie die nationalen Besonderheiten der verschiedenen Szenen herausstellen und die Verbindungen zur deutschen Szene aufzeigen.

Wiege des RechtsRock – Großbritannien

Der Ursprung des extrem rechten Skinhead-Kultes liegt im England der späten 70er-Jahre. Auch wenn sie sich schnell über ganz Europa und darüber hinaus verbreitete, ist England doch ein beinahe mystisches ›Kultland‹ der Skinheads geblieben. »... es war für uns eine große Ehre, in England zu spielen. Die großen Bands wie Skrewdriver, No Remorse und Skullhead etc. kommen von diesen Inseln«,[11] schwärmte beispielsweise die deutsche Band SEK (Skinhead-Einsatz-Kommando) nach einem Auftritt in England. Dabei war die Geschichte der extrem rechten Skinheads und des RechtsRock in Großbritannien nicht unbedingt eine Erfolgsstory – schon gar nicht im Vergleich zu Deutschland.

Ikone des RechtsRock: Ian Stuart Donaldson

Begonnen hat alles mit der Band Skrewdriver des heute zur Galionsfigur der Szene erhobenen Frontmannes Ian Stuart Donaldson. Skrewdriver und die britische RechtsRock-Szene waren eng mit der National Front (NF) verbunden, vor allem über den 1983 gegründeten White Noise Club (WNC). Als sich die NF 1986 spaltete und die Bands des WNC in die Streitereien mit hineingezogen wurden, initiierte Donaldson gemeinsam mit seinem Freund Nicola ›Nick‹ Vicenzio Crane 1987 die Organisation Blood & Honour als die ›Independent Voice of Rock against Communism‹. Diese ›politische Organisation ohne Mitgliedsausweis‹ gab eine eigene gleichnamige Zeitschrift heraus, vertrieb Skinhead-Devotionalien, produzierte RechtsRock und organisierte Konzerte.

Unter dem politischen Einfluss von Donaldson expandierte Blood & Honour aufs europäische Festland und in die Vereinigten Staaten. 1987/88 half er bei der Gründung einer eigenen schwedischen Sektion und finanzierte sogar deren Magazin. In den folgenden Jahren wurden ähnliche Joint Ventures auch in anderen Ländern durchgeführt, sodass sich Blood & Honour schnell über Europa und die USA verbreitete. Die internationale Ausrichtung der britischen Blood & Honour-Gruppe wurde vor allem deutlich durch zahlreiche Konzerte englischer Skinhead-Bands in ganz Europa und Nordamerika. Wiederholte Versuche, große internationale Konzerte auch in London durchzuführen, scheiterten jedoch am breiten Widerstand antifaschistischer Gruppen. Als Donaldson 1993 nach einem Verkehrsunfall starb, brach ein bereits länger in

Von England aus expandierte die Organisation Blood & Honour, heute ist sie in mehr als 25 Nationen vertreten

Nazi-Kult, Waffen-Fetisch und Terror: Combat 18

Das schottische Blood & Honour-Magazin Highlander, Nr. 3, 1997

Die mehrtägigen Angriffe auf Unterkünfte von Flüchtlingen und ehemaligen Vertragsarbeitern werden amüsiert als ›Grillfest‹ bezeichnet. No Remorse, Barbecue in Rostock, 1996

der britischen Szene schwelender Konflikt um die Vorherrschaft bei Blood & Honour offen aus: Die im Jahr zuvor als Saalschutz der British National Party (BNP) gegründete Gruppe namens Combat 18 (dt.: Kampf Adolf Hitler), die allerdings mehr mit einer terroristischen Vereinigung als mit einem Ordnungsdienst gemein hatte, versuchte erfolgreich mit falschen Anschuldigungen die bisherigen Führungspersonen zu diskreditieren und übernahm schließlich die Führung der britischen Sektion von Blood & Honour.[12] Ihr Engagement widmete sich vor allem der Gründung und dem anschließenden Ausbau des Labels Ian-Stuart-Donaldson-Records (ISD-Rec.). Zwischen 1994 und 1997 produzierte das Label 20 CDs und nahm nach Angaben des C18-Gründers Charlie Sargent über £100.000 ein.[13] Im Kampf um die Marktanteile des RechtsRock-Musikgeschäftes schreckte die rechtsterroristisch ausgerichtete C18 auch nicht vor Mord oder Anschlägen auf Konkurrenten zurück, was die Inhaftierung führender Mitglieder der Gruppe nach sich zog.[14] Diese internen Auseinandersetzungen zersplitterten die britische RechtsRock-Szene, sodass 1998 bereits eine ganze Reihe von Bands ihren eigenen Vertrieb aufgebaut hatten. Während C18 aufgrund der Ereignisse zunehmend an politischer Bedeutung verlor, übernahmen andere die Führung der englischen Blood & Honour-Sektion: Aus dem ehemaligen Unterstützer-Spektrum von C18 stammen Stephen Swingfen, Gary Smith und Simon Dutton von der Band Legion of St. George sowie Jamie Hunter vom schottischen Blood & Honour-Magazin *Highlander*. Hinzu kommt das ehemalige Skrewdriver-Mitglied und der heutige Sänger der Band Warlord Stephen Calladine (Stigger), der Produzent des heutigen Blood & Honour-England-Magazins Chris Hipkin und Mick Dunn von der Band Chingford Attack.

Die britische RechtsRock-Szene ist fest verwurzelt im organisierten Neonazismus, vielfältig sind die Kontakte und auch Mitgliedschaften von Musikern bekannter Gruppen in der NF, der BNP oder im British Movement (BM). Aber vor allem sind die Bands mit Blood & Honour, den britischen Hammerskins und den Resten von C18 verbunden. Neben Skrewdriver zählte Anfang der 90er-Jahre die Band No Remorse von Paul Burnley zu den bekanntesten britischen RechtsRock-Bands. Burnley, der sich gern als Vorzeige-Nationalsozialist präsentierte, wurde im Zuge der Nachfolgestreitigkeiten nach dem Tod von Donaldson jedoch von C18 ausgebootet. Daraufhin löste er No Remorse auf und widmete sich stattdessen anderen Projekten wie beispielsweise der Band No Fear.[15] Gemeinsam mit Will Browning und Gary Smith reformierte Daniel Jack (Jacko) No Remorse. Unter seiner Anleitung entstand die CD *Barbecue in Rostock*, auf der sich die Band über die pogromartigen Ausschreitungen in Rostock-Lichtenhagen 1992 amüsiert: »There's a barbecue in Rostock, you better come. How do you like your Turks? Do you like 'em well done?«[16] Ähnlich extrem präsentierte sich die 1997 gegründete Band Warhammer aus Gateshead auf ihrer 2000 veröffentlichten Debüt-CD *Valhalls's Warriors*. Die Band um den Leadsänger Rod Aitken gehört zu den rudimentären Resten von C18. Inhaltlich präsentiert die

Band auf der CD eine Mischung aus neonazistischer Ideologie, extremem Rassismus und eliminatorischem Antisemitismus. »Death to the creates I despise. Die Jew die. I can see right through your lying eyes. Die Jew die. You're the scum of the earth I despise. Die Jew die. Treacherous scumbag make my day, Zyklon B is the only way. Die Jew die«, heißt es beispielsweise in dem Lied *Die Jew die.*[17] Kaum anders, wenn auch nicht ganz so militant, stellen sich die mittlerweile wieder Blood & Honour unterstützenden Bands Legion of St. George, Conquest, Squadron, English Rose, Celtic Warrior, Whitelaw, Warlord, Eye of Odin und Brutal Attack dar. Auch bei ihnen steht der ›Kampf für Rasse und Nation‹ an erster Stelle.

Massenmord als ›Hymnen der ethnischen Säuberung‹ – Blood & Honour Serbien Compilation, 2000

Die RechtsRock-Szene selbst, die Anhängerschaft der Musik, ist in Großbritannien klein. Zu sehr gelten die Organisatoren der Szene und die Musiker als militante Neonazis und letztlich führte der Terror von C18 dazu, dass die Musik in ihrer extrem randständigen gesellschaftlichen Position verblieb. Aufgrund dessen sind große Konzerte selten. Eine Ausnahme bildete jüngst das Ian-Stuart-Memorial-Concert am 6. Oktober 2001, das von rund 600 Menschen besucht wurde. Die Hälfte der Besucher war allerdings aus Deutschland angereist.

Im Ausland genießt die britische Szene jedoch einen relativ guten Ruf: Während die Bands allerorts gern für Konzerte eingeladen werden, entwickelte sich sowohl das Blood & Honour-Konzept als auch jenes von C18 zum Exportschlager. Zu den Unterstützern zählte vor allem die Blood & Honour-Division Serbien, die ihre Position offen auf ihrer ersten Compilation *Anthems of ethnic cleansing* präsentierten. »I get no name, I get no face, I'm here to save my race. Because I'm C18 – terrormachine«, singt die 1997 gegründete Band Kristalna Noc[18] auf der CD. Auf dieser Linie bewegt sich auch Blood & Honour Espana (Spanien), die in Barcelona seit 2001 das kostenlose Magazin *Blood & Honour* publizieren. Eine zweite Blood & Honour-Gruppe hingegen grenzt sich gegen die C18-Linie ab und orientiert sich an der heutigen britischen Blood & Honour-Division. In Deutschland gilt nach wie vor der Bamberger Bernd Peruch, Sänger der Band Hate Society, als treuer Unterstützer. Über den ebenfalls in dieser Stadt ansässigen Versand Show-down Records vertrieb er unter anderem T-Shirts mit dem Aufdruck »Combat 18 Aktionsgruppe« und »C4 for Reds!!! C18 for Whites!«,[19] wobei die Abkürzung C4 für Plastiksprengstoff steht.

Auch in Deutschland wird Combat 18 protegiert: T-Shirt aus dem Angebot von Show-down Records, Herbst 2001

Blood & Honour-Divisionen wurden in einer Vielzahl europäischer Länder gegründet, auch einige osteuropäische Staaten wie beispielsweise Estland, Ukraine, Bulgarien, die Slowakei und auch Jugoslawien verfügen mittlerweile über eigene Divisionen. Sie sind, ähnlich wie die deutsche Division, oftmals die wesentlichen Organisatoren von Konzerten, da sie mit Blood & Honour auf eine mehr oder weniger gut funktionierende internationale Vernetzung zurückgreifen können.

Die überwiegende Anzahl ihrer Auftritte absolvieren britische Bands im Ausland – eine Ausnahme in der weltweiten RechtsRock-Szene. Diese Tatsache hängt sowohl mit dem bereits anfangs zitierten Mythos der

Insel als Ursprungsland der Szene zusammen als auch mit der weiten Verbreitung der englischen Sprache. Hinzu kommt, dass einzelne Bands bereits als Urgesteine der Szene gelten, immerhin wurde Brutal Attack bereits 1980 gegründet, Squadron 1985, English Rose 1987 und Celtic Dawn sowie Battle Zone 1989. Einige der altgedienten Musiker sind in eine Reihe von internationalen Bandprojekten involviert, wie beispielsweise Ken McLellan von Brutal Attack. Er ist noch das einzige Mitglied der Gründungsbesetzung. In der zweiten Hälfte der 90er-Jahre setzte sich die Band ansonsten kurioserweise aus Mitgliedern der Düsseldorfer Band 08/15 zusammen.

Im Zweiten Weltkrieg noch erbitterte Feinde, heute ›verbrüdert‹: Das Projekt German-British-Friendship, 1991

McLellan initiierte gemeinsam mit den Amerikanern von Bound for Glory das Projekt Bound for Attack, sang bei German-British-Friendship[20] und gemeinsam mit der Kasseler Band Hauptkampflinie veröffentlichte er jüngst die CD *Just short of Glory* unter dem Bandnamen The Betrayed. Während diese CD bei Hate Sounds erschien, wurde beispielsweise seine Solo-CD *Don't think twice* bei Dieter Koch aus Sprockhövel verlegt, das Duett *They died with pride* mit Stephen Calladine (Stigger) bei Pühses Liste und der Tonträger *When Odin calls* seiner Band Brutal Attack auf einem Sublabel von Funny Sounds aus Düsseldorf.

Derartige Joint Ventures mit der britischen Szene sind keine Seltenheit, da die deutsche Szene für ihre hervorragende Infrastruktur bekannt ist.

Von der Insel aufs Festland

Mit der Ausbreitung des RechtsRock über das europäische Festland Mitte der 80er-Jahre begann die Musik auch in Frankreich mit Bands wie Legion 88, Bunker 84[21] und Brutal Combat zu boomen. Das 1987 gegründete Label Rebelles Européens des Front-National-Aktivisten Gael Bodilis avancierte Ende der 80er-Jahre, neben Rock-O-Rama von Herbert Egoldt aus Köln-Brühl, zum wichtigsten Plattenverlag. Allerdings stagnierte die Szene in der ersten Hälfte der 90er-Jahre und drohte in der Bedeutungslosigkeit zu versinken.

›Die Stimme Europas‹ zeigt, dass RechtsRock nicht nur aus Hassgesängen besteht

Einen neuen Impuls brachte 1995 die Band Vae Victis mit ihrer Initiierung des Netzwerkes Rock Identitaire Français (RIF), in dem Bands verschiedenster Musikstile versuchen, das neue Genre ›Identitätsrock‹ zu begründen. Gemeinsamer Nenner ist die französische Identität, während die Musikstile teilweise sehr gegensätzlich sind und von Skinhead-Rock, über Liedermacher bis hin zu Rap-Musik reichen.[22] Entsprechend lautet der Titel einer Veröffentlichung *SUR LES TERRES DU RIF Du gothic au ska, du rock au hardcore et de l'indus à la techno.*[23] Dem Ansatz folgend bekennen sich mittlerweile auch in anderen Ländern Bands zum ›Identitätsrock‹, wie es die Compilations *Vox Europa* (dt.: Stimme Europas) und *Vox Europa II* dokumentieren. Neben den französischen Bands In Memoriam, Vae Victis und Trouble Makers sind auf den CDs der italienische nationalrevolutionäre Liedermacher Massimo Morsello und der Deutsche Frank Rennicke, die Bands Sleipnir und Carpe Diem, die britischen Skinhead-Bands Warlord und Eye of Odin sowie Estirpe Imperial aus Spanien und Endovélico aus Portugal vertreten.[24]

Trotz des strategisch auf Breitenwirkung abzielenden RIF entbehrt die französische RechtsRock-Szene einer breiten Basis. Während die 1989 gegründete Formation 9ême Panzer Symphonie[25] und die 1994 gegründeten Fraction Hexagone[26] in den 90er-Jahren als Aushängeschild der französischen Szene galten, existiert heute zwar eine Reihe von Bands wie zum Beispiel Elsass Korps, Panzerjäger oder Legion A, ihnen gelang aber bisher kein internationaler Durchbruch.[27]

In Frankreich[28] wie auch in Belgien[29] übernehmen die Blood & Honour-Divisionen die Organisierung der Szene, sie unterhalten internationale Kontakte, veröffentlichen CDs,[30] veranstalten Konzerte und publizieren eigene Magazine. Allerdings gelingt es in den beiden Ländern eher der traditionellen extremen Rechten, die jungen Menschen zu binden. RechtsRock als Skinhead-Musik bleibt dabei eine Nische und mit dem Etikett Subkultur marginal. Skandinavien war in den letzten Jahren für die internationale Szene hingegen ein Vorbild. In Finnland wird offiziell seit 1995 unter Anleitung von Marko Järvinen (Jäsä), der sich allerdings die meiste Zeit in Schweden aufhält, das Videomagazin *Kriegsberichter* erstellt. Die Videokollektion erschien bisher in vier Ausgaben, eine fünfte ist in Vorbereitung. Auf den Kassetten mit einer Laufzeit zwischen 120 und 160 Minuten werden Ausschnitte von Konzerten wie beispielsweise dem Auftritt der britischen Band No Remorse am 18. Mai 1996 in Klein Bünzow bei Anklam gezeigt. Bei ihrem Szenehit *Barbecue in Rostock* wurden Fernsehbilder eingeblendet, die zeigen, wie der randalierende rassistische Mob in der Hansestadt im August 1992 die Häuser der Migranten mit Molotowcocktails in Brand setzte. Oder das Team des *Kriegsberichters* interviewt die ›Stars‹ der Szene, präsentiert Hitlisten und zeigt, wie in den heimischen vier Wänden Bomben gebaut werden können. Ab 1993 betrieb der mittlerweile verstorbene Deutsch-Däne Marcel Schilf vom dänischen Hillerod aus den Versand NS88 (Nationalsozialismus Heil Hitler), dem 1995 das Label NS Records angegliedert wurde.[31] NS Records avancierte schnell zum maßgeblichen Label für unverblümte neonazistische Bands wie Macht & Ehre, GeStaPo, Kraftschlag, Reichssturm und WAW Kampfkapelle.[32] Nachdem Schilf im Rahmen der Umstrukturierung seines Versandhandels Ende 1996 nach Schweden umgezogen war, wurde dort gegen ihn ein Prozess wegen des Vertriebes von volksverhetzendem Material eröffnet. 1998 übernahm die von Erik Blücher (alias Max Hammer) angeführte Blood & Honour Division Scandinavia das Label und den Versand und benannte ihn nach ihrer Organisation.[33] 2001 wechselte das Unternehmen erneut den Namen und firmiert nunmehr als Celtic Moon, erhalten blieb der Sitz im dänischen Hillerod und die Angebotspalette. Doch betrieben wird der Versandservice ebenso wie die Videokollektion *Kriegsberichter* von Schweden aus, dem organisatorischen Mittelpunkt der Szene in Nordeuropa.

Libre Europe – freies Europa: Die französische Band Panzerjäger setzt mit ihrer CD aus 2001 auf die ehemaligen Kollaborateure und ein großgermanisches Europa

Neonazistisches Home-MTV: Der Kriegsberichter. Vorwiegend berichteten auf den Videos Jäsä (Finnland), Jens-Uwe Arpe (Deutschland) und Bart (USA)

Aus Dänemark versorgt Celtic Moon die deutsche Szene mit indizierten und offen neonazistischen Tonträgern und Videos

›Kampf für Blut und Erde‹: Storm, Nr. 1, 1990:

Schweden – zwischen Mainstream und Terror[34]

In Schweden, dem klassisch sozialliberalen Wohlfahrtsstaat Skandinaviens, entwickelte sich ähnlich wie in Frankreich bereits zu Beginn der 80er-Jahre eine RechtsRock-Szene. Bis heute gelten die Bands Agent Bulldog, Dirlewanger, Division S und Hooligan, die alle in den 80er-Jahren gegründet wurden, als rechte Vorzeigebands des Landes.

Die Entwicklung der RechtsRock-Szene orientierte sich dabei stark am britischen Vorbild. Im November 1986 gründeten Aktivisten der Nordischen Reichspartei sowie der Kampagnenorganisation Bevara Sverige Svenskt (BSS, dt.: Bewahrt Schweden schwedisch) in Anlehnung an Rock against Communism (RAC) die Organisation Rock Mot Kommunismen (RMK). Zu den Gründungsmitgliedern gehörten unter anderem Goran Gustavsson und Peter Rindell von der 1986 in Vit Aggression (dt.: Weiße Aggression) umbenannten Band Hooligan.

Auf Einladung der Gruppe um Gustavsson und Rindell reiste 1988 Ian Stuart Donaldson zu Gesprächen nach Schweden, bei denen es um den Aufbau der Bewegung im Land ging. Das Resultat war das von Blood & Honour England finanzierte Fanzine *Vit Rebell* (dt.: Weißer Rebell), das neben der Berichterstattung über die Szene inhaltlich vor allem die ›arische Revolution‹ und den Rechtsterrorismus glorifizierte. Nachdem das Heft 1990 in *Storm* umbenannt wurde, geriet es zum Sprachrohr der neu gegründeten Organisation Vit Ariskt Motstand (VAM; dt.: Weißer Arischer Widerstand), die das aus den USA importierte Konzept des ›führerlosen Widerstandes‹ propagierte. Ihre Ideen teilte in den frühen 90er-Jahren die große Mehrheit der Skinheads. Die Konsequenz war die Zunahme von Brandanschlägen gegen Unterkünfte von Migranten sowie brutaler Überfälle auf politische Gegner und nicht weiße Menschen. Mit derlei Aktionen manövrierte sich die Organisation jedoch zunehmend ins politische Aus und verlor an Anziehungskraft. 1993 war schließlich nur noch ein rudimentärer Rest von VAM verblieben, der sich schließlich an der Frage nach einem zukünftigen politischen Weg und dessen Zielen zerrieb.

Die 1991 gegründete Band Svastika aus Linköping profitierte vom zunehmenden Erfolg des RechtsRock in Schweden

Unterdessen änderte sich Anfang der 90er-Jahre das soziale Klima in Schweden. Im Regierungswahlkampf 1991 machte die im selben Jahr gegründete Partei Ny Demokrati (NyD; dt.: Neue Demokratie) mit populistischen Parolen das Thema Einwanderung zu ihrem Wahlkampfthema. Mit ihrem offenen Rassismus schürten sie vorhandene ›Überfremdungsängste‹ in der Bevölkerung und konnten schließlich erfolgreich in das Parlament einziehen. Von der veränderten Stimmung im Land konnte auch die RechtsRock-Szene profitieren, der Skinhead-Stil und die rassistische und völkische Musik von Bands wie Division S oder Vit Aggression begannen, populär zu werden. Der stellvertretende Parteivorsitzende der NyD, Bert Karlson, erkannte die Zeichen der Zeit und nahm 1993 die Nyköpinger Band Ultima Thule bei seinem auf Mainstream und profitable Erfolge ausgerichteten Label Marianne Records unter Vertrag.

Ultima Thule, 1984 gegründet, avancierte in den 80er-Jahren zur beliebtesten Band der schwedischen Skinhead-Szene. Sie war zu jener

Zeit eindeutig mit der organisierten extremen Rechten verbunden. Ihre erste, 1985 veröffentlichte Single *Sverige, Sverige Fosterland* (dt.: Schweden, Schweden Vaterland) wurde beispielsweise von der BSS, der späteren Sverigedemokraterna, gesponsert.[35] Einige der Bandmitglieder waren später auch bei der BBS aktiv. Die Texte der Band handeln vorwiegend von der nordischen Mythologie und vom ›Vaterland Schweden‹: »Geeinte Front unter den Millionen der Arbeit, verkündet das Erwachen des Morgens des neuen Tages. Schwedisches Volk, schwedisches Land, du erbtest Traditionen, vom Freiheitshelden Engelbrekt. Nun, so gilt es deine Freiheit, schwedisches Volk, schwedisches Land. Wir wollen, daß du eins wirst.«[36] Die Vieldeutigkeit ihrer Texte ist zugleich auch die Stärke der Band, wie die Göteborger Historikerin Heléne Lööw betont, sie können »sowohl von Rassenideologen wie den Extremnationalisten positiv interpretiert werden [...] als auch gleichzeitig als mehr oder weniger akzeptabel für ein breiteres Publikum erscheinen. Die Band experimentiert geschickt mit der Codesprache, die es in der Bewegung gibt, und kann auf diese Weise, ohne eigentlich klar Stellung bezogen zu haben, lange auf der Grenze balancieren.«[37] Karlson erkannte, dass die Vermarktung der Band eine profitable Option sein könnte. Allerdings vermied er es dabei, die Herkunft sowie den politischen Hintergrund von Ultima Thule zu thematisieren und promotete sie stattdessen unter ihrer musikalischen Selbstkategorisierung als ›Viking Rock and Roll‹. Seine geschickte PR verhalf der Band schlagartig in die Charts, innerhalb weniger Monate erhielt sie drei goldene Schallplatten. Im Schatten ihres Erfolges verbreitete sich ihre Musik sowie die verschiedener anderer RechtsRock-Bands in den Schulen und wurde unter Jugendlichen modern.

Enad front bland arbetets miljoner, Bådar nya dagens morgon väckt, Svenska folk, svenska land du ärvde traditioner, Ifrån frihetshjälten Engelbrekt. Nu så gäller det din frihet. Svenska folk, svenska land, vi vill att du blir ett.

Kring Sveriges fana, (dt.: Um Schwedens Fahne) Ultima Thule, 1991

Auf öffentlichen Druck hin musste Karlson den Vertrag mit Ultima Thule im November 1993 kündigen. Der Schaden aber war bereits entstanden. Der musikalische Durchbruch hatte der Band viel Geld beschert, das sie in ihr 1992 gegründetes Label Ultima Thule Records investierte. Auf ihm veröffentlicht die Band nunmehr seit einigen Jahren ihre CDs sowie beispielsweise die der nationalistischen Oi-Punk-Band Midgards Söner, der ›Vikingrocker‹ Enharjarna oder der Band The Jinx.[38]

Ein Dank an die deutschen Fans, mit Deutschlandfahne, Pickelhaube, und Stahlhelm vor dem Hermansdenkmal, Ultima Thule, Herrlich Hermannsland, 2000

Deutschland ist die Band Ultima Thule eng verbunden, hier hat sie neben ihrem Heimatland die größte Anhängerschaft: Als ein »kleines ›Dankeschön‹ an Deutschland und unsere Freunde dort«,[39] veröffentlichte die Band über das deutsche Label DIM Records von Ulrich ›Uhl‹ Großmann die Mini-CD *Herrlich Hermannsland.* Ultima Thule arbeitet sowohl als Band als auch über ihr Label seit der Veröffentlichung der Mini-CD *Skinhead* 1996 mit dem deutschen Plattenverlag von Großmann zusammen. Beide Labels versuchen, in Texten gemäßigten RechtsRock, der nationalistisch und weniger offen rassistisch ist, nicht nur unter dem üblichen Publikum zu verbreiten, sondern auch unter Punks und politisch nicht interessierten Skinheads.

Vom kommerziellen Erfolg der Band Ultima Thule konnten auch andere schwedische RechtsRock-Bands profitieren. Bereits ab 1991 wurden vermehrt neue Gruppen gegründet, darunter 1991 Svastika aus Linköping, 1993 Storm aus Nödinge bzw. Noll sowie im Jahr darauf die Band Pluton Svea aus Eskilstuna. Sie avancierten zu Shootingstars der Szene und konnten sich in der internationalen Szene zusammen mit den Landsleuten von Division S und Midgards Söner behaupten. Ihre Musik boomte: 1996 existierten in Schweden, einem Land mit 8,5 Millionen Einwohnern, über fünfzig RechtsRock-Bands und zwanzig Plattenlabel.

Die Söhne Midgards – nationalistische Skins & Punks

Im Januar 1995 erschien die Debütausgabe des Magazins *Nordland*, eines semi-professionellen Hochglanzmagazins, das sich ganz dem RechtsRock widmete. Herausgegeben wurde es von der Firma 88 Musik, in deren Vorstand neben dem ehemaligen Vorsitzenden der Riksfronten (dt.: Reichsfront), Torulf Magnusson, erneut Peter Rindell (heute Peter Melander) saß.[40] Anders als bei der Zeitschrift *Storm* verzichteten die Herausgeber auf ihre kruden Verschwörungstheorien und die Glorifizierung von rechtem Terror. Dennoch war das Blatt offen nationalistisch und rassistisch und präsentierte neben Interviews mit den bekannten schwedischen Skinhead-Bands Pluton Svea und Storm, der Metal-Band Unleashed oder der Oi-Punk-Band Midgards Söner programmatische Artikel zum Thema ›Svensk Patriotism‹ (dt.: Schwedischer Patriotismus) oder Gastbeiträge wie jenen des ›Kriegsgefangenen‹, dem US-amerikanischen Rechtsterroristen David Lane.[41] Im Laufe der bis zum Dezember 1997 veröffentlichten elf Ausgaben radikalisierte sich das Magazin jedoch wieder zusehends und entsprach schließlich dem inhaltlichen Konzept des ehemaligen Magazins *Storm*. Der Zeitschrift angegliedert war ein gleichnamiges Label samt Versand, über das nationale sowie internationale Bands produziert und ihre Produkte vertrieben wurden. Die Auflage des Blattes stieg stetig bis auf 115.000 Exemplare und der Versand bot in seinen besten Zeiten ein Repertoire von über fünfzig CDs an.

Mit seinen Hochglanzseiten war das Magazin Nordland Mitte der 90er-Jahre auf Erfolgskurs, Nordland, Nr. 6, 1996

Zum schärfsten Konkurrenten von Nordland entwickelte sich ab 1996 das 1993 initiierte Label Ragnarock des in Schweden lebenden Norwegers Erik Blücher, der zusammen mit Marcel Schilf in dem von der britischen Organisation Combat 18 initiierten Streit die Gruppierung in Skandinavien unterstützte. Ebenso wie auf der Insel eskalierte die Situation zwischen Ragnarock auf der einen Seite und Nordland auf der anderen schließlich in gegenseitigen Überfällen. Dabei verübten C18-Anhänger unter anderem sogar einen Brandanschlag auf ein Geschäft, das zum Nordland-Netzwerk gehörte und RechtsRock-CDs, Szenebekleidung und rechtsextreme Bücher anbot. Dieser ›Krieg‹ wirkte sich auf die RechtsRock-Szene Schwedens verheerend aus; vom Terror abgestoßen verlor sie zunehmend an Publikum. Hinzu kam, dass die Polizei nach öffentlicher Kritik an ihrer abwartenden Haltung gegenüber der offen neonazistisch agierenden Szene zunehmend gegen Konzerte und die Betreiber von Plattenverlagen und Zeitschriften vorging. Unterdessen veröffentlichte die schwedische antifaschistische Zeitung *Expo* 1996 jene CD-Presswerke in Schweden, bei denen die rassistische Musik in hoher Auflage hergestellt wurde. Da es sich dabei um renommierte Firmen handelt, die vor allem mit großen internationalen Musikverlagen zusammenarbeiten, kündigten diese die Verträge mit den RechtsRock-Labeln.

So gerieten die Organisatoren der Szene zunehmend in Schwierigkeiten. Die Haupteinnahmequelle der extrem rechten Organisationen Schwedens der letzten Jahre – die Musik – drohte zu versiegen. Eine Gruppe von Neonazis versuchte die Defizite durch eine Reihe von Banküberfällen auszugleichen, was damit endete, dass die Täter beim Überfall auf die Östgöta Enskilda Bank am 14. Mai 1999 zwei sie verfolgende Polizisten in einen Hinterhalt lockten und dann hinrichteten. Die drei Täter wurden gefasst und wegen Doppelmord und Bankraub angeklagt. Am 28. Juni 1999 verübte eine andere Gruppe militanter Neonazis einen Bombenanschlag auf den Journalisten Peter Karlsson, der zusammen mit Katrina Larsson Hintergrundberichte über die Vertragspartner für die CD-Herstellung des Labels Nordland sowie über den Druck ihres Magazins veröffentlicht hat. Dabei wurden der Journalist und sein siebenjähriger Sohn schwer verletzt. Am 12. Oktober 1999, dem vorerst letzten traurigen Höhepunkt, erschossen Neonazis den Gewerkschafter Björn Söderberg, nachdem er den neonazistischen Hintergrund des gerade in den Gewerkschaftsvorstand eines Betriebes gewählten Robert Vesterlund veröffentlicht hatte.

Bombenanschlag auf den Journalisten Peter Karlsson, den er und sein Sohn schwer verletzt überlebten

Die offene terroristische Gewalt erschütterte die schwedische Öffentlichkeit. Der Terror wurde zum bestimmenden Tagesthema und die Presse, die jahrelang das Anwachsen der extrem rechten Szene mehr oder weniger ignoriert hatte, veröffentlichte nun auf ihren Titelblättern Fotos der Drahtzieher des braunen Terrors.

Nachdem in Schweden jahrelang die Gefahr von Rechts verharmlost wurde, reagierte die Presse nach den Anschlägen und veröffentlichte die Bilder und Namen der braunen Drahtzieher

RechtsRock, der nach dem Erfolg der Partei NyD und der Band Ultima Thule gesellschaftlichen Anschluss gefunden hatte, war damit diskreditiert und stigmatisiert. Obwohl Schweden auch heute noch über eine gut organisierte RechtsRock-Szene verfügt, führt sie im Land ein Schattendasein. Einzig auf der internationalen Bühne gelang es Erik Blücher, unter seinem Tarnnamen Max Hammer, zu einem bestimmenden Faktor in der auf Terror ausgelegten Politik des internationalen Blood & Honour-Netzwerkes zu werden.

Sommer, Sonne, Skinheads – Südeuropa

Im Gegensatz zu den skandinavischen Ländern bestehen in Griechenland, Spanien und Italien bis heute breite Sympathien in der Bevölkerung für die extreme Rechte, trotz der Erfahrungen von Faschismus und Krieg. Die RechtsRock-Szene in Griechenland ist allerdings sehr mager und einzig die Band Iron Youth hat sich als Exportschlager erwiesen. Zwangsläufig, aus Mangel an eigenen Produktionskapazitäten, veröffentlichte die Band ihr Debüt *Durch das Volk Mit dem Volk Für das Volk* auf dem deutschen Label Hate Records aus Sebnitz. Iron Youth spielen Hatecore, predigen entsprechend in ihren Texten »Aryan of Hate, our

Durch das Volk – Mit dem Volk – Für das Volk – die CD der griechischen Band erschien 1998 bei Hate Records in Deutschland

Auch in Spanien sind neonazistische Skinheads die ›Exekutive‹ einer rassistischen Grundhaltung in Teilen der Bevölkerung

golden race is at stake. Don't try to tell us it is too late! White People awake«[42] und bekennen: »Bow down to the leader, our hearts and souls we give, we agree to Adolf Hitler, for the future of our race.«[43]

Die RechtsRock-Szene im bis 1975 von General Franco regierten Spanien hingegen ist vielfältig, aber untereinander zerstritten. Seit 1996 existiert dort eine Blood & Honour-C18-Division, die allerdings nur in und um Barcelona aktiv ist. Seit dem Jahr 2000 verbindet die Blood & Honour Division Espana, unabhängig von der C18-Fraktion, die Sektionen in Sevilla, Madrid, Toledo, Barcelona und einigen anderen Städten. Auch eigenständige Hammerskin-Sektionen bestehen in Madrid und Gijon neben einer Reihe lokaler Skinheadgruppen wie den Skins Baix Llobregat, Sangre Ioven oder Armagedou. Allerdings arbeiten die verschiedenen Gruppen meist eher gegeneinander als miteinander, für den Zusammenhalt sorgen eine Reihe von Fanzines. Zwar geben die beiden Blood & Honour-Divisionen auch jeweils ein eigenständiges Heft heraus, von Bedeutung ist jedoch eher *Gente Blanca* aus Parla – Madrid. Gemeinsam mit dem Magazin *Race, Rock & Revolution* aus Ciudad Real veröffentlichen sie, quasi für die internationale Szene, das englischsprachige Heftchen *The Voice of Spain*.

In Spanien existiert eine Vielzahl von Bands mit internationalem Renommee, wie beispielsweise Estirpe Imperial, Celtica und die Hammerskin-Band Odal aus Madrid oder Torquemada 14/88 und Patria aus Barcelona, die bei dem Madrider Label Rata-Ta Ta Tá veröffentlichen. Neben den guten Kontakten zum portugiesischen Nachbarland[44] wird in spanischen Fanzines häufig die südamerikanische RechtsRock-Szene protegiert. Ausführlich wird beispielsweise die Szene in Argentinien oder Kolumbien vorgestellt, Interviews geführt mit den brasilianischen Bands Division 18, Defesa Armada und den Chilenen von Odal Sieg oder das CD-Debüt der argentinischen Band Ultra Sur sowie das Demo-Band der Gruppe Nuremberg rezensiert.

Konzerte in Spanien finden häufig unter internationaler Beteiligung statt, bevorzugt mit Bands aus England, den USA oder auch Italien. Am 21. April 2000 spielten bei einem verspäteten Geburtstagskonzert für Adolf Hitler, die spanischen Bands Estandarte 88 aus Terrassa und die Madrider Band Krasuy Bor 1943, die Brasilianer von Brigada NS sowie die deutschen Bands Oidoxie und Weisse Wölfe. Organisiert hatte das Konzert in Terrassa, zu dem einige hundert Zuschauer angereist waren, die Blood & Honour-C18-Division Barcelona.

Einen regelmäßig jährlich wiederkehrenden internationalen Begegnungsort stellt in Spanien der Gedenkmarsch zu Ehren des ehemaligen faschistischen Generales Franco an seinem Todestag am 20. November dar. Neben ehemaligen Angehörigen der faschistischen Falangisten und verschiedenen internationalen extrem rechten Organisationen bilden Skinheads einen festen Bestandteil der Aufmärsche. Unter ihnen seit Jahren deutsche und italienische ›Kameraden‹.[45]

Zwischen Duce und Ian Stuart – Italien[46]

Bereits ab Mitte der 70er-Jahre machte die italienische Rechte erste Erfahrungen mit politischer Musik, wobei sie sich noch stark an ihren linken Gegenspielern orientierte. Prägend blieben die Erfolge des ersten (und der noch folgenden) so genannten ›Campo Hobbit‹ am 11. und 12. Juni 1977 in Montesarchio in der süditalienischen Provinz Benevento, das auch als erstes ›Popfestival der extremen Rechten‹ bezeichnet werden kann.[47] Der Titel bezog sich auf das sie stark faszinierende Werk J. R. R. Tolkiens, das in Publikationen wie *La Voce della Fogna* viel diskutiert wurde und so mancher Band, wie etwa der Compagnia dell'Anello (Verona, dt.: Gesellschaft des Rings) oder der Gruppe Hobbit (Perugia), ihren Namen gab. Musikalisch gab die Veranstaltung die rechten Strömungen in Italien deutlich wieder: Neben rechten Liedermachern wie Renato Colello oder den Mailändern Amici del Vento traten vor allem Folk-Gruppen wie die Compagnia dell'Anello auf.

Beim neonazistischen Bombenanschlag von Bologna, Italien, kamen im August 1980 86 Menschen ums Leben

In dieser ersten Phase des italienischen RechtsRock dominierten häufig melancholische Töne, die Texte waren politisch allgemein gehalten, selten zeigte sich dagegen ein direkter Bezug zu Faschismus, Nationalsozialismus oder Rassismus, wobei Letzterer allerdings im Magazin *La Voce della Fogna* (1974–1983), das erstmals auch eine eigene Rubrik für Musik reservierte, um so klarer hervortrat. Das am deutlichsten formulierte Thema der Lieder war neben Vaterland, ›Blut und Boden‹ und Elitarismus der Antikommunismus.

Der Erfolg des ersten ›Campo Hobbit‹ sorgte im Juni 1978[48] für eine Wiederholung. Bei dieser Gelegenheit trat auch die wohl erste bedeutende italienische RechtsRock-Band Janus auf, der zu Ehren posthum eine Tribute-CD veröffentlicht wurde.[49] Die Band um den Schlagzeuger Mario Ladich produzierte eine Art keltisch beeinflussten Rock. Ihre erste Single wurde 1977 von *La Voce della Fogna* und der Libreria Editrice Europa vertrieben.

Zu den Gründungsmitgliedern der Forza Nuova gehörte 1997 der 2001 verstorbene Liedermacher Massimo Morsello

Der Kreis um das Magazin *La Voce della Fogna* betätigte sich auch anderweitig in der Produktion und dem Vertrieb rechter Musik: Auf dem zweiten ›Campo Hobbit‹ wurde eine Doppel-Musikkassette mit Amici del Vento, Renato Colello, Gianni Procida, Fabrizio Marzi, Janus und anderen aufgenommen. Auch der sich Massimino nennende und später unter seinem richtigen Namen die RechtsRock-Szene prägende Liedermacher Massimo Morsello ist auf dem Tonträger vertreten. Morsello musste allerdings wenige Jahre später Italien verlassen, als die staatsanwaltlichen Ermittlungen den Täterkreis des Bombenanschlages in Bologna einengen konnten. Aus dem englischen Exil, in dem er am 10. März 2001 starb,[50] gründete er 1997 gemeinsam mit Roberto Fiore die neofaschistische Organisation Forza Nuova.

Mitte der 80er-Jahre war die italienische RechtsRock-Szene noch sehr klein, ihre Expansion jedoch bereits in Vorbereitung. Die Szene in der norditalienischen Region Veneto, die auch heute noch das Zentrum der italienischen RechtsRock-Szene bildet, stellte dabei bei weitem die

Die ersten internationalen Stars des italienischen RechtsRock: Peggior Amico, Sulla Pelle Dei Ribelli, 1993

Heute gilt die Band als Wegbereiter der Szene in Italien, Poster aus Rock Nord, Nr. 32, 1998

Neben Radikal, Dirlewanger und No Remorse waren Peggior Amico für das RAC-Festival am 27. Juli 1991 angekündigt – wegen eines Studiotermins mussten sie das Konzert jedoch absagen

meisten extrem rechten Bands. Plastic Surgery aus Vicenza wurde 1981 als Punk-Band gegründet und trat bereits 1983 – inzwischen zur Skinhead-Band mutiert – als RechtsRock-Band auf. 1986 löste sich die Gruppe auf, andere wie Skin Army, Rommel Skins oder Nomina Dresda nahmen ihren Platz ein. 1986 wurde eine der bekanntesten italienischen RechtsRock-Bands gegründet: Peggior Amico aus Vicenza, die mit der Auflösung von Plastic Surgery[51] zum »musikalischen Sprachrohr«[52] der im selben Jahr gegründeten Skinhead-Organisation Veneto Fronte Skinheads (VFS) wurde. Ihre Texte waren gewalttätig und anti-staatlich, jedoch weniger rassistisch als die ihrer deutschen Pendants.

Die umfangreiche Szene in der Region Veneto verfügt mit der 1986 gegründeten VFS auch über eine politische Organisation, die die älteste und strukturierteste im italienischen RechtsRock darstellt. Zu den Gründern der Gruppe gehörten unter anderem Massimo Bellini, die Brüder Pietro und Paolo Puschiavo und Ilo da Deppo. Auch die Bandmitglieder der 1990 gegründeten Band Gesta Bellica gehören sämtlich der VFS an.[53] Schon ab Anfang der 90er-Jahre verfügte die Organisation über mehrere Gruppen in verschiedenen Städten sowie über ein Postfach in Lonigo, das der ›musikalische Kopf‹ der VFS, Massimo Bellini, verwaltet. Bellini zählt zu den führenden Gesichtern der italienischen RechtsRock-Szene. Unter seiner Pflege expandierte die VFS in den 90er-Jahren, 1992 wurde der Versand Riot Service gegründet und 1993 gründete Bellini mit anderen das Label Tuono Records in Vicenza.

Ab 1987 werden mit der Gründung von Blood & Honour[54] die Kontakte der VFS zur der britischen RechtsRock-Szene enger. 1988 organisiert die VFS das erste einer ganzen Reihe von RAC-Konzerten in Italien mit Peggior Amico und Brutal Attack. Im Gegenzug wurden italienische Bands auch auf Festivals ins Ausland eingeladen, Peggior Amico beispielsweise zum legendären Rock-Against-Communism-Festival am 27. Juli 1991 in Brandenburg,[55] dem ersten großen RechtsRock-Festival im vereinigten Deutschland.

Die zweite für den italienischen RechtsRock wichtige Region ist das Latium und insbesondere die römische Szene seit Mitte der 80er-Jahre, die sich vor allem um die Band Intolleranza scharte. Während ihrer Existenz von 1987 bis 1989 veröffentlichte die Band nur drei Demotapes, erst ›posthum‹ wurde 1995 noch eine CD herausgebracht. Intolleranza entstand im Umfeld der Divisione Artistica (Dart), einem 1987 gegründeten ›metapolitischen Projekt‹ einiger Rauti-Anhänger, das sich zum Ziel gesetzt hatte, Jugendliche mit Hilfe der Pop-Kultur und im Speziellen mit Rock anzusprechen.[56] Dart gab in dieser Zeit auch ein Fanzine mit dem Titel *L'Opera al Nero* heraus und organisierte gemeinsam mit der römischen Organisation Movimento Politico Occidentale (MPO) politische Veranstaltungen und RechtsRock-Konzerte. Dabei kümmerte sich der MPO vorwiegend um die politische Seite, während das Musikalische Dart überlassen blieb.

1995 wurde in Rom das heute zweitwichtigste italienische RechtsRock-Label gegründet: Rupe Tarpea Produzioni (RTP). RTP ist der musikalische Teil eines größeren ›metapolitischen Projektes‹, der 1994 ins Leben gerufenen nationalrevolutionären Cooperativa Perimetro. RTP produziert Tonträger, gibt ein vierteljährliches Blatt mit dem Titel *Non-Conforme* heraus und veranstaltet zahlreiche Konzerte. Darüber hinaus bietet sie sich außerdem rechten Gruppierungen, die daran interessiert sind, selbst Konzerte zu veranstalten, als Agentur an, die neben Ratschlägen vor allem die Kontakte und Logistik bereitstellt.

Die Mailänder Band A.D.L. 122 – der Name bezieht sich auf das Anti-Rassismus-Gesetz Decreto Legge, das die Band vehement ablehnt

Auch in Mailand hat sich – wenn auch mit einiger Verspätung – eine RechtsRock-Szene entwickelt. Während die Mailänder Szene politisch sehr aktiv ist – im September 1990 gründeten sie die erste Mailänder RechtsRock-Organisation, die Azione Skinhead (AS) –, hat sie bis heute nur wenige Bands hervorgebracht. Erst 1993 entstand dort mit A.D.L. 122 eine Band von nationaler und internationaler Bedeutung, die sich jedoch bereits Mitte der 90er-Jahre wieder auflöste. 1995 entstand neben RTP in Rom auch in Mailand ein neues Label: Assalto Sonoro Records. Im selben Jahr wurde dort außerdem von Azione Skinhead eine Sektion der Hammerskins gegründet.[57]

Anfang der 90er-Jahre weitete die italienische RechtsRock-Szene ihre Aktivitäten beträchtlich aus, VFS und AS erlangten beide am 14. Dezember 1990 den offiziellen Status einer politisch-kulturellen Vereinigung. Die aktivsten Bands jener Zeit waren Peggior Amico, Nomina Dresda und Verde Bianco Rosso.[58] Im Jahr 1990 fand vom 14. bis 16. September in Foce (Provinz Ascoli) ein weiteres Mal eine Art ›Campo Hobbit‹ statt, erstmals jedoch als reine RechtsRock-Veranstaltung. Organisiert wurde dieses erste einer Reihe von Treffen unter dem Titel »Ritorno a Camelot« (dt.: Rückkehr nach Camelot) von den Gruppen Ideogramma (Mailand), Il Sentiero (Trieste), Fronte Europeo (Mailand), Il Ghibellino und VFS.[59] Die dreitägige Veranstaltung mit Konzerten und Diskussionen sollte dazu beitragen, die regionalen Szenen zu vernetzen. Mit Erfolg: Im Frühjahr 1991 gründeten die Gruppierungen Skinhead d'Italia, Movimento Politico (Rom), Ideogramma (Mailand) und Il Sentiero (Triest) das Netzwerk Base Autonoma. Schon im Laufe des Jahres 1992 traten diesem Netzwerk Gruppen aus zahlreichen Regionen ganz Italiens bei. Zwischen 1991 und 1993 wurden zudem viele neue RechtsRock-Bands ins Leben gerufen, darunter Gesta Bellica aus Verona, Final Solution und Bulldog Skin aus Messina, Razzia aus Catania, Legio Viking aus Livorno sowie SPQR (später Londinium SPQR) und Nervi d'Acciaio aus Rom.

Veneto Fronte Skinheads auf dem Rudolf-Heß-Gedenkmarsch 2002 in Wunsiedel

In etwa zeitgleich mit der Repressionswelle in Deutschland wurde auch die italienische RechtsRock-Szene um 1993 stark mit staatlicher Repression konfrontiert. Am 15. Dezember verabschiedete der Consiglio dei Ministri (dt.: Ministerrat) ein Gesetz gegen rassistische, ethnische oder religiöse Diskriminierung, das als Legge Mancino (dt.: Gesetz Mancino) bekannt wurde.[60]

Am 4. Mai 1993 holte die italienische Polizei unter dem Titel ›Operazione Runa‹ (dt.: Operation Rune) zum Schlag gegen das Netzwerk Base Autonoma aus. Anders als in Deutschland wurden in Italien nicht einzelne Platten oder Fanzines indiziert, sondern stattdessen vorwiegend

Ma io sono camicia nera la mia Patria è la mia bandiera. Ma io sono camicia nera nel mio cuore una fede sincera. Ma io sono camicia nera do la mia vita per l'Italia intera.

8 Settembre '43, Gesta Bellica: Iterum Rudit Leo, 1999

Newsletter der Frauenorganisaton Unione Skinhead Girl Italia (USGI)

Ankündigung und Einladung zur Neuauflage des Ritorno A Camelot – Festival 2001.

Organisationen – etwa Base Autonoma oder Skinheads d'Italia – verboten und deren öffentliche Büros geschlossen.

Das in jener Zeit gegründete und bis heute bedeutendste italienische Label Tuono Records aus Vicenza blieb allerdings von der Repression völlig verschont. Gerade während dieser Zeit der Repression konnte es zwei CDs der wohl wichtigsten RechtsRock-Bands der 90er-Jahre veröffentlichen: *Fuorilegge* von A.D.L. 122 – deren Bandname die Ablehnung des kurz zuvor erlassenen Anti-Rassismus-Gesetzes ausdrücken sollte[61] – und *Sulla Pelle dei Ribelli* von Peggior Amico.[62] Letzere positioniert sich in ihren Texten eindeutig rechts, ein klares politisches Bekenntnis wird jedoch vermieden. Ganz im Gegensatz zu der momentan bekanntesten und international renommiertesten Band Italiens: Gesta Bellica. In ihrem Lied *8 Settembre '43*, das 1999 auf der CD *Iterum Rudit Leo* bei Tuono Records veröffentlicht wurde, bezeichnet die Band diejenigen als Feiglinge und Verräter, die an jenem Tag im September den Waffenstillstand Italiens mit den Alliierten unterzeichnet hatten. Stolz bekennt Gesta Bellica im Refrain: »Aber ich bin ein Schwarzhemd, mein Vaterland ist meine Fahne. Aber ich bin ein Schwarzhemd, in meinem Herzen ein ehrlicher Glaube. Aber ich bin ein Schwarzhemd, ich opfere mein Leben für das gesamte Italien.«[63] Dieses offene Bekenntnis zum italienischen Faschismus, als dessen Synonym die Selbstbezeichnung als ›Schwarzhemd‹ gilt, kennzeichnet die heutige Szene. Noch heute existieren die zu Beginn der 90er-Jahre gegründeten Organisationen, lediglich erweitert um die beiden Frauenorganisationen Unione Skinhead Girl Italia (Trento) und Women for Aryan Unity Italy (Mailand).[64] Unterdessen ist die RechtsRock-Szene in steter Bewegung. Eine Reihe von Bands, darunter Zetazeroalfa aus Rom oder Codici a Barra aus Verona wurden gegründet und neue Fanzines wie *Spirit of 88* (Mailand) oder *Offensiva* (Genua) ins Leben gerufen. Spezifisch ist bis heute die Anbindung an Formen der traditionellen extremen Rechten. So trat beispielsweise die Band Gesta Bellica im Jahre 2000 vor einigen Hundert Zuhörern bei der Sommeruniversität der so genannten ›neurechten‹ Synergies Européenes in Varese in der Lombardei auf, zu der Besucher aus Italien und anderen europäischen Ländern angereist waren, um über Geopolitik, Julius Evola oder Heidentum versus Christentum zu diskutieren. Gesta Bellica gehörte ebenso wie die Mailänder Dark-Wave-Band Camerata Mediolanense zum musikalischen Begleitprogramm.

Doch auch szeneeigene Veranstaltungen finden zur Genüge statt. Die guten internationalen Kontakte der norditalienischen Szene, vor allem zum europäischen Blood & Honour-Netzwerk, offenbaren sich in einer Vielzahl von Konzerten mit internationaler Besetzung. Bei dem von der VFS unter dem Motto ›Ritorno a Camelot‹ organisierten Festival vom 31. August bis zum 2. September 2001 wurde abends ein internationales Potpourri präsentiert: Neben den italienischen Bands Ultima Frontiera (Triest), Onda d'Urto (Bologna), Armco (Vicenza)[65] und Gesta Bellica (Verona) traten die polnische Gruppe Konkwista 88, die Stuttgarter Band Noie Werte und die Briten von Legion of St. George auf.

Jenseits des ehemaligen ›Eisernen Vorhanges‹ – Ost-Europa

Bereits in den Jahren vor der von der Perestroika eingeleiteten Wende bestanden in den ehemaligen Ländern des ›Ost-Blockes‹ verschieden große Gruppen von Skinheads, sowie, vereinzelt, auch erste RechtsRock-Bands, wie beispielsweise die 1983 gegründete ungarische Band Oi-Kor.[66]

In den Jahren nach der Öffnung schlossen einzelne Länder rasant auf, während in anderen die Szene klein geblieben ist. So existiert beispielsweise in Slowenien keine einzige nennenswerte Band und in Kroatien lediglich die Zagreber Band H8 (Heil Hitler), die allerdings über das Stadium einer selbst gebrannten CD noch nicht hinausgekommen ist.

Crusade for freedom – Kreuzzug für die Freiheit, Veröffentlichung der kroatischen Band H8 (Heil Hitler), 2000. Das Lied ›Dinko Sakic, we are with you‹ auf der CD ist ein Bekenntnis zu Dinko Sakic, kroatischer SS-Führer und 1944 Kommandant des KZ Jasenovac

In diesen Ländern wie auch in der Slowakei, Tschechien und Ungarn besteht in der Bevölkerung ein weit gehender rassistischer Grundkonsens gegen die dort lebenden Roma, der beispielsweise wie in Tschechien immer wieder in Gewalttaten und Morden gipfelt.[67] In Tschechien erlebte der RechtsRock nach dem Zusammenbruch des ›Ost-Blockes‹ einen regelrechten Boom. Treibend war dabei die bereits 1988 gegründete Skinhead-Band Orlik, deren Texte vorwiegend nationalistisch geprägt waren, aber auch vereinzelt rassistische Metaphern wie die des ›Weißen Reiters‹ implizierten: »Der weiße Reiter reitet durch die Dunkelheit, das weiße Schwert hält er über seinen Kopf. [...] [Refrain:] Weißer Reiter, Weißes Strahlen. Weißer Tag und Weißes Gesicht. Sein Pferd ist schon müde und auch sein Arm mit dem Schwert. Aus der schwarzen Nacht ist schon wieder ein Tag geworden. [...] In einem sauberen Land wollte ich leben [...] So seien wir etwas edelmütig, dass er sich hier nicht wie ein Gast fühlt. Für die letzte Schlacht gibt es hier doch genug von uns.«[68] 1991 gehörten die Platten von Orlik zu den meist verkauften in ganz Tschechien. Politisch stand die Band für jenen Teil der RechtsRock-Szene, der sich eher an der Traditionslinie der tschechischen Nationalisten und Faschisten orientierte und sich gegen neonazistische Strömungen in der stetig wachsenden Skinhead-Szene abgrenzte. Dieser Teil der Szene wurde durch die 1991 gegründete Band Buldok protegiert, die sich in ihren Texten positiv auf den Nationalsozialismus bezieht, wie beispielsweise im Lied *Nürnberg*: »1945: die Erde roch nach Blut, die Luft trug den trüben Geschmack von Tod und Verrat. Die Massaker an Kriegsgefangenen und den Führern des Imperiums, waren die ersten Steuern der Versklavung. [...] Die Erde sog das Blut ein und der Staub bedeckte die Leiber der toten europäischen Söhne. Ein brudermörderischer Kampf, der mein Land in die Arme der roten Sklaverei hineinjagte. Am Ufer des Toten Meeres wehte die Fahne mit Davids Stern, die Illuminaten tranken aus dem Becher des Sieges. [...] Die Nacht ist dunkel wie das Böse, die Sterne glänzen wie die Hoffnung. Erinnerungen kalt wie der Blick des Häftlings des Friedens [gemeint ist Rudolf Heß, Anm. Autor]. Der Teufel mit Sichel und Hammer ist mit dem Versprechen der Freiheit gekommen und mit der Weihe von denen, die Nürnberg geplant haben.«[69]

1945: Země voněla krví / vzduch nesl pachuť smrti a zrady / masakry válečných zajatců a hlavy imperátorů / byly první daní poroby [...] / Země vpila krev a prach pokryl těla mrtvých evropských synů / bratrovražedný boj, který vehnal mou zem / v náruč rudého otroctví / na břehu mrtvého moře zavlál prapor s hvězdou Davidovou / ilumináti pili z poháru vítězství [...] Ďábel se srpem a kladivem přišel se slibem svobody / s posvěcením těch, jež naplánovali Norimberk.

Nuremberg (dt.: Nürnberg), Buldok, 1997

Auf Initiierung von Herve Guttuso von den französischen Charlemagne Hammer Skins wurde im April 1993 die tschechische Division

DIE GRENZPOLIZEI RÄT:

MACHEN SIE SICH NICHT STRAFBAR,

bei der Einfuhr von

gewaltverherrlichenden
CDs, Tonträgern, Druckwerken

(z.B.: Lied: „Der nette Mann", Interpret: Böhse Onkelz;
Lied: „Republik der Strolche", Interpret: Landser;
Lied: „Trotz Verbot nicht tot", Interpret: Kraftschlag)

oder

Kennzeichen verfassungswidriger Organisationen

z.B. Hakenkreuzen, SS-Runen
abgedruckt auf CD-Covern, Platten-Hüllen o.ä.
(z.B. CD-Cover der Gruppe „Landser").

Flugblatt der bayrischen Grenzpolizei, verteilt am Grenzübergang zu Tschechien, 2001

Ungarische Vorzeigeband Archivum, die ihre CD I'm not extreme ... but the system in Deutschland 2001 bei Front Records veröffentlichte

Bohemia Hammer Skinheads gegründet, die sich seitdem zu einer elitären, klandestin agierenden Gruppierung entwickelt hat. Mitte der 90er-Jahre kam es zwischen den Mitgliedern der Hammerskins und Blood & Honour regelmäßig zu gewalttätigen Auseinandersetzungen, die sich mittlerweile in ein einvernehmliches Neben- und Miteinander aufgelöst haben. Die Bohemia Hammer Skinheads sind ebenso wie die tschechische Blood & Honour-Division vor allem mit der Veranstaltung von Konzerten und Festivals beschäftigt, zu denen oftmals mehrere Hundert Fans vor allem aus den Nachbarländern anreisen. Für die deutschen Nachbarn ist das Land zu einem der wichtigsten Produktionsorte für RechtsRock-CDs geworden. Die günstigen Angebote der dortigen Presswerke haben dazu geführt, dass eine ganze Reihe von deutschen und auch west-europäischen Labels ihre Tonträger dort herstellen lassen. Und die Schwarzhändler entlang der Grenze zu Deutschland bieten neben illegal hergestellten Scooter- und Madonna-CDs auch Titel von Landser, Kraftschlag oder den Zillertaler Türkenjägern an.

Ungarn hingegen verfügt über einige renommierte RechtsRock-Bands, die in der Vergangenheit über die Sampler *Hungarian NS Compilation*[70] und *Hungarian Skinhead Compilation*[71] dem nationalen und auch dem internationalen Publikum vorgestellt wurden. Am bekanntesten ist die 1992 gegründete Budapester Band Archivum, die unlängst ihre aktuelle CD *I'm not extreme ... but the system* auf dem deutschen Label Front Records veröffentlichte. Inhaltlich handeln ihre Text von Blut, Ehre und Groß-Ungarn: »Kárpátalja isn't Ucraina, Transylvania will never be Rumania, Highland isn't Slovakia, Örség isn't Austria, our land can't remain cutty. What should our father Árpád say about this. Justice will prevail one day, Hungary will be whole again.«[72] Alljährlich, um das Datum der Befreiung Budapests vom Faschismus am 11./12. Februar, wird die Landeshauptstadt zum Aufmarschort neofaschistischer Gruppierungen und Delegationen aus dem In- und dem europäischen Ausland. Allerdings gedenken sie nicht der Kapitulation, sondern der vorangegangenen Schlacht um Budapest, bei der die ungarische Armee und die mit ihnen verbündeten Waffen-SS-Einheiten der Roten Armee unterlag. An der Demonstration am 13. Februar 1999 nahmen beispielsweise ca. 600 bis 700 Personen aus 16 Nationen teil. Die deutsche Beteiligung fiel jedoch gering aus.[73] Mehrere Busse aus Berlin wurden bereits bei der Anreise angehalten und über 70 Personen in Gewahrsam genommen,[74] weitere 200 wurden an der Ausreise aus Deutschland gehindert.[75] Um den Anreiz zur Teilnahme am Aufmarsch zu erhöhen, klingt der Gedenkmarsch seit einigen Jahren mit musikalischen Darbietungen aus. Für das Konzert im Anschluss an eben jenen Aufmarsch 1999 waren aus Ungarn die Bands Ut Es Cel, A.C.A.B., Orjarat, Verszerzödes und Archivum angekündigt, aus Tschechien die Hammerskin-Band Vlajka, aus Serbien Providenje, aus Deutschland die Rostocker Band Nordmacht[76] und aus Großbritannien Avalon. Bis morgens um vier Uhr wurde die ›europäische Kameradschaft‹ gefeiert.[77]

Während von den weiter östlich gelegenen Ländern Bulgarien über keine nennenswerte Szene verfügt, versucht zumindest die seit 1998 in der

Ukraine ansässige und in mehrere Sektionen aufgeteilte Blood & Honour-Division die Szene zu organisieren. Allerdings ist die dortige Polizei bestrebt, den offen neonazistischen Gruppen Einhalt zu gebieten. Auftritte der bekannten Bands Sokyra Peruna[78] und White Load werden häufig im Vorfeld verboten und sind daher selten. Das größte Konzert der letzten Jahre am 25. Dezember 2000 in Kharkiv, zu dem gerade einmal 400 Besucher anreisten, unter anderem aus Polen, Weißrussland und Russland, wurde von Blood & Honour sowie Skinhead Heathen Front organisiert.

Von den baltischen Staaten verfügt lediglich Estland neuerdings über eine Blood & Honour-Division und seit der CD-Veröffentlichung *It's Time to Awake!* der Tallinner Band Preserve White Aryans, die sogar im amerikanischen Magazin *Resistance* rezensiert wurde,[79] auch über eine Band mit voraussichtlich zunehmendem internationalem Renommee.

CD-Debüt der estnischen Blood & Honour-Band Preserve White Aryans (PWA), 2001

Über das Land hinaus reicht der Bekanntheitsgrad der 1994 gegründeten Band Kolovrat. Auf der 2001 bei Pühse Records verlegten Split-CD zusammen mit der Bremer Band Nahkampf singen sie in ihrem programmatischen Song *Kolovrat above the whole World*: »Many nations – one united force, every target is attainable by a combined effort. We'll continue the started affair, Kolovrat abouve the whole world!«[80] Die dabei angedeutete internationale Akzeptanz trügt, in einer Rezension des deutschen *Combat 2000* Fanzines wird auf die Geschichte verwiesen: »Denn United Stride ja, aber mit den Russen? 100.000 von Soldaten haben diese Roten Teufel verrecken lassen, viele sind auf dem Weg dahin qualvoll verreckt! Man hat Hunderttausende von Frauen vergewaltigt und umgebracht, auch noch nach Kriegsende!!! Man hat uns ausgeplündert und ausgeschlachtet! Und mit diesem Pack, sollen wir dann noch zusammen schreiten ...???« [Fehler im Original][81]

Aber auch im internationalen Kontext entscheiden teilweise noch heute die aus dem Nationalsozialismus bekannten Vorstellungen zur ›Rassen-Hierarchie‹ über die Aufnahme in die neonazistische Internationale: 2000 wurde die russische Sektion aus der internationalen Hammerskin Nation mit dem lapidaren Hinweis ausgeschlossen, dass Slawen nicht zur ›arischen Rasse‹ gehören.[82]

КОЛОВРАТ НАД ВСЕМ МИРОМ

В наших руках Имперское Знамя,
Кроме Борьбы нет иного пути.
Страну охватило Белое Пламя,
Русофобам придется уйти.

Припев: Много Наций – Единая Раса,
Вместе покончим с кровавым пиром.
Мы дождемся своего часа,
Коловрат над всем миром!

Ветераны Рейхсвера одевают Награды,
Эсэсовец хранит свой черный мундир.
Будут еще Боевые Парады,
И Новых Солдат поведет командир.

Ку-Клукс-Клан поднимается снова,
На Миссисипи пылают кресты.
Юг не нарушит данного слова,
И на границах воздвигнет посты.

Припев.

Während die Band im russischen Original von 1999 den ›Rasse‹-Gedanken in den Vordergrund stellt, formuliert sie für den deutschen Markt ›harmloser‹:
Kolovrat above the whole World, Kolovrat, 2001

Zwischen nationalem Katholizismus und Neonazismus – Polen[83]

In Polen tauchten Mitte der 80er-Jahre die ersten Skinheads auf, die Mehrheit von ihnen waren ehemalige Punk-Rocker. Polnische Skinhead-Bands existierten allerdings nicht und da west-europäische Schallplatten schwer zu beschaffen waren, hörten die Skinheads Punk-Bands. Die ersten Skinhead-Bands entstanden, wie in anderen ost-europäischen Ländern auch, im Zuge der Perestroika. 1988 wurden die Bands Szczerbier in Skoczow bzw. Ustron und Polska Rydultowy gegründet und 1989 die Band Honor aus Gliwice, die noch heute zu den bekanntesten Rechts-Rock-Bands Polens gehört.

Krew Naszej Rasy – ›Das Blut unserer Rasse‹, Konkwista 88, 1995

Ende der 80er-Jahre versuchte die rechtsextreme Organisation Narodowe Odrodzenie Polski (NOP, dt.: Nationale Wiedergeburt Polens) die relativ undisziplinierten und massiv gewaltbereiten Skinheads für ihre Ziele zu gewinnen. Dabei spielte die Band Legion aus Wroclaw eine besondere Bedeutung, von der es heißt, dass eine ihrer Kassetten über 30.000-mal verkauft worden sein soll.[84] Die Bandmitglieder sympathisierten offen mit der NOP und waren für die Bewegung eine gute Werbung. Der NOP gelang es, im Verbund mit anderen extrem nationalistischen Gruppen einen Teil der Skinheads dazu zu bewegen, keine nationalsozialistischen Symbole mehr zu benutzen. Damit deutete sich das erste Mal eine formale Trennung zwischen offen neonazistischen Skinheads und eher national-katholisch orientierten an, wobei die beiden Fanzines *Skinhead Sarmata* und *Czas Mlodych* die ›Patrioten‹ gegen die Neonazis unterstützten.

Nach dem Zusammenbruch des Kommunismus in Polen Anfang der 90er-Jahre explodierte die Skinhead-Szene förmlich. Viele neue Bands wurden in jener Zeit gegründet, darunter auch 1990 die bis heute bekannteste polnische Gruppe Konkwista 88 (dt.: Eroberung Heil Hitler) aus Wroclaw, die sich inhaltlich von Anfang an klar neonazistisch positionierten. In dem Lied *A.F.P.* singen sie: »Das Symbol des Hakenkreuzes auf unseren Fahnen wird uns zum Sieg führen.«[85] Sie initiierten gemeinsam mit Honor und anderen offen neonazistischen Bands die Aryjski Front Przetrwania (AFP, dt.: Arische Überlebensfront), die nach dem Vorbild der britischen Blood & Honour-Organisation aufgebaut war. Ziel war es, als Alternative zu den politischen Parteien eine reine Skinhead-Organisation zu schaffen. Die AFP war es auch, die 1992 das Hitler-Festival (Selbstbezeichnung) mit der britischen Band No Remorse in Polen veranstaltete.

Neben Konkwista 88 zählt Honor zu den bekanntesten polnischen RechtsRock-Bands

Kurzzeitig existierte 1996 auch eine polnische Blood & Honour-Division, die aber nach einer Razzia wieder aufgelöst wurde. Erst Anfang 2002 wurde die Division mit Autorisierung der Briten erneut gegründet und feierte dies sogleich mit einem Konzert am 27. April 2002 in Gdansk mit den Bands D.M.S. und Death Warrant (beide Slowakien) sowie Potop und Hool's Attack (beide Polen). Seit Jahren hingegen agiert, von der Polizei ungestört, die polnische Division der Hammerskin-Nation, die in ihrem aus Chrzanow vertriebenen Magazin *Rock Against Communism* eine krude Mischung aus RechtsRock, neonazistischem Black-Metal und ideologischen Ausführungen präsentiert.

Lange Jahre erschienen polnische RechtsRock-Veröffentlichungen nur auf Kassette, erst 1993 produzierte Konkwista 88 die erste Vinyl-Single. Verkauft wurde die Musik auf Märkten, an Kiosken und in ganz normalen Plattenläden. 1996 gelang es antifaschistischen Gruppen erstmals, durch eine breit angelegte Öffentlichkeitsarbeit auf das der neonazistischen Musikszene innewohnende Gefährdungspotenzial hinzuweisen und zu verdeutlichen, dass es sich dabei nicht um ein Nischenproblem handelt. Neben dem öffentlichen Druck auf die Szene folgten erste Hausdurchsuchungen und Anklagen gegen Bands und ihre Verleger. In diesem sich zunehmend verschlechternden Klima für die RechtsRock-Szene war das Ende des bedeutendsten polnischen Labels Fan Records ein herber Schlag. Der Musikverlag hatte in den Jahren zuvor die maßgeblichen Bands des Genre protegiert und veröffentlichte unter anderem 1995 die CD *Europejska piesn o chwale* (dt.: Europäische Lieder des Ruhms) von Konkwista 88 und *Droga Bez Odwrotu* (dt.: Straße ohne Wiederkehr) der Band Honor. Diese Lücke wurde bisher noch nicht wieder gefüllt, sodass die bekannteren polnischen Bands ihre CDs auf ausländischen Labels veröffentlichen, während jene, die noch nicht über internationalen Ruhm verfügen, weiterhin Kassetten und nur bedingt CDs in Umlauf bringen.

Mit englischem Titel und polnischer Sprache auf internationalem Kurs, das zeitweilige Hammerskins-Magazin Rock against Communism, Nr. 7, 2001

Unterdessen begann Mariusz Bechta, Geschichtsstudent an der Universität Warschau, mit der von ihm gegründeten Organisation Narodowa Scena Rockowa (NSR, dt.: Nationale Rock Szene) eine neue Plattform für die Szene zu schaffen und sie aus der Isolation zu befreien. Zeitweilig versuchte die NSR über die Zusammenarbeit mit der nationalistischen Wochenzeitung *Mysl Polska* sowie der rechten Tageszeitung *Glos* einen größeren Einfluss zu gewinnen und die Bands des RechtsRock an die nationalistische katholische Rechte anzubinden. Der Versuch scheiterte jedoch am vorwiegend offen neonazistischen Auftreten der Bands, das nicht mit der Ausrichtung der Zeitung harmonierte. Erfolgversprechender ist dagegen die Herausgabe des Fanzines *Narodowa Scena Rockowa* sowie eine im Internet geschaffene Plattform, über die sich NSR präsentiert. Eng verbunden ist die Gruppierung auch mit dem Label Hard Records aus Wroclaw, das im Umfeld der Band Konkwista 88 entstanden ist. Das Label HOS Records aus Warschau hingegen wurde von der mittlerweile wieder aus der Versenkung aufgetauchten Partei Naradowe Odrodzenie Polski (NOP) gegründet, die hofft, sich damit und mit der Herausgabe des Politzine *Szczerbiec* in der RechtsRock-Szene etablieren zu können.

Mit einer Mischung aus Politik und RechtsRock versucht das Magazin Szczerbiec Anhänger für die Narodowe Odrodzenie Polski zu gewinnen. Titelbild der Nr. 8-10, 1999

Bis heute verfügt die RechtsRock-Szene über eine breite Basis. Entwickelt haben sich in den letzten Jahren vor allem gute internationale Kontakte. Während zunehmend polnische Bands im Ausland auftreten oder auf internationalen CD-Compilations[86] vertreten sind, gastieren namhafte Bands wie Celtic Warrior aus Großbritannien oder Bound for Glory auf ihren Tourneen auch in Polen. Für die polnische Szene warb vor allem das englischsprachige Fanzine *Salute* von Marek Kwiatek aus Warschau, der mittlerweile in England lebt. Seine Berichte und Interviews überführen die nationale Szene in den internationalen Kontext. Das Verhältnis zwischen der polnischen und deutschen Szene ist allerdings zwiespältig, besonders bei den Deutschen bestehen – wie bereits eingangs gezeigt – gewaltige Ressentiments gegenüber den Nachbarn. Allerdings werden diese Vorurteile nicht von der ganzen deutschen Szene geteilt. Ebenso wie sich bereits Ian Stuart Donaldson mit dem polnischen ›Volk‹ gegen die damals noch kommunistische Regierung des Landes solidarisierte,[87] erkennen auch Deutsche die polnischen ›Kameraden‹ als gleichberechtigte Partner im Kampf gegen Kommunismus, Einwanderung und Juden und für ein nationalsozialistisches Europa an.

Innovationsland des RechtsRock – USA

In Deutschland begeistern besonders die Männer vom Ku Kux Klan in ihren weißen Roben. Katalog des Sturm Verlag, 1998.

Logo der rassistischen und zutiefst antisemitischen Church Of The Creator (COTC)

Rassistische Musik ist, bedingt durch den Südstaaten-Rock des Ku Klux Klan (KKK), in den USA ein altbekanntes Phänomen und wurde vorwiegend mit den Südstaaten in Verbindung gebracht. Aber als RechtsRock in den USA im Zuge der Verbreitung des Punk auftauchte, entstand damit eine neue, jugendkulturelle Form rassistischer Musik.

Orientiert an Großbritannien entwickelte sich aus dieser Szene ein eigenständiger Skinhead-Stil. Anders jedoch als im Ursprungsland des Skin-Kultes stammten die amerikanischen Jugendlichen nicht vorwiegend aus Arbeiterfamilien, sondern gehörten zum sozial abgesicherten Mittelstand. Der obligatorische ›working-class-style‹ war eher Staffage als Ausdruck sozialer Herkunft.[88]

Die sich fortan von der Punk-Szene abgrenzenden Skinheads teilten sich in zwei Flügel auf; die einen orientierten sich an den Wurzeln der Szene in den 60er-Jahren sowie am sozialkritischen Punk,[89] während die anderen sich offen zu den Ideen der ›Vorherrschaft der weißen Rasse‹ und zum Nationalsozialismus bekannten. Ihr Vorbild war Ian Stuart Donaldson und die Platten seiner Band Skrewdriver gaben ihnen den ideologischen Kurs vor. In der medialen Öffentlichkeit verbreitete sich zunehmend das Bild jugendlicher Skinheads als rassistischer Gewalttäter. Damit zogen sie Mitte der 80er-Jahre das Interesse der altgedienten rechtsextremen Organisationen auf sich, die in den Skinheads eine neue Anhängerschaft entdeckten. Der protestantische, reaktionäre Ku Klux Klan beispielsweise öffnete die Pforten des Klan Youth Corps (Klan-Jugend-Gruppe) und versuchte damit, die Skinheads zu integrieren. Eine andere wichtige Gruppierung war dabei die Church of the Creator (COTC) des Geschäftsmannes Ben Klassen. Allerdings war seine ›Kirche‹ weniger ein Ort religiöser Erbauung als eine den Nationalsozialismus verherrlichende Organisation. Klassen gelang es mit seinen Ideen, Jugendliche anzusprechen und mit seinen Pamphleten zu schulen. Keine andere Organisation vermochte in der zweiten Hälfte der 80er-Jahre so viele Skinheads zu rekrutieren wie der COTC.[90]

Einem anderen Protagonisten der rechten Szene, Tom Metzger, hingegen ging es nicht um die Rekrutierung der vorwiegend jungen Männer, sondern um ihre ideologische Schulung. Davon verstand der kalifornische Fernsehmechaniker etwas. Seine Karriere in neonazistischen Kreisen hatte bereits in den späten 60er-Jahren begonnen. In den 70ern schloss er sich David Dukes KKK an und gründete in den 80ern seine eigene Organisation, die White Aryan Resistance (WAR, dt.: Weißer Arischer Widerstand). Diese Organisation publizierte fünf- oder sechsmal im Jahr ihr *WAR-Magazine*, das von antisemitischen Karikaturen und Comics nur so wimmelte. Metzger versuchte sich den neonazistischen Skinheads nicht als ein Ideologe im klassischen Sinne zu nähern, sondern setzte bereits frühzeitig auf einen integrativen Ansatz. Schon 1983 veröffentlichte er im *WAR-Magazine* Werbung für Ian Donaldsons Rock Against Communism und druckte die Texte von Skrewdriver-Songs ab.

Er versuchte die Skinheads über ihre jugendkulturelle Identität anzusprechen und ihren Rassismus ideologisch zu festigen. Das herausragende Merkmal jener rassistischen Skinheads in der zweiten Hälfte der 80er-Jahre war ihre zunehmend brutale Gewalt gegen Punks, Afroamerikaner und Juden – zwischen 1987 und 1989 brachten sie sechs Menschen um.

Tom Metzger war es auch, der die ersten Konzerte mit amerikanischen Bands organisierte. Er entwickelte die Idee des ›Aryan Fest‹, eines Festivals, das sowohl aus politischen Reden als auch aus Konzerten bestand. Das erste von ihm 1988 gesponserte ›Aryan Fest‹ besuchten gerade einmal über 100 Skinheads, während das im Jahr darauf organisierte ›Reich N' Roll Fest‹ schon doppelt so viele Besucher anzog. Auf diesem Konzert traten zum ersten Mal in größerem Umfang auch amerikanische Bands auf, ein Novum für die Szene, die nach wie vor stark von der britischen Szene beeinflusst war.[91] Neben einer der ältesten Bands, der 1983 gegründeten Gruppe Bully Boys aus Dallas, traten die gerade 1989 gegründeten Bound for Glory auf sowie die Gruppe Hakenkreuz um Max Resist aus Detroit.[92]

Damit war ein Muster für andere rechte Organisationen wie beispielsweise die Aryan Nation vorgegeben: Über von ihnen ausgerichtete Festivals versuchten sie, vermehrt Skinheads zu werben.

Neben der Politisierung und Organisierung der Skinheads durch alteingesessene Gruppierungen entwickelten sich ab Mitte der 80er-Jahre selbstständige Skinhead-Gruppen, die allerdings eher Gangs glichen. Die Ausnahme bildet die 1986 von Wollin Lange und Scan Tarrant in Dallas/Texas gegründete Hammerskin-Nation. »[We] are an organisation run by Skinheads for Skinheads. There has never been any group or body, in this country, which has been purely and exclusively for skinheads. We hope to become the first. [...] Our goal? A Racial War which will show the Aryan Power and destroy the Zionist Occupationnal Government (ZOG)!!!«[93]

Die Band Bound for Glory aus Minnesota avancierte schnell zur ersten erfolgreichen Skinband aus den USA. Ihre ersten drei Tonträger erschienen auf dem deutschen Label Rock-O-Rama. Ihren Erfolgsweg beschritten in den folgenden Jahren rund ein Dutzend anderer amerikanischer Bands, deren CDs, T-Shirts und andere Szene-Accessoires über eine Vielzahl kleiner Label und Versandgeschäfte vertrieben wurden.

Das große Geschäft mit dem RechtsRock erkannte in den USA als erstes George Burdi (alias George Eric Hawthorne). Er war aktiv bei der COTC und Sänger der 1990 gegründeten Band RaHoWa (Racial Holy War). 1994 gründete er eine Produktionsgesellschaft namens Resistance Records, zu der neben einem Plattenverlag und einem großen Versandkatalog auch ein eigenes professionelles Hochglanz-Musikmagazin namens *Resistance* (dt.: Widerstand) gehörte. »Mir war der kritische Zustand der White-Power-Musik klar. Bands waren am Ende ihrer Geduld, sie warteten auf Gelder von Studioaufnahmen, die niemals kamen. Weiße Jugendliche überall im Land hatten keine Ahnung, wo sie eine White-Power-CD oder -Kassette kaufen sollten«, schrieb Burdi in

Die ›Hammer-Feste‹ in den USA sind die Events der nordamerikanischen Szene

Die gekreuzten Hämmer sind das Symbol der Hammerskin-Nation

Das Fanzine Totenkopf von Patrick Iten machte die Ideen der Hammerskins in Europa publik. Titelblatt der sechsten Ausgabe, 1993

Professionelles Layout & Marketing – das Erfolgsgeheimnis von Resistance, bis die Steuerbehörde kam. Titelblatt der fünften Ausgabe, 1995, mit der Band RaHoWa

Dr. William Luther Pierce, 11.9.1933-23.7.2002, Kopf der National Alliance und RechtsRock-Protegé

Neben Resistance ist die Firma Panzerfaust der größte RechtsRock-Produzent in den USA

der Debütausgabe.[94] Mit seinem Label setzte er schnell neue Qualitätsmerkmale in der Produktion und Gestaltung von CDs und das Magazin geriet zum weltweiten Vorzeigeblatt des RechtsRock an dem sich in Schweden das *Nordland*-Magazin und in Deutschland die Zeitschrift *Rock Nord* orientierten. Resistance entwickelte sich zusehends zum zentralen Kristallisationspunkt des RechtsRock in den USA. Burdi verband mit dem Unternehmen das politische Ziel, die Musik aus der Isolation ungezügelter, gewalttätiger Skinhead-Gangs und rechtsterroristischer Vorstellungen im Sinne des *WAR* zu befreien und stattdessen eine Alternativkultur für ›rassebewusste‹ Weiße zu schaffen. Als ein sichtbares Zeichen seiner Ambitionen ließ er sich die Haare wachsen und verabschiedete sich damit deutlich vom Skinhead-Stil.

1997 durchsuchten Steuerbehörden die Räume des Unternehmens Resistance und leiteten ein Verfahren wegen Steuerhinterziehung gegen Burdi ein. Im selben Jahr musste er wegen eines tätlichen Angriffes auf eine Frau nach einem RaHoWa-Konzert eine einjährige Haftstrafe antreten. Sein Fehlen machte sich umgehend bemerkbar. Das Magazin *Resistance*, dessen vorerst letzte, achte Ausgabe 1997 erschienen war, wurde nicht fortgeführt und das Label sowie der Versand stagnierten zusehends. Nach der Haftentlassung wandte Burdi der Szene den Rücken zu. Erst im August 1999 wurde das Unternehmen von William Pierce, dem Vorsitzenden der National Alliance, wieder belebt. Das Magazin *Resistance* wird unter seiner Ägide nunmehr von Erich Gliebe herausgegeben.

Unterdessen waren an die Stelle von Resistance vor allem die beiden Label Tri-State-Terror[95] und das heute in Newport/Minnesota ansässige Panzerfaust Records getreten. Insbesondere Panzerfaust avancierte zu einem international bedeutenden Label und wurde unter anderem zur Anlaufstelle bekannter kanadischer Bands wie Vinland Warriors, Battlefront oder Aryan.[96]

Die amerikanischen RechtsRock-Bands fanden, im Gegensatz zu den europäischen Bands, einen ›eigenen‹ Stil. Obwohl Musikgruppen wie die 1984 gegründeten Doc Martens klassischen Hard-Rock-lastigen RechtsRock spielten, hat sich die Mehrzahl der amerikanischen Bands dem Hardcore bzw. in den letzten Jahren zunehmend der ›härteren‹ Variante des Hatecore verschrieben.[97]

Aber auch andere Töne wurden in der amerikanischen Szene angeschlagen. So war die Gruppe RaHoWa von George Burdi musikalisch dem Genre des Heavy Metal zuzurechnen; Bob Heick, ehemals Anführer der American Front und überzeugter Anhänger des klassischen RechtsRock ist nunmehr mit seinem Projekt Robert X. Patriot in die lärmige Seite des Industrial involviert, während der einstige Sänger der Skinhead-Band Youngblood, Eric Owens, völkische Folklore vorträgt.

Angesichts dessen verwundert es nicht, dass amerikanische Labels verschiedenste Musikstile verlegen, deren gemeinsamer Nenner die politisch rechte Botschaft ist. Das von Pierce übernommene Label Resistance, dem er im Herbst 1999 noch den Warenbestand des ebenfalls von ihm aufgekauften schwedischen Labels Nordland hinzufügte, expandiert mittlerweile auch in die Gefilde des NS-Black-Metal. Im Jahr 2000 kaufte Pierce das norwegische Label Cymophane auf, das 1993 von dem bekannten norwegischen Black-Metal-Musiker und verurteilten Mörder Christian ›Varg‹ Vikernes von der Band Burzum gegründet wurde. Gemeinsam mit Hendrik Möbus, dem wegen Totschlages verurteilten Sänger der NS-Black-Metal-Band Absurd, plante Pierce die Expansion in den Markt dieser Musikrichtung. Allerdings wurde Möbus, der auf der Flucht vor einem erneuten Haftantritt bei Pierce untergekommen war, festgenommen und nach Deutschland abgeschoben.

Während Möbus nun mehr in Thüringen im Gefängnis sitzt, starb am 23. Juli 2002 der amerikanische RechtsRock-Mogul nach langer Krankheit. Sein Nachfolger ist der 39-jährige Erich Gliebe, dem bisher ›nur‹ Resistance unterstand. Auch er unterhält gute Kontakte nach Europa und insbesondere nach Deutschland. Immerhin, sein Großvater kämpfte in der deutschen Wehrmacht.

Allerdings sind die Verbindungen von Pierce als auch Gliebe in die ›alte Welt‹ keine Ausnahme. Amerikanische Bands geben in Interviews immer wieder zu Protokoll, dass sie gern in Europa spielen, bevorzugt in Deutschland. Dort seien die Konzerte sehr gut organisiert und immer hervorragend besucht.[98] Vor allem gefällt dem deutschen Publikum der musikalische Stil des Hatecore, so wie ihn die Bands Max Resist, Blue Eyed Devils, Angry Aryans oder People Haters spielen. In deutschen Magazinen wie dem der Blood & Honour Division Deutschland wurden amerikanische Bands seit Jahren protegiert[99] und mittlerweile versuchen sich auch einige deutsche Gruppen an diesem Stil, darunter die Bands Hate Society und Confident of Victory.

Eric Owens – vom Skinhead zum Folksänger, Bild aus dem Resistance Magazin, Nr. 6, 1996

Racially Motivated Violence – ›Rassisch motivierte Gewalt‹, CD der US-amerikanischen Band Angry Aryans, 1998

Eine neue Internationale?

Europe awake for the white mans sake /
Europe awake before it's too late /
Europe awake![100]
Skrewdriver

RechtsRock ist nicht nur ein auf Deutschland, England oder wenige andere Länder beschränktes Phänomen, sondern weltweit verbreitet. Überall, wo junge Männer und Frauen den ›Kampf um die weiße Vormachtstellung‹ führen und den Faschismus wie auch den Nationalsozialismus als ihre Ideologie begreifen, ist die Musik zu ihrem Sprachrohr geworden. Während in den Texten das Nationale überwiegt, wird dennoch fortwährend der gemeinsame Kampf aller ›Weißen‹ betont. Ihr politischer Wille ist in den ›14 Words‹ des amerikanischen Rechtsterroristen David Lane auf einen Nenner gebracht worden: »We must secure the existence of our people and a future for white children.«

Konzerte mit Bands aus verschiedenen Ländern werden so zu einer internationalen Erlebniswelt für die Szene. Besondere Bedeutung kommt

Werbung für ein Ian-Stuart-Memorial-Concert 2002 in der Slowakei, auch anderswo gedachte die Szene auf Konzerten der 1993 verstorbenen Gallionsfigur Ian Stuart

dabei den alljährlich im September und Oktober stattfindenden Ian-Stuart-Donaldson-Memorial-Konzerten zu. Seitdem die Galionsfigur der Szene, Sänger der ehemaligen Band Skrewdriver und Begründer von Blood & Honour, 1993, verstarb, werden diese Konzerte zur Manifestation der internationalen Verbundenheit der Szene und Hunderte von Fans nehmen weite Anreisewege in Kauf, um die Konzerte zu besuchen.

Über die Grenzen hinweg verlaufen ebenso die Geschäftsbeziehungen der Plattenlabels und Bands. Wenn beispielsweise in Griechenland oder Ungarn kein Label eine adäquate Vermarktung der Tonträger gewährleisten kann, weichen die Gruppen auf andere Anbieter im Ausland, vorwiegend in Deutschland, aus. Die Flexibilität der Szene offenbart sich auch angesichts von Verboten einzelner Tonträger. Als die LP *Trotz Verbot nicht tot* der norddeutschen Band Kraftschlag 1993 verboten wurde, folgte 1995 eine Neuveröffentlichung über das Label NS Records in Dänemark und 1999 bei Hatefront mit dem Gütesiegel »Made in USA«. Als ab Sommer 2000 die Polizei in Deutschland wesentlich repressiver gegen Konzerte von RechtsRock-Bands vorging, sank zwar die Anzahl der vom Verfassungsschutz registrierten Konzerte von 109 im Jahr 1999 auf 82 im Jahr 2000,[101] dafür nahm der ›Konzert-Tourismus‹ zu Festivals im benachbarten Ausland zu. Nationale Verbote werden so ad absurdum geführt.

Jenseits neonazistischer Parteien hat sich eine international vernetzte extrem rechte Szene entwickelt, die über die Musik und den jugendkulturellen Habitus junge Menschen anspricht, mit den Konzerten eine Erlebniswelt präsentiert und ideologisch eine Identität anbieten kann.

Anmerkungen

1 Razors Edge & Hate Society: Strength thru Blood, CD, Searchlight Rec., 2000.
2 Diese Gemeinsamkeit ist eine post-nationalsozialistische Konstruktion jenseits ›rassentheoretischer‹ Abhandlungen des 19. und 20. Jahrhunderts sowie jener der Nationalsozialisten. Vgl. zum Konstrukt der Rasse: Weingart, Peter; Kroll, Jürgen; Bayertz, Kurt: Rasse, Blut und Gene. Geschichte der Eugenik und Rassenhygiene in Deutschland, Frankfurt/M., 1992.
3 V.A.: No more brother wars, CD, Di-Al Rec., 1996.
4 White Pride World Wide ist der Titel einer erstmals 1995 veröffentlichten Compilation des schwedischen Labels Nordland, die bisher in fünf Ausgaben erschienen ist.
5 1997 veröffentlicht auf dem Bremer Label Hansa Records.
6 ›Schindlerjude‹ wurde in Ableitung aus dem Steven-Spielberg-Film Schindlers Liste als Schimpfwort verwandt.
7 Der Foiersturm, Nr. 5, 1999, S. 41: The European Friendship. Nicht überall Realität!!!, von Karsten. Der Autor greift in dem Artikel scharf diesen Skinhead an und verteidigt mit einer Reihe von Argumenten vehement die Kameradschaft mit den Ungarn.
8 Landser: Rock gegen oben, CD, Rebell Rec., 1997.
9 Ebd.
10 ›Südtirol‹-Bericht: http://members.freespeech.org/gloria-victoria/konzert_in_suedtirol_am_13.htm, September 2001: Konzert in Südtirol am 13. Januar 2001 mit Kaiserjäger, Südfront und Vogelfrei.
11 Blood & Honour – Great Britain, Nr. 19, 2000, S. 16–17, hier S. 16: S.E.K., Interview mit Marcel.
12 Vgl.: Lowles, Nick: White Riot. The violent story of Combat 18, Bury, 2002.

13 Lowles, Nick: ebd. S. 119.
14 Siehe: Lowles, Nick: Goldesel des White Power. ISD-Records. In: Searchlight; Antifaschistisches Info Blatt; Enough is enough; rat (Hg.): White Noise, Hamburg, Münster, 3. erw. Aufl., 2001, S. 47–66.
15 Projekt von Paul Burnley und Nigel Brown.
16 No Remorse: Barbecue in Rostock, CD, ISD, 1996. Das Cover zeichnete der Sänger der kanadischen Band Aryan Griffin.
17 Warhammer: Valhalla's Warriors, CD, ISD, 2000.
18 Kristalna Noc wurde 1991 gegründet, dann aber wieder aufgelöst, um 1997 wieder neu gegründet zu werden. Vgl.: Fighting Breed, Nr. 2, 2000: Kristalna Noc.
19 Vgl.: Versandkatalog von Show-down Records, September 2001.
20 Bei den beiden veröffentlichten CDs von GBF wirkten neben Ken McLellan u.a. auch Jim Harwood (Squadron), Stephen Calladine (Stigger) u.a. (Skrewdriver, Warlord, Ravens Wing) sowie Steffen Hammer samt Bandkollegen von Noie Werte mit.
21 Zu Ehren der Band wurde eine der wenigen Tribut to ...-CDs des RechtsRock eingespielt, siehe: V.A.: Tribute to Bunker 84, CD, Street Fighting, 2001, u.a. mit den Bands Panzerjäger (F), Bagadou Stourm (F), Les Vilains (B), A.C.A.B. (H), Archivum (H), Gesta Bellica (I), Block 11 (I), Viland Warriors (CAN).
22 Der Erfolg des RIF-Konzeptes ist fraglich. Nur wenige neue Bands stellen sich in Frankreich unter das Label ›Identitätsrock‹. Zudem erschien 2001 die sechste und letzte Ausgabe des vierteljährlichen Magazins Tribune Musicale von Stéphane Wulleman, so dass RIF nur noch über das ebenfalls von Wulleman herausgegebene Heft Fier De L'Etre präsent ist.
23 Einen Überblick über RIF ermöglicht die Compilation Memorial Records présente SUR LES TERRES DU RIF Du gothic au ska, du rock au hardcore et de l'indus à la techno (Memorial Rec., 1998).
24 Die deutsche Variante nennt sich ›Identität durch Musik‹ (IDM) und wurde 1999 von der Band Carpe Diem initiiert, die auf Vox Europa II mit einem Lied vertreten ist. Obwohl sich die Musikgruppe zwischenzeitlich aufgelöst hat, existiert weiterhin eine Homepage als Informations- und Diskussionsforum, ergänzt durch das Magazin Der Ruf nach Freiheit, das seit Oktober 2001 als Organ von IDM fungiert.
25 »9. Panzer Symphonie ist eine Vereinigung von Beethovens 9. Symphonie und der 9. Panzerdivision. Es soll bedeuten, daß die Musik uns in unserem Kampf begleiten soll.« Vgl.: Bramfelder Sturm, Nr. 10, 1996, S. 6–8, hier S. 6: Die Panzer rollen wieder! 9ême Panzer Symphonie Interview.
26 Fraction Hexagone aus Nizza ist aus den Bands Freikorps und Septembre Noir hervorgegangen. Vgl.: Donnerschlag, Nr. 5, 1999, S. 7–8, hier S. 7: Fraction Hexagone.
27 Die bekanntesten Label sind Street Fighting aus Château-Gontier und das 1994 gegründete Pit Records aus Evry.
28 In Frankreich existieren neben der Division France, die Divisionen Breiz (Bretannie), Midgard (Alès) und Sang & Honneur (Rouen). Aus Nyon in der französischen Schweiz kommt zudem die Division Romandie (französischsprachige Schweiz). Hinzu kommt das Blood & Honour nahe stehende Elsaß Korps (Elsaß).
29 In Belgien existiert die Division Flandern, die von den ehemaligen Herausgebern des Fanzine Fighting Breed aus Hamme, das 1999/2000 mit drei Ausgaben erschien, gegründet wurde.
30 Die französische Division Sang & Honneur veröffentlichte 1998 die internationale Compilation Sountien des Prisonniers. Mit den Einnahmen aus dem Verkauf der CD wurden inhaftierte ›Kameraden‹ unterstützt. Eine ähnliche CD hat in Deutschland die HNG veröffentlicht. Vgl.: V.A.: HNG Support Compilation Germany, CD, POW Rec., 2000.
31 In Dänemark besteht nur eine sehr kleine RechtsRock-Szene. Die einzige Band Chamber 88, hat bisher keinen Tonträger veröffentlicht. Das 1998/99 erschienene Magazin Blood & Honour Danmark war ein Joint Venture der schwedischen Szene.
32 Die Abkürzung WAW steht für Weißer Arischer Widerstand.
33 Offiziell wurden NS Rec. und NS 88 zum 31.3.1998 aufgelöst und das veröffentlichte und unveröffentlichte Material an Blood & Honour Scandinavia

übergeben. Vgl.: Ruf des Nordens, Nr. 2, Sommer 1999, S. 14: Eine Aera geht zu Ende! Wir erklären die Auflösung von NS Rec/NS88.

34 An dieser Stelle sei Cordelia Hess und der schwedischen Zeitung Expo (Box 1030, 11479 Stockholm, Schweden) für ihre Unterstützung gedankt.

35 Vgl.: Lööw, Heléne: Nazismen i Sverige 1980–1997. Den rasistiska undergroundrörelsen: musiken, myterna, riterna, Stockholm, 1998, S. 184.

36 Ultima Thule: Svea hjältar, LP, OWN, 1991. Die CD ist 1992 auch bei Rebelles Européens (F) veröffentlicht worden.

37 Vgl.: Lööw: Nazismen i Sverige, a.a.O., S. 184. Siehe auch: Lööw, Heléne: White-Power Rock'n'Roll: A Growing Industry. In: Kaplan, Jeffrey; Bjørgo, Tore (Hg.): Nation and Race. The Developing Euro-American Racist Subculture, Boston, 1998, S. 126–147.

38 Allerdings werden The Jinx, die sich aus alten Mitgliedern von Midgards Söner zusammensetzen, mittlerweile über das Label Bad Attitude Records verlegt, ein anderes Label von Ultima Thule, das in der Öffentlichkeit nicht eindeutig mit der Band in Verbindung gebracht wird.

39 Aus dem Begleitheft zur CD Ultima Thule: Herrlich Hermannsland, MCD, DIM Rec., 2000.

40 Vgl.: Larson, Stieg: racism inc. White-Power-Music made in Sweden. In: Searchlight; Antifaschistisches Info Blatt; Enough is enough; rat (Hg.): White Noise, a.a.O., S. 113–120, hier S. 118.

41 David Lane gehörte in den USA zur Organisation The Order, auf deren Konto mehrere Sprengstoffanschläge gingen. Lane wurde wegen Erpressung und Mordes zu einer Gefängnisstrafe von 150 Jahren verurteilt, frühester Bewährungstermin nach 50 Jahren. Vgl.: Flynn, Kevin; Gerhardt, Gary: The silent brotherhood, New York, 1989, S. 466.

42 Zitiert aus dem Lied White Hate; Iron Youth: Durch das Volk – Mit dem Volk – Für das Volk, CD, Hate Rec., 1998.

43 Ebd. Auch die im Jahr 2000 veröffentlichte CD Respect/Defend/Create erschien im Ausland, in diesem Fall beim amerikanischen Label Resistance Records.

44 Im Gegensatz zu Spanien ist die Szene in Portugal marginal, einziger musikalischer Exportschlager ist die Lissaboner Band Lusitan Oi. Treibende organisatorische Kraft ist die Gruppierung Ordem Lusa.

45 Vgl. exemplarisch für die deutsche Szene den Bericht in: Noie Doitsche Welle, Nr. 5, 1998, S. 44–47: Spanienfahrt '97. Reisebericht zur Fahrt am 20.11.

46 An dieser Stelle sei Liane Dubowy für ihre Unterstützung gedankt.

47 Neben Musik gab es auf diesem Sommertreffen auch Verkaufsstände, politische Versammlungen und Veranstaltungen von Poesie bis Rock.

48 23. bis 25. Juni 1978 in Sulmona.

49 V.A.: Tribut to Janus, CD, Rupe-Tarpea Prod., 1997. Auf der CD sind u.a. die Bands A.D.L. 122, Corona Ferrea und Intolleranza vertreten.

50 L'Inferocito, Anno VI, Nr. 1, Februar/März 2001: Onore a Massimino.

51 Der Plastic-Surgery-Gitarrist Mauro (Mori) Menegatti spielte ab 1991 ebenfalls bei Peggior Amico.

52 Marchi, Valerio: Nazi Rock – Pop music e Destra radicale, Roma, 1997, S. 202.

53 Rock Nord, Nr. 16, April 1997, S. 4–5: Gesta Bellica.

54 Marchi: Nazi Rock, a.a.O., S. 203.

55 Allerdings musste die Band kurz zuvor absagen. Vgl.: Schlachtruf, Nr. 4, 1991, S. 24f.: Peggior Amico.

56 Marchi: Nazi Rock, a.a.O., 1997, S. 204.

57 Vgl.: Hammerskin Nation Year Book 97, S. 23f.: Interview ... Hammer Skins Italia. Als Hammerskin-Bands gelten u.a. Corona Ferrea und SUD XT.

58 Verde Bianco Rosso waren u.a. auf der Compilation zum 100. Geburtstag von Adolf Hitler vertreten (Rebelles Européens, 1989).

59 Marchi: Nazi Rock, a.a.O., S. 208.

60 Ebd., S. 228.

61 Gemeint ist das Decreto Legge bzw. Legge Mancino (Gesetz Mancino), das die Nummer 122 erhielt. Die Band A.D.L. 122 griff dies später mit ihrem Namen auf: Anti Decreto Legge 122 (Gegen das Gesetz 122).

62 In diesem Zeitraum begann Tuono Records mit der Herausgabe des Mailänder Fanzine Assalto Sonoro, dem 1995 Groarr aus Verona folgte.

63 Vgl.: Gesta Bellica: Iterum Rudit Leo, CD, Tuono Rec., 1999.

64 Allerdings sind beide Organisationen marginal, da in beiden jeweils höchstens 20 Frauen organisiert sind.

65 Armco ist eine Neugründung mit ehemaligen Mitgliedern von Peggior Amico.

66 Oi-Kor aus Budapest spielten nationalistische Oi-Musik und grenzten sich gegen neonazistische Gruppen ab.

67 Vgl. Kürti, Lászlo: The Emergence of Postcommunist Youth Identities in Eastern Europe: From Communist Youth, to Skinheads, to National Socialists and Beyond. In: Kaplan, Jeffrey; Bjørgo, Tore (Hg.): Nation and Race. The Developing Euro-American Racist Subculture, Boston, 1998, S. 175–201.

68 Aus dem Lied Bilej jezdec (dt.: Weisser Reiter), auf: Orlik: Orlik!, LP, Monitor, 1990.

69 Aus dem Lied Nuremberg (dt.: Nürnberg), auf: Buldok: Triumf, CD, Gladius Rec., 1997.

70 V.A.: Hungarian NS Compilation, CD, o.J. (ca. 1997). Auf der CD sind die Bands Nimród, Archivum, Valhalla und Vérszerzödés vertreten.

71 V.A.: Hungarian Skinhead Compilation, CD, Rockworld, 1999. Auf der CD sind neben den Bands von der ersten Veröffentlichung noch Junkers 88, Örjárat und Út & Cél vertreten.

72 Aus dem Lied Gyöz az igazság (Justice will prevail) auf: Archivum: Támadás, CD, Movement Rec., 1998.

73 Rippenbrecher, Nr. 1, 1999, S. 16: Trauermarsch und Konzert am 13.2.1999 in Ungarn, von Matthias.

74 Blood & Honour Deutschland, Nr. 8, 1999, S. 10: Aufmarsch zu Ehren der gefallenen Europäer in Ungarn, von Max Hammer, Blood & Honour Scandinavia.

75 Vgl.: HNG-Nachrichten, Nr. 219, April 1999, S. 8: Willkürliche Festnahmen an der ungarischen Grenze.

76 Nordmacht sind allerdings nicht aufgetreten, da sie in Berlin mit in Gewahrsam genommen worden waren.

77 Allerdings kurzzeitig unterbrochen durch einen Polizeieinsatz, bei dem über 70 Personen festgenommen worden sein sollen, darunter wohl annähernd 50 Deutsche. Vgl.: Rippenbrecher, Nr. 1, 1999, S. 16: Trauermarsch und Konzert am 13.2.1999 in Ungarn, von Matthias.

78 Die Band erklärt ihren Namen wie folgt: »Perun ist der Gott des Donners und Sturmes, des Krieges und des Sieges der Slawen. [...] Seine Hauptwaffe war die magische Axt.« Vgl.: Feuer & Sturm, Nr. 9, 2000, S. 24f.: Sokyra Peruna. Interview.

79 Vgl.: Resistance, Nr. 15, Frühling 2001, S. 61.

80 Vgl. auf der Split-CD: Kolovrat/Nahkampf: Split, CD, Pühse, 2001. Pühse Records ist benannt nach dem Inhaber Jens Pühse aus dem Bundesvorstand der NPD.

81 Besprechung der Split-CD von Nahkampf und Kolovrat in: Combat 2000, Nr. 2, 2001, S. 58.

82 Vgl.: Otwjortka, Nr. 9, 2000, S. 14: Stellungnahme der Moskauer Hammerskin-Sektion. Ähnliche Diskussionen gab es auch in Deutschland, z.B. wurde im Blood & Honour-Magazin in der fünften Ausgabe 1998 die Frage aufgeworfen: »Die Serben – Freund oder Feind?« In der folgenden Nummer entgegnet ein serbischer Blood & Honour-Aktivist unter der Überschrift Serben sind Freunde: »Es gibt keine Grenze zwischen den weißen Nationen Europas: – Unsere Ra...e ist unsere Nation.« Vgl.: Blood & Honour, Nr. 6, 1998, S. 18–19, hier S. 18: Serben sind Freunde – Serbs are Friends.

83 An dieser Stelle sei der polnischen Organisation Stowarzyszenie Nigdy Wiecej (dt.: Nie Wieder – Vereinigung, PO Box 6, 03-700 Warszawa 4, Polen) für ihre Unterstützung gedankt.

84 Vgl.: Pankowski, Rafal: Oi! – für das Vaterland. Neonazimusik in Polen. In: Searchlight; Antifaschistisches Info Blatt; Enough is enough; rat (Hg.): White Noise, a.a.O. Hamburg, Münster, 2001, S. 127–132, hier S. 129.

85 Konkwista 88: Krew naszej rasy, CD, Thor Rec., 1995. Der Titel bedeutet »Das Blut unserer Rasse«.

86 Konkwista 88 ist beispielsweise auf den Compilations No more brother wars (Di-Al, 1996), Tribut to Bunker 84 (Street Fighting, 2001) und Unsere Welt Sampler (Pühses Liste, 2001) vertreten.

87 1985 veröffentlichte die Band Skrewdriver auf der LP Blood and Honour den Song Poland, der vom ›Kampf der Volkes‹ gegen den Kommunismus unter dem am 13.12.1981 für ein Jahr verhängten Kriegsrecht handelt: »We don't want you here, with your tanks and your fear, get out. Why don't you leave, and let our country breathe right now. Poland, reds out of Poland.« Vgl.: Skrewdriver: Blood and Honour, LP, ROR, 1985.

88 Vgl.: Zeskind, Leonard: Black Moon rising. White-Power-Skins in den USA. In: Searchlight; Antifaschistisches Infoblatt; Enough is enough; rat (Hg.): White Noise, a.a.O., S. 133–142, hier S. 134.

89 Aus diesem Flügel resultierten einige frühe Hardcore-Bands wie Minor Threat (später Fugazi), andererseits die 1986 gegründete Organisation Skinheads Against Racial Prejudice (S.H.A.R.P.), die sich gegen die öffentliche Stigmatisierung von Skinheads als Rassisten und Neonazis wandte und Differenzierung einforderte.

90 Zur COTC siehe: Kaplan, Jeffrey: Religiosity and the Radical Right: Toward the Creation of a New Ehtnic Identity. In: Ders.; Bjørgo, Tore (Hg.): Nation and Race. The Developing Euro-American Racist Subculture, Boston, 1998, S. 102–125.

91 Vgl.: Burghart, Devin: Beyond Boots and Braces: The White Power Skinhead Music Scene in the United Staates. In: The Center for New Community in cooperation with The Northwest Coalition for Human Dignity (Hg.): Soundstracks to the White Revolution. White Supremacist Assaults on Youth Music Subcultures, Chicago, 1999, S. 23–39, hier S. 30–32.

92 Max Resist (steht für Maximum Resistance) gründete 1990 seine eigene Band namens Max Resist and the Hooligans.

93 Deo Occidi, Nr. 3, Sommer 1995: Interview: Charlemagne Hammer Skinheads.

94 Resistance, Nr. 1, 1994, Editorial.

95 Gegründet wurde das Label von den damaligen Mitgliedern der Band Nordic Thunder, die 1994 als erste Veröffentlichung auf dem Label die CD Final Stand ihrer Band verlegten. Heute ansässig in Stroudsburg/Pennsylvania.

96 Einen Überblick über die kanadische RechtsRock-Szene ermöglicht die Compilation Fallen but not Forgotten, 1999 veröffentlicht auf Panzerfaust Records. In Kanada existieren so gut wie keine adäquaten Produktions- und Vertriebsstrukturen für den RechtsRock-Bereich.

97 Hardcore entwickelte sich Mitte der 80er-Jahre aus dem Punk und war zumindest in den ersten Jahren mit emanzipativen gesellschaftlichen Vorstellungen verbunden. Siehe ausführlicher: Büsser, Martin: If the kids are united. Von Punk zu Hardcore und zurück, 2., überarb. Aufl. , Mainz, 1995.

98 Vgl. exemplarisch: Fighting Breed, Nr. 2, 2000: The true Minesota Vikings: Bound For Glory.

99 Mit der neunten Ausgabe sollte 2000 eigentlich auch eine Compilation-CD des US-Labels Panzerfaust ausgeliefert werden, die allerdings von der Polizei beschlagnahmt wurde, da auf der CD deutliches ›Sieg Heil‹-Gegröhle zu hören war.

100 Aus dem Lied Europe awake, auf: Skrewdriver: Hail the new dawn, LP, ROR, 1984. Nachgespielt u.a. von Preserve White Aryans: Pride, Strenght, Unity, Tape, Blood & Honour Estonia, o.J.

101 Vgl.: Bundesministerium des Innern: Verfassungsschutzbericht 2000, Berlin, Bonn, 2001, S. 45. Wie viele Konzerte tatsächlich stattgefunden haben, ist nicht bekannt.

Alexander Häusler

Szene, Stil, Subkultur oder Bewegung?

Das Phänomen RechtsRock ist immer wieder Gegenstand öffentlicher Diskussionen. Schlagworte wie Jugendgewalt und Extremismus dienen darin oft als verkürzende sowie verharmlosende Synonyme für rassistische und neofaschistische Entwicklungen – öffentlichkeitswirksam manifestiert durch Bilder grölender jugendlicher Skinheads. Rechtsextremismus wird hierbei im medialen wie auch im wissenschaftlichen Diskurs wahlweise als subkulturelles Phänomen oder als ›neue soziale Bewegung‹ gedeutet. In einem solchen Verständnis erweist sich Rechtsextremismus als nahezu analoge Erscheinungsform zu früheren – tendenziell emanzipativ ausgerichteten – subkulturellen Strömungen und außerparlamentarischen politischen Bewegungen. Eine ›neue Apo von rechts‹ also? RechtsRock als ›subkulturelles Beiwerk‹ einer neuen – rechtsorientierten – ›rebellischen Protestbewegung‹? Bei näherer kritischer Betrachtung halten solche Analogien der Realität nicht stand. Um eine differenzierte Betrachtung von RechtsRock und rechtsextremer Bewegung entfalten zu können, müssen jugend- und kulturspezifische Ausformungen in Beziehung zu vorherrschenden gesellschaftspolitischen Entwicklungen gesetzt werden. Hierzu ist zunächst eine Auseinandersetzung mit der Kennzeichnung von Rechtsextremismus als neuer sozialer Bewegung und als Jugend(sub)kultur vonnöten. Daran anknüpfend wird eine Einordnung des RechtsRock-Phänomens in den gesellschaftlichen Kontext vollzogen.

Die mediale Entdeckung des RechtsRocks

RechtsRock wurde Anfang der 90er-Jahre zum medialen Ereignis: Jörg Petritsch (m), Sänger der Band Störkraft sowie Stefan Rasche (r) mit Störkraft-Produzent Torsten Lemmer (l) bei der SAT1-Talkshow Einspruch, Ende 1992

›RechtsRock‹ gilt im allgemeinen Sprachgebrauch als Synonym für Rockmusik mit rassistischen und neofaschistischen Textinhalten oder – noch schlichter – als die ›Musik der Skinheads‹. Seit Anfang der 90er-Jahre tauchte ›RechtsRock‹ als angeblich neues jugendkulturelles Phänomen in der öffentlichen Diskussion auf. In der Zeit 1986 bis 1993 setzte die Bundesprüfstelle für jugendgefährdende Schriften (BPjS) als staatliche Zensurinstitution trotz zahlreicher existierender RechtsRock-Gruppen lediglich einen Titel der frühen RechtsRock-Band Böhse Onkelz auf den Index[1]. Dies sollte sich in den folgenden Jahren im Zuge des Medienhypes um die thematische Symbiose ›Jugend und Gewalt‹ rapide ändern. Die Eskalation eines pogromartigen Rassismus im ›wiedervereinigten‹ Deutschland erlangte an Orten wie Rostock, Hoyerswerda,

Mölln oder Solingen internationale Aufmerksamkeit. Die politischen Zustände im wiedervereinigten Deutschland riefen internationales Misstrauen hervor und die TV-Bilder von rassistischen Ausschreitungen weckten Erinnerungen an den Nationalsozialismus. Als Reaktion auf internationale Kritik wurde daraufhin politisch und medial der steigende Anteil jugendlicher Straftäter bei rassistischen Gewalttaten zum Anlass genommen, den aufkommenden rassistischen Neofaschismus öffentlichkeitswirksam auf das Problem einer ›rechtsextremen Jugendsubkultur‹ zu reduzieren. Das optisch sichtbare Mitwirken von Skinheads bei Neonazi-Aufmärschen sowie bei rassistischen Ausschreitungen führte zu einer medialen Fixierung auf Skinheads als Ausdruck einer jugendlichen Randkultur. Skinhead- und RechtsRock-Bands wie beispielsweise die Düsseldorfer Nazi-Skin-Band Störkraft oder die Böhsen Onkelz aus Frankfurt wurden ab 1992 plötzlich zu gefragten Interview-Gästen in den Medien. Zeitschriften wie *Der Spiegel* und TV-Sendungen wie RTL-Explosiv machten Neonazis zu medial konsumierbaren Informationsträgern und ebneten den Weg zu deren massenkonsumierbarer Stilisierung als ›rebellischem‹ Pop(ulärkultur)-Ereignis. Die klischeehafte Banalisierung des Rechtsextremismus fand mit ihrer Objektfixierung auf den schaurig inszenierten Bürgerschreck des ›Rechts-Rockers‹ und ›Nazi-Skins‹ einen kulturindustriell verwertbaren Ausdruck: Der medial und politisch konstruierte ›jugendliche Rechts-Rebell‹ mit Tattoos, Gitarre, Glatze oder HJ-Frisur wurde zum Bürgerschreck stilisiert und zugleich zum medialen Objekt der Begierde. Solche Stilisierungen dienen durch ihre mediale Inszenierung der gesellschaftlichen Ausblendung struktureller Ursachen des Rassismus und zugleich zu dessen Normalisierung durch Banalisierung: Rechtsextremismus = jugendliche Subkultur + aggressive Musik – so die zugleich schaurige wie entlastende mediale Botschaft in die bürgerlichen Wohnzimmer.

Als Reaktion auf die Brandanschläge, wie hier in Solingen, ging der Staat gegen die zumeist jugendlichen Täter vor. Ihr ideologischer Hintergrund sowie ein etwaiger Zusammenhang zu Entwicklungen in der gesellschaftlichen ›Mitte‹ wurden allerdings ausgeblendet

Feindbild Jugend und Extremismus statt Feindbild Rassismus?

Jede Entwicklungsepoche hat sowohl spezielle Lebensstile, Subkulturen und Protestformen als auch zugleich Feindbilder hervorgebracht, die ein Resultat spezifischer sozialer und ideologischer Konflikte und Kämpfe darstellen. Die verschiedenen Ausprägungen von Jugend(sub)kulturen waren in diesem Kontext seit jeher Objekt öffentlicher Feindbildstilisierungen.

Während die Unterhaltungsindustrie Trends, Lebensstile, Moden und Jugendbewegungen vereinnahmt und zum Zweck der Vermarktung selbst künstlich schafft, obliegt der gängigen sozialwissenschaftlichen Analyse eher die Rolle der nachträglichen wissenschaftlichen Normierung gesellschaftlicher Prozesse – sie hinkt im Regelfall den gesellschaftlichen Brüchen hinterher. Das massenhafte Aufkommen von Untersuchungen zur Situation der Jugend wie der bekannten Shell-Studien, die

Einsetzung der Enquete-Kommission ›Jugendprotest‹, die Einrichtung wissenschaftlicher Forschungsbereiche, Lehrstühle und Ministerien zur Jugend- und ›Bewegungs‹-Forschung sowie die Expansion sozio-kultureller staatlicher Einrichtungen ist nicht nur ein Resultat sozialpolitischer Reformbestrebungen als Reaktion auf soziale Kämpfe: In gleichem Maße stellen derartige Initiativen einen ›von oben‹ entfalteten präventiven Maßnahmenkatalog zur Ortung, Kanalisierung und Steuerung von subkulturellen Erscheinungsformen und sozialen Bewegungen dar.

Dies ist nicht nur bei dem vollzogenen Ausbau staatlicher Überwachungsmechanismen und Verschärfung von Gesetzen zur inneren Sicherheit sowie einem repressiven staatlichen Vorgehen gegen öffentlichen Massenprotest und alternative Publikationen festzustellen. Es spiegelt sich auch auf subtileren Ebenen in Form der Verpolizeilichung von Sozialarbeit und der Nutzung sozialwissenschaftlicher Wissensressourcen für staatliche Präventions- und Repressionsmaßnahmen wider.

Sie brachten die herkömmlichen Deutungsmuster sozialer Bewegungen erheblich durcheinander: extrem rechte Jugendliche mit subkulturellem Lebensstil, Neumünster, 2.9.2000

Die Neunzigerjahre waren gekennzeichnet von der Herausbildung neuer Konfliktlinien, die neue Deutungen von Jugend(sub)kulturen und sozialer Bewegungen hervorriefen. Statt mit hedonistischen oder emanzipativen Freiheitspostulaten sah sich die bürgerliche Gesellschaft nun zugleich mit Strömungen konfrontiert, die NS-Nostalgie postmodern in subkulturelle Codes und Lebensstile zu überführen versuchten. Hier entfaltete sich parallel zur anwachsenden Mobilisierungsfähigkeit rechtsextremer Strömungen über den RechtsRock ein ansteigendes Potenzial von Subkulturen mit rechtsextremen Ausprägungen. Dies brachte die herkömmlichen Deutungsmuster sozialer Bewegungen erheblich durcheinander. Nicht mehr durch die Ablehnung autoritärer Ordnungswerte, sondern vielmehr durch deren rassistisch aufgeladene Zustimmung erfahren nun rechtsextreme Cliquen und Strömungen öffentliche Aufmerksamkeit. Nicht diese zugespitzte Anknüpfung an den vorherrschenden Rechtspopulismus ist jedoch Anlass für öffentliche Debatten; abschreckend wirkt vielmehr der Anstieg individueller Gewalt im Kontext rassistischer Diskurse.

Neben dem rechtsextremen Parteienspektrum avancierte daher nun auch die Skinhead-Szene zum Ausgangspunkt für Erklärungsansätze für den in der BRD vollzogenen gesellschaftlichen Rechts-Ruck.

Hierbei werden jedoch die gesellschaftlichen Nationalisierungs- und Ethnisierungstendenzen nicht reflektiert, sondern vielmehr durch die öffentliche Fokussierung auf das Thema ›Jugend und Gewalt‹ in den Hintergrund gedrängt. Dies spiegelt sich auch in den Bewertungen von Vertretern der bundesdeutschen Sicherheitsinstitutionen wider. So erklärte beispielsweise der Direktor des Verfassungsschutzamtes Hamburg 1993: »Wegen der Aggressivität der von der Musik und den Texten erzeugten Stimmung können bei den Konzerten gerade politisch noch nicht eindeutig festgelegte Skins leicht rekrutiert und für Aktionen gegen einen personifizierten Gegner gewonnen werden.«[2] Die Skinhead-Szene wird in Verfassungsschutzberichten als eine »Bewegung« charakterisiert, welche mehrheitlich »gewaltverherrlichend und fremdenfeindlich« orientiert sei. Sie sei eine »jugendliche Subkultur mit rechtsextremen Einflüssen«, so die gängige wie zugleich undifferenzierte Kennzeichnung in den Publikationen des Verfassungsschutzes.[3] Subkultur wird dort analog zu linken Bewegungen als ein scheinbar an sich gefährliches ›Extrem‹ gedeutet, das einen intakten gesellschaftlichen Normalzustand von den Rändern her bedrohe.

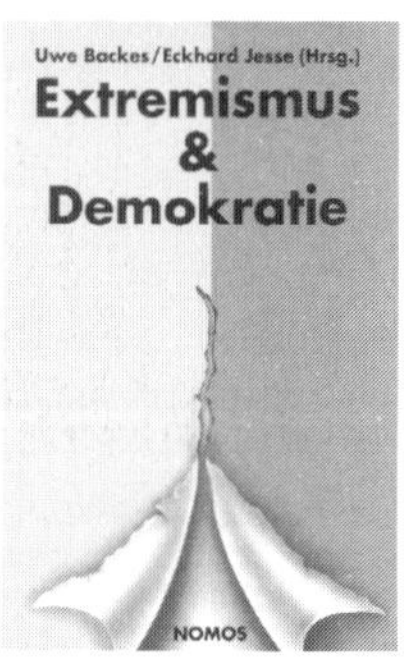

Generieren sich als die Mitte, verharmlosen die extreme Rechte und diffamieren antifaschistische Aktivitäten – bei den ›Extremismusforschern‹ ist die undifferenzierte Gleichsetzung von Links und Rechts Programm

Gleichsetzungen von Links und Rechts

Andere Vertreter eines ›starken Staates‹ wie beispielsweise die ›Extremismus-Forscher‹ Uwe Backes und Eckard Jesse definieren die Skinhead-Szene analog zu linksradikalen sozialen Bewegungen gar als ›Autonome‹[4] und vollziehen somit in pseudowissenschaftlichem Jargon eine Gleichsetzung von antifaschistischen Protestbewegungen mit neonazistischen Strömungen. Die Konfrontationen zwischen faschistischen und linken, antirassistischen Strömungen werden hierbei auf das Niveau von ›jugendlichen Bandenkriegen‹ heruntergespielt: »Ein Teil der Skinheads, die zum Teil mit NS-Symbolen hantieren und im jugendlichen Alter sind, zeichnet sich durch Militanz und rassistische Grundvorstellungen aus. Die Rolle der Ideologie ist ebenso nur schwach entwickelt wie der Organisationsgrad. Auch sie, die sich gegen eine Vereinnahmung von rechtsextremen Organisationen wehren, müssen als eine soziale Bewegung begriffen werden. Auseinandersetzungen zwischen ›Antifa‹ und ›Anti-Antifa‹-Gruppen haben in letzter Zeit zugenommen.«[5] In Bezug auf die ›Autonomen‹ hingegen erklärt beispielsweise ein Mitarbeiter des Verfassungsschutzes: »Das von dieser Subkultur ausgehende Gefahrenpotential ist demnach auch mehr vor dem Hintergrund ihrer Gewaltbereitschaft und Gewalttätigkeit zu sehen.«[6] Ob radikal gegen Rechts oder militant rassistisch – aus Sicht der ›Extremismus-Forschung‹ werden linke und rechte Szenen unter der bewussten Ausblendung ihrer politischen Wertmaßstäbe demagogisch gleichgesetzt. Im Zentrum solcher ideologisch motivierten Zuschreibungen und Vergleiche steht ein undifferenzierter Verweis auf ein drohendes Gewaltpotenzial ›politischer Ränder‹, die von staatlicher Seite als gleichermaßen bedrohlich angesehen werden. Rassistisch motivierte Gewaltakte erfahren in diesem Kontext gar wiederkehrend verharmlosende Interpretationen. So beispielsweise 1998 in den Ausführungen des ›Extremismus-Forschers‹ Uwe Backes: »Die ›Szene‹ der rechtsextremen und fremdenfeindlichen Skinheads entwickelte überwiegend keine formalisierten Organisationsstrukturen, sondern bestand aus lockeren Cliquen ohne Programmatik und Planung. Fremdenfeindliche Anschläge geschahen zumeist spontan und unter Alkoholeinfluß.«[7]

In solchen Ausführungen paart sich Verharmlosung mit Unwahrheit. Denn neben dem Phänomen alltäglicher rassistisch motivierter Gewalt ohne organisierten politischen Bezugsrahmen weisen diverse in ›Kameradschaftszirkeln‹ organisierte rechtsextremistische Skinhead-Szenen oder andere explizit neonazistisch ausgerichtete Skinhead-Strömungen wie beispielsweise die Hammerskins straffe Organisationsstrukturen sowie eindeutigen programmatischen NS-Bezug auf. Neonazistische RechtsRock-Netzwerke wie Blood & Honour oder militante Neonazi-Gruppen wie die Skinheads Sächsische Schweiz (SSS) sind gerade deswegen vom Innenministerium verboten worden. Derartige ebenso verzerrte wie zugleich politisch motivierte Relativierungen der ›Extremismus-Forschung‹ dienen neben der Diskreditierung antifaschistischen Engagements zugleich der Abwehr von Kritik an strukturellem Rassismus. Sogar die institutionelle Verstümmelung von Minderheits- und Menschenrechten wird in einem solchen argumentativen Kontext als gesellschaftliche Notwendigkeit zum Schutz vor Rechtsextremismus interpretiert. Noch 1994 beispielsweise vertraten ›sozialwissenschaftliche Bewegungsforscher‹ die These vom angeblichen Rückgang rechtsextremen Potenzials mit der Begründung: »Der Rechtsextremismus selbst wird heute ganz überwiegend als zentrales gesellschaftliches Problem angesehen und entsprechend bekämpft. [...] Die demokratischen Parteien haben hinsichtlich der Asylgesetzgebung und der Einwanderungsdiskussion zentrale Themen der rechten Parteien besetzt und damit angesichts eines zentralen gesellschaftlichen Problems und Konfliktes das Vertrauen in ihre Handlungsfähigkeit wiederherstellen können.«[8]

Rechts rückt zur Mitte

In den folgenden Jahren erwies sich das Gegenteil einer solchen Aussage als wirkungsmächtig. Die fortschreitende Ethnisierung des politischen Alltagsdiskurses sowie die populistischen Manöver gegen die doppelte Staatsbürgerschaft, die GreenCard-Initiative oder die Debatte um eine ›deutsche Leitkultur‹ ließen die offiziellen Kampagnen gegen den Rechtsextremismus in einem anderen Licht erscheinen. Denn trotz staatlicher Kampagnen ›Gegen Extremismus und Gewalt‹ erhielten die rechtsextremen Strömungen in der Bundesrepublik eine indirekte Bestätigung ihrer politischen Forderungen. Sie konnten sich als konsequenteste Verfechter nationaler Interessen profilieren und griffen daher auch affirmativ die Kampagnen der politischen ›Mitte‹ auf. So druckte beispielsweise die Zeitschrift *Nation und Europa* das CDU-Wahlkampfplakat »Mehr Ausbildung statt mehr Einwanderung« mit der Bildunterschrift ab: »CDU-Politiker Jürgen Rüttgers gab die richtige Parole aus – doch es war seine Partei, die den Deutschen das Problem der Überfremdung beschert hat.«[9]

Slogans der ›Mitte‹ als Steilvorlagen für die extreme Rechte:
Die neonazistische Publikation Nation und Europa freut sich über die Wahlkampfaussagen der CDU – Ausschnitt aus Nation und Europa, Juli 2000

Die rechtsextremen Strömungen sehen sich mit ihren Forderungen im Aufwind und spitzen die gesellschaftlichen Diskurse auf einen exzessiven Rassismus zu. »Hurra, das Ende der Ausländerfeindlichkeit! Dank dem ›Doppelpaß‹ geht's jetzt um den Kern der Sache – die Rasse!«, betitelte das *Zentralorgan*, die Szene-Zeitschrift des militanten Neonazismus, eine ihrer Ausgaben im Kontext der CDU-Kampagne gegen die doppelte Staatsbürgerschaft.[10]

Durch die Reduktion des Rechtsextremismus auf ein NPD- oder ›Jugendproblem‹ wird der Zusammenhang zwischen vorherrschenden

CDU sollte sich für Plebiszite öffnen: Gespräch mit Martin Hohmann, Seite 3

JUNGE FREIHEIT

Wochenzeitung für Politik und Kultur

Hessen-Wahl: Martin Hohmann über die Unionskampagne und Roland Kochs Wahlerfolg

„Wir sind als CDU jetzt wieder da“

Die Bezeichnung ›ausländerfeindlich‹ hat mit der Realität in Deutschland nichts zu tun. Sie ist eine Beleidigung für das deutsche Volk.
Der CDU Bundestagsabgeordnete Martin Hohmann im Interview mit der vom Verfassungsschutz NRW überwachten Zeitung Junge Freiheit, Nr. 7, 12.2.1999

›Alternativbewegung‹, ›Gegengesellschaft‹, ›Zweite Kultur‹ – Begriffe für die sozialen Bewegungen der 70er- und 80er-Jahre

sozialen Ethnisierungs- und Nationalisierungsprozessen in der etablierten Politik und rassistischen Gewaltakten im Alltag ausgeklammert. In einem Interview mit der rechtsextremen Wochenzeitung *Junge Freiheit* illustrierte der CDU-Bundestagsabgeortnete Martin Hohmann beispielhaft eine solche Abwehrhaltung mit den Worten: »Die Bezeichnung ›ausländerfeindlich‹ hat mit der Realität in Deutschland nichts zu tun. Sie ist eine Beleidigung für das deutsche Volk. Es ist eine Unsinns- und Totschlagvokabel.«[11] Nationalistische Opferstilisierungen finden sich genauso bei denjenigen, auf die die aktuelle Diskussion um ›Jugend und Gewalt‹ fokussiert wird. In Songs von RechtsRock-Bands wie der Gruppe Sturmgesang aus dem Hause des RechtsRock-Verlegers Torsten Lemmer heißt es beispielsweise: »Sie machen auf mich Jagd, sie schlagen auf mich ein / Doch was ist falsch daran, ein Deutscher zu sein?«[12]

Rechtsextremismus als neue soziale Bewegung?

Eine Kennzeichnung des Rechtsextremismus als (neue) soziale Bewegung ist umstritten. Die wissenschaftliche Beschäftigung mit den so genannten ›neuen sozialen Bewegungen‹ hatte ihren ›Boom‹ in Deutschland in den Siebziger- und Achtzigerjahren und war zunächst gekoppelt an die Ausformung von Protestkulturen in der spät-fordistisch/keynesianistisch geprägten Periode des ›Wohlfahrtsstaates‹. Die Definition von sozialen Bewegungen ist diffus und fällt je nach Gewichtung des analytischen Bezugsrahmens unterschiedlich aus. Die gegenseitige Überschneidung und auch inhaltliche Vermischung der heterogenen Bewegungen führte zu einer Begriffsvermischung in der sozialwissenschaftlichen Diskussion zwischen ›neuer sozialer Bewegung‹[13], ›Alternativbewegung‹[14] und allgemein ›Gegengesellschaft‹[15] oder ›zweiter Kultur‹[16].

Es existieren jedoch Gemeinsamkeiten, die sich an der folgenden, in der ›Bewegungsforschung‹ allgemein rezipierten Definition aufzeigen lassen: »Soziale Bewegung ist ein mobilisierender kollektiver Akteur, der mit einer gewissen Kontinuität auf der Grundlage hoher symbolischer Integration und geringer Rollenspezifikation mittels variabler Organisations- und Aktionsformen das Ziel verfolgt, grundlegenderen sozialen Wandel herbeizuführen, zu verhindern oder rückgängig zu machen.«[17]

Dem wäre hinzuzufügen, dass soziale Bewegungen sich von institutionalisierten Interessengruppen, Verbänden und Parteien durch eine losere, formal enthierarchisiertere Organisierung unterscheiden und einen höheren Mobilisierungsgrad für ein gemeinschaftliches Handeln aufweisen, weil die Zugehörigkeit nicht formal geregelt ist, sondern durch die Identifizierung und Teilhabe an einer gemeinsamen Idee und Praxis entfaltet wird. Soziale Bewegungen formieren sich als Teilbereichs- oder politische ›Gegen‹-Bewegungen, die aufgrund konkreter Belange mit den gesellschaftlichen Institutionen in ein konkurrierendes Verhältnis treten. Wird das Ziel erreicht, zunichte gemacht oder durch formale Strukturen absorbiert, so zerfällt die soziale Bewegung oder verändert sich in ihrer Struktur und ihrem spezifischen Definitionsrahmen.

Die Hinzufügung des Begriffes ›neu‹ kennzeichnet das heterogene Aufkommen neuer Strukturen von sozialen Bewegungen, die an eine zeitliche gesellschaftliche Entwicklung gebunden sind, nämlich die Siebzigerjahren nach dem Zerfall der Studentenbewegung. Obwohl die oben genannte Definition von Joachim Raschke auch auf rechtsextreme Strömungen anwendbar ist, bezog sich die ›Bewegungsforschung‹ zunächst auf tendenziell emanzipativ ausgerichtete soziale Bewegungen. Raschke spricht allerdings auch der extremen Rechten seit den Neunzigerjahren eine ansatzweise vollzogene Angleichung an eine »Frühform sozialer Bewegung« zu.[18]

Im Zuge des Anstieges rassistischer Gewalt und kontinuierlicher Aufmärsche von Rechtsextremisten seit der ›Wiedervereinigung‹ und folgenden öffentlichen Diskussionen über rechtsextreme Szenen in Ostdeutschland entwickelte sich eine breite Auseinandersetzung über einen ›Jugendprotest‹ von rechts. Kritische Rechtsextremismusforscher wie der Politikwissenschaftler Christoph Butterwegge wandten dagegen ein, dass Zuschreibungen von gewalttätigem Rassismus als ›Jugendprotest‹ sowie definitorische Gleichsetzungen von rechtsextremen Strömungen mit emanzipativen sozialen Protestbewegungen eine Verkennung und Verharmlosung des Rechtsextremismus darstellen.[19]

Alter Wein aus neuen Schläuchen?

Die verschiedenen Strömungen der extremen Rechten in der BRD definieren sich selbst als ›Bewegung‹. Dies gilt sowohl in besonderem Maße für das durch informelle Vernetzungen zusammengeschlossene militante Neonazi-Spektrum der ›Freien‹ oder ›Unabhängigen Kameradschaften‹ als auch für das rechtsextreme Parteien- und Vereins-Spektrum und genauso für die vernetzten Verlags, Medien- und Szene-Strukturen des RechtsRock-Spektrums, welches personell partiell mit den erstgenannten Spektren deckungsgleich ist.

Die Eigenkennzeichnung als ›Bewegung‹ steht in Tradition zu den ideologischen Wurzeln des Faschismus. Analog zu historischen Ausformungen der sozialistisch orientierten Arbeiterbewegung sah sich die NSDAP ebenso wie deren völkische Vorläuferströmungen als ›Bewegung‹.[20] Dieses ›Bewegungs‹-Moment kam nicht nur in den Masseninszenierungen, Aufmärschen und Parolen zum Ausdruck, sondern war integraler Bestandteil faschistischer Ideologie. Als Versuch einer »antimaterialistische[n] Revision des Marxismus«[21] obliegt der faschistischen Ideologie ein ›Erhebungs‹-Versprechen unter nationalistischen und pseudosozialistischen Prämissen.

›Die nationalsozialistische Bewegung‹, lautet der Titel des zweiten Teils in ›Mein Kampf‹. Schon für Hitler hatte die ›Bewegung‹ einen höheren Stellenwert als die Partei

Ein solches ›Widerstands‹- oder gar ›Befreiungs‹-Postulat beinhaltet jedoch einen Ruf nach autoritärer Herrschaft und Unterwerfung: »Der Faschismus ist auch totalitär darin, daß er die Rebellion der unterdrückten Natur gegen die Herrschaft unmittelbar der Herrschaft nutzbar zu machen strebt.«[22] Die propagierte ›völkische Revolution‹ – immanentes Wesensmerkmal faschistischer Propaganda – beinhaltet schließlich gerade nicht die Umwälzung struktureller Gewalt- und Ausbeutungsverhältnisse, sondern vielmehr deren Zuspitzung unter völkisch-autoritären Mustern. Politisch beinhaltet der Rechtsextremismus historisch wie aktuell einen herrschaftsimmanenten Gegenpol zu emanzipativen Bewegungen und ist daher im wahrsten Sinne des Wortes ›konterrevolutionär‹.

Faschismus als antimaterialistische Revision des Marxismus: Faustrecht, Klassenkampf, 2002

Eine Kennzeichnung von gewalttätigem Rassismus und Neofaschismus als ›neuer sozialer Bewegung‹ oder ›Jugendprotest‹ beinhaltet daher zugleich eine kritiklose Übernahme propagandistischer Selbstinszenierungen der extremen Rechten unter Ausklammerung bestehender politischer Herrschaftsverhältnisse. Denn das Aufkommen rechtsextremer Strömungen und rassistischer Gewalt steht in einem strukturellen Zusammenhang mit hegemonialen völkisch-nationalistischen und rassistischen Diskursen aus der ›Mitte der Gesellschaft‹ im Kontext neuer postfordistisch-neoliberaler Regulationsverhältnisse. Dieser vorherrschende Rassismus als ›ideologischer Kitt‹ für die neoliberale Gesellschaftszersetzung analog zu systemkonformen sozialdarwinistischen Gesellschaftsbildern ist es, der individuelle rassistische Gewalt nicht nur für junge Erwachsene attraktiv werden lässt.

Daher stellt die These vom Rechtsextremismus als neuer sozialer Bewegung die Verhältnisse auf den Kopf, denn jener ist weder ›neu‹ noch ›Protestbewegung‹ – er ist vielmehr die reaktionäre Zuspitzung hegemonialer sozioökonomischer und ideologischer Wertmuster.

Veränderte soziale Konflikte unter neoliberalen Verhältnissen

Real weisen die Wirkungen einer propagandistischen Ethnisierung sozialer Problemfelder durch die etablierte Politik und der gleichzeitigen rechtsextremen Offensive auf der Straße in ihrer unheilvollen Kombination durchaus Züge einer gesamtgesellschaftlichen Mobilisierung zu rassistischen und nationalistischen Ressentiments auf. Die sozialwissenschaftliche wie auch medial breit rezitierte Verkündung einer rechtsextremen neuen sozialen Bewegung ist jedoch deshalb problematisch, weil das Verständnis von (neuer) sozialer Bewegung dabei von sozialen Teilbereichsbewegungen wie den Bürgerinitiativbewegungen, der Ökologie- oder der Friedensbewegung auf den Rechtsextremismus übertragen wird. Jener unterscheidet sich allerdings fundamental von derartigen sozialen (Teilbereichs-)Bewegungen: Als pathisches Produkt vorherrschender Verhältnisse stellt er den rassistisch-autoritär und destruktiv nach außen gewendeten Drang nach Unterwerfung dar. »Autoritär-rebellische«[23] Ausdrucksformen faschistischer Bewegungen werden hierbei übernommen und – beispielsweise über die NS-Lebensstil-Idealisierungen im RechtsRock – subkulturell dechiffriert.

Die Mobilisierung eines rassistischen Destruktionspotenzials kann deshalb nur durch sträfliche Ausklammerung faschistischer Wesensmerkmale mit zivilgesellschaftlichem Protestverhalten für partizipative und emanzipative Interessen inhaltlich gleichgesetzt werden. Die Herausbildung neuer sozialer Bewegungen vollzog sich im Kontext fordistischer Regulationsverhältnisse[24] als eine Form von außerparlamentarischer und emanzipativ ausgerichteter Gegenbewegung zum fordistisch geprägten Etatismus.

Im Gegensatz dazu stellen die heutigen neofaschistischen Strömungen mehrheitlich eine rückwärts-fordistisch ausgerichtete Gegenbewegung zum globalisierten Neoliberalismus unter autoritär-rassistischen Prämissen dar.[25] Vertreter einer solchen – sozioökonomisch/regulationstheoretisch ausgerichteten – Deutung des Rechtsextremismus wie George Steinmetz interpretieren die rassistische Gewalt im rechtsextremen Spektrum als »Protest des fordistischen Subjekts gegen das Ende des Fordismus und die unsichere, ›flexible‹ Welt, die dessen Platz einnimmt. Mit dieser These als Basis kann man sofort die oberflächlichen Charakterisierungen der neofaschistischen Gewalt als einer Weiterführung der ›neuen sozialen Bewegungen‹ der siebziger und achtziger Jahre (also der Umwelt- und Friedensbewegungen) zurückweisen.«[26] Obwohl hier die Deutung von Rassismus als ›Protest‹-Verhalten schärfstens zurückgewiesen werden muss, weist Steinmetz auf einen entscheidenden Aspekt hin: Die Formierung des heutigen Rechtsextremismus vollzieht sich erstens unter veränderten – hier kurz als neoliberal/›postfordistisch‹ gekennzeichneten – Regulationsverhältnissen und ist zweitens mehrheitlich rückwärts-›fordistisch‹ ausgerichtet.

Neoliberaler Rechtspopulist mit ›Law and Order‹-Parolen – der Hamburger ›Richter Gnadenlos‹ Ronald Barnabas Schill

Mehrheitlich deshalb, weil es in den unterschiedlichen rechtsextremen Strömungen zugleich auch einen neoliberal orientierten Flügel gibt, der sich am österreichischen Haider-Modell sowie an der italienischen Rechtskoalition orientiert und der in der BRD programmatisch durch Die Republikaner oder durch Strömungen im Umfeld der Wochenzeitung *Junge Freiheit* präsentiert wird.

Im Staats- und Gesellschaftsverständnis ›fordistisch‹ rückwärts orientiert: Die RechtsRock-Szene. Titelbild des Fanzine Ruf des Nordens, Nr. 2, 1999

Dagegen sind rechtsextreme Parteien wie die NPD, neonazistische ›Kameradschaftszirkel‹ sowie nicht zuletzt auch das über Songtexte und Fanzines rudimentär zum Ausdruck kommende Staats- und Gesellschaftsverständnis in RechtsRock-Szenen politisch eher als rückwärts-›fordistisch‹ orientiert zu deuten. Ideologisches Bindeglied zwischen diesen rechtsextremen Strömungen ist der völkisch/rassistische Nationalismus. Gegen den real sich vollziehenden neoliberalen gesellschaftlichen Zersetzungsprozess wird unter rassistisch/autoritären Prämissen das Wunschbild eines starken Deutschlands gesetzt, das Ordnung, Disziplin, Sauberkeit und ›völkische Reinheit‹ präsentieren soll. Nicht Emanzipation, sondern Unterordnung wird dafür herbeigesehnt. Dies kommt auch in den Songtexten ›RechtsRock-Bands‹ eindeutig zum Ausdruck: Mit Texten wie beispielsweise »Wir sind Deutschlands rechte Polizei, wir machen die Straßen wirklich frei«[27] wird rassistische Gewalt als radikalisierter Ausdruck staatlicher Gewalt gerechtfertigt; als Identifikationsfigur dient das Bild des staatlichen Ordnungshüters. Aggressiver Nationalismus und Rassismus paaren sich in vielen Texten von RechtsRock-Bands mit Unter-

Generieren sich als aufrechte und kampfbereite Vertreter der preußischen Werte von Ordnung, Fleiß und Disziplin – Sturmtrupp, Es geht voran, 1992

tanen-Geist und dem Ruf nach einem starken Staat: »Wir sind bekannt für Disziplin und Fleiß, unsere Würden wahren wir um jeden Preis, Pflichtgefühl fürs Heimatland, ja, das ist unser treues Band.«[28]

Eine neue soziale Bewegung im vergleichenden Sinne zu sozialen (Teilbereichs-)Bewegungen der s.g. fordistischen Ära der Bundesrepublik stellt der Rechtsextremismus demnach nicht dar. Vielmehr sind hierbei im quantitativen wie im organisatorischen Sinne neue, ›bewegungsförmige‹ Muster[29] zu erkennen, die ihren Zuspruch nicht aus der Ablehnung vorherrschender Werte erlangen, sondern gerade aus deren bejahender Zuspitzung unter völkisch/rassistischen Prämissen.

Zugleich weist der mit dem RechtsRock-Netzwerk organisatorisch verbundene Teil des rechtsextremen Spektrums eine Hinwendung zu subkulturellen Bewegungsmustern auf.

Eine neu erstarkte ›völkisch-autoritäre Bewegung‹

In diesem Sinne stellt jener Teil des organisierten Rechtsextremismus eine subkulturell aufgeladene Frühform von neu entstehender ›völkisch-autoritärer Bewegung‹ unter neoliberalen/postfordistischen Regulationsverhältnissen dar. In einem solchen Kontext – nicht im politischen Vergleich mit sozialen Protestbewegungen der fordistischen Ära der BRD – kann der Rechtsextremismus sehr wohl als eine neue – soziale wie zugleich politische – Bewegung angesehen werden. Er ist hierbei der unter völkisch-nationalistischen Prämissen zugespitzte Ausdruck einer »Dominanzkultur«[30]: »Das Hauptaugenmerk muss vielmehr der Interaktion von organisiertem Rechtsextremismus und völkischer Alltagskultur gelten.«[31]

Konzept des Terrors aus Hochschulkreisen: Die Strategie der ›National befreiten Zonen‹ wurde im Organ des Nationaldemokratischen Hochschulbundes (NHB) veröffentlicht

Eine eigene neue Qualität weist die extreme Rechte hierbei organisatorisch in der partikularen Durchsetzungsfähigkeit von sozialräumlicher Ausdehnung auf, die durch gewalttätig-rassistische Zuspitzungen vorherrschender Ressentiments auch einen ›bewegungsförmigen‹ Charakter erhält. Die von Rechtsextremen mehrheitlich in Ostdeutschland faktisch geschaffenen ›no go areas‹ für Minderheiten und Andersdenkende – deren propagandistische Eigenbezeichnung ›National befreite Zonen‹ medial zum ›Un-Wort‹ des Jahres 2000 erkoren wurde – sind Ausdruck einer solchen neuen Qualität. Inhaltlich jedoch deutet jene zuerst vom Nationaldemokratischen Hochschulbund (NHB) verbreitete Konzeption[32] auf keine neu erfundene Strategie hin: Denn jenes Propagieren von ›Freiräumen‹ für die extreme Rechte, der Bezug auf ›Gegenmacht‹, die Mitwirkung in ›Bürgerinitiativen‹ usw. weist konzeptionell auf die von nationalrevolutionären Strömungen schon seit den Siebzigerjahren vertretene Strategie der Übernahme linker sozialer Bewegungsmuster unter rechten Vorzeichen hin.[33] Auch die weite Verbreitung jener Strategie ›befreiter Zonen‹ in den unterschiedlichen Strömungen der extremen Rechten weist insgesamt auf keine grundsätzlich neue Orientierung hin. Relativ neu und damit strategisch beachtenswert ist jedoch die Tatsache, dass in aktuellen Diskussionen um die Strategie ›Befreiter Zonen‹ der Bezug auf RechtsRock als neuem Anknüpfungspunkt strömungsübergreifende Aufmerksamkeit erhält. In einer überarbeiteten Fassung des alten NHB-Konzeptes durch die NPD-Zeitung *Deutsche Stimme* heißt es beispielsweise in beachtenswerter stilistischer Anlehnung an rebellischen Jugendjargon: »Die steigende Bedeutung des ›Rechtsrock‹, gemessen an der Stagnation der Systemjugendkultur (die allenfalls noch imstande ist, irgendwelche ollen Kamellen als ›Trends‹ wiederzuentdecken oder der Spießerjugend mit massenmedialem Segen die ›Love Parade‹ als Ausdruck eines konformistischen Gutmenschen-Lebensgefühls anzuempfehlen), stellt bereits jetzt einen gewaltigen Schritt in die Richtung einer ›befreiten Zone‹ dar.«[34]

›Neu‹ – oder genauer gesagt spätestens seit Anfang der Neunzigerjahre zunehmend subkulturell dechiffrierbar – ist demnach die organisatorische und propagandistische Hinwendung der extremen Rechten zu jugend- und musikkulturellen Szenen und Stilen.

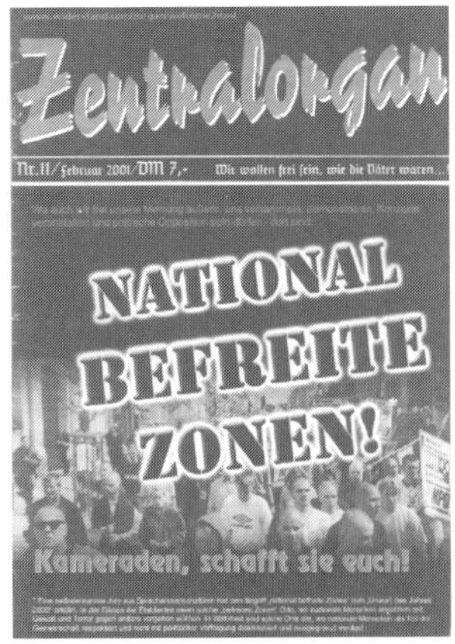

Zielperspektive ›National befreite Zonen‹ in der wichtigsten Publikation des militanten Neonazismus: Zentralorgan, Nr. 11, 2001

Jugend(sub)kultur von rechts?

Als Subkulturen werden allgemein kulturelle Ausformungen mit eigenen Codes und Stilen bezeichnet, die von dominanten pop(ulär)kulturellen Mustern abweichen. Mit der Entdeckung der Jugend als Marktsegment entstanden im Kontext der Entfaltung von Rock- und Popmusik als kapitalintensivem Marktsektor Jugendszenen mit subkulturellen Mustern. Entstanden aus der US-amerikanischen Delinquenzforschung wurde die Jugendsubkulturforschung zum theoretischen Bezugspunkt zur Erfassung jugendlicher Orientierungsmuster und Lebensstile. Im Kontext der Herausbildung sozialer Protestbewegungen mit jugendsubkulturellen Merkmalen vollzog sich in der kritischen Gesellschaftstheorie eine klassenanalytische Orientierung auf jugendkulturelle Milieus. Die Forschungen des neomarxistisch orientierten Centre for Contemporary Cultural Studies (CCCS) in Birningham[35] bildeten eine theoretische Grundlage für die Jugendsubkultur-Diskussion der Siebziger- und Achtzigerjahre. Jugendkulturen wurden hierbei als Untereinheiten einer Klassenkultur mit spezifischen Ausformungen interpretiert, die in Ermangelung von Klassenüberwindungsmöglichkeiten spezifische subkulturelle Identifikationsmuster und Lebensstile hervorbringen. Sie stellen damit zugleich eine »Speerspitze sozialen Wandels«[36] dar. Jene subkulturellen Ausformungen werden dabei verstanden als »Neuordnung und Rekontextualisierung von Objekten, um neue Bedeutung zu kommunizieren«[37], die als symbolische Transformation vorhandener Muster mittels Basteln (›bricolage‹) und des Erstellens eigener Codes, Körpersprachen, Kleidungs- und Umgangsformen sowie musikalischer Kontextualisierungen zu einem identitätsstiftenden neuen Bedeutungskanon interpretiert werden.

Reaktion auf die Unüberwindbarkeit der Klassengesellschaft in den 70er-Jahren: die subkulturellen Jugendstile der Skinheads und Punks

Die CCCS-Forscher differenzierten hierbei zwischen den stärker vom Arbeitsprozess geprägten Subkulturen der jugendlichen Arbeiterklasse und den mehr ideologisch und Freizeit-geprägten diffusen Gegenkulturen jugendlicher Mittelschichten. Der Delinquenzforscher Rolf Schwendter differenziert hierbei zwischen subkulturellen Teil- und Gegenkulturen und unterscheidet bei Letzteren »progressive« und »regressive« Typen von Subkulturen.[38]

Die kulturindustrielle Adaption jugend- und subkultureller Bewegungsmuster durch einen innovativen kapitalorientierten Medien- und Musikmarkt haben zu einer weitgehenden Entfächerung klassenspezifischer Ausprägungen subkultureller Milieus geführt. Jugendkulturen entfalten sich mittlerweile mehrheitlich quer zu ideologischen Theoremen und Klassenstrukturen.

Die zunehmende Adaption der ›Underground‹-Kultur durch Kreise der extremen Rechten hat zu einem veränderten Bild der Szene geführt. T-Shirts im Stil des Gangster-Rap aus dem Angebot des Blood & Honour nahen Hate-Sound-Versand

Am Beispiel Jugendlicher, die teilweise mit ›Malcolm-X‹-Kappen bekleidet an dem rassistischen Pogrom in Rostock-Lichtenhagen mitwirkten, illustrierte schon 1993 der Pop-Theoretiker Diedrich Diederichsen die zunehmende Indifferenz von subkulturellem Lifestyle für einen spezifisch politischen Symbolgehalt.[39] Die zunehmende Adaption von ›Underground‹-Kultur durch eine expandierende Musik-, Mode- und Medienindustrie hat eine Entfächerung jugendsubkultureller Milieus bewirkt. Diese Entwicklung hat in der sozialwissenschaftlichen Jugendforschung zu einer weitestgehenden Abwendung vom Jugendsubkulturkonzept[40] und einer Hinwendung zu eher deskriptiven Lebensstil-Analysen geführt. Schlagworte wie »Erlebnisgesellschaft«[41] kennzeichnen eine weitestgehend konsum- und politikkonforme Ausrichtung von Jugendstilen, die sich in weiten Bereichen diverser Lebens- und Kulturformen wiederfindet und statt gegenkultureller Formen eher eine Ausdifferenzierung der Dominanzkultur bewirkt.

Nationalistischer Wertkonservatismus auf extrem gemacht

Stil, Habitus und Wertmaßstäbe der Skinhead-Kultur waren subkulturell codierter Ausdruck von proletarischem Wertkonservatismus

Dem gegenüber kann die rechtsextreme Adaption von Rockmusik und Skinhead-Szenen als eine Strategie zur kulturellen Identitätsschaffung unter subkulturellen Mustern interpretiert werden: »Die Skinhead-Bewegung mag auch als ›fundamentalistische‹ Gegenbewegung gegen die postmoderne Dynamik in den anderen, sich ständig weiter ausdifferenzierenden und flüchtigen Jugendbewegungen gesehen werden.«[42] Stil, Habitus und Wertmaßstäbe der Skinhead-Kultur waren subkulturell codierter Ausdruck von proletarischem Wertkonservatismus gepaart mit der Adaption neuer musikalischer Stilrichtungen. Die Mode – Jeans, Arbeiterschuhe und Hemden, Kurzhaar oder Glatze – sowie das symbolische Präsentieren von muskelgestählter proletarischer Männlichkeit, der nach außen getragene Stolz auf proletarische – wie nationale – Herkunft prägten diesen subkulturell dechiffrierten Wertkonservatismus. Der kultivierte Stil der Skins stellt eine idealisierte Kopplung proletarischer Ästhetik unter subkulturell codierten Vorzeichen mit autoritär-militaristischen Sprach- und Sinnbildern wie Ordnung, Sauberkeit, Kraft, Männlichkeit, Härte und Kampfgeist dar. Jene nach außen getragenen identifikatorischen Bilder beinhalten schon rudimentär ästhetische wie ideologische Elemente faschistischer Selbstinszenierung.

Bezüglich ihres Wertekanons im Kontext ›männlich‹-proletarischer Selbstinszenierung steht die Skinhead-Bewegung unter historischen Gesichtspunkten daher eher in ästhetischer Tradition der SA als in der ›wilder Cliquen‹ der Weimarer Zeit. Das Pochen der Skins auf Authentizität vollzog sich in Ablehnung anderer subkultureller Stile wie jenen der Hippie- und Freakszenen, deren dekonstruktivistische Stilmittel den Skins fremd waren. Stilistische wie textliche Dekonstruktionen von Symbolen und Zeichen dagegen vollzogen sich beispielsweise in der Punk-Bewegung: Das Tragen faschistischer Symbole wie beispielsweise des Hakenkreuzes durch den Sex-Pistols-Bassisten Sid Vicious oder ihr Song *Holidays in the Sun* (»I wanna see the new Belsen«) ironisierten sich selbst durch ddas demonstrativ nach außen getragene ästhetische Bild des Punks als Abschaum sowie die demonstrative lebenskulturelle Verweigerungshaltung gegenüber Leistungs- und Anpassungsmoral. Jenseits von identitärem Gehabe im Mainstream-Rock war auch der innovativere Teil der Rockmusik von stilistischer Dekonstruktion geprägt und wirkte damit stilbildend wie beispielsweise die musikalische Zerstörung der US-amerikanischen Nationalhymne durch Jimi Hendrix in dem Stück *Star Spangled Banner*. Wenn beispielsweise der Rockmusiker Lou Reed 1978 sang, »I wanna be black, have a natural rhythm, shoot twenty feet of jism, too and fuck up the jews«,[43] dann verkündete er damit eben nicht Antisemitismus und rassistische Projektionen auf ›die Schwarzen‹, sondern ironisierte vielmehr wegweisend verklärte Bilder vom ›potenten und rhythmischen Schwarzen‹ bei gleichzeitiger Kritik am Antisemitismus in der Black Community. Dem Neonazi-Rock sind derartige dekonstruktivistische Stilmittel fremd. Sein Authentizitätsgehabe beinhaltet die schlichte Konstruktion identitärer Werte und Feindbilder; er stilisiert ein autistisch geschlossenes System eines sich selbst bestätigenden Männer- und Kampfbundes. Es ist deshalb kein Zufall, dass die Subkultur der Skinheads über den RechtsRock von faschistischen Bewegungen weitestgehend vereinnahmt und ideologisch besetzt werden konnte.

Skinhead – idealisierte proletarische Ästhetik mit dem Ausdruck von Kraft, Härte, Männlichkeit und Kampfbereitschaft. Zeichnung aus dem Proissen Power, Nr. 9, 2000

Stilistische Dekonstruktion faschistischer Symbole im Punk: Sid Vicious von der Band Sex Pistoles im Film The Great Rock'n'Roll Swindle, 1978

Die historischen Wurzeln der Skinhead-Bewegung, ihre ursprüngliche soziale Verwurzelung in der jugendlichen englischen Arbeiterklasse sowie ihr Bezug auf die Ska- und Reggae-Musik karibischer Immigranten ist schon vielfach detailliert erörtert worden.[44] Das in der Geschichte der Skinhead-Bewegung wiederholt bemühte Bild von einer aufgrund ihrer musikalischen Ausrichtung ursprünglich antirassistisch ausgerichteten Subkultur muß jedoch als Mythos bezeichnet werden. Denn trotz der Adaption ›schwarzer Musik‹ war die Skinhead-Bewegung schon in ihren Anfängen nicht frei von Nationalismus und auch gewalttätigem Rassismus. Letzterer fand schon Ende der Sechzigerjahren Ausdruck durch das ›Paki-Bashing‹, der Jagd auf pakistanische Einwanderer, die vom Verprügeln bis zum rassistisch motivierten Mord gekennzeichnet war.[45]

Die Herausbildung einer deutschen Skinhead-Szene vollzog sich jedoch nicht nur in einem zeitlich versetzen Rahmen, sondern zugleich unter einem differenten sozioökonomischen Gefüge. Was sich in Großbritannien über die National Front (NF) an teilweise gelungenen rechtsextremen Einflussnahmen auf Strömungen der Skinhead-Bewegung schon in den Siebzigern vollzog, war in Deutschland bis in die Mitte der Achtzigerjahre noch undenkbar: Ein Skinhead, auch wenn er sich eindeutig rechts gerierte, lief noch nicht auf von Parteikadern organisierten Aufmärschen mit oder besuchte rechtsextreme Veranstaltungen; ein Faktum, das sich im Laufe der folgenden Jahre völlig änderte.

Authentizität als Angebot

Neue subkulturelle Szenen entfalteten sich in Form von Nazi-Rock und rechtsextrem ausgerichteten Skinhead-Szenen als abwehrendes, mit dem Duktus von Authentizität belegtes Äquivalent zur verabscheuten ›Mainstream‹-Kultur. Das Beharren auf Differenz, das Suchen nach eigenen Identifikationsmustern erfolgt hierbei jedoch unter rassistischen Prämissen. Authentizität wurde in der Botschaft des RechtsRock zum Synonym für völkisch-autoritär begründete Ablehnung einer multikulturell globalisierten Welt. In dem Song *Viva MTV* der Gruppe Kraftschlag von 1998 heißt es exemplarisch: »Schreiende Neger springen an mir vorbei, kotzende Rapper, erst zwei, dann drei. Plastikmusik dröhnt mir ins Zimmer, mein Magengeschwür wird immer schlimmer. Nette Homos lachen mich an, Scheiß MTV, mal wieder im falschen Programm. Viva, MTV, die Nation verblöden, euch ist egal wie. VIVA, MTV, Gehirnwäsche pur, doch das schafft ihr nie.«[46]

Abgrenzung mittels völkisch-rassistischer Motive: Hauptkampflinie, Skating into Multi-Kulti, 2001

Historisch betrachtet hatte die extreme Rechte der Nachkriegszeit immer schon auch jugendpolitische Ausrichtungen und Strömungen.[47] Diese orientierten sich jedoch kulturell und politisch an den Mustern der Pfadfinder-Gruppen, der völkischen Jugendbünde der Zwanziger- und Dreißigerjahre sowie an der Hitlerjugend. In ihrer nostalgischen Ausrichtung waren sie jedoch nicht nur für Jugendliche ohne ausgeprägtes rechtsextremes Weltbild weitestgehend unattraktiv. Auch subkulturellen Strömungen wie den Skins waren die traditionellen Strukturen der extremen Rechten zu spießig und langweilig. In ihrer antiamerikanistischen und ordnungsfixierten Ausrichtung und ihrer daraus resultierenden Ablehnung postmoderner jugendkultureller Erlebniswelten entkoppelte sich die extreme Rechte bis in die Achtzigerjahre weitestgehend von subkulturellen und neuen sozialen Bewegungen. Sogenannte nationalrevolutionäre Strömungen der extremen Rechten versuchten allerdings schon früh, unter befreiungsnationalistischen Vorzeichen eine Anknüpfung an Ökologie-, Dritte-Welt-, Friedens- und Bürgerinitiativbewegungen zu erreichen. Die Rechtsextremismusforscher Dudek und Jaschke sprechen als erste hierbei von einer »jugendlich-rechtsextremen Subkultur in den Siebzigerjahren« mittels einer »Dritte-Wegs«-Phraseologie nationalrevolutionärer Gruppen.[48]

Dies kann als kultureller Bruch oder als Neuorientierung im organisatorisch-strategischen Bereich rechtsextremer Einflussnahme gewertet werden: »Insgesamt gesehen waren die Siebzigerjahre eine Phase, wo in der jugendlich-rechtsextremen Subkultur ein Entkoppelungsprozeß von der traditionellen Jugendarbeit stattgefunden hat, der in der Entwicklung der Nationalrevolutionäre und der NS-Gruppen seine gegenläufigen Pole gefunden hat.«[49] Heute ist eine solche Unterscheidung gegensätzlicher Pole bezogen auf die politische Verzweigung der RechtsRock-Strukturen nicht mehr haltbar, denn RechtsRock stellt mittlerweile ein strömungsübergreifendes Mittel strategischer »kultureller Subversion«[50] und jugendpolitischer Einflussnahme von rechtsextremen Parteien und informellen Strukturen der militanten Neonazi-Szenen dar. Standen die nationalrevolutionären Strömungen mit ihrer Querfrontstrategie in den Siebzigern noch weitestgehend isoliert in der rechtsextremen Szene da, so vollzogen militante Neonazi-Gruppen wie die ANS/NA und die spätere FAP eine Hinwendung zu Skinhead- und Hooligan-Szenen. Rechtsextreme Theorieorgane wie *Nation und Europa* griffen 1987 die Notwendigkeit auf, »sich mit den Modetrends der Jugendszene ernsthaft zu befassen«[51], und spätestens seit den Neunzigerjahren bezogen sich auch rechtsextreme Parteien wie die NPD und ihre Jugendorganisation Junge Nationaldemokraten (JN) im Zuge ihrer Umgestaltung als ›Kampf- und Bewegungspartei‹ inhaltlich und strategisch auf die Nutzung von RechtsRock und die Einbindung von Skinhead-Szenen. Auch andere Strömungen der extremen Rechten zogen nach: Der strategische Kopf der Republikaner-Abspaltung Deutsche Liga für Volk und Heimat und Herausgeber der Zeitschrift *Europa Vorn*, Manfred Rouhs, erklärte 1993: »Gut gemachter ›Rechtsrock‹ kann helfen, Menschenmassen wenigstens oberflächlich im patriotischen Sinnen zu politisieren. Ist es uns so gelungen, einen Fuß in die Tür des öffentlichen Bewußtseins zu stellen, werden wir die Pforten bald weiter öffnen für unsere in eine bessere Zukunft weisende Alternative zu Marxismus und Liberalismus. [...] Hat der [...] Jugendliche erst einmal an Bands, die patriotische Motive in ihren Texten verarbeiten, Gefallen gefunden, dann fragt er möglicherweise nach Mehr, nach dem Woher und Warum des Nationalismus. Das ist der Moment, in dem wir von Europa vorn zuschlagen, ihm Inhalte und Kontakte bieten müssen.«[52] Hier zeigt sich exemplarisch die Strategie rechtsextremer Jugendpolitik unter subkulturellen Vorzeichen – eine Handlungsoption, die mittlerweile von rechtsextremen Gruppen strömungsübergreifend genutzt wird. Dies hat seine Ursache darin, dass Rockmusik nicht mehr automatisch ›links‹ besetzt ist und in ihrer spezifischen Ausformung als RechtsRock zum Stilmittel rechtsextremer Selbstinszenierung und Mobilisierung genutzt werden kann. Auf dem ›2. Tag des nationalen Widerstandes‹ der NPD in der Passauer Nibelungenhalle unter der Losung »Bewegung muß Partei ergreifen« wurde beispielsweise neben dem rechtsextremen Liedermacher Frank Rennicke das ehemalige Mitglied der neonazistischen Band Skrewdriver, Stigger, angekündigt;[53] ein exemplarischer Ausdruck ›subkultureller Zuwendung‹ einer traditionellen rechtsextremen Partei, die hiermit einen Ansatz zur Nationalisierung der Popkultur zu erkennen glaubt: »Dabei ist insbesondere mit Blick auf den ›Rechtsrock‹ zu beobachten, dass hier durchaus auch auf Kommunika-

Ab Ende der 70er-Jahre fand eine Entkoppelung der traditionellen Jugendarbeit der extremen Rechten statt: Seitenscheitel und Braunhemd nach dem Vorbild der Hitlerjugend gerieten zum Auslaufmodel, Aufmarsch der 1994 verbotenen Wiking Jugend

Michael Kühnen (l) und Christian Worch (r), Führungspersonen der 1983 verbotenen ANS/NA, versuchten früh unter Fußballfans und Skinheads ihre Gefolgschaft zu rekrutieren

»Ihr sorgt Euch um besetzte Häuser ...« – Anknüpfungsversuche an die Neuen Sozialen Bewegungen. Flugblatt, JN, Mitte der 80er-Jahre

Auf RechtsRock spezialisiert und in der Szene beliebt: Über den NPD-Versand Pühses Liste sichert sich die NPD Marktanteile am Geschäft mit dem rechten Sound

tionsmittel zurückgegriffen wird, mit denen einst die Feinde des deutschen Volkes diesem ihre kulturellen und gesellschaftlichen Auffassungen aufzuzwingen getrachtet hatten: Rockmusik wurde von der nationalen Gegenkultur entdeckt und nunmehr gegen ihre vermeintlichen Urheber gekehrt. Nationalistische Texte, zu lauter Gitarrenmusik und aufputschenden Rhythmen gesungen, kehrten vielfach jene Fronten um, die im Westdeutschland der 60er-Jahre entstanden waren, als die ›fortschrittliche‹ Jugend ihr ›eigenes Lebensgefühl‹ nach dem Willen der Besatzer gegen die ästhetischen und ethischen Vorstellungen ihrer Eltern finden sollte.«[54] Die NPD hat durch die zunehmende Einflussnahme auf rechtsextreme und gewalttätig-rassistische Jugendszenen besonders in Ostdeutschland eine operative Basis für ihre Mobilisierungen erkannt und versucht, durch die Übernahme ehemals links geprägter Politikkonzepte eine Angleichung an subkulturelle Mobilisierungsformen zu erreichen: »An Symbolik festgezurrte Äußerlichkeiten spielen beim Jugendprotest eine große Rolle, Inhalte werden von ›rechten‹ Jugendlichen meist erst nachträglich realisiert, wobei hier die Beeinflussung über ›rechte‹ Musik eine nicht unerhebliche Rolle spielen dürfte. So rauscht derzeit ein imaginärer Zug durchs Land, auf den die nationalistische Opposition derzeit aufspringt oder bereits aufgesprungen ist.«[55] Die NPD erkennt in den rechtsorientierten Jugendszenen einen Anknüpfungspunkt zum Ausstieg aus ihrer politischen Isoliertheit: »Da es sich beim rechten Jugendprotest allerdings um eine subkulturelle Ausprägung handelt, müssen die inhaltlichen Überlegungen zweifellos auch auf die Begriffe Nachhaltigkeit und Kontinuität abheben. [...] Ziel muß es sein, durch die Konzentration auf den vorpolitischen Raum nationalistisches Bewußtsein bei der unzufriedenen Jugend heranzubilden. Ein mühsamer und schwieriger Weg, doch liegt darin auch die eigentliche Chance für Nationalisten, langfristig aus der Ghettoisierung herauszukommen.«[56] Für die in ›Kameradschafts‹-Zirkeln organisierte militante Neonazi-Szene dagegen stellten rechtsextreme Skinheads einen integralen Bestandteil ihrer Strukturen dar.

Subkulturell codierter Rassismus und Antisemitismus

Extremismustheoretische Deutungen dieses Phänomens als Ausdruck einer »kommunikationsarme[n] Subkultur« mit »unklaren Tatmotiven« von »frustierte[n] Jungendliche[n]« und »Modernisierungsverlierern«[57] stellen eine Verharmlosung des organisatorischen Potenzials rechtsextremer Strömungen sowie deren politischer Zielsetzungen dar. Organisierte rechtsextreme Terrorgruppen mit Waffen- und Sprengstoffdepots wie beispielsweise die im Herbst 2000 verbotene Vereinigung Skinheads Sächsische Schweiz (SSS) rekrutierten sich nicht aus so genannten Modernisierungsverlierern, sondern aus ›angesehenen Bürgern‹ – vom Handwerksmeister über den Bankkaufmann bis zum Gemeinderat.[58]

Über das internationale Blood & Honour-Netzwerk,[59] über das Internet sowie über die vernetzten Kameradschafts-Zirkel ist in der Neonazi-Szene der RechtsRock zu einem identifikatorischen Agitationsmittel unter subkulturellen Merkmalen geworden, die durch eigene Codes und Stilmittel Antisemitismus und NS-Propaganda zur gemeingültigen Orientierung erhoben haben. In der neonazistischen Szene-Zeitung *Zentralorgan* wurde beispielsweise in der Einlage des Skinhead-Fanzines Moonstomp[60] ein Interview mit der griechischen Gruppe Iron Youth veröffentlicht, in dem diese erklärt: »Der Aufstand der deutschen Jugend in Rostock und anderen deutschen Städten war ein sehr angenehmer Zwischenfall. Trotz intensiven und konstanten Anstrengungen vom ›deutschen‹ ZOG. Die deutsche Jugend hat ihre rassische Seele noch nicht verkauft. Ich hoffe, es wird alles noch besser werden.«[61]

Schriftzug der im September 2000 verbotenen deutschen Division des internationalen Blood & Honour-Netzwerkes

Der in rechtsextremen Fanzines oft benutzte Begriff ›ZOG‹ steht für die aus angelsächsischen Ländern übernommene antisemitische Verschwörungstheorie eines ›Zionist Occupation Government‹,[62] mittels welcher – in Anlehnung an die historischen Fälschungen der *Protokolle der Weisen von Zion*[63] – eine geheime jüdische Weltherrschaft herbeiphantasiert wird. Solche Formen von symbolischen Codierungen mit versteckten Bezügen auf Antisemitismus und NS-Propaganda finden sich in neonazistischen Skin-Fanzines und Neonazi-Zeitschriften zuhauf und werden auf CD-Hüllen oder T-Shirts gedruckt, um neben der Umgehung staatlicher Repression der Nazi-Verehrung eine subkulturelle Note zu verleihen. Codierte Anspielungen wie das Tragen von Logos der Marke Consdaple[64], die Verwendung von Zahlen wie 18, 88, von symbolischen Verschlüsselungen wie ›14 Words‹ [65] sind Beispiele für oft verwendete Metaphern, die den subkulturell codierten NS-Symbolismus dieser Szenen verdeutlichen.

Über Verbote setzt sich die Szene mit ›Humor‹ hinweg: Aus der Blood & Honour Division Deutschland wurde nach dem Verbot die Division Meinungsfreiheit

Es sind politische Instrumentalisierungen subkultureller Ausdrucksformen, die zur Ausprägung eines rassistisch-nationalistisch codierten ›Lifestyles‹ geführt haben, der weit über die Skinhead-Szenen hinausreicht.

Codierung und Entgrenzung

Es waren Skinheads, die die Bekleidungsmarken Fred Perry, Lonsdale und die Doc-Martens-Stiefel populär machten. Wie die ehemals die Hooliganszene ausstaffierenden Marken Pitbull und Troublemaker prägt diese Bekleidung seit einigen Jahren das Erscheinungsbild der extrem rechten Jugendlichen. Inzwischen sind diese Marken auch unter ›normalen Jugendlichen‹ verbreitet, sie verloren jedoch durch ihre wachsende Verbreitung einen Teil ihrer politischen Eindeutigkeit. Als Reaktion auf die vermeintlich schwindende politische Eindeutigkeit wurden aus Kreisen der extrem rechten Szene neue Bekleidungsmarken geschaffen – Consdaple, Walhalla und Doberman entstanden. Die Bekleidung dieser Marken ist im Stil und in der Form des Schriftzuges den Kultmarken angelehnt. Enthält der Markenname Lonsdale schon die Buchstaben ›nsda‹, so findet sich bei Consdaple mit ›nsdap‹ die komplette Abkürzung. So wird intern eine politische Eindeutigkeit geschaffen, die von außen kaum zu erkennen ist. Die Marken Doberman und Walhalla sind optisch nicht politisch einzuordnen, in der extrem rechten Szene ist jedoch bekannt, dass diese von Personen aus dieser Szene gemacht werden. Politisch eindeutig sind hingegen die Marken Masterrace und Patriot. So schafft die Szene mit den unterschiedlichen Marken intern Eindeutigkeit und vermittelt in der Öffentlichkeit durch sich ähnelnde Kleidung das Bild einer einheitlichen Szene.

Es findet jedoch nicht nur eine Übernahme des Skinhead-Stils in andere Bereiche der Jugendmode statt, sondern auch der Bekleidungsstil der extrem rechten Skinhead-Szene selbst hat sich gewandelt. Der subkulturelle Habitus ist rückläufig, an die Stelle der schweren Stiefel treten immer öfter modische Turnschuhe. Für die Frauen in der Szene sind Girlie-Shirts im Angebot, die den Stil der VIVA-Spaßkuktur mit den Symbolen rechtsextremer Bands oder rechtsextremer Codes verbindet – NS-Symbolik droht modisch pop(ulärkulturell) zu werden.

Zwischen Mainstream und neonazistischem Underground – Bekleidungsmarken werden zum politischen Bekenntnis

Resümee

Die sich in den letzten 10 Jahren explosiv entwickelnde extreme Rechte wird in der Öffentlichkeit, vonseiten der staatlichen Organe und von Teilen der Wissenschaft noch immer als ›Jugend‹- oder ›Randgruppen‹-Problem analysiert und verharmlosend als Extremismus- und Gewaltphänomen dargestellt. Innerhalb der extremen Rechten hat sich ein subkulturell geprägter Flügel in Gestalt der Skinhead-Szene herausgebildet. Die extrem rechte Skinhead-Szene, die sich im ›Widerstand‹ gegen das ›System‹ wähnt, muss als hochgradig organisiert bezeichnet werden – allerdings nicht im Sinne herkömmlicher Organisationen, sondern als soziales Netzwerk mit hoher Bindungskraft. Darüber hinaus ist diese Szene inzwischen untrennbar mit dem organisierten Neonazismus verflochten und hat eigene feste Organisationsstrukturen gebildet. Weit über den Rahmen der extrem rechten Skinhead-Szene hinaus entfalten sich zudem Einflüsse auf die Ausdrucksformen jugendlicher Stilbildung und Orientierungsmuster. Längst gehören Bomberjacken, Glatze und die Kultbekleidungsmarken der rechten Szene wie Lonsdale, Pitbull oder Troublemaker zum Chic vieler auch nicht-rechter Jugendlicher. Über Bekleidungscodes lassen sich erste Gemeinsamkeiten und Identifikationsangebote herstellen – mittels RechtsRock werden (sub)kulturelle Szenen politisiert und unter Überwindung kultureller Unterschiede oder sogar Gegensätzlichkeiten an die extrem rechte Bewegung herangeführt. Während die Skinhead-Bewegung hinsichtlich ihrer Geschichte als eine Ausformung von wertkonservativer Subkultur gekennzeichnet werden kann, stellt der RechtsRock heutzutage etwas anderes dar: »Das beschriebene rechtsextreme und neonazistische Musik-Netzwerk ist keine Jugend-Subkultur, sondern ein orginär politisches Phänomen.«[66] Die Musik sowie die subkulturellen Inszenierungen dienen hierbei als Mittel für ideologische Botschaften sowie organisatorische Einflussnahmen. Durch die Nutzung subkultureller Stilmittel gelingt der extremen Rechten eine erlebnisorientierte ›Modernisierung‹, die szeneübergreifend lebensstilprägende Wirkungen bei Jugendlichen hinterlässt.

Insgesamt ist festzuhalten, dass die Formierung der extremen Rechten mittlerweile eine Qualität angenommen hat, die es notwendig macht, ihr zumindest in Teilbereichen einen Bewegungscharakter zuzuschreiben. Dieser ergibt sich aus der gemeinsamen Zielvorstellung eines völkisch/rassistisch orientierten Führerstaates, aus den vorhandenen Organisations- bzw. Netzwerkstrukturen sowie dem steigenden Mobilisierungspotenzial. Eine Kennzeichnung als ›Neue Soziale Bewegung‹ ist in diesem Kontext jedoch abzulehnen, da sie den faschistischen und repressiven Charakter dieser Bewegung verschleiert und eine Nähe zu sozialen (Teilbereichs-)Bewegungen der fordistischen Ära assoziiert. Vielmehr handelt es sich bei der Verknüpfung von rechtsextremer Bewegung, subkulturellen Skinhead- und RechtsRock-Szenen um neue Formen einer ›völkischen Bewegung‹ mit subkulturellen Stilmitteln und ideologischen Anknüpfungen an vorherrschende populistische Diskurse.

Ein gewisser ›Bewegungscharakter‹ ist der extremen Rechten nicht mehr abzusprechen – Teile der Bielefelder Kameradschaft im Kreis internationaler Gesinnungskameraden in Zagreb

RechtsRock reicht mittlerweile weit über das Skinhead-Spektrum hinaus. Neben purem ›Underground‹-Neonazi-Rock entfaltet er massenkompatible Spielarten im Mainstream. Ohne Nazi-Attitüde werden alte Neonazi-Kultbands wie die Böhsen Onkelz zu zeitgeistkompatiblen Heroen eines sich selbst als konservativ-autoritär inszenierenden ›Rebellentums‹. Ganz im Trend des Zeitgeistes einer sich modern gerierenden ›selbstbewussten Nation‹ droht RechtsRock zugleich zu einem Stilmittel nationalistischer Hegemoniebestrebungen unter populärkulturellen Vorzeichen zu werden. In einem Interview mit der Tageszeitung *Die Welt* verdeutlichte der Gitarrist der Chart-Band Rammstein, Paul Landers, eine solche Tendenz mit den Worten: »Der Vorwurf, wir würden mit rechten Zeichen spielen, hat mit dem komischen Verhältnis zu tun, das Deutsche zu Deutschland haben.«[67] In solchen – durchaus mit dem vorherrschenden öffentlichen Diskurs kompatiblen – Äußerungen zeigt sich die gesamtgesellschaftlich gefährliche Dimension von RechtsRock als völkisch-rassistische Zuspitzung hegemonialer Ressentiments.

Dorothy Poynton-Hill, US-amerikanische Olympiasiegerin, in einer Sequenz des Olympia-Films von Leni Riefenstahl, 1938 – neu geschnitten und inszeniert für das Video Stripped der Band Rammstein, 1999

Die breit geäußerte öffentliche Ablehnung des Rechtsextremismus reduziert sich auf dessen äußere Erscheinungsformen: Während der SA-imitierende und gewaltstrotzende Habitus rechtsextremer Skinheads Abwehr hervorruft, stoßen ihre identitätsstiftenden Parolen durchaus auf breitere Zustimmung.

In einem Kommentar des Boulevard-Journalisten Peter Boenisch in der *Bild*-Zeitung zur ›Nationalstolz‹-Debatte kam eine solche Zustimmung beispielhaft zum Ausdruck: »Wie die meisten unter uns ist auch der Bürger Boenisch gegen politische Gewalt und gegen Skinheads. [...] Dennoch ist er, wie viele von uns, stolz darauf, Deutscher zu sein. [...] Diese Heimat braucht Minister. Keine Heimat braucht auch keine Minister.«[68]

Anmerkungen

1 Vgl. Unsere Jugend, Heft 6, 1995, S. 243f.: Rechtsradikale Rockmusik als realer Bestandteil der Jugendkultur, von Bottländer, Johannes.

2 Kursbuch Deutsche Jugend, Berlin, 1993, S. 166: Gefahr von rechts, von Ernst Uhrlau.

3 Vgl. exemplarisch: Ministerium für Inneres und Justiz des Landes Nordrhein-Westfalen – Abteilung Verfassungsschutz: Skinheads und Rechtsextremismus. Instrumentalisierung einer jugendlichen Subkultur, Düsseldorf, 1998.

4 »Bisher ist der Begriff der ›Autonomen‹ lediglich auf das linke Milieu angewendet worden. Wer jedoch von ›rechten Autonomen‹ redet, macht sich nicht notwendigerweise eine contradictio in adjecto zu eigen. Schließlich hat sich in den letzten Jahren, gefördert durch die Wiedervereinigung, auch eine subkulturelle Szene von rechtsaußen gebildet.« (zit. nach: Backes, Uwe; Jesse, Eckard: Politischer Extremismus in der Bundesrepublik Deutschland, Bonn, 1993, S. 461).

5 Ebd.

6 Aus Politik und Zeitgeschichte. Beilage zur Wochenzeitung Das Parlament B 9-10/1998, S. 36–46, hier S. 46: Die Autonomen. Portrait einer linksextremistischen Subkultur, von Armin Pfahl-Traughber.

7 Aus Politik und Zeitgeschichte. Beilage zur Wochenzeitung Das Parlament B 9-10/1998, S. 27–35, hier S. 33: Rechtsextremismus in Deutschland. Ideologien, Organisation und Strategien, von Uwe Backes.

8 Willems, Helmut: Kollektive Gewalt gegen Fremde: historische Episode oder Genese einer sozialen Bewegung von rechts? In: Bergmann, Werner; Erb, Rainer (Hrsg.): Neonazismus und rechte Subkultur, Berlin, 1994, S. 209–226, hier S. 226.

9 Vgl. Nation & Europa, Nr. 7-8, 2000, S. 15.

10 Vgl. Zentralorgan, Nr. 5, 01/1999. Für weitere Beispiele vgl.: Butterwegge, Christoph; Häusler, Alexander: Themen der Rechten – Themen der Mitte. Rechtsextreme Einflüsse auf Debatten zu Migration, Integration und multikulturellem Zusammenleben. Medienexpertise im Auftrag der Landesarbeitsgemeinschaft der kommunalen Migrantenvertretungen Nordrhein-Westfalen (LAGA NRW), Düsseldorf, 2001.

11 Junge Freiheit, Nr. 7, 12.2.1999, »Wir sind als CDU jetzt wieder da«, Hessen-Wahl: Martin Hohmann über die Unionskampagne und Roland Kochs Wahlerfolg.

12 Aus dem Song »Was kann ich dafür« der Gruppe Sturmgesang, erschienen auf dem Tonträger: Sturmgesang: Mein letzter Sturmgesang, CD, Funny Sounds, 1996.

13 Zur näheren allgemein rezipierten Definition siehe folgend Raschke, Fußnote 17

14 Joseph Huber spricht allgemein von der ›Alternativbewegung‹ und grenzt diese von der Subkultur, der Gegenkultur und dem Aussteigermilieu ab und kommt zu dem Schluss, dass es die Alternativbewegung im definitorischen Sinne gar nicht gebe, weil die Zugehörigkeit nach subjektiven Kriterien vollzogen werde. Vgl.: Huber, Joseph: Wer soll das alles ändern. Die Alternativen der Alternativbewegung, Berlin, 1980, S. 26ff.

15 Walter Hollstein dagegen benutzt den Begriff der ›Gegengesellschaft‹ als Überbegriff für alternative Lebensformen und stellt dabei den Antagonismus von herrschender Lebensform und gesellschaftlichem Ausbruch in den Vordergrund. Vgl.: Hollstein, Walter: Die Gegengesellschaft, Bonn, 1981. Dies wiederum wird von Huber (s.o.) abgelehnt mit der Begründung, dass eine solch rigide Trennung in der Wirklichkeit nicht existieren könne, da sich Strömungen immer in ein Verhältnis zueinander setzen (S. 70f.). Joachim Hirsch vertritt wiederum die Ansicht, daß von der ›Alternativbewegung‹ nicht im strikten Sinne gesprochen werden könne und schlägt den Begriff der »gesellschaftlichen Gegenkultur« vor. Vgl.: Hirsch, Joachim: Der Sicherheitsstaat. Das Modell Deutschland, seine Krise und die neuen sozialen Bewegungen, Frankfurt/M., 1986, S. 155.

16 Der Begriff ›Zweite Kultur‹ wurde in den Siebziger- und Achtzigerjahren in den Medien mit alternativem Öffentlichkeitsanspruch oft selbst benutzt und kennzeichnet in erster Linie eine Haltung zur herrschenden Gesellschaftsstruktur. Vgl.: Daum, Thomas: Die zweite Kultur, Mainz, 1981. Er diente dabei als Begriffsmerkmal zur Ortung einer antibürgerlichen Haltung und zur Klassifizierung eines Anspruches für eine alternative Praxis. Johannes Agnoli wies allerdings auf den pikanten Sachverhalt hin, dass in der gesamten italienischen Geschichte der Begriff der ›zwei Kulturen‹ wie auch »der Begriff der ›Zwei Gesellschaften‹ immer ein Kampfbegriff der Rechten gewe-

sen ist, um das Proletariat aus dem Zusammenhang der ›Civil Society‹ herauszudrängen.« Vgl.: Agnoli, Johannes; hier zit. nach: Huber, a.a.O., S.71.

17 Raschke, Joachim: Soziale Bewegungen. Ein historisch-systematischer Grundriß, Frankfurt/M., 1987, S. 77. Auf das Standardwerk von Raschke bezieht sich ein Großteil der s.g. Bewegungsforschung seit den achtziger Jahren. Diese rein deskriptive Definition wurde weitestgehend in der nachfolgenden Bewegungsforschung übernommen: »Eine soziale Bewegung ist ein auf gewisse Dauer gestelltes und durch kollektive Identität abgestütztes Handlungssystem mobilisierter Netzwerke von Gruppen und Organisationen, welche sozialen Wandel mittels öffentlicher Proteste herbeiführen, verhindern oder rückgängig machen wollen.« Vgl.: Kölner Zeitschrift für Soziologie und Sozialpsychologie, Sonderheft 34, Opladen, 1994, S. 337–358, hier S. 338f.: Öffentlichkeit als Mobilisierungsfaktor für soziale Bewegungen, von Dieter Rucht.

18 Raschke, Joachim: Machtwechsel und soziale Bewegungen, in: Klein, Ansgar; Legrand, Hans-Josef; Leif, Thomas (Hrsg.): Neue Soziale Bewegungen. Impulse, Bilanzen und Perspektiven, Opladen, 1999, S. 75.

19 Vgl. Butterwegge, Christoph: Mordanschläge als Jugendprotest, Rechtsextremismus als (neue) soziale Protestbewegung? In: Ders.: Rechtsextremismus, Rassismus und Gewalt. Erklärungsmodelle in der Diskussion, Darmstadt, 1996, S. 89ff.

20 Vgl. Benz, Wolfgang: Bewegung, in: Benz, Wolfgang; Graml, Hermann; Weiß, Hermann: Enzyklopädie des Nationalsozialismus, München, 1998, S. 398.

21 Sternhell, Zeev; Sznajder, Mario; Asheri, Maia: Die Entstehung der faschistischen Ideologie. Von Sorel zu Mussolini, Hamburg, 1999, S. 28.

22 Horkheimer, Max; Adorno, Theodor W.: Dialektik der Aufklärung. Philosophische Fragmente, Frankfurt/M., 1991, S. 194.

23 Adorno, Theodor W.: Studien zum autoritären Charakter, Frankfurt/M., 1973, S. 328.

24 In Anlehnung an das Fabriksystem des amerikanischen Automobilherstellers Henry Ford wurde der Begriff des Fordismus geprägt. Er kennzeichnet kurz umschrieben ein keynesianistisch ausgerichtetes Akkumulationsmodell im nationalstaatlichen Rahmen, das durch einen entsprechenden politischen Regulierungsmodus eines interventionistischen, ›ausgleichenden‹ Staates ein spezifisches Modell von kapitalistischer Gesellschaft hervorgebracht hat, das in der BRD seine eigene Ausprägung durch das sozialdemokratisch geprägte ›Modell Deutschland‹, den s.g. rheinischen Kapitalismus erhielt. Dieses – als ›fordistisch‹ gekennzeichnete – Modell ist seit den Achtzigerjahren weitestgehend durch neue, ›postfordistische‹, neoliberal geprägte Regulationsweisen ausgetauscht worden. Vgl. u.a.: Hirsch, Joachim; Roth, Roland: Das neue Gesicht des Kapitalismus. Vom Fordismus zum Postfordismus, Hamburg, 1986; Lipietz, Alan: Nach dem Ende des ›Goldenen Zeitalters‹. Regulation und Transformation kapitalistischer Gesellschaften, Berlin/Hamburg, 1998; Dörre, Klaus: Globalisierung – Ende des rheinischen Kapitalismus? In: Loch, Dietmar; Heitmeyer, Wilhelm (Hrsg.): Schattenseiten der Globalisierung, Frankfurt/M., 2001, S. 63–91.

25 Vgl.: Das Argument, Nr. 203, 1994, S. 23–40: Die (un-)moralische Ökonomie rechtsextremer Gewalt im Übergang zum Postfordismus, von George Steinmetz.

26 Ebd., S. 28.

27 Aus dem Song »Rechte Polizei« der Düsseldorfer Band Störkraft, erstmals veröffentlicht auf dem Tonträger: Störkraft: Dreckig, kahl und hundsgemein, LP, ROR, 1989.

28 Aus dem Song »Deutscher Stolz« der Bremer Band Schlachtruf, erstmals veröffentlicht auf dem Tonträger: Schlachtruf: ›Weise Krieger‹, CD, Funny Sounds, 1995.

29 Vgl. Koopmans, Ruud: Soziale Bewegung von rechts? Zur Bewegungsförmigkeit rechtsradikaler und ausländerfeindlicher Mobilisierung in Deutschland, in: Mecklenburg, Jens (Hg.): Handbuch Deutscher Rechtsextremismus, Berlin, 1996, S. 767–781.

30 Vgl. Rommelspacher, Birgit: Rassistische und rechte Gewalt: Der Streit um die Ursachen. In: Dies.: Dominanzkultur. Texte zu Fremdheit und Macht, Berlin, 1995, S. 80–88.

31 Blätter für deutsche und internationale Politik, Nr. 9, 2000, S. 1069–1078, hier S. 1071: Kinder der Einheit. Oder: Die soziale Dynamik des Rechtsextremismus, von Hajo Funke und Lars Rensmann.

32 Vgl. Vorderste Front, Zeitschrift für politische Theorie & Strategie, Nr. 2/1991, S. 4–7: Revolutionärer Weg konkret: Schafft befreite Zonen! (Neu aufgenommen unter: http://www.front14.org/frontmann/fn-nwr/sir-text/txt4.htm) Jenes Konzept avancierte in der Folgezeit szeneübergreifend unter dem Titel ›Schafft befreite Zonen‹ zum propagandistischen Kampfbegriff für die gewalttätige territoriale Durchsetzung rechtsextremer Dominanz.

33 Die analytisch verstümmelte Übernahme von Begrifflichkeiten der Hegemonie- und Zivilgesellschaftsanalysen des italienischen Kommunisten Antonio Gramsci gehört zum Standardrepertoire der s.g. Neuen Rechten. Auch militante Neonazi-Kader wie der verstorbene Michael Kühnen propagierten beispielsweise die Übernahme von Organisations- und Politikstilen der s.g. linksradikalen Autonomen. Während in den Siebzigerjahren jedoch nur ein geringer Teil der extremen Rechten mittels Querfront-Strategie eine Anknüpfung an neue soziale Bewegungen erprobte, stösst bei unterschiedlichen rechtsextremen Strömungen mittlerweile die Anknüpfung über den Rechtsrock an (sub)kulturelle Szenen auf übergreifende Akzeptanz.

34 Deutsche Stimme, Nr. 10,1999: Befreite Zonen schaffen. Couragierte Gegenmacht. Die Eroberung kultureller Freiräume ist Aufgabe und Ziel nationalistischer Politik, von Jürgen Schwab. Hier zitiert nach: http://www.ds-verlag.de/zeitung/zeitung/Ds10_99/hig007.html.

35 Zur Weiterentwicklung dieses theoretischen Ansatzes vgl.: Hall, Stuart: Cultural Studies. Ein politisches Theorieprojekt. Ausgewählte Schriften 3, Hamburg, 2000.

36 Clarke, John u.a.: Jugendkultur als Widerstand. Milieus, Rituale, Provokationen Frankfurt/M., 1979, S. 22.

37 Ebd. S.136.

38 Schwendter, Rolf: Theorie der Subkultur, Hamburg, 1978 (hier zit. nach 4. Auflage 1993, S. 37ff.).

39 Diederichsen, Diedrich: Freiheit macht arm. Das Leben nach Rock'n'Roll 1990-93, Köln, 1993, S. 254.

40 Vgl. exemplarisch: Forschungsjournal Neue soziale Bewegungen, Heft 2, 1995, S. 33–46: Von den Jugendsubkulturen zu den Jugendkulturen. Der Abschied vom traditionellen Jugendsubkulturkonzept, von Dieter Baake und Wilfried Ferchhoff; Baake, Dieter: Jugend und Jugendkulturen. Darstellung und Deutung, München, 1999; Griese, Hartmut: Jugend(sub)kultur(en): Facetten, Probleme, Diskurse, in: Roth, Roland; Rucht, Dieter (Hg.): Jugendkulturen, Politik und Protest. Vom Widerstand zum Kommerz? Opladen, 2000.

41 Vgl. Schulze, Gerhard: Die Erlebnisgesellschaft. Kultursoziologie der Gegenwart, Frankfurt/M., 1992.

42 Seeßlen, Georg: Tanz den Adolf Hitler. Faschismus in der populären Kultur, Berlin, 1994, S. 183.

43 Aus dem Song »I wanna be black« vom Tonträger: Lou Reed: Street Hassle, LP, Arista Records, 1978.

44 Vgl. exemplarisch: Nevill, Andrew: The Good, the Bad and the Skins, in: Annas, Max; Christoph, Ralf (Hg.): Neue Soundtracks für den Volksempfänger, Berlin, 1993, S. 47–64.; Searchlight; Antifaschistisches Info Blatt; Enough is enough; rat (Hrsg.): White Noise. Rechts-Rock, Skinhead-Musik, Blood & Honour – Einblicke in die internationale Neonazi-Musik-Szene, Münster, 2000.

45 Vgl. Lowles, Nick; Silver, Steve: Vom Skinhead zum Bonehead. Die Wurzeln der Skinhead-Kultur, in: Searchlicht u.a.: White Noise, a.a.O., S. 17-24, hier S. 17.

46 Kraftschlag auf dem Tonträger: V.A.: Blood & Honour Deutschland, Sampler Vol. 1, CD, Nibelungen Versand – Tonträgerproduktion und Vertrieb, 1998.

47 Vgl. Dudek, Peter; Jaschke, Hans-Gerd: Die Entwicklung rechtsextremer Jugendgruppen. Vom ›jugendbewegten Lebensstil‹ zur neonazistischen Militanz. In: Dies.: Entstehung und Entwicklung des Rechtsextremismus in der Bundesrepublik: Zur Tradition einer besonderen politischen Kultur, 2 Bd., Opladen, 1984, S. 125–166.

48 Ebd., S. 161.

49 Ebd., S. 166.

50 Vgl. Wagner, Bernd: Rechtsextremismus und kulturelle Subversion in den

neuen Ländern, Bulletin. Schriftenreihe des Zentrum Demokratische Kultur (Sonderausgabe), Berlin, 1998.

51 Nation Europa (später Nation und Europa), Nr. 9, 1987, hier zit. nach: Michael Weiss: Begleitmusik zu Mord und Totschlag, in: Searchlight u.a., White Noise, a.a.O., S. 63-88, hier S. 66.

52 Roughs, Manfred, in: Europa vorn spezial, Nr. 6, 1993, hier zit. nach: Rechtsschutzinstitut (Hrsg.): Lokalpolitik und die extreme Rechte in Düsseldorf, Düsseldorf, 1997, S. 73.

53 Vgl.: Deutsche Stimme, Nr. 4/00: Nationalisten setzen auf Politik und Kultur. Vom Bummel über die ›Straße des nationalen Widerstandes‹ zum Konzerterlebnis, hier zit. nach: http://www.ds-verlag.de/ zeitung/ zeitung/ Ds4_20/ dp001.html

54 Schwab in: Deutsche Stimme ... a.a.O.

55 Deutsche Stimme, Nr. 12/99: Eigene Wege im Kulturkampf. Aus der dunklen Perspektivlosigkeit des Systems hebt sich eine ›rechte‹ Subkultur ab, von Jürgen Distler, hier zit. nach http://www.ds-verlag.de/ zeitung/zeitung/ Ds12_99/kor003.html

56 Ebd.

57 Frankfurter Allgemeine Zeitung, 26.10.2000: Mit links gegen rechts?, von Eckhard Jesse.

58 Vgl. Frankfurter Allgemeine Zeitung, 30.6.2000: Die angesehenen Bürger von den ›Skinheads Sächsische Schweiz‹, von Peter Carstens. Hier übernommen aus: Funke; Rensmann: Kinder der Einheit, a.a.O., S. 1072.

59 Siehe näher: Silver, Steve: Das Netz wird gesponnen. Blood and Honour 1987-1992, in: Searchlight, a.a.O., S. 25–42.

60 Das Skin-Fanzine Moonstomp wurde zugunsten der Neonazi-Zeitschrift Zentralorgan eingestellt und ist mittlerweile auch nicht mehr als eigenständige Beilage im Heft präsent. Vielmehr sind die Fanzine-Inhalte nun integraler Bestandteil der Neonazi-Postille. Interessanterweise gilt der Song Skinhead Moonstomp der Ska-Gruppe Symarip als erstes authentisches Skinhead-Stück und verweist zugleich auf die multikulturellen Wurzeln der Ska-Musik. Vgl. hierzu: Schröder, Burkhard: Nazis sind Pop, Berlin, 2000, S. 57f.

61 Moonstomp – das Skinzine im Zentralorgan, im Zentralorgan, Nr. 2, 1998, S. 4: Iron Youth [Interview].

62 Vgl. Erb, Rainer: Antisemitismus in der rechten Jugendszene. In: Bergmann; Erb: Neonazismus, a.a.O., S. 71.

63 Vgl. Ben-Itto, Hadassa: ›Die Protokolle der Weisen von Zion‹ – Anatomie einer Fälschung, Berlin, 1998.

64 Im Schriftzug Consdaple sind die Buchstaben NSDAP enthalten. Wird beispielsweise über ein T-Shirt mit dem Schriftzug eine Jacke so darüber getragen, dass jeweils die beiden ersten und letzten Buchstaben verdeckt sind, verbleibt der Schriftzug der nationalsozialistischen Partei.

65 Die Zahl 18 steht für die nicht strafbare Codierung von ›Adolf Hitler‹ (Anfangsbuchstaben in alphabetischer Reihenfolge); die Zahl 88 demnach ›Heil Hitler‹. ›14 Words‹ leitet sich aus dem Glaubensbekenntnis des inhaftierten US-amerikanischen Rechtsextremisten David Lane ab, der in vierzehn Worten die Neonazi-Formel prägte: »Wir müssen die Existenz unseres Volkes und die Zukunft der weißen Kinder sicherstellen.« Lane war Anführer der rechtsterroristischen Gruppe The Order.

66 Blätter für deutsche und internationale Politik, Nr. 3, 2000, S. 335–344, hier S. 343: Gewalt, Profit und Propaganda. Konturen des rechtsextremen Musik-Netzwerkes, von Gideon Botsch.

67 Hier zitiert nach: Junge Freiheit, Nr. 17, 20.4.2001: Feuer, das Lust verbrennt. Nach vier Jahren ist ein neues Rammstein-Album erschienen, von Tobias Wimbauer, hier zit. nach: http://www.jf-archiv.de/archiv01/ 171yy32.html

68 Bild, 18.3.2001: Stolz, ein Deutscher zu sein, von Peter Boenisch. Boenisch bezieht sich mit seinem versteckten Vorwurf des ›Vaterlands-Verräters‹ auf den Bundesumweltminister Jürgen Trittin. Nachdem CDU-Generalsekretär Laurenz Meyer die bis dato von Rechtsextremen reklamierte Parole »Ich bin stolz, ein Deutscher zu sein« öffentlich für sich in Anspruch nahm, bekundete Trittin in einem Interview: »Laurenz Meyer hat die Mentalität eines Skinheads und nicht nur das Aussehen. Laurenz Meyer hat selber bekundet, dass

er stolz darauf sei, dass er Deutscher ist. Das ist so die Flachheit, der geistige Tiefflug, der jeden rassistischen Schläger in dieser Republik auszeichnet ...« (aus Morgenecho, WDR 5 vom 12.3.2001), hier zit. nach: CDU-Bundesgeschäftsstelle, Hauptabteilung Medienpolitik und Öffentlichkeitsarbeit: Es gibt viele Gründe, stolz auf Deutschland zu sein, Broschüre ohne Datum der Veröffentlichung, S. 3.

Johannes Lohmann, Hans Wanders

Evolas Jünger und Odins Krieger

Extrem rechte Ideologien in der Dark-Wave- und Black-Metal-Szene

Berichte über rechte Musik beschränken sich meist auf rassistische oder Gewalt verherrlichende Botschaften rechter Skinhead-Bands. Dabei wird übersehen, dass Neonazis beziehungsweise extrem Rechte versuchen, verschiedene Musikstile mehr oder weniger erfolgreich in ihrem Sinne zu adaptieren. Während es im Bereich des Techno und HipHop bisher bei vereinzelten Versuchen blieb, haben sich extrem rechte Einflüsse sowohl in der Dark-Wave- als auch in der Black-Metal-Szene fest etabliert.

Während sich die organisierten rechten Skinheads als die treibende Kraft des ›Nationalen Widerstandes‹ verstehen, liegt diese realpolitische Komponente dem Selbstverständnis des Darkwavers und dem Black Metaller fern. Hier überwiegt elitärer Anspruch ›wider die Masse‹.

Auch unter dem Aspekt der Gewaltakzeptanz unterscheiden sich die Szenen eklatant. Gewalt und männliche Körperlichkeit ist bei Skinheads integraler Bestandteil der Selbstdarstellung. Die Anhänger des Black Metal hingegen reproduzieren das überlieferte Bild des martialischen, nordischen Kriegers, des Wikingers oder wehrhaften Germanens, das der Lektüre von Heldensagen und Fantasyromanen zu entspringen scheint. Im Dark Wave wird physische Gewalt dagegen komplett abgelehnt. Sie existiert nur als ästhetische Inszenierung im Sinne eines vertonten Jüngerschen ›Stahlgewitters‹ oder spiegelt sich in Marschrhythmen wider, die unter Melodien voller Melancholie und Romantik gesamplet werden.

Schwarze Kleidung, lange Haare, Corps Paint und Nietenarmbänder: Die Selbstdarstellung der Black-Metal-Bands sind Orientierung für die Fans

Romantik in Schwarz: Dark Wave

Die bevorzugte schwarz-romantische Kleidung der Gothic- beziehungsweise Dark-Wave-Szene führte zu dem selbst gewählten Namen ›Schwarze Szene‹, deren Größe anhand der Auflagen von Szene-Fanzines wie *Zillo*[1] mit über 80.000 und *Orkus* mit über 50.000 Exemplaren erahnt werden kann. Auf den beiden größten, jährlich stattfindenden schwarzen Festivals – dem Wave-Gotik-Treffen in Leipzig und dem M'era Luna in Hildesheim – treffen sich bis zu 25.000 Anhänger dieser Szene. Zentrale Themen sind die Vergänglichkeit und die Thematisierung des Todes, die ›entspiritualisierte Gegenwart‹ samt der daraus resultierenden Beschäftigung mit Mystik und verschiedenen Religionen sowie die Kritik am Materialismus. So werden durch Lyrik und Prosa in Fanzi-

Albin Julius/Der Blutharsch

Dann kam der Sänger, mit der sympathischen Ausstrahlung eines Sturmbannführers nach der Ritterkreuzverleihung, auf die Bühne und brüllte irgendwas rum.

Kommentar zum Auftritt von Der Blutharsch, in: Point Black, Nr. 6, 1999

nes und Songtexten viele Bilder der Romantik wieder belebt. »Die Grufties bündeln mehrere Bedeutungsstränge des Schwarz, wobei sie mit der kulturellen Besetzung der Farbe vertraut sind. Sie setzen die nekrophile Komponente der Farbe bewusst ein. Schwarz ist für sie ein Ausdruck eines Gefühls von Leere, eines ausgebrannten Inneren und ein Symbol für Verzweiflung und Resignation. [...] Sie setzen die Farbe außerdem als ein Zeichen ihrer selbstgewählten Weltabgeschiedenheit [...] und zur Betonung ihres Gefühls der Fremdheit der Welt gegenüber ein.«[2]

Als musikalischer Ursprung gilt die melancholische Seite des Punk, zu dem sehr früh experimentelle Einflüsse und elektronische Elemente hinzukamen. Die unterschiedlichen Musikstile, mit ihren Bekanntesten Vertretern wie Sisters Of Mercy, The Cure, Front 242, Christian Death oder Einstürzende Neubauten, werden unter Dark Wave subsumiert. Stilistisch reicht die Bandbreite von Ambient (atmosphärischen Klängen) und Neofolk (vornehmlich Gitarre und Gesang) über Gothic-Rock (weniger aggressiver, mit Keyboard-Klängen versetzter Metal) und Electro (teils poppig, teils brachialer aber immer tanzbarer, rein elektronischer Sound) bis hin zu Industrial (von Klangcollagen bis Geräuschorgien). Sei es nun bei Kerzenschein und atmosphärisch-sakralen Klängen oder bei Laser-Gewittern und technoiden Noise-Orgien, die individuellen Gefühlswelten spielen immer eine zentrale Rolle. Im Bereich des Neofolks und Industrial setzen Teile der Szene auf einen rechten Wertekanon, weshalb diese Stile eingehender beschrieben werden.

Stil gebend für den Industrial war die Kult-Band Throbbing Gristle und ihr gleichnamiges Label. Die Musikrichtung Industrial brach mit herkömmlichen Vorstellungen von Musik. Mit analogen Synthesizern, Alltagsgeräuschen und Sprach-Samples wurden teils ruhige, teils orkanartige Klangebilde erzeugt, Melodie war schmückendes Beiwerk. Motivation war eine Kritik an der hoch technisierten Industriegesellschaft, die als maßgebliche Ursache von ›pervertiertem‹ menschlichen Verhalten angesehen wurde. Der Industrial wollte wachrütteln und prangerte die Manipulation durch Medien an: »We're interested in information, we're not interested in music as such. And we believe that the whole battlefield, if there is one in the human situation, is about information.«[3]

Der heutige Industrial unterscheidet sich musikalisch in eine an den Ursprüngen der Musik orientierte Stilrichtung sowie in eine mehr dem Techno verpflichtete Weiterentwicklung. Während letzterer auf Computer erzeugte, rhythmisch-brachiale Musik setzt, orientiert sich der Old-School-Industrial an den analogen Techniken und Schockpraktiken seiner Vorbilder.

Inhaltlich schrecken heute jedoch einige dieser Bands nicht mehr davor zurück, »Tabubrüche, wie sie von Throbbing Gristle bewußt praktiziert und provokant eingesetzt wurden [...], noch weiter zu überspitzen. Faschismus, Mord und Totschlag, Vergewaltigung, Pädophilie und andere Untiefen der menschlichen Psyche werden nicht mehr in einen kritischen Diskurs gestellt, sondern offen propagiert.«[4]

Aus der Synthese von Industrial und Folk entstand im England der 80er-Jahre um die Bands Current 93 und Death In June eine neue Stilrichtung, der so genannte Apocalyptic-Folk. Das Apokalyptische der Musik ergab sich aus der Verwendung von verschiedensten Requisiten zur Klangerzeugung wie zum Beispiel Peitschen, Glocken und Knochen. Beim heutigen Neofolk sind solche Elemente zu Gunsten des »reinen« Klanges zurückgetreten. »Die Minimalistik des Instrumentarismus garantiert eine verstärkte Hinwendung des Interesses zur Gesangsstimme. Das Wort steht im Vordergrund. Die mit einfachsten Mitteln (wenigen Akkorden, eingängigen Melodien) erzeugte Musik stellt eine Form musikalischer ›Reinheit‹ dar [...]; die Rückkehr zu einer selbstgewählten Einfachheit, dem Primitiven, das es der Pop-Kultur entgegenzusetzen gilt. [...] Die ›Reinheit‹ der Musik ist Ideologie.«[5] Folgerichtig erweist sich der Neofolk »als wahrhaft antimoderne Strategie auf der Suche nach Authentizität und Identität«.[6]

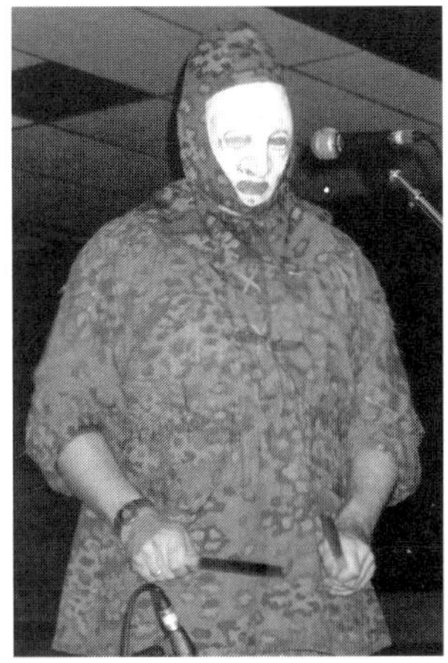

Reinheit und Retrospektive als Ideologie: Douglas Pearce, Kopf der Neofolk-Band Death In June

Against the modern world: Der rechte Teil des Dark Wave

Unter dem Titel *Against the modern world* veröffentlichte Tony Wakeford, ein ehemaliges Gründungsmitglied von Death In June, mit seiner Band Sol Invictus 1988 sein erstes Album. Dieses Album spiegelt exemplarisch Inhalte und Ausdruck der rechten Vertreter des Dark Wave wider.

So this is the West, a land we're meant to defend;
Of happy slaves, who will babble to the end;
Beneth the towers, where financiers roost;
[...]
The last battalions of those who wait to see;
The northern lights and the midnight sun;
They await their sunrise;
That they know will surely come;
Against the modern world.[7]

Die Musik basiert zumeist auf einfach gespielter Gitarre und melancholischem Gesang, der Inhalt wendet sich gegen das Diesseits und verweist retrospektiv auf ein angeblich besseres ›Damals‹. Der Westen als Ausdruck der Moderne wird auf den rational-kapitalistischen Wert des Geldes reduziert, dem die Bevölkerung als ›Sklaven‹ unterworfen sind. Ein ›letztes Bataillon‹ Aufrechter wartet auf die Auferstehung der Abendländischen Kultur, die der modernen Welt als heilsbringend gegenübergestellt wird. Der Songtitel sowie der Name Sol Invictus (die Metapher der ›Unbesiegten Sonne‹) beziehen sich auf das Buch *Revolte gegen die moderne Welt* von Julius Evola (1898–1974).

Standartwerk extrem rechter Zivilisationskritik des italienischen Faschisten Julius Evola von 1934

Evola, Wegbereiter des Italienischen Faschismus, plädierte für einen aristokratisch geführten Staat, ein übergreifendes Germanien, geführt von einer historisch-geistigen Elite. Demokratie und Gleichheitsgedanken waren ihm zuwider: »So ist jede Demokratie in ihrem eigenen Prinzip eine Schule der Immoralität, eine Beleidigung der Würde und der inneren Haltung«.[8] Den Übergang von der traditionellen zur modernen Welt sieht er als kulturellen Verfall, die Moderne fasst er als Verfallsprodukt von Demokratie und Christentum auf. »Die Vorstellung, daß der Staat seinen Ursprung im demos hätte und in diesem auch das Prinzip seiner Rechtmäßigkeit und seines Zusammenhalts läge, ist eine ideologische Perversion, typisch für die moderne Welt«.[9] Er verachtete die »kollektivistische Welt der Massen« und beklagte den Mangel an Spiritualität in der Moderne.

Den Tiger reiten

›Den Tiger reiten‹ – Compilation zu Ehren des italienischen Faschisten Julius Evola

Unter dem Namen Cavalcare la Tigre – Den Tiger reiten – veröffentlichte das Dresdener Neofolk-Label Eis & Licht-Tonträger 1998 ihre Hommage zum hundertsten Geburtstag Julius Evolas. Auf dem Tonträger sind einige namhafte rechte Bands des Genres versammelt, wie beispielsweise Allerseelen, Von Thronstahl, Blood Axis und Waldteufel. Im Begleitheft zu dieser Compilation erläutert Martin Schwarz, der sowohl für die NPD als auch für das Dark-Wave-Fanzine Sigill schreibt, das Motto der CD: »Nicht ein besonderes Thema, nicht eine bestimmte Meinung und nicht ein spezielles Wissen sind es, die Evolas Leben vor allem geprägt haben, sondern eine Haltung. Die Haltung des AUFRECHT BLEIBENS.«[10]

Die von dem ›integralen Traditionalisten‹ Evola propagierte und hier aufgegriffene innere Haltung soll das Überleben in den modernen, säkularisierten und minder ›traditionalen‹ Gesellschaften ermöglichen. Die innere Haltung ist der Ritt ›auf dem Rücken der Bestie‹, der modernen Gesellschaft. Entsprechend seiner Gesellschaftskonzeption ist der Entwurf der inneren Haltung zutiefst elitär. »Der Ritt auf dem Tiger kann von einzelnen isolierten Menschen vollzogen werden, in der Welt, in der Gott tot ist. [...] Die Haltung kann in vielen Lebenslagen und Zeitaltern doch dieselbe bleiben. Sie ist es, die zu absoluten Verneinungen und souveränen Bejahungen befähigt. Man kann dies auch die Haltung des Kriegers nennen, und Evola hat sie oft als solche bezeichnet. Doch wird er hier gerne mißverstanden. Denn niemand verfehlt die Haltung des Kshatriya[11] deutlicher als jener, der sie mit Militarismus, Säbelrasseln und Wettrüsten verwechselt. Die kriegerische Haltung des Nicht-Zurückweichens ist die Quintessenz des Rittes auf dem Tiger. [...] Evola ist nicht zurückgewichen auf das Feld des Rationalismus, der Seichtheit, des Pöbels. Und darum steht er noch heute aufrecht, wo andere seiner Zeit längst versunken sind.«[12]

Der Mythos von Helden und Elite

In dem Dresdner Dark-Wave-Fanzine Sigill, das nach der zwanzigsten Ausgabe in Zinnober[13] umbenannt wurde und in dem neben der Musik auch Abhandlungen zu Theoretikern der extremen Rechten wie Jünger,

Evola oder Mishima fester Bestandteil ist, formulieren die Schreiber ihren elitären Anspruch: »Wir, die wir uns selbst am ehesten noch als Anarchen, sprich konservative Anarchisten, beschreiben möchten, setzen das nahezu Unmögliche bei unseren Mitmenschen voraus: Instinkt, Intelligenz, Stil und Souveränität.«[14] Mit dem Begriff des Anarchen beziehen sie sich auf Ernst Jünger, dessen ›heroischer Realismus‹ aus seinen frühen Werken für viele Rechte der Dark-Wave-Szene Leitbild ist. Sein Bild des ›in Stahlgewittern‹ wird von der Wiener Band Der Blutharsch mit den Worten »Kampf, Sieg oder Tod« interpretiert.[15] Zu Marschrhythmen und an Industrial angelehnte Klänge werden mit unbewegter Mine Texte wie »Im Blut mußten wir gehen, im Blut mußten wir stehen« vorgetragen.[16] Der Name Blutharsch leitet sich von der Bezeichnung für die Soldaten, die als erste die Mauern erkletterten, von den Zinnen herunter gestochen wurden oder siegreich in die Stadt oder die Burg eindrangen, ab. Das Bild des Kampfes spielt eine große Rolle, über das Jünger schreibt: »Der Kampf ist eine der beiden großen Formen des Schicksals. [...] Sowohl seine Methoden wie seine Ergebnisse sind denen der anderen Schicksalsform, der Liebe, aufs engste verwandt. Hier wie dort wird durch die Gegensätze eine Einheit erzeugt.«[17] Betrachtet man Jüngers Texte, so sind sie »Manifestationen einer politischen Weltanschauung. Deren zentrale Momente sind: anti-diskursive Haltung, Verachtung von Vernunft, Humanität und Demokratie«.[18] Anlässlich seines Todes 1998 ehrten ihn die Macher des Sigill als jemanden, der »AUFRECHT blieb [und] die Ruinen und alle anderen Wirren, Schwankungen, Änderungen, Revolutionen unbewegt und gradlinig hinter sich ließ«.[19]

Kampf, Sieg und Tod als Maxime: der japanische Literat und Ideologe Yukio Mishima: aus Sigill Nr. 10

Kampf und Klausur

Eine aufrechte Haltung in enger Verknüpfung mit Spiritualität und Opfermythos kennzeichnet den rumänischen Führer Corneliu Z. Codreanu (1899–1938) und seine faschistische Eiserne Garde. Mit dem Erzengel Michael als religiösem Leitbild kämpften sie für ein wieder erstarktes Rumänien, das nach dem Volksgemeinschafts- und Führerprinzip geordnet sein sollte. Durch Sprachsamples in der Musik, Bezüge in Interviews und Artikeln auf die Eiserne Garde wird ihnen vom rechten Teil der Szene gehuldigt. Corneliu Codreanu, Kampf und Klausur heißt der Titel einer Abhandlung von Kadmon (alias Gerhard Petak), dem Kopf der Wiener Band Allerseelen, deren Gesänge sowohl von ihm als auch von Boyd Rice, einem bekennenden Sozialdarwinisten und Urgestein der Noise-Musik, wieder veröffentlicht wurden. »Ich spürte in ihnen den Widerhall einer kämpferischen Zeit, in der Tradition und Moderne gegeneinander in den Krieg traten«[20], so Kadmon in der 9. Ausgabe seines themenbezogenen Heftes Aorta[21]. Ausgehend von Codreanu, der die Verbindung von Askese, Glaube und Kampf beschwor, ist die Verbindung zwischen dem ›Kshatriya-Charakter‹ und der kultisch-kriegerischen Geisteshaltung der Eisernen Garde zentraler Punkt dieser Ausgabe.

Hommage an den Führer der rumänischen Faschisten. Werbung für die Compilation: Eine Erinnerung an den Kampf – Corneliu Zelea Codreanu, 2002

Unter dem Titel *Eine Erinnerung an den Kampf* ist ein »Official release of the commandants and generals of the Iron Guard«[22] angekündigt, ein Zwei-CD-Sampler, auf dem ausschließlich Bands aus dem Dark-Wave-Bereich vertreten sind, darunter bekannte Namen wie Blood Axis, Allerseelen, Kirlian Camera und Camerata Mediolanense. In dem Begleitbuch befinden sich sowohl Beiträge von Kadmon und Martin Schwarz als auch Schriften von Evola und Jünger, darunter bisher unveröffentlichte Briefe Jüngers an Codreanu. Die in diesem Teil der Dark-Wave-Szene übliche strenge Limitierung – die Erstauflage mit vollständigem Booklet umfasst 199 Stück – ist Ausdruck des selbst auferlegten elitären Gestus.

Musikalische Huldigung eines SS-Germanen: Vertonte Texte des Gründers der SS-Forschungsorgansation ›Ahnenerbe‹ Herman Wirth, vertont und gesungen von Markus Wolff aka Der Waldteufel, 2000

Wenn Runen raunen

Spiritualität wird in der Schwarzen Szene sehr unterschiedlich praktiziert, das Heidentum und mit ihm die Runenkunde ist am weitesten verbreitet. Auf Büchertischen, bei Festivals und über Versandlisten werden diverse Runenfibeln und Literatur über heidnische Gesellschaften angeboten. Auf dem Wave-Gotik-Treffen in Leipzig wird alljährlich ein eigenes, kleines ›heidnisches Dorf‹ aufgebaut. Vor allem im Neofolk ist heidnische Mystik und das Heidentum konstituierend, da ihm eine ›natürliche Ordnung‹ zugeschrieben wird und als abendländisch, also ›uns arteigen‹ gilt.

Die in Nacht und Not sich wanden, stehen treu zu aller Zeit;
die das Dunkel überwanden, bleiben stets zur Tat bereit.
Sonnenwende heilige Brände leuchtet fort in Ewigkeit

singt die Neofolk-Band Ernte in ihrem Lied *Sonnenwende*[23]. Mit den Begriffen ›Not, treu, heilig und Ewigkeit‹ in Verbindung mit einer einfachen Naturbeschreibung wird eine naturgegebene Gemeinschaft suggeriert, die in einer Welt der Ratio auf die Erlösung durch die ›Sonnenwende‹, dem Heidentum als gesellschaftliche und religiöse Ordnung, wartet.

Dabei werden Gedichte und Texte aus der Zeit der Renaissance naturreligiöser und völkischer Motive des Fin De Siècle aufgegriffen. Die amerikanische Band Blood Axis vertonte beispielsweise einen Text von Jörg Lanz von Liebenfels in dem Song *Electricity*, der auf dem Sampler *Lucifer Rising* (1999) erschien. Auf der Suche nach ›germanischen Wurzeln‹ und ›heidnischer Religiosität‹ erlangte vor allem die Ariosophie[24] mit ihren bekanntesten Vertretern Guido von List (1848–1919) und Jörg Lanz von Liebenfels (1874–1954) einen Bekanntheitsgrad. »Ihre Schriften beschrieben ein vorgeschichtliches, Goldenes Zeitalter, in dem weise, gnostische Priesterschaften okkult-rassistische Lehren verkündeten und über eine überlegene, rassisch reine Gesellschaft herrschten. Sie behaupteten, daß eine üble Verschwörung antideutscher Interessen [...] es sich zum Ziel gemacht hatte, diese ideale Welt der Germanen zu vernichten, indem sie ihnen Nicht-Germanen im Namen eines Pseudo-Egalitarismus gleichstellten.«[25]

Black sun rising

Buch über Leben und Werk von Karl Maria Wiligut, Okkultist, SS-Brigadeführer und mystischer Berater Heinrich Himmlers. Heidnische Rituale zur Wiederentdeckung der ›arteigenen‹ Spiritualität im Nationalsozialismus

Die okkulten ›Arierweisheiten‹ von List und Liebenfels wurden später von Heinrich Himmler zur spirituellen Untermauerung des Herrschaftsanspruches der SS übernommen. Himmler, besessen von seiner Idee des arischen Übermenschen, erkor die Wewelsburg bei Paderborn als zukünftiges geistiges Zentrum für seinen ›Schwarzen Orden‹ aus. Die Burg wurde mithilfe von Zwangsarbeitern umgebaut und sollte das geistige Schulungszentrum der SS und Ort ihrer mystischen Rituale werden. Bei der Auswahl der Stätte beriet Himmler sein ›mystischer Berater‹ Karl Maria Wiligut, jener SS-Brigadeführer, dem nicht nur von Himmler magische Kräfte zugeschrieben wurden: Auch heutige Protagonisten des Dark Wave glauben an diese Fähigkeiten. Die Band Allerseelen beispielsweise veröffentlichte unter dem Titel *Gotos = Kalanda* zwölf vertonte Gedichten von ›Himmlers Rasputin‹. In den USA war für August 2001 unter dem Titel *The Secret King: Karl Maria Wiligut – Himmler's Lord of the Runes – The Real Documents of Nazi Occultism* eine Übersetzung seiner Texte und Schriften mit Essays anderer ariosophischer Schreiber geplant. Herausgeber ist Michael Moynihan, Kopf der Band Blood Axis.

Beliebt in der rechten Dark-Wave-Szene ist auch die schwarze Sonne in Form des Bodenmosaiks aus dem Gruppenführersaal der Wewelsburg. Die Verwendung dieser aus 12 Sig-Runen bestehenden Sonne ist in rechtsextremen und neonazistischen Kreisen schon fast inflationär. Nur in der Dark-Wave-Szene wird der nationalsozialistische Bezug geleugnet, obwohl die Schwarze Sonne in dieser Form erst durch die SS populär gemacht wurde.

Rein und Schön

›Der Schöne Schein des Dritten Reiches‹: Statue von Arno Breker auf einer Konzertankündigung der Band Blood Axis

Zentral für die Schwarze Szene insgesamt ist die Ästhetik. In der Inszenierung einer Band spiegeln sich ihr Lebensgefühl und ihre persönlichen Ideale wieder. Bei rechten Musikgruppen und Fanzines fällt auf, dass auf völkische Künstler und die Ästhetik des NS zurückgegriffen wird.[26] Fasziniert von der durch diese Ästhetik idealisierten Reinheit und faktisch ausgedrückten Macht wird »Der schöne Schein des Dritten Reichs« (Reichel) wieder belebt. Bands wie Death In June treten bevorzugt im Camouflage-Uniformen auf, eines ihrer Bandsymbole ist der SS-Totenkopf. Die Sig-Rune – auch mal das Eiserne Kreuz umrankt vom Eichenlaub – ist das Logo der österreichischen Formation Der Blutharsch.

Die Machtbesessenheit des NS fand sich in den teils überdimensionalen Plastiken der NS-Bildhauer Arno Breker und Josef Thorak wieder. Deren Auftragsarbeiten propagierten durch ihre Ästhetik die moralischen und politischen Aussagen des NS. Heute schmücken Bilder dieser Plastiken Konzertflyer und CD-Cover rechter Dark-Wave-Bands, ohne auf deren historischen Kontext einzugehen. Neben Breker brachte auch Thorak die NS-Ideologie der ›arischen Rasse‹ durch Plastiken zum Ausdruck.

›Komm zu uns‹ – Grafik der Hitlerjugend als Einladung zum Tanz: Trommelschlag, Musiknacht im Rahmen des 9. Wave-Gotik-Treffens

Für die Erstellung seiner Großplastiken forderte Thorak Häftlinge aus dem Konzentrationslager Dachau an.[27] Zu Ehren Thoraks erschien bei dem rechtsextremen Verlag VAWS ein CD-Sampler, auf dem namhafte Gruppen aus der rechten Dark-Wave-Ecke vertreten sind, ein Sampler zu Ehren Brekers ist in Planung.[28]

Eine andere Ikone dieser Ästhetik ist die Filmemacherin Leni Riefenstahl, die nach ihrem ersten Film Das blaue Licht (1932) ihre Karriere als NS-Propaganda-Künstlerin begann. Im Auftrag der NSDAP produzierte sie die Parteitagsfilme Sieg des Glaubens (1933) und Triumph des Willens (1934/35)[29], denen der Film Tag der Freiheit: Unsere Wehrmacht (1935) folgte. Den Höhepunkt ihrer Karriere im »Dritten Reich« erreichte sie mit ihrem zweiteiligen Olympiafilm Fest der Völker und Fest der Schönheit (1938), zu dem sie sagte: »Er soll der Jugend Ansporn und Symbol werden, noch schöner und noch vollkommener zu werden.«[30] Die Ästhetik des NS mit ihrem Ausdruck von ›Reinheit und Schönheit‹ deckt sich mit den visuellen Präferenzen des rechten Teil der Dark-Wave-Szene.

Schon vor dem ›Tabubruch‹ Rammsteins mit ihrem Video Stripped wurde Riefenstahl aufgrund ihrer Ästhetik in der rechten Dark-Wave-Szene geehrt. Für großes Lob sorgte der 1996 bei VAWS erschienene Sampler zu Ehren von Riefenstahl[31], u.a. mit in der Schwarzen Szene bekannten Bands Strength Through Joy, Turbund Sturmwerk, Forthcoming Fire, Allerseelen und Death In June.

Sehr nett waren die Fahnen anzusehen, die auf der Bühne gehißt bzw. über das Schlagzeug gelegt wurden, sowas würde zur Erstürmung von jedem Blood & Honour-Konzert führen, ungerecht das!

Über das Konzert mit Strength Through Joy, Death In June und Boyd Rice 1996 in München
Der Lokalpatriot Nr. 7

Rufen manche Konzerte auch bewusst die Assoziationen vom heroischen Kampf im Schützengraben, von Kameradschaft, Männerbund und NS-Fackelzauber hervor, so ist es doch nicht der leibhaftige Nationalsozialismus mit all seinen Konsequenzen, sondern hier wird sich nur jenen ›reinen‹ Eigenschaften wie Aufrichtigkeit, Standhaftigkeit und Heldenmut bedient. Inszenierung und Ideologie wird auf bloße ›Kunst‹ reduziert und ihr faktischer Kontext geleugnet. Dieser faschistische Kontext ist jedoch zwangsläufig bei einer derartigen Inszenierung präsent.

Konservative Kulturavantgarde Europas

Hommage an den Freikorpsführer Ernst von Salomon zu dessen 100. Geburtstag 2002, mit musikalischer Untermalung von Raymond Plummer, Days of The Trumpet Call und Von Thronstahl

Ob nun mit Folk-Musik bei bündischer Lagerfeuerromantik oder im Industrial mit militaristischer Ästhetik wird ein rechtes Lebensgefühl dargestellt und ausgelebt. Inhalt dessen sind Bilder und Themen des europäischen Faschismus und der Konservativen Revolution: »Gerade weil er so unlogisch ist, trifft der Ausdruck ›Konservative Revolution‹ genau den Kern der Sache, verkörpert doch die Bewegung in der Tat ein Paradoxon: Ihre Anhänger wollten die von ihnen verachtete Gegenwart zerstören, um in einer imaginären Zukunft eine idealisierte Vergangenheit wiederzufinden. [...] Sie wollten zur Vergangenheit zurückkehren und ersehnten eine neue Gemeinschaft, deren Angehörige alle wieder den alten Idealen und Institutionen treu sein würden.«[32] Als Gegenstück zu diesen Idealen gelten die Werte der Französischen Revolution. Mit

Ernst Jünger und Julius Evola wird auf typische Vertreter dieser ideologischen Strömungen zurückgegriffen. In diesem Sinne ist der Untertitel des Dark-Wave-Magazins Sigill als »Konservative Kulturavantgarde Europas«[33] zu verstehen.

Orientierungspunkt Konservative Revolution: Nachruf auf Ernst Jünger
Sigill, Nr. 16, 1998

Der Kreis dieser rechten Protagonisten ist innerhalb der Schwarzen Szene relativ klein, sodass keinesfalls die Schwarze Szene an sich als politisch rechts eingeordnet werden darf. Jedoch gibt es Musiker, Labels, Fanzines und Konzertveranstalter, die eine Entwicklung nach rechts vorantreiben.[34] Hinter diesen ›aufrechten Heroen‹, die um die ›wahren Werte‹ wissen, dieser kulturellen ›Elite‹, die wie ein Fels in sturmumbrandeter See ›Haltung bewahrt‹, verbirgt sich der altbackene, antidemokratische Wertekanon der Konservativen Revolution. Durch die Verknüpfung von Kultur und rechten Ideologien werden diese Einstellungen für die Protagonisten der Szene lebendig und erfahrbar. Was die ›Neue Rechte‹ jahrelang erfolglos versuchte, entwickelte sich weit gehend unbeachtet innerhalb der Schwarzen Szene: Eine Kultur, die in ihren Werten und ihrem Ausdruck ein extrem rechtes Weltbild spiegelt und in der Jugendliche sowie junge Erwachsene ihre politischen Ideen unter ästhetischen Vorzeichen ausleben können. Und das, ohne sich den neonazistischen Skinheads, einer extrem rechten Partei oder einer ›Kameradschaft‹ anschließen zu müssen.

Allerdings ist eine punktuelle Zusammenarbeit zwischen Vertretern der rechten Dark-Wave-Szene und Vertretern der ›Neuen Rechten‹ zu beobachten. Auf Tagungen oder Vorträgen des ›neurechten‹ Netzwerkes Synergies Européenes beziehungsweise seinem deutschen Ableger, dem Synergon Deutschland, kommen sie zusammen und werden im kulturellen Rahmenprogramm u.a. von Dark-Wave-Bands unterhalten.[35] Ideologisch gibt es kaum Differenzen, doch schrecken die Besucher der Schwarzen Szene vor organisatorischen Zusammenschlüssen zurück, da für sie organisierte Politik eine Sache des ›Mobs‹ beziehungsweise der ›Masse‹ ist.

Rechtsaußen und toleriert

Will man dem Leser, der Death In June & Co. nicht kennt, einen musikalischen Vergleich liefern, könnte man da gut und gerne einen Frank Rennicke erwähnen, dessen CDs den neueren DIJ doch sehr ähneln

Rock Nord, Nr. 26, 1997

Bei der Auseinandersetzung mit rechter Ideologie wird in Deutschland der Blick zumeist auf den Nationalsozialismus und den offenen Rassismus sowie Antisemitismus reduziert, mit dem eine differenzierte Auseinandersetzung über die Wurzeln und verschiedenen Strömungen der extremen Rechten erschwert wird. Versuche, die Dark-Wave-Szene in die Nähe von Neonazis, Skinheads oder ›Satansmörder‹ zu rücken, verfehlen die Problematik und gefährden eine differenzierte Analyse. Zwar bieten Artikel über Neofolk-Bands in Rock Nord und anderen rechtsextremen Skin-Fanzines hierzu Anlass, doch ist ein Zusammenspiel von Dark Wavern und neonazistischen Skinheads ausgeschlossen. Es gibt zwar einzelne personelle Überschneidungen zur nazistischen Szene ebenso wie es seinerzeit die versuchte Vereinnahmung der Szene durch die Jun-

gen Freiheit gab, doch trotz augenscheinlicher Übereinstimmungen verhindern deren strikte politische Intention ein Miteinander.

Auf Kritik von außen reagiert die Schwarze Szene, bedingt durch häufige undifferenzierte Sensationsberichte, strickt ablehnend. Nur ihre eigene, meist sehr verschiedenen Meinungen werden toleriert, während die szenefremde Kritik als Zensur aufgefasst wird. Eine Diskussion über eine Abgrenzung zu diesen rechten Einflüssen findet kaum statt, da die ›Freiheit der Kunst‹ über allem steht, auch wenn so die viel beschworene Toleranz innerhalb der Szene zu Beliebigkeit verfällt. Im Gegensatz zum Black Metal, der für Außen stehende oft mit der Schwarzen Szene verwechselt wird, wird im Dark Wave weder Rassismus noch Antisemitismus offen propagiert. Dennoch ist eine szeneinterne Auseinandersetzung über die eigene Verquickung mit extrem rechten Ideologien und Ästhetiken dringend geboten.

Von Thronstahl, extrem rechte ›Grufti-Band‹ auf dem Titelblatt von Rock Nord, Nr. 72/73, 2002

Odins Krieger – nationalsozialistische Ideologien im Black Metal

Beachtung fand das Thema Black Metal in der Öffentlichkeit lediglich im Kontext spektakulärer Ereignisse wie beispielsweise dem Fall des im April 1993 von seinen Mitschülern ermordeten Sandro Beyer.[36] Da die Täter zusammen in einer Black-Metal-Band namens Absurd spielten, bauschte die Presse sie zu ›Satanskindern‹ auf, den Bandleader Hendrik Möbus gar zum ›Satansmörder‹, später ›Nazi-Satanisten‹. Zwar spielt im Gegensatz zum Dark Wave der Satanismus in der Black-Metal-Szene eine weitaus größere Rolle, darauf lässt sich die Szene aber nicht reduzieren.

Pure Holocaust – Vernichtung als Fantasie und Pose: Cover der norwegischen Black-Metal-Band Immortal, 1993

Black Metal gilt als eine der extremsten Spielarten des Heavy Metal. Die Musik ist durch schnelle, schrille Gitarrenriffs, treibende Schlagzeugrhythmen und kreischenden ›Gesang‹ gekennzeichnet. Sie umfasst eine Spannbreite, die von der reinen Lärmorgie bis zur pathetischen, mit Keyboards unterlegten Metal-Hymne reicht. Der Begriff Black Metal bezeichnet darüber hinaus eine Szene, deren gemeinsame Schnittmenge neben der Musik ihre inhaltliche Ausrichtung und martialisch wirkende Ästhetik charakterisiert. Dazu gehören neben Schminke (›war paint‹ – Kriegsbemalung oder ›corpse paint‹ – Leichenbemalung) die zur Selbstinszenierung wichtigen Szeneattribute wie schwarze Kleidung, Patronengurte, Nieten und historische Waffen.

Extreme gegen den Mainstream: Die Entwicklung des Black Metal

Als Namensgeber der Szene gilt die britische Band Venom mit ihrem 1982 erschienenen Album *Black Metal*. Venom spielten simplen, aggressiven und schnellen Metal. Dieser sollte »dem dahinsiechenden Rock-Genre neue Impulse einhauchen und extremer als alles bisher Dagewesene klingen«.[37]

Der Erfolg der Band lag in ihrer kompromisslosen Rohheit und Vulgarität begründet, wodurch sie sich klar vom kommerziellen Mainstream im Heavy Metal absetzte. Doch schon bald begann sich das Publikum anderen harten und schnellen Musikrichtungen zuzuwenden. Black Metal schien in Vergessenheit zu geraten. Das änderte sich grundlegend als Anfang der 90er-Jahre einige Bands aus Skandinavien, speziell aus Norwegen, die Bühne betraten und von sich reden machten. Die Protagonisten der so genannten ›zweiten Generation‹ steigerten Inhalte und Musik ins Extremste, dass hieß noch härter, noch schneller und noch aggressiver.[38]

Namensgeber und Initiator des Genre: Venom mit ihrem 1982 veröffentlichtem Album Black Metal

Zentral für jene Entwicklung war Oystein (Euronymus) Aarseth, Kopf der bis heute aktiven Band Mayhem. Neben einem kleinen Label besaß er in Oslo den Plattenladen Helvete (Hölle), der zum Treffpunkt einer kleinen, jedoch ständig wachsenden Black-Metal-Szene avancierte. Zu dem ›Black Circle‹, der als »selbst ernannte Führungsriege des Black Metal in Norwegen«[39] galt, gehörten neben Mayhem auch die Bands Burzum, Emperor und Immortal. Wegen ihrer radikalen Ablehnung des Christentums wurde der Black Circle zwischen 1992 und 1995 für mindestens 44 erfolgreiche oder versuchte Brandanschläge auf Kirchen verantwortlich gemacht.

Einen traurigen Kultstatus erlangte Christian (Varg) Vikernes mit seinem Ein-Mann-Projekt Burzum. Er ermordete am 9. August 1993 im Streit seinen ehemaligen Weggefährten Aarseth. Als bei seiner Verhaftung bekannt wurde, dass er persönlich für eine Reihe von Brandstiftungen verantwortlich war, wurde er zur Kult-Figur der Black-Metal-Szene. Er personifizierte für sie den ›wahren Black Metal‹, da ihm die stilisierte Aura des ›Bösen‹ nicht nur als Image genügte, sondern er auch Taten folgen ließ. Das Ereignis stellte eine entscheidende Zäsur in der Entwicklung der Black-Metal-Szene dar. Die Trennlinie verlief an der Frage: »Wie stehst du zu Varg Vikernes?«. Während er von einem Teil der Szene abgelehnt und entweder als ›Spinner‹ oder ›Verräter‹[40] bezeichnet wurde, befürworteten andere seine Verbrechen.

Authentizität durch Mord: Varg Vikernes, Bandleader von Burzum und heute Insasse einer schwedischen Strafvollzugsanstalt. Cover der CD Ragnarok, 2001

So differenzierte sich der Black Metal in den folgenden Jahren zunehmend aus. Einem Teil des Black Metal, vor allem der norwegischen Band Dimmu Borgir sowie den Briten von Cradle Of Filth ist der Sprung in den Mainstream gelungen. Ihnen gelang der Einzug in die Musikcharts und selbst Jugendmagazine wie die *Bravo* berichteten über sie. Den Gegensatz dazu bildete die sich selbst als ›Underground‹ verstehende Szene, die es strikt ablehnt, sich kommerziellen Interessen zu unterwerfen. Black Metal ist für sie nicht nur Musik, sondern auch eine Lebenseinstellung.

Satan und Krieg: Zentrale Inhalte im Black Metal

Texte früher Bands – beispielsweise der Gruppe Venom – waren stark von Satanismus und Okkultismus inspiriert. Neben der Verwendung umgedrehter Kreuze und okkulter Symboliken versuchten sich die Bands

Die Kirchenbrände etc. haben den unbedingten Willen zur Tat gezeigt. Diese Tatsache stellt[e] ganz unbestritten das Hauptfaszinosum an dieser Musik und ihrer Bewegung dar

›Widar‹, Bandleader von Bilskirnir und Aryan Blood, in: Rock Nord, Nr. 54, 1999

ein dämonisches, satanistisches Image zu geben. Allerdings wird bei genauerer Betrachtung deutlich, dass dieses Selbstbild immer wieder ironisch gebrochen wurde.

Jene Selbstironie fehlte den Bands der ›zweiten Generation‹. Sie versuchten zu leben, wovon sie sangen. Sie wollten das absolut ›Böse‹ verkörpern. ›Böse‹ bedeutete nicht nur die Verehrung der Negation des ›christlichen Guten‹ – des Satans – sondern allgemein der positive Bezug auf Hass, Gewalt, Krieg und Tod. Jegliche Form menschlichen Zusammenlebens wurde negiert. Mit der Selbstverortung als absolute Antipode zur christlich geprägten Gesellschaft wollten jene Protagonisten den Black Metal zum ›wahren Kult‹ zurückführen. In diesem Sinne ist auch die Aussage von Oystein Aarseth, Sänger der Band Mayhem, zu verstehen: »Ich will nicht, dass Menschen, die jedem Trend hinterherlaufen, mich respektieren, ich will, dass sie hassen und fürchten.«[41]

Die Bands der so genannten ›zweiten Generation‹ bezogen sich vielfach auf den Krieg, dem sie eine Katharsis-Funktion für die Gesellschaft zusprachen. Aussagen wie: »Ich bete für den Atomkrieg. Er würde alle Probleme lösen.«[42] sollten zwar provozieren, deuteten aber bereits die dahinter stehende Geringschätzung menschlichen Lebens an. Die Rede vom ›totalen Krieg‹ implizierte nicht nur Zerstörungswut und Vernichtungswillen auf symbolischer Ebene, sondern wurde auch als ›War against Christianity‹ verstanden: »Wir brennen Kirchen ab, um die Wut der Christen zu verstärken. Wir können dann eventuell Krieg mit ihnen führen«.[43] Der dabei thematisierte Vernichtungsgedanke war jedoch weit weniger Ausdruck einer gefestigten Ideologie. Varg Vikernes ging es vornehmlich um die Suche nach dem, was als absolut ›evil‹ (›böse‹) galt: »Menschliche Wesen sind wertlos und dumm. Sie sollten nicht denken. Sie sollten einem Gott oder Führer folgen. Ich unterstütze alle Diktaturen, Hitler, Stalin, Ceaucescu ... und ich will selbst Diktator von Skandinavien werden. Ich bin ein Wikinger; man erwartet von uns, dass wir kämpfen. Make war, not love ...«[44] Diese Suche nach den Extremen war – bei aller Affinität zu rechtem Gedankengut – der wesentliche Grund für das Aufgreifen nazistischer Ikonographie und Inhalte.

Ich mag [...] drei große Ideen am 3. Reich: das Zerstören von Fremden, die nicht im weißen Europa leben sollten z.B. Juden, [...] das Respektieren von Gesetzen und Natur, das Benutzen von mystischen okkulten Mythologien und alter heidnischer Symbole in Kunst und Ideologie

Rob Darken, Leader der polnischen Gruppe Graveland Fafnir, Nr. 1, o. J. (ca. 1999)

Hinzu kommt eine bestimmte Vorstellung, was Natur sei: Von vielen Anhängern des Black Metal wird ihr ein eigener Wesenscharakter zugesprochen, mitunter gar ins Transzendente, quasi Religiöse verlagert. Natur selbst sei eine Religion, so die norwegischen Band Kampfar in einem Interview mit dem ebenfalls aus Norwegen stammenden Fanzine Genocide.[45] Mit der Konzeption von Natur als mystisch aufgeladenem Ort aus dem heraus der dort lebende Mensch eigene Sinnzuschreibungen erfährt, kann es auch zum Aufgreifen rechter Versatzstücke kommen: »Unsere Heimat ist sehr wichtig für uns, da wir ja aus ihr entwachsen sind; aus ihren schönen Landschaften unsere Kräfte schöpfen; uns mit ihr durch unser vogtländisches Blut verbunden fühlen«[46], so die thüringische Black-Metal-Band Bergthron.

Kriegerische Heiden

Im Laufe der 90er-Jahre vollzog sich ein thematischer Wandel. Die Personifizierung des Bösen – Satan – wurde als eine christliche Erfindung und als bloßes Gegenstück zu einem anderen Gott abgelehnt. Abgelöst wurde die christliche Imagination des Bösen durch den Bezug auf vorchristliche Religionen. Die Anlehnung an das Heidentum bzw. den Paganismus bedeutet nicht mehr die bloße Negation bzw. den Willen zur Vernichtung, sondern impliziert auch den Entwurf einer ›positiven‹ Gesellschaftsordnung nach dem Vorbild alter germanischer Traditionen. Diesem Neoheidentum liegt kein einheitliches, in sich geschlossenes Religionssystem zugrunde, sondern ein »synkretistisches Gedankengebäude«.[47] Die Grundprinzipien werden der nordischen Mythologie, wie in der Edda beschrieben, sowie Heldensagen und Volksmärchen entnommen. Historische Authentizität spielt dabei auch im Black Metal keine große Rolle, entscheidend scheint vielmehr, »das Gefühl [zu sein], [...] die ›eigenen Wurzeln‹ in einer ›ursprünglicheren‹, der Entfremdung der Moderne noch nicht ausgelieferten Ideenwelt gefunden zu haben.«[48]

Diese ›heile‹ Welt wurde, so die Argumentation der Vertreter des heidnischen Black Metal, durch die Christianisierung Nordeuropas zerstört. Ursprüngliche Werte wie Mut, Würde, Ehre und Treue seien durch Nächstenliebe, Feigheit und Schwäche ersetzt worden. Für den Flügel der Szene, der sich als explizit neonazistisch versteht und für den sich die Eigenbezeichnung ›NS-Black-Metal‹ durchgesetzt hat, ist das Heidentum Begründung und Herleitung seines rechten Gedankenguts.

Zentrale Idee in der Interpretation der NS-Black-Metaller vom Heidentum ist die aus der ›Naturreligion‹ abgeleitete ›natürliche Ordnung‹, die nur für eine vermeintlich gewachsene Gemeinschaft innerhalb eines bestimmten Raumes gilt. Durch die Verknüpfung mit einer Blutszugehörigkeit bekommt das Heidentum einen immanent völkischen Charakter. Andererseits werden für die heidnische Gemeinschaft Gesetze geltend gemacht, die direkt aus der Natur abgeleitet werden. Dabei steht besonders das Recht des Stärkeren im Vordergrund. So werden – basierend auf einem völkisch definierten Sozialdarwinismus – von den Anhängern des NS-Black-Metal Vorstellungen von einer ›nordischen Rasse‹, die sich gegenüber anderen ›Rassen‹ behaupten müsse, legitimiert. Gegenüber dem Christentum und seinem universalistischen Prinzip »funktionieren religiöse Geltungsfundamente wie Volk, Rasse und Art immer über den Ausschluss anderer Menschen und Gruppen [...]. Dieser Ausschluss des ›Fremden‹ auf der Basis einer biologistischen Zuschreibung ist geradezu konstitutives Merkmal völkischer Religion.«[49]

Der Rückgriff auf eine idealisierte vorchristliche Zeit impliziert auch eine Kritik am Materialismus. Diese Kritik ist im NS-Black-Metal meist antisemitisch konnotiert. So wird der Materialismus vornehmlich mit dem ›US-Kapitalismus‹ assoziiert, der durch seinen ›Kulturimperialismus‹ die ›arteigene Kultur‹ zerstört, die ›Völker verdummt‹ und zu willenlosen Geschöpfen gemacht habe. »Materialismus, Humanismus, Kapitalismus

Heidentum ist Begründung und Herleitung rechter bis extrem rechter Ideologiefragmente im Black Metal. Motiv aus dem Black-Metal-Fanzine Seelenbluten, Nr. 1, o.J. (ca. 2000)

Ein Volk kann nur groß und stark sein, wenn es seine eigenen Werte und Bräuche leben darf

›Wolfsgrimm‹ von der Band Bergthron, Ablaze, Nr. 38, 2001

Germanischer Heidensturm – Tape-Sampler mit den gängigen deutschen NS-Black-Metal-Bands, von Pesten Produktion, o.J. (ca. 2000)

sind alles Waffen, mit denen die Diener Zions die Menschen versklaven«, postuliert Sven Goldberg, ein Aktivist im deutschen NS-Black-Metal-Underground.[50] Um dem entgegenzuwirken wird das Ideal des starken, furchtlosen Kriegers propagiert, der im ständigen Kampf um Leben und Tod steht: »Black Metal bedeutet Krieg im Zeichen der Dunkelheit [...]. Wahre Black Metaller sind [...] ehrenvolle und stolze Krieger im Kampf gegen den Feind.«[51] Das Bild des Kriegers wird auch in dem Song *Germanien über alles* der deutschen Black-Metal-Band Absurd glorifiziert. Dort heißt es:

Germanen gegen Rom – Die Vorstellung, dass sich die ›nordisch-germanische Rasse‹ gegenüber anderen ›Fremdvölkern‹ verteidigen müsse gehört zum Standartrepertoire der extrem rechten Metaller. Hier das Cover des Albums Asgardsrei der NS-Black-Metal-Band Absurd, 1999

> *Ein Adler auf dem schwarzen Schild, das Schwert fest in der Hand*
> *Steht ein jeder von uns Kriegern stolz für unser Heimatland [...]*[52]

Im weiteren Verlauf des Liedes wird beschrieben, in welcher Traditionslinie sich die NS-Black-Metaller verorten: In einer Reihe stehen der Germane, der Soldat der Waffen-SS und der ›Black-Metal-Krieger‹ von heute, der sich des neuerlichen Schicksalskampfes bewusst sein soll. Der Untergang der nordischen Kultur wird von den NS-Black-Metallern explizit dem ›Judeo-Christentum‹ angelastet. In ihrer wahnhaften Vorstellung wird die christliche Religion ein Instrument einer jüdischen Weltverschwörung, die, um die Menschen zu versklaven, die Gesellschaft an den Idealen von Gnade, Vergebung und Mitleid ausrichtet. Hierzu die belgische NS-Black-Metal-Band Donars Krieg: »Das Judeo-Christentum machte die arische Rasse schwach. Wir wollen für die arische Rasse und unser europäisches Erbe kämpfen.«[53] Der Nationalsozialismus erscheint ihnen hierbei als adäquates Mittel. Die nationalsozialistische eugenische Bevölkerungs- und Rassenpolitik wird mit der Argumentation befürwortet, dass dies Teil eines ganz normalen Evolutionsprozesses sei. Der Holocaust wird als ein ›reinigender Prozess‹ begriffen, die Vernichtung als ein Mittel, um der Natur zu ihrem Recht zu verhelfen. Dies drückt Hendrik Möbus, Kopf der NS-Black-Metal-Band Absurd, aus, wenn er behauptet: »Unsere wahre Natur wird durch judaisierte Glauben unterdrückt. Der Nationalsozialismus ist die einzige Lösung um die herrschenden fremden Einflüsse loszuwerden und unsere Rasse und Natur zu bewahren.«[54]

Motiv aus dem Repertoire der Band Burzum. Das Auge im Hakenkreuz ist das Symbol der Allgermanischen Heidnischen Front (AHF) und symbolisiert den einäugigen nordischen Gott Odin

Bands, Labels, Strukturen

Zu den bedeutendsten Figuren im Bereich des NS-Black-Metal zählt ohne Zweifel Varg Vikernes und seine Band Burzum, die zu den Urgesteinen der norwegischen Black-Metal-Szene gehören. Obwohl Vikernes in der Zwischenzeit verlauten ließ, er betrachte Black Metal als ›Negermusik‹[55], genießt Burzum immer noch Kultstatus in der gesamten Szene.

Vikernes ideologische Festigung erfolgte erst im Gefängnis, wo er eine Haftstrafe von 21 Jahren wegen des Mordes an Oystein Aarsteh verbüßen muss. Er wandelte sich von einem Satanisten zu einem überzeugten Odinisten[56] und Nationalsozialisten. Mithilfe von Jan Erik Kvamsdahl, Mitglied der norwegischen neonazistischen Organisation Zorn 88, baute er die Norsk Hedensk Front (Norwegische Heidnische Front) auf, die zur Keimzelle der Allgermanischen Heidnischen Front (AHF) wurde. Die AHF ist eine international agierende neuheidnische und völkische Organisation, die es sich zum Hauptziel erklärt hat, die Existenz aller ›germanischen Völker‹ zu sichern[57]. Die vielen Sektionen, z.B. in Deutschland, Großbritannien, Norwegen, Russland, Schweden oder den USA[58], täuschen allerdings darüber hinweg, dass die Anzahl der Mitglieder nur sehr gering ist. Doch ist sie die einzige ›Organisation‹ im NS-Black-Metal, deren Ziel die Vermittlung eines geschlossenen, extrem rechten Weltbildes auf der Basis heidnischer Religion ist. Andere Gruppierungen wie die Thuringian Barbarian Horde oder die German Black Metal Horde[59] stellen eher lose Zirkel zur Verbesserung der szeneinternen Infrastruktur dar.

Werbung für den NS-Black-Metal-Versand Darker Than Black auf einer Postkartenbeilage des Rock Nord

Einen Überblick über die internationale Dimension dieser Szene ermöglicht die 1999 veröffentlichte Compilation *The Night And The Fog*[60]. Von dem Tonträger, der ein *Tribute To The National Socialist Black Metal Underground* darstellt, sollen laut Werbung die ersten 88 Stück mit »Original Erde aus Auschwitz« ausgeliefert worden sein. Auf der CD sind polnische, französische, US-amerikanische, österreichische und deutsche Bands vertreten. Erstellt wurde sie in einer Zusammenarbeit zwischen den Labels Dungeons Of Darkness und Moribound Records (beide USA) sowie dem deutschen Label Darker Than Black der Brüder Ronald und Hendrik Möbus.

Hendrik Möbus und seine Band Absurd erlangten ähnlich wie Varg Vikernes und Burzum vor allem durch einen Mord einen gewissen ›Kultstatus‹. Mit dieser Tat war für die NS-Black-Metal-Szene die ›Aura einer authentische Band‹ geschaffen geworden.[61] Hendrik Möbus erhielt für den Mord acht Jahre Jugendstrafe. Nach seiner vorzeitigen Entlassung aus dem Gefängnis 1998 gründete er zusammen mit seinem Bruder Ronald (Wolf) Möbus das Label Darker Than Black (DTB). Als eigentlicher Kopf der Firma galt Ronald, der als eine Art Manager von Absurd fungierte und schon länger im Black-Metal-Underground aktiv war. Obwohl das Erfurter Label nur wenige Tonträger veröffentlichte, wurde es binnen kurzer Zeit zum wichtigsten seiner Art im deutschsprachigen Raum, da es beinahe ausschließlich nationalsozialistischen Black Metal produzierte und vertrieb. Dies wurde noch ausgebaut, als DTB zum Sublabel des bereits 1997 von Mirko Hesse gegründeten Hammerskin-Labels Hate Records wurde. Hesses Erfahrung mit dem Label und seine Kontakte, über die er als einer der führenden sächsischen Hammerskins verfügt, trugen nicht unerheblich zum Erfolg von DTB bei. Der Erfolg währte allerdings nicht lange. Das Amtsgericht verurteilte Hendrik Möbus im Juli 1999 zu acht Monaten Haft, da er bei einem Konzert im thüringischen Behringen den »Hitlergruß« gezeigt hatte. Im Oktober 1999 wurden die Räume seines Labels im Zuge einer bundesweiten Razzia gegen die »rechtsextreme und satanistische Szene«[62] durchsucht. Gegen Hen-

Avancierte zum bekanntesten Protagonisten des deutschen NS-Black-Metals: Hendrik Möbus, 1998

Black Metal ist ganz klar eine zumindest arisch geprägte Metal-Variante

Ronald ›Wolf‹ Möbus, Bandleader von Wolfsburg, Germanenmacht, Nr. 1, 1999

drik Möbus wurde daraufhin wegen des Verdachts auf Verbreitung verbotenen Propagandamaterials ermittelt.

Von der Durchsuchung war auch das in Borna (Sachsen) ansässige Label No Colours betroffen. Im Versandkatalog von No Colours werden neben populären Bands wie Dimmu Borgir auch eine ganze Reihe neonazistischer Black-Metal-Bands angeboten, angefangen von Burzum bis hin zu Zyklon B[63]. Darüber hinaus werden von dem Label polnische NS-Black-Metal-Bands wie Graveland aber auch die deutsche Band Nargaroth produziert. So kann No Colours durchaus als Bindeglied zwischen ›unpolitischer‹ und NS-Black-Metal-Szene bezeichnet werden.

Für das Demo-Tape ›Thuringian Pagan Madness‹ verwendete die Gruppe Absurd ein Bild vom Grabstein ihres Opfers, Sandro Beyer

Im Dezember 1999 wurde Möbus vom Berliner Amtsgericht Tiergarten wegen der Verunglimpfung Verstorbener zu anderthalb Jahren Haft verurteilt. Er hatte sein Opfer Sandro Beyer in einem Interview mit den Worten verhöhnt: »Ich weiß ja nicht, ob man in der Nazi-Zeit bestraft worden wäre, wenn man Volksschädlinge unschädlich gemacht hätte«.[64] Noch im selben Monat widerrief das Amtsgericht Erfurt die Haftaussetzung zur Bewährung. Daraufhin floh Hendrik Möbus in die USA und wurde dort am 26. August 2000 auf dem Grundstück von William Pierce, dem Führer der US-amerikanischen neonazistischen National Alliance und Inhaber des RechtsRock-Labels Resistance Records festgenommen. Während Hendrik Möbus noch in den USA in Haft saß, erschien auf dem neuen Sublabel Hagal Records von Mirko Hesses Hate Records die neue Absurd-CD mit dem Titel Werwolfsthron[65]. Hendrik Möbus wird aber kaum in der Lage sein, das neueste Absurd-Machwerk in Freiheit zu genießen. Am 29. Juli 2001 wurde er nach Thüringen abgeschoben um seine restliche Haftstrafe in Deutschland zu verbüßen.

DTB und Hagal Records sind nur zwei Beispiele für eine Anzahl von eindeutigen Labeln und Versänden. Daneben existieren auch einige größere Unternehmen, wie das bereits erwähnten Label No Colours, mit einer wesentlich breitere Angebotspalette. Die meisten Labels und Versände im NS-Black-Metal werden von nur einer Person geführt und vertreiben oftmals limitierte Tonträger. Die Limitierung (z.B. auf 88 Stück) soll den Underground- und Kultcharakter dieser Produkte verdeutlichen. Über einzelne Aktivisten können auch mehrere Stränge zusammenlaufen. Exemplarisch lässt sich das an der Person Sven Goldberg aus Salzgitter verdeutlichen. Goldberg ist Mitglied der Band T.T. (The True) Frost, unterhält mehrere musikalische Projekte, die entweder kontinuierlich auftreten (Sadorass[66]) oder nur kurzfristig auf der Bildfläche erscheinen (z.B. Treblinkas Feuer). Er ist Herausgeber des Fanzine Satanic Terror, betreibt ein Label (Satanic Terror Production, ehemals Nuclear Genocide Production) einen Versand (ebenfalls Satanic Terror) sowie seine eigene Website.

Der Nationalsozialismus ist das Leben selbst, die einzige Rettung für Europa

Varg Vikernes, Bandleader von Burzum, Asgardsrei, Nr. 1, 1998

Nicht verwunderlich, dass das Treiben der NS-Black-Metal-Szene in der extremen Rechten nicht unbemerkt blieb. »Erfahrungen haben wir in dem Sinne gesammelt«, so Thorns, der Schlagzeuger der NS-Black-Metal-Band Barad Dür, »[...], daß immer mehr Skins unsere Konzerte aufsuchen und unsere Musik gut finden. [...] Wir wünschen uns eine intensive Zusammenarbeit zwischen Skins und Langhaarigen.«[67] Ähnliches wünscht sich auch Hagen von Tronje, der in Rock Nord, regelmäßig Artikel zum Thema Black Metal sowie Interviews mit Bands wie Absurd und Burzum lancierte. Dies wird auch von den Lesern begrüßt: »[...] es ist an der Zeit, die Szenen einander näher zu bringen, Gemeinsamkeiten zu erkennen [...].«[68] Dass dies schon praktiziert wird, zeigt beispielsweise das rechtsextreme Skinhead-Fanzines Ostara aus Sangerhausen. Als ›Heft im Heft‹ integrierte der Herausgeber Enrico Marx das eigenständig Black-Metal-Heft Doppelblitz in sein Magazin. Dennoch behagt so manchem rechten Skinhead das Erscheinungsbild der Black Metaller nicht, für sie sind diese ›ungewaschenen Langhaarigen‹ schlicht ›Perverse‹ und weder ›deutsch‹ noch ›arisch‹. Andererseits sind für etliche Black-Metaller Skinheads nur ›dumpfe Masse‹ und damit Gegenbild zum eigenen elitär-nazistischen Kult.

Auf dem Cover eine brennende Synagoge und im Booklet das Bekenntnis: »Totenburg spielen: Thüringen Aryan Black Metal.« Totenburg, Weltmacht oder Niedergang, o.J. (ca. 2000)

Gemeinsame Konzerte, wie das Konzert am 20. Januar 2000 in Borthen, sind selten. In der Disco COOL in der sächsischen Kleinstadt traten mehre Skinhead-Bands – Sturm & Drang, Might of Rage, Solution und Sachsenfront – zusammen mit der thüringischen NS-Black-Metal-Band Totenburg auf. Allerdings wurde das Konzert von der Polizei vorzeitig wegen ›Propagandadelikten‹ abgebrochen.[69]

Gemeinsame Bandprojekte zwischen Skinheads und Black Metaller sind Ausnahmen, wie zum Beispiel die Band Halgadom. Die Musikgruppe besteht aus Frank Krämer von der neonazistischen Skinhead-Band Stahlgewitter, der durch seine Tätigkeit im ›Gau Rheinland‹ für die Deutschen Heidnischen Front (DHF) mit der Black-Metal-Szene verbunden ist, sowie Sebastian Schauseil von der Band Absurd. Ein Zusammenspiel zwischen NS-Black-Metal und Dark Wave hingegen existiert kaum, zu gegensätzlich sind die Charaktere der Szenen. Die Ausnahme bildende Regel war das Gastspiel von Josef Klumb und Raymond Plummer von der Band Von Thronstahl auf dem Tonträger Asgardsrei der Band Absurd.[70]

Im Kern nationalsozialistisch

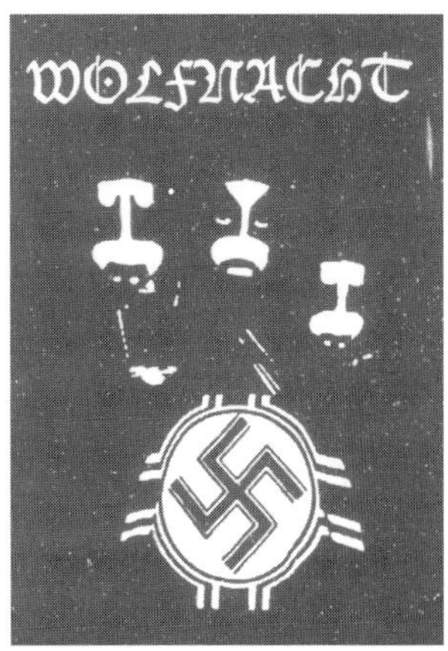

›Elite der weißen Rasse‹ mit infernalischem Gesang. Cover des Demo-Tapes Blut und Ehre der NS-Black-Metal-Band Wolfnacht, o.J. (ca. 2000)

Die Bezugnahme auf rechtes Gedankengut lässt sich im Black Metal auf unterschiedliche Motivationen zurückführen. Dort, wo innerhalb der Szene Anspruch auf eine explizit politische Außenwirkung besteht, gibt es die Möglichkeit einer engeren, aber begrenzten Zusammenarbeit mit neonazistischen Skinheads. Die Gemeinsamkeiten liegen in der stark rassistischen Ausrichtung beider Szenen. Ganz offen wird der Nationalsozialismus glorifiziert und die Lehre von der ›Elite der weißen Rasse‹ sowie dem Hass auf alles ›Minderwertige‹ gepredigt. Darüber hinaus ähneln sich die Inszenierungen von Männlichkeit in der Stilisierung von Gewalt und Kampf.

Auch wenn manch ein Anhänger des NS-Black-Metal diesen als vermeintlich ›unpolitisch‹ und vielmehr im Kontext von Hass, Gewalt, Verachtung, Misantrophie, Krieg und Zerstörung sehen mag,[71] so ist der

Nationalsozialismus nicht bloßes ›Image‹, wie gerne behauptet wird, sondern auch Ausdruck einer verinnerlichten Weltanschauung. Innerhalb der gesamten Black-Metal-Szene wird dieser Zuspruch zu extrem rechter Ideologie zwar thematisiert,[72] doch werden nazistische Äußerungen oftmals als Spinnerei abgetan oder abgekoppelt von dem musikalischen Aspekt einer Band betrachtet.

Rechtsextreme Erlebniswelten

Während in den 80er-Jahren Jugendliche rechtsextreme Positionen unter kulturellem Vorzeichen nur offen unter neonazistischen Skinheads oder an den Lagerfeuern der Wiking Jugend ausleben konnten, sind heute auch andere Musikkulturen und -Szenen interessant für Jugendliche und junge Erwachsene, die eine von Rassismus, Antisemitismus und Nationalismus geprägte Ideologie vertreten.

Für die Tatsache, dass Musik mit rechten Inhalten inzwischen weit über den Bereich des RechtsRocks der Skinheads hinausreicht, sind Dark Wave und Black-Metal nur zwei Beispiele. Im Ruhrgebiet wird Gabber, eine extrem schnelle Form des Techno, von vielen Hörern rechts kodiert und sogar im ›multikulturellen‹ HipHop zeigt sich die Tendenz, dass zunehmend rassistische und nationalistische Motive aufgenommen werden. Unter dem Vorzeichen der ›Normalisierung‹ haben sich längst rechte Flügel in unterschiedlichsten musikalischen Stilen und Szenen etabliert. Damit spiegeln sie auch die zunehmende Verbreitung rechten Gedankenguts innerhalb der Gesellschaft wieder. Diese zeigt sich beispielsweise an obskuren Forderungen deutscher Rockmusiker nach einer Quote zugunsten deutschsprachiger Musik in Funk und Fernsehen. »Jetzt, da die Siegermächte ihre letzten Besatzungstruppen abgezogen haben, müßte es doch das Interesse einer jeden Partei sein, unserem Land nicht seine eigene Gegenwartskultur vorzuenthalten«, forderte beispielsweise der Altrocker Achim Reichel und kritisierte, »daß unsere eigenen Musiker keine Einreisegenehmigung in deutsche Funkhäuser bekommen« und phantasiert von einer »beispiellosen Vernichtungsaktion unserer einheimischen Musikszene«.[73] Die Vorstellung einer homogenen deutschen Gesellschaft, zusammengehalten vom »Kitt des Nationalismus« (Wolfgang Schäuble) scheint Konsens jenseits aller parteipolitischer Differenzen zu sein. Denn nicht nur der Ministerpräsidenten von Hessen, Roland Koch, äußerte dass die Nationalflagge wieder zu einem identitätsstiftenden Symbol werden müsse, während der Kanzlerkandidat der CDU/CSU Edmund Stoiber explizit »Politik für das Vaterland« machen möchte, auch Gabi Zimmer (PDS) betont ihre »Liebe zu Deutschland«.

In diesem Kontext stehen Musik- und Jugendstile, sie sind immer auch Ausdruck einer gesellschaftlichen Entwicklung. Das gilt sowohl für den Mainstream als auch für Szenen, die sich jenseits davon verorten. Ein ›Bollwerk‹ gegen rechte Tendenzen kann es nur dort geben, wo einem statischen Kulturbegriff eine Vorstellung von Kultur entgegengesetzt wird, die nicht auf Homogenisierung, sondern auf Heterogenität ausgerichtet ist, die Differenz zulässt und die sich jenseits nationalstaatlicher oder konstruierter ethnischer Grenzen konstituiert.

Anmerkungen

1 Zillo ist mittlerweile musikalisch übergreifend und nicht mehr nur der Schwarzen Szene zuzuordnen.

2 Richard, Birgit: Todesbilder, München, 1995, S. 118.

3 Throbbing Gristle: The Industrial Culture Handbook, San Fransisco, 1983, S. 9.

4 Kleinherz, Jochen: ... Industrial music for industrial people ... In: Testcard, Beiträge zur Popgeschichte, Nr. 1, 1995, S. 91.

5 Stiglegger, Marcus: Trauer und Reinheit. Die Wiederkehr der Liedermacher. In: Auf Abwegen, Nr. 22, 1997, S. 33.

6 Ebd., S. 36.

7 Aus dem Text des Titels: Against the modern world, abgedruckt in: Wakeford, Tony: Above us the sun, London, 1994.

8 Evola, Julius, Menschen inmitten von Ruinen, Tübingen, 1991, S. 167.

9 Evola, Julius, Revolte gegen die moderne Welt (1934), Vilsbiburg, 1993, S. 53.

10 Cavalcare la Tigre. Julius Evola: Centenary. CD, Eis und Licht, 1998. Die CD ist nach einem Buch Evolas benannt.

11 Der Kshatriya ist ein ›sprituelleг Krieger‹.

12 Aus dem Begleitheft zur CD Cavalcare la Tigre.

13 Der Titel Zinnober ist an Evolas Autobiographie ›Der Weg des Zinnober‹ angelehnt.

14 www.geocities.com/CapitolHill/Lobby/2972, August 1998: Selbstdarstellung, von Stephan Pockrandt dem Herausgeber von Sigill/Zinnober.

15 Auf der Tour 1998 schlossen Der Blutharsch ihre Konzerte mit dem Ausruf »Freiheit für Pinochet«.

16 Der Blutharsch: Gold gab ich für Eisen. Video und CD, WKN, 1999. Auf dem Video sind Live-Mitschnitte ihrer zweiten Tournee als Vorgruppe von Death In June im November 1998 zu sehen.

17 Ernst Jünger zitiert nach: Reimann, Bruno W.; Haßel, Renate: Ein Ernst Jünger-Brevier. Jüngers politische Publizistik 1920 bis 1933, Marburg, 1995, S. 18.

18 Ebd.: S. 17.

19 Sigill, Nr. 16, Frühjahr 1998: »Keiner stirbt vor der Erfüllung seiner Aufgabe«, von Stephan Pockrandt.

20 http://members.tripod.com/%7Ecentenar/ccd9.htm, Oktober 1999, Corneliu Codreanu, Kampf und Klausur, von Kadmon.

21 Andere Ausgaben von Aorta, das nach der 20. Ausgabe in Ahnstern umbenannt wurde, widmeten sich Ernst Jüngers Werken zum Ersten Weltkrieg, dem SS-Gralssucher Otto Rahn und auch Leni Riefenstahl.

22 http://angelfire.com/zine/serparu/cap2.html, Juli 2001. Die Bestelladresse liegt in Rumänien.

23 Auf dem Sampler: Im Blutfeuer, CD, Cthulhu Records, 1994.

24 Die Ariosophie verband die Theosophie mit der »geschichtlich-göttlich abgeleiteten Vorherrschaft der Arier«, deren Wissen in Orden und Geheimbünden überlebt hätte.

25 Gooderick-Clarke, Nicholas: Die okkulten Wurzeln des Nationalsozialismus, Graz; Stuttgart, 2000 (2. Auflage), S. 10.

26 Vgl.: Raabe, Jan; Speit, Andreas: L'art du mal – Vom antibürgerlichem Gestus zur faschistoiden Ästhetik. In: Speit, Andreas (Hg.): Ästhetische Mobilmachung, Hamburg, Münster, 2002.

27 Wulf, Joseph: Die bildenden Künste im Dritten Reich, Reinbek, 1966, S. 96.

28 Verlag und Agentur Werner Symanek wird im Verfassungsschutzbericht NRW geführt und hat durch den rechtsextremen Musiker J. W. Klumb (Forthcomming Fire/Von Thronstahl), der beim VAWS arbeitet, gute Kontakte zur Dark-Wave-Szene.

29 Für diesen Film erhielt sie die höchste Auszeichnung des ›Dritten Reichs‹: Den ›Nationalen Filmpreis‹.

30 Zitiert nach: Wildmann, Daniel: Begehrte Körper – Konstruktion und Inszenierung des ›arischen‹ Männerkörpers im ›Dritten Reich‹, Zürich, 1998, S. 16.
31 Riefenstahl, Sampler, Doppel-CD, VAWS, 1996.
32 Stern, Fritz: Kulturpessimismus als politische Gefahr. Eine Analyse nationaler Ideologie in Deutschland, Bern; Stuttgart; Wien, 1963, S. 6ff.
33 Der Untertitel der Sigill von Nr. 9–13.
34 Vgl.: Naumann, Thomas; Schwarz, Patrick: Von der CD zur ›Lichtscheibe‹. In: Speit: Ästhetische Mobilmachung, a.a.O.
35 So z.B. die italienische Band Camerata Mediolanense (Kameradschaft Mailand) auf der Sommeruniversität der Synergies Europeennes 2000 in Italien.
36 Vgl.: Den Beitrag im Begleitband zur ARD-Serie: Nordhausen, Frank; Billerbeck, Liane von: Der Satansmord von Sonderhausen. In: Spitra, Helfried (Hg.): Die großen Kriminalfälle. Deutschland im Spiegel berühmter Verbrechen, Frankfurt/M.; New York, 2001, S. 274–304.
37 Stratmann, Holger (Hg.): Rock Hard Enzyklopädie, Dortmund, 1998, S. 446.
38 Als eine Art Meilenstein wird das Album A Blaze In The Northern Sky (CD, Peaceville 1992) der norwegischen Black-Metal-Band Darkthrone betrachtet.
39 Analyse & kritik, Nr. 428, 1999: Unheilige Allianz, von Christian Dornbusch.
40 Vgl.: V.A.: Nordic Metal. A Tribute to Euronymous, CD, Necropolis Records, 1995. Die darauf vertretenen Bands u.a. Darkthrone, Emperor und Enslaved verurteilen Varg Vikernes als Verräter, der durch den Mord an Euronymous der Black-Metal-Bewegung einen großen Verlust zugefügt habe.
41 Oystein Aarseth in: Orcustus 2, 1992, S. 39, zitiert nach: Moynihan, Michael; Söderlind, Didrik: Lords Of Chaos, Venice, 1998, S. 76. Orcustus war das Fanzine von Emperor-Drummer Brad (Faust) Eithun, der wegen Mordes an einem Homosexuellen zu einer langjährigen Haftstrafe verurteilt wurde.
42 Aussage der finnischen Gruppe Impaled Nazarene, in: Rock Hard Nr. 74, 1993, S. 34: Quo vadis Black Metal, von Kai Wendel.
43 Vikernes, Varg zitiert nach: Billerbeck, Liane von; Nordhausen, Frank: Satanskinder. Der Mordfall von Sondershausen und die rechte Szene, 3. erw. Aufl., Berlin, 2001, S. 275.
44 Aussage von Varg Vikernes in: Wendel: Quo vadis, a.a.O., S. 33.
45 »[nature] is a religion itself.« (Die Natur an sich ist eine Religion), Genocide-Magazine, Nr. 3, 1997, Interview mit Kampfar.
46 Schubert, Pascal (Hg.): Szene Almanach 1998, Nr. 1/1998, S. 24: Interview mit Bergthron.
47 Schnurbein, Stefanie von: Göttertrost in Wendezeiten. Neugermanisches Heidentum zwischen New Age und Rechtsradikalismus, München, 1993, S. 81.
48 Ebd.: S. 81–82.
49 Eschebach, Insa; Thye, Elke: Die Religion der Rechten. Völkische Religionsgemeinschaften. Aktualität und Geschichte, Dortmund, 1995, S. 12.
50 Donnerschlag, Nr. 1, o.J., Interview mit Sven Goldberg.
51 Der Fördertum, Nr. 1, 2000, S. 39: NS-Black-Metal. Neue Bewegung oder Trend?, von Krieg. Der Initiator von Wehrhammer, Thorsten Kunz (ex-Coven Of The Worm) hatte im Mai 2001 auf einem Konzert einen Besucher durch Schüsse lebensgefährlich verletzt. Siehe: Lotta, Nr. 6, 2001, S. 17: Jagd auf Untermenschen, von Pierre Briegert und Johannes Lohmann.
52 Absurd: Asgardsrei, CD, IG Farben Prdouction, 1999.
53 Into The Pentagram, Nr. 7, 1999, S. 10: Interview mit Donars Krieg.
54 Into The Pentagram, Nr. 7, 1999, S. 15: Interview mit Hendrik Möbus (Absurd).
55 Vgl.: Minutum Mundum, Nr. 2, 1999.
56 Mensch, der an Odin (altgerm. Wotan) und die nordischen Götter glaubt. Dieser heidnische Glaube wird auch Ásatrú genannt.
57 http://www.heathenfront.org/dhf/vorstellung.htm, November 2000, Die deutsche Heidnische Front.
58 Stand Juli 2001, vgl.: http://www.heathenfront.org/chap.htm, Juli 2001, Chapters.
59 Die eher rechts stehende German Black Metal Horde »ist ein Zirkel zur Erhaltung/Bewahrung der ursprünglichen (wahren) Werte des Black Metal.« Donnerschlag Nr. 1, o.J., Interview mit Drudavar (Deathgate Arkanum), dessen Adresse als offizielle Kontaktadresse für diese Organisation diente.

60 V.A.: The Night And The Fog, CD, Dungeons Of Darkness/Moribound Rec./DTB, 1999.
61 Eine ausführliche Beschreibung des Geschehens findet sich in: Billerbeck: Satanskinder, a.a.O.
62 Deutschlandweite Razzia in rechtsextremer und satanistischer Szene, dpa-Pressemeldung vom Oktober 1999.
63 Inzwischen nennt sich die Band nur noch Zyklon und ihr Sänger spricht von Zyklon B als eine »Jugendsünde«. Legacy, Nr. 9, 2000, S. 18: Interview mit Zyklon, von Martin Graf.
64 Berliner Zeitung, 1.12.1998: Das sind so Sachen, wo man ein gewisses Selbstwertgefühl kriegen kann, von Frank Nordhausen und Liane v. Billerbeck.
65 Absurd: Werwolfsthron, CD, Nebelfee Klangwerke, 2001.
66 Soloprojekt von Goldberg, der auch selbst unter dem Pseudonym Sadorass auftritt.
67 Rock Nord, Nr. 47, 1999, S. 17: Interview mit Barad Dür, von Hagen von Tronje.
68 Rock Nord, Nr. 54, 1999, S. 11: Rubrik: Leserpost.
69 http://www.zivilcourage-pirna.de, November 2001, Regionales. Rechtsextremismus und Gewalt.
70 Absurd: Asgardsrei. CD, IG Farben Produktion, 1998.
71 So beispielsweise der Herausgeber des Fanzines Seelenbluten, der sich zwar als Rassist definiert und den »Holocaust genau wie jede andere Dezimierung der Menschheit« begrüßt und sich dennoch gegen die Musik als »politisches Propagandamittel« und somit gegen die Zusammenarbeit von Skinhead- und Black-Metal-Szene ausspricht. Siehe: Seelenbluten, Nr. 2, 2001, S. 34ff.: Ein paar Gedanken zum NS-Trend ..., von Fiend.
72 So z.B.: Legacy, Nr. 10, 2000: S. 42–45: Das Legacy-Forum: Rechtsruck im Metal.
73 Reichel, Achim. Zitiert nach: Büsser, Martin: Wie klingt die neue Mitte? Mainz, 2001, S. 57.

II

RechtsRock – Gegenstrategien

Christian Dornbusch, Jan Raabe

... zum Umgang mit einem politischen Problem

Zwischenbemerkungen

Auf zahllosen Veranstaltungen, bei denen wir zum Thema RechtsRock als Referenten geladen waren, einigte sich das Auditorium schnell darauf, das RechtsRock nichts weiter als schlechte Musik ist, die gespielt wird von politischen Wirrköpfen. Zumindest war dies eine einhellige Meinung, wenn das Publikum weitgehend aus Eltern, Pädagogen und Ordnungshütern bestand. Ihre Distanz zu heutigen Jugend- und Musikkulturen verschloss ihnen den Blick darauf, was an einfachen Gitarrenriffs, grölendem Gesang und simplen politischen Botschaften faszinierend wirken könnte. Hinzu kam, dass sie der NS-Fetischismus mancher Bands, deren martialisches Äußeres und die offenbare Aggressivität der Musik schaudern ließ. Ganz anders stellten sich Veranstaltungen mit Jugendlichen oder jungen Erwachsenen dar. Viele von ihnen hatten RechtsRock schon einmal irgendwo gehört oder kannten andere, die RechtsRock zu ihrer Lieblingsmusik rechneten. Abhängig von Region und Veranstaltungsort bekannten sich auch mal mehr mal weniger Besucher zum regelmäßigen Hören des rechten Sounds. Und während die ›ältere Generation‹ auf unseren Veranstaltungen noch in ihrer Distanz verharrten, beurteilten die Jüngeren die musikalische Seite des RechtsRock anhand ihrer eigenen Hörgewohnheiten. Hörten sie HipHop, fanden sie die Musik schrecklich. Hörten sie Metal oder Punk, sprach sie der Stil mehr oder weniger an. Nur die Inhalte der Texte wurden zur Scheidelinie. Während ein Teil des jüngeren Publikums die Musik aufgrund ihres offenen rechten Charakters kategorisch ablehnte, räumten andere ein, dass ›da doch irgendwie was dran sei‹. Sie berichteten dann von eigenen ›schlechten Erfahrungen‹ mit ›Ausländern‹ oder erzählten Geschichten vom Hörensagen über ›kriminelle Türken‹, ›Asylanten mit 'nem Mercedes‹ oder ›klauende Polacken‹.

Hier offenbart sich das grundsätzliche Problem im Umgang mit dem RechtsRock. Während für Eltern, Pädagogen und Ordnungshüter RechtsRock einfach nur schlechte Musik ist, die eine abstrakte Bedrohung demokratischer Grundwerte darstellt, ist der Rock von Rechts für Jugendliche und junge Erwachsene mehr oder weniger Bestandteil ihrer Lebenswelt, in Schule, Jugendzentrum, Betrieb und Bundeswehr.

Vom Glatzen-Rock zum eigenen Stil

RechtsRock ist mehr als nur Musik mit rechten Texten. Und sie lässt sich auch nicht darauf reduzieren, eine besonders perfide Form politischer Suggestion zu sein. Ganz im Gegenteil – für die Hörer ist der rechte Sound authentisch. Entwickelt in und aus der Skinhead-Szene hat sich in den 80er- und frühen 90er-Jahren um die Musik eine eigenständige Szene herausgebildet, die sich längst nicht mehr nur aus Skinheads zusammensetzt. Die Berliner RechtsRock-Band Landser besteht beispielsweise sowohl aus Kurz- als auch Langhaarigen, die teils aus dem Rocker- teils aus dem Skinhead-Milieu kommen. Die Musiker selbst sind selten in politischen Organisationen oder Parteien organisiert. Sie machen RechtsRock, weil sie Spaß an der Musik haben und weil sie erkannt haben, dass der rechte Rock ihnen eine individuelle Möglichkeit bietet, sich politisch zu engagieren. Die von ihnen vorgetragenen Lieder setzen mit ihrem einfachen Sprachstil auf Zustimmung und bieten dem Hörer an, sich als Teil einer Gemeinschaft zu empfinden. »Liebst du echte Werte, schaffst du stets mit voller Kraft? [...] Dann gehörst du zur Familie, zu einer neuen Generation.«[1] Diese ›Familie‹ ist die RechtsRock-Szene, in der Spaß und politisches Engagement miteinander verbunden werden: gemeinsam feiern, gemeinsam für ›Deutschland kämpfen‹.

Das politische Selbstverständnis bildet auch die ›corporate identity‹ der Szene, das sich in den Namen der Bekleidungsmarken wie Walhall oder Consdaple sowie den vielfältigen Schriftzügen und Motive auf T-Shirts, Pullovern oder Baseball-Caps widerspiegelt. Mit ihnen dokumentiert der Träger sein eigenes politisches Bekenntnis als auch seine Zugehörigkeit zur Szene. Doch nicht jeder RechtsRock-Hörer wird oder ist zwangsläufig Teil dieser Szene. Die Suggestionskraft der Musik ist abhängig davon, wie häufig sie gehört wird, ob die inhaltlichen Botschaften als attraktiv bewertet werden und ob es Freunde oder Bekannte gibt, mit denen sie geteilt werden kann. Die Anziehungskraft des rechten Sound steigt, wenn der Rezipient sich bereits ›rechts‹ verortet oder wenn vor Ort bereits eine rechte Clique existiert, in die er sich integrieren könnte.

Die Szene selbst bietet die Möglichkeit gemeinsamer Freizeitgestaltung im Alltag und verfügt auch über eigene Events: RechtsRock-Konzerte und politische Demonstrationen. Sie durchbrechen die Triste des Alltags und präsentieren eine Erlebniswelt, die stabilisierend auf die Szenestrukturen wirken kann.

Neonazi-Alarm in Deutschland. Sie ködern unsere Kinder mit Musik und im Internet[2]

»Der Teufel spielt, die Neonazis tanzen.«[3] Mit diesen Worten eröffnete *Bild* 1992 einen ihrer berühmten ›Hintergrund-Artikel‹. Auch zehn Jahre später wird in der Öffentlichkeit dem RechtsRock ein instrumenteller

Charakter zugesprochen, mit dem Neonazis ›unsere Kinder ködern‹. Doch der erste Schritt, ob Jugendliche oder junge Erwachsene die Musik hören wollen, geht von ihnen selbst aus. Die Ursachen dafür, wer welche Musik warum gut oder schlecht findet, sind bis heute von Musikwissenschaftlern oder Psychologen nicht hinreichend geklärt. Die Wechselwirkung aus sozialen und psychologischen Aspekten, ästhetischen Präferenzurteilen und physiologischen Faktoren sind dafür einfach zu komplex.

In seiner Form als Message-Rock[4], in dem die inhaltliche Botschaft den zentralen Stellenwert einnimmt, setzt die Musik zumindest die grundsätzliche Zustimmung des Rezipienten voraus. Anknüpfungspunkte bieten vor allem die Liedtexte zu Einwanderung, Integrationspolitik und den hier lebenden Migranten. »Wir sind fremd im eigenen Land, habt Ihr das noch nicht erkannt«, dichtet die Berliner Band Spreegeschwader und die Sachsen von Reichssturm singen: »Ob Araber, Neger oder Türke, alles wird hier eingebürgert. In jeder Stadt seh' ich Moscheen, die deutsche Kultur wird völlig untergehen.« Auch wenn sich diese Statements inhaltlich teilweise kaum von den Aussagen der Politiker der etablierten Parteien oder der Journalisten renommierter Zeitungen und Magazine zu diesen Themen unterscheiden,[5] so besteht der große Unterschied in der Vermittlungsform. Die Bands halten keine langen Reden, sondern bieten einfache Lösungen an: Mehr nationales Bewusstsein und eine völkisch fundierte Innen- und Außenpolitik lauten die Losungen. Hier sehen verschiedene Protagonisten der extremen Rechten ihre Anknüpfungspunkte. »Hat der [...] Jugendliche erst einmal an Bands, die patriotische Motive in ihren Texten verarbeitet, Gefallen gefunden, dann fragt er möglicherweise nach Mehr, nach dem Woher und Warum des Nationalismus. Das ist der Moment, in dem wir von *Europa Vorn* zuschlagen, ihm Inhalte und Kontakte bieten müssen«, schrieb Manfred Rouhs in dem von ihm herausgegebenen Magazin *Europa Vorn* 1993.[6] Ihre radikalen Parolen wie »Deutschland den Deutschen – Ausländer raus« oder »Volksgemeinschaft statt Klassenkampf« sind angesichts des politischen Alltagsgeschäftes mit seinen vielfältigen Interessenlagen unhaltbare und gefährliche Vereinfachungen. Doch gerade dadurch, dass keine extrem rechte Partei in einem deutschen Parlament politische Verantwortung trägt, bleibt es ihnen erspart zwischen Anspruch und Realität zerrieben zu werden.[7] Als Agitations- und Handlungsfeld bietet sich für sie von daher vor allem ›die Straße‹ und der ›vorpolitische‹, kulturelle Sektor an. Der RechtsRock übernimmt dabei Funktionen der Mobilisierung für die rechten Strategen. Denn auch die extreme Rechte hat mit der oft beklagten Politikverdrossenheit bzw. politische Interessenlosigkeit[8] zu kämpfen. Nicht umsonst stellen Parteiveranstaltungen der NPD heute eine Mischung aus jugendkultureller Erlebniswelt und klassischem Parteitag dar. Ohne RechtsRock-Ikonen würden ihnen die Besucher unter 35 Jahren zum Großteil wohl ausbleiben.

Gesellschaftliches Alibi: Jugend

Über Rechtsextremismus wird in der Öffentlichkeit erst dann diskutiert, wenn es zu gewalttätigen Übergriffen rassistischer Jugendlicher kommt und wenn diese das Ansehen eines Dorfes, einer Stadt, Region oder gar der ganzen Bundesrepublik gefährden.[9] In den Medien wird diesen Tätern ein Gesicht gegeben: Es sind junge Männer – Skinheads in groben Stiefeln und mit hassverzehrten Gesichtern, die Deutschlands Ansehen bedrohen. Auch die Analysen fremdenfeindlicher Straftaten weisen daraufhin, dass die überwiegenden Täter junge Männer im Alter zwischen 15 und 24 Jahren sind.[10] Damit scheint klar zu sein, Rechtsextremismus ist ein Jugendproblem und damit ein Problem der Adoleszenz. Verantwortlich für diese ›Fehlentwicklung‹ ist, so klingt es hin und wieder aus dem Feuilleton, mangelnde Erziehung, falsche Freunde, Perspektivlosigkeit und geistige Beschränktheit.

Die Fokussierung des jugendlichen, männlichen Skinheads als Subjekt rechtsextremer Gewalt fungiert für die Gesellschaft als ihre eigene Exkulpation. Sein martialisches Äußere enthebt ihn aus dem Kreis der Zivilisierten, aus dem Kreis der gesellschaftlichen Mitte und schiebt ihn an den rechten Rand. Sein Äußerliches und die ihm zugeschriebene Gewalttätigkeit macht ihn zum ›Barbaren‹, zum ›Anderen‹. Ausgeblendet wird hierbei, dass Rassismus und extrem rechte Positionen innerhalb der Gesellschaft fest verankert sind. Die Studie von Klaus Ahlheim und Bardo Heger aus dem Jahr 2000 stellt fest, »dass 27 Prozent der West- und 41 Prozent der Ostdeutschen ›deutlich‹ bzw. ›stark‹ fremdenfeindlich eingestellt sind.«[11] Rassistische Gewalt ist nur eine Variante, in der sich diese Fremdenfeindlichkeit manifestiert. Alltäglicher sind die verschiedenen Formen von Diskriminierungen, die Nicht-Weiße tagtäglich erfahren. Sie reichen von Nichtbeachtung über Sprüche und Witze bis zur aktiven Ausgrenzung, wenn sie in Kaffeehäusern oder Bars nicht bedient werden und in der Schule oder am Arbeitsplatz von den Mitschülern bzw. Kollegen geschnitten werden. Hinzu kommen vielfältige Formen des institutionellen Rassismus, der vor allem Flüchtlinge trifft. Ihre Grundrechte werden elementar beschnitten, wenn sie in Sammellagern kaserniert werden, ihre Bewegungsfreiheit mit der Residenzpflicht eingeengt wird und Essenspakete ihre Mahlzeiten bestimmen. Doch anstatt auch hier die Stimme zu erheben, akzeptieren weite Teile der Gesellschaft diese Formen der Ausgrenzung und Diskriminierung. Der Rassismus von glatzköpfigen Jugendlichen hingegen wird bereits aufgrund ihres martialischen Erscheinungsbildes, das gegen bürgerliche Konventionen verstößt, anders wahrgenommen und bewertet. Hinzu kommt, dass ihre Feindseligkeit unverhohlener und offensichtlicher ist. Dabei war und ist Rassismus in weiten Teilen der deutschen Bevölkerung fest verankert. Als 1981 in der Bundesrepublik gerade einmal die ersten Skinheads auftauchten, veröffentlichte die Sinus-Studie ihre Untersuchungen über das politisch rechte Potenzial in Westdeutschland unter dem plakativen Titel: »5 Millionen Deutsche wollen einen neuen Führer.«[12] Und als ab Mitte der 80er-Jahre pronazistische Einstellungen unter Jugendlichen zunahmen, die Republikaner ihre ersten ernst zu nehmenden Wahlerfolge erzielten und als Anfang der 90er-Jahre mit der ›Wiedervereinigung‹ Deutschlands die rassistischer Straftaten schließlich explosionsartig anstiegen, versuchen Psychologen, Soziologen und Erziehungswissenschaftler die Ursachen dafür zu ergründen. Psychologische Ansätze analysierten dabei frühkindliche Verhaltensstörungen oder erklären Rassismus zu einer Form individueller Angstbewältigung. Die Sozialpsychologie knüpft an die Studien zum autoritären Charakter von Theodor W. Adorno an und weist nach, das bis heute viele Menschen unreflektiert dazu bereit sind, sich Autoritäten zu unterwerfen. In der Soziologie hingegen wird Rechtsextremismus in Bezug auf die Individualisierungsthese von Ulrich Beck als ein Desintegrationsprozess in modernen Gesellschaften erklärt. Während bei diesen Forschungen Modernisierungsverlierer als Subjekt rechtsextremer Ideologie erscheinen, stellen andere Soziologen fest, dass auch unter jenen, die den neoliberalen Anforderungen des Arbeitsmarktes bereitwillig nachkommen, extrem rechte Einstellungen weit verbreitet sind. Den möglichen Ursachen in der Familie widmen sich sozialhistorische Ansätze, die die familiären Sozialisationsbedingungen mit verantwortlich machen für die Bildung rassistischer Stereotypen. Kritisch weist in diesem Zusammenhang auch die Medienforschung darauf hin, dass auch Medien einen Einfluss auf die öffentliche sowie private Meinungsbildung haben und unkritische Berichterstattungen die Bildung von Stereotypen verstärken kann.

Doch die Erfahrungen aus der Praxis zeigen seit vielen Jahren, dass sich die abstrakten Erklärungsansätze selten direkt in die Realität und damit auf den Einzelfall übertragen lassen – dafür sind die individuellen Lebenslagen zu komplex. Der Ertrag der unterschiedlichen Studien besteht vielmehr darin, die verschiedenen Facetten einer rassistischen oder rechtsextremen Einstellung deutlicher auszuleuchten und damit Hinweise zu geben auf ihre möglichen Entstehungszusammenhänge. Mit fehlender Liebe im Kindesalter oder ähnlich monokausalen Ansätzen ist eine rassistische Einstellung nicht zu erklären.

Generalprävention: Verbot

Die öffentlichen Debatten als auch die Diskussionsrunden auf unseren Veranstaltungen werden häufig von der Frage dominiert, ob denn die Musik überhaupt legal wäre und wie Verbote konsequent durchgesetzt werden könnten. Dabei gerät meistens aus dem Auge, dass viele Veröffentlichungen gar nicht justiziabel sind, da ihre Inhalte keine bestehenden Gesetze verletzen. Immerhin wurden in den letzten zwölf Jahren von ca. 650[13] veröffentlichten Tonträgern gerade einmal 170 indiziert und gegen die weit geringere Zahl von 40 Tonträgern ein Einziehungsbeschluss erwirkt. Im Klartext heißt das, dass gerade einmal die 40 einzuziehenden Tonträger wirklich vom deutschen Markt sind. Denn eine Indizierung bedeutet lediglich, dass der Tonträger nicht beworben und nicht Jugendlichen unter 18 Jahren zugänglich gemacht werden darf. Diese Regelung dient zum Schutz der Jugend, die mit der Volljährigkeit schließlich selbst entscheiden darf, was und wen sie hören und glauben möchte.

Als RechtsRock Anfang der 90er-Jahre populär wurde und in Mölln, Solingen, Hoyerswerda, Rostock und anderswo Wohnungen von Flüchtlingen und Migranten angegriffen wurden, schien es sinnvoll, die Tonträger mit besonders krassen Texten zu beschlagnahmen und die Bands wegen Volksverhetzung, Aufstachelung zum ›Rassenhass‹ und Aufruf zur Gewalt anzuklagen. In mehreren Gerichtsverfahren wurden damals Bandmitglieder als auch die Hersteller zu Bewährungs- und hohen Geldstrafen verurteilt. Doch daraus folgte nicht, dass die Musiker von ihrem Tun absahen, sondern sie passten statt dessen ihre Texte dem rechtlichen Rahmen an. Hinzu kam, dass die Vertriebsstrukturen neu und effektiver organisiert wurden. Für Bands, die sich auch weiterhin nicht an die deutschen Gesetze halten wollten, bestand nun die Möglichkeit, ihre politisch-›künstlerischen‹ Ergüsse im Ausland auf Labeln wie NS Records in Dänemark oder klandestin aus dem Untergrund heraus zu veröffentlichen.

Der Werdegang der beiden bekannten RechtsRock-Bands Landser und Noie Werte illustrieren diese Entwicklung sehr deutlich. Die im Oktober 2001 wegen des Verdachts auf Bildung einer kriminellen Vereinigung festgenommenen Mitglieder der seit 1992 existierenden neonazistischen Rock-Gruppe Landser haben während ihrer ganzen Karriere bis zum Tag ihrer Festnahme keine CD legal in Deutschland veröffentlicht. Und dennoch oder vielleicht auch gerade deshalb gehörten die Berliner seit Mitte der 90er-Jahre zu den beliebtesten Bands der Szene. Ihre krassen, offen rassistischen und neonazistischen Texte sowie ihr Underground-Habitus ließen sie zur ›Kult-Band‹ avancieren. Auch das 1990 veröffentlichte Debüt *Kraft für Deutschland* der Stuttgarter Band Noie Werte wurde indiziert und knapp zwei Jahre später wurde auch ein Beschlagnahmebeschluss gegen die Platte erwirkt. Doch anstatt ›im Untergrund‹ weiter zu agitieren, entschied sich die 1987 gegründete Band für den legalen Weg. Keiner ihrer in den folgenden Jahren veröffentlichten CDs ist je wieder indiziert oder beschlagnahmt worden und das, obwohl die Band auch weiterhin RechtsRock macht. Sie unterließen es einfach, offen neonazistische und rassistische Texte einzuspielen und orientierten sich bei ihrer Wortwahl statt dessen an den von den bundesdeutschen Gesetzen vorgegebenen Rahmen. Eine Leichtigkeit für die Band, denn ihr Sänger Steffen Hammer ist selbst Anwalt.

Bedenklich im Hinblick auf die Indizierungs- und Verbotspraxis ist im Übrigen die Einschätzung der Bundesprüfstelle für jugendgefährdende Schriften (BPjS) und die des Verfassungsschutzes. Sie räumen ein, dass das repressive Vorgehen bei Jugendlichen und jungen Erwachsenen den Reiz erhöht, sich die Musik zu besorgen und zu hören.[14] Verbotene Früchte scheinen also nach wie vor am Besten zu schmecken. Doch was folgt daraus? Sollte in Zukunft mit dem RechtsRock laisser-fairer umgegangen und von Indizierung und Strafverfolgung abgesehen werden?

Jährlich finden in Deutschland ca. 100 RechtsRock-Konzerte statt. Sie werden klandestin organisiert und häufig ist die Überraschung für den Gaststättenbesitzer groß, wenn am Veranstaltungsabend statt der angekündigten Geburtstagsgäste einige hundert kurzhaarige Konzertbesucher anreisen. Dem reibungslosen Ablauf steht dann im Grunde nichts mehr im Weg, denn die Polizei ist nur dann berechtigt das Konzert aufzulösen, wenn bei der Veranstaltung zu Straftaten aufgerufen wird oder wenn es im Rahmen der Veranstaltung zu Straftaten kommt. In der ersten Hälfte 2002 konnte nur jedes zweite Konzert ungestört durchgeführt werden. Christian Worch, einer der führenden Köpfe des bundesdeutschen Neonazismus, hat angesichts dieses ›Missstandes‹ bereits im Herbst 2001 das Ziel formuliert, zukünftig mehr Rechtssicherheit für die Organisation von Konzerten zu schaffen: »Denn die meisten von Euch wissen wahrscheinlich, dass wir zwar nahezu jede Demo durchkriegen, aber Konzerte viel zu häufig noch immer von der Polizei hochgenommen und aufgelöst werden.«[15] Die Strategie sieht vor, zum Abschluss angemeldeter und genehmigter Demonstrationen eine RechtsRock-Band auftreten zu lassen. »Je mehr öffentliche Auftritte von Szene-Bands wir – bei welchen Gelegenheiten auch immer – durchsetzen, desto schwerer wird es für die Behörden, bei Konzerten dann noch Repression auszuüben«,[16] argumentiert Worch.

Doch was wird passieren, wenn die Strategie von Christian Worch aufgehen sollte und RechtsRock-Konzerte so alltäglich werden, wie es bereits neonazistische Demonstrationen heute sind? Verbote garantieren kurzfristige Erfolge, die sich auf lange Sicht jedoch ambivalent darstellen. Die RechtsRock-Szene reagierte auf staatliche Repression in den letzten zehn Jahren ähnlich wie neonazistische Organisationen. Der überwiegende Teil der Bands, Fanzine-Schreiber und Inhaber von Labeln sowie Szeneläden passte sich dem gesetzlichen Rahmen an, während einige andere ihre bisherigen Aktivitäten klandestin weiterführten. Und dennoch existiert ein wesentlicher Unterschied zu Organisationen und Parteien der extremen Rechten. Die RechtsRock-Szene weist keine dezidierten Strukturen auf, sondern ist eher ein mehr oder weniger offenes Netzwerk, in der einige Protagonisten Firmen führen, Events veranstalten und versuchen, Interessierte politisch zu agitieren und zu organisieren. Verbote treffen daher nicht die ganze Szene, sondern nur diese Protagonisten, die letztlich auch austauschbar sind. Hinzu kommt, dass der RechtsRock und seine Szene wesentlich auf dem Kokettieren mit Regel- und Gesetzesverstößen aufbaut. Landser sind die Popstars des RechtsRock geworden, eben weil ihre Texte fortwährend offen rassistisch und neonazistisch sind. Derartige inszenierte ›Tabu-Brüche‹ sind in der Szene allgegenwärtig und auch bedingt austauschbar. Vor fünf Jahren kursierte in der Szene beispielsweise das Gerücht, dass die Polizei bald gegen die Zahl 88 als Chiffre für die Grußform ›Heil Hitler‹ vorgehen würde. Umgehend reagierten Teile der Szene und ersetzten die Zahl durch Kombinationen wie 2 x 44 oder 8 x 11. Die drohende Strafverfolgung wird so ad absurdum geführt.

Virulenter als die Bewertung der Verbote nach Erfolg und Misserfolg ist aber die Frage, was folgt, wenn die RechtsRock-Szene keinen Anlass mehr für staatliche Repression bieten würde, wenn sie sich, wie es heute schon größtenteils der Fall ist, mit ihrem politischen Engagement unter Wahrung ihrer Botschaft grundsätzlich am geltenden Recht orientieren würde. Der einzige Ausweg bestünde dann noch in der Modifizierung der Gesetzeslage, in der noch weiter gehenden Einschränkung der Bürger- und Grundrechte. Dieser Schritt in Richtung ›starker Staat‹ wäre ein Etappensieg der Rechten, deren Ideologie einen autoritären, repressiven Staat beinhaltet.

Viele kleine, verschiedene Wege gehen ...

In den letzten zwölf Jahren fokussierten verschiedene Kampagnen antifaschistischer Gruppen unter den Motti »Weg mit dem rechten Sounddreck« oder »Love Music – Hate Fascism« vor allem die regionalen Herstellungs-, Vertriebs- und Verkaufsstrukturen des RechtsRocks. Mit Demonstrationen, Kundgebungen, Flugblättern und Informationsveranstaltungen konnten die Gruppen eine kritische Öffentlichkeit gegen den ›Faschismus in der Nachbarschaft‹ mobilisieren. Obwohl diese Kampagnen in den Regionen ein gutes Medienecho fanden, waren die Erfolge wenig nachhaltig. Nur in einigen Fällen kündigten die Eigentümer den Mietern jener Immobilien, die als Schaltzentralen für den extrem rechten Sound dienten. Doch anstatt, dass diese resigniert ihr Geschäft aufgaben, suchten sie sich ein neues Domizil in einer Nachbarstadt oder einer anderen Region und eröffneten dort ihr Geschäft erneut. Diese Erfahrungen ähneln denen, die aus der Indizierungs- und Verbotspraxis gezogen werden müssen. Während die Aktionen jeweils einen kurzfristigen Erfolg zeigen und das betreffende Label oder die Band empfindlich treffen, bieten solche Kampagnen langfristig und in Anbetracht der RechtsRock-Szene als solcher jedoch keine dauerhafte und effektive Lösung. Denn weder brechen sie die Suggestionskraft des von den Protagonisten der Szene geschaffenen RechtsRock-Images noch die Dominanz der Szene in manchen Regionen und Städten. Wichtig ist es daher, sowohl den bis heute reproduzierten ›schönen Schein‹ des Faschismus und Nationalsozialismus zu zerstören, als auch dem extrem rechten Denken den öffentlichen Raum zu entziehen.

Nur Gegenstrategien gegen RechtsRock und extrem rechtes Gedankengut, die innerhalb der Gesellschaft verankert sind, können eine politische Auseinandersetzung mit Rassismus, Nationalismus, der Verherrlichung des Nationalsozialismus sowie sozialchauvinistischen Deutungsmustern forcieren – ohne dabei jedoch deren gesellschaftliche Bedingungsverhältnisse auszublenden. Moralische Appelle wie jener von Gerhard Schröder im Sommer 2000 geforderte »Aufstand der Anständigen« entpuppen sich bei genauerer Betrachtung als sinnentleert. Woran bemisst sich, wer ›anständig‹ ist und wer nicht? Selten werden das eigene Selbstverständnis und

Menschenbild sowie die eigenen Vorstellungen vom gesellschaftlichen Zusammenleben hinterfragt. Doch jenseits des eigenen Entschlusses ›gegen Rechts‹ aktiv zu werden, sind manche Menschen ganz unversehens gezwungen, sich mit extrem rechten Vorstellungen auseinanderzusetzen. Der Anlass dafür ist in den seltensten Fällen bedingt durch den Zuzug eines aktiven NPD-Mitglied in die Nachbarschaft. Alltäglicher ist es, wenn Eltern entdecken, dass ihre Kinder Kraftschlag und Landser hören, wenn sich ein Freund der Familie am gemeinsamen Kaffeetisch oder ein Vereinskamerad beim fröhlichen Zusammensein abfällig über Ausländer äußert, wenn Alt und Jung über die vermeintliche ›jüdische Weltherrschaft‹ schwadroniert oder eine ältere Arbeitskollegin im Betrieb laut darüber sinniert, wie sicher doch abends die Straßen ›bei Adolf‹ gewesen wäre. Manchmal hilft eine konsequente Gegenrede, die sowohl die inhaltliche Unhaltbarkeit als auch den demagogischen Charakter der Äußerungen bloß stellt. Und den eigenen RechtsRock-begeisterten Kindern mag vielleicht der Hinweis auf die in den Liedern propagierten gesellschaftlichen Vorstellungen und Menschenbilder reichen, um zu zeigen, warum diese Musik keineswegs ›cool‹ ist, noch dass diese inhaltlich wirklich sagt, ›was Sache ist‹. Doch Vorurteile erweisen sich häufig als resistenter und eine einmalige Widerrede und ein elterlicher Hinweis ziehen nicht immer sogleich einen Gesinnungswandel nach sich. Veränderungs- und Lernprozesse brauchen ihre Zeit, ihre alternativen Erfahrungen und einen kontinuierlichen ›Sparringspartner‹, der mit seiner Position ein Kontra bietet. Ein Erfolg ist nicht garantiert und soll auch nicht euphemistisch behauptet werden.

Über das eigene und individuelle Engagement hinaus bedarf es Strukturen, die aufgebaut oder unterstützen werden sollten, welche Alternativen zu rechten Menschen- und Weltbildern vorleben und zur Teilnahme einladen. Gerade in strukturschwachen Regionen, in denen Monotonie den Alltag diktiert, ist es wichtig eine lebendige, vielfältige Kulturlandschaft zu etablieren, die Raum bietet für die unterschiedlichsten Lebenskonzepte. Diese Projekte können alternative Orientierungsmöglichkeiten für Heranwachsende sein und sind oftmals Ausgangs- oder Kristallisationspunkt antifaschistischen Engagements. Leider geht es kommunalen Politikern jedoch häufig mehr um die Ruhe und Ordnung in ihrer Gemeinde, als um ein heterogenes und lebendiges soziales Gefüge. Und so werden Gelder für die Jugendhilfe und -förderung meistens erst dann zur Verfügung gestellt, wenn die Jugendcliquen vor Ort ›auffällig‹ und delinquent werden. Entgegen dieser ›Feuerwehrpolitik‹ sollten aber gerade diese Jugendlichen, die aufgrund ihrer Orientierung an verschiedenen subkulturellen Szenen als unangepasst gelten, unterstützt und gefördert werden – unabhängig von ordnungspolitischen Erwägungen oder zu befürchtender und realer Delinquenz. Denn gerade diese Jugendliche sind es, die sich vor Ort nicht von den Rechten vereinnahmen lassen, sondern vielmehr mit ihrem Lebensstil den rechtsextremen Strukturen den öffentlichen Raum streitig machen.

Vorsichtig sind allerdings Vorschläge zu betrachten, wie sie der brandenburgische Innenminister Jörg Schönbohm (CDU) im August 2000 unterbreitete. Er beklagte, dass extrem rechte Jugendliche häufig viel zu schnell gesellschaftlich isoliert und damit sogar »den braunen Verführern in die Arme« getrieben würden. Deshalb forderte er, dass angefangen werden müsste, »gemeinsam mit rechten Jugendlichen Fußball zu spielen, als immer nur Fußballspiele gegen Rechts zu organisieren.«[17] So berechtigt dieser Hinweis, rechte Jugendliche nicht auszugrenzen, auch zu sein scheint, genauso undifferenziert ist er leider auch. In der Jugendarbeit und Jugendhilfe werden auch jene, die eine extrem rechte Einstellung haben, nicht per se von Angeboten ausgeschlossen. Vielmehr ist es auch Aufgabe von Pädagogen und Sozialarbeitern, mit diesen Heranwachsenden das Gespräch zu suchen und sie zur Reflexion ihrer Einstellung zu bewegen. Aber dafür wird ausreichendes und geschultes Personal benötigt, damit die pädagogische Arbeit nicht zu einer ›nationalen Sozialarbeit‹ verkommt. Ausgeschlossen werden sollten von solchen Angeboten im Übrigen die politischen Kader rechtsextremer Vereinigungen, die Jugendtreffs gerne als Rekrutierungsfeld nutzen. Und gerade im Bundesland Brandenburg, in dem 30 Prozent der Jugendlichen sich selbst als ›eher rechts‹ bis ›rechts‹ verorten, und 15 Prozent über ein hohes Maß an rassistischen Vorurteilen gegenüber ausländischen Mitbürgern verfügen,[18] sind Fußballspiele gegen Rechts wichtig und nötig, um alternative Jugendstrukturen zu stärken.

Vergessen werden bei dem permanenten Fokus auf Rassismus und Rechtsextremismus oft die Menschen, gegen die sich der Hass richtet: Flüchtlinge, Migranten, Deutsche mit nicht-weißer Hautfarbe, Juden, Muslime, Obdachlose, Behinderte, Homosexuelle und jene, die nicht in die Ordnungsvorstellungen der extremen Rechten passen. Während all zu oft nur über die Täter und deren ›Bekehrung‹ diskutiert wird, werden die Opfer häufig vernachlässigt oder gar vergessen. Oft fehlt ihnen eine Beratung, Betreuung und auch die finanziellen Mittel, damit sie sich von ihren physischen und psychischen Verletzungen erholen und ihre Rechte im Rahmen einer zivilrechtlichen Klage wahrnehmen können. Statt dessen kommt es immer wieder vor, dass Ausländer und Flüchtlinge Opfer von rassistischen Attacken werden und nach Abschluss der Ermittlungen und Genesung der Verletzten auch noch abgeschoben werden. Die Arbeitsgemeinschaft der Beratungsstellen für Opfer rassistischer, rechtsextremer und antisemitischer Gewalt (agora) fordert deshalb, dass diese Menschen ein Bleiberecht erhalten.[19]

All diese hier skizzierten Strategien sind erst einmal nur ›Gegen‹-Reaktionen. Dieses Agieren kann das extrem rechte Einstellungspotenzial, das wesentlich höher und verbreiteter ist als der offenkundige und durch den Verfassungsschutz überwachte Rechtsextremismus, jedoch nicht fundamental erschüttern. Denn dieses Fundament wird gerade aktuell unter karriereorientierten und leistungsbewussten Berufstätigen aktualisiert. In den letzten Jahren haben sich sozialchauvinistische Deutungsmuster rasant verbreitet. Die Gewinner der ›Ellenbogengesellschaft‹, für die Arbeitslose, Sozialhilfeempfänger und Flüchtlinge ›Schmarotzer‹ sind und den Wohlstand bedrohen, wollen die von ihnen erarbeiteten Früchte ohne ›wenn und aber‹ auskosten. Die wenigen Studien, die sich bisher dieser Entwicklung widmeten, zeigen deutlich, dass bei zunehmender Konkurrenz und Leistungsdruck das Soziale und Solidarische der Gesellschaft auf der Strecke bleibt. Argwöhnisch sind daher die Forderungen der Kultusminister zu betrachten, die nach Veröffentlichung der PISA-Studie mehr Leistung und damit mehr Konkurrenzdenken von den Schülern verlangen. Doch bisher gibt es kaum Ideen, wie dem wachsenden Sozialchauvinismus der Wohlstandsgewinner zu begegnen ist. Jugendhilfeprogramme, Sozialtrainings oder ähnliche Maßnahmen sind für jene gedacht, die das Ansehen Deutschlands in der Welt schädigen und eben nicht für die, die zu den ›Stützen der Gesellschaft‹ gehören.

Keine Patentrezepte

Gegenstrategien gegen RechtsRock bauen darauf, das Netzwerk von Bands, Labeln und Versänden auszutrocknen und ihnen die Hörer zu entziehen. Doch zwei Jahre nach dem ›Aufstand der Anständigen‹ offenbart sich in einer Reihe von Skandalen beim Verfassungsschutz, dass dieser die neonazistische Musikszene in den letzten Jahren aktiv unterstützte. Toni Stadler, Musiker der neonazistischen Band White Aryan Rebels und Betreiber des Szeneladens Top One in Guben sowie Mirko Hesse, u.a. Inhaber mehrerer Plattenlabel, auf denen er härteste neonazistische Musik verlegte, und ehemaliger Herausgeber des Fanzine *Hass Attacke*, sind nur zwei Beispiele informeller Mitarbeiter des Verfassungsschutzes. Sie versorgten die Szene jahrelang mit extremster und teilweise auch illegaler Musik, deren Aggressivität selbst ihre Dienstherren in den Jahresberichten der Verfassungsschutzämter hervor hoben. Doch wie passt diese Auf- und Ausbauhilfe für die neonazistische Szene von Seiten des Staates mit, ebenfalls vom Staat finanzierten Kampagnen gegen Rechtsextremismus, Fremdenfeindlichkeit und Gewalt zusammen? Scheinbar setzten sich bei dieser Finanzierung der Szene die Strategen der inneren Sicherheit durch, die für Einblicke in das internationale RechtsRock-Netzwerk und eventuelle Möglichkeiten, führende Köpfe der Szene zu inhaftieren, billigend die massenhafte Verbreitung neonazistischer Musik durch ihre Mitarbeiter in Kauf nahmen. Der politische Schaden, der daraus entsteht, ist weit größer als eventuelle Festnahmeerfolge. Seit Jahren versuchen viele Menschen, dem Vordringen rechtsextremer Propaganda und Musik zu begegnen, um jetzt zu erfahren, dass selbst Teile des Staates in deren Verbreitung verwickelt sind.

Eines wird anhand des Skandals noch einmal sehr deutlich. Derartige Strategien sind kontraproduktiv und verkennen die Lage. Das Engagement gegen die extreme Rechte und ihr Gedankengut muss in der Gesellschaft verankert und politisch fundiert sein. An Ideen und Möglichkeiten mangelt es selten, öfters jedoch an dem Willen. Denn nur wenn sich überall Menschen alltäglich in ihrer Lebenswelt bewusst und konsequent gegen neonazistische Strukturen sowie gegen den latenten Rassismus, Antisemitismus und antimuslimische Einstellungen wenden, können Strategien gegen Rechts nachhaltig Erfolg haben. Eine wichtige Aufgabe kommt dabei auch den verschiedenen Bildungseinrichtungen, ob der Schule oder den außerschulischen sowie gewerkschaftlichen Bildungseinrichtungen zu. Sie vermitteln politisches Grundwissen und bieten Möglichkeiten, Formen politischer Partizipation einzuüben. Aber extrem rechtes Denken ist kein Jugendproblem, sondern ein gesellschaftliches. So haben denn auch Sportvereine oder die Freiwillige Feuerwehr, die Polizei oder die Bundeswehr, die etablierten Parteien oder die Bürgerinitiativen, die Verwaltungen oder die Betriebe ebenso eine wichtige Bedeutung, in all ihren Instanzen diesem Denken in seinen verschiedenen Varianten zu begegnen. Und den hier lebenden Menschen, egal ob mit oder ohne deutschen Pass, gebühren die gleichen Rechte und der gleiche respektvolle Umgang – auch bei den staatlichen Behörden und Verwaltungen.

Anmerkungen

1 Aus dem Lied: Neue Generation von Barkings Dogs: Royal Aces, CD, Agitator Rec., 2001.

2 Schlagzeile der Hamburger Morgenpost, 19.3.2002.

3 Bild-Zeitung, 30.11.1992: Nach dieser Musik tanzen die Nazis, von Anke Meyer-Hartmann.

4 Vgl.: Meyer, Thomas: ›Unser Leben heißt kämpfen bis zum Tod‹ Rechtsrock als Message-Rock. In: Forschungszentrum Populäre Musik (Hg.): PopScriptum 5: Rechte Musik, Berlin, 1995, S. 46–69.

5 Vgl.: Lynen von Berg, Heinz: Politische Mitte und Rechtsextremismus. Diskurse zu fremdenfeindlicher Gewalt im 12. Deutschen Bundestag (1990–94), Opladen, 2000; Jäger, Siegfried (Hg.): Die vierte Gewalt. Rassismus und die Medien, Duisburg, 1992; Butterwegge, Christoph et al: Themen der Rechten – Themen der Mitte. Zuwanderung, demografischer Wandel und Nationalbewußtsein, Opladen, 2002.

6 Europa Vorn Spezial, Nr. 6, Sommer 1993: Stichwort Skinheads, von Manfred Rouhs, S. 14f.

7 Einzig die Republikaner und die DVU zogen in den letzten fünfzehn Jahren in verschiedene Länderparlamente ein. Das Resümee ihres dort aufgeführten politischen Theaters ist vernichtend. Vgl. exemplarisch: Neubacher, Bernd: NPD, DVU-Liste D, Die Republikaner. Ein Vergleich ihrer Ziele, Organisationen und Wirkfelder, Köln, 1996.

8 Vgl.: Deutsche Shell (Hg.): Jugend 2002. Zwischen pragmatischen Idealismus und robustem Materialismus, Frankfurt/M., 2002.

9 Allerdings gibt es auch Orte mit einer manifesten extrem rechten Szene, die von den Bürgern toleriert und akzeptiert wird, vgl.: Schäuble, Martin: rausgehasst. Rassismus und Neonazi-Terror in einer Touristenidylle, Chemnitz, 2001.

10 Vgl. Wahl, Klaus (Hg.): Fremdenfeindlichkeit, Antisemitismus, Rechtsextremismus. Drei Studien zu Tatverdächtigen und Tätern, Berlin, 2001, S. 26; sowie: Willems, Helmut; Würtz, Stefanie; Eckert, Roland: Analyse fremdenfeindlicher Straftäter. Forschungsprojekt. Texte zur Inneren Sicherheit, Bonn, 1994, S. 22–27.

11 Ahlheim, Klaus: Pädagogik mit beschränkter Haftung. Politische Bildung gegen Rechtsextremismus, Schwalbach, 2001, S. 10. Ahlheim verweist auf die Studie: Ahlheim, Klaus; Heger, Bardo: Der unbequeme Fremde. Fremdenfeindlichkeit in Deutschland – empirische Befunde, 2. Aufl., Schwalbach, 2000. Der Unterschied zwischen Ost und West kann u.a. auch in der Bevölkerungs- und Sozialstruktur begründet sein. Werner Bergmann zur Folge

korrelieren Berufsprestige, Bildung, Urbanisierung und Ausländeranteil negativ mit Fremdenfeindlichkeit und Alter positiv. Jürgen R. Winkler zur Folge würde es zwei extreme Typen geben: Die negativsten Haltung gegenüber ethnischen Gruppen würde ältere ostdeutsche Landbewohner aufweisen, die über eine geringe formale Bildung verfügen und kaum Kontakt mit Ausländern haben. Dem entgegen würden jüngere Westdeutsche mit hoher formaler Bildung, die in einer Stadt mit hohem Ausländeranteil leben, eine positive Haltung an den Tag legen. Vgl.: Bergmann, Werner: Wie viele Deutsche sind rechtsextrem, fremdenfeindlich und antisemitisch? Ergebnisse der empirischen Forschung von 1990 bis 2000. In: Benz, Wolfgang: Auf dem Weg zum Bürgerkrieg? Rechtsextremismus und Gewalt gegen Fremde in Deutschland, Frankfurt/M., 2001, S. S. 41–62; sowie Winkler, Jürgen R.: Formen und Determinanten fremdenfeindlicher Einstellungen in der Bundesrepublik Deutschland. In: Deth, Jan van; Rattinger, Hans; Roller, Edeltraud (Hg.): Die Republik auf dem Weg zur Normalität? Wahlverhalten und politische Einstellungen nach acht Jahren Einheit, Opladen, 2000, S. 359–382.

12 Duve, Freimut (Hg.): 5 Millionen Deutsche: ›Wir wollen wieder einen Führer haben ...‹ Die Sinus-Studie über rechtsextremistische Einstellungen bei den Deutschen, Reinbek, 1981.

13 Die unterschiedliche Zahl der Tonträger im Vergleich zur Statistik im Aufsatz von Dornbusch und Raabe in diesem Band ergibt sich daraus, dass bei den Angaben hier auch Demo-Tapes mitgezählt wurden. Sie werden nur in geringem Umfang produziert und sind meist nur einem kleinen Personenkreis zugänglich. Aufgenommen wurden sie in der vorliegenden Zählung, da sie aufgrund ihrer häufig extremeren Texte im Gegensatz zu regulären Veröffentlichungen einen nicht unbedeutenden Anteil der Indizierungen ausmachen. Ihre Auslassung hätte eine Verzehrung bedeutet.

14 Eingeräumt von Peter Werner, Thüringer Beisitzer/Bundesprüfstelle für jugendgefährdende Schriften, auf der Podiumsdiskussion ›Mit Indizierung und Verboten gegen Rechts?‹ Im Rahmen der Tagung ›Rechte Kids‹ oder ›The Kids are not alright‹, vom 26.–28.11.2001 in Weimar sowie von Dr. Hartwig Möller, Leiter Abt. Verfassungsschutz, Innenministerium Nordrhein-Westfalen auf der Diskussionsrunde ›Rechtsextreme Musik: Zwischen Führer und Feeling‹. Filmpremiere und Podiumsdiskussion am 2.7.2002 in Düsseldorf.

15 Schreiben von Christian Worch, 27.9.2001, betreffend die Demo Leipzig II am 3. Nov. 2001, Buskoordination.

16 Ebd.

17 Tagesspiegel, 4.8.2000: Fußball spielen mit Rechts – nicht gegen Rechts. Ein Kommentar von Jörg Schönbohm.

18 Sturzbecher, Dietmar; Dietrich, Peter; Kohlstruck, Michael: Jugend in Brandenburg 93, Brandenburg, 1994, S. 103 und 137. Aktuellere Daten siehe in: Sturzbecher, Dietmar (Hg.): Jugend in Ostdeutschland, Opladen, 2001, sowie Sturzbecher, Dietmar (Hg.): Antisemitismus unter Jugendlichen, Göttingen, 2000.

19 Siehe: www.agora-info.de

Konzepte und Netzwerke für eine Zivilgesellschaft

Heinz Lynen von Berg (Miteinander e.V.)

Zivilgesellschaftliches Engagement

Das Konzept gegen Rechtsextremismus?

Der Begriff ›Zivilgesellschaft‹ hat zunächst in den achtziger Jahren in der sozialwissenschaftlichen Diskussion eine enorme Aufmerksamkeit erlangt, bevor er nun auch im gesellschaftlichen Diskurs zu Rechtsextremismus und Fremdenfeindlichkeit zu einem ›all catch word‹ geworden ist. Der Begriff bildet eine Plattform, auf der sich viele Initiativen, Institutionen und Verbände im ›Kampf‹ gegen Rechtsextremismus und fremdenfeindlicher Gewalt vereinigen, auch wenn oftmals nur nebulöse Vorstellungen über das mit diesem inflationär gebrauchten Begriff assoziierte Gesellschaftskonzept bestehen. Es ist in der Regel unklar, wer oder was die Zivilgesellschaft ist, was deren Aufgaben und Möglichkeiten sind oder was das Neue an dem viel beschworenen und eingeforderten zivilgesellschaftlichen Engagement ist und welche Interessen damit verbunden sind. Die Ambivalenzen und Widersprüche, die mit diesem Konzept verbunden sind, können in diesem kurzen Beitrag nur angedeutet werden.[1] Im Folgenden wird deshalb auch in erster Linie versucht, die für bürgerschaftliches Engagement positive Seite dieses Ansatzes herauszustellen, ohne allerdings zu übersehen, dass der noch näher zu definierende Bereich der Zivilgesellschaft ebenso durchmachtet und von Interessen sowie politisch-strategischen Verteilungskämpfen durchzogen ist, wie staatliche und politische Institutionen auch.

Wer oder was ist die Zivilgesellschaft? Was deren Aufgaben und Möglichkeiten? Was ist das Neue an dem viel beschworenen und eingeforderten zivilgesellschaftlichen Engagement? Welche Interessen sind mit den Organisationen der Zivilgesellschaft noch verbunden?

Gerade in den neuen Bundesländern hat der Begriff – auch vor dem zeitgeschichtlichen Hintergrund der Bürgerbewegungen in den osteuropäischen Ländern – in der Regel eine unvoreingenommen positive Bedeutung. Im alltäglichen Gebrauch des Begriffes wird häufig unterstellt, dass Zivilgesellschaft der Teil sei, der nicht Staat, nicht Regierung sei und sich diametral von repressiven Institutionen wie Polizei oder gar Militär absetze. In den neuen Bundesländern ist nun allerdings das Paradox festzustellen, dass aufgrund des Mangels an nicht-staatlich politischem Engagement[2] sowie einer sehr dünn besiedelten Landschaft an freien Trägern und Vereinen, der Staat von oben versucht, zivilgesellschaftliche Strukturen zu implementieren und zu fördern.[3] Als Initialisierungsanstoß wird dies vor dem Hintergrund der historischen Voraussetzungen und den noch andauernden tiefgreifenden sozial-ökonomischen Umbruchprozessen bis zu einem gewissen Grad unumgänglich sein. Jedoch darf dies nicht dazu führen, dass staatliche Institutionen den zivilgesellschaftlichen Raum vereinnahmen. Diese Gefahr besteht insbesondere bei der generell zu beobachtenden Ausweitung des (präventiven) Zugriffs im Rahmen polizeilicher Sicherheitskonzepte und der damit verbundenen stetigen Ausdehnung polizeilicher Zuständigkeiten bis selbst in den sozialarbeiterischen Bereich hinein. Öffentlichkeitswirksam werden hier gesellschaftliche Aufgabengebiete staatlicherseits – u.a. mit der Begründung präventiver Bekämpfung des Rechtsextremismus – in Beschlag genommen, weil zum einem Gefahr in Verzug sei und zum anderen keine anderen Institutionen oder freie Träger diese Aufgaben übernehmen wollten. Dies hat nicht nur zur Folge, dass rechtsstaatliche Bedenken beim ›Kampf‹ gegen Rechts häufig beiseite geschoben werden und z.B. das Demonstrationsrecht eingeschränkt werden soll, sondern die Priorität und scheinbar erfolgreiche Durchschlagskraft repressiver Bearbeitungsstrategien untergraben bis zu einem nicht unerheblichen Grad bürgerschaftliches Engagement. Zudem wird hiermit das populäre und bei rechtsextremen Gesellschaftsentwürfen zentrale Konzept des starken Staates bedient. Möglicherweise wird dadurch die gerade in den neuen Bundesländern sehr verbreitete Haltung, dass der Staat für alles zuständig sei, noch weiter gestärkt und die Auseinandersetzung mit dem Rechtsextremismus an den Staat, an ›die da oben‹ delegiert.

Rechtsstaatliche Bedenken werden beim ›Kampf‹ gegen Rechts oft beiseite geschoben. Die scheinbaren Erfolge repressiver Bearbeitungsstrategien untergraben bürgerschaftliches Engagement. Zudem wird hiermit das populäre und bei rechtsextremen Gesellschaftsentwürfen zentrale Konzept des starken Staates bedient

Erfolgsrezepte gegen Rechtsextremismus gibt es generell nicht. Es besteht aber weithin ein Konsens darin, dass (mehr) demokratisches Bewusstsein, die Fähigkeiten Ambivalenzen und Ambiguitäten auszuhalten sowie Konflikte selbstreflexiv und mit demokratisch-gewaltfreien Mitteln auszutragen, zentrale Barrieren gegen die Übernahme rechtsextremer Einstellungs- und Konfliktlösungsmuster darstellen. Hier knüpfen in der Regel auch zivilgesellschaftliche Konzepte an, die sowohl eine normative (Ziel-)Setzung als auch eine Verhaltensdimension enthalten. So verweist Keupp darauf, dass »zivilgesellschaftliches oder bürgerschaftliches Engagement eine Form gelebter demokratischer Alltagskultur (ist) und in dieser Kultur kann Extremismus, Gewalt oder Fundamentalismus keinen Nährboden haben«.[4] Diese demokratische, zivilgesellschaftliche Kultur besteht demnach aus einer Identifikation mit demokratischen Spielregeln, eines an Partizipation und Solidarität orientierten Gemeinwesens, in dem die Bürgerinnen und Bürger sich in die öffentlichen Angelegenheiten einmischen und partizipativ ihre Anliegen und Interessen vertreten, den demokratischen Prozess von unten gestalten und demokratische Beteiligung nicht auf den Wahlakt und die Delegation von Herrschaft beschränken. Dies geht allerdings damit einher – und dies widerspricht auch dem in antirechtsextremistischen oder Antifa-Kreisen zu verzeichnendem moralischen Rigorismus –, dass in einer plu-

Die Auseinandersetzung mit dem Rechtsextremismus darf nicht an den Staat, an ›die da oben‹ delegiert werden ralistischen, offenen Gesellschaft keine Gruppierung, Person oder Instanz für sich beanspruchen kann, über die einzig richtige Lösung zu verfügen. Gewalt und Rechtsextremismus bzw. jede Form von Fundamentalismus und Dogmatismus sind vor dieser Folie als »Ausdruck unzureichend ausgebildeter zivilgesellschaftlicher Kompetenzen« zu betrachten.[5] Zivilgesellschaft ist somit ein auf basalen demokratischen Austragungsformen beruhendes diskursives Verfahren zur Regelung öffentlicher Angelegenheiten, bei der sich Bürgerinnen und Bürger einmischen und versuchen, den demokratischen Prozess mitzugestalten.

Es bedarf der Entwicklung demokratischer Konfliktlösungsmuster, der Verbesserung ziviler Konfliktaustragung und der diskursiven Auseinandersetzung

Dubiel weist in einer kritischen Betrachtung der Verwendung des Begriffes »Zivilgesellschaft« darauf hin, dass ein häufiges Missverständnis auch beim wissenschaftlichen Gebrauch darin bestehe, »dass zivile Gesellschaften entweder als soziologisch-empirisches Phänomen konzipiert werden, welches in Vereinen, politischen Assoziationen, Laienorganisationen, sozialen Bewegungen, Netzwerken, Selbsthilfepotentialen, Nachbarschaftskontakten, im ›Dritten Sektor‹ etc. greifbar wird. Oder die zivile Gesellschaft wird als utopisches Ideal verstanden, als regulative Idee, deren Normativität den korrupten Alltag kritisch beleuchtet«.[6] Er warnt vor einer wechselseitigen Vereinseitigung, es komme darauf an, »zivile Gesellschaftsverhältnisse als Verkörperung der Spannung beider Dimensionen zu begreifen«.[7] Jede soziale Handlung hat demnach einen imaginären Überschuss, »in deren Folge wir das, was ist, als etwas erleben, dass ›das doch (noch) nicht alles gewesen sein kann‹«.[8] Umgekehrt und auf unser Thema bezogen, erleben wir jede soziale Situation als defizitär im Horizont einer an sie adressierten normativen Erwartung. Zivilgesellschaftliches Engagement macht zweierlei deutlich: Es bedarf der Entwicklung demokratischer Konfliktlösungsmuster, der Verbesserung ziviler Konfliktaustragung und der diskursiven Auseinandersetzung vor der Folie der empirischen Tatsache, dass dies in der Alltagspraxis nicht gelebte Realität ist – jedenfalls nicht von allen Teilen der Bevölkerung und bestimmter gesellschaftlicher Institutionen. Dies ist vor dem Hintergrund eines letztlich nie zu erlangenden ideellen gesellschaftlichen Zustandes zu betrachten, der dennoch normativ angestrebt wird. In diesem Spannungsboden macht es Sinn, für eine Stärkung der Zivilgesellschaft einzutreten, wenn damit gleichzeitig deren strukturelle Ungleichzeitigkeiten und Machtverhältnisse benannt werden und diese nicht in einer homogenisierenden Idealisierung aufgehoben werden und damit zuständige staatliche Institutionen sowie politische Eliten ihrer zentralen Verantwortung enthoben werden. Problematisch wird es u.a. allerdings, wenn rechtsextreme Handlungsweisen, die jugendliche Militanz und die Gewalt gegen Fremde externalisiert werden (so genannte asoziale Gruppen, Einzeltäter) und sich die Zivilgesellschaft und staatliche Politik in Absetzung davon, als ›das Gute‹ bzw. ›die Guten‹ konstituieren. Im Freudschen Sinne wird damit das ›Negative‹, das ja empirischer Bestandteil der (Zivil-)Gesellschaft ist, abgespalten und bleibt somit außerhalb des zu bearbeitenden Problemzusammenhangs. Die häufig festzustellende (moralische) Externalisierung bleibt dann bei einer öffentlichkeitswirksamen Ächtung des Phänomens stehen, ohne die gesellschaftlichen und politischen Bedingungen und Mechanismen, die den Rechtsextremismus mitproduzieren, in den Blick zu bekommen.[9] Das heißt, zivilgesellschaftliches Engagement muss den Rechtsextremismus als Ausdruck von gravierenden Defiziten der Zivilgesellschaft selbst bzw. ihrer Begrenzung begreifen, die es wiederum durch die Stärkung oder gar Entwicklung ziviler Austragungsformen zu begegnen gilt. Demokratietheoretisch und auf den politischen Prozess bezogen ist der Rechtsextremismus Ausdruck eines gravierenden Demokratiedefizits sowohl der institutionell-staatlichen Institutionen als auch in der Bevölkerung, das nur durch eine grundlegende Demokratisierung und durch zivile Austragungsformen aufgearbeitet werden kann. Der Slogan ›Mehr Demokratie Wagen‹ ist deshalb keine medienwirksame Plattitüde, sondern Grundvoraussetzung für eine erfolgreiche Auseinandersetzung mit dem Rechtsextremismus, will die Gesellschaft nicht in autoritäre Konfliktlösungsmuster abgleiten.

Zivilgesellschaftliches Engagement muss den Rechtsextremismus als Ausdruck von gravierenden Defiziten der Zivilgesellschaft selbst begreifen, die es wiederum durch die Stärkung oder gar Entwicklung ziviler Austragungsformen zu begegnen gilt

Wo ist nun der politische Raum, in dem zivilgesellschaftliches Engagement stattfindet? Klein/Speth definieren Zivilgesellschaft als Raum des Bürgerengagements jenseits von Staat und Markt. Dies umfasst sowohl das Spektrum von Formen des Bürgerengagements ehrenamtlicher, freiwilliger und auf Selbsthilfe zielender Aktivitäten im sozialen Bereich als auch gesellschaftspolitisches Engagements in den vielfältigsten Formen und Zusammenschlüssen wie Bürgerinitiativen, soziale Bewegungen oder NGOs. Darüber hinaus zielen zivilgesellschaftliche Aktivitäten nicht nur auf den »Ausbau und die Demokratisierung zivilgesellschaftlicher Infrastrukturen, sondern hier werden auch die Möglichkeiten einer Demokratisierung der Institutionen und Organisationen in Gesellschaft und Staat thematisiert.«[10] Zentrale Annahme und Motivation auch für die Arbeit gegen Rechtsextremismus und für Weltoffenheit ist, dass gelebtes Bürgerengagement politische Lernprozesse ermöglicht und zwar nicht nur für die Beteiligten selbst, sondern ausstrahlend auf das nähere und weitere Umfeld bis in die gesellschaftlichen und staatlichen Institutionen hinein.[11]

Auf solche Lernprozesse ist die Arbeit von *Miteinander e.V.* ausgerichtet. *Miteinander* will anderen Initiativen, Vereinen positive Bedingungen zur ›Hilfe zur Selbsthilfe‹ gewähren, zu Möglichkeiten praktischer Demokratieerfahrung verhelfen, offene Prozesse zur demokratischen Konfliktregulierung anstoßen und dabei vorhandene Kompetenzen und Ressourcen nutzen und ausbauen. Miteinander versucht deshalb mit vielen kleinen und größeren Kooperationsprojekten sowie der finanziellen Förderung von Initiativen im lokalen Raum, die Bedingungen der Möglichkeit für (mehr) demokratische Beteiligung und Selbstorganisation zu schaffen und auszubauen.

Zentrale Annahme und Motivation für die Arbeit gegen Rechtsextremismus und für Weltoffenheit ist gelebtes Bürgerengagement das politische Lernprozesse ermöglicht die ausstrahlen bis in die gesellschaftlichen und staatlichen Institutionen hinein

David Begrich (Miteinander e.V.)

Projekte und Netzwerkarbeit gegen Fremdenfeindlichkeit und Rechtsextremismus in Sachsen-Anhalt

Welche Rahmenbedingungen findet der Verein *Miteinander e.V.* im Bereich der Arbeit mit Jugendlichen in Sachsen-Anhalt vor? Einer kurzen Skizze zu dieser Frage folgt eine Beschreibung der Tätigkeitsfelder des Vereins und Praxisbeispiele aus der Projekt- und Netzwerkarbeit der Regionalen Zentren von Miteinander e.V. in den Regionen Sachsen-Anhalts. Sie zeigen Handlungsalternativen auf und ermöglichen Schlussfolgerungen für Ansatzpunkte bei der exemplarischen, regionalen Demokratie- und Partizipationsentwicklung.

Situation der Jugendarbeit im ländlichen Raum

Sachsen Anhalt ist geprägt von ländlichen Strukturen und kleinen Städten, die Situation vieler dort lebender Bürger ist gekennzeichnet durch Arbeitslosigkeit, schwache soziokulturelle Infrastruktur – viele junge Menschen wandern ab

Das Land Sachsen-Anhalt ist geographisch, sozial und kulturell mehrheitlich durch Kleinstädte und mittelgroße ländliche Strukturen geprägt. Die soziale Situation der dort lebenden Bevölkerung ist mehrheitlich gekennzeichnet durch schwach entwickelte soziokulturelle Infrastrukturen, hohe Arbeitslosigkeit und die Abwanderung junger Menschen.[12]

Die Trägerlandschaft in der Jugendarbeit ist bis heute schwach entwickelt. Vor allem mangelt es an freien Trägern und Selbstorganisation in der Jugend-, Kultur- und Sozialarbeit. Zu DDR-Zeiten waren Betriebe, ›Massenorganisationen‹ und staatliche Einrichtungen der Dreh- und Angelpunkt kultureller und sozialer Infrastruktur und Kommunikation. Sie unterhielten einen Teil der Jugendfreizeithäuser, Bibliotheken und Kultureinrichtungen. Das betriebliche Netz sozialer und kultureller Einrichtungen brach nach der Wiedervereinigung ebenso zusammen wie das der FDJ und anderer Institutionen. Im Jugendfreizeitbereich fehlten aufgrund des staatlichen Monopols Angebote aus freier Trägerschaft vollkommen. Erst in den Wendemonaten hatten sich Basisinitiativen für die Übernahme von Jugendfreizeitstätten und ihre Umwandlung in soziokulturelle Zentren gebildet. Deren Organisationsform entsprach jedoch nicht immer den Erfordernissen der Jugendhilfegesetzgebung der Bundesrepublik.[13] Die Strukturen der Jugendhilfe waren zudem bezüglich ihres Aufbaus und ihrer Funktion im Wandel begriffen. So mussten die Institutionen staatlicher Jugendhilfe zunächst der kommunalen Selbstverwaltung zugeordnet und gesetzliche Grundlagen für die Herausbildung freier Träger geschaffen werden.[14] In der Trägerlandschaft nehmen Kommunen, Kreise und Wohlfahrtsverbände eine dominierende Stellung ein. Träger aus Jugend- und Basisinitiativen, vergleichbar der Jugendzentrumsbewegung in Westdeutschland, sind unterrepräsentiert. Zwar führte das AGAG-Programm der Bundesregierung zu einer vorübergehenden Stabilisierung des Angebotes und der Ausstattung der Einrichtungen gerade im ländlichen Raum. Es fehlte jedoch zu Beginn der neunziger Jahre an qualifiziertem sozialpädagogischen Personal und einer zielgerichteten Förderkontinuität, um eine langfristige emanzipatorische Jugendarbeit zu etablieren.[15]

AGAG
AKTIONSPROGRAMM
GEGEN AGGRESSION UND GEWALT

Durch das Aktionsprogramm gegen Aggression und Gewalt (AGAG) konnten Teile der Jugendarbeit finanziert werden, jedoch nur kurzfristig. Viel Personal für die Jugendarbeit wird bis heute über ABM- oder Strukturanpassungsmaßnahmen finanziert – nicht oder schlecht ausgebildetes Personal ist die Regel

Zur Zeit kann in nur wenigen Kleinstädten und Regionen der Grundbedarf an Jugendfreizeit- und soziokulturellen Einrichtungen als gesichert gelten. Obwohl die Landkreise aus dem Landeshaushalt eine einwohnerzahlbezogene Jugendpauschale erhalten, wird ein Großteil der Arbeit mit Jugendlichen durch nicht- oder halbqualifiziertes Personal aus ABM- und Strukturanpassungsmaßnahmen bestritten. Diese Mitarbeiter und Mitarbeiterinnen sind zwar sehr engagiert, es fehlt ihnen allerdings an elementarem pädagogischen Handwerkszeug für die Arbeit mit Jugendlichen. Zudem gefährdet eine diskontinuierliche Förderstruktur die Existenz vor allem kleiner Träger und Vereine. Oftmals zielen Förderprogramme nur auf themenzentrierte Projektarbeit. Die elementare Basisarbeit der Einrichtungen wie offene Freizeit- und Beratungsangebote bleiben jedoch unberücksichtigt. Dementsprechend verfügen viele Einrichtungen über kein klares pädagogisches Profil und bieten Jugendlichen in einer Komm-Struktur lediglich einen Aufenthaltsort an. Längerfristige, zielgruppenorientierte Konzepte werden aufgrund personeller, fachlicher und finanzieller Defizite zu selten umgesetzt. Die von allen jugendkulturellen Strömungen ausgehende pädagogische Herausforderung wird vielfach nicht erkannt bzw. nicht angenommen.

Im ländlichen Gebiet sind partizipatorische Ansätze in der Jugendarbeit mit vielfältigen Blockaden konfrontiert. Jugendkulturelle Gruppen werden von Verwaltung und Öffentlichkeit als Störung der öffentlichen Sicherheit wahrgenommen.

Die Arbeit von Miteinander e.V.

Aus dieser skizzierten Situation leitet sich die Konzeption und Struktur des Vereins ab. Die Arbeit wird in vier Regionalen Zentren umgesetzt. Diese agieren in Regionen, in denen Initiativen kultureller und sozialer Arbeit gegen Rechtsextremismus kaum vorhanden sind. Ziel des Vereins ist es, einen Beitrag zur regionalen Demokratieentwicklung zu leisten, bei Jugendlichen die Selbstwahrnehmung ihrer Interessen zu fördern und Fremdenfeindlichkeit zurückzudrängen. Dabei stehen folgende Tätigkeitsfelder im Mittelpunkt.

Projektberatung

Die Mobile Projektberatung hilft lokalen Initiativen bei der Umsetzung und Durchsetzung ihrer Ideen.
Ob nun ein Graffiti-Wettbewerb, ein HipHop-Jam oder eine Vortrags-Veranstaltung

Eine lokale Jugendinitiative möchte einen Graffiti-Wettbewerb und einen regionalen HipHop-Jam veranstalten. Asylbewerber und Asylbewerberinnen und die kleine afrikanische Community des Ortes sollen ebenfalls eingeladen werden. Für die Umsetzung fehlt den Jugendlichen jedoch sowohl der Raum als auch die finanziellen und organisatorischen Ressourcen. Mit diesen oder ähnlichen Anfragen wenden sich Initiativen, Vereine und Einzelpersonen an die Regionalen Zentren. Im Rahmen der Projektberatung unterstützt das jeweilige Regionale Zentrum Initiativen bei der Vorbereitung und Umsetzung von Projektideen. Diese orientiert sich an den Bedürfnissen der Initiativen. Durch gezielte Beratung helfen die Mitarbeiter und Mitarbeiterinnen bei der inhaltlichen und formalen Konzeption eines Projektes. Dadurch sollen die Kompetenzen der Initiativen in einem Beratungsprozess aufgenommen und erweitert werden. Möglich ist auch die Begleitung eines Projektes von der inhaltlichen Konzeption, der Finanzplanung bis zur praktischen Durchführung. In der Zusammenarbeit mit Initiativen, Vereinen und Trägern zeigt sich, dass deren Arbeit in aller Regel sehr praxisnah und zielgruppenorientiert ist. Doch vielen Trägern fehlt es an organisatorischem und konzeptionellen Know-how, um die konzeptionellen Qualitätsanforderungen an Projekte zu bewältigen. Die Regionalen Zentren vermitteln den Initiativen Kontakte zu Stadtverwaltung und etablierten Jugendarbeitsstrukturen. Dabei fungiert der Verein faktisch als Türöffner gegenüber der Verwaltung. Jugendinitiativen werden aufgrund ihrer ehrenamtlichen Arbeitsstruktur oder ihres rechtlichen Status von Ämtern nicht immer als Gesprächs- und Verhandlungspartner angesehen. Hier nimmt der Verein eine moderierende Rolle ein. Zudem stellen Vereine und Initiativen Anträge auf finanzielle Unterstützung ihrer Projekte. Dabei erhalten sie eine anteilige Finanzierung, bei der auch Eigenleistungen bei einer Förderung angerechnet werden.

Vernetzung

Vernetzung und Erfahrungsaustausch fördern. Auch bei der Vernetzung der Basisgruppen der Aktion Noteingang unterstützte Miteinander e.V.

In der regionalen Arbeit des Vereins zeigte sich, dass viele Initiativen Projekte in sich überschneidenden Themenfeldern oder mit der gleichen Zielgruppe planen, jedoch darüber wenig Austausch und Vernetzung besteht. Die Regionalen Zentren versuchen, vorhandene Netzwerke mit inhaltlichen und organisatorischen Impulsen zu unterstützen. Das umfasst die Mitarbeit bei lokalen Runden Tischen und Bündnissen gegen Rechts ebenso, wie problemorientierte Vernetzung in der Jugendarbeit. Dabei geht es auch um die Vermittlung von Erfahrungen, die Initiativen anderer Städte und Landkreise bereits machten. In der Vernetzungsarbeit bemühen sich die Regionalen Zentren beispielsweise um einen Austausch zwischen den Aktionsgruppen, die in den Kleinstädten Sachsen-Anhalts die ›Aktion Noteingang‹ planten. Lokal unterschiedlich ergaben sich in der Initialisierungsphase zum Teil erhebliche Widerstände bei Kommunalverwaltungen und dem Einzelhandel. Um diese auszuräumen, erwies es sich als hilfreich, auf die Erfahrungen in den Großstädten Halle/Saale und Dessau zurückgreifen zu können. Durch den Transfer von Erfahrungen konnten die lokalen Initiativgruppen argumentativ und strukturell gestärkt werden.

Auch die Jugendinitiative Step 21, die sich zur Aufgabe gemacht hat antirassistische und demokratiefördernde Projekte zu unterstützen gehört zu den Kooperationspartnern von Miteinander e.V.

In der Jugendarbeit bemühen sich die Regionalen Zentren, eine fachliche Vernetzung der Träger anzustoßen. Im Vordergrund steht dabei, Information und Austausch zwischen den Trägern und Mitarbeitern zu fördern, die Ämter und Jugendhilfeausschüsse in Bezug auf die Auseinandersetzung mit rechtsorientierten Jugendgruppen nicht leisten können. Dies ist allerdings dort schwierig, wo Träger in Konkurrenz zueinander stehen. Eine praxisorientierte Vernetzung in der Jugendarbeit ist jedoch eine wichtige Voraussetzung zur Stärkung regionaler nicht-rechter Jugendkulturen. Nur wenn es gelingt, Schulen, Jugendfreizeiteinrichtungen und Initiativen in ihrer Arbeit gegen Rechtsextremismus zu vernetzen, wird sich ein nachhaltiger Erfolg einstellen.

Fortbildung

Ein weiterer Arbeitsbereich der Regionalen Zentren ist die Fortbildung von Multiplikatoren. Hierfür bieten die Zentren Bildungsmodule an, die sich an den Bedürfnissen der Träger und Vereine orientieren. Im Mittelpunkt steht dabei die Grundlageninformation über Erscheinungsformen von Jugendkulturen, fremdenfeindlicher Gewalt und Rechtsextremismus. Dies geschieht vor dem Hintergrund einer weitverbreiteten Unkenntnis jugendsoziologischer und politischer Phänomene. Methodisch-didaktisch sind die Fortbildungen darauf ausgerichtet, die Erfahrungen der Multiplikatoren aufzunehmen und mit theoretischem Hintergrundwissen zu verknüpfen. So gibt es auch keine Standardfortbildung aus dem Methodenkoffer. Vielmehr bemühen sich die Regionalen Zentren in der Vorbereitung darum, auf die Fragen und Probleme der Teilnehmer durch Fallbeispiele und konkrete Praxisvorschläge einzugehen. Pädagogische Strategien gegen Rechtsextremismus werden den Multiplikatoren nicht vorgesetzt, sondern gemeinsam mit ihnen erschlossen. Modelle für Handlungsalternativen im Umgang mit einer rechten Jugendkultur vermitteln Referenten des Vereins innerhalb eines Praxistrainings für Jugendsozialarbeiter. Fortbildungen für Kommunalpolitiker sind darauf ausgerichtet, deren Kompetenzen in der Auseinandersetzung mit öffentlichen Auftritten von organisierten Rechtsextremisten zu stärken. Themen sind die zielgerichtete Anwendung des Versammlungsrechts und die Öffentlichkeitsstrategie rechtsextremer Gruppen. Hier steht vor allem Information über regional aktive rechtsextreme Gruppierungen im Vordergrund. Fachlich kooperieren die Regionalen Zentren bei Fortbildungen mit der Landeszentrale für politische Bildung und anderen Bildungsträgern.

Netzwerkarbeit am Beispiel von Bündnissen gegen Rechts

Vor dem Hintergrund von regionalen rechtsextremen Aktivitäten entstanden in den vergangenen Jahren vielerorts Bündnisse gegen Rechts. Sie sammeln antirassistische und antifaschistische Initiativen, Vereine, Gewerkschaften, Kirchen und engagierte Einzelpersonen. Lokale Bündnisse konstituierten sich zunächst als spontane Aktionsbündnisse gegen Aktivitäten oder Aufmärsche von Rechtsextremisten. Der Bündnischarakter des jeweiligen Zusammenschlusses erfordert von den beteiligten Interessengruppen ein hohes Maß an Kompromiss- und Dialogfähigkeit. Bündnisarbeit will unterschiedliche Zielgruppen erreichen und eine Pluralität politischer und praktischer Zugänge zum Themenkontext Fremdenfeindlichkeit und Rechtsextremismus ermöglichen. Allerdings kommt es immer wieder zu grundsätzlichen Konflikten über Rolle, Funktion und politische Positionen der Bündnisse. Ihre Arbeit wird nicht selten von einzelnen Bündnismitgliedern für eigene Interessen instrumentalisiert. Für Kleinstädte und Regionen steht außer Frage, dass der Kreis der Aktiven klein ist – man ist bei politischen Aktivitäten aufeinander angewiesen. Die Arbeitsfähigkeit eines Bündnisses lebt in Konfliktfällen auch davon, dass es eine Moderation, einen turnusmäßigen Wechsel zwischen den Bündnispartnern im Vorsitz und gemeinsame Aktionserfahrungen gibt. Als Horizonterweiterung erwies sich die Einbeziehung von Künstlern. Von diesen gehen, angefangen von Lesungen und Theaterstücken, kreative Impulse aus, die jenseits der üblichen Aktionsformen liegen und somit eine Ausstrahlung über den engen Kreis der politisch Interessierten hinaus besitzen.

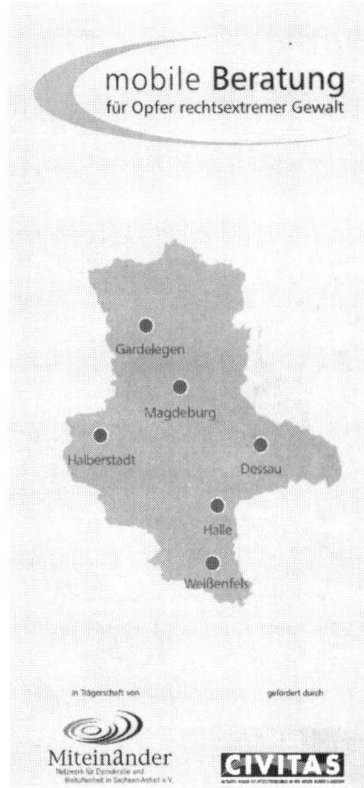

Mobilität ist ein wichtiger Faktor um die Menschen dort zu erreichen wo sie sind und um Hemmschwellen abzubauen

Das Dessauer Bündnis gegen Rechts wurde noch vor dem Wahlerfolg der rechtsextremen DVU in Sachsen-Anhalt im Mai 1998 gegründet. Ein Initiativkreis hatte einen Gründungsaufruf herausgegeben, den viele Bürger unterzeichneten. Lokale Vereine, Initiativen und auch Parteien wurden zur Mitarbeit eingeladen. Von einem Koordinierungsbeirat gingen in der Anfangsphase die inhaltlichen Impulse für die Arbeit aus. Basisdemokratisch rotieren Moderation und Ort der Sitzungen unter den beteiligten Gruppen. Keiner der Bündnispartner genießt aufgrund seines politischen Gewichtes als Partei oder Verband Sonderrechte. In der Stadt agiert das Bündnis als offener, nicht institutioneller Interessenzusammenschluss. Dabei treten die Bündnispartner zum Teil mit ihrem eigenen politischen Profil in Erscheinung. In den ersten zwei Jahren seiner Existenz trat das Bündnis mit politischen Bildungsveranstaltungen und Aktionen zu Gedenktagen in die Öffentlichkeit. Das Themenspektrum reichte von antirassistischer Jugendarbeit bis zur Debatte über lokale Erscheinungsformen des Rechtsextremismus. Eine monatliche öffentliche Veranstaltung wurde angeboten. Zu Gedenktagen organisierten Initiativgruppen Ausstellungen und Filmvorführungen. In Folge des Mordes an dem Mosambikaner Alberto Ardriano stieg die Arbeitsintensität des Bündnisses erheblich. Die ehrenamtlichen Akteure standen unter einem starken Professionalisierungsdruck, da das Bündnis im Zen-

Netzwerkarbeit ist ein weiterer Schwerpunkt von Miteinander e.V.

trum des medialen Interesses stand. Zudem wandten sich nun auch andere von Diskriminierung betroffene Gruppen an das Bündnis. Diese Situation konnte nur bewältigt werden, weil alle Partner ihre jeweiligen organisatorischen und finanziellen Ressourcen zur Verfügung stellten. Es wurden inhaltliche und organisatorische Untergruppen gegründet, die eigenständig Aufgaben übernahmen. Erfolgreich war dies bei der Umsetzung der Aktion Noteingang[16]. In Eigenregie übernahm eine Gruppe die Vorbereitung und Initialisierung.

Die Erfahrung aus den Bündnissen gegen Rechts zeigt, dass sich die Qualität der regionalen Netzwerkarbeit aus den Ressourcen der lokalen Initiativen speist. Diesen Netzwerken unterstützend Handlungsräume und Perspektiven öffnen, sieht Miteinander e.V. als eine Aufgabe an. Die Arbeit des Vereins verknüpft die Sensibilisierung von Multiplikatoren mit exemplarischen Projekten in der Jugendarbeit, um demokratisch-partizipatorische Ansätze in Schule, Jugendhilfe und bei der Selbstorganisation von Initiativen zu fördern. Anstelle von kurzfristigen Kampagnen setzt der Verein auf die Verankerung regionaler Initiativen und das kontinuierliche Engagement lokaler Akteure. Nur ein Netz von Initiativen, Vereinen und Trägern wird im Zusammenspiel mit öffentlichen Institutionen in der Lage sein, die lebensweltliche Attraktivität rechter Jugendkultur zurückzudrängen.

Anmerkungen

1 So werde ich beispielsweise nicht auf eine herrschaftskritische Betrachtung des Konzeptes ›Zivilgesellschaft‹ eingehen, wie sie etwa Antonio Gramsci vorgenommen hat. Er hat bereits in den zwanziger und dreißiger Jahren des vorigen Jahrhunderts darauf hingewiesen, dass ein stabiler Staat (stato integrale) nicht nur auf Zwang und Repression basieren kann, sondern er benötigt die Zustimmung der Bürger und ihre freiwillige Einordnung in die staatliche Ordnung (societa civile). Gramscis Staatstheorie hat sich im weitesten Sinne für die Entwicklung des DDR-Zwangsstaates bewahrheitet. Die einseitige Ausrichtung des Regimes auf Repression und Anpassung führte zum massenhaften Exit und in Folge von Demonstrationen und dem Engagement einer relativ kleinen Bürgerbewegung zum Zusammenbruch, ohne dass dem eine kulturelle und politisch-ideologische Hegemonie entgegengesetzt werden konnte. Das Fehlen zivilgesellschaftlicher Instanzen und der absolute Mangel an demokratischer Alltagsskultur kamen neben anderen Faktoren dem sich in dieses Macht- und Wertevakuum einsickernden Rechtsextremismus entgegen. Vgl. Lynen von Berg, Heinz: Rechtsextremismus in Ostdeutschland seit der Wende. In: Kowalsky, Wolfgang (Hg.): Rechtsextremismus. Einführung und Forschungsbilanz, Opladen, 1994, S. 103–126.

2 Vgl. Frankfurter Allgemeine Zeitung vom 24.7.2001, S.12: Freiheit klingt nach Ellenbogen. Nichts aus freien Stücken: Warum Amnesty International kaum Mitglieder in den östlichen Bundesländern hat, von Josefine Janer.

3 Vgl. u.a. Handlungskonzept der Landesregierung Sachsen-Anhalt. Für ein demokratisches und weltoffenes Sachsen-Anhalt, Magdeburg, 1999.

4 Beiträge, KJG, Nr. 1, 2001, S. 3: Zivilgesellschaftliches Engagement – Das Konzept gegen Extremismus, von Heiner Keupp.

5 Ebd.

6 Frankfurter Rundschau, 23.6.2001, S. 7: Warum ist das Anrufen der Zivilgesellschaft so beliebt? Über die bewussten und unbewussten Unbestimmten eines modernen Begriffs, von Helmut Dubiel.

7 Ebd.

8 Ebd.
9 Vgl. Lynen von Berg, Heinz: Die ›streitbare Demokratie‹ und ihr Rechtsextremismus. Die Entwicklung des deutschen Rechtsextremismus seit 1949 und politische Reaktionen. In: Schneider-Wilkes, Rainer (Hg.): Demokratie in Gefahr? Zum Zustand der deutschen Republik, Münster, 1997, S. 416–454. Lynen von Berg, Heinz: Politische Mitte und Rechtsextremismus. Diskurse zu fremdenfeindlicher Gewalt im 12. Deutschen Bundestag (1990-1994), Opladen, 2000.
10 Klein, Ansgar; Speth, Rudolf: Demokratische Grundwerte und Freiwilligenengagement in der pluralisierten Gesellschaft. Zum Zusammenspiel von politischen Verfahren und bürgerschaftlichem Engagement. In: Breit, Gotthard; Schiele, Siegfried (Hg.): Werte in der politischen Bildung, Schwalbach/Ts., 2000, S. 30–55.
11 Vgl. ebd. S. 51.
12 Vgl. Mitteldeutsche Zeitung vom19.8.2000: In Sachsen-Anhalt liegt die Abwanderungsquote mit 55 pro 10.000 Einwohnern am höchsten in den Neuen Bundesländern.
13 Vgl. Gawlik, Marion: Jugendhilfe und sozialer Wandel, DJI, München, 1995 S. 124–162.
14 Vgl. BMFFSFJ (Hg.): Neunter Jugendbericht, 1994, S. 312.
15 Vgl. Heitmann, Helmut (Hg.): Informationsdienst AGAG, Berlin, 1996.
16 Aktion Noteingang ist eine Initiative von Jugendlichen aus dem Land Brandenburg. Läden, öffentliche Einrichtungen und Institutionen bekunden mit einem am Eingang angebrachten Hinweisschild die Bereitschaft, Schutz vor rassistischen Übergriffen zu bieten. Die Aktion wird inzwischen in vielen ostdeutschen Städten umgesetzt.

Sei der Hüter Deines Bruders, sei der Hüter Deiner Schwester!

Das Projekt Brothers & Sisters Keepers

Die erste Maxi-CD *Adriano (Letzte Warnung)* war ein Chartbreaker. Im Sommer 2001 veröffentlicht, verkaufte sie sich binnen kürzester Zeit über 210.000 Mal. Mit dem Song erinnern Brothers Keepers an die Ermordung des Mosambikaners Alberto Adriano, der am 11. Juni 2000 in Dessau von rassistischen Skinheads zusammengeschlagen wurde und drei Tage später seinen Verletzungen erlag. Adriano lebte seit zwölf Jahren in Deutschland, er war mit einer Deutschen verheiratet und Vater von drei Kindern. Er ist ›nur‹ eines von über 120 Todesopfern rechtsextremer Gewalt seit der deutschen Wiedervereinigung.

Die Brothers Keepers sowie die später gegründeten Sisters Keepers, sind ein Zusammenschluss afro-deutscher HipHoper. Mittlerweile umfassen diese beide Projekte mehr als 70 afro-deutsche Künstler, darunter bekannte Namen wie Adé, Meli, Samy Deluxe, Kaye & Tesirée, Xavier Naidoo, Torch und D-Flame.

Mit dem Song wollten sie nicht nur an das Schicksal von Adriano und das anderer Opfer erinnern. Deutlich sprechen sie in dem Lied eine ›letzte Warnung‹ an die Adresse neonazistischer Täter aus: »Dies ist so was wie eine letzte Warnung. Denn unser Rückschlag ist längst in Planung. Wir fall'n dort ein, wo ihr auffallt. Gebieten eurer braunen Scheiße endlich Aufhalt. Denn was ihr sucht ist das Ende. Und was wir reichen sind geballte Fäuste und keine Hände. Euer Niedergang für immer. Und was wir hören werden, ist euer Weinen und euer Gewimmer.«[1]

Bewusst setzen die Musiker darauf, mit ihrer deutlichen Kampfansage aufzuschrecken. Ihre Texte klagen aber nicht nur die offene Gewalt gegen Menschen nicht-weißer Hautfarbe an, sondern ebenso die allgegenwärtigen rassistischen Klischees über Afro-Deutsche.

Ihre Raps mit den politischen Botschaften tragen dort, wo vorwiegend seichte Töne und Party-Beats überwiegen, zur Re-Politisierung des HipHop bei. Die Musik wird damit zu einem Stück positiver Gegenkultur gegen Rassismus und rechtes Denken. Anders als die Rock-gegen-Rechts-Konzerte mit Udo Lindenberg und Pur, die mehr ein älteres, am musikalischen Mainstream orientiertes Publikum ansprechen, ist HipHop für Jugendliche eine authentische Musik, deren Identitätsangebote mehr nach sich ziehen als nur Lippenbekenntnisse.

Neben dem musikalischen Projekt unterstützen die Musiker mit dem von ihnen gegründeten Verein Brothers Keepers e.V. Opfer rechter Gewalt und versuchen, mit der Teilnahme an Podiumsdiskussionen,

Dieser Tonträger ist Alberto Adriano sowie allen anderen Opfern, Hinterbliebenen und Gejagten des täglichen rechten Alltagsterrors in Deutschland gewidmet!

Jetzt ist die Zeit / hier ist der Ort / Heute ist die Nacht / [...] / Denk' ich an Deutschland in der Nacht / bin ich um meinen Schlaf gebracht / mein Bruder Adriano wurde umgebracht / Hautfarbe schwarz / Blutrot / Schweigen ist Gold / Gedanken sind tiefblau / Ein Bürger hat Angst vor seinem Volk / Ein Wintermärchen aus Deutschland / Blauer Samt / Als Kind schon erkannt: / ich bin hier fremd im eigenen Land / Operation Artikel 3 – da habt ihr gelacht! / Jungs, das ist mein Leben / das ha'm wir uns nicht ausgedacht / In all den Jahren in denen wir airplay verschwendet haben / Man könnte denken / wir Rapper hätten nichts zu sagen / Doch es rächt sich / ihr werdet sehen / es holt uns ein! / Einigkeit macht stark – Adriano starb allein

Adriono (Letzte Warnung), Brothers Keepers, 2001

Adegoke Odukoya, links

Ich hörte schon im Kindergarten Weiße zu mir Nigger sagen / Die Klischees nicht hinterfragen / jetzt Brüder niederschlagen / Wir fordern mehr als gleiche Rechte / wir wollen endlich Frieden haben / neue Ziele haben und nicht das Image von Dealern haben / Im Landtag diskutiert man über einen Antrag / Und währenddessen plant der nächste Nazi seinen Anschlag / Die Schandtat wird bedauert / doch was ich mich dann frag: / »Warum steht schon wieder ne schwarze Familie am Grab?« / Das ist der Alltag, die Justiz verdammt hart / Jungs in Abschiebehaft sind am schwitzen wie im Dampfbad / Man merkt die Führung hat Macken / Nach all den rüden Attacken / müssen wir Brüder bestatten / da einige lieber hassen / Die ganzen miesen Drecksratten können ihre Lügen wegpacken / Da sie genügend beschatten / Können die die Typen verknacken / Zeit sich zu wehren, statt zu ignorieren

Adriono (Letzte Warnung), Brothers Keepers, 2001

Schulbesuchen und Workshops für ein friedliches Zusammenleben zu werben. Über das Projekt Brothers & Sisters Keepers, den alltäglichen Rassismus, ›Multikulti‹ und Perspektiven für Deutsche oder Nicht-Deutsche nicht-weißer Hautfarbe sprachen Christian Dornbusch und Jan Raabe (Chr./Jan) mit dem Initiator der Brothers Keepers Adegoke Odukoya (Ade) und Melanie ›Meli‹ Wharton von den Sisters Keepers.

Chr./Jan: War die Ermordung von Alberto Adriano direkter Anlass für dich, das Projekt Brothers Keepers zu initiieren oder bestanden schon länger Pläne eine CD zu machen, die das Leben von Afro-Deutschen thematisiert?

Ade: Bereits vor sieben Jahren wollte ich eine CD zur Afro-Deutschen-Thematik machen. Allerdings hat das Thema die Plattenfirmen abgeschreckt, sie glaubten nicht an ein solches Konzept. Nach dem traurigen Ereignis, dem Mord an Alberto Adriano, wollte ich seinen Kindern eine Antwort geben auf die Frage, die sie vielleicht einmal stellen werden: Wo wart ihr, was habt ihr getan, als unser Vater ermordet wurde? Ich habe nach dem Mord spontan andere angerufen, ihnen von meiner Idee erzählt, und daraus ist schließlich das Projekt entstanden. Den Namen Brothers Keepers habe ich ausgesucht, um uns alle in die Pflicht zu nehmen. Er besagt, das wir alle füreinander da sein sollten, nicht nur die Afro-Deutschen füreinander, sondern die ganze Gesellschaft. Wenn ich der Hüter meines Bruders bzw. meiner Schwester bin, stehe ich für ihn/sie ein, beziehungsweise für seine/ihre Rechte. Das ist der Kern der Sache.

Und ich wollte damit weg von dem ewig gleich lautenden Thema ›Gewalt gegen Ausländer‹. Es geht darum, dass ein Mann aus Mosambik, der seit über zehn Jahren hier mit seiner deutschen Frau und ihren gemeinsamen afro-deutschen Kinder lebte, einfach zusammengeschlagen wurde, und die Gesellschaft reagiert nicht. Die Mitmenschen haben noch nicht einmal beim Tatvorgang reagiert. Zwanzig Leute haben bei dem Verbrechen zugeschaut und nur einer hat die Polizei gerufen und das nur, weil er sich in seiner Nachtruhe gestört fühlte. Die Täter haben natürlich die Höchststrafe bekommen, weil es eine Öffentlichkeit beim Prozess gab. Aber das reicht nicht, wir müssen den vielen namenlosen Opfern endlich ein Gesicht geben. Adriano steht nicht nur für die totgeschlagenen Afro-Deutschen, sondern für alle Opfer faschistischer und rassistischer Angriffe und für die schweigende Gesellschaft.

Chr./Jan: In euren Liedern klagt ihr den strukturellen Rassismus an, wie er beispielsweise in den bundesdeutschen Ausländergesetzen und im Umgang mit Flüchtlingen zum Ausdruck kommt. Und ihr beschreibt, wie ihr aufgrund eurer Hautfarbe immer wieder vonseiten der weißen Dominanzkultur ausgegrenzt werdet …

Ade: Mit unseren Texten ist es uns wichtig, die gesellschaftlichen Formen des strukturellen Rassismus nicht nur zu benennen, sondern auch deutlich hervorzuheben. Denn es kann nicht sein, dass der Bundeskanzler im Rahmen des ›Aufstandes der Anständigen‹ gegen Rassismus und Rechtsextremismus wettert, ohne dass dabei Migranten auf dem Podium vertreten sind. Stattdessen sitzen dort Vertreter der Grünen, die die Vorstellung einer multikulturellen Gesellschaft aufgegeben haben, bis hin zu Leuten wie Angela Merkel, Edmund Stoiber oder Roland Koch. Das hat einen bitteren Beigeschmack!

Wir wollen die Gesellschaft darauf aufmerksam machen, dass es in Deutschland keine Antidiskriminierungsgesetze gibt, die uns schützen. Ich kann hier keinen Gastwirt, Vermieter oder Lehrer anklagen, der rassistische Sprüche klopft oder mir bestimmte Sachen verweigert, nur weil ich eine andere Hautfarbe habe. Ich werde von vielen mitleidig belächelt, auch vonseiten der Politik. Und das muss sich ändern. Wir müssen Druck ausüben, damit es ein Antidiskriminierungsgesetz gibt, das diesen Namen auch wirklich verdient. Und dass es Antidiskriminierungsbüros geben wird, die auch richtig arbeiten können und nicht nur die Klagen registrieren.

Aber stattdessen besteht hier für Flüchtlinge die Residenzpflicht.[2] Deutschland ist das einzige Land Europas, in dem es ein solches Gesetz gibt, mit dem Menschen quasi durch eine Art Apartheid unterdrückt werden.

Wir versuchen, den Zuhörer, in den Songtexten unsere Kritik mit Bildern und Metaphern zu vermitteln, sodass es ihnen möglich wird, mitzuerleben und nachzuempfinden, was wir tagtäglich erleben. Denn es geht nicht nur um Segregation, sondern es geht um die Vielfalt in unseren Kulturen und darum, dass Rassismus in einer modernen Gesellschaft nichts zu suchen hat. Wir wollen unseren Platz in der Gesellschaft. Wir sind der Motor, um die Zukunft mit Visionen voranzutreiben, denn wir sind ein Manifest für eine multikulturelle Gesellschaft.

Chr./Jan: Ihr wollt mit euren Liedern die Menschen aufrütteln und ihnen ein anderes Bild der Gesellschaft vermitteln. Aber kann es nicht passieren, dass Brothers- & Sisters Keepers heute als Teil der Popkultur ›in‹ sind und eure Botschaft gehört wird, aber morgen gehen die Charts wieder an euch vorbei und keiner hört mehr, was ihr zu sagen habt? Auf was baut ihr in Zukunft? Habt ihr die Hoffnung, den HipHop zu re-politisieren, obwohl doch seit Jahren der Trend zum schlichten ›Party-HipHop‹ vorherrscht?

Meli: HipHop muss nicht re-politisiert werden, da er in seiner Ur-Form schon immer politisch war. Er entstand in den USA über afro-amerikanische DJs, die anfingen Platten zu scratchen, zu sampeln und zu mixen, während MCs rhythmisch mit ihrer Stimme dazu rappten. Diese Musiker machten in erster Linie Party-Musik, aber schon allein diese friedlichen Zusammenkünfte von Schwarzen an öffentlichen Orten sind im rassistischen Amerika schon politisch! Mit der Entwicklung und zunehmenden Popularität wurde sie schnell zu einem informierenden

Dieser Song geht raus an all die Bürger von Babylon / Mit Angst vorm schwarzen Mann / doch auf dem Weg ins Solarium / Habt ihr euch jemals vorgestellt / wie es ist / wenn man morgens aufsteht / rausgeht und als einziger anders aussieht / Egal was für Klamotten man trägt / ich hoff ihr versteht / Ihr würdet durchdrehen / wenn ihr ein paar Wochen so lebt / Fernsehen anschaltet und nur schwarze Politiker seht / schwarze Bullen die euch anstarren von früh bis spät / schwarze Verkäufer – egal in welchen Laden ihr geht / Schwarze Ärzte / schwarze Bankiers / ein schwarzer Planet / Und jetzt versuch mal an all die Fakten zu denken / an die ihr sonst nie denkt: / unsere Vorfahren wurden gekidnappt von ihrem Kontinent / auf dem Globus verteilt und überall missachtet / versklavt und verhaftet / gepeitscht und geschlachtet / Und ihr dachtet / es sei alles nur halb so schlimm / und wir Schwarzen sind nur wütend / weil wir halt so sind / Was wär / wenn du es wärst?

Sag mir wie es wär,
Dj Desue (Brothers Keepers), 2001

Melanie Wharton

Sprachrohr der schwarzen Bevölkerung. Gruppen wie Public Enemy oder Niggaz With Attitudes (NWA) sind zum Beispiel zwei Gruppen, die sich völlig verschieden artikulierten und auch unterschiedliche Botschaften verbreiteten, die aber im Kern doch über dieselbe Sache rappten: über die Unterdrückung und Misshandlung der schwarzen Bevölkerung in den USA, der westlichen Welt und darüber hinaus! In Deutschland hingegen hat sich die Presse und die Öffentlichkeit drum bemüht, politischen – oder besser gesagt: wahren – HipHop zu ignorieren und tief im Boden zu vergraben! Zum größten Teil unbeachtet blieb beispielsweise die Formation Advanced Chemistry, die über die Unerwünschtheit von Menschen ausländischer Herkunft in Deutschland, die man seit 50 Jahren immer noch als Gastarbeiter bezeichnet, rappte. Statt dessen stürzten sich die Medien auf die Fantastischen Vier, die mit ihrem unverfänglichen, unpolitischen Spaß-Pop-Rap Erfolg und Anerkennung bekamen.

Willkommen zu Sisters Keepers! / Denn keiner gleicht dem anderen / Könnten wir die Welt mit Kinderaugen sehen / würden wir lernen uns zu lieben / uns zu verstehen / wir würden Farben ignorieren / uns für einander interessieren / nicht Haß sondern Liebe würden die Welt regieren / Liebe deinen Feind, wie soll das gehen? / Zu oft hab ich geweint / doch keiner hat's gesehen / Werde aufhören zu schweigen/ weigere mich dem zu neigen / Nein nein nein / Ich bin vogelfrei / Refrain: Es ist schön Dich zu sehen / komm reich uns Deine Hand / auch wir sind hier geboren / und trotzdem fremd in diesem Land / Schön Dich zu sehen komm / reich uns deine Hand / wir können etwas ändern mit Liebe und Verstand

Liebe & Verstand, Sisters Keepers, 2001

Ade: Ja, aber genauso, wie du die bewussten Aussagen im Rap brauchst, ist auch der Party-Rap wichtig. Das gehört zusammen. Das Leben ist zu vielfältig, um sich nur politisch zu äußern. Wir alle sind bewusst politisch, aber wir schreiben auch Love-Songs. Afro-Deutscher zu sein, heißt nicht, jeden Tag in den Kampf zu ziehen, sondern heißt auch, das Leben zu genießen. Wir wollen nicht nur ein anderes Leben mit der Gesellschaft einfordern, wir wollen es auch jetzt schon leben. Und damit wollen wir weg aus der permanenten Opferrolle, von diesen mitleidigen Blicken. Mit Brothers Keepers sagen wir, wo der Schuh drückt und was wir von dieser Gesellschaft verlangen. Wir sehen uns als Impulsgeber und werden es auch bleiben. Und wir werden in dieser Rolle wachsen, und das ist wichtig. Perfektion vorzuspielen ist leicht, aber Verletzlichkeit auszudrücken, ist viel schwieriger.

Chr./Jan: Hannes Loh[3] stellt fest, dass in den letzten Jahren in Deutschland im HipHop eine Re-Nationalisierung eingesetzt hat, die sich unter anderem in der Unterscheidung zwischen ›deutschem‹ und ›Multi-Kulti‹-HipHop darstellt. Befürchtet ihr nicht, dass Brothers & Sisters Keepers bei vielen Menschen als ein tolles ›Multi-Kulti-Projekt‹ ankommt, aber diese dabei ganz vergessen, sich mit den Botschaften der Lieder auseinander zu setzen?

Meli: Die Tendenz zur Re-Nationalisierung hat meines Erachtens viel mit dem Erfolg der Fantastischen Vier zu tun, die ihren musikalischen Durchbruch wohl neben dem inhaltlich unpolitischen Spaß-Pop-Rap auch ihrer Herkunft zu verdanken haben. Die Deutschen konnten sich mit ihnen identifizieren und seitdem klammern sich die Menschen hier daran, dass HipHop deutsch sein soll – deutscher HipHop –, was natürlich völliger Schwachsinn ist! HipHop ist universell und kann höchstens deutschsprachig vorgetragen werden.

Ade: Natürlich besteht auch die Gefahr, dass wir in die Schublade ›Multi-Kulti‹ einsortiert werden. Aber jeder, der unsere Platte gekauft hat, unterstützt auch unseren Verein, unser Projekt und unsere Bewegung. Und jede dieser CDs geht heute durch mehrere Hände, das heißt, die Lieblingsstücke der Platte werden noch die Kinder hören. Wir haben damit einfach ein Stück Geschichte geschrieben. Auch wenn die Leute die CD nur gekauft haben, um ihr Gewissen zu beruhigen, oder sich sagen, damit einmal etwas Gutes zu tun. Die Gefahr gibt es hier in dieser Art der multikulturellen Gesellschaft immer, aber es ist wichtig, die Leute und diese Nation auf etwas aufmerksam zu machen, was bisher tabuisiert war: auf deutsche Minderheiten und auf andere Möglichkeiten des Deutschseins. Es ist traurig, dass wir das im Jahr 2001/02 in einem Land tun müssen, das in der Mitte Europas liegt und das in den nächsten 60 Jahren bestimmt eine tragende Rolle in der Mitte dieses Kontinents spielen wird. Es ist wichtig, dass wir die Leute jetzt aufklären, sodass bestimmte Bilder korrigiert werden und andere einfach wegfallen. Und dazu gehört auch, dass wir Migranten sind. Wir sind Deutsche, nur unsere Haut ist etwas dunkler. Wir haben ein Anrecht darauf wie jeder andere und wir sind auch bereit, unser Bestes zu tun für dieses Land. Wir stehen auch zu ihm, wo viele Rechte und Linke Probleme haben. Denn es ist ein Land, in dem sich die Menschen immer die Mühe geben, sich mit ihrer Vergangenheit auseinander zu setzen.

Mit unserer Musik und unserem öffentlichen Engagement korrigieren wir auch gerade den Begriff Deutschland. Es sind Menschen wie Xavier, der als Afro-Deutscher auf Deutsch rappt. Keiner fragt, woher kommt der Xavier Naidoo eigentlich und was hat der für einen Background, sondern alle haben nur gesagt: tolle Stimme, der kann gut singen. Und keiner macht sich darüber Gedanken, ob er eigentlich deutsch ist. Damit sind ganz neue Möglichkeiten für Menschen wie uns entstanden. Das ist das Michael-Jordan- und Michael-Jackson-Phänomen, da spielt Farbe und Herkunft auf einmal keine Rolle mehr. Es geht darum zu zeigen, dass wir der deutschen Sprache mächtig sind und dass wir uns mit dieser Kultur hier auch identifizieren. Und wenn eine Oma oder eine Sekretärin den Song »Ich bin nicht von dieser Welt« von Xavier Naidoo hört, begreift sie hoffentlich, dass ein afro-deutsches Kind, das sie auf der Straße sehen, nicht zwangsläufig ein ›Ausländer‹ sein muss. Es geht darum, die Bilder hier zu verändern, und deshalb müssen wir reden, reden, reden.

Chr./Jan: Aber nimmt nicht gerade die multikulturelle Gesellschaft jene Festschreibung vor, die ihr beklagt? Der Name Multi-Kultur offenbart doch bereits das starre kulturelle Konzept, das dahinter steht. Es beinhaltet ein Nebeneinander von Kulturen, aber nicht die individuelle Bricolage, wie ihr sie favorisiert. Die mediterrane, afrikanische und arabische Kultur darf neben der christlich-abendländischen stehen, der individuelle Cross-over scheint dabei nicht vorgesehen. Die Menschen werden auf ihre angeblich angestammte Kultur festgelegt, in der es keinen Platz gibt für einen afro-deutschen Juden, der Heino liebt und Lederhosen trägt oder für den türkischen Hausmeister, der den ›preußischen

Dies geht noch mal raus an all die Bürger von Babylon / Mit Angst vorm schwarzen Mann / doch auf dem Weg ins Solarium / Habt ihr euch jemals überlegt / wie es ist / wenn man morgens aufsteht / rausgeht und als einziger anders aussieht? / Wie es ist, wenn es heißt / dass deine Rasse primitiv ist / Wie es ist wenn du den Haß erlebst / der so tief sitzt /
Doch wie es ist / wenn du für ein Projekt wie Brothers Keepers / in dem du Leuten helfen willst / ständig nur Kritik kriegst / Wißt ihr wie es ist? / Nein, ihr wißt es nicht / Jeder will heut anders sein / doch jeder ist es nicht / Ich hab hier von Geburt an den Rassismus mitgekriegt / und diese kleine Story klingt vielleicht wie'n Witz für dich: / ich kannt' nen Typen namens Frank / ein waschechter Punk / mit Irokesen, bunten Haaren allem drum und dran / Der sagte / er hätte noch weniger Chancen als ich / Ich sagte, er hat seinen Look selbst gewählt / das konnte ich nicht /
Das wofür manche mich hassen / das hab ich von Natur aus /
Ein anderer sagte mal / er kennt Rassismus aus dem Urlaub /
Doch auch das ist lange nichts / was man mit dem vergleichen kann / was es heisst als Schwarzer zu leben / hier in' nem weissen Land.

Sag Mir Wie Es Wär,
Dj Desue (Brothers Keepers), 2001

10 000 Seelendorf in Österreich – ich dort als Negerjunge / 10 000 Sprüche / dumme! / Gutgemeint als Antwort meine Zunge / Du findest es – nicht schlimm / wenn man Dich auslacht / meiner Meinung nach – ist es die Summe die es ausmacht / erfahre absehbares grabschen nach der Haarpracht, die Wuschelhaare / hasste es all die Jahre – dass ich's heute noch in mir bewahre / genau wie andre – großteils unsichtbaren Narben / die mir den Spaß verdarben an Bezeichnungen wie Schokofarben / zu viele Sklaven starben um drüber zu lachen / zu viele Leute sagen es scherzhaft / um 'nen Spaß zu machen / Mutter und Freundeskreis sind farbenblind / beschimpft als Mohr und Kohlensack / wird aus dem Sonnenkind das Sorgenkind / Live vor Ort im Kinderhort / wo Kleinste vorgelesen kriegen / Thema sind Negerlein die sterben wie die Fliegen / ein Kleiner weint / am Ende sind's ja wieder 10! / Spaß muss sein – schlaf schnell ein / wer brav war der darf früher heim gehn / Führerlektüre neben den Kochbüchern von Oma / verdarben das Aroma / like the whole world is Arizona

Afro Deutsch, Tyron Ricketts (Brothers Keepers), 2001

Tugenden‹ folgend auf die Einhaltung der Hausordnung achtet und gleichzeitig McDonald's für das beste Restaurant der Welt hält.

Ade: Natürlich ist dies Konzept problematisch. Meines Erachtens hängt es damit zusammen, dass nicht die Menschen, die nach Deutschland gekommen sind, diesen Begriff besetzt haben, sondern die bundesdeutsche Gesellschaft den multikulturellen Rahmen diktiert. Doch wir als Künstler, insbesondere wir Afro-Deutschen mit unseren verschiedenen Ansichten und unseren verschiedenen Biografien, sprengen das Konzept. Eine Gruppe wie die Brothers Keepers ist so heterogen – was sich sowohl im Geschmack und in der Musik äußert – dass gerade wir dieses von der deutschen Gesellschaft definierte multikulturelle Gebilde sprengen. Multikulturalität muss aus seinem eurozentrischen Kontext in einen menschlichen transformiert werden. Aber um diesen Schritt tun zu können, müssen 400 Jahre Geschichte berücksichtigt werden samt ihrer Propaganda und Desinformation – die muss korrigiert werden und das dauert halt seine Zeit.

Chr./Jan: ›Afro-deutsch‹, was versteht ihr darunter? Sind das Menschen, die irgendwann aus Afrika gekommen sind, oder diejenigen, die hier geboren sind? Oder handelt es sich dabei um einen kulturellen Begriff?

Meli: Das sind einfach Menschen, die sowohl deutscher als auch afrikanischer Abstammung sind, oder Schwarze mit einem deutschen Pass. Leute brauchen seltsamerweise immer Begriffe, mit denen sie andere betiteln können. Einfach ›Mensch‹ zu sagen, ist anscheinend nicht möglich, besonders nicht bei Schwarzen. Aber mir ist es lieber, ich werde politisch korrekt als ›Afro-Deutsche‹ betitelt als plump und missachtend als ›Neger‹ oder noch schlimmer als ›Nigger‹. Manche fragen sich bestimmt, was ist an ›Neger‹ schon schlimm? Ganz einfach, weil man dann weder Mensch, Mann, Frau noch Kind ist, sondern ›Neger‹, ›Negerin‹ oder ein ›Neger-Kind‹. Weiße Menschen suchen immer so verkrampft nach Bezeichnungen für Menschen, die eine andere Hautfarbe haben als sie selbst.

Ade: Mit ›afro-deutsch‹ wollen wir einen Begriff durchsetzen, von dem wir denken, dass wir damit von uns reden. Wenn ich ›afro-deutsch‹ sage, dann verbinde ich den Kontinent Afrika mit Deutschland, dann verbinde ich Deutschland aber auch mit seiner Kolonialzeit in Afrika und auch mit den s. g. Besatzerkindern. Wir hoffen, dass sich die Menschen damit auseinander setzen werden. Was ist aber ›afro-deutsch‹? Es ist die Verbindung von zwei Kulturen, plakativ gesprochen beispielsweise aus deutscher Pünktlichkeit und afrikanischer Gemütlichkeit. Aber vor allem ist es die Sehnsucht nach dem Farblosen, danach, einfach Mensch zu sein.

Chr./Jan: Diese Sehnsucht teilen wohl alle in Deutschland lebenden Migranten. Doch viele sind mittlerweile desillusioniert, wie beispiels-

weise die so genannten türkischen Gastarbeiter. Auch heute werden sie und ihre Kinder und Kindeskinder als Ausländer angesehen. Und das, obwohl sie seit dreißig Jahren und länger hier leben, obwohl die s.g. zweite und dritte Generation mittlerweile hier geboren wurde und obwohl viele einen deutschen Pass haben. Als die ›Gastarbeiter‹ in den 50er-Jahren nach Deutschland kamen, wurden sie von der Gesellschaft separiert. Ihnen wurde kein Platz gegeben. Stattdessen wurde ab den 70er-Jahren darüber diskutiert, wie sie wieder in ihr Herkunftsland abgeschoben werden können. Ihr Leben hier wurde verleugnet und nicht anerkannt. Die Menschen haben sich schließlich damit arrangiert und sich untereinander in ihren eigenen Communitys zusammengefunden. Heute aber wird ihnen genau das zum Vorwurf gemacht, dass sie angeblich gar nicht mit den Deutschen zusammenleben wollen und ›integrationsunwillig‹ wären. Erneut wird ihnen die Verantwortung für eine verfehlte Ausländerpolitik angelastet.

Mit allen nötigen Mitteln / Selbstverteidigung / gegen jede Beleidigung / 85% der Menschen bleiben dumm / treibens bunt / verbreiten Schund / Die meisten schweigen / Drum sei's / dass wir das Ruder schnappen und reißens rum / Ich brauch' nazibefreite Zonen / Party und geile Show / doch find' kein Ruh' vor denen die behaupten / arisch besteigt den Thron / Konservative Leitkultur hat's für die Rechten klar gemacht / denk ich an Deutschland / werde ich um mein rechten Schlaf gebracht / Alter deine Gesinnung ist 'ne Farce / und wir zwo wissen / dass Dir das klar ist: / wenn Dein Mob denn mal nicht da ist und Du in den Spiegel starrst / der dein Elend zeigt / Hier deine Seele muß am Arsch sein / wenn Du Umstände beklagst und Kanaken dafür jagst / du Has' – ich brauch' deinen Job / deine Alte all die Probleme nicht / Was macht dich bloß so stolz? / Geh tief in dich und schäme dich! / Vergess' die Ethnien-Kacke und dann zeig' Flagge! / Adriano lebt in mir – und du kriegst nichts gebacken. Heil!

Adriano (Letzte Warnung) Teil 2, Brothers Keepers, 2001

Meli: Genau so sieht die Politik in Deutschland aus, entsprechend dem Motto: Wir machen einen Fehler, hängen ihn den Opfern an und belassen es dabei. Später ›wundert‹ sich die Bevölkerung, wieso es so krasse Spannungen gibt. Und sie schreiben diese dann den Mentalitäten der anderen, den ›Ausländern‹, zu. In meinen Augen ist das perfide!

Wenn dieses Land seine eigenen Bürger nicht anerkennen will, die Verdienste dieser so genannter Gastarbeiter, die Deutschland mit zum wirtschaftlichem Wohlstand verholfen haben, werden sich die Spannungen und Probleme niemals lösen können.

Ade: Das Problem besteht doch auch darin, dass seitens ›der Deutschen‹ verlangt wird, dass die Deutsch-Türken auf sie zugehen, aber die deutsche Gesellschaft gleichzeitig nicht den Willen aufbringt, die Situation dieser Menschen zu verbessern. Durch ihre bewusste Gettoisierung wurde ein Tiefpunkt im gemeinsamen Dialog erreicht und viele Deutsch-Türken möchten sich nicht mehr mit diesem Land identifizieren. Nimm nur das Fernsehen als Beispiel: Welche Rolle spielt die deutsch-türkische Minderheit dort? Es gibt bisher keine Serie, die zeigt, was für Sorgen und Nöte sie haben oder wie ihr Alltag aussieht. Es gibt zwar inzwischen ein Interesse, aber man weiß scheinbar noch nicht, wie man das anpacken soll. Dennoch ist es wichtig, der Gesellschaft die Impulse zu geben. Das merke ich mit Brothers Keepers, zum Beispiel verwendet RTL II plötzlich den Begriff ›afro-deutsch‹ oder die *Bravo* versucht unser politisches Konzept einem breiten Publikum zu erklären. Ich denke, die Leute wussten auch zum Teil einfach nichts von uns. Warum war denn das Buch *Neger, Neger, Schornsteinfeger*[4] monatelang auf der Bestsellerliste? Doch nicht, weil die Leute kein Interesse haben, sondern weil die Gesellschaft keinen Zugang zu einer solchen Sichtweise hatte. Und jetzt geben wir ihnen die Möglichkeit, sich mit uns auseinander zu setzen und dann gibt es keine Ausreden mehr dafür, dass die Leute nicht wussten, dass man uns nicht als ›Farbige‹ oder als ›Mulatte‹ bezeichnen soll. Wir haben

Dieser Tage landet ein ungewöhnlicher Antrag auf den Schreibtischen des hessischen Regierungspräsidiums in Darmstadt. Denn für Samstag, den 8. Juni 2002 planen Brothers Keepers ein Konzert von BANTU an einem besonderem Ort und vor speziellem Publikum. ›Konzertsaal‹ soll der Aufenthaltsraum des Flüchtlingslagers auf dem Frankfurter Flughafengelände sein. Spielen wollen Brothers Keepers/BANTU für Menschen, die offiziell gar nicht mitten in Deutschland leben: die Flüchtlingsunterkunft gilt juristisch als exterritoriales Gelände. Flüchtlinge, die mit dem Flugzeug in Frankfurt landen, werden hier für die Dauer eines Schnellverfahrens, manchmal aber auch über Monate hinweg festgehalten. Sie gelten als nicht eingereist, ihre weitere Zukunft ist ungewiß. Die Gruppe BANTU ist Initiator des BK-Projektes [...] Nach gemeinsamen Plattenveröffentlichungen wie u.a. ›Adriano (Letzte Warnung)‹, riefen sie einen gemeinnützigen Verein ins Leben, der Opfer rassistischer Gewalt direkt unterstützt. Das geplante Konzert im Flüchtlingslager sehen sie in einer Reihe mit ihrem bisherigen Engagement. Adégoke Odukoya, Mitglied von BANTU und Gründer von BK, erklärt: *Wir wollen den Menschen im Lager zeigen, dass sie nicht alleine sind. Wir wollen ihnen mit unserer Musik Kraft geben. Sie haben ein Recht darauf, hier wie Menschen aufgenommen zu werden, denn niemand flieht freiwillig*

Gemeinsame Presseerklärung von Brothers Keepers e.V. und dem Aktionsbündnis gegen Abschiebung, Rhein-Main, 19.3.2002

damit einen Begriff vorgelegt und wir wollen beispielsweise auch dafür sorgen, dass er im Duden auftaucht, damit er festgeschrieben wird.

Chr./Jan: Brothers- & Sisters Keepers ist nicht nur ein Bandprojekte, sondern von euch auch als ein politisches Projekt geplant und umgesetzt. Was steckt dahinter?

Meli: Wir bauen darauf, dass wir Menschen im Gespräch aufklären können, sodass sie anschließend nicht mehr sagen können, sie wüssten nichts über uns. Wir wollen dafür in Schulen gehen und mit den Erwachsenen von morgen reden, mit jenen, die bald dieses Land ausmachen werden. Wir wollen informieren und persönliche Kontakte herstellen, um damit Berührungsängste abzubauen und Desinformation, die der Nährboden für Rassismus ist, zu beseitigen.

Ade: Und wir wollen eine Lobby schaffen, die schnell und unbürokratisch auf Entwicklungen in der Gesellschaft reagieren kann und Kritik äußert. Wir erhoffen uns sozusagen einen Thinktank, der Impulse in die Politik und die Gesellschaft gibt. Mit dem von uns gegründeten Verein möchten wir eine Begegnungsstätte eröffnen, über die mehr und mehr eine Integration stattfinden kann. Wir möchten Opferhilfe betreiben und wir möchten als Stimme der Stimmlosen agieren, um auf bestimmte Sachen, wie zum Beispiel die Residenzpflicht, aufmerksam oder hinsichtlich eines Antidiskriminierungsgesetzes Druck zu machen. Mit dem Verein soll ein Werkzeug entstehen, um die Gesellschaft zu verändern. Eine Lobby zu haben, ist sehr wichtig, denn sonst hat man keine Stimme. Uns Afro-Deutsche gibt es nicht erst seit gestern, wir reden über eine halbe oder eine Dreiviertelmillionen Menschen. Und es gibt ein Bild von uns in der breiten Öffentlichkeit. Die Tochter von Rudolf Scharping ist beispielsweise jetzt mit einem Senegalesen verheiratet und unser ehemaliger Verteidigungsminister muss sich also wahrscheinlich bald damit auseinander setzen, dass er Großvater afro-deutscher Kinder sein wird. Aber dieses in der Gesellschaft präsente Bild von uns hat noch nicht zu den Strukturen geführt, die uns Möglichkeiten zur Entfaltung bieten. Nach wie vor werden wir als Exoten angesehen. Und deshalb brauchen wir die Lobby und die Begegnung.

Chr./Jan: Mit eurem Projekt greift ihr indirekt auch den s.g. ›Aufstand der Anständigen‹ an. Ihr tretet nicht nur gegen die extreme Rechte oder den militanten Rassismus an, sondern fordert auch gleiche Rechte und einen Platz zum Leben für alle Menschen in Deutschland. Eine Position, die angesichts der Diskussion um das ›Zuwanderungsgesetz‹ von vielen ›Anständigen‹ nicht unbedingt geteilt wird. Wie ist es möglich, mit euch bzw. den Brothers- & Sisters Keepers in Kontakt zu treten, um gemeinsam etwas zu organisieren?

Ade: Man kann uns über unsere Web-Site oder über unser Postfach erreichen. Dadurch dass wir so viele Künstler und Künstlerinnen bei

Brothers & Sisters Keepers sind, können wir verschiedene Sachen auf einmal machen: Wir können musikalisch unterhalten, wir können Workshops anbieten, Vorträge an Schulen halten oder mit Jugendlichen, die sich mit HipHop identifizieren, ein Gespräch über die Musik und ihre Inhalte führen. Wir wollen, dass Worten Taten folgen. Es ist unser Wunsch, dass man uns einlädt, dass man das Gespräch sucht. Denn wo Begegnung stattfindet, ist es möglich, ein anderes Bild zu vermitteln, ist es möglich, eine Veränderung zu bewirken. Das haben wir in den letzten Monaten erlebt, ob in Schulen oder auf Konzerten. Das macht uns Mut. Andere mögen sagen, dass wir weltfremd sind, aber für uns ist das die Realität, in der wir leben. Und das gibt uns Kraft. Wir sind ein Manifest für eine bessere Zukunft - wir leben es. Es sind zwei Kulturen in uns und wir sind nicht daran gescheitert, sondern wir haben viel mehr Kraft daraus geschöpft, als man sich vorstellen kann.

www.brothers-keepers.de

Im Adressverzeichnis dieses Buches finden Sie weitere Initiativen, die Opfern rassistischer bzw. rechter Gewalt Hilfestellung anbieten, Migranten und Flüchtlinge im Umgang mit Ämtern und Behörden unterstützen, über die Situation von ›Ausländern‹ in Deutschland informieren und/oder gegen Rassismus und für die rechtliche Gleichstellung von Flüchtlingen, Migranten und Deutschen nicht weißer Hautfarbe kämpfen.

Die Brothers & Sisters Keepers, Paul Spiegel vom Zentralrat der Juden in Deutschland und einige Schüler auf der Schultour der afrodeutschen Initiative 2002

*Ich rapp' für meinen Bruder /
denn ich könnte auch das Opfer sein /
Falscher Ort / falsche Zeit - da hilft dir
auch nicht tapfer sein / Wieviel Blut
muß fließen / in innerdeutschen
Krisen / Alter schau die letzen Jahre
haben das mir zu oft bewiesen /
Dass die Menschen sich erheben /
wenn die Leute nicht mehr leben /
Doch dann ist es zu spät / ihr solltet
öfters drüber reden / Also sag wie ist
das möglich? / Mal ist es doch
tödliche Gerechtigkeit /
denn nicht nur Adriano hat es nötig.*

Adriono (Letzte Warnung),
Brothers Keepers, 2001

Anmerkungen

1 Refrain aus dem Lied Adriano, letzte Warnung, auf: Brothers Keepers #1: Lightkultur, CD, Downbeat / WEA Records, 2001.

2 Residenzpflicht bedeutet, dass Asylsuchende den ihnen zugewiesenen Landkreis ohne Urlaubsschein nicht verlassen dürfen.

3 Hannes Loh, ehemals Sänger der Anarchist Acadamy und Mitautor des Buches ›20 Jahre HipHop in Deutschland‹, in seinem mit Murat Güngör verfassten Buch: Fear of a KanakPlanet - HipHop zwischen Weltkultur und Nazirap, Hannibal Verlag, Planegg, 2002.

4 Massaquoi, Hans J.: Neger, Neger, Schornsteinfeger. Meine Kindheit in Deutschland, München, 2001.

Rolf Schulz

Rechtsextremismus als Herausforderung für Schule und Unterricht

Annäherung

Rechtsextremismus ist zu einem Modethema geworden mit regelrechten Konjunkturen und Diskurszyklen. Das Spektrum der Auseinandersetzung reicht von der Bagatellisierung zur Skandalisierung, von Formen der Tabuisierung bis hin zur Dramatisierung. In der Tendenz erfüllt diese meist aufgeladene emotionale Debatte Ablenkungs-, Entlastungs- und Legitimationsfunktionen, weil sie der zentralen Erkenntnis von Fachwissenschaftlern immer noch ausweicht: »Es handelt sich beim modernen Rechtsextremismus keineswegs um ein Phänomen des Randes, etwa das Aufbegehren sozial Benachteiligter, um Ausfälle von besoffenen Skins oder dem Protestgeschrei vernachlässigter Jugendlicher, sondern um ein Problem, dass uns alle betrifft, das ›aus der Mitte unserer Gesellschaft‹ kommt, das nur diese Mitte zurückdrängen kann und das weder Polizei und Justiz noch Lehrer und Sozialarbeiter allein zu lösen vermögen«.[1]

HAMBURGER MORGEN POST

www.mopo.de

Sie jagt das Rissener Sex-Phantom

Neonazi-Alarm in Deutschland

Sie ködern unsere Kinder mit Musik und im Internet

Neonazis, so suggerieren die Medien, sind immer die anderen; bevorzugt werden dafür Bilder martialisch anmutender Skinheads verwandt

Wenn es einen einheitlichen Begriff von Rechtsextremismus nicht gibt und die zum rechtsextremen Syndrom zählenden Elemente – u.a. Nationalismus, antidemokratische Einstellungen, vielfältige Formen von Ausländerfeindlichkeit, Autoritarismus, Antipluralismus, Antisemitismus, Rassismus und die Vorstellung einer Volksgemeinschaft – sich in ihrer Sinnhaftigkeit nur im Kontext ihrer Verwendung erschließen lassen, dann müssen die jeweiligen Handlungsfelder genauer definiert und geklärt werden. Dies hat zweifelsohne Konsequenzen für die praktischen Probleme des Umgangs mit dem Rechtsextremismus, erfordern sie doch diese differenzierende Perspektive aus der Sicht eines Streetworkers oder Sozialpädagogen, der Justiz und Verfassungsschützer, eines Jugendforschers oder Pädagogen. Damit ist natürlich auch die Politik in die Pflicht genommen, wenn es darum geht, Fehleinschätzungen eines unangenehmen ›Phänomens‹ zuzugeben und Korrekturen in der Bearbeitung anzustreben. Auch der im Sommer 2000 von Bundeskanzler Schröder proklamierte ›Aufstand der Anständigen‹ dokumentiert durchaus die alte Sicht der Dinge, wenn die angestrebte Diskussion sich auf den simplen Dualismus von ›guter‹ Mehrheit und ›schlechter‹ Minderheit redu-

Es handelt sich beim modernen Rechtsextremismus keineswegs um ein Phänomen des Randes, etwa das Aufbegehren sozial Benachteiligter, um Ausfälle von besoffenen Skins oder dem Protestgeschrei vernachlässigter Jugendlicher, sondern um ein Problem, dass uns alle betrifft, das ›aus der Mitte der Gesellschaft‹ kommt, das nur diese Mitte zurückdrängen kann und das weder Polizei und Justiz noch Lehrer und Sozialarbeiter allein zu lösen vermögen ziert. So stellt sich zwangsläufig die Frage nach den Erscheinungsformen des gegenwärtigen Rechtsextremismus in den Aufgabenfeldern aus der Perspektive des Präventions- und Interventionshandelns. Die nachfolgenden Ausführungen konzentrieren sich vorrangig auf den Bereich schulischen Handelns im Hinblick auf mögliche Aktionsfelder und greifen insbesondere die aktuellen Entwicklungen der politischen Diskussion auf, die der Schule eine entsprechende Rolle in der Auseinandersetzung mit dem Rechtsextremismus zusprechen. Die Gestaltung entsprechender Lehr- und Lernprozesse in der Schule erfordert differenzierte pädagogische – aber auch bildungspolitische – Erörterungen, damit es nicht zu Überansprüchen an alle Beteiligten kommt. In diesem Zusammenhang ist auch deshalb kritisch zu prüfen

- wie bislang diesen Entwicklungen wirkungsvoll begegnet wurde und welche Antworten Schule auf die Problematik gefunden hat,
- wie sich pädagogische Arbeit auf veränderte Anforderungen hin verändern muss und welche Konsequenzen dies für schulisches Lernen hat.

Die Diskussion im Bezugsfeld Schule

Ausdruck des ›Aufstandes der Anständigen‹: Das Aktionsprogramm der Landesregierung Nordrhein-Westfalen ›NRW zeigt Flagge gegen Gewalt von Rechtsextremen‹

Für pädagogisches Handeln ist die gegenwärtige Debatte zum Rechtsextremismus nicht grundsätzlich neu, bewegt sie sich doch – wie die gesamte Debatte – in konjunkturellen Wellen, die bislang allerdings der Komplexität des Phänomens Rechtsextremismus nicht gerecht werden. Dies hat Ursachen, zumal es Gründe und Anlässe für die Auseinandersetzung mit dem Rechtsextremismus von gleicher Dringlichkeit seit Jahren gibt. Gerade hier wird erkennbar, dass die öffentliche Reaktion auf das Phänomen Rechtsextremismus und Gewalt zunächst selbst Teil des Problems ist und bislang keine Lösungen anbietet. Dies liegt auch daran, dass in der Öffentlichkeit wesentlich ereignis- und sensationsorientiert berichtet wird und die strukturellen Zusammenhänge weniger in den Blickpunkt des Interesses rücken. In diesem Zusammenhang ist es hilfreich, sich die offiziellen Positionen in der Diskussion zu vergegenwärtigen, um Anforderungen an Schule zu erkennen und einschätzen zu können. Seit dem Sommer 2000 werden in der öffentlichen Debatte neue Akzente gesetzt, die zu ganz unterschiedlichen Wortmeldungen, aber auch zur Präzisierung politischer und pädagogischer Standpunkte geführt hat.[2] Unter dem Dach des »bundesweiten Bündnisses für Demokratie und Toleranz – gegen Extremismus und Gewalt« finden sich eine Reihe von Maßnahmen und Aktionen, die sich der Zielgruppe ›Jugendliche‹ zuwenden. Dies gilt ebenfalls für das Aktionsprogramm der Landesregierung Nordrhein-Westfalen »NRW zeigt Flagge gegen Gewalt von Rechtsextremen« und findet seinen Ausdruck in einem umfassenden Maßnahmenbündel:

- Das Konzept der Ordnungspartnerschaften in den Gemeinden
- Die Herausstellung der integrativen Kraft des Sports in Kooperation

mit dem Landessportbund und Fachverbänden und anderen
- Dem Ausbau von Betreuungsmöglichkeiten für Kinder/Jugendliche aus sozial benachteiligten Verhältnissen, alternative Freizeitangebote und Stärkung der kulturellen Jugendarbeit
- Der systematischen Erfassung von Straftätern
- Der Bündelung der Maßnahmen von Polizei, Schulen und Jugendarbeit
- Einer verstärkten Zusammenarbeit zwischen Schule, Aus- und Fortbildung.

Der Jugendforscher Heitmeyer hat in verschiedenen Zusammenhängen – insbesondere in seiner Kommentierung des Aktionsbündnisses in Nordrhein-Westfalen – auf die Notwendigkeit verwiesen, eine unbequeme Debatte zu führen, »damit nicht allmählich eine Politik sozialer Sicherung zu einer Politik öffentlicher Sicherheit wird« und begründet dies mit dem Hinweis: »Wenn man am Ende des Politisierungsprozesses ansetzt, dann geht die Aufmerksamkeit und das Interesse daran verloren, in welchen Stadien menschenfeindliche Einstellungen und Gewalt entstehen und eskalieren.«[3]

Wenn man am Ende des Politisierungsprozesses ansetzt, dann geht die Aufmerksamkeit und das Interesse daran verloren, in welchen Stadien menschenfeindliche Einstellungen und Gewalt entstehen und eskalieren

Daran anknüpfend wird deutlich, dass Schule somit zwangsläufig mit den Erscheinungsformen des Rechtsextremismus konfrontiert wird, zumal sie die einzige Einrichtung ist, die über einen längeren Zeitraum Zugang zu jungen Menschen hat und neue Muster und Modelle sozialen und demokratischen Denkens und Zusammenlebens entwickeln helfen kann. Es verwundert deshalb andererseits auch nicht, dass im öffentlichen Bewusstsein die Schule übereinstimmend zu den Hauptstützen im Kampf gegen Rechtsextremismus, Rassismus und insbesondere Jugendgewalt gezählt wird. Auch dies ist nicht neu, steht doch außer Frage, dass Schule als eine zentrale Erziehungs-, Bildungs- und Sozialisationseinrichtung unserer Gesellschaft – neben der Familie – bei gesellschaftlichen Risikoentwicklungen und Veränderungsprozessen ihren spezifischen Beitrag leisten muss. Darauf verweisen auch die Kernpunkte im »Bündnis für Erziehung« in Nordrhein-Westfalen, wenn im Kontext der Auseinandersetzung mit dem Rechtsextremismus u.a. betont wird:
- Schulische Maßnahmen sind nur ein Baustein einer gesamtgesellschaftlichen Initiative
- Erziehungspartnerschaften müssen als Ziel verbindliche Erziehungsnormen ausweisen
- Ein anderes Wertebewusstsein in der Gesellschaft ist anzustreben.

Schule ohne Rassismus – ein bundesweites Projekt, bei dem sich die Schulen mit Rassismus und Gewalt auseinandersetzen und die Schüler in Selbstverpflichtung versuchen, Rassismus von ihren Schulen zu verbannen

Im Kern geht es aber um die Form des Beitrages und die Art und Weise, wie entsprechende Lehr- und Lernprozesse in der Schule gestaltet werden können, denn Schule und Pädagogik bewegen sich in relativ klaren Grenzen und Möglichkeiten und sind kein Politikersatz. Die Prüfung schulischer Handlungsmöglichkeiten setzt immer die Klärung voraus, wie Lehrerinnen und Lehrer, Schülerinnen und Schüler und Eltern Phänomene von Rechtsextremismus in Schule und Gesellschaft wahrnehmen und erleben. Vor diesem Hintergrund kann demnach die Frage nach dem angemessenen Handeln geprüft und beantwortet werden. Die pädagogische Grundfigur vieler Arbeitsprozesse in der Schule – der Dreischritt von Wahrnehmen und Erleben, Erklären und Deuten sowie Handeln – kann in der Anwendung bei Problemen und Erscheinungen von Rechtsextremismus sehr hilfreich sein.

Schulische Aktions- und Handlungsfelder

›Als Nazi geboren wird keiner‹ Grundannahme pädagogischen Handelns

Auf der Suche nach Antworten in der Auseinandersetzung mit dem Rechtsextremismus in der Schule wird niemand behaupten wollen, dass es nicht vielfältige Möglichkeiten gibt, dem Rechtsextremismus in der Schule durchaus wirkungsvoll zu begegnen. Dazu muss »das Rad nicht neu erfunden« werden, zumal es in vielen Schulen bereits beachtenswerte Ansätze einer Schulkultur gibt, die den Bogen spannen vom positiven Schulklima, über die Entwicklung schulinterner Lehrpläne, neuen Formen der kollegialen Zusammenarbeit bis hin zu weiteren Gestaltungs- und Öffnungsformen des Schullebens hin zur Stadtteilschule. Gerade auf dem Hintergrund der gesellschaftlichen Erwartungshaltung muss Schule allerdings immer wieder kritisch prüfen, inwieweit die vorhandenen organisatorischen Strukturen, pädagogischen Konzepte und Handlungsmodelle sich als tragfähig erweisen. Dabei muss sie auch auf Überforderungen aufmerksam machen und verdeutlichen, dass die pädagogische Arbeit im Umgang mit dem Rechtsextremismus allein nicht ausreicht und – so Hafeneger[4] – qua ihrer Aufgabenbestimmung in ein Delegationsdilemma gerät. In beschleunigten und komplexen Umbruchzeiten mit autoritären Versuchungen, demokratiegefährdenden Tendenzen von Rechts u.a. braucht politische Bildung ihre institutionalisierten Lernorte und Zeiten, aber ebenfalls auch den Blick auf strukturelle Grenzen politisch-pädagogischer Bemühungen. In seinem Beitrag über die ›Konjunkturen‹ und bisherigen Lösungsansätze sieht der Erziehungswissenschaftler Wilfried Schubarth die schulischen Möglichkeiten im Wesentlichen im präventiven Bereich und weist darauf hin, dass dem sozialen, demokratischen und interkulturellen Lernen im Schulalltag stärkere Aufmerksamkeit zugewendet werden muss. Im Einzelnen identifiziert er für die unterrichts- und schulspezifischen Handlungskonzepte folgende Präventionsebenen:

- Erfahrungslernen in der demokratischen Streitkultur durch Verantwortungsübernahme u.a.
- Förderung politischer und ethischer Urteilsfähigkeit und Handlungskompetenz insbesondere als Aufgabe der politischen Bildungs- und Aufklärungsarbeit
- Vermittlung von immunisierenden Einsichten durch den Erwerb von Grundqualifikationen: Empathiefähigkeit, Rollenwechsel, kommunikative Kompetenz u.a.
- Förderung interkulturellen Lernens
- Mit Problemgruppen im Gespräch bleiben,
- Sozialklima und Lernkultur entwickeln[5]

In diesem Zusammenhang nennt er einige Beispiele von unterrichts-

und schulpraktischen Zugängen, die im Sinne einer erfolgreichen Schulentwicklung zur »guten Schule« zugleich auch wirksame Rechtsextremismusprävention ausmachen. Dieses setzt allerdings – wie eingangs schon erwähnt – einiges an organisatorischen Strukturen, pädagogischen Konzepten und abgestimmten Handlungsweisen voraus, wenn Schulen auf ein Mehr an sozialem Lernen, Konfliktfähigkeit, der Entwicklung von Toleranz und Empathie, Förderung der Selbstständigkeit und demokratischer Verantwortung zugehen. Hier ist sicherlich noch einiger Nachholbedarf, um die vorhandenen Widersprüche und stetigen Bemühungen zwischen pädagogischer Theorie und schulischer Praxis aufzulösen. Wenn Schule und Unterricht Kinder und Jugendliche in ihren biografischen Vorerfahrungen und ihrem jeweiligen Lebenskontext verstehen und unterstützend begleiten wollen, dann sind vielfältige Kompetenzen gefragt, die emotional positive Erfahrungen, ein Gefühl des Selbstwertes und der Anerkennung vermitteln. Aus der Erkenntnis, dass Belehrung gegen Erfahrung nicht ankommt, bieten sich in diesem Kontext Ansatzpunkte für weiter gehende Sichtweisen und Handlungsperspektiven in Unterricht und Schulleben. Wenn es Schule gelingt, einen Prozess der inneren Schulentwicklung in Gang zu setzen, dann eröffnen sich für alle am Schulleben Beteiligten neue Gestaltungsräume. Diese konzentrieren sich in der Regel aus der Erfahrung verschiedener Modellversuche im Kontext der Präventionsarbeit auf folgende Aspekte:

- Formen der Organisationsentwicklung durch regionale Vernetzung und Einbindung von Kooperationspartnern durch Erweiterung der Mitwirkung und Mitverantwortung
- Ausbau der internen Kommunikations- und Kooperationsstrukturen in der Schule
- Ständige Reflexion des Erziehungsauftrages im ganzheitlichen Sinne
- Entwicklung und Qualitätssicherung von Unterricht und Förderung der Methodenkompetenz
- Gestaltung der Schule als Lebensraum.

In die Auseinandersetzung einbezogen: Schüler und Schülerinnen beim Kongress der niedersächsischen Schülervertretungen zum Thema Schule ohne Rechtsextremismus? – Demokratie gestalten, 2002

Diese Aspekte sind grundsätzlich als langfristige Perspektive eines Erziehungskonzeptes verortet und entwicklungsoffen, definieren Schulentwicklung allerdings als einen Prozess von unten nach oben. Durch die Umgestaltung der Schule zu einem Lebensraum, der sich seiner Umwelt in vielfältigen Formen öffnet, wird sicherlich der weitreichendste und tragfähigste Ansatz der Schulentwicklung formuliert.

Neue Lernformen und Öffnung von Schule

Seit den 90er-Jahren hat sich neben den klassischen Bildungsarrangements eine Ausdifferenzierung und Erweiterung der neuen Lernformen entwickelt, die auf verschiedenen Ebenen zu einer verstärkten Hinwendung zum schüler- und handlungsorientierten Unterricht tendieren. Dies geschah auch aus der Erkenntnis, dass jenseits der theoretischen Kontroversen Zugänge wichtig wurden, die Passungsverhältnisse und Erfahrungen auf die jeweiligen Lebensbereiche und -wirklichkeiten bezogen. In der Lernforschung gilt zudem als anerkannt, dass politisch-soziale Deutungsmuster – insbesondere bei Insider-Gruppierungen – durchaus informationsresistent sind, wenn es nicht gelingt, alternative und auch tragfähige Deutungsmuster dagegen zu setzen. Gerade die weitläufige Assoziationspotenz des Begriffes Rechtsextremismus macht ihn natürlich grundsätzlich zu einem Instrument der Diffamierung und Ausgrenzung. Wenn nun allerdings der Verzicht auf Stigmatisierungen und Feindbilder nicht nur aus grundsätzlichen Erwägungen, sondern aus praktischen Erfahrungen heraus wünschenswert ist, dann aus der Einsicht, dass Lern- und Bildungsprozesse nicht nur bei Jugendlichen um so erfolgreicher verlaufen, je eher sie in persönliche Vorbild- und Vertrauensverhältnisse eingelassen sind. Ausgrenzungen sind insbesondere bei Jugendcliquen mit der Möglichkeit von sekundären Devianz-Gewinnen verbunden: Und dies heißt u.a. überproportionale mediale Beachtung, Zuschreibung von Stärke, Stilisierung des Protestes und der Anti-Haltung. Auf die Veränderung von Unterricht und Schule bezogen bedeutet das, dass Schritte zur verstärkten Hinwendung zum schüler- und handlungsorientierten Unterricht bedeutsam sind, wenn Schülerinnen und Schüler ihre Erfahrungen, Bedürfnisse, Fragestellungen und Vorschläge mit einbringen können. Dies beinhaltet handlungsorientierte Lernangebote, die dem Bedürfnis nach praktischem und aktivem Lernen Rechnung tragen.

Dazu zählen Aktionen, Planspiele, Teilnahme an Wettbewerben, Stadtteilrallye, Spurensuche und Gedenkstättenarbeit, Podiumsdiskussionen, Werkstattarbeit u.a.m.

Als Hintergrundwissen kann die Auseinandersetzung mit dem Nationalsozialismus und Holocaust nützlich sein, schütz jedoch nicht vor einer rechten Orientierung: Verhöhnung der Opfer des Konzentrationslagers Buchenwald, Cover der RechtsRock-Band Kommando 99, 2002

Am Beispiel der Auseinandersetzung mit dem Nationalsozialismus und Holocaust im Kontext der Gedenkstättenarbeit soll verdeutlicht werden, warum und aus welchen Gründen der Erkenntnistransfer häufig nicht umgesetzt werden kann. Kurzschlüssige Analogien legen die These nahe, dass rechte Sprüche und Gewalt von Jugendlichen aus der ungenügenden Aufklärung über den Nationalsozialismus herrühren. Diese Behauptung ist nach Annegret Ehmann schlicht falsch. Sie begründet dies mit dem Hinweis: »Als Wissenshintergrund kann die Kenntnis der NS-Geschichte hilfreich sein, ist aber keineswegs notwendige Voraussetzung, wie häufig behauptet wird. Zur nachhaltigen Bearbeitung von aktueller Fremdenfeindlichkeit, Vorurteilen gegenüber Ausländern und Flüchtlingen eignet sich die Geschichte des Holocaust nicht. Hier ist methodisch anders angelegte Toleranz- und Menschenrechtserziehung sowie interkulturelles Lernen im europäischen Dialog dringend erforderlich.«[6] Daraus sollten die Pädagogen ihre Konsequenzen ziehen, weil demokratische Werte, Strukturen und Umgangsformen nur dann wirkungsvoll eingeübt werden, wenn sie generell als Grundlagen der Schul- und Unterrichtskultur akzeptiert werden. Bezogen auf handlungsorientierte Lernangebote wird deutlich, dass ›Erziehung nach Auschwitz‹ keineswegs gleichbedeutend sein kann mit Informationen und der Vermittlung emotionaler Betroffenheit, sondern der Möglichkeit des Perspektivenwechsels und dem Sprechen über Leiden und Gefühle. Aus pädagogischer Erfahrung heißt dies auch: »Je eigenständiger sich eine Lerngruppe einen Zugang zur NS-Vergangenheit erarbeitet, je kreativer und individueller Schüler die Aufgabe angehen, desto größer wird der Lernerfolg sein. Nichts spricht zwar gegen solide Kenntnisse und Fakten, ihre Überbetonung jedoch führt zur Schulmüdigkeit und Ablehnung derjenigen Wertvorstellungen, die Pädagogen vermitteln möchten. Allein durch lehrbuchmäßige Behandlung zeitgeschichtlicher Ereignisse kann sich individuelles Bewusstsein nicht verändern. Noch immer muss daher das Begreifen der Unterrichtsinhalte mit möglichst vielen Momenten des Erlebens und authentischer Begegnung einhergehen.«[7]

Je eigenständiger und individueller Schüler sich einen Zugang zur NS-Vergangenheit schaffen, desto größer der Lernerfolg. Schülerin im Gespräch mit einem Zeitzeugen

Diese aktivierenden Lernmethoden zielen auf eine größere Selbsttätigkeit und Selbstorganisation und können einen Beitrag zur sozialen Integration leisten, wenn der traditionell eher handlungsarme Unterrichtsalltag durch diese weiteren Zugänge eine Aufwertung erfährt. Dies weist auch über die engen Fachgrenzen hinaus und bezieht sich auf fächerverbindende und fächerübergreifende Angebote, die einen spezifischen Erlebnischarakter haben. Beispielsweise gilt dies für Initiativen wie ›Rock gegen Rechts‹, jahrgangsübergreifende Podiumsdiskussionen zum Thema Menschenrechte oder Asyl, Theaterprojekte, Gestaltung eines Graffiti oder Teilnahme an einer Stadtteilkonferenz als Vertretung der Schule. Durch den unmittelbaren Bezug zur lokalen und regionalen Ebene werden Problemlagen anschaulicher wahrgenommen und ermöglichen direktes Engagement. Identitätsstiftende Angebote für Schülerinnen und Schüler ergeben sich somit auch im Innenverhältnis von Schule, wenn soziale Partizipationsformen wie Mitbestimmungsverfahren und Gestaltungsräume bei Schülertreffs, Selbstverwaltung der Cafeteria oder dem Betrieb einer Schülerfirma verankert werden. Von besonderer Bedeutung ist auch die Zufriedenheit der Schülerinnen und Schüler beim pädagogischen Arrangement. Dies betrifft das Identifikationsangebot der Schule, die Akzeptanz von Regelsystemen und Formen der Motivation. Zudem haben Schülerinnen und Schüler ein Gespür für Reaktionen auf abweichendes Verhalten und Delinquenz. Eine nicht unwichtige Rolle spielt dabei auch der ›heimliche Lehrplan‹ von Schulen, das heißt der praktizierte Umgang miteinander. Er ist als Gradmesser ein wichtiges Instrument und gibt Aufschluss über Aspekte von Unterrichtsverweigerung und Schwänzen, Erscheinungen von Extremismus und Gewaltakzeptanz, Vandalismus, ausländerfeindliche Parolen etc. Häufig genug wird von Lehrerinnen und Lehrern, von der Schulleitung nicht wahrgenommen, dass sich Schule zum Rekrutierungsfeld von rechtsextremen Jugendgruppierungen entwickelt und in schnell inszenierten Gemeinschaftserlebnissen – zum Beispiel attraktive Musikangebote, Einladungen zu Feiern – der Einstieg für weitere Bearbeitungsformen geschaffen wird. Sie können auch die Zeichen und Symbole nicht deuten, mit denen sich die Jugendlichen untereinander verständigen. Hier reicht die Innenwahrnehmung in der Regel nicht aus, aus den Erfahrungen von Sozialarbeiterinnen und Sozialarbeitern beispielsweise in Berlin ist deshalb der

Kongress für Schülervertreterinnen und -vertreter in Niedersachsen: Resultat größerer Selbstständigkeit und Selbstorganisation

Selbstorganisiert für die Rechte von Schülern und gegen Rechts: Die Schülerzeitung ›Fesche Lola‹ aus Mecklenburg-Vorpommern

professionelle Außenblick nötig, um aufklärerisch tätig werden zu können. In einer Reihe von wichtigen Kooperationsfeldern zwischen Schule, Jugendhilfe, Stadtteilarbeit, Wohlfahrtsverbänden u.a. haben sich inzwischen Formen der Zusammenarbeit entwickelt, die neben der Informationsvermittlung auch Handlungsoptionen in den jeweiligen Lebensbereichen herzustellen versuchten. Diese neuen Formen der Zusammenarbeit konzentrieren sich mehr auf Aspekte der Vernetzung und Milieubildung, Alltags- und Lebensweltorientierung und haben zum Ziel, auch jene Jugendlichen anzusprechen, die in der klassischen Kurzzeit-Pädagogik kaum erreichbar sind. Diese projekt- und handlungsorientierten Zugänge weisen als Merkmale folgende konstitutive Elemente aus:

- Interdisziplinarität als fächerübergreifender Zugang zur Thematik
- Kooperative Arbeitsformen vorrangig in Kleingruppen
- Klare Teilnehmerorientierung
- Handlungs- und Produktorientierung

Als gelungene Beispiele einer Kooperation zwischen Regionalen Arbeitsstellen für Ausländerfragen (RAA), Schulen und kommunalen Einrichtungen gelten Projekte der direkten Begegnung »Schüler Fragen – Asylbewerber antwortenq oder »Ausländer machen Schule« in einer Kommune oder einem Kreis. Dies sind nur zwei Beispiele aus einer Fülle von Initiativen. Politische Bildung wird somit zwangsläufig integrativer Bestandteil von Lernprozessen, die teilweise quer zu den Fächern liegen und neue Lernorte und Zeiten ermöglichen.

Schlussbemerkung

Angesichts der Komplexität des Rechtsextremismus ist die Rückkehr zu einer Versachlichung der Diskussion zwingend angeraten, um abseits der öffentlichen Rituale und rhetorischen Figuren in den Debatten zu einer Klärung pädagogischer Gegenstrategien als einem Element einer erforderlichen Gesamtstrategie zu gelangen. Erfreulicherweise übernimmt die derzeitige öffentliche Diskussion selber eine Bildungsfunktion und bewegt sich damit nunmehr im offenen Feld gesellschaftlicher Diskurse. Letztlich geht es aber nicht darum – wie schon so oft gefordert – vor allem über den Rechtsextremismus aufzuklären, sondern vielmehr darum, »die Produktionsbedingungen rechtsextremer Weltbilder in den gesellschaftlichen Alltagsverhältnissen öffentlich bewusst und die ungelösten sozialen Fragen sowie die Defizite demokratischer Politikgestaltung, auf die der Rechtsextremismus seine Antworten anbietet, in den Mittelpunkt des Diskurses zu rücken«.[8] In Fortführung dieser Überlegungen stellt Ahlheim fest: »Was die politische Bildung im Gespräch hält, der politischen Tabuisierung wirkungsvoll entreißt, ist von großer Bedeutung für das gesellschaftlich-kulturelle Klima hierzulande. Und dieses gesellschaftliche Klima kann, ebenso übrigens wie das ›Binnenkli-

Angesichts der Komplexität des Rechtsextremismus ist die Rückkehr zu einer Versachlichung der Diskussion zwingend notwendig. Dabei muß auch das eindimensionale Bild Rechtsextreme = Skinheads durchbrochen werden. Stattdessen müssen die Produktionsbedingungen rechtsextremer Weltbilder und die Defizite demokratischer Politikgestaltung in den Mittelpunkt des Diskurses gerückt werden ma‹ in Institutionen, mitentscheiden, ob rechtsextreme Welt- und Feindbilder latent bleiben oder sich in aggressivem Hass gegen alles Andere und Fremde entladen.«[9]

Anmerkungen

1 Neue Sammlung. Vierteljahres-Zeitschrift für Erziehung und Gesellschaft, Heft 1/2001, S. 4: Rechtsextremismus, Rassismus und Gewalt. Ein kritischer Überblick zum Diskussionsstand, von Christoph Butterwegge.

2 Siehe hierzu ausführlicher in: Praxis Politische Bildung. Materialien – Analysen – Diskussionen, Heft 2/2001: Politische Bildung und Rechtsextremismus, von Johannes Schillo.

3 Stadttorgespräch vom 16.8.2000: Beitrag von Wilhelm Heitmeyer.

4 Kursiv. Journal für Politische Bildung, Heft 3/2000, S. 15: Demokratiegefährdung von rechts und politische Bildung. Bilanz und Ausblick, von Benno Hafeneger.

5 Vgl.: Beilage zur Wochenzeitung Das Parlament, 39/2000, Pädagogische Konzepte als Teil der Strategien gegen Rechtsextremismus, von Wilfried Schubarth.

6 Frankfurter Rundschau, Nr. 190, 8/2000, S. 9: Der Erkenntnistransfer scheint nicht zu funktionieren. Die Auseinandersetzung mit Nationalsozialismus und Holocaust in der politischen Bildung, von Annegret Ehmann.

7 Ebd.

8 Klönne, Arno: Rechtsextremismus in der »zivilen« Gesellschaft. »Kein Spuk von gestern«, Münster 2000, S. 24.

9 Ahlheim, Klaus: Pädagogik mit beschränkter Haftung. Politische Bildung gegen Rechtsextremismus, Schwalbach/Ts. 2001, S. 29.

Claudia Hauck

Die labern ja alle sowieso nur ...

Erfahrungen und Einschätzungen aus der außerschulischen politischen Bildung

Einleitung

Im Rahmen außerschulischer Bildungsarbeit wird im Internationalen Haus Sonnenberg seit den siebziger Jahren das Themenfeld Rechtsextremismus als ein Standardthema im Bereich politischer Bildung bearbeitet. Standardthema deshalb, weil das Problem bis heute politisch und gesellschaftlich nicht gelöst wurde. Somit hat die Analyse von Ursachen und Ausprägungen rechtsextremer Entwicklungen Dauerkonjunktur – unabhängig von den unterschiedlichen Gewalteskalationen und dem damit verbundenen öffentlichen Diskurs.

Seit den ersten Seminaren zu diesem Themenkomplex wurde das ursprünglich zugrunde liegende pädagogische Konzept fortlaufend modifiziert und ergänzt. Ausschlaggebend dafür war nicht nur der Wandel des Erscheinungsbildes der extremen Rechten in den letzten 25 bis 30 Jahren, sondern vor allem der Wandel gesellschaftlicher Rahmenbedingungen und festzustellende Veränderungen in der Haltung der Seminarteilnehmer. Erinnert sei hier an den Historikerstreit 1986, die Kranzniederlegung am Soldatenfriedhof Bitburg beim Reagan-Besuch und der damit verbundenen Ehrung der dort begrabenen Angehörigen der Waffen-SS, die deutsche Wiedervereinigung samt dem damit verbundenen nationaltrunkenen Taumel sowie die ab 1990 zunehmend populistische Diskussion um das Thema Asyl, Migration und Formen der Integration. Dies sind Beispiele für Ereignisse und Entwicklungen, die Aussagen und Ansichten bis weit in die gesellschaftliche Mitte hinein enttabuisierten, welche bis Ende der achtziger Jahre zum expliziten Jargon extrem rechter Gruppierungen in der Bundesrepublik gehörten: »Das Boot ist voll.« »Deutschland muss wieder seinen ihm zustehenden Platz in der Welt einnehmen.« »Asylmissbrauch stoppen« etc.

Der sozialdemagogische Slogan ›Das Boot ist voll‹ wird nicht nur von den Republikanern benutzt, um in der Gesellschaft eine Stimmung gegen Flüchtlinge und Migranten zu erzeugen

Diese Enttabuisierung eröffnete der extremen Rechten mit ihren differenzierten und teilweise diffizilen Propagandaformen bislang ungeahnte Möglichkeiten.

Rahmen

Das Internationale Haus Sonnenberg in seiner Trägerschaft durch den Internationalen Arbeitskreis Sonnenberg blickt auf eine lange antifaschistische Tradition zurück. Die Gründungsmitglieder dieses eingetragenen Vereins reagierten im Jahre 1949 auf die unmittelbare Erfahrung des Nationalsozialismus und des Zweiten Weltkrieges: Verhinderung eines neuen Krieges war das Ziel, Völkerverständigung war ein Weg und der direkte Austausch und die Diskussionen der Menschen aus verschiedenen Ländern untereinander in Seminaren zu Themen der politischen Bildung waren die Mittel.

- Miteinander sprechen
- Vorurteile überwinden
- Sich verständigen
- Verantwortlich handeln

Sonnenberg-Leitlinien aus der ›Gründerzeit‹

Die Bildungsstätte in freier Trägerschaft gehört zu den größten dieser Art in Europa. Die Finanzierung erfolgt über einen Trägerverein, öffentliche Fördermittel aus verschiedenen Programmen der EU, der Bundesregierung und der Länder, Stiftungen und über Teilnehmerbeiträge. Das Profil der Einrichtung ist besonders geprägt durch die Einbindung in ein internationales Netzwerk bestehend aus so genannten Freundeskreisen in derzeit 25 Ländern und den hohen Anteil an Seminarteilnehmenden aus dem Ausland. So sind Austausch und Analyse vielfältiger Perspektiven Bestandteil der Bildungsarbeit.

Politische Bildung zum Thema Nationalsozialismus, Rechtsextremismus und Rassismus ist einer der Schwerpunkte des Hauses. In Konzepten wie »Das lange Echo des Nationalsozialismus – lange her, aber nicht vergangen« wird das ›Dritte Reich‹ und dessen Kontinuitäten in die Bundesrepublik Deutschland und die DDR hinein sowie in Zusammenarbeit mit den jeweiligen ausländischen Partnern der Umgang mit Geschichte in den verschiedenen Ländern thematisiert.

Das lange Echo des Nationalsozialismus – lange her, aber nicht vergangen

Besuch der Gedenkstätte Mittelbau Dora

Bei diesem Konzept gehen wir davon aus, dass die Beschäftigung mit der Geschichte mehr zum Ziel haben muss als zu beschreiben und zu erklären, was war. Keine geschichtliche Entwicklung verläuft zwangsläufig bzw. automatisch. Davon ausgehend stellt sich die Frage, welche Faktoren (gesellschaftliche Kräfte, wirtschaftliche Grundlagen und Veränderungen, Traditionen) das Eintreten eines bestimmten historischen Ereignisses wahrscheinlich machen und welche diesem entgegenstehen und es behindern. Und: Diese Faktoren sind nicht abstrakt, sondern werden von Menschen geschaffen und beeinflusst!

Es geht also um Ursachenklärung. Damit stehen unserer Erfahrung nach zentrale Fragen der Teilnehmenden im Zentrum der Veranstaltungen: Woher, warum, wer, wie, welche Folgen... Ist dies heraus gearbeitet, ist so eine Basis historischer Kenntnisse geschaffen, kann gefragt und analysiert werden, ob und wo »lange Linien der Kontinuität« von »damals« bis heute auszumachen sind, ob und welche Brüche konstatiert werden können.

Die Bearbeitung solcher Fragen ist für uns fundamental bei dem Versuch, einen bewussten, verantwortungsvollen und souveränen Umgang mit Geschichte zu entwickeln. Ein solcher Umgang mit Geschichte wiederum ist die Basis verantwortlichen Handelns heute.

Die ungebrochene Notwendigkeit der Auseinandersetzung mit dem Nationalsozialismus und dessen Nachwirkungen steht für uns außer Frage. NS-Geschichte bietet nach wie vor zentrale Ansätze zum Verständnis heutiger gesellschaftlicher Positionen und Abläufe sowie zur Einschätzung möglicher Gefahren für die Demokratie. Die Geschichte der Bearbeitung des Themas Nationalsozialismus und die aktuellen Beziehungen dazu sind Einflussfaktoren heutiger Positionierungen und Verhaltensweisen in Demokratien – und dies keineswegs nur in Deutschland.[1]

Themenschwerpunkt Rechtsextremismus

Rechtsextremismus wurde mit der Entstehung des militanten neonazistischen Flügels in den siebziger Jahren in den Seminaren zunehmend thematisiert. Als sich gegen Mitte der achtziger Jahre der kommende Aufschwung extrem rechter Ideologien befürchten ließ, setzte das Internationale Haus Sonnenberg mit einem Konzept zum Thema Rechtsextremismus auf die kognitiven Kompetenzen der Teilnehmenden. Mit Aufklärungsarbeit über Strukturen, Propaganda und Wirkungsrahmen der extremen Rechten versuchten die Pädagogen im Haus dem Kommenden Einhalt zu gebieten.

Ausgangspunkt

Mängelanalyse von Schülern zum Thema Nationalsozialismus und Faschismus – was fehlt, sind Infos im Schulalltag: warum, weshalb, wieso

Dieses kognitiv ausgerichtete Tagungskonzept zur ›Rechten Szene‹ und Rechtsextremismus als gesellschaftliches und politisches Problem war der Anfang einer Reihe verschiedener Modifikationen des Konzeptes im Zuge der Veränderung der extremen Rechten und gesellschaftlicher Rahmenbedingungen.

Mit dem explosionsartigen Anstieg rechter Gewalt und zunehmend rassistisch und nationalistisch gesinnten Tagungsteilnehmern wurde das Konzept *Rechtsextremismus und Gewalt in unserer Gesellschaft – kein Ausweg in Sicht?* entwickelt. Das Seminar setzte an eigenen Erfahrungen der Jugendlichen mit Gewalt und Rechtsextremismus in ihren jeweiligen Herkunftsländern an. Damit wurde der Einstieg in die Arbeit zu Ideologie und Programmatik der extremen Rechten ermöglicht.

In der Auswertung der Seminare wurde allerdings deutlich, dass die Jugendlichen das Thema distanziert als ein rein Äußerliches abhandelten. Neo-Nazis, Skinheads und rechtsextreme Gewalttäter waren für sie ›die Anderen‹, die Randgruppen, mit denen die Gesellschaft nichts zu tun habe. Besonders in der Diskussion um den rechten Stimmenfang im Kontext populistischer Hetze gegen in Deutschland lebende Migranten und politische Flüchtlinge wurde klar, dass die Jugendlichen zwar im Abstrakten unterscheiden konnten zwischen dem rechtsextremen und dem demokratischen Diskurs zu diesem Thema, bei näherem Nachfragen sich die Grenzen aber verwischten. Wo liegen die Grenzen zwischen der

Forderung nach Wiedereingliederungshilfen für Deutschland verlassende ehemalige ›Gastarbeiter‹ und der Forderung ›Ausländer raus‹. Wo liegen die Grenzen des Abbaus demokratischer Grundrechte im Umgang mit Asylsuchenden.

Defizitanalyse

In wiederkehrenden Erfahrungen wurde deutlich, dass es bei den jugendlichen Teilnehmern zwei Knackpunkte gab, egal ob sie zum Beispiel aus Deutschland, Dänemark, der Tschechischen Republik oder anderen Ländern stammten:

- Die Auseinandersetzung mit Rassismus blieb eine distanzierte und unbeteiligte, wenn es nicht gelang, eigene Denkweisen, den eigenen Anteil, den eigenen Rassismus zu thematisieren. Auch struktureller Rassismus sowie gesellschaftliche Ursachen und Zusammenhänge wurden für die Teilnehmenden nicht greifbar und nachvollziehbar.
- Die Gefahr durch die extreme Rechte wurde nur als eine abstrakte politische Gefahr wahrgenommen. Im Zentrum der Auseinandersetzung stand viel mehr die Gewalt, die, weil subjektiv erfahrbar, das individuelle Interesse am Thema dominierte. Abstrakt blieb die politische Auseinandersetzung, da die Jugendlichen selten eine Vorstellung von Demokratie besaßen. Demokratie beschränkte sich für sie neben der Bewusstheit einiger Freiheitsrechte auf die staatsbürgerliche ›Pflicht‹ des Wählens der Volksvertreter. Nicht mehr und nicht weniger.

Tagungskonzept »Rassisten sind immer die anderen ...?«

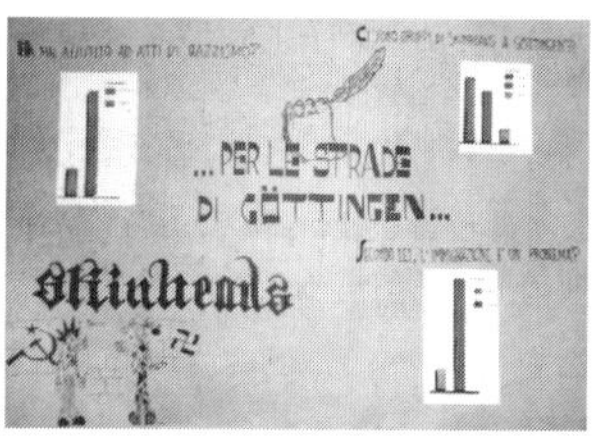

Darstellung der Ergebnisse von Straßeninterviews einer deutsch-italienischen Arbeitsgruppe

Aus der Defizitanalyse entstanden im folgendem zwei neue Konzepte. Ab 1992 wurde im Haus unter Federführung von Gabriele Wiemeyer das Konzept »Rassisten sind immer die anderen ...?« entwickelt, das an sozialwissenschaftliche Diskurse zur Auseinandersetzung mit eigenen rassistischen Stereotypen und erste Erfahrungen mit Antirassismustrainings anknüpfte.[2]

Aus der Feststellung der Wissensdefizite um das Thema Demokratie entwickelten wir ein Konzept, das sowohl das Wissen um Demokratie erweitern sollte, als auch das Problem des Rechtsextremismus als ein Politisches darin integrierte.

Tagungskonzept »Demokratie und wir ...«

Das Konzept setzt an den individuellen Vorerfahrungen der Teilnehmer an und ermöglicht damit einen Einstieg in die Diskussion um die historische und aktuelle Entwicklung der Demokratie.

Demokratie wird dabei nicht als ein statisches Gebilde verstanden, sondern meint »Einmischen & Mitgestalten«. Fokussiert werden demokratische Entwicklungen und Prozesse, Rahmenbedingungen, Lebensformen und Partizipation. Die Teilnehmenden erhalten die Möglichkeit, sich mit ihren Haltungen zu Demokratie in Alltag, Gesellschaft und Politik auseinander zu setzen.

Die Idee zur gezielten Bearbeitung von Geschichte und Gegenwart der Demokratie zunächst im deutsch-tschechischen Austausch entstand in einer früheren internationalen Jugendbegegnung zum Thema »Rechtsextremismus in Europa«, in deren Verlauf sehr deutlich wurde, dass die Teilnehmenden vor der Beurteilung von Gefährdung der Demokratie einen intensiven Austausch über ihre Vorstellungen von Demokratie überhaupt benötigten, um sich ihre jeweiligen Einschätzungen individuell und dann gegenseitig verdeutlichen zu können.

Beim Ausfüllen von Evaluationsfragebögen

Nahezu unabhängig von der Herkunft der Teilnehmenden ließ sich jedoch in den letzten Jahren in unserer politischen Jugendbildungsarbeit feststellen, dass sehr viele Jugendliche zunehmend weniger Klarheit über Verständnis und Bedeutung von Demokratie haben: generell und mit Blick auf ihr individuelles Verhältnis zu Demokratie als Staats-, Gesellschafts- und Lebensform.

Das Rahmenthema Jugendliche und Demokratie beinhaltet in den konkreten Programmbausteinen folgende Themenschwerpunkte:

- Jugendliche in verschiedenen Ländern und ihre Wahrnehmung der jeweiligen Gesellschaft und Politik
- Verständnis von Realität der Demokratie als Lebens- und Staatsform; Grundbegriffe der Demokratie
- Probleme in verschiedenen Ländern an den Beispielen Politikverdrossenheit und Passivität Jugendlicher (und Erwachsener!), Rechtsextremismus, Gewalt, Demokratieakzeptanz
- Demokratie in der Praxis: Organisationsstrukturen und -ziele (skizziert durch Ergebnisse von Projekt- und Parteibesuchen)
- Engagement, Möglichkeiten zur aktiven Beteiligung und Verantwortung einzelner in der Demokratie, und mit Ausblick: eigene Ansprüche und Möglichkeiten für Zukunftsgestaltung

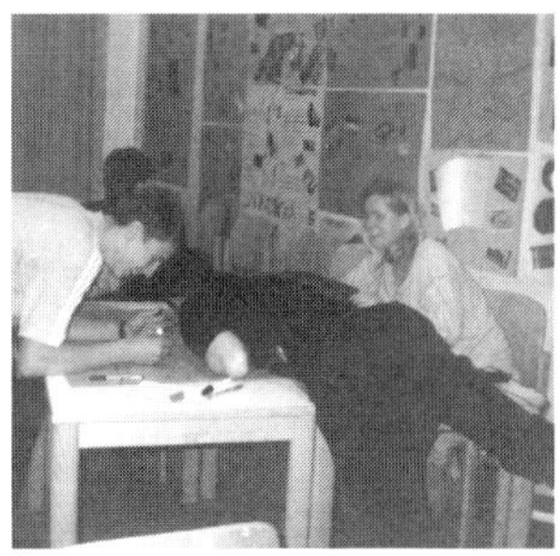

Mitten in der Arbeit ...

Im vorgegebenen und zwischen den Projektpartnern abgesprochenen Rahmen haben die Jugendlichen die Möglichkeit und werden angeregt, weitere Fragestellungen zu entwickeln und in die gemeinsame Arbeit einzubringen.

Denn alle können zu Realität, zu Vorzügen und Problemen von Demokratie etwas sagen – doch wie konkret, wie intensiv und bewusst wird Demokratie als Lebens-, Gesellschafts- und Staatsform wirklich angenommen und umgesetzt? In vielen Ländern Europas besteht gerade bei Jugendlichen zunehmende Skepsis oder gar Desinteresse gegenüber demokratischen Institutionen – wenn auch vor unterschiedlichem länderspezifischem Hintergrund. Ist die ›historische Errungenschaft‹ Demokratie für Jugendliche nicht mehr attraktiv oder greifbar? In der Veranstaltung werden diese Fragen mit den Jugendlichen intensiv bearbeitet, und sie werden – thematisch und methodisch unterstützt – angeregt, ihre (demokratischen) Wünsche, Möglichkeiten und Verantwortung wahrzunehmen, zu analysieren und Ansätze zu deren aktiver Verwirklichung zu entwickeln. Dies gilt ebenso für die Annäherung und die Entwicklung des Verhältnisses untereinander. Das Kennenlernen und Reflektieren der Perspektive und Erfahrungen anderer (auch der älteren Generation) soll die Teilnehmenden motivieren, diese in der Analyse gesellschaftlicher Verhältnisse mitzudenken und sie darüber hinaus in die eigenen Orientierungsprozesse konstruktiv und kreativ einzubinden.

Intensive Arbeit am ›idealen Demokraten‹

Es soll im Besonderen erreicht werden, dass die Jugendlichen eigene Verantwortung, Mitgestaltungs- und Partizipationsmöglichkeiten erkennen und (ein)schätzen lernen. Ausgangspunkte sind Austausch und Bearbeitung eigener Wünsche und Vorstellungen von Demokratie in Ergänzung zur Vermittlung von Kenntnissen über Geschichte, Entwicklung und Gegenwart der Demokratie als Staats- und Lebensform in verschiedenen Ländern. Wünschenswert ist es, unterstützt durch den Austausch und durch gemeinsames Reflektieren und bewusstes Erproben von demokratischen Verhaltensweisen in der Begegnung die Jugendlichen anzuregen, in ihrem jeweiligen Lebensumfeld nach Möglichkeiten zur aktiven demokratischen Mitgestaltung zu suchen und diese auch zu nutzen. Der in der Begegnung zu entwickelnde interkulturelle Lernprozess hilft, die Vielfalt von Perspektiven auf demokratisches Miteinander und Verantwortung zu verdeutlichen. Gleichzeitig bietet dieser Prozess den Rahmen, besonders bewusst nach Wegen der individuellen *und* gemeinsamen Lebensgestaltung zu suchen: eigene Freiheit ohne Einschränkung der Freiheit anderer, Gleichheit ohne Nivellierung der belebenden Unterschiede, Meinungs- und Interessenvielfalt und die Suche nach gemeinsamen Wegen.[3]

Das Problem Rechtsextremismus wird dabei nur in einem Programmpunkt explizit thematisiert, der aber in seiner Aufbereitung zentral ist. Rechtsextremismus ist nicht nur ein Problem des äußersten Randes einer parlamentarischen Demokratie, sondern ist mit einzelnen Ideologiefragmenten in der Mitte der Gesellschaft verankert, vor allem Rassismus und Nationalismus – aber auch Demokratieskepsis!

Demokratie, so wissen auch Jugendliche, ist die ›Macht vom Volk‹ – doch häufig fühlen sie sich nicht beachtet

Um die eigene Auseinandersetzung mit der Thematik zu unterstützen sowie die verschiedenen Perspektiven, die in realen Situationen vorherrschen, wiederzugeben, kann dieser Themenkomplex zusätzlich im Rahmen eines Planspiels in das Programm integriert werden. Das von uns 1995 in einer Arbeitsgruppe mit hauptamtlich und freiberuflich tätigen Mitarbeitern entwickelte Planspiel »Rassismus am Beispiel Rostock-Lichtenhagen 1992« rückt sowohl die politisch Verantwortlichen aus der gesellschaftlichen Mitte ins Blickfeld als auch Gewalttäter, beteiligte Rechtsextreme, Opfer, Medien und ›unbeteiligte‹ Bürger.

Erfahrungen

Die bisherige Evaluation des Konzeptes ergab, dass für die Jugendlichen positiv Zeit und Raum zum Nachdenken über »Was ist Demokratie überhaupt?« an erster Stelle steht. Theoretisches und Abstraktes wird mit

Blick auf praktisches Handeln und die Bedeutung für die eigene Lebensgestaltung hinterfragt und überprüft.

»Meine wichtigste Erfahrung ist, dass ich keine Angst haben darf, zu sprechen – ich muss meine Meinung sagen.« »Es ist wichtig, den Sinn von Demokratie zu begreifen.« »Ich will mich trauen, meine Meinung zu sagen – auch wenn die Mehrheit dagegen ist.« »Verständigung ist möglich, wenn man wirklich will«. Dies sind einige wenige Aussagen von Teilnehmenden einer deutsch-tschechischen Begegnung zum Thema Demokratie im Juni 2001. Sie verdeutlichen unseres Erachtens erneut den Ausgangspunkt der meisten Jugendlichen, mit dem wir heute in unserer Arbeit umzugehen haben: Grundlegende Fragen müssen spezifizierten vorgeschaltet sein, um unter anderem rechtsextreme Gefahren und Dimensionen einschätzen und nachvollziehen zu können.

Die eigene Welt im Workshop: Motto der ›AG Brückenbau‹

Äußerungen wie den oben genannten gingen auch intensive Diskussionen voraus über die Frage, ob Demokratie lediglich Aufgabe der Politiker sei, »die schließlich dafür gewählt und bezahlt werden«. Vereinfacht dargestellt: In den Vorstellungen vieler Jugendlicher wird Demokratie gleichgesetzt mit – größtenteils medial vermittelten – Vorstellungen von Politik auf höchster Ebene. Dadurch werden weite Bereiche demokratischer Gestaltung delegiert. Bei Unzufriedenheit mit den Delegierten wird nach deren Auswechseln verlangt – bei fehlenden glaubwürdigen Alternativen wird Demokratie als solche in Frage gestellt. »Demokratie funktioniert sowieso nicht – nette Idee, aber Menschen sind eben anders.« »Die labern ja alle sowieso nur« ist oft zu hören. Diesem Gedankengang insgesamt begegnen wir in unserer Arbeit häufig – frappant ist die gedankliche Nähe zur Ablehnung von Demokratie in der Extremen Rechten. Die Frage nach aus dieser Logik zu ziehenden Konsequenzen ist allerdings für die meisten noch offen.

Die Meinung sagen – und das auch noch ins Mikro ...!

Gleichzeitig vermittelten uns Teilnehmende aus einer berufsbildenden Schule in Deutschland in der oben genannten Veranstaltung: »Wir haben doch bisher nix über Demokratie gelernt, keine Ahnung, echt.«

So haben wir bisher weit reichende Offenheit von Seiten der Teilnehmenden für die im Konzept enthaltenen Fragestellungen feststellen können und sehen uns auf dem eingeschlagenen Weg bestätigt.

Fazit und Ausblick

Arbeit gegen Rechtsextremismus muss unseres Erachtens vor allem in der Auseinandersetzung mit dem Thema Demokratie verankert sein. Wichtig ist, bei den heute zunehmend ›politikverdrossenen‹ Jugendlichen ein Bild von Demokratie als eine lebendige liberale Gesellschaftsform zu schaffen, die vor allem durch die individuelle Einmischung und Teilnahme eines jeden Einzelnen lebt. Dabei darf die Vermittlung von Demokratie nicht in der Form eines staatsbürgerlichen Unterrichtes stehen bleiben, sondern sie muss die Vielfältigkeit dieser traditionsreichen Idee auffangen und die Bandbreite des heutigen politisch progressiven

Gemeinsames Lernen und Arbeiten in bi- oder trilateralen Gruppen fördert die Kommunikation und das gegenseitige Verständnis

Spektrums integrieren. Grundlageninformationen sind erforderlich, doch sie fruchten nicht ohne Denken in Zusammenhängen und nicht ohne die tief gehende Entwicklung eines verantwortungsbewussten und partizipatorischen Demokratieverständnisses.

Die Möglichkeiten der außerschulischen politischen Bildung in der Arbeit gegen Rechtsextremismus ergänzen andere Bereiche der Jugendbildungs- und Jugendsozialarbeit. Außerschulische politische Bildung soll hier nicht als Allheilmittel in der Bekämpfung von Rechtsextremismus oder von rechten und autoritären Tendenzen/Dispositionen Jugendlicher (und auch Erwachsener!) hingestellt werden. Generell gehen wir davon aus, verschiedene Arbeitsbereiche zu benötigen, die mit unterschiedlichen Herangehensweisen, Schwerpunkten, Zielsetzungen, Methoden und Zielgruppen unterschiedliche Wege zum gemeinsamen Ziel von Demokratiestärkung/Demokratisierung, Entwicklung eines politischen Denkens und Bewusstseins jenseits von Ausgrenzungsmechanismen und Menschenverachtung ermöglichen. Eine Suche nach ›dem Allheilmittel‹ halten wir sogar für kontraproduktiv, unter anderem auch, wenn sie aus förderpolitischer Sicht verbunden ist mit der Konzentration von Zuschüssen auf eine Projektform oder einen Bereich von Bildungsarbeit oder Jugendsozialarbeit. Nebenbei bemerkt: Ein insgesamt zu gering bemessener Finanztopf für Jugendförderung wird nicht dadurch wirksamer, dass immer wieder zu Lasten kontinuierlicher Arbeit neue Schwerpunkte (Feuerwehreinsätze!) getestet, kurzfristig unterstützt und dann nach – unseres Erachtens oft nicht verwunderlichem – Misserfolg durch andere Experimente ersetzt werden. Wir halten langfristige Zielsetzungen verbunden mit kontinuierlicher und zugleich innovativer Arbeit für sinnvoll, notwendig und machbar.

Anmerkungen

1 Vgl. hierzu: Außerschulische Bildung, Nr. 2, 2000, S. 186–193: ›Warum?‹ Nationalsozialismus als Thema in der internationalen politischen Bildungsarbeit, von Claudia Hauck und Lutz Heinke.

2 Vgl. Leibrecht, Rudolf; Riegel, Christine; Wiemeyer, Gabriele (Hg.): International lernen – lokal handeln, Frankfurt/M.; London, 2001.

3 Zielsetzung und Gesamtdauer der Begegnungen erfordert Methodenvielfalt: Internationale Arbeitsgruppen mit Präsentationen aus den Gruppen (Berichte, Collagen u.a.); Diskussions- und Gesprächsrunden mit Simultanverdolmetschung; Informationsvermittlung durch Film, Lehrgespräche, Kurzreferate, Recherchen der Teilnehmenden (Projektbesuche, Erkundungen, Textarbeit, Internet); interkulturelle Übungen (in Anlehnung an Trainings zur Konfliktbearbeitung und Betzavta = Konzept zur Demokratieerziehung aus Israel); Exkursionen mit Projektbesuchen/Expertengesprächen und Straßeninterviews, Zeitzeugengespräche, Stadterkundungen; offene Fragestunde unterstützt durch Simultandolmetschung; Workshops (künstlerische Formen und Medienarbeit); gegebenenfalls Planspiel; Gestaltung eines gemeinsamen Festes mit Kulturprogramm; regelmäßige Auswertungsphasen und Gesamtauswertung der Begegnung; gemeinsame Freizeitgestaltung angeregt durch die Leitung und in Selbstorganisation der Teilnehmenden.

Andreas Buderus

Die Götterdämmerung der Jugendsozialarbeit

Der akzeptierende Ansatz zwischen Allheilmittel und Beelzebub

Wer vom Kapitalismus nicht reden will,
sollte auch vom Faschismus schweigen
M. Horkheimer

Fast zehn Jahre lang erfreute sich die Jugendsozialarbeit in den 90er-Jahren des vergangenen Jahrhunderts in Deutschland einer gesellschaftlichen Aufmerksamkeit, wie lange nicht mehr. Zu »danken« hatte sie dies einer zunehmenden Anzahl meist kurzgeschorener männlicher junger Menschen, die sich seit dem nationalen Taumelereignis des deutschen Rekoitus – quasi als dessen Brut – epidemisch über das Land verbreiteten und dem Ansehen des ›neuen Deutschland‹ in der Welt aufgrund ihres Verhaltens teilweise erheblichen Schaden zufügten; schienen sie doch der im wahrsten Sinne des Wortes ›schlagende‹ Beweis dafür zu sein, dass die historisch begründeten Befürchtungen der Nachbarn bezüglich der Instabilität bürgerlich demokratischer Tugenden wie Humanismus, Friedfertigkeit und Rechtstreue in einem wiedervereinigten Deutschland nur zu berechtigt waren.

Im Gefolge des nationalen Taumels der ›Wiedervereinigung‹ explodierte die Zahl rechtsextremer Straftaten der vorwiegend jugendlichen Täter

Diese Jugendlichen und Heranwachsenden neigten dazu, Menschen, die anders aussahen als sie selbst im besten Fall anzupöbeln und ihnen im schlimmsten Fall das Dach über dem Kopf anzuzünden, sie jedenfalls immer in Mitleidenschaft zu ziehen und gegebenenfalls sogar umzubringen. Das gleiche taten sie mit solchen, die anders dachten als sie selbst – oder, wenn sie solcher nicht habhaft werden konnten, mit Behinderten, Menschen ohne eigene Wohnung oder Schwulen und Lesben oder solchen, die sie allein dem Augenschein nach für Vertreter der einen oder anderen Kategorie hielten ... Sie machen dies noch heute, häufiger sogar als je zuvor. Fast 16.000 rechtsextreme Straftaten werden im Frühjahr 2001 für das abgelaufene Jahr 2000 von dem mit Blick auf Wirtschaftsstandortsicherung bedachten notorisch die rechte Gefahr kleinrechnenden Bundesinnenministerium bestätigt – davon fast 1.000 Gewalttaten, wie Körperverletzungen, Brandstiftungen, Totschlag und Mord. Zwei Drittel der ermittelten Täter sind Jugendliche und Heranwachsende, also jünger als einundzwanzig Jahre, weitere 29 Prozent sind nicht älter als dreißig. Über 95 Prozent der

Wir brauchen mehr Ausländer die uns nützen, statt diejenigen, die uns ausnützen

Günther Beckstein, CSU, in Focus, 10.6.2000

Wir wollen nicht mehr Zuwanderung, die unser Sozialsystem belastet, sondern wir wollen statt dessen den Wettbewerb um die besten Köpfe

Günther Beckstein, CSU, in Süddeutsche Zeitung, 4.9.2001

Gewalttäter sind Männer – rechte Jugendgewalt ist nach wie vor Jungengewalt.[1] Bei ihren Taten dürfen sich rechte Jugendliche fataler Weise zurecht als die konsequentesten Vollstrecker eines politischen und gesamtgesellschaftlichen Diskurses verstehen, der Flüchtlingen und Migranten (nicht erst seit der faktischen Beseitigung des Asylgrundrechts im Mai 1993) völker- und verfassungsrechtlich garantierte Menschenrechte beschneidet oder gar vorenthält, der Menschen zunehmend bis ausschließlich unter Nützlichkeitsgesichtspunkten für den nationalen Kapitalverwertungsprozess im globalisierten Kapitalismus klassifiziert und zu erwünschten oder zur persona non grata erklärt und in dem allein die Wahrnehmung des historischen und sozioökonomischen Faktums ›Deutschland ist Einwanderungsland‹ ein politisches Horror-Kasperletheater gebiert, das dem Kraftakt einer Steißgeburt gleicht.

Noch 1999 wurden nur drei von elf jugendlichen Skinheads dafür verurteilt, dass sie drei afrikanische Mitmenschen solange durch die Stadt hetzten, bis einer von diesen in seiner Verzweifelung durch eine Glastür sprang und sich dabei so schwer verletzte, dass er verblutete. »Anstatt angesichts der vom Gericht festgestellten Mitverantwortung aller Angeklagten am Tode des Opfers entsprechende Strafen zu verhängen, wurden nur drei der Skinheads zu Jugendstrafen bis zu drei Jahren verurteilt, zwei davon unter Einbeziehung ihrer beachtlichen Vorstrafen. Alle anderen bekamen entweder Bewährungs- oder lediglich Arreststrafen. Selbst der Angeklagte, der seinen unverbesserlichen Ausländerhass noch im Verlauf des Prozesses dadurch demonstrierte, dass er die Blumen am Gedenkstein für Omar Ben Noui (so der Name des Opfers, A.B.) zertrat, stieß auf Verständnis des Gerichts und konnte als freier Mann den Gerichtssaal verlassen.«[2]

Der Gedenkstein für Omar Ben Noui, der am 13.2.1999 von einer Gruppe rassistischer Jugendlicher zu Tode gehetzt wurde, ist bereits mehrfach geschändet worden

Im aufbrechenden Prozess der Rebarbarisierung[3] der deutschen Verhältnisse nach 1990 kristallisierten sich schnell drei Grundlinien systematischer diskursiver politischer Verdrängung heraus:

1. Deutschland habe kein Rechtsextremismusproblem sondern ein Problem der Wertevermittlung und Erziehung, das zugegebenermaßen zusätzlich durch den Prozess des ›Zusammenwachsens‹ dessen, was per Definition zusammengehörte aber im praktischen Vollzug doch nicht so recht passen wolle, verschärft werde.
2. Wenn Deutschland eventuell aber doch ein Problem mit Rechtsextremismus haben sollte, dann sei dies ein Problem Ostdeutschlands und damit in Wahrheit kein Problem Deutschlands (als BRD wiedervereinigt) sondern eines der ehemaligen DDR, die man posthum jedoch nicht mehr – außer moralisch, dann aber ›richtig!‹ – zur Rechenschaft ziehen könne.
3. Und wenn trotz alledem, wie international wahrgenommen und kritisiert, in Deutschland lebende Ausländer ein Sicherheitsproblem hätten, dann deshalb, weil es ein kombiniertes Einwanderungs-, sozialpsychologisches Überforderungs- und Jugendproblem gäbe, nicht jedoch, weil die politischen Verhältnisse kritikabel seien.

Hier schlug die Stunde der Jugendsozialarbeit – im doppelten Wortsinn, wie sich heute zeigt. Keine drei Monate nach dem Pogrom von Hoyerswerda Ende September 1991 wurde über der im Alltagsgeschäft vor sich hindämmernden, schon lange für keine Schlagzeile mehr wert erachteten Sozialarbeit das Füllhorn der Kohlschen Bundesregierung in Form des Aktionsprogramms gegen Aggression und Gewalt (AGAG) ausgeschüttet.[4] In dessen Verlauf flossen innerhalb von fünf Jahren über 100 Millionen DM Steuergelder (deutlich überwiegend) in Projekte der sogenannte ›akzeptierenden Jugendarbeit‹. Ende der 80er-Jahre wurde dieser sozialpädagogische Ansatz von Prof. Franz-Josef Krafeld und einer Studentengruppe im Rahmen eines universitären Projekts in Bremen entwickelt. Theoretische Grundlage für diese neue Form der Sozialarbeit mit rechtsextremen Jugendlichen waren die Konzepte und Erfahrungen der niedrigschwelligen Arbeit mit Drogenbenutzern und gewaltbereiten Fußballfans Anfang der 80er-Jahre. Das Konzept der akzeptierenden Jugendarbeit erlebte mit den Fanaltaten von Hoyerswerda und Rostock seine erste Hochkonjunktur indem es – zumindest deklamatorisch – zur theoretischen Grundlage des AgAG wurde.

Konzepte gegen ›schräg gebürstete‹ Jugendliche: Franz Josef Krafeld entwickelte zusammen mit seinen Studenten die Grundlagen der ›akzeptierenden Jugendarbeit‹

Nach Krafeld lassen sich die Grundsätze des akzeptierenden Ansatzes so zusammenfassen:

1. Belehrungen wie Bekämpfungen richten gegen rechte Orientierungen und entsprechende Gewaltbereitschaft nichts aus.
2. Notwendig ist eine Arbeit, die diejenigen Probleme in den Mittelpunkt stellt, die die Jugendlichen haben, und nicht die Probleme, die sie machen.
3. Extreme Auffassungen, Provokationen und Gewalt sind Jugendlichen immer wieder ein wesentliches Mittel, auch dort wahrgenommen und für wichtig genommen zu werden, wo sie es eigentlich nicht (oder nicht mehr) erwarten.
4. Gelingendere und befriedigendere Wege der Lebensbewältigung sind in aller Regel letztlich auch sozial verträgliche Wege.
5. Wir müssen akzeptieren, dass die Jugendlichen selbst für sich zumeist einen ‚Sinn darin sehen', sich so und nicht anders zu orientieren und zu verhalten, wie sie es tun.
6. Die Jugendlichen werden nur dann ihre Auffälligkeiten ablegen, wenn sie für sich sinnvollere und befriedigendere Wege entdeckt haben, »aus ihrem Leben« etwas zu machen.
7. Wir begleiten und unterstützen sie bei dieser Suche nach Wegen der Lebensbewältigung.
8. Dazu dient nicht zuletzt die personale Konfrontation mit dem tiefgreifend Anderssein, die wir ihnen bieten.
9. Es geht nicht um das Akzeptieren von verurteilenswerten Auffälligkeiten, sondern um das Akzeptieren von Menschen mit kritikwürdigen oder verurteilenswerten Auffälligkeiten.
10. Pädagogische Arbeit kann und darf nicht zulassen, dass gesellschaftliche Probleme zu Jugendproblemen und zu pädagogischen Aufgaben umdefiniert werden.[5]

Gepriesenes Allheilmittel gegen den Rechtsextremismus: Über 100 Millionen DM flossen in den Jahren 1991–1996 in das Aktionsprogramm gegen Aggression und Gewalt

Im AGAG wurden vergleichsweise unbürokratisch über 100 Millionen DM öffentlicher Mittel zur Verfügung gestellt. Allein an dieser für Sozialarbeit im allgemeinen und Jugendsozialarbeit im speziellen exorbitanten Summe wird das gesteigerte Interesse der (politischen) Öffentlichkeit deutlich, im direkten zeitlichen Zusammenhang mit dem Anschluss der DDR und der Pogrome von Hoyerswerda und Rostock öffentlichkeitswirksam darauf hinweisen zu können, dass ›Etwas‹ getan wurde gegen die wiederaufkeimende braune Saat. Dabei blieb allerdings das ›Etwas‹ nur all zu häufig im Nebel politischer Reden verborgen und aufgrund von durch konkrete Vorkommnisse rechtsextremer Gewalt ausgelöster betriebsamer Hektik nur schemenhaft erkennbar.

Fürsorgliche Betreuung – Sozialarbeiter begleiten ihre Schützlinge bei der Teilnahme an einem NPD-Aufmarsch am 14. März 1998 in Saalfeld. Abends holten sie in Gewahrsam genommene Jugendliche von der Haftanstalt ab

Am 7. September 1993 eröffnete ein Bericht des politischen ARD-Nachrichtenmagazins *Panorama* eine lange Phase teilweise sehr heftiger Kritik an der akzeptierenden Arbeit mit rechten Jugendlichen. *Panorama* wies öffentlich nach, dass in einigen Projekten des AgAG nicht nur mit rechten Jugendlichen gearbeitet wurde, sondern gar junge Erwachsene ohne einschlägige sozialpädagogische oder -arbeiterische Ausbildung dafür aber mit einer Geschichte und engen Kontakten in und zur rechtsextremen Szene als Projektmitarbeiter ihren Lebensunterhalt verdienten. Richtete sich die Kritik zunächst gegen die skandalöse Einbindung ›rechter Kameraden‹ in die Projektteams, so geriet, je länger die Diskussion dauerte, mehr und mehr auch der akzeptierende Ansatz selbst in die Kritik: Häufig wurden die strukturellen, pädagogisch erforderlichen Voraussetzungen und Schutzmechanismen zur Verhinderung von Raumaneignung und Herausbildung rechtsextremer oder gar neonazistischer Kristallisationspunkte in den Projekten in keiner Weise gewährleistet. Dies geschah entweder schlicht infolge von Unkenntnis und/oder Desinteresse der politisch Verantwortlichen – all zu häufig aber auch der ›pädagogisch‹ Handelnden.

In dieser öffentlichen Auseinandersetzung waren es, egal ob im Osten oder Westen, Politiker aller Couleur, von der Bundesregierung über die Länderregierungen bis hinunter auf die kommunalpolitische Ebene, die gegen jede, auch noch so begründete Kritik, teilweise vehement Projekte und Programme verteidigten, deren konkreten Ergebnisse im besten Falle eher zweifelhaft waren. Exemplarisch für diesen fast reflexartigen Verdrängungsmechanismus steht die folgende Äußerung der ehemaligen Jugendministerin und heutigen Parteivorsitzenden der CDU, Angela Merkel. Diese antwortete im Oktober 1992 auf die Frage nach der Sinnhaftigkeit und Verantwortbarkeit von Projekten, in denen nachgewiesener Maßen nicht mit, sondern von und für Rechtsextreme gearbeitet wurde: »Das sind nicht alles fest ideologisierte Rechtsradikale. Dagegen wehre ich mich. Und ich sage: Die Gesellschaft muss diese jungen Leute ernst nehmen und versuchen sie zu integrieren.«[6] Diese Einschätzung äußerte die für das AgAG verantwortliche Bundesministerin, während eines Besuchs in einem durch AgAG-Mittel geförderten Jugendzentrum, auf dessen Dach während ihrer Visite die Reichskriegsflagge wehte. Die Journalisten von Panorama besuchten ein knappes Jahr später das selbe, mittlerweile mit Stacheldraht und Ausguck gesicherte, immer noch öffentlich geförderte Jugendzentrum noch einmal. Ihre Einschätzung: »Eine Trutzburg der Rechten – auch organisierter Neonazis. Trotz aller Sozialarbeit.«[7]

Während sowohl der Bundes- als auch die Länderetats für Jugendsozialarbeit günstigstenfalls auf ihrem bisherigen Stand eingefroren, gedeckelt und damit faktisch durch die Bank reduziert wurden, wuchsen kontinuierlich die Ausgaben für Projekte ›innovativer Jugendsozialarbeit‹, hinter denen sich auffällig häufig solche nach dem akzeptierenden Ansatz und der mobilen Jugendarbeit verbargen.

Im Zuge der politischen Debatte um die Verschärfung des Jugendstrafrechts im Vorfeld der Bundestagswahl 1998 kippte der öffentliche Diskurs in der Frage des Umgangs mit rechten und gewaltbereiten Jugendlichen wieder stärker in den Bereich repressiv ordnungspolitischer Maßnahmen zur ›Prävention‹. Diese Tendenz wurde durch die Ereignisse in Lens während der Fußball-WM, in deren Verlauf im Juni 1998 ein französischer Polizist von deutschen Hooligans fast zu Tode geprügelt worden war, noch zusätzlich verstärkt. Erst nach der im ›Sommerloch 2000‹ öffentlich inszenierten Beseitigung der kollektiven Wahrnehmungsblockade in Bezug auf den alltäglichen Rassismus und die mittlerweile übliche rechtsextreme Gewalt, meist jugendlicher Täter wird erneut über das Verhältnis von Repression und Prävention sowie über die verschiedenen sozialpädagogischen Interventionsmöglichkeiten gegen Rassismus und Rechtsextremismus diskutiert. Neben der Repression liegt nun der Focus erneut auf politischer Jugendbildungsarbeit und der Forderung nach ›Wertevermittlung und -erziehung‹.

Die Gewalt von Hooligans wird häufig zur Legitimierung von Gesetzesverschärfungen und Demokratieabbau benutzt

Unter dem Vorzeichen sozialdemokratisch Eichelscher Sparpolitik, einer nur schleppend erfolgreich anlaufenden Greencard-Kampagne zur standortsichernden Importierung nicht deutscher Computerfachleute sowie dem Verbotsantrag der Bundesregierung, von Bundestag und Bundesrat gegen die NPD bläst der als Sozialfeuerwehr gehätschelten Jugendsozialarbeit mittlerweile der Wind heftig ins Gesicht.

Der akzeptierende Ansatz sei quasi zwangsläufig dazu prädestiniert, rechtsextreme Jugendliche erst heranzuziehen, da durch ihn ja gerade Räume zur Ausbreitung des braunen Sumpfes geschaffen würden, so Jürgen Elsässer (*konkret*) in einem Streitgespräch mit Titus Simon (FH Magdeburg) über zehn Thesen zur akzeptierenden Jugendarbeit.

»Der Grundansatz ist, dass nicht soziale Kälte das Wachstum des Rechtsextremismus unter Jugendlichen befördert hat, sondern zu viel soziale Wärme. Die von Schäuble bis Gysi vertretene These, dass im Osten die Jugendzentren fehlen würden und deswegen die Rechtsradikalen Zulauf hätten, halte ich für völligen Unsinn. Mit dieser These sind Millionen und Abermillionen in den Osten gepumpt und ist diese akzeptierende Jugendarbeit gemacht worden. Und was war das Resultat davon? Dass sich flächendeckend von der Ostsee bis zum Erzgebirge eine rechtsradikale Lifestyle-Guerilla die Hegemonie über die Jugendclubs erkämpft hat. Dass – selbst nach Auskunft der Bundesregierung – mittlerweile zwanzig national befreite Zonen vor allem in den neuen

Die akzeptierende Sozialarbeit hilft aus Reih und Glied gestolperten jungen Deutschen in die Marschformation des neuen Deutschland zurück.

Kritik an der Akzeptierenden Jugendarbeit von Antifaschistischen Gruppen aus Norddeutschland, Rosen auf den Weg gestreut ..., Hamburg, 1998

Bundesländern, aber nicht nur da, existieren. Das heißt für mich praktisch: Schluss mit dem Verständnis. Schluss mit der Akzeptanz.«[8]

Bereits Mitte der 90er-Jahre formulierten norddeutsche antifaschistische Gruppen aufgrund der konkreten Erfahrungen vor Ort: »Die akzeptierende Sozialarbeit hilft aus Reih und Glied gestolperten jungen Deutschen in die Marschformation des neuen Deutschland zurück.«[9] Während solcherlei Kritik noch bis zum Sommer des Jahres 2000 fast ausschließlich von der autonomen Antifa und einzelnen Intellektuellen, Journalisten und Pädagogen zu hören war, stellt sie mittlerweile den dominierenden Konsens im öffentlichen Diskurs dar. Dem Aufmerksamkeits- und Bedeutungszuwachs sowie dem damit einhergehenden Geldregen folgt nun die Verantwortungszuweisung insbesondere aus Sozialwissenschaft und Politik. Noch bis zum Beginn des Jahres 2000 wurde bei jeder sich bietenden Gelegenheit quasi apodiktisch auf die so genannte ›Desintegrations-/Reintegrationstheorie‹ des Bielefelder Jugendforschers Wilhelm Heitmeyer zur Erklärung des braunen Straßenterrors zurückgegriffen. Infolge der von Ulrich Beck konstatierten Wandlung von der Industrie- zur Risikogesellschaft und der zunehmenden Bedeutung der ›Individualisierung‹ von Lebensentwürfen nähmen die Tendenzen zu gesellschaftlicher ›Desintegration und Kälte‹ ständig zu. Dies habe – insbesondere bei den ›Verlierern‹ des gesellschaftlichen Wandels – Handlungsunsicherheit, Ohnmachts- und Vereinzelungserfahrungen zur Folge. Aufgrund der persönlichen Lebenssituation im Übergang von der Kindheit zum Erwachsenenalter wirke sich diese Entwicklung besonders bei Jugendlichen und jungen Erwachsenen aus; bei diesen nochmals verstärkt bei jungen Männern. Eine der möglichen, vielfach beschriebenen und von Heitmeyer wissenschaftlich untersuchten Reaktionen von Jungen ist die gewaltsame ›Lösung‹ der entstehenden Konflikte und die gewaltsame Aneignung oder ›Verteidigung‹ der beanspruchten Weibchen, Konsumgüter und/oder Territorien.[10] Die kurz gedachte und fehlerhafte Konsequenz, die aus der politisch vulgären Interpretation Heitmeyers – auch heute noch – gezogen wird ist der Ruf nach Sozialarbeitern, für die ›armen Würstchen‹ die angeblich gar nicht anders könnten, als ihren Frust auf die kalte Erwachsenenwelt durch heiße Nächte beim Abfackeln von Flüchtlingsunterkünften abzureagieren; sie seien ja ansonsten »nicht alles fest ideologisierte Rechtsradikale ...« (A. Merkel).

Die kurz gedachte und fehlerhafte Konsequenz, die aus der politisch vulgären Interpretation Heitmeyers – auch heute noch – gezogen wird, ist der Ruf nach Sozialarbeitern, für die ›armen Würstchen‹ die angeblich gar nicht anders können, als ihren Frust auf die kalte Erwachsenenwelt durch heiße Nächte beim Abfackeln von Flüchtlingsunterkünften abzureagieren

Heute, angesichts weiter grassierender Zuwachsraten bei autoritärer Weltinterpretation und rechtsextremer (jugendlicher) Gewalt entlasten sich die gleichen Akteure in Politik und Sozialwissenschaft nach dem bewährten Motto: ›Haltet den Dieb!‹ selbst und konstatieren das ›Versagen der (Sozial-) Pädagogik‹. Ganz nebenbei dient diese plötzliche Erkenntnis dann außerdem zur Stützung der Forderung nach dem flächendeckenden Ausbau repressiver staatlicher Maßnahmen, der Verschärfung des Jugendstrafrechts sowie dem fortschreitenden Abbau von bürgerlichen Freiheitsrechten und dem Ausbau polizeilicher Handlungsbefugnisse bis weit in die private Sphäre der Bürger hinein.[11]

Selbst der ›Vater‹ des akzeptierenden Ansatzes, Professor Krafeld, hat mittlerweile auf diese Entwicklungen reagiert und betont deutlich stärker als früher den erzieherischen Auftrag, ja sogar die Verpflichtung zur pädagogischen *und* politischen Zielsetzung bei der Arbeit mit rechten Jugendlichen. Während er noch 1993 zur Begründung der akzeptierenden Arbeit hervorhob, dass eine »(...) belehrende, auf die Übernahme nicht rassistischer und antifaschistischer, weil vorgeblich (moralisch) ›besserer Positionen‹ zielende Pädagogik« längst versagt habe,[12] kommt er heute unter der Überschrift ›Anbiederung und Kumpanei – das falsche Konzept‹ zu folgendem Ergebnis: »Mit dem Begriff (akzeptierende Jugendarbeit, A.B.) wird nicht selten kaschiert, dass man die politische Seite der Aufgabe ausblenden will (...). Oder es wird verschleiert, dass man eigentlich *überhaupt* kein Konzept hat und daher auf Anbiederung, Kumpanei und Gefälligkeit zurückgreift, um Jugendliche ›von der Straße‹ zu holen und ›irgendwie sinnvoll zu beschäftigten‹.«[13]

Die erforderliche und berechtigte Kritik an der vielfachen Wirklichkeit sozialer Arbeit, die sich zwar auf den akzeptierenden Ansatz beruft, sich in Wahrheit aber gerade unter Selbstaufgabe zentraler pädagogischer Forderungen als billiger kalmierender Büttel für die (Kommunal-) Politik hergibt, verstellt den analytischen Blick auf Chancen der Sozialarbeit und die viel bedeutsamere, darunter liegende Frage: Wie will diese Gesellschaft mit der nicht mehr weg zu diskutierenden wachsenden Minderheit ihrer ›rechten Kids‹ eigentlich umgehen, die in 10 bis 20 Jahren den produktiven und politisch bestimmenden Part in diesem Land spielen werden ...? Sollen heute zwölf-, dreizehn-, vierzehnjährige weggeschlossen werden? Und wenn ja, für wie lange. Die Alarmmeldungen aus den neuen Ländern zeigen deutlich, dass dies kein Weg ist. Im Frühjahr 2000 machen Rechtsextreme mehr als die Hälfte der Insassen in manchen Jugendgefängnissen aus. Wer noch kein überzeugter Rechter war, wird es spätestens dort. Verstärkt wird diese reale Gefahr durch die ausgebauten ›Gefangenen-Betreuungsstrukturen‹ der rechtsextremen Szene vor Ort und bundesweit z.B. durch die 1979 gegründete Hilfsgemeinschaft für nationale Gefangene (HNG).[14] Außerdem ist es seit Jahren eine Binsenweisheit, dass das ›Wegsperren‹ noch kein Problem gelöst hat, zumal der heute wieder massiv angegriffene Resozialisierungsanspruch des Jugendstrafrechts schon längst nur noch auf dem Papier steht: »Die im Strafvollzug tätigen Sozialarbeiter und Psychologen als eigentliche Akteure des Behandlungsvollzugs sind hierbei völlig überfordert. Im Bundesdurchschnitt hat ein Sozialarbeiter 60 Gefangene, in Bayern sogar 100 zu betreuen. Wobei der psychologische Fachdienst personell noch viel schlechter ausgestattet ist. In Bayern und im Saarland kommt ein Psychologe auf knapp 300 Häftlinge. (...) Dies alles bedeutet, dass der Jugendknast die Probleme, die er eigentlich bewältigen und wegerziehen sollte, erst produziert. Aus ihm werden Menschen entlassen, die gelernt haben, im gesellschaftlichen Konkurrenzkampf ihren ›Mann‹ zu stehen, wenn es sein muss auch mit Gewalt.«[15]

Jugendsozialarbeit hat sich qua Auftrag mit problematischen Entwicklungen unter Jugendlichen und deren Erwachsenwerden zu beschäf-

This Compilation is dedictated to all prisoners of the white racial holy war

Aus dem Booklet eines Solidaritäts-Samplers für die Finanzierung neonazistischer ›Knastbetreuung‹. Im Frühjahr 2000 waren in manchen deutschen Jugendgefängnissen mehr als die Hälfte der Insassen überzeugte Rechte.
HNG-Support-Compilation, 1999

HNG
c/o Ursel Müller
Sägewerk 26

Wer noch kein überzeugter Rechter ist, wird es oft im Gefängnis. ›Knastkameradschaften‹ und neonazistische Organisationen wie die ›Hilfsgemeinschaft für nationale politische Gefangene und deren Angehörige e.V.‹ (HNG) übernehmen Betreuung und Schulung der Insassen tigen. Andere Menschen in ihrer körperlichen Unversehrtheit zu bedrohen, sie ihnen gar zu nehmen ist unbestritten wohl eine der gravierendsten vorstellbaren ›problematischen Entwicklungen‹ überhaupt. Ergo kann das ›Ob?‹ der sozialen Arbeit mit rechtsextremen Jugendlichen ernsthaft nicht in Frage gestellt werden. Dafür ist die Erörterung des ›Wie?‹ dieser Arbeit um so fundierter und ernsthafter zu führen.

Der Aussage ›Nur einer der durchgreift, kann es schaffen‹ stimmten 1993 noch 50 Prozent der Jugendlichen zu, im Jahr 2000 waren es bereits 63 Prozent. Vorbehalte gegenüber Ausländern wachsen stetig: Die Zustimmung zu der Aussage ›Wenn die Ausländer hier leben wollen, müssen sie sich mehr anpassen‹ ist von 63 Prozent auf 72 Prozent gestiegen. Im Jahr 1993 stimmten der Aussage ›Ausländer raus, Deutschland den Deutschen‹ 7 Prozent der Mädchen und 13 Prozent der Jungen zu, im Jahr 2000 stieg der Anteil der Mädchen auf 13 Prozent, der Anteil der Jungen auf 14 Prozent.

(›Jugendstudie Rechtsextremismus und Gewalt‹ des Landes NRW, 2001)

Ob Shell-Studie, Deutsches Jugendinstitut oder andere – in der Forschung ist man sich einig: rechte und antidemokratische Einstellungen nehmen zu

Unpräzise und pauschal wird der akzeptierenden Jugendarbeit vorgeworfen, sie arbeite mit ›Rechtsextremen‹, mit denen aber – quod erat demonstrandum – nicht gearbeitet werden könnte. Mit wem, so muss dann aber konsequent gefragt werden, kann und soll Jugendarbeit (noch) arbeiten, angesichts einer gesellschaftlichen Wirklichkeit, in der das medial inszenierte Schreckbild des fetten, besoffenen, tätowierten, kurzgeschorenen, Bomberjacke und Springerstiefel tragenden, den Kühnengruß zeigenden und ›Deutschland den Deutschen‹ brüllenden Naziskins längst nicht mehr das Problem des jugendlichen Rechtsextremismus auch nur annähernd treffend beschreibt? Und weit vorher, sozusagen im alltäglich gesetzlich geregelten Normalvollzug: Wen sollen Lehrer im Rückgriff auf bewährte autoritäre Ausgrenzungsmechanismen preußisch rigoroser Schulpädagogik des Unterrichts verweisen, da Nazis fast schon Pop also kommerzträchtiger, weil attraktiver Mainstream sind?[16]

Eine im Frühjahr 2001 veröffentlichte repräsentative Umfrage[17] in der Gruppe der 14–24 Jährigen in NRW kommt im Vergleich zu 1993 für das Jahr 2000 zu folgenden Ergebnissen, die in der Tendenz sowohl von der Jugendsurvey des Deutschen Jugend Instituts (DJI) in München als auch von der Shell-Studie 2000 bestätigt werden: Konstant acht Prozent der Jugendlichen vertreten rechtsextremistische Einstellungen im Sinne eines geschlossenen Weltbildes nach Heitmeyer, also rassistische und ausländerfeindliche Meinungen gepaart mit einer hohen Gewaltakzeptanz und -bereitschaft gegen Fremde (darunter 26 Prozent Mädchen und junge Frauen). Autoritäre gesellschaftspolitische Vorstellungen haben zugenommen: Der Aussage »Nur einer der durchgreift, kann es schaffen« stimmten 1993 noch 50 Prozent der Jugendlichen zu, im Jahr 2000 waren es bereits 63 Prozent. Bei der Aussage »Deutschland braucht eine starke Hand« stieg die Zustimmung von 52 Prozent auf 62 Prozent. Vorbehalte gegenüber Ausländern wachsen stetig: Die Zustimmung zu der Aussage »Wenn die Ausländer hier leben wollen, müssen sie sich mehr anpassen« ist von 63 Prozent auf 72 Prozent gestiegen (Mädchen und Jungen etwa gleiche Werte). Im Jahr 1993 stimmten der Aussage »Ausländer raus. Deutschland den Deutschen« 7 Prozent der Mädchen und 13 Prozent der Jungen zu, im Jahr 2000 stieg der Anteil der Mädchen auf 13 Prozent, der Anteil der Jungen auf 14 Prozent.

Diesen Zahlen entspricht die Feststellung von Praktikern aus Schule und Jugendarbeit, dass sie es bei den unter dem Label ›rechte Jugendliche‹ zusammengefassten Heranwachsenden mit unterschiedlichsten Menschen, mit diversen ideologischen Brücken zum Rechtsextremismus und äußerst verschiedenen praktischen Ausprägungen ihrer politischen Positionen zu tun haben. Die folgende Aufzählung versucht diesbezüglich eine (grobe) Kategorisierung[18], die aufgrund der ungeheuren Dynamik der Entwicklung jedoch immer nur eine vorläufige sein und bleiben kann:

- rechtsorientierte Jugendliche in ›alltäglichen Lebenszusammenhängen‹ ohne politische Einbindung und ohne überdurchschnittliche Gewaltorientierung und ohne ausgeprägte soziale Auffälligkeiten,
- rechtsorientierte Jugendliche außerhalb politischer Strukturen mit sozialen Auffälligkeiten ohne auffällige Gewaltorientierungen,
- rechtsorientierte Jugendliche außerhalb politischer Strukturen mit sozialen Auffälligkeiten und höherer Gewaltbereitschaft,
- rechtsextreme/rechtsradikale Jugendliche in klassischen Jugendorganisationen der ›alten Rechten‹ (z.B. Junge Republikaner, rechten Jugendverbänden, vormals auch JN),
- rechtsextreme Jugendliche in klassischen Jugendkulturen (Hooligans, Skinheads) mit ausgeprägter Gewaltbereitschaft,
- rechtsextreme/rechtsradikale Jugendliche mit hoher Gewaltbereitschaft und Zugang zu ›Brückenorganisationen‹: ›Freien Kameradschaften‹, JN in ihrer ›neuen‹ Funktion,
- rechtsradikale Jugendliche in extrem gewaltbereiten und ausgeprägt rassistischen Organisationen: ›WAW‹ (Weisser arischer Widerstand)[19], Blood & Honour (mittlerweile verboten), Hammerskin-Bewegung, Nachfolgeorganisation der verbotenen ANS, nationalsozialistische Klein- und Kleinstgruppen,
- rechtsradikale Terrorgruppen,
- ›intellektuelle‹ und ›akademische‹ Zirkel: Lesekreise der ›*Jungen Freiheit*‹, Hochschulgruppen von NPD und Republikanern, völkische Studentenverbindungen, nationalrevolutionäre Kreise, in geringem Umfang auch Schülergruppen und örtliche Gruppierungen, Diskussionszirkel.
- Und nicht zuletzt: Es gibt Jugendliche, die ohne ausgeprägten Überzeugungshintergrund mit der Symbolik des Nationalsozialismus provozieren.

Glatzenpflege auf Staatskosten – sind die Rahmenbedingungen der Arbeit mit rechtsorientierten Jugendlichen und die Grenzen dieser Arbeit nicht eindeutig definiert, endet diese in einer reinen Betreuung.
Andreas Buderus: Fünf Jahre Glatzenpflege auf Staatskosten, Bonn, 1998

Abgesehen von dieser grundsätzlichen phänomenologischen Feststellung muss immer wieder betont werden, dass sozialpädagogische Angebote grundsätzlich nur solche junge Menschen erreichen können und erreichen, für die sie aufgrund ihrer persönlich defizitären Situation, aufgrund des eigenen Leidensdrucks einen Gebrauchswert darstellen. Rassismus und Gewalt sind kein Minderheitenphänome. Längst ist es die ›Mitte der Gesellschaft‹, ja der Staat selbst, die beides alltäglich reproduziert und exekutiert. Die wegen rechtsextremer Gewalt und neonazistischer Umtriebe auffällig werdenden Jugendlichen und Jungerwachsenen sind ein repräsentativer Querschnitt durch eben diese Gesellschaft. Für das Feld rechter Jugendsubkultur und den sozialpädagogischen Umgang mit ihr bedeutet dies, dass ein erheblicher Teil der rechten Jugendlichen durch Angebote nach dem akzeptierenden Ansatz gar nicht erreicht werden (kann), da deren Positionen, Haltungen und Handlungen sich eben nicht aus einer Desorientierung oder sozialen Deklassierung speisen, sondern gerade aus dem Gegenteil: einer abgesicherten, privilegierten, augenblicklichen Position, die durch diejenigen die sozial ›unter‹ ihnen stehen subjektiv gefährdet erscheint (s.o.) und deshalb (im Zweifel auch unter Anwendung von Gewalt) ›verteidigt‹ wird (Dominanzkultur).[20]

Das grundlegende Missverständnis der gegen die akzeptierende Sozialarbeit mit rechten Jugendlichen erhobenen Kritik besteht in der Nichtzurkenntnisnahme des konstitutiven Prinzips des akzeptierenden Ansatzes: ›Akzeptieren‹ (vom Lat.: acceptare/ annehmen) bedeutet nicht: ›Einverstanden‹ zu sein (im Lat.: consentire). Die Jugendlichen in ihrer Lebenswelt, ihren Gesellungs- und Ausdrucksformen zu akzeptieren, d.h. als ›ganzen Menschen› *anzunehmen, heißt gerade nicht,* mit allen Facetten ihrer Lebenswelt und deren Gestaltung *einverstanden zu sein*, diese zu tolerieren oder gar zu unterstützen. Die Praxis der kommunalpolitisch Verantwortlichen bei der möglichst kostengünstigen Implementierung von ›akzeptierenden Projekten‹ zeigt die zynische Priorität der politischen Erfordernisse vor den pädagogischen Möglichkeiten und Notwendigkeiten: Vollkommen normal sind dabei: Rückgriff auf Berufsanfängern, Fachfremde und ABM-Berechtigte häufig ohne adäquate fachliche Begleitung und Supervision oder gar Ausbildung, vielfach dann auch noch als ›Einzelkämpfern‹. So war z.B. der ›Sozialarbeiter‹ des akzeptierenden Projekts in Ahlbeck auf der Insel Usedom, aus dessen Umkreis Ende Juli 2000 die jugendlichen Mörder eines Obdachlosen kamen, ein langzeitarbeitsloser Seemann, der in mehreren Seminaren der Bundeszentrale für Politische Bildung zum ›Sozialarbeiter‹ umgeschult wurde, um anschließend – in den Worten des Ahlbecker Bürgermeisters – »den Kopf in vorderster Front argumentativ hinzuhalten«.[21] Das zur Verfügung stellen von Räumlichkeiten an rechte Cliquen in ›no-go-areas‹, solchen Regionen und Stadtquartieren, in denen die Rechtsextremen bereits (schon wieder) hegemoniefähig sind (in der Sprache der Rechten: ›national befreiten Zonen‹), ist nicht nur grob fahrlässig sondern vorsätzliche Vorfeldarbeit für den Straßenterror der Neonazis.

Das akzeptierende Jugendarbeitsprojekt in der Kleinstadt Tostedt galt lange Jahre als Vorbildlich. Ein Teil der betreuten Personen ist heute an führender Stelle in den Netzwerken des RechtsRock und des organisierten Neonazismus tätig. Der Sozialarbeiter mit seinem ›Klientel‹, November 1997

Rechte Jugendliche nutzen erfahrungsgemäß nur dann die Angebote einer Jugendsozialarbeit, die explizit keine Glatzenpflege betreibt, wenn ihnen vor Ort die Räume für ihr Tun von der Zivilgesellschaft eng gemacht werden. Dort, wo sich Rechtsextreme aufgrund des Verhaltens und/oder der Untätigkeit von Parteien, Vereinen, Schulen, Gewerkschaften, Kneipenwirten, Nachbarn und Eltern als die Vollstrecker einer halluzinierten und konstruierten ›deutschen Leitkultur‹ verstehen dürfen, sind sie nicht nur vollständig akzeptiert, sondern integriert.

Das Anforderungsprofil an Streetworker – insbesondere in der Arbeit mit rechten Jugendlichen – ist ein sehr umfassendes, dass zu einem nicht unwesentlichen Teil nicht ›erlernbar‹ im Sinne von theoretischer Vorbereitung auf die Praxisphase ist. Die Praxis der Arbeit mit gewaltbereiten und rechten Jugendlichen gibt es nämlich schlechterdings nicht. Im Einzelnen stellt sich das Profil folgendermaßen dar:

- Fachliche Kompetenzen
- Soziale Arbeit (Einzelfallhilfe, Gruppenarbeit, Drehpunkt-, Vermittlerfunktion)

- Psychosoziale Beratung
- Umfassendes Wissen um die Lebenszusammenhänge der betroffenen Szene inclusive eines breiten Wissens über den rassistischen gesellschaftlichen Diskurs und die (organisatorischen) Strukturen der rechtsextremen Szene vor Ort und bundesweit.
- Umfassendes Wissen über die lokale institutionelle Struktur.
- Spezielle persönliche Fähigkeiten, Vorerfahrungen und Haltungen.
- Persönliche Erfahrungen im Umgang mit der Zielgruppe und Einstellung auf deren Gewohnheiten
- Persönlich gut integrierte Auseinandersetzung mit den Themen Rassismus, Antisemitismus, Sexismus, Gewalt, historischer Faschismus und neue Entwicklungen im Rechtsextremismus.
- Pädagogisch kritische, den Einzelnen annehmende Grundhaltung gegenüber der betroffenen Szene, insbesondere Verzicht auf Stigmatisierungen von Szeneangehörigen in Begriffen von Normalität, Defizitpersönlichkeit etc.
- Toleranz gegenüber anderen (auch für die eigene Person abgelehnten) Lebensstilen.
- Institutionelle Handlungskompetenzen z.B.: Berichtswesen, Öffentlichkeitsarbeit, Umgang mit Hierarchien, Konfliktmanagement.
- Allgemeine persönliche Fähigkeiten
  - Konfliktfreudigkeit
  - Eigeninitiative, Spontaneität, Kreativität, Flexibilität, Mobilität
  - Klarheit und Zuverlässigkeit
  - Fähigkeit zur Selbstreflexion
  - Kontaktfähigkeit
  - Sensibilität
  - Hohe Frustrationstoleranz, Angst-›Freiheit‹
  - Fähigkeit zur Abgrenzung
- Szenennähe ist zwar unbedingt notwendig, gleichzeitig aber auch die Fähigkeit zu Distanz. Eine der schwierigsten Aufgaben besteht darin, eine Balance zwischen Nähe und Distanz zu halten.
- Teamfähigkeit
- Unabhängigkeit im Sinne einer internalen Persönlichkeitsstruktur

Vor dem Hintergrund dieser vielfachen und facettenreichen fachlichen und persönlichen Anforderungen an Sozialarbeiter in akzeptierenden Projekten, extrem arbeitnehmerunfreundlichen Arbeitszeiten und nicht unerheblichen Gefährdungspotenzialen für die Gesundheit (Wind und Wetter, Gewaltsituationen) ist die dargestellte vielfache Praxis der Mitarbeitergewinnung und Vertragsgestaltung vollkommen inakzeptabel.[22] Insbesondere das häufig durch die finanziellen Rahmenbedingungen vorgegebene ›Einzelkämpfertum‹ widerspricht eklatant der fachlichen Anforderung, dass Streetwork – insbesondere in gefahrgeneigten Feldern – regelmäßig nur als Tandem, sprich zu zweit zu leisten ist. Dies erfordert eine Mindestausstattung von Projekten mit mindestens zweieinhalb Fachkräften (Urlaubs-, Krankheitsvertretung etc.) auf unbefristeten Stellen. Beziehungsarbeit braucht Zeit, gerade in gewalt- und kriminalitätsbelasteten Szenen. Das dargestellte fachliche und persönliche Qualifikationsprofil, überwiegend selbständige Tätigkeiten, hoher Grad der Verantwortung für Klientel und Institution sowie die konkreten Tätigkeiten sind überdies nach den Vergütungsrichtlinien des BAT und angelehnter Vergütungswerke (z.B.: BAT AWO, BAT KF) regelmäßig im Sinne der Tarifautomatik die Grundlage für eine Eingruppierung mindestens gemäß Vergütungsgruppe BAT IVa. Die konkrete Bezahlung der meisten Streetworker – insbesondere derer auf ABM- und AsS-Stellen – sieht nach wie vor anders aus.

Gerade weil eine Erfüllung der genannten fachlichen und persönlichen Anforderungen in toto kaum ›abrufbar‹ auf dem Arbeitsmarkt ist und darüber hinaus der permanenten Fortentwicklung bedarf, ist eine berufsbegleitende Sicherstellung von Fort- und Weiterbildung sowie Supervision unabdingbar. Der Supervision kommt dabei im Wesentlichen die Funktion zu, den permanenten Lern- und Auseinandersetzungsprozess zu begleiten, zu strukturieren und zu steuern. Beispielhaft geht es dabei um: [23]

- Klärung der eigenen Rolle und Aufgabe im jeweiligen Sozialraum innerhalb des Projekts (Beziehungsarbeit vs. politischer Auftrag der Kalmierung, Problem der Ergebnisorientierung und Selbstmotivation, wenn Ergebnis gerade darin besteht, dass etwas nicht passiert ...)
- Steuerung von Selbstverständigungsprozessen (insbesondere Nähe/Distanz)
- Klärung der persönlichen Werte und Beweggründe für die Arbeit (z.B. eigene Gewaltaffinität, Rassismus und Machismus, Weltanschauung)
- Umgang mit eigener Angst als Folge potenzieller und tatsächlicher Bedrohung

Streetworker dürfen in keinem Fall in Zwangsmaßnahmen gegen die betroffene Szene eingebunden werden. Jeder derartige Versuch zerstört augenblicklich und unwiederbringlich Akzeptanz und Integration der Streetworkern bei ihrem Klientel. Die Freiwilligkeit des Kontakts ist eine unverzichtbare Grundvoraussetzung qualitativ guter Streetwork. Institutionen sollten auch Versuche von Dritten (z.B. Polizei, Politik, Justiz) klar zurückweisen, Streetworker in ordnungspolitische Zusammenhänge einzubinden. Das schließt in der Arbeit mit rechten Jugendlichen nicht aus, dass die Sozialarbeiter im Zweifel dazu verpflichtet sind, die Polizei einzuschalten, sofern ihnen bekannt wird, dass Jugendliche, mit denen sie arbeiten, entweder an der Ausübung oder Planung von Gewalttaten beteiligt sind oder waren, die die Unversehrtheit anderer Menschen bedrohen oder bereits in Mitleidenschaft gezogen haben – auch bei Gefährdung des Fortbestandes des Projektes. Das eine solche eindeutige und konsequente Haltung gegenüber dem Klientel allerdings nicht nur eine Frage der politischen und moralischen Verpflichtung ist, sondern direkt proportional zu den Bedingungen der persönlichen materiellen

Reproduktionsbedingungen steht (Sicherheit des Arbeitsplatzes, Loyalität des Trägers zum Mitarbeiter gegenüber Dritten) sollte auf der Hand liegen!

Aus dem Gesagten und der praktischen Erfahrung ergeben sich als absolute Mindeststandards folgende Aspekte, ohne deren Garantie es keinerlei Rechtfertigung für die soziale Arbeit mit rechten Jugendlichen gibt:

- Priorität der pädagogischen vor den politischen Erfordernissen/ Projektstruktur folgt soziologischer und pädagogischer Begründung und nicht politisch begründeter Vorgabe,
- Unterstützung der Zivilgesellschaft vor Ort,
- ausreichende finanzielle und personelle Ausstattung ohne Befristungen (Team, mind. 2 SP à BAT IVa) bei gleichzeitiger Finanzierung von Angeboten der offenen Jugendarbeit für alle anderen Jugendlichen vor Ort insbesondere solcher mit interkulturellem und geschlechtskritischem Ansatz,
- Auswahl politisch und pädagogisch erfahrener und persönlich reifer Sozialarbeiter (keine Fachfremden),
- Sicherstellung einer qualifizierten Fachberatung,
- permanente berufsbegleitende Fort- und Weiterbildung des Teams,
- Sicherstellung von mindestens monatlicher Supervision,
- fachliche, soziale und politische Vernetzung vor Ort und ortsübergreifend,
- klare Absprachen mit Polizei und Staatsschutz über gegenseitige (Nicht-) Zuständigkeiten und Verantwortung.

Diese Standards sind nicht diskutabel. Wer sie missachtet und in Frage stellt und trotzdem die Einrichtung oder Fortführung ›akzeptierender Projekte‹ befürwortet oder gar einfordert, betreibt ›Glatzenpflege auf Staatskosten‹ und beteiligt sich aktiv an der Vorfeldarbeit der Rechtsextremen, deren Terror in den letzten zehn Jahren bereits über 110 Todesopfer gefordert hat.

Anmerkungen

1 Zahlen nach dem Bericht des Bundesinnenministeriums, dokumentiert u.a. in Kölner Stadtanzeiger vom 3./4.3.2001, S. 2: Die Jugend scheint auf dem Weg nach rechts von Günther M. Wiedemann.

2 Frankfurter Rundschau vom 18.11.2000: Wenn Richter zeitgemäß urteilen, von Ingrid Müller-Münch.

3 Vgl. Brumlik, Micha: Der Prozeß der Rebarbarisierung, in: Otto, Hans-Uwe; Merten, Roland (Hrsg.): Rechtsradikale Gewalt im vereinigten Deutschland, Bonn, 1993. Brumlik formuliert zugespitzt: »Daß diese Gewalttaten [gemeint ist das stetige Anwachsen des rechtsextremen Straßenterrors seit 1990; A.B.] der vorhersehbare Ausgang eines kollektiven gesellschaftlichen Lernprozesses sind, dessen Ziel und Ende die ›Nationalisierung der Massen‹ ist [...] Die Wahl des Begriffs ›Nationalisierung‹ verweist darauf, daß es sich dabei nicht, wie man auch meinen könnte, um einen mehr oder minder spontanen Mentalitätswandel handelt, sondern um einen bewußt eingeleiteten Prozeß. [...] Es handelt sich dabei um einen zwar gerichteten, aber nicht bei jedem Schritt gewollten Prozeß, den Teile der politischen Klasse aus unterschiedlichen Motiven angestoßen haben und dessen autonom gewordene Impulse sie dann zwangs-

läufig wieder zu integrieren hatten, um ihn somit auf dem Weg der Rückkoppelung sekundär zu verstärken.«

4 Zur Geschichte und kritischen Bewertung des AgAG vgl.: Buderus, Andreas: Fünf Jahre Glatzenpflege auf Staatskosten, Jugendarbeit zwischen Politik und Pädagogik, Bonn, 1998, S. 43–49.

5 Krafeld, Franz Josef: Die Praxis akzeptierender Jugendarbeit. Konzepte, Erfahrungen, Analysen aus der Arbeit mit rechten Jugendcliquen, Opladen, 1996, S. 16.

6 Zit. nach: Panorama vom 7.9.1993.

7 Ebd.

8 Elsässer, Jürgen: Glatzenpflege auf Staatskosten?! Titus Simon und Jürgen Elsässer über 10 Thesen zur akzeptierenden Jugendarbeit. In: Buderus, Andreas u.a.: Das zerbrochene Fenster. Hools und Nazi-Skins zwischen Gewalt, Repression, Konsumterror und Sozialfeuerwehr, Bonn, 2001, S. 87–98.

9 Norddeutsche Antifagruppen (Hrsg.): Rosen auf den Weg gestreut ... Kritik an der »akzeptierenden Jugendarbeit mit rechten Jugendcliquen«, 3. Auflage, Hamburg, 1998, S. 4.

10 Vgl.: Heitmeyer, Wilhelm u.a.: Die Bielefelder Rechtsextremismus-Studie. Erste Langzeituntersuchung zur politischen Sozialisation männlicher Jugendlicher, Weinheim; München, 1992; dies.: Gewalt. Schattenseiten der Individualisierung bei Jugendlichen aus unterschiedlichen Milieus, Weinheim; München, 1995. Ausführliche zusammenfassende und kritische Darstellung in: Buderus: Glatzenpflege ..., a.a.O., S. 70–75.

11 Vgl. zu diesem Zusammenhang: Buderus: Das zerbrochene Fenster ..., a.a.O.

12 Krafeld, Franz Josef: Jugendarbeit in rechten Szenen. Ansätze – Erfahrungen – Perspektiven, Bremen, 1993, S. 62f.

13 Krafeld, Franz Josef in Süddeutsche Zeitung vom 12./13.8. 2000.

14 Die HNG ist eine bundesweit agierende Organisation der Neonazi-Szene. Ihr Ziel war und ist die materielle und ideelle Betreuung inhaftierter Gesinnungskameraden, im Sprachgebrauch der HNG als ›politische Gefangene‹ bezeichnet. Die Mitgliedschaft in der HNG gehört für Neonazis zum guten Ton und dient durch die Jahreshauptversammlungen auch der Kontaktpflege. In den Nachrichten der HNG werden regelmäßig eine Gefangenenliste und Briefe Gefangener veröffentlicht sowie Briefkontakte vermittelt. Diese Kontaktpflege dient dazu, die Gesinnungskameraden während ihrer Haft ideologisch dem rechtsextremistischen Lager zu erhalten und nach der Entlassung eine nahtlose Wiedereingliederung in die Szene zu gewährleisten. Durch das Einschleusen neonazistischen Propagandamaterials trägt die Gefangenenarbeit der HNG zudem zu einer nicht unerheblichen Rekrutierung in den Justizvollzugsanstalten bei, sodass von diesen in der Szene mitunter schon als den ›Hochschulen der nationalen Bewegung‹ gesprochen wird. Die HNG hat gute Verbindungen zu ähnlichen Organisationen im europäischen Ausland. Sie hat zurzeit etwa 400 Mitglieder. Nach einem Bericht des Wochenmagazins ›Der Spiegel‹ (4/2000) bat der Brandstifter von Solingen, Christian Reher 23, wegen fünffachen Mordes und versuchten Mordes an 14 Menschen zu einer Jugendstrafe von zehn Jahren verurteilt, aus der Jugendvollzugsanstalt Siegburg die Vorsitzende um Hilfe (›Sehr geehrte Kameradin Müller‹). Vgl.: Mecklenburg, Jens (Hrsg.): Handbuch deutscher Rechtsextremismus, Berlin, 1996, S. 274ff.

15 Riekenbrauk, Klaus: Ausblick. Rechtsradikale Jugendliche hinter Gittern – Was geschieht mit ihnen? Was wird aus ihnen? In: Müller-Münch, Ingrid: Biedermänner und Brandstifter. Fremdenfeindlichkeit vor Gericht, Bonn, 1998, S. 240–249, hier: S. 247f.

16 Vgl.: Schröder, Burkhard: Nazis sind Pop, Berlin, 2000.

17 Ministerium für Familie, Jugend, Frauen und Gesundheit des Landes NRW: Jugendstudie ›Rechtsextremismus und Gewalt‹ Mai, 2001; http://www.mfjfg.nrw.de/home.htm; Jugendstudie.

18 Nach: Elsässer; Simon: Glatzenpflege ... a.a.O., S. 89f.

19 Seit Mitte der 90er-Jahre in verschiedenen Städten immer wieder auftauchende deutsche Ableger der ›White Aryan Restistance‹ (WAR) von Tom Metzger/USA.

20 Ausführlich in: Buderus: Glatzenpflege ... a.a.O., S. 76–78.

21 Zehnder, Adalbert: Ein Projekt mit tödlichem Ausgang, in: Süddeutsche Zeitung vom 1.8.2000, S. 11.

22 Vgl. zu Standards von Streetwork exemplarisch: Landesjugendamt Westfalen-Lippe (Hg.): Streetwork und mobile Jugendarbeit, Münster, 1996; Wurr, Rüdiger; Dittrich, Irene: Straßensozialarbeit und Jugendgewalt – Erfahrungen und Schlussfolgerungen aus Modellprojekten in Schleswig-Holstein, Kiel, 2000; Gusy u.a.: Aufsuchende soziale Arbeit: Qualitätsmerkmale von Streetwork und ihre institutionellen Rahmenbedingungen. Berlin 1990. Diverse Konzepte über Inhalte und Standards von Streetwork und mobiler Jugendarbeit der Landesarbeitsgemeinschaften und der Bundesarbeitsgemeinschaft Streetwork/Mobile Jugendarbeit. Nachzulesen unter: http://www.fh-potsdam.de/~Sozwes/projekte/steffan/final/frames.htm; http://www.bundesarbeitsgemeinschaft-streetwork-mobile-jugendarbeit.de

23 Vgl.: Huhn; Dubbert: Zur Supervision mit Straßensozialarbeitern, in: Wurr; Dittrich: Straßensozialarbeit ... a.a.O., S. 182–186.

Martin Heinlein

Das Antifaschistische Info Blatt

Möglichkeiten und Perspektiven einer antifaschistischen Zeitschrift

Neben dem konkreten Be- und Verhindern extrem rechter Aktivitäten ist die Schaffung von Öffentlichkeit ein zentrales Anliegen in der Politik antifaschistischer Gruppen, die vor allem durch die Publikationen des Spektrums verwirklicht werden soll. Eine besondere Bedeutung kommt dabei dem seit 15 Jahren erscheinenden *Antifaschistischen Info Blatt* zu. Es wird als bundesweite Zeitung von einer Vielzahl von Basisgruppen getragen und hat als Informations- und Kommunikationsmedium für die Antifa zentrale Bedeutung.

Schwerpunkt antifaschistischer Mobilisierung war stets der Bezug auf den Nationalsozialismus: Plakat, 1985

›Die Antifa‹

›Die Antifa‹, als monolithisches, anti-demokratisches und kommunistisches Schreckgespenst von Seiten des rechtskonservativen bis neonazistischen Spektrum konstruiert,[1] existiert nicht. Hinter dem Schlagwort Antifa verbirgt sich vielmehr ein äußerst heterogenes Feld von Gruppen und Einzelpersonen.

Bereits kurz nach der Niederlage des ›Dritten Reiches‹ formierten sich Gruppen und Organisationen, wie beispielsweise die Vereinigung der Verfolgten des Naziregimes (VVN)[2] oder die Arbeitsgemeinschaft ehemals verfolgter Sozialdemokraten (AvS), die sich die Aufklärung über den Nationalsozialismus und die Bekämpfung neofaschistischer Tendenzen zur Aufgabe gemacht hatten. Es waren vor allem die Opfer des Faschismus, die sich organisierten. Schnell jedoch wurden sie als Nestbeschmutzer diffamiert, als Kommunisten ausgegrenzt und teilweise vom Verfassungsschutz überwacht.

Erst die 1963–1965 unter großem öffentlichen Interesse durchgeführten Auschwitzprozesse sorgten in der bundesdeutschen Nachkriegsgesellschaft für eine breite Diskussionen um die Verantwortung für den Nationalsozialismus und die daraus folgende Verantwortung für die Gestaltung des Heute und Morgen. Voran getrieben wurde die Debatte durch die Studentenbewegung ab Mitte der 60er-Jahre, die insbesondere im wissenschaftlichen Bereich eine Auseinandersetzung mit der eigenen Vergangenheit einforderte. Mit dem plakativen Slogan ›Unter den Talaren der Muff von 1000 Jahren‹ verwiesen sie auf die vielfältigen Kontinuitäten der nationalsozialistischen Machteliten in den neuen Staat hinein.

Erstmalige breite Diskussion über die Verbrechen des Nationalsozialismus: Auschwitz-Prozesse 1963–1965

50 Jahre antifaschistisches Engagement – 50 Jahre VVN

Aus der Studentenbewegung, spontanistischen Gruppen und Teilen der Neuen Sozialen Bewegungen[3] entwickelten sich gegen Ende der 70er-Jahre die Autonomen,[4] deren Themenfelder wie Friedens- bzw. Kriegspolitik der BRD im Rahmen der NATO, Anti-AKW und Sozialpolitik sich aus ihrem linksradikalem Gesellschaftsverständnis ergaben.

Gegen Ende der 70er-Jahre reorganisierten sich die neonazistischen Strukturen in Deutschland, mit der die Zunahme von Gewalt bis hin zu Morden einher ging. Vor dem Hintergrund dieser Entwicklung begannen sich autonome Gruppen mit dem Thema Antifaschismus auseinander zu setzen. Im Gegensatz zur VVN, zu gewerkschaftlichen oder bürgerlichen Gruppen setzten die Autonomen jedoch nicht auf staatliche Verbote als Lösungsmethode für das ›rechte Problem‹. Ausgehend vom theoretischen Ansatz der Faschismustheorie Agnolis bezogen sie die Position, dass ein kapitalistischer Staat immer zu autoritären Strukturen tendiere und damit kein Interesse an der Zerschlagung rechter Organisationen habe.[5] Deshalb propagierten sie das eigene und selbstverantwortliche Eingreifen gegen Neonazis, wobei auch Militanz als Mittel akzeptiert war.

Angesichts des zunehmenden Erfolges rechtsextremer Parteien sowie zunehmender Gewalt von rechten Skinhead-Gruppen gegen Ende der 80er-Jahre wurde das Themenfeld Antifaschismus zunehmend zum Schwerpunkt autonomer Politik. Autonome bildeten in jener Zeit zusammen mit jungen Punkern, linken Gymnasiasten, Studenten und anderen Jugendlichen die sich konstituierende Antifa-Szene.

Auch in der damaligen DDR entstanden ab Mitte der 80er-Jahre unabhängige antifaschistische Gruppen jenseits des staatlich verordneten Antifaschismus. Sie bildeten sich als Reaktion auf das Auftreten rechter Gruppierungen im Straßenbild und versammelten sich vor allem unter dem Dach der Kirche. Im Wesentlichen bestanden sie aus Mitgliedern der DDR-Opposition und aus jungen Punks. Im Zuge der Wiedervereinigung orientierten sie sich zumeist an den autonom geprägten Gruppe im Westen. Da dort die spezifische Ausgangsposition der Ost-Antifas kaum Berücksichtigung fand, kam es schnell zu deren teilweisen Isolierung. Die unterschiedlichen Vorstellungen über Form und Inhalt von Antifa-Politik und die kaum überbrückbaren Verständigungsschwierigkeiten zwischen Ost- und Westgruppen führten zu einer zwischenzeitlichen inhaltlichen Marginalisierung der ostdeutschen Antifa-Szene.

1989 – die Wiederkehr des Nationalen

Der Mauerfall und die Einverleibung der DDR wurden von einer Welle des Nationalismus begleitet: Deutschland ›wuchs‹, ›man war wieder wer‹. Flankiert wurde der gesellschaftlichen Roll-Back zum Nationalen von der Debatte um die Änderung des Art. 16 Grundgesetz und der daraus folgenden faktischen Abschaffung des Rechtes auf Asyl. Politische

Flüchtlinge wurden im Rahmen dieses Diskurses von demokratischen Politikern und Medien als ›Sozialschmarotzer‹ und ›Asylbetrüger‹ diffamiert. Mit dem Argument, das ›Boot sei voll‹ sollte die wiedervereinigte Nation nun mehr völkisch zementiert werden.

Unterdessen zündelte der Mob auf der Straße. Er fühlte sie durch den ›Volkswillen‹ legitimiert und agierte in seiner Selbstwahrnehmung als ›Deutschlands rechte Polizei‹. Rassistische Gewalt nahm ab 1991 sprunghaft zu und trotz der Pogrome von Hoyerswerda, Rostock und Mannheim und trotz der ersten Todesopfer rechter Gewalt blieb der Staat untätig und die bürgerliche Gesellschaft reagierte, mehr um das Ansehen im Ausland besorgt, mit Lichterketten gegen Gewalt. Dieser nicht vorhersehbare Aufschwung der extremen Rechten überrollte die bestehenden antifaschistischen Strukturen. Selbst betroffen von der Gewalt versuchten sie einen ›Abwehrkampf‹ zu führen und damit die Ausbreitung sowie Verfestigung rechter Strukturen zu verhindern.

Fokus auf die Pogrome im Schatten der Wiedervereinigung: antifaschistisches Plakat, 1994

Während die sich zeigende offen rassistische Grundhaltung vieler Menschen im ›neuen‹ Deutschland von Antifas vor Ort zwar registriert und zu skandalisieren versucht wurde, blieb angesichts der eigenen ›Feuerwehrpolitik‹ kein Raum, eine Strategiediskussion gegen den sich formierenden nationalistischen und rassistischen Konsens zu führen.

Erst nach und nach bildeten sich auf lokaler Ebene neue Antifa-Gruppen sowie Bürgerinitiativen, die weder der rassistischen Gewalt noch dem zunehmenden Ausbau neonazistischer Strukturen untätig zusehen wollten.[6] Besonders in der ehemaligen DDR, aber auch in den alten Bundesländern, engagierten sich nun auch kirchliche Gruppen verstärkt gegen den wieder erstarkenden Nazismus.

Im Spektrum der autonomen Antifa-Gruppen kristallisierten sich Anfang der 90er-Jahre vor dem Hintergrund diverser regionaler Zusammenschlüsse, Diskussionen und Erfahrungen zwei gegensätzliche Bewegungskonzepte heraus. Ein Teil autonomer Antifa-Gruppen setzte auf die Organisierung ihrer politischen Netzwerkarbeit im Rahmen der Gründung der Antifaschistischen Aktion/Bundesweiten Organisation (AA/BO), während andere Gruppen die mehr oder weniger unverbindliche Zusammenarbeit im Rahmen bundesweiter Antifa-Treffen (BAT) favorisierte. Setzte erstere vor allem auf spektakuläre öffenlichkeitswirksame Aktionen und feste Strukturen, rückte das BAT die egalitäre Vernetzung von Basisgruppen und den Erfahrungsaustausch in den Vordergrund.

Eine breite Mobilisierung: Gegen die Abschaffung des Artikel 16, des individuellen Rechts auf Asyl

Im Spätherbst 1992 begann der Staat nun mehr einzelne neonazistische Organisationen zu verbieten, nachdem zunehmend Menschen auf die Straße gegangen waren, um gegen ›Ausländerfeindlichkeit‹ zu demonstrieren. Am 26. Mai 1993 beschloss die Regierungskoalition von CDU/CSU und FDP mit den Stimmen der Sozialdemokraten die Änderung des Grundgesetzes und damit die faktische Abschaffung des Grundrechtes auf Asyl. Drei Tage später wurden in Solingen fünf türkische Menschen bei einem rassistischen Brandanschlag ermordet. Nachdem, so zynisch es klingen mag, Deutschland für ›Fremde‹ abgeschottet wurde, formierte sich die liberale bürgerliche Öffentlichkeit und versuchte mit Lichterketten und öffentlichen Solidaritätsadressen an die ›ausländischen Mitbürger‹ der extremen Rechten Einhalt zu gebieten.[7] Und tatsächlich verschwanden rechtsextreme Gruppen in der folgenden Zeit zumindest aus der öffentlichen Wahrnehmung.

In jener Zeit lösten sich vielerorts Antifa-Gruppen aufgrund eines offensichtlich mangelnden Feindbildes, bzw. des zurückgehenden Straßenterrors und einer zunehmend desolaten Rest-Linken auf.

›Antifa heißt Busfahren‹

Jenseits der öffentlichen Wahrnehmung erholte sich die neonazistische Rechte von den staatlichen Verboten und reorganisierte sich. Ab 1995/96 begann sie zusehends wieder selbstsicherer aufzutreten. Zum wichtigsten Aktionsfeld entwickelte sich die Agitation gegen die so genannte Wehrmachtsausstellung. Als ›Ehrverteidiger‹ für ›unsere Großväter‹ gelang es der extremen Rechten erstmals seit vielen Jahrzehnten wieder am 1. März 1997 in München über 5.000 Alt- und Neonazis zu einer Demonstration zu mobilisieren.

Der ›Durchbruch der Bewegung‹: 5.000 Neonazis und extrem Rechte demonstrierten in München gegen die ›Wehrmachtsausstellung‹

Die antifaschistischen Gegenaktivitäten standen unter dem selbstironischen Motto: ›Antifa heißt Busfahren‹. Nach einer anfänglich starken bundesweiten Mobilisierung zur Verhinderung solcher Aufmärsche sank mit deren steigender Frequenz die Bereitschaft ganze Wochenenden im Bus zu verbringen. Hinzu kam ein sich ausbreitendes Ohnmachtsgefühl angesichts einer vielfachen polizeilichen Übermacht, die die Durchführung der neonazistischen Aufmärsche gewährleistete, indem sie zumeist brutal gegen die protestierenden Antifaschisten vorging. In dieser Zeit gewann zudem die extrem rechte Erlebniswelt in Form von RechtsRock-Konzerten zunehmend an Bedeutung für die neonazistische Szene. Da die Konzerte jedoch äußerst konspirativ organisiert werden, waren und sind Gegenaktivitäten nur sehr schwer möglich.

Positiv bleibt letztlich doch zu vermerken, dass sich als Reflex auf die massenhaften Demonstrationsanmeldungen seitens der extremen Rechten allerorts vielfältige regionale ›Bündnisse gegen Rechts‹ gründeten, in denen kirchliche, gewerkschaftliche bis hin zu radikal linken oder autonomen Gruppen zusammenarbeiten.

Der Aufruferkreis zu antifaschistischen (Gegen-)Demonstrationen zeigt heute, wie breit diese Bündnisse geworden sind. Trotz der oft fundamentalen politischen Differenzen versuchen bürgerliche als auch radikale Gruppen, Sozialdemokraten, Gewerkschaftler und Autonome gemeinsam neonazistische Aufmärsche zu verhindern. Laufen die Aktivitäten dieser unterschiedlichen Akteure zusammen, wird in der Regel auf eine seit Jahren aus der autonomen Antifa sowie der VVN gewachsenen Infrastruktur in Form von Publikationen, Archiven und Bildungsinitiativen zurückgegriffen. Diese seit vielen Jahren kontinuierlich arbeitenden Strukturen bilden das Rückgrat der antifaschistischen Bewegung.

Antifaschistische Informations- und Kommunikationsmedien

In diesen Strukturen spielen die verschiedenen antifaschistischen Zeitungen eine besondere Rolle. Sie informieren über die Strukturen und Inhalte sowie über die Strategie und Bedeutung der extremen Rechten und berichten über antifaschistische Gegenaktivitäten. Dabei versuchen sie mit ihren Analysen antifaschistischen Initiativen vor Ort den überregionalen Zusammenhang der lokalen neonazistischen Szenen zu verdeutlichen und antifaschistische Strategien im Hinblick darauf abzustimmen.

Als Zeitschriften mit dem Themenschwerpunkten Faschismus/Antifaschismus erscheinen in Deutschland nur eine Handvoll Publikationen, die zudem nur im Abonnement, im Handverkauf oder im gut sortierten linken Buchhandel erhältlich sind. Ein Teil der Zeitungen werden für eine bestimmte Stadt oder Region produziert, wie das über den norddeutschen Raum berichtende Zeitungsprojekt Enough is enough oder Lotta in NRW. Währenddessen haben sich die bundesweiten Zeitungsprojekte entsprechend ihrer Zielgruppe unterschiedliche Schwerpunkte gesetzt. Der SPD nahe stehende blick nach rechts bietet alle zwei Wochen gut recherchierte Artikel zum neonazistischen Spektrum, blendet aber leider das Thema des gesellschaftlichen und staatlichen Rassismus aus. Einen Schwerpunkt auf die ›Braunzone‹, dem Schnittbereich zwischen extremer Rechter und Rechtskonservatismus, legt hingegen die zweimonatlich erscheinende Publikation Der Rechte Rand – Informationen von und für AntifaschistInnen.

Obwohl auch das Antifaschistische Info Blatt (AIB) über diese Schnittmenge berichtet, widmet sich diese Zeitung doch vorwiegend dem militanten Neonazismus sowie dem RechtsRock und versucht der Antifa-Szene Forum für die eigene Strategiediskussion zu sein.

Das Antifaschistische Info Blatt

Das AIB versteht sich als Teil und Ausdruck der antifaschistischen Bewegung. Neben der Veröffentlichung von Fakten und Einschätzungen über die extreme Rechte bedeutet dies vor allem, sich an antifaschistischen Strategiedebatten zu beteiligen und zu versuchen, sie voran zu treiben. Entsprechend diesem Selbstverständnis steht die Entstehung und das Gedeihen des Blattes in einem engen Zusammenhang zur Entwicklung unabhängiger antifaschistischer Gruppen.

Das AIB – 15 Jahre antifaschistische Politik

Vor dem Hintergrund erster Neonazi-Kundgebungen und brennender Flüchtlingsunterkünfte beschlossen in Berlin 1987 Menschen aus verschiedenen basisdemokratischen Initiativen, den verschiedenen Antifa-

Publikationen ›gegen Rechts‹: blick nach rechts, Enough is enough, Der Rechte Rand, Antifaschistisches Info Blatt

Debüt in deutsch-türkisch: Antifaschistisches Info Blatt, Nr. 1, 1987

Gruppen in West-Berlin und der BRD ein Sprachrohr zu geben: »Wir sehen die Notwendigkeit einer verstärkten antifaschistischen und antirassistischen Mobilisierung, die von Deutschen und Ausländern getragen wird, hier in West-Berlin heißt (daß) natürlich mit den Menschen aus der Türkei zusammen. Bis heute gibt es jedoch nur sehr wenig Gegenöffentlichkeit und Widerstand, der über den Kreis der Linken hinausgeht. Das INFO soll die Aktionen, Kampagnen und Kleinarbeit durch Veröffentlichung unterstützen. Es soll unterschiedliche Protest- und Widerstandsformen aus verschiedenen gesellschaftlichen Bereichen vorstellen und damit ein Zusammenkommen zum gemeinsamen Widerstand unterstützen. Viele Menschen haben ihre eigenen Erfahrungen mit Nazis und Rassisten gemacht, wir wollen die Möglichkeit geben, diese Sachen zu veröffentlichen, um gemeinsam überlegen zu können, wie wir uns am besten wehren wollen.«[8] Ein praktisches Ergebnis dieses Anspruches war es, dass zumindest die ersten Ausgaben des *AIB* zweisprachig in Deutsch und Türkisch erschienen.

Im Vordergrund der Berichterstattung stand seinerzeit, so skurril das heute auch klingen mag, die Existenz und die Gefährlichkeit extrem rechter und neonazistischer Strukturen nachzuweisen.[9] Allerdings beschränkten sich die Analysen nicht nur auf dieses Spektrum, sondern es wurde von Anfang an auch über die ›Braunzone‹ berichtet, über Think Tanks und Kulturorganisationen, in denen extrem Rechte mit bürgerlichen Konservativen diskutieren.

Gegen völkische Formierung und neonazistischen Straßenterror: AIB, Nr. 11, 1990

Die Welt nach 1989

Den Reaktionen der antifaschistischen Bewegung auf die Entwicklungen nach 1989/90, mit seinem Rechtsruck in Politik und Gesellschaft, haftet rückblickend ein fader Beigeschmack an. Die lokalen und regionalen antifaschistischen Gruppen waren konfrontiert mit und oft auch überfordert von einer, bisher in diesem Ausmaß noch nicht dagewesenen, offen agierenden extremen Rechten.

Das *AIB* prangerte in jener Zeit immer wieder die populistische Debatte um die faktische Abschaffung des Rechts auf Asyl an, verwies auf die Verbindung der bestehenden rassistischen Haltung und der Gewalt von Neonazis (Beispiel: Rostock-Lichtenhagen) und berichtete über den Rassismus in den bundesdeutschen Institutionen (Polizei, Bundeswehr, Ausländerbehörde, etc.). Dennoch ermöglichte die leider notwendige ›Feuerwehrpolitik‹ vor Ort 1991–1993 nicht die Umsetzung einer Politik gegen den sich formierenden nationalistischen und rassistischen Konsens.

Als Konsequenz folgte für das *AIB* daraus, zwar weiterhin über militante Neonazis zu berichten, den Fokus nun mehr aber verstärkt auf die gesellschaftliche Schnittmenge zwischen Rassismus und extremer Rechter zu richten. Hinzu kam die kritische Begleitung der Debatte um das Thema ›Jugend und Rechtsextremismus‹.

Aus der Beobachtung und Auseinandersetzung von Antifas mit der rechten Skinhead-Szene zeichnete sich frühzeitig die Entwicklung im Bereich des RechtsRock ab. Deutlich wurde dabei, dass es sich bei den Musikern und Hörern keineswegs, wie in den sozialwissenschaftlichen Erklärungsansätzen favorisiert, um so genannte Modernisierungsverlierer handelte,[10] sondern zumeist um sozial abgesicherte chauvinistische Rassisten. Die kritische Auseinandersetzung mit schlicht pädagogisierenden Konzepten, die den ›Verwirrten helfen wollten‹, war daher zwangsläufig. Das *AIB* setzte dem, sich in der gesellschaftlichen Suche um Lösungsansätze durchsetzenden Ansatz der akzeptierenden Jugendarbeit die Forderung entgegen, den ursächlichen Zusammenhang zwischen institutionellem und gesellschaftlichem Rassismus und dem Wiedererstarken der extremen Rechten zu thematisieren. Denn rassistische Gewalt lässt sich nicht auf ein Jugend- oder Gewaltproblem reduzieren.

Faschismus – ein Jugendproblem: Das AIB bezieht Stellung zu ›akzeptierender Jugendarbeit‹

Das AIB als Bewegungsblatt

Bis heute ist das *AIB* dem Selbstverständnis entsprechend eine Zeitung geblieben, die Menschen aus antifaschistischen Gruppen für die antifaschistische Bewegung machen.

Ein offener Ansatz: Diskussionsangebote an verschiedene Spektren der antifaschistischen Bewegung

Das funktioniert allerdings nicht so reibungslos, wie es hier vielleicht anklingt. Über die Jahre haben sich feste Zeitungsstrukturen herausgebildet, die das regelmäßig, unregelmäßige Erscheinen sichern. Neben der Auseinandersetzung über verschiedene Standpunkte und Einschätzungen hinsichtlich der Entwicklung der extremen Rechten und der bundesdeutschen Gesellschaft, existieren in der Redaktion wie auch in anderen politischen Projekten Generationskonflikte und Streit um Arbeitsteilung und -abläufe.

In den verschiedenen antifaschistischen Strategiedebatten der letzten Jahre vertrat das *AIB* selbst immer einen offenen Ansatz, der auf die Einbeziehung bzw. die Zusammenarbeit mit allen gesellschaftlichen Kräften setzt, die einen entschiedenen Kampf gegen die extreme Rechte und seine Entstehungsbedingungen in staatlichen und gesellschaftlichen Strukturen führen wollen. Dabei kann es allerdings nicht darum gehen, möglichst große, aber inhaltsleere Bündnisse zu schaffen. Wichtig ist vielmehr, mittels detaillierter Sachkenntnis als kompetent anerkannt zu werden und so den eigenen politischen Standpunkt vertreten und verteidigen zu können.

Das *AIB* bewegt sich dabei zunehmend in dem Spannungsfeld zwischen dem Anspruch, Diskussionsforum als auch Informationsschrift zu sein. Während die antifaschistische Bewegung sich einerseits politisch immer weiter ausdifferenziert, andererseits jedoch viele Gruppen ›Nachwuchssorgen‹ haben bzw. mit desinteressierten Menschen konfrontiert sind, wächst der Informationsbedarf über die extreme Rechte.

Hinzu kommt der Spagat, neben den bestehenden zumeist jugendlichen, subkulturell geprägten Antifa-Gruppen weitere Kreise der Gesellschaft für die Zeitschrift zu interessieren. Und mit zunehmender Komplexität der extremen Rechten darf nicht vergessen werden, auf eine allgemeine Verständlichkeit zu achten, damit das AIB nicht zu einem abgehobenen Fachjournal für Insider wird.

Antifaschistische Bewegung ist auch Jugendkultur: Mobilisierung für ein antifaschistisches Sommercamp, 2001

Zivilgesellschaft?

Wie bereits nach den rassistischen Anschlägen Anfang der 90er-Jahre, löste spätestens der bis heute ungeklärte Sprengstoffanschlag in Düsseldorf im Juli 2000 eine erneute breite öffentliche Diskussionen um die Gefahren des Rechtsextremismus aus. In diesem ›Sommer des Antifaschismus‹ wurde allerorts von Seiten der Politiker die ›Zivilgesellschaft‹ beschworen.

Seit Jahren arbeitende antifaschistische Gruppen wurden plötzlich von allen Seiten als vorbildliche politische Initiativen gelobt, ihre Recherchen honoriert, während die von ihnen geäußerte Kritik am gesellschaftlichen Rassismus ausgeblendet beziehungsweise beiseitegeschoben wurde. Unversehens fanden sie sich in einem Bündnis wieder, zu dem nicht nur gesellschaftlich progressive Kräfte gehörten, sondern auch der Flüchtlinge abschiebende Innenminister Schily und der extrem konservative bayrische Innenminister Beckstein. Bei vielen Gruppen resultierte daraus das ungute Gefühl der Vereinnahmung unter dem Vorzeichen politischer Entleerung, das zu dem Wunsch nach Abgrenzung führte. Abgrenzung von jenem Teil der selbst ernannten Zivilgesellschaft, der zwar den ›Kampf gegen Rechts‹ propagiert, für die politische Situation aber eine erhebliche Mitverantwortung trägt.

Auseinandersetzung mit ›Rassismus aus der Mitte der Gesellschaft‹ rückt zunehmend in den Fokus: antirassistisches Sommercamp in Straßburg, 2002

Das AIB versuchte in dieser Frage vor einer vorschnellen Abgrenzung zu warnen und riet stattdessen in einem Schwerpunkt zum Zustand und Perspektiven antifaschistischer Arbeit, den Blick auf die realen Verhältnisse vor Ort zu richten.[11] Da für die meisten Antifa-Initiativen eine totale Abgrenzung von der Zivilgesellschaft zur Isolierung und damit zur politischen Bedeutungslosigkeit führen musste, setzte sich das AIB vor allem für die Schaffung eines eigenen, klar antifaschistisch-antirassistischen Profils ein. Eine Forderung, der sich auch das AIB stellte musste. Sowohl das eigene Profil als auch das einer gesamten Bewegung hängen entscheidend davon ab, wie die eigene Gesellschaftskritik hinsichtlich des Bedingungsverhältnisses von ›Mitte‹ und extremer Rechter jenseits einer reinen ›Anti-Nazi‹-Haltung vermittelt werden kann.

Das AIB, aber auch andere antifaschistische Zeitungen sehen daher ihre Rolle darin, auf die ›Zivilgesellschaft‹ einzuwirken, anstatt sich von ihr abzugrenzen. Ein Schritt in diese Richtung war ein verändertes, professionelleres Erscheinungsbild, das einen erweiterten Leserkreis ansprechen soll. Das eine äußerliche Veränderung allerdings nicht Zwangsläufig die Aufgabe der eigenen Position bedeutet, sollte der inhaltliche Schwerpunkt zeigen: »Mit dem Schwerpunkt ›GLEICHE RECHTE – NO RACISM‹ wollen wir einen Beitrag zur notwendigen Auseinandersetzung mit den gesellschaftlichen Zuständen leisten. Denn Rassismus und Nationalismus sind keine randständigen Phänomene. Ihre Wurzeln liegen im alltäglichen Denken und Handeln, in politischen Diskursen, Regelungen und Gesetzen.«[12]

Kern antirassistischer und antifaschistischer Arbeit: Gleiche Rechte für Alle

›Allein machen sie dich ein ...‹

Rassismus im Allgemeinen und die extreme Rechte im Besonderen kann nur bekämpft werden, wenn es gelingt, auf breiter gesellschaftlicher Ebene eine Gegenmacht aufzubauen. Eine wichtige Voraussetzung dafür ist, antifaschistische Strukturen unter Wahrung ihres politischen Profils dauerhaft in gesellschaftliche Bündnisse einzubinden, um so eine größtmögliche Öffentlichkeit und Ausstrahlungskraft zu erreichen. Dabei kommt antifaschistischen Zeitschriften ein besonderer Stellenwert zu; sie sind in der antifaschistischen Bewegung verwurzelt und mit ihrem weit über diese Szene hinaus reichendem Leserkreis darauf angelegt, politische Akzente in den gesellschaftlichen Diskussionen zu setzen.

Mit Informationen über Neonazis, deren Inhalte und Strukturen gelang es oftmals, sie gesellschaftlich zu isolieren. Gleichwohl versagt dieses Konzept, wenn es sich dabei eben nicht um Rechtsextremisten handelt, sondern um demokratische Politiker, die mit manchen Aussagen, Gesetzesvorlagen und Wahlkampagnen dem gesellschaftlichen Rassismus Vorschub geleistet haben. Auch dann, wenn, wie in einigen Regionen der Fall, Rechtsextremisten gesellschaftlich akzeptiert, ja sogar offen unterstützt werden, ist diese Konzept zum Scheitern verurteilt. Deshalb müssen antifaschistische Medien und Gruppen sorgsam darauf achten, nicht nur die extreme Rechte zum Objekt ihrer politischen Arbeit zu machen und damit zu einem alternativen Verfassungsschutz zu geraten.

Rechtsextremismus ist mit seinen Erscheinungsformen des Rassismus, Nationalismus, Sexismus und Autoritarismus in der Mitte der Gesellschaft verwurzelt. Konsequente antifaschistische Politik muss daher auch immer diese gesellschaftlichen Zusammenhänge kritisieren.

Anmerkungen

1 Vgl. beispielsweise die Publikationen der rechtskonservativen Autoren Hans-Helmuth Knütter: Die Faschismus-Keule, Frankfurt/M., 1993, Claus M. Wolfschlag: Das ›antifaschistische Milieu‹, Graz, 2001 oder aus dem neonazistischem Spektrum: Der Einblick, Randers/DK, 1993.
2 Vgl.: Schneider, Ulrich: Zukunftsentwurf Antifaschismus, Bonn, 1997.
3 Vgl.: Brand, Karl-Werner: Aufbruch in eine andere Gesellschaft, Frankfurt/M., New York 1986, sowie: Roth, Roland; Rucht, Dieter: Neue Soziale Bewegungen in der Bundesrepublik Deutschland, Bonn, 1987.
4 Geronimo: Feuer und Flamme. Zur Geschichte und Gegenwart der Autonomen, Berlin; Amsterdam, 1990.
5 Agnoli, Johannes: Zur Faschismus-Diskussion, Hamburg, 1973.
6 Oftmals standen lokale Treffpunkte oder neonazistische Zentren im Mittelpunkt antifaschistischer Arbeit vor Ort, beispielsweise gegen das Zentrum der

Nationalistischen Front in Bielefel oder gegen das Haus des FAP-Kaders Karl Polacek in Adelebsen bei Göttingen.

7 Autonome l.u.p.u.s. gruppe: Lichterketten und andere Irrlichter. Texte gegen finstere Zeiten, Berlin; Amsterdam, 1994.

8 Antifaschistisches Info Blatt, Nr. 2, Dezember, 1987: Gegen Faschismus und Rassismus gemeinsam kämpfen.

9 Im Vordergrund stand dabei die Berichterstattung über den sich im Untergrund vollziehenden Wiederaufbau der NSDAP/AO, der lange Zeit von staatlicher Seite geleugnet wurde. Siehe ausführlich: ID-Archiv im SSSG (Hg.): Drahtzieher im braunen Netz. Der Wiederaufbau der NSDAP, Berlin; Amsterdam, 1992.

10 Siehe exemplarisch den Aufsatz von Wilhelm Heitmeyer, der diese Interpretation prägte: Das Desintegrations-Theorem. Ein Erklärungsansatz zu fremdenfeindlich motivierter, rechtsextremistischer Gewalt und zur Lähmung gesellschaftlicher Institutionen. In: Heitmeyer, Wilhelm (Hg.): Das Gewalt-Dilemma. Gesellschaftliche Reaktionen auf fremdenfeindliche Gewalt und Rechtsextremismus, Frankfurt/M., 1994, S. 29-69.

11 Antifaschistsiches Info Blatt, Nr. 50, Januar 2000: Schwerpunkt: Zustand und Perspektiven antifaschistischer Arbeit.

12 Antifaschistisches Info Blatt, Nr. 52, Frühjahr 2001, S. 3: Editorial.

Erik Weckel

Wes' Lied ich sing ...

Demontagen: Gewerkschaftliche Strategien gegen Rechts

Ali [...]
wir atmen hier den gleichen Dreck
wenn wir vom Werk heimkommen
dann ist bei dir und mir die Puste weg.
So beuten sie uns beide aus
und schmeißen uns beide raus,
weil unser Hals in gleicher Schlinge steckt [...]
Sie machen gutes Geld mit dir
da am Montageband
und vieles von dem Reichtum hier
kommt auch aus deinem Land
Bots[1]

Die Band Bots klagte an: Wohlstandschauvinismus der Mehrheitsgesellschaft, Erwerbslosigkeit, Sexismus, Nationalismus, paternalistische Überheblichkeit und Rassismus. Die Botschaften fielen in den Hochphasen der Friedens-, Frauen- und Ökologiebewegung auf fruchtbaren Boden. Die Musik begleitete uns an jedem Wochenende zum Tanz, mit ihr demonstrierten wir und ›standen auf gegen Staat und Kapital‹, kämpften für eine Welt ohne Waffen und Gewalt. Musik und Texte spiegelten unser Lebensgefühl und mobilisierten uns. Musik zu hören und »Lieder zu singen ist politische Bildung«.[2]

Wie bereits die NSDAP versucht auch die heutige extreme Rechte sozialpolitische Themen zu besetzen – am 1. Mai auf der Straße: NPD 1998 in Leipzig

RechtsRock, Arbeit und Gewerkschaften

Das Lebensgefühl anzusprechen und damit das Denken und Handeln der Menschen zu erobern und zu besetzen, versuchen Rechtsextremisten seit Ende der 70er-Jahre. Zuvor prägte ihre Kultur das traditionelle Volks- und Marschlied, von nun an sollte auch die Rockmusik ihre Geisteshaltungen in die Köpfe der Menschen transportieren.[3]

RechtsRock wird heute auch genutzt, um die Gewerkschaften zu diffamieren und zu zerstören. Gewerkschafter werden wieder verstärkt zum Ziel von Angriffen, Bedrohungen und Diffamierungen, ob im Internet, auf Flugblättern, Plakaten, Transparenten und per E-Mail.[4]

Bereits Ende der 60er-Jahre unterstützte die NPD eine eigene Gewerkschaftsorganisation, den Unabhängigen Bergarbeiterverband. In den 80er-Jahren unterwanderte sie den Deutschen Arbeitnehmer Verband (DAV). Seit der Einschränkung des Asylrechts 1993 setzt die NPD wieder verstärkt auf die national-soziale Agitation und attackiert die Gewerkschaften. Sie schreien: »Arbeit zuerst für Deutsche« oder »Wir schaffen Arbeit – Berlin schafft nichts«. Seit 1996 versucht die NPD, den 1. Mai als nationalen Kampf- und Gedenktag zu besetzen. Demonstrationen in Hannoversch-Münden, Leipzig und Berlin mit bis zu 5000 Teilnehmer folgten. Lediglich in Bremen 1999 konnte der Aufmarsch verboten werden. Heute ist die rechte Besetzung des 1. Mai fest etabliert, bietet die soziale Demagogie doch eine gute Gelegenheit, in antisemitischer Diktion gegen das Finanzkapital zu agitieren, wie zuletzt am 1. Mai 2001 in Frankfurt geschehen.

Die ›Arbeiterklasse‹ im Visier: Sampler der NPD-Jugendorganisation, 1998

Zur Unterstützung ihrer Agitation pressten die Jungen Nationaldemokraten (JN, die Jugendorganisation der NPD) eine CD Kampflieder zum 1. Mai. In einem Prolog machen sie deutlich, worum es ihnen geht: »Der 1. Mai gehört nicht den Gewerkschaften, sondern uns!« Arbeiterlieder, Lyrik, Balladen, schneller Beat und harter Rock, alle Songs sprechen Arbeiter, Bürger, Bauern und Jugendliche an. Sie singen von der Frohn der Arbeit und dem Genuss des Kapitals, über Not und Elend der Arbeiterklasse, vom Kampf gegen Verknechtung, gegen Globalisierung und Europa. Sie grölen vom Ausverkauf des ›deutschen Volkes‹ und ›Ausländer raus‹; von ›deutscher Arbeit‹ und ›Arbeit zuerst für Deutsche‹, heulen von ›den Fahnen und vom Vaterland‹, vom ›Stolz auf Deutschland‹ und der ›Zukunft im Deutschen Reich‹. Die RechtsRocker stellen sich als die wahren Vertreter der schaffenden ›Volksgemeinschaft‹ dar. Idealisiert werden die körperliche Arbeit und die ›proletarische Heimat‹, Begriffe, die in Kontradiktion zum Mittelstand, zum Bürgertum benutzt werden. Antikapitalistische Diktion wird zur antisemitischen Hetze gegen ein angeblich jüdisches und raffendes Kapital.

Gegen die Globalisierung möchte die extreme Rechte die Volksgemeinschaft setzen: Flugblatt zur 1. Mai-Demonstration 2001 in Frankfurt/M.

Doch so groß das lyrische Netz auch ist, mit dem die Barden nach der ›Working Class‹ fischen, real stellen sie sich nicht der zunehmenden Monetarisierung entgegen, sondern propagieren ›Rasse‹ und ›Volksgemeinschaft‹ als Lösung aller Probleme. So schmettern sie vom ›nationalen Widerstand‹ und fordern die Menschen auf, mit ihnen auf die Straße zu gehen: »Auf die Straße zum 1. Mai. [...] Am 1. Mai gehört uns die Straße, [...] wenn der nationale Widerstand marschiert.« (Text und Musik: Höllenhunde). Sie sind überzeugt: »Unseren Worten müssen Taten folgen« (Minnesang).

Die Texte gehen oft von der eigenen Misere aus, rechtfertigen eigene Gewalt als ›Gegengewalt auf Provokationen‹. Das eigene Elend wird zum Elend Deutschlands und umgekehrt. In den Liedern bieten sie persönliche und gesellschaftliche Lösungsmöglichkeiten, die sich letztendlich darauf reduzieren lassen, Deutschland von seinen ›Todfeinden‹[5] zu ›reinigen‹. Sie greifen die soziale Frage auf und bieten hierfür national-autoritäre Lösungen. Sie rufen hemmungslos und unverschleiert zu Hass und Mord auf.[6] Wen wundert es, dass die Hörer dieser Musik, oft genug – ob nach Konzerten oder Partys zu Hause – losziehen und sich ein paar Opfer suchen.

Schon die Bandnamen betonen das Deutsche, das Kämpferische und nutzen Symbole der Nazi-Kultur. Überfälle auf Wohnungslose, Misshandlungen von Behinderten, Brandanschläge auf Asylbewerberheime und Morde beweisen, dass die Parolen keine leeren Worte sind: Ihnen folgen Taten.[7] Musikalisch benutzen sie alle Genres, vom Schlager über das Kinder- und Volkslied, Balladen, Country, leichte Tanz-, harte Rockmusik und Montagen. Sie greifen auf bekannte und vertraute Musik mit einfachen Strukturen zurück. Die Musik bedarf keinerlei Konzentration oder kognitiver Leistung, sie ist eingängig. So montieren die »Zillertaler Türkenjäger« ihre rassistischen Texte zum Beispiel in die bekannte Melodie von Udo Lindenbergs Sonderzug nach Pankow.

Sprache, Denken und Handeln bilden eine untrennbare Einheit, auf die der RechtsRock zielt. Die Musik sorgt für Aufmerksamkeit und lenkt die Gefühle der Menschen (sozial-emotionale Dimension). Nach Georg Picht gilt Musik als das empfindlichste Instrument einer Kultur, das als unwiderstehliches Mittel eingesetzt wird, um die Kritikfähigkeit der Massen zu zerstören.[8]

Die Musikrezeption verläuft immer als Prozess zwischen Person, Musik und Lebenssituation. Die Person steht im Zentrum: ihr Alter, Geschlecht, Sozialisation, Persönlichkeitsstrukturen, Vorlieben und Abneigungen. Die Situation ist der musikalische Darstellungsraum, darunter fällt die Art der (technischen) Vermittlung und die Beschaffenheit der Musik, aber auch die Stimmungslage der Person, individuell-psychologisch und gesellschaftlich-kommunikativ. Bezüglich der allgemeinen und musikalischen Sozialisation sind von Bedeutung die historische Zeit, gesellschaftliche Wertvorstellungen und musikbezogene Normen, Familienstruktur, ökonomisches und soziales Milieu, Ausbildung, Peer-Group-Konfigurationen und Medienrezeption.[9] Musik stiftet Identität. Sie zeigt, dass ›wir dazugehören‹ und stellt damit ein Kennzeichen oder Symbol öffentlicher und privater Identität dar. »Musikalische Lebenswelten stellen grundsätzlich eine Reaktion auf gesellschaftliche Phänomene dar und sind zugleich Bestandteil gesellschaftlicher Realität«[10].

Dies ist der historische und kultursoziologische Hintergrund auf dem der gewerkschaftliche Kampf gegen Rechts stattfindet. Rechte Musik ist für viele junge Menschen der Einstieg in die gewaltbereite Szene. Einen Einstieg, den bereits 10-Jährige vollziehen.

Nun paß mal gut auf / da steht der Sonderzug nach Mekka / da mußt du jetzt hin / raus aus unserm Berlin / wir woll'n euch hier nicht / niemand will euch hier mehr sehen / mit eurer fremden Kultur / mit der stört ihr uns nur / wir haben die Schnauze voll von euch / ihr sollt euch verpissen / kein Deutscher weit und breit wird euch hier vermissen / ihr liegt uns auf der Tasche / das ist eure Masche / verdammtes Lumpenpack haut endlich ab ...

Passage aus dem extrem rassistischen Song ›Der Sonderzug nach Mekka‹, Zillertaler Türkenjäger, 1997

Gewerkschaften gegen Rechts?

Rezipiert wird RechtsRock von vielen Menschen, besonders von Jugendlichen. Sie dröhnt in Werkstätten, aber auch auf gewerkschaftlichen Seminaren. Im Rahmen einer Schulung der Gesamtjugend- und Auszubildendenvertretung (GJAV) mit 150 JAVler zu Rechtsextremismus und RechtsRock, erzählten JAVler wie selbstverständlich, dass die meisten die Musik kennen würden und sie selbst hörten. Betriebsräte sammeln immer öfter selbstgebrannte CDs ein, damit der verrockte Menschenhass

Gewerkschaften als Interessenvertretung für rechte Jugendliche? Studie im Auftrag der IGM, 2000

nicht weiter in die Köpfe vordringen kann – doch wie können Gewerkschafter auf das Vordringen rechter Orientierungen in der Gesellschaft (Außenverhältnis) und im Besonderen bei ihren Mitgliedern (Binnenverhältnis) reagieren?

Der Deutsche Gewerkschaftsbund und seine Gewerkschaften werden weder Antisemitismus, Rassismus noch Fremdenfeindlichkeit hinnehmen, sondern überall und immer wieder mit allen ihren Möglichkeiten bekämpfen

Dieter Schulte,
DGB-Vorsitzender 1997

Seit Mitte der 70er-Jahre befindet sich die Bundesrepublik in einer Phase gesellschaftlicher Polarisierung in Arm und Reich, die sich mit der Vereinigung der beiden deutschen Staaten 1990 weiter verschärfte. In diesen Krisenphasen traten Konflikte wieder in den Vordergrund, die in den Prosperitätsphasen vergessen schienen.[11] Mit dem Wechsel vom keynesianischen zum neoliberalen Politikmodell verabschiedete sich die Bundesrepublik vom Ziel der Angleichung der Lebensverhältnisse und kehrte zurück zu darwinistischen Vorstellungen, die Eliten zu fördern in der Hoffnung, diese würden mit ihrem Vorwärtsdrang die Schwächeren mitreißen – eine Politik, die Ungleichheit fördert, da Ungleichheit die Gesellschaft in Bewegung halte und entwickle. Dieses Denken fällt historisch vor die Französische Revolution zurück. Noch im 18. Jahrhundert galt die Vorstellung, dass die Menschen von Natur aus ungleich seien. Die Ideologien der Ungleichheit halten sich jedoch bis heute und füttern den rassistischen Diskurs. Zu ihnen gehören Rassismus, Sexismus, Nationalismus.

RechtsRock ist ein neuer Träger verschiedener Ideologien der Ungleichheit. Er setzt am sozialen Sprengstoff an, um das Bestehende zu zerstören und seine kruden Gesellschaftshierarchien zu rekonstruieren.

Gewerkschaften treten im Außenverhältnis ein für eine Gleichstellungspolitik, besonders für die Förderung der sozialen Integration ausländischer Arbeitnehmer.[12] Dies bedeutet einen »Kampf für gleiche Lebenschancen. Gleiche Lebenschancen setzen die Verwirklichung des Rechts auf Arbeit, auf Bildung und Ausbildung sowie den Schutz vor Willkür und Diskriminierung für alle Menschen in Deutschland voraus«, so DGB-Vorsitzender Dieter Schulte 1997. In seiner Eröffnungsrede zum DGB-Bundeskongress im Juni 1998 sagte er: »Der Deutsche Gewerkschaftsbund und seine Gewerkschaften werden weder Antisemitismus, Rassismus noch Fremdenfeindlichkeit hinnehmen, sondern überall und immer wieder mit allen ihren Möglichkeiten bekämpfen«.[13] Starke Worte, die nicht neu sind, sondern ihre Gültigkeit seit der Niederlage des deutschen Faschismus haben. Dennoch urteilten Wissenschaftler Anfang der 90er-Jahre, dass die Politik der Gewerkschaften geprägt sei von »relativ weitgehender Blindheit gegenüber strukturellen Entstehungsbedingungen und alltäglichen Ausdrucksformen von ethnischen Diskriminierungen«[14] und eine Politik »gegen strukturelle Ursachen der Entstehung von rechtsextremistischen Orientierungen und Handlungen nicht stattfindet«[15]. Dieses Urteil ist pauschal nicht haltbar. Dennoch – die Gewerkschaften tun sich schwer mit dem Perspektivenwechsel vom ›Gastarbeiterland‹ zum ›Einwanderungsland‹ Deutschland. Und einem großen Teil ihrer Mitglieder fällt dies noch schwerer.[16]

Das Problem schon in den frühen 80er-Jahren erkannt: antirassistische Kampagne der deutschen Gewerkschaften

Studien belegten wiederholt eine deutlich höhere Neigung zu völkischem, nationalistischem und autoritären Denken bei gewerkschaftlich organisierten Arbeitnehmer als bei unorganisierten Arbeitnehmern.[17] Gewerkschaftsmitglieder ordnen den Wohlstand verstärkt deutschen Tugenden wie Fleiß, Erfindergeist und Disziplin zu und nehmen die Migranten für Erwerbslosigkeit, Armut und Wohnungsnot in Verantwortung. Wahlforscher ermittelten bei gewerkschaftlich organisierten Arbeitern und Angestellten eine überdurchschnittliche Anfälligkeit für die extreme Rechte. Richard Stöss schreibt sogar von der »Proletarisierung des Rechtsextremismus«.[18]

Die gelbe Hand: Symbol für Antirassismus der 80er-Jahre

Die Verdrängung dieser »Proletarisierung« hat in den Gewerkschaften Tradition. Im Zentrum ihrer Faschismus- und Rassismusanalyse stand lange die Rolle des Kapitals. Die Arbeiterschaft wurde aufgrund ihrer Klassenlage als immun gegen extrem rechte Ideologie begriffen. Eine schon historisch unhaltbare Behauptung, die aber die notwendige innergewerkschaftliche Auseinandersetzung mit Rassismus und extrem rechtem Gedankengut behinderte. Tatsächlich gelang der NSDAP auch der Einbruch ins Arbeitermilieu.[19]

Den programmatischen Anspruch, ausländische Arbeitnehmer im gleichen Umfang gewerkschaftlich zu vertreten wie ihre deutschen Kollegen, erhob der DGB erst 1971. Anfang der 80er-Jahre übernahm die DGB-Jugend von der französischen Organisation SOS Racisme das Symbol der ›Gelben Hand‹: »Mach meinen Kumpel nicht an! Gegen Ausländerfeindlichkeit und Rassismus«. SOS mobilisierte damit besonders in Frankreichs Großstädten eine schweigende liberale Mehrheit gegen wachsende Angriffe gegen Arbeitsmigranten aus Nord- und Schwarzafrika. Der Sticker soll vorrangig die eigenen Mitglieder sensibilisieren und motivieren, gegen Rassismus einzutreten.

Zu den klassischen Formen der Auseinandersetzungen gegen Rechts zählen 1.-Mai-Demonstrationen gegen die Provokation von Rechts. Die Gewerkschaften organisieren Konzerte (Rock gegen Rechts, Move gegen Rassismus und Neonazis), Arbeitseinsätze in Gedenkstätten (z.B. in Buchenwald), Ausstellungen, Zeitungen (z.B. *RAG, Rundbrief antifaschistischer/antirassistischer Gewerkschaftern*) und Internetauftritte (z.B. *Solinet*), Theater, Lesungen und Kabarett. Es werden ›Ratschläge‹ in Form großer öffentlicher Konferenzen durchgeführt (z.B. in Thüringen jährlich zum 9. November), Gedenk- und Mahngänge, alternative Stadtführer gedruckt und alternative Spaziergänge organisiert, um die alltäglichen Verstrickungen mit Rechtsextremismus und Rassismus offen zu legen. Seit einigen Jahren wird auch die Flüchtlingsarbeit intensiviert, zur Zeit richtet der Flüchtlingsrat Thüringen e.V. eine Anlaufstelle für Betroffene von rechtsextremen und rassistischen Angriffen und Diskriminierungen (ABAD) mit Unterstützung des DGB ein. Nicht zu vergessen ist die internationale Solidaritätsarbeit mit Kuba, Brasilien oder Südafrika. Aufmärsche von Neonazis lassen sich verhindern, wenn eine starke Öffentlichkeit dies will und wenn die Instanzen der Staatsgewalt die Verhinderung ernsthaft und nachdrücklich betreiben.[20] Kurt Lenk wies schon 1968 darauf hin, dass Erfolg primär eine Frage des politischen und kulturellen Klimas unserer Gesellschaft ist.[21] Gewerkschaften könnten diese Öffentlichkeit und das Klima herstellen.

Gewerkschaft als Kampagnenmotor: Plakat der GEW, 2001

Zur Asyldebatte positionierte sich der DGB erst 1986. Angesichts zunehmender rassistischer Überfälle nach der Vereinigung forderte der DGB Vorsitzende Heinz-Werner Meyer im November 1991 zu Zivilcourage auf.

Als Reaktion auf den Brandanschlag in Mölln (1992) bekannten Gewerkschafter »Farbe im Betrieb«. In Norddeutschland legten über 200.000 Metallarbeiter minutenlang die Arbeit nieder. Bundesweit folgten weitere solidarische Arbeitsniederlegungen. So weit wie in Schweden sind wir in Deutschland jedoch noch nicht. Dort streikten im Februar 1992 mehrere hunderttausend Menschen für die Rechte der Einwanderer. Für eine Stunde legten sie ihre Arbeit nieder und demonstrierten auf der Straße.[22] In Deutschland schließen Gewerkschaften seit den 90er-Jahren mit Unternehmen Betriebsvereinbarungen gegen Diskriminierungen ab.

Integrierte betriebliche Ansätze einer systematischen Antidiskriminierungs- und Gleichstellungspolitik befinden sich jedoch noch in den Kinderschuhen. Erst jetzt werden Ausbildungspläne überprüft. Gleichstellungsbeauftragte, die mittels Berichtswesens Diskriminierungen aufdecken, die Diskriminierungen dokumentieren und Empfehlungen zur Beseitigung erarbeiten, sind bisher nur eine Forderung; ebenso ein Diversity Management.[23] Es ist möglich, das komplexe Thema in Foren der Betriebs- und Personalversammlungen zu integrieren und Kollegen zu sensibilisieren, zu informieren und zum Widerstand zu mobilisieren. Doch leider mussten viele aktive Gewerkschafter die Erfahrung machen, dass eine solche Thematisierung auf Betriebsversammlungen von vielen Unternehmen verhindert wird.

Diskriminierung nach Herkunft und Hautfarbe und der Religion stellen am Arbeitsplatz eine schwerwiegende Störung des Arbeitsfriedens dar. Sie gelten als Verstoß gegen die Menschenwürde sowie als eine Verletzung des Persönlichkeitsrechts. Solche Verhaltensweisen sind unvereinbar mit den Bestimmungen der Arbeitsordnung

Auszug aus einer Betriebsvereinbarung der VW-Werke, 1996

An diesen Punkten offenbaren sich Gräben, die in der von der gemeinsamen Initiative der IG Metall und Gesamtmetall (Arbeitgeberverband) 1994 publizierten und jüngst wieder aufgelegten Broschüre[24] umgangen wurden: Neben dem Mit- und Nebeneinander gilt es auch die Produktionsbedingungen in den Betrieben in den Blick zu nehmen und die Unternehmens- und Gesellschaftskultur weiter zu demokratisieren. Hier versperren sich die Arbeitgeber. Obwohl ihnen Ursachen für rassistisches Handeln nicht gänzlich unbekannt sind, lassen sie diese bei ihren Betrachtungen außen vor. So schreiben sie in ihrem Vorwort in den Handreichungen für Ausbilder: »Auch aus unserer leidvollen Geschichte wissen wir, das vor allem in wirtschaftlichen Krisenzeiten die ›Anderen‹ als Konkurrenten um Arbeitsplätze und Zukunftschancen im Sinne der Sündenbockfunktion betrachtet werden.«[25] Die Konkurrenz ist eine zentrale Ursache für Ausgrenzung und Rassismus. Und wer die Konkurrenz verschärft, erntet die eigene Saat. Kooperation, nicht Konkurrenz, ist verantwortlich für das Überleben der Menschheit.[26] Dies dokumentieren die Unternehmen selbst, indem sie sich beständig darum bemühen, sich vor der von ihnen gerühmten Konkurrenz in Sicherheit zu bringen, indem sie beispielsweise fusionieren oder Konkurrenten vom Markt drängen. Weiterhin wird hier systematisch das ›Leistungsdenken‹ als ›legales und legitimes‹ Ausgrenzungskriterium unterschlagen. Gerade diese Aspekte bieten rechtsorientierten Jugendlichen die Grundlage für ihr autoritäres, nationalistisches und rassistisches Denken und Handeln.

Leider bieten auch Gewerkschaften selbst wieder und wieder Anknüpfungspunkte, wie in der Standort- und Globalisierungsdebatte, in denen sie häufig nationale Wirtschaftsinteressen und deutsche Arbeitsplätze verteidigen, ohne die Konsequenzen des internationalen Verdrängungswettbewerbes für andere Völker und Kontinente zu kritisieren. Die stellvertretende DGB-Bundesvorsitzende, Ursula Engelen-Kefer, beispielsweise warnte wiederholt vor einem »zu großen Öffnen der Schleusen« und forderte klare »Abgrenzungskriterien«. Sie spricht sich »gegen eine generelle Öffnung der Grenzen für ausländische Arbeitnehmer« aus.[27] In einer globalisierten Welt darf der Mensch nicht mehr in nationalen Kategorien und Grenzen betrachtet werden. Heute scheint es für eine Dose Erbsen leichter, Grenzen zu passieren, als für Menschen.

Sozialdemagogie pur:

Vorwärts lass uns schreiten in die Revolution / Vereint im großen Widerstand / Für die Wiedergeburt der deutschen Nation / Sozialismus / Volk und Vaterland

Text und Cover der Band Faustrecht, Sozialismus oder Tod, CD, 1999

Im Binnenverhältnis der Gewerkschaften liegt noch vieles im Argen: Es gibt weder Gleichstellungsberichte noch Untersuchungen, die Erfahrungen über Barrieren und Diskriminierungen von Migranten innerhalb der Organisation auswerten. Viele Kollegen halten sich in der Thematisierung von Rassismus aus Angst vor Mitgliederverlusten zurück. Das Wegschauen und Bagatellisieren[28] fördern die Sympathien für die extreme Rechte. Die offene Bearbeitung führt zu Austritten aus der Gewerkschaft, aber ebenso zu Eintritten.[29] Niemand fragt, ob das Vordringen der Rechten nicht auch etwas mit den Mängeln des eigenen Konzeptes zu tun haben könnte, mit dem Doppelcharakter von Solidarität: seiner Inklusivität und gleichzeitigen Exklusivität.[30] Exklusive Solidarität hat immer eine offene Flanke nach rechts. Inklusive Solidarität bedeutet die Ausweitung des Kreises der Dazugehörigen auf alle auf abhängige Arbeit angewiesenen Menschen. Sie bedeutet eine konsequente Internationalisierung, die nicht nach Geschlecht oder Nationalität hierarchisiert.

Gewerkschafter und Gewerkschaften müssen diese Widersprüche erkennen, offen legen, thematisieren und Alternativen denken und handeln.

Nicht-rassistische Bildungsarbeit als Prinzip

Diese Aspekte in den Blick nehmend hat das DGB Bildungswerk Thüringen einen Baustein zur nicht-rassistischen Bildungsarbeit herausgegeben[31] und die nicht-rassistische Bildungsarbeit zum Seminarprinzip erhoben. Alle Seminare sollen auf ihre rassistischen, diskriminierenden und ausgrenzenden Aspekte hin durchleuchtet und die Verknüpfungen hergestellt und integriert bearbeitet werden. Die zentralen Aspekte sind:

- Die individuellen Erfahrungen des Beteiligtseins in gesellschaftlichen Machtverhältnissen
- Durch Heben eigener Diskriminierungserfahrungen Transfer- und Empathieleistungen sowie Solidarität zugunsten der Diskriminierten provozieren
- Nachvollziehbarkeit der Bedeutung von Rassismus für die Opfer und die Profiteure

Das schwarze Schaf:
Träger einer Kampagne für nicht-rassistische Bildungsarbeit, 2000

- Analyse der gesellschaftlichen Verhältnisse, die die eigene selbstschädigende Unterwerfung unter diese Verhältnisse offen legt
- Funktion von Rassismus oder einzelner Strukturelemente rassistischer Diskurse oder anderer Ideologien der Ungleichheit
- Eine Analyse der eigenen Position und Handlungsmöglichkeiten
- Rassismus widerspricht häufig eigenen ethischen Grundsätzen (z.B. Rechtsgleichheit der Menschen)
- Rassismus spaltet die Menschen; eigenes Mitwirken an rassistischen Machtverhältnissen trägt dazu bei, ein Unterdrückungssystem aufrechtzuerhalten, das einem selbst schadet
- Die Sündenbockfunktion produziert eine identitätsstiftende innere Homogenisierung der Gesellschaft, die die Interessen der Beteiligten unsichtbar macht
- Wie entstehen gesellschaftliche Regeln? Wie können sie demokratisch formuliert werden?
- Politische Beteiligung anstelle von Unterwerfung
- Handlungsfähigkeit verbessern und erproben

Die Mehrheit befördert Ausgrenzungserfahrungen von Menschen in das Reich der Phantasie und ›Überempfindlichkeit‹, nimmt diese Erfahrungen als ›normal‹ wahr und erklärt sie als unbedeutend. Diese ›Normalitäten‹ und Selbstverständlichkeiten werden in den Blick genommen und sichtbar gemacht. Für alle Phasen eines Bildungsprozesses – Ankommen, Kennenlernen, Erfahrungshebung, Analyse, Handeln, Abschied – finden sich inhaltliche und methodische Vorschläge. Zu elf ausgewählten Themen (von Rassismus und Sprache, über Migration und Asyl bis Rechtsextremismus) gibt es Texte und Informationen, die für die (außer-)schulische Bildung geeignet sind. Der Baustein kann nicht als abgeschlossen gelten, dafür ist die Palette der zu bearbeitenden Felder zu groß. Er ist als Anregung für weitere Arbeit zu verstehen. So existiert beispielsweise kein eigenes Kapitel zur Musik, jedoch verschiedene Anknüpfungspunkte zur Auseinandersetzung mit ihr: zum Beispiel die Frage der Identität (biografischer Ansatz), der Sozialisationsaspekte, der Ideologien der Ungleichheit und der Sprache. Zur Demontage des RechtsRock finden sich im Kontext von Sprache, Denken und Handeln verschiedene Ideen.

Mit Musik intervenieren: Gewerkschaft als Motor einer Gegenkultur

Nicht-rassistische Bildungsarbeit zum RechtsRock könnte mit Reflexionen und Analyse der eigenen Musikrezeption beginnen, fortsetzend mit der Analyse des RechtsRock, seiner Akteure, Intentionen, Geschichte, Entstehungs- und Verbreitungsprozesse (illegal, weltweit, MP3) und seiner Wirkung auf die Menschen. Es sollte Gelegenheit gegeben werden, eigene Musikformen zu produzieren und diese möglicherweise auf Video oder CD aufzuzeichnen (z.B. Rap *Menschlichkeit*). Mögliche Aspekte für diese Reflexion könnten sein:

- Welche Musik höre ich, warum, wie oft, zu welcher Gelegenheit?
- Alleine oder mit Freunden?
- Über welches Medium?

- Was bedeuten dabei Musik und Texte?
- Gibt es Erfahrungen mit RechtsRock?
- Ist die Musik bekannt (Lieder, Bands)?
- Funktion der Texte, Sprache, Symbole, (Jugend-)Kulturprägung
- Akteure (Hierarchien, Verlage, Parteien, Bilder, Beziehungen zwischen den Menschen)
- Gesellschafts- und (Un-)Gleichheitsvorstellungen
- Geschichtsbilder (Verfälschungen)
- Bilder über Deutschland und andere Nationen oder Menschen
- Geschlechterverhältnisse und -rollen
- Rassismus
- Gewaltverhältnisse
- Opfer- und Täterdarstellungen
- Machtverhältnisse
- Handlungsorientierungen und -aufforderungen
- Eigene Produktion (kreative Schreib-, Klang- und Musiktechniken)

Byc Czlowiekem / Menschlichkeit / Insan Olmatz

Man hat Dich eingepackt / hier hin gebracht / unbewußte, ungewußt / ze to taki raj Pierdolili i zgonili / i opluli cie / teraz ty zostales / zeby wlacyc sie / zobaczyles, przekonales / i ... se / ze ten swiat dla ciebie / strasznym zyciem jest / ... / Sabahin altisinda kalkarim ben / daha ayakabilarimi giymeden Problemleri cözmek hepimizin görevi / hepimizin görevi / Insanlara sevgi ve saygisi / iyi davranmalari / yirminci yüzyildayiz / bunu unutmamaliyiz.

Ob schwarz, ob weiß, ob gelb oder rot / Wir haben dieselben Probleme und auch dieselbe Not. Drum müssen wir alle zusammenhalten / sonst wird es noch passieren / daß wir uns massakrieren, exekutieren und unser Leben verlieren.

Getextet von einer Gruppe Auszubildender des BW Gießen während des Seminar ›Bleib' Mensch, dem Rassismus keine Chance‹, Sommer 1996.

Wir erstellen, hören, tanzen und verbreiten nicht-rassistische Musik und Kultur (world music). Die Verbindung der Thematisierung von RechtsRock und ›Baustein‹ wurden auch schon ausprobiert.[32] Die nicht-rassistische Bildungsarbeit ist zuerst ein präventiver Ansatz und in zweiter Linie ein reagierender.

Er hat seine Fortsetzung in einem weiteren Baustein gefunden, den die DGB-Jugend Nord herausgab: *Demokratie Macht Schule*[33] ist für die gewerkschaftliche Vorfeldarbeit im Bereich Schule konzipiert, um im (berufs)schulischen Unterricht Rassismus und Ausgrenzung zu thematisieren. Unter Anwendung des »Prinzips nicht-rassistische Bildungsarbeit« entwickelte die DGB-Jugend Unterrichtsbeispiele für den Bereich Arbeit, Ausbildung, Erwerbslosigkeit, Gewalt, Globalisierung, Weltwirtschaft, Migration und Gewerkschaften. Dieses Projekt erwuchs aus der Demokratie-Tour 1998.

Handlungsmöglichkeiten anbieten: Konzept von DGB und IGM, 2000

»Für Demokratie Courage zeigen«[34] ist ein Antirassismus-Projekt für Schulen in Sachsen. Auch hier fließen Elemente des Bausteins zur nicht-rassistischen Bildungsarbeit ein. In drei Projektschultagstypen werden Aspekte zu Rassismus, Migration, Gewalt und Demokratie bearbeitet; Geschichte, Fremdes, Sehnsucht und Kultur. Das Projekt in Sachsen erreichte seit 1999 über 6.000 Schüler. Ein großer Teil der Arbeit wird von Ehrenamtlichen getragen. Dieses Projekt wird jetzt auf alle fünf neuen Bundesländer ausgeweitet.

Interkulturelles und nicht-rassistisches Lernen in (Aus-)Bildung und Arbeit sind als Prinzip formuliert. Die Gewerkschaften erarbeiteten inzwischen weitreichende Konzepte zur interkulturellen Gleichstellungspolitik und zum Diversity Management, inklusive der Kritik und des Nachholbedürfnisses in der eigenen Organisation. Zu initiieren und umzusetzen ist eine »Main-Streaming-Strategie gegen Rassismus und Ausgrenzung, für Gleichbehandlung«.[35] Es geht dabei um die Rückgewinnung der kulturellen Hegemonie: Gewerkschafter entwickeln

Visionen, sind Bezugspersonen und Vorbilder, sie schaffen Begegnungsorte (Bildungsstätten, Jugend- und Versammlungsräume, Kulturcafes), prägen selbst die Kultur und bieten sie an (Musik, Filme, Theater, Kabarett usw.). Gewerkschaften positionieren sich in gesellschaftlichen Fragestellungen scharf, zeigen Profil in den Betrieben, Schulen, Universitäten; in Freizeiteinrichtungen, Kommunen und Bündnissen,[36] in der Öffentlichkeit und in politischen Auseinandersetzungen. Gewerkschaften setzen die Vision einer Gesellschaft ohne Rassismus um,[37] im Sinne einer gelebten Alltagskultur. Dafür kämpfen, arbeiten und leben wir.

[...]
alle Frauen, die nicht auf
zu Männern schaun,
sollen aufstehn,

alle Lohnempfänger, die den Bund
nicht enger schnallen
sollen aufstehn,

[...]

alle Alten, die sich nicht
für ihre Falten schämen,
sollen Aufstehn,

alle Menschen, die sich
ein besseres Leben wünschen,
sollen Aufstehn, [...]
Bots

Anmerkungen

1 Bots: Aufstehn, LP, Musikant, 1980.

2 Adamek, Karl: Arbeiterlieder – Ausdruck gemeinsamer Überzeugung?, in: Ders.: Lieder der Arbeiterbewegung. LiederBilderLeseBuch, erw. Neuaufl. Frankfurt, 1986, S. 14.

3 Blätter für deutsche und internationale Politik, Nr. 3, 2001, S. 336: Konturen des rechtsextremistischen Musik-Netzwerks, von Gideon Botsch.

4 Körzel, Stefan: Wir wollen nicht tatenlos zusehen. Gewerkschaftliche Aktionen gegen Rechts, in: Ulrich Schneider (Hg): Tut was! Strategien gegen Rechts, Köln, 2001, S. 132–136, hier S. 132.

5 Ihre Todfeinde sind Flüchtlinge, Asylbewerber, Sinti und Roma, Juden, Punks und Autonome, Linke, Alte, Behinderte und Wohnungslose, Homosexuelle, liberale Politiker und Gewerkschafter.

6 Jüngstes Beispiel sind die White Aryan Rebels, die auf ihrer CD ›Noten des Hasses‹ zum Mord auffordern und sogar konkrete Persönlichkeiten des öffentlichen Lebens in ihren Texten nennen. Vgl: Frankfurter Rundschau: 14.4.2001, Gewöhnung an Gewalt beklagt, von Pitt von Bebenburg, bzw. die tageszeitung, 14.4.2001, Neonazi-Band ruft zu Morden auf.

7 Musik und Unterricht, Nr. 36, 1995, S. 9: Musik und Gewalt, von Erika Funk-Hennigs.

8 Ebd., S. 4

9 Rösing, Helmut: Musikgebrauch im täglichen Leben, in: Herbert Bruhn, Helmut Rösing (Hg): Musikwissenschaft. Ein Grundkurs, Reinbek, 1998, S. 107-129, hier S. 112f.

10 Rösing, Helmut: Musikalische Lebenswelten, in: Herbert Bruhn, Helmut Rösing (Hg): Musikwissenschaft. Ein Grundkurs, Reinbek, 1998, S. 130–152, hier S. 148.

11 Jaschke, Hans-Gerd: Ethnisierungsprozesse in der Arbeitswelt und ihre politischen und sozialen Folgen, in: PVS 37, Sonderheft 27/1996: Rechtsextremismus. Ergebnisse und Perspektiven der Forschung, hg. von Jürgen W. Falter/Hans-Gerd Jaschke/Jürgen Winkler, Opladen, 1996, S. 232–247, hier S. 233.

12 DGB: Satzung, Düsseldorf, 2000.

13 Vgl. Roßocha, Volker: Rechtsextremismus, eine Herausforderung für die Gewerkschaften (Mitteilungen zur Migrationspolitik), hg. v. DGB-Bundesvorstand, Referat Migration, Düsseldorf, März 1999.

14 GMH, Nr. 8, 1995, S. 474: Blinde Flecken gewerkschaftlicher Politik gegen Rassismus und Ausländerfeindlichkeit. Ein Plädoyer für eine betriebsnahe Bildungsarbeit gegen ethnische Diskriminierung am Arbeitsplatz, von Thomas von Freyberg.

15 GMH, Nr. 10, 1992, S. 621: Eine gewerkschaftliche Politik gegen den Rechtsextremismus findet nicht statt, von Wilhelm Heitmeyer.

16 GMH, Nr. 7, 1982, S. 394ff: Ausländerpolitik: Absichten sind kein Ersatz für konkrete Maßnahmen, v. Siegfried Bleicher; GMH, Nr. 2, 1992, S. 108ff: Gewerkschaftliche Asyl- und Einwanderungspolitik. Auf dem Weg zu neuen Konzepten? von Peter Kühne.

17 Die Otto-Brenner-Stiftung griff in Kooperation mit der IG Metall im September 2001 dieses Thema endlich in einer öffentlichen, bundesweiten Tagung auf: Rechtsextremismus in den Gewerkschaften – Vorurteil oder Realität? Berlin. Die Ergebnisse der Tagung lagen zur Textlegung noch nicht vor.

18 Held, Josef; Horn, Hans-Werner; Marvakis, Athanasios: Politische Orientierungen jugendlicher Arbeitnehmern und ihre subjektiven Begründungen, Tübingen 1995; Hahn, Reinhard; Horn, Hans-Werner: Eine neue rechte Jugend? Aspekte aus einer Studie zu politischer Orientierung von Arbeitnehmerjugendlichen, Frankfurt/M., 1996; Infratest dimap/WDR: Das rechtsextreme Wählerpotenzial bei Gewerkschaftsmitgliedern, Köln, 1998; Ahlheim, Klaus; Heger, Bardo: Der unbequeme Fremde. Fremdenfeindlichkeit in Deutschland – empirische Befunde, Schwalbach, 2000; Der Rechte Rand, Nr. 67, Nov./Dez. 2000, S. 5: Interview mit Richard Stöss; Erste Befunde diesbezüglich gibt es auch bei der Evangelischen Kirche in Thüringen.

19 Vgl. Wisotzky, Klaus: Zwischen Integration und Opposition. Aspekte des Arbeiterverhaltens im Nationalsozialismus. In: Faust, Anselm (Hg.): Verfolgung und Widerstand im Rheinland und in Westfalen 1933–1945, Köln 1992, S. 137, zum Einstellungspotenzial: Fromm, Erich: Gesamtausgabe, Band III, München, 1989, S. 188.

20 Wertmüller, Sebastian: Viermal erfolgreich gegen die NPD! Göttingen wehrt sich gegen Nazi-Aufmärsche, in: Ulrich Schneider (Hg.): Tut was! Strategien gegen Rechts, Köln, 2001, S. 140.

21 Das Argument, 10. Jg., Heft 4/5, Oktober 1968, S. 327: Mentalität und Meinungsmilieu als Faktoren rechtsradikalen Erfolges, v. Kurt Lenk.

22 Die tageszeitung, 22.2.1992, Schweden streikt für seine Einwanderer, von Reinhard Wolff und Luise Steinberger.

23 Z.B. Brüggemann, Beate; Riehle, Rainer: Diskriminierung und Antidiskriminierungspolitik, in: Caglar, Gazi; Javaher-Haghighi, Peyman (Hg): Rassismus und Diskriminierung im Betrieb. Interkulturelle Verantwortung der Gewerkschaften, Hamburg, 1998, S. 46–68; Gewerkschaft hbv, IG Metall (Hg): Unterschiede wahrnehmen, Gemeinsamkeiten stärken. Arbeitshilfe für die gewerkschaftliche Arbeit zu den Themen Diskriminierung, Rassismus, Interkulturelle Gleichstellungspolitik, Düsseldorf 2000, S. 43–64. Der schwarze US-amerikaner Roosevelt Thomas jr. entwickelte Anfang der 90er-Jahre den Begriff ›diversity managment‹. Er bezieht sich auf die Einflüsse von Diversität (Unterschiedlichkeit) auf die organisationsinternen Zielsetzungen (S. 55). Er hat die europäische Diskussion um Interkulturelles Management stark befruchtet.

24 Handreichung für Ausbilder in der Metall- und Elektro-Industrie: Zusammen arbeiten, leben, lernen mit Ausländern, gemeinsame Veröffentlichung vom Gesamtverband der metallindustriellen Arbeitgeberverbände e.V. und des IG Metall Vorstands, 2. aktualisierte Auflage, Köln, 2000 (1. Auflage 1994).

25 Ebd., S. 6.

26 Jeismann, Michael: Vorwort, in: Philippe Thureau-Dangin: Die Ellenbogengesellschaft. Vom zerstörerischen Wesen der Konkurrenz, Frankfurt, 1998, S. 16.

27 Sozialismus, Nr. 7, 2000: Es bleibt hoher Diskussionsbedarf und die tageszeitung: DGB wenig internationalistisch, 14.4.2001.

28 GMH, Nr. 6, 2001, S. 373: Gewerkschaften und die extreme Rechte in Zeiten des Neoliberalismus, von Ralf Ptak und Fabian Virchow.

29 Körzel: Wir wollen nicht tatenlos zusehen, a.a.O., S. 133.

30 GMH, Nr. 3, 2001, S. 155f: Politische Perspektiven der Gewerkschaften zwischen Opposition und Kooperation, v. Ingrid Kurz-Scherf und Bodo Zeuner.

31 DGB Bildungswerk (Hg): Baustein zur nicht-rassistischen Bildungsarbeit, Erfurt 1998 (www.baustein.dgb-bwt.de); vgl. auch Berg, Tanja; Bürgin, Julika; Schäuble, Barbara; Weckel, Erik: Selbstverständlichkeiten in den Blick nehmen. Nicht-rassistische Bildungsarbeit als Seminarprinzip, in: Jens Mecklenburg (Hg): Was tun gegen rechts, Berlin 1999, S. 120–138 und kursiv Journal für Politische Bildung, Nr. 3, 2000, S. 26–30: Baustein zur nicht-rassistischen Bildungsarbeit. Konzeptionelle Idee und Praxiserfahrungen, von Julika Bürgin und Erik Weckel.

32 ›Eene, meene, muh, raus sollst du!‹ Soziale Ungleichheit, Rassismus und Rechtsextremismus; eine Seminareinheit der Gewerkschaften hbv/DAG innerhalb einer Jugend- und Auszubildendenfortbildung (JAV) im Februar 2001, konzipiert von Christian Dornbusch, Jan Raabe, Julia Schotte und Erik Weckel.

33 DGB-Jugend Nord: Demokratie Macht Schule, Hamburg, 2000.

34 Iaf informationen, Nr. 1, 2001, S. 18f: Für Demokratie Courage zeigen. Projektschultage mit der DGB-Jugend Sachsen, Frankfurt, von Rudi Homan.

35 Roßocha: Rechtsextremismus, a.a.O.

36 Wie zum Beispiel im ›Schweriner Bündnis gegen Rechts‹.

37 Blätter für deutsche und internationale Politik, Nr. 8, 1997, S. 970–978: Gesellschaft ohne Rassismus – eine Vision, von Heribert Prantl.

III
Verzeichnisse und Register

argumente e.V.

Kürzel, Codes und Klamotten

Schlüsselbegriffe, Symbole und Slogans

Bei der Beschreibung des Kleidungsstils und der Symbolik in der rechten Jugendszene lässt sich längst nicht mehr nur das Bild des martialischen Neonazi-Skins zeichnen. Die optische Abgrenzungen zu anderen Szenen werden zusehends unscharf und es vermischen sich Stilelemente, Symbole und ästhetische Vorstellungen. Der geschichtliche Rückgriff konzentriert sich indessen nicht nur auf den Nationalsozialismus, sondern auf die faschistischen Bewegungen weltweit. Auch Symbole der Arbeiter- und Bauernbewegungen finden in der Neonazi-Szene Verwendung.

Um diese Entwicklung zu erklären, wird in den Medien häufig von ›rechten Übergriffen auf andere Kultur- und Musikbereiche‹ geschrieben. Die Annahme ›rechter Übergriffe‹ assoziiert das Vorhandensein einer konzeptionellen und strategischen Ebene, die diese Übergriffe ausführt, initiiert oder zumindest beeinflusst. Dies wird bei Betrachtungen verschiedener neonazistischer Gruppen, die im Spektrum des RechtsRocks ihre Aktivitäten entfalten, deutlich: In den USA die National Alliance, die ihre Pläne Black Metal und Gothic in die Szene der ›White Resistance Music‹ zu integrieren schon vor den ersten konkreten Schritten in den einschlägigen Blättern und Internet-Foren herausposaunte; im England der 80er- und frühen 90er-Jahre der führende Kopf der Szene, Ian Stuart Donaldson, der die Musik als Transportmittel neonazistischer Ideologie benutzte und sich in Bandprojekten versuchte, die neonazistische Musik im Country- oder Heavy-Metal-Stil boten; in Frankreich die von der Front National durchsetzte (und weitgehend erfolglose) Initiative Rock Identitaire Français, welche ebenso wie ihr deutsches Pendant, die Initiative Identität durch Musik, eigens ein Logo zimmerte, um neonazistische Skinbands, germanische Folkgruppen, heidnische Dark-Wave-Musiker und nationale Hardrocker unter einer gemeinsamen Plattform zu bündeln.

Doch das, was als ›Übergriff‹ benannt wird, ist nicht immer Resultat eines strategischen Vorgehens. Als sich Anfang der 90er-Jahre in Deutschland die ersten neonazistischen Heavy-Metal-Bands formierten, lag das schlicht und einfach daran, dass zur wachsenden neonazistischen Rechten viele Jugendliche gestoßen waren, die Angebot und Nachfrage für ›ihre‹ Musik einfach mitbrachten. Die Entwicklung hatte die verquasten Strategiepapiere bereits überholt, die Neonazis brauchten sich nur bedienen. Wenn statt schwarz-weiß-rot heute bunte, peppige Farben die T-Shirts zieren, wenn statt Frakturschriftzügen und Stahlhelm-Symboliken heute Flammenwände, Spielkarten oder Billardkugeln die Motive für Bands und Bekleidung liefern, so stehen dahinter keine neonazistischen Designer, die sich krampfhaft um Modernität bemühen. Der Blood & Honour-Protagonist Bernd Peruch, dessen Band Hate Society einer der deutschen Vorreiter dieser bislang untypischen Symbolik ist, scheint als Beispiel prädestiniert. Er kam über die Disco-, Gang- und Skater-Szene zu den neonazistischen Skinheads und wenn er nun dort mit bunten Bildern und Billardkugeln spielt, so kopiert er keinen anderen Style – das ist *sein* Style, den er einfach mitnahm.

Für die, die den RechtsRock zum Geschäft gemacht haben, heißt es heute: Neue Kundenkreise müssen erschlossen werden, auf dem umkämpften Markt ist innovatives Herangehen gefragt. Das Angebot der Bekleidung reicht mittlerweile bis zu Girlie-Tops, Socken, Arbeits- und Zunftklamotten und Modemarken für Kleinkinder. An Accessoires werden Parfüms mit dem »herben Duft vom großen Reich«, Feuerzeuge mit »nationalen Gravuren«, Bierkrüge, Tischwimpel, Kissen, Bettwäsche sowie alle nur erdenklichen Schmuckstücke angeboten – auf Wunsch mit brachialen Aussagen zur öffentlichen Selbstdarstellung und Provokation, auf Wunsch mit dezenter Symbolik als verstecktes Glaubensbekenntnis oder Code zur gegenseitigen Identifizierung.

Die nachfolgende Auflistung soll einen Überblick über die zur Zeit in den rechtsextremen Jugendkulturen populären Symbole, Slogans und Codes bieten, die Erkennung und Einordnung erleichtern. Sie soll auch Hintergründe beschreiben, auf deren Grundlage eine fundierte Auseinandersetzung möglich wird.

Um die Differenzierung zwischen den verschiedenen Spektren der Skinheads zu erleichtern, sind auch Symbole und Slogans dargestellt, die keinen rechten Hintergrund und Verwendungszweck haben.

Das Strafrecht: eine stumpfe Waffe

Zum juristischen Umgang mit rechtsextremen Aussagen und Symboliken weist das deutsche Strafrecht vor allem zwei Paragraphen aus: Den §130 und den §86a StGB. Laut §130 StGB, »Anleitung zu Straftaten«, wird mit Haftstrafe belegt oder mit Geldstrafe belangt, wer »die Menschenwürde anderer angreift, dass er Teile der Bevölkerung beschimpft, böswillig verächtlich macht oder verleumdet« und wer »zum Hass gegen Teile der Bevölkerung aufstachelt oder zu Gewalt- oder Willkürmaßnahmen gegen sie auffordert.« Unter diesen Paragraphen fällt auch die Leugnung oder Verharmlosung neonazistischer Verbrechen.

Der §86a StGB verbietet das »Verwenden von Kennzeichen verfassungswidriger Organisationen«. Diesen »stehen solche gleich, die ihnen zum Verwechseln ähnlich sind« oder als deren Abwandlungen dienen. Laut dem StGB ist ein Symbol, eine Uniform oder eine Grußformel nur strafrechtlich relevant, wenn es vorsätzlich im Zusammenhang mit einer verbotenen Vereinigung verwendet wird. Demzufolge wurde über Jahre die Verwendung des Keltenkreuzes als Organisationskennzeichen der 1982 verbotenen Volkssozialistischen Bewegung Deutschlands/Partei der Arbeit (VSBD/PdA) verfolgt. Die neuere Rechtsprechung jedoch verweist darauf, dass dessen Nutzer heute in keinerlei Zusammenhang mit der VSBD mehr stehen, dass demnach keine Wiederbelebung der VSBD stattfindet. Das Keltenkreuz ist (wieder) legal. Die Odalsrune hingegen diente zwar der 1994 verbotenen Wiking Jugend als Organisationskennzeichen, ist aber durch ihre Gebräuchlichkeit auch außerhalb der neonazistischen Szene (z.B. in der Bundeswehr) vor Strafverfolgung weitgehend geschützt.

Der Zusatz, wonach keine abgewandelten oder zum »Verwechseln ähnlichen« Symbole geschaffen werden dürfen, macht den §86a StGB endgültig zum Gummiparagraphen – und er schafft Verwirrung in Exekutive und Legislative. Nachdem die 23. Strafkammer des Landgerichtes Frankfurt am Main in einem rechtskräftigen Urteil vom 22. Juni 1999 die Verwendung des Grußes ›88‹ als Ersatzhandlung für ›Heil Hitler‹ mit Geldstrafe belegte, suchten die Behörden im schleswig-holsteinischen Neumünster vergeblich einen Weg, gegen den überregionalen Neonazi-Treffpunkt Club 88 vorzugehen. Während die Polizei in Hessen dazu überging, auf Aufmärschen zielgerichtet die Träger von ›88‹-T-Shirts herauszufischen, ließ Franz Glasauer vom Landshuter Patria-Versand die Zahl ›88‹ im Patentregister als »Wortmarke« bzw. als »Wort-/Bildmarke« eintragen. Andere aus der Neonazi-Szene grüßten sich nun sicherheitshalber in den Fanzines mit »2 x 44« oder »87 + 1«. Und nun?

Dutzende Anwälte stehen für rechtsextreme Interessen und deren Klienten ein. Kaum ein für den öffentlichen Verkauf bestimmter Tonträger oder ein RechtsRock-Magazin gelangt heute in Deutschland ohne eingehende juristische Prüfung auf den Markt. Organisationen wie das Deutsche Rechts Büro (DRB) bemühen sich um die Vernetzung der »Rechtskämpfer«, geben Überblick über die aktuelle Rechtsprechung bezüglich der Verwendung von Symbolen und sorgen sich um die Schulung der Aktivisten. Über die Hamburger Anwältin Gisa Pahl vom DRB laufen auch die Patentregistereinträge von Franz Glasauer: Neben der ›88‹ hat er am 31. Januar 2001 die Modemarke CONSDAPLE schützen lassen. Am 11. Juni wurde die Schutzwürdigkeit der Marke aberkannt. Die Zweitprüfer erkannten eine »Verstoss gegen gute Sitten«, da »durch entsprechende Anordnung der Kleidung das Wortelement ›NSDAP‹ blickfangmäßig herausgestellt werden kann«.

Uneinigkeit herrscht zuweilen aber auch unter den rechten Advokaten. So ließ Jens Pühse, Betreiber des Versandes Pühses Liste, unter juristischer Begleitung von Gisa Pahl am 19. September 2000 den Schriftzug der neonazistischen Bremer Band Nahkampf auf sich eintragen: Bestandteil der nun rechtlich geschützten Wort- und Bildmarke ist die Darstellung des ›A‹ in Ähnlichkeit mit dem verbotenen Zivilabzeichen der SA. In einzelnen Versand-Katalogen der Szene ist in den Abbildungen des CD-Covers von Nahkampf das ›A‹ geschwärzt: Die Kollegen fanden es offensichtlich zu sehr »zum Verwechseln ähnlich« mit dem verbotenen SA-Symbol und rieten den Versandbetreibern von einem Nachdruck ab.

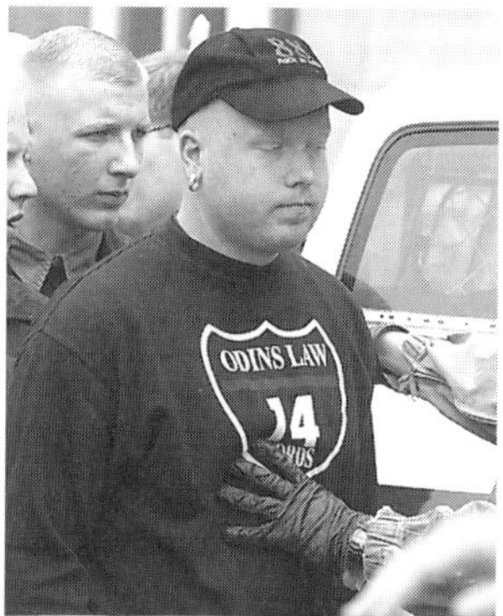

14 Words

Symbol: Abk. für: »We must secure the existence of our people and a future for white children«, übersetzt: »Wir müssen die Existenz unseres Volks und die Zukunft weißer Kinder sichern«; Glaubensbekenntnis des in den USA inhaftierten Neonazi-Terroristen David Lane
Verwendung: Die ›14 Words‹ werden häufig als Grußformel genutzt, auch in Kombination mit anderen Zahlencodes wie ›14/88‹ (➔88); der Code findet Verwendung in Liedtexten, als T-Shirt-Aufdruck, Aufnäher, Schmuck, als Jackenemblem und auf CD, Platten und Fanzine-Covern.

18

Symbol: ›18‹ steht für den ersten und den achten Buchstaben im Alphabet; ›18‹ ist das Synonym für AH (Adolf Hitler).
Verwendung: Die ›18‹ ist gängiger Zahlencode und wird in einer Vielzahl von T-Shirt-Motiven, Emblemen, Covern und Gruppen- sowie Bandnamen (z.B.: Sturm 18, ➔Combat 18) verwendet.

28

Symbol: ›28‹ steht für den zweiten und den achten Buchstaben im Alphabet; 28 ist das Synonym für BH (➔Blood & Honour);
Verwendung: Das Verschlüsseln verbotener Kennzeichen und Grußformeln mit Zahlencodes, um somit eine Strafverfolgung zu vermeiden, wurde nach dem Verbot der deutschen Division des Netzwerkes Blood & Honour im September 2000 um die Formel ›28‹ erweitert; es werden T-Shirts und Sweater angeboten, deren Motivauswahl von »Headhunter 28«, »Supporter 28«, »28 – banned in Germany« bis zu einem T-Shirt der Band Hate Society reicht mit der Aufschrift »Ich lass mich nicht verbieten – 28«.

88

Symbol: ›88‹ steht für den jeweils achten Buchstaben im Alphabet; ›88‹ ist das Synonym für HH (›Heil Hitler‹);
Verwendung: Der Zahlencode ›88‹ ist weit verbreitet; er wird als Grußformel verwendet, oft in Kombination mit anderen Zahlencodes (›14/88‹) (➔14 Words) und dargestellt auf (Band-)T-Shirts, Aufnähern, Fahnen, Emblemen u.a.; beliebt sind nachempfundene Fußballtrikots mit der Rückennummer ›88‹; oder als Bestandteil von Band- und Organisationsnamen (z.B. Chaos 88, Skinheads Chemnitz 88, Club 88). In einzelnen Bundesländern (z.B. Hessen, 1999) wird die Verwendung der ›88‹ als Ersatzkennzeichen für den verbotenen Hitlergruß juristisch verfolgt.
Marke: Die Wort-/Bildmarke[1] der von einem nach oben geöffneten Lorbeerkranz umschlossenen ›88‹ ist eingetragen auf Franz Glasauer vom Landshuter Patria-Versand. (➔CONSDAPLE).

A.C.A.B.

Symbol: Abk. für: »All Cops are Bastards«, sinngemäß: »Alle Bullen sind Schweine«; ein gleichnamiges Lied der nicht rechten Band 4-Skins von

Anfang der 80er-Jahre zählt zu den Kultsongs der Skinhead-Szene.
Verwendung: Slogan, der in den verschiedenen Spektren der Skinhead-Szene ebenso populär ist wie unter Hooligans, Punks und z.T. auch Autonomen; wird häufig getragen als Aufdruck auf T-Shirts, Base-Caps und verwendet in Liedtexten. Eine Strafbarkeit als allgemeine Aussage wurde von den deutschen Gerichten verneint (Ablehnung des Strafbefehl wegen Beleidigung, Januar 2000).
Marke: Als Wortmarke eingetragen auf Florian Korn von der Firma Korn-Tex, wie auch ›A.C.A.B. Troublemaker‹ (➔Troublemaker).

Alpha Industries

Symbol: Das Logo der Firma Alpha Industries ähnelt dem verbotenen Zivilabzeichen der ➔SA.
Verwendung: Angeboten werden u.a. qualitativ hochwertige Bomberjacken mit dem Alpha-Logo, meist als Brustemblem.
Marke: Kommerzielle amerikanische Marke, seit Jahren Ausstatter der US Army, bei dem keine Verbindung zu neonazistischen Kreisen feststellbar ist.

ALPHA INDUSTRIES INC

Ben Sherman

Symbol: Ben Sherman (gestorben 1987), Modeschöpfer; galt in den 60er-Jahren als ›King‹ der Mods und der Londoner Kulturmeile Carnaby Street; wegen seines ausschweifenden Lebensstils war er eine Kultfigur der ›swinging sixties‹, der Party- und Musikszene der 60er-Jahre.
Verwendung: Die typischen Ben-Sherman-Hemden, tailliert mit Rückenfalte und kleinem Knopfkragen, wurden Ende der 60er von den Skinheads übernommen; Bekleidung der Marke Ben Sherman wird in den verschiedenen Spektren der Skinhead-Szene angeboten und getragen. Ben Sherman gilt als »traditionelle Skinhead-Marke« und hat keinerlei politische Hintergründe und Aussagen.

Ben Sherman

Blood & Honour / B & H

Symbol: übersetzt: Blut und Ehre; »Blut und Ehre« war als Sinnspruch auf den Fahrtenmessern der Hitlerjugend eingraviert.
Aus der ➔R.A.C.-Szene hervorgegangenes neonazistisches Skinhead-Netzwerk; 1987 in England gegründet, seit 1994 feste Organisationsstruktur in Deutschland, gegliedert in Divisionen (Länderabteilungen) und Sektionen (Bereiche); die deutsche Division wurde im September 2000 vom Bundesinnenminister verboten; es bestanden feste Mitgliedschaften; als Symbol diente u.a. die ➔Triskele; das Wappen von Blood & Honour zeigt das Organisationskürzel »B & H« in Frakturschrift auf ➔schwarz-weiß-rotem Schild.
Verwendung: Der Organisationsname Blood & Honour sowie die Sektionszugehörigkeit (zeitweise 21 Sektionen in Deutschland) wurde vor dem Verbot von den Mitgliedern als Brustemblem getragen; für Mitglieder gab es Organisations- und Sektions-Aufnäher und T-Shirts, für das Umfeld wurde »Supporter«-Bekleidung mit entsprechender Symbolik

angeboten. Das Wappen wurde v.a. bei Aufmärschen auf ➔schwarzen Fahnen verwendet und auf den Titelseiten von Blood & Honour-Publikationen benutzt. Schwerpunkt der Blood & Honour-Aktivitäten in Deutschland war und ist die Durchführung von Konzerten sowie die Produktion und der Vertrieb illegaler Musik über internationale Systeme. Blood & Honour angebunden sind zahlreiche Bands, Label, Versände und Szeneläden. Nach dem Verbot im Jahr 2000 existiert das Netzwerk überwiegend namenlos weiter. Als (straffreies) Bekenntnis zu Blood & Honour gewinnt der Zahlencode ➔28 zunehmend an Bedeutung.

Boots & Braces / Original Boots & Braces England

Symbol: übersetzt: Stiefel und Hosenträger; sind im Rückgriff auf die ›klassische‹ Arbeiterkluft traditionelle Bekleidungsutensilien der Skinhead-Szene.

Verwendung: Neben Aufnähern und Fahnen »Skrewdriver Boots & Braces« (➔Skrewdriver) sind in der rechten Szene auch Fanartikel der ›unpolitischen‹ deutschen Band Boots & Braces verbreitet. Auch werden Fahnen mit der Aufschrift »original Boots & Braces England« (in Frakturschrift) über den neonazistischen Handel vertrieben.

Marke: original Boots & Braces: in mehreren Schreibweisen und Warenklassen (von Bekleidung bis hin zu Getränken) als Wort-/Bildmarken eingetragen auf Willi Franz (➔Zone H).

C18 / Combat 18

Symbol: ➔18; Internationales Neonazi-Netzwerk mit Schwerpunkten in England und Skandinavien; gilt als ›bewaffneter Arm‹ von ➔Blood & Honour; auch in Deutschland aktiv; als Symbol wird häufig der ➔SS-Totenkopf verwendet.

Verwendung: Bekleidungsstücke mit Aufschrift C18 bzw. Combat 18 werden v.a. als T-Shirts vom Versand show-down Records (jetzt shoot-down Records) vertrieben. Erhältlich sind u.a.: »Terrormachine Combat 18« (Motiv: Maschinengewehr), »C4 for Reds – C18 for Whites« (C4 = Name eines Sprengstoffes) sowie »Combat 18 Actiongroup« (Motiv: Vermummter mit Pistole), »Combat 18 Town Patrol« (Motiv: gekreuzte Baseball-Schläger). Die plakative Verwendung von C18-Parolen (z.B. als Sprühereien) deutet zwar nicht auf eine strukturelle Einbindung in den militanten Untergrund hin, ist aber als deutliches Bekenntnis zu militantem Vorgehen gegen politische Gegner zu werten.

CONSDAPLE

Symbol: Ableitung aus dem englischen Wort Constable (dt.: Schutzmann), enthält in der Mitte die Buchstabenfolge NSDAP; das Schriftdesign ist der Marke ➔LONSDALE nachempfunden.

Verwendung: Inspiriert durch LONSDALE bietet die Einbettung verbotener Organisationsnamen (hier: NSDAP) in strafrechtlich nichtrelevante Schriftzüge eine weitere Möglichkeit, den §86a StGB auszuhebeln; unter der geöffneten Bomberjacke getragen, sind vom Schriftzug auf T-Shirts

oft nur die Mittelbuchstaben NSDAP erkennbar. CONSDAPLE-Bekleidung ist zudem erhältlich als Base-Caps, Aufnäher, Bomberjackenemblem und wird nur über Läden und Versände der extremen Rechte verkauft.
Marke: Als Wort-/Bildmarke eingetragen auf Franz Glasauer (➔88); er schuf die Marke im Januar 2001, nachdem seinem Patria Versand (➔Landser) von LONSDALE der Liefervertrag gekündigt wurde; im Juni 2001 wurde die Schutzwürdigkeit von CONSDAPLE aberkannt.

Doberman

Symbol: Doberman bezieht sich auf die deutsche Hunderasse Dobermann, die als scharfe Wachhunde gelten.
Verwendung: Auf kommerziellen Vertrieb ausgelegte Bekleidungsmarke, die zunehmend Popularität in neonazistischen Kreisen erhält; angeboten u.a. als Base-Caps, Jacken, Hosen und T-Shirts mit z.T. eindeutig rechter Symbolik (u.a. Motiv hochgeschnürter Stiefel mit Aufschrift »Made in Germany«).
Marke: Als Wort-/Bildmarke eingetragen auf Werner Kahl (Waldhof-Helsa bei Kassel), in den letzten 20 Jahren mehrfach verurteilt u.a. wegen neonazistischer Anschläge und Körperverletzung an einem Antifaschisten. Er gilt bei Teilen der Neonazis als ein ›Geschäftsmann‹, der ›der nationalen Szene nahe steht‹. Die von ihm und seiner Ehefrau Gabriela Kahl betriebene Outfit-Freizeit GmbH, über die die Doberman-Produkte vertrieben wurden, meldete Ende 2001 Konkurs an. Weitere Schutzmarken, angemeldet von Werner und Gabriela Kahl: TYSONZ, URBAN WARRIORZ, YANKEE, TRASHVILLE U.S.A., u.a.

Doc Martens / Dr. Martens / Docs

Symbol: Traditionelle, englische (Arbeiter-) Schuhmarke; in originaler Ausführung mit säurebeständiger Luftpolstersohle, häufig auch mit Stahlkappe.
Verwendung: Die Schuhe (›Docs‹) sind wegen ihrem Image als ›working-class-boots‹ in der Skinhead-Szene beliebt, die Stahlkappe suggeriert Kampfbereitschaft und ist als Waffe einsetzbar. Doc Martens als Synonym für Stahlkappen-Stiefel sind gelegentlich Bestandteil von Bandnamen (bsw. Doc Martens Skinheads) und Liedtexten. Gelegentlich werden Docs wegen der Symbolik in der 8-Loch-Ausführung (auf jeder Seite des einzelnen Stiefels 8 Löcher) getragen (➔88).

Eisernes Kreuz / EK

Symbol: das wohl bekannteste soldatische und militärische Symbol; seit 1813 – als Verdienstabzeichen im ›preußischen Befreiungskampf‹ gegen die napoleonische Herrschaft – verliehen; 1939 von Adolf Hitler modifiziert zum bekanntesten Orden des NS (verliehen in mehreren Graden und Stufen).
Verwendung: Das EK genießt als Motiv oder Motivzusatz beinahe universale Verwendung in den verschiedenen Spektren der rechten Jugendsze-

nen. Nicht zwingend in rechter Deutung, so ist es stets Symbol für (militärischen) Kampf, (militärische) Tugenden und dient als Sinnbild eines Männlichkeitskultes; findet Verwendung auch in der Heavy Metal- und Rockerszene, vereinzelt in martialisch auftretenden Kreisen des Hardcore und des Neofolk.

Endstufe

Symbol: 1981 gegründete Neonazi-Kultband aus Bremen mit Verbindung zum Netzwerk der ➔Hammerskins.
Verwendung: Aus Kreisen der Band wird das Label und der Vertrieb Evil Records (vormals Hanse Records), sowie ein Szeneladen betrieben. Fanartikel, bzw. T-Shirts und Aufnäher, sind in der deutschen Neonazi-Szene populär.
Marke: Endstufe ist als Wortmarke eingetragen auf das Bandmitglied Jens Brandt (Lilienthal/Bremen).

Fred Perry

FRED PERRY

Symbol: Fred Perry (1909–95) gewann das Tennisturnier von Wimbledon dreimal hintereinander (1934–36); der aus einfachen Verhältnissen stammende Tennisspieler avancierte zur Kultfigur der englischen Arbeiterklasse, der in das Establishment des ›feinen‹ Wimbledon eindrang und dabei seine Herkunft nie verleugnete. Der Lorbeerkranz dient als Symbol des Siegers.
Verwendung: Traditionelle Marke der Skinheads, die von den verschiedenen Strömungen der Skins getragen wird. Als Bekleidung werden vor allem qualitativ hochwertige Hemden, Pullunder mit V-Ausschnitt und Jacken angeboten. Die Popularität unter Neonazis erklärt sich u.a. daraus, dass die Polo-Hemden z.T. mit einem Kragen in den Farben ➔schwarz-weiß-rot angeboten werden; von Neonazis wird die Marke meist in Unkenntnis darüber getragen, dass Fred Perry Jude war; der Lorbeerkranz findet im extrem rechten Spektrum auch außerhalb von Fred-Perry-Produkten Verwendung (➔88).
Marke: Die produzierende Firma distanziert sich ausdrücklich von Neonazis und unterstützt antirassistische Kulturinitiativen; dennoch werden Fred Perry-Produkte auch über neonazistische Versände und Läden verkauft.

Gauwinkel

Symbol: auch: Gaudreieck; im NS wies der Gauwinkel die tragende Person als Angehörigen eines bestimmten Gau-Bereiches der NSDAP oder der Hitlerjugend, bzw. derer Unterorganisationen, aus.
Verwendung: Wird auch heute in der Neonazi-Szene als Ärmelaufnäher zur Kennzeichnung der Herkunft bzw. lokalen Zugehörigkeit (Bundesland oder Region) getragen, wobei bisweilen die heute nicht mehr existenten Gaubezeichnungen des ›Dritten Reiches‹ übernommen werden. Die Rechtssprechung im Bezug auf das Tragen von Gaudreiecken war bisher uneinheitlich, in einigen Fällen erfolgten Verurteilungen, in anderen Freisprüche. Mit dem BGH-Urteil vom 31. Juli 2002 gibt es jetzt ein

Präzedenzurteil: Nach Paragraph 86a StGB ist das Tragen eines Gauwinkels strafbar.

Gitarre und Schwert

Symbol: Symbol des populärsten deutscher neonazistischen Liedermacher Frank Rennicke. Das Logo soll die Verbindung zwischen Kampf und Musik darstellen.
Verwendung: Das Symbol wird häufig als dezenter Anstecker getragen, gelegentlich (in leicht veränderter Darstellung) auch als T-Shirt.

GvB-Produktion / GvB

Symbol: Abk. für Götz von Berlichingen, Held des fränkischen Bauernaufstandes im 16. Jahrhundert. Im NS wurde die 17. SS-Panzergrenadierdivision nach ihm benannt. Von Berlichingen ließ sich, nachdem er im Kampf eine Hand verloren hat, eine eiserne Prothese anfertigen; diese war Wappen der SS-Division und dient in spiegelverkehrter Abbildung als Logo für GvB-Produktionen.
Verwendung: Die GvB-Produktion bietet T-Shirts mit einem Zitat von Götz von Berlichingen und mit den Schriftzügen der Bands Radikahl und Volkstroi; weiter erhältlich sind Hemden, Base-Caps und kurze Militärhosen mit dem GvB-Symbol; die Bekleidung ist (bisher) nur über GvB-Produktion zu erwerben.
Marke: Als Wort-/Bildmarke GvB-Produktion eingetragen auf Manfred Wiemer, dem Sänger der Neonazi-Band Radikahl; der Versand wurde anfangs über ein Postfach in Herzogenaurach bei Nürnberg abgewickelt und wechselte mit Wiemers Umzug nach Wohlsborn (Thüringen) zu einem Postfach in Weimar.

Hakenkreuz / HK / Hakenkreuzfahne

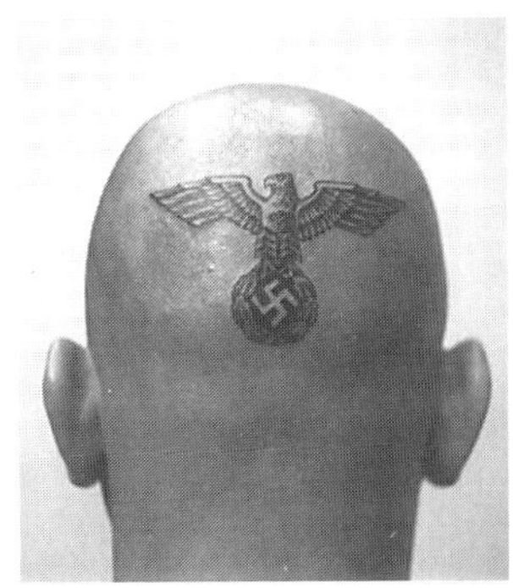

Symbol: auch: Swastika, Sonnenrad; mesopotamisches/altindisches Glücks-Symbol, Anfang des 19. Jahrhunderts (durch theosophische Gruppen) in den deutschen Sprachraum eingeführt und von antisemitischen und germanisch-ariosophischen Kreisen aufgegriffen; wurde dort als ›Arier‹-Symbol und als zwei sich kreuzende Wolfsangeln gedeutet; diente u.a. als Symbol der NSDAP-Vorläuferorganisation Thule Orden; seit 1933 amtliches Symbol des NS, später auch Staatssymbol; In der Fahne stand das Hakenkreuz in weißem Kreis auf rotem Grund. Mit der Farbkombination ➔schwarz-weiß-rot wurde an vorrepublikanische Tradition angeknüpft; Hitler deutete die Fahne als Ausdruck des Wiedererwachens der ›arischen Rasse‹ und des Volksbewusstseins.
Verwendung: Die Verwendung des Hakenkreuzes (im Szenejargon oft ›HK‹ abgekürzt) ist auch in abgewandelten Formen verboten, deshalb werden CDs, Fahnen oder andere Devotionalien mit Hakenkreuzen nur unter der Hand oder über das Ausland gehandelt. Gebräuchlich ist jedoch die Retuschierung des Hakenkreuzes aus der Fahne und dessen Ersetzung bspw. durch das Band- oder Gruppenkürzel.

Hammer und Schwert

Symbol: Das Symbol des gekreuzten Hammer und Schwertes symbolisierte im NS die aus Soldaten und Arbeitern bestehende Volksgemeinschaft. Genutzt von der Schwarzen Front um die Gebrüder Strasser, dem späteren ›linken‹ Flügel der NSDAP; ab 1929 Gaufeldzeichen der Hitlerjugend (HJ); in den 90er-Jahren in der neonazistischen Szene u.a. als ›Symbol der Nationalen Revolution‹ gedeutet.
Verwendung: In den letzten Jahren im neonazistischen Spektrum zunehmend populär geworden; benutzt u.a. als Organisationskennzeichen der 1995 verbotenen Direkten Aktion/Mitteldeutschland. Das Symbol wird heute von verschiedenen Gruppen des militanten Neonazismus als Fahne, Aufnäher oder Anstecknadel verwendet und ist auch als T-Shirt-Motiv erhältlich.

Hammerskins / gekreuzte Zimmermannshämmer

Symbol: 1986 in den USA gegründetes Neonazi-Skinhead-Netzwerk mit elitärem Selbstverständnis und paramilitärischer Ausrichtung (➔Hatecrime, ➔WAR, ➔ZOG); seit Anfang der 90er-Jahre in Deutschland aktiv. Die zwei gekreuzten Zimmermannshämmer stellen nach Eigenangaben das ›Symbol der weißen Arbeiter‹ dar; die Symbolgebung ist durch den Film *The Wall* der Gruppe Pink Floyd inspiriert, wobei das dort gezeichnete Schreckensbild der unter den gekreuzten Zimmermannshämmern marschierenden faschistischen Masse positiv gedeutet wurde. Teil der Hammerskin-Symbolik ist auch das ➔Zahnrad der Deutschen Arbeitsfront im NS.
Verwendung: Das Hammerskin-Symbol, gedruckt auf Titelseiten verschiedener Magazine, CD-Covern, Transparenten sowie als Emblem auf Aufnähern, Jacken und T-Shirts, darf gewöhnlich nicht unautorisiert verwendet werden und ist im wesentlichen den Mitgliedern vorbehalten. Der harte Kern deutscher Hammerskins wird auf 200-300 Mitglieder geschätzt, die neben paramilitärischem Training auch Versände und Läden betreiben sowie Konzerte organisieren. Schwerpunkte deutscher Hammerskin-Aktivitäten sind Mecklenburg-Vorpommern, die Lüneburger Heide, das südliche Baden-Württemberg, Sachsen, Berlin und Brandenburg.

hate-core

Hatecore

Symbol: Musikstil, spezifische Form der Hardcore-Musik, die in den letzten Jahren zunehmend eine neonazistische Adaption erfährt. Bekannteste Vertreter neonazistischer Hatecore-Musik sind Max Resist (USA), Blue Eyed Devils (USA), Hate Society (Deutschland).
Verwendung: Hatecore, auch Hate Core und hate-core geschrieben, befindet sich gelegentlich als Schriftzusatz auf T-Shirts, Plakaten, Aufnähern neonazistischer Hatecore-Bands. Angeboten auf T-Shirts, Hemden, Girlie-Bekleidung (Spaghetti-Tops, Trägerhemden).
Marke: Die Wort-/Bildmarke hate-core ist eingetragen auf David Kornowski von der Firma Germany Hate-Core Production (Oberhausen), die

eindeutig dem neonazistischen Spektrum zuzuordnen ist. Häufig werden in Verbindung mit dem Schriftzug hate-core Waffen abgebildet.

Hatecrime

Symbol: übersetzt: Hass-Verbrechen; das US-amerikanische Strafrecht definiert Hatecrime als ein Verbrechen, insbesondere ein Gewaltverbrechen, dem rassistische, sexistische oder religiöse Vorurteile zugrunde liegen.
Verwendung: Die positive Umdeutung des Begriffes Hatecrime ist in der neonazistischen Skinhead-Szene in Deutschland und in den USA populär. T-Shirts mit dem Aufdruck Hatecrime wurden in Deutschland erstmalig über den Versand von Hate Records (Neustadt/Sachsen), einem führenden Unternehmen des deutschen ➔Hammerskin-Netzwerkes, angeboten. Mittlerweile bedient v.a. der Versand Hatecrime Streetwear aus Neustadt/Sachsen den Markt.
Marke: Die Wortmarke Hatecrime wurde im April 2002 von Stefan Müller aus Neustadt/Sachsen angemeldet.

hooligan / h

Symbol: Symbol ist das kleingeschriebene ›h‹ in Frakturschrift.
Verwendung: Bekleidung der Marke hooligan (v.a. Jacken und Base-Caps) sowie ein umfangreiches Merchandising-Angebot vom Aschenbecher bis zum Zahnschutz wird von der Firma Hooligan in Frankfurt am Main vertrieben und vereinzelt auch im rechten Spektrum angeboten. Die Verwendung unter Neonazis begründet sich zum Einen auf die Nähe Einzelner zur Hooligan-Szene und zum Anderen darauf, dass sich das Symbol als Code für »Heil« oder »Hitler« interpretieren lässt. Die Vertriebsfirma distanziert sich von Neonazis

Ian Stuart

Symbol: Ian Stuart Donaldson (1957–93), ehemaliger Sänger der englischen Neonazi-Band ➔Skrewdriver und Begründer von ➔Blood & Honour; gilt weltweit als die Ikone der neonazistischen RechtsRock-Szene.
Verwendung: Nach dem Tod von Ian Stuart Donaldson 1993 und der Auflösung der Band Skrewdriver wurde eine regelrechte Vermarktungsindustrie in Gang gesetzt. Im Angebot sind u.a. Kissen, Aufnäher, Anstecker, Aufkleber, Gürtelschnallen, Feuerzeuge, Poster, die Ian Stuart wahlweise als Sänger, Wikinger oder Lichtgestalt darstellen; T-Shirts mit dem Namen und/oder dem Konterfei von Ian Stuart gibt es in breiter Auswahl, populär ist das Motiv des Konterfeis in Verbindung mit dem Schriftzug ›Ian Stuart‹, ➔Lebensrune und ➔Todesrune sowie dem Geburts- und Todesdatum.
Marke: Eine Wort-/Bildmarke des Namen Ian Stuart Donaldson ist eingetragen auf Andreas Zehnsdorf (➔Skrewdriver), dem Mitarbeiter des RechtsRock-Magazins *Rock Nord.*
Eine weitere Wort-/Bildmarke Ian Stuart ist seit 1999 auf den Bremer Neonazi Henrik Ostendorf registriert. Gegen eine Wortmarke Ian Stuart,

angemeldet von Herbert Egoldt vom Label Rock-O-Rama, läuft derzeit noch ein Widerspruchsverfahren.

idm / Initiative »Identität durch Musik«

Symbol: Die Initiative »Identität durch Musik« versteht sich als ›deutscher Ableger‹ einer ›europäischen Identitätsrockbewegung‹, die Anfang der 90er-Jahre mit Gründung von ›Rock Identitaire Francais‹ (RIF) in Frankreich seinen Anfang nahm, bisher jedoch in keinem europäischen Land auf breiter gesellschaftlicher Basis Fuß fassen konnte. Ziel von idm ist es, den RechtsRock aus seiner vermeintlichen subkulturellen Marginalisierung zu führen und auf der Basis deutscher ›Identitätsmusik‹ eine »gemeinsame Plattform für politische Musiker der unterschiedlichsten Musikstile« herzustellen; die im Herbst 2001 idm angeschlossenen Bands sind: Nordwind (Viking-Rock), Megalith (Heavy-Metal), Landsturm (Oi-Punk), Von Thronstahl (Dark Wave). Die Begründer und treibende Kraft von idm, die Esslinger Band Carpe Diem hat sich 2001 aufgelöst. Ein gleichnamiges Label ist idm angeschlossen.

Marke: Als Wort-/Bildmarke »INITIATIVE idm IDENTITÄT DURCH MUSIK« eingetragen auf Kay Bunn (Esslingen), ehemaliges Mitglied der Bands Noie Werte und Carpe Diem, heute Gitarrist bei Von Thronstahl.

Irminsul

Symbol: auch: Yggdrasil; heidnisch-mystisches Symbol für den Lebensbaum (s.g. Welteneschе), der das Dach der Welt trägt. Im NS Symbol der zentralen SS-Forschungsorganisation Ahnenerbe. Sowohl im NS als auch heute von neonazistischen und germanisch-heidnischen Kreisen als Gegensymbol zum christlichen Kreuz verwendet.

Verwendung: Verwendung findet die Irminsul im neonazistischen Spektrum als Schmuckstück, Kissen, Feuerzeuggravur, T-Shirt-Aufdruck oder Jackenemblem; dient auch als Organisationskennzeichen der neonazistisch-heidnischen Artgemeinschaft. Die Irminsul kann nicht grundsätzlich in einen rechten Zusammenhang gestellt werden, da sie auch im heidnisch-religiösen Spketrum ohne rechten Bezug genutzt wird.

Kategorie C

Symbol: Polizeiliche Einstufung von gewaltbereiten Fußballfans (meist Hooligans).

Verwendung: Populär in der Hooligan-Szene, findet zum Teil auch Verwendung unter Neonazis; wird v.a. als Base-Cap getragen; darüber hinaus gibt es eine gleichnamige extrem rechte Band aus Bremen sowie einen gleichnamigen Hooligan-Laden in Berlin.

Marke: als Wort-/Bildmarke »Kategorie C Troublemaker« in Frakturschrift eingetragen auf Florian Korn von der Firma Korn-Tex (➔Troublemaker). Eine weitere Wort-/Bildmarke »Kategorie C gegen alle Regeln« wurde im September 2001 angemeldet durch den Neonazi Marcel Ingignoli von ➔Working-Class Streetwear aus Gevelsberg. Die Wort-/Bildmarke »Kategorie C – KC Die Band« wurde im Januar

2002 auf Hannes Ostendorf, Mitglied der gleichnamigen Bremer Band, registriert.

Keltenkreuz / White-Power-Zeichen

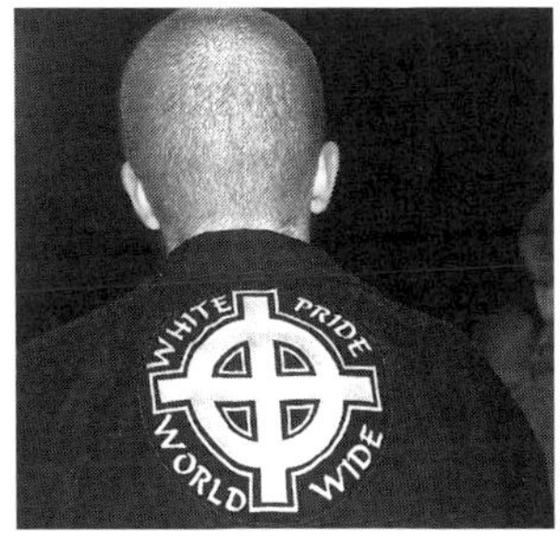

Symbol: Dem Keltenkreuz wird eine heidnische Bedeutung zugeschrieben; es diente in den letzten Jahrzehnten in der neonazistischen Rechten weltweit vor allem als Symbol für die erwünschte Vormachtstellung der weißen Rasse (➔White Power); wird in der Neonazi-Szene in zwei Darstellungen genutzt: als Kreuz im Kreis, dessen Balken nicht über den Kreisrand hinaus reichen sowie als Kreuz im Kreis mit über den Kreisrand verlängerten Balken, was zudem eine beabsichtigte Assoziation zu einem Fadenkreuz darstellt; die dritte Darstellungsform des Keltenkreuzes, als Kreuz im Kreis mit nach unten verlängerten Balken, ist in der extrem rechten Szene unüblich.
Verwendung: Das White-Power-Zeichen findet beinahe unbegrenzte Verwendung gerade in Kreisen neonazistischer Skinheads. Obwohl es das Organisationskennzeichen der 1982 verbotenen Volkssozialistischen Bewegung Deutschlands/Partei der Arbeit (VSBD) war, ist die Verwendung heute praktisch straffrei, da Gerichte mittlerweile auf den fehlenden Zusammenhang zur VSBD hinweisen. In Anbetracht der weit über die neonazistische Szene hinaus bestehenden Wahrnehmung des Keltenkreuzes als White-Power-Zeichen erscheint die nicht-rassistische Interpretation des Symbols in Deutschland kaum möglich, wenngleich dies in Teilen des heidnischen Spektrums versucht wird.

Ku Klux Klan / KKK / KKK-Kreuz / Feuerkreuz / KKK-Blutstropfen

Symbol: Militante rassistische Organisation, die nach dem amerikanischen Bürgerkrieg gegründet wurde und für weiße Rassisten in der ganzen Welt Vorbildcharakter genießt. Das KKK-Kreuz (auch: Feuerkreuz, KKK-Blutstropfen) zeigt ein schwarz-weißes Kreuz in rotem Kreis mit einem Blutstropfen im Zentrum.
Verwendung: Symboliken des Ku Klux Klan sind in der neonazistischen Szene weit verbreitet; angeboten werden Aufnäher, T-Shirts und Poster mit dem KKK-Kreuz, der Aufschrift »KKK« und Zeichnungen typischer KKK-Kapuzenmänner; Darstellung erfolgt auch in Verbindung des KKK-Terminus »Invisible Empire« (»unsichtbares Reich«). Gründungen deutscher KKK-Sektionen hatten bislang lediglich symbolischen Charakter, gingen aber immer von neonazistischen Gruppen aus.

Landser

Symbol: historisch: Bezeichnung für deutsche Soldaten, insbesondere Wehrmachtssoldaten im Zweiten Weltkrieg; Name einer deutschen Neonazi-Kultband (Berlin/Potsdam) aus dem ➔Blood & Honour-Netzwerk und Titel eines Polit-Fanzines aus Nürnberg. Das von der Band Landser verwendete nebenstehende Symbol ist dem Abzeichen der 37. SS-Kavallerie-Division entlehnt.

Verwendung: Die Fanartikel der Band Landser werden u.a. mit den Aufschriften, wie »Deutsche Wut«, »Braune Musik Fraktion« (Motiv: gekreuzte Gitarre und Maschinengewehr) oder »Terroristen mit E-Gitarre« versehen. Als Bandlogo dient zuweilen ein rotes ›L‹ in Frakturschrift.

Last Resort

Symbol: übersetzt: Letzte Zuflucht;
Verwendung: Gebräuchlicher Begriff; als Werbe-Slogan: »The very last Resort«, für den neonazistischen Treffpunkt Club 88 (➔88) in Neumünster; Name eines neonazistischen Ladens in Halle sowie der mittlerweile aufgelösten ›unpolitischen‹ englischen Oi-Band der frühen 80er-Jahre.

Geburtsanzeigen

Am 18 Brachet erblickte

ᛉ

Fritz Wolfgang

als vierter Sohn von

Nicole und Matthias Obst

um 17.53 Uhr das Licht der Welt. Der Junge war 55 cm groß und wog 3431 Gramm.

Den stolzen Eltern gratulieren Vorstand und Schriftleitung der HNG von ganzem Herzen

Die Kameraden Claudia und Enrico freuen sich über die Geburt ihres Sohnes

ᛉ

Georg

Den stolzen Eltern gratulieren Vorstand und Schriftleitung der HNG von ganzem Herzen

Lebensrune

Symbol: auch: Man-Rune; im NS sollte die Lebensrune/Man-Rune den christlichen Stern als Zeichen für Geburt und Leben ersetzen und bildete 1933 zusammen mit der ➔Todesrune das Symbol der Nordischen Glaubensbewegung, im Verbund mit dem ➔Hakenkreuz zierte sie die Abzeichen der NS-Frauenschaft und des Deutschen Frauenwerks; wird heute ebenso wie ihr Gegenpart, die Todesrune (Yr-Rune), von völkisch-religiösen und neonazistischen Gruppen in der ihr vom NS zugeordneten Bedeutung gesehen.
Verwendung: Die Lebensrune findet breite Verwendung in Geburts- und Todesanzeigen, als T-Shirt-Aufdruck, als Schmuckstücke, Anhänger, Anstecker und Jackenembleme; sie liefert auch die Symbolik für rechte und neonazistische Organisationen, wie z.B. die US-amerikanische National Alliance und die Deutsche Heidnische Front. Eine Nutzung findet vereinzelt auch im heidnischen Spektrum ohne beabsichtigten neonazistischen Bezug statt.

LONSDALE

Symbol: Der Legende nach ein englischer Arbeitersportverein und Boxsport-Club, entstanden in der Vorkriegszeit, dem in den 60er-Jahren viele Skinheads angehört haben sollen. Die Popularität der Verwendung bei Neonazis begründet sich auf die darin enthaltenen Mittelbuchstaben NSDA (in Anspielung auf NSDAP), die bei geöffneter Jacke oft der einzig erkennbare Namensbestandteil sind.
Verwendung: Das Schriftdesign der sich zur Mitte hin verkleinernden Buchstaben ist zum Standard der neonazistischen Szene geworden und findet stetig Nachahmer (Kameradschaft, ➔Masterrace Europe, ➔CONSDAPLE, ➔Last Resort), vor allem nachdem sich die LONSDALE produzierende Firma 1999 von ihrem neonazistischen Kundenkreis distanzierte und einigen deutschen extrem rechten Versänden die Belieferung kündigte. LONSDALE unterstützt antirassistische Initiativen und ist weiterhin bei Sportlern, vor allem bei Boxern populär.

Masterrace Europe

Symbol: dt.: Herrenrasse Europa; der Schriftzug ist an das Schriftdesign von →LONSDALE angelehnt.
Verwendung: Beliebte Marke im neonazistischen Spektrum, erhältlich als Jogginghosen, T-Shirts und Pullover; wird nur in neonazistischen Läden und Versandkatalogen angeboten.
Marke: Die Wort-/Bildmarke »MASTERRACE EUROPE« ist eingetragen auf Siegfried Birl, Funktionär der JN in Bayern und Betreiber des Wikinger Versandes im niederbayerischen Geiselhöring. Dort wird auch die Bekleidungsmarke Wicki (Mode für Kleinkinder) angeboten. Eine weitere von Birl angemeldete Marke ist »RESISTANCE STREETWEAR GERMANY«.

Mjölnir / Thorshammer

Symbol: In der germanischen/nordischen Mythologie die Bezeichnung für den Hammer des Gottes Thor (Thorshammer), mit dem dieser Blitz und Donner erzeugen als auch seine Feinde vernichten konnte.
Verwendung: Der Thorshammer hat einen hohen Verbreitungsgrad in der rechten Szene und findet sich als Symbol häufig auf T-Shirts und Aufnähern wieder. Besondere Popularität hat er als Halsketten-Anhänger und wird als solcher in unzähligen Modellen angeboten; er wird jedoch auch im nicht rechtsextremen Teil der Heidenszene, der Dark-Wave- sowie Heavy-Metal-Szene und vereinzelt auch in alternativen Kreisen getragen; fungiert auch als Name verschiedener extrem rechter Bands, z.B. Mjölnir, Mjöllnir, Thorshammer, Thors Hammer.
Marke: Als Wort-/Bildmarke Mjölnir und im Verbund mit dem Symbol eingetragen auf Axel Zehnsdorf (Hattingen). Die extreme rechte Mjölnir Versand & Verlag GmbH mit Postfach in Herten (NRW), Geschäftsführer Frank Reber, vertreibt entsprechende Bekleidungsmotive und Accessoires.

New Balance

Symbol: Symbol der allgemein sehr populären Lauf- und Sportschuhe der Marke New Balance ist ein aufgenähtes N, das im neonazistischen Spektrum als Kürzel für ›Nationalsozialist‹ gedeutet wird.
Verwendung: Im Modewandel von Teilen der rechten Szene zu einem sportlichen und athletischen Erscheinungsbild wird zunehmend auf Sportschuhe zurückgegriffen, wobei das New-Balance-Schuhwerk wegen seines interpretierbaren Kürzels mittlerweile einen recht hohen Verbreitungsgrad in der Szene erreicht. Die produzierende Firma lehnt den neonazistischen Kundenkreis öffentlich und entschieden ab.

Odalrune

Symbol: Im Nationalsozialismus Zeichen des Rasse- und Siedlungshauptamtes und der 7. Waffen-SS-Freiwilligen-Division Prinz Eugen; steht in rechter Deutungsweise für die ›Blut und Boden‹-Ideologie, nach der das Individuum durch Lebensraum und Gene geprägt wird; heute wird sie noch als ein Bestandteil eines Rangabzeichen der Bundeswehr verwendet.
Verwendung: Die Odalrune findet breite Verwendung in der neonazisti-

schen Szene; benutzt u.a. von der 1994 verbotenen Wiking Jugend und dem 1961 verbotenen Bund nationaler Studenten. Obwohl als NS-Symbol und Organisationskennzeichen zweier verbotener neonazistischer Vereinigungen definiert, ist die Strafbarkeit der Verwendung nur gegeben, wenn der eindeutige Bezug zu diesen Organisationen ersichtlich ist. Als juristisches Schlupfloch dient den Neonazis u.a. der Hinweis auf die Verwendung der Odalrune bei der Bundeswehr.

Oi

Symbol: Die Herkunft des Begriffes ist unklar, angeblich dem ›Cockney-Slang‹ entnommen und gleichbedeutend mit ›Hey‹; als Bezeichnung für den s.g. ›Straßenpunk‹ ab Anfang der 80er-Jahre verwendet, um den Punk auf unpolitischer Ebene mit anderen Jugendkulturen (Skinheads, Fußballfans) zusammenzuführen; musikalisch melodisch, schnörkellos gespielter Punk-Rock mit eingängigem, mitgröl-kompatiblem Refrain.
Verwendung: Über die Vereinnahmung des Oi gelang es den rechten Skinheads um 1980, die Ska-Musik durch einen »weißen, europäischen Musikstil« zu ersetzen und damit die multiethnische Tradition ihrer Kultur zu kappen; Oi ist bis heute ein überaus gebräuchlicher Begriff und Schlachtruf der Skinhead- und Punk-Szene. Er wird vielfach von nicht-rechten Bands und Fans verwendet, die auf dessen unpolitische Wurzeln verweisen. Er findet vor allem im ›spaßorientierten‹ Teil der rechten Szene Verwendung als Slogan, als Aufdruck auf Aufnähern, T-Shirts etc. sowie als Ersetzung für ›eu‹ in Schriftzügen, z.B. Doitschland. Lässt diese Ersetzung nach, so ist dies gewöhnlich ein Zeichen zunehmender Distanz vom ›spaßorientierten‹ Teil der Szene und Hinweis auf einen gestiegenen Grad der Politisierung.

Patriot

Symbol: Begriff für Vaterlandsverbundenheit; in rechter Interpretation völkisch besetzt, zwischen Nationalismus und Patriotismus werden dabei nur selten Unterschiede gemacht; Name einer neonazistischen deutschen Modemarke.
Verwendung: Die Patriot-Produktpalette umfaßt Basecaps, Aufnäher, Aufkleber, Anstecker, Jacken, T-Shirts, Pullover.
Marke: Als Wort-/Bildmarke eingetragen auf Falk Belger aus Annaberg Buchholz; der Vertrieb erfolgt neben dem von Belger betriebenen gleichnamigen Versand fast nur über neonazistische Versände und Szeneläden. Die Anmeldung der Wort-/Bildmarke »Patriots 88« von Enrico Baumgärtel (München) fand bis September 2002 keine Anerkennung im Deutschen Patent- und Markenamt.

Pitbull

Symbol: Name einer Hunderasse, die als äußerst aggressiv gilt.
Verwendung: Das Pitbull-Sortiment umfasst alle erdenklichen Bekleidungsstücke und Accessoires; den Schriftzug Pitbull gibt es in verschiedenen Ausführungen mit der Unterzeile »Germany« oder »Frankfurt«;

einzelne neonazistische Läden benennen Pitbull-Produkte als ihre bestverkaufteste Ware. Die Marke ist weit über das neonazistische Spektrum hinaus verbreitet (Jugendgangs, Rocker, Hooligans).
Marke: Die vertreibende Firma in Frankfurt am Main kann nicht dem rechten-, sondern eher dem Rocker- und Hooliganmilieu zugerechnet werden; von dort läuft auch der Vertrieb der Marke »Asoziale Randgruppe«, deren Eintrag ins Patentregister abgelehnt wurde.

R.A.C.

Symbol: Abk.: für ›Rock Against Communism‹, dt.: ›Rock gegen Kommunismus‹; Sammelbegriff der extrem rechten Rockmusik-Szene, kreiert Anfang der 80er-Jahre in England als Gegenpol zur dortigen antifaschistischen Musikbewegung R.A.R. (›Rock against Racism‹). Treibende Kraft des R.A.C. war die neonazistische Skinhead-Band →Skrewdriver.
Verwendung: Der Begriff R.A.C. hat einen breiten Interpretationsspielraum. Er wird heute in Deutschland vor allem mit dem britischen Rechts-Rock der 80er-Jahre assoziiert und dient auch als politische Positionierung rechter Skinheads, die sich nicht in einen offen neonazistischen Kontext stellen wollen.

RaHoWa / Racial Holy War

Symbol: Dt.: Heiliger Rassenkrieg; gebraucht als Synonym für den »Kampf der arischen Rasse« mit dem Ziel der Vernichtung ›nicht-arischer‹ Menschen; der Begriff wurde geprägt von den US-amerikanischen neonazistischen Organisationen Church of the Creator (COTC) und der World Church of the Creator (WCOTC) und populär gemacht durch die, eng mit der COTC verbundenen, amerikanischen neonazistischen Heavy-Metal-Band RaHoWa.

Reichskriegsfahne

Symbol: Die Reichskriegsfahne existierte seit 1867 in vier verschiedenen Darstellungsformen. Populär ist unter Neonazis die Reichskriegsfahne in der Verwendung von 1867 bis 1921: Schwarzes Kreuz, in dessen Mitte ein Kreis mit Reichsadler sowie in der linken oberen Ecke das →Eiserne Kreuz auf →schwarz-weiß-rotem Hintergrund abgebildet sind, sowie jene von 1933 bis 1935, schwarz-weiß-rot mit einem großen Eisernen Kreuz in der Mitte.
Verwendung: In der extremen Rechten beliebt als Jackenaufnäher oder T-Shirt-Motiv etc. Laut gültiger Rechtsprechung kann das öffentliche Zeigen der Reichskriegsfahne (1867 bis 1921) im Einzelfall eine polizeiliche Sicherstellung zur Abwehr »konkreter Gefahren für die öffentliche Sicherheit und Ordnung« erforderlich machen; die Reichskriegsfahne (1935 bis 1945) unterliegt dem Verbot, da sie im Orginal ein →Hakenkreuz enthält.

Runen

Symbol: Altnordisch-germanische Zeichen, welche teils Laut- und teils Symbolcharakter hatten; heute werden meist völkische Deutungsmuster aus der Zeit um 1900 herangezogen. Der Rückgriff auf Runen war im ›Dritten Reich‹ wesentlicher Bestandteil der Konstruktion einer umfassenden germanisch-arischen Traditionslinie. In gleicher Bedeutung werden sie heute von Neonazis genutzt.
Verwendung: Runen finden im neonazistischen Spektrum breite Verwendung in Form von Symbolen oder als Runen-Schrift auf Plattencovern, auf Bekleidungsstücken oder sonstigen Accessoires (Schmucksteine, Anstecker etc.); besondere Popularität haben ➔Lebensrune, ➔Todesrune, ➔Odalrune, ➔Sig-Rune und ➔Tyr-Rune. Darüber hinaus werden Runen in völkisch-heidnischen Kreisen sowie in Teilen der Dark-Wave- als auch der Black-Metal-Szene verwandt.

SA / SA-Zivilabzeichen

Symbol: Abk. für Sturmabteilung; 1920 gegründet, 1921 in einen paramilitärischen Verband umgewandelt diente die SA der NSDAP v.a. als Kampfgruppe zur Terrorisierung der politischen Gegner; sie wurde 1934 nach parteiinternen Machtkämpfen (Röhm-Putsch) ausgeschaltet.
Verwendung: Ähnlich wie bei der ➔SS haben Symbole und positive Bezüge auf die SA in der neonazistischen Szene einen hohen Stellen- und Gebrauchswert; in Anbetracht der Strafbarkeit der Verwendung der Symbole wird auch hier über Verfremdungen ›Ersatz‹ geschaffen, so ist z.B. das von der neonazistischen Bremer Band Nahkampf verwendete Symbol an das SA-Zivilabzeichen angelehnt.
Marke: Der Name NAHKAMPF inkl. der darin enthaltenen Symbolik ist als Wort-/Bildmarke eingetragen auf Jens Pühse, Betreiber des Versandes Pühses Liste und Bundesvorstandsmitglied der NPD.

Schnürsenkel

Verwendung: Die politische Zuordnung über die Farbe der Schnürsenkel ist heute nur noch sehr bedingt möglich. Fanden weiße Schnürsenkel über Jahre fast ausschließlich Verwendung unter rechten Skins (als Code für ›weiße Rasse‹, ➔White Power), so werden sie in Verbindung mit schwarzen Stiefeln mittlerweile auch von antirassistischen Skins sinnbildlich für die Black & White-Tradition der Skins getragen; rote Schnürsenkel, gemeinhin als Erkennungszeichen ›roter‹ Skins (s.g. Redskins) definiert, werden hingegen z.B. von Anhängern ➔Blood & Honours als Sinnbild ›des Blutes‹ gesehen und in einigen Gruppen auch als ›Auszeichnung‹ für begangene Gewalttaten verwendet. Während die Verwendung der Schnürsenkel-Farben mancherorts noch relativ strikt gehandhabt wird, spielt sie anderswo keine Rolle mehr.

schwarz-weiß-rot

Symbol: Ab 1867 die Farben des Norddeutschen Bundes, eines aus 17 Einzelstaaten bestehenden Bundes unter der Führung Preußens; die Far-

ben standen schwarz-rot-gold entgegen, denen ein fortschrittlicher, antimonarchistischer Charakter anhing; schwarz-weiß-rot symbolisierte den nationalistischen Widerstand und dessen Umsturzversuche in der Weimarer Republik; mit der Machtübertragung an die Nationalsozialisten 1933 wurden von Hindenburg die ➔Hakenkreuzfahne und die schwarz-weiß-rote Fahne gemeinsam zu Reichsfahnen erklärt; die Farben sind bis heute ein eindeutiges (legales) Zeichen der Gegnerschaft zur Demokratie.
Verwendung: Die Farben haben hohen Symbolwert in extrem rechten Kreisen und sind häufig Bestandteil verschiedenster Motive (➔Blood & Honour, ➔Hakenkreuz, ➔Reichkriegsfahne, ➔W); das Symbol der schwarz-weiß-roten Fahne wird als Aufnäher und Anstecker angeboten; häufig wird die Fahne auf neonazistischen Aufmärschen gezeigt.

Schwarze Fahne

Symbol: Schwarze Fahnen galten als Zeichen der Not und wurden sowohl in bäuerlichen, anarchistischen als auch in der völkischen Bewegung um 1900 verwendet; die heute in der neonazistischen Szene gebräuchlichen Darstellungen der Schwarzen Fahne sind:
1. Schwarze Fahne, dreieckig und spitz zulaufend, mit einem Kreis oder Ring eingefasst: lehnt sich an die s.g. Bundschuhfahne an und war im 15. Jahrhundert das Zeichen aufständischer Bauern.
2. Schwarze Fahne, viereckig, nach rechts wehend, von einem schwarzen Ring eingefasst: stellt vor allem den Versuch der Provokation des politischen Gegners dar, da dies eine Verfremdung des Symbols der Antifaschistischen Aktion ist; der Schriftzug im Ring wird dabei ersetzt und die ursprünglich linkswehende Fahne nach rechts gedreht.

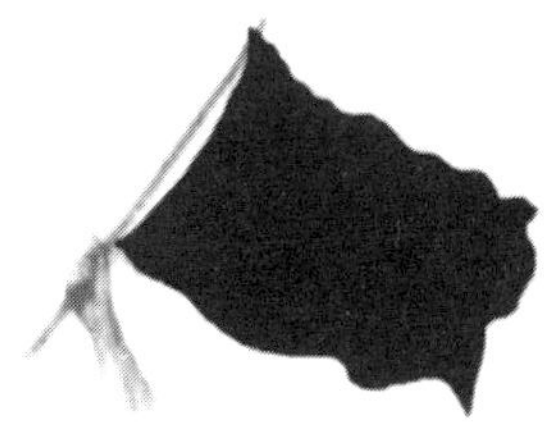

Verwendung: Die Schwarze Fahne in den beschriebenen Darstellungsformen dient heute vor allem als Symbolik für die Gruppen der so genannten ›Freien Nationalisten‹, die darüber ihren revolutionären Habitus und ihre (parteipolitische) Unabhängigkeit betonen wollen; des weiteren existiert auch ein neonazistischer Schwarze-Fahne-Versand.

Schwarze Sonne

Symbol: Als sol niger aus der Alchemie bekannt; diese Darstellung zeigt die Schwarze Sonne u.a. als reines schwarzes Sonnensymbol. Im NS diente die Schwarze Sonne mit veränderter Symbolik, die ein 12-armiges ➔Hakenkreuz oder ein Rad aus 12 ➔Sig-Runen darstellt, der ➔SS als Sinnbild einer geheimen nordisch-heidnischen Religion und Bruderschaft; diese Symbolik ist in der SS-Kultstätte Wewelsburg als Bodenmosaik vorzufinden; sie steht heute in neonazistischer Deutung u.a. für die »Verbundenheit mit der eigenen Art und mit den arteigenen Wertevorstellungen«.

Verwendung: In einem breiten Spektrum der extremen Rechten, von Neonazi-Skins, der rechten Dark-Wave-Szene bis hin zur ›Neuen Rechten‹, erfreut sich die Schwarze Sonne in der Symbolik der SS hoher Popularität und findet Verwendung als Schmuckstück, Anstecknadel, Tischdecke, Fahne, Uhrzifferblatt und T-Shirt-Motiv; gelegentlich wird eine Verbindungslinie von den alchemistischen Ursprüngen zur SS konstruiert.

S.H.A.R.P.

Symbol: Abkürzung für: Skinheads against racial prejudices, dt.: Skinheads gegen rassistische Vorurteile; Netzwerk, gegründet um 1988 in New York und von Roddy Moreno, Sänger der britischen Oi-Band The Oppressed, nach Europa importiert; im Zuge der Verbreitung von ›Nazi-Skins‹ nach der Wiedervereinigung wurde S.H.A.R.P. in Deutschland zeitweise zum identitätsstiftenden Sammelpunkt jener Skinheads, die sich explizit gegen die Neonazis abgrenzen wollten. Wenngleich die Bedeutung von S.H.A.R.P. nach Aussage seiner Aktivisten heute gering ist, so stellt es immer noch eine Gegenposition gegen Rechts und ist im rechten Spektrum verhasst; S.H.A.R.P. versteht sich ausschließlich als Gegenbewegung, Versuche, S.H.A.R.P. links zu besetzen, werden meist zurückgewiesen. Verschiedene Symbole werden verwendet v.a.: ›Trojanischer Helm‹ mit Motto im äußeren Ring (➔Trojan Skinheads), Schattenriss eines Skinhead-Kopfes (von hinten) mit Motto darunter.
Verwendung: Aufnäher und T-Shirts mit S.H.A.R.P.-Aufschriften und Symbolen sind unter antirassistischen Skins gebräuchlich; verschiedene Bands und Konzertveranstalter stellen sich unter das Motto und geben S.H.A.R.P.-Logos u.a. auf Covern und Konzertplakaten wider.

Sig-Rune

Symbol: Die Sig-Rune war in der völkischen Jugendbewegung und den Freikorps nach dem Ersten Weltkrieg verbreitet; im NS diente sie als Symbol des Jungvolks (das für die Betreuung der 10 bis 16-jährigen zuständig war) und als doppelte Sig-Rune seit 1929 als Zeichen der ➔SS; der Sig-Rune wird die Bedeutung des Sieges und militärischer Macht zugeschrieben. (➔Runen)
Verwendung: In der RechtsRock-Szene findet die Sig-Rune regen Gebrauch als Motiv bzw. Motivzusatz auf T-Shirts, Aufnähern, Emblemen; häufig wird das große ›S‹ z.B. in Bandnamen als Sig-Rune geschrieben; die populäre Band Brutal Attack (England) nutzt die Sig-Rune als Symbol zwischen den Worten des Bandnamens. Die Sig-Rune wird oft auch verfremdet durch die Darstellung in Form eines Blitzes (mit Pfeil nach unten).

Skrewdriver / S

Symbol: Englische neonazistische Skinhead-Kultband (1977-1993) um Ian Stuart Donaldson; Gründungsband und treibende Kraft von ➔Blood & Honour. Symbol/Wappen von Skrewdriver ist das in Frakturschrift geschriebene ›S‹ meist in Verbindung mit einem stilisierten Adler.
Verwendung: In Verbindung mit Ian Stuart Donaldson ist Skrewdriver elementarer Bestandteil des Personenkultes um Donaldson und der Vermarktungsindustrie, die nach dessen Tod erfolgten Auflösung von Skrewdriver einsetzte; das Komplettangebot reicht von Kissen, Aufklebern, Gürtelschnallen, Fahnen bis hin zu Bekleidungsstücken vom Base-Cap bis zur Hose. Das Wappen wird häufig auch allein stehend, ohne Schriftzusatz und ohne weitere Abbildung verwendet.

Marke: Eine Wort-/Bildmarke des Namen »Ian Stuart« ebenso wie der Schriftzug »Skrewdriver« (in Frakturschrift) ist eingetragen auf Andreas Zehnsdorf, Redakteur beim RechtsRock-Magazin *Rock Nord*, der auch die Wort-/Bildmarke »KRAFTSCHLAG« hält.

Spirit of 69 / 69

Symbol: dt.: Der Geist von 69; Anspielung auf die Gründer- und Hochzeit der Skinhead-Bewegung; dient ›traditionalistischen‹ Skins als Slogan und ›Glaubensbekenntnis‹ und stellt einen unterschiedlich interpretierbaren Rückgriff auf die Geschichte der Skins dar.
Verwendung: Von linken und unpolitischen Skins (Trojan Skinheads) verwendet als Synonym für den Zusammenhalt zwischen Skins und Rude-Boys unter den Rhythmen des Ska. Rechte und neonazistische Skins nutzen den Slogan gelegentlich als Hinweis auf das damalige Arbeiterklassen-Bewusstsein der Skins, deren Gewaltexzessen vor allem die von ihnen verhassten Hippies und Einwanderer aus dem asiatischen Raum ausgesetzt waren. Als ›Glaubensbekenntnis‹ jedoch eher von linken und unpolitischen Skins verwendet.

SS / Doppelblitz

Symbol: Abk. für Schutzstaffel; einflussreichste Organisation innerhalb der NSDAP mit militärischen Gliederungen (Waffen-SS); Kennzeichen der SS waren die doppelte ➔Sig-Rune (auch: Doppelblitz), und der ➔SS-Totenkopf.
Verwendung: Die (z.T. verbotene) SS-Symbolik und Terminologie ist allgegenwärtig in der neonazistischen Szene (➔Irminsul, ➔Schwarze Sonne), wobei die öffentliche Darstellung meist in leicht verfremdeter Form geschieht um der Strafverfolgung zu entgehen; in Bandnamen wie Schwarzer Orden oder Schwarzes Korps (historisch: publizistisches Organ der SS), wie auch in Liedtexten über »Divisionen in Schwarz«, »Jungs mit dem Doppelblitz« oder »Ritter der Schwarzen Sonne« werden häufig positive Bezüge zur SS hergestellt. Die Schreibweise der Buchstabenfolge SS als doppelte Sig-Rune geschieht aber auch außerhalb des neonazistischen (Musik-)Spektrums, z.B. von der Pop-Band Kiss und stellt dort jedoch keine Sympathiebekundung für die SS dar.

SS-Totenkopf

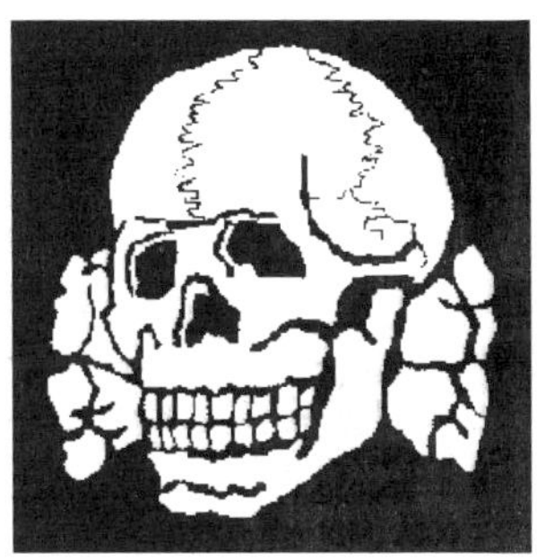

Symbol: Der Totenkopf, wie von der SS benutzt, wurde u.a. schon von militärischen Formationen der Kaiserzeit und den nationalistischen Freikorps-Verbänden nach dem Ersten Weltkrieg als Zeichen des Todes getragen; war im NS Symbol der SS, die auch eine Totenkopf-Division unterhielt.
Verwendung: Als NS-Symbol in Deutschland verboten; gebräuchlich sind deshalb leicht verfremdete (straffreie) Darstellungen, die u.a. als Gürtelschnalle oder Motiv auf T-Shirts und Aufnähern angeboten werden; als Bandsymbol, versehen mit einer kleinen 6, für die extrem rechte Neofolk-Band Death In June; in originaler Abbildung als Organisationsab-

zeichen u.a. von →Combat 18 und der neonazistischen US-amerikanischen Band Max Resist genutzt.

Südstaaten-Fahne / Konföderierten-Fahne

Symbol: Fahne der elf konföderierten Staaten von Amerika (Südstaaten), die 1861 ihren Austritt aus der Staatenunion der USA verkündeten, was den Sezessionskrieg (1861–65) auslöste; die Südstaaten waren auch nach der Wahl des Sklaverei-Gegners Abraham Lincoln zum Präsidenten nicht bereit, die Sklaverei aufzugeben; vor dem Hintergrund dieser Geschichte ist die Südstaaten-Fahne auch heute noch problemlos als Symbol weißen Überlegenheits- und Vormachtsdenken interpretierbar; sie steht darüber hinaus (v.a. in den USA) für den nostalgischen Rückgriff auf die ›gute, alte Zeit‹.

Verwendung: Die Fahne ist in den vergangenen Jahrzehnten, nicht nur in den USA, Sinnbild für rebellische Attitüden und für den Drang nach ›Unabhängigkeit‹ geworden; als solches findet sie Verwendung unter Rockern und im Rock-a-Billy-Spektrum; unter Anhängern der Country-Musik wird sie eher vor romantisch verklärtem Hintergrund genutzt; in der rechten und neonazistischen Szene wird sie häufig in die Nähe des →Ku Klux Klans und dessen Symbolik gestellt.

Swastika

→Hakenkreuz

Thorshammer

→Mjölnir

Todesrune

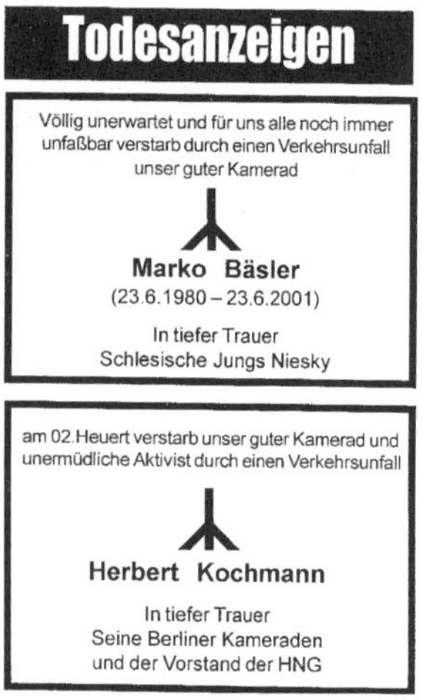

Todesanzeigen

Völlig unerwartet und für uns alle noch immer unfaßbar verstarb durch einen Verkehrsunfall unser guter Kamerad

Marko Bäsler
(23.6.1980 – 23.6.2001)

In tiefer Trauer
Schlesische Jungs Niesky

am 02.Heuert verstarb unser guter Kamerad und unermüdliche Aktivist durch einen Verkehrsunfall

Herbert Kochmann

In tiefer Trauer
Seine Berliner Kameraden
und der Vorstand der HNG

Symbol: auch: Yr-Rune; symbolisiert im Gegensatz zur →Lebensrune den Tod und ersetzte z.B. auf den Friedhöfen der SS das christliche Kreuz; bildete 1933 zusammen mit der Lebensrune das Symbol der Nordischen Glaubensbewegung; wird heute ebenso wie ihr Gegenpart, die Lebensrune (Man-Rune), von völkisch-religiösen und neonazistischen Gruppen in der ihr vom NS zugeordneten Bedeutung gesehen.

Verwendung: Die Verwendung der Todesrune geschieht häufig in Todesanzeigen (meist in Zusammenhang mit der Lebensrune); sie bildet zusammen mit der Lebensrune auch das Symbol der Deutschen Heidnischen Front. Hölzerne Todesrunen werden in heidnisch-völkischen Kreisen als Grabsteine genutzt (→Runen).

Triskele

Symbol: Tri = drei; keine Rune, sondern ein Symbol, das in gerundeter Darstellungsform v.a. im ehemals keltischen Siedlungsraum weit verbreitet ist; erscheint in eckiger Darstellung als dreiarmiges Hakenkreuz und wird von neonazistischen Kreisen entsprechend interpretiert.

Verwendung: Die ›eckige‹ Triskele dient als Organisationskennzeichen der rassistischen südafrikanischen Burenorganisation Afrikaaner Weerstandsbeweging (AWB) und ➔Blood & Honour. In runder Form ist sie ein gängiges modisches Accessoire. Beide Formen finden Verwendung in der extremen Rechten als T-Shirt und Jackenaufdruck, Schmuckstücke und Ornamente.

Trojan Skinheads

Symbol: Das Symbol des behelmten ›trojanischen Kriegers‹ im Profil leitet sich vom Firmenlogo des 1968 gegründeten Labels Trojan-Records ab, einem damaligen englischen Hauptproduzenten der Ska-Musik.
Verwendung: Trojan Skins gelten als Traditionalisten der Skinhead-Szene, die dem ➔Spirit of 69 und dem ursprünglichen Skinhead-Sound, dem Ska, verhaftet sind; im Rückgriff auf die Geschichte bevorzugen Trojan Skinheads häufig das ›smarte‹ Outfit von ➔Ben Sherman und ➔Fred Perry-Kleidung gegenüber dem martialischen Auftreten in Bomberjacken und Military-Look. Getreu dem diffusen Working-Class-Idealen der Skinheads der 60er- und 70er-Jahre bilden rassistische und nationalistische Meinungen unter Trojan Skins keine Ausnahme, wenngleich die Abneigung gegenüber neonazistischen ›Boneheads‹ meist betont wird.

Troublemaker / TM

Symbol: Dt.: Krawallmacher.
Verwendung: Marke, populär in Kreisen von Hooligans und Skinheads verschiedener Spektren, sowie im Rocker-Milieu; breites Sortiment von Hosen, Jacken, T-Shirts, Aufnähern, Wollmützen und Base-Caps; Kinder- und Girlie-Bekleidung, das Logo wird zum Teil nur aus der Abkürzung ›TM‹ (in Frakturschrift) gebildet; das Motiv TM-Drache zeigt drei Drachenköpfe in Darstellung einer ➔Triskele.
Marke: Als Wort-/Bildmarke eingetragen von Florian Korn, Nürnberg. Vertrieb über die Firma Korn-Tex und den Korn-Tex-Textilversand; wird in rechten Kreisen als Firma aus dem Umfeld der Nürnberger Hooligan-Gruppe Red Devils beschrieben. Auf Werbeplakaten von Troublemaker (ca. 1999) sind u.a. Personen der neonazistischen Szene Nürnbergs abgebildet. Lizenzhandelsverträge existieren offenkundig mit rechtsextremen Versänden und Läden. Weitere Marken, eingetragen auf Florian Korn sind u.a.: ➔A.C.A.B., Invasion, ➔Kategorie C Troublemaker, RED DEVIL, Ultras, Outlaw.

Tyr-Rune

Symbol: Die nach dem gleichnamigen nordischen Kriegsgott benannte Tyr-Rune steht für Kampf und Aktion; wurde im NS als Abzeichen der Reichsführerschulen und der 32. SS-Division 30. Januar verwendet.
Verwendung: Die Tyr-Rune findet heute in der extrem rechten Szene Verwendung als Schmucksymbol, Aufnäher oder Bekleidungsaufdruck. Das Tragen ist nicht strafbar (➔Runen).

W / Widerstand

Symbol: Abk. für Widerstand; Die z.Zt. gebräuchliche Symbolik zeigt das schwarze ›W‹ auf weißem Hintergrund, von einem roten Kreis eingefasst (➔schwarz-weiß-rot) oder in weiß auf einem roten, quadratischen Hintergrund.

Verwendung: Das ›W‹ für Widerstand gewinnt zunehmend Popularität in der neonazistischen Rechten und wird v.a. von der JN verwendet; es wird in den beschriebenen Darstellungsformen als T-Shirt-Brustaufdruck (mit und ohne Schriftzusatz »Widerstand«) angeboten und als Symbol auf Klebezetteln benutzt und als Anstecker vertrieben.

Walhall / Walhalla

Symbol: auch: ›Valhall‹; in der germanischen/altnordischen Mythologie Bezeichnung für den Ort, an dem ➔Odin die im Kampf gefallenen Helden und Krieger versammelt.

Verwendung: Der Begriff Walhalla ist in heidnischen als auch in der unpolitischen Rocker- und Heavy-Metal-Szene verbreitet. Rechte verwenden den Begriff häufig in Todesanzeigen (»See you in Walhalla« bzw. »Valhalla«) und als Schriftzug auf Gürtelschnallen (Valhalla) und anderen Bekleidungsstücken. Die Bekleidungsmarke WALHALL GERMANY bietet ein breites Sortiment an T-Shirts, Jogginghosen, Pullover, Badetuch, Bomberjacken mit entsprechenden Aufdrucken bzw. Emblemen.

Marke: WALHALL GERMANY ist als Wort-/Bildmarke eingetragen auf Ingo Grönwald, Betreiber des neonazistischen Ladens Phoenix (Weimar). Grönwald wurde im November 2001 wegen Volksverhetzung, Verbreiten von Propagandamitteln verfassungswidriger Organisationen und Gewaltdarstellung verurteilt.

WALHALLA ist als Wort-/Bildmarke in Verbindung mit der ➔Todesrune seit 1995 auf Robert Augschöll aus Mainaschaff (bei Aschaffenburg) eingetragen, der sich Anfang der 90er-Jahre in der rechten Skinhead-Szene bewegte.

WAW / Weißer Arischer Widerstand

Symbol: Dt.: Entsprechung von WAR (Dt.: Krieg; sowie Abkürzung für White Aryan Resistance); Identitätsstiftender Begriff für terroristisch ambitionierte neonazistische Kreise auf der strategischen Grundlage des *Leaderless Resistance* (dt.: führerloser Widerstand), nach der die Aktivisten in konspirativen, voneinander abgeschotteten Zellen ohne zentrale Führung den Untergrundkrieg führen sollen; populär gemacht durch den Roman *The Turner Diaries* (»Die Turner-Tagebücher«) des US-amerikanischen Neonazis William Pierce (1933–2002). Als Symbol des US-amerikanischen WAR fungiert ein Totenkopf mit Augenklappe über zwei gekreuzten Knochen.

Verwendung: Symboliken und Schriftzüge des WAR bzw. des WAW werden u.a. auch als T-Shirts meist in Verbindung mit der Darstellung von Waffen angeboten.

Werwolf

Symbol: auch: Wehrwolf; alter germanischer Volksglaube (erste Erwähnung ca. 700 n. Chr.) von unauffälligen Männern, die sich nachts in mordende Bestien verwandeln und am Morgen zur Normalität zurückfinden; wurde ab Anfang des 20. Jahrhunderts verstärkt in völkische Deutungsmuster eingepasst und z.T. Sinnbild völkischer Bewegungen; der Werwolf ist in der Neonazi-Szene eine Figur mit mystischem Symbolwert, der vor allem auf zwei geschichtlichen Bezugspunkten basiert:
1. In dem gleichnamigen Roman beschreibt der völkische Dichter Hermann Löns den Wehrwolf als den vom Christentum unterworfenen Germanen, dessen heidnische Wesensart unzerstörbar ist. Der (Volkstums-) Kampf gegen die ›Unterdrücker‹ wird in den Nächten von konspirativen Gruppen geführt, die sich tagsüber möglichst unauffällig geben.
2. »Werwolfeinheiten« waren in der Endphase des Zweiten Weltkrieges von den Nationalsozialisten konzipiert als Freischärler- und Sabotagegruppen, die nach der militärischen Niederlage den Kampf aus der bürgerlichen Tarnung heraus weiterführen sollten;
Umgangssprachlich am ehesten als ›Feierabendterroristen‹ zu bezeichnen; als Symbol des Werwolfes dient teilweise die Wolfsangel.

Verwendung: T-Shirts, Pullover, Sweatshirts und Jacken u.a. mit den Aufschriften »Werwolf« und »Werwolf Germania« mit und ohne Wolfskopf-Abbildung, sind in der neonazistischen Szene gebräuchlich und werden von einschlägigen Versänden und Ladengeschäften angeboten.
Marke: Die Eintragungen der Wort-/Bildmarken »Werwolf Deutschland« und »Werwolf Germany« wurden im Frühjahr 2001 vom Deutschen Patent- und Markenamt abgelehnt, da die Begriffe »verletzend und sittlich anstößig« seien. Des weiteren wird darauf verwiesen, dass diese »heute in Zusammenhang mit rechtsextremen Vereinigungen und Aktivitäten verwendet« würden bzw. einen »nationalsozialistischen Hintergrund« hätten. Tatsächlich ist jedoch seit 1998 eine Wort-/Bildmarke »Werwolf Germany« beim Deutschen Patent- und Markenamt registriert.

White Power / WP / White-Power-Faust

Symbol: Die Faust dient zur Symbolisierung der White-Power-Bewegung (dt.: ›Weiße Macht‹ im Sinne von ›weißer Herrschaft‹ / ›weißer Vormachtstellung‹) und stellt einen Gegenentwurf zur Faust der US-amerikanischen Black-Power-Bewegung dar.
Verwendung: White Power ist einer der Schlüsselbegriffe und meistgebräuchlichen Slogans der neonazistischen Skinhead-Szene weltweit. Selbstbezeichnungen als ›White Power-Bewegung‹, ›White Power-Skinheads‹ und ›White Power-Musik‹ (für den RechtsRock) sind allgegenwärtig; oft auch als Kürzel ›WP‹ wiedergegeben. Die Faust wird meist in Kombination mit dem Schriftzug »White Power« verwendet und ist im neonazistischen Spektrum v.a. als T-Shirt-Aufdruck, Aufnäher und Anstecker weit verbreitet. Als Symbol für ›White Power‹ dient auch das ➔Keltenkreuz. Eine Nutzung des Symbols außerhalb der Neonazi-Szene findet praktisch nicht statt.

Working Class / Working-Class-Streetwear

Symbol: Dt.: Arbeiterklasse; im Rückgriff auf das Klassen-Bewusstsein der Skinheads ein gebräuchlicher Terminus in den verschiedenen Spektren der Szene. Der Schriftzug von »Working-Class Streetwear« ist an das Schriftdesign von ➔LONSDALE angelehnt.

Verwendung: Von Working-Class Streetwear werden v.a. T-Shirts und Kapuzenpullover angeboten.

Marke: Working-Class Streetwear ist als Wort-/Bildmarke eingetragen auf Marcel Ingignoli von WC-Streetwear (Gevelsberg) und dem Rechts-Rock-Label Ohrwurm Records (Sprockhövel) (auch Attacke 88); weitere von ihm angemeldete Marken: »Terror Kids« (Modemarke für Kinder) und ➔»Kategorie C gegen alle Regeln«.

Wotansauge

Symbol: Von Kristian Vikerness mittels seines neonazistischen norwegischen Black-Metal-Projektes Burzum eingeführtes Symbol. Wird heute vor allem von der von Vikerness gegründeten Allgermanischen Heidnischen Front (AHF) sowie seinen jeweiligen nationalen Entsprechungen, z.B. der Deutschen Heidnischen Front (DHF) verwendet. Das Auge symbolisiert Odin bzw. Wotan, der lt. nordischer Mythologie sein linkes Auge gegen die Gabe der Weisheit verpfändet hat. Protegiert wurde die DHF in Deutschland vor allem von der neonazistischen Black-Metal-Band Absurd.

Yggdrasil

Synonym für ➔Irminsul

Yr-Rune

➔Todesrune

Zahnrad

Symbol: Im NS Zeichen des Reichsarbeitsdienstes (RAD), einer vormilitärischen Einrichtung, der »die deutsche Jugend im Geiste des Nationalsozialismus zur Volksgemeinschaft und zur wahren Arbeitsauffassung erziehen« sollte; im Verbund mit dem Hakenkreuz auch Zeichen der Deutschen Arbeitsfront (DAF).

Verwendung: Das RAD/DAF-Zahnrad ist als Symbol des NS in originaler Abbildung verboten und findet in leicht verfremdeter (straffreier) Darstellung Verwendung in der neonazistischen Szene u.a. als Organisationssymbol der 1995 verbotenen Freiheitlichen Deutschen Arbeiterpartei (FAP) oder auch der ➔Hammerskins; es wird von mehreren Labels und Musikgruppen der Szene genutzt, die RechtsRock-Band Faustrecht ließ bspw. eine ihrer CDs in Form des RAD/DAF-Zahnrades ausstanzen.

ZOG

Symbol: Abk. für: Zionist Occupation Government, auch: Zionist Occupied Government; dt.: Zionistische Besatzungsregierung bzw. zionistisch besetzte Regierung; in der neonazistischen Rechten gebräuchlicher Code für eine halluzinierte jüdische Weltverschwörung und eines hasserfüllten Antisemitismus.

Verwendung: Der Begriff ›ZOG‹ wurde geprägt von den rechtsterroristischen Gruppen The Order, des WAR sowie von den Netzwerken ➔Blood & Honour und ➔Hammerskins; seine Verwendung in Sprühereien, Schriften und Liedtexten steht stets im Kontext mit dem Aufruf, den Kampf gegen ›ZOG‹ auf einer militanten, terroristischen Ebene zu führen; als T-Shirt-Motiv meist über Versände im Ausland erhältlich.

Zone H

Symbol: Das Motiv zeigt einen schwarzen, stilisierten Adler mit einem weißen »H« im Zentrum;

Verwendung: Seit 1999 werden Sportschuhe der Marke Zone H in neonazistischen deutschen Skinhead-Magazinen als Produkte »von der Szene für die Szene« beworben; Motiv und Name bieten einfache Möglichkeiten für extrem rechte Interpretation und Nutzung.

Marke: Als Wort-/Bildmarke eingetragen auf Willi Franz (Röthenbach bei Nürnberg); Franz ist Inhaber von über einem Dutzend Schutzmarken, die zum Teil eindeutig rechte Symboliken nutzen. So BO88 (➔88) Bomberpilot Deutschland, bOIs, H original HAWKINS & HAMMER H, Oi ALPHA (mit ➔Fred Perry-Produkten nachempfundenem Lorbeerkranz) (➔Oi), Nordwind, original Boots & Braces (➔Boots & Braces).

Anmerkung

1 Die Marke ist eines der gewerblichen Schutzrechte, das vom Deutschen Patent- und Markenamt (DPMA) erteilt und verwaltet wird. Unter einer Marke versteht man ein Kennzeichnungsmittel für Produkte und Dienstleistungen. Als Marken kommen verschiedene Formen von Kennzeichnungen in Betracht, so vor allem Wortmarken, Bildmarken oder Wort-/Bildmarken. Vgl. www.dpma.de, Infos für Einsteiger, Deutsches Patent- und Markenamt, September 2002.

apabiz e.V.

Verzeichnis RechtsRock-Bands

Mit diesem Verzeichnis versuchen wir, den Lesern einen möglichst umfassenden Überblick über die Bands und Musiker des RechtsRock zu geben. Die Recherche zu den deutschen – und den wichtigsten internationalen – Bands und Liedermachern förderte viele Details zu Tage, die hier nur zum Teil wiedergegeben werden können.

Wir haben diejenigen Bands, Projekte und Liedermacher in dieser Liste aufgeführt, die sich selber als Teil der RechtsRock-Szene bezeichnen oder die in ihren Liedern Versatzstücke der rxtrem rechten oder neonazistischen Ideologie wiedergeben. Ebenfalls finden sich hier Bands und Projekte, die sich ohne oder mit geringer Abgrenzung innerhalb der RechtsRock-Szene bewegen, indem sie auf einschlägigen Labeln veröffentlichen, auf einschlägigen Konzerten mitwirken oder deren Musiker in rechtsextremen Organisationen und Gruppierungen aktiv beziehungsweise Mitglieder sind. Wir mussten daher auch Bands aufnehmen, die sich in ihren Selbstdarstellungen explizit als ›unpolitisch‹ bezeichnen. In Deutschland existiert eine Grauzone, in der Bands immer wieder bei einschlägigen rechten Labeln veröffentlichen, gemeinsame Konzerte mit rechten bis neonazistischen Bands durchführen oder trotz ihrer ›unpolitischen‹ Ausrichtung die rechte Szene ansprechen. In diesen Fällen haben wir im Anmerkungstext aufgeführt, wo die Verbindung zur RechtsRock-Szene besteht.

Mit der Aufnahme in dieses Verzeichnis wird nicht unterstellt, dass alle Lieder und Texte oder alle Mitglieder der Bands rechtsextrem oder neonazistisch sind oder sich die Bands oder ihre Mitglieder nur in einem rechtsextremen oder neonazistischen Umfeld bewegen. Oftmals machen nur einzelne Bandmitglieder ihre politische Gesinnung – beispielsweise in Interviews – deutlich oder wird ihre Mitarbeit in Organisationen wie Blood & Honour, so genannten Kameradschaften oder der NPD bekannt.

In dem Anmerkungstext haben wir versucht, derartige Informationen aufzunehmen, ebenso wie den Musikstil der Band, soweit es sich nicht um den üblichen RAC/Oi-Stil handelt benannt. Bands aus dem Spektrum des rechten Dark Wave oder des rechten Black Metal werden – im Gegensatz zum klassischen RechtsRock-Bereich – nur bei besonderer Bedeutung in dem Bandverzeichnis genannt.

Wir haben uns an dieser Stelle gegen eine lückenlose Auflistung von CDs, LPs oder Musikkassetten entschieden, da eine solche Liste nur eine geringe Aussagekraft für unser Anliegen hätte. Aufgeführt sind jedoch wichtige Produktionen, darunter die durch die Bundesprüfstelle für jugendgefährdende Schriften (BPjS) indizierten Werke und aufgrund eines Gerichtsbeschlusses eingezogene Tonträger.

Darüber hinaus haben wir versucht, die häufigen Umbenennungen, Wiedergründungen und Neuformierungen zu entwirren. So haben manche Bands das traditionelle ›oi‹ in ihrem Namen (Oithanasie, Oigenik) durch ›eu‹ ersetzt, um ihre zunehmende Distanz von den Wurzeln der Skinhead-Bewegung hin zu einem politisch inspirierten RechtsRock deutlich zu machen.

Bandname **Ort / Region** **Land**

08/15 **Düsseldorf** **NRW**
1991 gegründete Band um →Sebrecht, Rainer und →Podjaski, Oliver, jetzt Frontmann bei →Hauptkampflinie. 2001 aufgelöst. Der Schlagzeuger Ingo Wolff →Arbeiterklasse, spielte auch bei →Brutal Attack (GB), singt heute bei den →Barking Dogs.

14 Nothelfer **Sächsische Schweiz** **S**
1996 gegründete neonazistische Band um Thomas Sattelberg. Die Band wird der verbotenen Organisation Skinheads Sächsische Schweiz (SSS) zugerechnet. Zwei CDs, 1998 und 2000. Zwei Bandmitglieder sind beteiligt an der Band →Magog.

14/88 **Düsseldorf** **NRW**
Projekt von Mitgliedern der Bands →Sturmwehr und →Rheinwacht. Einzige Veröffentlichung *Vergangene Zeiten* von 1995 wurde nach Beschluss vom 4.8.1998 eingezogen.

86a **Anklam** **MV**
Hammerskin-nahe Band, letztes bekanntes Konzert 1999.

Absurd **Sondershausen** **Th**
Neonazistische Black-Metal-Band, gegründet 1992. 1994 wurden zwei Mitglieder der Band, darunter Hendrik Möbus, wegen Mord an einem Mitschüler verurteilt und 1998 vorzeitig auf Bewährung entlassen. Im gleichen Jahr erschien die CD *Asgardsrei* auf IG Farben Produktion. Seit August 2000 befindet sich Hendrik Möbus wieder in Haft. Im Herbst 2001 erschien die CD *Werwolfthron* auf Nebelklang.

A.d.F. (Auf den Führer) **Scharbeutz** **SH**
Offen neonazistische Band; die 1996 in Dänemark produziert CD *Nur für euch* wurde am 30.4.1997 indiziert. Vorläufer von →Ostseefront.

Adrenalin **Bremen**
Projekt unter Beteiligung von Mitgliedern der Bands →Endstufe und →Kategorie C, veröffentlichten 2002 die CD *Bootboys Bremen*.

A.E.G. (Auf eigene Gefahr) **Chemnitz** **S**
1994 gegründete Band, deren Mitglieder der am 12.9.2000 verbotenen Organisation White Youth und den Skinheads Chemnitz 88 nahe standen. Der Sänger Jens Schaarschmidt war an dem Skinzine →Foier Frei beteiligt. Drei Veröffentlichungen.

Aggravated Assault **Atlantic City/USA**
1991 gegründete Band, die 1997 gemeinsam mit →Blue Eyed Devils durch Deutschland tourte. Sie veröffentlichten drei CDs bei Resistance und Tri-State-Terror.

Alkoholisierte Lebenskünstler (A.L.K.)
Extrem sexistische Band mit ›unpolitischen‹ Texten auf dem Label Funny Sounds, u.a. mit ehemaligen Musikern der Bands →Freikorps, →Endstufe und →Boots Brothers.

Angry Aryans **Detroit/USA**
Offen neonazistische Hatecore-Band, die drei CDs bei Tri-State-Terror veröffentlichte. Die CD *Racially Motivated Violence* wurde am 30.4.2002 indiziert.

Annett **Schwedt** **BB**
→Moeck, Annett

Arbeiterklasse **Düsseldorf** **NRW**
Rechte Oi-Band, die den ›Skinhead Way of Live‹ betont und mit rechten Versatzstücken unterlegt. Gegründet von Ingo Wolff (ex- →08/15 jetzt bei →Barking Dogs).

Archivum **Ungarn**
1992 gegründete und heute bekannteste ungarische neonazistische Skinhead-Band. Sie spielten seit 1997 bei diversen Konzerten in Deutschland, vor allem in Mecklenburg-Vorpommern und Sachsen. Zwei CDs erschienen bei Movement Records.

Arisches Blut **Grevesmühlen** **MV**
Offen neonazistische Band um den verstorbenen →Eggers, Daniel; von sechs produzierten CDs wurden *150% deutsch* (1997, 30.10.1997), *Unter Führers Befehl* (1996, 11.11.1997) und *Das Vermächtnis des Führers* (1996, 31.3.1998) indiziert.

Armatus **Siegen** **NRW**
Neonazistische Black-Metal-Band von Jens Schöpfe, der auf dem eigenen Label Torment Records mehrere Tonträger seiner Band als auch seines Seitenprojektes Satans Sign of War veröffentlichte.

Aryan **Kanada**
Projekt des bekanntesten kanadischen RechtsRockers Griffin, der bei diverse Blood & Honour-Konzerten in Deutschland und Ungarn spielte. 1997 tourte er gemeinsam mit ➔Bound for Glory. Griffin spielt auch bei den Bands Vacant Lot und Stormhammer mit und veröffentlichte neben zwei CDs auch verschiedene Beiträge auf diversen Samplern.

Aryan Brotherhood **Potsdam** **BB**
Dt.: Arische Bruderschaft; 1998 gegründete Band um den Sänger der ➔Proissenheads, Uwe Menzel, mit Chris (u.a. ➔Thorshammer), Mike und Dirk (➔Independent). Veröffentlichten eine Split-CD mit ➔White Law (GB) die 1998 bei Movement Records erschien.

Asgard **Reinfeld** **SH**
Soloprojekt von ➔Stüwe, Kai.

Askorps **Reinfeld** **SH**
Projekt von ➔Stüwe, Kai und ➔Freikorps; Veröffentlichung eines Beitrag 1995 auf dem Sampler *Oi für Deutschland*.

[redacted]

Aufbruch **Mannheim** **BW**
1996 gegründete Band mit dem Herausgeber des Fanzines ➔Doitsche Offensive, Manuel Jacob (siehe auch ➔Jungsturm). Mehrere Auftritte und zwei Veröffentlichungen: Demo-MC *Nicht für dich* (1997), Studio-CD *Patriotisch, praktisch, gut* (2001).

Aufmarsch **Rohrbach, Ingolstadt** **Bay**
1993 gegründete Band, veröffentlichte sechs CDs zwischen 1995 und 2002.

Aufruhr **Mannheim** **BW**
1992 gegründetes Soloprojekt des ➔Tonstörung-Sängers Thomas Muncke.

Aufwind **Mannheim** **BW**
Projekt von ➔Aufbruch und ➔Gegenwind, deren CD *Feste Freundschaft* 1997 bei TFS Berlin veröffentlicht wurde. Momentan durch eine Verurteilung von Manuel Jacob zu einer Jugendhaft inaktiv.

Aussetzer **Achim** **Nds**
1992 gegründete neonazistische Band, bei der Musiker von ➔Boots Brothers mitspielen.

Avalon **Coventry/Großbritannien**
Die Band spielte 1998 auf verschiedenen Konzerten in Deutschland und veröffentlichte zwei CDs bei Movement Records. Zusammen mit ➔English Rose spielen sie beim Projekt Spearhead mit.

Balmung **Dittelbrunn** **Bay**
Völkisch-heidnisch orientierte Band, veröffentlichte eine CD *Auf der Suche nach Thule* (2000) auf dem bandeigenen Label Balmung Klangwerke. Nachfolgeband von ➔Schwarze Sonne.

Barad Dür **Erfurt** **Th**
1995 gegründete NS-Black-Metal-Band, veröffentlichte ihr Debüt *Dunkelheit* 1996 auf dem Label Darker than Black.

Barking Dogs **Krefeld** **NRW**
1995 gegründete Band mit Ingo Wolff (ehemals ➔08/15, Aushilfsbassist bei ➔Brutal Attack).

Bastarde **Wuppertal** **NRW**
Projekt von Steve Bramekamp (➔Entwarnung).

Bataillon **Gotha** **Th**
1996 gegründete Band, nur vereinzelte Konzerte, keine weiteren Aktivitäten bekannt.

Bataillon 500 **Mecklenburg** **MV**
Neonazistische Band mit ›Untergrund‹-Habitus, veröffentlichten bisher eine Demo-CD mit dem Titel *Bataillon 500* (1999).

Baunack, Friedrich **Wüstefeld** **Hes**
Liedermacher aus dem Kreis der extrem rechten Deutschland-Bewegung; veröffentlichte bisher mind. zwei ›Balladen‹-CD (2000, 2002). Er trat u.a. für die Bürgerbewegung für unser Land (Horst Mahler) sowie für die neonazistische Szene auf.

Becher, Hans **Dortmund** **NRW**
Rechter Liedermacher, der ›patriotische Balladen‹ vorträgt; steht laut Szeneangaben auch hinter dem Pseudonym Ulenspiegel, unter dem die CD *Lieder für die Freiheit* (1997) veröffentlicht wurde.

Berserker **Tulsa/USA**
1993 gegründete Band, die teilweise auch Berserkr geschrieben wird. Sie veröffentlichte zwei CDs bei Resistance Records. Während zwei Mitglieder der Band eine Haftstrafe verbüßten, traten die verbliebenen Musiker unter dem Namen ➔Midtown Bootboys auf.

Big Bös **Thale** **SA**
Die 1997 gegründete Band veröffentlichte die CD *... ewig* 1998 auf dem Label Funny Sounds; spielte 1999 bei einem Konzert mit extrem rechten Bands in Sachsen.

Bilskirnir **Stockstadt** **RPf**
1996 gegründete neonazistische Black-Metal-Ein-Mann-Band, die mehrere Demo-MCs und die EP *For the return of paganism ...* (2001) auf dem italienischen Label Hellflame veröffentlichte.

Blackshirts **Großbritannien**
Britische Blood & Honour-Band, die 1999 auch in Deutschland auftrat. Die CD *Blackshirts rise again* wurde 2000 bei Hate Society Records veröffentlicht. Die Band ist personell weitgehend identisch mit ➔Chingford Attack.

Blanc Estoc **Tübingen** **BW**
Zählen zum ›unpolitischen‹ Spektrum, arbeiteten aber trotzdem mit rechten Bands wie →Chaoskrieger (Chorgesang auf CD *Die Todesreiter*, 1996) zusammen.

Blitzkrieg **Chemnitz** **Sa**
Rege Konzerttätigkeit seit Anfang 2000; veröffentlichten 2001 eine Split-CD mit der Band →Warhammer (GB) mit dem Titel *German – British Terrormaschine Vol. 2* bei Movement Records.

Blue Eyed Devils **USA**
Dt.: Blauäugige Teufel; 1994 gegründete Band und Nachfolger von →Nordic Thunder. Die Blood & Honour-Vorzeigeband spielt Hatecore und trat zwischen 1997 und 1999 auf einer Reihe von Konzerten in Deutschland auf, u.a. im Rahmen einer gemeinsamen Tour mit →Aggravated Assault 1997. 2001 veröffentlichte die Band die CD *We'll never die* bei Hate Sounds, die auch für das Band-Merchandising sorgen. Seitenprojekt →Sedition.

Blutorden **Saalfeld** **Th**
Extrem rechte Band, früherer Name Saalepiraten.

Blutrausch **Wehr** **BW**
Mehrere Konzerte seit 1999. CDs *Entschlossen und stolz* (2000) wurde bei Terror Records veröffentlicht und *Land meiner Träume* (2001) bei V7-Records.

Blutschutz **Essen** **NRW**
Ein-Mann-Projekt, das 1999 als Eigenproduktion die CD *Die Schlechten* veröffentlichte.

Blutstahl **Pirna** **S**
Band aus der Sächsischen Schweiz, früher →Sachsenfront.

Blutweihe **München** **Bay**
1995 gegründetes Projekt mit Christian G. von →Sturmflagge und Alex dessen Hauptprojekt eine Black-Metal-Band ist. Sie veröffentlichten 1995 einen Beitrag auf dem Sampler *Soundtracks einer neuen Zeit* bei Vincente Directori.

Body Checks **Moers** **NRW**
1983 gegründete ›patriotische‹ Kultband, veröffentlichte 1984 ihr Debüt *Tätowiert und Kahlgeschoren*, indiziert am 30.4.1993 und löste sich 1985 auf. 1997 wurde die Band von Jürgen Drenhaus und Peter Vogel neu formiert und veröffentlichte 1998 die CD *Brutal deluxe*.

Böhse Onkelz **Frankfurt/M.** **Hes**
Anfang der 80er-Jahre die bekannteste extrem rechte Skin-Oi-Band und ›Pionier‹ des RechtsRock; wurden in Folge ihrer Abkehr von extremen rechten Texten und Hinwendung zum Deutschrock und Heavy-Metal ab 1988 zu einer der erfolgreichsten deutschen Rockgruppen. Die Onkelz haben in weiten Teilen der rechten und neonazistischen Skinhead-Szene nach wie vor den Status einer ›Kultband‹. Indiziert sind die Tonträger *Der nette Mann* (1984 am 30.8.1986) *Hässlich* (1988 am 30.6.1993) und die Bootlegs *Tanz der Teufel* (1993 am 31.10.1998) *Nette Menschen nette Lieder* (1994 am 31.10.1998) *Erinnerungen* (1994 am 31.10.1998) *Rätsel des Lebens* (1995 am 31.10.1998) Hausmannskost (1995 am 31.10.1998) *Zieh mit den Wölfen* (1995 am 31.10.1998).

Bollwerk **Hoyerswerda** **S**
1992 gegründete Band; die Demo-MC von 1992 wurde am 28.2.1995 indiziert; drei CD-Veröffentlichungen. Vorläufer von →Hart & Heftig.

Bomber **Meerane** **S**
1989 als →Pitbull gegründete Band, die 1990 in Bomber umbenannt wurde; zwischen 1991 und 1998 fünf CD-Veröffentlichungen. Siehe auch →Ostfront A.V.K.

Bonzenjäger
Projekt unter Mitwirkung von →Eggers, Daniel; auf ihrer am 31.7.1998 indizierten CD *Gute Zeiten – Schlechte Zeiten* drohten sie bekannten Politikern mit Mord.

Boots & Braces **Künzelsau** **BW**
Dt.: Stiefel & Hosenträger; 1983 gegründete Band um die Gebrüder Walz, die auch das Label Walzwerk Records betreiben. Trotz ›unpolitischem‹ Selbstverständnis arbeiteten sie Anfang der 90er-Jahre mit Neonazis zusammen. Bis 1999 traten sie mit extrem rechten Bands bei Konzerten auf. Seitdem sind sie inaktiv.

Boots Brothers **Delmenhorst** **Nds**
1991 gegründete Band, deren Mitglieder an diversen Projekten beteiligt sind: →Alkoholisierte Lebenskünstler (A.L.K.), →Aussetzer, →Mad Martens.

Boots of Hate **Viersen, Krefeld** **NRW**
Zwei CD-Veröffentlichungen eine bei DiKo (1999) und eine bei Wotan Records (2001).

Bosheit **Raum Ludwigshafen** **BW**
Ende 1998 gegründete Band, deren Bandmitglieder 2000 wegen Volksverhetzung zu Bewährungsstrafen verurteilt wurden, da sie auf einem von Blood & Honour organisierten Konzert indizierte Lieder gespielt hatten.

Bound for Glory **USA**
Bereits 1989 gegründete Band um den Sänger Ed Wolbank, die ihre ersten LPs bei Rock-O-Rama veröffentlichten. Live trat die Band 1996 und 1997 in Deutschland auf. Die Band arbeitet eng mit →Excalibur und →Fortress zusammen und veröffentlichte über ein Dutzend Tonträger.

Brainwash **S/Th**
Band aus ehemaligen Mitgliedern von →Might of Rage und →Kreuzfeuer. Sie veröffentlichten 2002 eine Split-EP mit der Band Verszerzödes zur Unterstützung der nationalen Gefangenen auf Backstreetnoise.

Brandsatz **Neumünster** **SH**
Im Januar 1999 traten sie bei einem Konzert mit →Kraftschlag in der Nähe von Hamburg auf.

Brigade M **Sassenheim/Niederlande**
Band um den Sänger Tim Mudde. Viele Liveauftritte seit 2001 in Deutschland und im benachbarten Ausland. 2002 Debüt-CD *Rock voor Volk & Vaderland!*

Brutal Attack **Großbritannien**
Dt.: Brutaler Angriff; 1980 gegründete Blood & Honour-Band um →McLellan, Ken. Sie spielten häufig auf Konzerten in Deutschland, seit 1996 mit deutschem Support. Im Laufe ihrer Geschichte veröffentlichte die Band mehr als zwei Dutzend Tonträger, bis 1992 bei Rock-O-Rama und später vor allem bei Funny Sounds. 1996 gingen sie gemeinsam mit →Fortress auf Welt-Tournee. McLellan spielt auch bei →Dragon Lance (D) und →The Betrayed (D) mit. Bei Auftritten in Deutschland wurden McLellan u.a. von Musikern von →08/15 und →Barking Dogs unterstützt.

Brutale Haie **Erfurt** **Th**
1988 gegründete und 1997 aufgelöste Band. Sieben Veröffentlichungen zwischen 1992 und 1998, die CDs *Kapelle Oi* (1992) und *Doitschtum* (1992) wurden am 27.3.1993 sowie am 30.11.1993 indiziert. Ein Bandmitglied spielte danach bei →Trabireiter. Siehe auch →Rebellen.

Buldok **Tschechien**
1991 gegründete und 2000 aufgelöste bekannteste Rechts-Rock-Band Tschechiens, die diverse Tonträger veröffentlichte und u.a. auch mit einem Beitrag auf dem 2001 bei Pühses Liste veröffentlichten Sampler *Unsere Welt* vertreten.

Bulldog **Wuppertal** **NRW**
Projekt mit Steve Bramekamp (→Entwarnung), drei CD-Veröffentlichungen

Bully Boys **Dallas/USA**
1983 gegründete Band, die zuletzt 2000 in Europa, im Elsaß, auftrat. Sie veröffentlichten 1999 zwei CDs bei Panzerfaust Records.

Bürgerwehr **Riesa** **S**
Extrem rechte Band, diverse Konzerte.

Burnley, Paul **Großbritannien**
Burnley war 1986 Mitbegründer der offen neonazistischen Band →No Remorse und war nach seinem Ausscheiden Mitte der 90er an diversen Projekten beteiligt, u.a. →No Fear, Stormbringer und Kindred Spirit. Vor seiner Mitgliedschaft bei No Remorse spielte er bei Public Enemy.

Burzum **Norwegen**
1991 gegründetes neonazistisches Black-Metal-Ein-Mann-Projekt von Cristian ›Varg‹ Vikernes. Er verbüßt seit 1993 eine 21jährige Haftstrafe wegen Mordes und Brandstiftung in mehreren Fällen. Er gilt weltweit als Ikone des National- Socialist-Black-Metal (NSBM) und Burzum als deren Kultband.

Carpe Diem **Esslingen** **BW**
Dt.: Nutze den Tag; Ende 1998 gegründete und 2001 aufgelöste Band mit Kay Bunn von →Noie Werte. Mitglieder der Band gründeten 1999 das Label und die Initiative ›Identität durch Musik‹ (idm) als deutsches Pendant zum französischen ›Rock Identitaire Francais‹ (RIF). Siehe →Vae Victis (F). Ein Bandmitglied spielt bei →Odem mit.

Celtic Moon **Crailsheim, Schwäbisch Hall** **BW**
1998 gegründete White-Power-Band (Selbstbezeichnung), mit Musikern von →Höllenhunde und →Triebtäter. Sie traten 1999 nach einem Heß-Gedenkmarsch in Dänemark auf.

Celtic Warrior **Cardiff/Großbritannien**
Dt.: Keltischer Krieger. Die Band wurde 1992 von Billy Bartlett, zuvor Sänger der Band Violent Storm gegründet. Von 1996 bis 1999 trat Celtic Warrior jedes Jahr in Deutschland, ab 2000 im benachbarten Ausland live auf. Solo trat Billy Bartlett auch bei ›Balladen‹-Abenden auf und ist beteiligt an →Dragon Lance und →Stuka Attacke (D/GB).

Centaurus **Frankfurt/M.** **Hes**
Anfang 1996 gegründete Band, die nach Eigenaussagen Blood & Honour nahe steht. Bassist war der langjährige Aktivist der Gesinnungsgemeinschaft der Neuen Front (GdNF) Claus Zur-Lienen. Personell teilweise identisch mit →Rohstoff. Inaktiv.

Chaoskrieger **Usingen, Aschaffenburg, Wiesbaden** **Hes**
1995 gegründete Band um Markus Beuth (zuvor →Volkszorn), der 1999 wegen Verwendung verfassungswidriger Kennzeichen verurteilt wurde. Zeitweise Zusammenarbeit mit dem Blood & Honour-Netzwerk, aber auch mit eher ›unpolitischen‹ Bands (siehe →Blanc Estoc). Rege Konzertaktivitäten, bisher zwei CD-Veröffentlichungen.

Cherusker **Zittau** **S**
Band um den Nationalen Jugendblock Zittau, mehrere Konzerte 2001.

Combat 84 **Großbritannien**
Englische Kult-Band, die zwischen 1982–99 acht Tonträger, teilweise bei Rock-O-Rama, veröffentlichte.

Commando Pernod **Hamburg**
Frühe, 1986 gegründete Neonazi-Kultband; letztes Konzert 1992; vier Veröffentlichungen, die letzte 1999. Die Anti-Antifa-Benefiz-CD *Breslau* (1996) hat laut Cover nichts mit der Band zu tun.

Confident of Victory **Senftenberg** **BB**
Projekt der Band →Sturm & Drang, die 2001 ihre Debüt-CD *F.N.A.B.* (Free Nation and Blood) veröffentlichte.

Corona Ferrea **Mailand/Italien**
1993 gegründete Hammerskin-Band, die 1998 bei Konzerten in Sachsen auftrat.

Crop Nr. 1 **Haslach, Kinzigtal** **BW**
1996 gegründete Band mit Daniel Dufner, dem ehemaligen Herausgeber des Fanzines →Up Yours. Wenige Auftritte seit 1997, darunter ein Konzert 1998 mit →Kampfzone und →14 Nothelfer. 2000 veröffentlichten sie ihre Debüt-CD *Die Kraft aus dem Süden* bei DIM Records.

Crossed Hammers **Raum Berlin**
Band mit Beteiligung Berliner Hammerskins, mehrere Konzerte 1997 und 1998; einige Mitglieder spielten anschließend bei →Legion of Thor.

Das deutsche Dynamo Duo **Berlin**
Band aus dem Hooliganspektrum des Berliner Fußballclubs (BFC), eine Veröffentlichung 2002 bei Wotan Records.

Death for All! BB
Auf dem am 28.4.2001 indizierten Sampler Blood & Honour Brandenburg (2001) vertreten.

Death In June Großbritannien
1981 gegründete, extrem rechte Band aus England, die als einer der Pioniere des Neofolk gilt. Der Name bezieht sich auf den Todesmonat des SA-Führers Ernst Röhm, als Bandsymbol dient u.a. der SS-Totenkopf.

Deathblow
Studioprojekt von Patrick, dem früheren Gitarristen von ➔Kraftschlag, der auch bei ➔Yggdrasil und ➔White Devastation beteiligt ist. Die Band veröffentlichte ihre Debüt-CD *Dimensionen* (2000) bei Moin-Moin-Records.

Deutsch – Stolz – Treue Berlin
siehe ➔DST

Deutsche Patrioten Magdeburg SA
1993 gegründete Band, anfangs als Doitsche Patrioten. Fünf Veröffentlichungen bis 1998, sowie eine Split-MC mit ➔Elbsturm. Ein Demo-Tape (1994) wurde am 30.9.1994 und die CD *Patriot für Deutschland* (1996) am 30.9.1994 und 29.8.1998 indiziert. Wiederholt Auftritte bei BLood & Honour-Konzerten.

Deutsche Techno Attacke Düsseldorf NRW
Funny Sounds-Projekt von 1997, eine CD-Veröffentlichung mit dem Titel *Lemmix*.

Die Barbaren Eisenhüttenstadt BB
Seit 1998 existierende Band, Auftritte unter anderem in Thüringen; ein Bandmitglied ist auch als ›Balladensänger‹ aktiv.

Die drei Bagaluten Andernach RPf
Projekt von Ex-➔Störkraft-Sänger Jörg Petritsch; eine CD-Veröffentlichung *Das Ärgernis* (1999).

Die Härte
Anonymes Projekt, das 1999 die am 30.9. 2000 indizierte CD *Nationale Deutsche Welle* produzierte; die CD beinhaltet rassistisch umgetextete Schlager.

Die Moite Glauchau S
Sächsische Band, die u.a. eine Split-CD mit ➔Proissenheads unter dem Titel *Sachsens Glanz & Preußens Gloria* veröffentlichte.

Die Separatisten Raum Hamburg
Ehemals ➔Oi Dramz; eine CD-Veröffentlichung *Propaganda* (2000) bei UN Records.

Die Wahre Pracht Oer Erkenschwick NRW
1988 gegründete, mittlerweile aufgelöste Band, bei der ab 1990 der Neonazi Dieter Riefling sang. Das einzige Demotape wurde indiziert.

Die Weissen Riesen Riesa S
1995 gegründete Band, die 1999 aufgelöst wurde. Gitarrist Michael ›Kogge‹ Koglin war lt. Eigenaussage Mitglied bei Blood & Honour. Rege Konzertaktivitäten zwischen 1996 und 1998. Eine CD-Veröffentlichung *Todesstrafe* (1997, Hanse Records).

Dies Irae Heidelberg, Neckarsteinach BW
Dt.: Tag des Zorns; 1997 gegründete, von Gothic und Metal inspirierte Band um Erik Vogel. Auftritt für den NHB Juni 1999. Bandkontakt über das Label Intifada Records in Heidelberg.

Diktator Raum Bad Camberg Hes
Drei Veröffentlichungen zwischen 1992 und 1998, die Tapes *Demo 92* (1992) und *Es ist bald soweit* (1994) wurden am 28.2.1995 bzw. 30.11.1994 indiziert. Ein Bandmitglied spielte auch bei ➔Volkszorn.

Division Wiking Lehrte Nds
Seit 1996 bestehende Band, gegen die Veröffentlichung *Abschaum der Nation* (1997) liegt ein Beschlagnahmebeschluss vom 4.8.1998 vor.

Doitsche Patrioten Magdeburg SA
Siehe ➔Deutsche Patrioten.

Doitsche Säuferfront
Band, deren 1989 veröffentlichte Demo-MC von Dieter Riefling vertrieben und am 30.10.1993 indiziert wurde.

Doitschtum Sangerhausen Th
1997 gegründete R.A.C.-Band, deren Mitglieder aus der Kameradschaft Ostara stammen; erstes Konzert 1999.

Dolly D Dresden S
1995 gegründete Skinband, die sich als ›unpolitisch‹ und ›patriotisch‹ bezeichnet. Mehrere Veröffentlichungen, vertreten auf dem *Sachsensampler*, gemeinsam mit ➔Oiphorie, ➔Weiße Riesen und ➔Störfaktor.

Donnertyrann Erfurt Th
1997 gegründete, mittlerweile aufgelöste Band; einige Auftritte auf Blood & Honour-Konzerten; Nachfolger ist ➔Hate Face.

Dr. Sommer Team Berlin
siehe ➔DST

Dragon Lance
Projekt von Ken McLellan (➔Brutal Attack), ➔Celtic Warrior und ➔Sturmwehr-Musikern (u.a. Jens Brucherseifer).

Dragoner Weimar Th
1994 gegründete neonazistische Band; häufige Auftritte, u.a. bei Benefiz-Konzerten für Blood & Honour und die HNG; veröffentlichte einen Beitrag auf dem am 9.6.1999 indizierten Sampler *Die Deutschen kommen 1*.

Drakkar Magdeburg SA
Nachfolger von ➔Elbsturm, bisher zwei Veröffentlichungen.

Drom **Laumersheim** **RPf**
Band um Marcus Hüther mit fünf Veröffentlichungen zwischen 1993 und 1997; siehe auch ➔Sturmgesang, ➔Kampfruf, ➔Edelweiss, ➔Vollstrecker, ➔United Blood.

DST **Berlin**
1994 gegründete, aggressive neonazistische Band. Die Abkürzung steht für Deutsch – Stolz – Treue. Auftritte meist unter dem Namen Dr. Sommer Team, häufig veranstaltet von Hammerskins. Die CD *Deutsches Volk erwache!* (LAH Records, 2001) wurde am 31.7.2001 indiziert. 2002 wurden Ermittlungsverfahren wegen Volksverhetzung gegen die Band und weitere sieben Personen eingeleitet. Vorausgegangen war die Veröffentlichung der zweiten CD *Ave et Victoria*.

Edelweiß **Ottobrunn** **Bay**
Projekt mit ehemaligem ➔Sturmflagge-Sänger Christian G.; veröffentlichte zwei CDs *Der Kampf geht weiter* (1998) und *Absolution* (2002).

Edelweiss **Laumersheim** **RPf**
Projekt von Markus Hüther (➔Drom).

Eggers, Daniel **Grevesmühlen** **MV**
Neonazistischer Liedermacher, am 6.8.2001 gestorben. Eggers hat mitgewirkt bei ➔Arisches Blut, ➔Bonzenjäger, ➔Protest, ➔Schwarzes Korps, ➔WAW-Kampfkapelle.

Eichenlaub **Jena** **Th**
1999 gegründetes Liedermacher-Duo mit Christian Kappke und seiner damaligen Lebensgefährtin, das sich nach einer veröffentlichten Demo-CD und mehreren Auftritten, u.a. bei Blood & Honour-Liederabend, auflöste.

Eiserne Jungs **Berlin**
1997 gegründete Band, eine CD *Männer fürs Recht* (Hanse Records, 1999).

Elbsturm **Magdeburg** **SA**
Neonazistische Band, fünf Veröffentlichungen seit 1994, u.a. die Split-MC *Volxsturm* mit ➔Deutsche Patrioten. Mittlerweile umbenannt in ➔Drakkar.

Elite 88 **Belzig** **BB**
Neonazistische Band, die im örtlichen Jugendclub proben durfte und auf Blood & Honour-Konzerten auftrat. Aufgelöst.

Elsass Korps **Frankreich**
Seit Anfang 1999 häufig live auftretende Blood & Honour-Band, die auch mehrere Konzerte im deutsch-schweizerisch-französischen Grenzgebiet organisierte. 2001 erschien erstmals ein gleichnamiges Fanzine. Bisher veröffentlichte die Band lediglich 1999 einen Beitrag auf dem franz. Blood & Honour-Sampler *Soutien des Prisonniers*.

EM-Blöker **Düsseldorf** **NRW**
Funny Sounds-Projekt; veröffentlichte 1996 die CD *Deutschland, Meister aller Klassen* mit Torsten Lemmer, Gesang, Texte und Andreas Zehnsdorf, Musik .

Endlöser **Bremen**
Nachfolger von ➔Schlachtruf; 2002 wurde die Debüt-CD *Für Deutschland* veröffentlicht.

Endlösung **Blankenhain** **Th**
Offen neonazistische Band; die 1997 veröffentlichte CD *Unter dem Hakenkreuz* enthält Balladen über Heinrich Himmler und Ignatz Bubis und wurde am 28.4.2001 indiziert. Die Band ➔Landser nannte sich anfangs ebenfalls Endlösung.

Endsieg **Frankfurt/M., Ludwigshafen** **BW**
Bandprojekt von 1991, das mit dem rassistischen ›Kanakensong‹ große Bekanntheit erlangte. Das gleichnamige Demotape wurde am 28.11.1992 indiziert.

Endstufe **Bremen**
1981 gegründete, dienstälteste deutsche RechtsRock-Band um Jens Brandt. Starke Betonung des Skinhead-Kultes, mit Nähe zu den Hammerskins. Von den 20 Veröffentlichungen wurden nach Eigenangaben über 100.000 Exemplare verkauft. Die Tonträger *Der Clou* (1987) und *Skinhead Rock'n'Roll* (1990) wurden am 28.11.1992 und am 6.7.1992 indiziert. Beteiligung an dem Projekt ➔Adrenalin.

Endzeit
Die Band veröffentlichte 1998 die CD *Maschinerie der Apokalypse* auf Terror Records.

English Rose **Großbritannien**
1987 gegründete Band, die seit 1996 auch in Deutschland live auftritt. Von den zahlreichen Veröffentlichungen erschien 1998 die CD *Live in Deutschland '97 – Rock against Communism* bei Movement Records in Deutschland. Der Sänger Jonesy spielt außerdem bei dem Projekt Spearhead (➔Avalon) mit.

Engrave **Altenburg** **Th**
Black-Metal-Band, mittlerweile aufgelöst. Mitglieder der Band spielten im Anschluss bei ➔Kreuzfeuer.

Entwarnung **Wuppertal** **NRW**
1991 gegründete Band um Steve Bramekamp, siehe auch ➔Kraftschlag. Von sieben Veröffentlichungen wurden ein Demotape (1992) am 31.8.1994, und die CD *Rudolf Hess* (1996) am 29.8.1998 indiziert. Vorläufer war ➔Ultra Doitsch. 1993 wurden Bandmitglieder wegen eines volksverhetzenden Liedes zu Jugendstrafen verurteilt.

Ervolk **Fürth** **Bay**
Metal-Band. Drei Veröffentlichungen zwischen 1996 und 1998, zunächst bei Manfred Rouhs, dann beim Label DI-AL-Records.

Eskil **Düsseldorf, Mettmann** **NRW**
Band um den Sänger Dennis Seegers. Die Debüt-CD *Manege frei für Eskil* mit nationalistischen Texten wurde 2001 veröffentlicht.

Estirpe Imperial **Madrid/Spanien**
Dt.: Herrschendes Geschlecht. Die Band veröffentlichte seit 1997 drei CDs und ist Mitglied bei Rock Identitaire Espagnol, dem spanischen Gegenstück zur deutschen Initiative Identität durch Musik (idm).

Eternal Fear **Saarland** **Saar**
Mehrere Auftritte bei Konzerten in 2000, darunter eines, das von Blood & Honour mitorganisiert wurde.

Eugenik **Gera** **Th**
1996 als Oigenik gegründete Band, die vor allem in der Region auftraten. Nach Eigenaussagen war die Band Mitglied der inzwischen verbotenen Organisation White Youth. Das erste Demo-Tape wurde 2000 veröffentlicht.

Ewiges Reich **Kassel** **Hes**
Rechte Black-Metal-Band, die 2001 ihre Debüt-CD veröffentlichte, 2002 folgte die CD *Zeit des Erwachens* bei Perverted Taste. Ebenfalls 2002 erschien eine Split-Single mit ➔Jerusolima Est Perdita bei Christhunt Production.

Excalibur **Tschechien**
›White Power‹-Heavy-Metal-Band, deren Mitglieder Hammerskins sind. Sie veröffentlichten u.a. 1999 die CD *Thurisaz* bei Movement Records. Einige Bandmitglieder spielten vorher bei der tschechischen Gruppe Diktator mit und zusammen mit Ed Wolbank bei ➔Bound for Glory.

Fackelschein **Berlin**
Offen neonazistische Band, die die CDs *Nicht nur ein Wort* (1996) und *Tag des Sieges* (1997) veröffentlichte und auf den Samplern *Wir sind wieder da Vol. 3* (2001, Lu-Wi-Tonträger) und *Rock fürs Reich* (1998, indiziert am 3.8.2000) vertreten sind.

Fahnentreue **SH**
Die Band veröffentlichte eine CD 1998 bei Rock-O-Rama.

Faustrecht **Kempten, Mindelheim** **Bay**
1995 gegründete Band um Norbert Lecheler; ›Vereinsband‹ der im Juli 1996 verbotenen Skinheads Allgäu. Ein Teil der Band war Mitglied bei Blood & Honour. Die 1997 veröffentlichte CD *Blut, Schweiß und Tränen* wurde am 31.10.2000 indiziert. Es folgte 1999 die CD *Sozialismus oder Tod.* Der Gitarrist ist als Sänger bei ➔Schlachthaus (A) aktiv. Lecheler trat schon Ende der 80er-Jahre als Konzertveranstalter auf und betrieb bis ca. 1997 den Street-Art-Ware-Versand.

Feldjäger **Karlsruhe** **BW**
Vorläuferband von ➔Thors Hammer (Karlsruhe).

Feldzug **Bad Dürkheim** **RPf**
1998 gegründete Band, die 2001 die CD *Sieger* bei VD-Records veröffentlichte.

Fischer, Iris-Kathrin **Neu Wulmstorf** **Nds**
Liedermacherin, siehe ➔Swanhwit, Swantje.

Foierstoss **Gernsbach** **BW**
1993 gegründete Band, die bisher fünf CDs veröffentlichte. Musiker der Band sind u.a. beteiligt an ➔Wallküren, ➔Heldentreue und ➔Lokis Horden.

Forthcoming Fire **Bingen** **RPf**
Dark-Wave-Band um Josef Klumb, aufgelöst. ➔Von Thronstahl.

Fortress **Australien**
1991 gegründete Hammerskin-Band. Sie spielte zwischen 1996 und 1999 auf diversen Konzerten in Deutschland und war mit ➔Brutal Attack 1997 auf Welt-Tournee. Mitglieder von Fortress spielen bei dem deutsch-australischen Projekt ➔Grenadier mit.

Fraction **Nizza/Frankreich**
1994 gegründete Band, die bis 2001 unter dem Namen Fraction Hexagone auftrat. Sie spielten auf diversen Konzerten, vor allem in der Schweiz, Nord-Italien und Frankreich (Elsaß) und sind u.a. auf dem 1999 bei Movement Records veröffentlichten Sampler *Die besten Soldaten Vol. 2* und auf der 2001 erschienenen Compilation *Unsere Welt* vertreten. Die Band ist bei Rock Identitaire Français (RIF) organisiert, dem französischen Gegenstück zur deutschen Initiative Identität Durch Musik (idm).

Fraction Hexagone **Nizza/Frankreich**
siehe ➔ Fraction.

Freibeuter **München** **Bay**
1994 gegründete Band, die 1996 ihre Debüt-CD *Neue Zeiten* veröffentlichte. Es folgte 1999 die Split-CD *Alpenterror* (1999) mit ➔Pitbull (Wunsiedel).

Freigard, Kevin **Reinfeld** **SH**
Projekt von ➔Stüwe, Kai.

Freikorps **Bad Schwartau, Reinfeld** **SH**
Band um die norddeutschen Musiker ➔Stüwe, Kai und Klapmeier, Jens (siehe ➔Kraftschlag, ➔Ostseefront), die den Hammerskins nahe stand. Anfangs trat die Band unter dem Namen United Blood in Erscheinung. Seit 1992 wurden 20 CDs veröffentlicht, davon wurden indiziert die CDs *Land meiner Väter* (1992) am 30.9.1993 eingezogen am 7.7.1994 und *Volk und Vaterland* (1997) indiziert am 31.5.2001. Konzerttournee auch in den USA. Nach Szeneaussagen endgültig aufgelöst.

Freikorps, Kai **Reinfeld** **SH**
Projekt von ➔Stüwe, Kai.

Froidenspender **Delmenhorst** **Nds**
Renee-Band, die jahrelang in einem städtischen Jugendzentrum probte. Sie veröffentlichten 1999 ihr Debüt bei Rock-O-Rama.

Frontal **Kaiserslautern** **SL**
Mittlerweile aufgelöste Band, die zwischen 1994–1997 drei CDs bei Skull Records veröffentlichte.

Frontalkraft **Cottbus** **BB**
1992 in Spremberg gegründete neonazistische Band, die zeitweise in einem Jugendclub probte. Die Band trat bei Blood & Honour-Konzerten und für die NPD auf.

Frontbann **Eisenach** **Th**
Die Band trat bei einem Konzert 1999 in Thüringen auf und ist seitdem inaktiv.

Frontschweine **Kamenz** **S**
Regional aktive Band, die 2000 aufgelöst wurde. Ihre erste und einzige CD *Der Sieg wird unser sein* wurde 1998 veröffentlicht und am 30.6.1999 indiziert.

Frontsoldaten
Die Band veröffentlichte 1998 die CD *Der Adler ist gelandet* bei Rock-O-Rama.

Frontstadt **Berlin**
Die Band trat 1998 und 1999 bei Blood & Honour-Konzerten auf und veröffentlichte 2000 einen Beitrag auf dem *B&H-Brandenburg*-Sampler, der am 28.4.2001 indiziert wurde, Die Band löste sich Ende 2000 auf.

Furor Teutonicus **Helpsen** **Nds**
Ein-Mann-Projekt, das auf ihrer ersten Veröffentlichung 2001 bei RACords ›nationale Synthesizermusik‹ (Werbung) präsentierte.

Gassenhauer **Gera** **Th**
Projekt unter Beteiligung des ehemaligen →Oithanasie-Sängers und ex-Gitarristen von →Bomber. Sie veröffentlichte 1996 eine CD bei Rock-O-Rama.

Gegenwind **Landau** **RPf**
1995 gegründete Band um den Neonazi Dirk Jeblick (zuvor →Thors Hammer), die 1997 eine CD bei Funny Sounds veröffentlichte. Projekt →Aufwind mit der Band →Aufbruch. Bandmitglied Stefan Pohlers spielt auch bei →Kampfruf, →United Blood, →Vollstrecker.

German-British-Friendship **Winnenden** **BW**
Deutsch-Britisches Projekt mit wechselnder Besetzung, u.a. mit Mitgliedern von →Noie Werte, →Brutal Attack (GB), →Skrewdriver (GB), →Squadron (GB), →Fortress (AUS), →No Remorse (GB).

German Ultras **Dortmund, Velbert** **NRW**
Projekt von →Oidoxie und →Notwehr, das mit Beiträgen auf dem 1998 bei DiKo veröffentlichten Sampler *Skinrock Deutschland* vertreten ist.

Germania **Berlin**
Die Band ist mit einem Beitrag auf dem am 28.2.2001 indizierten Sampler *Der Angriff beginnt* von Lu-Wi-Tonträger vertreten. Der Gitarrist der Band steht auch hinter dem Soloprojekt →Patriot 19/8.

Gesta Bellica **Verona/Italien**
Dt.: Kriegstaten. Anfang 1991 gegründete Band, die neben →Peggior Amico als die bekannteste italienische Band gilt. Sie spielten zwischen 1996 und 1999 jedes Jahr auf Konzerten in Deutschland und veröffentlichte u.a. 1995 eine Split-CD mit →Corona Ferrea.

Gestapo **Leipzig** **S**
Offen neonazistische Band um Enrico Fischer. Die 1998 veröffentlichte CD *Heil dem Führer* wurde am 7.9.1998 indiziert.

Gnadenlos **Dresden** **S**
1997 gegründete Band, die 1999 das erste Mal live auftrat und 2000 ihre erste Demo-MC veröffentlichte.

Grenadier **Bremen**
Projekt von Mitgliedern der Bands →Endstufe, →Bound for Glory (USA) und →Fortress (AUS), die 1997 die CD *Commando* bei Hanse Records veröffentlichten.

Hähnel, Jörg **Frankfurt/O.** **BB**
NPD-Liedermacher, Mitglied der Kulturrevolutionären Offensive (KRO), der 1997 und 1998 jeweils eine CD veröffentlichte. Er ist mit →Hellmich, Lars und →Moeck, Annett an der 2001 veröffentlichten CD *Gemeinschaftswerk Funkenflug: Rufe ins Reich* beteiligt.

Halberstadt, Ingo **Köln** **NRW**
NPD-naher Liedermacher, siehe auch →Rene Heizer.

Halgadom **Hennef** **NRW**
Black-Metal-Projekt von Frank Krämer von →Stahlgewitter und Sebastian Schauseil von →Absurd, das 1999 eine CD veröffentlichte. 2002 CD *Verdunklung des Göttlichen* ohne Sebastian Schauseil.

Hammer, Steffen **Stuttgart** **BW**
Inhaber des Versandes German-British Friendship (G.B.F.) und Sänger von →Noie Werte, der auch solo auftritt.

Hart & Heftig **Hoyerswerda** **S**
Nachfolgeband von →Bollwerk, die zwei CDs bei Rock-O-Rama veröffentlichte.

Hassgesang
Neonazistisches Untergrundprojekt, dessen zweite CD *Helden für's Vaterland* 2002 veröffentlicht wurde.

Hasskommando **Kassel** **Hes**
1996 gegründete Band, die bisher keinen Tonträger veröffentlichte. »Wir sind alle Blood & Honour-Skins«, äußerte die Band in einem Interview. 1999 benannten sie sich in →Violent Solution um.

Hässlich **Benndorf** **SA**
1993 gegründete und mittlerweile aufgelöste Band, die 1995 und 1996 jeweils eine CD bei DIM Records veröffentlichte. Der Sänger spielt heute bei →Kampfzone mit.

Hate Face **Erfurt** **Th**
Nachfolger von →Donnertyrann.

Hate Society **Bamberg** **Bay**
Blood & Honour-Hatecore-Band von Bernd ›Pernod‹ Peruch. Die 1999 veröffentlichte CD *Sounds of Racial Hatred* wurde am 28.2.2001 indiziert. Gemeinsam mit →Razors Edge (GB) veröffentlichte die Band 2001 die CD →*Strength thru Blood.*

Hatemongers **USA**
Nachfolger der extrem antisemitischen People Haters, die 1998 die CDs *Hatemonger* und *Spread the Hate* veröffentlichte. Die Band ist u.a. auch mit einem Beitrag auf dem am 28.4.2001 indizierten Sampler *Blood & Honour Vol. 3* (2000) vertreten.

Hauptkampflinie **Kassel** **Hes**
Ende 1996 um den ehemaligen Sänger von ➔08/15, ➔Podjaski, Oliver gegründete Band. Sie veröffentlichte bisher neun CDs. Die CD *Völkermordzentrale* von 1999 wurde am 31.8.2000 indiziert. Die Band ist zusammen mit ➔Landser und ➔Stahlgewitter auf dem am 28.3.2002 indizierten Sampler *Amalek* vertreten. Nebenprojekte ➔Panzerfaust, ➔The Betrayed; einige Bandmitglieder spielen auch bei ➔Violent Solution mit.

Haveljugend **Potsdam** **BB**
Mittlerweile umbenannt in ➔Unbending Bootboys.

Heizer, Rene **Köln** **NRW**
Aka ➔Halberstadt, Ingo; NPD-naher Liedermacher, der bereits mehrere CDs veröffentlichte und wiederholt für die NPD auftrat.

Heldentreue **Sachsen** **S**
Soloprojekt von Markus R., mit dem er 1996 eine CD bei Funny Sounds veröffentlichte.

Heldentum **Bad Frankenhausen** **Th**
1996 gegründete Pagan-Metal-Band von Ronald Möbus, ›Brandolf‹ (ehemaliger Inhaber des Burznazg-Versandes) und dem nicht mehr aktiven Richard Neu. Sie veröffentlichte 1997 eine Split-Single zusammen mit ➔Absurd und traten 2000 beim Peststurm-Konzert auf.

Hellmich, Lars **Berlin**
NPD-Liedermacher und Mitglied der Kulturrevolutionären Offensive (KRO), der 1998 die CD *Am Ende steht der Sieg!* und 2002 die CD *Dein Volk bist Du* veröffentlichte. Er ist mit ➔Hähnel, Jörg und ➔Moeck, Annett an der 2001 veröffentlichten CD *Gemeinschaftswerk Funkenflug: Rufe ins Reich* beteiligt.

Heroes (in the Snow) **Schweden**
Nachfolger der neonazistischen Band Dirlewanger, die 1999 in Deutschland spielte. Die Band veröffentlichte 1999 die CD *Heroes of Today* bei DIM Records.

Heysel **Stockholm, Eskiltuna/Schweden**
Death-Metal-Band, die seit 1996 auf mehreren, vor allem von den Hammerskins organisierten Konzerten in Deutschland spielte. 1998 waren sie mit einem Song auf dem Sampler *White Pride World Wide Vol. 4* vertreten und veröffentlichten 2000 ihre Debüt-CD *Holy War* bei Hate Records.

Höllenhunde **Schwäbisch Hall** **BW**
1997 gegründete und mittlerweile aufgelöste Band, die 1998 die CD *Dein Land braucht dich!* veröffentlichte. Die Bandmitglieder ➔Schmid, Achim und Dennis Entenmann waren am Zine ➔A.f.D. beteiligt. Achim Schmid war Mitglied von ➔Wolfsrudel. Mitglieder spielen auch bei ➔Celtic Moon mit. Im Frühjahr 2001 musste sich ein Bandmitglied wegen Volksverhetzung vor Gericht verantworten.

Holocaustus **Raum Kassel** **Hes**
Ein-Mann-Projekt; NS-Black-Metal; veröffentlichte 2001 die MCD *Gegen Zions Zeitgeist* bei Anti-Christhunt Production; Seitenprojekt Aryan Blood.

Holsteiner Jungs **Reinfeld** **SH**
Band um den Musiker ➔Stüwe, Kai, die zwischen 1996 und 2000 sieben CDs veröffentlichte.

Honor **Polen**
Seit 1989 bestehende und neben ➔Konkwista 88 die bekannteste Band Polens. Neben einer Reihe von Veröffentlichungen und Samplerbeiträgen ist sie u.a. auch auf der 1997 bei Destiny Records veröffentlichten Compilation *White Dynamite Destiny Rock Vol. 2* vertreten.

Hooligan Beat **Reinfeld** **SH**
Mittlerweile eingestelltes Projekt von ➔Stüwe, Kai, das 1995 und 1997 jeweils eine CD veröffentlichte.

Idee Z **Berlin**
1993 gegründete und mittlerweile aufgelöste Band, die zwischen 1995 und 1998 sechs CDs veröffentlichte. Nebenprojekt ➔Zerrbild.

Ilmpiraten **Ilmenau** **Th**
Die Band trat 1999 auf einem Konzert in Thüringen u.a. mit ➔Sturm & Drang auf.

Independent **Nauen** **BB**
Weitgehend inaktive Band, zwei Mitglieder der Band spielen bei ➔Aryan Brotherhood mit.

Intimidation One **Portland/USA**
1994 gegründete Band, die 1998, 2000 und 2002 u.a. auch durch Deutschland und die Schweiz tourte. 1993 veröffentlichte sie ihr CD-Debüt *Call for Warriors* bei Imperium Records. Für Sommer 2002 plant die Band die Veröffentlichung einer Benefiz-CD zu Gunsten von ➔Landser.

Invisible Empire **Rheine** **NRW**
Projekt von Frank Born, Sänger von ➔Noie Zeit, und Studiomusikern, das 1999 die CD *Invisible Empire* veröffentlichte.

Iron Youth **Athen/Griechenland**
Dt.: Eiserne Jugend. 1997 gegründete Thrashmetal-Band. Die 1998 bei Hate Records veröffentlichte CD *Durch das Volk, mit dem Volk, für das Volk* wurde am 29.6.2002 indiziert. Die Bandmitglieder unterstützen die griechische NS-Organisation Golden Dawn.

Jens B. **NRW**
Projekt von Jens Brucherseifer, siehe ➔Sturmwehr.

Jerusolima est perdita **Fuldabrück** **Hes**
Dt.: Jerusalem soll untergehen. Rechte Black-Metal-Band, die bisher eine Demo-CD eine Split-Single mit ➔Ewiges Reich (2002) bei Christhunt Production veröffentlichte.

Jinx, The **Schweden**
Dt.: Das Pech. Rechte Oi-Punk-Band mit ehemaligen Musikern von ➔Midgards Söner. Sie spielte im Januar 1999 zusammen mit ➔Chaoskrieger (D) in Sachsen und im Juni 2002 in Spremberg und Chemnitz.

Jungsturm St. Ingbert SL

1996 gegründete Band die auch auf Blood & Honour-Konzerten spielte. Sie veröffentlichten 1998 eine Demo-CD mit einer Auflage von 1.000 Exemplaren und 2001 eine zweite. Zeitweiliges Bandmitglied war Manuel Jacob (➔Aufbruch).

Kahlkopf Bad Homburg Hes

1983 gegründete Band mit wechselnder Besetzung, zeitweise spielte auch Daniel ›Gigi‹ Giese, Sänger von ➔Saccara mit. Die Band veröffentlichte seit 1987 neun Tonträger, davon wurden *Kahlkopf* (o.J.) am 30.6.1994, *Der Metzger* (1990) am 28.11.1992 sowie die CD *Im Namen des Herrn* (2001) am 30.10.2001 indiziert.

Kammerjäger Ansbach Bay

Die Band, die bisher keinen Tonträger veröffentlichte, trat Sylvester 1998 mit ➔Sturmtrupp auf. Das Bandmitglied Oli spielt auch bei ➔Südsturm mit.

Kampfgeist

Die erstmals im Mai 1998 live aufgetretene Band bereitet nach Szeneberichten ihre Debüt-CD vor.

Kampfgeschwader Gotha Th

Eigentlich Kampfgeschwader Skinheads Gotha, die 2001 in Eigenproduktion die CD *Skinheads Thüringen* veröffentlichte. Gegen die Band wurden wegen des Verdachtes auf Verwendung verfassungswidriger Kennzeichen und Volksverhetzung ein Ermittlungsverfahren eingeleitet. Im Rahmen dessen fanden im August 2001 Hausdurchsuchungen statt.

Kampfruf Wachenheim RPf

Auch Kampfruf 88; die 1998 veröffentlichte CD *Die Macht des Widerstandes* wurde von Marcus Hüther (➔Drom) produziert. Das Bandmitglied Stefan Pohlers spielte zeitweise auch bei ➔Gegenwind, ➔United Blood und ➔Vollstrecker mit.

Kampftrupp Wuppertal NRW

Soloprojekt von Steve Bramekamp (➔Entwarnung).

Kampfzone Bernburg SA

1994 unter dem Namen Erstschlag gegründete Band, die bisher vier Tonträger, davon zwei bei DIM Records, veröffentlichte.

Kategorie C Bremen

Hooligan-Band mit dem Sänger von ➔Nahkampf, die 2001 u.a. auf einem Benefiz-Konzert gemeinsam mit ➔Archivum (H), ➔Solution und ➔Blitzkrieg auftraten. Die Band veröffentlichte bisher vier CDs sowie ein Lied auf dem am 30.12.2000 indizierten Sampler *Die Deutschen kommen II* (1998). Kategorie C ist die Polizei-Bezeichnung für gewaltbereite Hooligans.

Keine Reue Chemnitz S

Vorläufer von ➔Might of Rage.

Keltensturm Tuttlingen BW

Erstes Konzert 2000.

Kelterborn, Veit Rudolstadt Th

NPD-naher Liedermacher, drei Veröffentlichungen 1997 und 1998.

Kettenhund Ludwigsburg BW

1990 gegründete und mittlerweile aufgelöste Band, die 1994 drei Tonträger veröffentlichte und u.a. mit einem Beitrag neben ➔Kraftschlag, ➔Oithanasie und ➔Oistar Proper auf dem Sampler *Musik für's Vaterland* (1994) vertreten ist.

Kieckers fünfte Kolonne Köln NRW

Band aus zwei Deutschen und zwei Niederländern aus Sassem. Die CD *Welkom in Sassem* (1997) ist bei Manfred Rouhs erschienen. Der zugunsten der Anti-Antifa 2001 veröffentlichte Sampler *Welkom in Sassem II* stammt hingegen aus dem Umfeld der Band.

Kolovrat Moskau/Rußland

Dt.: Hakenkreuz. 1994 gegründete, erste neonazistische Skinhead-Band in Rußland. Nach mehreren Veröffentlichungen auf dem eigenen Kolovrat-Label erschien 2001 eine Split-CD mit ➔Nahkampf (D) bei Pühses Liste.

Koma-Kolonne Gelsenkirchen NRW

Projekt von ➔Sturmwehr, das eine CD bei Ohrwurm Records veröffentlichte.

Kommando Skin Schwäbisch Gmünd BW

Die Band veröffentlichte 1999 ihre erste CD *Bootboys* bei DIM Records und spielten 2000 das erste Mal auf einem Konzert.

König Kutty und seine Schergen Wolfhagen Hes

Soloprojekt des ehemaligen ➔Märtyrer-Sängers, das 1996 die CD *Besieg das Böse* veröffentlichte.

Konkwista 88 Polen

Dt.: Eroberung 88. 1990 gegründete und bekannteste polnische RechtsRock-Band, die in den vergangenen Jahren u.a. in Deutschland, Schweiz und Großbritannien auftrat. Die Band hat eine Reihe von MCs und CDs veröffentlicht und ist auf diversen internationalen Samplern vertreten, z.B. auf dem 1997 bei Movement Records veröffentlichten Sampler *Die besten Soldaten Vol. 1*.

Kontra Eisenhüttenstadt BB

Lokale ›RAC‹-Band aus dem Kameradschafts-Spektrum, die ihre Demo-Songs im Internet veröffentlichten.

Konzepte für die Zukunft (KFZ) Duisburg NRW

Die Band veröffentlichte 1999 zwei CDs in Eigenregie.

Kraft durch Froide (KdF) Berlin

1982 gegründete neonazistische Skinhead-Band der ersten Stunde, die 1987 aufgelöst wurde. Das damalige Bandmitglied Andreas ›Pole‹ Pohl war seinerzeit führendes Mitglied der heute verbotenen Nationalistischen Front. Anfang der 90er-Jahre wurden alte Lieder erneut veröffentlicht. 1999 reformierte sich die Band und veröffentlichte 2000 die CD *Wunschkonzert*. Indiziert wurden die Tapes *Hundert Mann und ein Befehl* (1983) am 30.4.1994 und *Demotape 1986* (1986) am 30.4.1993 und die postum veröffentlichte CD *1982–86* (1997) am 31.7.1998.

Kraftschlag Kellinghusen SH
Blood & Honour-nahe Band um Jens Uwe Arpe mit wechselnder Besetzung, darunter Steve Bramekamp von ➔Entwarnung, Mattze (➔Soldiers of Freedom), Klapmeier (➔Ostseefront) und Miika (➔Mistreat (SF)). Die Band pflegt gute Kontakte zu Musikern in Skandinavien, woraus mehrere Split-CDs hervorgingen. Ehemalige Bandmitglieder sind an diversen neuen Projekten beteiligt, u.a. ➔Scheinheilige Brüder, ➔Deathblow. Indiziert wurden bisher *Kraftschlag* (Demotape, o.J.) am 30.6.1994, *Live in Weimar* (Demotape, o.J.) am 30.6.1994, *Trotz Verbot nicht tot* (1992) am 30.1.1993 (eingezogen am 15.7.1994), *Unsere Zukunft* (1993) am 30.6.1998 *Nordwind* (1995) am 16.4.1998. Die Split CD *Waffenbrüder* (1996) am 31.10.1997.

Krämer, Frank Hennef NRW
Mitglied von ➔Halgadom und ➔Stahlgewitter, auch als ›Balladen-Sänger‹ aktiv. Gegen ihn wurde Mitte der 90er-Jahre wegen paramilitärischen Aktivitäten ermittelt. Nicht identisch mit Frank Krämer von ➔Rheinwacht.

Krämer, Rony ›Hotte‹ Düsseldorf NRW
Soloprojekt des ➔Rheinwacht-Schlagzeugers, mit dem er 1999 die CD *Bis bald, Kameraden* veröffentlichte.

Kreuzfeuer Altenburg Th
1991 unter dem Namen ➔Kroizfoier gegründete Band, die 1996 von dem 2000 verstorbenen Sänger Jens Rahl mit Musikern der Black-Metal-Band ➔Engrave neu formiert wurde. Die Band unterstützte nach Eigenaussagen die Hammerskins. Ehemalige Mitglieder sind heute bei ➔Brainwash.

Kristalna Noc Serbien
Dt.: Kristallnacht. 1991 gegründete und international bekannte Blood & Honour-Band, die auf dem Sampler *Blood & Honour Serbia – Anthems of ethnic cleansing* vertreten ist. 2001 veröffentlichte die Band zusammen mit der serbischen Band Nowy Lad eine Split-CD.

Kroizfoier Lobstädt Zwenkau S
1991 gegründete Band, für die Veröffentlichung *Ziel erkannt* (1992) besteht ein Einziehungsbeschluss vom 30.8.1994, die CD *Mit Kraft, Mut und Schwung auf in die Zukunft* (1994) wurde am 30.11.1994 indiziert. 1996 wurde die Band unter dem Namen ➔Kreuzfeuer neu formiert.

Kroizzug Hessen Hes
Die Band veröffentlichte 1996 die CD *Deutsche Soldaten* bei DiKo.

Kruppstahl Augsburg Bay
1987 gegründete neonazistische Band. Der Gitarrist Constantin Mayer gab 1987/88 das Fanzine ➔Der Stiefelträger heraus. 1987 veröffentlichte sie ihre Demo-MC, die 1996 veröffentlichte Split-CD *Deutschland erwache* mit ➔Volkszorn wurde am 12.3.1998 indiziert.

Kwerschlak Recklinghausen NRW
Die Band veröffentlichte 1996 die CD *Es ist genug* sowie mehrere Beiträge auf verschiedenen Samplern.

Landser Raum Berlin
1992 gegründete, konspirativ agierende ›Kultband‹ der Szene um Mitglieder der neonazistischen Gruppierung Vandalen. Ermittlungen wegen Bildung einer kriminellen Vereinigung führten 2001 zur Verhaftung der vier Bandmitglieder Michael ›Lunikoff‹ Regener, Andre ›Möhre‹ Möricke, Christian Wenndorf und Jean-Rene Bauer. Die Band produziert neonazistische Schunkellieder mit aggressiven Texten. 2002 wurde die CD *Jetzt erst recht* unter dem Namen Tanzorchester Immervoll veröffentlicht. Bisher sechs CDs, die bis auf die *Best of ...* (2001) und *Final Solution* (2002) alle indiziert oder eingezogen wurden. Die Band ist u.a. neben ➔Hauptkampflinie und ➔Stahlgewitter auf dem am 28.3.2002 indizierten Sampler *Amalek* vertreten.

Landsturm Köln NRW
Die Band ist organisiert bei idm (Identität durch Musik, ➔Carpe Diem). Ihre 1997 veröffentlichte Debüt-CD *Tatort Deutschland* wurde am 29.5.1999 indiziert.

Last Viking Magdeburg SA
Die Band veröffentlichte 1998 die CD *Vaterland* beim Label DiKo.

Law and Order Gera Th
Neuformierung der ehemaligen Band ➔Legion Ost aus dem Umfeld der am 12.9.2000 verbotenen Organisation White Youth.

Legion Condor Radevormwald NRW
1989 gegründete und mittlerweile aufgelöste Band, deren einzige Demo-MC *Stolzdoitsch* (1991) am 31.5.1994 indiziert wurde. Bandmitglieder spielten anschließend bei ➔Starkstrom mit.

Legion of Hate Chemnitz S
Dt.: Legion des Hasses. Die Band trat erstmals 2000 auf einem Konzert in Sachsen auf.

Legion of St. George London/Großbritannien
1995 gegründete Band, die nach Eigenangaben zu 100 Prozent Blood & Honour unterstützt. Der Name bezieht sich auf das britische Freiwilligen-Korps der Waffen-SS. Live trat die Band in Deutschland seit 1997 auf und spielte zuletzt im August 2000 in Hamburg. Die CDs *Shadows of the Empire* (1997) und *In defence of the realm* (2000) erschienen bei Movement Records. Show-down Records veröffentlichte 2002 die LP-Version von *Shadows of the Empire*.

Legion of Thor Berlin
1997 gegründete Band mit ehemaligen Mitgliedern von ➔Thorshammer und ➔Crossed Hammers, die Blood & Honour und den Hammerskins nahe steht. Bisher veröffentlichte die Band zwei CDs und spielte häufig auf Konzerten.

Legion Ost Gera Th
Die Band veröffentlichte drei Tonträger zwischen 1995 und 1997 und wurde Ende 1999 unter dem Namen ➔Law and Order neu formiert.

Leitwolf **Wischhafen** **Nds**
1997 gegründete Band, die bisher drei CDs veröffentlichte. Die CD *An einem fernen Tage* (2000) wird auch in einer entschärften Version angeboten. Der Frontmann Lars betreibt das Label Nordklang. Für 2001 war ein Nebenprojekt mit dem Namen Iron Voice angekündigt.

Letzte Instanz **S**
Die Band ist auf dem 1999 bei Endzeit veröffentlichten Sampler *Was gut ist, kommt zurück* vertreten und trat 1999 live auf.

Lokis Horden
Frauen-Band mit Unterstützung von ➔Foierstoss, die 1997 eine CD bei Funny Sounds veröffentlichte.

Lüders, Andre **Rostock** **MV**
Liedermacher, der häufig bei Aufmärschen der extremen Rechten auftritt. Er veröffentlichte die CDs *Frei, Sozial und National* (2000) und *Schlacht der Freiheit* (2002) gemeinsam mit Musikern von ➔Nordmacht. Die CD Live zum Heldengedenken spielte er hingegen mit ➔Stigger ein. Gemeinsam mit ➔Eggers, Daniel ist er auf der 1997 erschienenen und am 31.7.1998 indizierten CD *Live in Teterow* vertreten.

Lynchjustiz **Ganderkesee** **Nds**
Vorläufer von ➔Nordlicht.

Macht & Ehre **Berlin**
1991 gegründete Band um den Sänger Stephan Jones, die in der Justizvollzugsanstalt Berlin-Plötzensee entstand. Die Texte enthalten Aufforderung zum Mord an Juden und auf den Covern der Tonträger wurden teilweise NS-Symbole abgebildet. Die sieben veröffentlichten CDs sind alle indiziert. Siehe auch ➔Schwarzer Orden.

Mad Martens **Bremen**
Projekt von ➔Nordlicht, ➔Endstufe und ➔Boots Brothers, das 1995 die CD *Das Beste am Norden* veröffentlichte.

Madkorps **Dessau Bitterfeld** **SA**
1995 gegründete Band, die 1996 lediglich die Demo-MC *Hasseröder* veröffentlichte. Sie trat das letzte Mal 1999 live auf.

Magog **Dresden, Sächsische Schweiz** **S**
Seit 2000 häufig live auftretende Black-Metal-Band, von der zwei Bandmitglieder auch bei ➔14 Nothelfer mitspielen. Ihre Debüt-CD *Magog* erschien 2000 bei Hagal Records.

Mahnwache **Velbert** **NRW**
Soloprojekt des ➔Notwehr-Gitarristen.

Märtyrer **Wolfhagen** **Nds**
Aufgelöste Band aus den frühen 90er-Jahren, die sechs CDs veröffentlichte. Davon wurden die Tonträger *Hammerhart* (1992) am 31.8.1993 und *Stolz* (1991) am 31.3./29.5.1993 indiziert. Siehe auch ➔König Kutty und seine Schergen.

Max Resist **USA**
Abk. für Maximum Resistance, dt.: größtmöglicher Widerstand. Die beliebteste Hatecore-Band der Szene nannte sich anfangs Haken Kreuz und trat live seit 1997 in Deutschland auf, zuletzt 2002. Die Band veröffentlichte bisher drei Tonträger, das Merchandising der Gruppe wird in Deutschland über den Hate-Sounds-Versand vertrieben.

McLellan, Ken **Großbritannien**
Sänger von ➔Brutal Attack, der u.a. auch bei ➔German-British-Friendship und ➔Dragon Lance mitspielt. Er veröffentlichte mehrere Split-CDs mit ➔Stigger, u.a. bei Pühses Liste und Hate Society Records.

Megalith **Eppstein, Taunus** **Hes**
Heavy-Metal-Band; organisiert bei idm (Identität durch Musik, ➔Carpe Diem). Ihr Demo *Der Steppenwolf* (1998) spielten sie unter Bandnamen Stonehenge ein. 2000 veröffentlichten sie die CD *The Law of Life*.

Midgards Söner **Schweden**
Dt.: Söhne Midgards. 1993 gegründete Punk-Rock-Band, die in Deutschland bei DIM Records veröffentlichte. Dessen Inhaber Ulrich ›Uhl‹ Großmann organisierte 1996 auch ein Konzert mit der Band in Ebersdorf; siehe auch ➔Jinx, The.

Midtown Bootboys **Tulsa/USA**
In den 80er-Jahren gegründete Skinhead-›Kultband‹ der Szene. Bis 1996 war die Band allerdings aufgrund von mehrjährigen Haftstrafen zweier Bandmitglieder inaktiv. In dieser Zeit spielten die verbliebenen Musiker unter dem Namen ➔Berserker. Seit 1996 veröffentlichte die Band zwei CDs.

Might of Rage **Chemnitz** **S**
Dt.: Macht des Zorn. 1999 gegründete und mittlerweile aufgelöste Band; die vorher den Namen ➔Keine Reue trug. Sie trat 1999 und 2000 auf etlichen Konzerten auf und veröffentlichte bisher zwei CDs. Zwei Mitglieder spielen mittlerweile bei ➔Brainwash.

Minnesang **Schwaben** **BW**
Liedermacher-Duo mit patriotischen Balladen, dessen 1998 veröffentlichte CD *Jungsturm der Neuzeit* auf dem NPD-Label Deutsche Stimme erschien. Sie sind auch an der Band ➔Odem beteiligt.

Mistreat **Finnland**
1988 unter dem Namen Synthetical Bastards gegründete Band. 1990 veröffentlichten sie die EP *Keep Finland Clean*, es folgte 1995 das CD-Debüt *Faith and fury* beim Label Ainaskin. Es war die erste CD einer finnischen RechtsRock-Band. Zwischen 1996 und 1999 trat die Band auf diversen Konzerten in Deutschland auf. Der Gitarrist Miika spielte auch bei ➔Kraftschlag mit. Gemeinsam veröffentlichten sie 1996 die Split-CD *Waffenbrüder* bei NS-Records, die am 30.10.1997 indizierte wurde.

Mjöllnir **Gimbsheim** **RPf**
1995 aus ➔Sturmbann hervorgegangene Band, deren CD *Söhne Germaniens* 1997 bei der Sauerland Tonträgerproduktion erschien.

Mjölnir **Köln** **NRW**
1991 gegründete Black-Metal-Band um Brian Gaus; mehrere Demo-Veröffentlichungen, 1996 eine Split-CD zusam-

men mit der Band Antichrist und 1998 folgte die CD *Hinweg über die Tore der Zeit* bei Darker Than Black. Nebenprojekte von Bandmitgliedern: ➔Thy Majesty, Hölle, Finstere Herrscher. Gaus ist auch Betreiber des Versandes Trudheim Productions.

Moeck, Annett Schwedt BB
NPD-Liedermacherin und Mitglied der Kulturrevolutionären Offensive (KRO). Ihre erste CD *Eine Mutter klagt an ...* wurde 2000 bei Pühses Liste/Deutsche Stimme veröffentlicht. Sie ist neben ➔Hähnel, Jörg und ➔Hellmich, Lars an der CD *Gemeinschaftswerk Funkenflug – Rufe ins Reich* beteiligt.

Moichelmord Sachsen S
1994 gegründetes Liedermacherprojekt, das mehrere Demos veröffentlichte, u.a. mit dem Titel *We are NS Skins*.

Moon Blood
Black Metal-Band. Das Bandmitglied Occulta Mors betreibt das Soloprojekt ➔Nachtfalke.

Motte Berlin
Liedermacher, der am 4.9.1999 im Club 88 in Neumünster auftrat.

Müller, Michael Regensburg Bay
Liedermacher und Mitglied der Burschenschaft Teutonia Regensburg, der u.a. bei der NPD und JN auftrat. Bei mindestens zwei Auftritten 1998 und 1999 spielte er auch extrem antisemitische Lieder.

Munin Schönebeck SA
Liedermacher und Skinhead mit Spitznamen Kojak, der häufig bei Kameradschaftsveranstaltungen auftritt. Er veröffentlichte 1998 die CD *Vergiss die treuen Toten nicht*. Munin ist auch Mitglied bei ➔Sperrfeuer.

Nachtfalke Aue S
Soloprojekt von Occulta Mors (➔Moon Blood).

Nahkampf Bremen
1989 gegründete, Blood & Honour-nahe Band; bisher fünf Veröffentlichungen, darunter je eine Split-CD mit ➔Schwarzer Orden (2001) und ➔Kolovrat (RUS) (2001). Die CDs *Schutt und Asche* (1994) und *Alarm* wurden am 31.8.1995 und am 28.4.2001 indiziert. 2002 wurde eine entschärfte Version dieser beiden Tonträger Titel *Legion Condor* veröffentlicht. Der Sänger spielt auch bei ➔Kategorie C mit.

Neubeginn
Die Band veröffentlichte 1999 ihre erste CD *Reich' uns die Hand* bei RACords und trat erstmals 2000 live auf.

Neue Argumente Chemnitz S
Die Band spielte auf verschiedenen Konzerten in 1999 und 2000 und veröffentlichte 2001 ihre erste CD *Antikommunist*.

No Alibi Buffalo/USA
1986 gegründete Hardcore-Band, die 1998 mehrere Konzerte in Deutschland gab. Von ihren beiden Veröffentlichungen erschien die erste LP *Wickedness of mankind* 1991 bei Rock-O-Rama.

No Remorse Großbritannien
Dt.: Keine Reue. 1986 gegründete Blood & Honour-Band der ersten Stunde um ➔Burnley, Paul, der Mitte der 90er-Jahre die Band verließ. Die Band mit den wohl meisten Konzerten im europäischen Ausland spielte auch mehrfach in Deutschland, zuletzt 1999 in Bamberg. Ihre Debüt-LP *This time the world* erschien 1988 bei Rebelles Europeens. Die 1996 mit dem Sänger Daniel ›Jacko‹ Jack veröffentlichte CD *Barbecue in Rostock* verherrlicht das Pogrom von Rostock-Lichtenhagen 1992 und wurde am 27.3.1997 indiziert.

Noie Werte Stuttgart BW
Seit 1987 aktive Band um ➔Hammer, Steffen. Bisher sieben Veröffentlichungen, von denen die CD *Kraft für Deutschland* (1991) am 28.11.1992 indiziert wurde. Das Gründungsmitglied Kay Bunn wechselte zu ➔Carpe Diem und war an der Gründung von idm (Identität durch Musik) beteiligt. Bandmitglieder betreiben den Versand German-British-Friendship. Der langjährige Gitarrist Michael Wendland war zeitweise Landesvorsitzender der NPD.

Noie Zeit Rheine NRW
1988/89 gegründete, kurz darauf wieder aufgelöste und 1996 neu formierte Band. Der Sänger Frank Born spielt auch bei ➔Invisible Empire mit und war Herausgeber des Fanzines ➔Nordkraft. Die Band veröffentlichte 1997 ein Demotape und 1998 die CD *Weltmeister der Ewigkeit*.

Nordfront Raum Hannover Nds
1997 gegründete Band, die bisher auf diversen Konzerte auftrat, darunter bei zwei Blood & Honour-Konzerten in Dänemark 1998 und 1999. Die Band veröffentlichte bisher zwei CDs *Werft sie raus* (2000) und *Argonnerwald* (2002).

Nordic Thunder USA
Hammerskin-Kultband, deren Sänger Joe Rowan 1994 erschossen wurde und als Märtyrer gilt. Nachfolger ist die Band ➔Blue Eyed Devils. Die Merchandising-Produktpalette für beide Bands vertreibt Hate Sounds.

Nordlicht Delmenhorst Nds
1993 gegründete Band um den Sänger Andreas Werner, die vier CDs bei Rock-O-Rama veröffentlichte. Nachfolgeband von ➔Lynchjustiz.

Nordmacht Rostock MV
Um 1994 gegründete Blood & Honour-nahe Band. Zwei Musiker waren nach Eigenaussage 1998 Mitglieder der Blood & Honour Sektion Mecklenburg. 2000 veröffentlichten sie gemeinsam mit ➔Lüders, Andre die CD *Frei, National und Sozial*. Die ebenfalls 2000 veröffentlichte CD *Ihre Ehre hieß Treue* wurde am 31.5.2001 indiziert. Ihre 2001 veröffentlichte CD *Verlorenes Erbe* erschien bei Hate Sounds.

Nordwind Fürth, Raum Offenbach Bay/Hes
1994 gegründete Viking-Rock-Band um Ronald Haser (ex–➔Volkszorn), Nachfolgeband von ➔Odins Erben. Die Band ist organisiert bei idm (Identität durch Musik, ➔Carpe Diem). Elf Veröffentlichungen seit 1995, die zum Teil auf dem eigenen Label Nordwind Records verlegt wurden. Haser, der auch an ➔The Rebells beteiligt war, betrieb zeitweise den Laden Utgard in Fürth.

Normannen Altenburg SA
Die Band tritt seit 1997 bei Konzerten auf und veröffentlichte bisher zwei CDs.

Notwehr Velbert NRW
1996 gegründete und mittlerweile aufgelöste Band. Die 1996 veröffentlichte CD *Ein neuer Wind* und die CD *Wenn es tobt* (1997) wurden am 16.4.1999 und am 15.10.1999 indiziert. Der Gitarrist hat ein Balladenalbum unter dem Namen ➔Mahnwache eingespielt. Gemeinsames Projekt ➔German Ultras mit ➔Oidoxie.

Obersalzbergtrio
Anonyme Band, deren 1994 veröffentlichte CD *Deutsche Volksmusik* am 29.4.1995 indiziert wurde.

Odem Schwaben BW
1997 gegründete fünfköpfige Band, von der einige Musiker auch bei ➔Minnesang mitspielen. Beide Bands sind auf dem 1998 veröffentlichten JN-Sampler *Kampflieder zum 1. Mai* vertreten.

Odessa Leipzig S
1995 gegründete Band, die häufig live auftritt. 2002 veröffentlichten sie ihre Debüt-CD *Eiserner Wille und stolzes Herz* bei RACords. Mit einem Beitrag ist die Band auch auf dem Sampler *Wir sind wieder da Vol. 3* (2001) vertreten.

Odins Erben Frankfurt Hes
1994 gegründete Band und indirekter Nachfolger von ➔Volkszorn, die 1995 und 1996 jeweils eine CD veröffentlichte. Vorläufer von ➔Nordwind.

Odins Law Kanada
Die bekannte kanadische Band trat 1998 und 2000 in Deutschland und der Schweiz live auf und veröffentlichte bisher vier Tonträger. Darunter die EP *To death we Ride*, die 2001 bei Backstreetnoise erschien.

Offensive Bonn, Euskirchen NRW
1990 in Bonn gegründete Band, die 1992 aufgelöst und 1995 reformiert wurde. Die 1992 veröffentlichte Single *Armee der Geächteten* wurde am 31.7.1993 indiziert. 2002 erschien nach langer Inaktivität die CD *Nürnberg*.

Oi Dramz Hamburg
1991 gegründete Studioband, bei der zeitweise ➔Stüwe, Kai mitspielte. Sie veröffentlichte zwischen 1992 und 1998 fünf CDs/LPs. Ihr Debüt *Oi Dramz* von 1992 wurde in der LP-Version am 31.3.1993 und in der identischen CD-Version am 30.6.1995 indiziert. Wegen ihrer am 31.3.1993 indizierten Demo-MC und dem Lied *Negerdreck* wurden die Bandmitglieder am 28.2.1994 zu Bewährungs- und Geldstrafe verurteilt. Nebenprojekt ➔Rock 'G' Socks.

Oidoxie Dortmund NRW
1995 gegründete Band um den Sänger Marko Gottschalk, die häufig live auftritt und über ein eigenes Label verfügt. Vier CD-Veröffentlichungen, gegen die 1998 erschienene CD *Schwarze Zukunft* liegt ein Beschlagnahmebeschluss vom 5.11.1998 vor. Gemeinsames Projekt ➔German Ultras mit ➔Notwehr ➔Weisse Wölfe.

Oigenik Gera Th
Umbenannt in ➔Eugenik.

Oiphonie Mörfelden-Walldorf Hes
Die Band veröffentlichte lediglich eine Demo-CD und trat seit 1997 bei Konzerten in der Region auf.

Oiphorie Leipzig S
Seit 1996 aktive Band, die bisher zwei CDs veröffentlichte.

Oistar Proper Leipzig S
1992 gegründete und 1995 aufgelöste Band. Die 1994 mit ➔Oithanasie veröffentlichte Split-Single wurde am 29.10.1994 indiziert. Aufnahmen der Band wurden 1996 unter dem Namen ➔Stahlkroiz veröffentlicht.

Oithanasie Gera Th
1991 gegründete und 1994 aufgelöste Band, die zeitweise auch unter dem Namen ➔Voll die Guten auftrat. Von den sechs Veröffentlichungen wurde die LP *Oithanasie* von 1993 am 16.4.1998, die LP *Volkstreu*, ebenfalls von 1993, am 30.7.1994 und die Split-Single mit ➔Oistar Proper aus 1994 am 29.10.1994 indiziert. Mitglieder der Band spielten auch bei ➔Gassenhauer mit.

Order of Purity Gera Th
Vorläuferband von ➔Protest.

Ostara Wurzen S
Frauenband aus dem Raum Wurzen.

Ostfront A.V.K. Meerane S
Aufgelöste Band unter Mitwirkung von Kalle von ➔Bomber. Die 1993 veröffentlichte Demo-MC wurde am 30.7.1994 indiziert. A.V.K. steht offiziell für Alkohol-Vernichtungs-Kommando, inoffiziell jedoch für Ausländer-Vernichtungs-Kommando.

Ostseefront Scharbeutz SH
Nachfolger von ➔A.d.F. (Auf den Führer). Seit der 1998 bei DiKo veröffentlichten Debüt-CD *Ostseefront* ist die Band inaktiv. Lt. dem Fanzine ➔Warhammer handelt es sich bei Ostseefront um die Band von Klapmeier, siehe ➔Freikorps und ➔Kraftschlag.

Panzerdivision Bremen
Projekt von ➔Nahkampf und ➔Patriotic Bois.

Panzerfaust Kassel Hes
Nebenprojekt von Musikern der Band ➔Hauptkampflinie, das jeweils 1997 und 2001 eine CD veröffentlichte.

Papenbrock, Ronny
Liedermacher, der gemeinsame mit ➔Eggers, Daniel 2000 die CD *Frontkämpfer* veröffentlichte

Patriot 19/8 Berlin
Liedermacher und Mitglied der Band ➔Germania. Er veröffentlichte gemeinsame mit ➔Sleipnir 1999 die CD *Das rechte Wort*. 19/8 steht, den neonazistischen Zahlencodes folgend, für ›Sieg Heil‹.

Patriotic Bois **Bremen**
1995 gegründete Band, die seit 1996 drei CDs bei Hanse Records und Ohrwurm veröffentlichte. Mitglieder der Band spielen auch bei →Panzerdivision mit. Nachfolger der mittlerweile aufgelösten Band ist nach Szeneaussagen →Sturmbrigade.

Pech und Schwefel **Erkrath** **NRW**
Die Band von Ingo Grau veröffentlichte ihre Debüt-CD *In Walhalla* 2002 bei Rock-O-Rama.

Peggior Amico **Vicenza/Italien**
1986 gegründete, mittlerweile aufgelöste ›Kult‹-Band der italienischen Szene, die auch in Deutschland sehr beliebt ist.

Peststurm **Gera** **Th**
Vorläufer von →Totenburg.

Pitbull **Wunsiedel** **Bay**
Die Band veröffentlichte 1999 die Split-CD *Alpenterror* gemeinsam mit →Freibeuter. Es folgte 2001 die CD *Schatten* bei Funny Sounds.

Pitbull **Meerane** **S**
1988 gegründete Band, die 1989 in →Bomber umbenannt wurde.

Pluton Svea **Schweden**
1994 gegründete Band, die zwischen 1997 und 1999 häufig in Deutschland live auftrat. Die Band veröffentlichte mehrere CDs und Samplerbeiträge. Die 1999 bei Midgard Records erschienene CD *88% unplugged* wurde wegen zu erwartender Strafverfahren, u.a. wegen Verstößen gegen § 86a StGB, in Deutschland nicht offiziell vertrieben.

Podjaski, Oliver ›Oli‹ **Kassel** **Hes**
Frontmann von →Hauptkampflinie, der vorher bei →08/15 spielte und häufig auch solo live auftritt.

Proissenheads **Potsdam** **BB**
1993 gegründete Band um Uwe Menzel, die bis 1998 in einem städtischen Jugendclub proben durfte. Sie sind eine der aktivsten und beliebtesten deutschen Neonazi-Bands, die häufig bei Konzerten, u.a. für Blood & Honour, auftritt. Die Band veröffentlichte seit 1997 vier CDs. Die CD *Jung und stolz* von 2000 wurde am 6.7.2000 indiziert. Menzel spielt zudem bei →Aryan Brotherhood mit, ein anderes Bandmitglied bei →Spreegeschwader.

Proissens Soie **Berlin**
Die Band trat 1993 zusammen mit →Macht & Ehre, →Noie Werte und anderen bei einem Konzert auf und ist auf dem am 29.4.1995 indizierten Tape-Sampler *Skinheads* (o.J.) neben →Radikahl und →Reichsfront vertreten. Vorläufer von Bierpatrioten.

Propaganda **Horb** **BW**
1998 unter dem Namen →Treueschwur gegründete Band, die seit 1999 bei Konzerten in Südwestdeutschland, Frankreich und Schweiz auftritt. Ihre Debüt-CD *Propaganda* aus 2001 wurde am 31.1.2002 indiziert.

Protest **Gera** **Th**
Die Band veröffentlichte 2001 die CD *Jugend am Boden*, an der auch →Eggers, Daniel beteiligt war. Ihre Musik ist eine Mischung aus Techno mit Hitler-Samples sowie Oi-Sound. Vorläuferband →Order of Purity.

Providenje **Serbien**
1996 gegründete Blood & Honour-Band, die mehrfach bei Ian-Stuart-Memorial-Konzerten auftrat. Ihre bisher veröffentlichten drei Tonträger tragen Titel wie *Snaga Rase* (dt.: Die Macht der Rasse) oder *Red, Rad, Disciplina* (dt.: Befehl, Arbeit und Disziplin). Zwei Mitglieder spielen auch bei der Band Terrormachine mit.

Psychopathen **Laumersheim** **RPf**
Hinter dem Namen, der nach Darstellung der Band vom Label erfunden worden sein soll, steht die Band →Drom.

Querschläger **Fürstenwalde** **BB**
1993 gegründete und mittlerweile aufgelöste Band. Einige Bandmitglieder spielten anschließend bei →Volkstroi.

Querschläger **Erfurt** **Th**
Nachfolgeband von →Schlagabtausch.

Rabauken **Erkrath** **NRW**
1991 gegründete Oi-Band um die Brüder Mario und Bernd Zippel, die bei Konzerten auch mit RechtsRock-Bands zusammenspielt. Mehrere Konzerte wurden polizeilich untersagt. Ein Bandmitglied spielt auch bei →Starkstrom mit.

Race War **Schwäbisch Gmünd** **BW**
Offen neonazistische Band, viele Liveauftritte seit 2001. 2002 Debüt-CD *The white Race will prevail* beim US-Label Micetrap. Das Cover der CD zeigt eine Hakenkreuzfahne.

Rache Engel
Die Band veröffentlichte 2000 die CD *Ritter der Rache* bei Ohrwurm Records.

Racheakt **Gaildorf** **BW**
1995 gegründete Band, die bisher zwei CDs veröffentlichte.

Radikahl **Wohlsborn, Fürstenwalde** **Th**
1989 unter dem Namen Giftgas gegründete Band aus Nürnberg, die mit dem berüchtigtem Hakenkreuz-Song bekannt wurde. Wegen des Liedes wurde die Band 1993 zu Geldstrafen verurteilt. Inzwischen besteht die Band nur noch aus dem Sänger Manfred ›Mandi‹ Wiemer, der unterstützt wird von Mitgliedern von →Volkstroi. Der Vertrieb von CDs und Merchandising-Produkten erfolgt über die bandeigene Firma →GvB-Produktion. Die Veröffentlichungen *Retter Deutschlands* (1992) und *Wir geben niemals auf* (1997) wurden am 30.4.1993 und am 30.11.1999 indiziert.

Radikaler Hass **Speyer** **RPf**
1989 gegründet und mittlerweile aufgelöste Band, deren Demotape von 1990 am 30.4.1994 indiziert wurde.

Ragnaröck **Markgröningen** **BW**
1977 von Mitgliedern des NHB gegründete Band. Ihre Aufnahmen der Jahre 1976 bis 1979 wurden 1996 von →Rennicke, Frank veröffentlicht.

RaHoWa **USA**
Abkürzung für Racial Holy War, dt.: Heiliger Rassenkrieg. Die Musiker der 1990 gegründeten Gothic/Metal-Band waren Mitglieder der neonazistischen Church of the Creator. Mitbegründer und Bandleader George Eric Hawthorne, alias George Burdi, war der Gründer von Resistance Records und hat sich offiziell von der Szene losgesagt. Die Band veröffentlichte zwei CDs bei Resistance Records, davon wurde die CD *Declaration of War* aus 1990 am 30.10.1999 in Deutschland indiziert.

Rassenstolz **Rödermark** **Hes**
Regionale Band mit Untergrund-Habitus, die bisher nichts veröffentlichte und nur selten live auftrat.

Razors Edge **Großbritannien**
1990 gegründete Blood & Honour-Band. 1997 trat die Band erstmals in Deutschland auf, zuletzt 2001 in Nordrhein-Westfalen. Sie veröffentlichte bisher acht Tonträger, darunter 1998 eine Picture-CD bei Hate Society Records und 2000 eine weitere Split-CD mit →No Remorse bei ISD-Records. Der Gitarrist Martin Cross wurde 1998 wegen Mord – Anlass war eine Blood & Honour-interne Fehde – zu lebenslanger Haft verurteilt. Der Sänger Andy Nolan spielte 2001 zusammen mit Mitgliedern von →Hate Society das Projekt →Strength thru Blood ein.

Rebellen **Erfurt** **Th**
Die Band ist aus ehemaligen Mitgliedern der Bands →Reichsfront und →Brutale Haie hervorgegangen. Sie veröffentlichte 1997 und 1998 drei CDs.

Rebellion **Erfurt** **Th**
Kurzlebige Band, die u.a. aus Mitgliedern der Band →Reichsfront bestand.

Reichsfront **Erfurt** **Th**
Die Band, die seit 1992 auf regionalen Konzerten auftritt, nennt sich zeitweise auch →Reichssturm. Sie ist neben →Radikahl und →Proissens Soie mit einem Beitrag auf dem am 29.4.1995 indizierten Tape-Sampler *Skinhead* (o.J.) vertreten. Siehe auch →Rebellen.

Reichskommando **Hassfurt** **Bay**
Regionale Band mit Untergrund-Habitus, die bisher nichts veröffentlichte und nur selten live auftrat. Ein Bandmitglied spielt auch bei →United Blood mit.

Reichssturm **Leipzig** **S**
Aufgelöste Band, die 1996 die am 29.11.1997 indizierte CD *Heim ins Reich* bei NS-Records veröffentlichte. Der Sänger gründete nach einem Gefängnisaufenthalt die Band →Schlagabtausch.

Reichssturm **Erfurt** **Th**
Siehe →Reichsfront, nicht identisch mit →Reichssturm aus Leipzig.

Reichswehr **Düsseldorf** **NRW**
Neonazistische Band, deren vier Bandmitglieder im März 2001 wegen Körperverletzung verurteilt wurden, da sie an einem Angriff auf zwei Ausländer beteiligt waren. Im Herbst 2002 erschien die Debüt-CD *Kaiserreichstreue*.

Reinheitsgebot **Hamm** **NRW**
1996 gegründete Band, die bisher drei CDs veröffentlichte, darunter eine Split-CD mit →Ruhrstörung. Der Bandname wird teilweise auch wie folgt geschrieben: Rheinheitsgebot.

Rekrut **Wuppertal** **NRW**
Soloprojekt von Steve Bramekamp (→Entwarnung).

Rennicke, Frank **Ehningen** **BW**
NPD-Liedermacher und ehemaliges Mitglied der Wiking Jugend. Rennicke ist der beliebteste ›nationale Barde‹, der jährlich eine Vielzahl von Auftritten für die NPD/JN und die ›Freien Kameradschaften‹ absolviert. Seit 1987 veröffentlichte er in Eigenproduktion über 20 Tonträger, zehn sind davon indiziert. MC *Protestnoten für Deutschland* (1987) am 30.7.1994, MC *Unterm Schutt der Zeit* (1989) am 31.5.1994, MC *Lieder gegen die Zensur* (o.J.) am 31.5.1994, MC *An Deutschland* (1990), MC *Sehnsucht nach Deutschland* (1990), MC *Wir singen Kampf und Soldatenlieder* (1992) am 31.5.1994, CD *Lieder gegen die Zensur* (o.J.) am 29.7.1995, MC *Die erlesene Auswahl* (o.J.) am 30.8.1997, MC *Auslese* (1993) am 31.7.1996, CD *Ich bin nicht modern ... ich fühle deutsch* (1993) am 27.3.1997, CD *Rudolf Hess – gegen das Vergessen* (1997) am 30.4.1998.

Retaliator **Großbritannien**
Projekt von Billy Bartlett von →Celtic Warrior und →Brown, Nigel. Seit 1999 veröffentlichten sie fünf Tonträger, drei davon bei Ohrwurm Records. Neben einigen Samplerbeiträgen sind sie auch auf der Samplerreihe *Untergrund* von Ohrwurm Records vertreten.

Reviermacht **Mülheim/Ruhr** **NRW**
Band um den Liedermacher Michael Bott, die 2001 die Demo-MC *Ein Traum wird wahr* und 2002 die Demo-CD *Die Macht vom Niederhein* veröffentlichte.

Rheinheitsgebot **Hamm** **NRW**
Siehe →Reinheitsgebot.

Rheinstolz **Nastätten** **Hes**
Im Sommer 1999 trat die Band das letzte Mal live auf. Bei einer Polizeirazzia im Proberaum und bei Bandmitgliedern wurden am 31. August 1999 bereits versandfertige, illegale CDs sichergestellt. Seitdem sind von der Band keine Aktivitäten mehr bekannt.

Rheinwacht **Düsseldorf/Hilden** **NRW**
Die 1993 gegründete Band um Frank Krämer setzt sich aus einstigen →Volkstroie- und →Störkraft-Mitgliedern zusammen. Seit 1994 neun CD-Veröffentlichungen. Der ehemalige Schlagzeuger macht ein Soloprojekt, siehe →Krämer, Rony ›Hotte‹.

Rock 'G' Socks **Hamburg**
Projekt von →Oi Dramz und →Stüwe, Kai.

Rocktäschel, Martin **Gera** **Th**
Liedermacher, der für die JN auftrat und 1999 gemeinsam mit →Dragoner auf einem Konzert spielte.

Rohkost **Sachsen** **S**
1997 gegründete Band, die Ende der 90er-Jahre auf verschiedenen Konzerten spielte, aber nichts veröffentlichte.

Rohstoff **Frankfurt** **Hes**
1995 gegründetes Studioprojekt mit Mitgliedern von ➔Centaurus und Ex-➔Endstufe. Inaktiv.

Roials **Dresden** **S**
1993 gegründete ›unpolitische‹ rechte Oi-Skin-Band, die auch mit extrem rechten Bands auftritt, z.B. 1998 auf einem Konzert mit ➔Ultima Thule (S) und ➔14 Nothelfer. Die Bandmitglieder gaben ein gleichnamiges Fanzine von 1994 bis 1999 heraus und betreiben ein, ebenfalls gleichnamiges Geschäft in Dresden.

Rollkommando **Leverkusen** **NRW**
Die Band veröffentlichte jeweils 1992 und 1995 eine CD. Die CD *Es ist Krieg* aus 2000, stammt vermutlich von einer anderen Band gleichen Namens.

Rufmord **Bremen**
Die Band veröffentlichte 1998 die CD *Kein Vergessen* und 1999 *Jetzt erst recht* auf Walhalla Records.

Ruhrstörung **Herne** **NRW**
1992 gegründete, dreiköpfige Band, die bisher fünf CDs veröffentlichte. Ein Bandmitglied spielte zeitweise auch bei ➔Oidoxie mit.

Rungholt **Kellinghusen** **SH**
›Experimentelles‹ Metal-Projekt von ➔Kraftschlag eine CD 1999.

Saalefront **Naumburg** **SA**
Die Band veröffentlichte lediglich die CD *Widerstand* (1997) bei Vincente Directori.

Saalepiraten **Saalfeld** **Th**
Siehe ➔Blutorden. Der früherer Name lautete ➔Keine Roie.

Saccara **Meppen** **Th**
1986 gegründete, dreiköpfige Heavy-Metal-Band um Daniel ›Gigi‹ Giese, der auch bei ➔Kahlkopf und ➔Stahlgewitter mitspielte. Die Band veröffentlichte seit 1987 acht Tonträger. Davon wurde die CD *Der letzte Mann* am 30.11.1994 indiziert.

Sachsenfront **Pirna** **S**
Die Band tritt vor allem im Raum Sächsische Schweiz auf und nennt sich seit Anfang 2000 ➔Blutstahl.

Samhain **Land Brandenburg** **BB**
Die Band ist mit einem Beitrag auf dem 2000 veröffentlichten und am 28.4.2001 indizierten Sampler *B&H Brandenburg* vertreten.

Scheinheilige Brüder **SH**
Projekt mit ›Holgi‹ von ➔Kraftschlag, das 2000 eine CD bei DiKo veröffentlichte. Zusammen mit ➔Storm (S) bilden sie das Projekt ➔White Devastation.

Schlachthaus **Wien/Österreich**
1993 gegründete Band. Gegen ihre erste, 1995 veröffentlichte CD *Rot-Weiß-Rotes Wunschkonzert* liegt in Deutschland ein Beschlagnahmebeschluss vom 16.4.1998 vor. Zwei weitere CDs erschienen 1997 und 1999 bei Pühses Liste. Der Sänger lebt in Deutschland und spielt auch bei ➔Faustrecht.

Schlachtruf **Bremen**
1992 unter dem Namen Endlöser gegründete Band, die seit 1995 vier Tonträger veröffentlichte. Gegen die 1997 veröffentlichte CD *Kampf ums Überleben* liegt ein Einziehungsbeschluss vom 16.4.1998 vor. Die Bandmitglieder sind teilweise bei den Hammerskins aktiv. Seit 2002 firmiert die Band wieder unter dem Namen ➔Endlöser

Schlagabtausch **Erfurt** **Th**
Seit 1997 bestehende Band, die nach Interviewaussagen Blood & Honour unterstützte. Ein Bandmitglied war sogar selbst Mitglied dieser Organisation. 1999 veröffentlichte sie die CD *Untergrundmutanten* bei TFS. Der Sänger der Band war im übrigen Mitbegründer von ➔Reichssturm. Mittlerweile hat sich die Band in ➔Querschläger umbenannt.

Schlagzoig **Mettmann** **NRW**
Die Band spielte Rockabilly und wurde dabei musikalisch unterstützt von ➔Boots Brothers und ➔Froidenspender. 1995 veröffentlichten sie die CD *Rebellenlieder* bei Funny Sounds.

Schmid, Achim **Schwäbisch Hall** **BW**
Sänger von ➔Wolfsrudel und ➔Höllenhunde, der als ›Balladen‹-Sänger solo auftritt. Gemeinsam mit weiteren Wolfsrudel-Mitgliedern spielt er bei einem Projekt namens Angry Wolf mit.

Schutt & Asche **Friedrichshafen** **BW**
Die Band trat 2001 häufiger auf Konzerten in Süddeutschland, Schweiz und Italien auf. Mit einem Beitrag sind sie auf dem 2002 veröffentlichten Sampler *This time the world Vol. 1* von Wehrwolf Records vertreten. Bisher veröffentlicheten sie eine Demo-CD und 2002 die Debüt-CD *Alles in Schutt und Asche*. Zwei Bandmitglieder sind auch bei ➔Stromschlag aktiv.

Schwanztropolis **Coburg** **Bay**
Ein-Mann-Projekt von Andreas Platsch, dessen Musik ausschließlich auf extrem sexistischen Texte beruht.

Schwarze Sonne **Dittelbrunn** **Bay**
Vorläuferband von ➔Balmung.

Schwarzer Orden **Berlin** **B**
Die Band ist ein Projekt von ➔Macht & Ehre, die seit 1998 fünf Tonträger veröffentlichte, darunter eine Split-CD mit ➔Nahkampf. Indiziert davon wurden *Kämpfen wir wie sie* (o.J.) am 16.4.1999 und *Neue Zukunft* (2000) am 31.5.2001.

Schwarzes Korps **Grevesmühlen** **MV**
Liedermacher-Projekt von ➔Eggers, Daniel, dessen einzige, 1997 veröffentlichte CD Dem *Sieg entgegen* am 9.7.1998 indiziert wurde.

Schwurbrüder Leipzig S
1995 gegründete Band, die seit 1997 bei Konzerten in der Region live auftritt und 2001 die CD *Immer feste druff* veröffentlichte.

Sebrecht, Rainer Düsseldorf NRW
Ehemaliges Mitglied von →08/15 und →Brutal Attack, der gelegentlich solo auftritt. Er soll angeblich die Szene verlassen haben.

Sedition USA
Dt.: Aufruhr. Projekt von →Blue Eyed Devils, das 2001 die CD *Conspiracy Theory* bei Hate Sounds veröffentlichte, die auch die Merchandising-Produktpalette der Band anbieten.

SEK (Skinhead-Einsatz-Kommando) Wernigerode SA
Die Band wurde 1995 von Mitgliedern des heute noch existierenden Jugendbund e.V. gegründet und veröffentlichte seit 1998 drei Tonträger.

Selbstjustiz MV
Seit März 2000 bestehende Band, die das Demo-Tape *Judas verrecke* veröffentlichte.

Selbststeller Riesa S
Seit 1997 aktive RAC-Band mit Michael ›Kogge‹ Koglin (früher →Die Weissen Riesen), die selten live auftritt. Drei der vier Bandmitglieder sind, laut einem Interview, Mitglieder der Boot Boys Riesa. Zusammen mit →Utgard veröffentlichten sie 2001 die Split-CD *Hinterhof Rock'n' Roll* bei Pühses Liste.

Senfheads Senftenberg BB
Seit 1995 existierende Band, die eine wichtige Rolle in der regionalen Neonazi-Szene spielt. Ihre CD *Grüsse aus der Heimat* wurde 1997 bei Foier Frei veröffentlicht.

Siegeszug Wuppertal, Gelsenkirchen NRW
Bandprojekt von Jens von →Sturmwehr und Steve Bramekamp von →Entwarnung, das seit 1995 vier CDs bei Funny Sounds veröffentlichte.

Skalden Reinfeld, Hamburg SH
Projekt von →Freikorps und →Oi Dramz, das keine Tonträger veröffentlichte.

Skalinger MV
Die Band veröffentlichte 1999 die CD *Heim ins Reich* und ist mit einem Beitrag auf dem 2001 erschienenen und am 28.2.2001 indizierten Sampler *Der Angriff beginnt* vertreten.

Skrewdriver Großbritannien
1975 unter dem Namen Tumbling Dice von Ian Stuart Donaldson gegründete Band, die sich 1977 in Skrewdriver umbenannte. Wegen gewalttätiger Ausschreitungen der Fans kam es häufig zu Auftrittsverboten, ab 1979 wurde die Band wiederholt aufgelöst. 1982 wurde die Band reformiert und veröffentlichte die Single *Back with a Bang*. Donaldson war Mitglied der National Front und mit Skrewdriver 1987 Gründer der Blood & Honour-Bewegung. 1985 veröffentlichte er bereits die programmatische LP *Blood and Honour*. Bei der Europa-Tournee 1991 wurden in Cottbus sechs Bandmitglieder verhaftet, nachdem sie an Ausschreitungen beteiligt waren. Bis zu Donaldsons Tod bei einem Autounfall am 24.9.1993 veröffentlichte die Band 27 Tonträger und er selbst mehrere Solo-Alben. Donaldson spielte desweiteren mit bei dem Rockabilly-Projekt The Klansmen und bei White Diamond. Seit seinem Tod finden jährlich so genannte Ian-Stuart-Memorial-Konzerte statt. Skrewdriver ist bis heute die politisch und musikalisch einflussreichste Band der RechtsRock-Geschichte.

Skullhead Großbritannien
Dt.: Totenkopf. 1984 gegründete Band, deren Debüt-CD *White Warrior* 1986 bei Rock-O-Rama veröffentlicht wurde. Die Band war mehrfach inaktiv, während der Sänger Kev Turner im Gefängnis saß. Ende 1992 löste sie sich auf. 2001 starteten sie ein Revival und traten live in der Schweiz und Tschechien auf.

Sleipnir Gütersloh NRW
Zuerst Liedermacher, dessen erste CD *Mein bester Kamerad* 1996 erschien und am 16.4.1998 indiziert wurde. Nach der Bildung einer dreiköpfigen Band folgte 1999 eine Split-CD mit →Patriot 19/8 und 2002 veröffentlichten sie die CD *Wunderbare Jahre* und die Solo Balladen-CD *Ein Teil von mir*. Die Band ist u.a. auch mit einem Beitrag auf dem 2000 veröffentlichten und am 28.2.2001 indizierten Sampler *Der Angriff beginnt* vertreten.

Soldatenchor Minden Minden NRW
Der Chor veröffentlichte 1997 die CD *Soldaten und Hornsignale* bei VBR.

Soldiers of Freedom Schwabach Bay
Projekt von ›Mattze‹ und ›Alex‹ von →Kraftschlag, das 1999 eine CD veröffentlichte.

Solution Leipzig S
Seit 1997 existierende Band, die vornehmlich mit Blood & Honour-Bands auftrat und 2000 die CD *Liebe deinen Nächsten* bei Endzeitklänge veröffentlichte.

Sperrfeuer Tangerhütte SA
1997 gegründete Band, die in einem Magdeburger Jugendclub proben durfte und wiederholt bei Blood & Honour-Konzerten auftrat. Das Bandmitglied Kojak tritt auch solo unter dem Namen →Munin auf.

Sperrzone Karlsruhe BW
1990 gegründete und mittlerweile aufgelöste Band. Ihre 1992 bei ESV Records veröffentlichte LP *Warum?* (1992) wurde am 28.11.1992 indiziert.

Spirit of 88 Berlin
Soloprojekt des →Spreegeschwader-Sängers Alexander Gast, das 2000 die CD *White Power Skinheads* bei Pühses Liste veröffentlichte. Nachdem sie am 31.1.2001 indiziert wurde, erschien 2002 eine entschärfte Version dieser CD.

Spreegeschwader Berlin
1994 gegründete Band, die seit 1996 fünf CDs veröffentlichte. Die Split-CD mit →Storm von 1996 wurde am 30.9.2000 indiziert. Der Bassist spielt auch bei →Proissenheads mit. Der Sänger Alexander Gast betreibt den Joe Hawkins-Versand. Siehe auch →Spirit of 88.

Sprengkommando **Delmenhorst** **Th**
Die Band veröffentlichte 1998 die CD *Sei bereit* bei UN Records.

Sprengstoff **Leer** **Th**
1995 gegründete Band, die einige Male in der Region live auftrat. Für 1998 war die Veröffentlichung der Debüt-CD angekündigt, die aber nie erschien.

Squadron **Großbritannien**
Dt.: Geschwader. 1985 gegründete Band um Jim Harwood, die das erste Mal 1988 live auftrat und 1990 ihre Debüt-LP *Our Time Will Come* bei White Power Records veröffentlichte. In Deutschland trat die Band selten auf, u.a. 1992 in Bremen.

Staatsfeind **Chemnitz** **S**
1997 gegründete Studioband, die bisher vier Tonträger veröffentlichte, darunter die EP Ein *Tribut an Ian Stuart* (1996).

Staatssturm **Bützow** **MV**
›Knastband‹, die 1997 von Andreas Janke in Neustrelitz gegründet und seit Dezember 1998 in Bützow ansässig ist.

Stahlgewitter **Meppen, Hennef** **Nds/NRW**
1995 gegründete Band mit Frank Krämer (➔Halgadom) und Daniel ›Gigi‹ Giese von ➔Saccara, die häufig auf Blood & Honour-Konzerten auftrat. Die 1996 veröffentlichte CD *Das eiserne Gebet* und die 1998 erschienene CD *Germania* wurden am 7.12.1999 und am 9.6.1999 indiziert. Neben ➔Hauptkampflinie, ➔Landser u.a. ist sie auf dem 2001 veröffentlichten und am 28.3.2002 indizierten Sampler *Amalek* vertreten. 2002 veröffentlichte sie ihre aktuelle CD *Politischer Soldat* bei PC-Records. Unter dem Namen Goldhagens willige Speichellecker sind sie auf dem 1998 erschienenen und am 9.6.1999 indizierten Sampler *Die Deutschen kommen 1* vertreten.

Stahlkroiz **Sachsen** **S**
Aufgelöste Band, deren Name nach Szeneaussagen fiktiv sein soll. Sie spielten Lieder von ➔Oistar Proper und veröffentlichten 1995 die MCD *Der Kampf geht weiter* bei Skull Records.

Standarte **Duisburg** **NRW**
›White Techno‹ eines unbekannten Untergrund-Projektes. Es veröffentlichte fünf CDs, davon wurden die MC/CD *White Beat* aus 1991 am 31.3.1993, die CD *Deutschland den Deutschen* aus 1996 am 16.4.1998 und die CD *White Techno Traxx* aus 1997 am 31.10.1997 indiziert. Das Projekt remixte auch den Kanakensong von ➔Endsieg.

Standrecht **Magdeburg** **SA**
1995 gegründete Band, die in der Region live auftrat. Nach Interviewaussagen waren sie bei der B&H Sektion Sachsen-Anhalt aktiv.

Starkstrom **Düsseldorf** **NRW**
Band um das ehemalige ➔Störkraft-Mitglied Stefan Rasche und mit ehemaligen Mitgliedern von ➔Legion Condor sowie Oliver Gade, Mitglied von ➔Rabauken. Sie veröffentlichten jeweils 1996 und 1997 eine CD.

Steelcapped Strength **Schweden**
Die Band veröffentlichte 1995 zusammen mit ➔Volkszorn die Split-LP *German-Swedish Friendship* auf Clockwork Records. Es folgten zwei weitere CDs bei DIM Records.

Stigger **Großbritannien**
Aka Stephen Calladine, ehemaliger Gitarrist von ➔Skrewdriver, der in Deutschland vorwiegend solo als Balladensänger auftritt. Er ist beteiligt an dem Projekt ➔German-British-Friendship sowie der Band ➔Warlord. Er veröffentlichte mehrere Split-CDs mit ➔McLellan, Ken, u.a. bei Pühses Liste und Hate Society Records. 2001 erschien bei Front Records der Konzertmitschnitt *Live zum Heldengedenken 2000*, auf der auch ➔Lüders, Andre vertreten ist.

Störalarm **Laumersheim** **RPf**
Die Band veröffentlichte jeweils 1997 und 1999 eine CD.

Störenfried **Leipzig** **S**
Kurzlebige Band, die lediglich 1995 bei Konzerten auftrat.

Störfaktor **Chemnitz** **S**
1994 gegründete und mittlerweile angeblich aufgelöste Band. Sie spielte 1997 bei Blood & Honour-Konzerten und ist mit einem Beitrag auf dem 2000 bei Endzeitklänge veröffentlichten Sampler *Wer leben will, der kämpfe!* vertreten.

Störfoier **Hof** **Bay**
Zwei-Mann-Band, die 1997 und 1998 auf verschiedenen Konzerten auftrat.

Störkraft **Andernach** **RPf**
1987/88 vom Gitarristen Volker Grüner gegründete und Anfang der 90er-Jahre bekannteste deutsche RechtsRock-Band um den Sänger Jörg Petritsch. Der Manager, der mittlerweile aufgelösten Band war Torsten Lemmer. Die Band veröffentlichte über 20 Tonträger, davon wurden folgende indiziert: *Dreckig, kahl & hundsgemein* (1989), am 31.10.1992, eingezogen am 2.9.1993, *Mann für Mann* (1990) am 31.10.1992, eingezogen am 6.7.1994, *Störkraft Live!* (1991) am 28.11.1992, *Unter Froinden* (1993) am 30.8.1997 und *Das waren noch Zeiten* (1996) am 29.8.1998, eingezogen am 16.4.1998. Postum erschien 2000 die CD *Wir sind die Kraft.* Ehemalige Bandmitglieder spielten anschließend zum Teil in anderen Bands mit: ➔Rheinwacht, ➔Die drei Bagaluten, 4 Promille.

Storm **Schweden**
1993 gegründete neonazistische Skinhead-Band, die 1998 und 1999 bei mehreren Konzerten in Deutschland live auftrat. Die 1999 bei ➔Moin-Moin-Records veröffentlichte CD *For Blood and Honour* wurde am 31.8.2001 indiziert. Weiterhin veröffentlichte die Band u.a. Split-CDs mit den Bands ➔Freikorps (1996), ➔Kraftschlag (2001) und ➔Spreegeschwader (1999). Letztere, die den Titel *European Guard* trägt, wurde am 30.6.2000 indiziert. Zusammenarbeit mit ➔Scheinheilige Brüder bei ➔White Devastation.

Stormkings **Offenbach** **Hes**
Die Band veröffentlichte 1996 eine CD und ist u.a. neben ➔Celtic Warrior (GB) auf der 1997 veröffentlichten ›Balladen‹-CD *Unser Kampf Vol. 3* vertreten.

Störstufe **Andernach, Bremen** **RPf**
Projekt von ➔Störkraft und ➔Endstufe, deren 1990 veröffentlichte EP *Parole Spaß* am 30.6.1993 indiziert wurde.

Straftat
Die Band ist mit einem Beitrag auf dem 1998 bei Movement Records veröffentlichten Sampler *Die besten Soldaten* vertreten.

Strength thru Blood **Gundelheim, Schwabach** **Bay**
Projekt von Andy Nolan ➔Razors Edge (GB) mit Bernd Peruch (➔Hate Society) sowie Mattze (➔Soldiers of Freedom), das 2001 eine CD mit offen nationalsozialistischen Texten veröffentlichte.

Strike Back **Halle, Hettstedt** **SA**
1995 gegründete Band, die, laut einer Interviewaussage, den Hammerskins nahesteht. Sie veröffentlichte 2000 auf Hagal Records die CD *Gelobt sei, was hart macht.*

Stromschlag
2001 Veröffentlichung der CD *Es kommt die Zeit* bei Wehrwolf Records. Siehe auch ➔Schutt & Asche.

Stuka **Bottrop** **NRW**
1991 gegründete und Mitte 1992 aufgelöste Band, die 1992 bei Skull Records die CD/LP *Zeit zu handeln* veröffentlichte, welche am 27.2.1993 indiziert wurde.

Stuka Attacke **Gelsenkirchen** **NRW**
Projekt von Jens Brucherseifer von ➔Sturmwehr und Billy Bartlett von ➔Celtic Warrior (GB).

Stürenburg, Holger **München** **Bay**
Liedermacher und Autor in *Europa Vorn* und *Junge Freiheit.* 1996 veröffentlichte er die CD *Return to Wackersdorf* bei Manfred Rouhs.

Sturm & Drang **Senftenberg** **BB**
1996 gegründete Band, die 1999 die CD *Sturm und Drang kommt über euch* bei Pühses Liste und 2002 die CD *Volk wie Brüder* bei RACords veröffentlichte. Einige Bandmitglieder spielen auch beim Projekt ➔Confident of Victory mit.

Sturm 18 **Gelsenkirchen** **NRW**
Neonazistisches Projekt, das 2002 die CD *Komm zu uns* veröffentlichte. Laut dem Fanzine *Panzerbär* steht hinter dem Projekt Jens Brucherseifer von ➔Sturmwehr.

Sturm Fünf **Raum Berlin**
Neugegründete Band, die bisher nur einige Male live auftrat und noch keinen Tonträger veröffentlicht hat.

Sturmangriff **Sonneberg** **Th**
Nachfolger von ➔Volksverhetzer, tritt seit Ende 1998 live auf und veröffentlichte 2001 die CD *Sie waren die Besten.*

Sturmbann **Gimbsheim** **RPf**
1992 gegründeter Vorläufer von ➔Mjöllnir (Gimbsheim).

Sturmbrigade **Bremen**
Nach Szeneberichten handelt es sich bei Sturmbrigade um den Nachfolger von ➔Patriotic Bois. Seit 1998 veröffentlichte die Band vier CDs bei Rock-O-Rama.

Sturmflagge **Ottobrunn** **Bay**
1991 gegründete Ein-Mann-Kapelle von Christian G., die jeweils 1995 und 1996 eine CD bei Vnicente Directori veröffentlichte. Die Demo-Aufnahmen *Der Endsieg wird unser sein* (1993), *Wir woll'n Spaß* (1993), *Fremd im eigenen Land* (o.J.) und *Ein Spitzenfest* (o.J.) wurden am 28.2.1995 indiziert. Siehe auch ➔Blutweihe.

Sturmflut **Neustrelitz** **MV**
Mittlerweile aufgelöste Band, die 1997 und 1998 auf verschiedenen Konzerten spielte.

Sturmgesang **Laumersheim** **RPf**
Projekt von ➔Drom-Macher Marcus Hüther, mit dem er seit 1993 sieben CDs veröffentlichte. Die CD *Feuer der Reinheit* von 1993 wurde am 30.11.1994 indiziert. Siehe auch ➔United Blood.

Sturmtrupp **Neuburg/Donau** **Bay**
1987 gegründete Band, die seit 1992 fünf Tonträger veröffentlichte. Die CD/LP *Es geht voran* aus 1992 wurde am 30.4.1993 indiziert. Der Bassist Ingo Leidenberger war zeitweise Mitbetreiber des Laden Utgard in Fürth. Ein Bandmitglied spielt bei ➔Südsturm mit.

Sturmtruppen Skinheads **Basel/Schweiz**
Die Band um den Sänger Guido mit wechselnder Besetzung veröffentlichte bisher sieben CDs, sowohl bei Funny Sounds als auch bei NS Records und Pühses Liste. Die LP *Es ist Beit* (sic!) erschien 1990 bei Rebelles Europeens und wurde am 27.2.1993 indiziert.

Sturmwehr **Gelsenkirchen** **NRW**
1993/94 gegründete, dreiköpfige Band mit Jens Brucherseifer und Rony Krämer (➔Rheinwacht). Seit 1995 veröffentlichte sie 19 CDs, darunter ein ›Balladen‹-Album und zwei Best of ...-CDs. Jens Brucherseifer tritt auch solo auf und veröffentlichte 2001 die CD *Einigkeit und Recht und Freiheit.*

Stüwe, Kai **Reinfeld** **SH**
Neonazistischer Musiker aus Norddeutschland, der sich neben einer Vielzahl anderer Projekte, siehe ➔Asgard, ➔Freigard, Kevin, ➔Askorps, ➔Hooligan Beats, ➔Rock 'G' Socks, ➔Holsteiner Jungs, jahrelang vor allem ➔Freikorps widmete. Er tritt auch solo auf.

SUD **Senftenberg** **BB**
Siehe ➔Sturm & Drang.

Südsturm **Amberg, Kitzingen** **Bay**
1999 gegründete Band, deren Mitglieder aus verschiedenen Orten Mittel- und Unterfrankens kommen. Sie spielten vereinzelt auf Konzerten und veröffentlichten 1999 ihre Debüt-CD bei Pühses Liste. Einige Bandmitglieder spielen auch bei ➔Kammerjäger und ➔Sturmtrupp mit. Die Band ist nicht identisch mit ➔Südsturm aus Thüringen.

Südsturm **Thüringen** **Th**
1995 gegründete Band, die 1998 die CD *Südsturm* und 1999 *Weißes Bataillon* veröffentlichte.

Swanhwit, Swantje **Neu Wulmstorf** **Th**
Aka Iris-Kathrin Fischer; das Pseudonym bedeutet übersetzt Schwänin Schwanweiß. Die Liedermacherin spielt ›nationalen Romantikfolk‹ und veröffentlichte die CDs *Elfenzauber* und *Sonnenreigen* (2000).

The Betrayed **Kassel** **Hes/Großbritannien**
Dt.: Die Verratenen. Projekt von Ken McLellan (→Brutal Attack) und →Hauptkampflinie, das 2001 eine CD bei Hate Sounds veröffentlichte.

The Klotz **Fürth** **Bay**
Die Demo-MC *Gottes Geschenk der Liebe* wurde von Dieter Riefling veröffentlicht und am 30.10.1993 indiziert.

The New Dawn **Schwabach** **Bay**
1997 gegründete Band, die vormals Doitschtroi hieß. Sie veröffentlichte 1998 die CD *Schluß mit lustig* bei DiKo.

The Rebells **Fürth** **Bay**
›Klan-Partymucke‹; Projekt von White Wolf (USA) und Ronald Haser (→Nordwind), das 2000 die CD *Stand up and be counted* bei Wotan Records veröffentlichte.

The True Frost **Salzgitter** **Th**
1994 gegründete NS-Black-Metal-Band. Bandmitglied Sven Goldberg betreibt den Versand Satanic Terror Production.

Thors Hammer **Karlsruhe** **BW**
Mittlerweile aufgelöste Band, die einst unter dem Namen →Feldjäger gegründet worden war und 1995 sowie 1996 jeweils eine CD bei Funny Sounds veröffentlichte. Das Bandmitglied Dirk Jeblick spielte später bei →Gegenwind mit.

Thorshammer **Brandenburg** **BB**
1994 gegründete Blood & Honour-Vorzeigeband, von der sich zwei Mitglieder in einem Interview 1997 selbst als B&H-Mitglieder outeten. Sie veröffentlichten 1997 eine CD bei Movement Records. Einige Bandmitglieder sind auch am Projekt →Aryan Brotherhood beteiligt.

Thy Majesty **Köln** **NRW**
Seitenprojekt von →Mjölnir-Mitgliedern, das eine CD veröffentlichte.

Todesschwadron
Die von der Band 1996 veröffentlichte CD *Bullenschwein* wurde am 30.10.1997 indiziert und seit dem 16.4.1998 besteht ein Beschlagnahmebeschluss gegen die CD.

Todesstrafe **NRW**
Die Band veröffentlichte 1997 eine CD und 1998 zwei Beiträge auf einem Sampler von Funny Sounds.

Toitonen **Leipzig** **S**
Die Band veröffentlichte 1994 beim Endsieg-Verlag die CD *Walhalla.*

Tollschock **Lustenau/Österreich**
Blood & Honour-Band, die auf mehreren Konzerten in Süddeutschland spielte. 2000 veröffentlichte sie ein Demotape bei Pühses Liste, 2002 folgte dort auch ihre Debüt-CD *Der erste Schock.*

Tollwut **Meerane** **S**
Die Band, bei der u.a. Kalle von →Bomber mitspielt, veröffentlichte zwischen 1994–1999 drei CDs.

Tonstörung **Mannheim** **BW**
1989 gegründete und mittlerweile aufgelöste Band. Der Frontmann Thomas Muncke und weitere Bandmitglieder standen 1993 wegen Volksverhetzung vor Gericht. Indiziert wurden: Die LP *Schöne Welt* (1991) am 27.2.1993, die MC *Deutsche Musik* (1992) am 29.5.1993, die CD *Der Kampf geht weiter* (1997) am 31.7.1998 und die CD *Helden für Deutschland* (1997) am 5.11.1998.

Torquemada 14/88 **Barcelona/Spanien**
In RechtsRock-Kreisen bekannte spanische Band, die 1998 in Deutschland auftrat und im gleichen Jahr gemeinsam mit →Endstufe auf Mallorca spielte. Sie veröffentlichten bisher zwei CDs, davon erschien die MCD *Gradas de Sangre* 2000 bei Hate Records.

Totenburg **Gera** **Th**
NS-Black-Metal-Band, vormals unter dem Namen →Peststurm, die 2000 die CD *Weltmacht oder Niedergang* bei Pesten Production und 2001 die CD *Winterschlacht* bei Donnerschlag/Eighty-Eight Records veröffentlichte. Das Mitglied Occulta Mors hat noch ein Nebenprojekt →Nachtfalke.

Trabireiter **Erfurt** **Th**
1994 gegründete rechte Oi-Band, bei der Mitglieder von →Brutale Haie mitspielen. 1997 trat die Band bei Konzerten u.a. mit →Volksverhetzer auf. Sie veröffentlichten jeweils 1995 und 1996 eine CD bei DIM Records sowie 1998 eine CD bei Walzwerk.

Treueschwur **Horb** **BW**
1998 gegründete Band, die sich in →Propaganda umbenannte.

Tribute **Düsseldorf** **NRW**
Projekt von →Sturmwehr, →08/15 und →Rheinwacht zugunsten der Familie des verstorbenen →Triebtäter-Sängers Christian Clewing. Die Maxi-CD *Schöne Zeit* erschien 1997 bei Funny Sounds.

Triebtäter **Mutlangen** **Bay**
1991 gegründete Band, die sechs Tonträger veröffentlichte. Das Demotape von 1992 wurde am 31.7.1993 indiziert. Nach dem Tod des Sängers Christian Clewing 1997 löste sich die Band auf. Die verbliebenen Musiker gründeten die Band →Ultima Ratio. Siehe auch →Celtic Moon, →Widerstand.

Trotz der Lüge **Berlin**
Liedermacher, der zwischen 1996 und 1998 drei CDs bei Manfred Rouhs veröffentlichte.

Ultima Ratio **Mutlangen** **BW**
Nachfolgeband von →Triebtäter, deren Herz, nach Eigenaussagen, für Blood & Honour schlägt. Sie treten häufig live auf Konzerten auf. Ihre 1997 bei G.B.F. veröffentlichte Debüt-CD *Willkommen in Deutschland* wurde am 31.3.2000 indiziert. 2002 erschien eine entschärfte Version dieser CD unter dem Titel *Zurück in Deutschland*. Neuer Sänger ist Alexander Heinig (→Burg, die).

Ultima Thule **Schweden**
Anfang der 80er-Jahre unter dem Namen Ugly Spots gegründete Punk-Band, die nach ihrem Wechsel zur Skinhead-Szene den s.g. Viking Rock kreierte, der auf einer Verbindung aus Rock und traditioneller schwedischer Volksmusik beruht. Die Band veröffentlichte mehr als zwei Dutzend Tonträger. 1992 gelang ihnen der kommerzielle Durchbruch mit *For färdernes* (dt.: Für's Vaterland) landet, die in Deutschland bei DIM Records erschien. Die LP *Nu grönskar det* (1997), in Deutschland ebenfalls bei DIM Records, wurde sogar vergoldet. Die Band war mehrfach in den Top Ten in Schweden. 1996 und 1998 trat die Band auch in Deutschland live auf.

Ultra Doitsch **Wuppertal** **NRW**
Vorläufer von →Entwarnung.

Unbending Bootboys **Potsdam** **BB**
Die Band trat anfangs unter dem Namen Haveljugend in Erscheinung. Sie sind mit einem Beitrag auf dem 2000 veröffentlichten und am 28.4.2001 indizierte Sampler *B&H Brandenburg* vertreten.

United Blood **Bad Dürkheim** **RPf**
1997 initiiertes Projekt von Marcus Hüther (→Drom), dessen Bandmitglieder auch bei →Gegenwind, →Kampfruf, →Reichskommando, →Vollstrecker, →Sturmgesang mitspielen. 1999 trat die Band häufiger live auf und veröffentlichte 2000 eine CD bei Hate Records.

USK **BB**
Die Band ist mit einem Beitrag auf dem 2000 veröffentlichten und am 28.4.2001 indizierte Sampler *B&H Brandenburg* vertreten.

Utgard **Wurzen** **S**
Die Band veröffentlichte 2000 die CD *Rad der Zeit* bei White Division Records, 2001 mit →Selbststeller die Split-CD *Hinterhof Rock'n Roll* bei Pühses Liste und 2002 die CD *Du allein*.

Vae Victis **Paris/Frankreich**
Bekannte französische Band, die Anfang der 90er-Jahre das Netzwerk Rock Identitaire Francais (RIF) initiierte. Diese Idee wurde in Deutschland von der Band →Carpe Diem aufgegriffen, die eine entsprechende Organisation unter dem Namen Identität durch Musik (idm) gründete.

Veit **Rudolstadt** **Th**
Siehe →Kelterborn, Veit.

Vendetta **RPf**
Kurzlebiges Bandprojekt, das 1997 eine Demo-CD veröffentlichte und im selben Jahr, neben →Brutal Attack, →Holsteiner Jungs, →Boots Brothers u.a., einen Beitrag zum Sampler *Give them a future* beisteuerte.

Vergeltung **Jena** **Th**
Mittlerweile aufgelöste Band, die auf einige Konzerten spielte, aber keine Tonträger veröffentlichte.

Viktor, Andreas **Trier** **RPf**
Liedermacher, der, nach Eigenaussage, seit 1996 Mitglied der NPD ist. Er trat gemeinsam mit →Kelterborn, Veit, →Moeck, Annett und →Dies Irae bei Konzerten auf.

Violent Solution **Kassel** **Hes**
1999 als Nachfolger von →Hasskommando gegründete Band um den Blood & Honour-Funktionär Uwe Albrecht. Sie traten 1999 bei einigen Konzerten auf. Die Bandmitglieder Björn Fischmann und Timo Schubert spielen auch bei →Hauptkampflinie mit.

Voice of Blood **SA**
Dt.: Stimme des Blutes. Death-Metal-Band, die 1998 die EP *Eine Nacht auf der Wewelsburg* bei Hate Records veröffentlichte.

Volksaufstand **Düsseldorf** **NRW**
Projekt der Brüder Rony und Frank Krämer (→Rheinwacht), mit dem sie 1995 die CD *Der Sieg ist unser* bei Funny Sounds veröffentlichten.

Volksgemurmel **Bremen**
1989 gegründete Band, die 1991 mit →Endstufe die Split-CD/LP *Allzeit bereit* bei Rock-O-Rama veröffentlichte. Gegen den Tonträger besteht ein Beschlagnahmebeschluss vom 6.7.1994.

Volkstroi **Fürstenwalde, Beeskow** **BB**
1993 gegründete Band mit Mitgliedern von →Querschläger. Von den drei, seit 1998 veröffentlichten CDs sind die CDs *Euer Hass ist unsere Kraft* am 10.5.1999 und die CD *Gehasst und Verdammt* aus 1999 am 31.10.2000 indiziert worden. Mitglieder der Band spielen auch bei →Radikahl mit.

Volkstroie **Düsseldorf** **NRW**
1989 gegründete und 1991 aufgelöste Band. Einige der ehemaligen Mitglieder gründeten 1993 →Rheinwacht.

Volksverhetzer **Sonneberg** **Th**
1996 gegründete und mittlerweile aufgelöste Band. Die 1997 bei VBR veröffentlichte Debüt-CD *Unsere Einigkeit macht uns zur Macht* wurde am 7.5.1999 indiziert und beschlagnahmt. Der Produzent Frank Schwerdt (NPD) wurde wegen Gewaltverherrlichung zu einer Haftstrafe verurteilt. Ehemalige Mitglieder gründeten im Anschluss die Band →Sturmangriff.

Volkszorn **Frankfurt** **Hes**
1988 gegründete, Anfang der 90er-Jahre aufgelöste und Mitte der 90er-Jahre in veränderter Besetzung wiedergegründete Band, die 1999 erneut aufgelöst wurde. Sie veröf-

fentlichte zehn Tonträger, davon wurden folgende indiziert: *Blut und Ehre* (MC, 1989) am 29.5.1993 (CD, 1997) am 30.9.2000, *Im Namen des Volkes* (1993) am 30.3.1996, eingezogen am 13.1.1998, *Alles für Doitschland* am 29.4.1995, eingezogen am 13.1.1998. Anfangs spielte u.a. Ronald Haser (➔Odins Erben, ➔Nordwind) und später Markus Beuth (➔Chaoskrieger) bei der Band mit, Bandmitglieder waren beteiligt an ➔Endsieg und ➔Diktator.

Voll die Guten Gera Th
Zeitweise Name von ➔Oithanasie.

Voll die Guten (VDG) Oberhausen NRW
1988 gegründete Band, deren 1992 veröffentlichte Demo-MC *Voll die Guten* am 30.4.1994 indiziert wurde.

Vollstrecker Laumersheim RPf
Projekt von Marcus Hüther (➔Drom), der daran beteiligte Stefan Pohlers spielt(e) auch bei ➔Gegenwind, ➔Kampfruf und ➔United Blood mit.

Von Thronstahl München Bay
Dark-Wave-Band um den Sänger Josef Klumb (ex- ➔Forthcoming Fire) und Raymond Plummer von der Band Days of the trumpet call, die bereits drei CDs veröffentlichte, eine Single sowie auf verschiedenen Samplern vertreten ist. Die Band ist an der Initiative idm (Identität durch Musik, ➔Carpe Diem) beteiligt. Der Auftritt von Klumb im Rahmen eines Konzertes der Band auf dem Wave-Gotik-Treffen in Leipzig im Mai 2000 wurde verboten.

Vortex Hameln Th
1980 als Punk-Band unter dem Namen Hans Albers Combo gegründete Band, die ihren Namen 1981 in Vortex änderte und zur Skinhead-Szene wechselten. Die ›patriotische Skinhead-Band‹ veröffentlichte zwei LPs. 1990 löste sie sich auf. Im Dezember 2000 trat sie bei einem Konzert in Göttingen auf. Ehemalige Mitglieder gründeten nach der Auflösung die Band Mad Monster Sound.

Walhalla Berlin
1991 gegründete und 1994 aufgelöste Band. Ihre 1992 veröffentlichte Demo-MC *Walhalla* wurde am 31.12.1994 indiziert. 1998 veröffentlichten sie eine weitere CD mit dem Titel *Höllenmarsch*.

Wallküren NRW
Bandprojekt, bestehend aus dem Schlagzeuger von ➔Foierstoss, dem Gitarristen von ➔Sturmwehr und zwei Renee-Sängerinnen. Sie veröffentlichten 1996 die CD *Unter einer Fahne*.

Wanderjugend Gibor Cottbus SA
Aufgelöste politische Jugendorganisation, die 1999 die ›Klangscheibe‹ *Jugend voran* mit Wanderliedern und Balladen veröffentlichte.

Warhammer Großbritannien
1996 gegründete Band, die zwischen 1998 und 2000 auf mehreren Blood & Honour-Konzerten in Deutschland spielte. Ihre 2000 bei ISD-Records veröffentlichte Debüt-CD *Valhallas Warriors* wurde in Deutschland am 30.12.2000 indiziert. 2001 erschien bei Movement Records unter dem Titel *German-British Terrormachine II* eine Split-CD der Band mit ➔Blitzkrieg aus Deutschland.

Warlord Großbritannien
Band des ehemaligen ➔Skrewdriver-Gitarristen ➔Stigger, der mit Warlord 1999 und 2000 in Deutschland live auftrat. Bisher veröffentlichte die Band sie drei CDs, davon erschien die CD *Theatre of War* 1998 bei Movement Records.

WAW Kampfkapelle Berlin
Offen neonazistisches Bandprojekt, an dem ➔Eggers, Daniel beteiligt war und das auch unter dem Namen WAW (Weißer Arischer Widerstand) auftrat. Die CD *Lieder zum Mitsingen* aus 1994 wurde am 31.12.1994 indiziert und mit Beschluss vom 31.01.1998 eingezogen. Die 2000 veröffentlichte CD *Nur vom Feinsten* wurde am 30.12.2000 indiziert.

Weisse Wölfe Arnsberg NRW
Erstmals 1998 aufgetretene Band, von der einzelne Bandmitglieder wegen gefährlicher Körperverletzung und Volksverhetzung bekannt geworden sind. Ein Konzert im Januar 2000 wurde von der Polizei verhindert. 2002 erschien die CD *Weisse Wut*, welche stafbare Symbole nach Artikel 86a enthält.

Weissglut Berlin
1998 gegründete Band, die auf einigen Konzerten live auftrat. Sie ist mit verschiedenen Beiträgen auf den indizierten Samplern *Der Angriff beginnt* (2001, indiz. 28.2.2001) und *B&H Brandenburg* (2000, indiz. 28.4.2001) vertreten. Ein Bandmitglied spielt auch bei der Band ➔Frontstadt mit. Die Band ist nicht identisch mit der Dark-Wave-Formation gleichen Namens.

Weor Frankfurt/O. BB
1998 gegründete Band, die bisher zwei CDs bei Lu-Wi-Tonträger veröffentlichte.

Werwolf Gütersloh NRW
1988 gegründete Band, sie sich nach einem Sprengstofffund beim damaligen Bassisten 1993 auflöste. Sie veröffentlichte acht Tonträger, von denen die 1990 erschienende LP *Vereint* am 30.1.1993 und die postum, 1997 veröffentlichte Split-CD mit ➔Tonstörung am 29.8.1998 indiziert wurden.

Westsachsengesocks (WSG) Zwickau S
1996 gegründete Band, deren CD Titel *zensiert* 2000 bei Hate Records erschien und die auf mehreren Samplern Beiträge veröffentlichte.

Wewelsburg Altenburg Th
Neonazistische Skinhead-Band, die vor allem seit 1999 auf Konzerten live auftritt. Sie ist mit einem Beitrag auf dem 2001 veröffentlichten Sampler *Endzeit-Klänge Vol. 2* vertreten.

White Aryan Rebels Berlin BB
Dt.: Weiße Arische Rebellen. Diese illegale, offen neonazistische Band veröffentlichte bisher einzig 2000 die CD *Noten des Hasses*, die am 28.4.2001 indiziert wurde.

White Devastation
Dt.: Weisse Verwüstung. Bei der Band handelt es sich um ein Projekt von →Scheinheilige Brüder und →Storm (S), die 2000 die CD *The Storm* bei Moin-Moin-Records veröffentlichte.

White Law **Nottingham/Großbritannien**
1997 gegründete Band, die 1999, 2000 und 2002 auf mehreren Konzerten in Deutschland spielte. Sie veröffentlichte zusammen mit →Aryan Brotherhood (D) 1998 eine Split-CD bei Movement Records.

White Voice **Schwenningen** **BW**
Die Band trat das erste Mal live in 2000 auf und veröffentlichte ihre Debüt-CD *White Voice* 2001 bei Terror Records. Mit einem Beitrag ist sie auch auf dem Sampler *Rock fürs Reich II*, der 2001 bei Wotan Records veröffentlicht wurde, vertreten.

Widerstand **Mutlangen** **Bay**
Soloprojekt des ehemaligen Bassisten von →Triebtäter. Auf der 1993 bei Widerstand Records veröffentlichten CD *Nichts geht mehr* befindet sich u.a. der bekannte Hammerskin-Song.

Wilde Jungs **Hamburg**
Unpolitische Oi-Punk-Band, die aber auch schon mit RechtsRock-Bands aufgetreten ist, z.B. 1996 mit →Ultima Thule (S) und →Chaoskrieger. Eine der von ihnen veröffentlichten CDs erschien 1996 bei DIM Records.

WM-Blöker **Düsseldorf** **NRW**
Studioprojekt von Funny Sounds mit →Rheinwacht-Mitgliedern, das pünktlich zur Fußball-WM 1994 die CD *Weltmeister '94* veröffentlichte.

Wolf **Reinfeld** **SH**
Projekt von →Stüwe, Kai und →McLellan, Ken von →Brutal Attack (GB), das 1997 die CD *Wolf* veröffentlichte.

Wolfsroth **Wülfrath** **NRW**
›Patriotische‹ Heavy-Metal-Band, die 1997 die CD *Leitwolf* bei DiKo veröffentlichte und sich angeblich 1998 auflöste.

Wolfsrudel **Schwäbisch Hall** **BW**
1994 gegründete Band, die drei CDs veröffentlichte, darunter 2001 die ›Balladen‹-CD *Dem deutschen Arbeiter/Live in Düsseldorf*. Unter dem Namen Wolfsrudel trat der Sänger →Schmid, Achim auch solo auf. Vorläufer der →Höllenhunde.

Wotan **Koblenz** **RPf**
1990 gegründete und 1993 aufgelöste Band, die erstmals auf dem Konzert März 1992 in Weimar u.a. mit →Radikahl, →Kraftschlag und →Bound for Glory (USA) auftrat. Von den vier Veröffentlichungen wurden die LPs *Die letzten Helden* aus 1992 am 31.3.1993 und *Wotan Live*, ebenfalls 1992, am 30.4.1994 indiziert.

Yggdrasil **Leer** **Th**
Aus Potsdam stammender Liedermacher, der auch bei →Deathblow, →White Devastation und →Kraftschlag mitspielte. Eine CD-Veröffentlichung 1997.

Youngland **Kalifornien/USA**
1998 gegründete Band, die ihre Debüt-CD 1999 bei Panzerfaust Records veröffentlichte. 2001 trat die Band live in Deutschland auf, u.a. beim Ian-Stuart-Memorial-Konzert in Tostedt bei Hamburg.

Zensur **Koblenz, Sinzig** **RPf**
Die Band veröffentlichte seit 1996 vier CDs, von denen die CD *Wir sind dagegen* aus 1996 am 19.10.1998 indiziert wurde und die CD *Politiker auf Kneipentour* aus 1998 mit Beschluss vom 19.10.1998 beschlagnahmt wurde. Die Bandmitglieder wurden am 23.11.1999 wegen Gewaltverherrlichung verurteilt. Sie spielten 1997 und 1998 auf mehreren Konzerten, u.a. auch auf dem Europa-Vorn-Pressefest 1997.

Zerrbild **Berlin**
Nebenprojekt von →Idee Z, das 1997 die CD *Zerrbild* veröffentlichte.

Zerstörer **Lübeck, Scharbeutz** **SH**
1995 gegründete Band um Dirk Bollmann, ehemals Band-Security bei →Freikorps. Vier CDs zwischen 1995 und 1999 veröffentlicht. Die Band ist zur Zeit inaktiv.

Zillertaler Türkenjäger **Nds**
Klandestines Projekt, dessen 1997 veröffentlichte CD *12 Doitsche Stimmungshits* für Aufsehen sorgte. Auf der am 31.7.1997 indizierten und mit Beschluss vom 13.1.1998 eingezogenen CD werden Schunkellieder wie *Kreuzberger Nächte* mit rassistischen Texten gecovert.

Zorn **Velbert** **NRW**
Die RechtsRock-Band veröffentlichte 1998 die CD *Triumpf des Willens* bei Funny Sounds.

Zworn
Die Band ist mit einem Beitrag auf dem 2001 veröffentlichten und am 28.2.2001 indizierten Sampler *Der Angriff beginnt* vertreten.

Zyklon B
Elektronische Musik, die 1996 bei NS Records veröffentlichte CD *Kanakenkiller* wurde am 26.9.1998 indiziert

Christian Dornbusch, Jan Raabe

Verzeichnis RechtsRock-Label

Das folgende Verzeichnis umfaßt die deutschen sowie die wichtigsten internationalen RechtsRock-Label, auf denen in den letzten 18 Jahren die Tonträger der Szene veröffentlicht wurden. Dieses Verzeichnis ergänzt das *Bandregister*. Der praktische Nutzen besteht darin, dass auch zukünftige Neuerscheinungen bisher unbekannter Bands zugeordnet und politisch verortet werden können. Zugleich weist es die Dimension dieses Musiksektors aus.

Aufgenommen wurden in das Verzeichnis alle jene deutschen Label, auf denen mehr als zwei CDs produziert wurden und die ihrem Ansinnen nach auch als Label fungieren woll(t)en. Aus dem Ausland wurden nur Label aufgenommen die von internationaler Bedeutung sind. Ausgelassen wurden fiktive Label, die mit der Label-Angabe auf dem Tonträger entweder Verwirrung stiften oder den politischen Gegner verhöhnen sollen. Die CD *Republik der Strolche* der Band Landser soll beispielsweise auf dem Label Rebell Records erschienen sein, dessen Name den vermeintlich rebellischen Charakter der Veröffentlichung unterstreichen soll. Die CD *Asgardsrei* der NS-Black-Metal-Band Absurd weist mit IG Farben Produktion jene Firma als Label aus, die durch die Produktion des Giftgases Zyklon B und als Millionenprofiteur am Holocaust beteiligt war. Searchlight Records wiederum, auf dem die CD von Strength thru Blood veröffentlicht worden sein soll, bezieht sich mit dem Namen auf das antifaschistische Magazin *Searchlight* aus England, deren Öffentlichkeitskampagnen gegen die RechtsRock-Szene bisher sehr erfolgreich waren.

Das Verzeichnis beinhaltet den Firmensitz sowie das Gründungsjahr und gegebenenfalls das Jahr, in dem der Betrieb eingestellt wurde. Soweit wir keine direkten Angaben der Firmengründung recherchieren konnten, ergeben sich die Angaben aus den Jahreszahlen der ersten bzw. letzten Veröffentlichung des Labels. Im Anmerkungsfeld ist, soweit bekannt, der Firmeneigentümer bzw. -betreiber genannt. Eine Zuordnung zu politischen Gruppierungen und Organisationen wurde nur dort vorgenommen, wo diese eindeutig bestehen. Des weiteren wurden bei einigen Labeln Angaben über die verlegten Bands und die Zahl der Veröffentlichungen gemacht, um deren Bedeutung und Charakter zu veranschaulichen.

Name **Gründungsjahr/Aktivität** **Ort**

AZE-Records **1995–98** **Düsseldorf/NRW**
Label aus dem Umfeld von Andreas Zehnsdorf und Torsten Lemmer →Funny Sounds.

BH-Records **1994–** **Brühl/NRW**
Sublabel von →Rock-O-Rama auf dem mindestens 52 CDs veröffentlicht wurden.

Backstreetnoise **2000–** **Chemnitz/S**
Auf dem Label von Hendrik Lasch, Betreiber des gleichnahmigen Szeneladens, wurden bis Sommer 2002 acht Tonträger, auch von ausländischen RechtsRock-Bands, veröffentlicht.

Christhunt **1999–** **Leopoldshöhe/NRW**
Auf dem Black-Metal-Label werden neben ›unpolitischen‹ Bands auch extrem rechte Gruppen des Genre verlegt. 2002 veröffentlichte der Inhaber Marco Martin u.a. eine Split-EP der Bands Magog und Jerusolima Est Perdita.

Clockwork Records **1993–98** **Ulm/Bay**
Auf dem Label wurden ca. 15 Tonträger veröffentlicht. Der Betreiber Thorsten Moeske wurde im Oktober 1999 wegen Volksverhetzung zu einem Jahr und sechs Monaten Freiheitsentzug ohne Bewährung verurteilt. Bei einer Hausdurchsuchung waren 40.000 Tonträger beschlagnahmt worden. Einige der von Clockwork Records produzierten CDs wurden inzwischen bei Wotan Records neu aufgelegt.

Darker than Black (DTB) **1998–99** **Erfurt/Th**
Label der Brüder Hendrik und Ronald Möbus, das auf extrem rechten und neonazistischen Black-Metal spezialisiert war. Ab Winter 1998 fungierte es als Sublabel von →Hate Records.

Destiny Records **1996–98** **Düsseldorf/NRW**
Label aus dem Creative Zeiten-›Imperium‹, auf dem 21 CDs zumeist ausländischer Bands veröffentlicht wurden.

Di-Al Records **1994–99** **Erlangen/Bay**
Hinter dem Labelkürzel stehen die beiden Inhaber des Label Dirk Bocksrocker (DI) und Alexander Kuligowski (AL). Unter den zehn veröffentlichten Tonträgern befinden sich auch CDs internationaler ›Kultbands‹ der Szene wie Razors Edge oder Celtic Warrior.

DIKO/Dieter Koch **1996–2000** **Sprockhövel/NRW**
Label des NPD-Funktionärs Dieter Koch (DIKO), der aufgrund einer Verurteilung 2000 nach 23 CD-Veröffentlichungen die Produktion und den Vertrieb von Tonträgern einstellte. Mittlerweile vertreibt er unter dem Namen Dikotex Szene-, Outdoor- und Kinderbekleidung.

DIM Records **1991–** **Ebersdorf/Bay**
Label des ehemaligen JN-Funktionärs Ulrich ›Uhl‹ Großmann, der in den 80er-Jahren mit dem Fanzine *Clockwork Orange* eines der bedeutensten Hefte herausgab. Auf seinem Label wurden bisher ca. 100 Tonträger zwischen ›unpolitischem‹ Oi und klassischem RechtsRock veröffentlicht. Darunter befinden sich viele Sonder- und Lizenzveröffentlichungen auf Vinyl und viele Tonträger internationaler Bands

Doktor (Dr.) Records **1995–97** **Düsseldorf/NRW**
Label aus dem Creative Zeiten ›Imperium‹, auf dem elf CDs ausschließlich deutscher Bands veröffentlicht wurden.

Donnerschlag Records **2001–** **Gera/TH**
Von Denis Schoner betriebenes, unter dem Namen Pesten Production gegründetes Black-Metal-Label. Das Label veröffentlicht fast ausschließlich rechten Black Metal.

Endsieg Verlag/ESV Records **1992–94** **Bruchsal/BW**
Das Label auf dem das ehemalige Mitglied der 1992 verbotenen NF Andreas Gängel acht Tonträger veröffentlichte, gehörte zum gleichnamigen Versand, über den Szene-Bekleidung, neonazistische Literatur und RechtsRock angeboten wurde. Gängel gab auch ein Fanzine gleichen Namens heraus. 1994 musste Gängel aufgrund einer richterlichen Auflage den Label- und Versandbetrieb einstellen Label und Versand wurden anschließend von Jürgen Ludwig bis 1995 unter dem Namen V 88 weiterbetrieben.

Endzeitklänge **1998–** **Aue/S**
Auf dem Label wurden bis Sommer 2002 ca. zehn CDs zumeist ostdeutscher RechtsRock-Bands veröffentlicht. Einer der Betreiber ist Jens Schaarschmidt, der zuvor am Fanzine und Label →Foier Frei beteiligt war und Mitglied der Band A.E.G. ist.

Excalibur Records **1995** **Bochum/NRW**
Auf dem Label wurden je eine CD von →Brutal Attack, →Stigger, →Freikorps sowie eine Compilation veröffentlicht. Die Betreiber Peter Kreß und Christian Patzelt wurden am 21.9.1995 zu Haftstrafen verurteilt. Der Labelbetrieb wurde daraufhin eingestellt.

Foier Frei **1995–98** **Limbach/S**
Auf dem Label, dessen Betreiber auch das gleichnahmige Szene-Magazin herausgaben, wurden neun Tonträger zumeist regionaler RechtsRock-Bands veröffentlicht. Der am Label beteiligte Jens Schaarschmidt gehörte zu den Mitinitiatoren des Labels →Endzeitklänge.

Front Records **2001–** **Torgau/S**
Auf dem Label wurden bisher lediglich eine CD der ungarischen Band →Archivum sowie der Live-Mitschnitt eines Konzertes mit →Stigger und Sisco sowie →Andre Lüders beim ›Heldengedenken 2000‹ veröffentlicht.

Funny Sounds **1994–98** **Düsseldorf/NRW**
Funny Sounds war als Label das Kernstück des RechtsRock-Imperiums Creative Zeiten von Torsten Lemmer. Auf dem Label wurden fast ausschließlich deutsche Bands verlegt, darunter auch eine Reihe von CDs der neonazistischen ›Kultband‹ Kraftschlag. Der größte Anteil der ca. 150 veröffentlichten CDs wurde jedoch von Bands aus NRW eingespielt. Trotz Lemmers großen Engagements für den Versuch, RechtsRock fest in der Musiklandschaft zu etablieren, waren er und das Label in der Szene stets umstritten. Er äußerte sich teilweise abfällig über die Skinhead-Szene und wurde verdächtigt, RechtsRock nur aus kommerziellen Gründen zu veröffentlichen. Zum Creative Zeiten ›Imperium‹ gehörten u.a. auch folgende Label: →AZE-Records, →Dr. Records, →Destiny Records und →Rock Nord.

G.B.F. Records **1994–** **Winnenden/BW**
Von Steffen Hammer und Oliver Hilburger, Mitglieder der RechtsRock-Band →Noie Werte, gegründetes Label, auf dem sowohl die CDs des gleichnamigen internationalen Bandprojektes G.B.F. (German-British-Friendship), als auch Tonträger der Band →Noie Werte veröffentlicht wurden. Insgesamt erschienen sechs Tonträger bei G.B.F.

Hagal Records **2000–** **Neustadt/S**
Sublabel von →Hate Records, dessen Sitz offiziell in den USA liegt. Auf dem Label, das eher der Produktion musikalisch härterer Bands vorbehalten ist, wurde u.a. das CD-Debüt der NS-Black-Metal-Band →Magog veröffentlicht.

Hanse Records **1996–2000** **Bremen**
Label des →Endstufe-Sängers Jens Brandt, auf dem 17 CDs deutscher RechtsRock-Bands veröffentlicht wurden. Bei der 1997 erschienenen CD der Formation Grenadier handelt es sich um ein deutsch-australisches Projekt.

Hate Records **1998–** **Neustadt/S**
Label des Hammerskin-Führungskaders Mirko Hesse, der vorher bereits an mehreren Fanzines mitgearbeitet hatte und zwischen 1992 und 1998 das Heft *Hass Attacke* veröffentlichte. Auf dem Label wurden bisher vor allem internationale Bands verlegt, deren musikalische Stile von rechtem Skinhead-Sound über neonazistischen Hatecore bis zu verschiedenen Varianten des Heavy Metal reichten. Für die deutsche Szene übernahm das Label damit eine innovative Funktion. Hesse wurde am 21.12.2001 wegen Volksverhetzung – u.a. weil er die CD *Ran an den Feind* der Gruppe Landser produziert hatte – und wegen verbotenen Waffenbesitzes zu zwei Jahren Haft verurteilt. Im August 2002 wurde Hesse als Mitarbeiter des Bundesamtes für Verfassungsschutz enttarnt.

Hate Society Records **1998–2000** **Bamberg/Bay**
Das Label des ehemaligen Blood & Honour-Kaders Bernd Peruch wurde gegründet, um die CDs der eigenen, gleichnamigen Band, bei der Peruch auch singt, zu vermarkten. Darüber hinaus wurden auf dem Label auch internationale, teilweise offen neonazistische Bands verlegt, alte vergriffene Tonträger neu aufgelegt und auf Lizenz internationale ›Kultscheiben‹ als LP neu veröffentlicht.

Hate Sounds **2001–** **Werder-Havel/BB**
Von Sven Schneider, ehemaligem Führungskader der verbotenen Organisation Blood & Honour betriebenes Label, auf dem Blood & Honour-nahe Bands wie →Nordmacht und internationale ›Stars‹ des RechtsRocks wie →Blue Eyed Devils produziert werden. Im August 2002 wurde Schneider als Informant des Landesamtes für Verfassungschutz Brandenburg enttarnt.

Hatefront Records **1999–** **Bamberg/Bay**
Auf dem Label wurden vier CDs veröffentlicht, zwei von der Band →Hate Society, eine von Code 13 sowie 1999 die Neuauflage der am 30.1.1993 indizierten und am 15.7.1994 eingezogenen CD *Trotz Verbot nicht tot* der Band →Kraftschlag. Letzteres dürfte erklären, warum das Label nur via E-Mail zu kontaktieren war.

IND-Records **1998–** **Brühl/NRW**
Indiziert Records veröffentlichte sechs CDs, von denen jedoch keine indiziert wurde.

ISD-Records **1994–2000** **London/Großbritannien**
Das Label wurde nach dem Tod von Ian Stuart Donaldson (ISD), Kopf der RechtsRock-Band →Skrewdriver und Gallionsfigur der Szene, von der britischen Terrorgruppe Combat 18 gegründet. Auf dem Label erschienen 16 CDs mit überwiegend offenen neonazistischen Texten.

Lu-Wi-Tonträger **1999–** **Kuhlhausen/SA**
Das Label wird von Lutz Willert betrieben, der sich explizit der politischen Arbeit verschrieben hat. Mit dem Erlös der bisher veröffentlichten fünf CDs werden neonazistische Projekte wie die HNG und Radio Germania unterstützt.

Manfred Rouhs **1996–** **Köln/NRW**
Das Label von Manfred Rouhs, dessen politischer Werdegang von der JN/NPD über die REPs zur Deutschen Liga führte, veröffentlichte in kurzer Zeit zehn CDs, vor allem von ›Liedermachern‹ wie Hans Becher oder Holger Stürenburg. Seit 1998 als Label inaktiv

Metal Enterprises **1990–** **Usingen/BW**
Das Heavy-Metal- und Hard-Rock-Label wurde von Ingo Nowotny vermutlich bereits seit 1982 betrieben. 1990 veröffentlichte er die Platte *Es ist soweit* der Böhsen Onkelz. Es folgten weitere Produktionen mit Bands aus dem RechtsRock-Spektrum: 1995 die Band Märtyrer, 1998 Kahlkopf und 2001 die CD *Weltvergifter* der Band Saccara. Durch die mit dem Label assoziierte Vertriebsfirma Bellaphon konnten die Produktionen über den Szenerand des RechtsRock hinaus vertrieben werden. Nowotny betreibt zudem das Label NowotnysNoize.

Midgard **1998–** **Göteborg/Schweden**
Das von Pers ›Pajen‹ Johansen geführte Label entstand aus dem Betrieb eines gleichnamigen Szeneladens.

Moin-Moin-Records **1999–2000** **Leer/Nds**
Auf dem Label des ehemaligen stellv. JN-Landesvorsitzenden, Cord Pleis, wurden neben deutschen RechtsRock-Bands auch international renommierte Gruppen wie Storm aus Schweden veröffentlicht.

Movement Records **1997–2001** **Wilsdruff/S**
Das von Jan Werner betriebene Label fungierte Ende der 90er-Jahre zeitweise als Label der Organisation Blood & Honour. Von den beinahe 30 veröffentlichten Tonträgern wurden eine ganze Reihe von internationalen Bands, u.a. auch aus dem Blood & Honour-Spektrum wie Warlord oder Legion of St. George, eingespielt. Der Betreiber soll an der Produktion von CDs der Gruppe Landser beteiligt gewesen sein und wurde im September 2001 verhaftet. Jan Werner gab auch das Fanzine *White Supremacy* heraus.

Nibelungen Versand **1997–98** **Lingen/Nds**
Von Jens Hessler betriebenes Label, das zeitweise als Blood & Honour-Label auftrat. Hessler veröffentlichte ca. zehn Tonträger, darunter die erste deutsche Blood & Honour-

Compilation mit dem Titel *Blood & Honour Deutschland*. Im März 1998 wurde Hessler wegen Volksverhetzung zu einer Freiheitsstrafe von 9 Monaten auf Bewährung verurteilt.

No Colours 1993– Mügeln/S
Auf dem Black-Metal-Label werden vor allem extrem rechte Bands des Genres veröffentlicht, u.a. Tonträger der extrem antisemitischen und pro-nazistischen Band Graveland aus Polen als auch die CD/LP *Facta Lunquuntur* der deutschen NS-Black-Metal-Band Absurd.

Nordland 1994–99 Stockholm/Schweden
Nordland war zeitweise das größte schwedische Label für RechtsRock und auch im internationalen Kontext von großer Bedeutung. Zu dem Label, auf dem über 30 CDs veröffentlicht wurden, gehörte ein professionell gestaltetes, gleichnamiges Fanzine.

Nordwind Records 1996– Fürth/Bay
Label der gleichnamigen, 1994 gegründeten Band, auf dem diese sieben CDs veröffentlichte.

NowotnysNoize 1990– Usingen/Hes
Von Ingo Nowotny betriebenes Label. Siehe →Metal Enterprises.

NS Records/NS88 1995–97 Hilleröd/Dänemark
Das Label wurde von dem, am 23.1.2001 verstorbenen deutsch-dänischen Blood & Honour-Kader Marcel Schilf betrieben. Auf NS Records wurden 24 CDs veröffentlicht, die in Aufmachung und Inhalt offen neonazistisch sind. In Deutschland sind die Tonträger fast ausnahmslos indiziert und/oder es liegt ein Beschlagnahmebeschluss gegen sie vor.

Ohrwurm Records 1999– Sprockhövel/NRW
Auf dem von Marcel Ingignoli gegründeten Label wurden bisher 38 Tonträger, zumeist deutscher, aber auch internationaler RechtsRock-Bands veröffentlicht. Entstanden ist das Label aus dem bereits vorher existierenden, gleichnamigen Versand. Ingignoli betreibt desweiteren zwei Geschäfte für Szenebekeidung und CDs sowie den Attacke Warenhandel.

Panzerfaust Records 1997– Newport/USA
Das Label wurde von Mitgliedern der Band Bound for Glory (BfG) gegründet, die den Hammerskins nahestehen. Bisher wurden auf Panzerfaust ca. 30 CDs, vor allem US-amerikanischer Bands, veröffentlicht.

Pit Records 1995– Evry/Frankreich
Auf dem Label wurden bisher über 20 CDs von extrem rechten Bands aus dem romanischen Sprachraum veröffentlicht.

Pühses Liste 1997– Riesa/S
Das vom ehemaligen NF-Kader und heutigen NPD-Bundesvorstandsmitglied Jens Pühse gegründete Label wurde 1998 dem Deutsche Stimme Verlag der NPD angeschlossen. Bisher erschienen auf dem Label über 30 Tonträger deutscher und internationaler Bands.

RACords 2001– Ulm/BW
Auf dem Label wurde bisher vier CDs deutscher Bands veröffentlicht.

Rata-Ta-Ta Tá Records 1993– Madrid/Spanien
Auf dem bekanntesten spanischen Label wurden bisher über 15 Tonträger, vorwiegend spanischer Bands, veröffentlicht.

Rebelles Européens 1985–94 Brest/Frankreich
Das von Gael Bodilis, ehemaligem Sekretär des Front National Jeunesse, betriebene Label galt zwischen 1987 und 1992, neben Rock-O-Rama, als das wichtigste Label der RechtsRock-Szene. Auf ihm wurden ca. 70 LPs und CDs, vorwiegend neonazistischer Bands veröffentlicht, darunter die Debüt-LPs der britischen Band No Remorse und der deutschen Gruppe Noie Werte.

Resistance Records 1994– Hillsboro/USA
Das von George Eric Hawthorne, Bandleader von RaHoWa und Mitglied der neonazistischen Organisation Church of the Creator (COTC), gegründete Label war Mitte der 90er-Jahre das größte seiner Art in den USA. 1998 übernahm der US-amerikanische Neonazi und Führer der National Alliance (NA), William Pierce, der 2002 verstarb, die Firma und baute Resistance weiter zu einem der wichtigsten RechtsRock-Labels weltweit aus. Seit 1994 erscheint auch ein Fanzine gleichen Namens unter der Ägide von Pierce, für das früher Hawthorne veranwortlich zeichnete und heute Erich Gliebe.

Rock Nord 1998– Düsseldorf/NRW
Das RechtsRock-Magazin *Rock Nord* versuchte ab 1998 die Attraktivität des Heftes mit einer CD-Beilage zu steigern. Auf dieser CD in Form einer Compilation, waren und sind vor allem Bands des Labels →Funny Sounds vertreten.

Rock-O-Rama (ROR) 1977– Brühl/NRW
1977 als unpolitischer Punk-und Independent-Versand von Herbert Egoldt gegründetes Label. Anfangs verlegte Egoldt deutsche und skandinavische Punk-Bands. 1984 veröffentlichte ROR das Debüt der Böhsen Onkelz sowie die LP *Hail the new dawn* der britischen Band Skrewdriver. Bis Anfang der 90er-Jahre wandelte sich ROR zum bedeutendsten RechtsRock-Label weltweit. Mit der Popularisierung der Musik 1991/92 wurden jedoch eine Reihe neuer Label gegründet und die Konkurrenz schränkte seine quasi monopolartige Stellung ein. Auf ROR wurden bisher ca. 300 Tonträger veröffentlicht, darunter fast alle Bands von nationalem und internationalem Rang und Namen. In der RechtsRock-Szene ist Egoldt wegen seines scheinbar rein kommerziellen Interesses und ROR wegen seiner Billig-Produktionen umstritten. Dem Label werden desweiteren folgende andere Label zugeordnet: →BH-Records, →Walhalla Records und →UN Records.

Rupe Tarpea Produzioni (RTP) 1993– Rom/Italien
Auf dem neben →Tuono bekanntesten italienischen Label RTP wurden bisher neben 30 Tonträgern vorwiegend italienischer Bands auch die beiden Compilations *Vox Europa I* und *II* veröffentlicht.

Shoot-down Records 2002– Bamberg/Bay
Siehe →Show-down Records

Show-down Records 2001– Bamberg/Bay
Das Label wurde 2001 von Bernd Peruch unter dem Namen Show-down gegründet und veröffentlichte in der Hauptsache Lizenzveröffentlichungen international bekannter

Bands sowie Neuauflagen von CDs als limitierte LP-Versionen. Bis Sommer 2002 sind außerdem zwei Eigenproduktionen erschienen. Nach einem Rechtsstreit mit dem gleichnamigen Punk-Label wurde Show-down 2002 in Shoot-down Records umbenannt.

Skull Records 1991–94 Bad Überkingen/BW
Von den Brüdern Oliver und Roland Schaffelhuber gegründetes Label, auf dem ca. 30 LPs und CDs veröffentlicht wurden. Die Brüder wurden wegen der Veröffentlichung des Tonträger *Trotz Verbot nicht tot* der Band Kraftschlag im August 1994 zu einer Bewährungs- und einer Geldstrafe von 25.000 DM verurteilt. Ab 1996 warben die Schaffelhubers für ihr neues Label New Master Records und Streetrock, welche jedoch keinen RechtsRock verlegten. Viele bei Skull Records veröffentlichten Tonträger wurden, soweit sie nicht indiziert waren, bei Rock-O-Rama neu aufgelegt.

Svea 1994– Södertälje/Schweden
14 Veröffentlichungen zumeist schwedischer Bands.

Terror Records 2001–
Auf dem Label ohne Anschrift wurden bis Sommer 2002 CDs von den Bands Blutrausch, Endzeit und Störalarm (2) veröffentlicht.

TFS Berlin 1996–99 Berlin
Auf dem Label wurden sieben CDs deutscher RechtsRock-Bands, davon drei von der Berliner Band Idee Z veröffentlicht.

Tri-State-Terror 1994–2001 Stroudsburg/USA
Auf dem Label erschienen 25 CDs vorwiegend US-amerikanischer Bands wie Angry Aryans, Blue Eyed Devils und Aggravated Assault. 2001 beendete das Label seine Tätigkeit.

Tuono Records 1993– Vicenza/Italien
Auf dem bekanntesten italienischen Label wurden bisher zwölf Tonträger zumeist italienischer Bands wie Gesta Bellica, A.D.L. 122 und Corona Ferrea veröffentlicht.

Ultima Thule 1991– Nyköping/Schweden
Label der Band Ultima Thule, auf dem die Band seit 1994 auch andere, vor allem schwedische RechtsRock-Bands verlegt. Bisher sind auf dem Label 133 Tonträger erschienen.

UN Records 1998– Brühl/NRW
Sublabel von ➔Rock-O-Rama.

VAWS 1992– Duisburg/NRW
Der klassischen extremen Rechten zugehöriges Label der Firma Verlag und Agentur Werner Symanek (VAWS). Der Inhaber versucht mit seinem Labelengagement rechte Inhalte in verschiedene Musikstile zu transportieren als auch bestehendes rechtes Potenzial zu bündeln und ideologisch auszurichten. Bei VAWS erschienen u.a. Compilations zu ›Ehren‹ von Leni Riefenstahl und dem NS-Bildhauer Josef Thorak.

VBR 1997– Berlin
Auf dem vom heutigen NPD-Bundesvorstandsmitglied Frank Schwerdt gegründeten Label erschienen, bis zu seiner Verurteilung zu sechs Monten Gefängnis wegen der Veröffentlichung der CD *Unsere Einigkeit macht uns zur Macht* der Band Volksverhetzer, fünf CDs.

VD-Records 1994–98 Glinde/SH
Siehe ➔Vincente Directori.

[redacted]

Walhalla Records 1995– Brühl/NRW
Sublabel von ➔Rock-O-Rama.

Walzwerk Records 1990–2000 Braunsbach/BW, Kerry/Irland
Von den Brüder Matthias und Florian Walz, Mitglieder der Band Boots & Braces, gegründetes Label. Nachdem sie anfangs noch RechtsRock-Bands wie Tonstörung verlegten, folgten ab 1993 nur noch Tonträger, die inhaltlich keine extrem rechten Positionen aufwiesen. 1994 zog das Label nach Irland um und 2000 wurde es in Leprock-Records umbenannt.

Wehrwolf Records 2001– Winkel/Schweiz
Auf dem Label wurden bisher drei CDs deutscher Bands veröffentlicht. Die Betreiber leben in der Schweiz, als Kontakt-Adresse für das Label fungiert allerdings eine Adresse in Vancouver/USA.

Wikinger Tonträger 2000– Geiselhöring/Bay
Label des seit 1998 bestehenden Wikinger Versandes, der von Siegfried Birl betrieben wird und auf dem bisher drei CDs deutscher RechtsRock-Bands veröffentlicht wurden.

Wotan Records 1999– Hamburg
Auf dem Label ohne Anschrift wurden bisher mindestens 35 CDs, zumeist deutscher RechtsRock-Bands, veröffentlicht. Darunter einige Neuauflagen legaler Lieder indizierter Tonträgern, die in der Szene ›Kultcharakter‹ haben. So wurden beispielsweise 2001 Songs der CD/LP *Kraft für Deutschland* der Band Noie Werte unter dem Titel *Zusammenhalt* neu aufgelegt und jüngst eine Sammlung bereits veröffentlichter Titel. Auch die im Juli 2002 veröffentlichte CD der Band Landser unter dem Bandnamen und Titel *Tanzorchester Immervoll ... jetzt erst recht* trägt den Aufdruck ›Wotan‹. Innerhalb der Szene wird Wotan Records als Label des von Lars Georgi betriebenen TTV-Versandes (Zarrentin/MV) bezeichnet.

Vincente Director ... 1984–86 ... Glück/SK

[illegible]

apabiz e.v.

Verzeichnis deutschsprachiger RechtsRock-Fanzines

Fanzines sind eines der wichtigsten Kommunikationsmedien der RechtsRock-Szene. In diesen wird sowohl über die Musik berichtet, Bands interviewt und CD-Neuerscheinungen besprochen als auch Neuigkeiten und Gerüchte verbreitet. Die Präsenz von Politik bzw. extrem rechter Ideologie in den Heften ist abhängig vom politischen Standort und Engagement des Herausgebers bzw. des Herausgeberkreises. Sie reicht von mehr oder weniger deutlichem Rassismus, Antisemitismus und Nationalismus in den Artikeln und Interviews über explizite programmatische Beiträge bis zu offener nationalsozialistischer Propaganda, vor allem in Form revisionistischer Aufsätze.

Obwohl die Magazine im Erscheinungsbild variieren, kann der Durchschnitt wie folgt dargestellt werden: RechtsRock-Fanzines erscheinen vorwiegend im DIN-A5-Format. Die Texte wurden in den 80er-Jahren auf der Schreibmaschine verfasst und zusammen mit Illustrationen (Fotos, Zeichnungen und Zeitungsausrisse) mittels der Collagentechnik zu einer Ausgabe zusammengefügt, ›Schnipsellayout‹. Mit der Verbreitung des Computer erfolgte ab dem Ende der 80er-Jahre die Texterstellung und mit dem Beginn der 90er-Jahre schließlich auch das Layout am PC.

Der Umfang der Fanzines bewegte sich in den 80er-Jahren um 20–24 Seiten und nahm seitdem stetig zu. Derzeit hat sich die durchschnittliche Seitenzahl bei 48–56 Seiten eingependelt. Je nach Auflagenhöhe, die sich zwischen einigen Hundert und wenigen Tausend bewegt, werden die Hefte entweder auf normalen Papier kopiert oder gedruckt und mit einem Kartoneinband versehen. Hochglanz-Magazine, farbige Cover oder farbig-kopierte Fotos bzw. Poster sind noch die Ausnahme. Der Preis für die Magazine schwankt je nach Umfang, Auflage und Aufmachung zwischen 1 EUR bis 5 EUR.

Die Magazine erscheinen unregelmäßig, von einmal bis zu achtmal im Jahr. Der Durchschnitt liegt hier zwischen 1–2 Ausgaben pro Jahr. Häufig werden die Hefte allerdings nach der ersten oder zweiten Ausgabe wieder eingestellt. Die Ursachen liegen meistens im zeitlichen Aufwand für die Erstellung eines solchen Magazin begründet oder, im Fall offener neonazistischer Agitation, im Druck seitens der Strafverfolgungsbehörden.

Bei den Herausgebern der Fanzines handelt es sich hauptsächlich um langjährige Szenemitglieder mit lokaler Verankerung und guten überregionalen Kontakten, die vor allem auf persönlichen Bekanntschaften basieren. Nach Einstellung der Magazine verbleiben die ehemaligen Herausgeber im Allgemeinen in der Szene, ein Teil von ihnen nutzt die erworbenen Fähigkeiten und Kontakte zum Betrieb von Bekleidungsgeschäften, kleinen Plattenlabeln oder Versänden.

In das folgende Verzeichnis wurden ausschließlich deutschsprachige Fanzines aufgenommen. Sie erschienen oder erscheinen überwiegend in Deutschland, vereinzelt in der Schweiz (CH), Österreich (A), Niederlanden (NL), England (GB), Spanien (E) oder Dänemark (DK).

Alle hier aufgeführten Magazine kursieren in der RechtsRock-Szene und sind überwiegend der extremen Rechten zuzuordnen. Einige Hefte, wie beispielsweise das *Tollschock* oder das *Scumfuck Tradition* sind keine RechtsRock-Fanzines, sondern gehörten zur Skinhead-Szene oder zur ›unpolitischen‹ Oi-Punk-Rock-Szene. Sie wurden hier aufgenommen, da die Hörerschaft des RechtsRock nicht so homogen ist, wie oft dargestellt. Teilweise bestehen fließende Übergänge zwischen der ›unpolitischen‹ und der extrem rechten Skinhead-Szene, zwischen Skinheads, Hooligans und politischen Aktivisten, zwischen Punk, Ska und RechtsRock. In den genannten Heften werden oftmals Interviews und Berichte über politisch-ambivalente Bands, wie beispielsweise über die Rabauken oder Bierpatrioten, veröffentlicht. Sie sprechen zwar in erster Linie das ›unpolitische‹ Skinhead- und Punk-Rock-Publikum an, verfügen aber auch über eine feste Hörer- bzw. Leserschaft in der RechtsRock-Szene.

Die Magazine sind mit Erscheinungsort/Bundesland, Veröffentlichungszeitraum sowie der bisher erschienenen Ausgaben (Stand 30.1.2002). Soweit bekannt, ist der Herausgeber bzw. Herausgeberkreis angegeben. Die angegebene Auflagenhöhe einiger Magazine beruht auf deren Eigenangaben.

Name — **Erscheinungsort** — **Erscheinungszeitraum und Anzahl der Ausgaben**

100% White — **1996 (1 A.)**
Klandestin vertriebenes, neonazistisches Skinzine.

A Way of Life — **Kassel/Hes** — **1994-95 (3 A.)**
Extrem rechtes Skinzine, das sowohl über die nationale als auch internationale RechtsRock-Szene berichtete.

A.f.D. — **Weinstadt/BW** — **1996-97 (4 A.)**
Einfach gestaltetes, extrem rechtes Skinzine, dessen Herausgeber vorher die ersten beiden Ausg. des →Doitsche Offensive mitproduzierte. Ab der fünften Ausgabe des A.f.D. (Alles für Deutschland) arbeitete das NPD-Mitglied Achim Schmid mit. Beide sind auch Mitglieder der Band →Höllenhunde.

Aasgeier Kurier, Der — **Fürth/Bay** — **1987-89 (5 A.)**
Extrem rechtes Skin- und Hooliganzine, herausgegeben von Bernhard Köppen.

Äbbelwoi Exbress — **Offenbach/Hes** — **1996-97 (4 Ausg.)**
Extrem rechtes Skinzine in einfachem Computerlayout. Die Auflage der letzten Ausgabe betrug 300 Ex. Produziert wurde es u.a. von Stefan Werth. An der Debütausgabe war auch Patrick Prokasky vom →Bembelsturm beteiligt. Das Blatt war lokalen Blood & Honour-Strukturen zu zuordnen. Siehe auch →Brutal Attack.

Aggressiv — **A/Wien** — **~1991**
Extrem rechtes Skinzine, herausgegeben von Rainer Kment, der 1993 Material der RechtsRock-Band Radikahl vertrieb.

Aktivist, Der — **Oer-Erkenschwick/NRW** — **1992 (2 A.)**
Einfaches gestaltetes, neonazistisches Skinzine, das sowohl über RechtsRock berichtete als auch politische Artikel beinhaltete. Herausgegeben von Dieter Riefling, ehemals Kader der GdNF sowie Blood & Honour und aktuell der ›Freien Nationalisten‹. Die Debütausgabe wurde am 31.8.93 indiziert. Siehe auch →Nordwind.

Alcoholic Landser **Oberhausen/NRW** **1990 (1 A.)**
Neonazistisches Skinzine, das sich selbst in der ersten Ausgabe als »radikal + antikommunistisch + antikapitalistisch + nationalistisch« bezeichnete und im Kontext der damaligen Bundestagswahl zur Wahl der Partei Die Republikaner aufrief.

Alex Company **Chemnitz/SA, A/Wels** **1996 (1 A.)**
Einfach gestaltetes, ›unpolitisches‹ Oi-Zine mit wenigen Berichten zur RechtsRock-Szene. Neben einer Adresse in Österreich fungierte das Postfach des →Wachturm als Kontaktadresse.

All skrewed up (ASU) **Nürnberg/Bay** **1997-98 (4 A.)**
Anfänglich einfach gestaltetes, später computerlayoutetes Skinzine, mit Schwerpunkt RechtsRock.

Allgoi Front **Kaufbeuren/Bay** **1995 (2 A.)**
Einfach gestaltetes Fanzine des am 22.7.1996 verbotenen Vereins Skinheads Allgäu 88, das überwiegend politische Beiträge mit neonazistischer Ausrichtung beinhaltete.

Amok **Neuenkirchen/NRW** **1995-97 (5 A.)**
Beliebtes RechtsRock-Zine, das aber auch einige politische Beiträge beinhaltete. Die Auflage stieg von 500 Ex. bei der ersten Ausgabe bis auf 700 Ex. bei der letzten Ausgabe. Der Herausgeber Mike Beyer veranstaltete Konzerte und war Chefredakteur und V.i.S.d.P. bei →Rock Nord von Juni 1998-Januar 2000.

An all-out photo attack **Freiburg/BW** **1994 (1 A.)**
Fanzine, ausschließlich mit Fotos von weiblichen Skinheads (Renees), Aufl. 550 Exemplare, herausgegeben von Martina Janssen, damals SFD-Mitglied und Herausgeberin des Fanzine →Schlachtruf.

Angriff **Kremmen, Velten, Potsdam/BB, Berlin** **1992-97 (7 A.)**
Politisches Heft der verbotenen NF bzw. dessen Nachfolgestrukturen (FMJ, DA/M, KS Kremmen, KS Oberhavel) im A5-Format, herausgegeben von Birgit Deleleit.

Angriff **Schwabach/Bay** **2000- (1 A.)**
Einfaches Politzine mit neonazistischer Ausrichtung.

Angriff – Hamburg **Hamburg** **~1992-93 (6 A.)**
Einfach gestaltetes, extrem rechtes Skinzine mit Schwerpunkt auf RechtsRock. Herausgegeben von Torsten Glume.

Angriff – Uslar, Der **Uslar/Nds** **1992-93 (6 A.)**
Extrem rechtes Skinzine, dessen Schwerpunkt auf der RechtsRock-Szene lag und mit vereinzelten Berichten zur ›unpolitischen‹ Oi-Szene abgerundet wurde. Herausgegeben von Andre Sacher. Die Nr. 5 wurde am 29.1.1994, Nr. 6 am 30.7.1994 indiziert.

Anhalt Attacke **Halle/SA** **1992-93 (2 A.)**
Skinzine mit Berichten über extrem rechte, aber auch ›unpolitische‹ Skinhead-Bands. Herausgegeben von I. Zaprasis. Als Ansprechpartner fungierte u.a. auch Sven Schwarz, →New Dawn, The.

Aryan Law & Order, The **Lauter/SA** **2000 (2 A.)**
Neonazistisches Politzine im A4-Format, mit Farbcover und Computerlayout. Herausgegeben von der Weißen Bruderschaft Erzgebirge, die dem Blood & Honour-Umfeld zuzuordnen war.

Aryan Sisterhood **Sebnitz/S** **2001- (2 A.)**
Klandestin vertriebenes, neonazistisches Politzine, herausgegeben von einer Frauengruppe aus der Umgebung von Sebnitz. Der Schwerpunkt des Heftes beruht auf den Themen Frauen im nationalsozialistischen Deutschland und der extremen Rechten heute.

Attacke **Berlin** **1983 (3 A.)**
Einfach gestaltetes, extrem rechtes Skinzine, an dem Andreas Pohl, Mitglied der Band →KdF, mitarbeitete.

Aufbruch, Der **Waddeweitz/Nds** **1994 (1 A.)**
Extrem rechtes Skinzine, Vorläufer des →Meinungsfreiheit.

Aufstand **A/Wels** **1991 (1 A.)**
Rechtes Skinzine, das über die Adresse des →Stahlfront zu kontaktieren war.

Axtschlag **Hildesheim/Nds** **1996-99 (8 A.)**
Beliebtes neonazistisches Zine, das vor allem über die RechtsRock-Szene berichtet und abgerundet wurde mit politischen Artikeln. Herausgegeben von Hannes Franke. Das Heft war Blood & Honour-Niedersachsen zuzuordnen.

Bad Taste **Bruchsal/BW** **1992 (1 A.)**
›Unpolitisches‹ Oi-Zine, herausgegeben von Björn Detlef, der Mitte der 90er-Jahre zusammen mit Bleach aus Frankreich eine Discographie der internationalen Skinhead-Musik-Szene erstellte.

Baden Front **Brühl/BW** **1998 (2 A.)**
Neben Berichten aus der rechten Skinhead-Szene beinhaltete das Heft auch eindeutige politische Berichte, die teilweise einen regionalen Bezug aufwiesen. Die Debütausgabe erschien in einer Auflage von 200 Ex. Nach internen Streitereien erschien die Nr. 2 des Baden Front einmalig als nicht selbständiges ›Heft im Heft‹ im →KdF.

Barnimer Volksruf **Eberswalde/BB** **1998- (6 A.)**
Mitteilungsblatt des Kameradschaftsbund Barnim bzw. des Nationalen Widerstandes Barnim. Der Mitarbeiter dieses Heftes Gordon Reinholz ist im Bundesvorstand der Jungen Nationaldemokraten (JN) sowie im Nationalen und Sozialen Aktionsbündnis Mitteldeutschland aktiv.

Beerdrop Explodes **Kassel/Nds** **~1984**
Skinzine, herausgegeben von Stefan Grimm.

Behnsdorfer Skin-Zine **Grasleben/Nds** **1992 (1 A.)**
Entgegen des Untertitels ›Skin Fanzine‹ lag der Schwerpunkt auf Politik, z.B. Berichte vom Rudolf-Heß-Gedenkmarsch sowie über Angriffe gegen Antifaschisten. Nur vereinzelt wurde über die RechtsRock-Szene berichtet. Die Debütausgabe wurde am 31.8.1993 indiziert. Der Herausgeber Andre Feuerschüttle, Szenespitzname ›Krauty‹, gab nach der Einstellung das Fanzine →Oilenspiegel heraus.

Bembelsturm **Frankfurt/Hes** **1997-99 (8 A.)**
Extrem rechtes Skinzine mit vereinzelten politischen Beiträgen, herausgegeben von Patrick Prokasky (➔Abbelwoi Exbress). Nachdem das Heft eingestellt wurde, eröffnete Prokasky den Moloko Plus Versand.

Berserker **CH/Littau, Berikon** **1994-99 (7 A.)**
Einfach gestaltetes Heft der Schweizer Hammerskins, das neben Artikeln zur RechtsRock-Szene auch neonazistische politische Berichte beinhaltete. Die Nr. 1 wurde 1995 in Deutschland indiziert.

Bewährungshelfer **Hann. Münden/Nds** **1992- (5 A.)**
Die ersten vier Ausg. im einfachen Layout der frühen 90er-Jahre beinhalteten ausschließlich Artikel über die neonazistische Musikszene. Die Debütausgabe des von Klaus Görtelmeyer herausgegebenen Heftes wurde am 31.8.1993 indiziert. Nach vierjähriger Pause erschien 2000 die fünfte Ausg. des Heftes, diesmal mit verändertem Titel *Die Bewährungshelferin* sowie verbesserter Gestaltung bei gleichem Inhalt.

Bier & Spiele **Römerberg/RPf** **1987-89 (9 A.)**
Klassisches rechtes Skinzine der 80er-Jahre im einfachen Schnippellayout mit Artikeln über Fußball, ›unpolitische‹ Oi-Musik und RechtsRock, unter Verwendung neonazistischer Symbolik. Herausgegeben von Wolfgang Diehl.

Bifröst **Gardelegen/SA** **2000- (3 A.)**
Überwiegend von Frauen produziertes Politzine mit Schwerpunkt Heiden- und Germanentum sowie Kommentaren zu aktuellen Ereignissen aus extrem rechter Sicht.

Blitzkrieg **Hamburg** **1998-2000 (7 A.)**
›Heft im Heft‹ für Skinheads in der 3.–9. Ausg. des ➔Zentralorgan, dem Magazin der ›Freien Nationalisten‹. Das Heft, das das ➔Moonstomp ersetzte, präsentierte auf wenigen Seiten Interviews und Berichte rund um die RechtsRock-Szene.

Blood & Honour Deutschland **Berlin, DK/Hillerod** **1996-2000 (9 A.)**
Magazin der Blood & Honour Division Deutschland. Die ersten vier Ausg. waren über das zentrale Postfach des Blood & Honour Netzwerk in Hillerod (DK) erhältlich. Das Heft entwickelte sich bis zum Verbot der Organisation im September 2000 zu einem professionellen Hochglanz-Magazin und zum beliebtesten neonazistischen Musikmagazin Deutschlands. Die Auflage der letzten, neunten Ausg. lag bei ca. 5.000 Ex., mit einem Umfang von 128 Seiten.

Blood & Honour Österreich **A/Wien** **1999- (2 A.)**
Über ein ungarisches Postfach erhältliches Magazin der Blood & Honour Division Österreich. Im vergleichsweise hochwertigen Heft finden sich neben zahlreichen Beiträgen zum Nationalsozialismus vor allem Berichte über die deutsche RechtsRock-Szene.

Blut & Ehre **Herford/NRW** **~1993 (4 A.)**
Neonazistisches Skinzine.

Boot Boys Revenge **Hückelhoven/NRW** **1988 (2 A.)**
›Unpolitisches‹ Oi-Skinzine.

Bootboy **Lagerlechfeld/Bay** **1996 (2 A.)**
›Unpolitisches‹ Oi-Skinzine, das aber auch die eine oder andere RechtsRock-Band interviewte. Herausgegeben von Alex Bucher.

Boots **Wuppertal/NRW** **1982-84 (5 A.)**
Skinzine, erst herausgegeben von Ralf Pönitsch, später von Fritz Pökel.

Boots'n'Hate **Aichwald/BW** **1999 (1 A.)**
Einfach gestaltetes neonazistisches Skinzine.

Braggi **Sangershausen/SA** **1998- (2 A.)**
›Reime für Nationalisten‹ (Untertitel) – extrem rechtes Politzine, herausgegeben von Enrico Marx, siehe ➔Ostara.

Bramfelder Sturm **Hamburg** **1994-96 (10 A.)**
Neonazistisches Skinzine, das vor allem über RechtsRock, aber auch über Fußball, insbesondere über den HSV, berichtete. Das nach einem Hamburger Stadtteil benannte Heft wurde von Thorsten Bärthel sowie Rainer Kraus im Namen der Organisation Patriotische Jugend herausgegeben. Mit der Nr. 11 wurde es umbenannt in ➔Hamburger Sturm.

Braune Bär, Der **Schwabach/Bay** **1998-2000 (4 A.)**
Skinzine mit hohem Anteil an politischen Artikeln, vorwiegend über regionale NPD-Aktivitäten. Herausgeber ist Michael Wiedemann

Brauner Besen **Chemnitz/SA** **1993 (2 A.)**
Klandestin vertriebenes neonazistisches Politzine, dessen zwei Ausg. am 31.3.1995 indiziert wurden.

Brutal Attack **Offenbach/Hes** **1996-97 (2 A.)**
Skinzine des Brutal-Attack-Service, das sich hauptsächlich der englischen Band Brutal Attack und deren Projekten widmete. Der B.-A.-Service arbeitete eng mit Blood & Honour zusammen. Das Postfach des Zines fungierte auch als Kontaktadresse der RechtsRock-Band Chaoskrieger, des Fanzines ➔Äbbelwoi Exbress sowie für den Clockwork-Versand. Herausgeber war Michael ›Mike‹ Hansen.

Buhmann, Der **Halle/SA** **1996-97 (2 A.)**
Oi/Ska-Zine mit vereinzelten Berichten über die RechtsRock-Szene. Herausgegeben von Sven Schwarz, der anschließend u.a. am Blood & Honour-Heft ➔New Dawn, The mitarbeitete und zur Zeit maßgeblich am ➔Herrenhaupt, Das beteiligt ist.

Bulldog **Öhringen/BW** **1992-93 (6 A.)**
Das von Uwe Göker herausgegebene Skinzine befasste sich vorwiegend mit der ›unpolitischen‹ Oi-Szene. Dennoch beinhaltete es auch Interviews mit den seinerzeit populären RechtsRock-Bands.

Bunker, Der **Detmold/NRW** **~1993 (3 A.)**
Neonazistisches Fanzines, das neben Artikeln zur RechtsRock-Szene auch Anti-Antifa-Recherchen veröffentlichte, herausgegeben vom ehemaligen NF-Mitglied Thomas Rich-

ter und Jens Hessler. Nach Eigenangaben hatte die 3. Ausg. eine Auflage von 2.000 Ex. Hessler gab das Zine →Grober Unfug heraus, betrieb Ende der 90er-Jahre den Nibelungen-Versand und war Blood & Honour-Kader.

Burg, Die **Stuttgart/BW** **~1992-93 (7 A.)**
Fanzine der regionalen Skinhead-Gruppe Kreuzritter für Deutschland, das von Andreas J. Voigt herausgegeben wurde. Der verantwortliche Redakteur Alexander Heinig, heute Sänger der Band →Ultima Ratio, war außerdem Kontaktperson für den Versand Skrewdriver Service Deutschland.

Clockwork Orange **Coburg/Bay** **1983-92 (23 A.)**
›Kultmagazin‹ der Skinhead-Szene, mit Schwerpunkt auf Oi und Ska. Dennoch wurden wiederholt Interviews mit neonazistischen Bands und Artikel zur RechtsRock-Szene abgedruckt. Die Nr. 19 wurde 1992 indiziert. Der Herausgeber Ulrich ›Uhl‹ Großmann, zeitweise Mitglied der NPD, betreibt das in der gesamten Skinhead- als auch der RechtsRock-Szene beliebte Label & Versand DIM Records.

Combat 2000 **2000- (2 A.)**
Klandestin vertriebenes, offen neonazistisches Politzine mit Anti-Antifa-Artikeln, Anleitung zum Bau von Bomben sowie Berichten zur RechtsRock-Szene.

Crossed Hammers **MV** **~2000 (1 A.)**
Neonazistisches Skinzine mit Farbcover, politischen Beiträgen sowie Artikeln zur RechtsRock-Szene. Herausgegeben von den Hammerskins Mecklenburg.

Deutsche Informationsschrift **Waddeweitz/Nds** **~1992 (mind. 1 A.)**
Von Maik Hagen herausgegebene Schrift, siehe auch →Meinungsfreiheit.

Deutsche Jugend ›Worms‹ **Worms/RPf** **1998 (1 A.)**
Einfach gestaltetes Skinzine.

Deutsche Zukunft **Elmshorn/SH** **1994-95 (3 A.)**
Extrem rechtes Skinzine.

Deutschland Erwache(t) **A/Wien** **1990-92 (8 A.)**
Neonazistisches Skinzine aus Österreich, vormals →Erwache, das auch in Deutschland gelesen wurden. Die Nr. 8 und Nr. 9 wurden 1993 indiziert. Die Anschrift des Fanzines fungierte außerdem als Kontaktadresse der Wiener RechtsRock-Band Arbeiterfront.

Doc Martens Beat **Lengede/Nds** **2000 (1 A.)**
Nachfolger des →Oi-Die Klolektüre, das sich vorwiegend der RechtsRock-Szene widmet und nur am Rande ›unpolitische‹ Oi-Bands porträtierte. Herausgegeben von Daniel Helldobler.

Doitsche Musik **Erfurt/Th** **1995-97 (13 A.)**
Zeitweise zweimonatlich erscheinendes Skinzine im einfachen Computerlayout, herausgegeben von Denis Peter. Das Heft beschäftigte sich ausschließlich mit der deutschen und internationalen RechtsRock-Szene. Die Auflage stieg von 50 Ex. bei der Nr. 1 auf 500 Ex. bei der Nr. 13.

Doitsche Offensive **Mannheim/BW** **1995-98 (13 A.)**
Einfach gestaltetes Skinzine, ausschließlich mit Beiträgen zur RechtsRock-Szene. Der Herausgeber Manuel Jacob war Mitglied der RechtsRock-Band Aufbruch und stellte das Heft wegen einer Haftstrafe ein. Die letzte Ausg. hatte eine Auflage von 500 Exemplaren.

Donnerbalken **Potsdam/BB** **1995-96 (4 A.)**
Extrem rechtes Skinzine im einfachen Layout, das sich ausschließlich der RechtsRock-Szene widmete.

Donnerschlag **Mexico, E/Madrid** **1996- (8 A.)**
Hochwertig gestaltetes Skinzine mit neonazistischer Prägung, dass den Hammerskins nahe steht.

Elbgermanischer Schatten **Torgau/S** **2000 (1 A.)**
›Rundbrief des Elsniger Heimatschutzes‹, dessen Schwerpunkt auf politischen Themen der extremen Rechten lag und weniger auf RechtsRock.

Endkampf **Gelsenkirchen/NRW** **1992 (1 A.)**
Rechtes Skinzine mit Schwerpunkt RechtsRock, herausgegeben von Rapaell Lepper.

Endsieg **Bruchsal/BW** **1990-92 (8 A.)**
Neben einigen politischen Beiträgen beinhaltete das Heft ausschließlich Berichte über die RechtsRock-Szene. Der Herausgeber des seinerzeit viel beachteten Heftes, das vorbestrafte NF-Mitglied Andreas Gängel, betrieb desweiteren das Label und den Versand Endsieg-Versand (ESV). Die 2., 3. und 7. Ausg. wurden am 30.1.1993, die 8. am 31.7.1993 indiziert. Gängel wurde am 12.11.1992 wegen Volksverhetzung und Verwendung verfassungswidriger Symbole zu einer Freiheitsstrafe von einem Jahr, ausgesetzt auf drei Jahre Bewährung, verurteilt.

Entwarnung aktuell **Wuppertal/NRW** **1997 (1 A.)**
Newsletter der RechtsRock-Band Entwarnung von Steve Bramekamp, der über Entwarnung sowie das Umfeld (z.B. Kraftschlag) berichtete.

Erwachet **A/Wien** **1989 (1 A.)**
Neonazistisches Skinzine aus Österreich, das mit der Nr. 2 den Namen in →Deutschland Erwache änderte.

F.D.J. **Schwabach/Bay** **1995-96 (5 A.)**
Vermeintlich witzig gestaltetes Skinzine mit Schwerpunkt auf RechtsRock. In der letzten Ausg. kündigten die Hg. eine Zusammenarbeit mit dem →Lokalpatriot zwecks Herausgabe eines neuen Zines namens Der fränkische Beobachter an.

Fahnenträger aus Pommern, Der **Heringsdorf/MV** **1999- (6 A.)**
Politzine mit neonazistischen Tendenzen, herausgegeben von Michael Kutschke. Der dazugehörige Personenzusammenhang ist den ›Freien Nationalisten‹ zuzuordnen.

Fahnenträger Wolfen, Der **Wolfen/SA** **1999- (4 A.)**
Neonazistisches Skinzine mit Beiträgen über die RechtsRock-Szene als auch mit politischen Artikeln. Herausgeber ist Torsten Wabra.

Fälischer Beobachter **Meschede/NRW** **1996 (1 A.)**
Neonazistisches Skinzine, mit Beiträgen über die RechtsRock-Szene als auch politischen Artikeln. Der Herausgeber Michael Krick, ehemaliger Führungskader der Sauerländer Aktionsfront wurde wegen der im Heft abgedruckten Inhalte und Symbole (Hakenkreuz, Wolfsangel) zu einer achtmonatigen Jugendstrafe auf Bewährung verurteilt. Siehe →Final Call.

Fegefeuer **Gießen/Hes, Freiburg/BW** **1999-2000 (4 A.)**
Einfach gestaltetes A5-Heft mit politischem Schwerpunkt. Der Herausgeber Lars Wenzel betrieb eine Homepage zum Heft. Das Heft weist eine große Nähe zur NPD auf.

Feldzug, Der **Mannheim/BW** **1997-98 (5 A.)**
Beliebtes neonazistisches Skinzine im A5-Format, mit Beiträgen über die RechtsRock-Szene als auch politischen Artikeln. Herausgegeben von Stefan Stumpf und Markus Ulrich. Als einmaliges Projekt gaben sie gemeinsam mit dem Heft →Doitsche Musik das Fanzine →Rippenbrecher heraus.

Feuer & Sturm **Beilrode/SA** **1996- (9 A.)**
Beliebtes neonazistisches Politzine, das auch über die RechtsRock-Szene berichtet. Herausgegeben von Marco Happke, siehe auch →Sonnenrad.

Feuerkreuz **Berlin** **1991 (2 A.)**
Einfaches Politzine der KKK-Gruppierung White Storm Berlin, hinter der maßgeblich Carsten Szczepanski (→United Skins) stand.

Final Call **Witten/NRW** **2000 (1 A.)**
Politzine mit dem Untertitel: ›Die neue Ordnung‹, das auch über die RechtsRock-Szene berichtete. Herausgegeben von Michael Krick. Siehe auch →Fälischer Beobachter.

Final Destination **Emden/Nds** **2001- (2 A.)**
›Die Stimme der Division 88‹ (Untertitel) im A4-Format und einfachem Layout. Berichtet wird fast ausschließlich über Bands der RechtsRock-Szene, dazu einige politische Artikel. Division 88 ist ein lokaler Zusammenschluss neonazistischer Skinheads.

Foier Frei **Chemnitz, Limbach-Oberfrohna/S** **1994- (15 A.)**
Das Zine ›Für den Skinhead, egal wie er und ob er sich politisiert‹ (Untertitel der Nr. 1), das von Anfang an auf RechtsRock setzte, wurde zu einem festen Bestandteil der extrem rechten Skinhead- und RechtsRock-Szene in Sachsen. Der damalige Herausgeber Jens Schaarschmidt war Sänger der RechtsRock-Band Auf Eigene Gefahr (A.E.G.). Nach einer zweijährigen Pause wird das Heft seit dem Frühjahr 2001 von einem neuen Herausgeber produziert.

Foiersturm **Dresden/S** **1995-97 (mind. 5 A.)**
Extrem rechtes Politzine in einfachem Layout, das als ›Zeitung der Kameradschaft Dresden-Trachau‹ (Untertitel) herausgegeben wurde.

Foiersturm **Dresden/S** **1998- (10 Ausg.)**
A5-Skinzine in Computerlayout mit Berichten über die RechtsRock-Szene sowie politischen Beiträgen.

Forbidden Zone **Halle/SA** **2000 (1 A.)**
Das Fanzine beschäftigt sich hauptsächlich mit der rechten Black-Metal-Szene.

Force of Hate **Düsseldorf/NRW** **1985-88 (7 A.)**
Das Zine ›Für Oi-Skins und Brain-Punks‹ (Untertitel Nr. 1) wandelte sich zunehmend zu einem rechten Skinzine. Der Herausgeber Günter Gruse gab vorher das linke Punk-Zine *Falschmelder* (1982-85) heraus.

Förderturm, Der **Duisburg, Bottrop/NRW** **2000- (4 A.)**
Das qualitativ hochwertige A4-Magazin ist ein Projekt von ›Freien Kameradschaften‹ aus dem Ruhrgebiet, für das Joachim Krause verantwortlich zeichnet. Inhaltlich präsentiert das Heft politische Artikel mit neonazistischer Ausrichtung und Beiträge zu RechtsRock, rechtem Dark Wave und NS-Black-Metal. Die erste Ausg. des Heftes war über das finnische Blood & Honour-Postfach erhältlich.

Franken's Widerstand **Iphofen/Bay** **1998-99 (4 A.)**
Neonazistisches Politzine im A5-Format mit Farbcover. Herausgeben von Klaus Mathes für die neonazistische und NPD-nahe Kameradschaft Franken's Widerstand.

Fränkischer Beobachter **Nürnberg/Bay** **1998 (1 A.)**
Klandestin vertriebenes Zine des ›Nationalen Widerstandes‹, vorwiegend mit politischen Artikeln, aber auch Berichten zur RechtsRock-Szene.

Frankomania **Grub am Forst/BW** **1994- (5 A.)**
Das Skinzine mit dem Unteritel ›Oi / Ska / RAC / Fußball und mehr‹ widmet sich neben ›unpolitischen‹ Bands auch dem RechtsRock.

Freie Stimme **Bad Berleburg/NRW** **1994-97 (13 A.)**
Einfach gestaltetes politisches Heft mit neonazistischer Ausrichtung aus dem Spektrum der ›Freien Nationalisten‹. Hauptverantwortlicher des A5-Heftes, das im Zeitungsprojekt →Zentralorgan aufging, war der 1997 verstorbene Thomas Kubiak, Kader der neonazistischen Sauerländer Aktionsfront (SAF).

Freyja **Neubrandenburg/MV, Oberhausen/NRW** **1996- (9 A.)**
Skinzine, das anfangs von Nadine Kortegast (Neubrandenburg) und Nadin Freitag (Oranienburg) herausgegeben wurde. Ab der 4. Ausg. ist Freytag alleinige Herausgeberin. Das Heft berichtet über RechtsRock, rechten Black Metal sowie Neuheidentum und beinhaltet auch politische Beiträge. Gemeinsam mit dem →Germanenorden veröffentlichten sie das Heft →Freyja's Germanenorden. Ab der Nr. 9 erscheint Freyja als ›Heft im Heft‹ im Politzine →Der Weiße Wolf. Nadine Kortegast war Betreiberin des Neonazi-Treffs Cafe Germania (Berlin).

Freyja's Germanenorden **Oberhausen, Apolda/NRW, T** **2000 (1 A.)**
Projekt der Hefte →Freyja und →Germanenorden. Inhaltlich überwogen ideologische Beiträge mit frauenspezifischer Ausrichtung.

Froindschaft S 1996–88 (9 A.)
»Rundbrief für die Sächsische Schweiz und Dresden« (Untertitel), als das Organ der Skinheads Sächsische Schweiz (SSS), die im April 2001 verboten wurden. Es beinhaltete Artikel zur RechtsRock-Szene sowie neonazistische Berichte bzw. Propaganda.

Frontal Essen/NRW 1991–93 (6 A.)
Nachfolger des neonazistischen →Querschläger, mit Schwerpunkt auf der RechtsRock-Szene und vereinzelten Kommentaren zum politischen Geschehen. Die Debütausgabe hatte eine Auflage von 600 Exemplaren und steigerte sich bis zur Nr. 4 auf mehr als das Doppelte. Herausgegeben wurde das Heft von Andreas Zehnsdorf, die letzte Ausg. von Bernd Buse, seinerzeit Besitzer eines Plattengeschäftes und 1994 Kommunalwahlkandidat für Die Republikaner in Düsseldorf. Die Ausg. 2–6 wurden am 30.9.1993 indiziert und zugleich wurde das Heft für den Zeitraum vom 30.9.1993–29.9.1994 vorausindiziert.

Frontkämpfer, Der Kassel/Hes 1994–95 (2 A.)
Einfach gestaltetes neonazistisches Politzine mit Schwerpunkt auf Politik und RechtsRock, mit vereinzelten Fußballberichten. Die 1994 indizierte Debütausgabe erschien in einer Auflage von 250 Ex. Der Herausgeber Martin Tietz gehörte der Aktionsfront Gau Kurhessen und der HNG an. Über ein von ihm angemietetes Postfach wurde die *Kurhessenpost* der Kameradschaft Kassel vertrieben.

Frontsoldat, Der Weißwasser/SA 1993– (11 A.)
Neonazistisches Politzine im A5-Format mit Farbumschlag. Der politische Schwerpunkt wird ergänzt mit Beiträgen über die RechtsRock- und die regionale Eishockey-Szene. »Das nationale Magazin aus Schlesien« (Untertitel) nutzt sein Postfach gemeinsam mit dem Jungen Nationalen Spektrum und der Heimattreuen Jugend.

Gangloff Klostermansfeld/SA 1997 (2 A.)
Einfach gestaltetes rechtes Skinzine im A5-Format, mit dem Untertitel »Nationale Jugendzeitschrift des Mansfelder Landes«.

Germane, Der Ludwigsburg, Calw/BW 1999 (2 A.)
Zusammenkopiertes Heft mit politischen Beiträgen und vereinzelten Berichten über RechtsRock. Die zweite Ausg. wurde von der Kameradschaft Deutscher Freundeskreis Schwaben unter der Führung von Dennis Entenmann herausgeben. Beide Ausg. erschienen mit einer Auflage von 500 Ex.

Germanenorden Apolda/Th 1998– (4 A.)
Schlichtes Heft, herausgegeben von Heike Langgut, das neben Interviews mit RechtsRock-Bands auch politische Beiträge und Artikel zum Neuheidentum veröffentlichte. Siehe auch →Freyja's Germanenorden.

gestiefelte Kater, Der Kirkel-Limbach/Saar 1997– (8 A.)
Extrem rechtes Skinzine mit einfachem Layout und im A4-Format. Herausgegeben von Anja Busch und Matthias Lindner, dem Mitbetreiber des Geschäftes Studio 88. Der Schwerpunkt des Heftes liegt auf RechtsRock und wird mit politischen Beiträgen angereichert. Über das Postfach ist auch das Label Sound of Skinheads (S.O.S.-Records) erreichbar, das zur Zeit einen »Skinheadgirlkalender« für 2003 konzipiert. Nr. 9 ist für Sommer 2002 von den Herausgebern angekündigt.

Gesunde Kopfhaut Nürnberg/Bay 1983–86 (4 A.)
Einfach gestaltetes Skinzine mit Beiträgen über ›unpolitischen‹ Oi, RechtsRock und Fußball. Herausgegeben von Stefan Peric.

Get on the boat Offenbach/Hes 1998
Rechtes Skinzine, dass über die »Feste und Feiern« der regionalen Szene in und um Offenbach berichtete.

Gewalttäter, Der Voerde/NRW 1988–90
Skinzine, herausgegeben von Thorsten Grube.

Glorreiche Taten Heiligenhaus/NRW 1990–92 (10 A.)
Beliebtes RechtsRock-Heft mit vereinzelten Berichten über ›unpolitische‹ Oi-Bands und kürzeren politischen Beiträgen. Herausgeben von Torsten Ritzki, siehe auch →Moloko Plus.

Gnadenlos Mülheim/NRW 1992
Skinzine.

Grober Unfug Lingen/Nds 1993–94 (2 A.)
Einfach gestaltetes, extrem rechtes Skinzine mit Schwerpunkt auf RechtsRock und mit vereinzelten Beiträgen zu ›unpolitischen‹ Oi-Bands. Herausgegeben von Jens Hessler, der zudem den Violent-Tapes-Versand und später das Blood & Honour-Label Nibelungen-Versand betrieb, siehe auch →Bunker, Der. Die Adresse von Grober Unfug diente zeitweilig als Kontaktadresse für die RechtsRock-Band Saccara.

Guten Morgen Doitschland Regensburg/Bay 1994–97 (7 A.)
Anfänglich ›unpolitisches‹ Skinzine, das mit der 7. Ausg. schließlich fester Bestandteil der extrem rechten Skinhead-Szene wurde. Herausgegeben wurde das Heft anfangs von Markus Prückl.

Hamburger Sturm Hamburg 1996–2000 (22 A.)
Fortsetzung des →Bramfelder Sturm unter neuem Namen. Das Magazin war Ende der 90er-Jahre eine der beliebtesten deutschen Publikationen in der Szene der ›Freien Kameradschaften‹ als auch des RechtsRock. Der Schwerpunkt lag auf neonazistischer Politik und RechtsRock, bedingt auch Fußball. Der anfängliche Herausgeber Tobias Thiessen war/ist als Autor im →Zentralorgan tätig. Auch die nachfolgenden Herausgeber Torben Klebe und Andreas Heine verfügen über beste Kontakte zum Spektrum der ›Freien Nationalisten‹ um das Nationale Aktionsbüro Norddeutschland, dem Zentralorgan sowie den Blood & Honour- und Hammerskin-Netzwerken. Die letzte Ausg. des Heftes hatte eine Auflage von 1.800 Exemplaren. Im August 2000 wurde das Magazin sowie die gleichnamige neonazistische Kameradschaft vom Hamburger Innensenator verboten.

Hammer CH/Berikon 1995–98 (5 A.)
Einfach gestaltetes Magazin der Schweizer Hammerskins, mit Berichten über andere Hammerskin-Sektionen, RechtsRock und neonazistische Politik.

Hammerskin **Berlin** **~1992–93 (mind. 3 A.)**
Neonazistische Publikation der Hammerskins Deutschland, mit Artikeln zur Ideologie der Hammerskin-Nation und RechtsRock. Das einfach gestaltete A4-Heft war über das Postfach der Partei Die Nationalen erhältlich.

Hammerskin Doitschland **DK** **1993**
In Dänemark veröffentlichtes neonazistisches Hammerskin-Zine.

Handkäs' mit Musik **Münster/Hes** **1998 (1 A.)**
A4-Skinzine in einfachem Layout, das inhaltlich ausschließlich RechtsRock präsentierte. Über das Postfach war auch der Mail-Order Versand der RechtsRock-Band Centaurus erreichbar. Das Heft war der Blood & Honour Sektion Südhessen zuzurechnen.

Hanseaten Skins **Lübeck/SH** **1985 (2 A.)**
Extrem rechtes Skinzine der einfachsten Machart, herausgegeben von Thomas Topp, das über Fußball und RechtsRock berichtete.

Harz Sturm **Werningerode/SA** **1997–2000 (10 A.)**
Extrem rechtes Skinzine im A5-Format und Farbumschlag, das inhaltlich RechtsRock und politische Artikel präsentierte. Herausgegeben wurde das beliebte Heft vom Harzsturm e.V., namentlich vom Vereinsgründer und Vorsitzenden Marcel Günther, Gründer der RechtsRock-Band S.E.K. sowie Betreiber des Szene-Laden- und Internetversandes Head-Check.

Hass & Gewalt **Berlin** **1989 (2 A.)**
Extrem rechtes Heft, das beinahe ausschließlich Artikel über Skinheads aus diversen Tageszeitungen abdruckte und mit neonazistischer Symbolik versah. Herausgegeben von Marco Tröblinger.

Hass Attacke **Neustadt/S** **1992–98 (8 A.)**
Die erste Ausg. des neonazistischen Fanzine erschien unter dem Namen ➔White Resistance. Das überregional beliebte Heft beschäftigte sich überwiegend mit RechtsRock und NS-Black-Metal und spiegelte ideologisch die Rolle des Herausgebers Mirko Hesse als einer der führenden sächsischen Hammerskins wider. Anfangs betrug die Auflage einige Hundert, bei der letzten Ausg. schließlich 2000 Exemplare. Unter dem Namen Hate Records, HA-Records und Hagal Records vertreibt und produziert Hesse zahlreiche RechtsRock- und NS-Black-Metal-Bands. Die Nr. 2 wurde am 31.3.1995 indiziert. Am 21.12.2001 wurde Hesse, der wegen der Produktion und des Vertriebes der Landser-CD *Ran an den Feind* sowie der DST-CD *Deutsches Volk erwache* inhaftiert worden war, wegen Volksverhetzung und illegalem Waffenbesitz zu einer Haftstrafe von zwei Jahren verurteilt.

Heimatfront **Bremen** **~1989 (2 A.)**
Einfach gestaltetes, extrem rechtes Skinzine. Herausgegeben von Thorsten Winter, siehe auch ➔Skinhead, Der.

Heimatfront **Mannheim/BW** **~1989**
Skinzine.

Heimatland **A/Landegg** **~1990/91 (1 A.)**
Einfach gestaltetes Skinzine mit dem Untertitel »Ein Heft für alle Hooligans, Renees, Skinheads und alle Patrioten Österreichs«, herausgegeben von Erich Pusterhofer und Rüdiger Schäfer.

Henker, Der **Chemnitz/S** **~1993–94 (4 A.)**
Rechtes Skinzine, das über RechtsRock und ›unpolitische‹ Oi-Bands berichtete. Herausgegeben von Jens Schaarschmidt, der später den ➔Wachturm mit herausgab.

Herrenhaupt **Halle/SA, Dresden/S** **2000– (6 A.)**
A5-Heft mit Schwerpunkt auf Heidentum und rechter Dark-Wave-Szene, in dem auch Interviews mit führenden Aktivisten der extremen Rechten veröffentlicht werden. Seit der 5. Ausg. erscheint das Heft in Dresden.

Hessisch Blättche **Ronneburg/Hes** **1995 (2 A.)**
Einfach gestaltetes Skinzine mit Schwerpunkt auf RechtsRock und vereinzelten Beiträgen zu ›unpolitischen‹ Oi-Bands, herausgegeben von Pierre Jakob.

Hezzer, Der **Lüneburg/Nds** **1985 (1 A.)**
Rechtes, einfach gestaltetes Skinzine, herausgegeben von Hans und Michael Grewe, siehe ➔Kahlschlag, sowie dem mittlerweile verstorbenen Peter Saucke, siehe ➔Neue Tag, Der.

Im Namen des Volkes **Dresden/S** **2000– (2 A.)**
Einfach gestaltetes Skinzine im A4-Format, das überwiegend Beiträge zur RechtsRock-Szene und politische Artikel präsentierte.

In die Eier **Neustadt/Th** **1997 (1 A.)**
Extrem rechtes Skinzine aus dem Farbdrucker, mit seitenlangen politischen Artikeln und Berichten zur RechtsRock-Szene.

Iron Youth **Nürnberg/Bay** **2001– (2 A.)**
Skinzine im einfachen A5-Layout mit Berichten über die RechtsRock-Szene, Eishockey und politischen Beiträgen aus der Region. Herausgegeben von Stephan Schumann.

Kahlschlag **Lüneburg/Nds** **1985–86 (3 A.)**
Einfach gestaltetes, extrem rechtes Skinzine im Schnippellayout mit Berichten über die RechtsRock-Szene, herausgegeben von Michael Grewe, siehe auch ➔Hezzer, Der.

Kampf, Der **Heidelberg/BW** **1992 (1. A.)**
Extrem rechtes Skinzine.

Kampfbereitschaft 84 **Berlin** **1983 (1 A.)**
›Unpolitisches‹ Skinzine, herausgegeben von C. Grehl, das sich seinerzeit mit dem öffentlich kritisierten, extrem rechten Skinzine ➔Attacke solidarisierte.

Kampfblatt 88 **~ 1998**
Klandestin vertriebenes, neonazistisches Fanzine.

Kampfgeist, Der **Jena/Th** **1993 (2 A.)**
Rechtes Fanzine, herausgegeben von Michael Ehrhardt. Die 2. Ausg. wurde am 28.12.1993 indiziert.

Kampfhund Meerane/SA 1991–92 (2 A.)
Skinzine mit Schwerpunkt auf RechtsRock und mit verschiedenen Zeitungsausschnitten über Skinheads. Herausgegeben von Sten Krüger, über dessen Adresse auch die Demo-MC der RechtsRock-Band Ostfront A.V.K. erhältlich war.

Kampftrinker Höxter/Nds 1988–90 (6 A.)
Einfach gestaltetes, extrem rechtes Skinzine, das inhaltlich ausschließlich RechtsRock präsentierte und von Thorsten Krekeler herausgegeben wurde.

KdF Stutensee/BW 1998– (4 A.)
Extrem rechtes Skinzine im A5-Format, ab der Nr. 4 im farbigen Umschlag, das inhaltlich politische Artikel und Beiträge über RechtsRock präsentiert.

Keine Roie Heßheim/RPf 1995 (1 A.)
Einfach gestaltetes Skinzine mit Berichten über Rechts-Rock- als auch ›unpolitische‹ Oi- und Ska-Bands.

Kettensprenger Asberg-Ludwigsburg/BW 1997–98 (4 A.)
Die Debütausgabe erschien unter dem Namen →Wickinger, Der. Inhaltlich überwogen Berichte zur RechtsRock-Szene, die abgerundet wurden mit vereinzelten politischen Beiträgen. Herausgegeben von dem JN-Mitglied Alexander Ziller sowie Karl Witzky.

Knobelbecher Bad Teichnach/BW 1998 (1 A.)
Das extrem rechte »Skinzine aus einer der dunkelsten Ecken des Schwarzwaldes« (Untertitel Nr. 1) bot in einfachem Layout Berichte über die RechtsRock-Szene.

Kraft durch Froide Berlin 1988–89 (5 A.)
Neonazistisches Skinzine in einfachem Layout, herausgegeben von Oliver Jessel und Stephan Jones, siehe auch →Macht & Ehre.

Kraft Odins Erben Gera/Th ~1994 (5 A.)
Skinzine. Die 5. Ausg. (1994) wurde am 30.9.1995 indiziert.

Kraftwerk Kamp-Lintfort/NRW 1990
Rechtes Skinzine.

Kreuzberg Berlin ~ 1999/2000 (1 A.)
Extrem rechtes, klandestin vertriebenes Heft.

Kreuzritter Münnerstadt/Bay 1998–2000 (5 A.)
Neonazistisches Skinzine mit umfangreicher politischer Berichterstattung. Als ›Heft im Heft‹ beinhaltete die 3. und 4. Ausg. das extrem rechte Black-Metal-Heft →Blutaar, die Nr. 5 den *NPD-Kurier* Bad Kissingen. Der Herausgeber Tobias Kessler betrieb auch den Versand Kreuzritter Shop und war Autor sowie V.i.S.d.P. für das NPD-Landesverbandsblatt *Bayernstimme*.

Kroitz, Das L/Petange 1991 (1 A.)
Rechtes, in Luxemburg von Patrick Piron in deutscher Sprache veröffentlichtes Skinzine.

Kult 88 Landstuhl/Bay 1997–98 (2 A.)
Einfaches Skinzine, das ausschließlich Berichte zur Rechts-Rock-Szene beinhaltete.

Landser, Der Nürnberg/Bay 1998– (8 A.)
Qualitativ hochwertiges A5-Heft mit farbigem Umschlag. Inhaltlich bestimmen Beiträge zum Thema Anti-Antifa, politischen Gruppierungen und neonazistischer Politik das Heft. Herausgegeben wird es von Mathias Fischer für die IG (Interessengemeinschaft) WIR, die der neonazistischen Fränkischen Aktionsfront nahe steht.

Lokalpatriot Bamberg/Bay 1995– (13 A.)
Semi-professionell gestaltetes A5-Fanzine, das bis zur 7. Ausg. von Andi Grabo herausgegeben wurde, danach von Erik Meierhoff. Während sich das Magazin anfangs am ›Skinhead way of life‹ orientierte, wandelte es sich bis heute zu einem der wichtigsten extrem rechten Skinzines mit Schwerpunkt auf RechtsRock. Ende 2001 veröffentlichte der Lokalpatriot zusammen mit Show-down Records/Shoot-down Records das Buch Oi! The Tattoobook, im Sommer 2002 erschien ein zweiter Teil.

Lues Altentreptow/Berlin 1996–97 (2 A.)
Skinzine mit Berichten über ›unpolitische‹ Oi- als auch RechtsRock-Bands, herausgegeben von Jörg Radloff.

Macht und Ehre Berlin 1989–91 (8 A.)
Einfach gestaltetes, offen neonazistisches Skinzine von Stephan Jones, Sänger der gleichnamigen Band.

Mädelbrief, Der Hannover/Nds, Oer-Erkenschwick/NRW 1987–91 (~39 A.)
Heft der Frauenschaft der Freiheitlichen Deutschen Arbeiterpartei (FAP), das zuerst von Sabine Wasilewski (verheiratete Heidel) und später von Dajana Pahlke (zeitweise verheiratete Riefling) herausgegeben wurde. Es beinhaltete frauenspezifische Beiträge, Artikel zum NS und Bemerkungen zu aktuellen politischen Themen.

Meinungsfreiheit Waddewaitz/Nds, Krakow/MV ~1995– (8 A.)
Skinzine mit Berichten über die RechtsRock-Szene als auch politischen Beiträgen, herausgegeben von Maik Hagen, unter zeitweiser Mitarbeit von Mirco Hanke, →White Unity. Nachdem Hagen 2000 eine Haftstrafe antrat, übernahm Jörg Warncke die Verantwortung für das Magazin, siehe auch →Wehrpass.

Midgard Barendorf/Nds 1991–93 (12 A.)
Mitteilungsblatt der Skingirl Front Deutschland bzw. Skingirl Freundeskreis Deutschland (SFD), herausgegeben von Stevie Berisha. Das Heft enthielt neben frauenspezifischen sowie allgemeinpolitischen Beiträgen auch Artikel zum Thema Neuheidentum und RechtsRock. Die Nr. 2, 3, 8, 10 und 12 wurden am 31.7.1993 indiziert. Das Heft wurde unter dem Namen →Walküre fortgesetzt.

Moderne Zeiten Düsseldorf/NRW 1993–96 (22 A.)
Das dünne, inhaltsarme A4-Heft wurde von Torsten Lemmer in Zusammenarbeit mit Andreas Zehnsdorf, siehe →Querschläger sowie →Frontal, herausgegeben. Für das Magazin

zeichneten im folgenden verantwortlich: Kurt Winter (Nr. 3-4), Willi Schobert (Nr. 5-8), Frank Krämer von der Rechts-Rock-Band Rheinwacht (Nr. 9-12) und Creative Zeiten (Nr. 13-22). Fortgesetzt wurde das Heft mit der Nr. 22 unter dem Namen →Rock Nord.

Möh Der Wehrwolf CH/Birr
»Kampfblatt« (Untertitel) der Schweizer Gruppierung Neue Nationalistische Front (NNF), deren Gründungsmitglieder Mitglieder der RechtsRock-Band Blut & Ehre waren.

Möh hinter Gittern Berlin ~1989
Skinzine, herausgegeben von Holger Kattler, siehe →White Power.

Möh! Der Glatzenreport Zweibrücken/Sa 1989–91 (3 A.)
Einfach gestaltetes, extrem rechtes Skinzine, das vereinzelte politische Artikel enthielt.

Moin Moin Leer/Nds 1997–98 (3 A.)
Skinzine, ausschließlich mit Berichten über extrem rechte Bands, herausgegeben von Cord Pleis. Die Auflage lag zwischen 300 Ex. bei der 1. Ausg. und 700 Ex. bei der 3. Ausg. An das Heft waren ein gleichnamiger Musikvertrieb und ein Label angeschlossen.

Moloko Plus Dorsten/NRW 1993– (20 A.)
›Unpolitisches‹ Oi- und Punk-Zine, herausgegeben von Torsten Ritzki, siehe auch →Glorreiche Taten. An den ersten Ausg. arbeitete Ulrich ›Uhl‹ Großmann mit, ehemals →Clockwork Orange.

Moonstomp Bestwig/NRW 1994–98 (9 A.)
Beliebtes Skinzine mit Berichten über die RechtsRock-Szene, herausgegeben von Bernd Krick. Das Heft startete mit einer Auflage von 300 Exemplaren. Mit der Nr. 10 (1998) wurde es als ›Heft im Heft‹ im →Zentralorgan fortgesetzt. Nachdem im Frühjahr 1998 in der Szene gegen Krick der Vorwurf der Unterschlagung erhoben wurde, ersetzte →Blitzkrieg das Moonstomp im Zentralorgan.

Morgenrot CH/Landschlacht 1998 (2 A.)
»Das nationale Schweizer Skinhead Magazin« (Untertitel) erschien im professionellen Hochglanz-Layout und präsentierte neben RechtsRock vor allem extrem rechte zeitgeschichtliche als auch politische Artikel. Vertrieben wurde es von Matthias Frey. Das Heft gehörte zum Patriotischen Ostflügel (POF), der eng an die Schweizer Hammerskins (SHS) angebunden ist.

Murgtalexpress Weisenbach/BW ~1991–92 (4 A.)
Regionales Skinzine, das sowohl Artikel zu Politik als auch Musik beinhaltete. Die Nr. 3 wurde am 31.8.1993 und Nr. 3a am 30.6.1994 indiziert.

Musik & Kultur Köln/NRW ~1999 (mind. 2 A.)
Musik- und Kulturzeitschrift in A4-Format mit Schwerpunkt nationale Liedermacher. Herausgeber war das ehemalige NPD-Mitglied Ingo Halberstadt, der unter dem Namen Rene Heizer als Liedermacher auftrat. Der Vertrieb erfolgt durch den eigenen Midgard-Vertrieb.

Nahkampf, Der Berlin 1989-91 (7 A.)
Extrem rechtes Skinzine, das vor allem durch die selbstgefertigten Zeichnungen auffiel. Es berichtete hauptsächlich über die RechtsRock-Szene.

Nahkampf, Der 2000 (1 A.)
Neonazistisches deutsches, allerdings aus den Niederlanden versandtes Politzine mit Anti-Antifa-Steckbriefen und Anleitung zum Bombenbau.

Nationaler Beobachter Frankfurt/BB 1995– (16 A.)
Einfach gestaltetes Politzine, das anfänglich als Rundbrief des Nationalen Pressearchivs herausgegeben wurde und für das Danny Sowade verantwortlich zeichnet. Schwerpunkt des Heftes war am Anfang Anti-Antifa-Berichterstattung und politische Beiträge. Im Laufe der Zeit nahmen Berichte aus der RechtsRock-Szene zu.

Neue Kraft, Die Möglingen/BW 1984–85 (~ 2 A.)
Skinzine, herausgegeben von Peter Scholz.

Neue Ordnung Crailsheim/BW 1998 (2 A.)
Extrem rechtes Skinzine im A4-Format und mit Schwerpunkt der Berichterstattung auf extrem rechte Skinhead-Bands. Der Herausgeber spielte bei der Band Höllenhunde.

neue Tag, Der Bleckede/Nds 1985–86 (3 A.)
Skinzine mit Beiträgen über RechtsRock, politischen Artikel und Werbung für die Nationalistische Front (NF), bei der sich der mittlerweile verstorbene Herausgeber Peter Saucke engagierte, vgl. auch →Hezzer, Der.

neue Weg, Der Berlin 1984–85 (2 A.)
Zusammen kopiertes neonazistisches Skinzine mit Berichte, über RechtsRock sowie politischen Artikeln. Das Heft galt als Nachfolgeprojekt des →Attacke.

New Breed, The Burscheid/RPf ~1987–92 (8 A.)
Einfach gestaltetes Skinzine mit Berichten über ›unpolitische‹ Oi- als auch über RechtsRock-Bands sowie Artikeln zum Thema Fußball. Anfänglich wurde das Heft von Dirk Buran herausgegeben, später von seiner Schwester Simona Buran.

New Dawn, The Leipzig/SA 1998 (1 A.)
Neonazistischer Rundbrief der Blood & Honour Sektion Sachsen-Anhalt mit Schwerpunkt auf Politik. Der Herausgeber Sven Liebich war auch Betreiber des Mitteldeutschen Musikversandes und des Ultima Tonträger Vertriebes. An dem Heft arbeitete u.a. auch Sven Schwarz mit, siehe →Buhmann, Der.

Nobody's Hero Saalfeld, Jena/Th 2000– (4 A.)
»Das – patriotic – PUNK + R.A.C. – FANZINE« (Untertitel), im A5-Format und einer Auflage von 500 Exemplaren aus der Umfeld der Bootboys Thüringen, widmet sich trotz des Untertitels vornehmlich der RechtsRock-Szene. Zu jeder Ausgabe produzieren die Hg. eine limitierte Tape-Comilation mit Neuveröffentlichungen.

Noie Doitsche Welle **Köln/NRW** **1997–98 (6 A.)**
Qualitativ hochwertiges Musikmagazin mit Schwerpunkt auf RechtsRock und politischer Berichterstattung. Das Heft mit farbigem Umschlag wurde von dem NPD/JN-Funktionär Sascha Wagner im extrem rechten Europa Vorn/Signal-Verlag von Manfred Rouhs herausgegeben. Angetreten war das Magazin mit dem Ziel, ähnlich wie normale Musikmagazine, in den Kiosk-Verkauf zu gelangen. Der Versuch scheiterte.

Noier Stürmer **Sebnitz/S** **~1992 (3 A.)**
Regionales, neonazistisches Heft, herausgegeben von Mirko Hesse (➔Hass Attacke).

Noies vom Skin **Cottbus/BB** **~1991**
Sammlung von Zeitungsartikel zum Thema Skinheads und Rechtsextremismus.

Nordic Power **Leverkusen/NRW** **~1990**
Skinzine.

Nordkraft **Rheine/NRW** **1996 (2 A.)**
Berichte über die RechtsRock-Szene als auch vereinzelt über ›unpolitische‹ Skinhead-Bands im einfachen A5-Layout, herausgegeben von Frank Born von der RechtsRock-Band Band Noie Zeit.

Nordmann, Der **Mannheim/BW** **1997–98 (2 A.)**
Klandestin vertriebenes Politzine, mit schlichtem Layout unter Verwendung von NS-Symbolik. Der Herausgeber Andreas Griming wurde am 13.7.1998 vom Amtsgericht Weinheim zu einer Jugendstrafe von zehn Monaten wegen Volksverhetzung in Tateinheit mit der Verwendung von Kennzeichen einer verbotenen Partei verurteilt.

Nordwind, Der **Oer Erkenschwick/NRW** **1990–91 (3 A.)**
Einfach gestaltetes, extrem rechtes Skinzine, das ausnahmslos über die RechtsRock-Szene berichtete. Dieter Riefling gab das Magazin mit seiner Frau Dajana (➔Mädelbrief, Der) heraus. Nach ihrer Trennung veröffentlichte Dieter Riefling das Fanzine ➔Aktivist, Der.

NS Eisenschädel **Lüneburg/Nds** **~1988–90 (4 A.)**
Einfach gestaltetes Skinzine mit extremer, den Nationalsozialismus verherrlichender Ausrichtung. Herausgegeben von Sven Grewe, leitendes Mitglied der Hammerskins Nordmark. Siehe auch ➔Skinhead Pride.

O.B. Servant **Fürth/Bay** **~1989/90**
Skinzine.

Odalrune, Die **Lobstädt/S** **~ 1991**
Extrem rechtes Skinzine, vertrieben über die Adresse des Fanzines ➔Sachsens Glanz.

Offensive **Freiburg/BW** **~ 1983–85**
Skinzine bestehend aus Zeitungsartikeln, rassistischen Einlassungen und Berichten über ›unpolitische‹ Oi- und RechtsRock-Bands, herausgegeben von Ralf Maier und Martin Statter.

Oi! Deutsches Echo **Nürnberg/Bay** **1990–92 (5 A.)**
Neonazistisches Skinzine, das über die RechtsRock-Szene als auch über Fußball berichtete. Die Nr. 5 des von Alexander Kuligowski herausgegebenen Heftes wurde am 22.12.1992 indiziert, die Nr. 4 am 30.10.1993. Kuligowski betrieb zusammen mit Dirk Bocksrocker, siehe ➔Radi-Kahl, das Label Di-Al Records.

Oi! The Bulldog **Augsburg/Bay** **1986 (2 A.)**
Einfach gestaltetes Skinzine mit Berichten über ›unpolitische‹ als auch über RechtsRock-Bands. Die Debütausgabe wurde von Christian Gibis und Marek Ochmath – dem späteren alleinigen Herausgeber – gemeinsam veröffentlicht.

Oi the Kühlschrank **Billerbeck/Nds** **1995 (2 A.)**
›Unpolitisches‹ Oi-Fanzine im A5-Format, das neben deutschen Oi-Bands auch die internationale RechtsRock-Szene darstellte.

Oi! The Delirium **Oberhausen/NRW** **1987–90 (5 A.)**
Einfach gestaltetes Skinzine mit Berichten über die RechtsRock-Szene, vereinzelt auch Artikel zu ›unpolitischen‹ Oi-Bands und politischen Themen, beispielsweise über den Ku Klux Klan. Herausgegeben u.a. von Stefan Spiller.

Oi! Die Klolektüre **Lengede/Nds** **1998–99 (2 A.)**
Einfach gestaltetes Skinzine, das neben RechtsRock-Bands vor allem ›unpolitischen‹ Oi-Bands Platz bot, herausgegeben von Daniel Helldobler, der inzwischen das Fanzine ➔Doc Martens Beat herausgibt.

Oi! The Fanzine **Hildesheim/Nds** **~1986**
Skinzine, herausgegeben von Peter Just.

Oilenspiegel **Grasleben/Nds** **1994–96 (4 A.)**
Skinzine, in dem zwar auch RechtsRock-, aber vor allem ›unpolitische‹ Oi-Bands porträtiert wurden. Herausgeber Andre ›Krauty‹ Feuerschüttle, siehe ➔Behnsdorfer Skin-Zine, betreibt seit einigen Jahren einen Fanzine-Service, über den vor allem extrem rechte bis neonazistische Hefte vertrieben werden.

Oisterreicher **A/Wien** **1985**
Extrem rechtes Skinzine aus Wien, das neben ›unpolitischen‹ Oi-Bands vor allem die damals gängigen RechtsRock-Bands präsentierte. Herausgegeben wurde es vom Sänger der gleichnamigen Band.

Ostara **Sangerhausen/SA** **1997– (11 A.)**
Beliebtes Skinzine mit umfangreicher Berichterstattung über politische Themen und die RechtsRock-Szene. Herausgegeben von Enrico Marx, siehe ➔Braggi, der aktives Mitglied der HNG ist.

Outsider **Lübeck/SH** **1989 (1 A.)**
Rechtes Skinzine, Nachfolger des Heftes ➔Short Hair.

Panzerbär **Fürstenwalde/BB** **2000– (4 A.)**
Extrem rechtes Politzine mit starkem regionalen Bezug und vereinzelten Berichten zur RechtsRock-Szene. Die dritte Ausg. hatte eine Auflage von 250 Ex. Betreiber der Homepage zum Heft ist Yves Rahmel.

Panzerfaust **Essen/NRW** **~1990–91**
Regionales rechtes Skinzine.

Parole **Prina/S** **2000 (mind. 2 A.)**
Die einfach gestaltete »Schülerzeitung aus der Sächsischen Schweiz« (Untertitel) beinhaltete rassistische Witze, Artikel zur RechtsRock-Szene sowie einige politische Artikel.

Patriot, Der **Kassel/Hes** **1987**
Extrem rechtes Politzine, herausgegeben von Jörg Gernhöfer. Das Heft soll fortgesetzt worden sein unter dem Namen *Leibstandarte*.

Pfalzfront **Schifferstadt/RPf** **1999 (2 A.)**
Neonazistisches Fanzine, das sowohl politische Beiträge als auch Artikel zur RechtsRock-Szene beinhaltete. Herausgegeben von Ronald ›Ronnie‹ Reimer, Aktivist der Anti-Antifa Kurbzw. Saarpfalz. Reimer wurde am 7.6.2001 zu einer Haftstrafe von einem Jahr verurteilt. Das Fanzine ist aus der Fusion der Hefte ➔Südwest-Wind und ➔Südsturm entstanden.

Phönix **Issum/NRW** **1991–92 (3 A.)**
Extrem rechtes Skinhead- und Hooliganzine.

Pranger, Der **Sebnitz/S** **~1992–94 (7 A.)**
Einfach gestaltetes, extrem rechtes Politzine der damaligen Freiheitlich Nationalen Partei (FNP), die auch vom Herausgeber Torsten Bieger geleitet wurde. Zuvor gab das HNG-Mitglied das Heft ➔Sturm, Der heraus und arbeitete später an ➔White Resistance und ➔Hass Attacke von Mirko Hesse mit.

Pride of Austria **A/Wien** **~1989–90 (1 A.)**
Sehr dünnes Fanzine zwischen Ska-Musik und RechtsRock.

Progrom **Bay** **1996–97 (2 A.)**
Klandestin vertriebenes, offen neonazistisches Skinzine, das sich ausschließlich der RechtsRock-Szene widmete und mit NS-Symbolik verziert wurde.

Proissen Power **Cottbus/BB** **~1998–2001 (16 A.)**
Klandestin vertriebenes, offen neonazistisches Skinzine, das sich der RechtsRock-Szene widmete und ebenso Artikel zur NS-Rassenlehre und ähnlichem veröffentlichte. Als Layout wurde vor allem auf NS-Symbolik zurückgegriffen.

Proißens Gloria **Berlin** **1991–92 (6 A.)**
Skinzine in einfachem Layout mit Berichten über die RechtsRock-Szene und vereinzelten politischen Artikeln. Das beliebte ›Berliner Scenewort‹ wurde vom FAP-Mitglied Markus Dierchen herausgegeben. Die Nr. 4 wurde am 22.12.1992, die Nr. 6 am 30.9.1993 indiziert.

Querschläger **Essen/NRW** **1987–91 (43 A.)**
Neonazistisches Politzine, das sich vom Mitteilungsblatt des FAP-Kreisverbandes Essen zu einem der maßgeblichen Zines mit ausführlicher Berichterstattung zur RechtsRock-Szene entwickelte. Herausgegeben von Andreas Zehnsdorf, siehe ➔Frontal, ➔Moderne Zeiten und ➔Rock Nord.

Radi-Kahl **Nürnberg/Bay** **1989–90 (4 A.)**
Einfach gestaltetes Skinzine mit Berichten zur RechtsRock-Szene und Fußball. Herausgegeben von Dirk Bocksrocker, der zusammen mit Alexander Kuligowski, siehe ➔Oi! Deutsches Echo, das Label Di-Al Records betrieb.

Raumschiff Wucherpreis **Dinslaken/NRW** **1999– (7 A.)**
Versandkatalog des Scumfuck-Label/Versand, Fortsetzung des ➔Scumfuck Tradition. Es beinhaltet Berichte über die Punk-Rock- und Oi-Szene, im Versandprogram werden auch Tonträger von RechtsRock-Bands angeboten. Herausgegeben von Wolfgang ›Willi Wucher‹ Schmitz, siehe ➔Ungewollt.

Reaktion 88 **Sangerhausen, Hameln/SA, Nds** **1999–2000 (mind. 2 A.)**
Neonazistisches Politzine der ›Kerkerkameradschaft‹ Hameln, mit dem Untertitel »Worte die durch Mauern gehen«. Inhaltlich präsentierte das Heft vor allem Berichte über den Haftalltag sowie politische Beiträge. Erhältlich war dieses Heft über das Postfach der Fanzines ➔Ostara und ➔Braggi von Enrico Marx.

Rebellenblatt **Bundenbach/RPf** **2001– (3 A.)**
Einfach gestaltetes Skinzine mit Berichten zur RechtsRock-Szene, herausgegeben von Chris Hertrich.

Reichsruf **Mannheim/BW** **~1996–2000 (7 A.)**
Neonazistisches Politzine mit Schwerpunkt auf Anti-Antifa-Arbeit. Herausgegeben von Stefan Michael Bar, Führungskader der neonazistischen Nationalen Volksfront – Kameradschaft Neustadt, der während seiner Haftstrafe von der HNG betreut wurde. Die letzte Ausg. wurde über ein niederländisches Postfach des GdNF-Netzwerkes versandt, während Bar bereits eine Haftstrafe verbüßte.

Reisswolf **~1993–94 (3 A.)**
Klandestin vertriebenes, offen neonazistisches Politzine, dessen zweite Ausg. am 31.8.1994 indiziert wurde.

Revolte **Lüdenscheid/NRW** **1991–93 (5 A.)**
Neonazistisches Politzine in einfacher Aufmachung, herausgegeben von dem 1997 verstorbenen Harald Theodor Mehr, siehe auch ➔Widerstand.

Rheinsturm **Mannheim/BW** **1999 (1 A.)**
Neonazistisches Skinzine im A5-Format, das vorwiegend politische Berichte präsentierte. Herausgegeben von Oliver Zdarsky.

Rheinsturm **Montabaur/RPf** **1999– (7 A.)**
Skinzine als ›Heft im Heft‹ im ➔Weckruf. Während der Weckruf der politischen Berichterstattung vorbehalten ist, widmet sich der Rheinsturm der RechtsRock-Szene. Herausgegeben wurde die Debütausgabe von Manuel Fürstenberg, die letzte Ausg. von Thorsten Lanzrath.

Riesaer Zündbläddl **Riesa/S** **1998– (7 A.)**
Das von den Boot Boys Riesa herausgegebene Magazin enthält eine Mischung aus RechtsRock-Berichten, Politik und Geschichte aus extrem rechter Sicht. Es entwickelte sich von einem dünnen, kopierten Propagandablatt, zu einem qualitativ hochwertigen Fanzine, gedruckt und mit Farbcover.

Rippenbrecher, Der **Mannheim/BW** **1999 (1 A.)**
Einmaliges, gemeinsames Projekt der Mannheimer Zines →Feldzug und →Doitsche Offensive.

Ripper, Der **Braunschweig/Nds** **1996–99 (8 A.)**
Beliebtes Skinzine mit Berichten über ›unpolitische‹ Oi- als auch RechtsRock-Bands. Die Auflage steigerte sich von 200 Exemplaren bei der Debütausgabe bis auf 750 Ex.

Rock Nord **Düsseldorf/NRW** **1996– (57 A.)**
Hochglanzmagazin, mit einer Auflage von 15.000 Ex. (Eigenangabe), Nachfolgeprojekt von →Moderne Zeiten. Das Magazin berichtet über die RechtsRock-Szene und versucht stetig neue Rechtsentwicklungen in der Musikszene, z.B. im Black-Metal, in das Heft zu integrieren. Ab 1998 versuchten die Herausgeber die Attraktivität des Heftes mit unregelmäßigen CD-Beilagen, auf denen Bands des Genres vertreten sind, zu steigern. Zudem beinhaltet(e) das Magazin den seitenlangen Versandkatalog des MZ- später des Rock Nord-Versand bzw. zuvor des Label/Versand Funny Sounds von Torsten Lemmer. Aufgrund dieser Verbindung sowie der Person Lemmer wurde das Heft in der Szene als rein kommerzielles Projekt stark angegriffen. Die Nr. 22–35 wurden vom Creative Zeiten Verlag (CZ) herausgegeben, Nr. 36/37 bis Nr. 46 von Andreas Zehnsdorf und Torsten Lemmer, Nr. 47–67 von CZ, Nr. 68/69 von Zehnsdorf und ab der Nr. 70 von der VGR Multimedia Verlagsgemeinschaft Rheinland GmbH, die Lemmers Großvater Ludwig Moos gehört, V.i.S.d.P. ist Ferenc Szeplaki. An dem Heft haben u.a. mitgearbeitet: Frank Krämer von der RechtsRock-Band Rheinwacht, Jürgen Drenhaus von der RechtsRock-Band Body Checks, der ehemalige JN-Funktionär Jan Zobel, die ehemalige JN-Stützpunktleiterin Melanie Dittmer sowie Mike Beyer, siehe →Amok.

Roial **Dresden/S** **1994–99 (11 A.)**
Oi- und Ska-Skinzine im A5-Format mit wenigen Bezügen zur RechtsRock-Szene. Die letzten Ausg. erschienen mit einer Auflage von 1.000 Exemplaren.

Roiberpost **Eisenach, Saalfeld/Th** **~1994–96 (7 A.)**
›Unpolitisches‹ Skinzine, zwischen Ska, ›unpolitischem‹ Oi und gelegentlich RechtsRock.

Ruf des Nordens, Der **DK/Hillerod** **1998–99 (2 A.)**
Deutschsprachiges Heft der Blood & Honour Division Skandinavien, das inhaltlich ausschließlich neonazistische Themen präsentierte. Vertrieben wurde das Heft über das dänische Blood & Honour-Postfach.

Ruf nach Freiheit, Der **Filderstadt/BW** **2000- (4 A.)**
Fanzine in einfachem s/w-Layout, mit Artikeln zu Verschwörungstheorien und Heidentum, sowie zahlreichen Interviews mit rechten Bands verschiedenster Musikrichtungen. Die Herausgeber verfügen auch über einen Versand gleichen Namens. Seit Oktober 2001 fungiert das Fanzine als Mitteilungsblatt der Initiative Identität durch Musik (idm).

Ruhrpott, Der **NRW** **1994 (1 A.)**
Regional verbreitetes Skinzine mit RechtsRock und Zeitungsausschnitten über gewalttätige Auseinandersetzungen. Die 1. Ausg. wurde am 31.8.1994 indiziert.

S.O.S. Bote **Friedrichshafen/BW** **~1990–94 (24 A.)**
Sehr beliebtes Fanzine der ›unpolitischen‹ Oi- und Ska-Szene, in dem neben Punk, Oi, Ska nur sehr vereinzelt RechtsRock-Bands präsentiert wurden. Die Herausgeber Scheffold und Pusch betrieben einen gleichnamigen Versand mit einem umfassenden Angebot an nicht-rechter Musik.

Sachsens Glanz **Zwenkau/S** **1997–99 (6 A.)**
Beliebtes Skinzine mit Schwerpunkt auf RechtsRock und rechten Black-Metal. In den letzten Ausg. wurde allerdings auch zunehmend über ›unpolitische‹ Hardcore-Bands berichtet. Die Auflage betrug mehrere hundert Exemplare.

Sachsens Glanz **Lobstädt/S** **1991–92 (3 A.)**
Neonazistisches Fanzine mit Berichten über die RechtsRock-Szene. Positive Bezüge auf die seinerzeit stattfindenden rassistischen Pogrome. Herausgegeben von Michael Probst, dem damaligen Sänger der RechtsRock-Band Kroizfoier. Die 3. Ausg. wurde am 30.6.1993 indiziert.

Sauerländer Stürmer **NL/Rotterdam** **2000 (2 A.)**
»Publikation des Nationalen Widerstandes Hochsauerland«, lautet der Untertitel des einfach gestalteten Politzines. Als mutmaßliche Herausgeberin des Heftes wurde im Januar 2002 die Kameradschaftsführerin der Sauerländer Aktionsfront (SAF) Daniela Wegener (Olsberg) angeklagt, das Verfahren allerdings wegen Verjährung eingestellt.

Schlacht und Schwerter **Voerde/NRW** **~1989–90**
Skinzine, herausgegeben von Thorsten Grube, siehe auch →Gewalttäter.

Schlachtruf **Freiburg/BW** **1991–93 (7 A.)**
Einfach gestaltetes, extrem rechtes Skinzine mit Schwerpunkt auf RechtsRock und vereinzelten politischen Beiträgen. Herausgegeben vom SFD-Mitglied Martina Janssen. Die 6. Ausg. wurde am 31.8.1993 indiziert, die Nr. 4 und Nr. 7 am 30.11.1993. Zugleich wurden das Heft für den Zeitraum 30.11.1993 bis 29.11.1994 vorausindiziert. Wegen einigen Artikeln in ihrem Magazin wurde Janssen 1994 wegen Volksverhetzung zu einer Geldstrafe von 1.000 DM und einer viermonatigen Haftstrafe auf vier Jahre Bewährung verurteilt.

Schlagstock **Kiel/SH** **1993 (1 A.)**
Skinzine von Marco Callies, dessen Debütausgabe am 30.7.1994 indiziert wurde.

Schwarze Drache, Der **Wietze/Nds** **~1995– (28 A.)**
Politzine in einfachem Layout, herausgegeben von Roman Rheinsberg, das ausschließlich politische Beiträge präsentiert.

Scumfuck Tradition **Dinslaken/NRW** **1988–99 (42 A.)**
Oi- und Punk-Rock-Zine, das aufgrund seines ›unpolitischen‹ Gestus und offenen Sexismus auch in Teilen der RechtsRock-Szene gerne gelesen wurde, herausgegeben von Wolfgang ›Willi Wucher‹ Schmitz, die Nr. 41 von Collaps Strauch, siehe →Singen und Tanzen. Nr. 42 erschien als ›Heft im Heft‹ in →Raumschiff Wucherpreis.

Shock Troops Römerberg/Hes 1987–91 (14 A.)
Skinzine zwischen Punk, Oi und RechtsRock, herausgegeben von Wolfgang Diehl.

Short Hair Lübeck/SH 1988–89 (4 A.)
Einfach gestaltetes rechtes Skinzine, herausgegeben von Hauke Bahnsen.

Siegener Bärenruf Siegen/NRW 1996–98 (7 A.)
Neonazistisches Heft mit politischen Berichten als auch Artikeln zur RechtsRock- und Siegener Fußball-Szene. Herausgegeben von den Aktivisten der ›Siegener Kameradschaft 2/130‹ Martin Scheele, Inhaber der Homepage zum Heft und von Steffen Ostehr. ➔Sprung auf..., Marsch, Marsch!

Sieger, Der Bottrop/NRW ~1990 (1 A.)
Extrem rechtes Skinzine, vorwiegend mit Artikeln zur RechtsRock-Szene.

Singen und Tanzen Duisburg/NRW 1986–87 (7 A.)
Einfach gestaltetes rechtes Skinzine mit Berichten über ›unpolitische‹ Oi-, Punk- als auch RechtsRock-Bands. Herausgegeben von Collaps Strauch, der später beim ➔Scumfuck Tradition mitarbeitete.

Skin Times Wolfsburg/Nds ~1990–91 (11 A.)
Rechtes Skinzine mit gängiger Berichterstattung zur RechtsRock-Szene, herausgegeben von Andi Kurzke.

Skinhead 88 Püttlingen/Saar 1996–99 (4 A.)
Neonazistisches Skinzine, das ausschließlich über die RechtsRock-Szene berichtete.

Skinhead Jugend Schweiz CH/Oberrohrdorf ~1985 (7 A.)
»Kampfblatt der Deutschsprachigen SJ Aktionsfront« (Untertitel), offen neonazistisches Heft der 1985 gegründeten Skinhead Jugend, das aus wenigen kopierten Blättern bestand.

Skinhead Pride Lüneburg/Nds 1990–91 (6 A.)
Das Heft startete mit der 5. Ausg. als Fortsetzung des ➔NS Eisenschädel. Herausgegeben wurde es von Sven Grewe.

Skinhead Zeitung Wendelstein/Bay 1992 (2 A.)
Extremes rechtes Skinzine, das neben RechtsRock in der 2. Ausg. auch einen Erlebnisbericht von rassistischen Angriffen in Rostock-Lichtenhagen 1992 beinhaltete. Herausgegeben von Stefan Scharrer. Die 1. und 2. Ausg. wurden am 30.9.1993 indiziert.

Skinhead, (Der) Oldenburg/Nds, Bremen 1982–96 (13 A.)
Einfach gestaltetes, extrem rechtes Skinzine. Anfangs wurde das Heft von Thorsten Winter herausgegeben (siehe ➔Heimatfront). Die Nr. 11 wurde 1992 indiziert. Die 12. Ausg. trug als Untertitel »Hammerskins Bremen«.

Skinhead-Meeting Rödinghausen, Bünde/NRW 2002– (3 A.)
Musikheft im A5-Format, das sich bewusst an alle Skinheads wendet. Trotzdem überwiegen die Beiträge zu eindeutig rechten Bands. Herausgeber ist Jens Niemeier, Anmelderin der Homepage zum Heft ist Sandra Baruth.

Skinheads – Vorbild der Treue Wolfsburg/Nds ~Anfang 90er
Skinzine.

Sonnenrad Werdohl/NRW 1998 (2 A.)
Neonazistisches Politzine im A4-Format. Herausgegeben wurde die Debütausgabe von einer Redaktionsgemeinschaft bestehend aus Marco Happke (➔Feuer & Sturm), Roman Rheinsberg (➔Der schwarze Drache) und Maik Fischer (➔Der weiße Wolf).

Spass & Froide Kassel/Hes 1986–90 (8 A.)
Einfach gestaltetes Skinzine mit Schwerpunkt auf RechtsRock, Fußball und Eishockey. Herausgegeben wurde das Heft anfangs von Andreas Hieronymus, später von Iris Cuntze.

Springende Stiefel, Der A/Linz 1993–98 (12 A.)
›Unpolitisches‹ Oi-Skinzine aus Österreich, das weit verbreitet war. Es beinhaltete nur vereinzelt Berichte über RechtsRock-Bands.

Sprung auf ... marsch, marsch!!! Siegen/NRW 1998–99 (3 A.)
Neonazistisches Politzine mit einzelnen Berichten zu Fußball und RechtsRock. Herausgeber der »Publikation des Nationalen Widerstandes Siegerland/Sauerland« (Untertitel) war der Anführer der Kameradschaft 2/130 Martin Scheele, siehe ➔Siegener Bärenruf.

Stahlfront A/Steyr 1990–92 (5 A.)
Dünnes, einfach gestaltetes Skinzine, dass neben den gängigen RechtsRock-Bands über die Szene in der »Ostmark« (O-Ton) berichtete. Herausgegeben von Manfred Auer. Nach der Einstellung des Stahlfront veröffentlichte Auer das Fanzine ➔Streetfight.

Staufersturm Eislingen/BW 1993 (1 A.)
Heft des neonazistischen Staufer-Sturm Göppingen. Herausgegeben von Christian Erich Seidel. Die 1. Ausg. wurde am 31.8.1994 indiziert.

Stiefelträger, Der Diedorf/Bay ~1987–88 (4 A.)
Skinzine, herausgegeben von Constantin ›Conny‹ Mayer, seinerzeit Gitarrist der neonazistischen Skinhead-Band Kruppstahl.

Stimme der Reichshauptstadt Heidelberg/BW
Skinzine, herausgegeben von Herbert Budischowski.

Stolz & Durstig Burscheid/NRW 1990
Skinzine, herausgegeben von S. Wegmüller.

Stolz & Troie Senden-Ay, Neu-Ulm/Bay 1992–95 (5 A.)
RechtsRock-Fanzine mit rassistischen und antisemitischen Inhalten. Herausgegeben von Bernd Christoph (Streetdevil-Versand) in Zusammenarbeit mit Daniel Sommerfeld. Nr. 1 wurde am 31.8.1993, Nr. 3 am 31.3.1995 indiziert.

Stomp Gelsenkirchen/NRW ~1982–84 (7 A.)
Skinzine.

Stoppel Terror Hamburg 1985 (1 A.)
Mitteilungsblatt der rechten Oi-Band Stoppel Terror, herausgegeben von Jürgen Becker.

Stormfront 88 (2 x 44) Gräfenheinichen/SA 1997–98 (5 A.)
Der Herausgeber Andy Müller präsentierte in seinem Skinzine neben RechtsRock-Bands auch rechte Black-Metal- und Dark-Wave-Projekte.

Strasse, Die Parchim/MV ~1994–95 (3 A.)
Skinzine.

Streetfight A/Steyr 1992 (1 A.)
Rechtes Skinzine mit Schwerpunkt auf RechtsRock. Herausgegeben von Manfred Auer (siehe ➔Stahlfront) und Peter Hofer. Die Nr. 1 wurde am 30.6.1993 indiziert.

Sturm Bremen 1990 (2 A.)
Rechtes Skinzine.

Sturm, Der Sebnitz/S 1991–92 (11 A.)
Monatlich veröffentlichtes neonazistisches Politzine der Nationalen Offensive – Kreisverband Sachsen. Herausgegeben von Torsten Bieger, ➔Pranger, unter Mitarbeit von Mirko Hesse, ➔Hass Attacke, Pranger.

Stürmer, Der Halle/SA ~1997–98 (5 A.)
Offen neonazistisches, klandestin vertriebenes Heft, das lt. dem Fanzine ➔Ostara (Nr. 5, 1999), »auf der Basis von §86a, §130 und §189 so ziemlich alles [beinhaltet] was das Herz begehrt«.

Sturmführer, Der Mannheim/BW 1998 (2 A.)
Neonazistisches Politzine im A5-Format. Herausgegeben von Stephan Zimmermann, der nach Einstellung des Heftes verstärkt an der Homepage sowie dem Heft der JN Baden-Württemberg mitarbeiten wollte.

Süderelbe Adler Front (SAF) Hamburg ~1990
Mitteilungsblatt der Süderelbe Adler Front.

Südsturm BW ~1998
Skinzine, das mit dem ➔Südwest-Wind zur ➔Pfalzfront fusionierte.

Südwest-Wind Ludwigshafen/BW 1996–98 (4 A.)
Einfach gestaltetes Skinzine mit politischen Beiträgen, u.a. von der NPD und Artikeln zu RechtsRock. Herausgegeben von Ronald ›Ronnie‹ Reimer. Das Heft fusionierte mit dem ➔Südsturm zur ➔Pfalzfront.

Super Skin Pfronten/Bay 1995–96 (3. A.)
Obwohl das Magazin lt. Vorwort der ersten Ausg. »jede Form von Skins, Oi-Punks & Prolls« ansprechen wollte, lag der Schwerpunkt auf RechtsRock. Herausgegeben wurde das Heft von führenden Vereinsfunktionären der Skinheads Allgäu und Mitgliedern der RechtsRock-Band Faustrecht.

Szene-Rundbrief Glinde/SH 1995 (2 A.)
Dünnes, reines RechtsRock-Fanzine, mit unterdurchschnittlicher inhaltlicher als auch äußerer Qualität. Herausgegeben von Andreas Stähr, dem damaligen Inhaber des Label und Versandes Vincente Directori Records.

Tabula Rasa Annweiler/BW 1997–98 (3 A.)
Einfach gestaltetes Skinzine mit Schwerpunkt RechtsRock, herausgegeben von Sascha Teeuwen.

Tat, Die Halle/SA 2000– (18 A.)
Das A5-Heft mit intellektueller Attitüde beinhaltet vor allem Artikel zum Neuheidentum und Kommentare zum aktuellen Zeitgeschehen aus rechter Sicht. An dem Heft arbeiten u.a. Sven Schwarz, siehe ➔Buhmann, Der, und Matthias Münch mit.

Tollschock Heroldsbach/Bay ~1996– (7 A.)
Das überdurchschnittlich umfangreiche »Skinzine aus Franken« (Untertitel) mit jeweils über 100 Seiten, berichtet über Ska-Musik, die ›unpolitische‹ Skinhead-Szene und vereinzelt über RechtsRock. Herausgegeben von Thomas Fuchs.

Totenkopf CH/Horw 1991–93 (6 A.)
Bedeutendes neonazistisches Skinzine, herausgegeben von Patrick Iten, einem der führenden Köpfe der Schweizer Hammerskins (SHS). Nr. 4 und 5 wurden 1993 in der BRD indiziert.

Totenschläger CH/Widen 1991–92
RechtsRock-Fanzine mit Werbung für verschiedene extrem rechte Organisationen aus dem nationalen als auch internationalen Spektrum.

Treue Mädel, Das Halle/SA 2001 (4 A.)
Neonazistisches Politzine im A4-Format, herausgeben von einer weiblichen Redaktion. Neben Interviews mit neonazistischen Frauenorganisationen werden u.a. Artikel zum Thema Frauen im Nationalsozialismus veröffentlicht.

Triskele Essen/NRW 2000– (5 A.)
Neonazistisches kulturpolitisches Frauenmagazin aus dem Spektrum der ›Freien Nationalisten‹. V.i.S.d.P. ist Katharina Albrecht.

Umbruch Quedlinburg/SA 1994–96 (13 A.)
Theorieheft der Nationalistischen Front, herausgegeben von Steffen Hupka, der später zeitweise Landesvorsitzender der NPD Sachsen-Anhalt und bis 2002 Funktionär der Revolutionären Plattform war, für die er den *Unabhängigen Rundbrief kritischer Nationalisten* herausgab.

Ungewollt Duisburg/NRW 1980–88 (29 A.)
»Leselektüre für Skinheads, 77er Punks, MSV-Fans, Irrsinnschaotenanhänger und sonstigem Asigesocks aus Duisburg BRD«, lautete der Untertitel der 23. Ausg. des von Wolfgang ›Willi Wucher‹ Schmitz herausgegebenen Fanzines. Schmitz spielte Anfang der 80er-Jahre bei der Punk-Rock-Band Becks Pistols, war 1984/85 Bassist der RechtsRock-Band Body Checks und anschließend wieder Sänger der Becks Pistols bzw. nach einer Namensänderung Pöbel und Gesocks. Weiterhin betreibt Schmitz den Versand und das Fanzine ➔Scumfuck Tradition bzw. ➔Raumschiff Wucherpreis.

United Skins **Königs Wusterhausen/BB, GB/London** **1992–99 (13 A.)**
Einfach gestaltetes extrem rechtes Skinzine, das sich vor allem mit RechtsRock, Fußball und Eishockey befasste. Im Laufe der Jahre entwickelte es sich zunehmend zu einem neonazistischen Heft. Der Herausgeber Carsten Szczepanski, siehe ➔Feuerkreuz, fungierte nach einer mehrjährigen Haftstrafe wegen versuchten Totschlags als Organisationsleiter des NPD-Landesverband Berlin-Brandenburg und arbeitete als informeller Mitarbeiter des Verfassungsschutzes. Die letzten Ausg. wurden, ebenso wie zeitweise das Fanzine ➔Volkswille, über das Londoner Blood & Honour-Postfach vertrieben. Die Nr. 1 und Nr. 3 des *United Skins* wurden am 31.8.1993 und die Nr. 5 am 31.5.1994 indiziert.

United, White & Proud **Amberg/Bay** **1998 (2 A.)**
Neonazistisches Skinzine, herausgegeben von der Blood & Honour Sektion Bayern.

Unser Stolz **Bischberg/Bay** **~1984**
Skinzine.

Unsere Welt **Bielefeld/NRW** **1997– (7 A.)**
Hochwertiges A4-Heft mit Farbcover, das neben Berichten zur RechtsRock-Szene auch politische Beiträge beinhaltet. Das »Magazin des Rock'n'Roll Widerstandes« (zeitweiliger Untertitel) wird herausgeben von Bernd Stehmann, Führungsfigur im Spektrum der ›Freien Nationalisten‹ und ehemaliger Kader der GdNF.

Unter Freunden **Schwabach/Bay** **1992**
Einfach gestaltetes Skinzine mit Interviews gängiger RechtsRock-Bands. Herausgegeben von Sven Oliver Schlechta, der 1998/99 Kontoinhaber für eine Initiative zur Freilassung von Gottfried Küssel, einem der führenden österreichischen Neonazis, war.

Unter'm Kroitz **Leverkusen/NRW** **~1990**
Skinzine.

Up Yours **Gundelfingen/BW** **1995-96 (4 Ausg.)**
Einfaches ›unpolitisches‹ Oi-Zine, das gelegentlich RechtsRock-Bands präsentierte. Herausgegeben von Daniel Dufner.

Vereinte Kräfte – Noie Werte **Stuttgart/BW** **1988–92 (4 A.)**
Einfach gestaltetes Skinzine, das sich von einem rechten Heft des ›Skinhead – A way of life‹ zu einem neonazistischen Fanzine wandelte. Der Herausgeber war der heutige Rechtsanwalt Steffen Hammer, Bandleader der RechtsRock-Band Noie Werte.

Vergeltungsschlag **Münster/NRW** **1984**
Skinzine, herausgegeben von Karsten Böcking.

Victory **Pulsnitz/Berlin** **1996–98 (5 A.)**
Skingirlzine, das anfangs den Hammerskins nahe stand, mit Schwerpunkt auf RechtsRock und Politik. Herausgegeben von Mandy Neff und Annett Wendefeuer. Die Nr. 5 erschien als ›Heft im Heft‹ in der 5. Ausg. des ➔Blood & Honour Magazin Deutschland.

Victory or Valhalla **Unterdietfurt/Bay** **1998– (3 A.)**
Neonazistisches Skinzine, herausgegeben vom Hammerskin Thomas Pavenzinger. Der inhaltliche Schwerpunkt auf RechtsRock wurde in der 3. Ausg. zugunsten der politischen Berichterstattung zurückgestellt.

Viking Force **Hamburg** **~1994**
Skinzine.

Viking Order **S/Stockholm** **1996–97 (2 A.)**
Deutschsprachiges, Blood & Honour-nahes Magazin, das vor allem über die skandinavische RechtsRock-Szene informierte. Aufgrund der abgebildeten NS-Symbole ist das Heft in Deutschland illegal.

Violence **Braunschweig/Nds** **1998– (10 A.)**
Skinzine im A5-Format mit Berichten zur ›unpolitischen‹ Oi- als auch RechtsRock-Szene und vereinzelten Artikeln zum Thema Fußball. Herausgegeben von ›Möhle‹. Die Auflage der Nr. 10 betrug zwischen 400–500 Ex.

Voice of Esslingen **Esslingen/BW** **~1988–89 (5 A.)**
Regionales Skinzine zwischen SKA, Oi und RechtsRock, herausgegeben von Marc Green.

Voice of Zwickau **Zwickau/S** **1997 (2 A.)**
Extrem rechtes Skinzine mit Schwerpunkt auf RechtsRock und vereinzelten politischen Artikeln. Herausgegeben von Ralf ›Manole‹ Marschner, Mitglied der RechtsRock-Band Westsachsengesocks, siehe auch ➔Vollstrecker.

Völkische, Der **Halle/SA** **1992 (1 A.)**
Einfach gestaltetes, neonazistisches Zine, dessen Herausgeberkreis sich als »National Deutsche, Rechte, Skinheads, Hools« (Untertitel Nr. 1) bezeichnete. Die 1. Ausg. wurde 1993 indiziert.

Volkstreue **Recklinghausen/NRW** **1992 (4 A.)**
Politzine mit RechtsRock-Berichten, herausgegeben von Nicole Nowicki. Sie war seinerzeit bundesdeutsche Sektionsleiterin des internationalen Netzwerkes Woman for Aryan Unity (WAU) und dem Umfeld der FAP zuzuordnen. Alle Hefte wurden am 30.10.1992 indiziert und das Heft zugleich für den Zeitraum vom 30.10.1993–29.10.1994 vorausindiziert.

Volkstreue Zeiten **Sangershausen/SA** **1997–98 (5 A.)**
»Das Heft für den Nationalen Widerstand in Sachsen-Anhalt« (Untertitel) veröffentlichte im Rahmen der Anti-Antifa-Arbeit u.a. Adressen von politischen Gegnern.

Volkswille **Guben/BB** **~1995– (12 A.)**
Das neonazistische »Lausitzer Skinhead Magazin« (zeitweiliger Untertitel), das mittlerweile bundesweite Bedeutung erlangt hat, berichtet über RechtsRock und über Politik. Herausgegeben wird das Heft von Bernd Bahlke. Zeitweise war das Magazin über das Postfach von Blood & Honour in London erhältlich.

Vollstrecker, Der **Zwickau/S** **1990–92 (mind. 5 A.)**
Einfach gestaltetes, neonazistisches Skinzine. Herausgegeben von Ralf ›Manole‹ Marschner, der in der RechtsRock-

Band Westsachsengesocks mitspielte. Die 3. Ausg. wurde am 30.1.1993, die 4. am 22.12.1992 und die 5. am 30.9.1993 indiziert und das Heft zugleich für den Zeitraum 30.9.1993-29.9.1994 vorausindiziert. Siehe auch →Voice of Zwickau.

Wachturm, Der **Hohen-Ernstthal, Chemnitz/S** **1996–98 (4 A.)**
Skinzine mit Schwerpunkt RechtsRock, bedingt auch Berichte über ›unpolitische‹ Oi- sowie rechte Black-Metal-Bands. Herausgegeben von Jens Schaarschmidt, siehe →Henker, Der. Zeitweilig waren *Der Wachturm* und →Alex Company über das gleiche Postfach erreichbar.

Walküre **Barendorf/Nds, Berlin** **~1993–2000 (25 A.)**
Internes Heft der Skingirl Front Deutschland bzw. Skingirl Freundeskreis Deutschland (SFD), das hauptsächlich über die Arbeit des SFD berichtete und sich der extrem rechten Kulturpflege widmete. Vorläufer →Midgard.

Warhammer **Hünfeld/Hes** **1996 (1 A.)**
A5-formatiges Skinzine, ausschließlich mit Beiträgen über die RechtsRock-Szene, das mit den Hammerskins sympatisierte.

Warhead **Adendorf/Nds** **1997 (2 A.)**
Klandestin vertriebenes Heft der Hammerskins Nordmark mit Schwerpunkt auf RechtsRock und NS-Black-Metal, aber auch politischen Beiträgen.

Weckruf, Der **Montabaur/RPf** **~1998– (10 A.)**
Politzine, das als ›Heft im Heft‹ das Skinzine →Rheinsturm enthielt. Herausgegeben von Dirk Kohl. Das Postfach dient auch als Kontaktanschrift für den Versand Der Eichenhain sowie für die Kameradschaft Westerwald.

Wehrpass **Krakow/MV** **1996–97 (4 A.)**
Skinzine mit dem Untertitel »Rundbrief für deutsche Patrioten«, in dem vor allem über RechtsRock berichtet wurde. Herausgegeben von D. Breitzmann und Jörg Warncke, der 2000 die Herausgabe des Heftes →Meinungsfreiheit übernahm und zeitweise den Provokant Versand betrieb.

Wehrt Euch! **Berlin** **1991–99 (10 A.)**
Klandestin vertriebenes, offen neonazistisches A5-Politzine der Hammerskins Deutschland, das neben politischen Artikeln auch über die RechtsRock-Szene berichtete. Nr. 2 und Nr. 4 wurden am 31.3.1995 indiziert.

Wehrwolf, Der **NL/Delfijl** **1999 (1 A.)**
Anti-Antifa-Heft mit Adressen politischer Gegner, herausgegeben von der Anti-Antifa Saarpfalz bzw. Kurpfalz, hinter der u.a. Roland Reimer stand, siehe auch →Pfalzfront und →Südwest-Wind. Die Kontaktadresse ist der niederländischen GdNF-Struktur zuzuordnen.

Weisse Liga **Frankfurt/Hes** **1998–99 (9 A.)**
In dem klandestin vertriebenen Zine im A4-Format berichtete Frank Kreller regelmäßig über die RechtsRock-Szene.

weiße Wolf, Der **Brandenburg/Havel/BB, Uder/Nds, Neustrelitz/MV** **~1995– (18 A.)**
Anfänglich als »Rundbrief inhaftierter Kameraden der Justizvollzugsanstalt Brandenburg« produziertes Politzine, das sich vor allem politischen Themen, dem Alltag in der JVA und der RechtsRock-Szene widmet. Herausgegeben wird das A5-Heft u.a. von Maik Fischer. Seit 1999 existiert eine Homepage zum Heft.

Westmark **Hessheim/RPf** **1997 (1 A.)**
Einfach gestaltetes, neonazistisches Zine der Hammerskins Pfalz, das Artikel zur RechtsRock-Szene, Zeitungsausschnitte über die rechte Skinhead-Szene sowie politische Statements beinhaltete. Herausgegeben von M. Maister.

White Power **Leverkusen/NRW, Berlin** **1990 (1 A.)**
Neonazistisches Politzine, das der FAP nahe stand, und auch über RechtsRock berichtete. Herausgegeben von Holger Kattler, der zuvor das Zine →Möh hinter Gittern herausgab.

White Pride **A/Wien** **~1990 (1 A.)**
Neonazistisches, in Englisch verfasstes Skinzine, das vor allem über die bundesdeutsche RechtsRock-Szene berichtete.

White Resistance **Sebnitz/S** **1992 (1 A.)**
Debütausgabe des später in →Hass Attacke umbenannten Skinzines von Mirko Hesse.

White Revolution **Sebnitz/S** **~1998 (1 A.)**
Einfach gestaltetes Fanzine mit RechtsRock-CD-Besprechungen, rassistischer Hetze und neonazistischer Propaganda. Veröffentlicht von der White Warrior Crew Sebnitz.

White Storm **Witten/NRW** **~1999–2000 (3 A.)**
»Die unabhängige Stimme des White Storm Witten« (Untertitel), einfach gestaltetes Politzine mit Rezensionen von RechtsRock-Tonträgern und Werbung für verschiedene Versände der Szene.

White Supremacy **Wilsdruff/S** **1998– (3 A.)**
Hochglanzheft mit Farbcover, das sich inhaltlich der RechtsRock-, aber auch der NS-Black-Metal-Szene widmete und politische Artikel veröffentlichte. Herausgegeben von Jan Werner, der zeitweise Sektionsleiter von Blood & Honour Sachsen war und mit anderen das Label Movement Records betrieb.

White Unity **Bienenbüttel/Nds** **1997–98 (2 A.)**
Extrem rechtes Skinzine, das neben Berichten zur RechtsRock-Szene auch Artikel zum rechten Zeitgeist veröffentlichte, herausgegeben von Mirco Hanke. Als Kontaktanschrift für die erste Ausg. diente die Adresse des Heftes →Meinungsfreiheit, an dem Hanke zeitweise mitgearbeitet hat.

White Youth **Hoyerswerda/BB** **1999 (1 A.)**
Qualitativ hochwertiges A5-Heft mit neonazistischen Beiträgen über Politik und RechtsRock, herausgegeben von White Youth Deutschland – der Jugendorganisation von Blood & Honour sowie Blood & Honour Süd-Brandenburg.

Wikinger, Der **BB** **1993 (1 A.)**
Einfaches neonazistisches Skinzine, mit Werbung für neonazistische Organisationen.

Wikinger, Der **Rotburg/Bay**
»Skins & Boots – Fanzine Rotburg/Donau«, in dem offen Sympathie für den rassistischen KKK bezeugt wurde. Herausgegeben von Andrea Ilchen.

Wickinger, Der **Sachsenheim/BW** **1997 (1 A.)**
Debütausgabe des anschließend in ➔Kettensprenger umbenannten Skinzine, mit einer Auflage von 1.000 Ex. Inhaltlich präsentierte es gleichgewichtig politische Beiträge neben Artikeln zur RechtsRock-Szene.

Widerstand **Lüdenscheid/NRW** **1995–97 (6 A.)**
»Die Zeitung der Volkstreuen Deutschen« (Untertitel) wurde von der Redaktionsgemeinschaft ›Widerstand‹ herausgeben, der Harald Theodor Mehr vorstand und stand der Nationalistischen Front nahe. Inhaltlich überwogen politische Beiträge. Siehe auch ➔Revolte.

Wie jetzt? **Bremen** **~1991–93 (4 A.)**
Rechtes Skinzine, das zeitweise über die gleiche Adresse wie ➔Skinhead, Der vertrieben wurde. Die Nr. 4 wurde am 30.11.1993 indiziert.

Wille und Weg **Berlin** **1986 (1 A.)**
»Kampfblatt der Gewalttätigen Jugend« (Untertitel) mit neonazistischen Beiträgen in einfachem Layout.

Working Class **Lichtenfeld/Bay**
Rechtes Skinzine, herausgegeben von Robert Renk.

Wort vom Niederrhein, Das **Rees/NRW** **1998–2000 (3 A.)**
Einfach gestaltetes Fanzine mit Schwerpunkt RechtsRock, herausgegeben von Peter Wallet aus Hamminkeln.

Wut **A/Wien** **~1983/84 (1 A.)**
›Unpolitisches‹ Oi-Skinzine, herausgegeben von Mikko Barjulehto.

Zeitbombe **Hofheim/BW**
Rechtes Skinzine.

Zentralorgan **Ludwigslust/MV, Hamburg** **1998– (13 A.)**
Entgegen der ersten Absicht, das A4-Politzine als ein gemeinsames Magazin der Hefte ➔Freie Stimme, ➔Widerstand und ➔Moonstomp zu produzieren, wird das Zentralorgan heute von einer Redaktion um das Aktionsbüro Norddeutschland herausgegeben und ist zur wichtigsten Publikation der ›Freien Kameradschaften‹ avanciert. Der Schwerpunkt beruht auf politischer Berichterstattung, aber auch Artikel zur RechtsRock-Szene sind fester Bestandteil des Heftes. Zeitweise beinhaltete das Magazin als ›Heft im Heft‹ das Skinzine ➔Blitzkrieg.

Verzeichnis von Adressen gegen Rassismus und Rechtsextremismus

Das Verzeichnis ist untergliedert in Antifaschistische Zeitungen, Archive und Gruppen, Initiativen, Institutionen. Das dritte und umfangreichste Unterverzeichnis listet eine Auswahl von Adressen verschiedenster Initiativen auf, die sich gegen die Verbreitung rassistischer sowie extrem rechter Vorstellungen einsetzen, Flüchtlingsarbeit leisten und/oder die Interessen von Migranten vertreten.

Dieser Abschnitt ist nach Bundesländern sortiert. Adressen, die unseres Erachtens nach von bundesweiter Bedeutung sind, wurden dunkler hervorgehoben.

Antifaschistische Zeitungen

Antifaschistisches Infoblatt
c/o. L. Meyer
Gneisenaustr. 2a
19961 Berlin
030-6946795
030-6946795
aib.@mail.nadir.org
www.nadir.org/nadir/periodika/aib

ZAG Zeitung antirassistischer Gruppen
Yorckstr. 59 HH
10965 Berlin
030-7857281
030-7869984
zag@mail.nadir.org
http://www.nadir.org/nadir/periodika/zag/home/start.html

blick nach rechts
- Institut für Information und Dokumentation e.V.
Stresemannstr. 30
10963 Berlin
030-25594174
030-25594499
info@bnr.de
www.bnr.de

Der Rechte Rand
- Informationen von und für AntifaschistInnen
Postfach 1324
30013 Hannover
0511-3360221
redaktion@der-rechte-rand.de
www.der-rechte-rand.de

Enough Is enough
c/o Initiativenzentrum
Schweffelstr 6
24118 Kiel
www.enough.nadir.org

Antifaschistische Nachrichten
c/o GNN-Verlag
Postfach 260 226
50515 Köln
0221-211658
0221-215373
gnn-koeln@netcologne.de
www.infolinks.de/an/

Lotta - Antifaschistische Zeitung aus NRW
Am Förderturm 27
46049 Oberhausen
lotta@koma.free.de
www.free.de/lotta

Rundbrief antifaschistischer/antirassistischer GewerkschafterInnen (RAG)
Olof Palme JUZ
Brunnenstr. 125
13355 Berlin
RAG@OMEGA.berlinet.de

Archive

Antifaschistisches Pressearchiv und Bildungszentrum Berlin e.V.
Lausitzer Str. 10
10999 Berlin
030-6116249
030-6116249
mail@apabiz.de
www.apabiz.de

A.I.D.A. eV.
Postfach 430147
80731 München
info@aida-archiv.de
www.aida-archiv.de

Archiv des Hamburger Instituts für Sozialforschung
Mittelweg 36
20148 Hamburg
040-41409731
040-41409711
archiv@his-online.de
www.his-online.de

Archiv der Jugendkulturen
Fidicinstraße 3
10965 Berlin
030-6913016
www.jugendkulturen.de

Antifa Archiv Düsseldorf
c/o AStA der FH Düsseldorf
Georg-Glock-Str. 15
40474 Düsseldorf
0172-2111311
0211-452369
archiv-d@gmx.de

Hartmut-Meyer-Archiv
c/o VVN-BdA NRW
Gathe 55
42107 Wuppertal
0202-450629
0202-450629
hm_archiv@yahoo.de

Antifa-Presse-Archiv Leipzig
Bornaische Str. 3d
4277 Leipzig
0341-9613826
0341-3013269
archiv-leipzig@gmx.de
www.nadir.org/nadir/initiativ/ellibro

Gruppen, Initiativen, Institutionen

Baden-Württemberg

Zentralrat Deutscher Sinti und Roma
Bremeneckgasse 2
69117 Heidelberg
06221-981101
06221-981190

Antifa Neckar-Odenwald
Postfach 1232
69236 Neckar-Steinach
06272-3559

Flüchtlingsrat Baden-Württemberg
Vogelsangstr. 60
70176 Stuttgart
0711-631355

Landeszentrale für politische Bildung Baden-Württemberg
Stafflenbergstr. 38
70184 Stuttgart
0711-1640990
0711-16409977
www.lpb.bwue.de/

AntidiskriminierungsBüro Stuttgart
c/o IG Ausl. Mitb.
Haussmannstr. 6
70188 Stuttgart
0711-2155320
0711-2155330

VVN/BdA LV Baden-Württemberg
Böblinger Str. 195
70199 Stuttgart
0711-603237
0711-600718
vvnbda.bawue@planet-interkom.de
www.vvn.telebus.de

Tübinger Bündnis gegen Abschiebehaft
c/o Asylzentrum
Neckarhalde 32
72070 Tübingen
07071-44115
07071-44115

Blätter des iz3w – Informationszentrum Dritte Welt
Postfach 5328
79020 Freiburg
0761-74003
0761-709866
info@iz3w.org
www.iz3w.org/iz3w/index.htm

Südbadisches Aktionsbündnis gegen Abschiebung
Kronenstr. 16
79100 Freiburg
0761-24633

Freiburger Notruftelefon für Flüchtlinge
Kronenstr. 16a
79100 Freiburg
0761-24633
0761-709866
saga.freiburg@freenet.de

Forschungsstelle Migration und Integration
Kunzenweg 21
79117 Freiburg
0761-682311
0761-682476
g.schmitt@ruf.uni-freiburg.de
www.ph-freiburg.de/ifibeu/

Bayern

VVN/BdA LV Bayern
Frauenlobstr. 24
80337 München
089-531786
089-5389464
bayern@vvn-bda.de
www.vvn-bda.de/bayern/

Flüchtlingsrat Bayern
Schwanenthalerstr. 139
80339 München
089-762234
089-762236
bfr@ibu.de
www.bayrischer-fluechtlingsrat.de

ADEFR -Schwarze Deutsche Frauen/ Schwarze Frauen in Deutschland
Ebenauerstr. 2A
80637 München
089-3616618
adefra.munich@amazonas.comlink.apc.org

Antifaschistische Informations-, Dokumentations- und Archivstelle München e.V. (A.I.D.A.)
Postfach 430147
80731 München
info@aida-archiv.de
www.aida-archiv.de

Antifaschistische Aktion München
c/o Infoladen München
Breisacherstr. 12
81667 München
089-4489638
089-4802006

Antifaschistische Aktion Augsburg – Antifasch. Telefon
Altes Kauzengässchen 6
86152 Augsburg
0821-3491748
aa_augsburg@usa.net

Bürgerinitative Asyl Regensburg
c/o G. Streitberger
Am Hochbehälter 11
93059 Regensburg
0941-86214
0941-86214
gotthold.streitberger@gmx.de
www.bi-asyl.de

Berlin

Amadeu Antonio Stiftung
Chausseestr. 29
10115 Berlin
030-24045450
030-24045459
info@amadeu-antonio-stiftung.de
www.amadeu-antonio-stiftung.de

Antirassistisch-Interkulturelles Informations-Zentrum Berlin
Chausseestr. 29
10115 Berlin
030-3087990
030-30879912
aric@aric.de
www.aric.de

Zentralrat der Juden in Deutschland
Leo-Baeck-Haus
Tucholskystr. 9
10117 Berlin
030-2844560
030-28445613
info@zentralratdjuden.de
www.zentralratdjuden.de

Bündnis Aktiver Fußballfans (BAFF) e.V. / OST – Gegen Rassismus & Kommerzialisierung, für eine lebendige Fankultur
Postfach 350854
10217 Berlin
endi@aktive-fans.de
www.aktive-fans.de/

Zentrum Demokratische Kultur (ZDK)
Chausseestr. 29
10115 Berlin
030-24045320
030-24044309
info@zdk-berlin.de
www.zdk-berlin.de

Anne Frank Zentrum
Oranienburgerstr. 26
10117 Berlin
030-30872988
030-30872989
AnneFrankZentrum@annefrank.de
www.annefrank.de

Anti-Defamation Forum
Oranienburgerstr. 31
10117 Berlin
030-2836552
030-2829869
ADFBerlin@aol.com

DGB Bundesvorstand – Abt. Internat., Ref. Migration
Henriette-Herz-Platz 2
10178 Berlin
030-24060742
030-24060000
volker.rossocha@bundesvorstand.dgb.de
www.dgb.de/

Antifaschistische Aktion Berlin
Weydingerstr. 14-16
10179 Berlin
030-27560756
030-27560755
aab@antifa.de
www.antifa.de

Verband ehemaliger Teilnehmer am antifaschistischen Widerstand, Verfolgter des Naziregimes und Hinterbliebener – Bund der Antifaschisten e. V. (VVdN/BdA)
Franz-Mehring-Platz 1
10243 Berlin
030-29784174
030-29784179
info@vvdn-bda.de
www.vvdn-bda.de

AntidiskriminierungsBüro Berlin
Haus der Demokratie
Greifswalderstr. 4
10405 Berlin
030-2042511
030-2042511
adb_berlin@gmx.de

Initiative gegen Abschiebehaft
Klopstockstr. 31
10557 Berlin
030-41700915
www.berlinet.de/ari/ini/

B'nai Br'ith Youth Organization – Germany
Fasanenstr. 79
10623 Berlin
030-2829869
030-2829869
info@cilip.de
http://www.cilip.de/

Romani Union Berlin
Kyffhauserstr. 23
10781 Berlin
030-2175788
030-21754336
romani@brinx.de

Landeszentrale für politische Bildung Berlin
An der Urania 4-10
10787 Berlin
030-90162552
030-90162538
www.berlin.de/home/Land/RBm-SKzl/LandPol/

Asyl in der Kirche
Zossener Str. 65
10961 Berlin
030-6929581
030-6934810
asylinderkirche.bln@snafu.de
www.snafu.de/~asylinderkirche.bln

Kein Mensch Ist Illegal
Forschungsstelle Flucht und Migration e.V.
Gneisenaustr. 2a
10961 Berlin
030-6935670
030-6938318
grenze@ibu.de
http://www.contrast.org/borders/kein/

Forschungsgesellschaft Flucht und Migration
Gneisenaustr. 2a
10961 Berlin
030-6935670
030-69508642
ffm@ipn.de
www.ffm-berlin.de/

Antirassistische Initiative e.V.
Yorckstr. 59
10965 Berlin
030-7857281
030-7869984
ari@ipn.de
www.berlinnet.de/ari/

argumente e.V.
Lausitzer Str. 10
10999 Berlin
030-61076468
030-61076468
mail@argumente-netzwerk.de

Polnischer Sozialrat
Kohlfurter Str. 40
10999 Berlin
030-6151717
030-61659288
Polskarada@aol.com
www.polskarada.de/

VVN-VdA Berlin
Postfach 440113
12001 Berlin
030-6866006
030-56298624
vvn-vda@antifa-net.de
www.antifa-online.de

Bürgerrechte & Polizei – CILIP
c/o FU Berlin
Malteserstr. 74-100
12249 Berlin
030-83870462
www.cilip.de/

Flüchtlingsrat Berlin
Fennstr. 31
12439 Berlin
030-6317873
030-6361198
buero@fluechlingsrat-berlin.de
www.fluechtlingsrat-berlin.de

GewerkschafterInnen gegen Rassismus und Faschismus
DGB JZ Olof Palme
Brunnenstr. 125-127
13355 Berlin
030-4643612
030-4643614
rag@omega.berlinet.de

Behandlungszentrum für Folteropfer e.V.
Klinikum Westend
Spandauer Damm 130
14050 Berlin
030-3039060
030-30614371
mail@bzfo.de
http://www.bzfo.de/

Exit – Deutschland
0171-7136452
089-244347789
info@exit-deutschland.de
http://www.exit-deutschland.de/

Brandenburg

Opferperspektive – RAA / Victim's Perspective
Lindenstr. 53
14467 Potsdam
0171-1935669
01212-5-11559889
info@opferperspektive.de
www.opferperspektive.de

Antidiskriminierungsstelle im Büro der Ausländerbeauftragten des Landes Brandenburg
Heinrich-Mann-Allee 103
14473 Potsdam
0331-8665954
0331-8665183
kontakt@antidiskriminierung-brandenburg.de
www.antidiskriminierung-brandenburg.de

Landeszentrale für politische Bildung Brandenburg
Heinrich-Mann-Allee 107
14473 Potsdam
0331-8661256
0331-8661364
www.brandenburg.de/netpol/

Aktionsbündnis gegen Gewalt, Rechtsextremismus und Fremdenfeindlichkeit
Ministerium für Bildung, Jugend und Sport
Steinstr. 104 – 106
14480 Potsdam
0331-8663970
0331-8663973
aktionsbuendnis@mbjs.brandenburg.de
www.brandenburg.de/aktionsbuendnis

Flüchtlingsrat Brandenburg
August Bebel Str. 88
14482 Potsdam
0331-716499
0331-716499
fluechtlingsratbrb@jpberlin.de

Mobiles Beratungsteam
Postfach 1527
15505 Fürstenwalde
03361-340689
03361-367867
bfw-team8@jpberlin.de
www.mobiles-beratungsteam.de/index.html

Aktion Noteingang
c/o DOSTO
Breitscheidstr. 41
16321 Bernau
03338-5590
03338-5590

Demokratisches Jugendforum Brandenburg
Breitscheidstr. 41
16321 Bernau
03338-459407
03338-459407
info@djb-ev.de
www.djb-ev.de

Bremen

Flüchtlingsrat Bremen
c/o Kath. Bildungswerk
Kolpingstr. 4-6
28195 Bremen
0421-1692840

Antifaschistisches Komitee
St. Paulistr. 10
28203 Bremen
0421-75682
antifakomitee@web.de

Anti-Rassismus-Büro (ARaB)
Sielwall 38
28203 Bremen
0421-706444
0421-706445
arab@is-bremen.de
www.is-bremen.de/arab

Landeszentrale für politische Bildung Bremen
Osterdeich 6
28203 Bremen
0421-3612922
0421-3614453
http://www.bpb.de/

VVN/BdA Bremen
Bürgermeister-Deichmann-Str. 26
28217 Bremen
0421-382914
0421-382918
vvn-bda.bremen@iname.com
www.vvn-bda.de/bremen/

Hamburg

Roma National Congress – European Central Office
Postfach 304 145
20324 Hamburg
040-3194249
040-310475
www.romnews.com

Landeszentrale für politische Bildung Hamburg
Große Bleichen 23
20354 Hamburg
040-428312142
040-428312050
www.hamburg.de/Behoerden/Landeszentrale/

Institut für Migrations- und Rassismusforschung
Beckstr. 4
20357 Hamburg
040-4305396
040-4305396
office@imir.de
www.imir.de

Arbeitsgruppe Blinde Passagiere
c/o Dokumentationszentrum
Schäferstr. 18
20357 Hamburg
040-4308030
040-41356670
stowago@aol.com

Off Limits – Antirassistische Zeitung
Susannenstr. 14 a
20357 Hamburg
040-4393666
040-4393666
redaktion@offlimits.de
www.offlimits.de

VVN/BdA LV Hamburg
Hein-Hoyer-Str. 41
20359 Hamburg
040-314254
040-3193795
vvn-bda.hh@t-online.de
www.vvn-bda.de/hamburg/

NADIR – Anti-Fascist Website
Brigittenstr. 5
20359 Hamburg
040-43189460
040-43189038
nadir@mail.nadir.org
www.nadir.org

Flüchtlingsrat Hamburg
c/o Kölibri
Hein-Köllisch-Platz 12
20359 Hamburg
040-431587
040-4304490

KZ-Gedenkstätte Neuengamme
Jean-Dolidier-Weg 39
21039 Hamburg
040-4289603
040-42896525
info@kz-gedenkstaette-neuengamme.de
www.hamburg.de/Neuengamme/

Bundeskongress Entwicklungspolitischer Aktionsgruppen
Nernstweg 32-34
22765 Hamburg
040-393156
040-3907520
bukohh@t-online.de
www.epo.de/buko/index.htm

Verband für Interkulturelle Arbeit (VIA-Nord)
Nernstweg 32
22765 Hamburg
040-392690
040-396509
VIA-Nord@t-online.de
www.via-bundesverband.de

Forschungs- und Arbeitsstelle (FAS)
»Erziehung nach/über Auschwitz«
Hamburg
040-43251280
info@fasena.de
www.erziehung-nach-auschwitz.de/

Hessen

Bündnis Aktiver Fußballfans (BAFF) e.V. – Gegen Rassismus & Kommerzialisierung, für eine lebendige Fankultur
Postfach 11 23
63401 Hanau
info@aktive-fans.de
http://www.aktive-fans.de/

Büro Antirassistischer Initiativen / Aktion Zuflucht
Sickingenstr. 10
34117 Kassel
0561-17919
0561-713458
bari@asco.nev.sub.de

Dok. und Informationszentrum für Rassismusforschung
Postfach 1221
35002 Marburg
06421-37722
06421-37794
dirbuero@mailer.uni-marburg.de
www.uni-marburg.de/dir

Pro Asyl – Bundesweite AG für Flüchtlinge
Postfach 160 624
60069 Frankfurt/M.
069-230688
069-230650
proasyl@proasyl.de
www.proasyl.de

VVN/BdA LV Hessen/Georg-Herde-Archiv
Eckenheimer Landstr. 93
60318 Frankfurt/M.
069-5970524
www.vvn-bda.de/hessen/

Hessischen Stiftung Friedens- und Konfliktforschung
Leimenrode 29
60322 Frankfurt
069-9591040
069-558481
info@hsfk.de
www.hsfk.de

Beratungsstelle für ältere Migrantinnen/Migranten
Gutleutstr. 17
60329 Frankfurt
069-234092
069-24279266
hiba@frankfurt.drk.de

Initiative Schwarze Menschen in Deutschland (ISD-Bund) e.V.
Postfach 900 355
60443 Frankfurt/M.
07000-4732863
http://www.isdonline.de/

Verband Binationaler Familien und Partnerschaften
Ludolfusstr. 2-4
60487 Frankfurt
069-7137560
069-7075092
verband-binationaler@t-online.de
www.verband-binationaler.de

Studienkreis Deutscher Widerstand
Rossertstr. 9
60323 Frankfurt
069-721575

Koordinierungsstelle Fan-Projekte gegen Gewalt und Rassismus
c/o Sportjugend
Otto-Fleck-Schneise 12
60528 Frankfurt
069-6700276
069-67730000
kos.fanprojekte@dsj.de
www.dsj.de

Connection (Int. Deserteursnetzwerk)
Gerberstr. 5
63065 Offenbach
069-82375534
069-82375535
office@Connection-eV.de
www.connection-ev.de

Bildungs- und Solidaritätswerk Anna Seghers
Walramstr. 16 A
65183 Wiesbaden
0611-9406096
0611-9406098
bildungswerk-anna.seghers@mrb.de
www.mrb.de/bildungswerk-anna.seghers/

Bundesausländerbeirat
c/o AGAH
Kaiser-Friedrich-Ring 31
65185 Wiesbaden
0611-989950
0611-9899518
webmaster@bundesauslaenderbeirat.de
http://www.bundesauslaenderbeirat.de/

Landeszentrale für politische Bildung Hessen
Rheinbahnstr. 2
65185 Wiesbaden
0611-991970
0611-9919744
http://www.hlz.hessen.de/

Mecklenburg-Vorpommern

Dien Hong – Gemeinsam unter einem Dach
Waldemarstr.33
18057 Rostock
0381-7698305
0381-7689971
dienhongrostock@aol.com
www.dienhong.de/

Landeszentrale für politische Bildung Mecklenburg-Vorpommern
Jägerweg 2
19053 Schwerin
0385-302090
0385-3020922
http://www.mv-regierung.de/lpb/

Flüchtlingsrat Mecklenburg-Vorpommern
Postfach 110229
19002 Schwerin
0385-7434204

Niedersachsen

Netzwerk gegen Rechts
c/o Gewerkschaft Nahrung, Genuß, Gaststätten (NGG)
Heiligengeiststr. 28
21335 Lüneburg
04131-42146

Initiative für offene Grenzen, gegen Abschiebung und Sondergesetze
Kaiserstr. 24
26122 Oldenburg
0441-248175
0441-2489661

Forum gegen Rechts im DGB
Kaiserstr. 6
26122 Wilhelmshaven

Forum gegen Rechts
c/o DGB-Servicebüro
Kirchplatz 1
27749 Delmenhorst

Bündnis gegen Rechts
c/o Buntes Haus
Hannoversche Str. 30 F
29221 Celle
05141-907927

Vereinigung der Verfolgten des Naziregimes – Bund der Antifaschistinnen und Antifaschisten (VVN-BdA)
Rolandstr. 16
30161 Hannover
0511-331136
0511-3360221
bundesbuero@vvn-bda.de
www.vvn-bda.de/niedersachsen/

Landeszentrale für politische Bildung Niedersachsen
Hohenzollernstr. 46
30161 Hannover
0511-39010
0511-3901290
http://www.nlpb.de/

VVN/BdA LV Niedersachsen
Rolandstr. 16
30161 Hannover
0511-331136
0511-3360221
bundesbuero@vvn-bda.de
www.vvn-bda.de

Schule OHNE Rassismus
c/o Nds. Landeszentrale für politische Bildung
Hohenzollernstr. 46
30161 Hannover

Antifa 3000
Kornstr. 28
30167 Hannover
antifa_3000@gmx.de

Für Demokratie Courage zeigen
c/o DGB-Jugend Niedersachsen
Dreyerstr. 6
30169 Hannover
0511-1260162
0511-1260157
www.courage-niedersachsen.de

Flüchtlingsrat Niedersachsen
Lessingstr. 1
31135 Hildesheim
05121-15605
05121-31609
nds@nds-fluerat.org
www.nds-fluerat.org

Runder Tisch gegen Ausländerfeindlichkeit und Gewalt in Peine
c/o IG Metall
Lindenstr. 34
31224 Peine

Antifaschistische Aktion Hameln/Pymont – Notruftelefon
Postfach 100801
31758 Hameln
05151-941690
05151-941408
webmaster@antifa-hm-py.de
www.antifa-hm-py.de

Autonome Antifa (M)
c/o Buchladen
Nicolaikirchhof 7
37073 Göttingen
0551-7704889
0551-7704362
aam@mail.nadir.org
www.nadir.org/nadir/initiativ/aam

Arbeitsstelle »Rechtsextremismus und Gewalt« der Bildungsvereinigung Arbeit und Leben
Bohlweg 55
38100 Braunschweig
0531-1233642
0531-1233655
info@arug.de
www.arbeitsstelle-rechtsextremismus-und-gewalt.de/

Braunschweiger Bündnis gegen Rechts
c/o Carl-von-Ossietzky-Zentrum
Leopoldstr. 23
38100 Braunschweig

Jugend Antifa Aktion
Cyriaskring 55
38118 Braunschweig
0531-83828
0531-2809920

Nordrhein-Westfalen

Bund für Soziale Verteidigung
Ringstr. 9a
32427 Minden
0571-29456
0571-23019
soziale_verteidigung@t-online.de
http://www.soziale-verteidigung.de/

Hilfe für Menschen in Abschiebehaft
Postfach 1415
33121 Büren
05251-37383
05251-690442
hfmiabschiebehaft@t-online.de
home.t-online.de/home/hfmiabschiebehaft/

AntidiskriminierungsBüro Bielefeld
Teutoburgerstr. 106
33607 Bielefeld
ibzadb@aol.com
mitglied.tripod.de/ADB_WEB/adbindex.htm

Antifa West
c/o Bürgerwache
Rolandstr. 16
33615 Bielefeld
0521-132737
0521-67219

Psychosocial Centre for Refugees
Benrather Str. 7
40213 Düsseldorf
0211-353315
0211-353314
psz.ddorf@mail.isis.de

Landeszentrale für politische Bildung Nordrhein-Westfalen
Horionplatz 1
40213 Düsseldorf
0211-86184610
0211-86184675
www.lzpb.nrw.de/mfrset.htm

Informations-, Dokumentations- und Aktionszentrum gegen Ausländerfeindlichkeit für eine multikulturelle Zukunft e.V. (IDA)
Friedrichstr. 61a
40217 Düsseldorf
0211-371026
0211-15925569
info@IDAeV.de
www.IDA-nrw.de«

Arbeitsstelle Neonazismus – Forschungsschwerpunkt Rechtsextremismus und Neonazismus
FH Düsseldorf
Universitätsstr. 1 Geb. 24.21
40225 Düsseldorf
0211-8114625
0211-8111490
forena@fh-duesseldorf.de

Düsseldorfer Appell
Lacombletstr. 10
40239 Düsseldorf
0211-9920000
volker.neupert@jugendring-duesseldorf.de
www.jugendring-duesseldorf.de

Antifa Kok
c/o AStA FH Düsseldorf
Georg Glockstr. 15
40474 Düsseldorf
0172-2111311
0211-358997
kok@free.de
www.antifakok.de

BUKO – Arbeitsschwerpunkt Rassismus u. Flüchtlingspol.
c/o PF 101 320
42013 Wuppertal
0202-300030
0202-314346
nica@wtal.de
http://www.epo.de/buko/index.htm

VVN/BdA LV Nordrhein-Westfalen
Gathe 55
42107 Wuppertal
0202-450629
vvn-bdanrw@linuxplanet.nu

SOS Rassismus Solingen
Postfach 101 191
42611 Solingen
0212-201000
0212-205137
sossg@aol.com

Initiative Eltern Schwarzer Kinder Dortmund e.V.
Postfach 101 033
44010 Dortmund

Zentrum für Türkeistudien
Altendorfer Str. 3
45127 Essen
0201-31980
0201-3198333
zft@uni-essen.de
www.zft-online.de

Exile – Kulturkoordination
Friederikenstr. 41
45130 Essen
0201-777176
0201-779762
exile-ev@t-online.de
www.exileKulturkoordination.de

Bundesarbeitsgemeinschaft Asyl in der Kirche
Ev. Akademie
Uhlenhorstweg 29
45479 Mülheim/Ruhr
0208-599060
0208-59906600
Evakademie.mh@t-online.de
http://www.ev-akademie-muelheim.de/

Jugendclub Courage
Am Förderturm 27
46008 Oberhausen
0208-856326
0208-851457
jugendclub-courage@t-online.de
www.jugendclub-courage.de

Anti-Rassismus Informations-Centrum e.V. (ARIC-NRW)
Niederstr. 5
47051 Duisburg
0203-284873
ARIC@project.fido.de

Duisburger Institut für Sprach- und Sozialforschung
Siegstr. 15
47051 Duisburg
0203-20249
0203-287881
DISS@uni-duisburg.de
www.uni-duisburg.de/DISS

Antirassismus Informations-Zentrum NRW
Siegstr. 15
47051 Duisburg
0203-284873
0203-2983618
info@aric-nrw.de
www.aric-nrw.de

Verband der Initiativgruppen in der Ausländerarbeit
Hochemmericher Str. 71
47226 Duisburg
02065-53346
02065-53561
via-bund@t-online.de
www.via-bundesverband.de

Council of Europe Minority Youth Committees – D
c/o Vamos e.V
Achtermannstr. 10-12
48143 Münster
0251-45431
0251-57963
cemyc@muenster.org

Flüchtlingsrat Nordrhein-Westfalen
Postfach 1229
48249 Dülmen
02594-98643
02594-98698
schnellinfo@fluechtlingsrat.de
www.fluechtlingsrat.de

Komitee für Grundrechte und Demokratie
Aquinostr. 7-11
50670 Köln
0221-9726920
0221-9726931
grundrechtekomitee@t-online.de
http://www.grundrechtekomitee.de/

Rom e.V.
Bobstr. 6-8
50676 Köln
0221-242536
0221-2401715
rom.ev@link-lev

Jugendclub Courage Köln e.V.
Steinbergerstr. 40
50733 Köln
0221-520936
0221-525757
jc-courage@netcologne.de

Brothers Keepers
Postfach 300293
50772 Köln
http://www.brotherskeepers.de/

Nachrichten gegen Rassismus – Pressebüro
Lichtstr. 38
50825 Köln
0221-9541562
0221-9541564
mail@ngr-pressebuero.de
www.ngr-pressebuero.de

AntidiskriminierungsBüro Köln
c/o Öffentlichkeit gegen Gewalt
Keupstr. 93
51063 Köln
0221-5101847
0221-9521126
oegg@netcologne.de
www.oggev.de

AntidiskriminierungsBüro Aachen
Mariahilf Str. 16
52062 Aachen
0241-49003
0241-49004
paez.ac@t-online.de

Schule ohne Rassismus
Postfach 2644
53016 Bonn
0228-213061
0228-262978

Amnesty International – German Section
Heerstr. 178
53108 Bonn
0228-983730
0228-630036
info@amnesty.de
http://www.amnesty.de/

Bundesarbeitsgemeinschaft Asyl in der Kirche
Berliner Freiheit 16
53111 Bonn
0228-9650342
0228-9650343
info@kirchenasyl.de
www.kirchenasyl.de

Antifa Bonn / Rhein-Sieg
c/o Le Sabot
Breite Str. 76
53111 Bonn
0228-695193
abrs@ziplip.com

Bundeszentrale für politische Bildung
Berliner Freiheit 7
53111 Bonn
01888-5150
01888-515113
info@bpb.bund.de
http://www.bpb.de/

Aktion COURAGE e.V.
Kaiserstr. 201
53113 Bonn
0228-213061
0228-262978
info@aktioncourage.org
www.aktioncourage.org

Bundesarbeitsgemeinschaft der Immigrantenverbände
Baumschulallee 2a
53115 Bonn
0228-224610
0228-265255
info@bagiv.de
http://www.bagiv.de/

Institut für soziale Kompetenz & rationales Arbeiten e.V. (ISKRA)
Mittelstr. 2
53757 St. Augustin
02241-314712
02241-314719
iskra@gmx.de
http://www.iskra-consult.de/

AntidiskriminierungsBüro Siegen
Kölner Str. 11
57072 Siegen
0271-336083
0271-501774
VAKS-eV@gmx.de

SOS-Rassismus – NRW
Iserlohnerstr. 25
58239 Schwerte
02304-755190
02304-755248
kontakt@sos-rassismus-nrw.de
www.sos-rassismus-nrw.de

Flüchtlingsrat Märkischer Kreis
Lindenau 16
58511 Rüdenscheid
02351-25138

Rheinland-Pfalz

Landeszentrale für politische Bildung Rheinland-Pfalz
Am Kronberger Hof 6
55116 Mainz
06131-162970
06131-162980
http://www.politische-bildung-rlp.de/

Initiativausschuss für Migrationspolitik in Rheinland-Pfalz
Albert-Schweitzerstr. 113-115
55128 Mainz
06131-236513
06131-238216
ini.migration@t-online.de

Arbeitskreis Asyl Rheinland-Pfalz
Postfach 28 51
55516 Bad Kreuznach
0671-8459153
0671-25140
info@asyl-rlp.org
www.asyl-rlp.org
Kein Mensch ist Illegal – Rundbrief
c/o AG3F
Metzgerstr. 8
63450 Hanau
06181-184892
06181-184892
ag3f@oln.comlink.apc.org
www.contrast.org/borders

VVN/BdA LV Rheinland-Pfalz
Lutrinastr. 6
67655 Kaiserslautern
0631-65522
vvn-bda-kl@gmx.de

Saarland

VVN/BdA LV Saar
Postfach 103208
66032 Saarbrücken
0681-72223

Landeszentrale für politische Bildung Saarland
Beethovenstr. 26
66125 Saarbrücken
06897-790844
06897-790877
BJellonnek@pegasus.lpm.uni-sb.de
http://www.lpm.uni-sb.de/start/LPB/lpb.htm

Aktion 3. Welt Saar – Antirassismus Büro
Weiskirchener Str. 24
66679 Losheim am See
06872-993056
06872-993057
a3wsaar@t-online.de

Landeszentrale für politische Bildung Saarland
Beethovenstr. 26
66125 Saarbrücken
06897-790844
06897-790877
lpb@pegasus.lpm.uni-sb.de
www.lpm.uni-sb.de/start/LPB/lpb.htm

Sachsen

Landeszentrale für politische Bildung Sachsen
Schützenhofstr. 36
1129 Dresden
0351-853180
0351-8531855
www.slpb.de/#top

Flüchtlingsrat Sachsen
Heinrich Zille Str. 6
1219 Dresden
0351-4714039

Ausländerrat Dresden – Int. Begegnungszentrum
Heinrich Zille Str. 6
1219 Dresden
0351-436370
0351-4363732
auslaenderrat-dresden@t-online.de
www.auslaenderrat.de

Flüchtlingsrat Leipzig
Sternwartenstr. 4
4103 Leipzig
0341-9613872
0341-9613872
fr@fluechtlingsrat-lpz.org
www.fluechtlingsrat-lpz.org

Bund der Antifaschisten e.V. Leipzig
Eisenacher Str. 72
4155 Leipzig
0341-5964313
bdaL@web.de
www.vvn-bdr-leipzig.de

Sachsen-Anhalt

Netzwerk COURAGE – Jugendbund Regenbogen
Richard Wagner Str. 6
6114 Halle
0345-2026583
0345-2030514

Flüchtlingsrat Sachsen-Anhalt
Schellingstr. 3-4
39104 Magdeburg
0391-5371279
0391-5371280
http://www.gorbat.de/

Landeszentrale für politische Bildung Sachsen-Anhalt
Schleinufer 12
39104 Magdeburg
0391-565340
0391-5653413
www.lpb.sachsen-anhalt.de/inhalt/fr_aufgaben.htm

Arbeitskreis Antifaschismus
c/o Blaue Welt Archiv
Uhlandstr. 8
39108 Magdeburg
0391-7348642
0391-7348642

Miteinander e.V.
Liebigstr. 6
39104 Magdeburg
0391-6220773
0391-6207740
net.gs@miteinander-ev.de
www.miteinander-ev.de

Schleswig-Holstein

Flüchtlingsrat
Schleswig-Holstein
Oldenburger Str. 25
24143 Kiel-Gaarden
0431-735000
0431-736077
office@frsh.de
www.frsh.de

Lübecker Bündnis gegen Rassismus
c/o Alternative, Willy Brandt Allee 9
23544 Lübeck
0451-7020748
0451-7020748

Baobab – Initiative antirassistisches Büro Lübeck
Fleischhauer Str. 32
23552 Lübeck
0451-75532
0451-73345
ikbhl@foni.net

Landeszentrale für politische Bildung Schleswig-Holstein
Hohenbergstr. 4
24105 Kiel
0431-9885937
0431-9885942
www.schleswig-holstein.de/politische-bildung/

VVN/BdA LV Schleswig-Holstein
Lindenstr. 9
24118 Kiel
0431-569353
0431-735046
www.vvn-bda.de/schleswig-holstein/

Thüringen

The Voice e.V. / Africa Forum
Schillergässchen 5
7745 Jena
03641-665214
03641-449304
THE_VOICE_jena@gmx.de
www.humanrights.de/congress

Arbeitsgemeinschaft Noteingang
PF 100 860
99017 Erfurt
www.djb-ev.de/noteingang/
noteingang@djb-ev.de

LAG Antirassismus / Antifaschismus Thüringen
c/o DGB-Bildungswerk
Warsbergstr. 1 Geb. E2
99092 Erfurt
0361-6599830
0361-6599899
malatesta@lag-antifa.org
www.lag-antifa.de

Flüchtlingsrat Thüringen
Warsbergstr. 1 Geb. E2
99092 Erfurt
0361-2172720
0361-2172727
info@fluechtlingsrat-thr.de
www.fluchtlingsrat-thr.de

Landeszentrale für politische Bildung Thüringen
Bergstr. 4
99092 Erfurt
0361-3792701
0361-3792702
www.thueringen.de/de/lzt/

Auswahlbibliografie

Einführende Forschungsliteratur

Butterwegge, Christoph et al: Themen der Rechten – Themen der Mitte. Zuwanderung, demografischer Wandel und Nationalbewußtsein, Opladen, 2002.

Butterwegge, Christoph: Rechtsextremismus, Rassismus und Gewalt. Erklärungsmodelle in der Diskussion, Darmstadt, 1996.

Falter, Jürgen W.; Jaschke, Hans-Gerd; Winkler, Jürgen R. (Hg.): Rechtsextremismus. Ergebnisse und Perspektiven der Forschung, PVS-Sonderheft 27, Opladen, 1996.

Heiland, Hans-Günther; Lüdemann, Christian (Hg.): Soziologische Dimensionen des Rechtsextremismus, Opladen, 1996.

Jäger, Siegfried et al: Bandsätze. Rassismus im Alltag, Duisburg, 1992.

Jaschke, Hans-Gerd: Rechtsextremismus und Fremdenfeindlichkeit. Begriffe, Positionen, Praxisfelder, 2. Aufl., Opladen, 2001.

Kowalsky, Wolfgang; Schröder, Wolfgang (Hg.): Rechtsextremismus. Einführung und Forschungsbilanz, Opladen, 1994.

Schubarth, Wilfried; Stöss, Richard (Hg.): Rechtsextremismus in der Bundesrepublik Deutschland. Eine Bilanz, Oplanden, 2001.

Stöss, Richard: Die extreme Rechte in der Bundesrepublik. Entwicklung, Ursachen, Gegenmassnahmen, Opladen, 1989.

Empirische Studien

Ahlheim, Klaus; Heger, Bardo: Der unbequeme Fremde. Fremdenfeindlichkeit in Deutschland – empirische Befunde, 2. Aufl., Schwalbach, 2000.

Alba, Richard; Schmidt, Peter; Wasmer, Martina (Hg.): Deutsche und Ausländer: Freunde, Fremde oder Feinde? Empirische Befunde und theoretische Erklärungen, Opladen, 2000.

Behken, Imbke et al: Schülerstudie '90. Jugendliche im Prozeß der Vereinigung, Weinheim, München, 1991.

Bergmann, Werner; Erb, Rainer: Antisemitismus in der Bundesrepublik Deutschland. Ergebnisse der empirischen Forschung von 1946-1989, Opladen, 1991.

Birsl, Ursula: Rechtsextremismus: weiblich – männlich? Eine Fallstudie, Opladen, 1994.

Eckert, Roland; Reis, Christa; Wetzstein, Thomas A.: ›Ich will halt anders sein wie die anderen!‹: Abgrenzung, Gewalt und Kreativität bei Gruppen Jugendlicher, Opladen, 2000.

Friedrich, Walter: Rechtsextremismus im Osten. Ein Ergebnis der DDR-Sozialisation? Leipzig, 2002.

Hafeneger, Benno; Jansen, Mechtild M.: Rechte Cliquen. Alltag einer neuen Jugendkultur, Weinheim, München, 2001.

Heitmeyer, Wilhelm et al: Die Bielefelder Rechtsextremismus-Studie. Erste Langzeituntersuchung zur politischen Sozialisation männlicher Jugendlicher, Weinheim, München, 1992.

Hopf, Christel; Rieker, Peter; Sanden-Marcus, Martina; Schmidt, Christina: Familie und Rechtsextremismus. Familiale Sozialisation und rechtsextreme Orientierungen junger Männer, Weinheim 1995.

Lederer, Gerda; Schmidt, Peter (Hg.): Autoritarismus und Gesellschaft. Trendanalysen und vergleichende Jugenduntersuchungen 1945–1993, Opladen, 1995.

Leiprecht, Rudolf: Alltagsrassismus. Eine Untersuchung bei Jugendlichen in Deutschland und den Niederlanden, Münster, New York, München, Berlin, 2001.

Lynen von Berg, Heinz: Politische Mitte und Rechtsextremismus. Diskurse zu fremdenfeindlicher Gewalt im 12. Deutschen Bundestag (1990–1994), Opladen, 2000.

Meulemann, Heiner (Hg.): Werte und nationale Identität im vereinten Deutschland. Erklärungsansätze der Umfrageforschung, Opladen, 1998.

Möller, Kurt: Rechte Kids. Eine Langzeitstudie über Auf- und Abbau rechtsextremistischer Orientierungen bei 13- bis 15-Jährigen, Weinheim, München, 2000.

Oesterreich, Detlef: Autoritäre Persönlichkeit und Gesellschaftsordnung. Der Stellenwert psychischer Faktoren für politische Einstellungen. Eine empirische Untersuchung von Jugendlichen in Ost und West, Weinheim, München, 1993.

Ohlemacher, Thomas: ›Wechselwirkungen nicht ausgeschlossen‹: Medien, Bevölkerungsmeinung und fremdenfeindliche Straftaten 1991–1997. In: Dünkel, Frieder; Geng, Bernd: Rechtsextremismus und Fremdenfeindlichkeit. Bestandsaufnahme und Interventionsstrategien, Mönchengladbach, 1999, S. 53–68.

Rausch, Thomas: Zwischen Selbstverwirklichungsstreben und Rassismus. Soziale Deutungsmuster ostdeutscher Jugendlicher, Opladen, 1999.

Rommelspacher, Birgit: Rechtsextreme als Opfer der Risikogesellschaft. Zur Täterentlastung in den Sozialwissenschaften, Zeitschrift für Sozialgeschichte des 20. und 21. Jahrhunderts, Heft 1, 1991, S. 75–88.

Rommelspacher, Birgit: Dominanzkultur. Texte zu Fremdheit und Macht, Berlin, 1995.

Sinus-Institut Heidelberg, München (Hg.): 5 Millionen Deutsche: ›Wir wollen wieder einen Führer haben ...‹ Die Sinus-Studie über rechtsextremistische Einstellungen bei den Deutschen, Reinbek, 1981.

Sturzbecher, Dietmar: Jugend in Ostdeutschland – Lebenssituation und Delinquenz, Opladen, 2001.

Sturzbecher, Dietmar; Freytag, Ronald (Hg.): Antisemitismus unter Jugendlichen, Göttingen, 2000.
Wahl, Klaus (Hg.): Fremdenfeindlichkeit, Antisemitismus, Rechtsextremismus. Drei Studien zu Tatverdächtigen und Tätern, Berlin, 2001
Willems, Helmut; Würtz, Stefanie; Eckert, Roland: Fremdenfeindliche Gewalt: Eine Analyse von Täterstrukturen und Eskalationsprozessen, Bonn, 1993.

Phänomenologie der extremen Rechten

Antifaschistisches Autorenkollektiv (Hg.): Drahtzieher im braunen Netz. Der Wiederaufbau der NSDAP. Ein Handbuch des antifaschistischen Autorenkollektivs Berlin, Berlin, 1992.
Antifaschistisches Autorenkollektiv (Hg.): Ein aktueller Überblick über den Neonazi-Untergrund in Deutschland und Österreich. Ein Handbuch des antifaschistischen Autorenkollektivs Berlin, Hamburg, 1996.
Bachem, Rolf: Rechtsextreme Ideologien. Rhetorische Textanalyse als Weg zur Erschließung rechtsradikalen und rechtsextremistischen Schriftmaterials, Wiesbaden, 1999.
Bergmann, Werner; Erb, Rainer (Hg.): Neonazismus und rechte Subkultur, Berlin, 1994.
Bitzan, Renate (Hg.): Rechte Frauen. Skingirl, Walküren und feine Damen, Berlin, 1997.
Bitzan, Renate: Selbstbilder rechter Frauen. Zwischen Antisexismus und völkischem Denken, Tübingen, 2000.
Bott, Dieter; Hartmann, Gerold: Die Fans aus der Kurve, Frankfurt, 1986.
Büttner, Manfred (Hg.): Braune Saat in jungen Köpfen. Grundwissen und Konzepte für Unterricht und Erziehung gegen Neonazismus und Rechtsgewalt. Band 1. Theorie und Ideologie des Rechtsextremismus und Nationalsozialismus in Geschichte und Gegenwart, Hohengehren, 1999.
Butterwegge, Christoph; Lohmann, Georg (Hg.): Jugend, Rechtsextremismus und Gewalt. Analysen und Argumente, Opladen, 2000.
Dietsch, Martin; Kellershohn, Helmut; Schobert, Alfred: Jugend im Visier. Geschichte, Umfeld und Ausstrahlungen der ›Unabhängigen Nachrichten‹, Duisburg, 2002.
Dudek, Peter; Jaschke, Hans-Gerd: Entstehung und Entwicklung des Rechtsextremismus in der Bundesrepublik, 2 Bände, Opladen, 1984.
Fantifa Marburg (Hg.): Kameradinnen. Frauen stricken am Braunen Netz, Münster, 1995.
Faber, Richard; Funke, Hajo; Schoenberner, Gerhard (Hg.): Rechtsextremismus. Ideologie und Gewalt, Berlin, 1995.
Fahr, Margitta-Sybille: Spirit of 88. Rechtsextreme Zeichen und Symbole, Erfurt, 2001.
Funke, Hajo: Paranoia und Politik. Rechtsextremismus in der Berliner Republik, Berlin, 2002.
Jahn, Joachim: Neonazis vor Gericht. In: Kritische Justiz, Nr. 3, 1988, S. 329–340.

Korfes, Gunhild: Rechtsextreme Bewegungen und rechtslastige Jugendkulturen in Ostdeutschland. In: Butterwegge, Christoph; Jäger, Siegfried (Hg.): Rassismus in Europa, Köln, 1992.

Korfes, Gunhild: Zur Entwicklung des Rechtsextremismus in der DDR. In: Kriminologisches Journal, Nr. 1, 1992, S. 50–64.

Loch, Dietmar; Heitmeyer, Wilhelm (Hg.): Schattenseiten der Globalisierung. Rechtsradikalismus, Rechtspopulismus und separatistischer Regionalismus in westlichen Demokratien, Frankfurt/M., 2001.

Lynen von Berg, Heinz: Rechtsextremismus in Ostdeutschland seit der Wende. In: Kowalsky, Wolfgang; Schröder, Wolfgang (Hg.): Rechtsextremismus. Einführung und Forschungsbilanz, Opladen, 1994, S. 103–126.

Matthesius, Beate: Anti-Sozial-Front. Vom Fußballfan zum Hooligan, Opladen, 1992.

Mecklenburg, Jens (Hg.): Handbuch Deutscher Rechtsextremismus, Berlin, 1996.

Meyer, Alwin; Rabe, Karl-Klaus: Unsere Stunde wird kommen. Rechtsextremismus unter Jugendlichen, Göttingen, 1979.

Otto, Hans-Uwe; Merten, Roland (Hg.): Rechtsradikale Gewalt im vereinten Deutschland, Bonn, 1993.

Pfeiffer, Thomas: Für Volk und Vaterland. Das Mediennetz der Rechten – Presse, Musik, Internet, Berlin, 2002.

Schnurbein, Stefanie von (Hg.): Völkische Religion und Krisen der Moderne: Entwürfe ›arteigener‹ Glaubenssysteme seit der Jahrhundertwende, Würzburg, 2001.

Schröder, Burkhard: Nazis sind Pop, Berlin, 2000.

Terkessidis, Mark: Kulturkampf. Volk, Nation, der Westen und die Neue Rechte, Köln, 1995.

Schui, Herbert; Ptak, Ralf; Blankenburg, Stephanie; Bachmann, Günter; Kotzur, Dirk: Wollt ihr den totalen Markt? Der Neoliberalismus und die extreme Rechte, München, 1997.

Süß, Walter: Zu Wahrnehmung und Interpretation des Rechtsextremismus in der DDR durch das MfS. In: Deutschland Archiv, Nr. 2, 1993, S. 388–406.

Wagner, Bernd: Rechtsextremismus und kulturelle Subversion in den neuen Ländern, Schriftenreihe des Zentrums Demokratische Kultur, Berlin, 1998.

Waibel, Harry: Rechtsextremismus in der DDR bis 1989, Köln, 1996.

RechtsRock – Musik von Rechts

Annas, Max; Christoph, Ralph (Hg.): Neue Soundtracks für den Volksempfänger. Nazirock, Jugendkultur und rechter Mainstream, Berlin, Amsterdam, 1993.

Antifaschistisches Infoblatt; Enough Is enough; Searchligth, rat (Hg.): White Noise. Rechts-Rock, Skinhead-Musik, Blood & Honour – Einblicke in die internationale Neonazi-Musik-Szene, 3. überarb. Aufl., Hamburg, Münster, 2002.

Baacke, Dieter; Farin, Klaus; Lauffer, Jürgen (Hg.): Rock von Rechts II. Milieus, Hintergründe und Materialien, Bielefeld, 1999.
Bottländer, Johannes: Rechtsradikale Rockmusik als realer Bestandteil der Jugendkultur. In: Unsere Jugend, Nr. 6, 1995, S. 242–248.
Büsser, Martin: Wie klingt die Neue Mitte? Rechte und reaktionäre Tendenzen in der Popmusik, Mainz, 2001.
Burghart, Devin (Hg.): Soundtracks to the White Revolution. White Supremacist Assaults on Youth Music Subcultures, Chicago, 1999.
Cremet, Jean: Jenseits von Böhse Onkelz und Skrewdriver: Darkwave. Über (neo)-faschistische Tendenzen in der Independent-Musik. In: analyse & kritik, Nr. 389, 4.4.1996, S. 11–12.
Dornbusch, Christian: Unheilige Allianz. Black Metal zwischen Heidentum und Neonazismus. In: analyse & kritik, Nr. 428, 8.7.1999, S. 20–21.
Forschungsstelle Populäre Musik (Hg.): PopScriptum 5: Rechte Musik. Aufsätze zur Populären Musik. Schriftenreihe, Berlin, 1995.
Funk-Hennings, Erika; Jäger, Johannes: Rassismus, Musik und Gewalt. Ursachen, Entwicklungen, Folgerungen, Münster, 1996.
Lenhard, Christiane: Rechtsextremismus zwischen Tradition und Anpassung. Eine Untersuchung zur politischen Struktur des organisierten Rechtsextremismus in der BRD unter besonderer Berücksichtigung seiner Liedkultur, Münster, 1981. (Hausarbeit, unveröffentlicht)
Loh, Hannes; Güngör, Murat: Fear of a Kanak Planet. HipHop zwischen Weltkultur und Nazi-Rap, Höfen, 2002.
Lohmann, Johannes: Wiedererwachen germanischer Werte. Eine Reportage über Black Metal im Schnittpunkt von Satanismus, Neuheidentum und Nationalsozialismus. In: Journal der Jugendkulturen, Nr. 7, August 2002, S. 8–17.
Lowles, Nick; Silver, Steve (Hg.): White Noise. Inside the international nazi skinhead scene, London, 1998.
Matthesius, Beate: Die Böhsen Onkelz – mehr als eine rechte Skinheadmusikband? In: Jugendwohl, Nr. 4, 1995, S. 171–175.
Mengert, Christoph: ›Unsere Texte sind deutsch ...‹ Skinhead-Bands in der Bundesrepublik Deutschland. Beiträge zur Inneren Sicherheit, Fachhochschule des Bundes für öffentliche Verwaltung, Köln, Juli 1994.
Neitzert, Lutz: Oi-Musik & Fascho-Rock. Die rechtsextremistische Jugendmusikszene, Jugendamt der Stadt Kiel, 1994.
Niedhart, Gottfried; Broderick, George (Hg.): Lieder in Politik und Alltag des Nationalsozialismus, Frankfurt/M., 1999.
Schobert, Alfred: Geheimnis und Gemeinschaft. Die Dark-Wave-Szene als Operationsgebiet ›neurechter‹ Kulturstrategie. In: Cleve, Gabriele et al (Hg.): Wissenschaft Macht Politik. Interventionen in aktuelle gesellschaftliche Diskurse, Münster, 1997.
Speit, Andreas (Hg.): Ästhetische Mobilmachung – Dark Wave, Neofolk und Industrial im Spannungsfeld rechter Ideologien, Hamburg, Münster, 2002.
Thune, Joachim: Skinheads. Eine Untersuchung. In: Hessische Polizeirundschau, Nr. 11, 1983, S. 32–35.

Wiechmann, Peer: Die Politik der Rechten auf dem Dancefloor. In: Journal der Jugendkulturen, Nr. 6, Januar 2002, S. 40–44.
Witt-Stahl, Susann: ›... But his soul goes marching on‹. Musik zur Ästhetisierung und Inszenierung des Krieges, Karben, 1999.

Skinheads allgemein

Ammer, Thomas: Prozesse gegen Skinheads in der DDR. In: Deutschland Archiv, Nr. 8, 1988, S. 804–807.
Arenz, Waltraut: Skinheads in der DDR, Gesamtdeutsches Institut, Bundesanstalt für gesamtdeutsche Aufgaben, Analysen und Berichte, Nr. 8, Bonn, 1989.
Auerbach, Mike: NoHeads. Ein Skinhead-Photobuch, Berlin, 1994.
Brake, Mike: The Skinheads. An English Working Class Subculture. In: Youth and Society, Vol. 6, No. 2, 1974.
Bredel, Holger: Skinheads – Gefahr von rechts? Berlin, 2002.
Brück, Wolfgang: Das Skinhead-Phänomen in jugendkriminologischer Sicht, Zentralinstitut für Jugendforschung, Leipzig, 1988.
Brück, Wolfgang: Skinheads – Vorboten der Systemkrise. In: Heinemann, Karl-Heinz; Schubarth, Wilfried (Hg.): Der antifaschistische Staat entläßt seine Kinder. Jugend und Rechtsextremismus in Ostdeutschland, Köln, 1992.
Brück, Wolfgang: Skinheads im Meinungsbild Jugendlicher, Forschungsbericht, Zentralinstitut für Jugendforschung, Leipzig, 1988.
Clarke, John; Jefferson, Tony: Jugendliche Subkulturen in der Arbeiterklasse. In: Ästhetik und Kommunikation, Nr. 24, 1976, S. 48–61.
Dustmann, Anne: Gewalt auf dem Vormarsch! Skinheads in Polen, Bremen, 1998. (Magisterarbeit, unveröffentlicht)
Eberwein, Markus; Drexler, Josef: Skinheads in Deutschland Interviews, Hannover, München, 1987; 2. Auflage, Augsburg, 1995.
Einsiedel, Michael: Skinheads. Ein Bericht, Berlin, Juni 1998. (unv.)
Farin, Klaus; Seidel-Pielen, Eberhard: Skinheads, München, 1993.
Farin, Klaus (Hg.): Die Skins. Mythos und Realität, Berlin, 1997.
Farin, Klaus (Hg.): Skinhead. A Way of Life. Eine Jugendbewegung stellt sich selbst dar, Bad Tölz, 1999.
Gebel, Andreas: Skinheads. Betrachtungen eines jugendkulturellen Phänomens aus kulturwissenschaftlicher Sicht, Göttingen, 1993. (Magisterarbeit, unveröffentlicht)
Gerth, Michael: Der Skinheadkult. Einblicke in eine Jugendkultur, Leipzig, 1993. (Diplomarbeit, unveröffentlicht)
Hebecker, Eike: Vom Skinhead im Zeitalter seiner Unkenntlichkeit. Randbemerkungen zu einer Randgruppe. In: SPoKK (Hg.): Kursbuch JugendKultur. Stile, Szenen und Identitäten vor der Jahrtausendwende, Mannheim, 1997, S. 89–97.
Johnson, Carry: The Story of Oi! – A view from the dead-End of the Street, Manchester, 1988.
Lauton, Albert: Randgruppen in der Bundesrepublik Deutschland. Die Skinheads. In: Die Neue Deutsche Polizei, Nr. 4, 1987, S. 124–125.

Lowles, Nick: White Riot. The Violent Story of Combat 18, Bury, 2001.
Mader, Matthias: Oi! – The Book Vol. 1, Berlin, 1996.
Marshall, George: The Spirit of 69. A Skinhead-Bible, Dunoon, 1991. (deutsch 1993)
Marshall, George: Skinhead Nation, Lockerbie, 1997. (deutsch 1998)
Menhorn, Christian: Skinheads: Portrait einer Subkultur, Baden-Baden, 2001.
Mischkowitz, Robert: Fremdenfeindliche Gewalt und Skinheads, Wiesbaden, 1994.
Niederländer, Loni: ›Das politische Wesen der Skinheadgruppierungen und ihre Sicherheitsrelevanz‹, Forschungsbericht, Berlin, 1989.
Pfahl-Traughber, Armin: Ergebnisse einer Studie über Skinheads: Ganz normale Jugendliche? In: blick nach rechts, Nr. 2, 28.1.1998, S. 8–9.
Rohmann, Gabriele: Spaßkultur im Widerspruch. Skinheads in Berlin, Bad Tölz, 1999.
Schwarz, Rolf: Wahrnehmungen und Problematisierung von Skinheads durch gesellschaftliche Instanzen. Eine sozial-historische Analyse, Hamburg, 1993. (Magisterarbeit, unveröffentlicht)
Wirth, Hans-Jürgen: Sich fühlen wie der letzte Arsch. Zur Sozialpsychologie der Skinheads. In: Bock, Marion et al: Zwischen Resignation und Gewalt, Opladen, 1989.

Jugend, Jugendkultur

Anz, Philipp; Walder, Patrick (Hg.): techno, Zürich, 1995.
Baake, Dieter: Jugend und Jugendkulturen. Darstellung und Deutung, Weinheim, München, 1987.
Brake, Mike: Soziologie der jugendlichen Subkulturen: Eine Einführung, Frankfurt/M., 1981.
Büsser, Martin: ›... if the kids are united ...‹ Von Punk zu Hardcore und zurück, Mainz, 1995.
Büsser, Martin: Popmusik, Hamburg, 2000.
Diederichsen, Diedrich: Freiheit macht arm. Das Leben nach Rock'n'Roll 1990–93, Köln, 1993.
Farin, Klaus; Wallraff, Kirsten: Die Gothics. Weiss wie Schnee, Rot wie Blut und Schwarz wie Ebenholz, Bad Tölz, 2001.
Galenza, Ronald; Havemeister, Heinz (Hg.): Wir wollen immer artig sein ... Punk, New Wave, HipHop, Independent-Szene in der DDR 1980–1990, Berlin, 1999.
Gebhardt, Winfried; Hitzler, Ronald; Pfadenhauer, Michaela (Hg.): Events. Soziologie des Außergewöhnlichen, Opladen, 2000.
Gorny, Dieter; Stark Jürgen (Hg.): Popkultur 2002/2003. Das Jahrbuch für Musikkultur, Musikmedien & Musikindustrie, Reinbek, 2002.
Hitzler, Ronald; Bucher, Thomas; Niederbacher, Arne: Leben in Szenen. Formen jugendlicher Vergemeinschaftung heute, Opladen, 2001.
Hitzler, Ronald; Pfadenhauer, Michaela (Hg.): Techno-Soziologie. Erkundungen einer Jugendkultur, Opladen, 2001.
Jakob, Günter: Agit-Pop. Schwarze Musik und weiße Hörer, Berlin, 1993.

Kemper, Peter; Langhoff, Thomas; Sonnenschein, Ulrich (Hg.): ›but I like it‹. Jugendkultur und Popmusik, Stuttgart, 1998.
Lau, Thomas: Die heiligen Narren, Punk 1976–1986, Berlin, New York, 1992.
Peukert, Detlev J. K.: Grenzen der Sozialdisziplinierung. Aufstieg und Krise der deutschen Jugendfürsorge von 1878–1932, Köln, 1986.
Roccor, Bettina: Heavy Metal. Kunst, Kommerz, Ketzerei, Berlin, 1998.
Roth, Roland; Rucht, Dieter (Hg.): Jugendkulturen, Politik und Protest. Vom Widerstand zum Kommerz? Opladen, 2000.
SIMON, Titus: Raufhändel und Randale. Sozialgeschichte aggressiver Jugendkulturen und pädagogischer Bemühungen vom 19. Jahrhundert bis zur Gegenwart, Weinheim, München, 1996.
SPoKK (Hg.): Kursbuch JugendKultur. Stile, Szenen und Identitäten vor der Jahrtausendwende, Mannheim, 1997.
Stock, Manfred; Mühlberg, Philipp: Die Szene von Innen. Skinheads, Grufties, Heavy Metal, Punks, Berlin, 1990.
Verlan, Sascha; Loh, Hannes: 20 Jahre HipHop in Deutschland, Höfen, 2000.
Zimmermann, Oliver: Ideologie einer Jugendkultur am Beispiel der Gothic- und Darkwave- Szene, Berlin, 2000. (Diplomarbeit, unveröffentlicht).

Gegenstrategien

Ahlheim, Klaus: Pädagogik mit beschränkter Haftung. Politische Bildung gegen Rechtsextremismus, Schwalbach, 2001.
Ahlheim, Klaus; Heger, Bardo: Vorurteile und Fremdenfeindlichkeit. Handreichungen für die politische Bildung, Schwalbach, 1999.
Benz, Wolfgang (Hg.): Legenden, Lügen, Vorurteile. Ein Wörterbuch zur Zeitgeschichte, München, 1996.
Berg, Tanja; Bürgin, Julika; Rausch, Thomas; Schäuble, Barbara; Weckel, Erik: Baustein zur nicht-rassistischen Bildungsarbeit. Herausgegeben vom DGB-Bildungswerk Thüringen e.V., Erfurt, 1998.
Buderus, Andreas: Fünf Jahre Glatzenpflege auf Staatskosten. Jugendarbeit zwischen Politik und Pädagogik, Bonn, 1998.
Buderus, Andreas; Dembowski, Gerd; Scheidle, Jürgen: Das zerbrochene Fenster. Hools und Nazi-Skins zwischen Gewalt, Repression, Konsumterror und Sozialfeuerwehr, Bonn, 2001.
Büttner, Manfred (Hg.): Braune Saat in jungen Köpfen. Grundwissen und Konzepte für Unterricht und Erziehung gegen Neonazismus und Rechtsgewalt. Band 2. Unterricht und Erziehung gegen Rechtsgewalt, Hohengehren, 1999.
Deppe, Frank; Fülberth, Georg; Rilling, Rainer (Hg.): Antifaschismus, Heilbronn, 1996.
Cordes, Britta; Lang, Elke; Weckel, Erik: Demokatie Macht Schule. Herausgegeben vom DGB Landesbezirk Nord, Abteilung Jugend, Hamburg, 2000.
Ehmann, Annegret; Kaiser, Wolf; Lutz, Thomas; Rathenow, Hanns-Fred; Stein, Cornelia Vom; Weber, Norbert H. (Hg.): Praxis der Gedenkstättenpädagogik. Erfahrungen und Perspektiven, Opladen, 1995.

Hirschfeld, Uwe; Kleinert, Ulfrid (Hg.): Zwischen Ausschluß und Hilfe. Soziale Arbeit und Rechtsextremismus, Leipzig, 2000.
Hufer, Peter: Argumentationstraining gegen Stammtischparolen. Materialien und Anleitungen für Bildungsarbeit und Selbstlernen, Schwalbach, 2001.
Hurrelmann, Bettina; Richter, Karin (Hg.): Das Fremde in der Kinder- und Jugendliteratur. Interkulturelle Perspektiven, Weinheim, München, 1998.
Krafeld, Franz-Josef (Hg.): Akzeptierende Jugendarbeit mit rechten Jugendcliquen, Bremen, 1992.
Krafeld, Franz-Josef; Möller, Kurt; Müller, Andrea: Jugendarbeit in rechten Szenen. Ansätze - Erfahrungen - Perspektiven, Bremen, 1993.
Krafeld, Franz-Josef: Die Praxis Akzeptierender Jugendarbeit. Konzepte, Erfahrungen, Analysen aus der Arbeit mit rechten Jugendlichen, Opladen, 1996.
Kühn, Joachim: Umgang mit rechtsextremen Jugendlichen im Vollzug. Erfahrungsbericht aus der VA Schwäbisch Hall. In: Zeitschrift für Strafvollzug und Straffälligenhilfe (ZfStrVo), Heft 2; 1990, S. 102–104.
Lange, Matthias; Weber-Becker, Martin: Rassismus, Antirassismus und interkulturelle Kompetenz, Göttingen, 1997.
Mecklenburg, Jens (Hg.): Was tun gegen rechts, Berlin, 1999.
Proske, Ria; Schmitz, Adelheid: Spuren der Vergangenheit ... Ausgewählte Jugendbücher über Nationalsozialismus und Neonazismus, Münster, 1998.
Reichel, Peter: Der schöne Schein des Dritten Reiches, Frankfurt/M., 1994.
Scherr, Albert (Hg.): Jugendarbeit mit rechten Jugendlichen, Bielefeld, 1992.
Scherr, Albert: Möglichkeiten und Grenzen der Jugendarbeit mit rechten Jugendlichen. In: Otto, Hans-Uwe; Merten, Roland (Hg.): Rechtsradikale Gewalt im vereinten Deutschland. Jugend im gesellschaftlichen Umbruch, Bonn, 1993, S. 325–333.
Schubart, Wilfried: Gewaltprävention in Schule und Jugendhilfe. Theoretische Grundlagen - empirische Ergebnisse - Praxismodelle, Neuwied, Kriftel, 2000.
Sonntag, Jochen: Soziale Arbeit mit rechtsextrem orientierten Jugendlichen. In: Hirschfeld, Uwe; Kleinert, Ulfrid (Hg.): Zwischen Ausschluß und Hilfe. Soziale Arbeit und Rechtsextremismus, Leipzig, 2000, S. 186–198.
Widmann, Peter; Erb, Rainer; Benz, Wolfgang (Hg.): Gewalt ohne Ausweg? Strategien gegen Rechtsextremismus und Jugendgewalt in Berlin und Brandenburg, Berlin, 1999.

Abkürzungsverzeichnis

ACAB	All Cops Are Bastards
AFP	Aryjski Front Przetrwania, dt.: Arische Überlebensfront (PL)
AHF	Allgermanische Heidnische Front
ANS/NA	Aktionsfront Nationaler Sozialisten/Nationaler Aktivisten
B&H	Blood & Honour
BBS	Bevara Sverige Svenskt, dt.: Bewahrt Schweden schwedisch (S)
BfV	Bundesamt für Verfassungsschutz
BhF	Bund heimattreuer Frauen
BKA	Bundeskriminalamt
BM	British Movement (GB)
BNP	British National Party (GB)
BPjS	Bundesprüfstelle für jugendgefährdende Schriften
C18	Combat 18, dt.: Kampftruppe Adolf Hitler
COTC	Church of the Creator (USA)
DFF	Deutsche Frauenfront
DHF	Deutsche Heidnische Front
DVU	Deutsche Volksunion
FAF	Fränkische Aktionsfront
FAP	Freiheitliche Deutsche Arbeiterpartei
FMJ	Förderwerk Mitteldeutsche Jugend
GDF	Gemeinschaft Deutscher Frauen
GEMA	Gesellschaft für musikalische Aufführungs- und Mechanische Vervielfältigungsrechte
GeStaPo	Geheime Staatspolizei
HJ	Hitlerjugend
HNG	Hilfsgemeinschaft für nationale politische Gefangene und deren Angehörige e.V.
IDM	Initiative Identität Durch Musik
JLO	Junge Landsmannschaft Ostpreußen
JN	Junge Nationaldemokraten
KBA	Kameradschaftsbund Anklam
KdF	Kraft Durch Freude, nationalsozialistische Wohlfahrtsorganisation
KdF/Ao	Kraft durch Froide/Aufbauorganisation
KDS	Kampfbund Deutscher Sozialisten
KKK	Ku Klux Klan
LKA	Landeskriminalamt
MSD	Mädelschar Deutschland
NA	National Alliance (USA)
NF	National Front (GB)
NF	Nationalistische Front (D)
NHB	Nationaldemokratischer Hochschulbund
NOP	Naradowe Odrodzenie Polski, dt.: Nationale Wiedergeburt (PL)
NPD	Nationaldemokratische Partei Deutschlands
NS	Nationalsozialismus
NSBM	National Socialist Black Metal
NSDAP	Nationalsozialistische Deutsche Arbeiterpartei
NyD	Ny Demokrati, dt.: Neue Demokratie (S)
POW	Prisoner of war, dt.: Kriegsgefangener
RAC	Rock Against Communism
REP	Die Republikaner
RIF	Rock Identitaire Francais (F)
RMK	Rock Mot Kommunismen, dt.: Rock gegen Kommunismus (S)
RoHoWa	Racial Holy War
SA	Sturmabteilung
SFD	Skingirl Freundeskreis Deutschland
SHARP	Skinheads Against Racial Prejudice
SrA	Sozialrevolutionäre Arbeiterfront
SRP	Sozialistische Reichspartei
SS	Schutzstaffel
SSS	Skinheads Sächsische Schweiz
StGB	Strafgesetzbuch
UWL	Unabhängige Wählerliste Landkreis Lüneburg/Bündnis Rechte
VAM	Vit Arisk Motstand, dt.: Weißer arischer Widerstand (S)
VAPO	Volkstreue Außerparlamentarische Opposition
VAWS	Verlag und Agentur Werner Symanek
VFS	Veneto Fronte Skinheads (I)
VS	Verfassungsschutz

VVN/BdA	Vereinigung der Verfolgten des Naziregimes/Bund der Antifaschisten
WAR	White Aryan Resistance (USA)
WAU	Women for Aryan Unity
WJ	Wiking Jugend
WNC	White Noise Club (GB)
WTS	White Terror Skins
YNF	Young National Front
ZOG	Zionist Occupied Government

Personenregister

D

E

F

G

H

I

J

M

N

O

P

R

S

T

U

V

W

Band-, Label-, Fanzine- und Organisationsregister

C

D

G

H

L

M

N

Q

R

S

T

U

Y

Z

Autorinnenverzeichnis

apabiz e. V. wurde 1991 gegründet und dokumentiert seit dem die Entwicklung der extremen Rechten. Das Archiv ist das Größte seiner Art in Deutschland und öffentlich zugänglich. Eigene Analysen und Recherchen werden unter anderem in Materialien für die Bildungsarbeit umgesetzt, auf Vorträgen und Tagungen sowie im vierteljährlich erscheinenden Rundbrief präsentiert.

argumente – netzwerk antirassistischer bildung e.V. ist ein Zusammenschluss von Projekten und Einzelpersonen aus Ost- und Westdeutschland, die teilweise seit über zehn Jahren in der antifaschistischen Bildungs- und Informationsarbeit aktiv sind. Ziel ist der inhaltliche Austausch, Methodenentwicklung sowie die Erstellung eigener Bildungsmaterialien.

David Begrich; Jg. 1972; Ausbildung als Bibliotheksassistent; Studium der Theologie und Sozialpädagogik; Mitbegründer des antifaschistischen Archivs Potsdam; Bildungsreferent bei Miteinander e.V. - Netzwerk für Demokratie und Weltoffenheit in Sachsen-Anhalt mit dem Arbeitsschwerpunkt Rechtsextremismus in Ostdeutschland.

Andreas Buderus, Jg. 1967, Dipl. Sozialpädagoge, freier Autor, bis 1998 Streetworker im sozialpädagogischen Fan-Projekt ANSTOSS (Köln), jetzt Berater von sozialpädagogischen Projekten u.a. in Fragen der Konzeptbildung, Projekt-Evaluation, Coaching sowie Erwachsenenbildner in den Bereichen Antirassismus, soziale Kompetenz, Konfliktmanagement, Betriebsverfassungs- und Arbeitsrecht bei ISKRA, St. Augustin; letzte Veröffentlichungen: *Fünf Jahre Glatzenpflege auf Saatskosten - Jugendarbeit zwischen Politik und Pädagogik* (1998), *Das zerbrochene Fenster - Hools und Nazi-Skins zwischen Gewalt, Repression Konsumterror und Sozialfeuerwehr* (2001); *Bild dir deine Meinung - Medien, Rassismus und Fußball - die vierte Gewalt als Katalysator einer rassistischen Grundströmung* (2002).

Kirsten Döhring, Jg. 1972, Diplompädagogin, Freiberuflich in der politischen Bildungsarbeit tätig, Schwerpunktthemen Antirassismus und Konfliktbearbeitung im Rahmen geschlechtsbewusster Jugendarbeit, engagiert beim Verein Tacheles Reden! Gegen Rechtsextremismus, Rassismus und Antisemitismus e.V. sowie bei argumente – netzwerk antirassistischer bildung e.V. Sie veröffentlichte u.a. *Akteurinnen und Organisationen – die Involviertheit von Frauen in der extremen Rechten* (i. V.), *Nicht beachtet – nicht vorhanden? Frauen als rechtsextreme Akteurinnen* (2001).

Christian Dornbusch, Jg. 1969, Mitarbeiter der Arbeitsstelle Neonazismus - Forschungsschwerpunkt Rechtsextremismus und Neonazismus an der FH Düsseldorf, seit mehreren Jahren tätig in der außerschulischen politischen Jugendbildung, u.a. Mitautor des Buches *Ästhetische Mobilmachung. Dark Wave, Neofolk und Industrial im Spannungsfeld rechter Ideologien* (2002) sowie Autor in der Fachzeitschrift Der Rechte Rand.

Liane M. Dubowy, Jg. 1970, Diplom-Kulturwirtin (Kulturraum Italien), freie Journalistin mit dem Schwerpunkt Neonazismus, arbeitet als Online-Redakteurin für eine renomierte Computerzeitschrift. Buchveröffentlichungen: *Karrieren unter der Lupe: Journalismus* (2001), Co-Autorin in *Anarchafeminismus* (2000) sowie in *Karrieren unter der Lupe: Ingenieure* (2000).

Renate Feldmann, Jg. 1974, Diplompädagogin, seit mehreren Jahren in der außerschulischen politischen Jugendarbeit tätig mit dem Themenschwerpunkt Rechtsextremismus mit dem besonderen Blickwinkel auf rechte Frauen/Mädchen, Frauen und Nationalsozialismus, parteiliche und feministische Mädchen- und Frauenbildung, interkulturelles Lernen, antirassistische Bildung und Gedenkstättenarbeit. Sie veröffentlichte u.a. *Akteurinnen und Organisationen – die Involviertheit von Frauen in der extremen Rechten* (i.V.), *Nicht beachtet – nicht vorhanden? Frauen als rechtsextreme Akteurinnen* (2001).

Henning Flad, Jg. 1973, ist Mitarbeiter des Archiv der Jugendkulturen; tritt seit mehreren Jahren als Referent bei Lehrerfortbildungen, Tagungen und anderen Veranstaltungen zum Thema auf und ist Co-Autor von *Reaktionäre Rebellen. Rechtsextreme Musik in Deutschland* (2001).

Claudia Hauck, geb. 1968, Diplom-Politikwissenschaftlerin. Seit 1992 als Dozentin tätig in der außerschulischen internationalen Jugend- und Erwachsenenbildung, 1998–2000 Projektkoordinatorin des internationalen Freiwilligenprojektes »Planet Buchenwald - Deep Space Weimar« der Gedenkstätte Buchenwald und seit 2000 hauptamtliche Jugendbildungsreferentin beim Internationalen Arbeitskreis Sonnenberg e.V. mit dem Schwerpunkt Historische Dimension in der politischen Jugendbildung und Dialog der Generationen.

Alexander Häusler, Jg. 1963, Sozialwissenschaftler, z.Zt. Wiss. Mitarbeiter des Seminars für Sozialwissenschaften/Abt. Politikwissenschaft der Universität zu Köln. Aktuelle Veröffentlichung in: *Christoph Butterwegge u.a.: Themen der Rechten - Themen der Mitte. Diskurse um Zuwanderung, demographischen Wandel und Nationalbewußtsein* (2002).

Martin Heinlein, Jg. 1975, Student, seit 1996 Mitarbeiter des Antifaschistischen Info Blattes (AIB). Arbeitsschwerpunkte sind rechte Jugendkulturen und die Strukturen des militanten Neonazismus. Seit vielen Jahren aktiv in verschiedenen antifaschistischen Basisinitiativen.

Heike Kleffner, Jg. 1966, arbeitet als Journalistin für die taz und Frankfurter Rundschau zu den Themenbereichen Rechtsextremismus und Migration. Mitherausgeberin des Buches *Die Erinnerung darf nicht sterben – Barbara Reimann, eine Biografie aus zwei Jahrzehnten Deutschland* (2000).

Johannes Lohmann, Jg. 1975, Student der Erwachsenenbildung und der Politikwissenschaft, Mitarbeiter im Jugendclub Courage und Referent zum Thema Jugendkulturen im Kontext der extremen Rechten.

Nick Lowles, Jg.1971, Journalist, Herausgeber des monatlich erscheinenden britischen antifaschistischen Magazin Searchlight. Mitherausgeber und Autor in *White Noise. Inside the international nazi skinhead scene* (1998), veröffentlichte zusammen mit Graeme McLagen *Mr Evil. The secret life of Racist Bomber and Killer David Copeland* (2001) und jüngst das Buch *White Riot. The Violent Story of Combat 18* (2002).

Heinz Lynen von Berg, Dr. Phil, Dipl-Pol, Jg. 1959. Von 1992 bis 1999 wissenschaftlicher Mitarbeiter und Lehrbeauftragter am Institut für Politikwissenschaft der Technischen Universität Berlin, ab 1999 Geschäftsführer von Miteinander e.V. – Netzwerk für Demokratie und Weltoffenheit in Sachsen-Anhalt. Zahlreiche Veröffentlichungen zum Rechtsextremismus, fremdenfeindlicher Gewalt und politische Reaktionen, u.a.: *Politische Mitte und Rechtsextremismus. Diskurse zu fremdenfeindlicher Gewalt im 12. Deutschen Bundestag (1990-1994)* (2000); gemeinsam mit Hans-Jochen Tschiche (Hg.): *Die NPD - Eine Herausforderung für die Demokratie?* (2002).

Adegoke Odukoya, Jg. 1971, Musiker, veröffentlichte bereits 1994 als Rapper Duke T. seine ersten Platten, die heute kaum einer Rap-Sammlung fehlen. Danach folgten Kooperationen u.a. mit Advanced Chemistry, Brother Resistance, den Kastrierten Philosophen, Zion Train und Sly & Robbie. Im Herbst 2000 initiierte er die Gründung der afro-deutschen Initiative Brothers Keepers.

Jan Raabe, Jg. 1965, Dipl. Sozialpädagoge, tätig in der Jugendarbeit, Referent im Rahmen des Vereins Argumente & Kultur gegen rechts e.V.; Artikel rund um das Thema extreme Rechte in verschiedenen Periodika; Mitautor des Buches *Ästhetische Mobilmachung. Dark Wave, Neofolk und Industrial im Spannungsfeld rechter Ideologien* (2002).

Rolf Schulz, Jg. 1949, Studium der Sozialwissenschaften, Geschichte und Germanistik in Bochum, Bielefeld und Duisburg; Wissenschaftlicher Referent im Landesinstitut für Schule, Soest; Arbeitsschwerpunkte sind Bildung für eine nachhaltige Entwicklung, Neue Medien in der Lehrerbildung. Diverse Veröffentlichungen in diesen Themenfeldern, Schulbuchautor.

Georg Seeßlen Jg. 1948, Studium der Malerei an der Kunstakademie München, tätig als freier Journalist und Buchautor, viele seiner Veröffentlichungen beschäftigen sich mit dem Themen Musik, Film und Kultur. Jüngst veröffentlichte er gemeinsam mit Markus Metz das Buch: *Krieg der Bilder – Bilder des Krieges. Abhandlung über die Katastrophe und die mediale Wirklichkeit.*

Uwe Seher Jg. 1965, Freier Journalist, Arbeitsschwerpunkt Neonazismus & Internet, neue Kommunikationstechnologien; Veröffentlichungen u.a. in Der Rechte Rand und diversen Online-Publikationen.

Andreas Speit, Jg. 1966. Diplom-Sozialwirt und Redakteur des Rechten Rand. Als freier Journalist Veröffentlichungen in der taz, der Jungle World und blick nach rechts. Autor und Mitherausgeber verschiedener Bücher über die Grenzbereiche der deutschen Rechten, u.a. *Jenseits des Nationalismus, Ideologische Grenzgänger der ›Neuen Rechten‹* (1999); *Das Finkelstein-Alibi. ›Holocaust-Industrie‹ und Tätergesellschaft* (2001); *Ästhetische Mobilmachung. DarkWave, Neofolk und Industrial im Spannungsfeld rechter Ideologien* (2002).

Hans Wanders, Jg. 1964, Sozialpädagoge, selbständig tätig in der freien Wohlfahrtspflege, Referent im Rahmen des Vereins argumente - netzwerk antirassistischer bildung, Mitautor des Buches *Ästhetische Mobilmachung. Dark Wave, Neofolk und Industrial im Spannungsfeld rechter Ideologien* (2002).

Erik Weckel Jg. 1963, Eisenbahner, Politikwissenschaftler und Sozialmanager, langjähriger Lehrbeauftragter an der Universität Giessen, heute Leiter der Jugendwerkstatt Gifhorn (JWG). Er veröffentlichte u.a. *Aufstehen, sich zeigen! Baustein zur nicht-rassistischen Bildungsarbeit - ein Seminarprinzip* (2002) und gehörte zur Redaktion, die 1998 für das DGB-Bildungswerk Thüringen e.V. den Arbeitsordner *Das schwarze Schaf. Baustein zur nicht-rassistischen Bildungsarbeit* erstellte und 2000 für den DGB Landesbezirk Nord die Arbeitsmappe *Demokratie Macht Schule.*

Michael Weiss, Jg. 1966, Mitarbeiter von argumente - netzwerk antirassistischer bildung und des Antifaschistischen Pressearchivs und Bildungszentrum (apabiz) in Berlin. Häufige Vorträge und Veröffentlichungen in Fachzeitschriften. Mitautor des Buches *White Noise - Rechtsrock, Skinhead-Musik, Blood & Honour - Einblicke in die internationale Neonazi-Musik-Szene* (2000).

Melanie Wharton, Jg. 1980, Musikerin, im Alter von elf Jahren lernte sie HipHop kennen, seitdem ist sie als Gastmusikerin auf Veröffentlichungen bekannter Acts vertreten und 2002 erschien ihr Debütalbum *Skills En Mass.* Sie ist Gründungsmitglied der afro-deutschen Initiative Sisters Keepers.

Abbildungsnachweis:

Antifaschistisches Info Blatt Berlin: S. 32.
Antifaschistisches Pressearchiv: S. 187, 195, 408 mitte.
Ditsch, Christian, Fotoagentur Version: S. 62, 216, 222, 366, 408 oben, 417, 423 oben, 428.
DOK: S. 51, 54 unten, 55, 71 oben, 81, 82, 208, 215, 225, 227 oben, 265, 374, 414 oben, 418 oben.
Dornbusch; Raabe: S. 65 oben, 66 oben, 140 unten, 226 unten, 287, 288, 289, 351, 368, 391.
Geisheimer, Roland, Fotoagentur Attenzione: S. 73, 126, 127, 204, 408 unten, 429.
Jülich, Peter, Fotoagentur Attenzione: S. 54 oben, 84, 86 oben, 418 unten, 423 unten.
Kraus, A.: S. 66 unten, 86 unten.
Mühlhaus, Mark, Fotoagentur Attenzione: S. 41, 43, 75, 78, 206, 227 unten, 228, 229, 243 unten, 338-345.
Searchlight: S. 22 oben, 79 oben, 236.
Version Fotoagentur: S. 409 unten, 411.

:RechtsRock

White Noise, die Musik der Neonazis, ist nicht allein der »kulturelle Ausdruck« einer neonazistischen Bewegung. Sie ist zugleich Business mit Millionengewinnen und rassistische Hetze in brutalster Form. Sie steht für internationale Zusammenarbeit gegen Einfuhr- und Verkaufsverbote indizierter Musik und ist nicht zuletzt Identifikationsstifter zur Bindung an neonazistische Ideologie.

Jedes Jahr werden hunderttausende CDs neonazistischer Bands über und unter den Ladentischen verkauft, Konzerte dieser Bands finden bis zu 2.000 Zuhörer. Für neonazistische Organisationen und Parteien ist White Noise Einnahmequelle und Propaganda zugleich.

Das Buch beschreibt Bands und Musiknetzwerke der militanten Neonazis – vor allem die inzwischen in Deutschland verbotene Blood & Honour-Struktur – in verschiedenen europäischen Ländern und den USA. Die Autoren ordnen sie einer geschichtlichen Entwicklung zu und erläutern, wie sich neonazistische Organisationen und Parteien der Musik bedienen, um neue Mitglieder zu werben und eine ganze Jugendbewegung in das Netzwerk ihrer Aktivitäten zu integrieren.

ISBN 3-89771-807-3
172 Seiten · 12,50 €

:DarkWave

Innerhalb von Dark Wave und Industrial festigt sich jenseits des Neonazi-Skinhead-Rocks eine rechte Musikszene, die sich zwischen Mythos und Ästhetik bewegt. Doch die Mythen sind nicht ohne Tradition und die Ästhetik ist nicht ohne Ideologie. Sound, Lyrics und Performance transportieren antidemokratische und antiemanzipatorische Motive, die von der boomenden Szene nicht nur toleriert, sondern auch akzeptiert werden.

Die Autoren stellen die vielschichtige Rezeption rechter Ideologien in der Independent-Szene dar, benennen die unterschiedlichen Motivationen der Akteure und zeigen die verschiedenen Kontakte zur extremen Rechten auf. Nach einer allgemeinen Darstellung der Schwarzen Szene werden insbesondere ihre rechten Labels, Bands und Publikationen analysiert. Exemplarisch untersuchen die Autoren die Band Death In June und deren internationale Verbindungen zur extremen Rechten. Außerdem wird in einem eigenen Kapitel das Phänomen der ›Neuen Deutschen Härte‹ beleuchtet.

ISBN 3-89771-804-9
288 Seiten · 16 €

rat reihe antifaschistischer texte

UNRAST Verlag